国家
“十五”科技
攻关成果

中国金融信息化发展战略研究报告

■ 中国金融信息化发展战略研究课题组　编

中国金融出版社

责任编辑：李祥玉　戴　硕
责任校对：李俊英
责任印制：尹小平

图书在版编目（CIP）数据

中国金融信息化发展战略研究报告（Zhongguo Jinrong Xinxihua Fazhan Zhanlüe Yanjiu Baogao）/中国金融信息化发展战略研究课题组编. —北京：中国金融出版社，2006. 2
ISBN 7-5049-3936-6

Ⅰ. 中…　Ⅱ. 中…　Ⅲ. 信息技术—应用—金融—发展战略—研究报告—中国　Ⅳ. F832-39

中国版本图书馆CIP数据核字（2006）第006788号

出版 发行 中国金融出版社
社址　北京市广安门外小红庙南里3号
市场开发部　（010）63272190，66070804（传真）
网上书店　http://www.chinafph.com
（010）63286832，63365686（传真）
读者服务部　（010）66070833，82672183
邮编　100055
经销　新华书店
印刷　保利达印务有限公司
尺寸　210毫米×285毫米
印张　36.75
字数　1035千
版次　2006年7月第1版
印次　2006年7月第1次印刷
定价　120.00元

加快金融信息化建设，

服务社会主义市场经济。

周小川

金融信息化是现代金融
市场的重要基础要坚
持自主创新、不断提高
金融信息化水平

尚福林

大力推动证券信息化工作
促进资本市场健康发展

屠光绍

推进信息化建设

是防范保险业风险的基础环节。

李克强

6.22

大力推进银行信息化建设

提升银行管理和监管水平

王兆星

中国金融信息化发展战略研究报告
编委会成员

序　言

金融是现代经济的核心。科学技术是第一生产力。随着社会经济的发展和金融信息化的进步，现代金融服务业已经成为一国社会经济发展的重要推动力和开放的全球经济体系中国家竞争力的重要组成部分。

当前我国金融业正处在一个机遇和挑战并存的时代。我国经济持续快速的发展对金融服务水平提出了更高的要求。为了履行加入世界贸易组织的承诺，从2006年起，国内金融业将直接面对来自国外金融业的激烈竞争。我国金融业正处在深化改革阶段，加强创新，提高服务水平，防范金融风险，切实提高核心竞争能力是目前迫切的任务，这一切都离不开金融信息化的支持与保障。我国金融信息化建设担负着重大的历史使命。

从20世纪80年代中期到21世纪初，我国金融业的电子化、信息化建设经历了从无到有，从单机处理到联网处理，从分散处理到集中处理，从支持简单业务处理到管理、决策的科学化，取得了令人瞩目的成就。与世界金融信息化的发展历程一样，这一阶段的金融信息化建设不可避免地呈现出相对分散和偏重局部的特征，即各个金融机构从自己的实际情况出发推进内部的信息化建设，而机构和机构之间，银行、证券、保险和税务各领域之间缺乏有效的沟通和交流；与金融信息化建设相关的标准化工作相对滞后，技术标准与业务规范尚不完善；跨机构、跨部门、跨系统的协同与资源共享存在一定障碍，缺乏统一的信息交换平台。同时，宏观总体规划薄弱，在金融信息化建设中具有全局性、根本性、方向性和战略性的关键问题研究严重滞后。

正是在这个大背景下，国家十分重视金融信息化建设，2001年国家科学技术部在制定《“十五”国家科技攻关计划实施纲要》的过程中，将“金融信息化关键技术开发及应用示范”项目列为2002年全面启动实施的国家12个重大关键技术攻关与产业化示范科技专项之一，要求认真组织攻关。

在随后的两年多时间里，由中国人民银行牵头，证监会、保监会和国家税务总局共同组织，70个单位近2 000名研究人员参加，经过艰苦的努力，克服了种种困难，按要求完成了攻关任务，成功进行了多项前瞻性、全局性的大规模、多学科、跨部门的金融信息化研究和工程实践，形成了60多份研究报告、30多个行业标准、188项示范工程，取得了良好的社会经济效益，对于我国金融信息化建设具有重要的指导作用。

《中国金融信息化发展战略研究报告》是由“金融信息化关键技术开发及应用示范”项目部分研究报告整理而成的，总结过去是为了更好地开创未来，这也正是本书出版的意义所在。我深切地期待该书能够有助于推动我国金融信息化建设；能够帮助奋斗在金融信息化战线上的同志们提高理论素养、研究和分析金融信息化重大问题及发展规律；能够进一步促进银行、证券、保险和税务等业务和科技部门的交流和合作；能够引起社会各界对金融信息化的关注、支持和帮助。

中国人民银行副行长 苏宁

二〇〇五年十二月

目　录

第1篇　金融信息化概览与总体发展战略

第2篇　银行信息化发展战略

第3篇　证券信息化发展战略研究

第6篇 金融标准化发展战略研究

附　录

第1篇

金融信息化概览与总体发展战略

国家
“十五”科技
攻关成果

20 世纪 90 年代以来，信息技术的迅猛发展深刻影响了国际竞争格局和人类的生存方式，中国金融业也面临着新的机遇和挑战。为适应中国金融体制改革与发展的紧迫要求，必须认真研究中国金融信息化的总体发展战略，以全面提升金融企业核心竞争力，促进国民经济的持续发展。

金融信息化是在基本实现业务处理电子化和网络化的基础上，进一步利用计算机与通信技术，实现金融信息系统互联，信息资源整合，提供数字化的高效、安全、方便的金融服务、金融经营管理以及金融监管的系统工程。金融信息化的目标是在网络环境下，创造金融经营和管理的新模式，有效提高金融服务和金融的创新能力，增强金融企业的核心竞争力。金融信息化是金融现代化的基础平台和核心推动力。

本篇探讨了网络时代金融业发展对信息化的迫切要求。通过简要回顾国外金融信息化的发展历程，重点分析了国外金融信息化过程中可供我国金融企业借鉴的经验。在对我国金融信息化现状进行总结的基础上，探讨了我国金融信息化相对于国外的差距、存在的主要问题，及其产生的原因，以及中国加入世贸组织后我国金融信息化面临的挑战。本篇给出了我国金融信息化发展的中长期战略目标以及实现这一战略目标的基本思路，从国家、金融行业和金融企业三个层面上分别探讨了当前我国金融信息化的发展战略，提出了信息化战略的实施策略以及相应的宏观政策建议。

第 1 章 国内外金融信息化的发展历程与趋势分析

国外金融业的发展对于国内金融业有很大的借鉴作用，对比分析国内外金融信息化的发展历程，有利于我国金融业吸收国外金融业信息化发展的经验教训，更好地制定我国金融信息化发展战略，利用后发优势，真正实现跨越式发展。

1.1 金融业发展对信息化的迫切要求

1.1.1 信息技术在金融业发展中的地位

金融业是现代经济的核心。银行、证券、保险以及其他一些金融企业，在保障商品交易和贸易顺利进行、促进经济发展、实施宏观调控、维护社会稳定、优化社会资源配置等方面起到了重要作用。

与传统金融业相比，现代金融业作为知识密集型产业，在组织结构、业务流程和业务开拓等方面，充分体现出了知识和信息的重要性。金融业的这种行业属性，决定了其发展必须以飞速发展的信息技术为支撑。只有推进金融信息化，才能不断促进金融创新、打造我国金融企业的核心竞争力，以适应时代发展的需要。

具体地说，信息技术在金融企业发展中的重要作用表现在如下几个方面：

（1）提高了金融企业业务处理效率。随着金融企业业务范围、业务品种和业务量的扩张，单靠手工方式已经很难及时完成大量的业务处理过程。数据库技术、中间件技术及网络技术的迅速发展，为实现在最短的时间内完成大量的业务交易提供了强有力的保障，大大提高了金融企业业务处理效率。

（2）提高了金融企业管理和决策的有效性和效率。首先，经济全球化带来了金融全球化，金融全球化带来了金融自由化，这使得金融机构面临的风险也急剧增加；其次，金融企业为提高竞争能力和规避风险，陆续推出了大量的金融创新产品，从而增加了金融机构的管理难度。因此，金融企业如何有效防范和化解经营风险是摆在金融企业管理层面前的重要任务之一。信息技术提供了有效、及时地识别、度量和控制风险的手段和工具，通过建立各种风险分析和评价模型和数据仓库的应用等，有助于防范和化解经营风险，提高管理和决策的效率和有效性。

（3）提高了金融企业服务水平。随着信息技术的广泛应用，金融企业不断将传统的业务系统进行整合，为客户提供“一站式”服务。互联网技术的快速发展，为银行金融机构建立网上银行业务奠定了基础。近年来金融企业建立了以网上银行、网上证券、网上保险为代表的新型服务体系，为客户提供了“3A（Anywhere，Anytime，Anyhow）服务”。金融企业服务水平的提高，提升了其综合竞争能力。

（4）信息技术的发展已成为金融工具创新的主要源泉。在业务开拓方面，信息技术不仅在金融业所有核心业务流程中得到了应用，而且已成为金融业务增长的源泉。据报道，自20世纪60年代以来，95%以上的金融创新都来自于信息技术的发展。新的金融工具和服务方式的推行，往往是市场行为和信息技术相互耦合的结果。信息技术为金融市场的参与者提供了充足的信息和大量的管理决策工具，从而使得金融产品的交易更为简单，扩大了金融市场。

（5）实现了“组织结构扁平化”，提高了金融企业效率。信息技术的广泛应用促使金融组织结构“扁平化”，提高了金融企业的效率。一方面，信息技术应用使得基层部门具备更多的信息，这些信息为基层部门的决策提供了依据，这使得过去只能在高层实现的决策向低层转移；另一方面，信息技术的应用也使得管理者的管理跨度扩大，这进一步促进了企业组织结构的扁平化。

信息技术对金融企业的支持作用，可以从“发展”和“创新”两个角度来理解（见图1-1）。信息技术对金融业的支持，最终表现在金融企业的财务指标上，也就是收入增加，成本降低，企业价值提高。信息技术通过保障金融企业的发展，推动金融创新，最终辅助金融企业提升自身的市场竞争能力。

1.1.2 国际金融业的发展趋势及其对信息化的要求

我国金融业正不断地融入到国际金融业中，加入世贸组织之后，金融市场的完全开放已为期不远，这一方面有利于我国金融业更好地利用全球经济资源，另一方面也必将使我国金融业受到全球金融市场的冲击。综观当今国际金融业，主要存在着如下发展趋势：

第一，经济全球化趋势拉动了金融全球化，金融服务得以在全球范围内流动。在经济全球化的今天，金融业的作用已超越了国家疆界的范围。信息技术的应用，特别是数字化、网络化经营环境的构

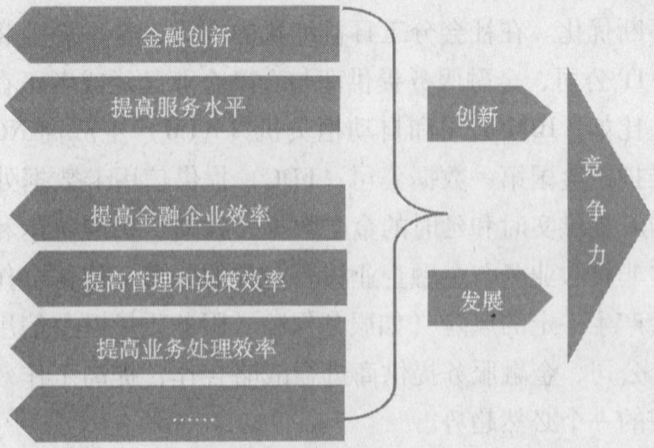

图1-1　信息技术对于金融企业的支持作用

建，使得金融全球化成为可能。今天，世界上规模最大的金融企业中一半以上都在全球各地开展业务。例如，花旗集团的分行、子公司、附属机构、合资企业和办事处分散在全球100多个国家；高盛、摩根·斯坦利和美林公司在全球资本市场上（从纽约到伦敦、从香港到东京）成为主要的交易商、承销商和并购顾问；保险巨头AXA集团在全球60多个国家雇佣14万名员工。金融全球化已成为21世纪国际金融业发展的大趋势，因此，全球范围内的金融服务竞争将逐渐加剧，国际金融企业的竞争重组将不可避免。

第二，金融全球化导致金融自由化，对金融企业的内部管理、风险控制以及金融监管提出了更高的要求。金融全球化必然导致金融自由化，这是世界金融市场上更大范围内的竞争与合作的需要。同时，基于信息技术的金融混业经营和多元化经营也得到迅速发展。例如，1986年英国重新允许商业银行进入投资银行领域；1993年日本金融改革法出台，银行与证券开始混业经营；1999年美国颁布了《金融服务现代化法》，正式将混业经营的原则通过法律形式确定了下来。金融自由化对金融企业的内部管理和风险控制提出了更高的要求，同时使得如何进行有效的金融监管成为世界金融业的重大课题。2001年发表的新《巴塞尔协议》强调：尽管信用风险仍是银行当前经营中面临的主要风险，但是，市场风险和操作风险的影响及其产生的破坏力正在进一步加大。因此，如何建立一个有效的现代监管体系，是减小金融风险的重要课题。

第三，金融创新已成为金融企业核心竞争力的主要源泉。根据波特的竞争优势理论，企业的竞争优势源于企业由于具有创新机制而提高了生产效率。金融创新包括金融市场、金融工具、金融方式等方面的创新，而以工具的创新为主体。金融工具是表示债权、债务关系的一种凭证，金融业作为一个特殊的行业，除去寻求新的利润增长点之外，还需要考虑提高流动性和转移风险。20世纪70年代以后，金融工具创新空前发展，期货、期权、互换等一系列避免和转移价格风险、信用风险的金融工具雨后春笋般地涌现出来；20世纪80年代后，越来越多的金融创新工具在上述创新基础上进一步衍生，如货币期货合约期权、股票指数合约期权、灾害保险期权和期货、衍生头寸证券化、通胀指数化的长期国债等。如前所述，约95%的金融创新的实现都基于信息技术。基于信息技术的大量新方法、新工具，能够帮助分析复杂金融产品的定价、风险等，使得这些产品的交易成为可能。计算机广泛运用于金融业，大大提高了金融市场的效率，使电脑代替电话成为主要的交易手段；计算机终端将各个银行联络起来，成为银行同业交易的最重要工具（如CHIPS和SWIFT系统）；与此同时，电脑在各国证券业和证券交易所广泛应用，使得全球性24小时的证券交易市场正在形成。总之，金融创新反映了经济发展的客观要求，是金融企业的核心竞争力。

第四，金融价值链不断优化。在社会分工日益细化的今天，金融企业将非核心业务外包，已成为金融业发展的一大趋势。IT公司、金融服务提供商与金融企业已经或者正在密切合作，且这种合作正在向战略合作方向转化。比如，IBM公司和自动柜员机（ATM）生产商NCR向金融业提供信息技术服务和自动柜员机运行维护，美国第一数据公司（FDC）提供信用卡数据处理和账户管理服务，路透社、彭博为金融市场参与者提供实时和延时的金融数据，穆迪、标准普尔和艾萨克提供各种类型债务人的信用评级信息。这些非核心业务与金融企业核心业务的分离，使得合作的双方都能受益。尽管依赖外部实体提供服务将会产生一定的风险（如服务保障、服务质量以及信用决策的实时性等方面的风险），但是金融企业与IT公司、金融服务提供商进行战略合作，提高工作效率，实现金融价值链的优化，已经成为金融业发展的一个必然趋势。

综上所述，国际金融业的各种发展趋势都对金融信息化提出了更为迫切的要求。随着金融企业经营地域的扩大、交易数量和交易额度的增加，对金融信息化的要求也在不断增加。为了在全球金融市场中立于不败之地，我国金融企业必须要基于信息技术发展出自身的核心竞争力。此外，随着社会分工的不断细化，在未来的发展中，金融企业和金融服务提供商之间的合作与协同将越来越重要，通过各种信息系统来实现双方或者多方的协作是一个必然的选择；同时金融企业也可以将信息项目、IT服务等外包给其他公司，以实现对自身价值链的进一步优化。

1.1.3 我国金融业面临的特殊环境及对信息化的迫切要求

我国作为一个发展中国家，有着自己特殊的国情。为了实现我国金融业的跨越式发展，金融信息化建设必须要迎头赶上。在金融信息化的过程中，机遇与挑战并存。我国金融环境的主要特征包括：

第一，政府不断加大对金融业的改革力度。从2000年上半年开始，我国金融管理机构逐步推出了一系列以市场深化和放松管制为基调的改革措施，其中一些措施已突破了有关严格分业经营的限制，原来的一些政策禁区逐渐被打破。证券公司可以从银行同业拆借市场按净资产的一定比例拆借资金、进行股票质押贷款、直接上市融资。商业银行可以参与办理开放式基金的认购、申购和赎回业务等。这一方面给中国的金融企业带来了活力，有利于金融企业分散经营、降低风险、增加盈利；另一方面也要求国家必须加强金融宏观监管、防范金融风险。

第二，加入世贸组织后金融市场加快开放，外资金融企业的竞争给中资金融企业的经营带来机遇与挑战。目前，中国已经加入世贸组织，在五年的时间内将向国外金融企业完全放开金融市场。从发展中国家的经验来看，加入世贸组织将为我国金融业提供更大的市场和经济资源。国外金融企业的竞争也将成为我国金融创新的重要催化剂。这些有利因素对促进我国金融企业加快改革步伐，提高金融服务水平提供了历史性的机遇。但我们也应该看到，中国与发达国家相比，在金融体制、金融企业设置等方面有很大的差距，外资金融企业将凭借优良的服务和多种金融产品，扩大其在金融业务上的市场占有率，吸引我国优秀的金融人才，并进而与中国金融企业展开激烈竞争。

第三，国民经济持续发展和客户需求意识的觉醒。金融业的发展与国民经济息息相关。改革开放以来，我国国民经济持续发展，国内生产总值年增长率一直保持在8%左右。国民经济的发展有利于银行、证券、保险行业的快速发展，但是随着生活水平的提高，客户的金融服务意识以及客户对金融服务的要求迅速提高。我国金融企业只有牢牢把握市场的动态，从客户的实际需求出发，提供多样化的、个性化的服务，才能够在竞争中赢得客户。

总的来说，中国的金融市场具有巨大的潜力，我国金融企业在国家政策的鼓励下，面临着历史性的机遇。同时，我们也必须看到我国金融业所面临的激烈竞争。中国金融企业必须在市场完全开放前的保护期内，改革内部管理体制、降低综合运营成本、改进服务水平，迅速地提高自身的核心竞争力。

1.2 国外金融信息化的发展历程及其对我国的启示

1.2.1 国外金融信息化的发展历程和现状

在西方发达国家，12 世纪出现了银行业的雏形；16 世纪中期出现股票，标志着证券业的开始；保险业从 18 世纪开始发展。20 世纪 60 年代以来，银行、证券和保险企业纷纷开始用计算机来代替手工作业，全球金融行业的信息化历程正式开始。虽然银行、保险和证券信息化的起点不同，但其发展历程大体相似，都经历了四个阶段：（1）脱机业务处理阶段。主要是实现银行业务的计算机辅助处理，其主要的目的是节省查询时间和节约成本，这是金融企业信息化的起步阶段。（2）联机业务处理阶段。信息技术在金融企业内部迅速渗透，主要是采用计算机网络技术，实现金融企业内部的联机业务处理，信息资源通过网络实现了共享。（3）经营决策信息化阶段。即充分利用数据仓库等技术，实现了综合的客户信息分析，建立了电话银行、自助银行等新型服务体系，使基于信息技术的现代银行管理和业务体系趋于完善。（4）业务集成化和决策智能化阶段。随着互联网和通信技术的飞速发展，国外银行纷纷开展了基于互联网技术的银行服务与产品创新，出现了网络银行、信用卡、ATM 卡、在线支付以及各种电子支票支付、网络保险、网上证券等新型产品和服务。目前，多种产品和服务已实现了集成，建立了综合服务网络，为客户提供一站式金融服务，提高了服务水平。同时，管理决策智能化，信息技术构建的金融工具在实时的基础上进行风险的度量、识别和控制，帮助金融企业进行风险管理。信息技术为金融市场的参与者提供实时的价格分析，并使得复杂金融产品的交易成为可能，从而促进了金融市场的扩大。

1.2.2 国外金融信息化对我国金融信息化发展的启示

国外金融信息化为我国金融信息化提供了有益的启示。

第一，信息技术必须与金融业务相融合。信息技术的应用经历了从初始的支持金融业务到运作金融业务，再到改造金融业务的过程。首先，信息技术的应用是由金融企业的业务和管理需求驱动的。由于需求不同，银行、保险和证券机构信息化在每一阶段的起始和停留时间有所不同，保险网络化的起始时间和发展水平都滞后于银行网络化。其次，信息技术已成为金融企业发展和创新的契机。国外金融企业已经开始通过实施“业务流程再造”来实现信息技术与金融业务的有效融合。据美国银行再造专家鲍尔·艾伦（Paul H. Allen）统计，从 1980～1996 年，美国平均每年有 13 家大银行利用信息技术来实施再造计划，银行再造之后的平均资产收益率和资本收益率分别从原来的 1% 和 14% 上升到 1.5% 和 20%，而平均的成本收益比从 63% 下降到了 50%～55%。另外，国外金融企业非常重视信息资源的深度开发和综合利用，通过数据挖掘来实现客户关系管理（CRM）和风险管理。到 2002 年底，美国 100 家主要银行中，有 71 家已经或正在实施有关客户关系管理的项目；市场研究机构（Datamonitor）的一份调查报告也表明，42% 的欧洲银行在 2002 年继续加大了客户关系管理的投资力度。

第二，需要注重系统化的金融信息化基础环境建设。金融业是一个信息密集的行业，金融企业的发展不仅仅依靠自身，更需要整个行业、甚至整个社会的良好的信息化软硬件环境。在软环境方面，美国等金融发达的国家非常重视金融信息化的相关立法建设，例如，仅征信方面的法律，美国就有16部。同时，国外金融信息化标准也非常发达，这为金融系统之间的互联互通奠定了很好的基础。在技术环境方面，美国等发达国家一开始就注重建设系统化、标准化的网络系统，建立统一的认证和数字识别中心，制定了网络连接的统一接口标准，实现了金融企业的互联互通。完善的金融信息化基础环境为金融企业的相互合作，提升整体服务水平以及后续的发展都打下了良好的基础。

第三，应当充分引入竞争机制，注重社会的合理分工协作。按照现代管理学的观点，企业中任何仅做后台支持而不创造营业额的工作都应该外包出去。在美国等发达国家，IT行业和金融服务提供商行业都高度发达。金融企业在开展自身的信息化建设时，已经将资源的配置与优化从内部资源扩展到了社会资源上。以银行为例，进入20世纪90年代以后，美国银行已基本放弃了自己开发应用软件的想法，而是把信息技术的部分或全部外包给银行之外的集成服务公司。比如，摩根银行同CSC公司、美国大通银行同FDC等都开展了外包合作。目前，美国68%的信用卡业务处理、10%的ATM处理均是由外部服务公司承担的。除此之外，专业的金融信息服务提供商，向金融企业提供着金融市场数据和各种评级信息，其中最重要的就是信用评级，这些独立的信用评级服务日益被认为是行业标准，补充甚至替代了传统金融企业内部已发展的个人信用模式。通过充分利用外部资源，金融企业可以从外部获取先进、稳定、廉价的信息技术以及其他相关的基础服务，从而专注于发展自身的核心业务。

1.3 我国金融信息化的差距和问题分析

1.3.1 我国金融信息化的发展历程

我国金融信息化的起步晚于西方先进国家，但是发展历程大致与国外类似（见图1-2）。参照诺兰（Nolan）教授提出的IT发展的阶段模型，我们对这一发展历程进行了阶段划分。首先是业务电子化，这一过程经过了引入阶段（计算机辅助业务处理）、渗透阶段（加大IT投入力度并开始联机处理业务）、调整阶段（建立综合业务处理系统，开始进行数据集中和业务集中）等三个阶段。与业务电子化相比，管理信息化开始于渗透阶段，包括办公自动化、人事系统、财务管理系统的应用等。决策智能化则刚刚进入到引入阶段，部分金融机构已经开始尝试包括金融产品设计、定价、风险管理、知识管理等智能化工具的研发工作。

从图1-2中看到，银行、证券和保险三个行业信息化发展过程不尽相同。新中国的银行开始于建国初期，证券业开始于20世纪80年代末，保险业也始于建国初期，但后来停滞了很长一段时间，直到20世纪80年代才开始恢复。行业起点的不同，导致了信息化起点的不同。银行信息化起步最早，信息化建设经历了较长时间的探索过程，积累了不少经验，取得了较大成绩。相对银行来说，证券信息化的起点较高，历史包袱较少，但由于证券行业高速成长，信息化工作还缺乏系统、完善的整体规划。保险的信息化起步最晚，在银行和证券向集中化、虚拟化迈进的时候，保险行业仍然处于保险网络化的初期。

1.3.2 我国金融信息化取得的成绩

改革开放以来，我国的金融服务业取得了长足进步。金融组织体系不断完善，金融创新加快，金融产品日益丰富，金融监管在探索中逐步完善，监管能力不断提高。金融业在国民经济运行和增长中的作用越来越显著。

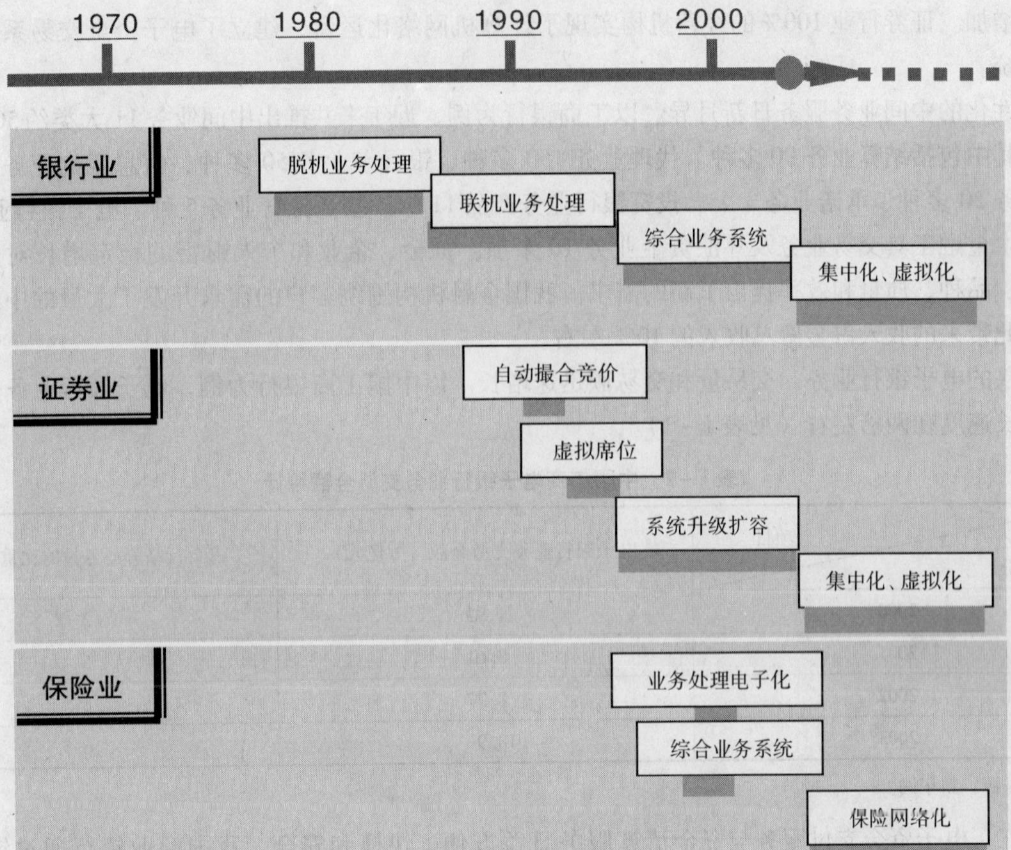

图1-2　我国银行、证券、保险信息化发展历程

我国金融信息化建设起步于20世纪80年代中期，经过二十多年的发展，已基本形成了比较完善的基于信息技术的金融服务体系。我国金融业已完成电子化建设，实现了各项业务处理的计算机化。推出了一批新型金融服务产品，初步建立了自动化的办公环境，并开始进行管理信息化的建设。概括起来，我国金融信息化取得的成就表现在如下方面：

第一，金融信息化基础设施已达到相当规模和水平。据不完全统计，截至2002年底，银行系统已拥有大中型计算机1 800多台套、小型机2 200多台套、服务器13万余台套、PC机44万余台，自动柜员机（ATM）5万余台，销售点终端（POS）30多万台。证券行业建立了高效、可靠的交易通信网络，上海、深圳证券交易所的双向VSAT卫星网、高速单向卫星数据广播网、地面通信专网连接了全国约3 000家证券营业部，为证券公司提供了委托、行情、咨询等信息的传输通道，并基本实现了卫星网和地面网的互为备份。保险行业在进入21世纪以来，信息技术的年平均投入约为11亿元人民币，占年平均保费的0.6%。全国性金融机构一般都建立了两个互为备份的高速内部网络系统，并可以通过网络在银行之间、银行与证券机构之间，银行与海关、税务、财政之间进行信息交换。

第二，经营网点全面实现了电子化。银行业从20世纪80年代中后期开始对营业网点进行了电子化改造。90年代初，95%的营业网点摆脱了手工作业方式，传统的存、取款，转账结算业务全部由计算机处理。目前，各银行以网络为基础，在本系统内，能够为客户提供跨行、跨地区的服务，服务品种不断增加。证券行业100%的经营机构实现了计算机网络化运营，建立了电子资金交易系统和信息管理系统。

个性化的中间业务服务日新月异。以工商银行为例，近年来共推出中间业务11大类约500个产品品种。其中包括结算业务90多种、代理业务150多种、银行卡业务50多种、信息咨询业务50多个、担保业务20多种、承诺业务3个、投资银行业务产品11个、基金托管业务5种、电子银行业务50多项、衍生金融工具交易业务及外汇资金业务10余项。社会、企业和个人财富的稳定增长对金融服务的内容、品种、质量和效率提出了新的需求。我国金融机构围绕客户的需求开发了大量的中间业务产品，为此带来的收入占金融总收入的10%左右。

新兴的电子银行业务，交易量和交易额迅速增长。以中国工商银行为例，电子银行业务交易金额年均增长速度在两倍左右（见表1-1）。

表1-1　中国工商电子银行业务交易金额统计

项目 年份	电子银行业务交易金额（万亿元）	占全行结算业务量的比重（%）
2000	1.93	3
2001	3.61	5
2002	8.77	8
2003	18.9	16.5

数据来源：新华网。

第三，电子资金支付服务与资金清算服务日益方便、快捷和安全。我国商业银行通过银行卡系统、ATM系统、电子结算和资金汇兑系统为客户提供支付结算服务；人民银行通过电子清算系统和同城票据清分系统为商业银行提供跨行资金清算服务。资金清算与GDP的比率是反映一国市场经济活跃程度的重要指标。2002年我国电子资金清算系统共处理支付清算业务4 972万笔，金额46.8万亿元人民币，同年我国GDP为10.2万亿元人民币，支付交易额与GDP的比率为4.6。2003年资金清算系统共处理支付清算业务6 123万笔，金额77.7万亿元人民币，同年我国GDP为11万亿元人民币，支付交易额与GDP的比率为7。

第四，信息化在金融宏观调控和金融风险管理中发挥了重要作用。从计划经济进入市场经济，中国经济转型期的金融业面临加强宏观调控和防范金融风险的艰巨任务。信息化在金融宏观调控中发挥了积极作用。以人民银行为例，现代化支付系统正在建设，按照中央和省两级处理布局方案，大额支付系统正在成功推广中，同时完成了港澳人民币清算系统、城市商业银行汇票处理系统、中央银行债券综合业务系统、中国银联信息系统的接入。安全、高效的支付体系对于畅通货币政策传导、密切各金融市场联系、维护金融稳定、提高资源配置效率都具有十分重要的意义。货币金融管理信息系统、公开市场操作系统、金融信贷检测管理信息系统等对中央银行货币政策的制定和实施提供了手段和科学依据，对于我国成功地抑制经济过热、控制通货膨胀、保持人民币稳定、促进经济发展发挥了重要的作用。

金融机构在大力拓展业务的同时，不断完善以风险管理为核心的内控机制，并抓紧建立和完善与之相适应的风险管理信息系统。如银行针对信贷是当前最大金融风险的现状，大力规范贷款业务，建设信贷管理信息系统。通过计算机系统对信贷业务进行流程化管理，对信贷风险实行集中式监控。人民银行组织建设了“银行信贷登记咨询系统”（即我国企业的征信管理系统），采集与银行有信贷业务往来的每个企业客户的全部相关信息，为银行机构提供其客户在银行业的全部信用状况信息，提高了银行的信贷服务和规避风险的水平。

第五，以银行卡为代表的基于信息技术的金融服务和金融创新以空前的速度得到了大力发展。以市场需求为导向，综合运用先进、成熟的信息技术，设计、推动以银行卡为代表的新型支付工具发展，建设安全、高效的支付资金清算系统，设计开发代客理财、代收费用、企业银行、个人银行一系列新型金融服务产品，大力发展电子金融服务渠道，促进了经济发展，提高了社会生活质量。1986年，中国银行率先在珠海推出第一张信用卡后，银行业相继推出了借记卡、准贷记卡、贷记卡和智能卡等不同卡种，涌现出牡丹卡、长城卡、金穗卡、一卡通等一批国内知名品牌。2002 年，80 多家国内金融机构共同发起组建了中国银联股份有限公司，亮出了“银联”品牌，旨在实现银行卡在全国范围的联网通用、联合发展。2002 年底完成了“314”工程，在 300 个城市实现了银行卡同行异地联网，100 个城市银行卡同城跨行通用，40 个城市银联标识卡异地跨行通用。2004 年，全国的地级城市全部实现了银行卡跨行使用，“银联”计算机系统与香港地区的银行联网，使持有“银联”标识卡的内地居民可以在香港进行购物消费，银行业“一卡在手，走遍全球”的服务目标正在实现。到 2003 年底，全国共有发卡机构 92 家，发卡总量 6.48 亿张，分别比 10 年前增长了 18.4 倍和 162 倍。银行卡账户人民币存款余额 1.14 万亿元，比 2002 年末增长 62.86%。2002 年，全国共实现银行卡交易总额达 11.6 万亿元，比 2001 年增长了 38%。2003 年，全国银行卡交易总额达 18 万亿元，比 2002 年增长了 55.17%。同时，电子资金支付服务与资金清算服务日益方便、快捷和安全。我国商业银行通过银行卡系统、ATM 系统、电子结算和资金汇兑系统为客户提供支付结算服务；人民银行通过电子清算系统和同城票据清分系统为商业银行提供跨行资金清算服务。我国金融机构围绕客户的需求开发了大量的中间业务产品，为此带来的收入占金融总收入的 10% 左右。电子银行业务也是基于信息技术的产品创新的很好的例子。以中国工商银行为例，开办以来，电子银行业务交易金额年均增长速度在两倍左右。（此外，金融创新还表现在服务渠道创新上。我国部分金融机构已经尝试推出形式多样的金融服务渠道，提供 7×24 小时不间断服务，包括网上金融、客户呼叫中心、电话银行、自助银行、自动存取款机以及销售点终端等，使客户不受时间、地域的限制，随处可以得到方便的金融服务。目前金融行业正在进行系统集成、数据集中和渠道整合，准备在时机成熟时推出金融超市，为客户提供一站式金融服务。）

第六，初步建立了金融信息系统安全保障体系。为了确保国家金融安全，金融系统加强了信息系统安全保障工作，确立了“一把手”负责制，建立了专职的安全管理技术队伍，颁布实施了《中国人民银行计算机安全管理暂行规定》和《银行计算机信息安全技术规范》；不断加大对信息系统安全建设的投资力度，据不完全统计，“九五”期间，我国银行信息系统安全建设投资额为 32 亿元，占电子化建设投资总额的 7.26%；主要金融机构已完成本系统信息系统安全技术总体设计，配置了各种加密设备，采取了网络链路层加密、终端加密、口令加密、地址校验、身份认证、柜员签到、密押等安全措施，以保障核心业务数据的传输安全。同时针对非法入侵和计算机病毒等不同的威胁，配备了防火墙、入侵检测、病毒防治、数据备份等技术防范措施；网上金融普遍采用了身份认证、高强度支付网关、专用区域隔离、实时监控等技术，以保证交易行为和外联接口的安全；对火灾、水灾、雷击等自然灾害，各机构分别采取了相应的防灾减灾措施；同时，人民银行和监管部门加大了对金融机构信息系统安全工作的检查。

第七，金融标准化建设取得初步成果。形成了基本完善的金融标准化机构和管理运作机制；制定了金融业国家标准、行业标准 30 多项；密切跟踪金融国际标准的发展情况，正在进行的 ISO 金融国际标准采标达41项。这些标准对于规范金融信息化建设，提高系统建设的效率和质量具有重要作用；同时，为金融机构之间，金融与行业外部计算机网络系统之间的互联互通、互操作提供了基础保障。

1.3.3 我国金融信息化相对于国外的差距

与发达国家相比，我国金融企业采用信息技术的步伐并不算慢，在短期内取得了令人瞩目的成就。我国金融信息化水平的差距在于利用信息化来保障和促进金融服务发展和创新的能力。

2001年的世界竞争力评价显示，在49个国家和地区中，中国国际竞争力的综合排名是第三十三名，作为八大要素之一的金融体系竞争力排名世界第四十五位，比2000年下滑了三位。除了资本成本竞争力较上年有所提高之外，包括金融效率竞争力、股票市场活力、银行部门效力竞争力等指标都有所下降。中国金融体系国际竞争力不断下降，并且处于较低竞争水平，这对于经济社会的整体发展是不利的。

总结我国金融信息化与国外的差距，主要包括：

第一，信息化建设的基础环境尚不够健全。金融服务水平的提高需要统一规范、坚实稳固的基础环境作为保障。目前，我国金融服务业的基础环境还不够健全。首先，金融标准化尚未形成体系，各金融机构在业务发展和信息化建设中，忽视标准的制定和应用。以技术标准为例，我国金融技术标准总体水平不高，在采用国际标准方面明显落后。截至2003年底，TC68中在国标委通过采标立项的有41项。但是，目前尚没有通过正规途径发布的金融国际标准，采标率为0。因此，我们只能被动执行国外或国际标准，受制于人。其次，信用征信体系建设比较落后。美国、欧洲等国家的信用征信体系很完善，征信是一个完整的产业。我国从事信用服务的机构有几百家，在这些为数众多的信用服务机构中上海联合征信影响较大，但依旧没有形成规模。目前，只有人民银行建成的信贷登记咨询系统可以在全国范围进行数据查询。此外，金融信息化领域的法律建设相对滞后，需要尽快出台有关电子货币、电子票据、电子合同、电子签名与认证、征信等方面的法律法规，以规范金融信息化发展。同时，我国金融信息化的硬件基础设施也还有待于进一步建设和完善，这样才能满足金融业务日益发展的要求。

第二，金融监管和风险控制能力不足。相对于美国、日本等金融高度发达的国家，我国的金融监管体制还不健全，金融监管的法律法规体系还不完善，尚未建立起先进、高效、安全和功能完善的金融监管信息系统，现有系统不能满足日益发展的金融监管需求。在当前分业经营环境下，亟待建立高效的跨行业监管体系，以应对金融市场中日趋复杂的金融行为，同时也需要加强与国际监管组织和外国监管当局的合作，以应对全球化监管的趋势。此外，我国金融服务业的风险管理能力有待加强。目前，国际金融机构的风险管理重点已经从信用风险扩大到既重视信用风险又重视市场风险和操作性风险。这些机构高度关注所有信用敞口的总体风险控制，采取统一授信管理、资产组合管理以及资产证券化、信用衍生产品等一系列全新的风险管理技术和方法，防范和转移各类风险，比如使用KMV、CreditMetrics、CreditRisk+等数理统计模型来定量分析、识别和监控风险。比较而言，我国金融机构的风险管理尚处于较低水平，急需在近几年内取得实质性发展。

第三，我国金融信息技术资源配置结构不尽合理。以银行为例，目前我国银行的大部分信息化投资都花费在了硬件基础设施建设上，在软件和服务方面的投入相对过少。计世咨讯公司2004年1月的报告显示，在对4家国有银行、10家股份制商业银行、110家城市商业银行进行调研的基础上，统计得出我国银行业的IT投入有59%花费在了硬件设施上，软件投入所占比例为23%，服务上的投入只有18%。这与国外银行业的IT投入比例（一般而言，在硬件、软件和服务上的投资比例分别为30%、

30%和40%）形成了鲜明的对比。这充分反映出我国银行信息化建设的阶段特点和认识水平。

第四，利用科技手段保障金融服务发展的能力不足。我国金融服务业历经二十多年的电子化建设，已形成了一个覆盖全国范围的金融电子化体系。硬件设备、业务电子化程度与处理效率等与发达国家接近，但利用科技手段保障和促进金融服务发展的能力方面却存在明显的差距。首先，金融科技应用与发展能力不强，信息化水平和知识管理水平较差，资金管理、风险管理、成本控制、盈利能力、信息综合利用能力不强。其次，高端通信产品和大型计算机系统软、硬件严重依赖于国外公司，金融产品开发能力弱，金融产品品种少，服务范围狭窄。以银行为例，我国单个银行机构提供的中间业务服务产品最多的也只有几百种，而花旗银行为客户提供的中间业务产品达六千多种。

第五，新型金融工具的潜力有待发挥。目前，我国网络金融的交易额远低于国外，最主要的功能仍在于信息查询和业务咨询。2002 年，美国的网上银行交易量占银行总交易量的10%，30%～50%的证券交易直接或间接在网上进行，部分保险公司网上保险的业务量已经占到总业务量的10%以上，还出现了一些完全通过互联网做业务的保险公司。而我国 2003 年网上银行的业务交易额只有 20 万亿元人民币。网上证券 2003 年第一季度交易额 926.67 亿元，占总交易额的比重为 9.8%。

虽然我国的银行卡数量不断增长，但银行卡消费额占社会商品零售总额的比例较低。到 2003 年 6 月，我国发行银行卡 5.69 亿张，比上年增长 21%，但银行卡持卡消费总额占社会商品零售总额的比例仅为 4.6%；而美国、日本、韩国、新加坡等国的刷卡消费金额占社会商品零售总额之比都超过了15%。说明我国的银行卡更多的是作为存储而不是支付工具。

第六，信息化投入的应用深度不够，信息化水平和知识管理水平相对较差。我国的金融企业在信息技术投入方面长期以来重业务而轻管理，与前台相比，后台的支持和管理都不到位。比如，财务系统基本上为记账电子化，尚缺少集成的管理会计和成本控制系统；人力资源管理系统停留在人事档案记录电子化上，缺乏集成以及知识管理的功能；企业内部管理系统基本限于办公自动化系统；客户关系管理系统基本限于呼叫中心的建设等。因此，我国金融企业的管理信息化水平仍然处于起步阶段。

第七，在信息化的管理方面，实施信息化所必需的配套管理体制变革严重落后于信息技术的引进和应用，在管理思想的转变、管理体系和制度的建设等方面与国外金融企业相比都还非常落后，现有的科技管理体制还不能适应竞争环境和信息化发展的需求。我国在金融信息化管理上的不完善直接导致了信息技术在支持金融发展与创新方面的能力没有得到充分发挥，具体体现在：(1) 企业内部信息化管理的组织模式还有待于进一步理顺。例如，信息部门在金融企业中的定位、信息部门与其他部门之间的关系等。特别是，我国金融企业主抓信息化建设的高层领导的角色还有待于进一步规范，其作用也有待于进一步明晰。(2) 科技人才管理体制不合理。由于管理体制上的问题，我国金融企业的科技人才主要是计算机专业人才，对这些人才的管理还沿用着以前的模式，在培训、考核、激励等方面均存在诸多弊端，直接导致了科技人才综合素质不高、流失现象严重等问题。(3) 金融信息化建设缺乏长远的发展规划，缺乏从全局角度的统筹规划。软硬件、管理系统的开发和引进很多具有一定的盲目性和片面性，从而导致系统分散、孤立、各自为政的现象非常严重。(4) 科技管理机制也有待于进一步完善。尤其是信息项目的管理、审计工作有待加强，以提高开发效率、降低开发成本和项目风险。

1.3.4 我国金融信息化存在差距的原因

第一，我国金融业起步晚，金融企业管理流程不完善，与信息化的建设和应用存在着冲突。首先，居民的传统消费观念，导致一些新型支付工具，如网络金融、银行卡等不被较好地接受。其次，金融企业对于以客户为中心的理念认识不足，导致一些项目难以推广和普及。比如，一些网络银行升级之后，原有的数据不能导入新系统，客户必须重新登记才能使用。部分金融企业对于信息化的认识不足，造成信息部门和业务部门的配合困难。同时，我国金融业是在内部业务流程尚不完善的时候开始信息化建设的，必然存在信息化与管理流程不适应等问题，因此需要更为科学的信息化规划。

第二，我国金融信息化发展阶段落后于国外，金融企业开始实施信息化时信息化环境与信息技术不匹配。这一问题发达国家也曾经遇到，例如，互联网技术刚刚开始起步时，国家信息化基础设施不完备；金融行业重复进行信息化建设；金融企业内部和金融企业之间的信息系统不兼容；信用体系不完备等。

第三，我国市场经济体制尚未完全建立，目前仍然处于向市场经济的转轨过程中。国外金融创新的主要推动力是市场机制。1979 年我国由计划经济体制向市场经济体制转换，目前仍处于转轨过程中，还需要一定的时间来建立和完善推动金融信息化的金融市场机制。

第2章 我国金融信息化的战略目标

近年来，我国的金融信息化建设进入了一个快速发展阶段，利用信息化构筑企业的核心竞争力已经成为整个金融业的共识。但是，快速发展不等于盲目发展、无序发展，我国金融信息化的发展必须建立在科学的信息化战略基础之上，才能避免重蹈西方某些国家“先建设、后规范”的覆辙，实现新形势下的跨越式发展。因此，制定一个科学、清晰的金融信息化战略目标，在当前形势下显得至关重要。在第1章的基础上，本章首先确定了制定金融信息化战略目标的几个基本原则，然后提出了我国金融信息化的战略目标，并从国家、行业、企业三个层面上对战略目标的实施进行了分析。

2.1 我国金融信息化发展的基本原则

我国金融信息化发展目标，要适应金融全球化的趋势。因此在分析金融信息化的战略目标时，我们遵循如下原则：

第一，与金融业发展趋势相融合。首先，金融信息化战略是金融总体战略框架中的一个重要组成部分，同时它与其他战略（比如创新战略、人才战略、国际化战略、市场战略、研发战略等）密切相关，因此必须明确其保障发展、推动创新的定位。其次，金融信息化战略必须与金融业发展的趋势相适应。长期来看，金融全球化（跨国业务与跨国联盟、合并）、自由化（管制放松、混业经营）趋势明显，所以我国的金融信息化战略方向必须与之适应。

第二，注重把握关键要素。我国金融信息化发展中亟待提高的地方较多，必须透过表象抓住问题的本质。我国的金融信息化战略需要把握好三个基本问题：信息化的外部环境（经营环境和技术环境）、内部环境（管理体制与运行机制）以及技术问题。

第三，总体提高与注重个性相结合。虽然我国的金融业也必然会向混业经营的方向发展，但是分业经营仍然是近几年我国金融业的主要模式。因此，制定、实施金融信息化战略时必须充分考虑到我国银行、证券、保险业所处的历史阶段。例如，一些商业银行的信息化重点在于网上银行和数据集中，而证券公司在于实时交易和风险管理，保险则处于数据整合、标准化的阶段。

第四，全面发展与重点突出相结合。我国金融信息化的基础设施整体上还相对薄弱，信息化工作繁重，不少工作往往同时铺开，容易陷入缺乏重点的困境。在全面发展的同时必须注意重点突出，抓住信息化建设的主要矛盾，带动全局工作。

第五，积极关注高科技发展。金融信息化发展必须能够跳出金融行业，从战略的角度充分审视信息产业的发展。例如，我国未来几年内将加速发展的20个战略性重点高技术产业领域中，就包括软件、电子商务、信息安全系统及产品等与金融业高度相关的产业，这些新技术的产生，可能会给金融信息化带来新的挑战。

2.2 我国金融信息化发展的总体目标

我国金融信息化发展要以实现经济、金融和消费者的全面协调发展为基本目标，建成一个基于先进信息网络，能够满足全社会多层次、多元化需求的，人民群众广泛受益的，稳定、高效、安全、可信并可持续发展的现代金融服务体系，为实现中国金融的现代化提供保障。

总的来说，在未来十年内，我们要逐步完善与金融信息化相关的外部环境，在金融企业内部形成成熟、高效的信息化管理体制与运行机制，并不断调整、完善，实现可持续发展。同时要努力使信息技术与金融企业的经营管理相协调，使金融企业具备以信息技术为依托大力开展金融服务与金融创新的能力。经过十年的建设，要使我国的金融企业能够与国外金融企业进行有效竞争，在某些企业的局部领域争取达到国际先进水平。

2.3 我国金融信息化发展中应该特别关注的三个战略

在我国金融信息化的建设过程中，应特别关注相关的金融发展战略，如金融企业的创新战略、人才战略与国际化战略等。在这些重要的战略中，信息化发挥着保障与推动的作用。同时，金融发展战略也为信息化的发展创造了良好的环境。

2.3.1 创新战略

金融信息化的创新战略包括两个方面：

其一，强调信息化对金融创新的保障能力。金融创新是金融服务业保持活力和提供全面、快捷、高效服务的基础。而信息技术是信息化时代金融创新的首要成因。一方面，信息技术极大地降低了金融行业运营成本，促进了许多金融产品和工具的产生、推广和应用；另一方面，信息技术克服了金融运作时间和空间上的障碍，使金融交易和服务可在任何时间、任何地点进行，实现了金融市场的全球化。目前，我国金融服务业普遍创新能力不足，金融产品单一，服务范围狭窄，因此，大力加强基于信息技术的金融创新势在必行。

其二，必须强调信息化本身的创新能力。这涉及与信息化相关的制度环境、组织结构以及信息技术等。这些要素的建立不是一步到位、一成不变的，也不能完全能照搬国外经验，必须结合国内情况进行创造性的工作。

2.3.2 人才战略

人才永远是企业发展的根本，对于在金融业中占据特别地位的金融信息化建设而言，人才建设尤为重要，必须从战略高度审视金融信息化人才队伍的建设。经过二十多年的金融信息化发展，我国金融业已培养了一批技术精、业务通的信息化人才队伍，并在不断完善信息化人才的管理制度。但现有的人才储备和人才机制，尚不足以支持金融信息化发展的需要。中国加入世贸组织后，外资金融机构即将全面进入中国市场，人才问题将更为突出。所以，我国金融企业必须把信息化人才战略作为信息化发展的战略要素之一，不断深化人事制度改革，加大人力资源开发力度，迅速提高人才资源配置的市场化程度，建立健全人才的培养、开发、吸引、使用的科学机制，创造拴心留人的人才环境，建立和完善符合国际惯例的人才流动机制，造就大批优秀的、富有开拓和创新精神的金融信息化人才，为我国金融业的信息化建设提供强有力的支持和保障。

2.3.3 国际化战略

我国的金融信息化建设必须面向国际。信息化建设的国际化战略包括两个层面上的含义：首先，我国金融信息化的发展应该积极了解国际金融信息化的趋势，科学借鉴国际金融信息化的经验，结合自身的特点进行高效率、低成本的研究开发工作，这样才能在信息化建设过程中少走弯路、错路，实现新形势下的跨越式发展；其次，我国金融信息化的发展要与国际趋势接轨，使得我国金融机构的信息系统能够通过网络实现与国外金融机构相关系统的互联互通，以满足我国金融业开拓海外市场以及对金融机构实施国内外统一监管的需要。

在实施金融信息化战略过程中需要关注的战略要素还有很多，上述创新战略、人才战略、国际化战略只是其中较为突出的几个而已。但是，只要牢牢把握信息化在金融企业中“保障发展，推动创新”的定位，将信息化建设与金融业务发展融为一体，信息化战略的方向就不会偏，信息化战略就可以一步一步得以完成。

2.4 我国金融信息化战略实施的三个层面

我国金融信息化战略实施策略应基于三个层面展开，具体如下：

在国家的层面上，应当建立坚实的国家宏观支撑环境。主要包括进一步加快有关法律、法规的建设工作；做好以信贷征信体系为重点的社会诚信建设工作，尽快建立我国的个人和企业的信用体系；促进和推动我国市场经济体制不断成熟，为经济和金融企业的发展营造良好的市场环境。

在金融行业的层面上，应当完善金融行业的信息化服务保障体系。主要包括尽快形成统一、完善的金融信息化标准体系；进一步改造金融技术基础设施，建设一个开放、稳定、安全、可扩展和高效的金融基础设施平台；建立一个健全的金融信息系统安全保障体系，确保金融信息系统安全；建立并不断完善金融监管系统，实现对金融系统的动态、智能化监管，及时防范和化解金融风险；在鼓励金融服务提供商（Financial Service Provider，FSP）发展的同时，规范金融服务提供商市场的运作；此外，还必须根据金融行业实际发展的需要，组织对相关关键技术和方法的研究。

在金融企业的层面上，应当有效开展信息化建设并实施配套信息化管理变革。首先必须树立正确的观念，认识信息化在金融企业经营管理中的重要作用，正确看待信息部门在金融企业中的地位，进行信息化管理体制调整，建立一个有效的信息化管理体制。同时，还需要建立一套行之有效、灵活应变的信息化运行机制，培养一批复合型科技人才，充分利用信息资源，加强信息项目的管理；此外，还必须充分利用信息技术的支持，实现决策的智能化。

这三个层面的关系如图 2－1 所示，具体任务将在下文进行详细阐述。

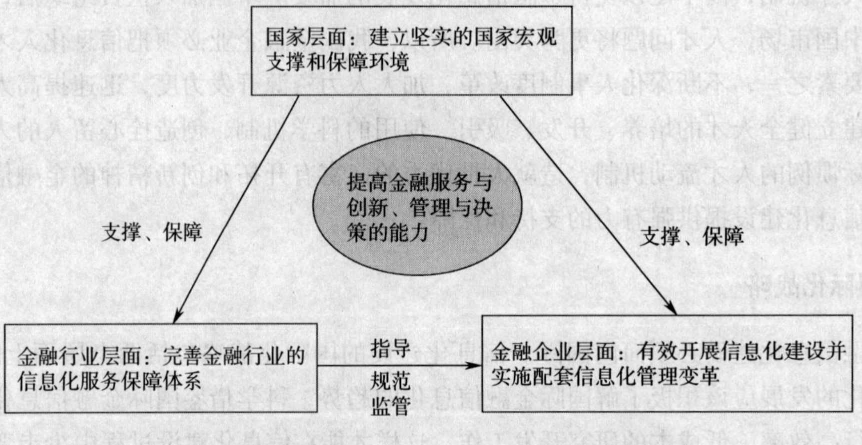

图2-1　我国金融信息化战略实施的三个层面

第3章 我国金融信息化发展的实施策略

3.1 我国金融信息化战略任务必须分阶段、有重点地实施

为了实现金融信息化发展的战略目标和战略任务，国务院以及其他政策制定部门需要为金融业建立一个良好的外部环境，而各金融机构，包括中央银行、银监会、证监会、保监会以及金融企业，必须明确信息化发展的不同阶段以及相应的策略，按照全面发展与重点突出相结合、总体提高与注重个性相结合的原则进行发展。

具体来说，从现在开始，前五年要首先着眼于信息化环境的建设，这包括由经营环境和技术环境组成的外部环境建设以及金融企业自身的内部环境建设。良好的内、外环境将使信息化的发展更为健康、规范、有序，能够全面提高信息化建设的效率和效益，从而使信息化建设提速。在营造上述环境的过程中，必须注意三点：一是将汲取国外的经验与我国的实际情况结合起来，做到既不闭门造车也不盲目模仿；二是必须用发展的眼光来看待问题，金融业正处于日新月异的发展中，金融信息化建设也必然处于变化之中，因此任何信息化建设不是一成不变、一劳永逸的，关键是要形成一套能快速响应变化的信息化管理体制和运行机制；三是注重环境建设并不意味着不要技术发展，但是技术发展却也不能面面俱到、平均用力，而是应该根据当前信息技术的发展和金融业务的需要，优先考虑一些关键技术如业务虚拟化、集中化，并组织对部分关键技术如信息架构、信息安全、数据的集中计算与分布计算等的课题攻关。

后五年必须着重于发挥信息化的效率与效益，使之进一步与金融业务融为一体，对金融业务的发展提供支持保障，成为推动金融服务与金融创新的核心力量之一，从而提升整个行业的竞争实力。所以，这一时期的信息化建设将集中于能帮助金融企业的业务获得竞争优势的关键信息技术的开发与运用，如金融工程软件、商务智能技术、知识管理技术等。

3.2 重大项目的组织实施方式

金融信息化战略任务中的一些系统和体系的建立，例如，现代金融服务与金融监管系统、国家金

融宏观调控信息系统、金融信息标准体系等，涉及面广、政策性强、行业关联度大、技术复杂程度高，对金融业及其相关产业的发展有着巨大的带动作用，需要科学的指导、规范的管理，以严格保证建设进度和建设质量。这些系统和体系的建立，需要在政府的带动下，依靠多方面的力量，集中人力、财力和物力，以重大项目的形式进行攻关突破。可供参考的重大项目的组织方式有：

3.2.1 政府推动

由于金融信息化是涉及我国社会经济稳定发展、金融企业增强核心竞争力的关键因素，在金融科技不断发展的过程中，离不开政府的引导和推动。重大项目的实施涉及金融监管机构、金融企业、社会其他企业以及个人等多方面的利益，要完成如此规模和如此复杂的重大项目建设必须在政府的推动下才能实现。政府需要牵头完成项目小组的建立、配置启动资金、进行宣传和动员，以调动金融管理机构、金融企业以及相关行业共同参与到项目中来。

3.2.2 项目小组组织协调

重大项目的实施，必须由专门的项目小组来统一组织和协调。一般来说，项目小组的成员由政府机构、金融企业和相关专家组成，负责组织对重大项目的关键环节、建设步骤、建设思路和建设措施等进行研究和论证，对项目实施进行统一规划，开展组织协调工作，并进行阶段性检验和监督。保证重大项目有效使用现有资源、循序渐进、稳步实施。

3.2.3 产、学、研结合

国家金融宏观调控信息系统等重大项目不仅涉及金融领域，还涉及大量信息技术领域，以及数学、金融工程等领域的问题。这些项目的实施需要把产业界、教育界和各种科研院所结合起来，共同实施。一方面，高校和科研院所利用人才、设备优势可以弥补金融机构在技术和学术研究上的不足；另一方面，金融机构给学术界提出课题需求，有助于科研人才的培养以及高新科技的研发。产学研的结合，能够使金融机构和学术界实现优势互补，从而大大节省项目的投人，提高项目实施质量，并带动学术界发展。

3.2.4 加强国际合作

国外金融信息化历程早于我国，金融监管与风险预警系统、信用体系等在国外已经建立并起到良好的支撑作用，所以在实施重大项目的时候，需要进一步加强国际合作，与国外研究机构进行合作研究，出国培训考察，以借鉴国外金融信息化建设和管理的经验与教训，结合我国的实际情况，实现跨越式发展。

3.2.5 市场化运作

金融信息化重大项目的启动和实施需要大量的资金和运作成本，需要发挥社会各界的力量，在政府和金融管理机构的统一组织协调下，按照市场化的经营思路进行项目的实施和运行，以专业化的运作方式提高建设质量和建设效率，使项目的运作能够反映市场规律，并在项目成果投入使用后取得直接的经济效益，从而增强金融业活力，并带动信息技术行业及其相关产业的发展。

金融信息化战略目标的实现不能一蹴而就，我国金融业需要按照上述实施策略，保障金融信息化战略任务在统一规划下，分步实施，从而为社会提供更全面的金融服务，维护经济秩序，为经济发展作出贡献。

第4章
我国金融信息化的战略任务

明确了我国金融信息化的战略目标之后，必须制定相应的策略和措施来保障其实施。本章将从国家层面、金融行业层面以及金融企业层面等三个层面分别针对我国金融信息化的四个关键要素——经营环境、技术环境、管理体制与运行机制以及技术问题等加以分析，通过借鉴国外的先进理念与经验，结合我国金融业自身的特点和所处发展阶段，有目的、有计划、有重点地提出我国金融信息化战略实施的相应任务。

4.1 建立坚实的国家宏观支撑和保障环境

在国家层面上的工作主要应该集中在提供一个科学、健全、安定、宽松的金融政策环境，并且帮助金融行业完成一系列有利于行业发展的、全国性的基础设施建设，如企业和个人的信贷征信系统的建立等。这些工作将为金融信息化的快速建设建立起有力的宏观支撑体系。

4.1.1 完善政策法律法规体系

随着社会的发展，法律法规的作用愈来愈重要，从一定意义上说，市场经济就是法制经济。金融信息化对立法工作提出了挑战。目前，我国的信息化立法主要集中在计算机网络建设和网络安全方面，而在信息安全、电子商务、信息化监管等方面都严重滞后，无法满足金融信息化发展的需要。

目前亟待建设和完善的相关法律法规主要包括：

第一，关于国家信用管理的法律。首先，从发达国家的经验看，信用立法工作是一个长期过程。现在我国的信用体系建设正处在初始阶段，我国信用法律法规缺失严重，应充分借鉴发达国家在信用管理方面的法律法规，尽快出台与信用行业直接相关的基本法，比如《征信法》，以奠定信用行业的基本制度框架。其次，可针对不同的专业领域出台相应的专门信用法，例如《商业信用法》、《个人信用法》等，并尽快建立和完善失信惩罚机制，明确在市场经济中失信的法律边界。此外，应修改和调整部门、地方与国家信用制度不相符的规定，使全国的经济行为在统一的信用制度下运行。

第二，关于金融信息化监管的法律法规。信息技术的发展给金融业带来了新的风险，这些风险主要体现在：通过计算机网络，巨额资金可以在瞬间从一方转到另一方，大量资金突发性转移不仅大大增加了金融业务的不稳定性，增加了金融企业的流动性风险，同时由于网络快速传递的特性，它还可能使风险迅速蔓延和扩大，导致整个金融市场的急剧波动。另外，由于整个交易过程几乎全部在网上完成，金融交易的“虚拟化”使金融业务的交易对象变得难以明确，过程更加不透明，因此，金融企业将面临更大的信用风险。

为此，西方一些发达国家都对电子化金融业务制定了系统的监管法规。而我国当前金融信息化监管的现状并不乐观，需要金融监管当局从总体上出台一系列的网络金融业务管理和风险管理办法，对网络金融的发展进行适当的引导和必要的监管，处理好金融创新与监管规范之间的矛盾。

第三，关于金融电子商务的法律。电子商务的发展改变了传统的经济增长方式和贸易体制，随着社会的进步，电子商务将在国民经济中占有越来越大的比重。目前世界上至少有四十多个国家与地区已经制定、颁布了实质意义上的电子商务法，而我国在电子商务方面的立法几乎是一片空白，这在一定程度上阻碍了电子商务的开展。

电子商务的政策制定和立法工作，在世界范围内都处于一个探索和试验的研究阶段。就目前的现状而言，探讨电子商务立法的主体、客体、权利、义务、诉讼程序、诉讼管辖等细节条款为时过早，因此发达国家都从制定和细化有关电子商务立法的原则问题着手，从一个战略发展的角度来规范和建立电子商务立法规则。

我国应根据我国电子商务发展状况和国情，研究、借鉴联合国《电子商务示范法》及其他国家现有的立法经验，确定我国电子商务立法框架和法律架构，尽快制定全国统一的《电子商务法》，以其作为整个电子商务法律体系的核心，并辅以相关配套单行法律法规，构建电子商务法律体系。主要的立法范围包括：跨境交易的税收和关税问题，电子支付，网上交易，著作权、专利权、商标权以及域名等知识产权保护，个人隐私保护，安全保密等。

第四，关于金融信息安全的法律。信息安全是信息化健康发展的保障。国家领导也多次强调，必须充分认识做好信息安全保障工作的极端重要性，全面提高信息安全防护能力，重点保障基础信息网络和重要信息系统的安全，创建安全健康的网络环境，保障和促进信息化健康发展。

特别是目前金融业的数据集中，也使得风险集中。相关的法律法规应明确如何保障信息安全、防范和防御金融信息犯罪以及完善应急体系等方面的法律工作。具体内容包括：通过立法建立国家信息安全组织管理体系，强化国家信息安全机构的职能，建立高效的、职责分工明确的行政管理和业务组织体系；建立信息安全标准和评估体系；进一步加强信息基础设施和通讯安全立法；加强信息保密与信息加密技术的立法；加强信息犯罪的界定、裁决和惩罚立法；尽快出台有关信息安全事故法律责任承担、赔偿适用的法律法规；出台金融业应急体系建设的相关规定。

总体来看，金融信息化立法要有适度的前瞻性和灵活性。法律法规的要求是与经济发展所处的历史阶段相应的，随着信息化建设的不断深入和金融创新的不断发展，势必会出现更多的与金融信息化相关的法律。因此，从国家的层面上来说，必须时刻把握立法需求，对现行法律不断修改和完善，或者制定新的法律法规，这样才能适应不断涌现的金融信息化立法需求。

4.1.2 建设与完善企业与个人信用征信体系

信用体系是现代市场经济的基石。对于现代金融来说，信用更是核心内容。无论是银行的存贷、股票债券、金融票据的买卖，还是保险、期货、股权的买卖、市场的销售都是资金、权益等信用的交换。没有一个完善的信用体系，就不可能建立完善的金融产业链和金融市场。

缺乏信用体系已成为制约我国经济发展的瓶颈。据报道，我国在市场交易中因信用缺失、经济秩序问题造成的无效成本已占到我国 GDP 的 10% ~20%，直接和间接经济损失每年高达 5 855 亿元，相当于我国年财政收入的 37%。缺乏信用体系也减小了货币市场的规模，由于没有建立个人信用制度，包括个人信用数据库及个人信用评估系统，银行没有放贷依据，个人贷款审批程序多。

由此可见，加快建立符合市场经济要求的现代信用体系，已经成了我国经济健康发展的基础性工作。当前我国信用体系不完善，存在的问题主要表现在信用意识低下和信用秩序混乱等方面。我们应该借鉴各国建立国家信用体系的经验，在加强完善信用管理法律制度的基础上，加快完善我国社会信用体系。具体措施包括：

第一，建立统一开放的信用数据库和信息共享机制。应协调政府部门和银行的信息沟通，在全国建立企业和个人资信管理网络体系，构建一个社会共享、公正、真实的企业、个人咨询网络，为这些企业和个人进行经济活动提供可靠的资信证明，以保证经济活动在良好的信用秩序下进行。

第二，建立统一的信用评估标准。目前我国缺少一整套经过科学设计、严密论证、权威度高、可推广使用的信用评估程序和相应的评分模型。因此，政府在促进实现信用评估的标准化和公平性等方面可以发挥积极的引导作用，帮助相关部门制定统一的信用评估标准。

第三，促进独立的信用信息服务机构的建立与规范发展。一方面对于企业信用信息征信机构，可以通过竞争的方式，促使其良性发展，在这个过程中，政府处于引导地位，不直接干预企业的经营活动；另一方面对于个人信用信息征信机构和资信评级机构，政府则应加强监管，并通过制定相应的要求提高进入门槛，尽可能地实现信用评估要求和市场主体权利的平衡。

第四，加强对信用信息服务机构的监管，加大对失信的惩治力度。应明确信用行业的监管主体，可以由中国人民银行牵头，联合各相关部委，成立全国信用工作委员会，统一对信用行业进行监督管理；在行使监督职能的过程中，政府必须严格依法行政，保证市场主体的利益不受公权机关的损害；应有效发挥法律和市场对失信行为的双重惩罚机制，严格依法惩处"失信者"，切实培育和扩大全社会的信用需求。

建立信用体系主要的难点在于达成各部门之间的协调。信用体系的建设是一项庞大的社会系统工程，涉及银行、公检法、海关、税务、保险等许多部门，各个部门需要统一标准，步调一致。建立信用制度的模式，可以借鉴欧洲推行的政府主导、联合个人模式以及美国的政府制约与规范的民营企业运作模式。在初期更多地依靠政府的推动作用，建立企业与个人信用档案、信用等级评价体系；之后逐步向企业经营模式过渡，充分利用信用等级评定系统，以提高效率。

4.2 完善金融行业的信息化服务保障体系

在金融行业的层面上，金融信息化的相关战略将由人民银行以及银监会、证监会、保监会等监管机构来指导完成，其中包括全面的监管工作、安全保障工作、管理规范工作，以及制定信息化标准、建设和改造全国性的金融服务基础设施和组织关键技术攻关等技术工作。这些工作将为完善金融行业的信息化建设提供强有力的服务保障作用。

4.2.1 完善金融信息化标准

实践经验表明，由于缺少统一规范，在一定程度上我国金融业存在着信息化基础设施建设无序，信息系统间互联互通困难，信息资源无法共享、信息孤岛现象比较严重等问题。因此，结合金融业对标准化的实际需求，研究制定金融信息化所需的各类标准，并最终统一形成完善的金融信息化标准体系，对促进我国金融体系与国际接轨，提高国内金融服务水平具有重要意义。

当前我国金融信息化标准建设的核心任务是：针对当前金融业信息化建设遇到的相关问题进行标准体系的研究、总结、归纳和验证，充分考虑金融业信息化的现状与长远发展，注意标准的前瞻性、全面性、先进性和可操作性，做到既符合国际惯例，又能保护本国利益。具体来说，应该制定和完善如下标准体系：

（1）基础标准：金融信息化通用的基础性标准；

（2）技术标准：金融信息化的基础设施建设和软件开发中涉及的标准；

（3）管理标准：在组织、制度、政策、人员、管理等方面为金融信息化等提供保证的标准；

（4）安全标准：金融信息化所需的安全建设、安全组织和运行管理等标准；

（5）应用标准：金融信息化中应用系统建设所需的标准与规范；

（6）其他标准：上述部分不能覆盖的金融信息化必需的其他标准。

在上述信息标准化的工作过程中，应该注意：第一，提高标准化意识，增强标准化工作的主动性；第二，应在“统一归口、统一管理、统一报批”的原则指导下，加强金融标准化工作的统一管理和协调；第三，加大标准化工作宣传力度，加强标准化人才的培养和国际交流。总之，信息化标准建设应该围绕着为金融信息化建设提供标准支持、保障金融信息化建设统一部署和长远规划、提高信息化建设的效率和投入产出比来进行。

4.2.2 加强金融信息化的指导与监管职能

金融业的电子化，经营业务的多元化，改变着传统的经营方式和内容，引入了新的风险，使金融监管的范围扩大，一方面加大了监管机构的监管难度，使得监管机构的某些现有监管措施失效；另一方面，信息技术的应用又能提高监管机构监管的有效性。

我国目前已经形成了分业经营、分业监管的体制，银监会与证监会、保监会一起，构成了一个严密的监管体系。我国的金融监管工作在构建金融监管组织体系、建立监管指标体系、构建监管法律体系、完善金融监管内容等方面都取得了很大的成绩。从混业监管到分业监管，从单纯的合规性稽核监督到目前以防范金融风险为核心的审慎性监管，都标志着我国的金融监管正逐步走向科学化、法制化、规范化的轨道。

但我国目前金融监管存在着以下问题：（1）根据新《巴塞尔协议》的要求，监管工作要坚持持续性、审慎性原则。尽管我国的金融监管工作已经从早期的合规性监管转到了风险性监管，但与《巴塞尔协议》的要求相比还存在许多不规范之处，偏重于运动式的监管、整顿式的监管、事后处置的监管。（2）监管的法规不够完善。虽然经过多年的努力，初步建立了一个包括《中国人民银行法》、《商业银行法》在内的金融监管的法律、法规体系，但这一体系还仅是框架性、指导性的，与之相配套的有关监管实施细则还未完全建立起来，操作性不强，监管标准难以把握、难以统一。（3）随着金融电子化的发展，以虚拟金融服务为对象的金融法律法规大多是空白。这些都有待于进一步改进、完善。我国应当在借鉴国际经验的基础上，结合目前金融信息化的具体实践，制定出符合我国国情的风险管理指导方针，引导我国金融企业在开展信息化工作的同时，逐步完善风险管理措施。

第一，加强中央银行及银监会、证监会、保监会的协调，建立信息共享机制。金融监管的工作重心在于金融风险监管，因此也应该承担起对金融信息化的监管职能。金融监管重在发现、预警、评估和控制风险，银监会、证监会和保监会应按照金融监管目标，与央行达成具有约束力的关于信息共享的协议，明确职责，注意分工合作，建立有效的监管网络和监管信息资源共享体系，提高监管效率和监管力度。

第二，建立国家金融宏观调控信息系统。建立国家金融宏观调控信息系统的目的在于：研究各种分析方法和模型，对宏观经济进行客观、全面、科学的分析，帮助决策者快速、准确地了解经济运行形势，对未来趋势作出正确判断，科学地制定和实施货币政策，保持人民币比值的稳定，保障经济快速、平稳发展。其主要功能包括经济预测、政策操作、中间目标、最终目标、操作调整等。主要内容则包括：研究建立结构严谨、理论基础扎实的计量经济模型框架体系；建立金融宏观调控指标体系；宏观经济调控预测模型的研究与开发；基于预测模型和指标体系建立金融宏观调控信息系统等。

第三，完善金融监管体系，建设监管信息系统。当前，我国金融监管部门已经开发了一些针对不同监管对象、覆盖不同业务领域的金融监管应用软件，但并未形成统一的监管信息系统，无法实施有效的动态金融监管。因此，应该建立金融风险评估和控制模型，完善动态风险预警指标体系；基于监管模型和指标体系，建立金融监管信息系统。

第四，建设反洗钱系统。反洗钱是在经济、金融全球化背景下保障国家安全的一项重要工作。通过建立、健全我国的反洗钱系统，可以实现我国金融业和世界反洗钱工作接轨，提高我国金融业反洗钱能力。该系统主要是从金融机构收集可疑交易数据，并根据事先确定的评估模型或数据仓库与数据挖掘技术对可疑交易行为进行分析和评估，指导反洗钱工作的开展。

第五，加强金融业务外包的风险控制。目前我国金融业务的外包主要涉及信息系统开发、维护，呼叫中心、银行卡等业务，业务外包符合优化资源配置的原则，能够有效降低金融企业的成本，但是也带来了潜在的风险，如安全风险、后勤保障等。现行的监管法规还未对此作出相应的规定。我国监管机构应制定金融业务外包监管指引文件，明确金融业务外包的范围，以及金融业务外包的监管程序等；同时也需要加强对金融服务提供商的监管，规范金融服务提供商市场。

第六，强化对金融信息技术应用的监管。具体包括：(1) 严格把握技术准入关。金融企业应用新技术必须符合金融行业技术规范，必须充分识别、量化其中潜在的风险暴露，并建立有效的风险控制措施来管理风险；(2) 监管当局应对银行电子化业务内控制度和执行情况进行常规性审查；(3) 提供统一的金融基础设施服务，如数字签名、CA 认证、银行卡联网联合服务等，降低系统风险。

4.2.3 建设与改造全国性的金融服务基础设施

信息化基础设施是由计算机硬件、软件，通信网络等组成，组成信息技术服务的基础平台，是建立科学、健全的信息化服务体系的保障。

我国金融业在自身努力和国家信息化基础设施的不断完善的推动下，经过二十多年的发展，从无到有、由点及面，初步建成了比较完整的金融服务基础设施体系。与之同时，当前我国金融服务基础设施建设依然面临挑战：(1) 尚未建立全国性公共金融支撑系统平台。金融业尚未融合语音、视频和数据信息；金融业内部网络以及内部与外部网络实现互联互通难；金融数据以及相关经济数据采集困难，共享性和实时性差。(2) 基础设施的高可用性、可信性及安全性还存在薄弱环节，还不能完全适应业务发展与创新的紧迫要求。近期的主要任务如下：

建设与改造全国性公共金融支撑平台。建设一个开放、强健、安全、可扩展和高效能的金融基础设施平台，该平台能够支撑混业经营、联合监管和跨国经营，可以实现系统内、跨安全和跨行业的系统互联互通，保障金融业务直通式的综合处理。主要内容包括：

(1) 参照欧洲的“信息技术基础设施库（ITIL）”等标准，设计银行、证券、保险信息化基础技术参考模型，指导包括网络在内的基础技术设施的升级改造；

(2) 建设金融网间互联平台，方便金融机构间数据交换，系统互联和业务互操作；

(3) 研究具有金融行业特点的系统运行环境软件包；

(4) 研制符合我国金融特点的公共应用软件，以提高应用软件的开发效率和质量。

4.2.4 加强金融信息化的安全保障体系

在国家层面的信息安全工作的基础上，金融行业也必须加强金融信息化的安全保障工作。主要包括如下三个方面：

第一，建立、健全自主的金融信息安全标准体系。目前国内已经推出了一些信息安全相关标准，金融信息系统也已经建立了一系列安全标准，但还不完善和健全。应深入分析金融信息化的特点，建立适合金融信息化安全需求的标准体系。我们可以借鉴国外已有的标准体系的成果，综合我国的实际情况，建立适合自己需求的标准体系；同时，进行相关的前瞻性研究，提出我国金融业需要的新标准，避免在特别重要的金融信息安全问题上长期处于落后被动的局面。

第二，更新、完善信息安全的行业规范与法规。在建立安全标准的基础上，必须针对我国金融行业的现状，及时颁布、更新、完善各分业的信息安全规范与法规。这些规范与法规必须对系统安全评估、信息系统战略规划、系统和网络安全、业务持续经营计划、外包业务监控、业务流程的建立和应用程序的控制程序等都提出明确的要求。

第三，加强对信息安全的监管。在上述政策环境和技术环境逐步完善的过程中，金融监管机构必须加强对金融信息安全的监管，主要做好几个方面的工作：要加强制度建设和内部控制监管，重点监控各金融企业是否认真执行国家和行业制定的信息安全法律法规，是否结合自身实际制定了切实可行的内控制度，在日常操作中是否存在越权操作、密码管理不严格等问题；要加强实体监管，对金融企业计算机网络系统建设的安全性、合理性进行检查，例如，各种设备和线路的部署是否得当、备份及供电系统是否能可靠运行、操作系统和应用系统是否存在安全漏洞、是否配备了防火墙和防病毒产品、防病毒产品是否定期升级等；要加强人员素质监管，对金融企业人员的资格进行审查，看其是否有较高的法制安全意识，是否存在经商和其他不适合从事金融信息工作的行为等。

4.2.5 规范金融信息化服务提供商市场

金融信息化的发展需要巨额的信息技术投资，这笔投资传统上大部分用于金融企业内部自主开发系统。随着金融业的改革与发展，如何提高金融信息化的建设与管理的效率、质量日益受到重视。近年来兴起的“金融企业信息技术服务提供商”的模式发展迅速。该模式具有降低开发成本、优化内部资源配置、加速建设速度等优势。CIO. COM 于 2002 年 4 月所作的网上调查表明，所调查的 179 个公司中有 69% 的公司外包过它们的 IT 服务，77% 的公司表明它们将增加公司在 IT 外包方面的花费。

近年来，我国的金融信息化处于高速发展阶段，金融 IT 服务市场急剧扩大。以银行业为例，2002 年银行业 IT 应用市场整体规模为 287 亿元，其中三分之一由国内厂商获得，其余的三分之二均被国外厂商占据。实践表明，金融企业使用外部提供的 IT 服务也具有相当的风险，这包括过分依赖 IT 服务提供商而最终受控于提供商、错误选择不能很好提供 IT 服务的供应商以及泄露商业秘密等。因此，必须加强对金融信息化服务市场的指导和规范。

金融监管机构须尽快颁布、完善外包业务监控的行业规范，用法律法规指导金融 IT 服务市场的健康发展。考虑到国内金融系统的信息安全、培育国内 IT 产业的发展等因素，可以积极利用市场手段来加速国内 IT 提供商的成长，如在颁布的行业规范中有意识地对目前较为弱势的国内提供商采取适当保护、优惠政策等。此外，我国一些实力强的金融企业，如国有商业银行，本身具有实力较强的信息化队伍，完全有能力实现科技部门的产业化，将科技部门培养成完全自主、独立运作的专业化公司，同时为多家金融企业提供专业化的服务。

4.2.6 倡导、组织对金融信息化关键技术和方法的攻关

我国金融业已完成了手工业务的电子化，并正在加快进行数据大集中等信息化建设，我国金融业的信息技术应用还不能够充分支持金融服务和创新的迫切需要，支持日常管理和决策的功能尚未充分发挥。我国金融企业需要掌握金融服务与创新、管理与决策两方面的关键技术和方法，以搞好相关的信息化建设与管理。

金融服务与创新相关的关键信息技术主要包括三个方面：业务系统的综合集成、信息系统安全、大规模业务和海量数据的实时处理。这三个方面的科技攻关将为金融业的业务信息化提供根本的保障，从而为金融服务和金融创新奠定基础。

金融管理与决策相关的关键信息技术主要包括商务智能、知识管理等，它们决定了将信息、知识融入金融产品或金融服务的能力，是决定金融业竞争优势的重要因素。

组织对上述关键技术进行攻关时，要注意关键技术的时效性以及关键技术的业务差异性。前者是强调针对当前的业务发展需求优先研究开发目前急需的关键技术。目前我国金融业的当务之急是强化核心业务、获取参与国际竞争所必需的核心竞争力，因此支持、保障金融服务和金融创新的技术应该优先考虑，尤其是信息集成和安全保障体系建设。后者则是强调银行、证券、保险的业务发展阶段不同，在关键技术研发的先后顺序上应该有所不同。

下面就五种关键技术的研发具体加以说明。

第一，业务系统综合集成与多渠道整合技术。完成数据集中之后，金融企业将逐步把主要业务集中到区域中心甚至单一中心来进行处理。为真正提高集约化规模效益，就必须在数据集中的基础上，以客户为中心，集成客户关系管理、金融产品与服务管理、风险管理与审计等核心业务系统，为客户提供全方位、多功能的服务。同时，银行业的电话银行、网上银行、手机银行等业务的发展，为客户提供了多种服务渠道，而这些业务系统的后台应用完全可以集成和共享，以提高资源的利用效率。须做的工作有：

（1）进行企业应用集成。企业应用集成通过建立底层结构（中间件）来联系横贯整个企业的异构系统、应用、数据源等，完成在企业的核心业务系统之间的集成以及多种服务渠道等的后台应用的整合，从而优化业务流程，提高资源利用效率。

（2）制定金融数据交换协议。为更好地支持银行、证券、保险业的应用系统之间以及三者内部系统之间的交互，促进复杂金融数据的“直通处理”（Straight Through Processing，STP），保证各金融企业电子业务有效安全地交互，方便监管当局进行有效的监管和风险控制，需要有一个金融信息通信的标准数据交换协议。金融数据交换标准（Interactive Financial Exchange，IFX）规范将为金融数据和指令的交换提供一个具有可靠性和可塑性的构架，其不受制于任何网络技术或处理平台。

（3）开发信息系统软件。在金融企业面临的环境变化和自身业务创新均不断加快的情况下，对信息系统的开发效率和质量提出了更高的要求。模型驱动架构（Model - driven Architecture，MDA）和基于模型的开发方法为提高软件开发效率，增强软件的可移植性、协同工作能力和可维护性，有效集成遗留软件以及简化文档编制指明了解决之道，代表了新一代的软件开发方向。我国金融业应该关注模型驱动架构和基于模型的开发方法的发展，尽快建立和完善全局性、与实现技术无关的金融业务模

型，促进信息系统软件组件市场的形成和发展，以显著提高信息系统软件开发的效率和质量，应对业务和技术变化对金融IT应用带来的挑战。

第二，信息系统安全技术。信息系统安全包括信息系统安全运行和信息安全两个方面。金融业务网络化和虚拟化的趋势使得金融企业的信息系统安全风险更加集中，安全事故的危害也更加严重。综合组织、管理和技术手段，建立健全的金融信息化安全保障体系是当前我国金融业正常运营的基本要求。

（1）信息系统安全运行。自然灾害、设备故障、病毒感染、黑客入侵以及内部人员误操作和破坏等都可能影响到信息系统的正常运行，从而扰乱正常业务的进行。为保障金融信息系统每周7天、每天24小时的安全运行，应该优先关注和应用的关键技术和方法包括：防火墙、入侵检测、网络管理、病毒防范技术和方法，以及对高价值、超大规模信息系统的数据存储、备份、灾难恢复等应急处理技术和方法。

（2）信息安全。金融服务面临着各种各样的威胁，包括敏感数据被窃取、删除或篡改，机密信息被公开，非法访问，用户身份被冒充，对交易的抵赖等。信息安全问题已经成为影响金融业务创新（如网上银行等）得以充分发展的关键制约因素之一。保障金融信息安全的关键技术和方法主要包括两方面：加密和认证。在充分借鉴国外已有成果的基础上，研发出具有我国自主知识产权、适合我国金融业务发展的加密和认证技术是保障我国金融信息安全的必由之路。

第三，大规模业务的实时处理技术。金融业快速增长的大规模业务处理和及时风险管理对信息系统实时性的要求越来越高。分布式计算（Distributed Computing）和网格计算（Grid Computing）技术可以将众多分散的服务器资源（包括CPU、内存、数据库等）通过高速网络组成共享的资源集成，可以在不提高成本的情况下，大幅度提高进行计算、管理及服务的资源能力，这对于开发金融信息技术基础架构及实时的业务处理、风险管理都是非常重要的。我国金融业应该密切关注分布式计算和网格计算技术的进展和应用，以充分发挥服务器资源能力，应对不断增长的业务处理和风险管理要求。当然，这与我国金融业目前的数据集中趋势并不相悖，各相对集中的超大型数据仓库之间的数据计算需要性能更为优良的分布式计算和网格计算算法。

第四，商务智能技术。商务智能（Business Intelligence，BI）是立足于大规模数据，综合运用统计学、机器学习、数据库等技术来支持管理和决策的方法的总称。金融业具有信息密集的本质特征，我国金融业应该在完成数据集中和业务集中基础上，大力应用商务智能技术和方法，切实提高业务分析和风险管理水平。金融商务智能应用的关键技术主要包括：

1. 数据仓库。目前金融业现有的应用系统往往以“产品”为中心，以“单据（票证）”处理为基础，是面向联机事务处理（Online Transaction Processing，OLTP）的系统。而以客户为中心的经营管理模式要求对现有业务系统的数据进行有效的集成。数据仓库技术可以很好地满足我国金融业从以产品为中心向以客户为中心转变过程中的信息需求。数据仓库技术将现有的各方面数据通过新的组织方式，以新的视角进行整理和组织，形成面向全局的完整视图，使决策者能够更加全面地了解数据中所含有的信息。同时，金融企业通过建立数据仓库系统，可以有效地将前台系统与后台系统相分离，更好地支持金融业务创新和管理变革所带来的信息需求的变化。建立包含业务数据和客户数据等重要数据的高质量的数据仓库是应用商务智能提升管理与决策水平的基础，也是未来几年内我国金融业继数据集中之后信息技术应用的重点领域。

2. 联机分析处理和数据挖掘。联机分析处理（Online Analytical Processing，OLAP）将数据仓库和业务系统中的相关数据转化为有用的信息，从而支持管理决策。我国金融业应该结合联机分析处理技术和金融工程的理论和方法，研究和开发适应我国国情的金融分析模型和工具，用于金融产品的设计、定价、经营管理和决策，以及金融监管定量分析等工作。而数据挖掘（Data Mining）则是以统计方法、人工智能等技术为手段，结合专家的实际业务经验，从大规模甚至海量数据中发现新的、具有实际效果的信息和知识的有效手段。针对不同的数据和需求，数据挖掘的方法具有很大的不同，其执行效率和结果也会有很大的差别。因此以业务为导向开发高效、可伸缩的挖掘算法应该成为研发的主要方向。我国金融业应该在风险控制、客户关系管理、成本控制、绩效评估、人力资源管理等关键领域，组织专家和信息技术人员，研究和开发相应的数据挖掘模型和工具，用于发现新的知识并将其付诸实践，以提高业务效率、管理水平，最终提高盈利水平和竞争能力。

第五，知识管理技术。知识管理（Knowledge Management，KM）指企业通过明确管理知识（包括知识的获取、共享和应用）来获得企业长期竞争优势的手段总称。知识管理可以促进个人知识向组织知识的转移，促进显性知识的共享和隐性知识的广泛应用。为提升核心竞争力，我国金融业加强知识管理势在必行。我国金融企业一方面要明确知识管理的重要意义，采取管理和组织手段，促进员工乐于创造、共享、应用知识的知识型企业文化的形成；另一方面，应该加快应用相关的信息技术手段，如内容管理系统、协同工作系统等，以促进知识的创造与共享，促进个人知识向组织知识的转移。

以上是未来几年内金融信息化过程中，支持金融服务与创新以及管理与决策所需要关注的几个关键信息技术和方法。需要指出的是，这些技术和方法效果的充分发挥，不仅仅取决于技术和方法本身，更重要的是要求有相应的管理体制和运行机制作保障。

4.3 有效开展信息化建设并实施配套信息化管理变革

在金融企业的层面上，要有效地开展信息化建设，并将IT投入转化为实际的生产力，首先必须树立正确的信息化观念，正确认识信息化在金融企业经营管理中的重要作用，正确看待信息部门在金融企业中的地位。同时，在开展信息化建设时，应当有不同层面的长远规划。当前，我国金融企业应当在正确认识金融信息化的基础上，从信息化管理体制和运行机制着手进行调整，大力建设和完善金融服务体系，提高管理决策水平，为金融企业将来的发展奠定基础。

4.3.1 建立一套有效的信息化管理体制

信息化给金融企业带来的是一场深刻的变革。信息技术的应用使得管理职能扩大，使得金融企业的管理朝着“扁平化”方向发展。为了更好地发挥信息化所带来的效益，金融企业自身必须主动应对信息化的要求，不断进行组织创新和制度创新，以适应信息化所提出的新的要求和挑战，同时也确保银行信息化过程能够更加高效地进行。

所谓信息化管理体制，是指金融企业为了有效地进行信息化管理而进行的机构设置，以及有关各组织单元职能划分的制度。信息化管理组织模式确定了金融企业在信息化过程中各部门的职能划分以及协调方式，是企业系统正常、有序、高效运行的基础和保障。目前，我国金融企业在信息化建设中效率不高、科技人才流失现象严重等问题在很大程度上都归结于管理体制的不完善。因此，我国金融企业理顺信息化管理体制迫在眉睫。

参考国外金融企业信息化管理的组织构架，结合我国的实际情况，我国金融企业信息化管理组织模式应该以客户为中心、以创新为龙头、以流程管理为手段，尽可能采用首席信息官（CIO）领导下的有效组织体系。下面对这一信息化管理组织模式的要点分别加以论述。

第一，成立由高层领导组成的信息化决策委员会，作为负责金融企业信息化决策的最高机构。金融企业的经营管理对于信息技术是具有高度依赖性的，信息化已经成为了关系到金融企业生死存亡和长远发展的大事，因此信息化建设必须由企业的高层领导进行统率和指挥。金融信息化建设绝不仅仅是科技部门的事情，涉及金融机构所有部门，因此，信息化最高领导班子必须同时包含来自业务部门和科技部门的高层领导以及其他行政部门的高层领导。信息化决策委员会从战略的高度来把握金融企业的信息化建设，负责信息化建设的总体战略制定，进行全企业信息技术资源的总体规划和部署。

第二，明晰主抓信息化建设的高层领导的职责，使金融企业的信息化建设能够在全局和总体上进行规划和实施。信息化决策委员会负责把握信息化建设的总体方向，具体信息化建设是在主抓信息化建设的高层领导下进行的。这个领导不仅需要熟悉信息技术，而且必须精通金融业务，这样才能站在较高的层次上，从金融企业的全局和整体需要出发，领导与主持信息化建设。目前，有些金融企业（比如华泰财产保险有限责任公司）已经仿效国外的做法，设立了相应的信息化领导职位，但这些职位往往只是一个部门经理，在领导信息化建设方面发挥的作用有限。因此，我国金融机构迫切需要设立一个全面负责信息化工作的高层领导职位，这个职位称为“首席信息官”（Chief Information Officer，CIO）。首席信息官相当于副行长或者副总裁级别，他是将金融企业的技术调配战略与业务战略紧密结合在一起的总体负责人。

第三，设立产品部，专门负责组织和协调新产品的研发工作。金融服务和金融创新是金融企业增强自身市场竞争力的重要方面。相对国外而言，我国金融服务质量低下，品种相对单一。为了应对国外金融企业的竞争，特别是在混业经营的大趋势下，加强新产品和新服务的创新势在必行。我国部分金融企业的金融创新意识并不强烈，各业务部门都只是从局部利益出发来考虑产品的开发和营销，往往忽视了整体价值。虽然有些金融企业（比如中国农业银行）设立了由高层领导组成的诸如“新产品委员会”之类的协调办公室，来牵头新产品研发工作，但是，由于商业银行的管理层次多，决策人员又不熟悉产品的市场情况和研发风险，造成决策周期延长、决策准确度下降。因此，金融企业有必要专门设立一个“产品部”来行使产品创新决策与管理的职能。在研发新产品时，必须充分研究市场需求，从富有前瞻性的角度来开发个性化、多样化的金融产品，真正实现“面向客户”的服务。

第四，强化信息资源管理部门的职能。知识经济环境下，信息已经成为了一种战略性资源。金融信息是极其丰富的，能否得到有效利用，将成为决定金融企业经营管理效率乃至未来发展命运的一个重要因素。目前，我国金融企业虽然都成立了诸如“信息中心”之类的部门来从事企业信息资源的管理，但是它们在信息资源管理方面的职能是相当有限的，主要还是停留在数据和信息的收集、简单加工、存储、传播等方面，信息资源并没有得到充分的利用。我国金融企业必须进一步强化信息资源管理相关部门的职能，应考虑将信息资源管理部门升格为与其他职能部门相并列的独立职能部门，这样可以从更高的层次上对信息资源进行规划、管理和利用。信息资源管理部门重点需要加强信息资源（特别是客户信息资源）的深度开发和综合利用，可以在信息资源管理部门下面专门成立信息资源开发处，作为银行高层领导的参谋团。它通过利用决策支持系统，使用数据挖掘、联机分析处理等工具，从大量数据中发掘出有价值的知识，为高层领导的决策提供参考。

第五，规范和强化信息科技部的职能。信息科技部是信息化建设的主管部门，它主要负责全企业信息技术应用、项目管理等政策标准制定、规划编制、计划审核、任务下达、质量控制等综合管理工作。我国金融信息化建设投资效率不高、总体协调不强，信息系统建设的前期需求分析和后期 IT 评估的环节做得很不到位，在很大程度上是因为信息科技部的管理力度不够所导致的。在信息科技部的构架上，我国金融企业可以仿效工商银行等企业的做法，在信息科技部下设立三大职能中心，分别负责软件的开发、产品的测试和系统的运营。对于各个中心，也必须规范和强化其相应的职能，同时加强三大职能中心的密切配合，以实现系统开发、系统切换和系统运营的无缝连接。信息科技部门总经理是三大职能部门的总指挥，三个职能中心要服从信息科技部门的管理。

在上面描述的信息化组织构架中，信息资源管理部门和信息科技部门同属分管行长或首席信息官的领导之下。

4.3.2 建立一套灵活的信息化运行机制

金融信息化工作的一个重要方面是为保证信息系统的正常运行建立一套灵活有效的运行机制。这必须从信息人才、信息资源、信息安全以及信息项目管理等关键要素着手。

第一，健全金融信息化人才战略以及激励与约束机制。随着金融业务和信息化的日益融合发展，信息化已经成为金融业构筑持续的核心竞争力的主要因素之一。从事金融信息化工作的人才已成为金融企业的一种战略资源。因此，健全金融企业内部的信息化人才战略迫在眉睫。

我国金融企业的信息化人才战略主要是完善信息化人才的激励与约束机制，同时辅之建立健全人力资源管理信息系统，利用信息化手段来辅助建立科学、高效、适时的人才流动体制。

完善信息化人才的激励与约束机制的主要目标在于深度开发信息化人力资源并防止信息化人才的流失。主要措施包括：（1）建立规范的人才流动机制。即在强化行业自律、提高员工职业道德水平的同时，规范员工与金融企业的劳动合同管理，既保障员工选择工作的权利，又保护企业在客户资源、商业机密、品种创新等方面的权益。（2）建立规范的员工考核与淘汰机制。首先依据员工的历史信息及岗位要求对其阶段性的工作进行考核，然后根据考核结果和员工的职业生涯计划来安排员工的培训工作，同时依据考核结果和员工淘汰制度选择员工的激励方案。（3）对于核心技术人才、高级信息化管理人才，必须有适当的经济利益和权力的激励，承认其作为人力资本与一般人才不同，这样才能在与外资金融企业的人才竞争中占得先机。（4）在企业内部积极培育、倡导正确的企业文化，如重视信息化人才，承认分工差异和能力差异，提倡信息化创新发展，鼓励引导既精通技术、又懂得银行业务、又擅长管理工作的复合型人才的产生等。

建立健全的人力资源管理信息系统的主要目标则在于规范人力资源管理流程，提高人力资源开发效率，建立公平、公正、公开的考评和激励机制。这首先必须理顺金融企业内部的人力资源管理流程，然后才能建立人力资源的管理信息系统，并将这套系统嵌入到金融企业的整个知识管理系统之中。

第二，加强我国金融企业的信息资源管理和深度开发。金融信息是资金融通过程中不同金融现象和特征的反映，是对金融活动及其属性的一种客观描述，是金融经济领域中动态反映的集中表现。它产生于金融经济活动又反馈于金融经济活动，直接影响金融经济的组织和管理。金融信息具有区别于其他信息的特点，如时效性及资源占有的不平衡性，这使它们在金融市场中具有决定性作用。

当信息化已经成为金融企业获得核心竞争力的重要元素的时候，信息资源也就成为了金融企业的一种战略性资源。信息资源在金融企业中的战略作用体现在，它是金融企业战略管理和经营管理的重要决策依据之一，是预报和防范金融风险的关键要素之一，也是金融创新的温床和助推器。

我国金融企业要实现真正意义上的信息资源管理，充分发挥出信息这种战略资源的价值，必须做好如下方面的工作：（1）必须进行观念的创新，使各级员工在观念上高度重视信息资源管理，为信息资源管理创立良好的氛围。（2）在遵守国家相关信息法规的前提下，金融企业内部应该建立一套完善和健全的信息规章制度和标准，并在首席信息官的直接领导下开展信息资源管理的各项工作，从而能够对信息资源进行统筹规划和管理，充分克服信息失真不一致、矛盾冲突等现象，实现信息管理的精简、有效运行。(3) 重点加强信息的深度开发和综合利用。这是最能体现出信息资源战略价值的领域。传统金融企业信息共建共享性差，信息挖掘深度不够。应在数据集中的基础上把涉及业务流程的各方面的信息有机地组织起来，提高信息处理的容量和效率，形成企业内部有效的信息共享机制，并在此基础上充分利用专家系统、数据仓库、数据挖掘等信息技术，辅助金融企业进行经营决策和客户管理，促进金融产品创新的不断发展。

第三，建立以安全为核心的信息系统运行管理机制。随着信息系统逐渐渗入金融业的每一个角落以及它们之间日益紧密的互联互通，其安全性、可靠性和有效性事关全局，涉及整个金融行业甚至国家的安全和稳定。例如，对于视实时交易为基本生存模式的电子证券市场来说，即使是 1 秒钟的系统瘫痪，带来的混乱和损失都是灾难性的。21 世纪的银行，也是以网络为依托的、高智能化的 AAA 式银行，即在任何时候（Anytime）、任何地方（Anywhere），以任何方式（Anyhow）为客户提供优质服务。因此，我国金融企业应当建立起一套完善的信息系统运行的管理机制，以确保信息系统的正确运行。这主要包括以下工作：

1. 信息系统的安全性保障。构筑一套完善的信息系统安全体系可以从如下层面开展：一是技术层面上，金融企业应当在以前发展单项安全技术和产品的基础上，采用对应行业的安全问题的整体解决方案，构建全方位、纵深化、专业化的金融网络安全体系。二是管理层面上，金融企业应当参考或遵照执行国家和行业制定的安全相关的法律、法规，在组织机构、相关制度和人员方面加强采取相应的措施。例如，设立专门的岗位来负责计算机信息系统的安全保护工作；建立和完善内部安全规章制度；将安全责任同员工绩效考核挂钩，并对员工进行安全意识教育。

2. 信息系统的可靠性保障。在金融业务信息化和管理信息化的开展过程中，需要保证用以支持信息化业务和管理的信息系统和信息资源全天 24 小时的可用性。可靠性保障的具体实施策略包括：一是在硬件方面，除了加强各种基础设施的性能和可靠性之外，还需要建设灾难备份中心，以便在突发意外事件时能够及时切换到备份系统，从而保证业务和管理的不间断运行；二是在组织机构方面，可以参考国外的经验成立一个跨部门的“业务连续化应急委员会”，在系统出现紧急故障时发挥核心作用，以在最短的时间内完成系统的恢复工作；三是在制度方面，企业需要强调信息可用性的重要性，保证信息系统和信息资源在任何时刻都有专门人员进行监控，让出错概率降到最低。

3. 信息系统的可成长性保障。信息化过程中，不仅应当保证信息系统的正常运作，还应当保证信息系统足以支持金融业务的发展。一是在进行信息系统建设时，不仅需要做好详细的需求分析，同时，还要考虑到未来几年内业务发展的需要，结合企业自身的发展战略，作出合理的项目规划，以适应将来系统升级的需要；二是在制度方面，企业应当建立一定的渠道，让业务部门、管理部门和信息技术部门能够很好地沟通，从而不断地针对系统新需求对系统进行升级完善。

第四，规范和强化我国金融信息项目的管理。信息项目管理在金融信息化建设中的重要性是不言而喻的。事实表明，国内外许多信息化建设项目就是因为缺乏科学、规范的项目管理手段而最终功败垂成。过去一段时间中我国金融企业在信息化项目开发时采用的“科技部门主导开发”的模式容易产生片面性与局限性。金融信息系统的开发绝对不仅仅是软件开发人员的事情，涉及业务等很多部门的参与。

1. 在信息项目的组织上，我国金融企业可以借鉴国际上企业信息项目的先进经验，采用一种跨职能部门的矩阵式的灵活的项目组织结构。项目经理对信息项目的全部工作负责，项目组成员来自于各个相关业务部门、管理部门和科技部门。这样可以汇集各专业的人才，为信息项目的顺利完成奠定基础。项目组将随着信息项目的完成而解体。

2. 在信息项目的具体实施上，我国金融企业也应当充分借鉴国内外企业信息项目的成功经验，充分利用“三制”，即项目招标制、项目经理制和项目监理制。

3. 在信息项目的进展中应当树立“面向流程”的项目管理思想。即依照信息项目的开发流程，确定流程各阶段所需参与的部门和人员，明确他们的职责，协调好阶段之间、部门之间的衔接关系，使得信息项目能够顺畅、有序、高效地进行。同时，在矩阵式项目组织结构下，必须协调好项目组成员在职能部门和项目组中两个工作流之间的关系，处理好多个部门在项目中间的衔接关系，从而使得在整个企业内形成业务流、管理流和项目流的“三流合一”，使得三个流程都能够高效地运转。

4.3.3 建设并不断完善金融企业的金融服务体系

我国的金融企业应该建立并不断完善现代化金融服务体系，使客户随时、随处可以得到安全、高效、方便、全方位的金融服务。主要工作包括：

（1）制定大型实时金融服务系统开发建设标准，提高金融大型网络应用系统的开发建设、过程管理、质量控制的能力和水平，不断提高金融软件的商业化程度，确保大型系统建设的质量、效率和效益。

（2）研究网络金融的发展模式、系统框架、运行机制、安全策略，大力发展网络金融，满足网络时代人们对金融服务的需求，促进我国电子商务的发展。

（3）在对现有业务系统、服务渠道、技术资源整合的基础上，完成银行业务流程再造和机构的重组，建立、发展现代银行服务体系，不断为客户提供新型的服务和产品。

（4）优化并建立证券行业先进的信息化体系，建立新一代证券期货交易系统、登记结算系统；建立多层次资本市场体系和跨国交易系统，发展网上交易、集中交易等服务创新技术，加强证券机构的信息化管理，增强证券企业的竞争力。

（5）保险行业要建立一批满足业务发展需要的信息系统，以满足保险公司经营管理、对市场快速反应和为客户提供优质服务的需要；创建开放的技术和数据体系，支持灵活的保险产品开发、部署和营销工作。

4.3.4 提高管理决策信息化、科学化

在金融企业的管理和决策领域，必须大力推进信息化，以提高工作效率、加强资金管理、降低金融风险、控制运行成本。具体工作包括：

（1）对独立存在的现行系统进行整合，对信息资源进行统一管理，以此为基础进行金融管理决策现代化建设；

（2）研究、建立客户关系管理系统，为客户提供优质的个性化金融服务，提高服务效率，降低服务成本；

（3）建立金融机构内部的风险管理系统，监测、度量、分析、化解金融风险；

（4）研究信息管理、知识管理的技术发展和应用。

4.4 小结

通过国家、行业和金融企业三个层面的共同努力，金融信息化的最终目标是建设一个现代化的金

融服务、金融监管以及宏观调控体系，其体系框架如图 4-1 所示：

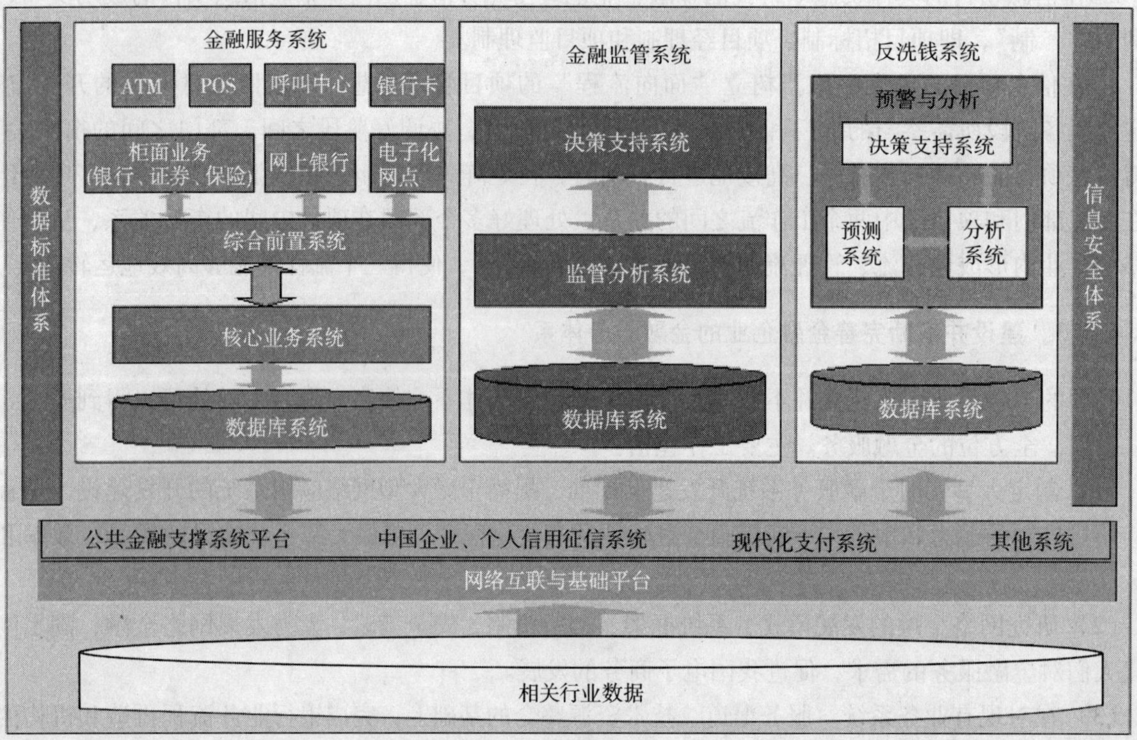

图 4-1　现代金融服务、金融监管以及宏观调控体系框架图

图 4-1 中，现代金融服务、金融监管以及宏观调控体系由公共金融支撑系统、全国性的企业与个人信用征信系统、现代化支付系统以及其他系统构成的全国性金融服务基础体系，再加上基于上述基础体系的金融企业服务系统、金融监管系统和宏观调控系统构成。

我国的金融信息化建设应该紧紧围绕建立和完善这个现代金融服务、金融监管以及宏观调控体系来进行。这个体系的建设涉及了国家、金融行业和金融企业等三个不同层面的工作，因此是一个相当复杂、艰巨和长期的系统工程。

金融是现代经济的核心。为了进一步适应金融全球化的发展趋势，我们必须在政府、行业、企业等几个层面上加大对金融信息化的投入力度，树立正确的金融信息化观念，建立系统、科学的信息化发展战略，不断加强基于信息技术的金融业务和管理创新，提高我国金融体系的整体竞争力。

参考文献

[1]　王军：《加入 WTO 后中国商业银行人力资源管理对策研究》，载《经济师》，2001 (4)。

[2]　王利华：《论中国国有商业银行的激励机制改革》，载《经济师》，2001 (1)。

[3]　王明华、刘海虹：《国有商业银行人力资源管理的现状与再造》，载《经济学家》，2001 (2)。

[4]　王先玉、黄深厚：《现代商业银行组织管理与人才管理》，北京，中国金融出版社，2001。

[5]　夏济宏：《新时期工商银行人力资源管理及激励机制变革》，载《金融论坛》，2001 (2)。

[6]　韩冰：《国外银行员工培训工作借鉴与启示》，载《中国金融》，1998 (5)。

[7]　赖文国：《商业银行绩效评估与激励机制浅谈》，载《福建金融》，2001 (10)。

[8] 陈钢、吴焕明:《人力资源管理方法》, 广州, 广东经济出版社, 2003。

[9] 张国初:《人力资源管理定量测度和评价》, 北京, 社会科学文献出版社, 2000。

[10] 赵曙明、冯芷艳、刘洪:《人力资源管理研究新进展》, 南京, 南京大学出版社, 2002。

[11] 王璞:《人力资源管理咨询实务》, 北京, 机械工业出版社, 2003。

[12] 沈鸿:《外资银行对中资银行人力资源管理的挑战》, 载《农村金融研究》, 2001 (11)。

[13] 陶茹丽:《中外资银行人力资源管理的国际比较与借鉴》, 载《浙江金融》, 2000 (7)。

[14] 马桂英:《浅议金融人才的培养》, 载《黑龙江金融》, 2000 (4)。

[15] 马有信:《面向"入世"的金融人才对策》, 载《社会科学论坛》, 2000 (12)。

[16] D. Tunick Morello, C. Claps, "*Building A Compelling Place to Work: New Heights in IT Human Resources Management*," Strategic Analysis Report, Vol. 5, 2000.

[17] Daniel Stang, Gerald Arcuri, "*Human Resource (HR) Application*," Technology Overview, Vol. 6, 2003.

[18] Daniel Stang, Gerald Arcuri, "*Lawson Software Human Resource (HR) Application*," Product Report, Vol. 5, 2002.

[19] 林欣欣:《浅谈股份制商业银行人力资源管理与创新》, 载《福建金融》, 2001 (11)。

[20] 企业文化网:《花旗银行企业文化对中国金融业的启示》, http://www.7158.com.cn/qy-wh135.htm。

[21] 张亦春、蒋峰:《加入 WTO:对中国金融人才的挑战》, 载《江西财经大学学报》, 2001 (4)。

[22] 中国人才热线网: http://www.cjol.com/。

[23] 中企人力资源网: http://www.chnhrm.com.cn/。

[24] 庄乾志:《借鉴国际经验 构建长期激励机制》, 载《财经问题研究》, 2001 (4)。

[25] 黄铁军:《中国国有商业银行运行机制研究》, 北京, 中国金融出版社, 1999。

[26] 俞天一:《中国金融运行机制转换研究》, 北京, 中国金融出版社, 1999。

[27] 吴晓灵:《在第四届中国金融信息化发展论坛上的讲话》, 中国北京, 2003-9。

(本篇执笔人: 陈剑、朱岩、肖勇波)

第2篇

银行信息化发展战略

国家
“十五”科技
攻关成果

第5章
我国银行信息化历程与发展趋势

现代计算机的历史是从1946年开始的，信息化一词发端于20世纪60年代，首见于日本学者《论信息产业》一文。因此，金融信息化的时间边界可以认为是从20世纪50年代起始，而其业务边界可定位于银行、证券、保险及其监管部门等所有属于金融范畴的领域。

5.1 银行信息化发展历程及评析

5.1.1 国内外银行信息化发展历程简要回顾

一、我国银行信息化发展历程

我国银行业的信息化从电子化建设起步，经历了两个不同的时期，第一个时期是银行自动化建设阶段，这个阶段利用计算机代替人的工作，实现银行后台业务和前台柜面业务处理的自动化。第二个时期是银行网络化建设阶段，基于网络技术，实现业务处理全过程的电子化，为客户提供品种繁多的金融产品。经过“六五”做准备、“七五”打基础、“八五”上规模、“九五”见成效的四个“五年计划”，银行电子化从无到有，从小到大，逐步形成了电子化的框架，初步建立了银行电子化服务体系，同时，也为下一步进行银行信息化建设打下了坚实的基础。

1. 单机批处理阶段。单机批处理阶段从1957年起到20世纪70年代末期①。使用计算机系统进行单机批处理业务的成功实践，标志着我国银行信息化系统开始建立，并有了一个良好的开端，既积累了实施银行信息化的一些经验，也为进一步发展我国银行信息化事业准备了技术与人才。

2. 联机实时处理阶段。从20世纪80年代初期开始的联机实时处理阶段，标志着我国银行信息化

---

① 1957年，我国金融领域中的银行联行业务量迅速增长。为满足银行进行集中联行监督和对账的需要，从国外引进了电磁式计算机系统。这种体积庞大的计算机运行方式复杂，功能简单平庸，运算速度缓慢，不能适应发展中的银行业务。在20世纪70年代中期，为取代老式计算机，我国金融业又引进了当时较为先进的61/60型计算机系统，这种计算机已经配有操作系统并使用COBOL高级语言编译系统，运算速度达每秒5万次，可以较以前引进的计算机从事更多的联行业务处理和批处理、计算机软件所提供的监督管理功能，使金融业务活动的可靠性和安全性大为提高。

系统从其初期的低水平状态跃上了一个新的台阶。这一时期，我国开始较大规模地引进、消化、吸收和推广计算机系统及技术，客观上为在金融领域中广泛使用以微型计算机系统为主的计算机系统创造了良好的条件。一些中小型计算机和微型计算机，较大批量地进入到银行信息化系统之中，业务处理模式是前台终端输入指令和数据，然后传输到后台主机上集中处理。这一阶段，中小型计算机的引进成为推动银行信息化进程的有力工具，提高了业务水平、减轻了人员劳动强度。

3. 联机网络阶段。20 世纪 80 年代末到 90 年代末，我国银行业在全国范围内建立起一批网络系统，业务数据逐渐通过设在省会和大中城市的数据中心处理，逐步实现了通存通兑等功能。这些网络系统把我国经济发达的东部沿海地区和内陆地区以及西部经济较为落后的地区的金融业务紧密联系在一起，把国内城市和乡村的金融业务紧密联系在一起，把国内金融业务和国际金融业务紧密联系在一起。

4. 数据集中、系统整合与银行创新阶段。从 20 世纪 90 年代末开始，国内各大银行开始了信息系统的整合之路，逐步将全国的几十个数据中心收缩为少数几个全国性数据中心。同时，随着电子商务逐步深入人心，以及金融创新浪潮的兴起，各大银行加快了利用互联网技术进行金融创新的步伐，逐步开拓网上金融服务，包括网上银行、网上支付等，我国金融信息化进入到一个新的发展阶段。

二、国外银行信息化历程

纵观国外银行信息化的发展，也大致经历了四个阶段。第一阶段是脱机业务处理，主要是实现银行业务的计算机辅助处理，其主要的目的是节省查询时间和节约成本，这是金融企业信息化的起步阶段；第二阶段实现了联机业务处理，信息技术在金融企业内部迅速渗透，主要是采用计算机网络技术，实现金融企业内部的联机业务处理，信息资源通过网络实现了共享；第三阶段重点是经营决策信息化，即充分利用数据仓库等技术，实现了综合的客户信息分析，建立了电话银行、自助银行等新型服务体系，使基于 IT 的现代银行管理和业务体系趋于完善；第四阶段实施了业务集成化和决策智能化，随着互联网和通信技术的飞速发展，国外银行纷纷开展了基于互联网技术的银行服务与产品创新，出现了网络银行、信用卡、ATM 卡、在线支付以及各种电子支票支付、网络保险、网上证券等新型产品和服务。

三、国内外银行信息化发展历程的启示

第一，在支撑银行信息化发展的硬件平台方面，国内外银行与计算机硬件自身发展的轨迹是相吻合的，都经历了大型机时期、小型机时期、微型计算机时期，现在开始进入 Internet 时期。从局域网、城域网、广域网到互联网，计算机网络的广泛应用对金融业的影响至关重要。

第二，银行信息化发展中的软件建设基本沿着两条主线发展，一是在银行管理方面，从管理信息系统走向管理决策支持系统，再走向商业智能；二是在银行业务方面，从单一业务系统走向综合业务系统。在银行应用中，基于网络的综合业务系统和决策支持系统对银行管理与服务工作起到生死相关的重大作用。

第三，在技术和业务关系方面，银行信息化是信息技术与银行业务互相作用、互相影响的过程。一方面，银行业务发展对计算机与通信技术的发展提出了内在需求，即所谓“业务拉动”；另一方面，信息技术的发展也会推动金融创新，为金融业务的深化提供现实手段，即所谓“技术推动”。片面强调其中的一个方面是不符合客观实际的。应当承认，业务拉动是这对矛盾的主要方面。

第四，信息技术对银行业的主要影响表现在促进了银行业务处理和服务提供方式的变革，银行服务类型的变革以及金融管理和金融监管模式的变革。实现了从传统银行到电子银行到网络银行的转变；实现了从借贷业务到中间业务到金融超市的转变；实现了从无差别服务到个性化服务的转变，实

现了从手工清算到清算中心再到电子化支付清算体系的转变。

第五，在银行信息化深化过程中，逐步呈现出金融业整合的特征，即：标准的整合、数据的整合、应用的整合、流程的整合、机构的整合、资源的整合，这一点已为发达国家的实践所证明。当前美国金融界的两个热点问题就是多渠道的整合和交易的全程自动化。

第六，信息技术不仅对商业银行的业务产生了重要影响，也对中央银行和监管机构的监管产生了巨大的冲击。银行业的电子化加大了对商业银行监管的难度，也使得相应的监管措施缺位；同时，信息化又可显著提高监管当局监管的有效性和科学性。

5.1.2 当前我国银行信息化发展水平

一、信息化基础设施已初具规模

当前，我国银行业已具有广泛的计算机应用基础，形成了覆盖几乎所有业务、所有机构的计算机网络系统，拥有数量众多、价值巨大的电子设备和机具。初步建立了与业务配套发展的电子信息化开发、管理、运行、服务体系。据不完全统计，截至2002年国内银行系统已拥有大型计算机200多台套，中型计算机1 500多台套，小型机2 200多台套，服务器13万多台，PC机44万多台，银行终端37万多台，自动柜员机（ATM）5万多台，销售点终端（POS）30万多台，自助银行1 707家，电子化营业网点覆盖率达到95%以上。

二、计算机应用系统覆盖了大部分业务和管理工作

银行的计算机应用主要集中在业务处理、资金核算与清算、办公事务处理、管理与监督等领域，目前各类计算机应用系统覆盖了银行绝大部分业务和管理工作。

第一，商业银行计算机应用始于传统柜面业务。各商业银行首先投产运行了对公业务系统、储蓄业务系统、后台监督业务系统。然后，以计算机网络技术为依托，陆续推出储蓄通存通兑，电子汇兑、银行卡业务、电话银行、网上银行、企业银行、个人银行、自助银行、客户服务中心等多种金融服务系统，开通了网上查询、支付、转账和缴费以及通过手机进行账户查询、银行转账、自助缴费等个人理财服务，向社会和广大客户提供了多种新型、便捷的金融产品。近几年，大、中型商业银行纷纷转向以客户为中心及扁平化管理的经营模式，对传统业务进行改造提升，对过去分别开发、独立运行的单个业务系统（譬如对公、储蓄、信用卡等系统）进行整合，开发了商业银行第二代应用软件系统——综合业务系统，建立起本行统一的业务应用平台，进行数据大集中。以中国工商银行为例，为适应工商银行集约化经营管理的需要，该行于1999年9月1日启动了“数据集中工程”，2002年10月27日圆满完成，该工程将工商银行37家分行以及总行票据营业部、牡丹卡中心的业务数据集中到北京和上海两个大型数据中心进行处理，建立了全行集约化的生产运行体系。同时还逐步将亚洲和欧洲六家分行以及亚洲信息系统的生产运行集中到海外数据中心。数据集中后，极大地提高了全行的经营管理效益，实现了工商银行数据平台和业务处理的统一管理，缩短了金融产品的投产周期，通过数据中心主机系统采集的相关信息，总行可以及时了解和掌握全行的业务信息，为经营管理提供了实时、准确的决策数据。全行主机系统生产运行已集中到上海数据中心，主机处理能力达到16 000 MIPS,存储的账户数为5.24亿个，支持全行1.7万个营业网点、1.9万台自动柜员机和6 000多台自助终端的运营。数据中心信息系统平均可用率为99.91%，日均处理业务量达到3 686万笔，日峰值达到5 009万笔，基本实现了一年365天、每天24小时的不间断运行。

第二，中国人民银行基本实现了会计、国库、货币发行、金融统计等业务处理自动化，建立了电子邮件、公文传输、电视会议等系统，基本实现了政务信息化，并组织了跨行交易系统和信息系统的建设，初步实现系统互联，信息共享。

中国外汇交易系统、国债交易登记系统、电子口岸执法系统、银行信贷登记咨询系统等为人民银行了解国民经济和银行系统的运行状况，有效进行银行监管，正确制定、实施货币政策发挥了良好的作用。

三、现代化支付体系建设成果显著

现代化支付体系是现代金融业的重要组成部分，包括银行卡、网上支付、电话银行、自动柜员机、自助银行、销售点终端等在内的支付工具与手段；各商业银行行内电子结算与汇兑系统；人民银行的电子联行、同城清算、票据清分系统，以及正在建设的现代化支付系统。

1. 银行卡业务发展迅速。在我国，以银行卡为代表的新型支付工具的业务发展迅速。1986 年，中国银行在珠海率先推出第一张信用卡后，信用卡发展非常迅速。到2003 年6 月底，全国共有发卡机构91 家，发卡总量5. 69 亿张，分别比十年前增长了16 倍和141 倍。销售点终端（POS）保有量31. 5 万台，自动柜员机（ATM）5. 3 万台，分别比十年前增加了9. 96 倍和11. 2 倍，银行卡账户人民币存款余额9 940. 58 亿元，比2002 年末增长41. 32%。2002 年，全国共实现银行卡交易总额达11. 6 万亿元，比2001 年增长了38%。2003 年1 ~6 月，全国银行卡交易总额达7. 57 万亿元，比上年同期增长43. 92%

2. 电子结算汇兑系统全面普及。各商业银行相继建成电子结算汇兑系统，其行内汇划资金可以及时到账，实现了实存资金、即时划拨、头寸控制、集中监督的功能，提高了资金的使用效率，增强了银行防范和化解风险的能力。各行国际业务的集中式处理，进一步提高了外汇资金的结算效率。

3. 电子联行系统覆盖全国。1989 年，人民银行建立了全国电子联行系统，经十余年的努力，目前，通汇城市达1 000 多个，通汇机构达到20 000 多家，网络覆盖全国，平均每天联行业务达20 多万笔，金额1 100 多亿元，全国电子联行系统是我国银行业异地资金汇划的主渠道之一。

4. 同城资金清算和同城票据清分系统成效显著。人民银行已在全国大部分城市建立了同城清算系统，仅对省会城市的统计，参加31 个省会（首府）中心城市同城清算的银行机构网点数达1. 23 万个，平均每日清算98 万笔，资金1 222 亿元，大大减少了资金在途时间，基本实现次日到账，并利用清分机进行票据自动清分，提高了工作效率，减少了差错率。

5. 中国现代化支付系统初步完成。2002 年，人民银行开始进行“中国现代化支付系统”二期工程建设，到2003 年12 月1 日，大额支付系统已推广运行到全国所有省会（首府）城市，连接到32 个城市的18 028 个银行机构网点。目前日均支付业务22 万多笔，金额3 300 多亿元。2004 年系统将在全国推广，初步完成中国现代化支付系统的建设，逐步形成一个以现代化支付系统为核心、商业银行内部电子汇兑系统和同城票据交换系统为基础的现代化支付清算体系。

四、银行计算机信息安全管理不断加强

我国银行在电子化建设取得巨大成绩的同时，计算机信息系统的安全问题也日益突出。为防范和化解银行技术风险，保证国家金融安全，银行业不断加大对信息系统安全建设的投资力度，加强银行信息系统加密保密工作，确保国家秘密和银行资金的安全。到目前为止，人民银行配置了1 000 多台加密设备，各商业银行也配置了各类加密设备，采取了网络链路层加密、终端加密、口令加密、地址校验、身份认证、柜员签到、密押等安全措施，以保障核心业务的传输安全。针对非法入侵和计算机病毒等不同的威胁类型，人民银行和各商业银行分别配备了防火墙、入侵检测、病毒防治、数据备份等技术防范措施。网上银行普遍采用了身份认证、高强度支付网关、专用区域隔离、实时监控等技术，以保证交易行为和外联接口的安全。对火灾、水灾、雷击等自然灾害分别采取了相应的防灾减灾措施。迄今为止，我国银行信息系统没有发生危及金融安全的重大事故。近三年来，计算机犯罪案件的数量呈下降趋势。目前，银行信息系统在现有的安全保障体系下运行基本正常，信息系统在总体上是安全的。

五、存在的主要问题

我国银行信息化经过二十多年的发展与追赶，采用了世界上最先进的计算机和其他技术，取得了令人瞩目的成就，但与发达国家银行相比仍有较大的差距。

1. 业务流程重组滞后。主要表现为我国银行业务电子化，基本是传统银行业务处理流程和经营管理模式的电子化再现，压缩人员和收缩机构难度大，总分行利益分割阻碍信息系统的集中统一，从业人员信息素质和管理方法的落后影响信息系统使用效率，增加其升级难度等。

2. 银行信息化运作机制的效率有待提高。如缺乏追责问效制度，缺乏外包等市场机制，这主要是国有银行的商业化改革还没完全到位，在银行信息化方面的管理经验还不足等原因造成的。银行作为企业，应当在保证安全性的前提下追求盈利最大化，一切活动都应讲究成本与效益的关系。但由于我国四大国有独资银行、股份制银行、地方银行的股权结构中公有股权比重相当高，在当前环境下，公有股权的低效率带来了银行治理的低效率，进而引起银行经营活动（包括信息化工作）的低效率。

3. 组织和人员队伍建设有待改进。按照信息系统发展的一般原理，要建设一个有效率的信息系统就必须按照信息技术应用的特点和要求，对原有业务流程和数据流程进行调整，即业务重组。业务重组必须在一个既懂技术又懂业务，并且有足够权威的机构领导下才能顺利进行，但目前各行没有这样的专门性的权威机构，银行 IT 部门本身也没有这样的权威。银行信息化需要靠大量复合型高级金融人才来推动，目前我们一方面感到这类人才严重不够，另一方面在我国信息化实践中成长起来的人才又留不住，国内多数银行将 IT 技术人员与一般行员同等对待，与行外 IT 人员待遇形成反差，不利于吸引和留住人才。

4. 管理应用系统发展相对滞后，综合性银行事务处理、金融经营管理和决策支持系统亟待开发。当前的管理应用以统计报表、邮件、公文传送为主体，属于管理应用的初级阶段。随着市场经济的迅速发展和金融体制改革的继续深化，面对瞬息万变的市场，采用金融数学工具和计算机仿真模拟技术，用系统工程方法，建立金融资产运作环境、动态、趋向的定量化数学模型，为金融经营管理决策提供辅助手段和工具；应用数据挖掘和数据仓库技术，跟踪、预测银行客户的发展动向，为银行业务策略、市场开拓提供定量化的依据；以金融工程方法，开发、设计安全可靠，风险小的金融产品、金融工具和金融服务，开发人—机界面友好的多媒体综合性金融管理信息系统，是我国银行面临的紧迫任务之一。

5. 标准化工作还有待进一步加强。制定相互补充、相互配套的银行业务信息传输格式、用户系统接口标准，是确保金融业务数据在网络环境下互联互通的"行际通用语言"，不仅是行际网络互联的基础保证条件，也是银行业务应用软件系统规范化、金融信息资源共享、我国银行业务国际化和计算机网络增值服务业务的基础，将极大地提高银行信息化的效率。然而，目前，这些基础标准的制定尚不完善配套，影响银行信息化的推进效率，也影响着银行业务的开展。

5.1.3 银行信息化带来的金融经济变化

一、货币形态及其职能的变化

1. 货币形态出现数字化趋势。货币起源于交换，是固定充当一般等价物的商品，其形态处于不断的演变之中。20 世纪中期以来的科技革命推动了生产力的巨大进步，使得货币形态发生新变化成为客观要求，也为其提供了可能。20 世纪 40 年代电子计算机的发明，以及 80～90 年代以来信息技术的进步，特别是网络技术的发展和应用，使一种全新的货币形态——数字货币应运而生。数字货币可分为电子货币与网络货币两种。电子货币还只是浅层次上的数字货币，是支付手段在形式上的变化，仅是以电子数据的形式取代了传统现金的一种交易媒介，尚带有传统货币的特征，本质上是法定货币的“影子货币”。例如，它必须有相对应的现金或存款，通常只在基于银行的专用网络上传输，通过销售点终端（POS）、自动柜员机（ATM）进行处理、结算，其覆盖空间仅限于局域网的用户，对银行体系之外是封闭的。而网络货币则是货币形态更深刻的变化，所谓网络货币就是采用一系列经过加密的数字，在全球网络上传输的可以脱离银行实体而进行的数字化交易媒介物，与现金或存款处于平等地位，并有自己独立的运行规律。网络货币所依托的是整个 Internet 系统，覆盖了国际互联网的用户空间，整个系统是开放的。在德国，德意志银行已经开始发行 24 小时全德通用的网络“现金”，这种网络现金可以在网上支付商家之间以及与消费者之间的各种电子商务账单。

2. 对货币职能产生了巨大的影响。货币形态由实物到贵金属、纸币，再到数字化的形态演化也影响着货币的职能。数字化形态的网络货币与黄金和纸币以其称量价值作为货币价值尺度不同，它是作为一种更为抽象的货币形态来发挥价值尺度职能的，其所以能执行价值尺度的职能，是因为“货币在它的价值尺度功能上，本来也只是作为观念的或想象的货币”（马克思，1867）。因此，网络货币具有可以计量商品价格的价值标准功能，用以实现货币的价值尺度职能。数字化货币发挥价值尺度功能，使得货币的本质得以更清晰地体现。

网络货币代替纸币作为价值符号实现了货币职能的第二次飞跃，并与传统货币发挥流通手段的职能具有一些不同的特点。首先，传统货币在发挥流通手段职能时，交换行为可以由买卖双方一起独立完成，而网络货币发挥流通手段职能时必须依靠银行等中介机构的参与；其次，网络货币是既无形又没有价值的货币符号，因此不会受到自身价值或面额等的限制；再次，由于网络货币能在网络上传输，方便快捷，不受时空限制。网络货币作为流通手段的上述特点使得其在信息经济时代存在着诸多的优势，其速度快、成本低以及不受通货发行约束的综合优势使其能够充当信息时代的流通手段。网络货币在发挥支付手段职能时将商业信用与银行信用成功地结合起来，较黄金和纸币更具有优势。网络货币是以数字化形式存在的货币形态，因此也是以数字化形式储藏的，所有者依赖密码掌握其支配权，实际的网络货币传输过程通常经过公共钥匙基础设施（PKI）等技术，以保证只有真正的所有者可以使用。由于网络货币只是电脑数据库中的一种记载，因此，其储藏费用很低。但与黄金等硬通货可以通过“窖藏”来独立实现储藏职能不同，网络货币的储藏是无法独立完成的，必须依赖中介机构才能完成，并且容易受到计算机、网络薄弱环节以及计算机犯罪等问题的影响。

二、对金融市场的影响

1. 促进了金融市场的一体化。银行信息化的深入发展为全球金融市场一体化提供了技术基础，顺应了经济全球化发展的需要，当今各国金融市场日益联结成一个统一整体。一方面，银行信息化大大提高了金融相关信息的收集、处理、存储和发布的能力，成为金融市场交易的物质和技术基础。另一方面，互联网络已经日益成为世界金融市场运作的中枢神经系统，低成本的网络交易将逐步替代传统的交易方式，与传统交易方式相比，分布在全球各地的交易所通过国际互联网络进行非现场联网交易，使投资者无论身处何地，都可以上网同步进行金融交易，完全打破了时间、空间限制，全球金融市场被更紧密地联系起来。

2. 加速了国际资本流动。由于信息化促进了全球统一金融市场的形成，国际资本流动的空间屏障被打开，信息化交易技术使得资本流动速度大大加快，也扩大了资金流动的总量，全球金融网络上跨国银行业务、外汇交易急剧增长。目前，全球外汇日均交易额在15万亿美元左右，债务性融资规模也超过了15万亿美元，通过国际金融网络游弋于国际金融市场的短期游资就达72万亿美元。资本快速流动带来一些不容忽视的潜在新难题：一是由于各国经济、金融体制原因等造成的局部金融风险和危机极易通过网络传导到整个国际金融市场，演变成系统风险。二是金融活动的网络化也使得数以万亿计的国际游资如鱼得水，巨额的国际资本流动使各国的金融监管面临巨大的挑战，风险控制成为紧迫的课题。1997年的东南亚金融危机充分证明了这一点。三是快速流动的全球性资本将使主要的通货和金融资产之间的套利关系连续不断，全球短期实际利率的离散程度将进一步降低，各国汇率政策、财政政策和货币政策的实施环境会大大改变，其调节经济的有效性也将降低。

三、带来的金融机构变化

1. 金融机构形态的虚拟化。传统银行等金融机构是通过遍布各地的众多分支机构、营业网点开展业务的，银行信息化的一个重要影响就是使得银行出现虚拟化的趋势。所谓虚拟化是指金融机构日益通过网络化的虚拟方式在线开展业务，其客户直接在办公室、家里甚至旅行途中获得金融机构提供的各类服务，因此金融机构不再需要大量的有形营业场所和巨额的固定资产投资。传统银行等正在通过“金卡工程”等努力实现在线式服务，并逐步压缩传统有形分支机构；同时全新的网络银行正借助互联技术，通过计算机网络及其终端为客户提供金融服务，而根本不需设立有形的分支机构和营业网点。1995年10月18日，世界上第一家没有传统银行经营网点的网络银行——安全第一网络银行在美国诞生，它创立的全部费用仅为100万美元，只相当于传统银行开办一个小分支机构的费用，其经营成本也远远低于传统银行。安全第一网络银行的诞生与发展是真正意义上的虚拟银行的开端，预示了金融机构形态的未来发展趋势。

2. 对金融机构经营方式和组织结构的影响。银行信息化导致银行业等金融机构经营方式的巨大变化，支付与结算、资金融通、风险管理、信息查询等银行功能的实现方式都在改变。电子货币、网络货币等数字化货币的应用使得传统以支票和现金为主的支付结算、资金转移方式正在向无纸化、无现金的方式转化；实时在线网络金融服务系统能为客户提供跨时空、个性化、安全而快捷的金融服务；基于信息技术的各种金融风险管理决策系统如自动授信系统、风险集成测量系统等正在取代传统落后的风险管理方式，大大提高了工作效率和准确性；新金融产品和服务的开发也在迅速加快。适应经营方式的变化，金融机构的组织结构也在发生深刻变化。在银行业，建立在传统银行经营模式基础上的组织形式——分支行的组织结构已表现出不适应新经营方式之处，围绕客户的金融消费行为和需求，许多银行正进行新的结构设计，借助信息技术重构其组织形式。结构设计的核心在于方便客户与银行的全面接触，不仅包括对自己账户信息的接触，也包括对银行提供的其他产品和服务的接触。而新兴的网络银行则几乎完全摆脱了传统银行的组织结构，几乎找不到传统银行的结构特征。总之，金融信息化的影响将金融机构从最初简单提高金融业务的自动化程度，发展到对金融业经营方式和组织结构的深刻改变。

四、对货币政策的影响

1. 对货币需求的影响。银行信息化催生的电子货币、网络货币使得货币的流通速度较之传统货币大大加快。根据货币数量理论，货币的需求量为：

$$M = PT/V \tag{5.1}$$

式（5.1）表明，在物价水平P和社会商品交易总额PT确定的情况下，货币的需求量与货币流通速度成反比。因此，在数字货币条件下，由于货币流通速度提高，货币的需求量将会减少。按照鲍莫尔—托宾的存货理论方法，数字货币的使用以及网络结算方式的普及使得人们往返于银行的费用降低，于是人们会选择增加存款和换取现金的次数，这必然带来现金需求量的下降。

2. 对货币政策目标的影响。货币供给量一度是货币政策调节的中间目标，银行信息化推动的金融创新直接影响着对货币的定义，金融创新产品使得货币组成发生变化，从而影响到货币政策的中间目标和调节效果。例如在美国，20世纪70年代以前，M1是由通货和商业银行的活期存款组成的，但是持续出现的金融创新产品不断地改变着这个组合，1980年美国不得不对货币进行重新定义，对M1、M2、M3的内涵进行调整，重新公布了各种货币定义的货币所包含的项目，M1的内容增加了一系列可开列支票的存款，而这些新增加项目的增长速度远大于以前包含的项目。由于M1内涵的不断变动，它已经难以再作为货币政策的目标了，美国于1987年被迫放弃了M1这一政策指标，取而代之以广义货币量M2和M3。

3. 对货币政策工具的影响。从中央银行传统上调节基础货币的三大政策工具——法定存款准备率、贴现率、公开市场业务看，银行信息化加速了资金的流动速度，也加大了临时资金融通的需求，金融机构的资产流动性在整体上也得到一定提高，这都导致中央银行调节基础货币的三大工具的有效性发生改变，其控制基础货币的职能将主要依靠公开市场业务来进行。

五、对金融监管的影响

银行信息化的发展，产生了一些特殊的风险，使监管复杂化。例如网络银行服务主要通过大量无纸化操作进行交易，不仅无凭证可查，而且许多交易的电子记录可以不留任何痕迹地加以修改，使确认该交易的过程复杂化，监管当局对交易难以核查，造成监管数据不能准确反映其实际经营情况，即数据的一致性遭到破坏。因此，监管当局需要根据信息化的特点，对监管活动进行调整。从目前世界情况来看，这些调整主要涉及银行法律实施、消费者权益保护、国内国际监管协调、监管范围、监管方式调整等几个方面。新增的监管内容主要包括：一是对安全性能的监管，包括加密技术及制度、电子签名技术及制度、公共钥匙基础设施（PKI）；二是国内国际标准化实施，如对网络银行标准化水平进行监管；三是对消费者的权益状况进行监管，主要包括保护消费者的隐私权及维护知识产权在网络中不受侵犯等；四是宏观性的，即针对银行信息化、网络金融活动对国家金融安全和其他管理领域形成的影响进行监管，内容主要包括：对国家金融风险和金融安全，乃至国家经济安全的影响的评估与监管。

5.2 未来几年银行信息化的发展环境

人类跨入21世纪，经济全球化和区域经济一体化趋势继续发展，虚拟经济超过实体经济发展速度，信息产业和信息经济方兴未艾；我国加入世界贸易组织，改革开放进程加快，面临许多新的机遇和挑战；信息技术不断推陈出新，呈现加速发展的趋势。总之银行生存面临的是一个不断变化发展的环境，这些环境因素影响甚至决定银行信息化的进程。

5.2.1 金融市场环境

一、全球金融市场一体化

全球金融市场一体化是指随着科技进步、金融创新及金融管制放松，使得各国金融市场与国际金融市场紧密连接，逐步形成一个相互依赖、相互作用的统一整体。近20年金融业的发展，创新、管制放松、信息科技应用是主调，这些成为推动全球金融市场一体化的动力。不仅发达国家在不断开拓海外金融市场，许多发展中国家也积极投入到金融市场一体化的发展潮流中，积极“打开门户”，融入国际金融与经济的大循环中。

从20世纪80年代开始，发达国家、亚洲新兴工业国家以及一部分发展中国家的大银行，纷纷在其他国家广设分支机构，以壮大自身力量。例如，美国花旗银行在65个国家和地区设立了135个分行。在韩国，截至1990年底，外国银行分行已达67家，外国银行设立的办事处也有60多家。有关资料显示：仅1992年世界排名前200位的大银行中，境外资产平均比例达36%的银行就有25家，达27%的约50家，达19%的约100家，而且越是大银行，境外资产比例就越高，境外业务量也越大。目前，中国香港、新加坡、巴林、巴拿马、开曼群岛等地都已成为世界上重要的离岸金融市场，这些离岸金融市场已成了“二级批发市场”和“中转站”。应该说，全球金融市场一体化既给世界经济和金融带来了积极的影响，促进了国际投资的增长，有利于各国的经济增长，但同时也带来了一些新情况和新问题，特别是各国金融市场联系越密切，相互依赖程度就越加深，只要某一金融市场发生动荡，就会迅速地影响或波及其他金融市场，引起全球金融市场的联动效应。因此，这种潜在的风险无疑对各国金融监管提出了更高的要求。

二、融资证券化

近半个世纪以来，国际金融市场上出现了“融资证券化”特征，即筹资者更多地倾向于通过发行证券从资本市场上融资，而不是向银行贷款。其结果是导致直接融资比重上升，而间接融资（银行作为融资双方中介的融资方式）比重下降，即所谓金融市场的“非中介化”或“脱媒”现象。这一现象在不同的国家因为金融系统的模式不同，在程度上有所差异。1853年，英国大约有四分之一的资本通过伦敦股票交易所筹集，到1913年，这一比例上升到三分之一（Michie，1987），20世纪60~70年代这一比例又上升到近40%。美国的情况也十分类似，资本市场筹资的比例由20世纪60年代的30%上升到20世纪90年代初的近40%。德日模式中，银行与企业财团关系密切，而且银行也具有全能的性质，通过金融中介融资的比例要高一些，但20世纪下半叶同样出现脱媒现象，企业通过资本市场筹集的资金占外部资金的比例，日本由60年代初的18%上升到90年代初34%，相应地，德国由15%上升到23%。我国资本市场发展还处于较初级的阶段，但发展速度很快。随着资本市场的日益完善，我国通过资本市场融资的比例还将上升，银行的融资功能在一定程度上会萎缩。

三、金融创新化

一般而言，金融创新主要体现于大量金融衍生产品的诞生，以及定制金融服务方式的推广。20世纪60年代初，金融创新主要是逃避金融控制和资本管制，这一时期最具代表性的金融创新即是欧洲美元、欧洲债券和平行贷款。在70年代，金融创新主要是转嫁市场风险，浮动利率票据、货币远期交易及金融期货等是这一时期最具代表性的金融创新。到了80年代，金融创新的进程日益加快，80年代中期金融创新达到高潮。这一时期的金融创新主要是融资方式的创新。根据十国集团中央银行研究小组的报告，80年代最具代表性的金融创新为票据发行便利、互换交易、期权交易和远期利率协议，并被称之为80年代国际金融市场上的“四大发明”。20世纪90年代以来，金融自由化的浪潮仍在持续，西方国家普遍放松对金融市场的管制，并为本国居民进入欧洲债券市场融资提供方便。与此同时，发展中国家也加快了金融改革的步伐，放松金融管制，使银行和金融体系进一步面向市场。金融业竞争激烈化，金融机构向客户提供定制式的全套服务，也在相当程度上促进了金融创新的发展。虽然1994年和1997年爆发了两次金融危机，以及多次类似于巴林银行倒闭事件的巨额损失案例，但这些并不能也不应阻止世界各国的金融创新，当前及今后一段时期，金融创新会在加强规范和管理的同时，继续加快发展，尤其是我国，金融改革开放步伐的加快必然导致金融创新浪潮的涌动。

四、银行业务全能化

银行业务全能化是20世纪90年代前后掀起的一股潮流，世界大多数国家的银行已实现了“混业经营”，业务全能化，目前我国在金融领域仍然实行“分业经营”，银行的业务被限定在存贷、代理、国债投资等较窄的领域，但从长远看，在条件成熟后我国必然会朝着“混业经营”的模式发展，当前的一些改革措施也体现了管制的松动。因而，全能化的银行经营模式将是未来的主要模式，是银行信息化必须考虑的一个重要环境因素。国际上，银行业务全能化首先表现在放宽银行业务经营范围的限制。20世纪80年代开始，西方各国陆续允许所有金融机构参加证券交易。例如，美国于1980年就允许商业银行和储蓄机构的业务可以适当交叉；1984年允许不是联邦储备系统会员银行的中小银行可以从事证券业务；1987年允许银行控股公司可以包销地方债券、商业票据的抵押证券；1989年，又批准花旗、大通、摩根等五家银行包销企业债券和企业股票。这些无疑打破了美国银行法禁止银行经营证券业务的规定，1999年《金融服务现代化法案》出台，这无疑给美国带来了一场更为深刻的“金融革命”。该法案取消了银行、证券、保险业之间的界限，允许金融机构同时经营多种业务，以形成“金融百货公司”或“金融超级市场”。

五、我国企业的二元化融资现状决定银行业的二元化改革趋势

改革开放以来，尤其是20世纪90年代以来，资本市场不断发展，企业直接融资的比例上升，企业资本结构也得到显著改善。但能享受到中国资本市场发展好处的企业数量却有限，主要是那些得到政府支持、能改制上市的国有企业（我们且称其为市场内企业）和部分实力较强的民营企业，还有占企业数量99%以上的企业（主要是中小企业和无法进行改制上市的国有企业，我们称其为市场外企业）却无法从资本市场上获取资金，唯一可行的途径是举债融资，然而，举债渠道并不通畅，中国企业融资格局与银行放贷偏好存在错位：市场内企业资金充足，资产负债率低，银行愿意贷款给他们，但这些企业有非常明显的股权融资偏好，即愿意发行股票而不太愿意借债；市场外企业资金短缺，有很强的举债需求，但却难以获得银行的贷款。为了改变这种错位，银行业的改革趋势不可避免地向二元化发展，即现有的国有银行向金融控股集团改造，为市场内的这部分企业服务；而应市场外企业的融资要求，大力发展中小型金融机构，以满足它们的资金需求，最后形成两种模式并存的格局。中小型银行主要是由民营企业和个人投资者出资建立，完全市场化自主经营，主要为中小企业融资提供服务。为了规避中小银行资本金小而给存款人带来的风险，应当建立存款保险制度，这也是保证银行“退出”机制有效性的必要措施。国有独资银行改造的根本在于解决产权问题，而其核心是实现产权主体的多元化（包括国家、企业、个人及适当的外资），并通过建立金融控股公司的形式实现有限的混业经营，提升银行的竞争力。

六、外资银行的严峻挑战

我国加入世贸组织，为中国各行业与全球市场接轨提供了契机，作为国家重要经济运行核心的银行业更是被推到了全球竞争的前沿。外资银行进入中国后，与国内银行相比，在国际结算、服务水平、营销及管理经验方面具有较明显的优势。外资银行的管理体制、经营理念以及经营机制都较国内银行先进、成熟。经过几十年的发展，形成了先进的、比较人性化的服务理念和企业文化。外资银行有完整的服务体系和营销体系，其市场分析、客户分析要比中资银行更为科学、准确，市场响应更为迅速。拥有一套比较完整、丰富的金融服务产品系列，许多银行提供了多达上千种各具特色和个性化的服务与产品。进入中国后，其主攻方向将是市场前景比较好的发达地区，也包括落后地区具有较大潜力的市场，特别是在优质客户和优秀金融人才争夺方面，将对中国银行产生较大的影响和冲击。外资银行计算机通信技术、应用系统、数据采集和处理等应用比国内银行更先进、更有经验。以计算机和网络为代表的现代信息技术可以让外资银行迅速在中国市场上引进其先进的管理体制、经营理念和服务体系，成为其发挥竞争优势的有力支撑和基础。

在竞争面前，我国本土银行也有自己的竞争优势。中国具有巨大的文化差异和地域差异，中资银行对中国的国情比较熟悉，特别是对中国政策、传统和文化的了解占有主要优势。国有商业银行在国内拥有雄厚的客户基础，尤其是与一批黄金客户建立了较深厚的感情，可以通过客户关系管理等手段把这种感情基础转化成稳固的客户群体。当然这其中还存在着优质客户易于流失，而低素质客户又难以摆脱的隐患。中国银行业有国家信誉的支持，在国民心目中已建立了国家级的信誉，这是长期以来日积月累形成的民族文化心理积淀所带来的一种认同感。经过二十多年的信息化建设，国有银行建成了庞大的全国性计算机网络和遍布城乡各地的营业网点。就中国现状来看，目前对客户提供的金融服务仍以柜面服务为主，国有银行遍布全国的物理网点是吸引客户群体、取得客户信任的优势所在。但由于体制与历史的原因，国有独资银行在经营观念、信息技术应用水平、资本金实力等方面还存在一些差距。

5.2.2 体制与监管环境

一、金融管制会有较大放松

20 世纪 80 年代前，西方国家普遍对利率实行管制，如制定存款利率上限，规定商业银行不得对活期存款支付利息等。虽然这些管制对稳定金融秩序起到了一定的作用，但到 80 年代以后，这些早期形成的金融法规实际上已很难适应经济发展的需要；而且，金融管制对金融业的某些消极作用，也在相当程度上激发了西方各国金融创新的热情。正是基于这一背景，西方国家纷纷掀起了以“自由化”为特征的金融改革浪潮。首先是价格自由化，即取消存款利率限制，放开汇率管制，取消证券交易中的固定佣金制度；其次是扩大各类金融机构的业务范围和经营权利，使其公平竞争；三是改革金融市场，放松金融机构进入市场的限制，丰富金融工具和融资技术，加强和改善金融市场的管理；四是实行资本流动自由化，相继放宽外国资本、外国金融机构进入本国金融市场的限制，以及本国资本和金融机构进入国外市场的限制。

80 年代以来，美国提出了新的金融改革方案，逐步放松对存贷利率的管制，力图改革其旧的金融体制。1999 年底，美国还颁布实施了《金融服务现代化法案》。该法案最终废除了形成于 1933 年的《格拉斯—斯蒂格尔法案》中的主要条款，消除银行业、证券业和保险业之间的行业壁垒；改革跨州银行法，统一国内金融市场；允许工商企业对金融机构拥有更多的所有权，以此拓展金融机构的资本来源。在日本，放开存款的利率（包括大额定期存款、货币市场证券、大额存单和外汇存款等），从 1989 年起，日本对短期贷款基准利率的确定方法也进行了改革，以前主要根据贴现率确定基准利率，现在则考虑融资成本和其他多方面的因素。在逐步放开利率的同时，日本还对其银行法第 65 条进行了改革，取消了银行与其他金融服务业之间的行业限制。日本《1981年新银行法》和修改后的《证券交易法》规定银行可以经营公债，同时允许证券公司从事大额可转让存单的交易，允许其设立中期债券基金，并用这些基金开设现金管理账户。此外，证券公司还获准向顾客发放以公债为担保、不限用途的贷款。在英国，1986年10月27日，伦敦股票交易所允许外国银行、保险公司以及证券公司申请成为交易所会员，允许交易所以外的银行或保险公司甚至外国公司100%地购买交易所会员的股票，此次改革被人们称之为金融“大爆炸”，其核心就是利率的自由化和金融业务的自由化。在1985年，欧共体推出了《银行业协调第二指令》的金融改革方案。该方案规定：一是欧共体成员国的金融机构在本国获得营业执照以后，均可在其他成员国设立分支机构，经营母国所批准的诸如存款、租赁、参与股票发行、投资管理等广泛的金融业务，而不考虑东道国的银行是否允许经营这类业务；二是在对待非成员国金融机构方面，遵循对等原则，凡给予欧共体银行与本国金融机构同等待遇的非成员国，其银行也可在欧共体获得同等待遇。

20世纪90年代以来，虽然先后出现了诸如墨西哥金融危机、巴林银行倒闭及亚洲金融危机等恶性事件，一定程度上延缓或阻碍了金融自由化的进程，但从总体趋势看，随着美国、日本、欧共体成员国等西方主要国家金融改革方案的实施和生效，以及各国金融监管水平的提高，各国金融发展必将渗入越来越多的市场化和国际化因素，监管环境会越来越宽松，中国也不例外。

二、金融监管的国际合作会不断加强，国际监管成为金融监管的重要组成部分

1988年，西方十国集团及卢森堡、瑞士的中央银行代表，在巴塞尔共同签署了《关于统一国际银行的资本计算和资本标准的协议》（简称《巴塞尔协议》）。该协议对资本充足性比率、资本内涵的概念、风险加权的计算等方面都做了明确的规定和要求。自该协议通过以来，西方主要国家的银行不同程度地提高了资本/资产比率。实力较差的银行通过销售贷款和减少信贷来提高资本/资产比率，而实力较强的银行则通过在资本市场上发行股票增加资本，以提高资本/资产比率。该协议的明显作用主要体现在：一是抑制了银行增加资产的冲动；二是促使各国政府去监督银行而不是靠对银行具体经营活动进行控制。此后，全球范围、地区范围以及双边范围内各个层次上的国际银行监管合作都得到了空前发展。这主要归因于以下几个促动因素：一是巴林银行倒闭事件表明，监管当局之间的有效沟通可以加强对国际性金融机构及其经营活动的监督与管理；二是各国监管当局对创造和维护一个公平竞争的环境都十分关注，以便其本国银行参与其中的竞争；三是1995年哈利法克斯和1996年里昂高峰会议的公报都表明，人们对不受监管或监管不充分的金融活动所产生的潜在系统性风险开始给予极大关注。正是基于这些原因，世界各国政府、中央银行和监管当局在20世纪90年代给予国际银行监管合作的优先考虑甚于以往任何时候。

这一期间，巴塞尔委员会和国际证券协会组织还联合公布了《衍生金融工具风险管理指导方针》，其主导思想就是通过强化内部控制，防范和控制有关金融衍生工具管理和操作的各种风险。强调金融机构不论是作为衍生工具的自营商还是经纪人，都应满足风险管理和内部控制的基本要求。此外，与一些非十国集团国家的监管当局还合作拟订了一套适用于所有国家的“有效银行监管核心原则”。2002年，巴塞尔委员会对《巴塞尔协议》进行了修订。所有这些，无非都说明，各国监管当局的国际性合作和国际组织的监管对维持世界金融秩序的稳定都具有十分积极的意义，金融监管呈现国际化趋势，国际组织对各国金融监管的指导和要求成为金融监管的重要组成部分。中国正在以更快的速度推进改革开放，在金融监管方面必然会有更多的国际合作，银行的经营活动（包括信息化工作）都将要更多地满足巴塞尔委员会等国际组织的要求。

5.2.3 技术环境

进入21世纪，电子信息领域有四项技术特别引人注目：微电子技术，光电子技术，分子、生物、传感器电子技术，存储、显示电子技术。银行作为电子信息技术应用的前哨，这些技术的发展将给银行信息化带来新的活力。

一、微电子技术发展趋势

1. 高集成、大容量、超小型化。集成电路是电子信息技术的核心和基础。集成电路设计尺寸每15年缩小1个数量级，1970年为10微米、1985年为1微米、1995年为0.3微米、2000年达到0.1微米，目前已研制出0.04微米器件。但这还没有达到物理极限，学者们已在讨论后微米时代。动态存储器DRAM的集成度继续保持三年四倍的速度，1970年DRAM集成度为1K、1980年为64K、1995年为64M、2000年为1G，预期2014年单片256Gb的存储芯片可付诸使用。从硅片直径看，1970年使用的是50毫米的晶圆片、1980年的是125毫米、1995年的是200毫米、2001年的是300毫米，现在400毫米晶圆片已开始研发，未来晶圆片可望达1米。

2. 低功耗、易使用性和高生产率。半导体要做到进一步低功耗和高效率，一是要开发新的芯片结构；二是要引入新材料。为减少对环境的污染，正积极开发太阳电池作为半导体清洁能源；在减少功耗方面，计划开发功耗不到10毫瓦，而性能达10G的处理器。

3. 高速化。具体体现在，半导体器件LSI的开关速度可提高到1皮秒以下，高频宽带固体放大器将达100~1 000千赫兹。取代晶体管的新器件课题有“具有放大功能的超导三端器件”，“单原子工作的超高速、超高集成开关器件”，“TIP（103GIPS）级微处理器”，“10~100nm分辨率的X射线显微镜”，“100万神经元规模的半导体神经芯片”以及“高温超导材料”等。

二、光电子技术发展趋势

光电子技术始于1960年激光的问世，应用不同的物质制作出从红外到紫外的光谱激光，产生出种种有关技术和产业。光纤通信是技术开发的原动力之一。从1970年以后的20年间，先进国家陆地干线、海底国际通信大部分已使用光缆。1996年起积极开发光纤通信的大容量化和高速化，对10Gb/s以上时钟速度，超过100种波长的多重化技术做了研讨，研究了2Tb/s以上的传输速度，并开始了光计算机的研究。1984年出现的CD改变了以往的模拟唱片。1996年数字化DVD开发成功，现正逐渐取代CD。GPS和光陀螺的结合，使汽车引导装置不断获得普及。1996年后兴起了对蓝色半导体激光的开发，GaN材料的蓝色和绿色的LED率先实际应用，大型显示板、信息装置都已有应用，由于其效率高，社会有可能进入照明半导体化时代。激光打印机和复印机的应用日益扩大，光存储器的开发也很活跃。

三、分子、生物、传感电子技术发展趋势

1. 分子电子技术。20世纪80年代曾提出过分子器件的概念，但因没有利用单个分子的手段，一时便冷落了下来。到90年代中期，随着扫描隧道显微镜、原子间力显微镜的进步，建立起了利用手段，研究活动再次活跃。近1~2年以欧美为中心，许多研究所争先恐后地从事单一分子利用的研究。

2. 生物电子技术。生物器件的主要构成要素是蛋白质，人们对蛋白质功能已有足够了解，从而设计出了蛋白质传感器。20世纪90年代后实用器件大量生产，被广泛应用于血液诊断，取得了划时代的进展。特别是根据蛋白质工程等尖端技术，做到了人工改变蛋白质，明确了制造蛋白质器件的研发方向。基于细胞或细胞组织的生物器件研究发展也十分迅速，尤其是出现了扫描近场光学显微镜等光电子技术，适用于细胞系列研究，从而处理生命活动的技术研究格外受到人们注目。利用脑功能和神经生物电子技术的研究开发也是人们面临的一大课题。

3. 传感器技术。敏感技术在工业制造、基础科学、防灾、环境等领域十分重要，其原理涉及光子学、超导、半导体、量子效应等。传感器的发展方向是高敏感化、高分解能力，以扩大人类智力资源。但是，各种传感器的生产量都不大，企业规模较小，特别是技术密集的高价传感器，少量生产的更多。

四、存储/显示电子技术发展趋势

1. 存储技术。20 世纪 80 年代以来，作为计算机外设的磁存储技术发展不算顺利，单位面积存储容量大约每五年翻一番。但最近进步迅速，达到一年就翻番的速度，与半导体存储器相比，它的成本低得多，每位成本只及后者的百分之一，现在已实现每平方英寸 10Gb 的存储密度，并正向每平方英寸 1 000Gb 前进。可换存储器——软盘应用广泛，最近则已开始逐渐被采用闪存的 IC 存储卡所取代。光盘存储器 CD－ROM 几乎已装备了所有的 PC，年产量达 5 000 万片。DVD 存储容量比 CD－ROM 大七倍，DVD 驱动器已用作电影视盘和计算机驱动器，今后将开发可重写的 DVD 驱动器。人们面临的课题是要把存储密度超过 1 011b/cm^2 的光存储器付诸实用。

2. 显示技术。阴极射线管（CRT）在显示领域的使用无疑仍占很大的比重。计算机、工作站用的显示管分辨率大多已达 1 600×1 200，并开发 7 680×4 320 的高精度 CRT，屏幕尺寸趋向大型化，15 英寸、17 英寸正取代 14 英寸管，使用增加。液晶显示器（LCD）发展更加迅速。全球 TFT－LCD 已被笔记本电脑广泛采用。多晶硅小型 TFT 显示器应用领域迅速扩大，包括取景器、数码相机、网络电脑、PC、个人数字助理 PDA 等。继“随身听（Walkman）成为“移动音乐厅”之后，“移动办公室”、“移动照片展览”将相继出现，投影电子显示、远程视像会议也开始普及。最近，等离子显示（PDP）的发展引人瞩目，40 英寸的产品上市之后，40 英寸以上的大屏幕也有了商品化计划。为室外使用的大屏幕显示，已开发出了高亮度的蓝色发光二级管（LED），全彩 LED 显示器（2.56m×1.92m）正走向实用。总之，显示器今后的发展方向，一是大屏幕。通过家庭内的一面墙电视，就能享受到影院的氛围；电视会议显示扩大，产生的现场感受十分真切。二是小型高精度显示。设想有直接投射到视网膜的显示技术、安放在眼镜上的放像系统等。

5.3 银行信息化中长期趋势展望

5.3.1 数据整合和数据集中

银行信息化飞跃发展阶段的一个重要特征就是整合。目前我国银行业正在进行的数据集中仅仅是整合的一种形式，整合还可以表现为其他的形式。一是软硬件平台的整合，在银行信息化的建设过程中，信息系统软硬件平台由于分散式的发展而产生了很大的差别，系统平台间的不统一导致系统复杂性加大，系统平台整合的重点就是要最大程度地实现整个信息系统软硬件平台的统一；二是应用系统的整合，银行现有的每一个业务都有一个相应的信息系统，应用系统多会导致许多问题出现，应用系统的整合就是要以客户为中心，或者以渠道为中心，或者以产品为中心，将相关的应用统一起来。如果不对现有信息系统进行整合，信息技术的应用只能是以计算机来简单代替原先的手工操作，远远不能发挥出信息技术的优势，银行经营效率的提高也十分有限。目前，我国银行正处在整合阶段的初期。随着整合的深入，各行将在数据标准统一的基础上实现数据集中，建立数据模型，真正将集中后的数据转变为对银行有用的信息，最终完成银行业务流程的再造，组织结构的重组等等深层次任务。

整合阶段是一个承上启下的阶段。它一方面是对上一阶段的工作进行总结，并对原有系统进行优化，同时也为下一个阶段实现银行信息的深度挖掘和利用做好了准备，没有整合这个阶段，众多的信息系统只能是在原有业务流程的基础上提高效率，不可能对银行的经营模式产生实质性的影响，数据的深度挖掘和信息的共享也很难想象。整合既是下一步银行信息化工作的重点，也是银行业信息化建设的一个发展趋势。

5.3.2 数据仓库和数据挖掘技术应用

信息化的基础就是数据的有效挖掘和分析、处理，利用数据仓库和数据挖掘技术将数据进行二次加工，并建立相应的数学模型，将新的管理理念融合到企业文化之中，以增强金融企业的核心竞争力。同时，现代金融产品与金融服务对信息技术的依赖性不断增强，没有现代信息技术的支撑，金融产品创新就是一句空话。例如信用卡、电话银行、网上银行、移动银行等各种新兴的银行业务，哪一个也离不开信息系统的支撑。银行业服务和产品对信息技术的依赖是确保银行业不成为21世纪“恐龙”的需要。银行业虽然依赖于信息技术，但是银行业对信息技术的应用不是能够简单“克隆”的。银行业对信息技术的依赖是通过信息技术整合银行的传统优势，实现服务和产品的升级，这种叠加不是简单的技术加业务，而是一种融合后的质变。信息技术和银行业本身资源（包括客户资源和业务资源）融合后形成的强大优势，将是其他行业染指银行业务的有力壁垒。同样，在网络经济时代，银行业服务和产品对信息技术的依赖也是确保银行业不变为金融服务业的下游产业的需要。由于其他非银行机构网上业务的迅速发展，不仅可以提供其本身的传统业务，而且还间接提供隶属于银行业的服务，这个现象曾经一度引发了银行业将成为金融服务业下游部门的担心。通过技术和业务的创造性结合，银行业焕发的崭新魅力将成为网络经济时代银行业位于金融服务产业链前端的有力保障。

5.3.3 以网络化为契机，同业信息系统融合的趋势

网络经济时代的一个非常重要的特征，被概括为“梅特卡夫定律”。它指出，网络的价值与节点数目成平方关系，网络的节点数越多，网络就越有应用价值。对于银行业而言，这个定律凸显出基于网络的服务和产品的网络外部性（Network Externality）特征，只有存在着能够普遍使用的网络，客户才会接受银行推出的电子化产品，例如电子货币，在新加坡的电子货币推广成功经验中，得出的很重要的一个经验就是新加坡有大量接受电子货币的网点，因此人们乐意在日常生活中使用电子货币。因此在网络经济时代，为了推广具有网络外部性的银行服务和产品，一样会存在类似于“先有鸡，还是先有蛋”的博弈，所以银行之间必然要加强同业间的合作，共同做大市场这块“蛋糕”，才能分享网络化产品的收益。当然这还涉及一个标准化的问题。

伴随网络经济的发展，金融机构协作将不断增强，信用体系的建立，信贷信息共享体系的建立，以及金融机构间业务的整合都离不开彼此的信息共享。现在提出的“一站式”服务，也是金融机构不断加强协作的产物，最终银行将成为金融市场的中枢，而不仅仅停留在过去的存贷业务。同时，随着信息化的不断发展，银行产品对信息技术的依赖性越来越大，银行间需要协作的领域会越来越多，在人民银行有关政策的引导下，加强银行业的协作和资源互补，将会形成银行间公用信息体系，这不仅不会消除银行的特性，使各银行同质化，还会使得各银行在市场扩大的过程中共赢。银行将逐步呈现网络化趋势，这不能仅仅理解为传统银行会变成网络银行，而是指银行在业务流程、管理架构和客户渠道等多方面呈现出网络化的特征。在业务流程上，一般而言，目前仅仅存在单一的部门间纵向流动，在信息化发展深入后，可能发展到出现部门间的横向流动；在管理架构上，银行可能借助网络技

术实行更为扁平的管理；在客户渠道上，表现出多点接触的网状特性，银行可以通过传统柜台、电子银行（包括 ATM、网上银行、手机银行和电话银行等）和客户经理等为客户提供服务。

全球第一家网上银行安全第一网络银行（SFNB）出现后，国内外银行业纷纷通过互联网提供自己的服务，国内已经有20多家银行的200多个分支机构拥有网址和主页，其中开展实质性网络银行业务的分支机构达50多家，包括中、农、工、建、交通、光大、华夏、中信实业等大部分商业银行都开通了B—B和B—C网上银行业务，网上银行客户超过40万。目前相当一部分网上银行对于银行而言仅仅是一个费用中心，对银行利润几乎没有什么贡献，各家银行推出网上银行仅仅是从银行形象的角度作出的一种适应性服务。如何切实把网上银行转变成银行业未来的利润中心，是各家银行关注的一个问题。我们认为，转变的关键问题可能是我们对网上银行的理解，如果没有从网络化银行的角度来全面地理解网上银行的应用，仅仅把传统业务简单地搬到网上，必然会限制网上银行作用的发挥。因此要发挥网上银行的作用，就必须理解到，网上银行是一种全新而重要的银行服务渠道，与机构改革、业务流程重组、营销渠道整合、管理模式变化等一样是网络化银行的有机组成部分。就目前而言，网上银行在发挥信息渠道的重要作用之外，应该定位于高端客户，根据这些客户的需求设计，积极进行产品创新，积极开展网上支付、网上投资理财、网上金融信息咨询、网上消费信贷等金融增值服务。随着全民信息化素质的不断提高，银行的网络化将会越来越深入到银行业的普通客户群中。

5.3.4 科技体制创新的趋势

信息化的发展离不开科技体制的支持。目前我国银行的科技体制中仍存在着不足之处，对科技人才的重视程度还有一定的欠缺，缺少对科技人员系统性发展的考虑，科技项目管理的科学性还有待于加强，项目的经费、人员和过程管理等方面都还处在探索阶段，对科技项目的投资决策由于信息技术本身变化迅速的特点也变得非常复杂。在解决这些不足的同时，更为重要的是提高银行业的科技素养，增加核心竞争力。因此科技体制的创新必然会成为我国银行业关注的重点问题。在银行信息化的过程中，科技体制的创新要总结国内的成功经验，也要借鉴国外银行的成功经验。在借鉴国外银行业科技体制创新的经验问题上，不少专家都认为直接“翻版”资源外包的模式作为解决思路，对于中国银行业的实际而言是不现实的，其原因大致归结为：第一，就目前中国而言，很难找到一家从政策到能力都满足要求的公司；第二，由于软件业的“复制成本”为零的特性，外包开发可能造成银行核心业务被迅速抄袭，而无法保证银行的核心竞争力；第三，外包模式同样也会碰到激励和约束等问题。

目前，我们得知科技体制创新都为各家银行所关注，都在发展战略中被提出。国内最早成立了相对独立的软件开发中心的中国工商银行提出要加大科技体制改革的步伐。有些银行也比较明确地提出成立相对独立的软件开发中心。在科技体制创新上，值得借鉴的是花旗银行的实践，我们知道花旗银行的IT服务组织是以公司化形式存在的。IT部门作为银行形成核心竞争力的关键部门之一，为银行服务和产品提供信息技术，它具有一定的特殊性。第一，它的产品和服务具有外部性，如果整体再放在银行内部来计算，无法准确确定它的产出；第二，由于科技部门的产品的知识经济形态很浓，它的工作考核必然会存在着与其他业务部门的不可比性，无法在整个银行体系中进行划一管理。以公司形态运行的科技队伍，集中表现为科技部门产权的独立性，独立的产权主要包括使用权、收益分配权和剩余索取权等方面，在这个前提下，应利用整套的现代公司治理方法，形成从事银行信息化科技队伍的激励和约束机制。在提倡“以人为本”的口号下，科技部门体制的创新是保障尊重知识、尊重人才的路径之一，在比较不同体制优势的基础上，针对自身实际情况，各银行最终肯定都会形成有利于形成自己核心竞争力的科技体制。

5.3.5 法制化、标准化趋势

法制化和标准化是信息化发展到一定阶段必然碰到的问题。我国银行业对法制化、标准化的认识都十分一致，但存在“雷声大雨点小”的现象。现在，法制化和标准化的问题已成为信息化建设的瓶颈之一。比如，在数据集中工作中，不考虑标准化的问题，显然是不可能的。为了进一步把集中的效益外部化，比如：避免将来部门间联网由于标准不统一产生的调整成本，需要有相应的数据标准；由于中国信息化的现实情况，全局规划慢于银行业的信息化步伐，为了避免技术规划风险，银行业有必要拉动相应的技术规划的确定，例如银行安全体系的建立如果没有一定的标准，就无法避免将来的重复投资。外部的竞争压力越来越大，银行业本身需要通过法制的途径确保技术创新的收益。前段时间银行业关注的知识产权的问题的核心在于知识经济时代利益保护，技术创新的收益如果无法通过法制的手段加以保护，对于单个银行而言损失了一个产品，对于整个银行业而言则会是灾难性的。再如电子产品的收费问题，如果没有标准加以规范，一种可能是不收费，另一种是通过市场的不断调整最终达到理想收费点。无论哪种情况出现，都会损害市场效率，都会损害银行的利益。因此，标准化和法制化都涉及各个银行的利益问题，而不像从前仅仅是一个空洞的口号，在这种强大力量的驱动下，银行信息化法规和标准制定工作将会踏踏实实地推进，成为信息化的基础保障条件之一。

5.4 推动银行信息化，重构银行竞争力

5.4.1 银行信息化可持续发展框架

我国金融信息化的目标是要以信息化促进中国现代金融体系的形成和发展，塑造一个适应信息时代，适应电子商务、电子政务为代表的新经济时代的全新金融服务体系，为此，我国金融信息化建设应当如何去做？一个可供参考的金融信息化发展框架如图 5－1 所示：

图 5－1 银行（金融）信息化可持续发展的框架

一、创新和流程再造是银行信息化的核心思想

创新是现代金融服务业发展的一个显著特色，这些创新包括金融产品的创新、金融管理与监管的创新、金融组织和流程的创新。金融信息化的过程是信息技术的应用过程，是金融创新和流程再造的

支持和保障。我们应当将创新的思想和流程再造的思想贯穿于信息化工作的始终。金融信息技术的应用和创新往往是其他种类金融创新得以实施的基础，这已被国内外企业信息化（如ERP）、政府信息化等各种实践所证明。将先进的信息技术系统搭建在分散、重叠甚至混乱的组织和工作流程上，不可能真正发挥现代信息技术的作用。流程再造包括组织结构调整和工作流程优化两个紧密关联的方面，以流程再造的思想指导银行信息化就是要对银行业的组织形式从外到内都逐步调整，对业务流程不断梳理优化，使银行管理结构向扁平形态发展，客户服务向“一站式”发展。

二、银行e化是银行业务信息化的发展方向

电子化银行以重塑银行体系为终极目标，利用现代技术对传统银行进行扬弃，e银行改变过去面对面的人工服务模式，整合多种服务渠道，根据用户的不同需求和特点进行针对性服务，以便最大限度地提高服务效率和客户满意度，将营业网点从过去的单一渠道重新定位成以网上渠道为主的多渠道客户接触的综合性门户，因而银行e化是银行业务方面信息化的发展方向。而传统的营业网点将变为主要定位为高端服务的辅助性渠道，将电话银行、网上银行、自助设备等渠道结合成为银行服务的主渠道。

三、管理信息系统和辅助决策系统是银行管理信息化的发展方向

管理与决策信息化是银行信息化进入高级阶段的标志，也是21世纪强化科学管理，规避金融风险，全面提升中国金融监管和金融决策水平的现实需要，是中国金融管理从操作型走向分析型、智能型的标志。为此，要建设以中央银行为核心的集中式综合数据库系统，要确定监管指标和决策主题群，采取最先进的数据仓库技术、联机分析处理技术和数据挖掘工具，以实现金融监管和金融辅助决策功能。对于金融企业来说，在实现了数据大集中，完成基础性网络系统和业务系统的改造整合后，银行账务数据和客户信息实现了全国集中，在此基础上，银行将构建起大规模数据仓库，加强客户和市场分析，构建新型的“以市场为导向，以客户为中心”的银行经营和服务体系，建立起中国银行业的管理决策支撑体系。

四、现代化支付体系是银行业履行支付中介职能的需要，是需要重点建设的基础系统

支付中介，是银行业的最传统也是最基础的职能，而现代化支付体系的建设是其在现代经济中履行这一职能的保障。现代化支付系统主要包括现代化大额支付系统、小额批量支付系统、同城支付系统和同城实时票据清算系统等部分。

五、银行公共服务平台是各银行及其他社会部门的信息接口

逐步建立广泛的银行同业间信息交互平台，提供更多的信息发布、宏观统计、同业联系和专家经验共享等服务，促进国内银行业的协作与发展。在金融互联网的基础上，在适当阶段，人民银行可考虑将部分功能，在安全前提下，逐步借助于Internet，将信息提供给各级政府部门、企事业单位及广大消费者，提供广泛的金融宣传和咨询服务，成为对外的中国金融信息接口，这是诺兰模型所描述的信息化更高级阶段。

六、标准体系是银行信息化的基础平台之一

金融信息化的首要保障就是需要制定极其严格的标准体系。它的重要意义是，在无数形态各异、标准不一的硬件、软件、网络之间建立起一种共同的“语言”，从而能够把现实中的一个个金融信息“孤岛”连成整体。这是金融信息化的起始点，也是重要标志，没有标准化，根本就谈不上信息化。为此，需要进一步修订、补充、完善金融信息化的业务规范和技术标准。必须结合中国国情，尽可能与世界接轨。

七、信息安全保障体系是银行信息化的重要基础平台

对于银行业，信息安全与资金安全等同，因而信息安全保障体系是银行信息化的重要基础平台。

主要目标是，按照国家《涉及国家秘密的通信、办公自动化和计算机信息系统审批暂行办法》等一系列法律、法规的要求，通过方案设计和方案的合理实施，为金融信息系统建立起完善的安全机制，建立完整的安全操作流程、事件响应机制，增强网内设备自身的安全性，达到国家涉密计算机信息系统建设的要求，建成具有较好的适应性和可扩展性的全国金融信息系统整体安全保密体系。信息系统的安全建设必须表现在安全策略、管理和技术三个方面。概括起来，金融信息化发展框架是以创新和流程再造为指导思想，在金融标准化和安全两大体系支撑下，逐步实现银行业务的 e 化和管理的信息化，并加强现代化支付体系的建设，推动金融公共服务平台的发展。

5.4.2 重构银行竞争力的八大重点

一、产品和服务创新

从金融创新的生成原因上看，需求主导向供给主导转变；从金融创新的范围看，由注重产品到注重整个金融业的业务流程，包括产品、服务、组织结构、技术、管理体系，甚至是主导金融业几百年的经营理念；从金融创新的手段看，对技术特别是现代信息技术与网络通信技术的依赖性越来越强。

1. 创新流程的改变。传统上，银行产品和服务创新基于对以下三个方面的认识：市场、顾客和竞争对手。利用这些知识，金融机构制定商业策略来实现其战略构想（见图 5－2）。然后，这些策略成为实施过程设计的目标，最终，在企业构想确定之后，正式制定策略，设计实施过程，确定可以提高机构运行效率的技术，尽可能地实现最初的企业构想。时至今日，这依然是大部分包括银行在内的金融服务提供商产品和服务创新的通用方法。事实上，对金融服务业中的大多数企业而言，这仍是一个比较有效的方法。然而，要在竞争激烈的市场生存，还要做得更进一步才行。人们逐渐认识到金融信息化与金融创新的关系，第一，金融信息化是一种更高层次的金融创新；第二，金融信息化涉及整个金融业的方方面面；第三，金融信息化必须为金融创新服务。因此，包括银行在内的金融服务机构在进行创新时必须同时考虑业务和技术两个方面，掌握信息技术已成为金融机构取胜的关键因素和制定策略的首要驱动力，银行服务和产品创新策略必须是技术上可行的，实施过程的设计必须同时考虑应用与底层结构，换句话说，在创新的各个阶段都必须考虑信息技术的应用。

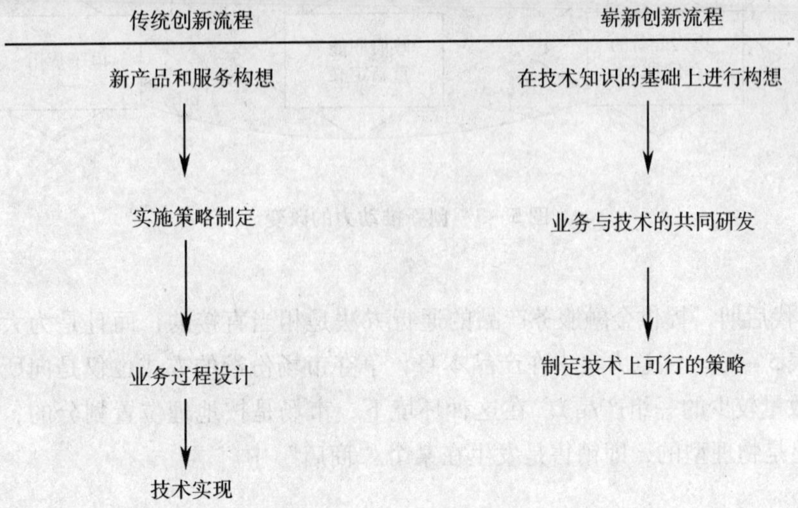

图 5－2　创新流程的改变

2. 创新推动力的改变（见图5－3）。在20世纪后十年中，世界经济的驱动力发生了惊人的巨变。这造就了新的竞争环境，在这种竞争环境中控制权已经由提供商完全转向了客户，并在大多数市场中，形成了一种崭新的、客户定义的、多标准的竞争环境。竞争中新标准重新定义了包括银行业在内的金融服务业的概念，也重新定义了支撑这一行业的技术与机构的含义。虽然技术优势仍继续辅助金融服务产品的生产并促进其销售，但消费者有了更多的机会接触到更多种服务产品。同时，许多金融服务产品越来越标准化，转变了购买的决定因素。经济因素的改变，不论从国内还是国际范围来看，交易能在更广大的地域内进行，从而有效地增加了竞争者和潜在消费者的数量。同时世界范围内的经济发展也使得市场进入更容易，风险投资更有利可图，政治因素的改变使得国家间的贸易障碍得以减少。同时，政府通过立法保护消费者的隐私权和安全，这也影响了金融服务提供和购买的方式。社会愈加关注可支配收入及其使用，这导致了世界各国各个经济阶层的大规模变化，以及对商品与服务的需求的大规模变化。甚至在商业管理标准与模式方面也发生了转变，重心由产品管理转为关系管理。人们相信在提供合适的商品之前必须充分了解客户，这使得商家尤为重视客户的需求。最后，所有这些驱动力共同说明了一个不可否认的事实：现在是消费者在控制着市场。这对包括银行在内的金融服务业意味着什么呢？这意味着提供商必须转变其商业模式以应对消费者所拥有的控制力。

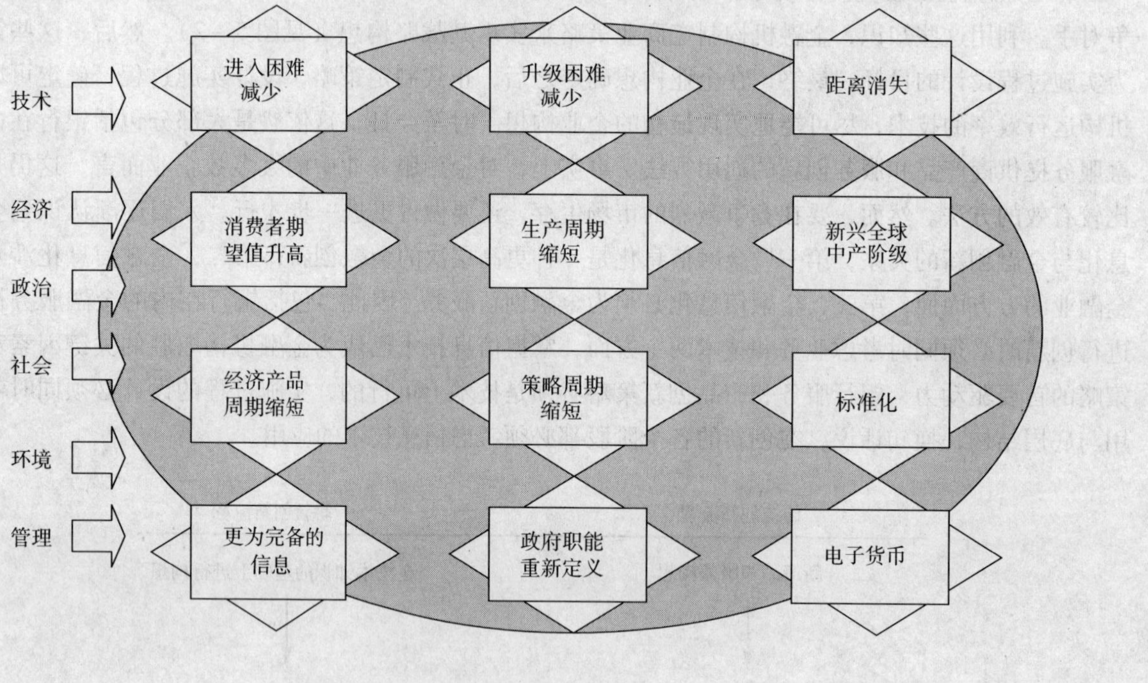

图5－3　创新推动力的改变

20世纪90年代后期，提供金融服务产品的通行方法是相当直接的，而且是为大部分零售产品所建立的模式（见表5－1）。注意力集中在产品本身，争夺市场份额的方式也仅是向所有购买者提供某一产品（或相对数量较少的一组产品）。在这种环境下，市场是按地理位置划分的，销售者与购买者之间的联系基本上是物理型的，即销售是发生在某个“商店”中。

表 5-1 零售银行的转变

项目 \ 年份	1970 ~ 1999	1999 ~ 2003	2003 ~ 2005
市场战略	以产品为中心	以客户为中心	客户/提供商关系
销售策略	一对多	客户化	个性化
交易场所	物理的	整合的、多渠道的	按使用方式最优化
商业中心	中心化，区域化	分布式，全球化	无所不在

但是，像前面已经提到的那样，近几年来为使这种模式能够具有长期利用的价值，人们已经对其做了很多改变。由于在金融服务中客户的力量逐步显现，市场策略必须完全转向以客户为中心，保证他们的需要能够得到满足。要实现这一点，销售必须更加客户化，向各个不同类型的客户提供相应服务。此外，金融服务提供商也逐步认识到客户的流动性在不断加强，这迫使他们创造并支持多种服务提供渠道，这样客户就能够随时随地进行交易。这些服务提供渠道必须是充分整合的，可以无缝地分享数据，这一点也十分重要。因为只有如此，金融服务提供商才能全面充分地理解客户。最后，提供商被迫在一个范围更广的“虚拟”市场中竞争，这使得服务的提供必须超出传统的地理疆界。

作为一个目光不局限于眼前的金融服务提供商，商业策略必须随世界的改变而改变。市场战略，原先曾是以产品为中心，现在必须转向与供应链中所有成员建立起联系。这也是金融服务提供商不断构筑商业联盟，建立伙伴关系的一种反映。同时，销售也将由客户化转向个性化。两者的区别在于，一个是为客户群提供较为有限的一系列可选产品（客户化）；一个是为每一个客户提供满足其需要的可选产品的无限组合（个性化）。首先，人们会广泛采用多渠道服务提供模式，然后，金融服务提供商就要马上对这些渠道进行优化、权衡和协调。消费者的流动性增加，通过网络，人们可得到几乎完美的各种竞争性产品，这最终使得金融机构认识到市场确实无所不在。

二、机构重组和流程再造

在整个银行竞争力重构过程中，必定会发生组织架构和业务流程的改变。随着信息技术的快速发展和互联网的迅速普及，整个社会的计算机应用水平与信息意识普遍提高，对信息的依赖程度不断加深，社会组织的结构在顺应技术发展和信息系统应用的潮流中发生变革。银行业的外部组织形式与分工正在由物理形态向虚拟形态转变，实现银行规模经济的基本途径不是传统经济条件下的分支行制，而是技术、创新和品牌。从内部组织制度看，随着银行外部组织制度的变化，商业银行的内部组织结构也在由垂直式形态向扁平式形态发展，层级制的内部组织制度将被平行式的组织制度所替代；目前数据集中等技术手段对平行式的组织运作方式也提供了有力的支持。从经营运作模式方面看，银行业传统的分散式经营模式将被集中化、网络化模式所替代。

在业务流程上，银行业应该按照整合电子商务交易流程的需要进行改造。由于完整的电子商务交易流程涉及银行以外的供货商及物流商等众多的参与者，涉及企业、个人等不同的交易主体，所以银行业提供的交易系统应是高度开放的。由于电子商务具有高效快捷的交易需求，银行业所提供的资金支付、信誉保证等解决方案应该是简捷明快的。因为电子商务涉及的环节比较多，银行业在提供相关服务时应保证过程畅通无阻。要达到这些要求，银行就必须全方位地改造业务流程和交易体系。为达到这一点，实现银行的跨组织协作也成为必然选择。作为与此相适应的选择，银行内部以产品为中心的业务流程，开始向以客户为中心的业务流程进行转移。据报道，国际上很多银行已经实现以客户为中心划分业务部门，如加拿大蒙特利尔银行就把业务部门分为私人客户部（主要为富人理财）、投资银行部和个人与商业客户部。

以互联网为中心的机构重组和流程再造过程可以通过图 5－4 来简要说明。

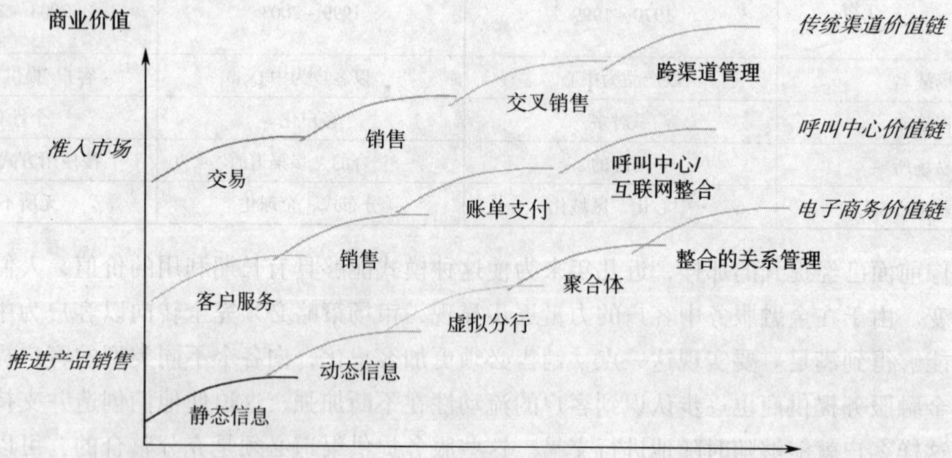

图 5－4　金融服务渠道的演进

随着电子商务价值链、呼叫中心价值链和传统渠道价值链的重新解构，通过整合银行业内部资源，作为产业上游集聚外部资源，在形成新的价值链过程中，银行形成新的核心产品和服务，在此过程中产生新的业务流程和组织机构。

三、现代化支付体系

现代化支付清算服务，是银行的核心业务。现代化支付系统主要包括现代化大额支付系统、同城支付系统和同城票据清分系统等。建设现代支付系统需要考虑的因素有五个，一是在技术上要采取开放平台，应用开放的网络协议建设支付清算网络，以保护和兼容已有投资。结合网络技术的发展，构建基于宽带的现代化支付网络平台。二是考虑电子商务的发展，现代化支付清算平台应该有利于电子商务与电子支付工具的发展，应借鉴美国和欧盟发达国家的经验，构建有利于电子货币健康发展的支付平台。三是现代化支付平台应符合国际标准，有利于与国外支付清算网络的对接，以利于全球化背景下的金融支付清算的进行。四是现代化支付平台的建立不仅要采用先进的技术平台，也要建立国际一流的管理平台，运作规章制度的建立将有力地保障现代化支付平台的运行。五是必须全面考虑现代化支付平台的安全性，不仅要考虑系统风险、资金风险、信息风险，也要考虑运行风险、系统风险和法律风险。现代化支付系统框架构想如图 5－5 所示。

1. 现代支付系统由若干子系统集成，其功能涵盖了同城实时票据清算系统、大额实时支付系统、小额批量支付系统，并提供接口与商业银行行内支付系统、银行卡支付系统、证券登记系统、资金拆借系统、外汇交易系统等进行连接，而且在开放式的安全平台上，允许后加入的金融机构在其上运行以上行内支付、银行卡支付系统等子系统。

2. 依托现代支付系统建立金融信息监测系统、大额和异常支付监测系统。金融信息监测系统，主要采集和分析支付系统中运行的各种支付清算业务所反映的信息资源，为加强金融监管、制定和实施货币政策提供资料，如大额和异常支付监测系统，主要是采集和整理、分析资金的异常交易，目的是为监管部门和公安、海关、税务等部门提供信息，共同打击各种违法犯罪行为，维护经济金融秩序。

3. 现代支付系统与金融机构风险预警系统、银行账户管理系统相连，提供风险管理和逃废银行债务等方面信息，以利于中央银行、金融监管部门和金融机构管理部门及时采取有效措施，加以防范。同时人民银行应指导各金融机构改善会计核算系统，认真做好与现代支付系统的接口问题，逐步实现

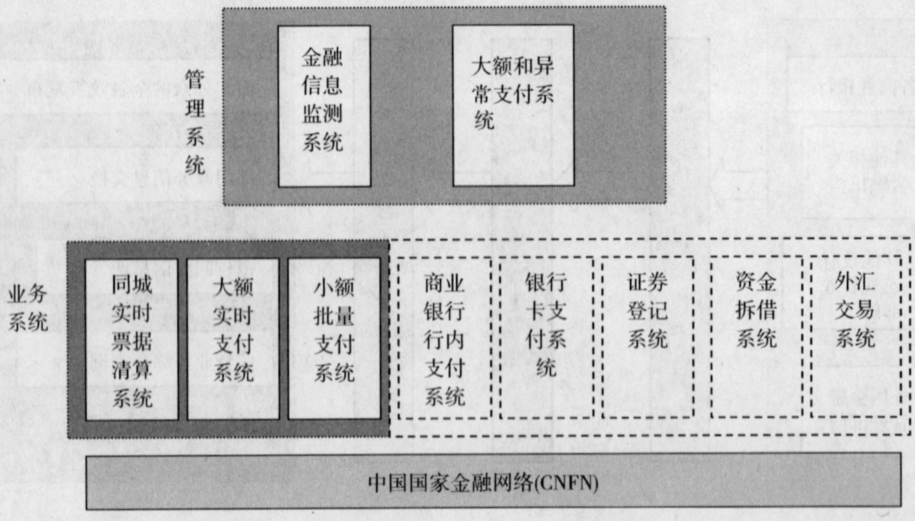

图5－5　现代化支付系统构想

从发起行到接收行的全程自动化处理。现代支付系统还应利用科技拓展和创新支付结算种类，不断开拓新的金融领域，例如拓展新的结算货币、适应混业经营需要、新金融机构的参与和退出等。

4. 现代支付系统各参与单位与处理中心采用的电信部门的数据通信相联，各处理中心与总中心和与各参与单位，实行实时核对，月度对账。现代支付系统的直接参与者是人民银行和在人民银行开立了清算账户的银行和非银行金融机构。有全国联行行号但没有在人民银行开立清算账户的金融机构，可使用代理的直接参与者的清算账户进行收付。未取得全国联行行号和被取消全国联行行号的金融分支机构，可以通过其管理行代转清算。

5. 中央银行要把融资权和支付清算有机结合起来，允许大额支付的日间透支和日终的短期资金融通；同时通过系统的提速和扩容，不断降低支付系统的运行成本，吸引商业银行的加入，逐步取消各商业银行独立的联行系统。

四、银行公共服务平台

人民银行已建立了较为完善的通信网络系统，是国内最大的网络用户群之一。随着现代化支付系统的推广，人民银行的网络将真正连接所有的银行、金融机构，人民银行可加快建立广泛的银行同业间信息交互平台，提供更多的信息发布、宏观统计、同业联系和专家经验共享等服务，促进国内银行业的协作与发展。在金融互联网的基础上，人民银行可考虑在保证安全前提下，将金融信息提供给各级政府部门、企事业单位及广大消费者，提供广泛的金融披露和咨询服务等，形成对外的中国金融信息发布平台，如图5－6所示。

五、e银行

e银行以重塑银行体系为终极目标，倡导改变过去面对面的人工服务模式，整合多种现代化服务渠道，根据用户的不同需求和特点进行针对性服务，以便最大限度地提高金融服务效率和客户满意度，将营业网点从过去的单一渠道重新定位成以网上渠道为主的多渠道客户接触中的综合性门户。把传统的营业网点变为主要定位为高端服务的辅助性渠道，将电话银行、网上银行、自助设备等渠道结合成为银行服务的主渠道。

1. e银行不仅仅是指在Internet上建立银行网站，提供金融服务，它是信息化时代的产物，具有以下特征：

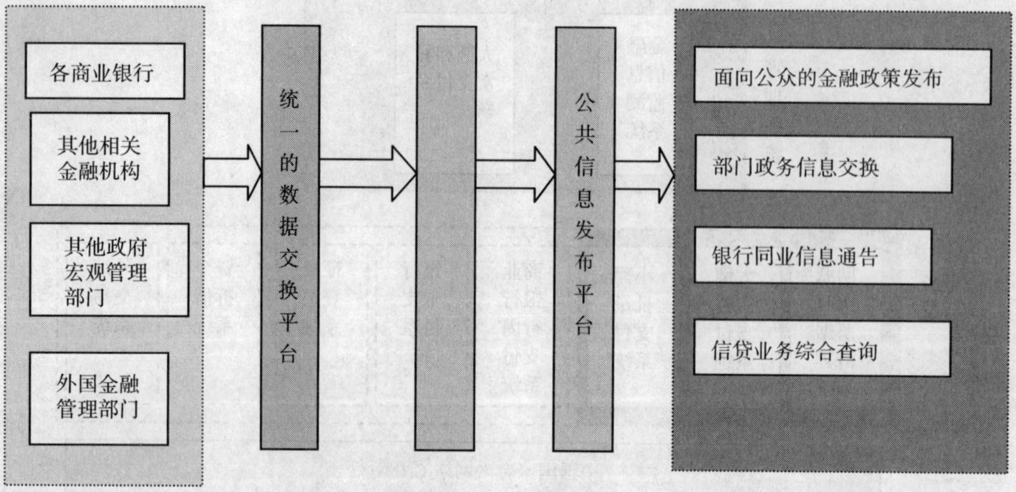

图 5-6　公共信息服务体系总体框架图

第一，利用现代技术扬弃传统银行。提到未来银行的建设，许多银行高层领导和专家都认为应该采取"鼠标+水泥"模式，充分发挥传统银行的历史沉淀优势。e 银行不仅仅是"鼠标"和"水泥"两种方式的简单叠加，一方面它是利用现代信息技术创造性地对传统网点的提升，也就是所谓的"化网点优势为网络优势"；另一方面，它也是传统银行经营模式对现代信息技术的吸纳。

第二，信息技术贯穿银行业务活动的每个环节。e 银行不仅仅是指银行业服务渠道的变化，它涉及银行的前台、后台和管理各个环节，要在银行经营中建立畅通的电子信息流。传统的银行作业使用的均系有形的业务工具、支付工具和传统的通讯媒介渠道，使用的是原始凭证（纸介质），e 银行使用现代信息技术，建立银行信息模型，实现用户、银行内部业务部门、银行同业间、银行监管部门和相关管理部门的信息流动。

第三，利用信息技术实现业务再造和机构重组。e 银行必然涉及应用信息技术对现有业务进行再造和机构重组，业务流程提升或再造是针对业务过程的基本问题进行反思，从市场需求出发对它进行彻底的重新设计，在提升已有产品和服务的同时，进行服务和产品的创新，以便在成本、质量、服务和速度等当前衡量企业绩效的这些重要的尺度上取得显著的进展。e 银行要创造性地将信息技术应用于银行的经营管理中，要以系统的眼光看待信息技术，注重信息技术与企业其他资源的有效集成与配合，真正发挥信息技术的革命力量，才能真正实现企业再造，达到业务管理与信息技术相集成、信息技术与银行主营业务完美结合的目的。

2. e 银行模型。

如图 5-7 所示，e 银行整合了传统的物理渠道和电子银行渠道，客户可以选择时间、地点、方式进行访问。访问的方式会因客户请求的信息或交易的复杂性而不同，例如，查询账户状态、购进股票交易或账单支付这样的简单交易，可以在电话、客户服务中心或网上完成，而完成交互性要求强的理财服务，支行网点、代理和流动代理将继续为零售客户扮演相应的角色，涉及现金的交易将通过自动柜员机、销售点终端和支行完成。无论传统渠道，还是电子渠道，信息都将基于统一的业务流程和信息模型进行处理，通过建设统一的信息模型，将银行经营涉及的市场、客户、经营信息分层进行描述。e 银行不仅关注对银行客户的服务，而且包括对银行内部员工的服务，以提高他们的工作效率，还有对银行外部的服务，包括对相关管理部门信息的提供和同业信息交换等，以达到客户、员工、外

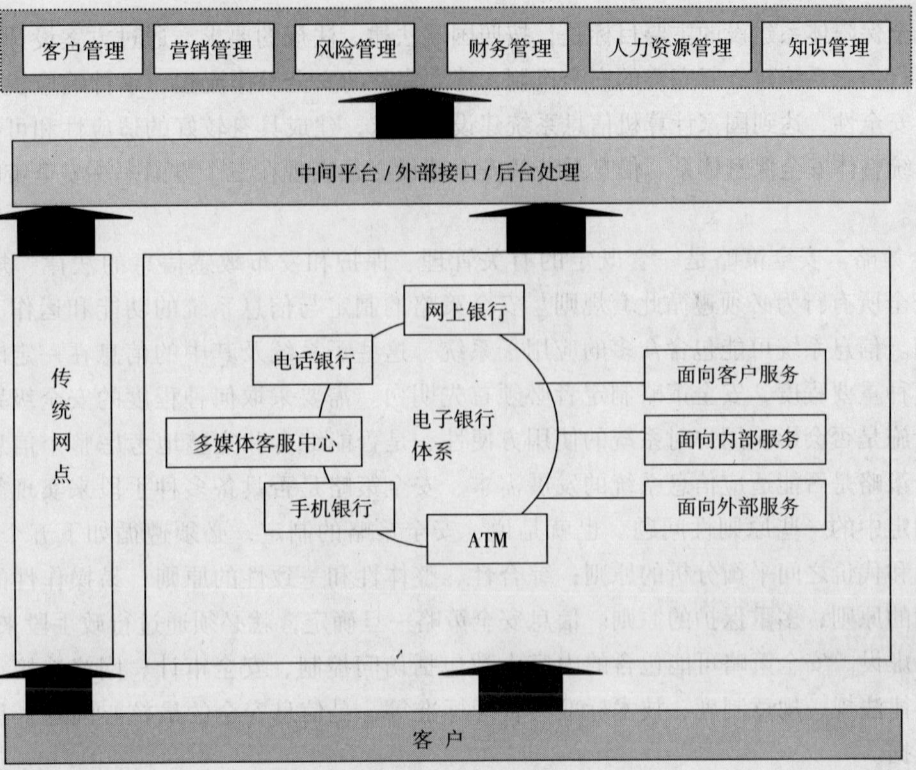

图 5-7　e 银行模型

部三方面的协调和均衡。在统一渠道、统一流程、统一信息模型的基础上，e 银行提供各类管理模块，包括客户管理、营销管理、风险管理、财务管理、人力资源管理和知识管理，尤其是知识管理，总结经营过程中得出的经验和教训，凝聚信息化时代银行业发展规律，代表着银行的核心竞争力。

六、银行管理决策支撑体系

在实现了数据大集中，在银行账务数据和客户信息实现全国集中的基础上，银行将应用大规模数据仓库技术，加强客户和市场分析，构建新型的“以市场为导向，以客户为中心”的银行经营和服务体系，并在此基础上逐步建立起中国银行业的管理决策支撑体系。

1. 建立管理决策支持系统必须注意以下几点：第一，首先要重视数据问题，切实保证数据仓库中数据的准确性、完整性、统一性和及时性；第二，要兼顾“阳春白雪”和“下里巴人”两方面的应用，而不是仅强调“分析型”的应用；第三，要借鉴国际先进的管理软件的成功经验；第四，关键在于管理模型的建立，管理决策支持系统作为银行信息系统存在的实质，在于它能够综合企业各方面情况，通过管理模型分析，得出有益于银行经营管理的信息。

2. 构建管理决策模型。编制数据及时、内容简练、通俗易懂的财务报告，建立向决策者提供的财务决策指标模型、因素敏感性分析模型和费用指标体系模型。建立风险预警模型，向经营部门提供投入产出、风险预测、成本及风险等模型。

七、标准化平台

标准化是各个信息系统赖以生存、必须遵守的一个互操作互联系的准则，必须高度重视标准化与个性化是辩证统一的。按系统科学的观点，如果一个系统全协同、全标准化了，它可能就会死掉。一个系统必须存在个性化和标准化之间的冲突或矛盾的运动才会发展。

八、信息安全保障平台

信息安全保障体系建设的主要目标是，按照国家法律、法规的要求，通过方案设计和方案的合理实施，为银行信息系统建立起完善的安全机制，建立完整的安全操作流程、事件响应机制，增强网内设备自身的安全性，达到国家计算机信息系统建设的要求，建成具有较好的适应性和可扩展性的全国银行信息系统整体安全保密体系。信息系统的安全建设必须表现在三个方面——安全策略、安全管理和安全技术。

1. 安全策略。安全策略是一套既定的有关管理、保护和发布敏感信息的法律、规定和实施细则，信息安全所有行为必须遵循此套规则。安全策略的制定与信息系统的功能和运作、信息管理策略关系密切。信息系统可能包含众多的应用子系统，这些子系统及其中的信息在一定时期、一定范围内占有何种重要程度，安全策略制定者必须首先明白。需要采取何种程度的安全级别、投资的多少、安全措施是否会影响用户对系统的使用方便性、是否能综合和完整地考虑整个信息系统的安全问题、安全策略是否能适应信息系统的发展需求、安全策略是否具备多种手段来实现等等问题，是安全策略制定中的一些原则性问题。也就是说，安全策略的制定，必须遵循如下五个方面的原则：需求、风险和代价之间平衡分析的原则；综合性、整体性和一致性的原则；易操作性的原则；适应性和灵活性的原则；多重保护的原则。信息安全策略一旦确定，就必须通过行政手段来执行和监督，否则，形同虚设。安全策略可能包含的内容大致包括访问控制、安全审计、网络连接、保护域、识别认证、法律法规、规章制度、技术标准、管理标准等，是信息安全的最核心问题，是整个信息安全建设的依据。

2. 安全管理。信息安全工作重在管理，是实现信息安全的落实手段。强调管理主要基于两点考虑：第一，信息安全风险大多来自内部。美国联邦调查局（FBI）在2001年所作的一份统计报告显示，来自企业内部的信息安全威胁事件的比例惊人，高达70%，其中主要的问题有：员工滥用Internet、来自内部的未授权存取资料、专利信息被窃取、内部人员的财务欺骗和资料或网络被破坏等。人们发现，多数时候，安全漏洞来自某个方面小小的疏忽，让黑客进入了要害部门。一方面，内部人员进攻系统的可能性或许会低于外部人员，但对内部人员来说，系统的脆弱性却高得多，因为他们对系统的工作原理和脆弱之处非常了解。另一方面，内部人员缺乏安全意识也会提高信息安全的风险。如错误操作、将重要信息存储在不安全的计算机中等。第二，宽带高速网络也使黑客的攻击有了更多的手段。现在，我们时常听到这样一种说法："你的防火墙技术的确很棒，你的漏洞信息（脆弱性评估和入侵检测等技术）也十分先进，我无法窃取你的信息，但我拥有了高速网，我可以淹没你。"这里所说的"淹没"是指利用一种黑客程序控制几台服务器，使这些服务器发出的访问信息都带有这种黑客程序，如果这些服务器的用户再去访问某个网站，该网站就会被大量带有黑客病毒的程序阻塞而陷入瘫痪。这种状况使信息安全管理变得复杂起来，不仅要包括组织内部行政意义上的安全管理，还要包括：安全策略管理、业务流程管理、应用软件开发管理、操作系统管理、网络安全管理、应急备份措施、运行流程管理、场所管理、安全法律法规的执行等，形成了一个包括策略、评估、设计、管理、教育以及紧急响应在内的安全服务体系。

3. 安全技术。安全技术是实现信息安全的有力保证，主要包括密码、防火墙、漏洞扫描、入侵检测等多种技术和软硬件安全产品。目前信息安全的几大相关技术，都是基本成熟并可以工程实施的。

根据上述三个方面，信息系统的安全解决方案不仅仅包含各种安全产品和技术，更重要的就是要建立一个一致的信息安全体系，如图5-8所示，也就是建立安全策略体系、安全管理体系和安全技术体系。该体系包括信息系统建立安全管理体系和具体技术产品的技术体系。通过两个体系的建立，可以对银行信息系统信息网的所有信息资产进行安全的管理和安全的技术保护。同时通过多层次、多角度的安全服务和产品，覆盖从物理环境、网络层、系统层、数据库层、应用层和组织管理信息安全的所有方面。

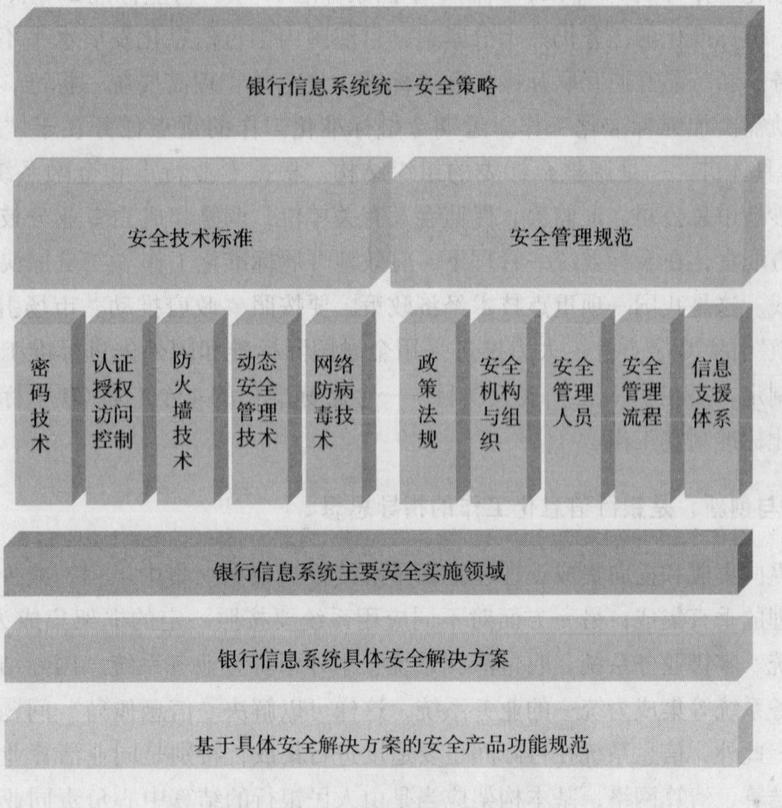

图5-8 银行信息安全体系

5.5 做好我国银行信息化工作的几点政策建议

5.5.1 做好整体规划，完善标准体系，促进银行信息化的可持续发展

管理当局在银行信息化发展过程中的首要职责就是“搭好台，制定好规则”，让各金融机构唱好“戏”。规划和标准就是银行信息化的“台”，它指明银行信息化发展方向，确定银行信息化发展框架，引导各商业银行有序快速推进银行信息化，意义重大。因而，我国金融管理当局需要抓紧制定银行信息化的发展规划和标准体系。银行信息化发展规则应当明确以下内容：一是银行信息化的目标，即我们建设的银行信息系统要覆盖什么样的范围，达到什么样的技术水平和服务质量，在银行发展中起什么样的作用等；二是银行信息化的发展阶段和步骤；三是银行信息化中一些重大关系的处理原则，如银行内部网络建设与银行间网络建设的关系，中央银行与商业银行在推动银行信息化中各自的角色，银行信息系统的统一集中与各分支个性化经营之间的关系等；四是银行信息化发展的战略举措等。发展规划应建立在以下基础上：一是充分借鉴国际经验。不仅要研究借鉴发展国家如美国、日本在银行信息化方面的成败得失，更要研究借鉴与我国处于同等发展水平的国家在银行信息化方面所走的道

路，这些国家的银行与我们情况相似，任务相同，有更多值得我们学习的正反经验。二是要正确把握我国银行业改革发展的特点和趋势。我国银行业必须在组织结构、运营模式及市场规则方面作大的改革，才能应对挑战，谋求生存与发展。银行经营组织与经营机制的改变对银行信息化发展有深刻影响，应当作为制定发展规划需要考虑的重要变量。三是要科学把握信息技术发展规律与趋势。

金融系统标准化工作开展10年来，共制定了国家标准10项、行业标准20项，带来了良好的经济效益和社会效益。但标准化的任务仍然十分紧迫，目前国内银行信息化发展水平不同，业务发展水平参差不齐，新业务、新产品互通互联互操作需要标准，规范的管理需要统一标准，加入世贸组织，与国际金融服务接轨需要加强标准化工作。近期金融标准化工作的重点任务在于“完善体制、加速采标、落实重点”。具体讲：一是调整金标委的组织结构。根据专业特点和金融系统分业经营的特点，金标委应协调印钞造币总公司、证监会、保监会及有关单位，调整和成立专业分技术委员会，完善管理体制，明确各方职责，在金标委统一管理下，有效地开展标准化工作。二是加快采用国际标准和国外先进标准的步伐。这是我国一项重点技术经济政策。要按照“政府推动、市场引导、企业为主、分类指导、国际接轨”的20字方针，大力推进采用金融国际标准和国外先进标准工作。三是积极组织落实重点标准的制定，要在“十五”攻关项目——金融标准化的4个专题20个标准基础上，开展更全面的金融信息化标准制定工作。

5.5.2 集成与创新，是银行信息化工作的指导思想

集成，分为纵向集成和横向集成，即一方面是继续推进数据大集中工程，减少数据处理中心的数量，实现数据处理的垂直集成；另一方面对不同应用系统要按照一定的框架集成为统一的信息系统，如将会计核算系统、零售业务系统、收付清算系统、本外币资金业务系统、国际结算系统、银行卡业务系统、信贷业务系统等集成为统一的业务系统，这样可以解决“信息孤岛”问题，为信息资源的深度开发打好基础。此外，信息系统在行际间也要适度进行集成，特别是同业清算业务。要建成完整高效的全国支付、结算、清算网络，基本构架应当是由人民银行的结算中心负责同业清算业务，由各行的电子联行系统负责行内的联行业务。

创新是现代银行业竞争的主要特点之一，我国银行的创新能力还比较低，下一阶段要以银行信息化为契机，积极开展创新。创新的内容主要包括：积极创新服务渠道，综合利用银行分支机构、电话、自动柜员机、互联网为客户服务。网上服务渠道虽然目前受一些因素制约而发展较慢，但它将是极具发展潜力的服务渠道，网上购物、网上支付、网上消费、网上理财、网上储蓄、网上信贷、网上结算等将成为未来银行市场竞争的热点。因而各行应当重视网上银行的发展，组织人力物力，研究网上银行的保障机制、安全认证机制、风险防范机制等，有步骤地开展网上银行业务，抢占网上银行市场制高点。

目前我国银行的国际业务清算网络系统离客户的要求差距仍较大，对此应加以重视，要加快外币资金结算服务水平，更多的银行要接入环球银行金融电信协会（SWIFT）。支付手段现代化也是创新的重要内容之一，要建成以银行卡为主要支付工具的全国支付网络、信息交换系统，为最终建立全国统一、完整的银行卡转账、授权网络创造条件，为电子商务提供重要的在线支付保障。另外，要逐步建立客户综合服务和营销网络系统。即一方面利用信息技术将各种服务渠道整合为一个整体，同时也要利用这个网络开展个性化、自动化的营销活动，如通过系统，根据客户个人信息，自动通过电话、网络、自动柜员机等为客户提供有针对性的银行产品与服务，介绍信息、理财建议等。

5.5.3 现代化金融服务体系中应重点建设的几个系统

未来五年内，银行信息化的工作目标应当是：以现代科学技术为支撑，初步建立起安全、高效、全面、先进且可持续发展的现代化金融服务体系，基本满足小康社会的发展要求，保障国家金融的安全和稳定，使金融服务业整体上具备较强的区域竞争力。为此，要重点发展新一代综合业务系统、中间业务系统、现代支付系统、企业与个人征信系统、货币政策和动态金融监管系统，并要进一步建立健全金融信息标准化体系和金融信息安全体系，保障国家金融安全和稳定运行。

5.5.4 制定风险管理指引，建立银行信息化工作的完整风险管理体系

银行信息化和电子银行的发展增大了银行的风险敞口，如操作风险、信用风险、法律风险呈现出新的特征，如不正确应对，将增大银行的风险。对此，发达国家的金融管理当局和银行本身及一些国际银行组织（如巴塞尔银行监督管理委员会）等都相应地采取了一些措施，其中最主要一点就是制定风险管理指引，引导银行增强风险意识，加强风险管理，金融管理当局同时进行必要的监督检查。当前，国际上关于银行电子化后的风险管理指引主要是巴塞尔银行监督管理委员会在2001年5月发布的由电子银行工作组EBG制定的《电子银行风险管理指引》，主要有三个方面的内容：一是董事会和总经理对电子银行风险管理要有整体把握（oversight），具体措施包括建立专门的责任制度，掌控安全技术的关键部分，对第三方技术服务商建立系统的管理制度等；二是操作和安全控制方面的，具体措施包括建立适当的交易主体和交易内容认证措施，数据库、应用程序、系统管理等岗位适当分工，对所有交易过程都予以记录备查，对敏感数据要有适当的保全措施等；三是法律和信誉风险控制方面的，措施包括在网站上披露足够的信息以使客户在交易前对交易的规则和安全性有充分的了解，按客户所在国的隐私保护要求提供相应措施，制定专门计划并装备相应设施以应对突发事件，保证服务和交易的持续性等。我国目前在银行信息化方面还缺乏系统的风险管理体系，应当在借鉴国际经验的基础上，结合我国银行信息化的具体实践，由央行制定出我国自己的风险管理指引，引导我国各银行在开展信息化工作的同时，逐步完善风险管理措施。

5.5.5 加大研发力度，严格测评认证，提高我国银行信息系统安全技术水平

按照现代经济学的解释，交易的安全性是交易效率的主要内容之一，而交易效率决定着交易成本(其中安全性主要决定着内生交易成本的高低)，进而由交易成本决定交易的规模。因而，银行信息系统的安全性不仅直接决定着银行操作风险的大小，也决定着客户参与银行交易的规模，影响着银行的发展前途。我国银行业目前在安全技术方面做的工作主要是加强安全技术的研究开发和形成权威、统一、科学的安全测评体系。安全技术可以引进和学习借鉴国外的东西，但我国要有自己的安全技术体系和研发力量，这符合我国银行信息化发展的长远和根本利益。安全技术研发可以以加密、数字签名、访问控制、数据完整性保护、鉴别交换、业务流量填充、路由控制、公证机制作为分类框架，大力开发新的技术和新的产品。安全技术研发主要借助市场力量完成，管理当局要做的是建立权威、统一、科学的测评体系。该测评体系的任务；一是把好安全技术产品的市场准入关，二是明示银行等单位的信息系统安全状况。信息安全测评认证应该以国际公认的信息安全测评认证标准（ISO/IEC15408）为基础，采用标准和公共的测评认证方法，面向用户的安全需求，测评信息产品、系统和服务是否满足用户提出的安全需求，达到用户的安全目标，安全功能是否属实和真实以及它们的安全强度与级别。目前我国信息安全管理机构设置重叠，且分工不明，应当加以合并统一。

5.5.6 联合培养人才，待遇适度倾斜，造就一支强大稳定的银行信息化人才队伍

加快金融信息化建设人才的培养，造就大批优秀的、富有开拓和创新精神的金融信息化人才，是金融信息化发展的保证。金融信息化人才是分层次的，既要有掌握扎实的计算机应用技术及金融理论与实务，能从事金融信息化系统分析、设计开发工作的高层次复合型人才，又要有能熟练地从事金融信息系统程序设计、进行维护管理的中高级人才，还要有大量具备一定计算机基础，熟练掌握金融业务，能利用计算机从事金融业务工作的初级人才。目前，我国金融信息化建设队伍中高层次人才十分缺乏，鉴于金融信息化中高级人才的复合性特点，由高校单独培养或由银行在实践中培养，其效果都不会明显，因为高校缺乏必要的实践场所，而且由于银行信息化的许多资料是有保密要求的，也会导致高校教育部门缺乏对银行信息化现状和实践中迫切需要解决的问题的了解；如果由银行在实践中培养人才，则会缺乏必要的理论指导，而且由于实践往往局限于某一个环节，培养不能系统地进行。所以，金融信息化中高级人才的最优培养模式是由银行与高校签订合作协议，进行定向培养。培养人才是银行信息化队伍建设的第一环，更重要也是更常碰到的问题是如何留住现有人才。通常要留住人才，一靠事业、二靠待遇、三靠情感。银行 IT 人才不同于一般业务人员，他们需要不断更新知识，不断进行人才资本投资，其工作强度与职业生命周期也与一般业务人员有不同的特点，如果将他们按一般人员对待，就可能会形成行内、行外 IT 人员待遇的反差，不利于留住人才。因此，银行 IT 部门需要建立起一个与 IT 人员相适应的弹性的人事制度，其中包括待遇在特定时期的适度倾斜。

参考文献

[1] Gartner Research Group, *Financial Services 2006: Delivery of Banking and Finance*, October, 2001.

[2] 黎江：《在网络经济环境建立金融机构》，载《IBM 公司》内部报告，2002－12。

[3] 唐兴盛等：《完善我国现代支付系统的框架设想》，载《金融与科技》，2000－3。

[4] 王锋：《努力开创中国经济金融领域信息化建设的道路》，国研网，2003－4。

[5] 王永红等：《商业银行信息模型的探讨》，载《金融理论与实践》，2002（10）。

[6] 张龙清等：《国内外金融国际标准化发展现状及建议》，载《中国金融电脑》，2002－12。

（本章执笔人：谭荣华、谢波峰、周虹、左志刚；最后修订：谭荣华）

第6章 基于信息技术的银行创新体系研究

6.1 银行服务与创新关键技术现状与趋势分析

6.1.1 国际银行服务与创新技术应用现状及趋势

随着信息技术的不断进步、应用以及安全性的提高和金融全球化的快速发展，银行服务发生了显著的变化。这些变化包括非银行机构进入传统银行市场、Internet 引发了用户驱动（customer - driven）的金融市场。各种应用体系结构逐步转向以客户为中心，银行的客户可以选择“一站式”金融服务或者是在线的金融服务，新的智能程序能够预知用户的行为习惯、图示化显示用户的市场活动。客户和金融服务系统更加直接的沟通能够更好地管理金融风险。

一、电子支票将激发客户更多地接受在线服务，并牢牢地吸引住客户。同时使得金融服务提供者可以与其客户建立电子交互关系

智能支付系统将不断使货币数字化，新的支付系统将能够很好地在虚拟和物理空间之间处理交易。单处理机的支付系统将被基于网络基础设施的软件、基于 Internet 的商务及金融机构、基于标准通信和安全认证的交易所取代。商业模式的改变以及金融发展驱动了金融服务的发展以及以客户为中心的市场的形成。

快速变化的科学技术加速了传统金融应用系统体系结构的瓦解，引发了六个主要功能领域的变化（如图 6 - 1 所示）。其一是后台办公，包括记录保持、呼叫中心和财务报表。在这个领域，呼叫中心负责管理对内、对外呼叫，传真和电子邮件的联系中心；基于 Web 站点的计算机技术帮助企业提供更有效的客户服务；智能的邮件系统能够识别邮件中的各种常见问题，帮助企业有效管理客户服务。其二是支付系统，包括卡和支票的处理以及自动交易。电子支票、新的账单支付处理、智能卡应用软件、Internet 支付方法等改变了传统的支付手段。其三在产品和服务领域，包括存款、共同基金、循环贷款、中间业务等正在逐步走向在线交易。其四是智力资本领域、咨询服务、投资管理以及纳税正逐步采用在线服务。其五是服务渠道的变化，服务渠道的多样化使得功能、接口和处理变得更加复杂，面临如何集成和同步来自所有渠道的信息、信息渠道的双向性和合理定价以便真实反映渠道成本等方面的挑战。其六是用户接口，由于多种渠道的存在必须保证客户使用不同渠道都能感受到良好服务。

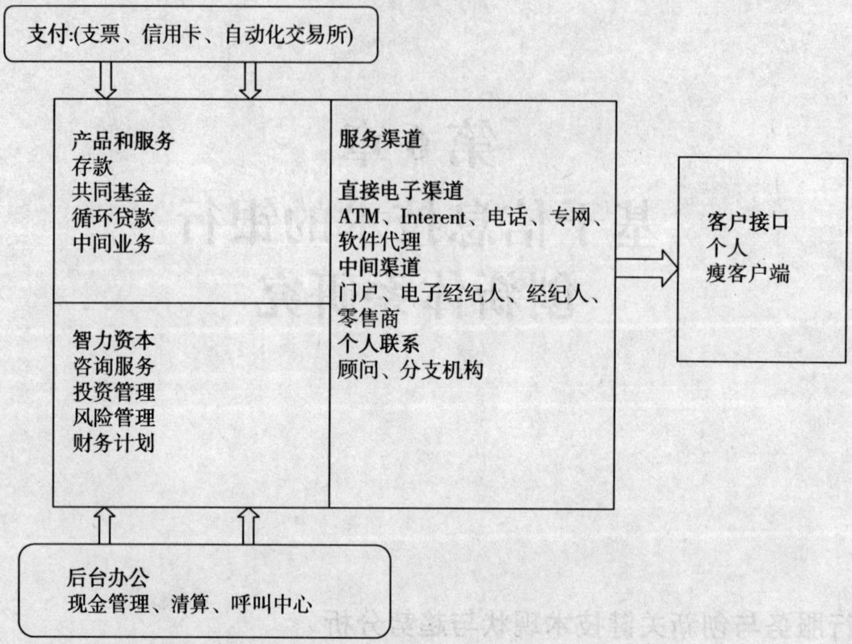

图6-1　信息技术引发的金融六个主要功能领域的变化

二、电子票据是实现在线服务的关键技术

根据有关资料介绍，美国90%的家庭每月需要处理12~15张票据，从银行的角度看，由于这些活动很多是重复的、相对固定和可预知的，因此可以通过系统和网络自动处理。电子票据支付主要功能如表6-1所示。

表6-1　电子票据支付主要功能

	开票据的人	消费者	金融机构
支付整合	基金 汇款 应收账款	制定支付计划 查询存款账目	电子借贷处理
客户服务	查账索引 用户接口控制	查账索引 易用性	查账索引 用户接口控制
渠道	与纸件并存的多种渠道	单个界面单点登录	与在线银行集成
数据管理	拥有客户数据 多渠道数据集成	隐私	拥有消费者支付数据
接口工具	票据设计和发布	个人财务计划、在线支付、电子邮件集成	在线支付

三、电子支付系统

传统上支付系统都是以条块划分的，而现在许多银行把支付系统作为商务来对待。银行业正在试图进行合作联合，以使客户感受到一个整体的支付服务。电子商务将改变今后银行的发展前景，客户与支付系统之间的交互受到了银行业的关注。尽管电子商务提出了新的需求，仅依赖 Internet 的支付系统是不会成功的，而必须将物理的和网络的支付手段进行结合才能取得成功。今后的发展方向包括使用智能卡集成信用、现金、支付信息，到 2009 年能支持全球互相操作的智能卡基础设施将被广泛接受。智能卡的发展将部分地得到银行企业基于硬件的安全和认证的需求的推动。2004 年，美国依赖电子支付的交易量已超过使用纸质文件的交易量。

6.1.2 我国银行金融服务与创新技术应用现状

一、银行服务现状

我国的商业银行开展的金融服务还主要限于传统的储蓄、信贷服务，正逐步向多种服务内容转变。

表 6－2 各大商业银行的传统金融服务和新型金融服务

银　行	传统金融服务	新型金融服务
工商银行	储蓄、信贷业务	银行卡 中间 理财 电子银行（电话、网上银行） 证券代理 资产托管 代理服务
建设银行	储蓄、信贷业务（如：个人住房贷款开展得比较好） 国际业务	银行卡 个人理财 证券代理
中国银行	储蓄、信贷 个人外汇业务 外汇交易 国际结算	银行卡 理财工具（个人、企业） 网上银行 代收代付 旅行支票业务咨询 基金托管
农业银行	储蓄、信贷 国际业务	银行卡 电子汇兑结算 代办业务 西联汇款业务 金融超市

地区经济发展差异和国内银行总、分、支行的多层结构缺乏强有力的统一管理，致使同一银行在不同地区的业务发展也存在相当大的差异。面对未来的发展和竞争形势，这一差异现象值得关注，并需要制定措施加以解决，充分利用技术突出品牌和服务的统一。

二、银行创新现状

1. 银行创新状况调查基本状况。根据中国人民银行组织的问卷调查（共收回 18 份问卷），可以对当前银行的金融创新现状进行如下的总结分析。

（1）开展电子银行业务情况。

个人电子银行（见图 6－2）。

企业电子银行。由图 6－3 中可以看到，当前我国银行在开展电子银行方面还主要依赖比较传统的电话银行，而网络银行这种新兴的形式还没有占主流。

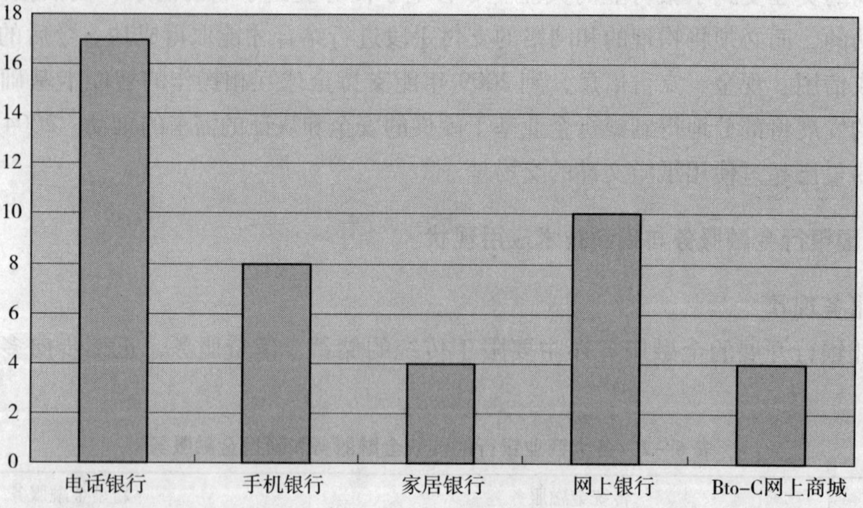

图 6-2　个人电子银行

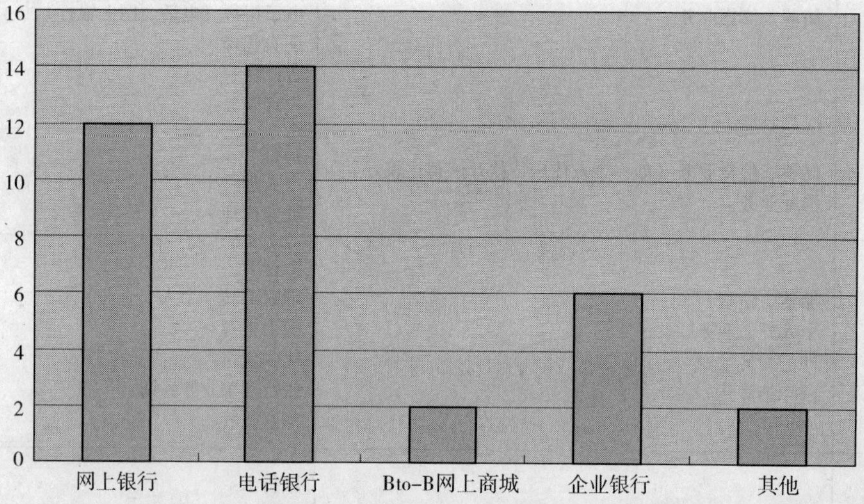

图 6-3　企业电子银行

（2）其他业务情况。从图 6-4 可以看出，在所调研的网上证券、网上保险和理财计算器三项内容中，绝大多数银行回答为"否"，也就是多数银行还未开展这些新的业务创新。

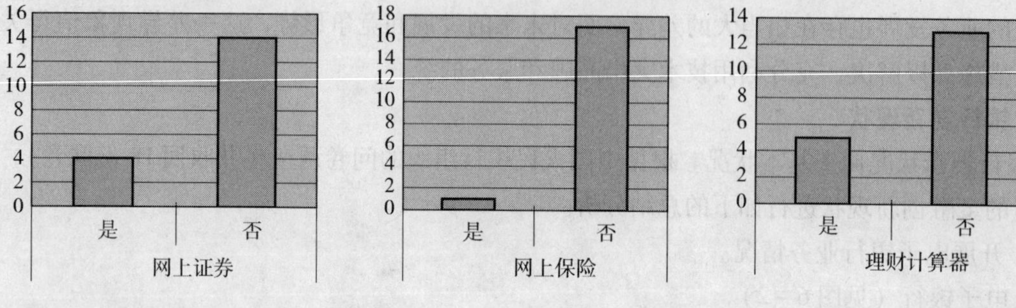

图 6-4　网上证券、网上保险和理财计算器的开通情况

（3）银行的主要创新领域。根据图 6－5，可以看出所调研的银行主要的创新领域集中在三个方向：市场创新、业务与工具创新以及技术创新。

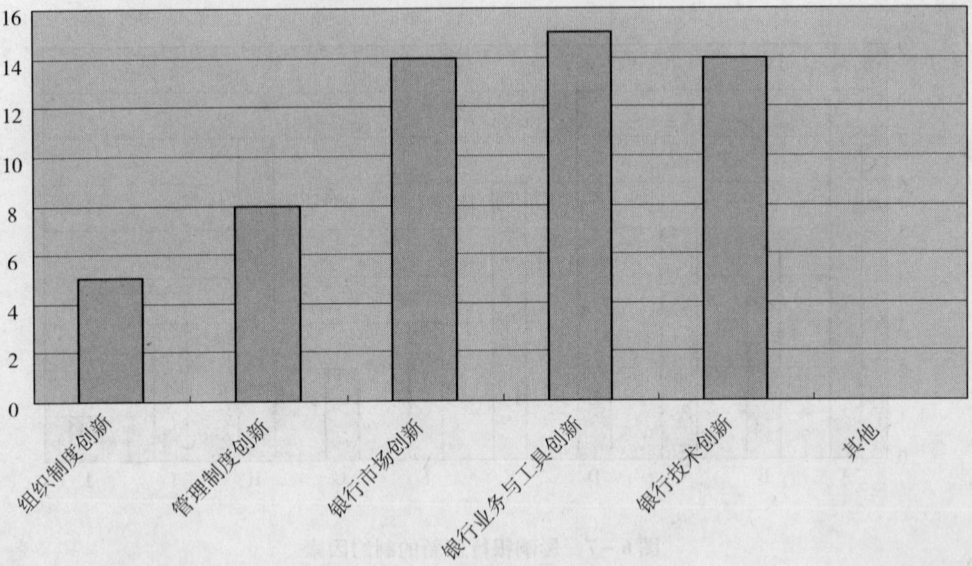

图 6－5　银行的主要创新领域

（4）创新的动机和目的，选项分别为：A. 转嫁利率风险；B. 转嫁汇率风险；C. 分散风险；D. 增强流动性；E. 创造信用；F. 创造风险；G. 防范市场风险；H. 减少风险；I. 防范流动性风险；J. 防范信用风险；K. 防范利率风险；L. 防范汇率风险；M. 防范经营风险；N. 突破管制；O. 信用风险转嫁；P. 增加新的盈利点；Q. 其他（纯粹的冲动和满足）。从图 6－6 中可以看出，在为什么进行创新的问题上的回答还是比较分散的，由此说明了银行业在这个方面还缺乏统一的认识和研究；另一方面，更多的银行则选择了“增加新的盈利点”，这是具有主动性的一个选择，可以很好地提升银行的竞争力。

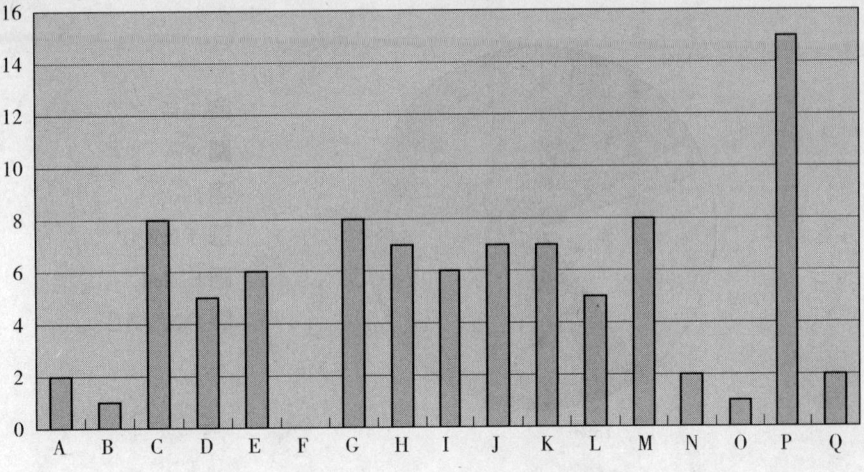

图 6－6　创新的动机和目的

（5）影响银行创新的制约因素。选项分别为：A. 信用基础薄弱；B. 政府行为错位；C. 金融创新主体内在动因缺失；D. 金融人才短缺；E. 利率没有市场化；F. 人民币不能自由兑换；G. 风险意识薄弱；H. 金融市场立法不完善，立法缺乏前瞻性；I. 技术水平落后；J. 其他（体制制约）。从图6－7可以看出，多数银行认为影响创新的前四个制约因素是：信用基础薄弱、金融人才短缺、金融立法不完善以及利率市场没有变化。

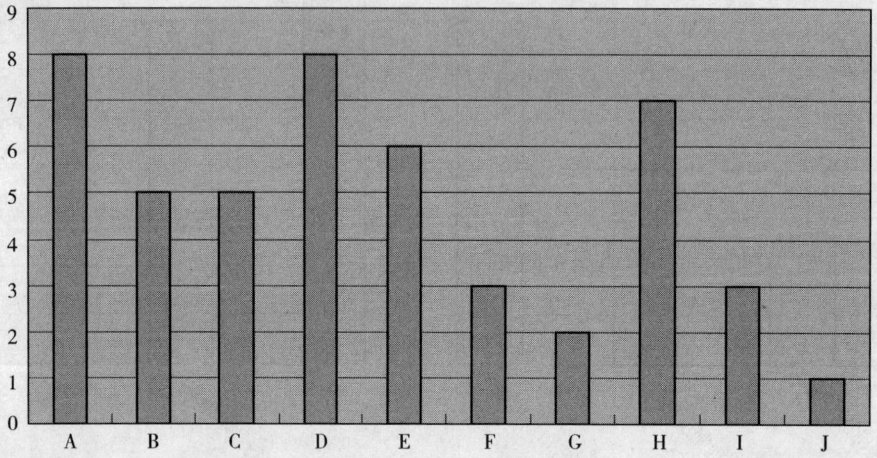

图6－7　影响银行创新的制约因素

2. 银行网络系统。在所调研的18家银行中，从1992年开始，至2000年都已建成了综合业务处理系统，并且有7家银行已经完成了数据集中工程。有11家银行认为当前的信息技术能够满足金融信息化的建设需求。在银行网络系统中各家银行都比较重视系统安全防范，采用了入侵检测技术、安装了防火墙并制定了安全保密制度，应该说措施是比较完善的。

3. 虚拟银行关键技术。在所调研的银行中，有12家开展了网上银行业务，7家还未开展。在已开展网上银行业务的银行中，最早开展的时间是1997年。

（1）在所调研的银行中，有15家银行开展了电话银行业务，这些业务的最早开展时间为1995年。从图6－8中可以看出，当前开展电话银行业务使用的主要是电话、传真和Web方式，其中Web方式处在第三位。根据当前信息化发展趋势，利用Web的方式将会快速增长。

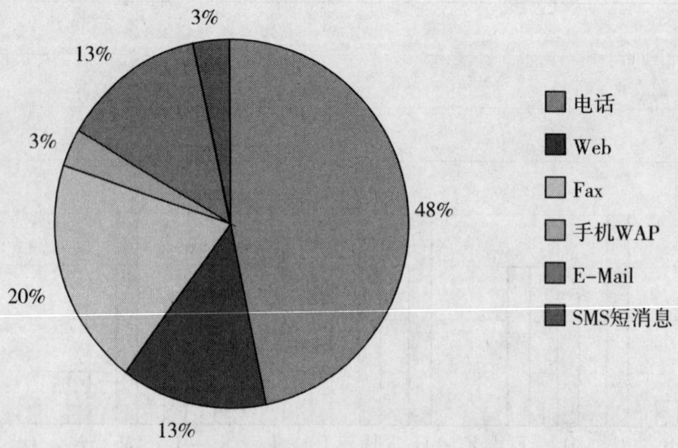

图6－8　开展电话银行的方式统计

（2）在移动银行建设方面，已经开展的银行比例就比较低了，只占到39%，并且大多数是从2000年开始建设的。当前移动银行采用的技术主要有：SMS（占56%）、WAP（占22%）和GPRS

（占 22%）。

6.1.3 我国银行业技术创新所面临的挑战和机遇

一、商业银行存在的问题

商业银行存在的问题如图 6－9 所示。

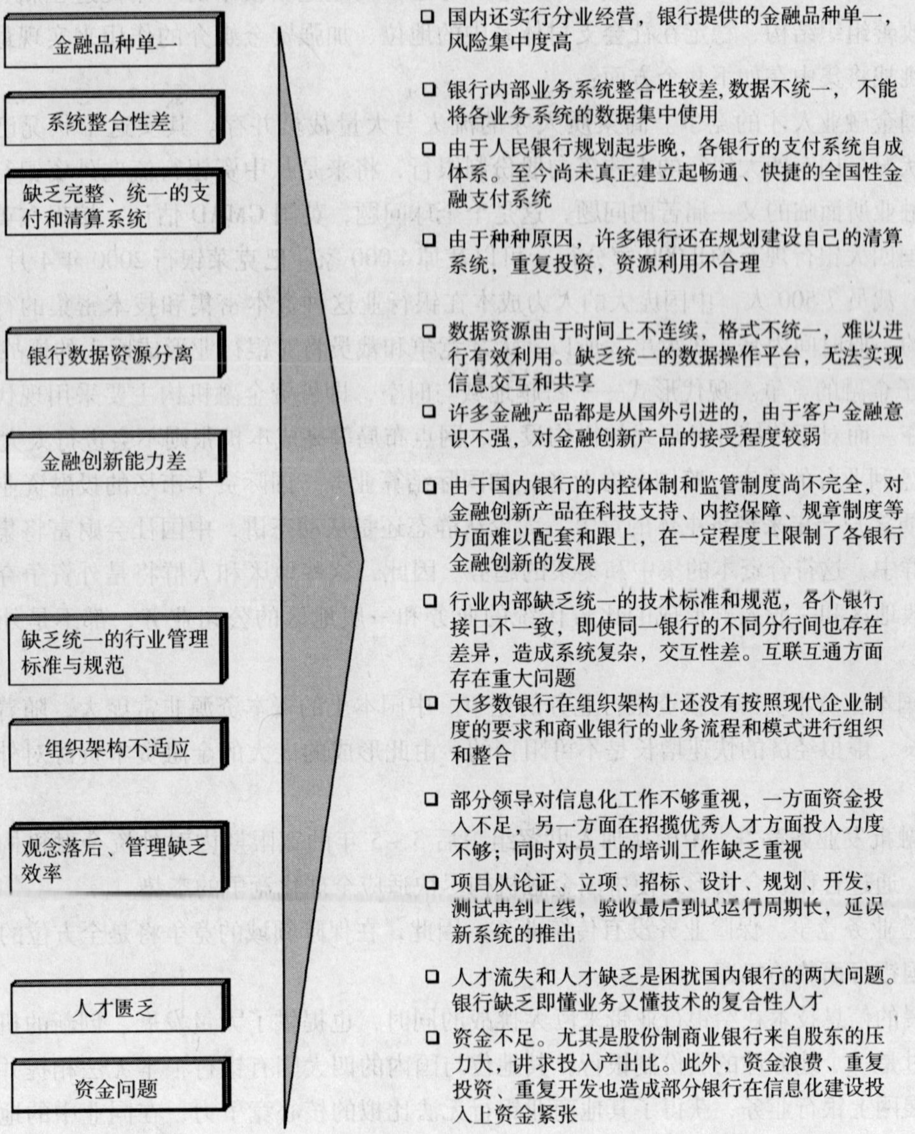

图 6－9 商业银行存在的问题

二、传统商业银行面临的挑战

随着新技术特别是信息技术的不断发展，及其在各个行业的广泛、深入的应用，已经使一些行业的发展、运作模式产生了深刻的改变。而在银行业也发生着同样的改变，使其在诸多方面面临着新的挑战，主要体现在：

（1）由于网络化、集中化的发展，传统商业银行的运作模式发生了改变，传统方式下的分散运作模式将被取代。

（2）传统商业银行作为资金媒介的作用也受到了来自新兴IT技术公司、非银行金融机构的挑战，逐渐被削弱，传统商业银行作为社会支付体系的地位发生动摇。

（3）银行业在新技术发展过程中，原有的组织体系急须改变，就外部制度而言，实现银行规模经济的基本途径已不再是传统经济体制下的分支行制，而是技术、创新和品牌；从内部组织制度看，随着商业银行外部组织制度的变化，商业银行的组织结构将由垂直结构向扁平结构转变。

综上所述，银行在面临的众多挑战之中，急须考虑如何通过新技术的应用促进创新、提升品牌价值，并通过改善组织结构、稳定在社会支付体系中的地位、加强资金媒介的作用来实现最终发展的目的。竞争和挑战将集中在如下几个方面：

（1）中国金融业人才的竞争。高素质人才的流失与大量裁员并存。其实这个状况已经存在，不过，现在的状况是国有四大银行的人才流向股份制银行，将来是从中资银行流向外资银行。人员的裁减是中国金融业所面临的又一痛苦的问题，这是个全球问题，英国GMAD估计，按现在英国的电子商务水平，英国四大银行现有的8 000家分行，可以裁掉4 000家。巴克莱银行2000年4月7号撤销171家分支机构，裁员7 500人。中国庞大的人力成本在银行业这种资本密集和技术密集的行业，面对的压力在将来的一段时间内是头等大事。所以，人才竞争和裁员将对银行业形成巨大的挑战。

（2）电子金融的竞争。现代形式——跨越地域与时空，即外资金融机构主要采用现代技术，如电子金融的争夺。而对于传统业务形式的机构设立、网点布局等高成本扩张则不会进行太大的竞争。

（3）高盈利业务的争夺。跨国金融业务，如国际结算业务、国际资本市场的投融资业务的运营。

（4）优质客户与未来经济主体的竞争。无论从静态还是从动态讲，中国社会财富将集中在一些地区和一些人群中，这符合资本的集中和集聚的趋势。因此，这些地区和人群将是外资争夺的主要对象和领域。一般地区和一般人群形成的比较传统的业务和一般地区的公司业务，都不是外资争夺的对象。

（5）中国本土资本资源与投资银行业务的竞争。中国本土的资本资源非常庞大，随着中国实体经济的快速增长，虚拟经济的快速增长是不可阻挡的。由此形成的庞大的金融资本资源对外资形成巨大的诱惑。

（6）金融批发业务竞争。中国在加入世贸组织后3～5年的宽限期内对外资金融机构的进入制定了若干规定，通过合作、合资形式使中国金融机构尽快适应全球化竞争的态势。

（7）保险业务竞争。保险业务没有传统业务，因此，在保险领域的竞争将是全方位的。

三、我国银行面临的机遇

飞速发展的信息技术在给银行业带来巨大挑战的同时，也提供了大量发展、创新的机遇。招商银行过去只不过是一个地方性的股份制银行，其地位与国内的四大国有银行根本无法相提并论。但招商银行通过发展网上银行业务，获得了其他商业银行无法比拟的核心竞争力，在同业中的地位也随之上升。再如，自欧洲兴起了网上银行后，英国在一年内就关闭了三千多家银行机构。因为开一个网上银行，所需的成本只是硬件、软件、少量的资本投入，而传统银行的开办则需要大量的土地、资金、人力和物力，相比之下，开办一个网上银行的成本要低得多。同时，信息化为传统金融企业新的经营和服务模式提供了良好的机会。以网络为基础，金融企业可以为客户提供全功能、个性化的服务模式。如通过信息化，传统的银行将由原来经营储蓄、信贷等基本业务转向经营储蓄、信贷、投资、咨询、中间业务等多方向发展的业务。信息化使得金融企业能够为客户提供“3A”服务，即在任何时候（Anytime）、任何地方（Anywhere）、以任何方式（Anyhow）为客户提供全天候的金融服务。

6.2 银行金融服务与创新的要求及建议

6.2.1 金融创新的目的

加入世贸组织后，不仅中国金融业所处的经济、金融环境将发生很大的变化，面临的竞争对手也将发生巨大的变化。为保护中国金融业的既有利益，必须进行全方位的金融创新，提高中国金融业的效率。中国金融业的各个领域无论就规模效益还是经营效益而言，与发达的市场经济国家的金融业相比都存在很大的差距，因此金融创新的首要目的就是要全面提高中国金融业的效率。尽快缩短与世界金融业的距离，为中国社会提供更快捷、更全面的人性化、个性化、综合化的金融服务。并与世界金融业接轨，参与国际竞争，参与全球金融资源的争夺，进而参与全球经济资源的分割。通过创新，进一步降低金融风险，稳定和促进社会整体经济的进步。金融问题已经成为全局问题，金融安全成为国家安全的一部分。进行全方位金融创新，就是要降低金融风险，使金融成为稳定和发展经济的关键力量。

6.2.2 金融业发展对金融服务与创新及信息技术提出的要求

一、金融市场发展的要求

我国金融市场正处在一个不断走向成熟的初级阶段，金融服务与创新能力和水平还不能满足现代化、成熟金融市场的需求。以提高我国金融服务与创新能力为核心的综合市场竞争能力是我国金融业当前迫切需要解决的问题。因此，为了促进我国金融市场的快速稳定发展，就要求我国金融服务与创新的信息化建设既要促进金融服务与创新能力的提高，又要监督金融与服务创新的快速发展。因此金融服务与创新信息化关键技术是未来促进金融市场发展的核心技术之一。在金融市场快速发展的过程中，利用现代信息技术拓展金融与服务创新能力、提高市场竞争的综合能力以及防范和控制金融风险、保持金融市场稳定也是一个关键环节。

二、贸易和结算的要求

面对我国已经加入世贸组织的经济大环境，我国金融企业将在贸易和结算领域与国际企业展开激烈竞争。而这种竞争的核心就是技术的竞争，综合体现为我国金融企业所具有的贸易和结算手段、水平、效率的高低。为此提出的具体要求就是，希望我国金融企业尽快建立完善的、与国际接轨的金融交易结算系统。这样的系统应包括：价格发现、分析、交易匹配和处理、司库及风险管理、清算和结算。随着贸易额的增长，清算和结算的任务越来越繁重，如何建设和维护现代交易系统也成为一个需要迫切解决的问题。

三、现代支付手段发展的要求

现代支付手段的快速发展是金融服务与创新的重要内容之一，目前国际上的电子支付手段正在如火如荼的发展过程之中。而我国在这个方面则相对落后，银行卡的广泛互联也是近几年的事情。因此，迫切需要通过现代支付手段技术的研究提高我国金融服务与创新的手段、能力和水平，积极参与国际竞争，保住我国金融业具有巨大用户群的优势。而现代支付手段发展的核心就是信息技术的广泛应用，此技术丰富了许多新的支付手段。其中包括信用卡、自动售货机和 ATM 卡、借记卡、在线支付和各种电子支票支付方法。其中电子银行、虚拟银行等在线银行以及各种非现金支付的手段将是我国金融服务与创新关键技术研究的重点内容。

四、金融风险管理的要求

在逐步放松管制的环境下，加强风险管理是中国金融业稳定发展的关键。放松金融管制已经成为一个国际大趋势，而在我国也将逐步得以实施。这为金融服务与创新提供了制度上的基础，而此时如何保证在大规模、快速的金融创新情况下的金融安全则是关键问题之一。而要做好金融风险管理，就需要充分以现代化的信息化技术作为保证，建造良好的、有秩序发展的金融市场，这也是对金融服务与创新的支持和促进。信息技术的发展将对金融风险识别、评估、管理、控制提供支持。具体表现和要求就是需要我国考虑各部门协作的金融监管信息系统，支持数据采集、分析、信息交换、信息共享。这需要做好银行业、证券业和保险业的监管协调工作，同时也要求我们具有较高的金融工程研究和信息化应用能力。

五、金融信息安全的要求

金融服务与创新的发展要充分依靠现代化的信息技术，可以预见，不久的将来将有更多的业务依赖信息系统开展服务与创新。保证金融信息安全是金融服务与创新发展的基本要求，为了满足此要求，就需要建立完善的网络安全体系，建设可靠的信息灾难备份中心，建立可靠、可信的身份认证系统，健全与完善网络安全评估体系。

6.2.3 金融服务与创新建议

根据当前金融服务与创新的形势分析，结合我国银行业的实际情况，依据金融业发展对金融服务与创新提出的要求，我们认为我国银行业在发展过程中应该认清形势，在充分发挥自身优势、利用各种机会紧抓难得发展机遇的同时，更为重要的是正确分析自身的弱点，积极应对诸多来自各个方面的威胁和挑战，采取具有针对性的战略举措。

一、大力发展现代支付手段，提高银行服务与创新能力

在放松管制的趋势下，适应金融市场发展要求，利用信息技术大力发展银行业的各种现代支付手段，提高银行业的金融服务与创新能力。最常见的传统支付手段包括现金和支票。技术的进步产生了新的、创新性的方法，新的支付手段随之产生。这其中包括信用卡、自动售货机和 ATM 卡、借记卡、在线支付和各种电子支票支付方法。通过这些手段，不仅非现金支付的比例大幅度增加，而且通过电子化手段，支付也越来越变得无纸化。主要的好处包括：（1）银行和支付处理系统节约了大量成本；（2）通过 7×24 类型的服务以及远距离的支付手段，为顾客提供了方便，提高了效率；（3）更易于簿记和记录的追踪。随着技术的进步，新的服务更加拉近了银行和顾客之间的距离，而且这些新的服务也使银行的效率更高。反过来银行也比过去任何时候都更具有竞争力。

二、加快银行服务与创新的变革，实现以客户服务为中心的转移

随着金融业的进一步开放，国内银行必须面对的是国内各种不断增加的业务需求与国外各个银行提供的丰富的服务的竞争。根据对国内外银行发展的分析，要适应新形势的发展需求，就必须进行银行服务与创新的改革。而在银行服务与创新改革的诸多因素里面，加快银行业的信息化，进行快速的技术创新，是促进银行服务与创新变革的必要因素。因此要确定此战略，并进一步研究如何实现快速信息化，开展银行业的技术创新。

三、规避金融信息化风险，提高信息技术应用能力

随着金融业对科技手段的不断应用，金融信息化的程度会越来越高。金融信息化在为金融机构带来明显的竞争优势的同时，也造成了金融业对技术的高度依赖，带来业务信息化风险。如何在应用金融信息化带来的便利的同时减少和避免新的风险因素对金融业的影响，也是一个亟待解决的问题。任

何形式的创新都会带来潜在的风险，在银行信息化建设过程中，开展银行技术创新工作也难以避免产生大量风险。因此在我们大规模、快速进行银信息化建设的同时，要采取措施规避技术创新带来的风险。

四、金融创新要以市场需求为导向，注重实效

西方金融创新的动机一是追求利润的最大化，二是合理规避监管当局的监管。总之，对市场份额和资源的争夺与占有以及利润的诱惑是金融创新的真正动机。所以，西方国家每推出一项金融创新都经过系统的策划和研究，充分考虑其成本和收益、技术条件、市场需求度等诸多因素。而我国金融创新的动因有所偏差：从政府的角度看，政府金融创新的动因往往偏重于社会稳定，而忽视创新的市场特征（如国债期货的开设与关闭、二级市场“犹抱琵琶半遮面”等）；从商业银行的角度看，则偏重于在无序的竞争中抢占市场份额，出现了许多不计成本甚至负效益的金融创新，这一点尤其要在金融创新中加以关注。

6.2.4 关键技术蓝图

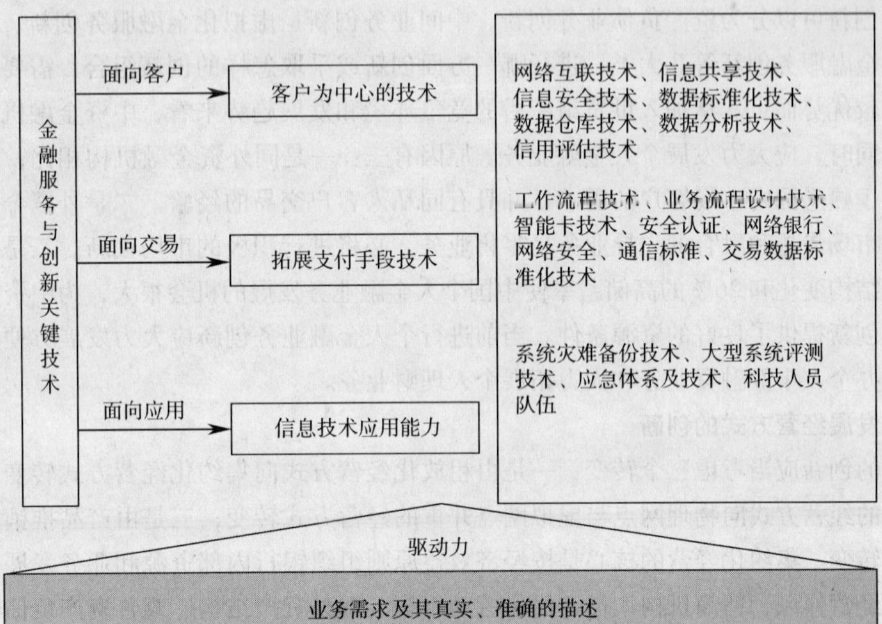

图6-10 关键技术蓝图

如图6-10所示，在金融服务与创新关键技术战略规划的时候，首先，要关注宏观协调组织、多部门配合问题；其次，我们提出的技术蓝图还不能形象地表达技术对于业务的具体支持，以及实施过程中的转化问题，其中除了技术问题之外，最重要的还有宏观、整体规划，协调以及组织的问题，这直接影响着技术应用、业务发展的速度，影响着银行业务能力、竞争力的提高；最后，我们提出的信息关键技术是IT通用的技术，不具备具体行业特点。而我们需要解决的问题是，在服务和创新的发展中如何应用这些技术、这些技术能够帮助解决哪些问题。从根本上来说，目前IT技术的发展不会阻碍银行的业务创新，而真正起到关键作用的因素有两条：一条是银行的业务流程再造和经营理念的确立，这是非技术因素；另一条是行业内综合运用这些已经存在、且成熟的信息技术的能力，最终的表现则是科技水平的高低，这是技术因素。

6.3 大力发展现代支付手段，提高银行服务与创新能力关键技术分析

6.3.1 创新能力的提高

金融创新的能力主要体现在以下三个方面。

一、高度重视业务创新

技术创新指伴随科学技术和管理技术的发展，为了降低银行交易成本、提高银行交易效率而在交易手段、交易方法和物资条件等方面进行的创新。电子信息技术在银行经营管理中的全面运用是技术创新的基础。中资金融机构与外资金融机构在技术方面的差距以及市场竞争对技术创新的需求，为中资金融机构进行技术创新提供了机会和空间，通过银行管理信息系统以及业务操作技术平台的建立，可以全面提高业务和管理的技术含量，为银行适应市场、提高效率、降低成本、控制风险和完善功能创造条件。

二、大力推进技术创新

金融业务创新可以分为资产负债业务创新、中间业务创新、虚拟化金融服务创新、个性化金融服务创新和其他金融服务创新等几大类，进行哪一方面创新或采取怎样的创新组合，需要根据金融机构发展基础和比较优势而定。从加入世贸组织后的竞争环境和发展趋势来看，中资金融机构在做好各方面创新探索的同时，应大力发展个人金融业务。原因有三：一是同外资金融机构相比，中资金融机构的竞争优势在于熟悉国内市场客户的需求，并具有同私人客户交易的经验。二是外资金融机构进入我国之后，加速市场渗透和融合的先导业务是零售业务，必将进行积极的市场创新。三是向个人倾斜的国民收入分配结构变化和26%的高储蓄率使中国个人金融业务发展的机会很大，为中资金融机构开展个人金融业务创新提供了良好的资源条件。当前进行个人金融业务创新应大力发展方便、快捷的支付手段，积极开办个人小额融资业务和大力拓展个人理财业务。

三、积极发展经营方式的创新

经营方式的创新应当考虑三个转变：一是由粗放化经营方式向集约化经营方式转变；二是由以物理网点为基础的经营方式向物理网点与虚拟网点并重的经营方式转变；三是由产品推销的经营方式向市场营销方式转变。集约化经营的核心是按经济效益原则组织银行内部资源和业务发展，通过转变经营观念、改变经营作风、精简机构人员、优化劳动组合、调整资产结构、改善资产负债管理、提高资产质量等措施，大幅度节约经营成本，全面提高银行组织运行效率、经营管理效率和业务发展质量，在激烈的金融竞争中实现高效、健康和持续发展；以物理网点为基础的传统银行经营方式是与以传统的工业产品生产方式相适应的，而以网络技术为基础的知识经济对金融服务提出了新要求，因此，在对传统银行业务进行集约化经营的同时，加大技术投入，再造业务流程，大力发展服务于电子商务的网上银行等新型经营方式，是中资金融机构的必然选择。在短缺经济时期，资金是十分紧缺的资源，银行坐等客户上门；但是，在经济全球化成为发展潮流，通货紧缩趋势有所表现的今天，只有认清市场现状和趋势，满足现实和潜在需求，引导并激发客户消费倾向，商业银行才能在激烈的竞争中立于不败之地。因此，建立市场导向型经营方式是中资金融机构发展中的迫切需要。

6.3.2 支付清算系统的改进及关键技术

支付清算系统是实现金融服务与创新的基础。由中国人民银行清算中心负责建立运行的“全国电

子联行系统”自1991年建立以来已经取得了显著的成绩，建立了以北京为中心覆盖全国大部分城市的天地结合的清算网络。经中国人民银行批准，2002年3月26日，中国银联股份有限公司成立。它致力于建立和运营统一、高效、安全的全国银行卡跨行信息交换网络，改善银行卡的受理环境，推动银行卡联网通用的步伐，实现“一卡在手，走遍神州”，乃至“走遍全球”的目标。清算系统建设与改进的首要问题是机制的问题，即国家应该在制度或政策上给予规定，使各个银行之间更加重视清算系统的建设。对于信息关键技术而言，主要包括网络互联及安全技术、信息安全及信息标准、业务流程自动化以及电子票据等。

6.3.3 丰富支付手段

一、信用卡、ATM和借记卡

从持卡人的角度看，信用卡提供了方便的支付手段，他们不再需要携带现金，而且能以小额贷款的方式预支现金；从发卡银行的角度看，它们提供了一种个人信贷方式并从中获得了比储蓄更高的回报。借记卡用于取代个人支票，因为交易以数字的形式进行了记录。借记卡也提供了类似信用卡的方便性，而且没有信用风险，因为用户账户余额被实时扣除。借记卡的服务费来自附属账户（Linked Account）的利息，通常与借记卡相关联的账户没有利息。对用户来说，借记卡的吸引力比纸质发票或信用卡要小。这些卡看起来感觉像信用卡。使用自动柜员机或借记卡、个人身份识别号（PIN），你可以提取现金、进行储蓄或者转账和支付零售购物消费。虽然借记卡和支票卡看起来感觉像信用卡，但是它们并不相同。购物款会立刻从你银行的账户转移到商场的账户。

二、电子银行

大多数度量方法都显示电了银行是一个巨大的成功。内置安全身份识别号、强加密和数据处理能力的芯片的出现，蓝牙技术，允许短距离范围内各种电子设备的高速无线通信，而且出现了更为强大的数字移动设备，集成了用户触发芯片、按键和显示装置，可以在容量和速度不断增加的无线网络上进行操作。同时还有被广泛接受的国际移动通信标准。实际上，如果存在相应服务，包括这些特性的GSM手机也可以完成借记卡的功能。

银行分支机构的快速合并和大量减少——在线金融服务活动快速增长——通过竞争成为重要的全球金融机构——金融巨头和小机构合作，迅速开发新的零售、批发金融产品和服务。新技术将使众多零售市场的客户关系成为多余，因为越来越多的人开始脱离他们的区域分支机构和银行管理人员。

很多零售银行将面对因裁减和关闭众多分支机构而造成的巨大而急迫的挑战，面对社会的、政治的和商业形象的问题。同时也要处理合并后复杂的文化、产品和IT集成问题。很多大银行将发现它们改变或发展的能力受到了清理这些合并后的问题的限制。最成功的将是那些能够迅速整合，在金融服务市场上保持活力的银行。银行将在电子顾客关系的管理上花费大量资金，以此在员工减少的同时仍然能够保持贴近群众。但是，非银行业的竞争者以更有力的数据和与顾客不断的接近进行了回击——例如连锁超市。新手们将对他们的创造力和成功感到惊讶。

三、电子支票兑现（ECP）

银行信息技术秘书处（BITS）是美国最大的100个金融协会当中的一个非盈利性行业社团。作为行业战略的智囊团，BITS致力于解决电子商务、支付和新兴技术领域的相关问题。1996年创建以来，BITS很快开始解决问题并推动行业提升其成员的利益。BITS的活动由各成员的CEO、CIO和CTO们驱动。这些领导者确定问题、提出战略建议并执行CEO的决策。今天，BITS的首要问题包括计算机安全、减少欺诈、身份盗用、IT外部采购、操作风险管理和支付策略。1998年9月，BITS的董事会确立了100%的大型金融机构通过电子支票兑现处理它们50%的支票业务的目标。当很多Roundtable机构实施ECP时，增长比预期要小。当前的实施主要由电子支票清算中心组织（Electronic Check Clearing House Organization，ECCHO）和支付系统联盟（SVP Co）驱动。2001年1月，BITS成立了策略指导委员会，帮助协调SVP Co和ECCHO的工作，确立移除电子化（技术体系、管理和市场认同）障碍的方案，促进金融服务行业的电子化。SVP Co是一个由20家美国银行所有的行业联盟，1998年7月28日成立，任务是推行电子化支票支付和偿还；提供高质量、低成本的自动清算中心（ACH）服务；风险转移和流水线支付处理。SVP Co设计的电子支付网络（EPN）容量五年内从4.5亿增长到了60亿，电子清算服务10年内从每天40万笔增加到每天1 400万笔。SVP Co的图像研究（Image Study）表明，全行业每年节约近21亿美元，即使是在利率较低、支票容量减少、节约成本和浮动利率的情况下。浮动利率占总利率的39%以上。69%的总利率是运作成本节约。

6.3.4 网上银行技术

网络技术的迅速发展，使社会生活的各方面都发生着变革，具有七百多年历史的银行业在新浪潮的冲击下，也正从依靠实体网络经营发展的模式向依靠互联网经营发展的模式转变；从过去比较单一的点对点式的连接方式向计算机化的电子连线方式转变；从有纸化向无纸化转变；从过去砖墙式的有形网点经营向没有时空限制的无形网点经营转变。网上银行正是在这种背景下孕育产生的。

网上银行正在迅速向世界各国蔓延。到2000年初，欧洲的网上银行达到120家；已有三分之一的储蓄是通过互联网进行的，总金额约1 580亿欧元。据预测，到2003年，欧洲的纯粹网上银行从2000年的20家增加到50家，网上银行提供的金融服务额达到4 400亿欧元，占金融市场的15%。与欧美相比，亚洲网上银行的规模较小，主要集中在中国台湾、新加坡和日本。欧洲和北美的网上银行户头分别为1 000万户与11 000万户，而亚太区仅为400万户。2003年，亚太区网上银行户头猛增到3 000万，增长650%，与此同时，欧洲和北美的网上银行户头分别增加到5 000万户和4 000万户。

一、网上银行的基本功能

与传统银行相比，网上银行具有自己的特征和优势，一是没有分支机构。网上银行依托于Internet，不需要设立任何分支机构就可以把服务送到世界的每一个角落。二是较低的成本和较高的回报。网上银行虽然在设施方面需要投入一定的财力，但在运作过程中就不需要传统银行所需的大量人力、物力和财力消耗，费用相对较低。三是具有明显的“AAA性”。即能在任何时间（Anytime）、任何地点（Anywhere）、以任何方式（Anyhow）为客户提供满意的服务。因此，主要以银行业电子商务的形式表现出来的网络银行已呈现出未来银行业的发展趋势。同时，发展网上银行业务受益的也不仅仅是银行业本身，由于在进行电子商务的过程中，网上结算只有通过银行才能安全快捷地实现，因此网上银行业务的发展也将对其他行业的电子商务发展产生重要的促进作用。如果说电子商务是新经济发展的发动机，那么网上银行就是这部发动机的助推器。

网上银行最主要的业务功能。一是支付功能。网上银行的支付包括商家对顾客（B-to-C）商务模式以及商家对商家（B-to-B）商务模式。能否提供安全、高效的资金支付是电子商务发展至关重要的环节，目前也是制约电子商务发展的一个“瓶颈”。商业银行的传统服务，如转账结算、汇兑、代理公共收费（水、电、煤气、电话）、代发工资、查询个人账户等都可以通过银行电子商务办理。二是综合功能。为客户提供各种服务、信息，并处理客户的报表，发布银行的业务种类、处理流程、最新消息、年报等公共信息，实现客户在银行各类账户信息的查询、及时反映客户的财务状况等，进行网上国际收支申报、发放电子信用证、开展数据统计等工作。三是商业银行新增业务，如证券清算、外币业务、信息咨询、消费信贷等业务。

二、网上银行发展状况

美国银行家协会前主席、第一夏威夷银行董事长兼CEO道兹认为，现代商业银行面临的最大挑战就是能否跟上现代技术的发展。美洲银行董事长迈克科尔认为，美国商业银行在电子商务时代面临前所未有的机遇，未来的成功者一定是那些能够把银行的业务处理流程同信息技术有机结合，并针对客户的需要及时推出新的金融产品的银行。自20世纪90年代以来，西方商业银行的主要发展趋势之一就是网上银行的出现和网上银行业务的蓬勃发展。早在1996年，美国的金融机构就开始开展网上业务，1995年美国还诞生了世界上第一家纯网上银行，在这个方面，美国走在了其他国家银行业的前面。表6－3给出了美国网上银行1998~2003年的统计数据，可以看出在各项统计中，数字都在快速增长。如果各地银行的发展依据此趋势的话，则可以预见在不久的将来，网上银行将在银行发展中起到更加重要的作用。因此，要提前筹划、进行必要的技术、经验积累，为占领市场做好准备。

表6－3　1998~2003年美国网上银行用户统计表

项　目	1998	1999	2000	2001	2002	2003
（1）互联网用户（万人）	3 764	4 493	5 147	5 718	6 263	6 757
（2）上网的银行客户（万人）	715	912	1 196	1 561	2 095	2 772
（3）网上银行用户（万人）	384	639	1 017	1 405	1 938	2 634
（4）＝（3）/家庭总数（%）	3.8	6.3	9.9	13.5	18.4	24.7
（5）＝（3）/银行客户（%）	4.4	7.3	11.4	15.5	21.1	28.3
（6）＝（3）/互联网用户（%）	10.2	14.2	19.8	24.6	30.9	39.0
（7）＝（3）/银行客户数（%）						
少于5 000户	1.1	1.9	2.9	3.9	5.2	6.7
15 000~30 000户	1.9	3.2	5.2	7.3	10.1	13.7
30 000~50 000户	3.3	5.9	10.1	15.0	22.1	32.1
50 000~75 000户	6.3	10.4	16.5	22.8	31.5	43.0
75 000户以上	9.3	14.4	21.3	27.2	34.4	42.3
（8）网上银行客户使用业务的比重（%）						
A. 账户查询	85.2	90.5	95.2	98.5	100.0	100.0
B. 账户之间资金转移	61.1	64.7	68.3	72.0	76.0	80.3
C. 账单支付	47.6	54.9	58.5	64.6	68.3	69.8
D. 对贷款利率和条件的研究	32.3	39.3	46.0	52.8	59.6	66.4
E. 贷款申请	9.6	11.8	14.8	18.3	22.2	26.6
F. 收单（账单赠送）	—	—	—	—	—	73.3

数据来源：英国《银行家》2000年增刊第4期。

在欧洲，1999年底已有1 200家金融机构提供网上银行业务。在亚洲，新加坡的网上银行的建设步伐也很快，中国香港金融管理局早在2000年5月就正式颁布了商业银行发展虚拟银行业务的指引。在我国，网上银行的建设起步较晚，还无法与国外网上银行的发展同步。但是为了增强竞争力，迎接加入世贸组织的挑战，我国银行业积极融入到这股势不可挡的网络化大潮之中，经过几年的建设已具备了一定的规模。1996年2月，中国银行在Internet上建立了自己的主页；1998年3月6日，中国银行第一笔网上交易获得成功，从而拉开了中国网上银行业务的序幕。建设银行总部于1998年成立了网上银行部。工商银行是2000年最大的亮点，它于2000年初正式启动了网上银行系统；2月1日，在北京、上海、天津、广州推出了企业网上银行业务后，当年就有500多家企业申请了这项服务，转账金额达到了70多亿元；之后又推出了牡丹卡网上查询业务；6月26日，与首都信息发展有限公司、8848等联合推出了在线支付业务，为一些上网企业解决燃眉之急；8月31日，与首信、搜狐、联想、硅谷动力等八家企业联手推出了B-to-C牡丹卡支付业务。仅2000年一年，工商银行就推出了集团理财、个人理财、个人金融和B-to-C、B-to-B在线支付等十几个产品。招商银行可以说是国内金融服务理念的领跑者，从发行量高达1 000万张的“一卡通”到1997年6月推出的B-to-C网上支付系统，成为搜狐、新浪和南方航空等80%国内电子商务网站的首选或唯一的支付工具。其个人用户已达到1 000万，每个月B-to-C都有超过20万的客户；在网上银行方面，公司银行账户有几十万家，其网上企业银行用户突破了1万户，交易笔数达到了25万笔以上，金额超过4 500亿元人民币，2000年上半年，“网上企业银行”累计交易8万笔，交易额达到1 700多亿元。

2000年6月29日，中国金融认证中心（CFCA）举行了挂牌和开通仪式，这为建立规范统一、布局合理的全国安全认证体系打下了良好的基础。中国金融认证中心专门负责为金融业的各种认证需要提供证书服务，包括电子商务、网上银行、支付系统和管理信息系统等为参与网上交易的各方提供安全交易基础和建立彼此信任的机制，它是由中国人民银行牵头，组织中国工商银行、中国农业银行、中国银行、中国建设银行等12家银行联合共建的。在业务模式上，中国金融认证中心全面支持电子商务的两种主要的业务模式（即B-to-C、B-to-B），目前可发放SET（安全电子交易）证书和Non-SET PIK证书。中国金融认证中心的建成和运行，奠定了我国发展电子商务网上安全支付的基础，标志着中国电子商务进入了可以提供跨银行安全支付的新阶段。

三、我国发展网上银行的策略

1. 发展网上银行的定位。西方的许多网上银行都是以盈利作为战略目标，根据发达国家银行业的实践经验，网上银行可以降低成本增加盈利、确立银行的企业形象、改善客户服务手段、提高金融的创新速度、吸引客户扩大市场占有率、提高工作效率等。借鉴国外网上银行发展的经验，我国发展网上银行的策略是“战略上要非常重视，战术上要稳步实施”，根据我国目前的经营环境来确定适合我国网上银行进一步发展的长远战略。现阶段的发展战略目标应定位于利用网络树立银行良好的企业形象从而吸引高质量的黄金客户。通过对现有使用网络的用户群体进行考察可以发现，网络用户主要是由有比较稳定的工作和收入、受过高等教育、个人理财愿望比较强、容易接受新鲜事物的客户组成，而这些人正是社会的中坚力量及社会财富的主要创造者。上网企业主要是跨国公司、外商独资企业、中外合资企业及外向型企业、大型企业集团、高技术企业，根据80/20黄金规则，这些客户正是银行的黄金客户，也是我国网上银行的目标客户群体。因此，我国的网上银行应该针对这些用户进行大力宣传，通过网上银行来体现自身的竞争力和技术先进性，利用网络媒体建立起一种积极进取、勇于创新、注重高质量服务的企业形象，以此赢得黄金客户的青睐，从而增强银行的整体竞争力。

2. 增强网上银行与传统银行网点的互补性。鉴于现阶段银行激烈的竞争前景和国内特殊的经营环境，我们应该把传统银行和网上银行并行发展作为长期发展战略。全球第一家网上银行——安全第一网上银行被收购的命运也证明了这一战略的正确性和必要性，由于网上银行和传统银行各有其优点，两者作为银行的不同平台共存，前者提供经济有效的平台，可以向客户提供超时空“AAA”式服务，而后者允许客户同银行直接接触。同时，鉴于我国的银行业分支机构众多的特点，在发展网上银行的同时，也要注重利用现有资源，由于这些分支机构与客户直接接触，若能把这些分支机构的工作和网上银行业务结合起来，不仅可以促进网上银行的推广，也可以带动分支机构业务的发展，从而提高银行的整体效益。在现阶段，网上银行的发展可能不会很快降低客户对物理分支机构的需要，但从战略发展角度来看，网上银行业务模式将改变传统机构的服务功能，所以说网上银行业务与传统银行业务是可以相互促进、共同发展的。

3. 妥善解决网上银行发展带来的新问题。尽管网上银行的发展缩短了交易的时间、降低了成本、增加了交易的灵活性，但是同时它也削弱了金融交易的可控性，增加了金融网络安全的脆弱性和复杂性。而且，事实上网络的开放性导致了安全性的降低，资源共享增加了网络遭受入侵的隐患。因此，为确保网上银行的安全和有效发展，就必须从制度、组织、设备技术防范和人员素质等多方面实施综合管理。同时，要加快网络方面的相关立法工作，为打击利用网络犯罪提供必要的法律依据。政府的有关部门应该密切关注网上银行发展和科技创新对金融业的影响，对网上银行在国内的发展及前景做出冷静、客观的分析预测，在保护竞争、促进效益前提之下，就市场准入、通讯安全、控制权的法律责任、存款保险等保护措施和解决争端的适用程序等问题加以立法，确保监管制度能够配合银行结构因科技的创新而发生的变化。鉴于 Internet 的全球性质，传统银行都可以在其上建立自己的网页，全球各地的客户都可以进入该网页，这就存在异地监管问题。我国应该同其他国家的银行业监管机构一起密切关注网上银行的发展，加强对网上银行及网上银行监管的超前研究，通过国际合作，加强对网上银行的跨境服务的国际监管来共同防范金融风险。

4. 提高网上银行技术和人员水平。网上银行是金融业与高科技产业完美结合的产物，因此科技水平的高低是决定网上银行能否进一步发展的重要因素。尽管我国银行普遍采用国际一流的计算机设备，但我国的网上银行的技术应用水平还不高。同时，我国网上银行的网络安全技术也有待不断地提高，网上银行建设也缺乏系统规划意识，这些都将阻碍网上银行的进一步发展，这要求我们要尽早实现网上银行系统与传统后台业务系统之间的对接，从而把组织内外的各种信息结合起来，建立统一的数据库及银行的决策支持系统来提高我国网上银行的整体技术应用水平。网上银行的发展急需既掌握网络高技术知识，又精通金融业务的复合型人才。加入世贸组织后，外资银行将突破地域和数量的限制，在我国设立分支机构，他们用高薪聘用、委以重任、出国培训等优厚条件同我们进行人才的争夺，而这些也正是我们的弱势所在。对此，我们必须更新金融业高科技人才的激励与约束机制，对人才给予政策上的优惠，充分发挥人才的作用，为其提供更好的培训机会和发展机会，促使他们不断地更新知识，并积极地吸收外部人才充实内部，为科技人才队伍注入新鲜血液，从而增强机构的活力，为网上银行的进一步发展做好人才储备工作。

四、网上银行的关键技术

1. 网络安全技术。当前，随着网络应用的迅速普及，安全问题日趋突出，安全技术也得到重视和快速发展。我们以 1995 年 10 月诞生的安全第一网上银行（SFNB）实现的安全措施为例进行说明。安全第一网上银行在三个不同的层次进行安全控制，确保交易的安全。这三个层次是：首先，在公共网上传输的信息必须对个人加密，以保障信息在指定路线传递；其次，使用防火墙在外部网络与内部客户服务网络之间筑起一道屏障；第三，使用路由过滤技术，验证来自互联网上的每一则交易信息来源和目的地的真实有效性，以决定是否让其通过。相比安全第一网络银行使用的安全技术，构建安全的网上银行还需要重视身份认证技术、信息加密技术、网络安全技术等。而这些并不是需要银行自身去掌握，而是在构建的时候，为了确认系统是否安全，而要求系统提供商满足的基本要求。随着网络应用的普及，对网络安全的要求越来越高，因此提高网络管理人员的安全管理水平和提高安全意识是一项有意义的工作。作为网络管理人员，应该了解常用的网络攻击和防护措施，努力提高网络安全意识，确保网络系统的安全可靠。

2. 智能卡技术。智能卡是一种可靠、方便的数据保持设备，使用它可以存储客户的各种私人资料，数字证书、账户信息等内容。1996 年美国生产并销售了价值五亿美元的七千万张智能卡，智能卡已被银行等多种金融机构所利用，并为其带来了巨大的利益。特别是随着智能卡技术和网络技术的发展，智能卡成为网上银行的自然选择。1996年，Schlumberger发布了基于Java的智能卡。由于Java语言已成为网络国际语言，而Java智能卡则更好地利用了网络特性，必将加快智能卡的应用。同时智能卡具有良好的安全性和安全机制，可以用来存储敏感数据、鉴别身份、存储数字货币等。在信息交换过程中，智能卡能够保证信息不被盗取、不被冒认身份等，而且几乎所有的智能卡内部都有自己的安全算法，保证卡丢失后也不会被修改、使用，避免扩大损失。

3. 标准与规范。由于互联网还处在快速发展的过程中，而在此时建设网上银行很多标准与规范还不成熟，因此要特别注意有关的标准与规范的采用，否则将会造成重大影响。但不是说就暂缓或停止建设网上银行，当前的竞争如此激烈，留给各个竞争者的时间、空间都比较有限，突出的表现就是"快"吃"慢"，因此在重视的基础上，还要加快网上银行的建设。为此，从整个金融业的角度出发，同时屏蔽外来金融机构产生的影响，急需建设与我国网上银行发展相适应的标准体系，一方面加快网上银行的建设，另一方面提供市场准入标准，为我国银行的发展奠定良好的基础。

五、电子商务发展对网上银行提出的要求

1. 目前，我国金融业电子商务发展面临的问题有八个方面，一是思想观念滞后。目前，人们的思想观念还跟不上电子商务的发展，对于财富的概念基本上还集中体现在现金上，难以接受电子货币的概念，要接受e银行更是不易。同时，银行本身的思想观念也跟不上电子商务的发展。多数银行基本上把精力更多地放在了诸如存贷款等传统业务上，而对于中间业务特别是对以个人为单位的客户中间业务并不是非常关注，而在电子商务的B－C模式中，个人的服务却显得非常重要。因此，思想观念的滞后，成为我国金融业电子商务发展的直接障碍。二是社会信用缺乏。在电子商务中，无论是B－B模式或B－C模式，都需要很好的社会信用作保证。而我国的信用体系发育程度低，许多企业不愿采取客户提出的信用结算交易方式，而是向现金交易、以货易货等更原始的方式退化。而互联网却具有充分开放、管理松散和不设防护等特点，网上交易、支付的双方互不见面，交易的真实性不容易考察和验证，对社会信用的要求很高。因此，社会信用不高，成为制约我国金融业电子商务发展的"瓶颈"。三是金融网络落后。Internet的推广，中国比美国只晚四年，电子商务才晚两年零八个月，与传统经济相比，中美两国网络经济的起跑线基本上是一致的。但我国金融数据通信网络的建设却落后了一大步。四是金融竞争压力。我国加入世贸组织后，外资银行将回避其人力、地域上的弱势，充分利用其e银行起步早，经营品种丰富多样，服务细致周到，基础设施健全，制度、法规完备，拥有先进的技术资本、雄厚的物质资本、高素质的人力资本等优势，为顾客提供全功能服务，这无疑将对我国金融业电子商务发展形成很大的威胁。五是中介地位动摇。随着电子商务的发展，传统银行越来越难以吸收大量资金，其信用中介地位受到影响，另外金融业传统的支付方式已无法适应商务活动的信息化要求，其支付中介地位也会受到影响。六是潜在风险威胁。电子商务的发展在为我国金融业提供新的服务领域和方式的同时，也使我国金融业面临着一些新的潜在风险的威胁，最主要的有战略性风险和操作性风险。战略性风险指我国银行可能无法适应电子商务发展所造成的风险；操作风险指我国银行进入电子商务市场会由于潜在的技术问题而带来风险。七是金融安全隐患。金融安全从来都是一个敏感的话题，在电子商务时代，金融安全显得尤为重要。电子商务时代的金融安全威胁主要来自这几个方面：金融诈骗、金融黑客等。八是立法监管不够。我国银行的金融立法框架仍主要基于传统金融业务，我国中央银行对商业银行现有的监管，也主要是针对传统银行业务。如果在电子商务时代对金融业的监管方式和内容调整不到位，监管不适应金融形态转型的需要，必然会束缚和阻碍金融业电子商务持续健康发展。

2. 电子商务发展的对策。针对以上存在的问题，我们认为在我国金融业电子商务发展过程中应该制定以下对策：

对策一，更新传统思想观念。对于电子货币、电子银行、电子商务等新生事物，我国金融业应采用实施简单、操作灵活、容易为广大企业和消费者接受并与传统商务活动方式相结合的具有中国特色的电子商务应用方式，从广大企业和消费者的角度出发，从实际运用的角度出发，让广大企业和消费者通过亲自尝试金融业电子商务过程，看到金融业电子商务发展带来的实际效果，认识金融业电子商务市场，从而推动我国金融业电子商务事业的健康发展。

对策二，健全社会信用制度。我国金融业电子商务的发展需要社会信用制度的支持，金融业也有责任和义务在教育、引导企业和居民培育好的信用记录的同时，加强社会信用制度建设。要加强以账户资料为中心的社会信用档案的建设，为建立健全社会信用制度奠定基础。同时要加强以社会信用信息共享为目的的计算机互联网络建设，为建立健全社会信用制度提供条件。

对策三，实现金融网络升级。银行资金投入应向信息产业基础设施倾斜，开发适合金融业务特点的金融信息管理系统，实现金融自身高度信息化。

对策四，推进电子商务联盟。随着电子商务的发展，我国金融业应大力推进广泛的国内外电子商务战略联盟，采取灵活的组织结构和经营方式，不断调整与之联盟的信息技术机构或者其他类型的金融机构，化竞争为合作，实现“双赢”。

对策五，加快 e 银行发展。随着电子商务的发展，e 银行所具有的特殊优势将使其成为未来银行的主要形态。外资银行在登陆中国之后，很可能以 e 银行这种新的形态占领市场。我们应借鉴西方发达国家在金融业发展电子商务方面取得的经验和教训，结合我国具体国情，探索适合我国的金融业电子商务发展道路，不断加快 e 银行的发展，提高金融业的竞争力。

对策六，加强潜在风险管理。为了有效地管理电子商务发展中面临的战略性风险和操作风险，金融业必须大力发展对电子商务活动导致的风险进行监管的信息系统。

对策七，确保金融网络安全。强化金融网络安全意识，把员工金融网络安全教育视为一项重要工作常抓不懈，并加快网络加密技术的开发和应用；同时，由于 Internet 不受时空限制，犯罪分子可以来自不同国家乃至全球各个角落，因此我国应尽快热悉和掌握国际有关电子商务网络安全的标准和规范，如掌握和应用国际标准化组织对金融业务交易系统的安全结构等，以便我国在金融网络安全管理上与国际接轨。

对策八，强化金融监管立法。金融监管当局应运用先进的网络技术改革监管方式，对金融业电子商务在国内的发展及前景做出冷静客观的分析预测，确保监管制度能够适应金融业因电子商务的发展而出现的银行形态转型；要用法律手段规范电子商务支付结算中的基本关系。中央银行应借鉴各国经验，结合我国实际情况，及时制定和完善各种过渡性的措施，以使电子商务和网上支付行动先行启动，并在试运行中积累经验，这样做有利于准确全面地立法，从而保障我国金融业电子商务持续、健康、快速发展。

6.4 加快银行服务与创新的变革，实现向以客户为中心转移的关键技术分析

随着我国成功加入世贸组织，金融业对外开放的程度将越来越大，国内银行业将逐步面临人才流失、客户流失等多方压力，如何留住人才、争夺优质客户，必将成为国内银行业不得不面对的一个严峻问题。在新的形势下如何应用信息技术，在巩固传统业务市场的同时更加注重自身竞争能力的培养与提高，尤其是不断增强自身国际竞争能力，努力开拓国际市场，值得国内银行业深入思考。

6.4.1 业务流程再造关键技术

一、再造业务流程是真正实现以客户为中心的服务理念的关键

业务流程是一组共同为客户创造价值而又相互关联的活动，每一个企业都是通过业务流程来运作的，银行也不例外。同时，由于银行经营的货币、信用具有同质性，银行与银行的差别很重要的一方面是来自于各自的业务流程，业务流程因此成为建立银行竞争优势的主要因素之一。为此银行要体现以客户为中心、体现服务的个性化、层次化，必然要对现有流程进行改造。据业内人士透露，在20世纪80年代末90年代初，国内银行已有十多万个网点。这意味着有十多万本账，十多万个信息点。而且，这些信息点是互不连通的信息孤岛。结果也可想而知，当各总行年底作报表时，根本拿不出一张真实的报表，因为所有的业务都在分支机构，数据也在那里生成。而分支机构在上报数据时，普遍层层调账。

二、业务流程再造的关键信息技术

当前银行进行业务流程再造要解决的核心问题是从原有的以账号为中心的运行模式转移过来，并且实现信息的集中管理（这有别于过去这些信息分散在各个营业机构中）。只有将客户交易信息从分支机构收集、汇总到一起，才能真正实现以客户为中心，对客户提供统一的、规范的金融服务接口。为此，首先是要对各种单据、凭证在企业内进行标准化，以便信息收集、信息交换、信息提取。并且，这些内容的标准化也带有强烈的本国特色，可以很好地提升我国银行竞争力。同时数据的标准化恰恰是提供个性化服务的基础，如果没有这些标准化的数据，根本无法实现个性化的服务，这也是国外银行成功的经验。其次是工作流技术。即通过工作流技术将过去分片完成的一项业务流程进行整合，建立起连贯的金融服务流程。过去由于银行机构、部门按职能划分，从客户的角度看要完成一项业务要辗转几个部门才能完成。使用工作流技术的目的是，使客户感受到连贯的、一致的、统一的服务界面，而在银行内部通过工作流技术的支持，各个部门得以很好地协调、协作，提供良好的服务。最后，是中间件技术。实现以客户为中心和快速的金融服务创新的外在特征是，新的服务产品开发、投放周期越来越短，新产品的类型越来越多。这些必须依赖信息技术才能得以实现，其中的关键是使用软件中间件技术实现软件功能的灵活组合和扩展，从而支持上层业务的不断变化，提供个性化、层次化的金融服务。

6.4.2 优质客户竞争及客户关系管理及其技术

一、管理的问题

稳定和竞争优质客户，是商业银行生存与发展的基础，对我国银行业来说也是具有战略意义的一项重要选择。全面推行客户关系管理是稳定和竞争优质客户的重要手段，是适应加入世贸组织和全面提高我国银行业核心竞争力的需要，具有十分重要的战略意义和现实意义。20世纪90年代以来的西方商业银行竞争已经进入了客户关系管理时代，外资银行进入我国以后也必将以其成熟的客户关系管理与我们争夺优质客户。我们首先从理论上对商业银行客户关系管理的内涵进行一些归纳，并结合我国商业银行的具体实际，着重就目前影响客户关系管理的三个主要因素进行分析。然后从操作层面，对推行客户关系管理提出五个方面的政策建议，包括：立足于对现有客户结构分析，确定重点客户需求并制定有差别的客户服务和营销方案，设立相应市场部门和配备相应的客户经理，分层次成立客户关系管理委员会来制定统一政策，协调内部资源配置和各方面的关系。商业银行客户关系管理（Customer Relation Manage ment，CRM）是运用现代信息技术和市场营销理论，对银行和客户关系进行重

新界定和管理的一种理论和实践活动。它是20世纪90年代以来西方商业银行在经济信息化、自由化和全球化浪潮中主动适应市场激烈竞争的产物，对于经济变动中的商业银行与客户建立战略伙伴型关系并实现共同发展，发挥了重要作用。

二、我国商业银行在客户关系管理方面存在的不足

随着市场竞争的加剧，特别是加入世贸组织以后外资银行的进入，我国商业银行普遍重视了对客户关系的管理，也推出了一系列新的改革举措，但由于受体制和信息技术运用等方面的限制，普遍缺乏前瞻性、系统性，推行的深度和效果也不够理想，还有一个进一步认识和学习的过程。首先，缺乏理论指导和政策导向。客户关系管理是在完善的市场经济和信息技术广泛运用的条件下产生的，完全移植到我国商业银行肯定是行不通的。但对于这种先进的经营理念和经营模式，以及它可能发挥的作用，直到目前为止我们都还缺乏系统的研究，还没有发现有哪一家银行提出一套完整的客户关系管理政策。客户关系管理具有十分广泛的内涵，涉及银行体制结构和资源配套等方方面面，缺乏理性指导下的探索或许能在某一个方面取得突破，但很难形成全行的统一意志和政策，更不可能对银行传统的决策过程构成多大影响。事实上，现在很多基层行领导对客户关系管理还缺乏必要的认识，客户关系管理的中国本土化还需要一个过程。其次，信息技术应用水平的限制。信息技术应用水平的限制是制约我国商业银行推行客户关系管理的主要障碍。目前我国商业银行还没有完成以客户为标识的统一数据库建设，客户信息是散乱而不连续的，因而对客户需求的准确性把握还比较困难。在信息技术运用方面，比较注重业务运作和内部管理的需要，对客户信息的搜索、分析显得不够。特别是科技建设的初期，由于缺乏一个明确的战略目标，科技建设无一例外地定位在局域网和信息化普及方面，硬件和软件既不统一也不同步，造成了很大浪费，也为进一步整合带来了不便。因此，确立以市场为导向、以客户为中心的指导思想，加快信息技术的应用和创新步伐，仍然是我国商业银行推行客户关系管理的必由之路和关键所在。最后，体制和政策上的约束。我国国有商业银行在体制结构上采用的都是多级递阶结构的系统模式，与西方商业银行，以追求利益为主要目标的动力结构相比相对较弱，信息结构在市场约束软化的条件下也经常失真，决策结构更是由于决策链过长而缺乏效率。这样的体制模式易于控制而又容易失控，对系统信息的反应远大于对市场信息的反应，因而容易导致官僚化和行为短期化。在这样的体制结构下，推行客户关系管理缺乏足够的激励，实际上还远不如粗放经营在短期内带给管理者的直接利益多。另一方面，我国商业银行内部组织结构还没有完全摆脱以条条计划管理和控制为主的模式，尽管近年来按客户分类设置了一些市场部门，但由于受编制影响，其人员数量和素质远不能适应客户关系管理的需要。同时，人民银行对商业银行分业经营的要求和其严格管制的政策，在宏观上虽然有利于金融的稳定，但在微观上也一定程度地限制了商业银行的创新能力，对金融深化和金融效率的提高，尤其是对客户关系管理的广泛运用产生了一定的影响。

三、争取优质客户的途径及其措施

1. 建立客户关系管理系统。稳定和竞争优质客户，是商业银行生存与发展的基础，对我国银行业来说也是具有战略意义的一项重要选择。全面推行客户关系管理是稳定和竞争优质客户的重要手段，是适应加入世贸组织和全面提高我国银行业核心竞争力的需要，具有十分重要的战略意义和现实意义。为此，需要利用信息技术对客户结构进行分析，确定重点客户并预测客户的发展趋势，建设新型的客户关系管理系统。

2. 进行客户信息结构分析，确定重点客户。推行客户关系管理要求我们首先必须明确知道有哪些客户，对本行影响较大的客户是谁，有哪些客户发展潜力较大。一般来说，寻找重点客户的基本方法是测算客户贡献度，这在目前已没有什么技术问题，在设定部分参数的前提下，非常简单的应用软件就能做到。对于公司客户和机构客户来说，按客户贡献度很容易对现有客户结构进行初步界定，并在此基础上划分为不同类别，其中重点客户的占比和贡献基本也遵循着二八规则。作为最基层的经营和服务机构（如支行），紧紧抓住20%的重点客户并合理配置自身资源，可以说已经开始了客户关系管理，但对于二级分行或省级分行来说这还远远不够。考虑到我国企业目前的行业管理和系统管理特征很强，特别是同行业和同系统企业的需求偏好基本趋同，为便于服务、管理和挖掘更大的市场份额，按行业和系统进行分类、监测和管理非常必要。一般的客户分析主要包括行业、系统中重要客户数量和虚拟利润贡献的变化，以及在整个结构中贡献度的变化，据此判断已实施的客户关系管理政策的有效性。同时要关注非重要客户中潜在优质客户的培育及变化，对行业和系统的整体市场进行分析，特别是非本行重点客户和本行重点客户在他行市场份额的变化，据此检验本行的竞争力和寻找新的目标客户。对个人客户来说，由于我国个人客户资产业务量很少，目前识别个人客户中重要客户的最简单方法是按个人客户账户的存款量来确定，结构标准可以由经济发展水平而相机确定。个人客户结构分析首先要关注低效客户变化及其对资源占用的影响，其次采用专用软件分析工具，将现有重点客户按年龄、职业、收入等进行重新分类，并就其交易偏好进行归纳、分析，揭示其需求函数特征，以便制定差异化服务政策。再次利用电话银行中心对可识别的重要客户交易和投诉信息进行分析，修正现有的营销和服务漏洞，挖掘满足个性化需求的潜力。最后要对重要客户现有金融产品使用情况进行分析，通过分析可以明确营销重点，在满足客户需求的同时，提高客户的忠诚度和贡献度。

3. 确定客户需求，支持制定差异化服务营销政策。一般来说，客户需求具有多样性、差异性和变化性等特征，因此由客户需求而导致的金融服务要求也是丰富多彩的。在以手工记账、柜台交易为主的年代，要准确发现客户需求的变化十分困难。现代信息技术的广泛运用，使以交易记录为基础的客户需求偏好分析成为可能。从客户关系管理的观点看，为便于管理，银行要不断地准确判断在客户需求中哪些是基本需求，哪些是特殊需求，并适时采取相应的政策。基本需求具有相对稳定性，银行所要做的还是围绕方便、快捷和安全，搞好优质服务，提高客户的交易量；而对于特殊群体或单个客户的特殊需求，则必须制定特殊政策，提供个性化的“组合式套餐”服务。公司客户的基本需求，主要包括结算、融资、现金、担保、信用评估、咨询等。现在任何一家商业银行基本上都能为客户的基本需求提供无差异服务，因此在客户选择银行时都不存在多少优势，如果有差别也只体现在银行品牌效应、个人关系资源和银行员工素质及服务方面。要留住优质客户，真正有意义的工作是发现客户的特殊需求，并适时予以满足，以提升客户的依赖性和转户成本。公司客户的特殊需求因公司而异，很难在同一时点上找到完全一致的。就现阶段来说，公司客户的特殊需求主要包括：上市重组顾问、投资与理财、系统资金管理、低风险资产置换、借助银行的财务安排、并购中债务处理，以及相互代理和基于银行客户资源的共同开发、利用等。目前可供选择的政策有：第一，根据行业、系统或重要客户的需求分析，以及对客户潜在需求的把握，分别制定“一揽子”服务方案，度身订做具有特色的金融产品组合。第二，根据服务方案制定营销方案和确定营销重点，系统大户、重点客户由省、市两级行联动营销，一对一谈判。中等客户由客户经理上门营销或通过客户网站信箱进行信息化自动营销。第三，协调、优化内部资源，做好为客户服务的无缝衔接，在提升客户价值的同时提升客户忠诚度。第四，对客户信息进行不间断收集、整理、分析，挖掘客户的潜在需求。个人客户的基本需求相对比较简单，主要包括资金的安全和增值、代理支付各种款项、取现、信息查询等。个人客户的特殊需求可以说与时俱进，各有侧重，目前主要包括个人投资理财、养老疾病等保险、代保管、外币兑换、住房、汽车等融资和产业投融资等。满足上述两方面需求，特别是满足个人优质客户的需求是个人金融领域客户关系管理的重点，可采取的政策首先在满足个人基本需求方面，一是进一步健全分销渠道，调整劳动组合，真正体现方便、快捷、安全的品牌形象，如有形网点布局的调整和跟进，城市自助银行服务系统的建立和 ATM、POS 自动销售机的扩大等；二是大力发展虚拟电子银行业务，通过电话银行、手机银行、网上银行业务的快速发展，进一步拓展银行服务的时空界限，减少柜面服务的压力。在满足个人特殊需求方面，重点是理财中心和个人客户经理队伍建设。其次是全面推行差别服务政策。在对个人客户进行细分的基础上，银行可以通过推进销售自动化、营销自动化进程，全面提升银行服务的品质，同时还必须切实将服务重点瞄准优质客户，把满足优质客户的需求作为服务政策的基本取向。对优质客户可分别采取的措施有：进行个人信用评级制度试点，增强客户的社会认知和荣誉；以贡献度标识客户身份，以便在所有网点能享受相应的特别服务；设立大户室或专门柜台，由专人提供免排队、免填单等服务；提供预约上门服务、提醒服务；在新业务和费用等方面享有优惠待遇；根据不同类型客户群配备相应客户经理，不定期进行关怀提示等。最后要实行差异化营销政策。除继续推行通过媒体、广告、宣传折页等大众营销手段外，重点是在优质客户中开展营销。市场部门要能够根据不同客户群体提出“一揽子”金牌产品组合，根据客户交易记录推测金融产品的使用范围和频率，从而确定有效的营销方案。个人优质客户的营销可以由客户经理来实行，也可以由市场部门通过电话银行中心、邮寄和客户 E－mail 等方式来实现自动营销。

4. 市场部门的确立和客户管理职责要求。商业银行推行客户关系管理作为一场深刻的服务变革，对银行内部组织结构也提出了全新要求。客户关系管理作为高度信息化、市场化条件下的产物，要求银行内部组织结构必须严格遵循以市场为导向，以客户为中心的原则，尽快摒弃以产品为中心的原则，强调上下对口的组织体系，全面推行扁平化管理，适应客户关系管理的银行内部组织结构主要包括市场部门、业务支持和管理部门以及保障服务部门三个层面。三个层面的部门都是开放式的，其运作集中于统一的信息技术平台，按授权管理原则，实现信息共享和业务流程的无缝衔接。今后的市场部门将由市场管理人员、信息技术专家和客户经理一道工作，达到与客户全面接触，全程服务的境界。市场部门作为推行客户关系管理的主体，其基本属性是利润中心，因此也必须遵循以利润和安全为目标、以市场为导向、以客户为中心、以服务为根本的经营指导思想。在对市场部门的考核方面，首先是利润指标，其次才是客户和业务量指标，其目的是促进市场部门扩大优质客户和有盈利的业务量，放弃低效客户和亏损业务。市场部门的数量并无一致要求，通常由客户性质来决定，目前多是基于个人客户、公司客户和机构客户的性质不同而建立个人金融业务部、公司业务部和机构业务部。市场部门的内部结构大致可划分为客户服务和客户管理两个层次，前者是由客户经理完成的，而后者则是由承担管理职能的部门组成的，负责制定、执行客户关系管理的一系列政策。一般来说，城市行基本上是中性的，市场部门中客户经理部和其他管理职能都同样重要，上下沿不同方向发展。目前值得注意的是，我国银行业市场部门虽已基本确定，但内部服务和管理职能因人员数量和素质、科室设置等方面限制而远未达到改革预期，如果调整不到位，势必要影响对客户的服务，影响客户关系管理的推行。客户管理是市场部门的重要职能和任务。城市行的公司、机构客户管理可以由二级分行市场部门根据客户分类（如按行业、系统和重点大户）委派中、高级客户经理牵头负责，连同分散在各支行直接为客户服务的中、低级客户经理构成若干个客户经理小组，完成服务和管理的任务；个人客户的服务和管理一般应以支行为单位进行，二级分行的重点则是抓好整体服务的营销工作。

5. 客户经理的配备和管理。客户经理是推行客户关系管理的基本力量，也可以说能否建设一支高素质的客户经理队伍是能否顺利推行客户关系管理的关键。客户经理的基本职责是发现客户需求并及时予以满足，同时对客户风险进行识别，以防止和降低银行风险。为充分发挥客户经理的作用，其责、权、利应当逐步统一起来，特别在内控机制逐步完善的情况下，可以分别给予客户经理一定的业务授权，以保证其更好地为客户服务。

四、实现国际竞争力的提升

随着中国金融服务市场开放力度的不断加大，中国金融机构与外国金融业的竞争将越来越激烈。渣打银行最近发表的一份研究报告指出，中国加入世贸组织后，势必开放银行业市场，这将使今后十年外资银行在华业务年平均增长40%，至2010年占中国总贷款比例将达8%。那么面临外资银行的竞争，国内银行业会不会被挤垮呢？我国银行业的国际竞争力具体状况如何？如何不断提升我国银行业的国际竞争力？下面将对这些问题作比较详细的论述。

1. 我国银行业国际竞争力分析。随着我国经济体制改革的深入开展，中国银行业在打破垄断、从业家数增多、竞争程度上升、银行经营效率和服务质量提高以及较为完善的现代化多元银行业组织体系逐步建立等方面已取得了阶段性成功。但是，无论从国内还是国际看，中国银行业的改革还远未达到其最终目的。从国内发展状况看，四大国有商业银行不良资产比例过高，资本充足率低，经营状况不容乐观，银行业垄断程度仍然较高，在市场进入和业务经营上仍旧有严格的管制，缺乏公平的竞争环境，对外开放度有限，银行业的组织体系建设方面还有许多欠缺；从国际比较看，我国银行业的发展尚比较幼稚，整体效率有待提高，国际竞争力差，缺乏有实力的超级跨国银行。那么怎样客观地、科学地衡量我国银行业的国际竞争力呢？我们要从整体上衡量银行业的金融服务质量，进行国际比较、有别于历史的比较以及国内银行间的比较。通过各国银行业的横向比较，分析银行的规模、资产质量、盈利状况、业务能力、技术能力指标以及人力资源状况，此外还要考虑银行业监管、文化建设指标与金融创新指标等，从而勾勒出中国银行业的概貌。具体包括：

第一，银行规模。这一指标是通过统计位居资产排名世界前1 000家之内的银行的数目，来对一国的银行规模进行评价。在追求规模效应的银行界，大的规模意味着大的市场份额，这一指标充分反映了各家银行的规模和实力。

第二，资产风险防范比率。中国大商业银行一级核心资本与风险资产比率长期以来普遍偏低，截至1998年底，四大国有商业银行中无一家达到巴塞尔委员会对一级核心资本的最低要求。1999年，中国银行业一级核心资本排名大幅上升，主要是由于政府1998年8月通过增发2 700亿元的特别国债给四家商业银行增补了巨额资本金，从而增强了我国银行体系的稳健程度，促进了它们在国际市场上的发展。几家新兴商业银行情况则较为乐观，多年来一直保持在4%以上的水平。

第三，盈利能力。中国商业银行在资本与资产规模上名列前茅，但这并不能全面反映我国银行业状况，因为仅仅靠规模是无法长期与富有竞争力的国际大银行相抗衡的。银行作为独立的法人实体，利润是衡量其经营效果好坏的重要指标。

国有商业银行的不良资产已经成为当前中国银行业的极大隐患，阻碍着中国经济下一步的发展，久拖不决将会使问题越来越严重，甚至有可能酿成金融危机。

第四，业务能力与服务质量。同国际大的商业银行相比，中国商业银行的经营方式和服务手段比较落后，金融产品单一。目前中国商业银行大都以一般存款、贷款和结汇业务等传统银行业务为主，外资银行大部分已从以传统银行业务为主阶段转为以现代银行业务为主阶段，特别是风险小、成本低、利润高的国际结算、投资咨询、家庭理财等中间业务，已发展成为国外银行利润的主要来源。

第五，人力资源。在现代经济竞争中，经济组织内的人才优势和激励强度至关重要。高素质的金融人才已成为商业银行提高竞争力水平的关键因素之一。而中国银行业严重缺乏懂得金融工程学、熟悉各种资产定价模型的高级技术人才和管理人才。进入我国的外资银行非常注重人才的选用，为开展业务，它们往往以十分优厚的工资、福利、待遇来吸引最优秀的经营管理人才和高素质的职员，这些人才的综合素质所产生的经营管理效率是难以估量的。而国有商业银行现有的庞大职工队伍，产生了巨大的工资福利成本总量压力，使其只可能以较低的平均待遇来平衡各方利益，其结果必然是优秀人才流失。这就制约了国有商业银行的进一步发展。

第六，银行业监管水平。以资本金管理、准备金管理和资产风险管理为主要内容的金融监管是中央银行的一项重要职能，它在客观效果上会使金融效率提高，这是因为金融监管不仅在保证银行安全性的同时提高了信贷资金质量，而且是抑制通货膨胀的重要措施。目前中央银行的金融监管工作，正在从单纯的合规性稽核向以风险防范为核心的审慎性监管转变。但由于我国尚处于经济转轨阶段，金融监管体系尚未健全，主要表现为监管内容单一、范围狭窄、手段落后等，这使我国的金融监管工作的难度较大，效果还不尽如人意。此外，中央银行实施货币政策和加强金融监管的主要对象还是中资银行特别是四大国有商业银行，进入世贸组织后，外资银行将成为中国金融宏观调控和加强监管工作中不可忽视的一部分，在华外资银行的不断发展将对中央银行进行有效调控和监管提出更新更高的要求。

根据对我国银行业国际竞争力的分析，可以得出以下结论：一级核心资本、资本与资产指标反映出我国银行业的规模和实力完全可与国际大商业银行一决高下，我国国有商业银行的历史背景决定了我国银行的国际地位，银行自身积累和发展也是重要原因之一，但仅仅依靠规模是无法长期与富有竞争力的国际大商业银行相抗衡的，更应注重内涵的提高。真正要衡量商业银行是不是世界之强，不仅要看其营业额，更要看其资本总额、资产质量、技术实力、盈利能力和发展潜力等，只有这多方面的综合实力强才是真正的强。大并不等于强。就一级核心资本与风险资产比率指标看，长期以来我国多数银行未能达到巴塞尔委员会的最低要求，只是在1998年，国家给四大国有商业银行增发2 700亿元国债作为资本金后该指标才有所改善。在我国，虽然近期不会发生影响十分恶劣的银行破产倒闭事件，但银行存在的大量不良资产会影响我国银行的国际声誉，令我国银行体系的稳健程度受到怀疑，不利于各家银行国际业务的拓展，在国际市场上的发展会受到限制，同时在国际监管合作中也将置我国中央银行于不利地位。

2. 提高我国银行业国际竞争力的措施。从上述分析中我们已经可以感受到中国加入世贸组织后，银行业将面临的巨大挑战。中国银行业长期处于高度的政策壁垒护佑之下，对于加入世贸组织后高度的市场竞争形势需要有个适应过程。虽然外国银行目前在华在业务范围、机构数量、资产规模等方面受到一定限制，但我们应该认识到，加入世界组织后，中国金融业开放的步伐无疑会加快，外国银行在技术、经营管理以及资本运营等方面的竞争，它们的优势会逐渐凸显出来，对我国金融业的冲击将会越来越大。我们认为，为了有效提高中国银行业竞争力，应从以下几个主要方面做好准备：

第一，应创造一个公平的、合理的竞争环境，这其中最关键的是按照世贸组织的要求，实行国民待遇。世界贸易组织《服务贸易总协定》第十七条中的国民待遇条款要求成员国在其承诺开放的服务部门中应给予其他成员国的服务和服务提供者以不低于其给予本国相同的服务和服务提供者的待遇。

第二，在开放国内市场以前，金融主管部门应加强对银行的风险控制，提高资产质量。资产质量是商业银行的生命线，控制风险是确保业务稳健发展的前提。随着开放程度的加深，银行经营将暴露在更多的国际、国内的不确定因素之中，承受更多的风险。所以要正确地判断和评估风险，加强静态、动态和国别分析，完善控制和化解风险的手段，从而确保资产质量，增强参与国际竞争的能力。

第三，发展混业经营，改善金融服务，优化银行的资产负债结构。2000年1月16日在北京举行的中国资本市场论坛预言，在未来十年，由于金融业竞争的加剧和市场金融性需求的日益多样化，金融业的发展将从分业经营走向混合经营，金融监管也将从分业监管变成综合监管。

第四，国际金融一体化是世界经济发展的必然趋势，中国银行应该正视国际金融一体化的巨大挑战，充分利用加入世贸组织给我们带来的机遇，按照现代企业制度的基本框架改进和完善管理体制，调整经营管理理念和银行发展战略，探索社会主义市场经济环境下的银行业发展道路。

第五，加速推进银行信息化、网络化，缩小同国际大银行的技术差距和经营水平差距。目前，网上银行正以其拥有的广泛的信息资源、独特的运作方式成为金融业发展的方向。据国外有关统计资料，各种不同的服务手段实现一笔交易所需的费用是：营业网点为1.07美元；电话银行0.54美元；ATM0.27美元；因特网0.01美元。网上银行突破了地域与时间限制，拓展了银行发展空间，增强了交易的灵活性，网络化已成为银行取得竞争优势的关键。因此，加大银行技术投入，大力发展网上银行已显得非常迫切。与此同时，我国银行业还必须提高金融安全意识，把严密的技术设计和周全的预控措施纳入金融信息化工程中，以保障网上银行的正常运行。

第六，加强经营管理技术和金融产品创新，促进业务发展。提高人力资源管理水平，以占据人才竞争的优势。人才是银行的无形资产，是竞争的关键。要系统、科学地加以经营管理，建立良好的激励、福利、教育培训机制，并加强企业文化建设以增强凝聚力、归属感，从而吸引人才、稳定人才。

6.5 规避金融信息化风险，提高信息技术应用能力

随着金融业对科技手段的不断应用，金融信息化的程度会越来越高。金融信息化在为金融机构带来明显的竞争优势的同时，也造成了金融业对技术的高度依赖，带来业务信息化风险。如何在应用金融信息化带来的便利的同时减少和避免新的风险因素对金融业的影响，也是一个亟待解决的问题。

6.5.1 金融信息化风险分析

金融信息化极大地促进了金融全球化和自由化进程，使金融业务模式发生了根本性变革，金融风险的来源、范围、结构、复杂性和风险程度都极度地扩大了，业务处理和支付结算越快捷、越开放，风险扩散就越快，一个环节存在的风险对整个金融机构甚至金融体系都可能带来灾难性的影响。金融信息化风险是基于信息化技术应用所引起的一切导致未来发生损失的不确定性，它不仅包括信息化技术本身的缺陷所带来的技术风险，更主要的还有信息化技术运用不当给金融机构在经营过程中带来各种潜在的安全风险，对业务和发展战略造成损害，还包含基于金融信息化的金融创新的速度和种类迅速增加而引起的不可避免的高风险。金融信息化风险从根本上是与技术相关的风险，然而仍通过传统的金融风险形式表现出来，尽管这些风险的类型不是新的，但引起风险的方式和对金融机构的影响强度则是全新的。在巴塞尔委员会所划分的各类风险中，金融信息化风险中影响最大的主要是相互交错战略风险、操作风险、信誉风险和法律风险四种。

一、战略风险

战略风险对金融机构的影响是长期的和决定性的。实施金融信息化绝不仅仅是为了替代手工操作，其根本目的是借此实现业务流程再造，促进金融机构各项业务快速发展，如果信息化建设决策的实施与金融机构总体业务发展目标不一致，就会产生战略风险，导致在竞争中处于劣势。率先采用新技术具有高风险性，“跟随战略”则只能失去好的发展机会，某项技术对于金融机构的竞争能力至关重要，但管理部门未能支持应用某项技术，将削弱长远发展能力；采用的新技术还不够成熟，将危及整个计算机应用系统的稳定性，致使金融业务难以正常开展；采用的技术不符合发展的主流，必将很快失去生命力，面临技术过时风险；技术缺少灵活性，会严重制约业务的拓展；当金融机构管理部门

未能恰当地规划、管理、监控与技术相关的产品、服务、过程和传送渠道时，技术的应用也会产生战略风险。

二、操作风险

操作风险源于系统在可靠性或完整性方面的重大缺陷带来的潜在损失，也可能源于用户误操作或系统设计、实施中的缺陷。金融资产的数字化和货币信息化以及金融网络化，使金融机构更易受内外部双重攻击，如果安全防范措施失当，会导致数据、资金被窃取或业务系统瘫痪，产生安全性风险；信息化系统设计、实施或后续维护中的不足会对金融产品或服务的传送造成风险，技术外包使金融机构过度依赖供应商而不能有效控制和监控其行为，增加了操作风险，设备、软件或内部系统和外部系统的不兼容故障不能及时解决会造成业务中断或交易延迟；用户缺少信息化系统使用知识，操作失误会致使系统异常或密码失窃，金融信息化使业务处理和资金的转移更加快捷，误操作风险控制难度加大；金融信息化极大地改变了金融业务的处理模式，如果没有行之有效的新内控机制，也将造成很大的操作风险。

三、信誉风险

信誉风险指重大负面公众舆论导致资金或客户流失的可能性。信誉为金融机构立足之本，在金融信息化背景下，业务系统高度开放化、复杂化，发生故障的可能性增加，影响范围外延，信誉风险放大。系统失效后不恰当的应急计划和业务恢复计划会影响金融机构维持或恢复运行的能力，虚拟化服务中产生的问题不能及时解决、开放的业务系统发现安全缺陷、客户隐私泄露等都将极大地损害客户对金融机构的信心。由于信息化技术应用的普遍性，单个系统信誉受损后，负面的公众舆论极易扩散到整个金融体系，使公众对金融机构的总体运行情况产生长期不良印象，损害金融机构建立和维护客户关系和业务关系的能力。

四、法律风险

金融信息化促进了金融创新的飞速发展，其速度大大超过了法律建设的速度，立法的滞后性不断加大，金融机构面临的法律风险十分突出。在很多新的业务领域，法律法规基本上还是一片空白，导致金融机构业务经营中不确定因素增多。在信息化技术普遍应用的今天，纸质凭证、签名印章越来越多地被电子凭证和加密技术所代替，但法律只承认前者的合法性；网上支付高度依靠数字签名和数字证书（CA，Certificate Authority）认证，但二者都不具有法律地位；在开放的环境下应该怎样保护客户的隐私、客户误操作造成的损失应如何划分等，都需要明确的法律约束。目前金融机构采用预先声明的服务合同形式，一旦造成损失，能否得到法律的支持是个问题。法律风险的顾虑在很大程度上限制了金融机构的进取性和进一步发展。

6.5.2 加强金融信息化风险防范

金融信息化在为金融机构带来明显的竞争优势的同时也造成了金融业对技术的高度依赖，带来业务信息化风险。

一、战略风险防范

战略的制定应该是全局的，而不能是局部的。我们当前在信息化建设中遇到的突出问题是技术走在业务前面、技术部门的改进走在业务部门前面。但是这违背了“需求驱动”的原则，没有具体业务部门的需求驱动，即使技术部门做好准备、引进了技术，系统也不能在银行的实际业务开展中发挥作用。因此，首先，在防范信息化建设战略风险的时候，需要银行企业从高层开始，全面进行信息化建设的组织。信息化风险中的战略风险的另外一个防范措施是，在进行系统设计的时候，要重点关注系统的体系结构。实践表明，有时我们过多地关注了技术细节，而忽略了结构的分析。其次，任何重大的项目，其成败的根本是“结构”，这就好比分子的结构直接决定物质的化学特性一样，系统的结构直接决定了系统的可靠性、可维护性、可扩展性。面向最上层的需求变化是永恒的、客观存在的，而能否适应发展，关键是系统结构，这就要求在制定信息化战略的时候，要考虑银行系统的总体结构、局部系统的结构及它们之间的衔接问题等。最后，就是要进行行业信息化应用标准的研究以及行业软件应用的研究，通过这两方面的防范，可以提高系统的互通、互联以及软件的生产质量、生产效率，达到事半功倍的效果。

二、操作风险防范

金融的安全与稳定直接关系着社会经济的稳定，其中对于由于操作而产生的风险的防范极其重要。因为操作本身是非技术问题，而对其进行防范则蕴涵许多的技术问题。首先，要强化当前信息系统的安全评估，建立系统的备份应急方案。问题的出现有时是不可避免的，但是如何应急、如何恢复、如何减少影响则是体现管理和技术水平的问题。建立不同级别的问题的应急体系将有助于在发生问题的时候，提升银行处理操作风险的能力。其次，是人员管理和组织的问题。强化技术人员管理，避免由于信息系统的应用而产生的操作风险，不论是外包还是自建，都需要建立自己的有水平的维护队伍。因为信息系统的快速信息流转，会使得问题和影响的传播速度非常快，而此时人员的培训、管理及其操作水平，直接反映了操作风险产生的可能性大小。最后，研究和实施信息系统的可靠性评估体系。当前银行已经对信息系统产生了巨大的依赖性，而对于这些系统的可靠性评估则不成体系。即这些系统虽然已经开始投入使用，但是却不能保证其一定可靠，或者是在何种条件下会失效等。为此，要降低操作风险就必须对这些系统进行可靠性评估，并针对问题给出措施。

三、信誉风险防范

银行的信誉是银行赖以生存的根本，对信息化中产生信誉风险的防范要高度重视。首先，为满足金融市场发展需要，提高银行信誉，就需要建立现代化的监管、风险管理以及信用管理系统。当前发达国家的银行监管组织、手段已经比较成熟，其中监管和风险管理系统发挥了重大作用，解决了在海量数据中进行分析、发现问题的能力。其次，利用信息技术做好资产负债管理、会计结算等。控制好银行企业内部的数据管理，避免金融欺诈、犯罪带来的恶性影响。最后，是利用信息技术建立现代化的支付系统，向以客户为中心转移，赢得银行声誉。银行的信誉最终体现在对客户的服务品质上，因此服务要向以客户为中心转移，提供个性化、层次化的金融服务。

四、法律风险的防范

首先，应加快满足金融信息化发展的法律法规的制定。当前信息技术的发展速度非常快，银行在信息化的过程中，对于信息的依赖也越来越高。为此，对信息的应用、发布、管理等的法律问题，以及对电子数据的法律认定等都有待尽快解决。其次，需要建立和完善信息安全和认证机制。从而保证信息在使用、传输过程中的认证和安全。

6.6 重大工程项目建议

6.6.1 银行业金融机构监督管理信息系统

一、项目建设背景

2003 年 4 月，银行监管职能从中国人民银行分离出来，中国银行业监督管理委员会（以下简称银监会）成立，成立银监会是党中央、国务院为深化金融改革、加强银行监管而做出的重大决策，是提高防范和化解金融风险能力、确保金融安全高效稳健运行的重要举措。目前，银监会信息化基础设施基本上是空白，被监管的银行类金融机构信息化建设高度发达，业务品种繁多，业务量大，单单依靠手工方式很难对银行类金融机构进行监管。

1. 繁重的监管任务对监管信息系统的迫切需求。银监会根据国务院授权，统一监督管理银行、金融资产管理公司、信托投资公司及其他存款类金融机构，维护银行业的合法、稳健运行。截至2003年底，监管对象包括4家国有独资商业银行、11家股份制商业银行、112家城市商业银行、3家政策性银行、4家资产管理公司、426家正在营业的城市信用社、34 577家农村信用社、1家邮政储蓄机构，191家营业性外资银行类机构，211家外资银行代表处，74家财务公司，59家信托投资公司，12家租赁公司。金融机构总资产超过31.5万亿元，占我国全部金融机构总资产的95%以上。面对如此大量的数据和众多的银行类金融机构，很难基于手工方式完成对各银行类金融机构的监管。监管信息系统建设的落后状况，已严重制约了监管当局对银行类金融机构监管的有效性和实效性，成为当前监管的"瓶颈"。

2. 银行类金融机构高风险性对监管信息系统的需求。随着金融市场的一体化和现代通信技术的广泛应用，金融风险的"传染"性也与日俱增，它可以像电脑病毒一样四处蔓延和扩散，形成多米诺骨牌效应。尤其是随着经济全球化步伐的加快，各国经济联系更加密切，一个国家的金融危机往往会波及周边国家和地区，甚至会引起地区性或全球性的金融动荡。

3. 银行监管的连续性对监管信息系统的需求。近年来，国内外银行市场的运行状况显示，银行类金融机构的风险及由此导致的金融系统的波动随时可能发生。这就要求必须加强银行监管的连续性和有效性。银行监管的指标内容广泛且种类繁多，传统的手工操作受人力、物力、时间等因素的制约，可用于实际分析的指标非常有限，无法全部覆盖表内与表外业务和境内与境外业务，也难以实现金融机构本身与其所属非金融机构经济实体的并表综合监管，监管质量难以保证。利用银行业监管信息系统可以根据监管部门的需要，快速、准确地输出全部或任何一项监管指标的分析结果，从而能够持续、全面、系统、有效地辅助监管部门达到所期望的监管目的。

4. 提高风险监测水平对银行监管信息系统的需求。从我国银行类金融机构经营现状来看，巨额不良贷款、潜在的金融风险，及资本充足率和拨备不足的问题，严重困扰了我国银行类金融机构的发展。为此，加强对我国银行类金融机构的风险分析与监测，是当前监管工作的重中之重。

5. 保护存款人利益，维护银行业金融秩序稳定对监管信息系统的需求。借助监管信息系统及时向社会公众披露银行业整体运行情况及存在问题的银行类金融机构，最大限度保护存款人利益，维护公众对银行类金融机构的信心。借助银行监管信息系统还可以加快监管职能的转变，提高监管能力与服务能力，规范监管行为，提高监管效率。

为此，尽快建立我国银行类金融机构监管信息系统，强化对银行类金融机构经营信息的采集和分析，建立有效的风险预警体系，防范和化解金融风险，加快发展和建设我国银行业的监管信息系统已是当务之急。

二、非现场风险分析的主要内容

借鉴先进国家和地区的监管实践，对中外资商业银行法人机构试行骆驼评级体系（CAMELS rating system），监管工作重心向促进完善公司治理，提高内控有效性和坚持以风险为本的审慎监管转变。

1. 骆驼评级体系（CAMELS rating system）是监管人员判断银行类金融机构状况及其风险管理质量的工具，该体系为评估银行业金融机构当前的风险状况提供了一个框架。骆驼评级体系的风险评价基本要素确定为以下六个方面：

一是资本充足性（Capital Adequacy）。资本充足程度直接决定银行类金融机构的最终清偿能力及抗风险能力。按照《巴塞尔协议》和审慎会计原则评价其资本充足率是否真实，根据实际风险情况，评价其资本是否充足、呆账准备金是否充足，呆坏账是否及时核销。

二是资产质量（Asset Quality）。资产质量直接影响银行类金融机构的流动能力和盈利能力，最终也会影响其清偿能力及可持续发展和生存能力。评价资产质量情况，主要是评价不良贷款水平、贷款集中程度及其他不良资产状况。

三是管理状况（Managment）。健全的风险管理和内控是银行类金融机构健康发展的基础，是实现利润最大化、风险最小化的重要保障。评价管理状况主要是评价银行类金融机构管理层按照各自权限识别、测度、监督和控制银行类金融机构经营风险的能力，同时也反映其确保银行业金融机构安全、稳健、有效、依法合规运营的能力。

四是盈利性（Earnings）。银行类金融机构的经营成果和经营风险最终反映到收益上。评价银行类金融机构收益合理性，主要是评价其收益是否真实，增加当期收益的因素是否正常合理，计提的呆账准备金是否充足，在真实合理的基础上，其收益水平是否理想，与历史和同行业相比，其资本收益率和资产收益率水平是否正常。

五是流动性（Liquidity）。流动能力是银行业金融机构生存的基础和前提，评价其流动适度性，主要是根据银行类金融机构经营规模、资产负债结构、资产质量、现金流量及市场环境等情况确定其应保持的和实际可提供的流动性。

六是市场风险敏感度（Sensitivity to Market Risk）。评估市场风险敏感度主要考虑银行业金融机构管理层识别、测度、监督和控制市场风险的能力，机构规模、业务性质的复杂程度。

风险分析与评价基本过程，第一步是确定每个基础指标并确定基础指标的风险函数；第二步是确定每个指标的风险权重，采用骆驼评级体系（CAMELS rating system）并根据权重计算出六类要素风险评价模型，包括资本风险模型、资产风险模型、经营管理风险模型、收益风险模型、流动性风险模型和市场风险模型；第三步是确定每个评价指标在不同水平的分值；第四步是计算单项风险要素实际指标值及得分值；第五步是采用加权法计算出整体风险评价分值并消除每一个基础指标的季节因素，计算其均方差值，然后根据已经确定的风险权重构造出风险控制评价；第六步是根据最后的综合得分值，对金融机构风险水平作出最后的综合评价。

2. 在评价银行类金融机构的风险时，首先观察整体风险值，判断其属于正常、基本正常、有问题机构或危机机构；然后观察单要素风险值，找出机构的具体风险所在，资产质量风险，或是流动性风险，或是资本风险等，便于确定具体、有效的风险处置措施。风险控制稳健性评价可以作为辅助性指标，对被监管银行类金融机构的风险控制能力有一个客观评价。如果一家机构风险控制稳健性较差，即使当前单要素风险和整体风险都不是很高，监管部门仍应高度关注，并对这样的机构提出相应的整改建议。

三、总体目标及分期目标

银行类金融机构监管信息系统总体目标是构建以数据库、数据仓库、数据集市为基础平台的新一代银行监管信息系统体系，充分利用联机分析处理、数据挖掘等技术，推进银行监管信息系统的深入应用，建立适合我国国情和银行类监管需要的信息管理系统，实现对各类银行类金融机构的机构业务管理、高级人员管理、现场管理、非现场监管、风险评价和预警分析的信息化、网络化。采用信息技术提供对银行监管的决策支持，及时防范、化解金融风险，实现对银行类金融机构运行的智能化监管，保障我国金融体系安全、稳健、高效运行。整个项目将分四期开发实施，分别完成数据采集、银行类金融机构监管信息、风险分析与预警系统、灾难备份系统的建设。

四、总体方案

银行业监督管理信息系统总体框架如图 6－11 所示。

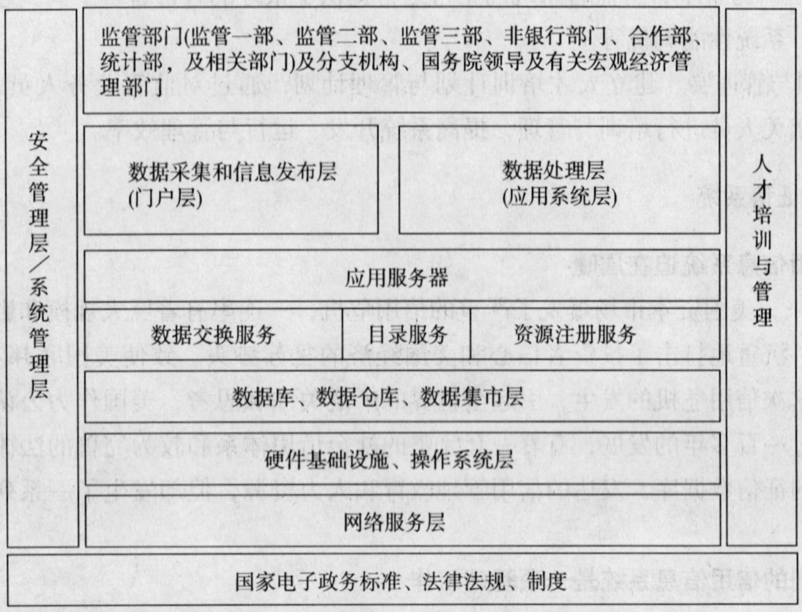

图 6－11　银行业监管信息系统总体框架

各层及其实现的主要功能为：

1. 网络服务层。为应用系统的数据传输提供底层的网络支持功能，建立连接银监会各个组织机构之间的内联、过渡性网络，及在统一标准与框架下，建立银监会各个派出机构与被监管对象之间互联的金融互联网络。

2. 硬件基础设施/操作系统层。为应用系统提供服务器、存储等硬件支撑环境，包括数据库服务器、应用服务器、Web 服务器及其他硬件设备（打印机、扫描仪器等）等，以及相应的操作系统。

3. 数据库、数据仓库、数据集市层。银监会、银监局采集银行金融机构基础数据，建立基础数据库，反映各类金融机构经营基本情况。根据基础数据库中的数据，按照一定的算法对基础数据进行加工整理，形成满足监管需要的监管数据库。当系统中积累到大量历史数据后，对基础数据进行抽取、清洗、加工、整理和挖掘，建立数据仓库和数据集市。

4. 数据交换服务（平台）、目录服务、资源注册服务。建立数据交换服务，实现上下级单位之间数据纵向传输，保障数据可靠传输。通过建立数据目录服务，对系统中数据资源进行分类、整理，以实现在银监会系统内部对数据资源的共享，及银监会与其他宏观经济管理部门之间的数据资源共享。

5. 应用服务器。在应用服务器与传输服务器层为系统开发、测试、部署与运行提供工具支撑平台。

6. 应用系统层。基于应用服务器中间件，根据银监会对银行监管信息系统的业务需求，开发、部署适用于银监会各级机构的监管信息系统，实现上下级单位之间联动监管。

7. 门户层。在门户层实现两部分功能，一是对银监会系统内部的用户，根据用户对监管信息系统的功能的不同要求，控制用户访问权限。同时还可以根据用户的偏好，定义系统功能，满足用户需求。二是对外部用户，门户层根据信息披露的对象不同，控制用户对系统的访问权限。

8. 安全管理层。通过制定安全策略，制定安全解决方案，建立安全基础设施，指定专门的安全管理人员，最大限度地规避整个银行监管系统在网络层、应用层、数据层等各个层面上面临的安全问题，使得系统运行安全可靠。

9. 系统管理层。为整个银行监管系统的正常运行提供了很好的日常管理工具，包括：日常运行的跟踪、网络监控、系统性能调优等。

10. 人才培训与管理层。建立人才培训计划与管理计划，通过对监管业务人员、系统开发人员、系统管理人员等相关人员进行培训与管理，提高系统开发、运行与管理效率。

6.6.2 信用征信系统

一、建立信用信息系统迫在眉睫

2001 年底以来，美国资本市场爆发了严重的信用危机，一连串有着巨大规模和影响力的公司造假事件的频繁发生，沉重地打击了投资者信心和美国经济的复苏势头。致使美国联邦利率创造了 40 年来的最低纪录。这次信用危机的发生，引起全世界的广泛关注和思考，美国作为公认的信用经济发达的典型代表，经过一百多年的发展，有着一套完整的社会信用体系和较为完善的法律制度以及有效的行业法规、完整的征信数据库、发达的信用管理教育和人力资源，但却发生了一系列严重的财务欺诈丑闻。

二、建设我国的信用信息系统是一项基础工作

尽快建立全国企业和个人征信体系，将成为我国相当长一个时期内工作的重点。一些相关部门如金融、法律、税收、工商、海关等和部分地区开始积极建设信用体系。总的来看，现在处于整个体系建设的初级阶段，即建立本部门和本地区的信用基础数据库阶段。这是整个信用体系的基础。从美国的信用危机中我们不难看出，基础数据的真实与否是至关重要的，信用中介机构的数据处理、信用评分和最终的信用报告都是基于真实的基础数据作出的。如果基础数据的真实性不能保证，建立在这个基础上的整个信用体系不管框架逻辑多么合理也只是空中楼阁，难以避免信用危机的发生。因此，我们在建立信用体系的初期，就要采取强有力的措施和有效的制度安排来遏制企业造假，保证基础数据的真实性。

三、信用信息系统结构

按照信用信息的流动过程，征信技术体系可由信用数据的采集、存储、发布等部分组成。信用数据的采集可以通过磁带、光盘、实时在线等方式采集数据。相关的采集交换技术有 CRM、XNS 等。对于信用数据的存储，目前一般的大型征信公司（如：Experian）均设立一个和多个数据中心集中存储数据，并建立数据仓库和采用一些统计软件工具包，对数据进行深度分析和提炼。信用数据的发布可采用纸件、电话、网站、电子邮件、Web 服务等方式，目前以 D&B 集团为代表，各大公司开始广泛采用 Web 服务的方式发布数据，并已取得了不错的效果。另外，技术体系还应包括网络和安全技术。

四、各行业信用相关基础数据的分类

来源于公安部的相关数据有个人户籍信息、身份证信息、外国人在华登记信息、个人违法犯罪信息，劳动与社会保障部的数据有用人单位信息、个人求职信息、社会保险信息、社会保障卡信息，国家质检总局的数据有全国组织机构代码、打假方面的信息、企业产品生产许可证数据，国家工商行政管理总局的数据有企业注册登记信息、商标注册登记信息、商标评审信息、市场规范管理信息、广告规范管理信息、合同管理信息，海关总署的数据有企业登记和注册信息、报关员登记注册信息、企业和个人的违法违规案件信息，对外贸易经济合作部的数据有国外经济合作业务统计信息、企业的进出口业务统计信息、国内进出口企业的注册登记情况，商业银行数据有企业及个人的金融信息，税务总局的数据有企业及个人的税务信息，最高人民法院的数据有裁判文书等。

五、信用信息系统的关键技术

1. 信息安全技术。必须采用足够的信息安全保障措施，保障信用信息的安全，包括信息的完整、不可否认、不可中途修改、不可窃取等。当前保证信息安全的主要技术就是数据加密。有关更深层次的技术问题不在本报告展开。

2. 信用评估模型。收集到的各种信息足以组成一个海量的信用数据库，如何对这些信息进行统计、分析，并最终生成报告，关键是要研究出可行的信用评估模型和算法。当前，由于信用评估在我国还处于初期，并且还没有产生规模、影响力比较大的评估实体，因此评估模型的研究任重道远。

6.6.3 金融监管工程

一、必要性分析

金融创新及其衍生工具日益复杂化，是近20年来世界金融领域中一个全新的现象。金融创新引发了金融体系、金融业务以及货币政策等方面一系列的问题，使得金融监管当局实施有效监管时遇到许多新的问题和困难。目前在发达国家都还没有形成一整套行之有效的监督管理机制和办法。无论是监管的技术手段、组织体系，还是信息处理，都跟不上创新发展的要求。有效金融监管所必需的风险防范、化解、处理等手段与技术，以及制度安排、人员配备、信息沟通等都很不完善。具体监管困难主要集中表现在如下七个方面：

（1）证券市场的证券低档化现象泛滥，并出现了债务发行大于股本资本发行的趋向，无本兼并问题十分突出；

（2）金融交易风险现实与衍生交易工具定价之间的矛盾难以解决，新型金融工具的标价问题日益紧迫；

（3）金融创新增加了资产价格和市场的反复易变性，价格膨胀与价格缩水现象大起大落；

（4）金融资产流动性问题过度集聚，威胁整个金融体系的安全运行；

（5）交易清算系统难以承受成倍扩大的交易负荷，支付系统突发故障的可能性不断增大；

（6）金融创新可以转移风险但不能从根本上消除风险，脱离资产负债表的经营风险存在大量被掩盖的现象；

（7）衍生金融工具日益繁多，大大增加了金融统计和信息收集的难度，信息失真问题导致货币政策和监管效率下降。

二、系统功能

金融风险管理是当前的热门话题，涉及银行运行、管理的各个环节，根据我们的分析，建议利用信息技术建立银行业的金融风险管理系统。该系统的功能组成如图6－12所示：

1. 安全性风险管理。银行的运行管理中安全性风险的评估，主要包括银行网络安全性评估、银行信息安全性评估以及在高度依赖信息系统、网络的运行模式下，人员操作方面的安全性评估。该系统功能根据实际得到的数据、评估模型给出评估结论，帮助银行改进存在的潜在风险，提高防范能力。

2. 市场风险管理。市场风险是当前金融风险的主要内容之一，建立金融市场风险管理将市场风险特性定量化，根据抽样数据和模型对市场风险进行评估，给出结论，可以提高银行抵御市场风险的能力。市场风险管理系统的关键有两点：一是评估数据的采样和选择；二是评估模型的设计和运行。一

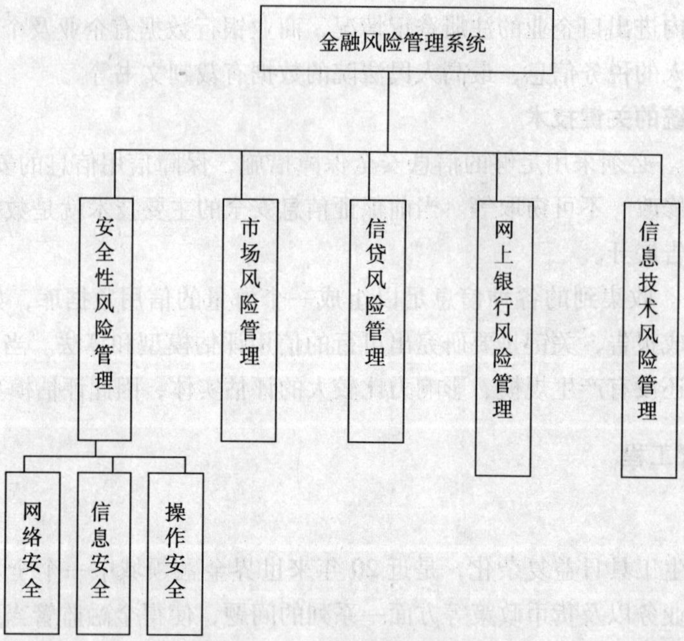

图6－12　金融风险管理系统功能图

旦解决了这两个问题，系统建立后将能够很好地辅助银行进行风险管理决策。

3. 信贷风险管理。信贷风险管理系统主要是针对银行在信贷过程中可能存在的环境进行监控、评估，提高贷前分析的准确程度、提高贷款的审批质量、减少贷款过程存在的风险，并且可以杜绝贷款操作过程中不符合规定的行为的发生。该模块还需要和信用信息系统进行结合，充分利用企业和个人的信用信息对贷款进行审批，提高贷款质量。

4. 网上银行风险管理。网上银行的发展将成为一种趋势，也将为银行的盈利开辟新的业务途径。面对随之而来的风险，我们一样也需要利用科学的技术手段进行监控和管理。网上银行的风险管理内容是在银行整体安全性风险管理的基础上，着重对网上银行运行过程中的技术、管理、制度等信息进行数据采样，然后根据评估结果，定量地分析当前存在的风险，帮助银行更好地开展网上银行业务。主要收集、评估的信息包括：网上银行的安全措施、网上银行的防病毒措施、网上银行的可靠性措施、网上银行的容错措施、网上银行的身份认证等。

5. 信息技术风险管理。银行在快速发展、大量应用信息技术的今天，不可避免地带来信息技术的风险，为了提高银行规避风险的能力，也要对这部分内容产生的风险进行分析、评估。信息技术风险主要是信息系统的应用、产品的选择、流程的设计、系统的可靠性等方面对银行正常运行带来的潜在风险。建立管理系统，旨在对这些诸多环节的数据信息收集、采样，根据评估模型给出定量的分析。

三、关键技术

1. 风险评估指标设计。风险是客观存在的，而对这些潜在的风险进行评估就需要对涉及的内容进行“数据采样”，而采样要考虑数据相关性、独立性的问题，如何划分以及如何确定采样指标是进行风险管理的关键技术。

2. 风险评估模型设计。对于风险管理最后的定量结论的给出，要依赖风险评估模型，一个良好的模型在给定输入的情况下，能够真实反映当前存在的问题，这同样是进行风险评估需要解决的关键技术。因此，面对未来我国银行信息化建设的大力推进，研究设计各类风险的评估模型，借助信息化技术进行诊断具有非常现实的意义。

3. 推理决策技术。进行风险管理的最终目标是对银行决策提供支持，争取最大盈利，规避存在的风险，因此金融风险管理系统应具有一定的推理和决策的能力，这就需要借助信息技术中“决策支持”技术分支，提高系统作用的发挥，更好地为决策提供数据依据。

6.6.4 “反洗钱”监控系统

一、反洗钱的规定

2003 年 1 月 13 日，中国人民银行发布了《金融机构反洗钱规定》，这是新上任的中国人民银行行长周小川签署的第一号行长令，也是我国首部系统化的反洗钱法规。根据该规定，金融机构将有义务协助配合司法和行政执法机构打击洗钱活动，并依法查询、冻结、扣划客户存款。该规定于 2003 年 3 月 1 日正式实施。继《金融机构反洗钱规定》出台后，中国人民银行又在 13 日发布了 2003 年 2 号令——《人民币大额和可疑支付交易报告管理办法》。这意味着自该办法从 3 月 1 日实施起，金融机构将对每笔可疑支付款项进行专人专门的档案管理，进行重点监控并及时进行有效管理，以严堵“地下钱庄”和公职人员腐败黑洞。另外，15 日，中央银行又颁布《支付交易报告管理办法》。“反洗钱”三大法规的全部出齐，标志着我国的反洗钱大堤初步筑就，而一连三天的政策发布则显示出中央银行强劲的监管力度。

二、反洗钱的手段

银行业是信息化发展最快、利用信息技术最充分的行业之一，因此国际洗钱手段也非常高明、先进。要做好“反洗钱”的工作，必然离不开对信息技术应用的依赖。为此，我们建议着手分析、设计、研制适合我国法律、法规的“反洗钱”信息监控系统，使各个银行的数据能够集中汇总到一起，根据客户信息进行全面、完整的数据分析，更有力地打击洗钱活动。引导各金融机构正确认识和处理好反洗钱与业务发展的关系，依法经营，依法履行反洗钱的有关职责。提高反洗钱技术手段，强化金融监管，充分发挥金融系统在反洗钱中的预防和控制作用。

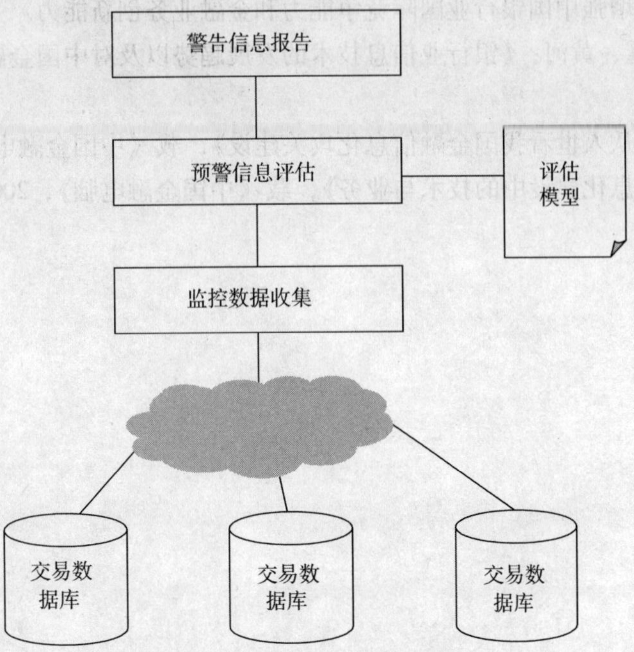

图 6－13　反洗钱系统结构示意图

三、系统功能及结构

该系统主要是从银行收集可疑交易数据信息，并根据事先确定的评估模型对可疑交易可能是洗钱活动的行为进行评估，给出结论，指导反洗钱工作的开展。我们根据初步设想，给出粗略的系统结构以便参考（见图6－13）。

由于信息技术、电子银行的广泛发展，洗钱监控需要随时掌握信息，因此该系统定期地收集各个银行可疑的交易数据，并提交给核心处理平台进行统计、分析、评估。因为涉及的数据量是非常巨大的，寻找目标的工作必须借助信息技术自动完成。

四、关键技术

真正发现可疑交易并进行审查和控制是比较容易的，而对大量交易数据进行筛选、分析、提取则是比较困难的。因此，此系统涉及的关键技术就是“数据挖掘”，即系统能够在海量的数据信息里面，根据模型自动发现可疑的交易信息，比如客户双方信息、交易类型、交易金额等。

参考文献

[1] 郑先炳：《西方商业银行最新发展趋势》（第二版），中国金融出版社。

[2] A. Litan, A. Cushman R－08－9119 Strategic Analysis Report, 28 (July), 1999.

[3] 计世资讯：2002～2003年中国银行业IT应用与市场研究报告。

[4] 王琳、林鸿、郑孝和：《西方商业银行战略计划》，企业管理出版社。

[5] Technologies for eFinance, Report of the Experts Meeting held in Brussels in Preparation of the Framework Programme, 19 (December) 2001.

[6] Gartner Group, Financial Services 2006: Delivery of Banking and Finance.

[7] 刘桂平：《中国商业银行再造》，中国金融出版社。

[8] Mary J. Cronin, John Wiley & Sons, Inc., Banking and Finance on the Internet.

[9] 王仁祥、喻平：《金融创新与金融深化》，载《金融理论与实践》。

[10] 张燕玲：《增强中国银行业国际竞争能力和金融业务创新能力》，载《中国金融电脑》。

[11] 穆军、雷霆、黄河：《银行业信息技术的发展趋势以及对中国金融信息技术发展计划的几点建议》。

[12] 董丽英：《从入世看我国金融信息化攻关建设》，载《中国金融电脑》，2002（2）。

[13] 艾军：《信息化建设中的技术与业务》，载《中国金融电脑》，2002（6）

（本章执笔人：王保江）

第7章 银行管理信息化和现代银行管理决策方法

7.1 银行管理信息化定义及其重要意义

7.1.1 管理信息化及其发展阶段理论

一、管理信息化的定义

管理信息化是指以先进的管理理念为指导，以分析型、智能化的信息技术为基础，面向企业管理与决策活动，通过管理理念、管理体制和信息技术的充分结合，不断提高企业管理与决策能力的现代化进程。其目的是辅助企业进行快速、全面、科学、正确的管理与决策，是企业信息化的重要组成部分。

二、管理信息化发展的“诺兰模型”

任何企业由手工信息系统向以信息技术为基础的信息系统发展时，都存在着一条客观的发展道路，在实现以信息技术为基础的信息化过程时，都必须从一个阶段发展到下一个阶段，而不能实现跳跃式发展。很多信息系统专家通过总结企业信息化建设的特征，提出了很多信息化发展模型，如英国著名信息系统专家C. 埃德沃斯的“系统进化模型”、美国著名信息系统专家诺兰的“诺兰模型”以及麻省理工学院的“五阶段模型”等，其中最为著名的是“诺兰模型”。诺兰通过对二百多家公司、部门发展信息系统的实践和经验的总结，在20世纪80年代提出了著名的信息系统进化的阶段模型，即“诺兰模型”。“诺兰模型”分为六个阶段。在初始阶段，企业引入了像管理应收账款和工资这样的数据处理系统，各个职能部门（如财务）的专家致力于发展各自的信息系统。人们对数据处理费用缺乏控制，信息系统的建立往往不讲究经济效益。用户对信息系统也是抱着敬而远之的态度。信息系统建设停留在低水平层次上。在扩展阶段，信息技术应用开始扩散，数据处理专家开始在组织内部宣扬自动化的作用。这时，企业管理者开始关注信息系统方面投资的经济效益，但是实质的控制还不存在，缺少计划和规划，应用水平仍然不高。在控制阶段，出于控制数据处理费用的需要，企业管理者开始召集来自不同部门的用户组成委员会，共同规划信息系统的发展。信息系统管理部门成为一个正式部门，以控制其内部活动，并启动了项目管理计划和系统发展方法。这时的应用开始走向正规，并为将来的信息系统发展打下基础。统一阶段，系统设计人员努力把不同信息系统集成起来，使信息资源能够共享。在数据管理阶段，信息系统开始从支持单项应用发展到在逻辑数据库支持下的综合应用。企业开始全面考察和评估信息系统建设的各种成本和效益，全面分析和解决信息系统投资中各个领域的平衡与协调问题。在成熟阶段，企业真正地把信息技术同整个管理过程结合起来，把机构内部、外部的数据库资源很好地规划利用，为机构的管理和决策服务。

三、管理信息化发展的“三阶段模型”

产生于20世纪80年代的“诺兰模型”尽管高度概括了企业管理信息化的发展进程，但由于网络、通信等信息技术的迅猛发展，“诺兰模型”的一些描述已不能全面地反映当前企业管理信息化发展的特征。从数据管理技术发展的角度出发，对“诺兰模型”的后三个阶段进行修改和扩充，提出管理信息化发展的“三阶段模型”，能够正确地反映现在与未来管理信息化的发展特征。企业在成功引入计算机技术后，信息化的发展一直与数据管理技术的发展同步，数据管理技术的发展可以划分为三个阶段，数据管理阶段、信息管理阶段和知识管理阶段。由此把管理信息化的发展也分为这样三个阶段，各阶段的处理对象、所采用的主要技术、主要应用系统以及主要特点如图7－1所示。

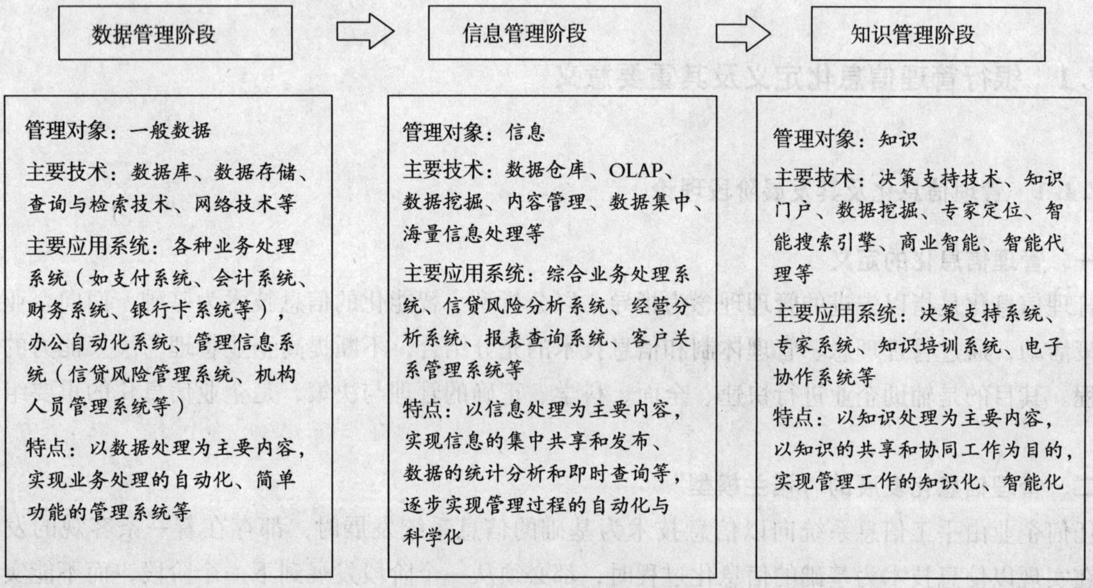

图7－1　管理信息化发展的“三阶段模型”

在数据管理阶段，企业基本实现了数据存储、管理和利用的电子化，建立起了能够满足企业业务和管理基本需要的应用系统，但缺乏数据的集成、分析和利用。在信息管理阶段，强调的是数据的分析和综合利用，主要以数据仓库、联机分析处理技术、内容管理、海量信息处理、数据集中等技术为基础，建立起了综合业务系统和基于数据仓库技术的管理信息系统；但隐藏在数据和信息中的知识没有得到很好的发现和利用，企业内部以及企业之间的协作、知识共享不够。在知识管理阶段，知识是企业最重要的战略性资源，知识的生产、获取、利用、传递、共享成为了企业管理信息化的核心，从而真正实现了管理信息化的“辅助进行快速、全面、科学、正确的管理与决策”的目的。作为信息技术应用最为广泛的银行领域，我国绝大多数银行已经完成了管理信息化的数据管理阶段，有些银行已经进入信息管理阶段，但大多数正在完成由数据管理向信息管理的过渡，知识管理则是我国银行的长期发展目标。

7.1.2 银行管理信息化的基本概念

一、银行管理信息化定义

银行管理信息化是银行信息化建设的重要内容之一。它以分析型、智能化的信息技术为基础，面向银行管理与决策活动，通过管理思想、管理体制与信息技术的充分结合，不断加快银行管理与决策能力的现代化进程。其目标是辅助银行进行科学、正确的管理与决策。银行管理信息化建设必须以管理与决策技术应用及其相应系统建设为基础。当前使用的主要管理与决策技术有数据库技术、网络技术、通信技术、工作流技术、数据仓库技术、联机分析处理技术、数据挖掘技术、决策支持技术等。主要应用系统有统计分析系统、办公自动化系统、监管信息系统、信贷风险管理系统、客户关系管理系统、人力资源管理系统等。

二、银行管理信息化和银行业务信息化之间的区别

银行信息化中主要有两个领域：业务信息化和管理信息化，管理决策不同于业务处理。首先，管理信息化的目标是辅助银行进行科学正确的管理和决策，而业务信息化主要解决事务处理和运行的问题。其次，管理信息化服务的主体是银行经营管理人员，主要提供分析、预测、挖掘等功能；而业务信息化主要面向业务人员，主要提供查询、业务处理等功能。最后，管理信息化应用的关键技术为数据仓库、联机分析处理、数据挖掘和决策支持等技术，而业务信息化应用的关键技术以数据库技术为主。由此可见，管理信息化建设不同于业务信息化建设。

三、银行管理与决策系统和其他信息系统的关系

商业银行信息系统基本上由五部分组成：业务系统、管理与决策系统、信息化基础平台、信息化标准体系、信息化安全体系。其中管理与决策系统现在多以数据仓库技术为基础建立。五者之间的关系如图 7－2 所示。

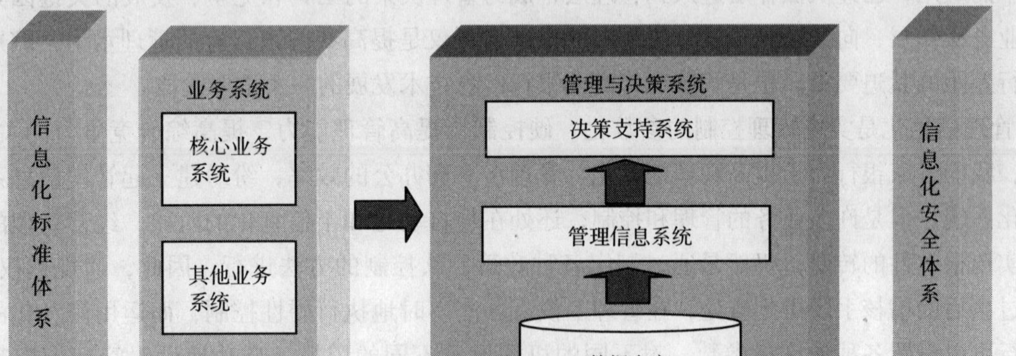

图 7－2 商业银行信息系统结构

信息化基础平台包括网络环境、软硬件平台等基础条件，是构建商业银行信息系统的基础，为其他四个组成部分的建立和使用提供支持。信息化标准体系为信息系统的建设和开发、跨行交易与联网等定义了标准，是信息系统建设过程中必须遵守的规范。信息化安全体系为业务系统、管理信息系统的安全运行，金融信息安全保密与恢复和网络运转提供了保障。业务系统是商业银行进行业务处理，提供金融产品和服务的平台或渠道。管理与决策系统是商业银行实现科学化、现代化管理的平台，是银行提升核心竞争力、提高经营管理水平、实现“以客户为中心”的重要手段，是向国际先进银行迈进的象征。管理与决策系统在信息化基础的支撑下，在标准体系和安全体系的保障下，以业务系统为数据源，通过分析、挖掘、报表等操作，辅助银行决策管理人员做出科学正确的决策和判断，从而引导业务发展并实现企业战略目标。因此，管理信息化建设对银行战略发展具有极其重要的作用，可以说是银行实现知识化管理，全面提升核心竞争力，向国际先进银行迈进的重要基础和关键阶段。

7.1.3 银行管理信息化建设的重要意义

自管理与决策技术在银行得到应用以来，一直发挥着非常重要的作用。尤其是随着知识经济的到来，日新月异的信息技术，引发了银行管理的一次又一次革命，以存、贷为主的银行正在向现代化、知识型的银行转变。目前，信息技术正在从业务作业层向决策层快速地推进，渗透到银行管理的各个领域。管理信息化已经成为当前商业银行信息技术运用的重要课题之一。

1. 管理信息化是加入世贸组织后，我国银行业应对竞争对手的重要手段，是缩短与国际现代商业银行的管理差距，全面提升竞争能力的重要途径。

从我国银行业的信息技术应用情况来看，在业务处理的层面，我国银行业与国际银行业的技术应用水平差距不大，但是在管理信息层面的差距是明显的。其本质在于，管理信息化决定于经营思想和经营理念，并涉及管理方式的革命，同时，也是技术集成难度最大的原因。

2. 管理信息化是现代商业银行信息技术发展的重要阶段。国内银行的信息技术应用，已经从提高内部效率的管理，解决前后台业务处理问题，转向了面对外部市场竞争，解决增值金融服务问题；从满足账务处理的核算需要，转向致力于处理信息、筛选客户，解决新经济信息不对称的难题。可以说信息技术的应用，已经从操作层进入到管理层，成为管理决策的工具和竞争、发展的关键因素。因此说，从业务操作层，向经营管理层、决策层的推进，不仅是提高我国银行业的管理水平，缩短与国外商业银行差距的紧迫要求，也是我国现代商业银行信息技术发展的一个重要阶段。

3. 管理信息化是实现管理控制的参数化、硬控制，提高管理能力，提高综合竞争力的关键环节。近年来，我国各家银行为了提高管理信息化、管理水平和办公的效率，纷纷建立起管理信息系统和办公自动化系统，但是许多业务的管理和控制，还处在半自动化和半信息化的阶段，经营管理的方式也还没有实现根本性的转变，仍然是通过制定各种政策、软控制的方法进行。因此，违规越权的行为，只能通过事后的稽核手段得到查处，在管理上没有办法实时地执行硬性控制，而运用信息化的管理手段，银行可以设置各种计算机参数，对不同的机构设置不同的门槛，自动地设置管理指令和作业要求，实现总行对各分支机构的硬性控制和管理，实现业务政策规定和管理作用的硬性化的约束。

4. 管理信息化是创新管理模式，再造业务流程，推进商业银行的体制变革的重要途径。当前，我国银行业传统的管理手段和方法已经越来越不适应银行信息化发展的要求，在信息管理、市场管理、金融服务创新等方面严重滞后，制约了业务发展，迫切需要通过业务流程的再造和管理信息化方式进行变革和创新。

5. 管理信息化是增强信息处理能力，提高管理效力和效率的重要手段。在市场运行中，商业银行必须加大管理的能力和速度，具备强大的规避风险投资的经验和能力，强化自己的竞争优势，进而赢得客户。实施管理信息化，可以更大程度地解决市场经济下信息不对称的问题，及时获取信息，快速反映当前的问题，及时地调整管理措施，增强风险控制能力，从而提高经营效率。另外，实现管理信息化有利于增强市场的竞争能力，在我国加入世贸组织以后，银行间同行业的竞争，将集中在争夺优质客户和高盈利的业务上，各行都将发挥自己的管理和产品的优势，来增强市场的竞争能力。而市场竞争的有效性，最终决定于采取管理信息化的程度。

根据2003年3月的“金融信息化发展战略研究调查问卷”的结果分析（共22个样本），75%的中国银行正在进行基于数据仓库技术的银行管理信息化建设，余下的25%也打算在今后2～3年进行建设。可见银行管理信息化已成为我国银行业今后几年发展的重点。

7.2 国内外银行管理信息化发展研究

7.2.1 国外银行业管理信息化发展研究

一、国外银行管理信息化现状

针对国外银行管理信息化的建设和应用现状，把国外银行分中央银行和商业银行两类分别进行阐述。

1. 中央银行

伴随着计算机和网络技术的发展，国际上金融业高度发达的国家和地区十分重视银行业管理信息系统的建设，这些银行的办公自动化和管理信息系统建设和使用已经日趋完善和成熟。同时，作为中央银行的另一个重要职能——金融监管，国外发达国家和地区的中央银行充分利用先进的计算机和信息技术，在数据共享的基础上，不断完善金融监管信息系统的建设和发展。发达国家的中央银行大都建立了以计算机和网络技术作为支撑的先进、高效、安全和功能完善的金融监管信息系统，并采用人工智能技术、金融工程技术和各种数学模型与统计方法对监管数据进行科学的分析和评价，这都大大提高了金融监管的效率和准确性。

美国正在使用的监管信息系统主要有两个：全国检查数据库系统和银行机构全国桌面系统。全国检查数据库系统是美联储国家信息中心的一部分，该系统专门服务于监管职能，因此只有美联储的监管人员能够进入和使用；银行机构全国桌面系统的最大特点是数据的共享性强，通过一些新的功能设置能有效地增进监管部门之间的信息交流与合作，同时有助于监管人员对不同机构的同种业务类别和风险特征进行比较分析。全国检查数据库系统监管的范围是美联储所属各监管对象。银行机构全国桌面系统监管的范围包括三类监管对象。一是所有在美国开业的外国银行及其分支机构；二是资产规模超过100亿美元的美国本土银行及其分支银行；三是资产规模小于100亿美元，但属于美联储监管范围内的美国本土银行。就分析模型而言，美国中央银行利用现场检查数据分析指标和分析模型（骆驼评级法），根据资本状况、资产质量、管理水平、收益状况、流动性和对市场风险的敏感性六个方面的指标，检查银行的经营状况，并对其进行评级，同时还结合非现场检查，提出数据分析指标和分析模型（美国金融机构监督体系FIMS），该模型在识别有问题银行上更精确、科学，更侧重于数理统计分析及预测银行倒闭的可能性，加强了对非现场监督的早期预警作用。

英国金融监管局只负责对银行机构的监管，使用九个独立的监管数据库系统进行监管，尚未形成一套完整的对整个金融业进行监管的信息系统。英国金融监管当局已于1999年成立了一个特别技术小组，该小组用了大约一年的时间对目前的监管体系，主要是风险因素、相关风险权重和所采用的评估体系，进行了研究、试点、信息反馈、重新评估和改进，并建立了一套电子监管表格，于2000年8

月1日投入试运行。虽然英国金融监管局没有采用统一的风险评测模型，但各大银行均有自己的内部模型。而且使用这些模型，首先要得到金融监管局的认可。目前，经过英国金融监管局认可的模型是CADI。

日本的金融监管信息系统主要有两个。一个是金融机构数据库系统，另一个是金融风险监测信息系统，这两个系统互不连通。金融机构数据库系统建立于1991年，其用户为日本银行和金融厅。它收集的数据范围比较宽，基础性强，除用作监管外，日本银行的支付系统管理部门、研究统计部门也在使用。金融风险监测信息系统是日本政府于1998年10月在针对当时整个金融体系剧烈动荡的紧急经济对策中提出的，并于1999年4月正式投入运行。该系统数据更为专一，目前为金融厅专用。系统利用SAS统计软件，对原始数据进行检索、加工或统计计算，并自动生成各种分析资料。从以上可以看出，国外中央银行利用信息分析和监控形成决策支持系统，从而辅助管理人员做出科学的决策。

2. 商业银行

第一，管理信息化建设概况。商业银行经营不同于中央银行，商业银行以盈利为核心，因此，如何占有最大的市场份额，保持最多的优质客户，获得最大的市场利润是各大商业银行追求的最终目标。随着计算机技术和网络技术的发展，以及客户与银行竞争者的日渐增加，要能够快速回应如此激烈的竞争环境并顺应以客户为导向的趋势，各家银行都在充分利用先进的信息技术来满足竞争的要求。为了满足这些需求，国外先进银行一般都定义清晰的应用体系架构，集中资源支持战略项目的开发和实施；推行严格的项目及项目群实施管理办法，对重大项目进行论证，确保投资收益。就管理决策技术方面而言，制定统一的数据标准格式，建立结构化的数据仓库，建立面向资产负债管理、风险管理、财务成本管理、客户关系管理、产品服务管理、现金管理、绩效管理、机构人员管理等诸多领域的全面的管理系统，实施有效的数据分析，并逐步实现管理信息化。管理信息化使银行的监管能力提高，减少了银行的经营风险，提高了安全性，并为银行管理逐渐扁平化提供了重要的基础。以花旗银行为例，从20世纪90年代初就开始进行数据仓库系统建设，三年左右的时间收到了效益。目前联机分析处理、数据挖掘、客户关系管理已得到了比较广泛的应用。墨西哥Bital银行采用客户关系管理（CRM）作为企业文化，并成功建设了客户关系管理系统，为Bital银行增加了销售额、客户保留比例、利润率，并且带来了市场份额的大幅度上升。

随着经济的全球化趋势不断深入，企业经营区域逐步跨国化，股权逐步多样化和复杂化，业务领域逐步多样化，这给商业银行风险管理提出了新的要求。目前，国际活跃银行的风险管理重点，已经从信用风险扩大到既重视信用风险又重视市场风险和操作性风险；信用风险管理的重点从关注单笔交易、单项资产和单个客户，扩大到既重视单笔交易和单个客户的风险管理，又高度关注所有信用敞口的总体风险控制。为了避免各类风险在地区、产品、行业和客户群的过度集中，国际活跃银行采取统一授信管理、资产组合管理以及资产证券化、信用衍生产品等一系列全新的风险管理技术和方法，防范和转移各类风险。国际活跃银行风险管理越来越重视定量分析，大量使用“盯市模型”中的KMV、CreditMetrics等违约模型中的CreditRisk+等数理统计模型来识别、衡量和监控风险，这使得风险管理越来越多地体现出客观性和科学性的特征。从前面的现状介绍可以看出，国外发达国家和地区银行的管理信息系统建设和应用已经实现了从数据管理到信息管理的发展，目前正处在从信息管理向知识管理发展的过渡阶段。

第二，国外先进银行的应用体系架构模型。应用体系结构模型是进行信息技术规划或发展战略研究的一个重要参考。图7-3是某国际著名咨询公司给出的国外先进商业银行的应用体系结构模型。

（1）业务渠道。渠道是银行和客户进行交互的界面。一般将银行渠道分为以下四种：电子渠道、

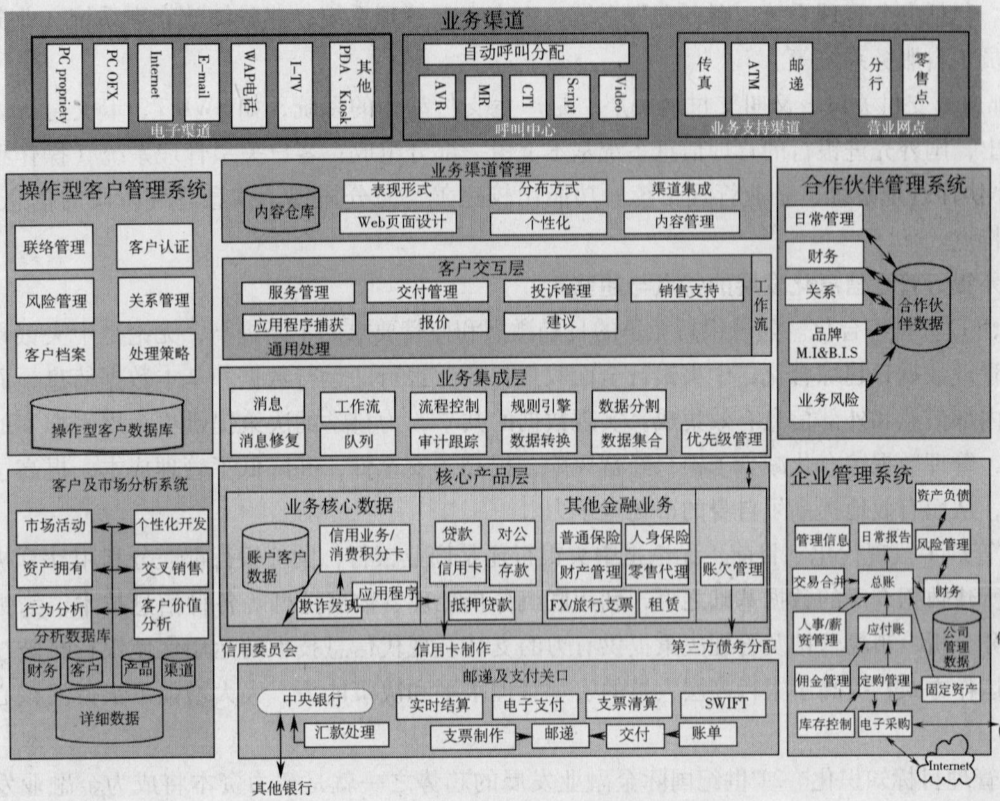

图 7－3　国外先进银行的应用体系结构模型

呼叫中心、支持渠道、传统的营业网点。

（2）业务渠道管理。又叫渠道接口管理层，负责渠道设备的物理管理和集成（几个渠道共用）管理，它允许在渠道的界面作个性化定制。

（3）客户交互层。客户交互层保存的是每个客户和某银行及其每一个合作银行的每一次接触的历史的全局视图。

（4）操作型客户管理系统。操作型客户管理层，控制银行和客户的商业操作面的关系。真正的商业处理是按照市场规则进行的个性化运作。在逻辑上，操作型的客户数据库和分析型的数据库是分离的，因为二者是对不同数据类型的数据的访问。在物理上，两套数据库也通常分别建立在不同的平台上，以支持不同类型的服务。

（5）客户及市场分析系统。又叫分析型客户关系管理层，建立在一对一市场营销的理论基础上，每个客户被单独对待，特别是给银行带来良好利润的客户。

（6）业务集成层。该层提供端到端处理的“粘合剂”，可以在该层进行大量的增值服务。

（7）核心产品层。又叫产品引擎层。产品引擎提供金融服务的核心能力，并保存细节的账户记录。虽然越来越多的业务规则的处理前移到整个体系结构的客户交互层中，但该层所提供的依然是传统的后台服务。产品引擎支持金融产品在整个生命周期内所要提供的服务，和交易相关的每个产品的信息都记录在产品引擎中。

（8）合作伙伴管理系统。管理银行和所有业务伙伴的关系，包括日常管理、财务管理、关系管理、品牌信息管理、业务风险等。

（9）企业管理系统。又叫银行内部管理系统层，用来管理银行内部业务操作，由内部的支持性应用系统组成。包括办公管理系统、财务管理系统、人力资源管理系统、业务绩效管理系统、业务风险管理系统、员工自服务系统等。

（10）邮递及支付关口。又叫支付网关层，是产生支付动作的系统，如SWIFT、卡支付等。从图7－3可以看出，国外先进银行的管理信息系统基本上由三部分组成：客户关系管理系统（操作型和分析型）、合作伙伴管理系统、企业管理系统。功能比较完善，充分体现了信息管理阶段的信息共享、即时分析等特点。

二、国外银行管理信息化发展的特点与趋势

1. 银行管理数据综合化。随着银行竞争的日趋激烈和监管要求的不断提高，无论是中央银行或是商业银行，管理数据日趋综合化，中央银行全面收集各商业银行的运行数据和基本数据信息，而各商业银行则把内部信息和外部信息有效集成，实现数据的共享，为科学的决策提供更为周密详实的数据基础。因此，管理数据综合化减少了银行经营风险，提高了安全性，并降低了管理成本，提高了银行投资回报率，从而有效地提高了自身的市场竞争力。

2. 银行管理手段现代化。目前，无论是中央银行还是商业银行，国外银行都充分利用计算机和网络技术，在所建数据仓库的数据基础之上，利用联机分析处理、数据挖掘等各种信息技术，为银行监管、银行业务分析、市场营销及管理决策提供有力的支持。现代信息技术的运用促使银行打破过去传统的概念和运作方式，提高了银行高层人员的宏观管理水平和决策能力，大大增强了银行的核心竞争能力。

3. 银行管理目标知识化。21世纪国际金融业发展的趋势之一就是智力资本将成为金融业发展的灵魂，金融业的知识含量愈来愈高。随着信息技术的不断进步和知识经济的到来，国外银行在现有管理信息系统的基础上正在逐步实现知识化管理，即利用数据挖掘、管理学、金融数学模型，从信息中发现具有普遍意义的知识，以优化金融企业的管理决策，构筑面向未来跨国、多渠道和联合经营的知识管理平台，全面提升竞争力。知识管理既是对银行拥有的“智力资源”进行有效管理的活动，也是对银行管理过程的知识化变革与创新。因此，决定银行业竞争优势的关键因素，将从传统的机构网点数量、存贷款业务规模等转为对金融知识开发、创新与有效运用的程度。

7.2.2 中国银行业管理信息化发展研究

一、中国银行业管理信息化现状分析与评价

中国银行业是行业IT应用系统建设的先行者，是信息技术与业务应用结合最为紧密的行业之一，也是在中国IT应用系统建设上取得的成效最大、采购信息产品和服务最多的客户。随着国家信息基础设施不断完善，网络技术不断发展，信息资源的开发得到越来越多的重视，银行业的管理信息化建设在“十五”期间进入了一个新的阶段。我国银行业管理信息化系统的建设起始于银行各种管理信息系统的建设。为了全面、准确地对我国银行业管理信息化建设和应用现状进行评价和分析，我们专门设计了评价指标体系和调查问卷，于2001年2月进行了问卷调查，并于2002年10月到2003年3月进行了实地调查，调查样本来自中国人民银行、中国工商银行、中国农业银行、中国银行、中国建设银行、北京市商业银行。介绍报告形式的样本主要有花旗银行、东亚银行（主要用作国外银行调研）。问卷调研覆盖中国人民银行、中国工商银行、中国建设银行、中国农业银行、交通银行、招商银行、光大银行、华夏银行、广东发展银行、厦门国际银行、上海浦东发展银行、深圳发展银行、福建兴业银行、西安市商业银行、沈阳科技银行、中国进出口银行、国家开发银行、国家邮政储汇局，共18

个金融单位。

1. 基本指标分析。

（1）中国人民银行。在没有成立银行监督委员会之前，中国人民银行作为国家的中央银行，具有制定和实施货币政策、发行货币、管理人民币流通、监管金融机构等重要职能。在信息化建设方面，中国人民银行除了搞好本行建设外，还担当着行业内跨部门大型项目的领导、组织和协调等职能，如现代化支付系统建设、银行卡互联工程等，中国人民银行非常重视信息化建设。

①战略地位。中国人民银行由科技司负责制定中长期信息化发展规划，规划内容包括信息化建设现状、问题、重点、发展趋势等方面。战略规划在实际工作中起到了很好的指导作用。人民银行信息化“十五”规划中，明确提出了“建设电子中央银行，实现管理决策信息化”的总体目标，规划重点包括第二代信息系统总体技术方案的设计、基础设施建设、数据中心建设、计算机应用平台的建设等内容。

②基础建设。初步建成了涵盖内部网、外联网和互联网的完整的计算机通信网络体系。内部网包括内联网、金融卫星通信网、核秘网、139 专网和支付系统地面网。内联网是人民银行内部业务，信息管理，办公自动化，各地音频、视频会议等多媒体交互等多方面应用的网络平台，现已形成由骨干网（总行—分行）、省域网（省行—城市中心支行）、区域网（城市中心支行—县支行）组成的三层网络结构。金融卫星通信网覆盖600 个城市中心支行和县支行，为电子联行、电视电话会议和 IP 电话服务等提供服务。核秘网是省到分、省到副省的数据传输通道，安装了核心链路加密机，为公文传输系统提供服务。139 专网负责与国务院办公厅、中央办公厅进行连接。支付系统地面网以地面网为主、卫星网为辅，为支付系统提供服务。

③应用系统建设状况。已实现业务处理自动化，建成了货币发行管理信息系统、中央会计核算系统、国库综合业务处理系统和统计业务处理系统等业务系统；正在进行政务信息化建设，已建成电子邮件系统、公文传输系统、电视会议系统、办公自动化系统、行内综合信息服务系统、人民银行内部网站等；组织建设了中国外汇交易系统、外汇管理信息系统、国债交易登记系统、进出口外汇核销系统、银行信贷登记系统等跨行交易系统和信息系统；开发了银行统计监测系统、工业景气调查分析系统、千户企业调查分析系统、金融机构档案管理信息系统、农村信用社非现场监管系统、外资银行非现场监管系统、金融系统案件管理信息系统、人民银行人事管理信息系统等管理信息系统类软件。应用系统建设基本覆盖了业务和管理的主要领域。但体现监管职能的金融监管信息系统，以及酝酿很久的银行信用体系及其信息系统，由于诸多原因尚未建立起来。

④人力资源。经过多年的信息化建设，培养了一支素质较高的科技队伍，现有信息科技人员一千多人，大部分具有本科以上学历。但最近几年人员流失严重。

⑤信息安全。中国人民银行非常重视信息系统的安全建设，目前，已初步建立起安全管理体系，制定了多项安全规范，拥有一支专职安全管理技术队伍。因此，从基本情况来看，中国人民银行已初步建立起了一个较为完善的信息化体系，已完成以主要业务和管理工作自动化为中心的电子化建设阶段，目前正处于以管理工作与决策科学化为中心的信息化建设阶段。

（2）商业银行。经过多年的发展，我国的商业银行已形成了以工、农、中、建四大国有银行为龙头，交通、招商、光大、中信、上海浦发等股份制银行以及各地城市商业银行蓬勃发展的商业银行体系。下面将根据实地调研和收回的有效调查问卷结果，针对管理与决策应用系统建设，分别进行阐述。在此之前，有两点需要说明：一是虽然调研和调查问卷并没有涵盖国内所有的银行，只能显示出抽样结果，但在进行调研时对国内各类银行进行了合理的选择，所以调研结果还是可以说明我国银行在管理决策应用系统建设中的基本现状的；二是由于商业银行信息系统众多，为了体现专题研究特色，在此主要以管理信息化所涉及的信息系统或工程为例进行分析。

①数据集中情况。数据集中工程的实施，不仅统一了主机技术平台，优化了科技资源，降低了运行成本，提高了生产运行管理水平，还为增强业务创新和竞争能力、深度开发利用信息资源、加强集约化管理提供了最先进的技术平台；从而真正解决了资金流动的时间差和地域差问题，实现了跨区域业务的实时处理，提供了中间业务、资金清算、账户管理的业务新模式，极大地提高了服务质量和效率，增强了银行的市场适应能力。根据调研的结果，目前国内几乎所有的银行都已经开始数据集中工程的建设，并且有的银行已经完成数据集中，但各家又有所不同，图 7－4、图 7－5 对我国银行数据集中的开始时间和数据集中的方式进行了统计。

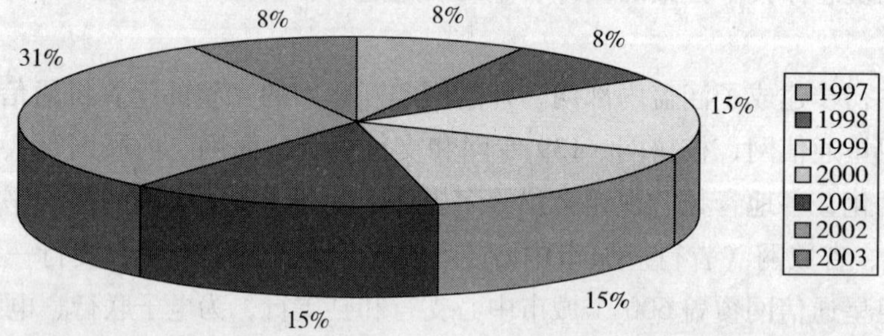

年度	1997	1998	1999	2000	2001	2002	2003
所占比例	8%	8%	15%	15%	15%	31%	8%

图 7－4　数据集中开始时间

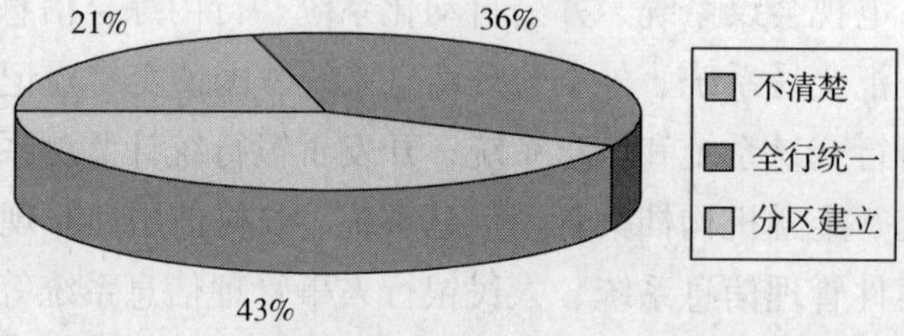

图 7－5　数据中心建立方式

实施银行数据大集中，有利于提升我国商业银行的经营理念，实现稳健经营和深度效益的挖掘，为社会提供高品质的金融服务，促进业务处理的标准化和规范化，缩短金融产品的创新周期；有利于集中、引进和保持优秀的技术资源，加强技术、业务和生产运营的统一、规范化管理，真正实现管理扁平化。从图 7－4、图 7－5 可以看出，我国大多数银行都是在最近三年开始数据集中工程的，这正是和数据集中实践以及 IT 技术的进步密不可分的；并且，这些银行在实行数据集中工程建设过程中，全行基本上是建立一个统一的数据中心，这种情况占 43%，我们认为主要原因是股份制银行和城市商业银行在样本中占大多数，由于这些银行历史包袱少、分支机构和网点不多等原因，相对于四大国有商业银行而言，比较容易实现数据集中。

②数据仓库、联机分析处理和数据挖掘技术的应用现状。随着市场经济改革的深化，市场金融模式逐渐形成。但是体制、市场、企业、个体等经济要素变化、发展的不平衡性，却带来了银行对各种金融变量控制的随机性和模糊性。如何防范银行的经营风险、实现科学管理以及进行科学决策，已经

成为当今金融研究的一个重要课题。利用数据仓库、联机分析处理和数据挖掘技术的强大功能，银行可以建立企业客户群、个人客户群的数据库，并对企业的结构、经营、财务、市场竞争等多个数据源进行统一的组织，从而形成一个一体化的存储结构，为决策分析奠定基础。另外，通过先进的信息加工、分析、处理软件，加上银行的经营决策、信贷营销人员的个人经验，对每一个投资方向、每一笔贷款作出科学的判断，可以有效控制投资、信贷风险。

因此，数据仓库、联机分析处理和数据挖掘技术的应用是商业银行管理信息化系统建设的重点之一，对这一部分的调研也是重点，图 7－6、图 7－7、图 7－8、图 7－9 显示了调查的结果。

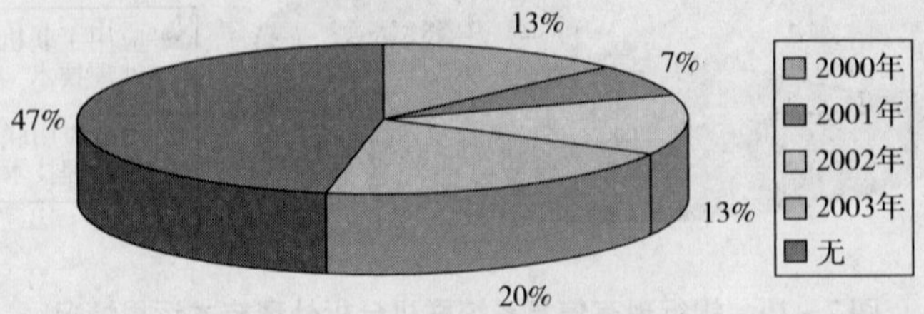

图 7－6　何时开始建设数据仓库

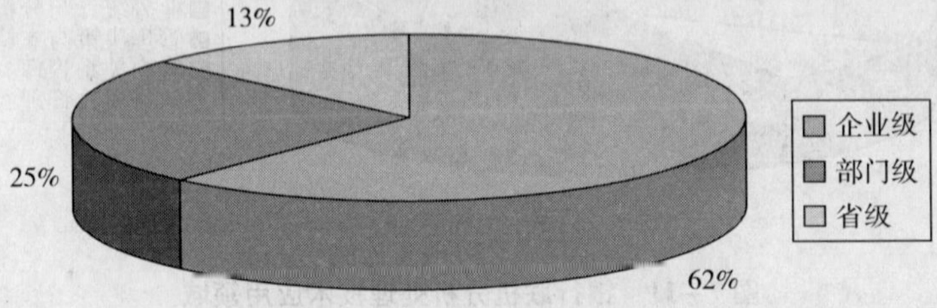

图 7－7　数据仓库运行级别

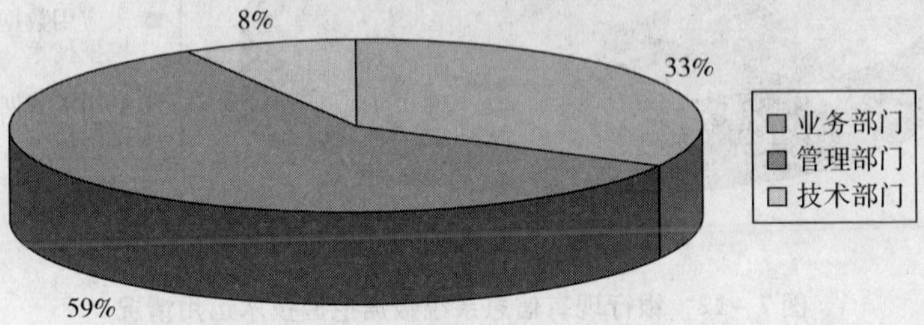

图 7－8　数据仓库服务的部门和领域

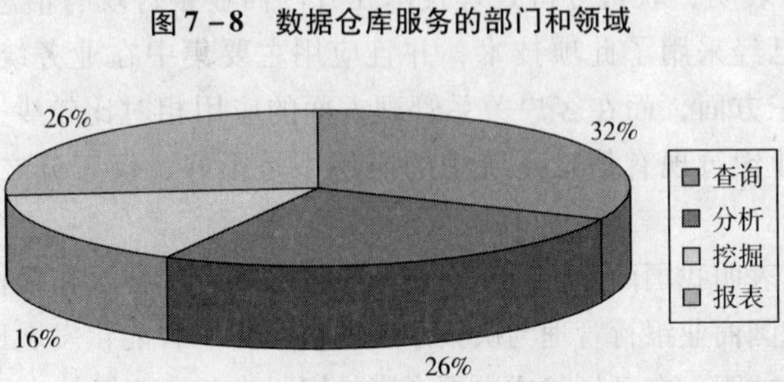

图 7－9　现有数据仓库所具有的功能

从以上结果可以看出，我国近一半的商业银行还没有开始建设数据仓库，而在已经开始建设数据仓库的银行中，大部分是近几年开始建设的；数据仓库运行的级别近三分之二是企业级；数据仓库系统主要应用于管理部门（占59%）和业务部门（占33%）；数据仓库功能的应用主要是查询、分析和报表。

根据调查问卷答案，对于联机分析处理和数据挖掘技术在现有信息系统中的应用现状，进行统计的结果如图7－10、图7－11、图7－12所示。

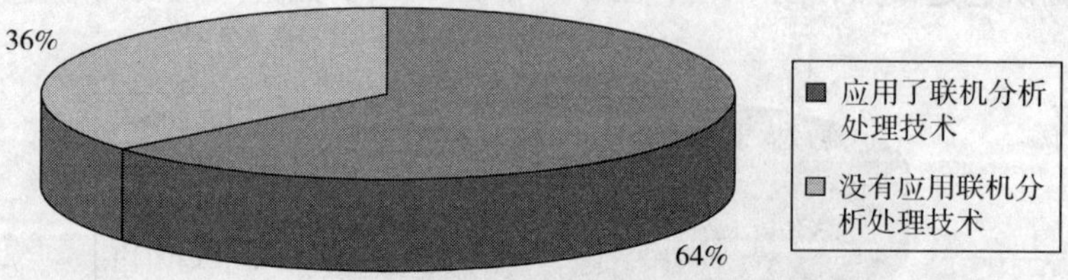

图7－10　银行现有信息系统联机分析处理技术运用情况

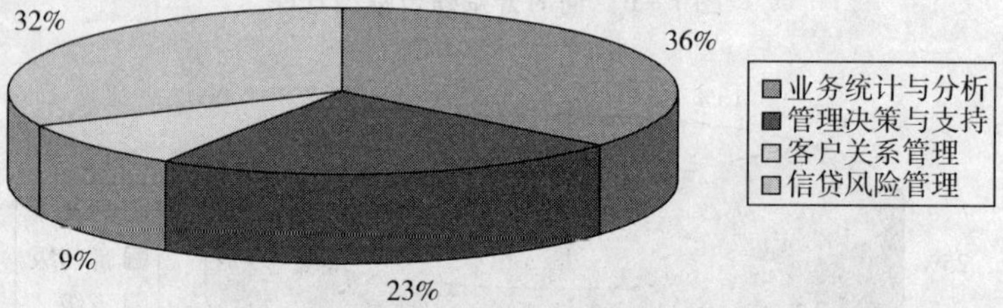

图7－11　银行联机分析处理技术应用领域

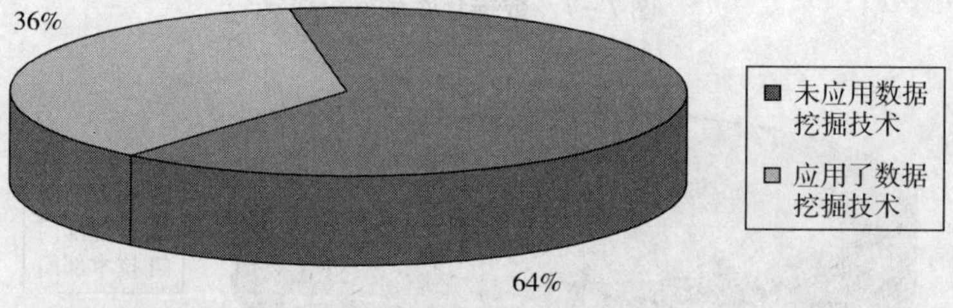

图7－12　银行现有信息系统数据挖掘技术运用情况

图7－10和图7－11表明，联机分析处理技术在我国商业银行现有信息系统中应用已经比较广泛，近三分之二的银行已经采用了此项技术，并且应用主要集中在业务统计与分析、信贷风险管理和管理决策与支持这三方面，而在客户关系管理方面的应用相对比较少。从图7－12可以看出，数据挖掘技术在我国商业银行现有信息系统中的应用不是很好，仅三分之一强的银行采用了数据挖掘技术。

以上调查结果一方面表明我国商业银行正在逐渐重视数据仓库技术在银行管理与决策系统中的重要作用，另一方面说明我国商业银行管理与决策系统的科学化、智能化发展比较缓慢，同国外的一些大银行相比，还有较大的差距。在已经建成数据仓库的银行中，企业级的占了大部分，这不但体现了数据仓库的集成特点，而且还反映了银行希望从全局角度来看待管理问题，标志着我国商业银行管理正走向全面化、规范化。但是在数据仓库的使用上，还主要局限于查询和报表等基本操作，联机分析处理和数据挖掘等灵活、深入、智能的分析操作尚未得到广泛应用。总体而言，我国商业银行利用数据仓库技术建立管理与决策系统，尚处于初级阶段，数据仓库的辅助管理与决策功能远远没有发挥出来。随着银行风险管理要求的不断增长，银行科学化、智能化管理的水平不断提高，数据仓库应用将会不断深入。

（3）政策性银行——中国农业发展银行。调研样本中，政策性银行的代表为中国农业发展银行。调查结果显示，中国农业发展银行对信息化建设也非常重视，并取得了显著成效。中国农业发展银行在1996年首先使用计算机，同一年建成了计算机网络和办公自动化系统。近年来，信息化投资逐渐加大，并在2002年建成了全行统一的数据中心，目前正在着手建立数据仓库系统。

（4）其他非银行机构——国家邮政储汇局。调查结果显示，国家邮政储汇局与其他银行机构相比在信息化建设方面相对来说还有比较大的差距。它在1995年开始使用计算机，2002年建成计算机网络系统，但至今还没有建成办公自动化系统。2002年实现了区域级的数据集中，尚未建立数据仓库系统。

2. 效能指标分析。

（1）中国人民银行。

①银行管理与决策系统效能方面。在发展战略上，中国人民银行制定的信息化发展战略作为整体战略的一部分，很好地促进了整体战略的实现，且能够适应业务、技术和环境的发展变化。但在具体应用上，管理与决策系统的整体运行情况一般，能满足基本业务处理要求，且主要是应用于财务管理方面。

②信息化投资效能方面。中国人民银行的信息化投资力度、投资合理性以及投资收益基本上令人满意，满足了业务发展和管理的基本需求。

③信息化过程中资源配置效能方面。中国人民银行的投资总额、投资结构和人力资源的配置都基本合理，而且其信息系统的对内、对外功能也基本令人满意。

④信息灵敏度效能方面。中国人民银行获取外部信息和上报下达数据报表所采用的方式是采用计算机网络和人工并用的方式。其处理速度基本能够满足要求。

⑤管理运行灵敏度效能方面。中国人民银行在2003年引入数据仓库、联机分析处理、数据挖掘等技术。目前，有专门人员正在从事信贷、货币等方面的决策模型设计的研究。

⑥对外响应灵敏度效能方面。中国人民银行对外部信息采用信息系统进行处理，但响应的灵敏度和决策速度都一般。

从以上分析可知，中国人民银行管理与决策系统建设尚处于起步阶段，投资取得了一定效果，但一些先进、成熟的管理与决策技术（如数据仓库、联机分析处理等）尚没有得到应用。系统运行基本能够满足管理与决策的基本需要，但运行和响应灵敏度较为迟缓，从而导致整体运行效果一般和辅助决策能力不强。

（2）商业银行。

①银行管理与决策系统效能。

由图7－13、图7－14可以看出，尽管我国目前各大商业银行的系统运行情况良好，但主要用于进行办公自动化和财务管理等，用于业务分析和决策支持的仅占很少一部分，没有真正地起到管理与决策系统的作用。因此，商业银行在今后3～5年内，要充分利用联机分析处理和数据挖掘等技术，进一步完善和丰富管理与决策系统功能，更好地为银行的长远发展服务。

②信息化投资效能。

由图7－15、图7－16可以看出，我国商业银行在信息化投资方面力度比较大，领导也非常重视，投资的方向主要是客户服务方面，目标是占领市场，这说明银行正越来越重视以“客户为中心”的重要性。但在信息化投资的合理性上，仍存在很大疑问，这与我国商业银行在信息化建设上不考虑投资收益率、盲目扩张有关。

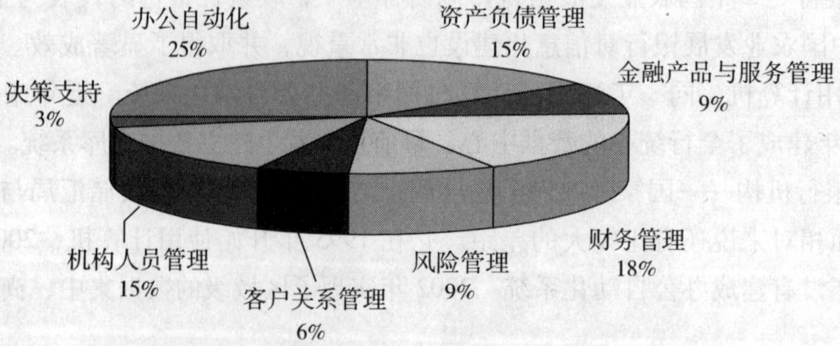

图7-13 银行管理与决策系统主要应用领域

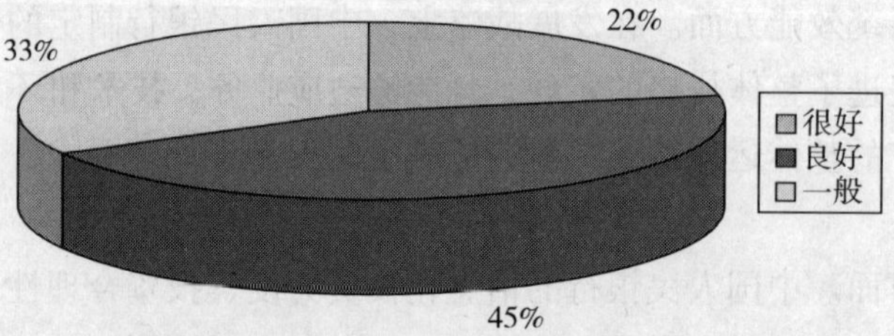

图7-14 商业银行决策支持系统运行情况

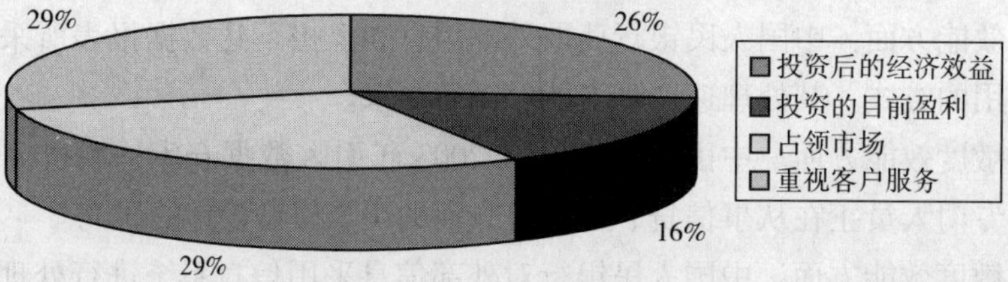

图7-15 信息化投资的价值导向

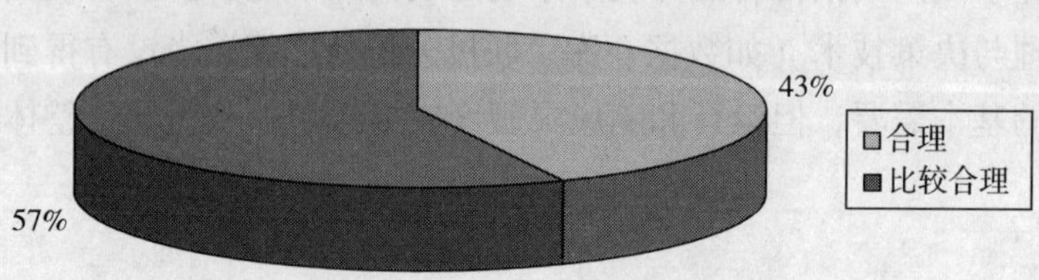

图7-16 信息化投资的合理性

③信息化过程中的资源配置。

由图7-17、图7-18可以看出，国内各大商业银行在信息化建设投资方面的投资额度和投资机构还是比较合理的，而在人力资源配置方面还存在比较多的问题。因此，今后三五年内，我国商业银行在人才激励机制和人力资源配置方面还要进一步改善，一方面要避免人才浪费，另一方面还要防止人才流失。

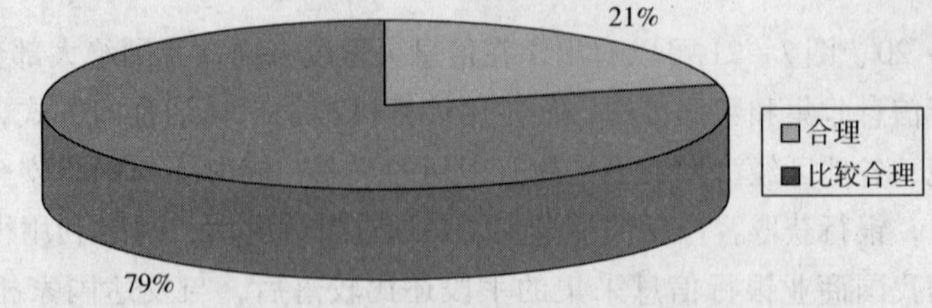

图 7－17　信息化投资额度和投资结构

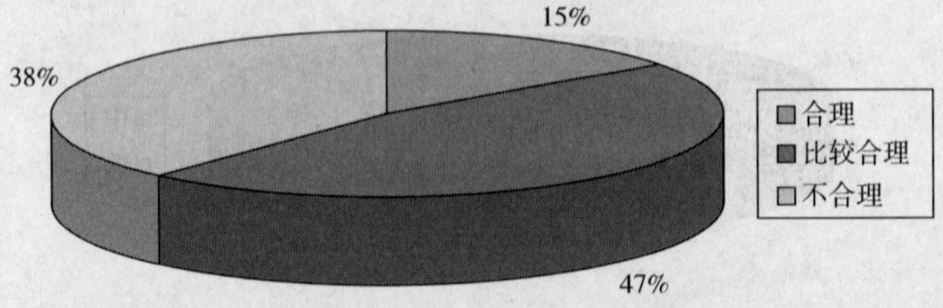

图 7－18　信息部门的人力资源配置情况

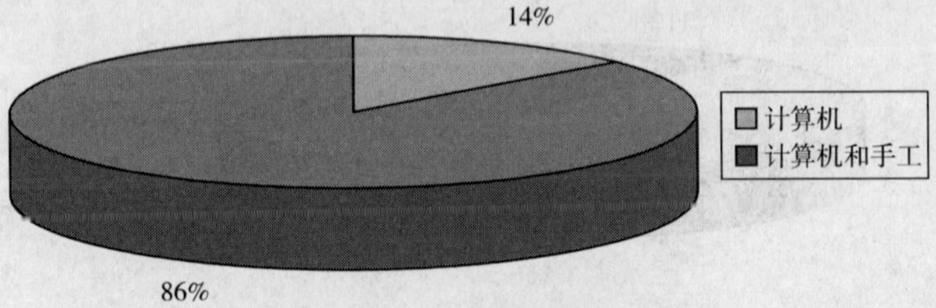

图 7－19　收集外部信息的渠道和手段

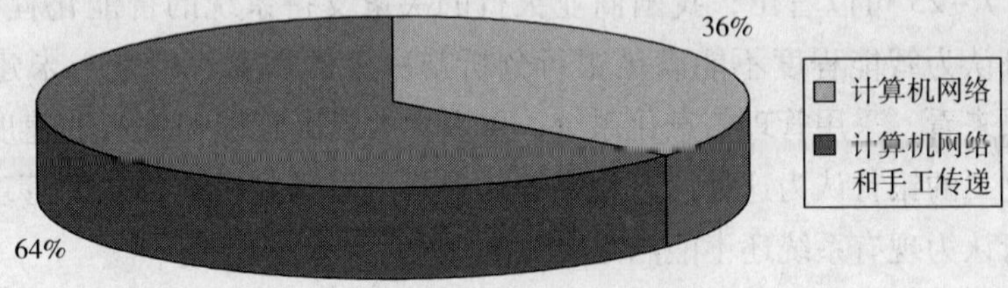

图 7－20　信息传送方式

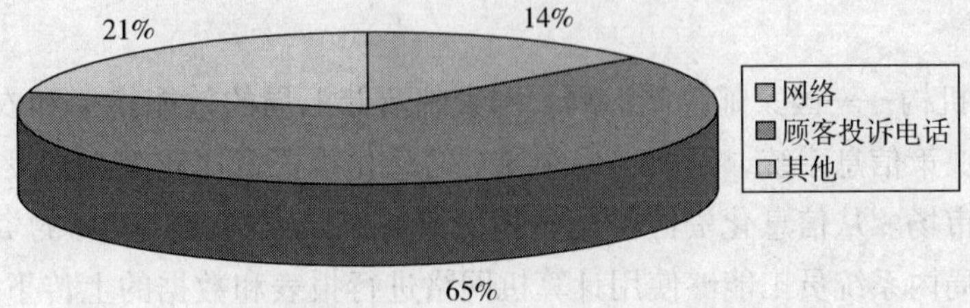

图 7－21　获取顾客反馈信息的方式

④信息灵敏度效能。

由图7－19、图7－20、图7－21可以看出，在信息灵敏度方面，我国绝大部分商业银行还没有完全采用计算机方式进行信息收集和数据传送，而是用计算机和手工相结合的方式，这当然与我国信息化系统建设起步比较晚，各地区经济发展不平衡有密切的关系，同时还与网络安全技术也有关系。此外，从图中还可以看出，银行获取客户反馈信息主要是通过投诉电话，网络利用得很少，而且是一种被动行为。这些都说明我国商业银行信息采集的手段还比较落后，与发达国家相比还有比较大的差距。

⑤管理运行灵敏度效能。

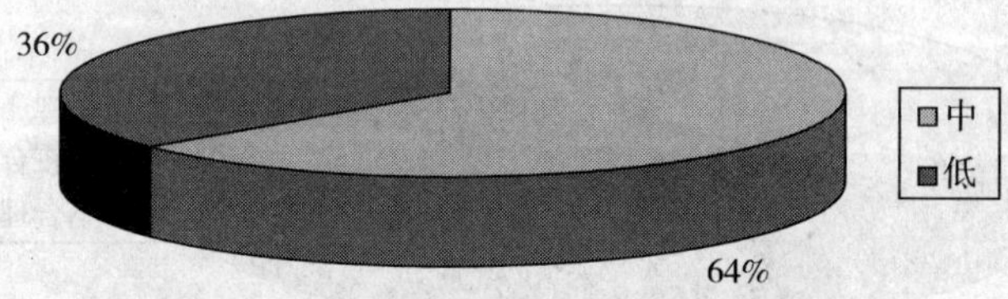

图7－22　分析与决策系统运行的智能程度

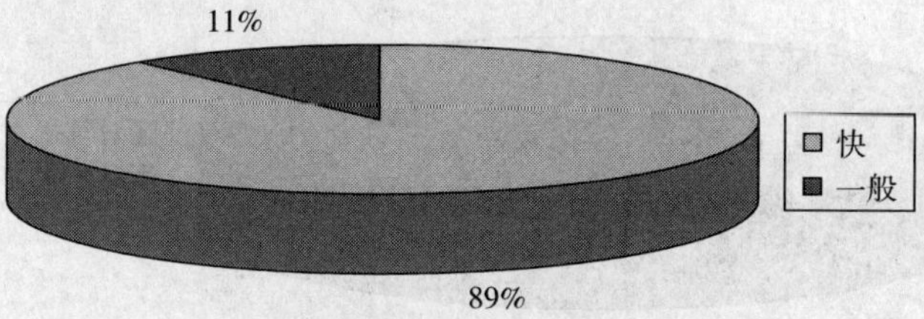

图7－23　分析与决策系统运行速度情况

由图7－22、图7－23可以看出，我国商业银行的决策支持系统的智能化程度还处在中低水平，基本上所有的银行都认为智能程度不能满足银行分析与决策的需要；但是与未建管理信息系统时相比，从实际应用效果来看，采用管理信息化系统，可以大大提高管理和决策的速度。通过对结果的统计，还发现有三分之二的银行认为这种信息化系统的现状可以满足目前自身的管理与决策的需要，但还有三分之一的银行认为现有系统还不能满足自身的需要。

（3）政策性银行——中国农业发展银行。中国农业发展银行尚未完全建立起管理与决策信息系统，但领导对信息化投资非常重视，投资结构也比较合理。在资源配置方面，人力资源结构比较合理。在信息灵敏度方面，通过计算机网络快速地进行报表和数据的上传下达。接受客户信息主要是通过客户投诉。

（4）非银行金融机构——国家邮政储汇局。国家邮政储汇局的效能指标和农业发展银行相类似，但还没有建成管理与决策信息系统，因此，局领导对信息化投资也比较重视，投资的方向主要是关注目前的盈利性和占领市场。从信息化资源的配置情况来看，国家邮政储汇局的资源配置还比较合理。在信息灵敏度方面，局内系统员工能够使用计算机网络进行报表和数据的上传下达。接受客户信息主要是通过客户电话投诉。

3. 现状评价。综合以上分析，可以对我国银行管理信息化基本情况作一总结，如表7－1所示。

表 7-1 我国银行管理信息化基本情况

一级指标	二级指标	结果（平均分）	分析
战略地位	信息化重视程度	90	非常重视
应用状况	办公自动化应用程度	80	办公流程实现了自动化，但决策支持功能不够
	决策信息化水平	50	能够为决策提供初步支持，部分银行在某些领域开展了数据分析处理、数据挖掘应用，处于经验决策为主、科学分析为辅的阶段
	管理信息化的应用水平	70	资产负债管理、信贷管理、财务管理、机构人员管理、产品服务管理基本实现了电子化，但客户关系管理没有建立，数据共享程度较低

信息化建设效果如表 7-2 所示。

表 7-2 我国银行管理信息化效能指标综合评价

一级指标	二级指标	三级指标	评价结果
适宜度	战略适宜度	企业战略匹配度	与银行的整体发展战略相匹配，客观上促进了整体战略的实现。但绝大多数银行存在信息化战略与业务发展战略不能很好协调的问题
		技术战略适宜度	在技术应用方面基本上都是从成熟、可靠等角度出发，与技术环境能够较好协调
	应用适宜度	管理信息化应用适宜度	信息化建设基本覆盖了银行所有管理工作，但深层次的信息化水平不够，如没有实现客户关系管理，不能集成数据进行分析决策等
		数据库应用适宜度	数据库系统在银行已得到成熟应用，但集成的数据仓库系统没有建立，不能进行数据分析、挖掘，进行辅助决策
灵敏度	信息灵敏度		多数拥有收集各种外部信息的渠道，但对数据分析、挖掘以及及时地反馈给客户的能力都不够
	管理运行灵敏度		管理运行没有实现智能化，对特殊事件的反应也较为迟缓。

总结我国银行业管理信息化系统建设和应用情况，可以归结为以下三点：

第一，我国银行在管理与决策信息系统的建设方面已经做了大量的工作，并取得了一定的成绩，例如，现在国内有不少银行已经开始建设自己的数据仓库系统，而且在日常的信息处理中，运用了联机分析处理和数据挖掘技术，在客户服务和决策支持等方面都起着比较好的作用。

第二，信息化发展不平衡，尽管大多数银行的信息化建设搞得比较好，但是像国家邮政储汇局等非银行金融机构，信息化的脚步还比较慢，相对而言有比较大的差距。尤其是在我国加入世贸组织以后，随着外资银行业务大量涌入，激烈的市场竞争可能会使这些机构很快丧失市场。

第三，与发达国家先进高效的管理与决策信息系统相比，在系统建设方面还存在许多明显的不足和问题。首先，系统建设缺乏总体规划；其次，数据采集的规范性差、真实性得不到完全保证；最后，缺乏科学的分析方法和手段，联机分析处理和数据挖掘技术的运用情况不够令人满意，系统存在功能不完善、适应性差等问题。而国外发达国家目前的管理目标已经开始进入知识化阶段，而我国的管理和决策信息化系统建设还处在向信息化过渡阶段。

所以说，我国银行业管理信息化已经初步完成了数据管理，目前正处在由数据管理向信息管理的过渡阶段。

二、中国银行业管理信息化建设的差距分析

基于上述章节的现状分析，参照国外先进银行的发展现状与趋势，以及图7－3所示的应用体系结构模型，我国银行管理信息化建设的主要差距如表7－3所示（主要进行管理信息系统的比较）。

表7－3　与国外银行管理信息化的主要差距

银行类别	差距
中央银行	尚未建立起统一的全国金融监管信息系统和企业、个人信用系统，在金融监管和风险管理方面缺少科学的管理手段和技术支持
商业银行	基本上未建立起真正意义的、功能全面的操作型客户关系管理系统和分析型客户管理系统； 没有建立合作伙伴管理系统； 企业管理系统仅有人力资源管理、总账管理、风险管理、报表管理、固定资产管理等功能，功能比较单一

由此可见，我国银行的管理信息化建设与国外先进银行相比，有着较大差距。

三、中国银行业管理信息化面临的挑战与存在的问题

1. 面临的挑战。众所周知，近十年，计算机、互联网、金融全球化使世界金融业发生了剧变，这种剧变使得金融业在发展的道路上从业务到技术、到环境不断面临着新的形势。

首先，业务上的发展趋势促使电子货币取代纸币现金、实体银行转向虚拟银行、柜面业务由人人对话转向人机对话，同时全面风险防范需求、集约化的经营要求和全面成本控制成为业务发展所带来的金融管理上的核心需求，业务发展和金融管理上的需求又使得数据集中化趋势和业务综合化趋势日益明显；其次，信息技术发展的日新月异和信息的海量剧增促使中国银行业管理与决策技术逐渐趋于知识化、智能化和科学化；再次，新的外部环境条件给我国金融业带来机遇的同时，也带来了严峻的挑战，使得我们必须正视中国金融业在新的外部环境条件下所面临的优势和劣势，从而给予内部的管理人员在新的外部环境条件下一个崭新的视角，重新审视不断增长的客户需求和日益显著的不可预测性因素，并最终在和竞争对手的对抗中赢得优势；最后，随着国家金融法律的不断完善和国家新金融政策的不断出台，必将促使金融业务的演变、服务的创新和管理决策的深刻变革。

（1）新的外部环境条件。

①机遇与挑战。加入世贸组织以后，国内银行将面临竞争更加激烈和开放的外部环境条件，新的外部环境给国内的银行业既带来了机遇，同时也带来了更严峻的挑战。一方面，外资银行的进入，有利于学习其先进的管理模式和营销手段，促进金融竞争，改善服务水平；而另一方面，其雄厚的资本实力、健全的经营体制、丰富的融资品种和良好的人才结构，无疑会对我国整体竞争力较为低下的银行业带来一定的挑战。

②优势与劣势。加入世贸组织以后，我们与国外银行所面临的是同一个竞争环境，在这样的竞争环境之下，中国的银行业和外资银行相比既存在优势，也存在劣势。国内银行业的最大优势便是物理网点的优势以及在此基础上已经形成的较为稳定的广大客户群。而劣势主要包括四个方面：一是长期以来中国的金融市场是政策导向，对市场反应能力弱；二是市场定位和市场细分薄弱，客户关系管理不完善；三是产品和开发管理体系不完善，产品定价不准确；四是缺乏完善的信息技术的支撑体系。

③客户。在新的外部环境条件下，面对开放的金融市场，客户对金融服务的需求也将越来越高。如何维持现有客户，如何争取新的客户，如何从多角度对客户进行细分，如何分析不同的客户需求从而制定一对一的客户服务体系，如何对高端用户定制个性化的金融服务和产品，将成为客户关系管理

的重要内容。

④竞争对手。在新的外部环境条件下，竞争对手将不再局限于银行，范围将会扩大。首先，外资银行仍是很主要的竞争对手；其次，国内同行业之间的竞争将进一步加剧；再次，资本市场的开放带来非银行金融机构对于银行业的渗透；最后，一些掌握信息资源的金融门户网络公司由于其对于信息技术的良好运用能力，也将对竞争激烈的资本市场造成冲击。

⑤新《巴塞尔协议》。2001 年 1 月，巴塞尔委员会公布了《新资本协议草案》，计划 2006 年开始实施。新协议草案的改善之处具体表现为：使资本水平更真实地反映银行面临的风险；使资本水平更全面地反映银行面对的风险；区分监管资本和经济资本；强调激励商业银行改善内部控制；监管当局的评估和及时干预。

（2）新的内部环境条件。

①高层管理者。在新的内部环境条件下，银行客户技术和管理的层次在迅速提高，高层管理者必须跟随信息技术的发展进程而提高适应性，这对银行高级管理者形成了巨大的外部信息技术压力。高层管理者可以不是信息技术的专家，但必须是熟悉信息技术的管理者，这就要求他们对信息技术有准确的判断、预测、分析、决策和应变能力，并能使用信息技术辅助其管理和决策。

②其他管理者。管埋信息化不仅对高层管理者认识和驾驭信息技术的能力提出了要求，也给其他管理者带来了机遇和挑战。一方面，随着信息技术向管理的渗透和管理信息系统的应用，给中层管理人员带来了管理上的科学化和方便；另一方面，中层管理人员除了能熟练应用信息系统外，还要从宏观上把握信息技术的脉搏，为高层管理者出谋献策，同时要掌握基层业务人员的需求。他们既是银行信息系统的前台规划者，也是使用者。

③员工。金融信息化对基层业务人员也提出了新的要求，在新的以信息为核心的金融体系和环境中，他们作为信息系统的直接使用者，直接面向客户和日常业务。提高业务素质，除了要求他们能够熟练使用其所在岗位的信息系统外，还要求他们能够根据业务需求和发展向上层管理人员提出各种需求。

（3）其他。

①不断增长的客户需求。在开放和变化的市场环境下，以市场作为导向的客户的观念不断更新，从而提出不断增长、不断变化的需求。在以客户为中心的银行运营模式下，如何及时掌握客户的各种需求，如何根据客户需求生产相应的金融产品和服务，已经成为银行占领市场、赢取客户的关键。目前的客户关系管理技术为此提供了科学化的手段。

②不可预测性因素日益显著。市场竞争的加剧，使不可预测性因素日益显著。在信息高速流动的环境中，面对瞬息万变的金融市场，如何对不可预测性因素进行预测、防范和控制，成为金融风险防范的重要内容。

2. 存在问题。虽然我国在银行管理与决策信息系统的建设方面做了大量的工作，取得了一定的成绩，但与发达国家先进、高效的银行管理与决策信息系统相比，与迅速发展和变化的经济和金融形势、及加入世贸组织对金融监管提出的规范化、科学化和系统化要求相比，还存在许多明显的不足和问题。

（1）技术支持。现在我国的金融管理与决策技术还不够成熟，这主要表现在以下几个方面：

①系统平台不统一，数据分散。目前大部分金融机构所用的业务系统平台并不统一，不同的系统有不同的软件，还有的金融机构中各家营业部所采用的业务系统平台也不一样，而且大部分采用的都是分布管理模式，这种情况造成了数据的分散、数据结构的多样。而管理信息化的基础是大量集中

的、丰富的、按统一规则组织存放的数据，分散的、结构不统一的数据会造成数据采集困难，导致管理信息系统不能有效地发挥其作用。

②业务部门和技术部门协调不好。管理信息化的提出和应用通常都是技术部门在其中扮演重要角色，业务部门参与得较少。但实际上，没有业务部门与技术部门之间的很好协调，管理信息化是不可能应用成功的。因为管理信息化是管理科学、计算机科学、网络科学和分析手段的大融合，从技术上来说，管理信息化的实现并不困难，关键在于怎样使用它。

（2）管理理念。我国在信息化的形势下，管理理念需要转变。要提高银行的经营管理水平、降低成本、提高效率，在激烈的市场竞争中取胜，必须拥有丰富的科学化管理决策工具和灵活的处理机制，需要赋予各级员工强大、灵活、高效的应用工具，帮助他们及时获取所需信息，实现快速反馈和动态控制。同时，还有必要改进银行各级部门的管理、控制和协作的手段，使整个银行的经营管理更加科学、有效、规范。

（3）资金支持。目前，随着我国信息网络技术的飞速发展，传统意义上的银行业正逐渐地消失，尤其是加入世贸组织后，国外银行业务的不断涌入使国内的银行面临着越来越大的竞争压力。所以说，加快银行管理信息化的进程势在必行。但是由于资金匮乏，许多中小银行还处在一种心有余而力不足的尴尬境地，这就需要国家加大投资力度，使我国尽快实现银行管理信息化，在以后的竞争中才能立于不败之地。

因此，根据我国银行业管理信息化系统建设和应用的现状，在今后3~5年内，我国银行业应不断地完善和健全管理与决策系统，实现管理系统的信息化；在实现信息化的目标之后，我国银行业管理信息化建设下一阶段的目标将是在今后的5~10年，逐步实现管理目标的知识化。

7.2.3 中国银行业管理信息化发展战略

在制定中国银行业管理信息化战略时，既要充分认识到管理信息化对推动管理模式转变、业务流程再造，提高管理能力和效率，促进产品和经营优化，实现以客户为中心，提升核心竞争力的巨大作用，从而把管理信息化工作当作金融信息化的关键部分，融入到整个信息化发展过程中，还要跟踪发达国家的发展趋势，借鉴它们的先进经验，结合国内具体情况，找到一条适合中国国情的银行管理信息化发展道路。既要坚持“先进性、实用性、前瞻性、可扩展性”的原则，找到迅速提高我国银行管理与决策水平的突破口，尽快缩短与发达国家银行的差距，还要充分考虑到管理与决策信息化水平与业务、环境、政策、体制之间的关系，寻求各部分之间的协调发展。

一、中国银行业管理信息化战略目标

前面部分重点讨论了国内外银行业管理信息化发展的现状和趋势，尤其是国内银行业管理信息化的发展现状，利用国家信息中心的企业信息化测评指标体系，重点对调查问卷和实地调研的结果进行了认真分析，从而对我国银行业管理信息化现状作出了一个总体评价。我国绝大多数银行已经完成了管理信息化的数据管理阶段，有些银行已经进入信息管理阶段，但大多数正处在由数据管理向信息管理的过渡阶段。因此，根据我国银行管理信息化发展的现状，以及目前存在的问题和挑战，并参考国外发达国家银行业管理信息化发展的历史道路，按照在7.1所谈到的管理信息化发展的“三阶段模型”，我国银行业管理信息化发展的中期战略目标和长期战略目标如下。

中期目标是在未来3~5年，加强整体规划，加快渠道整合和数据集中，构建以数据仓库为基础平台的新一代管理信息系统体系；以信息技术为支撑，加强金融监管和宏观调控能力，保障金融系统的稳健运行，维护社会经济秩序；有效规避金融风险，促进经营优化，提升我国银行的核心竞争力，

争取用3~5年的时间，力争赶上发达国家银行的管理与决策水平；实现管理信息化、现代化的目标，同时为实现信息化向知识化的飞跃奠定坚实的基础。

长期目标是在实现信息管理的基础上，在今后的5~10年内，运用知识管理技术，最终实现我国银行业的知识管理，从而真正实现管理信息化建设的“辅助进行快速、全面、科学、正确的管理与决策”的目的。

二、中国银行业管理信息化战略重点

面对全球化、网络化以及加入世贸组织后的挑战，根据中国银行业管理信息化发展中期战略目标，预期今后3~5年，我国银行业管理信息化发展战略重点如下：

第一，继续加强管理信息化基础设施建设，包括网络互联建设、标准化规范制定、信息安全保障建设、网络银行技术风险监管等，确保银行类管理与决策信息化中期和长期的发展需要；

第二，定义清晰的应用体系架构，集中资源支持战略项目的开发和实施；

第三，继续推进数据集中步伐，在统一的平台基础上，进行渠道整合、业务流程再造和经营优化，形成方便、快捷、安全、高效、统一的，体现“以客户为中心”的服务管理平台；

第四，推进社会信用体系建设，实现管理与决策思想的变革，并在不断完善体制和政策基础上，推进中国银行业管理信息化的发展；

第五，制定统一的数据标准格式，建立基于数据仓库技术的银行管理与决策信息系统，实施有效的数据分析。

根据中国银行业管理信息化发展的长期战略目标，在今后5~10年，我国银行业管理信息化发展战略重点如下：

第一，在继续实现信息管理的前提下，有针对性地实现知识管理中的某些功能，为以后实现全面知识管理打下技术和观念上的基础；

第二，加快决策管理工具和模型的开发，在综合业务系统和数据仓库的基础上，建立可扩展的、完整的决策支持系统，促进管理与决策技术趋于知识化、智能化、科学化；

第三，建立支持知识管理的环境和可扩展的技术框架，并实现真正意义上的知识生产、利用、传递、共享等基本功能，最终达到我国银行业知识管理的长期目标。

三、重大项目建议

1. 国家金融宏观调控系统。宏观调控是国家保障经济健康、稳定发展的重要手段。为了提高我国金融宏观调控能力，未来3~5年，要研究金融宏观调控计量经济模型框架体系，建立相应指标体系，研究并不断调整宏观经济调控分析预测模型，初步建立起具有核心功能的金融宏观调控系统；未来5~10年，不断完善金融宏观调控信息系统功能，为保障人民币币值稳定，促进经济发展，提供更加全面、客观的调控信息和科学、有效的调控手段。

2. 金融监管信息系统。金融监管是维护金融系统稳健发展的主要手段。当前，我国金融监管部门已经开发了一些金融监管应用软件，但并未形成统一的监管信息系统，无法实施有效的动态金融监管。未来3~5年，要大力加强金融监管系统建设，基于科学监管理论开展监管方法与模型的研究，建立银行监管指标体系，动态风险预警指标体系；建立跨行业的信息交换平台，初步建立起具有核心功能的金融监管信息系统；开展可疑交易分析评估模型和方法的研究，建立健全反洗钱系统，维护社会经济秩序。未来5~10年，建立起指标统一、功能完善、信息全面、方法科学的金融监管信息系统，维护金融系统的稳定运行，确保企业和个人的资金安全。

3. 基于数据仓库技术的管理信息系统。基于数据仓库技术建立商业银行管理与决策系统，一方面拓展客户关系管理和合作伙伴管理能力，另一方面加强企业内部管理能力。未来3~5年，参照国际先进银行的管理信息系统体系，进行整体规划、数据源系统分析、数据标准制定和分析模型设计，初步建立具有核心功能的基于数据仓库技术的管理信息系统；未来5~10年，建立起功能完备、信息全面、动态实时的管理信息系统。

4. 信用征信系统。信用是企业发展、社会进步的重要基础。当前我国的信用征信系统建设还很不完善，个人、企业信用信息不成体系、内容分散、缺乏评价标准，未能在社会经济生活中发挥重要作用。未来3~5年，要研究制定与征信系统相关的业务和技术标准；建设全国统一的个人和企业信贷信用信息基础数据库；以网络为基础，开发、建设个人、企业信贷征信系统；能够依法为企业和个人用户、各类征信和信用咨询机构以及国家管理部门提供有关企业和个人的基本信用信息服务。未来5~10年，研制具有中国特色的信用分析工具，建立科学、完善的信用评估系统，能够提供比较全面、科学的信用信息和评估服务；建立起指标统一、方法科学、信息全面、功能完善、运行高效的信用服务体系，推动以信用为主体的市场经济建设。

7.3 建设数据仓库系统，提高银行管理与决策水平

7.3.1 我国银行业数据仓库系统建设的需求

一、存在的需求

信息作为现代企业的宝贵资源，占据着越来越重要的地位，已经成为现代企业科学管理的基础，正确决策的前提，有效调控的手段。能否拥有及时、准确、全面的信息已经成为衡量一个企业是否具有发展潜力的一个重要指标。对金融行业而言，随着市场经济改革的深化，传统的计划经济模式逐渐瓦解，市场经济模式逐渐形成。在这个变革过程中，体制、市场、企业、个体等经济要素变化、发展的不平衡，导致银行对各种金融变量控制的随机性和模糊性。如何防范银行的经营风险、实现科学管理以及进行科学决策，成为当今金融研究的一个重要课题。

经过多年的努力，各大银行根据自己的业务特点和办公需要，已经建立了一大批各自独立的业务处理系统和办公自动化系统，积累了大量的业务数据。这些业务信息系统为提高银行的工作效率，减少重复性的工作起到了积极的作用，为银行的发展作出了巨大贡献。同时，企业信息化建设呈现出“数据集中化、业务综合化、管理扁平化、决策科学化”的发展趋势。面对激烈的市场竞争，许多大型银行纷纷采取了“以客户为中心，以服务求发展”的经营策略。

如何优化客户关系，增强银行的竞争优势已经成为当今各大银行关注的焦点。现有的应用系统往往以“产品”为中心，以“单据（票证）”处理为基础，是面向联机事务处理（Online Transaction Processing，OLTP）的系统。而以客户为中心的经营管理模式要求对现有业务系统的数据进行有效的集成，建立新的系统，形成新的功能，能够分析客户的行为，从而掌握不同类型客户的特征，为客户提供更加优质尤其是个性化的服务；同时能够全面掌握并理解、分析业务的发生情况，充分发挥银行已积累的数据的作用，为各级管理人员提供科学化管理和决策的有力依据，进而提高企业的经营业绩，保证利润的持续增长。

银行希望通过建立企业客户群、个人客户群的数据库，并对企业的结构、经营、财务、市场竞争等多个数据源进行统一的组织规划，形成一个一体化的存储结构，从而为决策分析奠定基础。首先，可以通过先进的信息加工、分析、处理软件，加上银行的经营决策、信贷营销人员的个人经验，对每

一个投资方向、每一笔贷款做出科学的判断，从而有效地控制信贷风险。同时，通过建立数据仓库系统，还可以有效地将前台系统与后台系统相分离，为银行业务系统重组、金融管理体制改革奠定良好的基础。

针对当前我国银行业的特点，已经相对成熟的数据仓库技术可以很好地满足我国各个银行的需求。数据仓库技术将现有的各方面的数据从新的视角进行整理和组织，形成面向全局的完整视图，从而使决策者能够更加全面完整地了解数据中包含的信息；通过建立在数据仓库之上的各种技术来发现和挖掘数据中的信息，有效地支持银行以客户为中心开展业务，并不断提高自己的管理、服务和决策水平。数据仓库的建设必将会增强银行自身的竞争力，争取更多的优质客户，获得更大的市场份额和利润。

面对纷繁复杂的市场竞争，我国银行立足于多年积累的数据和自身的核心业务，正努力由数据管理阶段向信息管理阶段进行转变。而数据仓库这种面向分析型环境的技术也逐渐成为银行信息化建设的重点，在银行管理信息化中发挥着越来越重要的作用。目前，建立企业级数据仓库的规划和实施方案，从而为银行进一步发展奠定基础，都已被提到了各大银行的议事日程。

二、数据仓库系统简介

数据仓库（Data Warehouse）是一个面向主题的（Subject Oriented）、集成的（Integrated）、相对稳定的（Non－Volatile）、反映历史变化的（Time Variant）数据集合，用于支持企业的管理与决策。一个典型的企业数据仓库系统，通常包含数据源、数据存储与管理、联机分析处理服务器、前端工具与应用四个部分（见图7－24）。

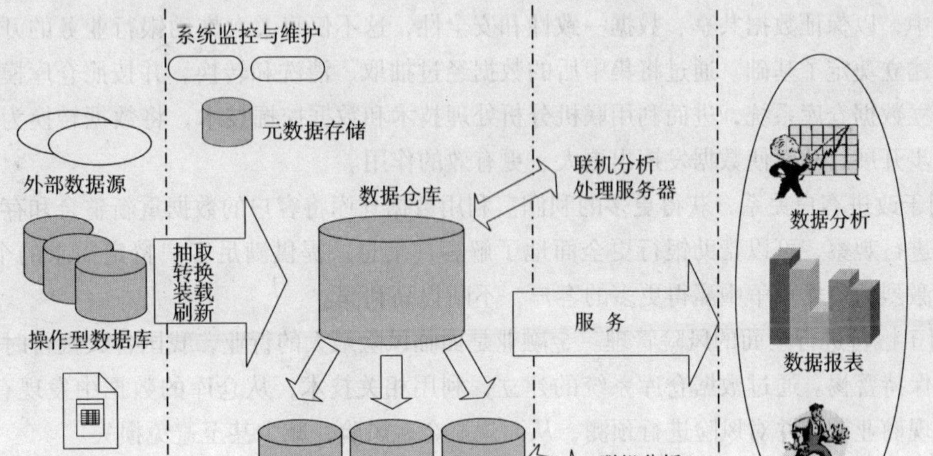

图7－24 企业数据仓库系统体系结构

1. 数据源。数据仓库系统的基础，是整个系统的数据源泉。通常包括企业内部信息和外部信息。内部信息包括存放于企业操作型数据库中（通常是关系数据库）的各种业务数据和办公自动化（OA）系统中所包含的各类文档数据。外部信息包括相关的法律法规、市场信息、竞争对手信息以及各类外部统计数据和文档等。

2. 数据的存储与管理。整个数据仓库系统的核心。在现有各业务系统基础上，进行数据抽取、清理和有效集成，并按照主题进行重新组织，最终确定数据仓库的物理存储结构；同时组织存储数据仓库元数据，具体包括数据仓库的数据字典、记录系统定义、数据转换规则、数据加载频率以及业务规则等信息。按照存储数据的覆盖范围，数据仓库可以分为企业级数据仓库和部门级数据仓库（通常称为“数据集市”，Data Mart）。数据仓库的管理包括数据的安全、归档、备份、维护、恢复等工作。这些功能与目前的 DBMS 基本一致。

3. 联机分析处理（OLAP）服务器。对分析需要的数据按照多维数据模型进行再次重组，以支持用户多角度、多层次的分析，发现数据趋势。其具体实现可以分为关系型联机分析处理（ROLAP）、多维联机分析处理（MOLAP）和混合联机分析处理（HOLAP）。关系型联机分析处理基本数据和聚合数据均存放在关系数据库之中；多维联机分析处理基本数据和聚合数据均存放于多维数据库中；而 HOLAP 是 ROLAP 与 MOLAP 的综合，基本数据存放于关系数据库之中，聚合数据存放于多维数据库中。

4. 前端工具与应用。前端工具主要包括各种数据分析工具、报表工具、查询工具、数据挖掘工具以及各种基于数据仓库或数据集市开发的应用。其中数据分析工具主要针对联机分析处理服务器，报表工具、数据挖掘工具既针对数据仓库，同时也针对联机分析处理服务器。

三、数据仓库建设的意义

数据仓库是银行管理和决策系统的基础和核心部分，它对于银行管理信息系统具有十分重要的意义：

1. 有利于进一步发挥数据大集中带来的优势。目前，我国的各大商业银行基本上都已经或正在实现数据大集中，以保证数据共享、数据一致性和安全性，这不仅将大大推动银行业务的开展，而且为数据仓库的建立奠定了基础。通过将集中后的数据经过抽取、清洗和转换，并按照仓库模型的形式进行存储，建立数据仓库系统，进而利用联机分析处理技术和数据挖掘技术，将数据转换为信息，推动业务的进一步开展，从而使数据发挥出更大、更有效的作用。

2. 有利于改进客户关系，获得更多的利润。利用数据仓库将客户的数据重新整合和存储，从多种不同的角度进行观察，可以帮助银行更全面地了解客户信息，提供满足客户特定需求的个性化服务，从而在日益激烈的市场竞争中赢得更多的客户，不断提高利润。

3. 有利于银行进行全面的风险管理。金融业是面临风险最大的行业，我国各大银行时刻都需要对潜在的风险保持警惕。通过数据仓库系统的建立，利用相关技术，从仓库的数据中发现有用的信息，可以帮助发现商业欺诈并对风险进行预测，从而规避金融风险，减少甚至避免损失。

4. 有利于不断优化银行内部运作，降低经营成本。成本的降低必然增加银行在市场中的竞争力。通过建立数据仓库，可以实现成本的缩减。首先，自动的数据收集和转换会大大减少所需的工作人员数和工作时间，从而降低运营成本；同时利用共享数据，不断加强部门间合作，减少重复工作，实现运作流程的优化，保证更高效地开展业务活动，也同样减少了银行的日常开销。最后，数据仓库的使用还会促进体制和部门组织的变化，从而使制度成本大大降低。

7.3.2 数据仓库建设的方法论

数据仓库系统建设是一个系统工程，要成功地建设数据仓库，除了前面提到的几个因素之外，更重要的是在建设过程中找到一套完整的方法论进行指导。没有一套完整实用的数据仓库建设方法论，无论投入多少资源、用户如何投入以及相关需求如何明确，很可能都无法建成一个投入使用的数据仓库。在数据仓库概念提出后的这么多年来，许多厂商在开发自己的数据仓库产品并提供服务的过程中逐渐摸索出了自己的数据仓库建设方法论，学术界也在这方面取得了一定的成果。下面就选取几个有代表性的方法论进行简单介绍。

一、W. H. Inmon 的数据仓库建设方法论

Inmon 被称为数据仓库之父，他对数据仓库的理论研究有很深的造诣。根据多年的研究实践，Inmon 提出数据仓库建设以数据驱动为中心，通过构建新的数据模型，将用户系统的数据进行整理、变换并装入其中，最终建立数据仓库；同时他又指出："数据仓库的建设方法是一个为构建一个数据仓库结构不断收集需求的过程，然后再组织实现数据仓库的各个步骤。"数据仓库建成后，由决策支持系统的分析员对其中的数据进行分析，发现数据中能够为业务提供支持的信息，并进行应用开发来满足发展需求。图 7－25 是构建数据仓库的流程示意图。

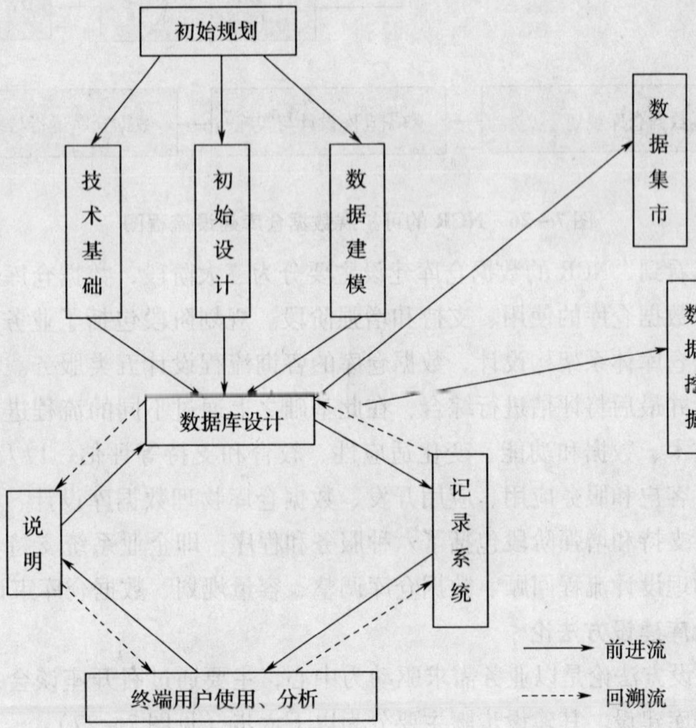

图 7－25　Inmon 的数据仓库建设方法论流程图

当建设小组成立之后，就需要同时进行技术基础的实现、初步设计以及数据建模等多项工作。在这些基础工作完成之后，集中力量进行数据库的分析和设计，同步地对系统的建设进行详细说明，并设计和实现记录系统（相当于源数据的数据库系统），最后实现编码并提交给用户使用。

整个过程是一个迭代的过程，如果这一步工作产生问题，就会回溯到以前的工作，重新进行分析和处理，从而解决这个问题。

二、NCR 的数据仓库建设方法论

NCR 的数据仓库建设方法论主要是以应用驱动为中心，通过对业务领域的调查和研究，了解业务的应用需求；针对业务需求，设计数据仓库的数据模型，将原有的操作型数据和客户信息等数据进行整理和变换，并对数据质量进行测定，最终导入数据仓库。在其基础上开发应用来满足了解到的业务领域中的各种需求。

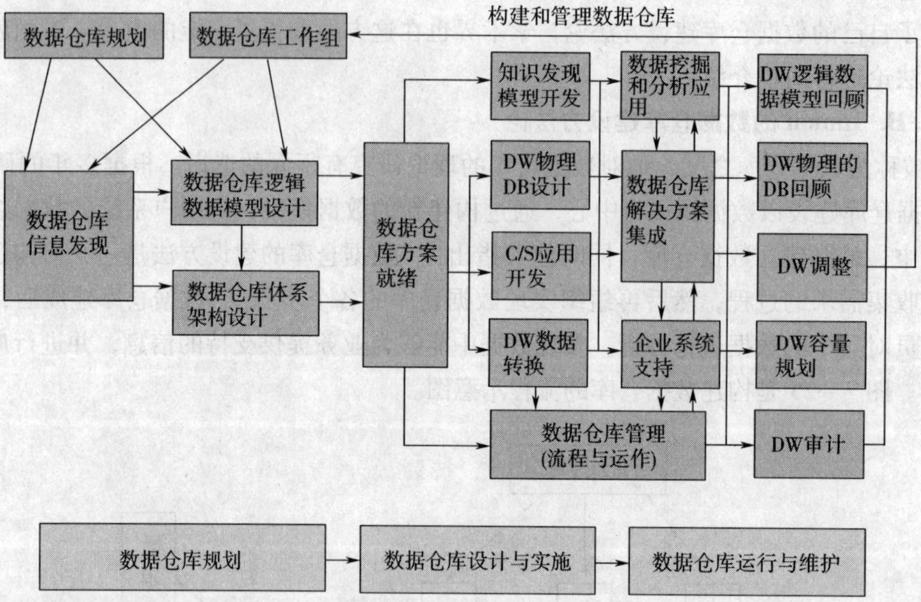

图7－26 NCR的可扩展数据仓库建设流程图

在图7－26中可以看到，NCR的数据仓库建设主要分为三大阶段，数据仓库的规划阶段，数据仓库的设计与实施阶段，数据仓库的使用、支持和增强阶段。规划阶段包括了业务发现、信息发现、逻辑数据模型设计、数据仓库体系架构设计、数据仓库的咨询流程设计五类服务。设计和实施阶段首先对这些方面进行评估，并最后将评估进行综合，在此基础之上通过不同的流程进行数据仓库的设计和实施。评估内容包括技术、数据和功能、变化适应性、教育和支持等评估，以及知识发现模型开发、数据挖掘和分析应用、客户和服务应用、应用开发、数据仓库物理数据库设计、数据转换、数据仓库管理等流程。在使用、支持和增强阶段包括了六种服务和程序，即企业系统支持、数据仓库逻辑数据模型回顾、数据仓库物理设计流程回顾、数据仓库调整、容量规划、数据仓库审计。

三、SAS的数据仓库建设方法论

SAS的数据仓库建设方法论是以业务需求驱动为中心，主要通过召开座谈会，了解业务需求，根据业务需求进行数据仓库建设。其建设步骤主要分为以下六步（见图7－27）：

1. 评估阶段。了解用户的现有情况和条件，分析用户的问题和解决它的办法，从而确定初始阶段项目组的成员和项目范围、作用和将要提交的主要成果。

2. 需求调研阶段。收集部门目标和信息需求的信息，最终提交一个识别业务目的、意义、信息要求和用户界面的报告。同时需要完成企业级的主题数据模型和数据仓库主题的选取。在该阶段对IT需求的调研也同步进行，并对主题驱动数据仓库的IT要求进行分析。

3. 设计阶段。在确定主题方面，项目组集中收集详细的信息要求和设计数据仓库构架，包括数据、过程和应用模型。

4. 构建阶段。该阶段工作包括构建、组织和应用物理的数据仓库，处理编码以及验收测试。当测试完成后，数据仓库就交付用户使用和维护。

5. 部署阶段。向业务用户展示数据仓库，并开始进行培训。在部署后，数据仓库管理者维护数据仓库，并按照提出的意见进行必要的修改。

6. 总结阶段。对项目成功及其对企业的作用进行评价。总结分三步进行。第一步总结早期项目实施成功和失败的经验并公布以后努力的方向；第二步是检查应用配置是否如期望的实现了，如有必要须调整计划；第三步评估项目对单位的影响和得益。

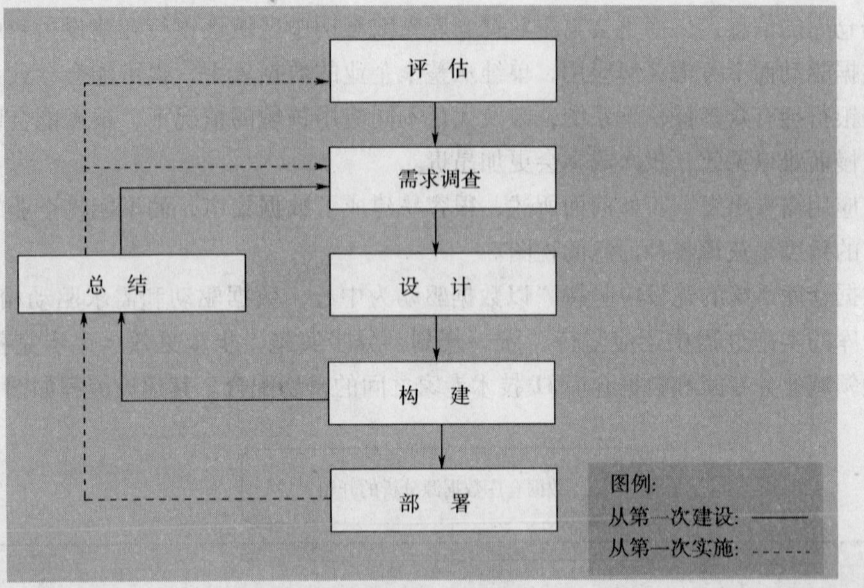

图 7－27　SAS 数据仓库建设流程图

四、数据仓库建设方法论的一些看法

以上几种数据仓库建设的方法论，都有自己不同的侧重点，尤其是从驱动模式上来看，有的方法强调数据驱动，有的方法强调需求驱动。所谓数据驱动是指根据当前的各种应用系统中的数据基础，进行数据源分析，构建逻辑数据模型；所谓需求驱动是指根据业务方向需求、业务问题等，确定系统范围与需求框架。但是单纯从某一个角度驱动入手就能建设出一个成功的数据仓库系统是不可能的，

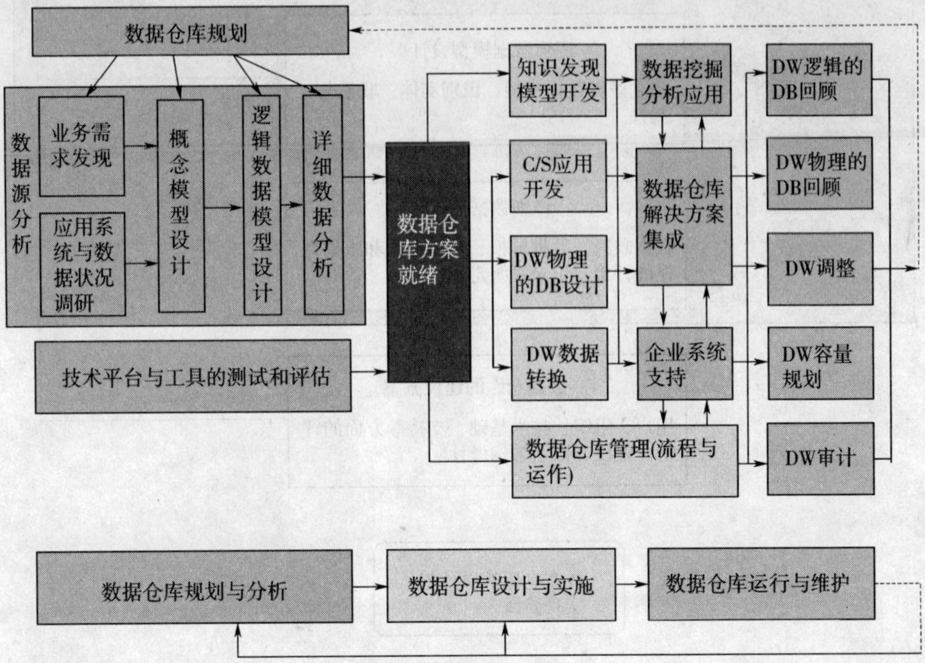

图 7－28　数据仓库建设流程图

一个好的数据仓库系统的建设应该从不同角度进行全面分析并加以综合，从而驱动整个数据仓库系统建设过程，只有这样，才能确保数据仓库系统建设的成功。

强调数据驱动，能够做到与应用无关，做到从企业级的水平来整体地组织数据，避免了从局部视角来组织数据仓库的信息，从而不会重犯数据仓库失败案例中区域性银行在建设过程中的错误。但是如果只强调数据驱动而不考虑任何应用，单纯从整个企业的数据入手，很可能会导致系统的范围无法确定。尤其是银行拥有众多操作型系统，涉及大量不同应用领域的情况下，很可能会使数据仓库的建设过程变得缓慢而难以见效，投入成本会更加昂贵。

同样仅从应用需求出发，正如前面所述，很容易建成了数据集市，而不能将企业的所有数据整合起来，从整体的角度来获得各种信息的视图。

所以，数据仓库系统的建设应坚持“以数据驱动为中心，数据驱动和需求驱动相结合”的原则。在企业数据仓库的实施过程中还应坚持“统一规划、分步实施、步步见效、逐步完善”的原则，同时，保证金融领域业务专家和数据仓库 IT 技术专家之间的密切配合。其建设流程如图 7－28 所示。

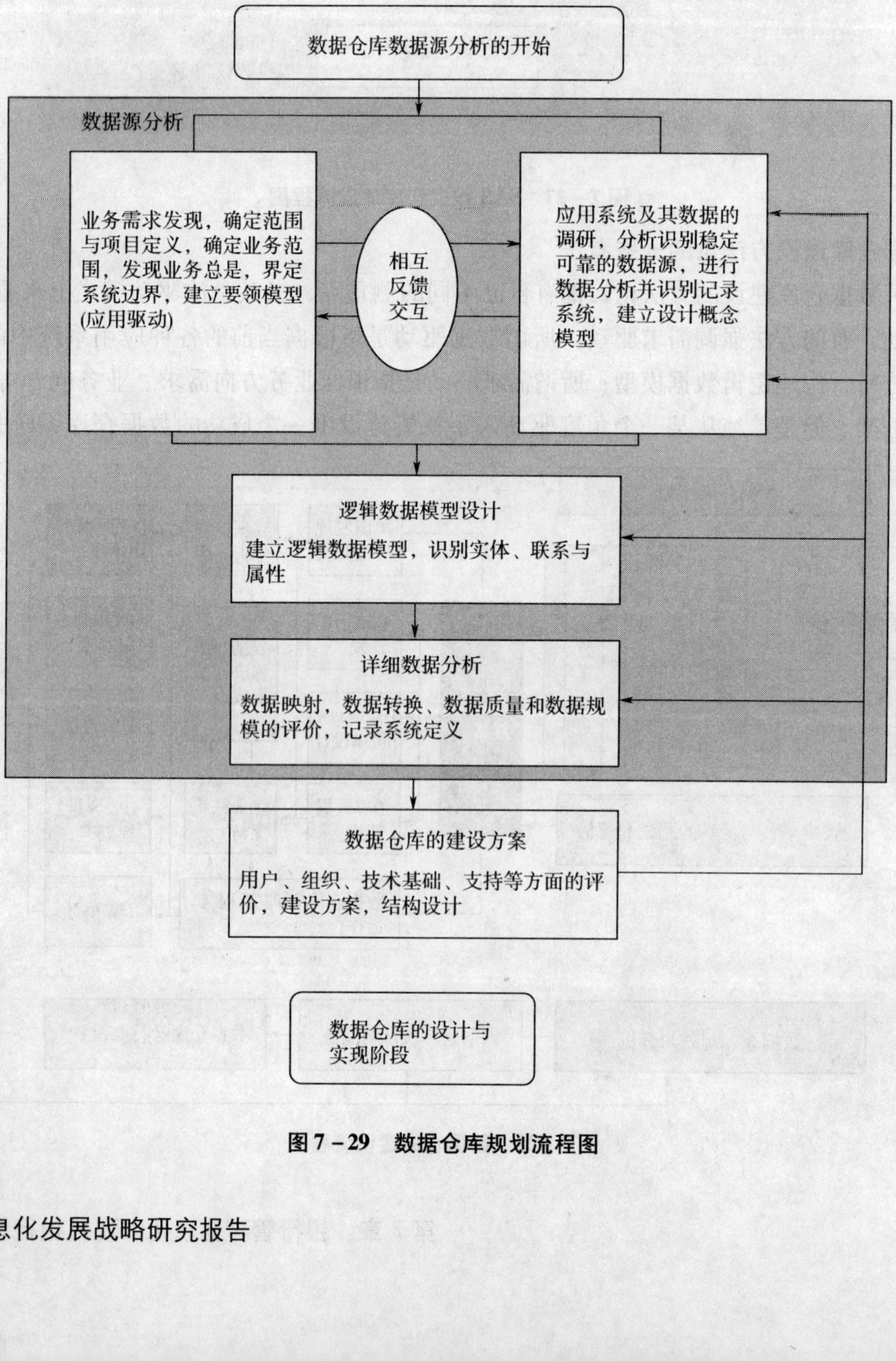

图 7－29　数据仓库规划流程图

此方法论着重强调了数据仓库的系统规划是数据仓库建设最重要的部分，它为数据仓库的建设奠定基础、确定方向。在实际规划中要做好战略部署、业务需求发现、数据源系统分析、数据质量评估以及逻辑数据模型设计等工作。详细内容及其步骤如图 7－29 所示。

可以看到，在最初确定业务范围的时候是通过对业务领域的需求进行分析来界定的，同时对原有的数据基础进行分析，并通过相互的交流，最终形成一个良好的数据模型，这样既能做到与应用的相对独立，同时也能很好地界定系统的范围。

7.3.3 结合数据仓库建设，重塑运作体制和流程，变革企业文化

成功地建设了数据仓库之后，如何充分地发挥它的作用，如何通过在其基础上建立的应用和管理系统，来不断地提高银行的服务和管理水平，使之成为一个成功的数据仓库，这些就成为关键的问题。有些企业没有认识到实施数据仓库是管理模式和管理方法的变革过程，只简单地认为应用了数据仓库系统就实现了现代化的管理。其实在这个过程中，数据仓库系统只是一个辅助管理人员进行企业管理的工具，而人和制度的因素是更加重要的。

首先，从运作模式上，数据仓库的建立和发挥作用需要银行对原有的运作机制和工作流程进行变革，才能充分利用整合后的数据中的信息，提高银行的服务和管理水平。同时，还需要推动企业文化的变革，改变思维理念，形成“以客户为中心，全方位提供合适周到服务”的企业文化。

其次，从体制和管理理念来看，中国成功加入世贸组织后，国内银行面临着更加激烈的竞争。虽然我国银行在管理体制和运营模式上都有了很大的改进，但随着信息系统的逐步应用，银行业现阶段的管理思想和体制已经远不能适应银行信息技术的进步，并且与发达国家的银行相比，无论在资金实力、管理体制或是经营手段上，也都存在着较大的差距。

一、改变运作机制和工作流程

数据仓库的建设，是从全局的角度整合现有的数据，从中发现信息，为决策和管理做出贡献，而不是仅仅涉及一二个简单的业务信息系统。这就需要以不同的方式来对待数据仓库，而不只是派两个技术人员对其进行维护就可以了。在数据仓库建成之后，数据仓库的维护、管理和分析应当紧密结合，需要专门的一个部门和特定的人员，围绕数据仓库开展工作。同时对于每一个建立在数据仓库之上的应用和管理系统，也都应当配备专门的人员，对系统产生的信息进行整理和分析，从而使银行能够以最快的速度把握市场中转瞬即逝的商业机会，创造价值，提升银行的利润。这些特定人员的特点，将在后面的特别建议中进行论述。另外，当前银行的部门主要是以业务工作进行划分的，这种部门划分本身就带着传统的管理和业务思维模式，以业务为中心。现在的管理和服务理念强调以客户为中心，虽然国内银行目前都认识到了这一点，也大力提倡，但是这种反映传统思维模式的部门划分模式的存在，在一定程度上阻碍了以客户为中心的服务理念的推广和工作的开展。数据仓库建设的目的就是推动以客户为中心，将全局整合的信息，尤其是客户的信息加以分析和利用，使企业更加了解客户，能够从客户角度出发，并在客户最需要的时候，以最合适客户的方式和途径，给用户提供最能满足需求的商品和服务。充分地利用数据仓库，就需要对原有传统的运作机制、部门划分以及业务运作流程进行调整，将业务工作和数据仓库以及相关系统的信息发掘和分析结合起来，将业务工作的开展和以客户为中心有机结合起来，使前者为后者服务，从而更好地体现以客户为中心的业务服务特点。通过这种调整和结合来推动原有业务的开展，促进金融创新，从而不断提高服务水平和管理水平。

二、变革企业文化

数据仓库中的数据以及通过相关系统整合和挖掘得到的信息需要经过银行员工的工作才能获得，

信息被领导和员工加以利用才能够转变为决策，决策通过员工的分工和合作才能够被实施。可以说，没有人员的配合和使用，数据仓库就发挥不了作用。传统的业务开展，是员工听从上级的指示，按照命令进行，而不需要自己考虑实际情况。但有时候领导不了解实际情况，可能做出错误的判断，这样，业务的开展方向可能就会出现错误。尤其在当今时代，世界日新月异，发散的信息流使得成功地进行集中决策变得越来越不现实，不同地区、不同范围的情况的快速变化迫切需要分散决策机制的出现，数据仓库及其相关系统提供了数据和信息的共享，为分散决策奠定了基础。但是银行的制度是否会允许员工利用这些信息，员工是否会积极主动地利用，这些都成为阻碍实现以客户为中心的服务的关键问题。员工一般来说习惯于传统的业务工作方式，对新的方式可能会抵触，他们仍然倾向于按照一个命令去做，这也包括一些低层和中层的管理者。如何能够促进他们改变想法，积极地去利用数据仓库和其他系统，这就需要积极地改变企业文化，一方面继续进行以客户为中心的服务理念的教育；另一方面，从制度建设入手，建立鼓励使用数据仓库和其他系统信息，建立良好的客户关系的激励制度，促进员工的主动转变。可以借鉴 Bital 的经验，对现有的企业文化进行变革，从而将银行的整个文化氛围转变为围绕客户进行服务的企业文化，从而提高银行的管理和服务水平，使银行收益和利润得到提高。

7.4 管理信息化的基础设施和环境建设

7.4.1 加强管理信息化基础设施建设

20 世纪 90 年代以来，以互联网为核心的信息技术和全球经济一体化的迅猛发展，深刻影响了国际竞争格局和人类生存方式的转变，引发了金融业的巨大变革。因此，实现由金融电子化到金融信息化的转变，是金融业务和信息技术发展的必然结果，而信息化的基础设施建设是金融信息化实现的前提和保障。管理与决策信息化作为金融信息化的重要组成部分之一，其基础主要包括网络互联建设、标准化规范制定、信息安全保障建设、信息共享和数据集中。

一、建设一个跨系统、跨部门的金融互联网络平台

金融信息网络是金融信息化最重要的基础设施之一，是一切信息系统建设的基础，也是实现管理信息化的前提条件。对比美国等发达国家着力建设系统化、标准化的网络系统，我国存在技术和资金等方面的制约，网络基础设施水平成为我国金融信息化发展的“瓶颈”。在金融信息化发展趋势下，我国金融业应加快建设全国区域系统化和标准化的金融网络，完善电子信息系统，满足网上金融业务不断发展的需要；重点抓好全光网络、高水平信息平台的建设及网络的互联互通，推动语音、视频和数据三种业务在接入层上的融合，实现网络的数字化、综合化、宽带化、智能化，并与全国及国际通信网络接轨，为我国金融信息化建设提供一个技术先进、安全可靠、功能强大、性能完善的高速公用互联传输网。具体说包括三项内容，一是金融系统现有内部网络的继续优化和强化，在此基础上重点实现各个金融机构信息网络的互联互通，其中包括银行、证券和保险部门；二是金融网络与财政、税务、海关、工商等网络的互联互通、资源共享；三是金融内联网、外联网与互联网的协调组合。应当指出，以计算机互联网为核心的有线互联网和无线互联网三网融合是一个必然趋势，从现在起就要有意识地思考在跨国经营、混业经营和三网融合态势下的中国金融网络的建设问题。其意义在于，实现网络互联方式的金融信息共享，将为实施国家货币政策、金融监管和其他金融业务提供一个顺畅的运作平台。

二、完善金融信息化的业务规范和技术标准

标准和规范是银行信息化建设的基础，也是实现信息共享、资源共享的先决条件。国内外多年来信息系统建设的经验表明，凡是采用统一的标准，整个系统建设就比较完全、彻底和成功。因此，金融信息化的首要保障就是需要制定极其严格的标准体系和业务规范，严格遵循统一的标准和业务规范，为解决我国金融行业数据集中、信息共享的问题扫除障碍，从而能够把现实中的一个个金融信息“孤岛”连成整体，为金融管理与决策信息化提供技术上的保证。所以，标准体系和业务规范是金融信息化的起始点，也是重要标志，没有标准化体系和业务规范，根本就谈不上金融管理与决策信息化。随着信息技术的迅猛发展，资金、技术、信息的快速流动，国际金融行业将制定出国际金融电子信息化标准。但我国金融信息化建设中的业务规范和技术标准未能形成体系，尚不完善配套，特别是ISO TC68 等金融业务标准，消化、引进、实施不力，影响我国金融业参与国际竞争。当前急需制定、配套一系列金融业务发展和与国际接轨所必须的业务规范和技术标准，以保证金融信息化建设和金融业务规范化发展的需要。因此，业务规范和技术标准的制定是我国金融行业目前急需解决的问题，它们的及时制定，将为中国银行业的数据共享、资源共享打下坚实的基础，为加速中国银行业的信息化建设创造有利条件，也是中国银行业积极应对加入世贸组织后的挑战的重要措施。

三、建立信息安全保障体系

金融是国家经济的核心，必须保证其系统服务的绝对安全可靠，但我国金融信息系统的安全可靠性措施尚不完善，相配套的法规制度、技术标准急需制定，主要系统的相应备份系统与灾难恢复系统尚需配套建设。人民银行和银监会是各家商业银行的指导和监督机构，在信息安全工作中具有重要的地位和作用，要积极采取有效措施，从管理、资金、技术等方面进行指导和协调，以确保我国金融信息安全保障体系的成功建设。

四、实现信息共享

随着我国金融体制改革的继续深化和金融信息化进程的不断加快，各大银行都相继建成了各自的内联网和外联网系统，但是每个部门的信息系统，都是相对独立地运行的，所以，银行内部的部门与部门之间、银行与银行之间的网络基本没有实现互联互通，这严重影响了信息共享和全方位金融服务和管理决策水平的提高。并且，银行业务信息量大、涉及部门多，随着系统网络化进程的不断加快以及金融业务的不断发展，信息迅速海量增长，信息类型、表现形式和时空关联更加多样复杂。实现这些海量信息的有效管理、共享和处理，是金融信息化的关键技术问题之一。因此，金融信息化工作的重点是充分利用网络资源，通过数据收集和清理，对信息资源进行标准化、规范化的管理，按照相关的行业标准，在各个级别上对数据进行综合，形成大规模数据中心，实现数据的广泛共享，满足信息资源的共享需要。这样才能保障银行管理与决策水平的全面提高。

7.4.2 加快商业银行数据集中建设的步伐

随着经济快速发展，我国银行业各类客户的经济活动方式和地域范围正在发生巨大的变化，这就要求我国商业银行依托快速发展的信息技术进行技术创新，为客户提供实时的、全国性的金融产品和多样性、个性化的新型服务渠道，建设一个集中统一的全国性的数据集中处理环境。尤其是中国加入世贸组织后，正在崛起中的网上银行市场必然受到外资网上银行的强有力挑战。唯有加快金融业信息化建设的步伐，才能在网上银行领域站稳脚跟，进而从容地应对新的挑战。

实施数据集中工程是中国银行业发展的必然要求。从国外银行业的发展来看，大多数的银行在电子化建设之初就选择了数据集中建设的路子，因为这是银行业发展的要求。数据集中不仅有利于

实现从粗放型经营向集约化经营的转变，实现银行业务的集中监控和风险防范；而且能够完善银行内部的控制机制和法人治理结构，实现资源共享，进一步降低管理成本；同时，能够促进业务处理的标准化和规范化，缩短金融产品的创新周期，进而向客户提供更为便捷、高效的现代化、高品质的金融服务，真正实现以客户为中心的经营管理理念。随着逐渐融入国际化金融竞争，面对科技的迅猛发展以及虚拟银行逐步取代物理网点，选择实施数据大集中势在必行。我国金融行业实施数据大集中的步伐也很快。现在大部分银行都实现了区域性的数据集中，而且正在向全国统一的数据中心过渡。

近几年来，我国各大商业银行都在实施数据集中建设，中国工商银行将把分散在全国各地的36个计算中心合并为南北两大数据中心，集中处理全行的各项业务；中国农业银行第一步是完成全国36个省域数据中心的建设，第二步是全面建成全国数据中心，实现全国数据大集中；中国银行准备在全球建立8个数据中心；中国建设银行在完成各省数据集中基础上，要进一步建立全国数据中心。但数据集中也带来了一些困难和问题。

一、减小集中后的风险，保持银行业务的连续性

数据集中以后，能够有效地提高商业银行的管理水平，加强金融风险的防范，进一步提高资金的流动性和资金营运的效率，有效地改善商业银行的管理机制。但是，也应当看到，在数据集中的同时，面对这样的一个风险，即如何搞好大集中系统的安全。对于中国银行业而言，在进行数据集中的同时，灾难备份系统是要同步考虑的，因为这是一个最基本的保障。首先，要保证系统的可靠性和灾难备份，要有两套以上互为镜像的完善的运行中心和灾难备份中心。将银行所有业务和数据集中到一二个中心，这对数据中心的软硬件系统、应用系统、环境支持系统的可靠性提出了近乎苛刻的要求，所以灾难备份系统一定要建设。绝对的安全无疑是要付出非常大的代价的，关键还是看在风险的控制和投入之间怎样取舍比较适当。灾难备份决不是一个数据远程拷贝的方案。它必须基于应用，并外加业务备份规划。从业务和技术角度考虑，可以对银行数据进行分级，根据银行日常运行的业务数据的重要性进行分级，级别越高则备份的能力越高，影响银行正常业务的关键数据，应该优先备份和优先恢复。其次，数据大集中是建立在网络系统之上的，对网络的稳定性、可靠性、安全性、使用效率都提出了很高的要求。大集中对网络通信系统的过分依赖，使得链路、网络设备、网络安全等任何环节上的问题都可能导致系统部分或全部瘫痪，所以在网络设计上必须有充分的准备。

数据集中的目的是为了应用，尤其是数据大集中以后，所有“鸡蛋”放在同一个篮子里面了，怎样才能永久、持续性地营业也是一个关键性的问题。大集中完成以后，所有的数据都集中在两个点上，这两个点的不间断运行就变得非常关键。怎样保证这两个系统的不间断运行，应该从三个方面来考虑。第一方面，从技术上提供保障，在资金上面多一些投入。第二方面要在技术上提供24小时运行的技术，以使任何一个软硬件的故障都不会影响24小时运行。第三方面是组织架构上面的保障。原来自己开发、自己使用、自己运行，现在就需要把开发、测试和生产这三个方面从组织架构上进行隔离，形成相互制约，层层把关。

二、完善数据标准规范，加快数据集中步伐

说到搞数据集中，如果没有规范统一的应用体系，就没有基础。由于我国银行业，尤其是中、农、工、建四大国有银行自身的全国分支机构庞大，业务管理上本身就存在不规范、不统一的问题，更谈不上应用体系的规范统一，所以造成了数据来源复杂，数据多样和不规范的局面，从而导致了应用系统彼此互不关联，无法形成集中统一的风险管理控制。因此要想加快数据中心的建成，每家银行必须完善自身的数据标准规范化工作，给予银行的应用体系完善、统一的规范，并严格遵循统一的标准和业务规范，为解决我国金融行业数据集中、信息共享扫除障碍，从而把现实中的一个个金融信息“孤岛”连成整体。数据标准化要认真借鉴国外的金融标准化的情况，并尽可能采用国际标准和国家金融数据标准。

随着这些问题和困难的解决，数据集中的成功实施将给传统的管理理念和管理方式带来变革，将促进管理由层次化向扁平化的过渡，从而便于建立综合的管理系统。

7.4.3 实现管理与决策思想的变革

中国成功加入世贸组织后，国内银行面临着更加激烈的竞争环境。虽然我国银行在管理体制和运营模式上都有了很大的改进，但与发达国家的银行相比，无论在资金实力、管理体制或是经营手段上都存在着较大的差距。根据对国外银行金融信息化过程与现状的分析，实现管理与决策思想上的变革应是当前我国管理信息化建设成功的关键与前提。考虑到我国金融信息化目前建设的现状以及发展趋势，在今后3~5年内，我国银行业管理与决策宜采取“管理扁平化，决策科学化”，实现管理与决策思想上的战略性转变。

一、管理扁平化

银行组织结构的变革直接受制于银行处理信息的能力。在靠手工处理信息的条件下，一条基本的组织管理原则是一个管理者有效的管理幅度是七八个人，这种管理幅度的限制必然导致管理层次的增加和组织机构的庞大，传统的“金字塔”式的组织结构正是和传统的企业信息处理手段相适应的。但是，随着银行信息化水平的提高，“金字塔”型的管理已经不适应银行今后发展的需要，因此，精简组织机构、再造业务流程、实现组织管理扁平化，是银行建立快速反应市场变化机制、适应瞬息万变的市场环境的迫切需要，管理扁平化是银行管理的战略选择。管理扁平化具有以下优越性：

第一，管理扁平化是一种柔性、简洁、灵活的管理体系，扁平化的管理方式能缩短最高层与最低层之间的距离，使企业减少信息反馈和决策的中间环节，从而对市场变化做出灵敏、快速的反应。管理扁平化了，从业务层到管理层，从管理层到决策层的距离缩短了，反应的周期也缩短了，在决策层和管理层面前业务层的数据如同玻璃一样透明；

第二，管理扁平化能使上下级之间的沟通相对容易，员工的创造力、闪光点能在尽量短的时间内被捕捉到，并得到充分运用，这是知识经济时代企业在竞争中取胜的重要法宝；

第三，管理扁平化将由越来越多跨部门、跨地区的协作小组取代传统的逐级汇报等级制度，这些协作小组灵活、机动，可随时为解决突出问题组合在一起；

第四，管理扁平化可以有效地控制人、财、物、信息四大要素，避免因多级管理造成四大要素的配置不当和失控。

管理扁平化的一个先决条件是银行内部建立起完善的现代化信息体系，即首先实现管理信息化。管理信息化是现代银行信息技术发展的重要阶段。信息技术在同业的竞争和市场拓展中，发挥出决定性的作用。从我国银行业的信息技术应用情况看，在业务处理的层面，我国银行业与国际银行业技术应用的水平差距不大，但是在管理信息层面的差距是明显的。其本质在于，管理信息化决定于经营思想和经营理念，并涉及管理方式的革命，同时，也是技术集成难度最大的原因。可以说我国银行业信息技术的应用，已经从操作层进入到管理层，成为管理决策的工具和竞争发展的关键因素。它能使知识、信息的传输和管理极为快捷和严密，从而大大降低管理成本。泰国农民银行行长如是说：“在一个整合良好的信息系统里，人们的工作效率会更高。”因此，对中国银行业而言，要实现管理扁平化，就必须以管理信息化、网络化为技术支撑，打破传统管理的限制，建立起快速、灵敏反应市场的组织结构。

二、决策科学化

决策是人们为了实现一定的目标而做出决定的过程。决策科学化是指决策时要以充足的信息为依据，采取严密的逻辑思考方法，对大量的资料和数据按照事物的内在联系进行系统的分析和计算，从而做出正确决定。正如 SCB 首席执行官所说："这个职位赋予我掌握数据和信息动态的能力，有助于我脑海中迸发出灵感，像我的同事们一样，想到一些对银行最有利的主意。"决策科学化目的在于避免和减少决策失误，使决策立于不败之地。对银行而言，实现决策科学化的意义在于降低银行经营的风险和成本，获得更多的优质客户，增强自身市场应变能力，最终增强自身的核心竞争力。决策需要足够的信息支持，银行现代化的综合管理信息系统为决策科学化奠定了基础，决策过程中的所有活动，都可以借助于先进的综合管理信息系统来完成。由于决策的成败与数据的收集、决策模型的构建诸方面直接相关，所以，根据我国金融业的特点，可以从决策数据、决策模型以及决策结果交互三个方面进行系统研究，基于业务数据库或数据仓库，建立决策数据管理系统；基于人工智能、数据库和数据仓库技术，构建高效的决策模型和决策知识管理系统；基于人机界面技术，建立与用户进行交互对话、提供决策结果的交互环境。通过建立有效的决策支持环境，银行管理决策人员借助于先进的信息技术手段，可以方便地对大量业务数据进行分析处理，实现决策科学化。因此，随着我国银行信息化程度的不断提高，银行综合管理信息系统的不断完善，以及决策支持系统的建立，决策科学化是我国金融信息化发展的必然选择。

7.4.4 完善体制与政策建设

实现"管理扁平化，决策科学化"的现代化管理，除了必备的软硬件环境以外，还必须具备相关的条件，如管理组织结构、业务结构和业务流程的重组，以及相关理念的转变，还有国家政策的扶持等一系列因素，中国银行业应该在这方面促成条件的成熟。

一、加快现有管理体制、经营理念、经营方式的变革和转变

银行管理与决策技术研究与应用系统建设，不但要加强基础技术、基础工作的研究与建设，还要改造或改善银行现存的不合理的业务流程、管理体制，例如，随着数据集中的逐步完成，整个管理模式已经不再是原来的依托于当地一级分行进行行政管理；全国只剩下几个中心，而数据中心又是由科技部门直接来管理的，这些变化是巨大的，因此，新的、适应这种数据集中形势的管理模式必须取代原来的管理模式，从而进一步规范各部门的管理工作，努力去实现管理信息化、管理扁平化。

同时，经营理念和经营方式也必须进行转变，以满足信息化发展趋势的需要。银行应将管理领导艺术、人力资源管理、营销、分销、后台运作和风险管理等方面的技术提高到世界领先水平，并逐步缩小与外国银行（如 ABN AMRO、花旗银行等）之间的差距。

决策科学化是金融信息化的根本目的，只有改变了银行传统的管理体制，转变经营理念和经营方式，才能充分利用综合管理信息系统，充分发挥信息技术带来的极大优势，实现银行管理者决策科学化。

二、推行优惠政策，加大银行管理与决策技术发展的投入

中国的金融企业在信息技术投入方面长期以来重业务而轻管理，这表现为"前台有余无集中，后台不足无支持"。通过自己开发、外包或外购，中国金融企业已经拥有较完整的业务处理信息系统。与前台相比，后台的支持和管理则部分仍为手工，部分使用自己开发的或国内软件公司的系统。金融企业的人力资源系统、财力系统、各种分析控制系统、评估系统、客户管理系统都还不到位。可以说，中国金融企业的管理信息化才刚刚起步。

因此，推行优惠政策，加大对银行管理与决策技术发展的投入是十分必要的。政府需要研究并制定一些新的优惠措施，推动银行管理与决策技术的研究及应用系统的建立；对于某些重点应用技术，如数据仓库、数据挖掘、联机分析处理、客户关系管理、资产管理、风险防范模型等，政府可以集中力量，组织有关企业及研发机构进行联合开发，取得突破。

7.5 借助内容管理，提高工作效率，实现信息共享

管理信息化的作用不仅在于管理过程的自动化，更重要的是提高工作效率，实现信息共享。尽管业务信息化和办公自动化已大大地提高了工作效率，但是随着信息技术的广泛应用，企业的数据规模空前膨胀。据 Forrester Research 调查显示，企业的数据规模大约以每年 200% 的速度增长，且 90% 是非结构化内容数据（如一般文档、音视频流、Web 文档等）。这些堆积如山的文档和快速增长的内容数据，导致的直接结果就是工作效率的低下和信息不能充分共享。据 Gartner 的一个调查显示，平均每个员工每个星期在不增值的相关文档处理任务上需要花费八个小时，包括文档的创建、寻找、整理等。由此可见，在管理信息化过程中，对于非结构化内容数据的管理是十分重要的。

银行是一个完全以数字和文档处理为主的企业，每天的各种业务不仅产生大量的数据，而且还形成成堆的文档，如各种凭证、票据、报表，甚至是图像、Web 文档等。据专题研究中的一个调查显示，某国有商业银行的一个省级分行，平均每天就要输出报表 30 万 ~ 50 万张，消耗纸张 150 ~ 200 箱，而且所有报表都是集中打印。即使不包括一般办公打印，每年用于纸张打印的费用也要一千多万元。同时，打印机的维护耗材也花掉几百万元。这些费用每年还在以 20% 的速度增长。另外，由于网点多、分布广，每天报表的传递工作都非常耗时费力，而且时常出现报表错递现象，为银行的日常工作带来了很多不便。另一方面，现有报表的使用率仅有 15%，造成了严重的浪费，但从客观上讲，现有的人力根本无法做到每天对这些大量的报表进行全面浏览。这样，很容易造成当天应核对的报表在若干天后发现遗失或漏打，从而延误了及时处理重大业务风险的时机。这仅仅是报表处理的一个例子。如果再加上其他非结构化内容数据，或许这些数字还要产生惊人的变化。因此，在非结构化内容数据管理方面，银行存在更大的需求。尤其是在实现管理信息化的数据管理阶段完成后，提高工作效率、实现数据共享、加快反应速度等信息管理阶段的需求愈加突出，非结构化内容数据管理已成为银行管理信息化由数据管理阶段向信息管理阶段过渡的必经阶段。

今天，在数据管理领域已产生了一种重要技术——内容管理，专门用来处理非结构化数据。在银行对内容数据处理的巨大需求背景下，内容管理在今后 3 ~ 5 年内可能会成为管理信息化建设中一个重要的技术应用趋势。

7.5.1 内容管理技术简介

一、内容管理的定义

“内容管理”由“内容”和“管理”两部分组成。所谓“内容”，就是具有价值的，能够容易（数字化）、安全（权限控制）、快速（元数据管理）地进行共享和利用的数字资产，包括电子化输出文档、网络文档、流媒体、办公文档等非结构化数据，它是企业商务活动的基础。在信息化时代，管理是至关重要、不可或缺的重要环节。而内容管理就是指借助信息技术，通过收集、创建、整合、管理、分配和发布内容，实现内容在企业内部以及企业之间的传输和共享，并在企业个人、组织、业

务、战略等诸方面产生价值和信息增值的过程。内容管理是一个覆盖面非常广泛、全面满足企业所有非结构化数据管理需求的解决方案，并随着企业需求增长可以扩展的体系架构。

二、内容管理的功能与作用

内容管理为了满足企业提高工作效率、实现信息共享、加快反应速度的需求，需具备五项基本功能。

第一，内容的创建和获取。在内容管理中，文档、图片、录音、录像等多种来源的信息将以便于计算机存取和传输的形式获取。扫描、识别、压缩和转化等多种技术用于数字信息的创建。通过开放的内容创建应用程序接口（API）或相关技术产品，可以完成上述不同种类信息的数字化及内容的提取。另外，用电子手段提高数字图像的质量，从内容创建到图像校正和图像转置、协调、编辑和色彩校正等特殊功能，以及 MPEG（运动图像专家组，Moving Picture Enperts Group）压缩功能，均可用多种工具和软件包来实现。

第二，存储和管理。内容管理中的信息管理包括自动索引、建档、特性抽取和翻译功能，利用先进的组织和筛选工具，用户能够用中文进行特定信息的查询。使用关系数据库技术来管理表格，进行数据的索引和查询。内容管理可以将关系数据库技术、最新的对象技术和多媒体等多种技术的强大功能集合在一起，为用户提供实用性、完整性和安全性极高的方案。通过采用分布多级存贮管理体系，连接磁盘、磁带、光盘等外存储器，具有很好的扩展性。

第三，权限管理。内容管理中的权限管理方案提供一系列全面的管理工具，对数字资产的访问和使用进行许可、控制和监督，并保护信息拥有者和最终用户的利益。通过应用数字水印等技术，可以实现附加版权信息和注册商标的水印嵌入、计费、结账等功能。在因特网上进行信息发布时，通过集成加密信封技术，可以保证数字信息在网上传递过程中的安全性、完整性。

第四，访问和查询。内容管理集成了丰富的查询技术，包括文本和图像分析工具以及数字化音频和视频信息的查询工具。内容管理采用参数检索、全文检索、中文智能检索技术及其组合来提高文档查询速度，具有很高的查询准确性、全面性、相关性。同时，还可以按照颜色、灰度、纹理和位置进行图像查询。

第五，信息发布。内容管理解决方案能够有选择地从现有的任何计算机网络系统上发送信息，无论从传统的主机/终端机系统到客户机/服务器的解决方案，还是商业在线服务到像因特网这样的公共电子信息网。发布的信息均可在任何具有图形化用户界面的计算机系统上呈现和阅读。

除以上五项基本功能外，内容管理还提供工作流、文件路由、个性化服务等功能。通过以上这些功能，内容管理对企业实现提高工作效率、信息共享、即时响应、协同商务等目标起到了巨大的支持作用，如图 7－30 所示。

7.5.2 我国银行的内容管理现状与需求

一、我国银行的内容管理现状

如果以内容管理的概念来衡量，国内尚无一家银行实现了完整意义的内容管理，但所有银行都已实现了内容管理中的部分功能，如应用工作流技术的办公自动化系统、应用网络技术和 Web 技术的信息发布系统、应用内容创建和文档路由等技术的电子报表管理系统等。据专题调查分析结果显示，22 家银行中 100% 建有办公自动化系统，90% 以上建有信息发布系统，75% 建有电子报表管理系统。但这些系统是分散建立的，不是基于统一的整合内容，也没有实现信息共享，而且对内对外的响应速度都不令人满意，几乎所有银行都认为自己现有的信息没有实现充分共享，而且信息系统的反应速度处

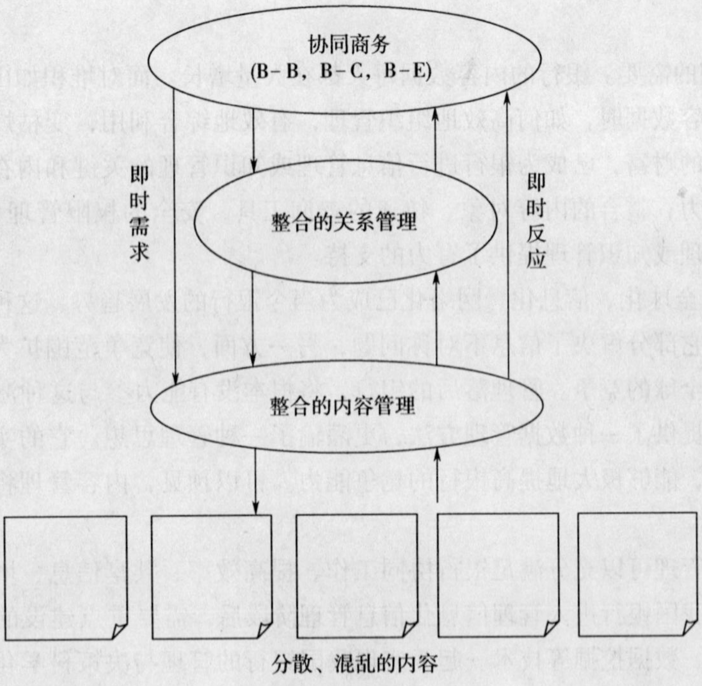

图7-30　内容管理的作用

于中等或较慢水平。而同期内容规模却在迅速膨胀，仅一个省级分行的每天报表输出量都可以达到30万~50万份。因此，从总体上说，国内银行现在的内容管理水平还十分低下，这直接影响了工作效率、服务质量以及决策水平的提高和改善，并最终影响了银行竞争力的提高。

二、我国银行的内容管理需求

国内银行内容管理需求主要体现在以下几方面：

1. 内容整合和共享的需要。随着银行业务的发展，银行的日常业务、公文、行政管理等工作每天产生大量的非结构化文档，如交易凭证、对账单等，用关系数据库技术来对这些文档进行管理是十分困难的，尤其是想从这些繁杂的文档资料里面分析出一些有用的信息以支持管理决策的需要，更是一件不可能的事情。但是在实际工作中，对这些文档的有效管理又十分迫切，如报表管理的需求。因此需要内容管理技术将这些分散的内容有机地整合在一起，并提供智能、高效的检索方法，通过权限管理来实现信息的分级共享。

2. 协同工作、提高工作效率的需要。办公自动化系统的目标之一就是为了实现协同工作和提高工作效率。但现有的办公自动化系统大多独立存在，并没有与业务系统、管理系统、报表系统、信息发布系统、查询系统等实现很好的整合，更不可能实现银行与外部的协作和共享，所以并没有体现出协同工作、提高效率的优势。因此，需要像内容管理这样的技术能够在现有办公自动化系统的基础上把各种内容有机地整合在一起，把各种系统的工作流程很好地协调起来，实现协同工作、提高效率的目的。内容管理对银行内部而言，能够很好地做到信息的有效共享及信息的增值利用，对于外部来讲是形成真正协同商务的关键部分。

3. 即时响应，提高服务质量和管理水平的需要。即时响应表现为对客户信息、市场信息的快速、正确的响应，对潜在信息和风险因素的迅速发现和快速决断。依靠银行现有的各类应用系统，很难达到这种要求。一方面，信息不全面且未整合，不可能做出正确响应；另一方面，信息发现和快速响应的机制和系统没有建立，不可能做出快速响应。从某种程度上说，这还可能影响客户关系管理系统的应用效果。

4. 海量信息处理的需要。银行的内容数据每天都在大量增长。面对堆积如山的数据，尤其是大量的文档和数字媒体内容数据时，如何高效地组织管理，有效地综合利用，变枯燥乏味的数据为令人兴奋的知识和源源不断的财富，已成为银行进行信息管理或知识管理的关键和内在需要。内容管理提供了强大的数据存储能力、整合的内容对象、快速的查询工具、安全的权限管理和可扩展的框架结构，这些为银行的信息管理或知识管理提供了有力的支持。

5. 竞争的需要。全球化、信息化、网络化已成为当今银行的发展趋势，这种趋势促使了全球化竞争的加剧。一方面，它部分解决了信息不对称问题，另一方面，使竞争范围扩大，局部的、地方的竞争演变成为整体的、全球的竞争。管理落后的银行，将根本没有能力参与这种激烈的竞争。针对这种局面，内容管理不仅提供了一种数据管理方法，更灌输了一种管理思想。它的实现融合了许多先进的管理理念和管理方法，能够极大地提高银行的竞争能力。可以预见，内容管理将成为未来银行竞争的重要基础。

综上所述，内容管理可以充分满足银行协同工作、提高效率、共享信息、增强竞争力等多方面的需求。同时，它作为我国银行进入管理信息化信息管理阶段后，需要重点建设的一项内容，将与数据仓库、联机分析处理、数据挖掘等技术一起为实现我国银行的管理与决策科学化奠定坚实的基础，提供有力的保障。

7.5.3　我国银行实施内容管理的一些建议

一、实施策略

基于我国银行的内容管理现状和需求，建议在今后3~5年内，我国银行实施内容管理的策略是“基于现状、统一规划、全面整合、分步实施”。

“基于现状”是指实施时要充分考虑内容管理的建设现状，哪些已经建设，哪些正在建设，哪些需求十分迫切，不能也没有必要完全摒弃原有的系统。

“统一规划”是指实施时要从银行战略发展和协调统一的角度出发，根据建设现状，制定一个可扩展的、可实施的、适应未来发展需要的统一规划。

“全面整合”是指对银行分散的内容文档进行全面整合，形成整合的内容，为查询、协同商务、即时响应、智能决策等提供服务。整合的内容是银行进行信息管理和知识管理的基础。

“分步实施”是指实施时，应在统一规划的指导下，根据现状和需求分步、分批进行。内容管理涉及的内容非常广泛，银行不可能也没有必要在很短的时间里建立起一个十分完整的企业级内容管理体系。最好的办法是从自己的需求出发，做好成本效益分析，分步实施。

二、建设方法

根据我国银行内容管理建设现状和需求，建议可采取分步的建设方法。第一步，制定统一规划。制定规划时，要充分考虑与银行的总体发展规划、IT发展规划相协调，进行现状分析，发现业务需求并进行排队，评估技术平台和工具，确定实施方案。第二步，分步实施。首先进行内容的整合和分类，然后按照规划中的实施方案确定的步骤，分步进行系统建设。如先建立内容存储管理体系，以此存储平台为基础，按需要分步建立报表系统、办公自动化系统、文档管理系统、智能检索系统、数字媒体管理系统、信息发布系统等。第三步，扩展、集成与维护。为了满足银行全面管理和战略决策的需要，内容管理产品一定要采用开放标准，一方面便于扩展维护，另一方面便于系统集成。通过企业信息集成，内容管理与数据库、数据仓库、联机分析处理、数据挖掘等技术一起为银行全面的信息管理服务。内容管理是专门针对企业中大量存在的非结构化数据而提出的一种信息管理解决方案，它是对结构化数据处理技术（如数据库技术）的很好补充。通过内容管理和数据库、数据仓库、联机分析处理、数据挖掘、企业信息集成等技术的良好融合，银行管理信息化水平将会极大提高。

7.6 我国银行管理信息化发展的长远目标——知识管理

21 世纪国际金融业发展的趋势之一就是知识资本成为金融业发展的灵魂。中国银行业在与国际大银行的竞争中，要立于不败之地，不仅取决于运营过程中有形资产的投入，更取决于银行研发并在最短的时间内将研究成果融入金融产品或金融服务的能力。决定银行业竞争优势的关键因素，将转为对金融知识开发、创新与有效运用的程度。为此，中国银行业应不断提高管理的知识含量与知识内容，加强知识化管理势在必行。同时，从管理信息化“三阶段模型”来看，知识管理也是管理信息化发展的必经阶段。

7.6.1 知识管理简介

一、知识管理与知识管理技术

知识是以文字或语言的形式保存的信息资源与人头脑中具有的经验、思维的综合。它通常隐性地存在，不容易被直接发现。知识管理是对知识加以有效的识别、获取、存储、分解、利用、传递和扩展的过程，从而改进和提高个人、部门和组织的创新能力、响应能力、生产能力和技能素质。它可以在适当的时候把相关的信息与知识传送给适当的人员，使其能够有效地利用信息与知识，采取行动，产生效益。知识管理实际上是对人与信息资源的动态管理过程，人是知识管理的核心，信息是知识管理的基础，创新和效益是知识管理的最终目标。

知识管理技术是实现有效知识管理的基础，是协助人们识别、获取、存储、分解、利用、传递和扩展知识的一种技术体系。它包括的技术内容非常繁多，如文档管理技术、文本挖掘与检索技术、企业知识门户技术、工作流技术、Agent 技术等，有些技术已在数据管理阶段和信息管理阶段得到了成熟应用。知识管理技术不是一个静态的概念，而是在应用中不断得到应用和发展的，今天的热门技术可能在明天就被淘汰。所以，不能用静止的视角来看待知识管理技术，经常性地“瞻前顾后”、“左顾右盼”是必要的。

Gartner 公司概括了有关知识管理的“潮流”技术，给出了知识管理技术的成熟度矩阵（见图 7－31）。从中可以看出，知识管理技术将越来越从知识存储和检索层次的应用向促进知识共享和智能技术利用方向发展。而在演变路径上的每一个阶段，都有着成熟度高低不同的技术。如在存储和检索方面，文档管理、数据库管理已经得到很成熟的应用，而信息请求代理、搜索引擎则需要进一步发展；在知识发送方面，E－mail、工作流基本上已经是成熟技术，而 Netcasting 以及 P－P 技术等则还有待成熟。

二、企业级知识管理框架

知识管理是一个企业级的信息系统框架，仅实现文档管理或知识检索功能并不能称为知识管理，也不可能实现真正意义上的知识生产、利用、传递、共享等基本功能。IBM 是全球最著名的知识管理产品服务商，其企业级知识管理框架如图 7－32 所示。

通过企业知识门户，任何员工都可以实时地与工作团队中的其他成员取得联系，寻找到能够提供

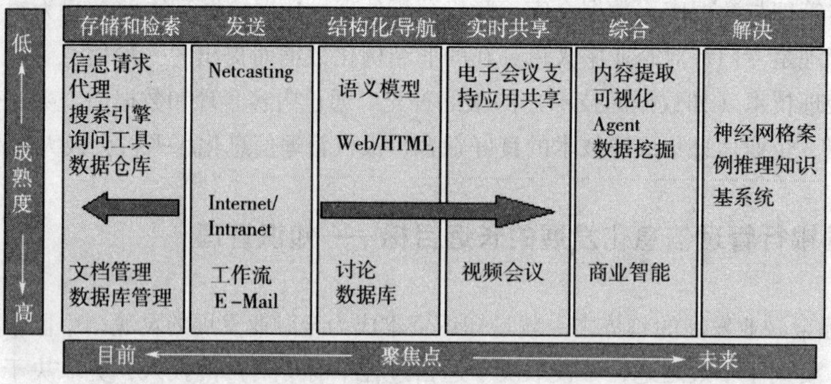

图 7-31　知识管理技术的成熟度矩阵

资料来源：Gartner 公司。

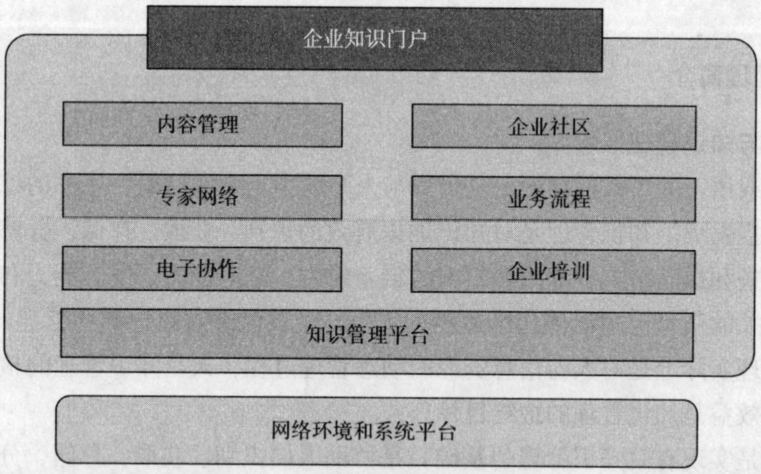

图 7-32　企业级知识管理框架

帮助的专家或者快速连接到相关的门户等，在浩如烟海的信息资源中永不迷失方向。内容管理可以保证企业员工能在授权范围内快速便捷地查找所需要的知识信息，实现对企业信息和知识的有效利用。企业社区通过按照部门和业务类型而划分的企业社区，可随时或定期召开网络会议，自由发表意见，改进员工之间的团队协作。专家网络建立全公司范围的专家网络，任何人在遇到相关问题时都能及时通过专家网络获取知识和建议。业务流程实现内部业务流程的自动化处理，减少繁琐的人工批复管理流程，实现对业务流程中知识和信息的有效管理。电子协作实现跨地区、跨部门的有效协作，提高工作效率，为工作创新提供有效的空间和氛围。企业培训要根据员工岗位以及需要设计课程，实现员工自主，随时随地地进行在职培训。

在企业级知识管理框架中，首先对于存储在信息系统中的“信息内容”提供了共享、积累、沉淀的容器，对于掌握在人头脑中的“专家技能”提供了协作、交流的工具。同时，还利用知识发现和专家定位服务器，实现对信息的发掘和自动分类，并通过显性知识的分析，定位每个领域的专家，以形成企业的完整知识地图。企业培训系统体现了知识管理理论中以人为本的思想。而企业门户则实现了知识管理三要素（人、场所和事件）中对场所的需求，通过门户，可以为企业的各个系统提供统一的入口。企业级知识管理的各组成部分，相互补充、高效协作，全面实现了知识管理的各项功能。

7.6.2 国外银行知识管理的应用实例

目前，为了提高知识共享、金融创新、管理决策能力，很多国际先进银行引入了知识管理技术。其中 Wachovia 银行的知识管理是一个非常成功的案例。Wachovia 银行是美国第四大银行，拥有十万员工和数千个营业网点。四年前，它与一般的传统公司没有什么两样，员工的智慧和信息无法分享，需要的信息难以找到，银行的内部网也是一千二百多个网站的大杂烩。今天，该银行通过知识管理系统和网络实现了知识共享，各业务部门公布知识管理的过程与信息，以利于部门内外员工从中获益。该银行实现知识共享的过程分为三阶段。

第一阶段为"知识桌面"，这个应用由 Documentum 公司的文档管理系统与协作工具以及一个以雅虎（Yahoo）搜索为模型的搜索引擎组成。它允许呼叫中心的员工访问部门知识库。实现这一阶段需要两个先决条件，一是要建立详细的银行分类表，这样能以非常具体的方法给信息命名并加以索引；二是要围绕需求进行文化的转移，实现信息共享。第二阶段是在分部门的基础上将 20 000 个用户收进"知识资源中心"。每个部门资源中心包含一个知识资源小组，该小组每月聚会一次，改进或重新设计公布和检索信息的过程，以保证员工都给予配合，以确保知识库不断成长。第三阶段是"知识交换"，它将系统扩展到整个银行。为了让信息易于分享，该银行引入了复用度的概念，所有大的文档都被分成一块块能由别人使用的对象。例如，法律文件末尾正式的精印刷标记就是一个对象，由法律部门输入知识库，供整个银行在文档上使用。如果这个正式的标记有变化，法律部门负责修改知识库中的对象，届时所有员工马上就能更换成新版本。在此项目的开发过程中遇到的最大挑战是如何处置已有的 1 200 个网站，该银行没有扼杀掉这些网站，而是将它们融入知识共享的过程。重要的业务信息通过一个验证过程，加入 Documentum 库；其他的内容，如排球比赛的日程安排等，则移到微软的 CMC 库。两者的外观完全不同，便于用户识别。通过引入知识管理，Wachovia 银行的十万员工可以方便地实现知识发现和共享，产品、服务和创新能力都得到了极大提高。

7.6.3 我国银行知识管理现状

由于我国银行的信息化建设起步晚、底子薄，尽管在信息技术应用上已接近国际先进银行的水平，但由于管理理念、方法的相对落后，知识管理思想及技术并没有在我国银行得到广泛和深入的应用。如果单从技术角度而言，我国某些银行已具备了实现知识管理的基础，如一些已成功实施文档管理和数据仓库系统的中小型商业银行。但从整体而言，我国大多数银行才刚刚开始管理信息化的信息管理阶段的建设，内容管理、数据仓库等知识管理必备的技术条件尚不具备，向知识管理的过渡将是一个很漫长的发展阶段。

7.6.4 我国银行实施知识管理的一些建议

由于我国大多数银行尚处于管理信息化发展的信息管理阶段，知识管理所需的技术基础尚不完全具备，管理理念和方法也没有得到相应的变革，因此近期不可能建立起真正意义上的知识管理体系。但从银行的长远发展来看，知识和创新是决定生存的关键，所以实施知识管理又是管理信息化发展的必然。在这种情况下，建议我国银行应在继续实现信息管理的前提下，有针对性地实现知识管理中的某些功能，如专家网络、企业培训等，从而为以后实现全面知识管理打下技术和观念上的基础。

参考文献

[1] 唐世渭：《企业数据仓库建设》，载《金融电子化》，2001（5）。

[2] 《金融信息化“十五”科技攻关项目建议书》，2000-9。

[3] 张衢：《加快信息运用，推进银行管理信息化》，载《第3届中国金融信息化发展论坛汇编》，2002-9。

[4] 《中国银行业 IT 应用年度分析》，载《计算机世界》（周报），2002-8-26。

[5] 姜瑶英：《20世纪90年代美国银行业的改革与战略》，中国财政经济出版社，2001。

[6] 章彰：《商业银行信用风险管理——兼论巴塞尔新资本协议》，中国人民大学出版社，2002。

[7] 张烈生：《中国银行业加入 WTO 后的新纪元》，载《第2届中国金融信息化发展论坛汇编》，2001-9。

[8] 张成虎：《网络银行技术风险监管》，博士学位论文，2003。

[9] 中国建筑一局（集团）有限公司：《信息与参考》，40，2002-11-8。

[10] 时代金融咨询：《银行业 CEO 论坛报告》。

[11] 《“十五”国家科技攻关“金融信息化”项目可行性报告》。

[12] 《知识化管理：金融信息化的第三次飞跃》，载《金融时报》，2002-3-7。

[13] 共好资讯：《中国银行行业研究报告》，2002（5）。

[14] 中国人民银行广州分行科技处：《广东区域性银行调研报告》。

[15] 西安分行辖区内区域性商业银行信息化发展调研报告。

[16] celent: *Bank Technology in China*, 2002.

（本章执笔人：唐世渭、陈皓、于波、王宏鼎、孙国辉、刘静姝、童云海、刘述忠、王志毅）

第8章 银行信息化管理体制与运行机制

与发达国家相比，我国银行业采用信息技术的起步略晚但步伐并不慢，差距正在逐步缩小。但由于我国的银行信息化建设长期以来一直在低水平上徘徊，大大降低了银行业的运行效率、信息综合程度和信息服务水平。造成这一现象的原因有很多，总结起来技术上的问题似乎并不突出，而更多的是规划和管理方面的原因。事实上，探讨银行信息化的管理体制和运行机制，可以从宏观和微观两个层面展开。从宏观上讲，是探讨银行信息化在国民经济信息化全局中的调控和管理模式。从微观上讲，是探讨商业银行信息化管理的模式与运行机制。两个方面问题得到同步解决，才有助于合理地制定我国银行业的信息化方案，提高各商业银行的竞争力和抗风险能力。综合考虑宏观与微观、近期与长远的要求，可以把“银行信息化管理体制与运行机制”的研究目标定为短期和长期两个层次。短期目标，通过参考借鉴发达国家银行信息化管理的经验，并结合多年来我国银行电子化、信息化过程中有关规划与管理的经验教训，研究未来3~5年我国银行信息化的管理模式，也就是探讨从宏观上如何建立银行业信息化管理机制，从微观上如何在商业银行建立合理的信息化管理体制和相应的运行机制。长期目标，充分考虑未来信息化管理可能出现的新问题，为未来5~10年银行信息化建设的发展计划提供决策支持的同时，要保证战略研究的连续性和持久性，实现近期目标与中长期目标的协调统一。

为了实现上述目标，本章研究工作在对现状剖析的基础上，重视分析现状背后的理论问题，结合信息管理理论的发展趋势与我国国情的具体实际，注重先进理论的合理运用。除此以外，在本章研究工作中，所遵循的总体原则有四个。一是注重信息化管理基本观念的建立，强调战略规划的重要性。银行信息化过程是一个管理与业务创新的过程，而不单是信息技术的引入过程。因此研究工作自始至终都围绕着管理与业务创新而展开，强调在全面管理创新的前提下合理做好信息化的战略规划，逐步建立新的信息化管理模式。二是注重共性问题，提出参考模板。在商业银行层面上，各银行都有自身的一些特点，对信息化的管理也难以有统一的模式。为此，专题研究对各类银行进行了抽象，抓住共性问题来分析探讨各类型银行（主要是商业银行）的信息化管理模式与运行机制，并给出相应的参考模板。三是以信息化管理框架设计为主，不涉及具体管理内容。在注重共性的原则下，对“信息化管理体制与运行机制”主要研究其框架结构，也就是管理模式，以及这种管理模式下的主要问题。至于更为细节的具体问题，要视各商业银行的情况而定。四是以探讨和解决主要问题为主，不求面面俱到。对信息化运行机制的探讨，重在解决一些实际问题，而不是对细节问题的深入分析。对那些与传统理论与方法相一致的运行方式，在此只作简略介绍，而重点讨论我国银行信息化管理运行的一些独特问题。

按照上述基本原则，本章研究内容包括如下几个方面：

（1）国内外银行信息化和信息化管理的现状分析。对现状的分析包括两个部分，一部分是对我国银行与发达国家银行的信息化现状的分析，从而明确我国银行信息化所经历的主要阶段以及目前所处的状况，另一部分是对国内外银行信息化的管理方法的分析，从而了解各银行在信息化过程中的主要管理问题，为确定适合我国国情的银行信息化管理模式和运行机制奠定基础。

（2）制定银行信息化管理的总体战略。信息化管理的主体并不只是信息化本身，它包括了银行的方方面面。在对银行信息化带来的价值链变化分析的基础上，需要探讨银行信息化管理的目标、范围和基本内容，确定今后我国银行信息化管理的基本战略，以及实施这一战略的关键问题。

（3）银行信息化管理体制研究。分析国内外银行信息化管理的科技体制，根据信息化管理理论和国外银行信息化管理的发展趋势，确定我国银行为了有效地进行信息化管理而进行的机构设置，以及各组织单元职能的划分，针对我国各类银行的实际特点，分析各种不同的信息化管理模式及其在我国银行的适用性，提出我国银行业未来的一种信息化管理模式。

（4）银行信息化运行机制研究。首先，针对银行信息化人才战略与激励机制，将重点探讨银行信息化人才的三支队伍建设，同时还解决几个主要的人力资源管理问题，如人员淘汰制度、人才开发模式、激励机制、考核原则等。接着，探讨我国银行信息化管理的实施方法以及如何解决实施过程中的主要问题。包括，信息资源管理的相关问题，如银行信息资源管理的模式、管理的策略以及如何进行信息资源的深度挖掘利用等。其次，建立一套适合我国国情的银行信息系统运行的管理机制，重点讨论银行业务外包决策、银行信息系统运行中的安全性、可用性、可成长性等问题。针对我国银行信息项目的管理，重点讨论信息项目的组织形式、流程化管理、需求整合、项目外包决策等主要问题。

（5）现阶段我国银行信息化管理的重要工作。基于前面的分析结论，给出现阶段我国银行信息化管理的重要工作。主要探讨两方面，其一是银行宏观政策制定和监管部门现阶段需要开展或加强的工作，它是营造一个良好的银行业信息化环境所必不可少的；其二是商业银行信息化管理的一些重要工作。

8.1　银行信息化管理体制与运行机制现状分析

8.1.1　国内外银行信息化现状的管理学分析

国外银行信息化开始于20世纪60年代，经历了从传统银行到电子化银行到网上银行的转变，目前发达国家的银行已经步入以网上银行为代表的电子银行阶段。以美国为代表的国外银行业已经进入了稳步攀升的阶段，传统的银行业务增长放缓，金融创新迫在眉睫，与银行业相关的合作正在加强，以效率为特征的竞争以及渠道整合更加加剧，用户的忠诚度在下降，渠道的丰富化和竞争的激烈，使客户的自主权增加。以客户为中心的金融创新成为了银行发展的首要课题。于是，银行正在从传统的模式向“以客户为中心”的模式转移。这种转移体现在以下几个方面，由过去的单一品牌向多品牌转变，无差异性的客户服务逐步向差异性或个性化方向发展，从过去的标准化产品，转向提供一种全方位的、多样化的理财方式，僵化的渠道变为了多渠道，技术平台有了大幅度转变，现代银行IT体系架构已经基本形成。

我国银行信息化取得的成就是非常令人瞩目的。总的来说，银行信息化有力地支持了银行的改革和发展，也极大地支持了国民经济的发展。对于银行来说，信息化在支持银行的经营管理以及支持银行创造新产品方面的功绩是无与伦比的。一方面，信息化极大地提高了银行业务的处理效率，扩张了银行业务延伸的地理范围，很好地支持了银行经营管理的方方面面，促进了银行经营的效益；另一方面，信息化有力地支持了各种新产品和服务的创新，使得银行真正实现了“面向客户”式的经营。当前，我国银行信息化的现状包括如下几个基本特点，第一，各银行的网络改造已经基本完成。网络改造是数据集中的前提，是分散模式过渡到大区集中的前提和基础。从现在看，大部分国有银行以及股份制银行的网络改造工作已基本完成。改造完成后的网络平台，不但可以将分散在各局域网服务器上的数据集中到数据中心的主机上进行处理，而且可以在相当长的时间内满足银行未来业务发展的要求，为今后工作的开展打下基石。第二，各银行的集中工程已经由初期的网络改造以及综合业务系统的试点与全面推广，进入到由大区集中到全国的集中，集中的模式已经开始初步发挥效益。部分银行已经在集中的基础上初步开始了数据仓库的建设，在某类或某几类的数据基础上，针对部分业务建设小规模的数据仓库，并开发出不同功能的各类管理信息系统以进行试点。第三，我国银行产品创新的步伐以前所未有的速度发展，发展速度几乎和国际同步。近几年，各种新型的银行服务（比如网上银行、银证转账等）层出不穷，有些甚至走在了国际前列。第四，从整个银行业来看，我国各银行的信息化水平趋向平均，和国外的差距在业务处理方面逐渐趋同。一方面，整个银行业信息化的大环境促使以往整体IT水平相对较弱的金融机构（如农行、农信社、城市商业银行等）开始与领先的银行接近。另一方面则是应用水平的平均。在分散模式向集中模式转换的大趋势下，各银行对信息化的思路基本上有了统一的认识，不论大型国有商业银行还是中小银行，系统建设的根本目标和功能都达到了一致。

虽然我国银行信息化已经取得了非常令人瞩目的成绩，但是总体来说，我国银行信息化在支持银行开展金融创新、提高金融服务方面的能力还相当有限，尚处于发达国家银行20世纪80年代的水平，一些主要问题必须加以解决。第一，从金融产品的创新开发来看，我国银行没有做到市场需求驱动，每个环节层层把关，开发周期中甚至存在断环，从而使得产品的开发效率和质量低下，使得信息技术在银行的引进具有不连续性，这直接影响到了银行的核心竞争能力。第二，从信息技术的应用领域来看，虽然在业务电子化方面我国银行已经取得了不错的成绩，但是在风险控制、管理和决策信息化方面还相当不足。从基础设施和业务处理层面来看，我国银行与国外银行的信息技术应用水平差距不大，有些方面甚至还处于国际领先地位。但是，在管理信息化层面上的差距却十分明显。经营管理方式没有实现根本的改变，仍然通过制定各种政策、规章制度等“软控制”方式进行，越权违规行为只能通过事后稽核等手段查处，在管理上还无法实现实时的硬性控制。而此时国外商业银行计算机应用已从提高内部成本效率管理、解决前后台业务处理问题，转向了面对外部市场竞争、解决增值金融服务问题，从满足于账务处理的核算需要，转向了致力于收集处理信息、筛选区分客户、规避风险、营销市场、解决新经济下信息不对称的难题。国外商业银行信息技术的应用已从操作层进入到了管理层，成为了管理决策的重要工具和竞争发展的关键因素。第三，在信息化的管理方面，实施信息化所必需的配套管理体系变革严重落后于信息技术的引进和应用，IT治理和IT风险管理落后于商业银行的公司治理和风险管理。我国银行对整个信息化过程缺乏统一的规划和部署，没能形成一个系统的、规范的技术路线，因此在信息化过程中总是不断地加大软硬件和人员投资，不能很好地处理技术的跳跃。此外，整个银行内部架构、科技人才管理等方面还需要进行改革，才能适应信息化发展的需要。因此，我国银行同国外银行在发展阶段上还存在一定的差距。我国银行应当充分认识到已经取得的巨大成就和当前存在的严峻问题，从信息化管理问题入手，制定出适合我国银行实际情况的信息化发展规划、管理体制和运行机制，从而保证信息化建设的进一步快速发展，缩小同国外银行的差距，并力争在当前的金融环境中立于不败之地。

8.1.2 国内外银行信息化管理现状分析

所谓"银行信息化管理"，是指为了经济、有效地进行银行信息化建设，保证银行信息系统正常运行，保障银行信息化相关工作的顺利开展而进行的管理工作。我国银行与国外银行在信息化方面存在的差距很大程度上正是在于信息化的管理。因此，在本节中，通过总结国外银行在信息化管理中得出的经验，对照我国银行信息化管理的现状，来分析我国银行信息化管理中存在的问题及其原因。

一、国外银行信息化管理的主要经验及发展趋势分析

1. 国外银行信息化管理的主要经验。国外银行信息化管理的主要经验可以总结为如下三个方面：在管理方面，实行项目管理及知识管理；在决策方面，进行科学的战略规划和形成一套完善的决策机制；在服务方面，加强金融服务创新、推行个性化服务（见图8－1）。

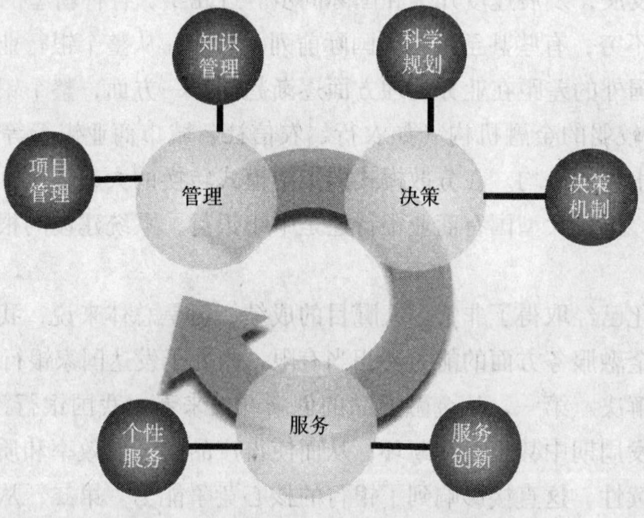

图8－1 国外银行信息化管理的六大经验

（1）项目管理。银行信息化的进程归结为一个又一个信息项目的开展和完成。为了保证银行信息化过程的顺利实施，采用标准的项目管理手段是有效的方法。国外银行确立了项目流程投产管理流程，综合和吸收了许多现代管理理论与方法。例如包括美国商业银行传统的"服务请求书"（Service Request）、银行系统运行的性能管理（Performance Management）、变更管理（Change Management）以及银行信息资产管理（Information Asset Management）等。应用项目投产流程以文档记录为衡量标准，并且所有文档及材料都已存入应用部门和信息技术部的OA部门中。

（2）知识管理。知识管理是以人为中心，以信息为基础，以知识创新为目标，将知识看作是一种可开发资源的管理思想。商业银行的利润实现主要靠管理和服务，国外银行重视知识管理，利用商业银行综合信息网络完成对客户信息的收集和跟踪分析，运用数据仓库技术，完成信息的挖掘，形成科学的决策。商业银行的管理充分体现为对知识信息的管理和管理工具的智能信息化。

(3) 科学的战略规划。科学、系统的战略规划是国外银行在信息化过程中取得成功的重要因素。其中最突出的就在于面向客户和面向流程的战略。以客户为中心是现代管理的重要理念，作为服务性行业，银行业尤其要重视客户的作用。在信息化的建设和管理中坚持面向客户的战略，使得银行能够持续地开展业务创新和管理创新。国外银行已经在面向客户的战略的指导下，发展起了以网上银行为代表的电子银行业务，以及个人银行、家庭银行等多样化、个性化的服务。国外银行在信息化过程中，还采用了流程化的管理，将传统的面向职能部门的银行管理模式，转变成以客户为中心的柔性的组织结构，通过围绕信息化管理的运作流程、管理流程和决策流程开展工作。

(4) 完善的决策机制。信息化对银行带来的变革是深远的，信息化决策的关键性是不言而喻的。可以说信息化决策的好坏会直接决定到信息化的成败。所以，国外银行在信息化建设中都高度重视决策环节，建立起了一套完善的决策机制。比如，在信息项目立项，开发方案选择，采购、外包决策等方面都形成了规范的流程和制度，决策的各个环节都严格把关，以保证决策结果的科学性、可行性和正确性。在决策过程中，适度权力的下放也值得我国商业银行借鉴。

(5) 金融服务的创新。不断利用信息技术进行金融产品和金融服务的创新是银行得以持续发展的源动力。国外银行在信息化过程中，极度重视利用信息技术对传统银行进行信息化改造，大力推进服务创新，从而使客户更直接、更快捷、更个性化地获得商业银行金融服务。国外的银行业已经成为了一个完全竞争的市场，“脱媒”现象使得银行的传统业务在不断萎缩，从而也导致了银行的利润空间在不断缩小。因此，不断进行金融服务和金融产品的创新不仅是为了满足不同客户的需求，更是为了满足开拓新市场的需求。在国外，互联网的发展使得依托于IT的金融产品创新速度非常之快，大量的创新产品不断涌现，从而极大地提高了银行的利润空间，中间业务在银行的利润中占有很大比重就是一个很好的证据。此外，推出新的金融服务带来的竞争优势还不仅体现在服务质量的提高，从而真正实现以客户为中心的经营方面，而且还体现在银行经营效率的提高、服务成本的降低等方面。网上银行就是商业银行利用信息技术开展金融服务创新的一个很好的范例。

(6) 个性化的服务。现代商业银行信息化的发展极大地改变了传统银行的经营方式，银行业走向了一个以客户为导向的金融时代，制定有针对性、个性化方案已经成为国外银行提高客户忠诚度的重要保障。正如前文已经提到的，国外银行都有自己非常明确的目标客户群，它们针对这些目标客户群来提供有针对性的个性化服务，从而形成了自身的核心竞争价值链。

2. 国外银行信息化管理的发展趋势。纵观国外银行信息化所走过的历程，可以看出国外银行在信息化管理方面呈现出如下的发展趋势：

第一，信息化管理与业务过程的全面融合。在未来的信息化发展中，国外银行的信息化管理将和银行的业务过程全面融合。银行的信息化不再主要是信息部门的事情，而是全行所有部门的一项重要工作。银行所有业务的开展，都将和信息化密不可分，信息技术的广泛使用，将会大幅度提高业务运作效率，而且新技术的发展将会给新业务的开发带来可能，同时，通过业务部门的运作，可以对信息技术部门提出新的需求。信息技术的发展将是银行成长的源泉因素，信息系统的服务已经涵盖了金融业所有核心业务流程。未来银行的业务创新将会是围绕信息化过程、以信息技术为依托的业务创新，而对于信息化的管理是其中的基本保障和一项核心内容。从人员上来看，信息部门人员在银行中的地位将得到进一步的提升，在银行领导决策层中发挥越来越大的作用。未来银行的强势人才将是既懂技术又懂业务的高级人才。新的金融工具和服务方式的推行，往往是金融性质的市场行为同信息技术相互耦合的结果。金融市场上的决策行为，则更多地依赖充足的信息获取和基于知识的量化评价。

第二，以外包为主的信息化管理模式。目前，国外银行在信息化过程中，大量采用了外包，而自己专注于塑造核心竞争力，从而降低了成本。除了在信息系统的开发上实行外包之外，国外银行还将银行的一些非核心业务外包给其他公司进行运作。而且近年来，国外银行不再拘泥于简单的将一些非核心的业务外包，它们在确定外包范围上更加放开了手脚。例如，美洲银行将语音和数据网络的改造和管理工作交给了EDS公司（Electronic Data Systems），合同价值高达45亿美元，期限为10年。而德国德意志银行（Deutsche Bank）也将计算机业务外包委托给IBM，合同期限为10年，合同规模约25亿欧元。另外，在银行卡、网上银行、呼叫中心、灾难备份中心等业务上，国外银行也大胆地将其委托给银行服务提供商。通过这种做法，银行的客户服务水平和经营效率得到了进一步提高，运营成本也有了进一步的降低。

第三，银行信息服务的独立运行。随着银行信息化的进一步发展，国外银行也大有信息服务独立运行的趋势。在这种模式下，银行将一些不构成自身核心竞争力的信息服务外包给IT厂商，而将自己的科技队伍用来建设和维护构成核心竞争力的业务。银行同IT厂商的这种合作可以采用战略联盟、联合共建和专业化分工等方式来实现，而这些IT厂商可以是资金、实力相当雄厚，而且积累了大量信息化经验技术的大型公司，比如日本中央银行建立的全国处理中心，其人员组成中，本行只占50%，日本电报电话公共公司（Nippon Telegraph and Telephone Public Corporation，NTT）和IBM占50%。此外，银行还可以将自身的科技部门分离出来，成立独立运作、独立核算的一级法人，并将自身的信息服务完全交与其运作。通过这种方式成立的公司，对于银行的信息服务和各项业务非常熟悉，不仅可以满足原所属银行的各种要求，而且还可以为其他银行服务。

第四，管理与决策的智能化。在集中化的数据管理模式下，使用数据仓库、联机事务分析系统等工具，各种管理信息和经营信息将得到最大限度的挖掘和利用，各项管理工作将由事后反应向事前、事中控制转变，实现对客户选择的正确辨别和经营风险的自动预警，为管理决策提供可靠的信息支持。管理信息与决策支持的智能化，将使银行的管理和决策更加规范、科学和准确。

二、我国银行信息化管理现状

我们将从战略、管理、运行和人力资源四方面对我国银行信息化管理的现状进行归纳。

1. 信息化战略：基于数据集中的信息资源管理和业务创新不容置疑。经过几十年的发展，从整个银行业来看，我国各银行的信息化水平趋向平均。各银行对信息化的思路基本上有了统一的认识。面对日趋激烈的市场竞争，以及加入世贸组织之后国外银行的强大威胁，我国各银行深刻认识到了利用信息技术提高自身竞争力的迫切性和必要性，从而纷纷开始大规模的信息化建设。虽然各行在信息化战略的表述上略有差别，但在基本思路上却非常一致，就是在加强信息技术基础设施建设的基础上，制定高效运行的管理体制和运营机制，深入开展银行的业务信息化和管理信息化，并在信息资源深度利用的基础上达到决策智能化，进行多种业务创新。

以上信息化战略的重点首先在于数据和业务的集中。我国银行已经充分认识到了其重要性，并已经投入了大量精力进行建设。迄今为止已经取得了相当的成效，工商银行已经将全行数据集中到北京、上海两个中心。同时，各行的综合业务系统也已初见雏形或正在建设，工商银行综合业务系统已于2002年6月全部完成，北京市商业银行“第二代”综合业务系统已于2002年2月正式上线运行，建设银行已经全面建成了综合业务系统。其次是在集中的前提下进行信息资源深度开发利用。各银行正在进行这方面的建设。工行的数据仓库建设已经完成，并已于2002年上半年初步开发完成信贷、银行卡客户等多个应用，但在信息资源深度挖掘方面，仍然还停留在初级阶段。再次是新型业务的开展。随着网上银行、电话银行的时兴，我国不少银行已经相继开始开展这些业务。工商银行、招商银行、北京市商业银行等都已经在不同程度上开展了网上银行业务。然而这些新型业务还不完善，还需要在管理和相关法律法规上予以保障。

2. 管理模式：信息化的环境建设初见成效，信息部门日显重要，自主管理与外包管理并存，制度建设与文化建设并重。

（1）我国银行信息化环境建设所取得的成就主要体现在如下三个方面。首先，相关的法规和制度得到了初步的建设。例如银行业的信息安全问题，人民银行建立了一支专职安全管理技术队伍，不断加大对信息系统安全建设的投资力度，初步建立了安全管理体系，制定了相应的安全规范，例如《银行计算机信息安全技术规范》、《中国人民银行计算机安全管理暂行规定》等。其次，在中央银行的指导下，我国的标准化建设取得了明显成效。“十五”期间，已制定了包括五个国家标准、十项行业标准以及用于银行卡联网通用的业务规范和技术标准。最后，我国银行卡业务也得到了长足的发展，建立了银行卡联合发展的组织体系和运营管理机制，制定、推行了统一的银行卡业务规范和技术标准，建立起了完善的社会监督机制，并规范了银行卡市场的经营活动。在信息化过程中，我国银行信息部门的职能逐渐得到了发展。这里的银行信息部门，是指直接负责银行全行的信息化建设（包括软、硬件的建设，开发维护等）、管理全行的信息技术资源的部门。不同银行的信息部门具有不同的称谓。纵观各个阶段信息部门在银行中的职能地位，可以看出我国商业银行信息部门的职能的演变过程，如图 8 - 2 所示。

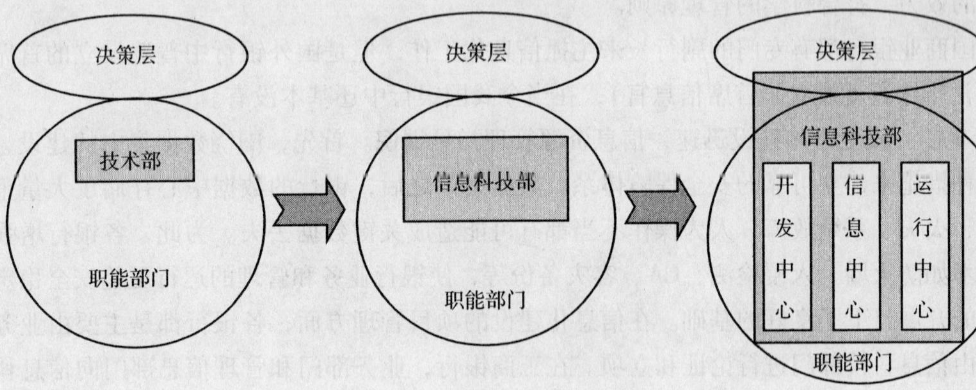

图 8 - 2　信息部门职能演变图

（2）我国商业银行的科技管理体系是随着信息技术的发展和银行业务的发展而不断发展的。在信息化的初期阶段，各银行只有一个规模很小的技术部门，里面的技术人员主要是进行相关软件的开发和硬件、系统的维护工作，为业务和管理部门提供支持。随着信息化工作的开展，信息技术在银行中的应用逐渐普及，相应的技术部门规模逐渐扩大，所负责的工作逐渐增多，重要性也日益增加，发展成为信息科技部。在开展数据集中工作之后，银行中的信息科技部门职能变得非常庞大，从而又分离出开发中心、信息中心和运行中心等子单元。随着信息技术在银行的业务及管理中的重要性日渐突出，以及信息资源作为一种战略资源对银行具有越来越重要的意义，信息部门人员现在已经开始向银行决策层渗透，在很多银行中已经占有一席之地。我国国有商业银行在经历数据集中的过程后，都先后对科技管理体系进行了调整，逐步形成了完整、高效、科学的技术管理体系和服务支撑体系，既适应数据集中后银行信息网络系统高度集中统一的技术要求，又有力地支持了不断变化的业务发展需要。

（3）国有商业银行科技管理体制模式。由于各国有商业银行的实际情况各不相同，有的国有商业银行正在经历改革和调整，其科技管理体制并没有遵循一个共同的模式。但是，不同国有商业银行科技管理体制都遵循了信息技术发展与应用的客观规律，都遵循了现代管理科学的基本原则。目前，国有商业银行科技管理体制的共同特点体现在如下三个方面：

一是坚持集中统一的管理体系。我国国有商业银行普遍实行集中统一、归口管理的科技管理体制，并不是一个偶然的现象。集中统一管理的科技体制符合现代信息技术发展与应用的客观规律。信息技术发展到网络时代，信息共享已经成为信息化的主旋律。只有实行统一标准、统一规划、统一建设、统一管理的体制，才能彻底消除各自为政、相互割裂、重复建设等信息化建设中的弊端，消除"信息孤岛"，真正形成互联互通、相互共享、集中管理、高效统一的现代科技服务体系，全面支撑银行的管理体系和业务体系的高效运转。

二是坚持分工协作的服务体系。国有商业银行普遍把科技工作按职能划分为科技管理、软件开发、运行维护三大职能中心，建立了科学的专业化分工协作服务体系。这种分工协作的服务体系是建立在集中统一、归口管理的基础之上的。分工协作的服务体系有利于集中不同专业的技术力量，发挥不同技术人才各自优势，以有效保障科技服务体系的高效运作。

三是坚持权责统一的管理原则。在国有商业银行中，科技部门对电子化建设资金有实际的管理、使用权力，能够在一个有效的监督机制下合理配置电子化资金在不同技术领域或业务领域中的使用，实行事权与财权相互统一、权力与责任相互统一，能够有力保障信息化建设的顺利进行，保障信息科技服务体系的效力，符合科学的管理原则。

虽然我国商业银行都有专门的副行长来主抓信息化工作，但是国外银行中普遍设立的首席信息官职位（比如汇丰银行就设立了首席信息官），在当今我国银行中还基本没有。

3. 运行机制：安全设施建设迅速，信息资源管理初见端倪。首先，围绕数据集中的建设，各银行都采取了多种措施来建立可靠的安全保障体系。数据集中之后，银行的数据中心存储了大量重要金融数据，断电、火灾、系统故障、人为操作不当都有可能造成关键数据丢失。为此，各银行增强了各种信息安全技术如防火墙、入侵检测、CA、容灾备份等，使银行业务和管理的运行更趋安全稳定，同时为新型业务的开展打下了良好的基础。在信息化建设的项目管理方面，各银行都是主要由业务部门提出需求，再由信息科技部门进行论证和立项。在工商银行，业务部门和管理信息部门向信息科技部提出信息系统的需求，信息科技部从战略层面和技术层面进行论证，并对开发的规模、工作量进行审定。然后，信息科技部向软件开发中心提出开发要求，软件开发中心将开发设计方案提交给信息科技部，信息科技部审核通过以后，软件开发中心正式开发，并向信息科技部提交开发成果。在信息资源的管理方面，我国各银行已经初步认识到信息资源的分析和深度利用对于整个银行的重要作用，并开始了包括数据仓库在内的初步建设工作。

4. 人才管理：人才管理体系问题严重，人才缺乏和人才流失并存。我国的金融电子化经过十几年的建设，已经有了很大发展。但是，由于各家银行各自独立建设，因此普遍存在低水平的重复建设、开发效率低、适用性差的状况，加上银行系统员工的电子化知识水平较低，科技部门的人员又不是很懂金融业务，两者配合不起来，阻碍了我国银行信息化的进程。另一方面，随着我国加入世贸组织，国外银行凭借其资金实力、管理经验、操作技术和熟悉国际惯例等优势，开始与我国商业银行争夺高素质人才，吸引我国银行中相对稀缺的高素质业务骨干和中层管理者，特别是那些已经掌握大量银行业务市场、金融技术和经营管理机密的优秀人才资源，从而让我国银行陷入人才流失进一步带动客户流失、客户流失进一步引起效益流失的恶性循环。据工商银行调查统计，1998～2000 年共流失大学本科以上人才 1 558 名，2001 年 1～8 月份全行辞职人数达到 1 009 人。同样，由于中国银行在外汇业务方面具有一定优势，成为了替外资银行网罗人才的猎头公司的首选目标。近年来，仅中国银行总行，每年就有四五十人流入外资银行。我国银行人才流失的特点一是年纪轻，流失人才的平均年龄31岁，行内工作年限集中在3～8年，大都是行内的中青年骨干。二是学历高，流失人员中大学本科以上学历的占60%以上，研究生以上学历的也达到4.5%，远远高于职工平均学历水平。三是专业集中，流失的人才主要分布在国际业务、科技、信贷、会计、储蓄等部门，还有相当一部分是基层行行长，大都具有良好的业务素质和丰富的工作经验，是行内的业务骨干。四是流向集中，人才的主要流向是股份制商业银行和证券公司，约占45%，其次是去三资企业和外资银行，随着加入世贸组织之后外资银行的大批登陆，必然会对我国银行的人才储备形成更大的冲击。五是流速加快，近几年人才流失呈逐年递增趋势，以工商银行上海分行为例，1999年流失92人，2000年流失154人，2001年仅前7个月就流失382人。六是区域集中，流失人才主要集中在经济发达地区，尤其是大中城市、省会城市。据统计，工商银行北京、上海、天津三家分行流失的人才占工行全部流失人才的68%。这是一个具有讽刺意味的对比，一方面是人才稀缺，另一方面是人才流失。我国银行自己认为非常缺少的能够应付国外银行竞争的人才，却大批流到了外资银行包括外资保险公司及其他外资金融机构。大量优秀人才的流失不仅影响了业务的正常开展，而且往往伴随着许多优质客户的流失，给我国银行造成了难以估量的损失。

造成人才流失的原因，主要是国内银行在体制、培训、考核和激励机制上的问题，另一方面是待遇问题。国内银行机构人员的工资，特别是人民银行和国有专业银行，基本上套用国家干部的行政级别，工资水平较低。商业银行和其他金融机构的工资特别是福利待遇稍多一些灵活性，但比起外资银行机构来，相差仍然很大。调研发现，一个同等级别的银行管理人员，在外资银行享受的薪水可达国内银行的10倍。

三、我国银行信息化管理存在的问题

1. 信息化的环境问题。银行信息化建设要健康快速地发展，一个完善的银行信息化环境是其前提和基础。信息化的环境包括宏观和微观两个层面。在宏观上，整个银行业必须建立和完善相关的法律法规，政府应当制定一些有利于银行信息化建设的宏观政策，中央银行和银监会也应当在银行的信息化建设中发挥出重要的指导、协调和监管作用。在微观上，银行自身也应当营造出一个和谐的信息化氛围，充分调动各个部门员工的积极性，同时完善各项规章制度，使得信息化建设能够科学、有序、高效地进行。然而，因为我国银行信息化建设的历史不是很长，在整个银行业的信息化环境方面还有很多问题需要解决。我国的电子商务、网上银行等方面的法律法规还没有出台，全国征信系统还有待建设，而且随着时代的发展，又出现了很多新的问题需要解决，比如花旗银行向我国专利局申请了19项有关金融方法的专利，这个事实给我国完善金融专利法提出了非常急迫的要求。此外，在商业银行内部，还没有形成非常完善的信息化规范，特别是我国四大国有商业银行，它们有着浓厚的国企性质，信息化建设的相关标准、制度都相当缺乏，从而导致了信息化不规范、效率低下的局面。

2. 信息化管理的组织模式问题。银行的信息化过程能够顺利进行，在组织和人才配备方面给予保障是其最大前提。当前，银行的信息化工作已经不再是单纯信息部门的事情，而是涉及整个银行各个业务部门、管理与决策部门的一件大事。那么，如何确定信息部门在银行中的地位，如何处理好信息部门与其他部门之间的关系，是银行在以信息化为契机进行管理体制变革时需要慎重对待的问题。虽然说“信息化建设是为业务部门服务的”这个指导思想是毋庸置疑的，信息部门应当行使“服务、保障、支持、促进”八字方针职责，但是信息化对银行的战略重要性决定了信息部门应当能够参与银行部分重大决策的制定。目前，我国银行都没有设立国外银行已经普遍存在的首席信息官（CIO）职位，这正好反映了信息部门在银行决策层中的分量还不够，这对于我国银行的信息化工作是有害的。同时，我国银行在新产品开发周期中也存在断环，归根结底，也是因为信息化管理的组织模式存在缺陷所带来的。我国银行没有专门成立进行产品设计的部门，这难免导致产品设计和需求整合方面不能得到把关。我国银行也没有专门的IT评价机构，这也是银行不重视IT治理的表现。因此，我国银行需要针对信息化中的不足，重新设置、调整组织机构，使得信息化建设能够呈现出一个良性的循环。此外，信息科技部门的人员同银行中其他部门的人员不同，他们主要是懂技术而业务知识不足的科技人才。科技人才在当前及今后银行的信息化建设中将成为最重要的核心因素。而且时代的发展也对科技人才提出了更高的要求，银行应当努力将科技人才培养为“精通科技、懂业务”的复合型人才。然而，我国银行在科技人才的管理上还沿用着以前的模式，在培训、考核、激励等方面均存在诸多弊端，直接导致了科技人才综合素质不高、流失现象严重等问题。我国银行亟待建立一个能够覆盖不同层次、不同岗位人员的立体化、系统性的职业培训体系，针对科技人才的特殊性，建立一套科学、公平、公正和透明的考核体系，并完善科技人才的激励机制，使得科技人才在保持一定稳定性的前提下合理流动，将“以岗定人”和“以人定岗”结合起来，使得科技人才的管理在各方面都具有较强的市场竞争力。

3. 信息化建设的发展规划问题。银行的信息化建设是随着信息技术的发展而不断发展的，信息技术日新月异，银行必须很好地把握住信息技术的发展方向，并且对银行的信息化建设制定出长远的规划，才能够自如地应对信息化建设中出现的各种问题，而不至于在出现问题时显得束手无策。这正是我国银行在信息化管理中极度缺乏的一个方面，主要表现在，银行缺乏引进信息技术的明确的技术路线，在信息化建设中不能从全局的角度进行统筹规划，新的软硬件、管理系统的开发和引进很多具有一定的盲目性和片面性，不能对信息化需求进行整合归纳，从而导致银行系统分散、孤立、各自为政的现象非常严重，导致信息技术在银行中的引进具有不连续性。这不仅使得信息技术资源不能得到充分有效的利用，而且对银行的长远发展是非常不利的。

4. 科技管理问题。银行信息化的进程主要表现为一个又一个信息项目（比如新产品的研发、新的信息系统的开发等）的开展和完成，信息项目管理在银行信息化进程中占有重要的地位。迄今为止，我国银行的信息项目主要是信息科技部门主导开发的，在信息项目周期的两个阶段存在很大的漏洞。在立项决策阶段，我国银行尚没有制定出一套规范的信息项目立项决策程序，现在采用的开发模式是“业务部门提需求，科技部门开发”，其中缺乏对信息项目需求的综合、全面分析（包括可行性分析、投入产出分析），缺乏信息项目需求的整合环节，这正是造成银行出现众多彼此分立的信息系统、出现大量冗余数据的症结之所在。在项目投产后，缺乏对信息项目的全面评价工作，使得信息项目的成功与否无从得知，导致银行信息化建设不能稳步地跨越式地发展。这种恶性循环只会导致业务部门无休止地提需求，科技部门更加无计划地开发，信息项目的开发成本急剧升高。此外，我国银行在信息项目管理中的很多细节也有待完善，比如项目监理制度、信息项目的风险管理等。为了保障信息化过程的顺利运行，银行需要通过风险识别、风险测定、风险处理等方法，预防、规避、分散或转移信息化过程中的风险，从而减少或避免各种损失。但是我国银行迄今为止对于信息化过程缺乏规范的管理，其中之一就是没有对信息化过程中的风险进行系统的管理。例如，在信息化项目外包过程中，我国银行缺乏风险意识及相应的防范控制措施，而且在项目的规划、实施和人员方面都缺乏进行风险管理的要求，对于信息项目的价值评估没有一套合理的体系，难以将单个信息项目同银行的整体发展战略结合起来。

8.1.3　我国银行信息化管理的总体框架

一、我国银行信息化发展战略

一个行之有效的信息化管理体系必须要建立在银行整体发展战略基础之上。如何从一个传统银行成功过渡到网络时代的具备国际竞争力的现代银行，需要一个科学的前瞻性的战略规划。首先，现代化的银行体系需要现代信息技术、管理科学和当代金融工程理论三者的结合，信息技术已经成为当代银行优化内部管理、进行业务创新、吸引客户、获取竞争优势的基础和主要手段。在此基础上，银行还需要充分应用现代管理科学的理论和方法来改善内外部各方面的管理与运作，以及运用当代金融工程理论进行各种业务创新。此外，银行要打造自身的核心竞争力，就必须专注于自身的核心业务，充分利用内外部各种资源，将非核心业务外包给外部集成商和软件商，以及同外界咨询公司展开广泛的合作，这样可以将公司的规模优势放在投资和开发产品方面，还可以聘请资深的咨询公司对核心业务定制策略规划、技术方向分析、内外技能整合、人员培训等工作。参见图8－3。

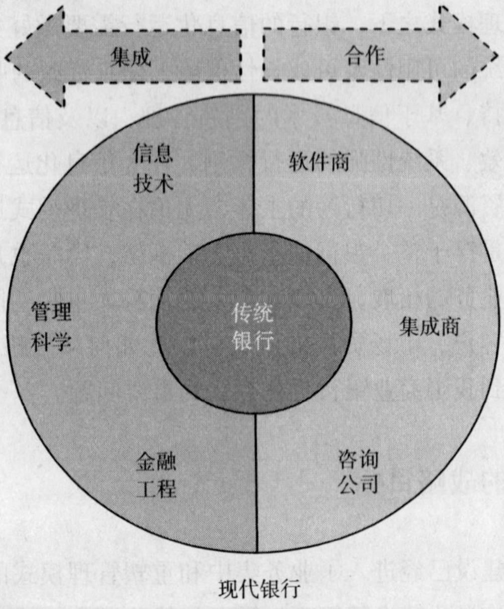

图8－3　我国银行信息化发展战略

二、我国银行信息化管理体系

基于银行业发展战略，结合我国银行业信息化发展的四阶段模型，可以知道我国银行的信息化建设进入了重塑管理模式和业务流程的时期，信息化建设的任务尤为艰巨。为了使得我国银行信息化工作能够顺利地深入开展，我们制定出如图8－4所示的管理框架。

第一，我国银行信息化的顺利开展需要一个良好的外部环境。我国应当建立和健全各项相关法规和制度，以保证银行的信息化过程健康顺利进行。我国政府在政策上应当对银行的信息化事业给予大力的支持，中央银行应加强我国银行信息化的指导和协调。第二，数据和业务的集中是我国银行业信息化当前的发展趋势，这在前面已经进行了论述。本章将把集中作为大前提，在此基础上论述银行信息化的发展战略、管理模式、运行机制和人力资源管理。第三，在信息化过程中，银行需要制定合理的信息化管理战略，主要包括对银行信息化管理目标的设定、信息化管理范围和内容的界定以及对不同内容的基本管理战略。在信息化管理战略指导下，银行需要制定和选择一套行之有效的信息化管理

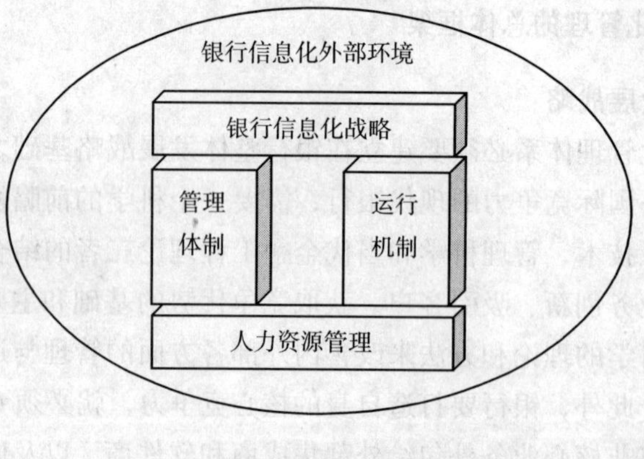

图8-4　我国银行信息化管理框架

模式。银行信息化不是简单的IT项目，其在时间维度上是一个长期的过程，在空间维度上涉及总行以及下属的分支机构，因此银行信息化的管理模式有其复杂性及特殊性。银行的信息化是一个动态的、不断深入的过程。在既定的管理模式之下，银行的信息化运行需要做好如下的基本工作：信息系统的正确运行，包括系统安全、系统的可用性及可成长性保障，信息资源的收集整理，以及在此基础之上的对信息资源的分析及决策支持、基于信息技术的创新管理，以及信息化项目的管理等。也就是说，银行需要制定出一套合理、高效、系统性强的运行机制，作为信息化运行的保障。此外，在银行的整个信息化运行过程之中，人力资源是一切行为的主体，无论在管理模式还是运行机制方面，都需要可靠的人才保障。人力资源管理贯穿于整个银行信息化管理框架，同时也是我国银行当前面临的一个严峻挑战。外资银行随着在中国业务的拓展，将以其竞争的优势大量吸纳国内银行的优秀人才，随之而来的是我国银行的部分人才、客户、市场资源的流失，因此如何从战略高度审视我国人才流失隐患，已成为一个十分紧迫的、关系到我国商业银行生死存亡的重要问题。

8.2　银行信息化管理的战略目标

目前，我国银行的信息化建设已经进入了业务集中和重塑管理模式的新阶段，在这一阶段信息化建设的任务尤为艰巨。对银行信息化建设的管理，需要从战略制定、管理模式和运行机制三个层面来进行，从而保证我国银行业平稳高速地发展，提升我国金融业的国际竞争力，保障我国金融体系安全、稳定地运行。

8.2.1　信息化管理与银行管理

一、信息技术与银行管理的关系

与传统金融业相比，现代金融业作为知识密集型产业，在组织架构、运作方式和业务开拓等方面，日益体现出以知识和信息为基础的经营管理特征。金融业的这种行业属性，决定了必须以飞速发展的信息技术为支撑，不断进行创新，实现自身的信息化。在组织构架方面，现代信息技术不仅为金融业提供着新的管理工具和技术设施，而且不断改变着金融企业的管理方式。通过信息化，提高了管理效率，扩大了管理范围，减少了管理层次，促进了金融机构的管理模式向“扁平化”方向转变。在运作方式方面，现代信息技术的发展，引发了金融服务内涵和方式的根本性转变，同时也带动了对金融信息服务需求的强劲增长。随着消费者的需求日益个性化、多样化，金融业过去的服务种类、服务方式已经越来越跟不上市场需求的快速变化。金融机构若想扩大自己的市场份额，必须转变经营观念，由面向账户的经营转向面向客户的经营，向客户提供定向的个性化服务，赢得客户的信任，并建立开放型、全方位、全天候的现代化营运体系，为客户提供方便、快捷、高质量的金融服务。在业务开拓方面，信息技术的发展已成为金融业增长的源泉因素，信息系统的服务已经涵盖了金融业所有核心业务流程。新的金融工具和服务方式的推行，往往是金融性质的市场行为同信息技术相互耦合的结果。金融市场上的决策行为，则更多地依赖充足的信息获取和基于知识的量化评价。与此同时，新的业务与运作方式也带来了很多亟待解决的问题。其中包括金融风险识别与规避、电子业务的安全性等等。对这些问题的解决又带来了新的技术进步，从而又为商业银行带来了新的管理观念与方法，如图8－5所示。

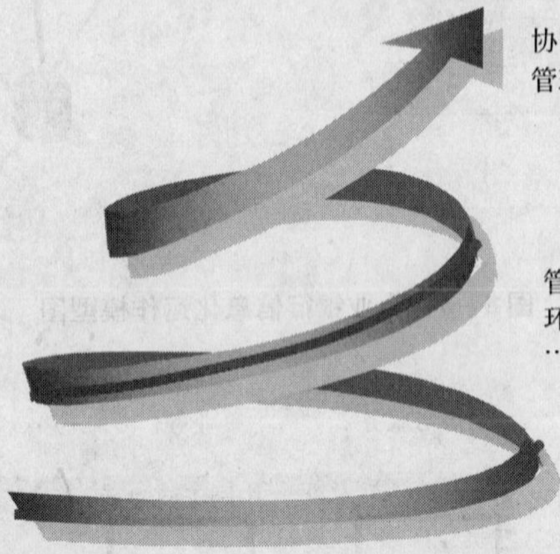

图8－5　信息技术与银行管理的交互作用

二、商业银行信息化的运作模式

如前所述，我国银行经过信息化的发展已经基本完成了业务电子化的过程。各商业银行都已经建立了以数据集中为目标的信息体系架构，并在不同的平台上开展了大量的金融服务业务。银行的一般业务模式如图8－6所示，它体现了从数据集中到产品、销售、再到客户的管理模式。

三、银行业价值链分析

按照鲍特（Porter）的价值链分析方法，这里对银行的价值链作一简化分析，目的是找出各商业银行间的竞争与合作模式。如图8－7所示，从客户的角度出发，各个商业银行都有自己的价值链，覆盖了包括销售在内的各项业务。商业银行间的竞争也就表现为各个业务之间的竞争，因此，商业银行为了提高自身的竞争力，就要不断完善自己的体系结构，不断提高自身的信息化水平，这样的结果必然是各商业银行走向大而全的管理模式。从价值增值的角度分析，各银行所建立的独立的价值链未必是价值最大化的价值链，也就是说，单纯的竞争未必会给商业银行带来更大的利润。

总结起来，在信息社会我国银行业传统的价值链模型有如下问题：

（1）业务特色不突出。现在几乎所有的商业银行所开展的业务都是类似的，即使有些商业银行推出了一些新业务，其他银行也都会很快跟进。这使得我国的商业银行缺乏自身的竞争力。在我国加入世贸组织取消对国内银行业的保护之后，缺乏自身竞争力的银行将面临更大的压力。

（2）重复投资，社会资源浪费。由于每个银行都要建立自己的系统，就不可避免地造成重复投资，这对整个社会资源来说，是一种浪费，同时也降低了银行的运作效率。

（3）无法实现以客户为中心的管理策略。在传统的价值链中，客户所面对的是一家家孤立的银

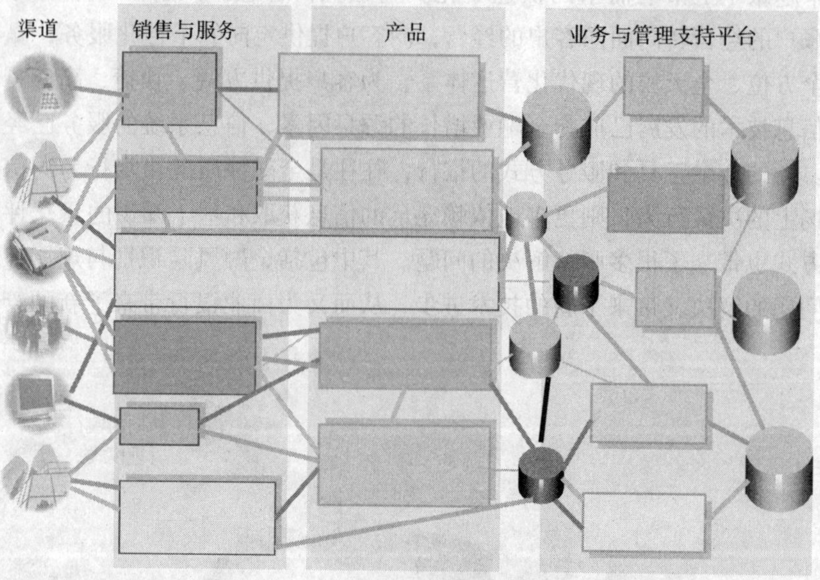

图 8－6　商业银行信息化运作模型图

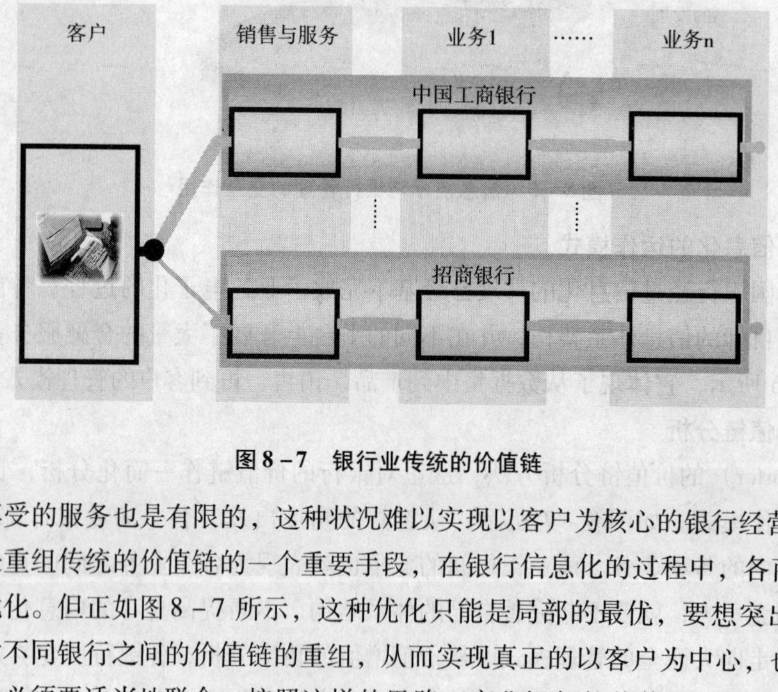

图 8－7　银行业传统的价值链

行，因此客户所享受的服务也是有限的，这种状况难以实现以客户为核心的银行经营战略。

银行信息化是重组传统的价值链的一个重要手段，在银行信息化的过程中，各商业银行都注意到了自身价值链的优化。但正如图 8－7 所示，这种优化只能是局部的最优，要想突出各商业银行的特色，就必须完成对不同银行之间的价值链的重组，从而实现真正的以客户为中心，也就是说各商业银行在竞争的同时，必须要适当地联合。按照这样的思路，商业银行的价值链可以像图 8－8 所示的一样进行重组，每家商业银行都强化自身最核心的价值链，同时与其他银行合作，建立全局最优的价值链网络。

四、3M 理论在分析查找我国银行差距中的应用

要实现竞争与联合的统一，各商业银行就必须做好信息化的规划与管理工作，统一认识，避免低层次的竞争。国外商业银行、尤其是美国商业银行的信息化之路的成功经验值得借鉴。美国商业银行信息化历程造就了许多新的思想和意识，并在此基础上形成了成熟的理论。其中较有代表性的是麦肯锡公司（Mckinsey & Company）的 M1－M2－M3 理论。M 构造理论是指银行信息技术管理的三个层次

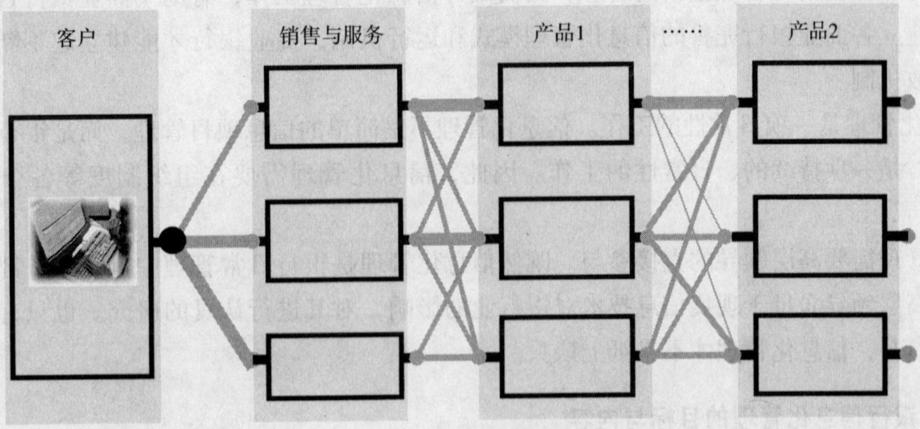

图 8－8　网络时代的银行业价值链

而非银行的货币供应。同时，M1－M2－M3 也就是银行信息技术成本的概念化。M1 层是计算机体系结构、硬件、系统软件、语言、通讯技术、PC 软件和 ATM 等，M2 是指银行应用软件和人机交互操作，M3 是指银行业务需求与信息技术结合（见图 8－9）。我国银行信息化未来之路，可以借鉴 M1－M2－M3 理论，从 M1、M2、M3 三个层次出发，找出我国银行存在的差距，从而使三个层次并举，实现与国外商业银行接轨、缩小差距、增加竞争力的目的。

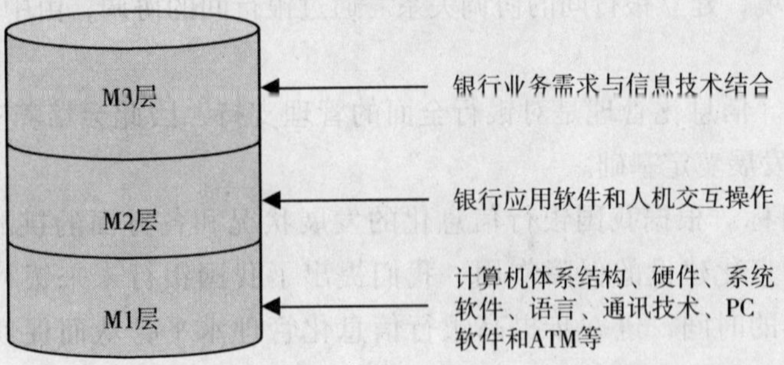

图 8－9　商业银行信息化的 3M 模型

存在于 M1、M2 层的价值链，各个银行有很多相似之处，因此各银行应该在这两个层次上加强合作，通过制定统一的行业标准等手段，实现各银行在信息化基础设施上的互通互联、共享协作。在 M3 层上，各商业银行要突出自己的核心能力，这种能力是在竞争、协作的协调之中建立起来的，而不是单纯地通过自身的价值链增值来实现的。对 M3 层而言，要建立自己的核心能力，就必须持续地进行“信息化”，也就是要提高对信息资源的开发、利用能力，从而围绕客户不断提高服务能力和服务水平。因此，现代银行的竞争主要就集中在服务的竞争上，也就是信息资源开发利用能力的竞争，也就是信息化管理的竞争。因此，信息化管理在现代银行管理中具有重要的地位，这种重要性是网络时代银行竞争的必然结果。对信息化管理重要性的理解可以从如下几个方面入手：

1. 管理信息化和信息化管理。这两个对称的名词是我国银行业信息化进程中的最为重要的两个方面。如前所述，我国银行业的业务信息化，也就是 M1、M2 层的建设已经初具规模，但是最欠缺的是对银行管理的信息化。为此，管理信息化是未来银行信息化的重点内容之一。信息化管理是指对信息化的管理工作，它包括了现代银行吸收 IT 技术的战略管理、过程管理、运行管理等方方面面。

2. 信息化管理是提高银行企业竞争力的重要工具。信息化管理是对 M3 层的竞争与联合的管理、是对现代银行业务创新和管理创新的管理，因而做好信息化管理工作，有助于商业银行自身价值链的优化。通过建立各商业银行完善的信息化管理模式和运行机制，商业银行才能建立起不断提升自身竞争实力的有效机制。

3. 信息化管理是一项日常性的工作。信息化管理不是简单的信息项目管理，而是银行全面管理的一部分工作，是一项持续的、日常性的工作。因此，信息化管理需要在组织制度等各个方面得到保证。

信息化管理需要高层领导的直接参与。既然信息化管理是银行日常管理中重要的一部分，就需要银行专门的高层领导立足于现代信息技术对银行业的影响，对其进行认真的研究。也只有得到了高层领导的直接参与，信息化管理才不是纸上谈兵。

8.2.2 银行信息化管理的目标与内容

1. 银行信息化管理的目标层次可以分为：

（1）业务电子化。也就是要建立业务系统的管理模式和运行机制，维持现有业务系统的高效、稳定、安全运行。同时进行业务系统的持续创新，不断塑造银行的核心竞争力。

（2）管理信息化。也就是要实现银行管理系统的自动化，优化管理流程，并进行持续的管理创新。

（3）决策智能化。实现对银行信息资源的深度利用，包括建立对客户数据的深度挖掘体系等。

（4）规范信息化环境，建立银行间的协调关系。通过银行间的协调，由中央银行建立并管理银行信息化的环境。

（5）培养管理队伍。信息化管理是对银行全面的管理支持，因此会培养一批优秀的银行管理人才，从而为银行长远的发展奠定基础。

2. 信息化管理的目标。根据我国银行信息化的发展状况和各方面的挑战所带来的要求，结合信息化管理对于银行信息化建设的保障作用，我们提出了我国银行未来银行信息化管理的中长期发展目标是，利用十年的时间，进一步提高银行信息化管理水平，从而促使银行在金融创新方面的能力能够和先进国家进行竞争，甚至在局部领域达到国际先进水平。其中，在未来五年内，银行信息化管理的重点是为将来的发展奠定基础，具体来说，需要初步建设和完善银行信息化的外部环境，理顺银行内部的信息化管理组织构架，建立一套有效的信息化运行机制，从而保障银行信息化建设的高效、有序进行，使得信息化在促进银行金融创新方面的能力达到发达国家 20 世纪 90 年代中后期水平。

3. 信息化管理的内容和范围。在一般意义上主要是针对商业银行自身的信息化管理的内容，事实上，从更广泛的角度，银行信息化管理包括了对银行信息化环境的管理和商业银行自身的信息化管理两个大的部分。对应我国的现状，也就是包括了中国人民银行的信息化管理以及其他商业银行的信息化管理。其中，中国人民银行的信息化管理主要是从规范、协调的角度入手，其他商业银行的信息化管理主要是从业务、管理的创新和价值链的增值入手，如图 8 - 10 所示。

具体地说，本章所探讨的银行信息化管理模式与运行机制包括如下几个方面：

（1）银行信息化环境的管理模式与运行机制。主要分析中国银行业信息化的管理方法，包括组织模式、协调机制等。

（2）商业银行信息化管理模式。确定商业银行信息化管理的主要模式，包括组织模式、管理流程等。

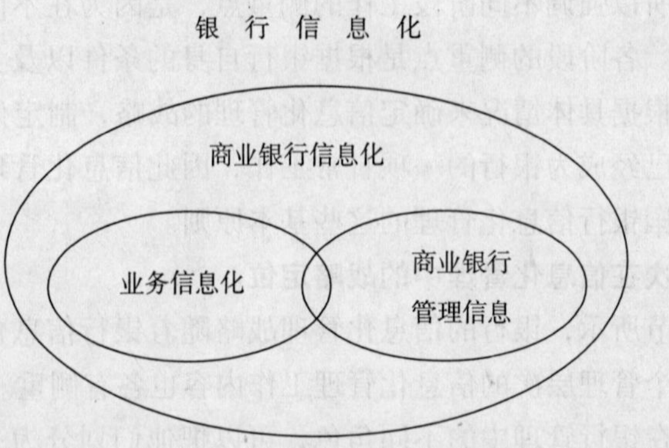

图 8-10　银行信息化管理范围

(3) 商业银行信息化管理的运行机制。确定商业银行信息化管理体系的运行机制，包括管理与业务创新体系的建立、信息资源的开发利用方法、智能决策方法等。

(4) 商业银行信息化管理的人才支持战略。包括信息化的人力资源开发、银行管理队伍建设等。

8.2.3　银行信息化管理的战略

一、我国银行信息化的“三阶段”模型

为了实现对银行的全面的信息化管理，必须明确信息化管理的不同阶段以及相应的策略。根据我国银行业信息化管理中面临的主要问题，以及发达国家银行对 IT 的吸收过程和发展趋势，从银行管理的角度可以把我国银行信息化过程分为三个阶段，如图 8-11 所示。

图 8-11　银行信息化管理的三阶段模型

第一阶段是银行核心业务价值链的管理。也就是要利用信息技术建立银行的核心业务价值链，并建立保证价值链运行的管理体系。该阶段信息化管理的重点是建立正确的银行信息化架构，理顺业务、管理、创新等各种流程，打造银行自身的核心业务。第二阶段是客户关系管理。在银行核心业务的平台之上，银行要开展对信息资源的深度利用，尤其是客户资源，为此要建立客户关系管理系统，拓展银行的目标客户群。该阶段的重点是完善客户关系管理系统，获取并保持目标客户群，提高目标客户群的满意度和忠诚度。第三阶段是网络资源配置与管理。通过前两个阶段，在银行中已经基本建立了以客户为中心的价值链体系，在此基础上，需要整合、协调银行的内外部资源，完成对银行价值链的重新认识，优化价值链结构，调整管理与业务流程，进一步增强银行的核心竞争力。该阶段信息化的重点是流程的优化，也就是根据银行新的价值链的特点，优化银行的业务、管理。应当看到，以上三阶段的工作是在任何阶段都需要全面推进的，比如在塑造自身核心竞争优势的同时，银行也应当

着手市场营销的努力。之所以强调不同阶段工作的侧重点，是因为在不同的时期我国银行所面临的环境和所处的形势是不同的。各阶段的侧重点是根据银行自身的条件以及竞争的态势来确定的。对上述的每个阶段，各银行可以根据具体情况来确定信息化管理的战略，制定信息化管理的重点。但是，如前所述，信息化管理工作已经成为银行的一项日常工作，因此信息化管理工作也遵循着一定的基本原则，本章将进一步探讨我国银行信息化管理的这些基本原则。

二、银行不同组织层次在信息化管理中的战略定位

从时间轴上看，如上节所示，银行的信息化管理战略随着银行信息化工作的逐步深入而改变，从组织结构上看，银行的各个管理层次的信息化管理工作内容也各有侧重。

根据银行中不同人员在银行管理中的不同角色，可以把他们划分为三个层次，决策层、管理层和操作层。决策层主要是指银行的高层领导，他们负责银行总体发展战略的制定和重大问题的决策，管理层是指银行的中层管理者，他们负责贯彻银行的战略，并保证银行各流程的正常运行，操作层是指具体的执行部门，主要涉及具体业务的运行与开发工作。

1. 决策层。决策层在信息化管理工作中是战略制定者的角色。虽然决策层未必需要信息专家，但是在信息化管理中，决策者至少要从观念、组织架构等方面做好如下几方面工作：

（1）淡化信息化的技术情结，加强信息化的变革意识。在银行业，虽然很多人都承认不应该以纯技术的眼光来看待信息化，但是不可否认的是，几乎所有银行的信息化工作都是由科技部门来主抓。这使得我国银行信息化的技术情结严重，在很多人的心中都有意或无意地把信息化工作看作是建网络平台和数据平台。事实上，管理信息化工作应该是一个变革的契机，是银行自身价值链调整的开始。因此，要想做好管理工作的信息化必须要加强从上到下的变革意识，没有变革意识的信息化只能是低水平的重复，无法实现真正意义上的信息化。比如，我国许多银行都开始实施客户关系管理（CRM），大家对此谈论最多的就是应用了，客户关系管理可以进行客户细分、识别大客户、做到以客户为中心。这是一种纯技术的观点，事实上，客户关系管理的重要意义是在于管理思想的变革，是希望借助对客户数据的分析来改变管理流程，增强竞争力。客户关系管理的应用不应该仅仅限于客户数据的分析，更本质的是它可以用作金融风险的识别（比如信贷风险）、可以辅助新产品开发、制定目标销售策略、辅助决策（客户忠诚度分析、流失分析、贡献分析、交叉销售、收入预估、损失预估）等等。所有这些应用归根结底是要通过流程的变革来实现的。

（2）淡化传统的银行组织观念，加强银行首席信息官的作用。信息化的结果之一就是组织架构的变革。传统的银行组织架构对完成我国银行的转型具有重要的意义，但是并不一定是最适合未来竞争的组织架构。为此，决策者必须意识到传统组织观念的问题，利用信息化工作在进行流程变革的同时进行组织变革，逐步建立基于信息技术的现代银行组织架构。对决策层来说，虽然并不要求决策层个个都是信息技术专家，但是至少要有懂得现代信息资源开发和利用技术的人参与到决策中来。也就是说要有人能够既懂得银行的经营管理，又要懂得如何充分利用银行的信息资源（包括信息基础设施的规划与建立、信息资源的开发与维护、决策支持等），这个角色在国外往往被叫做“首席信息官”（CIO）。虽然未必非要设立这样一个职位，我国银行的行长或副行长都可以充当这一角色，但是，无论是谁充当这一角色，都必须清楚他自身的作用。他不同于传统的副行长，也不是传统的科技部经理，他是银行发展战略的直接参与者，能够洞悉信息技术和现代管理技术的发展，并不断地把它们应用于银行的发展实践中。从这一职能上来说，由一个专职的副行长来充当这一角色是非常必要的。

（3）淡化局部最优的思想，加强金融资源的规划。信息化是银行的一场革命，是银行管理和业务流程的一次根本性的再思考与设计过程，实现这个过程需要从全局的观点来思考问题，尽量避免局部最优的思想。为此，就要求银行的管理信息化能够进行银行全面的资源规划，也就是实现所谓的金融资源规划（Financial Resources Planning，FRP）。金融资源规划的核心就是要像运作企业一样来运作银行，对银行内外部的各种资源，包括资金、客户、财产、人力、物资等等统一进行系统的思考，建立一套能够顺畅运行的管理体系。对这个体系，国外的一些企业资源规划（ERP）软件商给出了银行解决方案，但是它们的体系还是西方银行的体系，我国银行有一定特殊性，在具体的运作过程中不能生搬硬套西方体系，而是要借鉴它们的思想，具体的规划方法还要认真研究，做到从实际出发、注重实效。

（4）淡化“大而全”的思想，加强对独立业务运营商的支持。专业化的独立业务运营商一旦出现，不但有利于商业银行降低运营成本，更重要的是，有利于商业银行核心能力的塑造。但是，我国商业银行“大而全”的思想依旧严重，让它们做IT的外包还可以，可是涉及银行的服务外包，这个思想的转变还要一个过程。因此，对于独立业务运营商，各商业银行要努力创造并充分利用这一新生事物，把标准化的非核心业务外包，不断创新，形成各商业银行自身各具特色的核心业务，从而保证中国的商业银行即使在外资银行大规模进入的情况下依然具有足够的竞争力。

2. 管理层。银行的中层管理者既是信息化总体战略的执行者，同时也是决策素材的提供者。该组织层次是整个信息化管理工作的中间环节，管理层既可能是信息技术需求的提出者，也可能是信息技术需求的开发者，因此对管理层，信息化管理战略的关键就是不要求设立独立的信息技术部门管理者，所有的管理者都会在需要的时候承担传统的信息部门管理者的工作。实现这一点就需要强有力的信息技术队伍作保证，8.4中会针对这一问题做详细介绍。

3. 操作层。操作层是信息化工作的实践者，对这一层次，强调专业分工的管理战略，一方面，通过服务外包商（BSP）等新的银行运作模式实现银行非核心业务的专业化经营，减少信息化工作操作层面的管理工作，另一方面，还要从银行创新出发，做好信息项目的管理工作。

从银行的三个组织层次来看，从操作层到决策层，是一个组织职能逐渐模糊化的过程，也就是说，从底层的专业化分工管理，到中层的矩阵职责管理，再到决策层的战略管理，其组织职能的专业化越来越模糊。相应地，各个层次的信息化管理工作是一个从下到上逐渐集中的过程，也就是说，操作层的信息化管理工作，尽量借助专业化力量（包括其他银行、公司），到管理层，信息化管理工作就要逐渐集中到银行内部，主要针对银行的业务运行与创新展开，到决策层，信息化管理的重点就集中到战略决策，如图8－12所示。

三、我国银行信息化管理的“三面向”原则

根据世界银行业的发展趋势，这里给出了银行信息化管理的“三面向”原则。所谓的“三面向”，就是“面向客户、面向流程、面向决策”。

1. 面向客户。以客户为中心是现代管理的重要理念，作为服务性行业，银行业尤其要重视客户的作用。在信息化管理中也要时刻坚持面向客户的战略。所谓面向客户，包括三个层面。操作层面的面向客户，主要是针对银行的业务而言。要确保服务水平，实现对客户交互的各种渠道的有效集成。可以通过呼叫中心、网上银行等手段来实现该层面的面向客户。分析层面的面向客户，包括建立销售计划预测、分析客户价值和行为、识别新业务进入市场的合适时间、通过虚拟渠道的稳定来加强客户服务经验等等。分析层是面向客户的重要层面，主要通过对客户数据的深入分析来获得服务客户的更为深入的信息。协同优化层面的面向客户，主要是为了更好地满足客户需要，并按需求进行银行价值链和市场的整合。其核心就是实现整个系统的面向客户的集成。

2. 面向流程。信息化管理是一种流程化的管理，因此在实施信息化的过程中要始终坚持面向流程

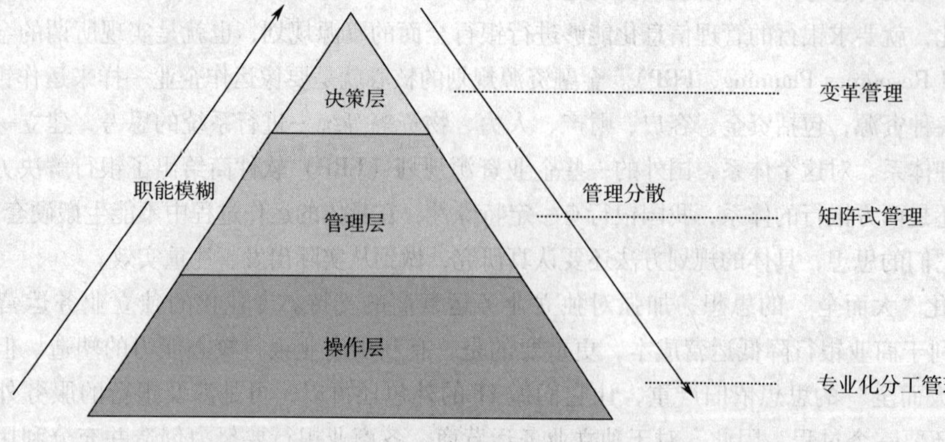

图 8-12　银行不同组织层次在信息化管理中的战略定位

的战略。围绕信息化管理的组织流程、管理流程、运作流程来开展工作，实现银行信息化管理从面向职能到面向流程的转变，如图 8-13 所示。

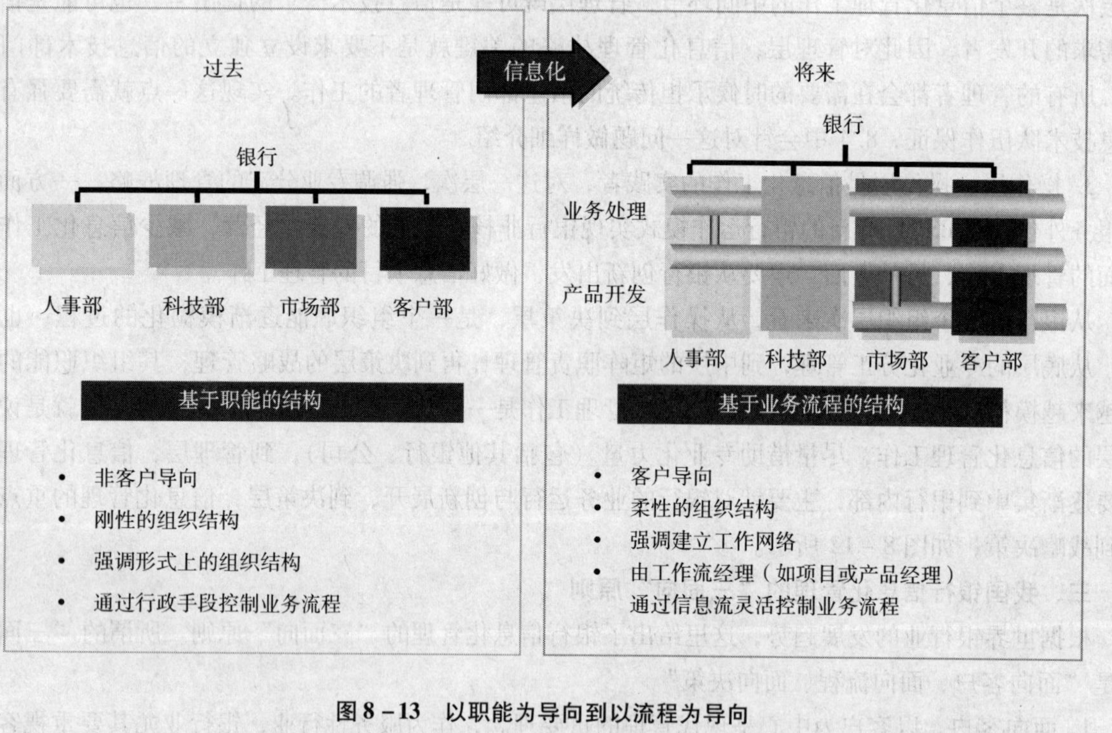

图 8-13　以职能为导向到以流程为导向

现在的银行管理还主要是面向职能部门的，所形成的组织结构还不是客户驱动的，而是刚性的，强调形式上的组织。通过信息化，要实现银行管理的流程化，强调以客户为中心的柔性的组织结构。

在信息化管理的过程中，要始终贯彻流程化的战略，就是要围绕以流程为核心的新的流程再造来进行信息化管理工作。这种流程再造，是围绕信息技术的引入而展开的，既不是一般意义上所说的通过咨询顾问来进行业务流程再造（BPR），也不是单纯的信息系统建设，而是采用以信息系统为导向的方法，如图 8-14 所示。

3. 面向决策。信息化管理要面向银行的决策层，一方面要求信息化管理必须由银行的决策层直接来抓，另一方面，要求信息化管理工作要把为决策服务放在比较重要的地位。

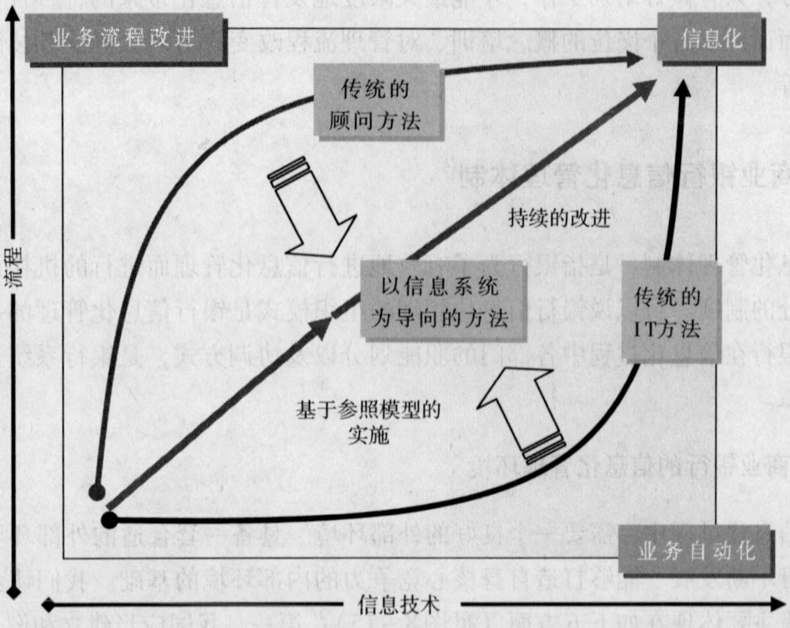

图 8－14　以信息系统为导向的流程再造

四、信息化管理成功的关键因素

做好银行信息化工作除了采用上面的策略，最为重要的就是建立起有效运作的信息化管理模式，这也正是本报告所探讨的重点。在详细探讨银行信息化管理模式和运行机制之前，必须强调，无论是建立管理模式还是运行机制，都必须要注意一些关键问题，概括说来如下：

1. 管理层的重视和参与。信息化管理必须反映管理层的战略意图。所谓反映领导层的战略意图，一方面是指信息化管理工作需要银行领导层的直接参与，另一方面是指信息化管理工作必须反映银行的战略发展方向。领导层的重视与参与，并不是只是针对一把手的所谓“一把手”工程，而是真正把领导参与落在实处，要重视首席信息官在银行管理中的重要作用，赋予首席信息官充分的权利和义务，从而带动高层的参与。信息化管理工作也不仅仅是信息部门的事情，需要所有管理层的参与，因此是所谓“层层一把手”工程。也就是在银行每一个组织层次上的管理人员，都必须参与到信息化管理中来。管理层的参与与重视来自于管理层对信息化管理方向和方法的充分认识，因此必须要加强针对管理层的培训工作。要让管理层随时掌握基于信息技术的最新的管理决策方法，掌握信息技术带来的新的业务体系和管理模式。

2. 明确的目标范围定义和计划控制方式。信息化工作是一项风险比较大的工作，为了能够减少信息化实施过程中的风险，在信息化管理中必须要保证在信息化“三阶段”模型中的每一个阶段都有明确的目标和范围。也就是在每一阶段都要根据该阶段的任务，确定相应的目标、工作范围、组织方式等，并制定详细的工作计划。在计划的实施过程中，要有完善的控制方式，以期降低实施的风险。实践表明，许多银行信息化管理工作的失败都来源于对信息化阶段目标和实施范围界定的模糊。这样就导致信息化管理工作变得模糊，从而增加了不确定性，使得信息化工作总是超出预计的情况，最终导致组织的抵制和信息化项目的失败。

3. 持续的培训宣传和知识转移。信息化管理工作是银行不断吸收和创造新知识的过程，因此必须要重视对信息化的宣传培训工作，把组织外的知识转化为组织内的知识，建立银行自身的知识管理体系，因此持续的培训体系是银行知识管理系统的重要组成部分。持续的培训工作是银行信息化管理工作的重要组成部分，只有做好培训工作，才能最大限度地发挥信息化带来的种种优势。持续的培训包括信息化的方方面面，如各个岗位的概念培训、对管理流程改变的培训、对业务技能的培训、对新的规章制度的培训等

8.3 我国商业银行信息化管理体制

所谓银行信息化管理体制，是指银行为了有效地进行信息化管理而进行的机构设置，以及有关各组织单元职能划分的制度。可以说银行信息化管理的组织模式是银行信息化管理的基石。信息化管理组织模式确定了银行在信息化过程中各部门的职能划分以及协调方式，是银行系统正常、有序、高效运行的基础和保障。

8.3.1 我国商业银行的信息化管理环境

商业银行在信息化过程中，需要一个良好的外部环境。具备一套合适的外部环境是商业银行营造一种能够促进自身不断发展、能够打造自身核心竞争力的内部环境的基础。我们认为，我国商业银行的信息化管理环境主要体现在如下五方面（见图8－15）：第一，我国应当建立和健全各项相关法规和制度，以保证银行的信息化过程健康顺利进行；第二，我国政府在政策上应当对银行的信息化事业给予大力的支持；第三，我国银行业信息化的顺利进行还离不开中央银行的指导；第四，银监会将在银行信息化过程中发挥重要的监管和协调作用；第五，银行在信息化建设过程中，还受到国家信息化办公室等机构制定的有关标准的约束。

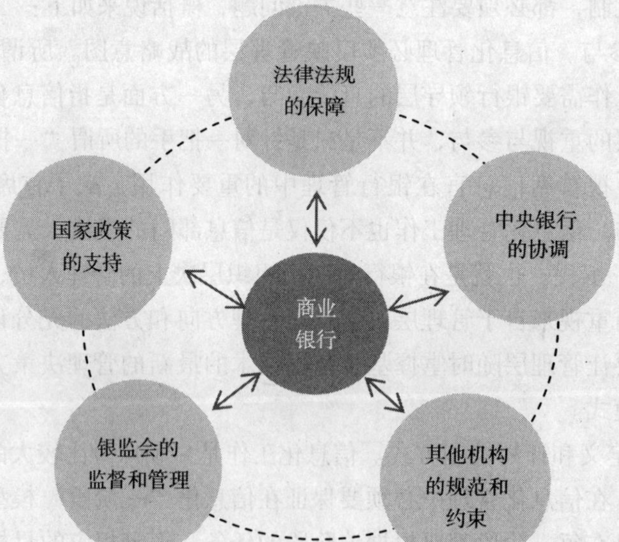

图8－15 我国商业银行信息化运行环境

一、相关法律法规和制度的建设与完善

法律和法规是推动信息化和保证信息化顺利进行的重要武器。随着我国银行信息化事业的不断深入，采用新技术、开展新业务带来了越来越多的新问题，在传统银行业运作模式下所采用的各项法规已经逐渐不能满足当前银行信息化的需要。我国应加快各种法律法规和制度的建设，为银行信息化工作的开展营造一个安全保障。银行信息化过程中新业务的开展需要相应的法规为其作保障。例如，我

国目前对于网上金融服务的交易管辖权、法律适用性、服务和交易合约的合法性问题、境外信息的有效性和法律的认定等问题尚无明确的法律、法规给予规范。比如，作为信息技术的产物之一，各家商业银行已经或者正在开通网上银行业务。作为一个全新的金融服务，必须建立和完善网上银行的相关法律法规，一方面要根据技术发展修改现行的法律规范与规则，另一方面要制定有关规范电子货币和网上金融服务发展的一系列法律法规，从法律上明确网上电子商务、电子资金流动的安全标准和程序，强化对网上银行和网上电子支付结算中心的资格认证，为网上银行发展和网络化金融创新提供法律保障、安全保障。还比如，曾经轰动整个银行业的花旗银行悄悄地向中国国家专利局申请19项“商业方法类”发明专利事件。这些已申请的专利多是配合新兴网络技术或电子技术而开发的金融服务和系统方法。虽然我国专利局尚没有授予其任何一项专利权，但是此事已经引起了中央银行和中资银行的广泛关注，这也正好说明了我国专利法在保护金融创新产品和方法上存在欠缺。创新的金融产品作为一种智力资产，理应得到法律的保护，但是保护的范围和界限则需要得到明确的规定。特别是随着信息技术的发展和银行竞争的日渐加剧，银行的竞争就体现在核心能力的竞争上，如何通过法律的手段对银行的核心竞争力给予保护，是我国法律迫切需要解决的一个问题。银行信息化过程中出现了传统银行管理与运作中所没有或者并不显著的新问题，这些问题的解决在很大程度上需要我国银行业建立合理的规范和制度，比如银行业的信息安全问题、信息标准和规范问题等。

二、国家政策的支持

国家有关信息化的政策对于银行业信息化的进程也具有至关重要的指导意义。银行信息化具有高投入、高风险、长周期的特点。因此，良好的政策支持是对相关法律法规保护的一个重要补充。党的十六大报告中提出的“以信息化带动工业化，以工业化促进信息化”就明确了我国信息化的总体指导方针。近年来，我国已经推出了一系列的促进信息产业发展和加快信息化进程的政策，如加快我国微电子、软件及通讯产业发展的一系列政策，对推动我国信息化的发展发挥了重要的作用。银行作为现代经济的核心，其信息化的过程也迫切需要政府在政策方面的支持。通过国家政策，来为银行业的信息化提供宝贵资源，扶持经济实力较弱的银行，改善我国银行业人才流失问题等，使得我国银行业能够在更有利的政策环境下开展信息化工作。特别是我国四大国有商业银行，目前由于管理体制方面的原因，在人才流失方面问题严重，更需要国家在政策上进行一定的调整，给予更多的支持，才能使得国有商业银行真正以客户为中心，真正实现市场化运作，与其他银行展开竞争。

三、中央银行的协调、指导以及铺路作用

在银行信息化建设过程中，中央银行承担着指导、规划、规则制定以及自身业务信息化等诸多的重要职责。除了实现自身的业务、管理和决策信息化以外，中央银行发挥的更多的是规范整个银行业、为商业银行的信息化建设铺路的作用，同时，在逐步由“管理型”向“透过金融服务来管理”的模式转变的过程中，为了提高工作效率，以更好地为商业银行服务，中央银行也离不开信息技术的应用。随着中国加入世贸组织，中资银行直接面临的将是来自国外银行的竞争。为了提高我国银行的竞争力，真正做到服务“以客户为中心”，我国整个银行业的信息化基础设施、国家信用体系、现代支付体系、银行安全保障体系、银行信息化标准等系统都需要得以建设和完善。这些工程都必须也只能在中央银行的带领下才能完成。具体来说，中央银行在我国银行信息化中起的作用主要包括：

第一，建立健全现代化支付体系，为全社会提供安全、高效的支付清算系统。

第二，大力推动银行卡联网联合的工作，贯彻落实国务院领导关于加强银行卡联网通用工作的指示精神，制定银行卡联网通用标准，与各地政府合作，改进银行卡受理环境，实现联合发展的目标。

第三，作为人民银行的基本职责，它需要制定和实施货币政策，以保障国民经济稳定发展。随着我国银行信息化的发展，电子货币将得到广泛使用，这需要人民银行对依据传统经济理论建立起来的中央银行货币政策进行改革，基础货币的度量、货币的投放、利率政策等都要进行重新审视，以满足电子货币的发行和流通的需要。

第四，为适应货币政策、金融监管和金融服务的需要，要做好统一中央银行数据采集体系的工作，建立金融基础数据库，实现银行间的信息共享和数据综合利用，实现集业务管理和服务决策于一身的综合信息化服务平台的建设工作，提高工作效率，降低办公成本，实现管理信息共享，使内部信息共享平台实现行政处理的网络化和自动化，提高政务管理水平。

第五，需要建立银行安全保障体系，为信息系统保驾护航。加强银行的信息系统安全工作，完善组织管理体系，加强信息系统安全教育和法制教育，提高安全管理水平和事件处理能力。加强网上银行、电子商务等新型银行业务安全机制的研究，加速计算机信息系统技术、技术风险防范体系的建设，研究制定安全技术标准和技术规范，逐步建立银行信息系统安全利用平台，完成计算机病毒防范系统的建设，完成计算机安全系统漏洞扫描、入侵实施检测、报警系统的监测、建立银行计算机系统安全事件应急中心。实现对系统资源、网络资源、设备性能、作业控制、故障对策和安全自动化管理，增加银行计算机稳定性、保证系统的不停顿运行，完善内部控制机制，保证业务数据和客户信息的安全，完成对银行计算机系统安全可靠性的研究，制定计算机系统安全风险评估与分析方法，加强计算机集合系统的建设，防范金融业务风险。

第六，需要组织和开展我国银行业信息化的标准化工作，从而减少信息化过程中的重复投资，并且规范整个银行业的管理和业务体系，加快银行业信息化的进程。

总之，中央银行在指导银行信息化建设方面任重而道远。在中央银行的指导和支持下，商业银行才能够放开手脚，全面提高控制和管理风险、创新产品、拓展市场的能力。

四、银监会的监督和管理

刚刚从中央银行分离出来的中国银行业监督管理委员会（简称“银监会”）将为银行监管工作提供更大的舞台，它将专注于统一监督管理银行、资产管理公司、信托投资公司及其他存款类金融机构的工作，主要职责为拟定有关银行业监管的政策法规，负责市场准入和运行监督，依法查处违法违规行为等。银监会对商业银行的监管也涉及银行信息化建设的方方面面，因此，商业银行在信息化过程中还应遵守银监会制定的法规，服从银监会的监管。另一方面，银监会在履行监管职能的过程中，也应当充分发挥信息技术的优势，采用信息化手段来进行监管，从而使得监管更加有效地进行，这无疑将为规范整个银行业起到非常重要的作用。

五、其他机构的规范和约束

银行的信息化工作还应服从于国家信息化领导小组以及国务院信息化工作办公室等上级管理机构的总体规划，及服从行业协会的管理。

总而言之，要增强我国商业银行在全球市场环境中的竞争实力，一个良好的宏观环境是必不可少的。中央银行将在营造这个宏观环境的过程中发挥主要作用。在相关法律法规的保障、国家政策的支持、中央银行的协调与指导、银监会的监管以及其他机构的规范与约束下，商业银行将可以大胆进行金融创新，真正提高自身的市场竞争力，从而实现真正的市场化运作。

8.3.2 确定我国银行信息化管理体制的基本原则

一、我国商业银行在进行信息化管理体制改革的过程中应当遵循的总体原则

1. 提高竞争力的原则。组织机构创新的最重要功能是为提高经营效益构建适应外部环境需求的组织架构，它的突出特征是提高竞争能力。要通过创新，在提升对市场控制力的基础上，提高业务运作效率和经营质量，使机构设置和调整必须以利润最大化目标的实现为中心。

2. 增强内部控制及市场反应能力的原则。通过组织机构创新，既要进一步加强内部控制，增强防范内部风险及应对突发事件的能力，又要提高对外部经营环境变化的反应能力，及时捕捉市场商机。

3. 降低管理成本的原则。既要减少管理层次，缩短决策环节与执行环节的链条，降低管理成本，又要建立灵敏的信息反应机制，确保上下级之间、银行与市场之间的信息及时传递。

4. 以客户为中心的原则。"以市场为导向、以客户为中心"是商业银行的根本经营理念，信息化管理组织机构创新要最大限度地提高客户服务的质量和水平。

5. 不断学习的原则。学习型组织的管理理念，鲜明地体现了知识经济时代对银行组织管理模式变化的要求。在进入知识经济时代之后，环境变迁的速度加快，知识已变为竞争的主要武器，银行生存和发展的主要条件已不再是降低成本、提高效率等因素，而是创新力、学习力以及反应速度的较量。银行一旦加入竞争之中，对付日益加速的变化只有一种战略可言：不断学习、创新、加快速度，再学习、再创新、再进一步加快速度。只有反应敏捷的、速度快到在人们尚未意识到之前就能知道自身发展方向的银行，才可能最终在竞争中获胜。

二、我国银行在进行信息化管理体制改革时，应当遵循"四个结合"的原则

"四个结合"包括：集中与分散相结合，业务与管理相结合，流程重组与风险管理相结合，自身发展与外部联盟相结合。

1. 集中与分散相结合。数据集中是银行经营管理、成本控制的需要，也是安全管理、灾难备份的必然要求。然而数据集中处理在提高银行集约化管理和运作水平的同时，也带来了运行风险的集中。为了有效地防范风险，保障数据中心系统的安全平稳运行，银行必须针对各类故障、灾难的恢复，设计在设备、网络、系统、数据、应用、中心等六个层面上的安全双备份，并加强对系统的监控管理。数据集中是银行后台数据集中处理的基础。在新的时代下，各商业银行都在努力提供多样化、个性化的金融服务，虽然说这些服务渠道（比如柜面服务、电话银行、网上银行、手机银行、呼叫中心等）在界面上大相径庭，在服务方式上也各不相同，但是它们所涉及的后台数据处理工作是比较类似的。这些后台数据处理具有工作量大、雷同性大、风险性大、专业性强的特点。因此，对后台数据进行集中处理无疑可以提高海量数据的处理效率，降低数据处理成本，减小数据处理风险，提高数据处理质量。"集中与分散相结合"中，"集中"包括后台数据和后台数据处理的集中，以提供安全、可靠的数据处理，"分散"是指在银行的各种服务渠道上，给用户提供多样化的、方便的、快捷的界面。只有将集中与分散结合起来，才能在给客户提供多样化的便捷服务的同时，又能保证后台数据处理的高效、安全、可靠进行，从而真正做到提高客户服务质量。

2. 业务与管理相结合。银行信息化过程中，业务和管理之间是相辅相成、共同促进的。第一，我国商业银行业务的发展向银行管理的发展提出了迫切的要求。当前，我国银行业传统的管理手段和方法已越来越不适应银行信息化发展的要求，在信息统计管理、资产管理、金融服务创新等方面严重滞后于业务的发展，迫切需要通过业务流程再造过程和管理信息化方式进行变革和创新。例如在信息统计管理方面，需要改变银行在手工操作时代延续下来的自下而上、层层上报汇总的旧方式，形成由计

算机集中生成自上而下的报表新模式。同时，通过集约化的数据来源渠道，对大量的管理信息、客户信息、产业信息进行集中分析和处理，可以实现业务数据和管理数据的集成、分析和利用。第二，银行管理体系的改革是解决银行信息化过程中各种问题和困难的根本途径。一方面银行需要解决市场经济下的信息不对称问题，及时获取和整合全面的经营信息来支持经营决策，以灵敏反映当前经营中存在的问题，及时调整管理措施，增强风险控制能力。另一方面要通过管理体系的改革来提高经营的效率、效益。例如通过信贷台账管理系统，可以实现科学严密的风险控制；通过财务管理系统，可以实现对全行财务状况的及时监控。第三，通过科学有效的管理体系，能够进一步推动银行业务的发展，增强银行自身的市场竞争能力。通过对银行各种业务数据和管理数据的集成、分析和挖掘，可以从中发掘出更丰富的市场信息，使决策更为科学合理，通过客户关系管理体系，可以发掘出优质客户和高盈利业务，从而有针对性地开展业务，以及实现多领域、个性化的金融创新服务，以在激烈的市场竞争中占据有利地位。

3. 流程重组与风险管理相结合。信息化管理可谓是变革管理，毫无疑问将涉及流程的重组以及随之带来的风险，所以银行在进行信息化管理时要注意流程重组与风险管理相结合。顺应现代信息技术的金融机构的管理架构和流程重组，是金融信息化成功的关键。我国金融机构原有的管理架构和流程，是按手工或者部分计算机处理的模式建立的，信息化若在旧的管理架构和流程环境中实施，能发挥的作用很小，工作繁杂而且收效甚微，要实施金融信息化必须充分利用计算机网络易于共享数据资源、流程自动化控制与处理、信息快速传递与跨地域存取等特性，重新设计金融机构的管理架构与流程。因此，与企业流程重组相类似，银行在流程重组的过程中也会有大量的风险，为此，银行必须在进行流程重组的过程之中对这些风险进行系统化的科学管理，以保证流程的重组能够顺利完成，同时银行的日常经营及管理在此过程中能够顺利运行。因此，银行需要将流程重组同风险管理紧紧结合起来，及时识别并采取有力措施去规避流程重组实施过程中可能出现的各种风险，以保证流程重组的顺利进行。

4. 自身发展与外部联盟相结合。银行信息化管理模式的第四个原则就是自身发展与外部联盟相结合，即银行在信息化过程中，在充分利用自身的科技、业务资源的基础上，还可以借助银行外部的资源，项目外包和服务外包的模式正是基于这种思路。第一，在银行信息化项目的开发过程中，银行可以采用自主开发、合作开发、外包等方式进行。银行的信息化是一个涉及多种信息技术领域最新技术，以及管理科学领域前沿问题的课题，我国商业银行经济实力和技术力量各有差别，技术力量相对薄弱的银行可以通过和其他高科技公司合作，或者外包的方式来以更少的投入、更快的速度做好自身的信息化工作。第二，现今信息技术发展一日千里，一方面，银行面对诸多成熟的商品化软件和功能强大的开发平台和工具，内部的信息部门已没必要事必躬亲、自主开发，另一方面，银行现有的信息技术人才，无论从专业技术而言，还是从人员构成而言，都不能很好地符合银行业务与 IT 发展的要求。通过与高科技公司合作的方式，可以有效地解决这一问题。第三，对于涉及银行核心业务的系统，银行可以通过自主开发的方式来建设。而对于其他一些系统的开发任务，银行可以将其进行适当外包，把信息技术部门从“数据处理车间”转变为符合业务流程的高价值的服务部门。最后，银行为了维护核心竞争力，可以将其部分业务交付给其他的专门公司进行开发和维护。在金融市场相当成熟、银行业务非常完善的前提下，“大而全”的经营模式将不再是银行留住客户的主要方式，银行的竞争优势应当在核心业务中得到体现。由此，将一些常规的非核心业务外包给专业化的公司进行管理，银行能够将资源用在核心业务的开发维护，以及个性化业务和新业务的开展上，进行持续的业务创新。

8.3.3 适合我国商业银行长远发展的理想信息化管理组织模式

一、我国商业银行信息化管理的组织模式

根据上面的指导原则和指导思想，参考国外银行信息化管理的组织构架，结合我国银行的实际情况，我国商业银行信息化管理组织模式应该以客户为中心、以创新为龙头、以流程管理为手段，采用首席信息官（CIO）领导下的灵活组织体系。具体来说，需要强调的主要是建立“一个委员会、三个部门、三个中心”（针对银行总行），参见图8－16。

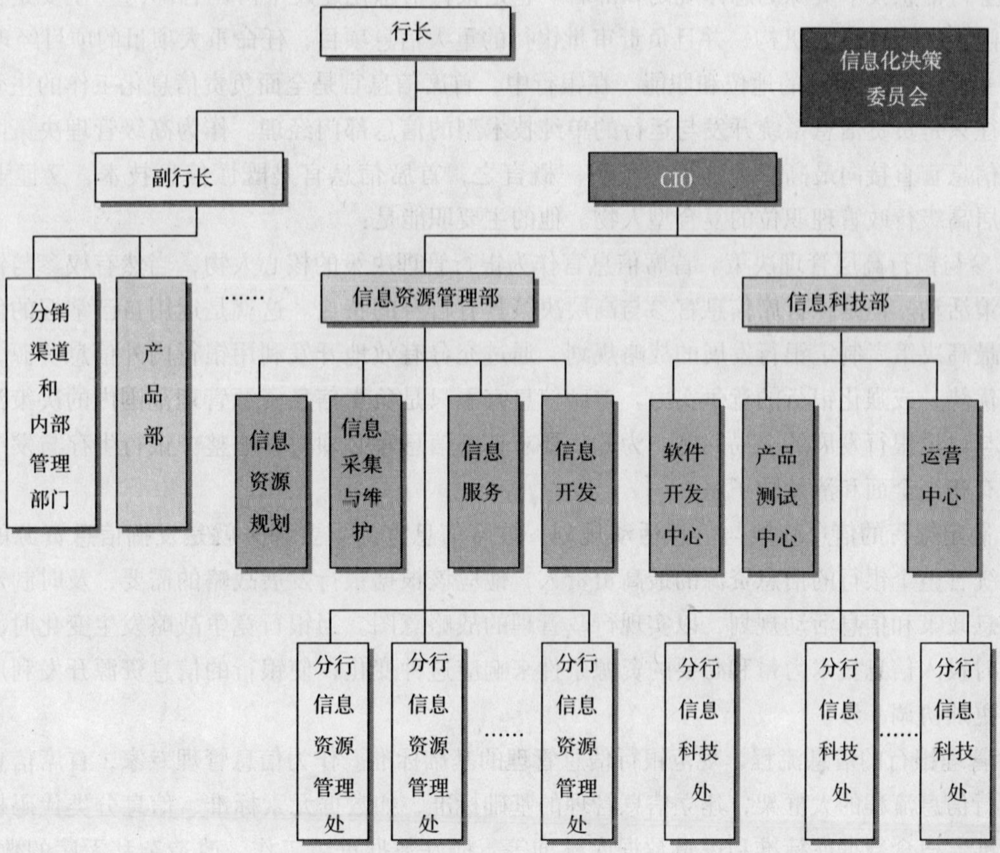

图8－16 适合我国商业银行长远发展的理想组织模式

“一个委员会”即信息化决策委员会，由银行高层领导组成（其中包括首席信息官），负责银行信息化项目的决策、规划、审批等工作。

“三个部门”即产品部，负责银行新产品的研发工作，在利用信息支持业务开发过程中，通过首席信息官与其他副行长的协调，来实现科技部门与业务部门的密切配合；信息资源管理部负责信息本身传递的顺利进行，以及信息挖掘、知识化和综合利用，不负责项目建设和系统运行，但是参与新产品的研发工作；信息科技部属于技术部门，负责信息项目的实施、信息系统的日常运行等，同时也参与新产品的研发工作。

“三个中心”即信息科技部下设的三个中心。软件开发中心负责银行的软件升级、开发等工作，采用矩阵式的科技项目管理体系；产品测试中心则负责系统投产以前的全方位测试，包括功能测试、压力测试等；运营中心负责银行系统内所有业务系统的运行与维护，保障银行系统安全、高效、无间断地运行。

此外，各省级分行均设立科技处，主要负责科技管理和运行维护工作，同时承担总行委托的开发任务，也开展软件的本地化开发工作，省级分行也设立信息资源管理处，负责分行的信息资源管理，以及与总行的信息交换和信息发布等工作。

二、组织中各层次的作用和地位

1. 信息化决策委员会的作用与地位。信息化决策委员会是全行信息化建设的最高领导机构，由银行高层领导组成，银行行长担任组长，成员主要是副行长，其中首席信息官是非常重要的成员。

信息化决策委员会从战略的高度来把握银行的信息化建设，负责全行信息化建设的总体战略制定，进行全行信息技术资源的总体规划和部署。它是银行信息化建设中协调各部门（主要是科技部门和业务部门）关系的最高机构，并且负责审批银行的重大信息项目，任命重大项目的项目经理。

2. 首席信息官在银行的地位和职能。在银行中，首席信息官是全面负责信息化工作的主管，但又不同于以往只是负责信息系统开发与运行的单纯技术型的信息部门经理。作为高级管理决策阶层的一员，首席信息官直接向最高管理决策者负责。概言之，首席信息官是既懂信息技术，又懂业务和管理，且身居高级行政管理职位的复合型人物。他的主要职能是：

（1）参与银行高层管理决策。首席信息官作为银行管理决策的核心人物，当然有权参与银行的高层管理决策活动。但是，首席信息官参与高层决策具有自身的特点。这就是运用自己掌握的信息资源武器帮助最高决策者制定银行发展的战略规划，通过充分有效地开发利用银行内外信息资源，寻求银行的竞争优势，或强化银行的竞争实力。首席信息官不只是负责信息资源管理范围内的决策活动，而且必须参与讨论银行发展的全局问题。为此，要求首席信息官必须对影响整个银行生存与发展的各方面问题都有相当全面和清楚的了解。

（2）制定银行的信息政策与信息活动规划。首席信息官的重要任务就是发掘信息资源的战略价值。作为统管整个银行的信息资源的最高负责人，他应该根据银行发展战略的需要，及时制定或修订银行的信息政策和信息活动规划，以实现行政管理的战略意图。当银行竞争战略发生变化时，首席信息官要及时投入信息技术力量和必要的资源条件来响应这种变化，使银行的信息资源开发利用策略与竞争战略更加协调一致。

（3）管理银行的信息流程，规范银行信息管理的基础标准。作为信息管理专家，首席信息官要主持拟定银行信息流程的大框架，建立信息管理的基础标准，如数据元素标准、信息分类代码标准、用户视图标准、概念数据库标准和逻辑数据库标准等，抓好数据重组工作，改造杂乱无序的数据环境。银行信息化的实践证明，只有以数据集成为基础，以总体数据规划为中心，面向信息流程进行应用系统开发，才能取得银行信息化建设的主动权。

（4）负责银行的信息化建设规划与宏观管理。作为银行信息化建设的直接领导者，首席信息官对信息系统的开发计划、运行管理、安全管理、人员配备、经费预算等要进行宏观控制和协调，统筹考虑系统建设的硬件、软件和应用问题。同时，还需要代表银行与外部IT服务厂商、技术设备供应商打交道，建立与信息技术服务商的“战略协作伙伴关系”，并根据银行的业务和管理需要，对他们提出的信息技术“全套解决方案”进行审议，行使否决权。

（5）为银行经营管理提供有效的信息技术支持。管理和技术是银行发展的两大关键。在当今时代，管理问题相对而言是比较稳定的，技术热点则变化得非常之快。作为信息技术专家，首席信息官必须密切注意信息技术的发展变化，分析新技术对经营管理与竞争战略的影响，以便及时做出快速反应。

（6）评估信息技术的投资回报。面对眼花缭乱的信息技术，首席信息官必须注意研究信息技术的投资回报问题，在信息技术投入和银行管理效益之间寻求某种平衡。这是一个首席信息官能够在现代银行日趋激烈的技术竞争中立于不败之地的重要条件。信息技术的先进性和可用性都是毋庸置疑的，但是，如果脱离银行的实际情况，盲目地、片面地、甚至是赶时髦地去引进和实施这些新技术，而不考虑其投资回收期和成本/效益关系，就会把自己置于被动境地，丧失在高层管理决策中的地位。

（7）宣传、咨询与培训。作为分管信息技术部门和信息服务部门的最高负责人，首席信息官在行政管理层次上要宣传信息部门及人员的作用，让银行的高层领导充分认识到信息资源对于战略决策或组织发展的重要性，同时应指导高层管理人员更有效地利用银行内部和外部的信息资源，为他们提供信息或信息技术咨询服务，在运作层次上，首席信息官要帮助信息人员以及银行各部门的业务人员和用户转变观念和认识，并对他们的意见、询问和求助给予很好的反馈。同时，首席信息官还要负责银行全体人员的信息资源开发利用教育与培训工作。

（8）信息沟通与组织协调。首席信息官一方面是银行高层管理决策者与信息部门的联系人，他负责把行政管理的策略、意图和实施方案等传递给信息部门，同时又把信息部门的成果、生产能力和发展方向报告给行政管理班子，另一方面首席信息官还要承担整个银行各部门、各环节之间以及内外环境的信息沟通与协调工作，实现银行的协同作业和信息资源共享。

总之，首席信息官作为一个跨技术、跨部门的高层决策者，应充分利用银行内外可加以控制的信息资源来不断完善银行的信息基础结构，并注意协调好银行管理与信息技术的关系。在传统的管理体制下，管理与技术是相对封闭的。管理者大都不知道信息技术究竟能够为管理决策做些什么，而信息技术人员只是从技术标准和设备性能来考虑问题，不大清楚银行的目标，也不能有效地支持决策。银行首席信息官则是从银行管理的角度有意识地选择和运用信息技术，通过对信息资源的充分发掘和有效利用来促进管理机制的变革和业务结构的调整甚至重组，从而提高银行的管理决策水平，增强银行在日趋激烈的竞争环境下的快速反应能力。

3. 产品部的作用与地位。金融产品创新（特别是基于信息技术的金融产品创新）已经成为建立现代商业银行制度的热点。银行高层领导在很多讲话中都在不断重申金融创新对银行竞争能力的重要作用。虽然说近几年我国商业银行也纷纷推出了很多基于网上交易平台的新产品和新服务，但是在某个意义上，这些新产品和新服务很多只是仿效国外银行的做法。很多银行的金融创新意识并不很强烈，很少考虑新产品的开发。造成这种局面的主要原因在于银行各部门都从自己单个部门出发来考虑产品的开发和营销，忽视了产品包装品牌化整体营销策略，缺少一个宏观研究和全局把握的部门来协调产品的创新和营销设计。同时，我国商业银行的考核和激励机制还不够健全，对于新产品的研究、开发和营销没有明确的奖励措施，从而限制了员工参与金融创新活动的积极性和主动性。

虽然产品部是与信息资源管理部门和信息科技部门平级的部门，但是在实际开展工作时，产品部的专职人员并不多。产品部主要负责的是金融产品创新的规划、组织和管理工作，而各个新产品的研发工作，是通过临时组成的跨部门的创新小组来完成的。这是因为新产品的研发决不是单个部门所能实现的，必须聚集各相关部门的成员来共同完成。特别是在大多数金融产品都是以信息技术为基础的前提下，信息技术部门的人员将在新产品研发中发挥越来越重要的作用。

由于新产品研发跨部门的特性，在新产品创新中，只能采用一种矩阵式的组织结构（如图 8 - 17 所示），即来自各相关部门的成员或者代表组成一个个临时的项目小组，共同研发某个或者某种新产品。创新小组在完成自己的使命以后将被解散，成员重新返回自己的工作岗位。

创新小组内部的协调和管理工作由产品部来完成，当涉及人员调动、部门协作等问题时，部门之间的关系由主管产品部的副行长和其他副行长（比如首席信息官）进行协调。为了保证产品创新的效

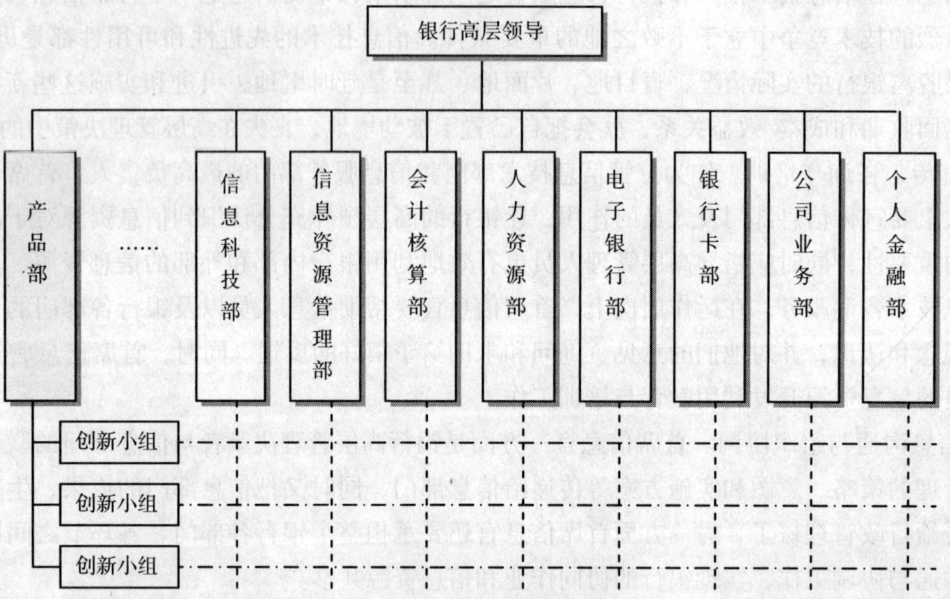

图 8－17　矩阵式的银行产品创新组织结构

率和效果，产品部还需要建立一套完善的激励机制。只有建立一套将个人激励和团队激励相结合的激励体系，才能够极大地调动创新小组成员的积极性，激发他们的创造欲望，并营造一种良好的团队氛围。在我国各商业银行中，目前基本上都没有设立正式的产品部。产品部的设立，也将标志着我国商业银行真正将新产品和新服务创新提升到一个更高的高度。产品创新的这种矩阵式组织模式是非常灵活的，是一种行之有效的项目攻关组织形式。

4. 信息资源管理部的地位和职责。在上面的信息化组织架构中，信息资源管理部被升格为与其他职能部门相并列的独立职能部门，对银行内部的全部信息资源进行协调统一的管理。这是知识经济时代的一种必然，充分体现了信息这种重要资源对于银行的战略意义，以及信息资源管理的重要性和必要性。

信息资源管理部门的设立，标志着传统的“分散式”信息资源管理模式向着“集中式”信息资源管理模式的转变。我国传统银行信息资源管理在很大程度上采用的是“分散式”的管理，即将信息资源分别置于银行各部门的直接管理和控制之下，各部门内部有自己的信息管理人员或机构，他们可以按照自己的意愿配置所辖的信息资源。虽然这种方式所需的成本较低，能够较准确、快速地满足部门内部的信息资源需求，信息资源的控制和使用十分方便，但是存在一个很大的缺陷就是信息资源不能得到有效的共享，不能为部门之外的其他部门所利用。各部门分别管理自己的信息资源会产生很大的冗余，容易出现信息不一致、信息过时等现象。而集中式的信息资源管理将所有信息资源的配置、协调、控制和管理权集中在一个统一的信息管理机构中，任何部门的信息资源需求都由这个集中的信息管理机构提供。集中式信息资源管理的主要特点是便于进行统一集中、高度专业化的资源管理与控制，有利于组织内全部信息资源的协调与平衡，便于形成统一的信息资源标准和操作规范，容易实现信息资源的完整性约束和安全性控制，并且可以使专业人员在专业岗位和环境中不断积累经验、充分发挥才智，以达到较高的技术水平。

信息资源管理部是银行的全行信息资源统筹规划、统一管理并深度开发利用的部门。具体来说，其职能包括信息资源的规划，信息的采集、存储、加工、发布、分析等。信息资源规划负责银行信息资源的开发利用的总体规划；信息采集与维护负责银行信息资源的收集、整理、汇总，信息的存储、信息的发布等工作；信息服务负责为其他职能部门提供各种信息服务，比如数据规范、数据处理等咨询服务；信息开发负责信息资源的分析，相关分析报告的撰写，数据挖掘与知识发现等工作。

除了发挥传统的信息收集、加工、传递、存储等职能以外，信息资源管理部门重点需要加强信息资源的深度开发和综合利用，从而将信息资源提升到银行战略的层次上。在某个意义上，信息资源管理部下设的信息开发处相当于是银行高层决策者的智囊团，通过利用决策支持系统，使用数据挖掘、联机分析处理等工具，从大量数据中发掘出可供高层领导决策参考的重要信息。从纵向来看，银行总行设有信息资源管理部，相应地在各分行设置信息资源管理处，分行的信息资源管理处受总行信息资源管理部的领导。

5. 信息科技部的职能划分。信息科技部是银行科技业务归口管理部门，是负责全行信息技术应用、产品开发、项目管理等政策标准制定、规划编制、计划审核、任务下达、质量控制的综合管理部门。

信息科技部的主要职责是负责信息科技部职责范围内全行业务运作的组织和管理，拟定信息科技部职责范围内全行的中长期规划目标和年度计划，拟定、解释相关政策、规章制度和操作流程，组织监管、检查全行制度执行情况，负责编制全行科技开发、运行和维护费用预算，负责拟定全行信息技术应用管理标准、技术数据标准和信息管理规范，负责审批由总行业务部门提交的一般产品开发立项，牵头组织对全行重大信息技术应用项目的审批工作，负责提出信息项目的采购方式，审核购置合同，检查项目开发进度，验收信息技术应用开发项目，负责开发项目的质量成本控制，负责总行计算机主机系统、网络系统的安全运行和计算机设备的维护管理，负责全行信息技术安全管理等。

根据具体职能的不同，可以考虑在信息科技部下设三大职能中心：

（1）软件开发中心。主要负责全行应用软件系统的分析、设计、开发、安装以及软件的升级工作，其中包括各种规范、文档的编写和维护，培训材料的准备，培训课程的实施等，负责引进软件及自行开发软件的产权管理。在软件投入使用的一段时间内，在将新软件系统的日常运行维护工作完全交与运营中心之前，软件开发中心的部分员工将参与软件系统的初期维护，从而实现交接过程中的平稳过渡。

（2）产品测试中心。负责系统投产以前的全方位测试，包括功能测试、压力测试等。

（3）运营中心。负责全行信息化软、硬件系统日常运行、维护和管理的方方面面的工作。主要包括计算机网络建设规划的实施和网络的运行、维护和管理，应用软件系统的维护，银行系统内所有业务系统的运行与维护，保障银行系统安全、高效、无间断地运行，其他部门员工技术问题的指导和服务等。

信息科技部的三大职能中心需要彼此密切配合，以实现系统开发、系统切换和系统运营的无缝连接。信息科技部总经理是三大职能部门的总指挥，三个职能中心要服从信息科技部的管理。

6. 总行与分行的协调。从上面的组织管理模式中可以看出，在总行的信息资源管理部下设立了各分行的信息资源管理处，在总行的信息科技部下设立了各分行的信息科技处。这也正好反映了集中与分散相结合的指导思想。各省级分行设立的信息科技处，主要是在总行信息科技部的指导和指挥下负责分行的科技管理和运行维护工作，同时承担总行委托的开发任务，也开展软件的本地化开发工作。各省级分行设立的信息资源管理处，则全面负责分行的信息资源管理工作，同时也是分行和总行进行信息交换的窗口，一方面按照总行信息资源管理部的要求收集、整理、加工并上报信息，另一方面接受和执行信息资源管理部下达的各项通知和指令，并在分行进行信息发布。

8.3.4 我国不同类型商业银行的信息化管理模式

一、信息化管理模式

在前面设定银行信息化发展战略目标时已经提到，在将来的信息化进程中，银行必将对自身和外部的资源进行整合，因此将会有越来越多的外部实体参与到银行的信息化进程中去，合作开发、项目外包甚至服务外包将会变得越来越普及。那么对应于不同的信息化策略，银行必须采用与之相应的信息化管理模式，加强不同的管理侧重点。根据在银行信息化建设中外部主体参与的程度的不同，将信息化管理模式划分为完全自主模式、项目外包模式、服务外包模式三种（见图8－18）。

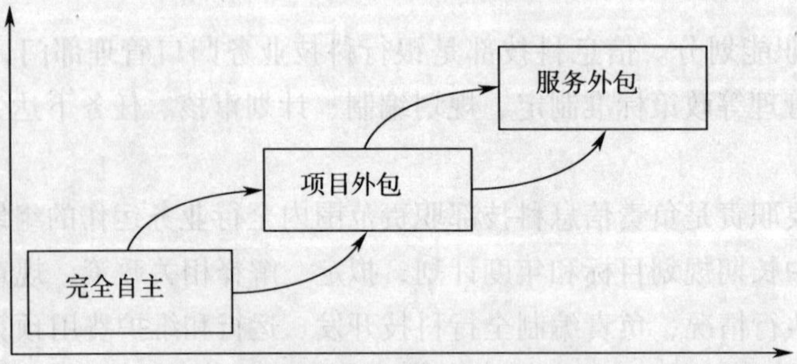

图8－18 银行信息化管理的三种模式

这三种模式是随着银行信息化进程的发展而不断演化的。下面首先对各种管理模式进行简单的探讨。

1. 完全自主模式。所谓完全自主模式，是对应于银行自身完成信息化的所有工作（包括规划、开发、运行与维护等）的信息化管理模式。在这种模式下，银行的信息化管理只须做好银行内部各项工作的管理，而不涉及与外部主体的组织协调工作。从根本上说，这种管理模式是信息化发展到一定阶段的必然产物。对于国内商业银行而言，当其规模壮大到一定程度时，迫切需要业务发展的支持平台，当银行所处的环境（比如第三方软件提供商、信用体系）跟不上它发展的步伐时，银行便大多采取完全自主的模式。这种管理模式有利于对信息化进行集中统一的管理、坚决贯彻信息化目标、协调各部门之间的关系、合理配置全行的资源。但是它也将带来一定的负面效应，比如投入巨大、专业化程度不够、人力和设备的闲置等问题。所以，这种模式只适用于资金和开发力量比较雄厚的银行。例如，早期的花旗银行就是一个完全自主模式的典型代表，在20世纪60年代到80年代早期，花旗银行不仅把自身看成是一个银行，还把自身作为一个拥有技术的全球金融服务公司。但随着技术的发展，再加上资金投入过多等原因，它也开始寻求外部合作。

2. 项目外包模式。通过把信息技术项目外包给可信赖的信息技术服务提供商，银行可以享受低成本、低风险，专注于核心业务、快速应用高新技术等诸多好处。在实际生活中，很多商业银行（尤其是国外商业银行）都将部分信息项目（主要是系统开发）外包给了其他公司。信息项目外包是社会技术进步和专业化分工的必然结果。这里所说的“项目外包模式”，是指在自主基础上的项目外包模式，即“部分项目自行开发、部分项目外包”的模式。将银行自身并不擅长或者没有精力去做的一些信息系统开发等项目外包给其他厂商，银行就可以腾出手来专注于核心业务的发展。相对于自行开发而言，银行在项目外包时将面临更大的风险。首先，为了开发出满足银行需求的信息系统，外包商在银行内部开展一定的调研，并与银行相关部门进行交互是必不可少的。同时，系统开发过程中可能会涉及银行的核心数据和重要业务模式。因此，这里就存在着一种泄露商业机密的风险。其次，外包商和银行毕竟属于两个不同的实体，外包商能否按照银行的要求开发出银行真正需要的运行效率高、安全性好、功能强的系统，这里也存在着很大的风险。因此，为了降低外包风险，保证外包项目的有效完成，银行专门安排一定的人员对外包商进行管理是非常关键的。这些人员需要懂得一定的技术，但是更为重要的是必须精通管理，他们是外包信息项目的核心成员。总的来说，这些管理人员在项目中发挥的作用包括两个方面：一方面是组织、管理外包商，包括控制外包商的工作进度等；另一方面是协助外包商，协助外包商在许可的范围内在银行内部调研等。

3. 服务外包模式。近年来，国内外商业银行已不再拘泥于简单地将一些非核心的信息项目外包，它们在外包的范围上更加放开了手脚。譬如，国外有些银行已经“大胆”地将银行卡、网上银行、呼叫中心、灾难备份中心等服务外包给了银行服务提供商。这种外包模式已经不是简单的项目外包了，而是服务的外包。服务外包与项目外包的区别表现在：

（1）前者提供服务，后者提供产品。项目承包商最终交付给银行的是产品，如一套业务系统。而服务提供商交付给银行的是服务，如负责银行卡片的个人化、POS维护管理以及催收账款等。

（2）服务提供商直接或间接地面向客户。一般的外包商只与银行发生关系，在成果交接完成以后与银行的关系即告终止，无须对客户负责。而服务提供商则是直接面向客户，如运营呼叫中心和网上银行，或者通过银行面向客户，如运营计算中心、灾难备份中心等。

（3）服务外包的风险更大。由于项目外包的成果比服务外包更易于评价，项目的监控也比服务外包容易，同时，单独的项目一般不会对银行造成颠覆性的影响，而服务外包的内容往往是负责某些部门的业务，如计算中心、灾难备份中心，抑或是银行的某种具体业务。服务提供商直接参与了银行的运营，与银行相辅相成的依赖关系更加明显。因此，服务外包的风险要比项目外包大得多。IT服务外包可以看作是信息项目外包的进一步扩展。它更加有利于提高银行的服务水平、降低运营成本，银行可专注于核心业务、进行集约化经营，并可快速应用高新技术，因此这种服务外包模式已经广为国外大银行所采纳，国内有些银行也谨慎地迈出了服务外包的第一步。这里需要强调的是，服务外包模式也是“部分服务银行自行提供，部分服务外包”的模式。一般来说，银行只会将那些非核心的、不影响到银行核心竞争力的服务外包出去。我们认为在我国银行信息化过程中，服务外包是一种值得采纳的管理模式，它适用于各商业银行（以中小型商业银行为主）的信息化建设，但由于我国相应的服务体系不是很健全，服务外包对于银行而言存在着较大的风险，因此更需要谨慎地推行。服务外包主要有如下几种表现形式：

第一，战略联盟。随着银行信息化进程的推进，银行在管理体制上有了一些突破，进行了一些管理创新，例如与服务商结成“战略联盟”。最近，北京银行与用友软件股份公司建立了全面战略合作伙伴关系。用友公司将为北京银行的银行信息化提供用友ERP－NC银行业解决方案，北京银行将继续为用友公司的产业发展提供全面的商业银行服务。

根据双方的合作协议，用友公司作为北京银行应用软件及服务的长期战略合作伙伴，为北京银行信息化的建设服务，包括以“商业银行全成本管理系统”为新的起点，为北京银行的银行信息化提供应用解决方案及软件产品，为北京银行提供IT服务（包括软件应用服务和IT外包服务等），结合北京银行先进的管理经验和用友公司多年的金融业管理软件研发应用经验，双方探讨合作开展现代商业银行管理咨询服务业务。

第二，联合共建。国外银行在与服务商合作时，还广泛采取了联合共建的方式。比如日本中央银行建立的全国处理中心，其人员组成中，本行只占50%，日本电报电话公共公司（Nippon Telegraph and Telephone Public Corporation，NTT）和 IBM 占 50%。

这种方式对于银行与服务商都是相当有利的。银行可以省去培养技术人员的成本，而且服务质量更好、更有保障，而服务商得到了合同，也就得到了发展的基础，同时也在承担银行业务的同时积累了大量的经验，有利于在银行调整、变化时，及时做出解决方案。

第三，专业化分工。信息技术发展一日千里，银行的新业务也层出不穷。显然，面对诸多成熟的商业软件和功能强大的开发平台与工具，银行已没有必要事必躬亲。银行只须发挥自身的竞争优势，专心于核心业务即可，而将一些不擅长的业务交由服务外包商完成——即所谓“专业化分工”。

比如前面提到的银行卡业务，银行实际上只是银行卡这一产品的供应商，并非销售的行家里手。至于以客户为导向，上门寻找客户，推销银行卡，则是银行卡营销公司的特长，它们能更为专业地向现有客户和未来客户介绍银行卡的用途和功能。这是一条降低成本的捷径，有关资料显示，美国商业银行 68% 的银行卡业务处理工作由专业化金融服务公司承担，这种运作方式的直接效果是节省 20% 的经营成本和提高 40% 的处理效率，从而有利于银行更多地集中财力物力研究市场、完善服务。而且这是银行从产品导向到客户关系导向的转变，包含了银行业务流程再造、核心竞争力提高等方面的内容。

再拿各家银行在信息化过程中最关心的安全问题来说，灾难备份对于任何银行而言都是必不可少的，然而构建一个灾难备份中心需要投入相当多的人力、精力、财力，而且大量的设备在平时是闲置的。考虑到这些特点，灾难备份也可以由专业的公司来承担，新加坡早在很多年前就开始了这种模式。

8.3.5 我国商业银行信息化管理模式的选择

从上面三种银行信息化管理模式的阐述中可以看出，从完全自主到项目外包到服务外包模式，银行在信息化过程中利用外部力量的程度逐渐增加，这样，银行对自身技术人员的要求（主要是数量上的要求）是逐渐下降的，相反，对于信息化管理人员的要求则是逐渐增加的（见图 8－19）。这也正好体现了信息化管理在银行信息化建设中日渐重要的地位。正如麦肯锡的“3M”理论指出的，未来银行之间的竞争，将主要体现在 M3 层上，各商业银行要突出自己的核心能力，而对于 M1 层和 M2 层，则必须尽可能地将各种非核心的项目和业务外包出去，充分利用专业化服务所带来的优势。

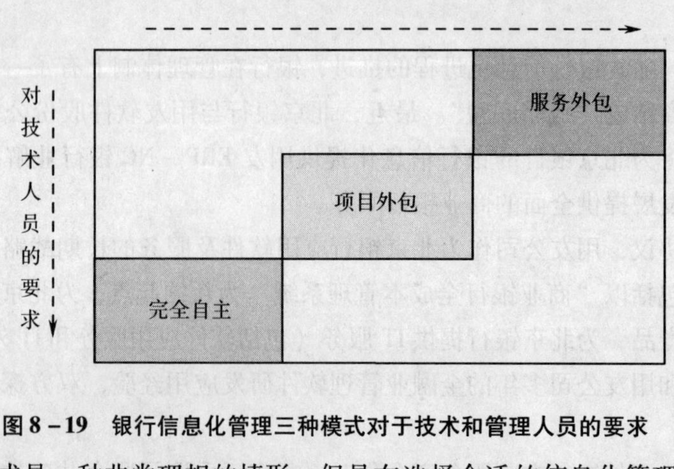

图 8－19 银行信息化管理三种模式对于技术和管理人员的要求

虽然说服务外包模式是一种非常理想的情形，但是在选择合适的信息化管理模式并采取合适的信息化做法时，商业银行也必须根据自身的情况以及所处的阶段和环境来具体选择。三种管理模式的总结对比，如表 8－1 所示。

表 8－1　银行信息化管理三种模式的比较

模式	特征	优点	缺点	适用范围
完全自主模式	自主规划、开发、运行与维护； 数据集中、业务相对集中； 技术队伍强大	有利于集中管理； 坚决贯彻信息化目标； 协调各部门之间的关系； 合理配置资源； 保证信息安全； 降低控制风险	投入巨大； 专业化程度不够； 人力和设备的闲置	资金、技术力量雄厚的大型银行，如我国四大国有商业银行
项目外包模式	银行对信息化进行总体的规划和管理； 一些具体的非核心项目外包； 核心业务由本行的开发队伍完成	精简银行组织，成本及开发风险低； 可专注于核心业务，集约化经营； 可快速应用高新技术	控制风险对项目外包的监控与协调； 信用服务质量、知识产权问题； 安全信息、技术泄露	各商业银行（以中小型商业银行为主）
服务外包模式	银行的某种服务完全外包； 针对该服务，银行几乎没有自己的开发队伍； 直接或间接面向客户	提高服务水平； 降低运营成本； 可专注于核心业务，集约化经营； 可快速应用高新技术	控制风险对服务外包的监控与协调； 信用服务质量、知识产权问题； 安全信息、技术泄露	各商业银行（以中小型商业银行为主）

一、我国四大国有商业银行的信息化管理模式选择

虽然有很多声音要求银行的信息化建设应该大踏步地走向“分立”之路，即放开手脚，采用外包。但是我们认为，在未来的 3～5 年内，我国四大国有商业银行的信息化管理仍然应该偏重于完全自主模式，同时可以将部分信息项目外包，原因主要有以下几个方面：

(1) 银行是高负债、高风险经营的企业，金融安全体系是国家安全体系的重要组成部分，因此信息安全是银行信息化建设过程中不容回避的问题。完全自主的模式有利于防止金融信息的泄漏，加强对金融安全的控制。

(2) 我国的信用体系尚未成熟，与之相关的法律、法规也不健全，缺乏对外包商的科学评价。如果四大国有商业银行采取服务外包的模式，银行将面临一系列的问题，如“哪个外包商值得信任”、“该如何约束、怎么协调”等。

(3) 我国四大国有商业银行的科技队伍强大，自身开发实力雄厚，在多年的开发过程中，积累了不少适用于中国国情的经验，完全有能力自主管理，自行开发核心系统。

(4) 我国银行信息化处于业务系统信息化相对成熟、管理信息化逐步引入的阶段，对技术水平以及管理理念的要求不是很高，四大国有商业银行的科技队伍完全有能力胜任。

基于以上考虑，我们认为，在未来的 3～5 年内，我国四大国有商业银行的信息化管理仍然应该主要采用完全自主的模式，对于一些非核心的业务，可以考虑采用项目外包的方式。另一方面，我国四大国有商业银行完全可以大胆地进行创新，将自己实力雄厚的科技队伍组织成一个独立的银行服务提供商，从而完全市场化运作，同时也为其他中小型银行提供专业化的高水准服务。在这样的情形下，国有商业银行自己拥有的就主要是从事管理的懂技术的人才，从而极大地精简了科技队伍，也使得现有的庞大科技队伍为我国银行业的信息化建设发挥出更为重大的作用。当然，如果将现有科技队伍培养成为专业化的服务外包商，还需要涉及很多体制上的改革，同时还需要国家在政策、立法等方

面对服务外包商行业进行统一的规范。因此需要有一个较长的过程。我们认为，在未来5~10年中，四大国有商业银行应当逐步从完全自主模式和项目外包模式过渡到服务外包模式，从而实现国有银行和脱离国有商业银行而组建的服务外包商的完全市场化运作，真正增强我国国有商业银行在全球金融市场中的竞争实力。

二、中小型商业银行信息化管理的模式选择

对于广大中小型商业银行，由于其信息技术队伍和实力远远不能和四大国有商业银行相比，因此在我国银行服务提供商行业尚不具规模的前提下，比较适合于大力采用项目外包模式，从而发挥出项目外包模式在成本和技术等方面的优势，一方面中小型商业银行起步晚、规模小、实力弱，很难像大银行那样在银行信息化方面进行大量的投入，更希望能以较快的速度、较小的投入获得较大的收益，外包无疑是值得尝试的途径。中小型商业银行面对诸多成熟的商品化软件和功能强大的开发平台和工具，内部的信息部门已没必要再从头做起、自主开发，同时，中小型商业银行现有的信息技术人才，无论从专业技术而言，还是从人员构成而言，都不能很好地满足银行业务与IT发展的要求。另一方面中小银行的核心业务在于存贷款、财务、投资等方面，由于受实力及规模所限，应该将主要精力集中在核心业务上，而将一些系统开发任务适当外包。这样一来，也可使中小型商业银行将部分经营风险转移。从长远来看，当我国银行服务提供商市场逐步成熟、逐步规范时，和四大国有商业银行一样，中小型银行更应当充分利用服务外包，自身则关注于核心竞争力的打造。

银行的信息化是一件浩大的工程，服务外包商的支持将能起到事半功倍的效果。随着我国银行信息化深度和广度的发展，信息化管理必将走向分立，四大国有商业银行可将信息部门产业化，成立科技子公司，专门为信息化服务。科技子公司进一步发展成为服务外包商，为其他银行提供服务。随着信息化的推进，所有的商业银行都将走上专业化竞争，充分采取服务的模式，以最大限度地降低运营成本，提高服务水平。

8.4 我国商业银行信息化运行机制

所谓银行信息化运行机制，是指银行信息化进程中，各信息化相关单位和部门之间的相互作用，它是银行信息化运作方式的一些指导性原则，包括了信息化决策、信息项目建设、信息系统运行、信息资源管理、IT相关金融产品的研发、信息化人力资源管理等方面。

如前所述，银行信息化是一个很广泛的概念，具体可以分为三个层次。第一层是在银行业务上实现电子化处理，第二层是实现管理的信息化，第三层是决策上实现信息化，即充分利用信息技术的优势，为高层决策提供辅助支持。我国银行在业务处理自动化和服务电子化方面已经取得了很大的成就，目前正在进行数据集中、采用综合业务系统。但是我国银行在管理信息化方面尚处于初级阶段，在决策信息化方面近乎空白。在下一步实施信息化的进展中，我国银行的工作重点势必应当在管理和决策领域充分利用信息技术，真正实现管理的信息化和决策制定的科学化。不管在哪个层次上进行信息化建设，银行信息化都是一个不断引进新的信息技术、不断开发新的信息系统、不断开辟新的信息技术应用领域的过程。因此，从宏观上来说，银行信息化的进行包括三个大的步骤，如图8－20所示。

应当注意的是，这三个步骤不是单纯的依次关系。它们构成了一个封闭的循环。三个步骤的循环推动着银行信息化进程不断朝着更高的阶段发展。首先，保障信息系统正常运行是最基本的要求。各种软硬件、信息系统的引入完全改变了传统银行原始的手工操作方式，提高了工作效率和工作质量，

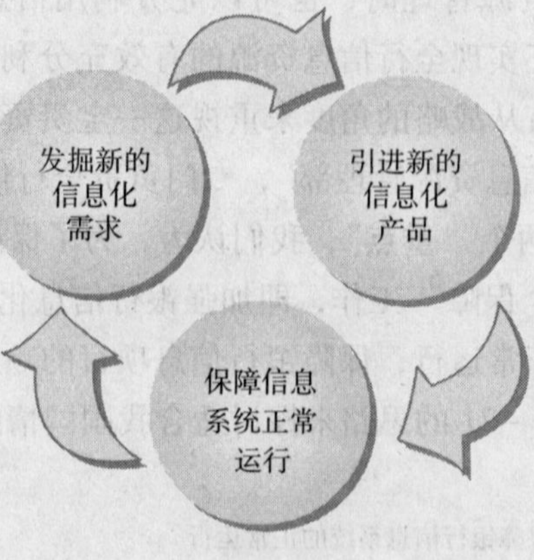

图 8-20　银行信息化建设的三步循环

但同时也带来了一些新的问题。信息技术的深度利用增强了银行对信息技术的依赖性。因此，计算机联网、数据集中之后，系统的不稳定、不可靠等潜在威胁给银行带来了巨大的风险。比如，业务系统即使只有一秒钟的不可用，也会给银行带来不可估量的损失，人为的数据破坏所能带来的后果更是不堪设想。所以，确保银行信息系统的正常运行，对于银行的生死存亡意义重大，是银行信息化运行的一个主要组成部分。其次，发掘新的信息化需求。银行信息化是一个从无到有、不断深入的过程。不断提出新的信息化需求。是引导银行信息化建设不断深入的原动力。在信息技术高度发达和成熟的今天，“只有想不到，没有做不到”这句话足以说明这一“原动力”在信息化建设中的重要地位。在银行业高度竞争的背景下，以客户为中心，持续地开展基于 IT 的业务创新，不断发掘新的信息化需求，是银行能够得以生存和繁荣的有效武器。再次，引入新的信息化产品。这是将新的信息化需求付诸实践的一个过程。针对银行的各种 IT 创新想法，银行还需要从全局的角度进行统筹规划，并提出详细的信息化产品需求。信息化产品需求的实现主要表现为一个个规模各异的信息项目，包括硬件方面的信息项目，也包括软件方面的信息项目。目前我国各大商业银行正在进行数据的集中工作，将数据集中在物理的数据中心上，同时也开发使用统一的业务操作平台。在银行内部信息技术基础设施已经完备的情况下，我们认为今后的信息化建设主要是以集中的数据中心为基础，开发各种业务、管理和决策领域的应用系统。为了确保信息项目在给定的时间和给定的预算约束下完成，银行必须做好信息项目的开发和管理工作。

为了保证这个“三步循环”良性运转，银行必须做好如下两方面的“重点”工作：第一，做好信息化人力资源的管理工作。银行的一切信息化活动都离不开人，其中信息技术科技人才占有举足轻重的地位，他们是银行信息化建设的主力军。为了更好地开展银行的信息化建设，对银行的科技队伍提出了更大的要求，他们不仅要懂 IT 技术，而且还必须在一定程度上掌握管理和金融的相关知识。因此，银行必须加强对科技人才的培养工作。另一方面，中国加入世贸组织之后，一些小的股份制银行、外资银行与国有商业银行展开了非常激烈的人才竞争，从而导致了我国国有商业银行大量科技人才流失的现象。因此，如何采取有效的激励措施，保持 IT 队伍的稳定，又是摆在我国商业银行面前的一个非常严峻的问题。第二，必须管理好数据、信息和知识三个层面的信息资源。信息资源在银行的重要性是不言而喻的，可以说信息是数字化银行的命脉之所在。在保障银行信息系统的正常运行中，数据的可用性（Availability）、信息的安全性等问题是一个重点，信息资源的深度开发、新知识的发现是新决策、新需求产生的直接原动力，在引入新的信息化产品的过程中，也必须考虑到与现有数据的无缝整合。因此，信息资源的管理不仅是银行日常运行必不可少的一个环境，而且是银行信息化运行中的一个核心问题。在进行信息资源管理时，也可以充分利用信息技术的优势，开发一些信息的收集、管理、发布、分析系统，真正实现全行信息资源的有效充分利用。信息资源已经成为了银行的一种战略资源，我国银行目前还没有从战略的角度来重视这一宝贵资源，所以我们提出在银行内应当建立一个与其他职能部门平行的“信息资源管理部”，专门负责全行信息资源的管理工作。

基于上面的“三步循环”和两个“重点”，我们认为，为了保证我国银行信息化建设的顺利开展，必须做好如下的“两个加强，两个保障”工作，即加强银行信息化人力资源的管理，加强银行信息资源的管理，保障银行信息系统的正常运行，保障银行信息项目的顺利、有序开展。它们之间的关系如图 8－21 所示。下文正是遵循图 8－21 的思路来探讨适合我国国情的、有效的银行信息化运行机制。

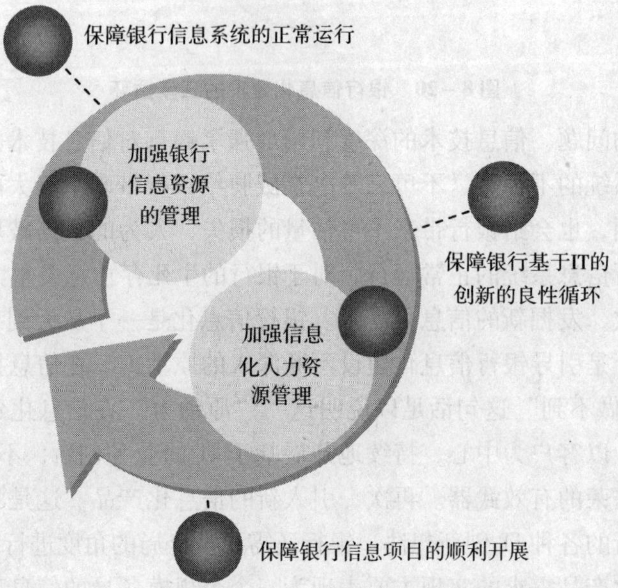

图 8－21　我国银行信息化运行的框架图

8.4.1　健全银行信息化人才战略与激励机制

信息技术的深度利用，引发了银行业管理模式、运行机制的深刻变革。这个过程中，信息化的人才战略与激励机制无疑是变革成功的保障，只有首先激发变革主体积极的工作心态、向上的工作作风、高水平的工作能力，才能顺利地进行这场变革。信息化人才战略和激励机制的管理被称为“信息化人力资源管理”（Informatization Human Resource Management，IHRM）。所谓的信息化人力资源管理就是直接参与信息化过程的人力资源的管理。本小节将主要探讨我国商业银行的信息化人才战略以及不同管理模式下的信息化人力资源管理策略。信息化人力资源管理的重要性是不言而喻的。中国加入世贸组织，对银行业来说，首先引发的将是一场“人才大战”。外资银行在中国拓展业务的重要途径之一就是实现管理人员的“本土化”，其品牌、薪资等竞争优势将大量吸引国内银行的优秀人才。随之而来的是我国商业银行的部分人才、客户、市场资源的流失。在国外银行里，信息技术部门具有很高的地位。在美国银行信息技术外包以前，信息技术人员一直占到整个银行人数的十分之一左右，在大型商业银行，技术部门一般有上千人，在组织结构上已经开始独立于银行传统的组织形式，以期更有利于留住信息技术人才。我国银行正向现代信息管理型金融企业过渡，这个过程中信息化人力资源管理对银行来说无疑具有更加重要的战略意义。面对外界环境的不断变化，银行业竞争的加剧，信息化人力资源管理也面临着众多的挑战，主要体现在以下三个方面：

第一，科技革命对银行信息化人力资源管理的挑战。与知识经济相伴生的是科学技术信息化，在银行业主要体现在业务电子化和管理信息化。目前世界银行业广泛采用现代化电子设备，既消灭了许多传统手工银行业务，又创造了大量的新业务，打破了传统银行柜台服务的时空限制，把银行服务推向纵深领域。发达国家银行业电子化、网络化的历史经验告诉我们，科技革命不但使银行管理创新手段、竞争手段日益现代化，更重要的是在银行经营资产规模不断扩张时，要求银行信息化队伍具有更多的知识、更高的管理运作能力。

第二，我国加入世贸组织引起的“人才大战”使信息化人力资源管理面临巨大挑战。我国加入世贸组织后，外资银行将按照市场准入原则和国民待遇原则，全面进入国有商业银行的客户市场领地。外资银行将凭借其资金实力、管理经验、操作技术和熟悉国际惯例等优势，对我国银行业产生强大的竞争压力，与国内商业银行争夺优质客户、高盈利性业务和高素质人才，造成国有银行客户流失、业务市场流失和人才流失，而这三大流失中又以人才流失最为严重，信息技术人才又是流失人才中的主流。

第三，混业经营对信息化人力资源管理提出新的挑战。从国际金融业发展的主流来看，绝大多数国家都推行银行、证券、保险、租赁、信托混业经营的管理体制，就连一向在银行业与证券业分离比较彻底的美国、日本，近年来也逐步淡化了银行业和证券业的界限，实现了货币市场与资本市场的融合。我国加入世贸组织后，面对已经混业经营的外资银行，我国金融业混业经营迟早要从法律上解禁。这样对于原有的信息化人力资源的素质、结构又提出了新的要求，对信息化人力资源管理提出了新的挑战。

一、我国商业银行信息化人才战略

信息化部门从前工作内容大都是分散的、服务支持性的，主要面向业务研发和系统的日常运行维护，多是事务性的处理工作。随着科技的发展，银行的竞争力越来越依赖于对信息技术利用的广度与深度，事务性的常规工作内容逐渐减少，其中很多内容实现了电子化。相应地，信息化部门的角色也发生了转变，从一个提供服务支持的部门向直接参与银行决策、战略制定的部门转变，如图 8－22 所示。

图 8－22　信息化人力资源管理部门的角色转变

这种转变类似于一种从三角形到菱形的转化，即减少常规性日常事务，强化战略职能，结果是银行绩效的大幅度提高。信息化人力资源管理的目标是防止和避免信息化人才流失，开发信息化人力资源，建立银行的知识管理体系。参照上面提出的信息化组织管理模式，将信息化人力资源界定为银行高层管理团队下面的三支队伍，即技术研发队伍、技术维护队伍和信息化管理队伍。技术研发队伍主要是银行的业务创新资源，其工作包括信息系统项目的研究开发，比如从事数据挖掘、数据仓库等新技术的应用研发工作；技术维护队伍是银行的技术支持资源，主要进行银行软硬件系统日常运行的维护；信息化管理队伍从事银行信息化的管理工作，包括信息化过程的规划、组织、协调、控制工作。如图 8－23 所示。

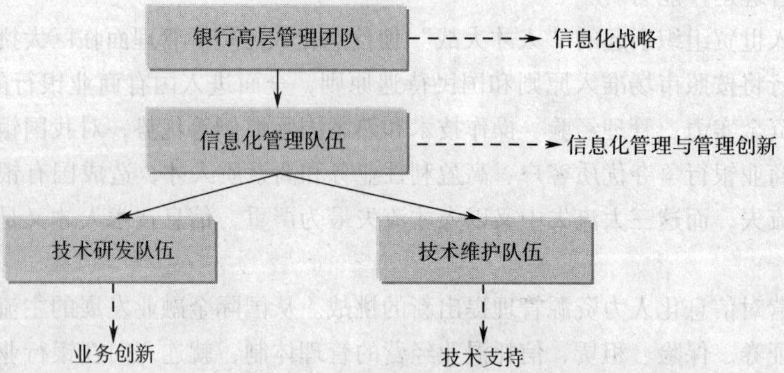

图 8－23　银行信息化人力资源的构成

做好信息化人力资源管理就是要抓好这三支队伍的建设，首先要通过合理的考核和激励机制稳定技术研发队伍和技术维护队伍，然后通过部门融合，建立一支强有力的信息化管理队伍。当然，信息化高层领导队伍也应当具备很高的素质，能够既精通银行业务，也能够把握信息化的大局。作为人力资源管理的一个组成部分，信息化人力资源管理也包括人力资源的规划、开发、考核、激励等方面，如图 8－24 所示。

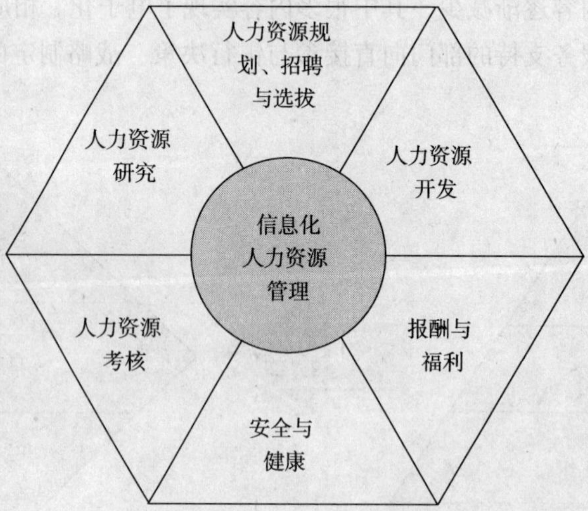

图 8－24　信息化人力资源管理内容

诚然，信息化人力资源管理属于银行人力资源管理的范畴，但是我国国有商业银行科技人才流失的现象已经变得非常严重了，这已经引起了银行高层领导的高度重视。归根结底，科技人才流失是由银行管理体制不当，人才的培养、激励机制不完善引起的。正如前文已经提到的，银行在以信息化为契机进行管理变革时，必须进一步完善和健全各项管理制度，其中很重要的就是信息化人力资源管理方面的制度和流程，包括考核机制、培训机制、员工的职业生涯计划等。科技人才在工作性质上不同于一般的业务人员，因此在招聘、培训、开发、激励等等方面也应当针对科技人才的特点进行，这样才能使得对科技人才的管理真正和市场接轨。

二、不同模式下的银行信息化人力资源管理策略

在归纳三种银行信息化管理模式时已经提到，从完全自主到项目外包到服务外包模式，银行对于信息化管理人员提出了越来越高的要求，同时对技术人员的要求则可以逐渐淡化一些。因此，在银行信息化建设的不同阶段，在不同的信息化管理模式下，银行对科技人才（包括科技管理人才和科技技术人才）的要求是不一样的，从而对他们的管理策略也是不一样的。

1. 完全自主模式下信息化人力资源管理策略。对完全自主模式，银行自身完成信息化建设的所有过程，包括规划、开发、运行与维护。因此，人力资源管理的基本策略就是要建设好上述三支队伍，该模式下的人力资源管理的主要策略是：

（1）管理人才与技术人才并重。该模式下，由于银行有自身强大的开发队伍，因此对管理人员与技术人员的管理都很重要。因此，银行人力资源管理要能够给两类人才充分的发展机会，既鼓励专业技术人才的涌现，同时也注重职能部门的交叉，培养复合型人才。

（2）注重人才培训。该模式下，银行需要大量的管理、技术人才，必须进行有效的培训来满足对人员的需要。

（3）注意建立合理的激励机制。激励机制决定了是否能够留住人才，尤其是出色的人才，这种激励不单纯是物质的激励，它是个人职业生涯的一个完整的规划。

（4）鼓励业务部门和技术部门、管理人员之间的合理流动。信息部门的员工可以充实到业务部门，可以有效地发现业务部门的信息化需求，从技术的角度考虑具体业务。而年轻的、学习能力较强的业务部门员工调配到信息部门，能够从业务的角度来从事信息化的研发工作。

2. 项目外包模式下的信息化人力资源管理策略。相对于自主模式，项目外包模式在技术队伍方面对银行的要求有所降低，对管理人员的要求有所升高。因而，相应的信息化人才管理战略也应该有所转变，此时信息化部门员工工作交叉较多，结构较复杂，既要搞好自身的研发管理又要协调管理外包工作，所以考核工作显得尤为重要。在项目外包模式下，信息化人力资源管理所面临的主要问题是，怎样协调好外包项目管理和怎样考核信息部门的员工，因此，信息化人力资源管理的战略要注重技术、管理人员协调能力的培训工作，从而处理好外包项目、外包服务工作的建设。同时要建立科学公平的考核机制。在项目外包模式下，信息化部门内部员工的分工复杂，既要搞好内部自身的研发工作，又要做好与外包商的协调合作工作，因而对员工的考核工作变得非常重要。

3. 服务外包模式下的信息化人力资源管理策略。服务外包模式是一种在业务范围、影响广度以及影响深度上都远远超过一般外包的崭新的管理模式，它是指将银行的部分甚至整块的业务外包出去，不仅是技术还包括相应的服务（详见8.3.4）。在这种模式下，信息化人力资源最主要的构成部分就是管理协调人员，有一小部分甚至没有技术人员队伍。因此，信息化人力资源管理主要是对银行信息化管理队伍的管理。该模式对人力资源的素质构成也提出了新的要求，这些人力资源需要具备：

（1）沟通能力。信息化管理人员必须具备很强的沟通能力，有一位管理大师曾定义管理为“沟通、沟通、再沟通”。而外包后，银行信息化项目的成败很大程度上取决于信息化人员与服务商的沟通程度，信息化人员需要有效地将银行的需求、想法、变更等传达给服务商，同时将服务商的阶段成果、问题传达到银行的决策层，从而采取相应的措施。

（2）合作能力。信息化项目由银行自主开发转为外包后，对员工的合作能力提出更高的要求，无论是战略联盟还是联合共建，都要求这种跨部门、跨行业的协同工作和团队合作。

(3) 协调能力。双方合作中，出现问题与冲突是在所难免的，这中间包含利益冲突、产权冲突、责任冲突等一系列问题，此时人员的协调能力显得很重要，既要协调应用部门与承包商的争议、承包商之间的争议还要协调应用部门间的争议，协调不好将直接影响项目计划。

(4) 技术能力。信息化管理人员还必须具备一定的技术背景，这种能力决定是否能有效选取外包商、与外包商进行技术沟通，以及对外包项目质量进行监控，单纯的管理人员很可能造成外行监督内行的局面，这样整个项目都会失去技术控制。

在这种模式下，信息化人力资源管理所面临的主要问题是，如何管理好服务外包商、技术人员如何定位以及如何与服务外包商合作等。针对这些问题，该模式下的信息化人力资源管理策略主要有：

第一，偏重管理人员的培养。服务外包后，管理人员成为信息化人力资源核心力量，技术人员被弱化。信息化工作集中于与服务外包商的谈判、沟通、监督和合作，信息化管理人员要负责项目从启动到完成到服务维护中的协调、控制，因而要注重管理人员上述能力的培训工作。

第二，注重培养技术人员向管理人员的转化。技术人员所要求的是学习能力、领悟能力以及钻研能力，而管理人员要求的是沟通能力、协调能力、指挥能力。因而，在技术人员向管理人员的过渡中，应根据相应的素质能力方向进行有针对性的培养。

第三，建立学习型组织文化。服务外包模式下，一个银行与多个服务外包商（BSP）进行合作协调，银行内部的信息化人员可以基于这种合作，彼此间建立知识共享平台，共享合作中的信息、经验、知识。在员工间形成不断学习、相互学习、共同进步的组织文化。这是培养员工的一种有效手段。

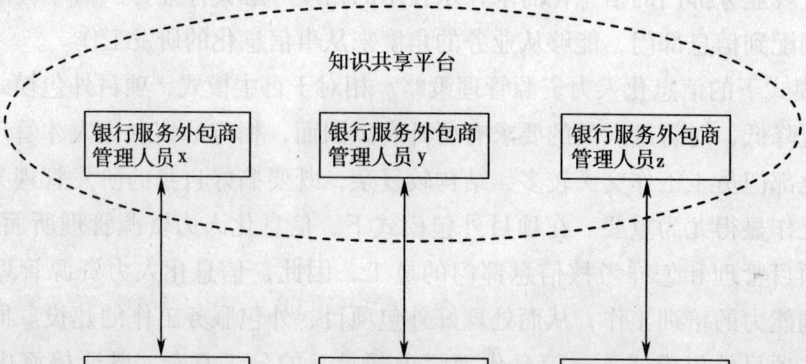

图 8-25 学习型虚拟组织

在服务外包模式下，由于银行与多个服务外包商建立战略联盟，相互间不断合作，所以银行产生这样一些职员，他们专门从事与服务外包商的合作沟通协调工作，称为“银行服务外包商管理人员”(Bank Service Provider Manager，BSPM)。银行服务外包商管理人员包括金融专家、管理人员、业务人员、技术人员和法律人员，他们直接面向服务商，负责服务外包项目从启动到完工到正常运转的全部合作事宜。为此，可以建立一个知识共享平台，实现这部分人员间数据、信息、知识的共享（见图 8-25）。在这个过程中，要逐步形成学习型组织文化，确保员工间基于平台的学习进步。这种组织文化的特点是有一个共同愿景，在解决问题和从事工作时，摒弃旧的思维方式和常规程序，作为相互关系系统的一部分，成员们对所有的组织过程、活动、功能和与环境的相互作用进行思考，员工之间能够坦率地相互沟通（跨越纵向和水平界线），人们摒弃个人利益和部门利益，为实现组织的共同构想一起工作，员工在这种知识平台和组织文化作用下，能够在合作、协同、沟通能力上有很大提高，在技术知识、业务规范等方面不断学习，从而提高自己的综合素质。

三、我国银行现阶段信息化人力资源管理的重点问题分析

下面简要探讨一下在现阶段，我国商业银行应当着手处理的一些信息化人力资源管理的重点问题。结合上面三种模式下的信息化人力资源管理的侧重点，考虑到我国商业银行信息化人力资源管理的现状，我们认为目前我国商业银行在信息化人力资源管理方面亟待解决和完善的问题包括如下方面。

1. 建立规范的人才流动机制。良好的人才流动法制建设是在大的外部环境上对信息化人力资源管理提供保障。由于激烈的金融业人才的竞争，尤其是信息化人才，必须采取有效的措施保护现有人才。一是要强化行业自律，提高员工的职业道德水平。二是加强和完善人才流动的法制建设，以现有的《公司法》、《社会保障法》、《劳动法》、《商业银行法》等法规为依据，规范员工与银行的劳动合同管理，制定适合中国特点的人才市场法规，规范人才流动，既保障员工选择工作的权利，又保护银行在客户资源、商业机密、品种创新等方面的权益。三是规范约束外资银行公正、合理、平等的竞争行为，应该遵循国际银行业人才流动普遍实行的同业回避原则或同业禁止原则，尽快出台有效防范银行间人才流动对银行利益损害的法律、法规。在完善法律制度建设的同时，银行尤其是国有商业银行必须加强法律、法规的落实工作，目前国内普遍存在的问题是，即使有法律条文的规定，也由于缺乏相应的落实力度，造成仅仅是“有法可依”，在“有法必依，执法必严，违法必究”上还远远不够。因此，要求执法部门和银行的相应部门都要强化该方面的职能，以彻底改变人才流失严重的状况。概括起来，在人才流动的法制建设上急需解决建立一个保证人员自由流动与银行商业机密不泄露相结合的劳工制度、健全银行内部的信息化管理运行机制等问题。

2. 建立健全的人力资源管理系统。人力资源管理系统（Human Resource Management System, HRMS）是提高人力资源管理工作科学化、现代化，建立银行知识管理体系的重要手段。实施有效的信息化人才管理战略，应该建立一个科学的人力资源管理系统，从而规范人力资源管理的流程，提高人力资源开发效率，建立公平、公正、公开的考评和激励机制。从20世纪60年代末期的人力资源管理系统至今，逐步经历了从自动化事务处理到提供分析信息到辅助战略制定的过程。当今，人力资源管理系统的特点是从人力资源管理的角度出发，用集中的数据库将几乎所有与人力资源相关的数据（如薪资福利、招聘、个人职业生涯的设计、培训、职位管理、绩效管理、岗位描述、个人信息和历史资料等）统一管理起来，并在此基础上，提供强有力的报表生成工具、知识管理工具、决策分析工具等。银行信息化人力资源管理的工作可以分为四个层次，即：

（1）规章制度与业务流程。它属于基础性工作，即建立一套完善的人力资源管理规章制度和人力资源操作流程。

（2）基于标准化业务流程的操作。它属于例行性工作，即在规章制度与标准操作流程这一基础设施平台之上进行的操作，主要包括人力资源规划、员工招聘、档案、合同、考勤、薪资、福利、离职等管理内容。

（3）人力资源战略。它属于战略性工作，即站在企业发展战略的高度，主动分析、诊断人力资源现状，为企业决策者准确、及时地提供各种有价值的信息，支持企业战略目标的形成，并为目标的实现制定具体的人力资源行动计划。

（4）人力资源开发和知识管理。它属于开拓性工作，强调人力资源管理要为企业提供增值服务，重点思考如何创建良好的企业文化、个性化的员工职业生涯规划、符合企业实际情况的薪酬体系与激励制度，并特别关注对企业人力资源的深入开发。

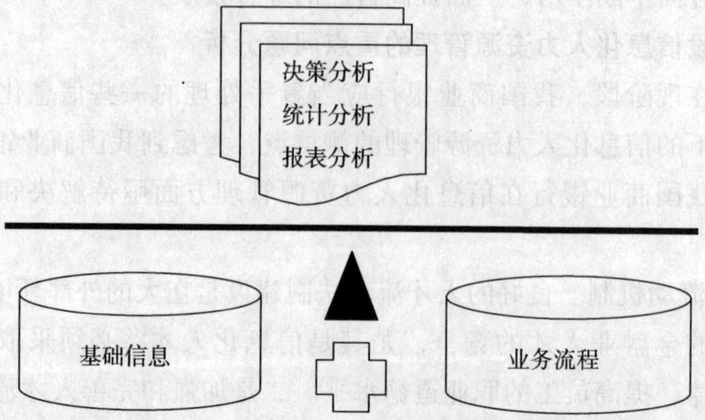

图8-26 银行人力资源管理系统结构

根据这四层工作的具体内容，银行的人力资源管理系统结构是以基础信息和常规业务流程为基础，进行数据的统计分析，提出战略决策支持（见图8-26)。基础数据主要来源于基础性工作，是整个系统正常运转的基础。业务流程层是指对应于人力资源管理具体业务流程的系统功能，这些功能将在日常管理工作中不断产生与积累新数据，如新员工数据、薪资数据、绩效考核数据、培训数据、考勤休假数据等。这些数据来源于例行性工作，是银行掌握人力资源状况、提高人力资源管理水平以及提供决策支持的主要数据来源。决策支持层建立在基础数据与由大量业务数据组成的人力资源数据库基础之上，通过对数据的统计和分析，利用数据挖掘等深度IT技术提供人力资源战略计划。银行人力资源管理系统实施的基本策略体现在两方面，

在内部，建立以人力资源管理为核心的知识管理系统。这个系统实施人力资源管理工作四个层次内容，同时依托网络，实现银行职员自助管理、知识共享（见图8-27)。这个系统，执行人力资源管理的各个功能模块，同时通过授权员工进行自助服务、外协及知识共享，使人力资源部门从事务性琐碎工作中解脱出来，成为银行核心竞争力部门。

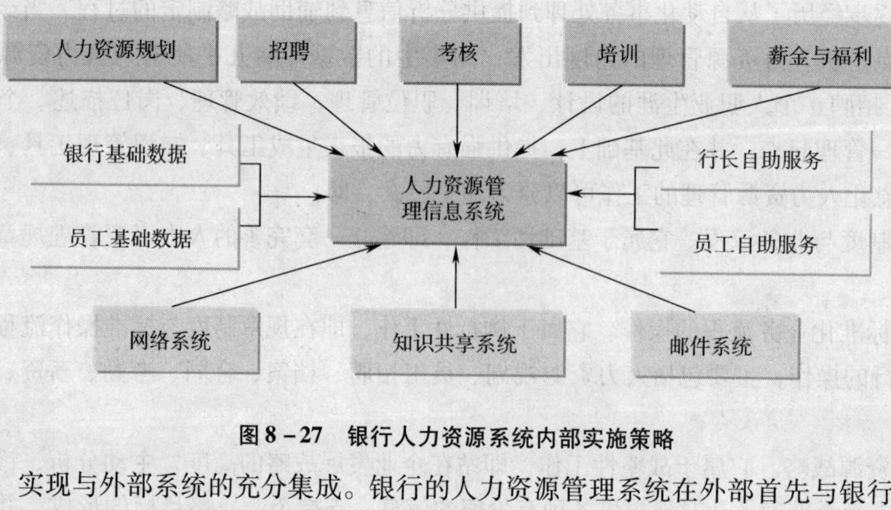

图8-27 银行人力资源系统内部实施策略

在外部，实现与外部系统的充分集成。银行的人力资源管理系统在外部首先与银行的各个业务系统实现集成，其次要联接银行外部的相关资源库，例如人才猎头公司等。这样，银行的人力资源部门可以随时访问人才猎头公司的资源库，寻找发现合适的人员，使银行在人才的供应上具备充分的

资源。

3. 建立完善的信息化人力资源激励体系。激励体系是人力资源管理中最为关键的环节。我们提出了一套银行信息化人力资源的激励体系流程，如图 8-28 所示。

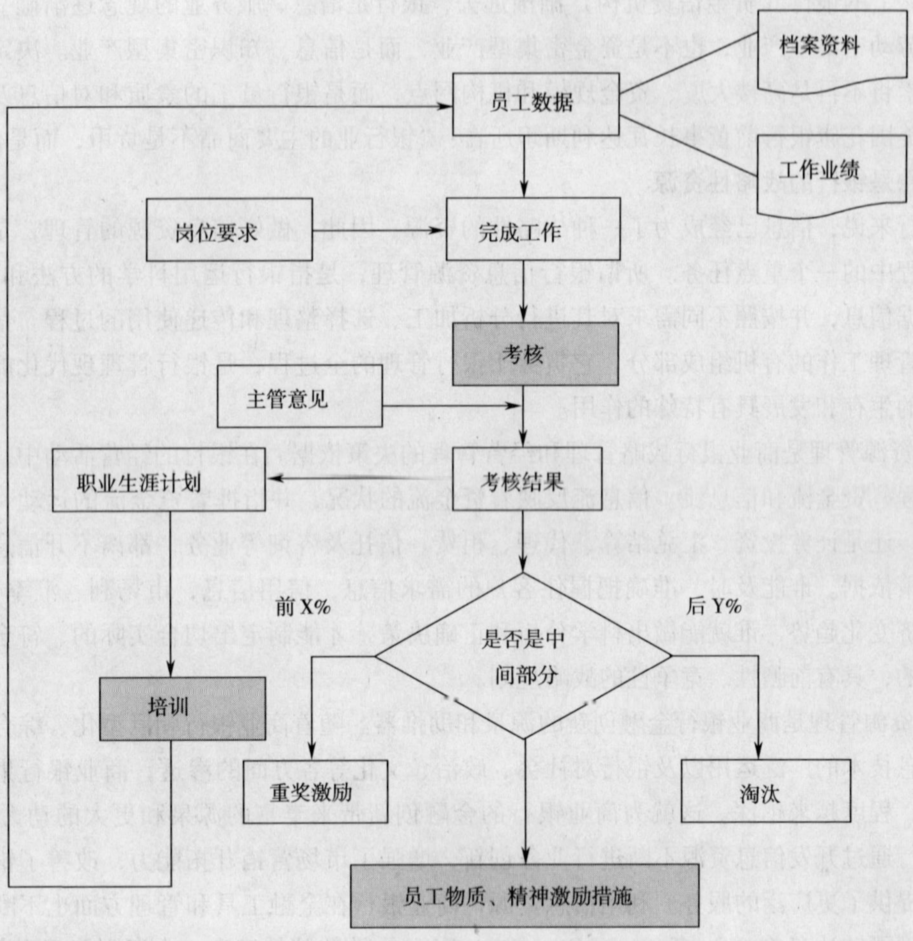

图 8-28　信息化人力资源管理激励体系流程

该流程的大致思想为，首先依据员工的历史信息及岗位要求对其阶段性的工作进行考核，然后根据考核结果和员工的职业生涯计划来安排员工的培训工作，同时依据考核结果和员工淘汰制度对员工进行激励方案选择。在这个流程中，重点模块是考核、培训、淘汰制度与激励方案。在考核时，应当遵循公平、公正、科学（即采用科学的考核方法）、差异（即对于不同的信息化队伍采用不同的考核方法）和及时反馈（即强调将考核结果与员工沟通）的原则。在培训方面，要充分考虑到员工的职业生涯计划和每个阶段的考核结果。这里要强调的是需要培养出一批过硬的复合型科技人才。因此，在安排培训计划时应当充分权衡业务、技术和管理方面的培训课程。一定程度的人员流动是必要的，为了更好地实现激励，银行必须在信息化人力资源管理上建立起人员淘汰制度，这也是改变银行（特别是国有银行）“吃大锅饭、效率低下”的一个很好举措。通过淘汰制度，进而增强员工的紧迫感和使命感。在具体激励方法上，需要将物质激励和精神激励相结合，实行“以岗定人”与“以人定岗”相结合的用人策略。

8.4.2 树立我国银行信息资源管理意识

21 世纪，信息网络技术与金融全球化的高度结合，使金融服务业进入了一个新的极富挑战的时代。传统意义上的银行（资金信贷机构）渐渐远去，银行是信息、服务业的观念逐渐确立。未来的银行，既不是劳动密集型产业，也不是资金密集型产业，而是信息、知识密集型产业。决定银行竞争胜负的主要因素将不再是高楼大厦、资金规模和机构网点，而是银行员工的素质和对信息及时、准确的把握。正如美国花旗银行前董事长瓦达利斯坦所言："银行业的主要商品不是货币，而是信息!"

一、信息是银行的战略性资源

对于银行来说，信息已经成为了一种战略性的资源。因此，做好信息资源的管理，是我国银行信息化运行过程中的一个重点任务。所谓银行信息资源管理，是指银行运用科学的方法和手段，收集、存储各种数据信息，并按照不同需求对其进行分析加工、选择整理和传递使用的过程。信息资源管理是银行整个管理工作的有机组成部分，它贯穿于银行管理的全过程，是银行管理现代化的一个重要标志，对银行的生存和发展具有特殊的作用。

1. 信息资源管理是商业银行战略管理和经营管理的决策依据。在银行的经营活动中，始终贯彻着两种运动过程，资金流和信息流。信息流反映着资金流的状况，并指挥着资金流的运动。无论是传统的存贷业务，还是证券投资、汇兑结算、代理、租赁、信托及咨询等业务，都离不开信息。没有信息就没有了决策依据。谁能及时、准确把握住客户的需求信息，信用信息，市场利、汇率信息和国际、国内政治经济变化趋势，谁就能做出科学分析和正确决策，才能制定出切合实际的、符合国家宏观经济发展要求的，具有前瞻性、竞争性的战略规划。

2. 信息资源管理是商业银行金融创新的源泉和助推器。随着商业银行朝巨型化、综合化方向的发展，加之信息技术的广泛运用以及银行对社会、政治、文化等各方面的渗透，商业银行集中的信息范围越来越广，程度越来越深。这就为商业银行的金融创新带来丰富的源泉和更大的动力。20 世纪中期，商业银行通过开发信息资源不断进行业务创新，增强了市场营销开拓能力，改善了银行的业务结构，为客户提供了更广泛的服务。利用信息资源，商业银行在金融工具和管理方面也不断实现创新和突破，如大额可转让存单（Certifrcate of Deposit，CD）、回购协议的产生，由资产管理到资产负债管理的理论和模式，由广设机构网点到电子银行、网上银行。面对高科技产业咄咄逼人的渗透和试图取而代之的挑战，未来的商业银行必须不断创新，方能保持竞争优势。

3. 信息资源管理是商业银行防范和化解风险必不可少的要素。商业银行的自有资本占资产总额的比率远低于其他行业，属高负债经营企业，在经营管理中面临来自外部、内部的信用风险、政策风险、利率风险和管理风险。商业银行风险管理就是指商业银行通过风险识别、风险测定、风险处理等方法，预防、规避、分散或转移经营中的风险，从而减少或避免经济损失，保证经营资金安全的行为。风险的识别、测定和处理水平取决于信息的真实性、全面性、及时性。信息不对称一直是商业银行资产质量低下的重要原因，亚洲金融危机也充分证明了这一点，因而信息资源管理是商业银行风险管理必不可少的重要因素，是防范风险的重要保障。

以上三个方面足以说明信息资源管理在银行信息化进程中的重要地位。我国商业银行已经意识到了信息资源管理的重要性，并且成立了相关部门（比如工商银行的管理信息部），专门从事信息资源的管理。但是，就目前信息资源的管理工作来看，离理想中的信息资源管理还相差甚远（可能因为部门成立的时间还不长），目前的信息资源管理工作还只限于比较初级的信息的收集和发布、简单分析等工作，涵盖的范围也相当有限。因此，我们强调我国商业银行应该进一步树立信息资源管理的意识，充分地利用信息资源这一宝贵财富。

二、银行信息资源管理的特点及主要任务

由于银行自身的特点，银行的信息资源管理具有如下六个主要特点：一是银行信息资源管理是一种以系统科学和管理科学的基本原理为基础的新型资源管理方法；二是银行信息资源管理是为了银行战略目标的实现而对信息资源进行的综合管理，而非单纯的技术性管理；三是银行信息资源管理强调信息资源的战略和高层管理，而不仅仅是在业务操作层实施管理，并从战略规划和决策的层次上确立信息资源管理的权力结构；四是银行信息资源管理强调面向银行机构，其组织管理必须与银行的组织机构相匹配，追求在整个银行中全面发挥信息资源的整体作用，为银行的整体战略目标服务；五是信息资源管理是银行中各层次、各职能管理人员的一项重要任务，而不仅仅是信息资源主管人员及其下属的职责；六是信息资源管理强调的是全部信息资源集成一体、统一配置和系统管理，以追求资源配置的全局最优，而不是个别资源构成要素的局部最优。

与其他类型组织的信息资源管理一样，银行信息资源管理也包括信息的收集、加工、存储和利用等活动。具体来说，银行信息资源管理的主要任务包括对银行信息资源的开发利用进行总体规划，建立和维护整个组织中的数据信息标准规范和管理制度，对信息资源的新技术和方法进行跟踪研究，应用于银行的信息管理，负责银行内部所有信息资源的安全和保密工作，向银行所有部门提供信息资源的咨询、服务和维护，综合利用信息资源辅助组织的高层决策。信息收集、存储、加工、整理、传递和使用等基本功能是在三个层面上进行的，如图 8－29 所示。

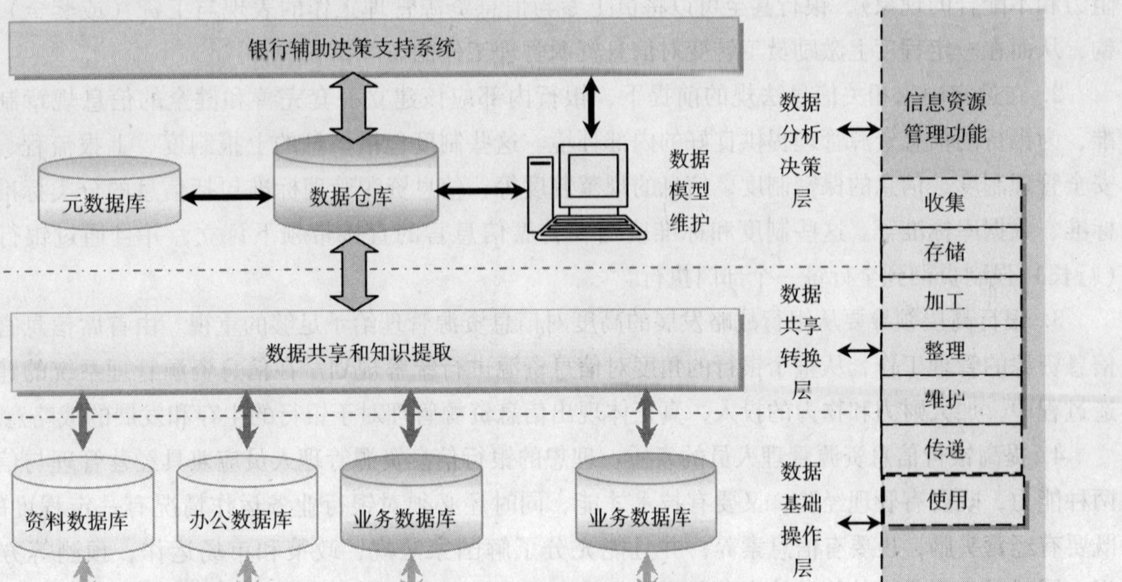

图 8－29　银行信息资源管理的三层次结构图

第一，数据基础操作层。存储基础业务数据、资料库、基层人员办公数据。业务人员、基层管理人员通过业务系统、办公系统等对这些基础数据进行日常的维护（增、删、查找等）。同时，他们可能提供对其他业务、管理部门的数据共享。第二，数据共享转换层。其一是为基层数据的共享提供接口，使得各种不同平台上的数据能够在统一的规划下进行有权限的共享；其二是将基础数据中与决策相关的数据进行抽取、转换和装载（即ETL），并送入数据仓库中。第三，数据分析决策层。本层中由三个重要组件构成，数据仓库，存储由各个业务部门的基础数据提炼、汇总的数据，为辅助决策支持系统提供用来分析的数据；元数据库，存储管理与整个商务智能有关的元数据，包括开发者和管理员使用的技术元数据以及支持银行客户的业务元数据、规则等；数据模型维护，管理员或者决策者可以根据决策需求的转变来设定新的模型，通过对元数据库的控制来修改目前数据仓库的结构，使得一个数据仓库可以满足不同决策支持的需要。这三个层次具有不同的级别，目前我国商业银行最缺乏、最亟待加强的是第三个层次的数据分析和辅助决策。而这一工作的开展是以数据仓库为基础的，又必须有前两个层次作为铺垫。在下文中会重点讨论我国商业银行信息资源深度开发利用的相关问题。

三、我国银行信息资源的管理策略

银行信息资源的管理不仅仅是信息资源管理部门的工作，而是一项全行各个部门都参与的工作。因为信息的收集离不开各个部门相关人员的配合，同时各种信息的传达也必须引起部门相关人员的注意。从这个意义上来说，信息资源管理部门只是银行信息资源管理的集中地。我国商业银行要实现真正意义上的信息资源管理，充分发挥出信息这种战略资源的价值，必须做好如下方面的工作：

1. 首先必须进行观念的创新，在观念上高度重视信息资源管理。不仅是银行高层领导要树立起信息资源管理的理念，而且银行各个部门的所有员工都必须树立起信息资源管理的理念。商业银行首先必须在全行范围内树立起信息资源管理的意识，为信息资源管理创立良好的氛围。在具体实现手段上，为了得到银行其他部门对信息管理工作的支持（在信息资源管理工作的进展中可能会遇到很大的阻力和不配合的现象），银行甚至可以将员工参与信息资源管理工作的表现与工资（或奖金）直接挂钩，从而在一定程度上激励员工转变对信息资源管理工作的态度。

2. 在遵守国家相关信息法规的前提下，银行内部应该建立一套完善和健全的信息规章制度和标准，为银行的信息资源管理提供良好的内部环境。这些制度包括信息的上报制度、上报流程、信息的安全管理制度、信息的保密制度、信息的规范制度等，信息资源管理标准包括信息的分类标准、编码标准、数据库标准等。这些制度和标准应当在首席信息官的直接带领下订立，并且通过银行最高层（行长）强制贯彻到全行每一个部门执行。

3. 银行高层领导要从银行战略发展的高度对信息资源管理给予足够的重视。由首席信息官亲自抓信息资源的管理工作，从整个银行的角度对信息资源进行统筹规划。在信息资源管理系统的建设和改造过程中，加大财力和物力的投入，真正体现出信息资源管理对于银行的生存和发展的战略意义。

4. 提高银行信息资源管理人员的素质。理想的银行信息资源管理人员应兼具经营管理与信息技术两种能力，既要有管理经验，又要有技术才能，同时还必须对银行业务运作情况有一定程度的了解，既要有经营头脑，也要有信息素养，并且能充分了解国家法规、政策和市场运作、预测等方面的知识，同时对日新月异的信息技术和急剧变化的竞争环境，要有较强的创新及应变能力。因此，银行就要本着培养这样人才的目标，加强人员的专业培训及素质教育。

5. 管理信息资源必须在做好信息资源管理规划的前提下进行。在集中式信息资源管理模式下，信息资源管理部必须对全行的信息资源进行统筹规划，建立一套完善的信息资源管理系统，充分克服信息存在不一致、冗余等现象，实现信息管理的精简、有效运行。

6. 充分利用信息技术的优势，进行信息资源的管理。目前我国商业银行纷纷推出的数据集中工程，实现了一定程度上数据的物理集中，为信息资源集中式的管理提供了极大的便利。当然，信息资源的集中式管理不仅仅是指物理上的集中，而更是逻辑上的集中。银行应当在对全行信息进行统筹规划的基础上，充分利用计算机网络、信息资源管理系统来实现信息收集、加工、存储、发布、分析等工作，从而提高信息资源管理的效率和效果。

7. 加强信息的深度开发利用。如何从大量的银行信息资源中发掘出一些有用的信息，从而辅助银行的高层决策制定，是银行提高自身竞争力的有效手段。因此，银行必须设有专门的人员从事信息的深度开发。接下来会具体探讨银行信息资源深度开发利用可以采用的一些方法。

改变一套系统比创建一套新的系统更难。要从各部门各自分散地管理自己的信息转变为集中化的信息资源管理，银行势必需要付出很大的努力。很多时候，虽然员工从理论上非常清楚集中化信息资源管理的好处，但是在实践中予以配合却是一件很困难的事情。在这种情形下，激励是一方面的举措，更重要的是银行必须在全行范围内树立起信息资源管理的意识。只有信息资源管理意识深入到每个员工心中，并且将相关信息的上报等工作看作是日常工作的一部分，银行信息资源的管理工作才能顺利地开展。

四、银行信息资源的开发利用

所谓银行信息资源开发利用，即充分利用信息技术采集、处理、加工、传递和使用信息，其流程见图8－30。高效率和经济地进行信息活动，可使信息冗余减至最少，使银行信息费用减至最小，最大限度地增加银行信息资源的可用性，辅助决策，应用现代信息技术提高银行服务的水平和效率。信息资源开发和利用是银行信息资源管理的目的，也是信息资源为银行增值的重要体现。目前，国内各大小商业银行纷纷采用和准备采用数据仓库技术来进行信息资源的开发和利用，但是大多具有一定的盲目性，一定程度上属于跟风行为，缺乏系统的规划和有针对性的明确目标。应当看到，为使银行信息资源的开发有序进行，制定详细而又周密的开发和利用规划，确保银行所需信息的有效性和经济性是当务之急。银行信息资源开发的无效性和无序性必然降低整个银行信息化工作的效率。事实上，信息资源管理和开发的规划恰恰也是信息化规划的一个重要组成部分。搞好银行信息资源开发规划，首先要明确信息资源开发的目标、主要应用领域（比如客户关系管理）和可能发挥的作用，然后根据自身信息化基础，掌握的信息技术、人员和资金资源决定开发的规模和采用的技术，最后确定开发的具体任务和实施步骤。银行信息资源开发应该从银行实际情况和业务功能需要出发，以促进业务创新和提高服务质量及效率为目的，重点在于信息内容资源的开发，通过对信息内容的分类、整理、分析、研究等获取深层次的、有益于提高管理效率和服务质量的信息。

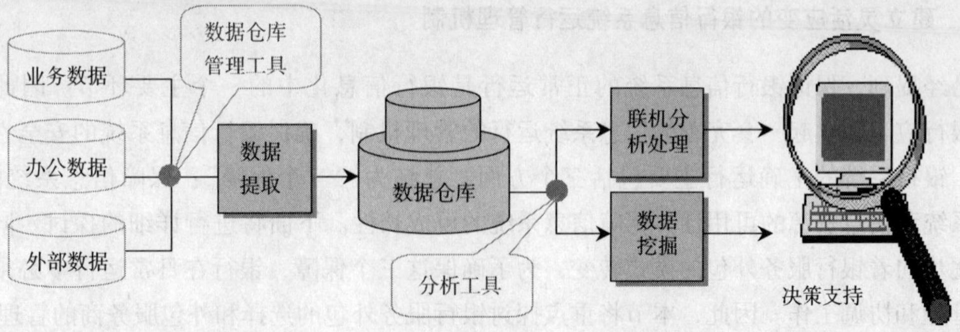

图8－30　银行信息资源开发利用流程图

当前先进的信息资源深度开发利用手段包括建立数据仓库、采用数据挖掘技术和联机数据分析处理等，其中基于数据仓库的数据挖掘技术是主流技术，在银行客户关系管理、客户信用评级、业务数据分析和监控、风险管理等领域都可以充分利用数据挖掘技术来辅助决策支持。我国银行数据的集中工程为数据仓库的建设创造了条件。为了实现对银行信息资源的深度开发利用，我国银行信息资源管理下一阶段的工作重点正是在集中的数据的基础上建设数据仓库，然后利用一些分析工具，采用联机数据分析处理、数据挖掘等手段，开发各种数据仓库的应用。我们认为银行数据仓库应用体系应该如图8－31所示。

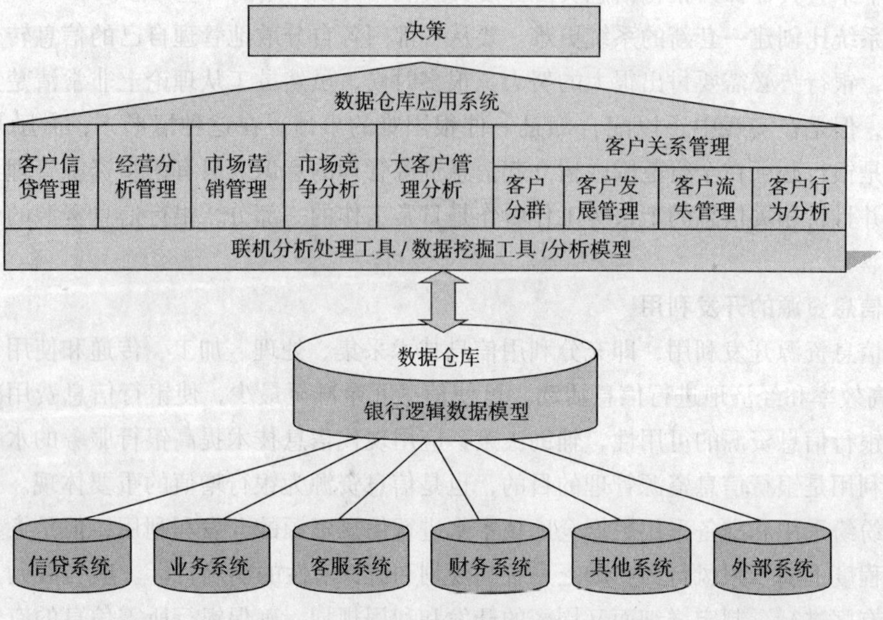

图8－31　银行数据仓库应用体系结构图

银行信息资源的开发利用，主要由信息资源管理部中的信息开发队伍来完成。但是信息挖掘利用的复杂性，决定了银行信息资源的开发利用需要多方面的人员的共同参与，包括领域专家、数据管理员、数据分析人员、业务分析人员、数据挖掘专家。应该将相关人员组成一个团队，从某一个实际的问题出发，摸索适合银行的一套研究和开发方法，逐步建立起模型库。因此，这些需要得到最高决策管理层的认可和参与，因为模型的结果需要报告给决策管理层，并且使得他们能够理解，从而做出相应的决策。

8.4.3　建立灵活应变的银行信息系统运行管理机制

前文已经提到，保证银行信息系统的正常运行是银行信息化中的一个主要环节。因此，我们提出，我国银行应当建立起一套完善的信息系统运行的管理机制，确保银行信息系统的安全性、可靠性和有效性。银行系统的正确运行主要包括三个方面，总结为“三个保障”：保障信息系统的安全性、保障信息系统和信息资源的可用性、保障信息系统的可成长性。下面将进行详细的探讨。同时，随着我国银行逐步向着银行服务外包的模式转变，为了确保这三个保障，银行在日常运行中必须增加服务外包商的管理和协调工作。因此，本节将重点探讨银行服务外包的选择和外包服务商的管理等问题。

一、银行信息系统正确运行的三个保障

1. 信息系统安全性保障。在银行信息化的日常运行中，安全管理是头等大事。尤其是进行了数据集中之后，银行的数据中心存储了大量重要金融数据，断电、火灾、系统故障、人为操作不当都有可能造成关键数据丢失。此外，数据中心同各分支行之间、各营业网点之间，以及网上银行业务的开展，其数据、信息的交流在很大程度上依赖于网络系统的安全、稳定运行，网络故障以及人为恶意破坏等都会对银行的运营管理造成极大的破坏。因此，银行需要采取多种措施来建立可靠的安全保障体系。银行安全体系的建立可以从硬件技术和管理制度等层面进行。

(1) 技术层面。银行应当在以前发展单项安全技术和产品的基础上，采用银行业安全问题的整体解决方案，构建全方位、纵深化、专业化的金融网络安全体系。在银行安全技术解决方案方面，可以选用国内外多家 IT 公司（如 IBM、康柏等）成型的产品。

(2) 管理层面。该层面是我国银行在信息化安全方面的薄弱环节。信息技术发展十分迅速，而我国银行相应的管理环节并没有跟上，导致大量的安全问题并不在于技术力量薄弱，而是管理制度方面的原因。由此，银行需要在组织机构、相关制度和人员方面采取相应的措施。首先，在组织机构方面，银行应当设立专门的职位来负责计算机信息系统的安全保护工作。该职位属于银行信息科技部门的运行管理部门；其次，在制度方面，银行需要建立和完善内部安全规章制度的建设；再次，在人员方面，需要将安全责任同员工绩效考核挂钩，并对员工进行安全意识教育。

(3) 法规、制度层面。为了加强银行信息化安全的建设，营造一个良好的外部环境，政府和中央银行还应当建立健全的法律法规，并形成相关安全体系标准，供各银行参考或遵照执行。

2. 信息系统和信息资源的可用性保障。在银行业务信息化和管理信息化的开展过程中，需要保证用以支持信息化业务和管理的信息系统和信息资源全天 24 小时的可用性（availability）。在当前激烈竞争的市场环境中，各种金融服务的稳定性和可靠性是塑造银行形象、吸引新客户的重要条件，而且对于规模较大的银行而言，每时每刻都有大量的数据和信息在管理系统中流通，系统即使一瞬间的不可用状态，往往都会给银行的业务和管理带来不可估量的损失。为此，银行同样需要采取相应的措施来保证信息系统和信息资源全天候的可用性。

第一，在硬件方面，除了加强各种基础设施的性能和可靠性之外，还需要采取一定的备份措施，以便在突发意外事件时能够及时切换到备份系统，从而保证业务和管理的不间断运行。

第二，在组织机构方面，银行不仅需要在运行管理部门设立专门的职位负责信息系统和信息资源可用性的管理，同时，为了保证在出现系统故障时能够尽快地恢复系统的正常运行，我们认为可以效仿花旗银行的做法，成立一个“业务连续化应急委员会”。业务连续化应急委员会是一个跨信息科技部门和信息资源管理部的组织，由两个部门负责各种功能的相关人员组成。业务连续化应急委员会直接受首席信息官的领导。当银行系统出现紧急故障时，业务连续化应急委员会将发挥核心作用，以在最短的时间内完成系统的恢复工作。如图 8 – 32 所示。

第三，在制度方面，银行需要强调信息可用性的重要性，保证信息系统和信息资源在任何时刻都有专门人员进行监控，让出错概率降到最低。此外，银行还需要制定自身的信息系统及信息资源可用性标准，作为努力目标，并根据该标准对相关员工进行绩效考核，同员工薪酬挂钩。

第四，在银行业信息化的环境方面，相关部门应当制定信息系统及信息资源可用性指标，作为各银行的参考依据。

3. 信息系统的可成长性保障。除了安全性保障和可用性保障之外，信息系统和信息资源的可成长性也是非常重要的。信息化过程中，应当保证信息系统和信息资源能够足以支持银行业务的开展和管理系统的正常运作。

因此，在进行信息系统建设时，负责此项工作的信息科技部门首先要充分考虑到当前业务和管理的需要，做好详细的需求分析，根据需求来确定信息系统建设的目标，确保所建设的系统能够很好地支持当前业务和管理工作的开展。当前我国很多商业银行都在建立综合业务系统，这是一项十分庞大的工程，涉及大量基础设施和系统软件的选型和开发，在此过程中做好科学的分析和规划，对于系统的可成长性是至关重要的。

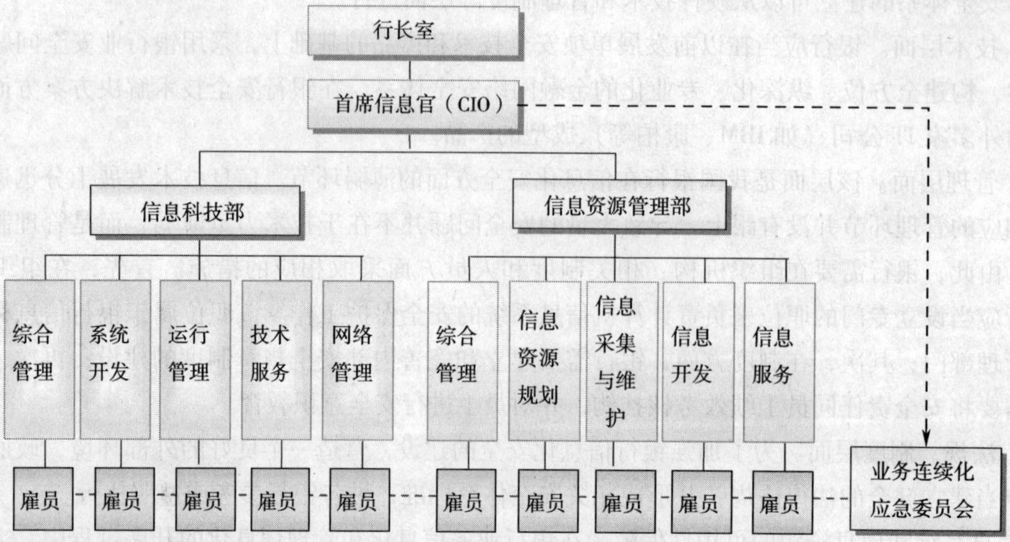

图8－32　跨职能的业务连续化应急委员会

进行信息系统建设时，还要考虑到将来几年内业务发展的需要。当前，信息技术发展日新月异，网上银行、手机银行、网上支付结算等新业务的发展十分迅速，银行需要能够在已有的信息系统基础上进行扩展，快速开发出新的模块，以支持新业务的开展。没有可靠、适用的信息系统的支持，这些都是不可能的。为此，信息科技部门在开展信息项目之前应当同业务部门充分合作，结合银行自身的发展战略，做出合理的项目规划，以适应将来系统升级的需要。

负责信息系统日常运行的部门也需要做好系统可成长性的监控，需要和业务部门和管理部门进行合作，及时察觉系统升级的需求，力争在最短的时间内完成系统升级，以支持新业务的快速开展。

在制度方面，银行应当建立例会制度，会上业务部门、管理部门和信息技术部门互相交流沟通，业务部门根据银行业市场的情况提出业务发展的可能，管理部门根据日常运行的情况提出管理系统中有待改进的地方，信息技术部门根据信息技术发展情况提出技术可能对业务和管理带来的变革。由此，保证系统能够及时升级，从而系统的可成长性能够得到保障。

二、我国银行服务外包决策及管理

如前所述，在未来的服务外包模式下，社会分工高度专业化，商业银行应当将非核心业务外包给专业的服务外包商，将主要精力放在发展以金融业务为主的核心竞争力上。特别是对于大多数中小型商业银行而言，部分或者全部购买外部的IT服务是最简单实用的方法，而且往往也是最明智和最经济的方法。但是，在制定服务外包决策时，应当充分考虑其中存在的风险，在与外包商合作的过程中，也必须加强对外包商的管理，从而进行风险的控制。对我国商业银行来说，要为未来的服务外包做好准备，并且保证服务外包的顺利进行，必须重点做好如下三方面的工作：

1. 建立起良好的服务外包决策机制。服务外包是关系到银行长远发展的大事，如果决策不当，很有可能会给银行带来不可估量的损失。因此，银行必须从战略的高度进行服务外包决策，建立起良好的服务外包决策机制。我们认为银行的服务外包决策最终应当由信息化决策委员会来制定。信息科技部可以在结合银行内外部综合分析的基础上提出服务外包的想法，然后信息化决策委员会结合银行的长远目标和银行的实际情况制定最后的决策。如果决策通过服务外包的方案，则交给相关部门具体去实施。从理论上讲，凡是可以用定量方法对其服务质量和服务目标进行评价的日常交易型业务，银行都可以采用外包的方式进行处理。这样，银行可以将主要精力用在发展核心业务上，避免将力量不恰当地分配在一些日常操作的处理上。而对于外包服务商来说，它们在某个方面具有特殊专长或者经验，并且具有某种规模经济优势。所以，服务外包对于银行和外包商都是有利的。但是，银行在决策是否进行银行服务外包的时候，必须考虑到两方面的重要因素：一是服务外包的风险，即服务提供商不能按照约定条件提供相应服务而使商业银行遭受损失的可能性。IT 服务对于银行的存亡意义重大，银行必须尽可能地将外包风险降低到零。如果外包风险过大，银行必须慎重决策。二是能否有效管理和控制外包服务的成本。外包服务成本包括购买服务所需的直接费用，以及管理信息技术服务商所需的间接费用。只有在外包服务成本低于银行自行服务的成本时，选择外包才是明智的。银行进行服务外包决策的过程如图 8 – 33 所示。

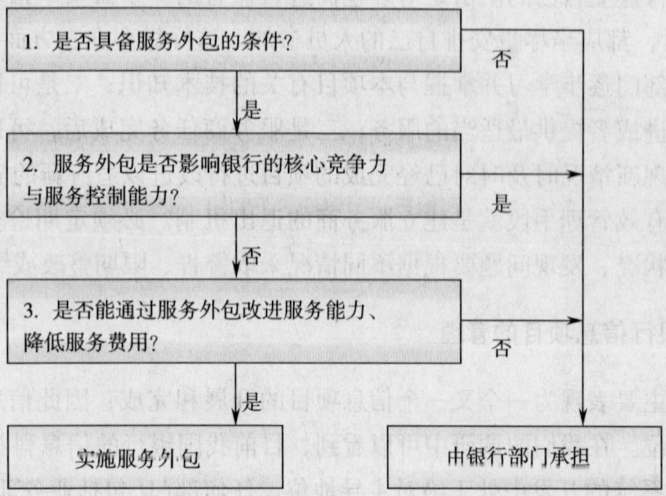

图 8 – 33　银行实施服务外包的决策过程

首先，必须考察银行是否具备服务外包的条件，包括是否能准确定位服务外包功能，服务外包项目实施是否能分离出来，是否能准确定义服务外包的技术要求，是否存在能满足要求的服务外包商等。其次，必须分析服务外包是否会影响到银行的核心竞争力与服务控制能力，分析某项服务是否关系到银行的核心能力，包括：如果这些服务被他人控制或模仿，是否对银行的核心竞争力构成威胁；服务外包后，银行是否很难管理和控制外包服务的风险等。最后，必须权衡服务外包的效果和成本，确定是否能够通过询价、招标、谈判等手段，有效保障外包服务的质量，降低服务费用等。如果银行外包的时机还不成熟，只能通过银行的相关部门来承担服务。在决定了对部分服务进行外包以后，还存在一个非常重要的步骤，即选择合适的外包服务提供商。目前，国内外一大批公司都有比较成熟的银行解决方案，能够为银行提供全方位的服务。可以预测，在未来的几年里，更为专业化的、规模不大的银行服务提供商将会越来越多。

2. 培养一批过硬的服务外包管理队伍。为了尽可能降低服务外包的风险，银行必须培养一批高素质的服务外包管理队伍。通过外包，一方面减轻了银行对于自身队伍的需求，另一方面却对服务外包管理人员提出了更高的要求。一方面，这些管理人员必须懂得一定的技术，这样可以避免因为技术的不对称而导致的各种可能的后果（比如服务商要价过高），同时也是进行有效监管必不可少的一个先决条件；另一方面，这些管理人员必须懂得管理与协调，这样才能有效完成对外包商进行有效监控和管理的职能。

3. 处理好与外包商的合作关系。将业务外包给外包商以后，银行业务能否正常有效地开展，在很大程度上就取决于外包商服务的好坏了。从这个意义上来说，银行的命脉与外包商是息息相关的。因此，处理好与外包商的合作关系至关重要。当商业银行决定部分或者全部服务外包，选择合适的外包商时，必须考虑购买的服务是否能在当前真正满足自己的需要，是否能够与服务外包商建立长期、稳定的合作关系以确保将来仍然能够得到有效的技术支持。因为一旦承担主要服务的IT公司出现不能继续服务的问题，往往将严重影响商业银行整个业务的运作。为防止将服务全外包给一家公司而出现这种对银行不利的情况，同时兼顾方便管理和协调因素，我们认为商业银行应当将服务外包给一家或者少数几家外包服务公司。银行与服务提供商建立的往往是长时间的协作关系，因此，在银行与服务商的交互过程中，双方都应当保持一致性和稳定性，频繁更换服务商必然会影响服务的质量，同时也给商业银行的有效管理服务带来困难。

上面已经提到，银行建立自己的队伍是对外包商进行监管的一个必要举措。商业银行对于自己外包的每一个IT服务项目，都应当尽量安排自己的人员参加。这样做存在三方面的好处：一是通过项目的实践，使自己的相关部门逐步学习并掌握与本项目有关的技术知识；二是可以及时发现外包服务商的问题，提醒其注意改进或者提供最适当的服务；三是服务商任务完成后，可以随时接手项目的后续运行管理工作，或者出现新情况时及时对已经完成的项目进行改进以适应新的需要。

对外包服务商的最有效管理手段就是建立服务商的退出机制。必须定期检查和评估各信息技术服务商的服务情况和经营状况，发现问题要根据不同情况采取警告、限期整改或终止合作等措施。

8.4.4 强化我国银行信息项目的管理

银行信息化的进程主要表现为一个又一个信息项目的开展和完成，因此信息项目在银行信息化进程中占有举足轻重的地位。在我们的调研中可以看到，目前我国银行的信息科技部门（特别是其中的软件中心）在银行信息系统的开发中处于绝对主导地位。任何部门(包括业务部门、职能部门等)可以向信息科技部提出信息系统建设需求，由信息科技部具体安排软件中心来从事系统的开发。依照这种开发流程，很容易形成“信息化建设就是简单的开发软件系统”的误导。同时，这种由信息科技部主导的开发模式往往会使得银行的信息系统开发局限在较为短期和局部的范围内，不能从全行的整体出发进行规划，不能实现全行信息技术资源的最优配置。另一方面，有时信息技术的开发需要对银行业务和管理进行根本变革，信息科技部门主导的方式会直接限制这种变革的进行。因此，我们认为我国银行应当在较高的层次上安排一个机构对全行信息技术资源的开发进行规划，同时，在开展信息项目建设时，应当有意识地弱化信息科技部门人员在其中的地位。事实上，银行信息系统的开发绝对不仅仅是软件开发人员的事情，而是很多部门都必须参与的，这是信息项目得以顺利、有效进行的一个基本要求。要强化我国银行信息项目的管理，首先必须从组织制度上进行保障，其次必须建立严格的信息项目开发流程。本节在探讨这两个问题的基础上，还将重点探讨信息项目的需求管理以及信息化外包决策等重点问题。

一、我国银行信息项目的组织

项目组织是保证银行信息项目正常实施的组织保证体系，就项目这种一次性任务而言，项目组织建设包括从组织设计、组织运行、组织更新到组织终结这样一个生命周期。项目管理要在有限的时间、空间和预算范围内将大量物资、设备和人力组织在一起，按计划实施项目目标，必须建立合理的项目组织。

银行信息项目固有的特点决定了项目的组织特征，如组织目标单一，工作内容庞杂、项目组织是一个临时性机构、项目组织应精干高效等。项目经理是项目组织的关键。信息项目组织设置应该满足如下原则：有效幅度管理原则、权责对等原则、才职相称原则、命令统一原则、效果与效率原则、适时重组原则等。

1. 银行信息项目的组织结构。一般来说，开展信息化项目可以采取三种不同的组织形式，它们的比较如表 8－2 所示。

表 8－2　各种项目组织形式的比较

特征 \ 组织形式	职能式	矩阵式			项目式
		弱矩阵式	平衡矩阵式	强矩阵式	
项目经理权限	很少或没有	有限	小到中等	中等到大	很高甚至全权
全职工作人员比例	几乎没有	0～25%	15%～60%	50%～95%	85%～100%
项目经理任务	兼职	兼职	全职	全职	全职
项目经理常用头衔	项目协调员	项目协调员	项目经理	项目经理	项目经理
项目管理行政人员	兼职	兼职	兼职	全职	全职

在我国目前的信息化项目开发模式中，信息科技部门处于绝对的主导地位，以为信息项目就是开发一套计算机化的软件系统。实际上，软件的开发与调试在信息项目中只占有较小的比重，系统方案的规划与设计等工作所占比重更大。因此，银行信息项目光靠信息部门是绝对不可能保质保量地完成的，它还需要众多相关部门的参与，比如信息系统需求部门、人力资源部门、财务部门、采购部门等。结合银行运作的实际情况，对于这种跨职能部门的项目组织，只能采用矩阵式的组织结构。

我国商业银行往往采用“总行—分行—支行”的多级组织结构，在数据集中和综合业务系统的大背景下，对于任何信息化需求，银行必须从全局上进行统筹规划，并开展信息化建设。因此，我们建议银行成立一个信息化决策委员会，负责信息化需求的审批、统筹规划等工作，领导信息项目的建设，提出银行应当采用如图 8－34 所示的信息项目组织结构。

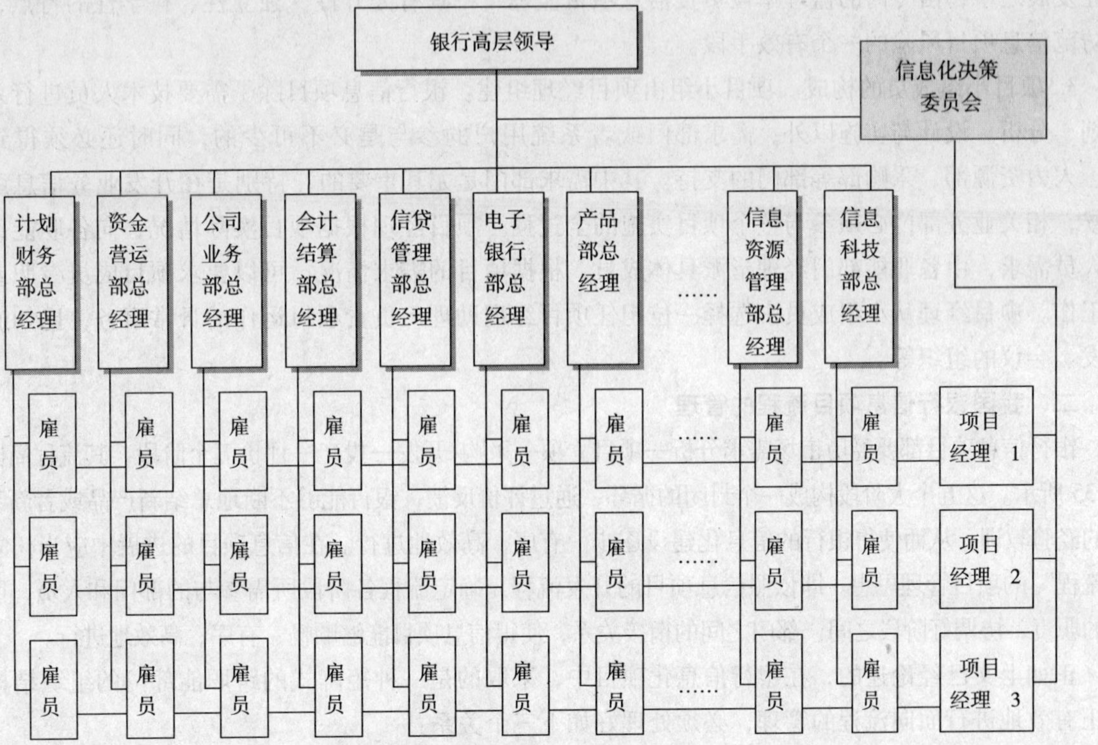

图 8－34　银行信息项目的组织结构图

这是一种介于平衡矩阵式和强矩阵式之间的一种矩阵式结构。项目经理一般是兼职的，由银行中高层以上领导担当，获取各种资源的权力较大，项目组成员部分是全职的，部分是兼职的。信息化决策委员会由银行副行长组成，同时设有秘书，负责处理日常事务。由高层领导直接领导信息项目的进行，一方面有助于在战略的层次上从全局的角度进行信息化规划，另一方面这种“一把手”的原则有助于保证信息项目的顺畅进行。

2. 项目经理的职责及其任命。项目经理直接对整个项目负责，并向信息化决策委员会报告。其具体职责包括：负责界定项目范围；制定具体的项目计划，包括培训计划；与需求部门讨论并确定最终项目范围和实施方案；把握项目各方面的进程；指导业务流程重组和项目变更；检查及调控项目实施范围；向常设信息项目小组汇报项目状况，提出建议及改进措施；负责项目阶段质量监测；其他项目经理所应该负责的项目管理工作。项目经理由信息化决策委员会任命。项目经理采用聘任制，并且对信息项目负有全部责任。为了保证项目质量，建议项目经理由中高层以上管理人员（比如部门总经理或者副总经理）担任。在选拔项目经理时，应该根据信息项目的技术含量来进行决策。如果项目技术所占比重较大，可以任命信息部门的经理为项目经理，如果技术比重较低，业务和管理的比重更大，则可以任命业务部门或者职能管理部门的经理担任项目经理。通过这种方式，可以发挥出专业化的优势，克服现有的模式中信息科技部门主导所存在的问题。如果项目采用外包方式，则可以采用“招投标制”来选择外包商，项目经理仍然对整个项目的进行负有全部的责任。为了确保银行信息项目的顺畅开展，也为了必要的安全保密，对银行信息化项目进行有组织、规范化的监理，就显得更加重要。因此，建议我国银行在信息项目外包时，也应当实施“监理制”。监理是受项目法人委托，对工程建设的各种行为和活动如项目的规划设计、物资采购与供应、施工等进行监督、监控、检查、确认等，并采取相应的措施使建设活动符合行为准则（即符合国家的法律、法规、政策、经济合同等），防止在建设中出现主观随意性和盲目决断，以达到项目建设的预期目标。目前，我国信息系统工程的监理正在发展之中，由专门的监理单位负责信息项目监理，将具有公开性、独立性、科学性的特点，是银行防范信息项目风险的一个有效手段。

3. 项目小组成员的构成。项目小组由项目经理组建。银行信息项目除了需要技术人员进行系统的规划、分析、设计与实施以外，需求部门或者系统用户的参与是必不可少的，同时还必须得到财务部、人力资源部、采购部等部门的支持。其中需求部门是尤其重要的，特别是在开发业务信息系统的时候，相关业务部门必须参与整个项目实施的全过程。项目经理根据项目实际情况，向各职能部门提出人员需求，由各职能部门经理指派具体成员。根据项目的需求情况，可以要求项目成员专职或者兼职工作。项目经理从小组成员中选择一位担任项目经理助理，负责项目运作的日常事务，比如通知的下发、会议的组织等。

二、我国银行信息项目流程的管理

银行信息项目都要经历市场需求分析—项目立项—采购/开发—投产—评价五个阶段，其流程简图如图8－35所示。这五个大阶段构成一个封闭的循环，通过评价反馈，银行能够不断地总结新产品或者新系统开发的经验教训，从而使得银行的信息化建设逐步、有序、高效地进行。在信息项目的进展中应当树立“面向流程”的项目管理思想。即依照信息项目的开发流程，确定流程各阶段所需参与的部门和人员，明确他们的职责，协调好阶段之间、部门之间的衔接关系，使得信息项目能够顺畅、有序、高效地进行。

正如上文已经论述的，在银行信息化项目中，采取的是一种矩阵式的跨职能部门的组织结构。要真正有效地进行面向流程的管理，必须处理好如下三个关系：

第一，处理好项目组成员的双向报告关系。在矩阵式项目结构中，项目组成员都来自业务部门或

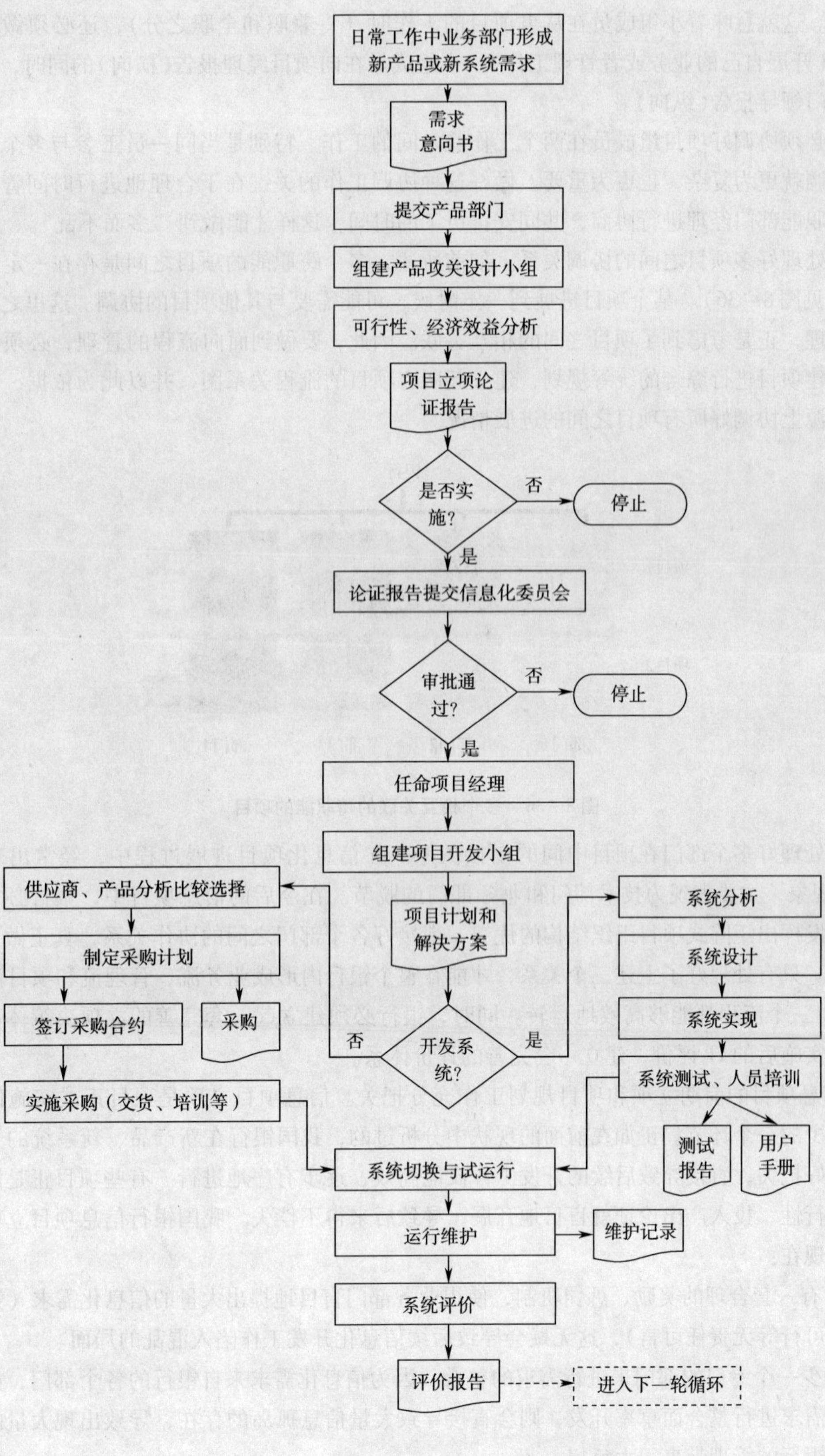

图 8－35　银行信息项目的运作流程简图

者职能部门。这就意味着小组成员在从事项目的工作时（有兼职和全职之分），还必须做好自己以前的本职工作（开展自己的业务或者管理工作）。小组成员在向项目经理报告（横向）的同时，也必须向自己的职能部门领导报告（纵向）。

因此，必须协调好项目组成员在两个工作流之间的工作。特别是当同一员工参与多个项目时，这种工作的协调就更为复杂，也更为重要。做好这种协调工作的关键在于合理地进行时间管理，这需要项目经理和职能部门经理进行协商，共同安排员工的时间，这样才能做到“多而不乱”。

第二，处理好多项目之间的协调关系。如前所述，多个跨职能的项目之间是存在一定的相互关联关系的（参见图8－36）。某个项目进展到一定时候，可能需要与其他项目的协调。这里之所以强调面向流程的管理，正是考虑到了项目之间的相互关联。因此，要做到面向流程的管理，必须从全局的角度对所有在建项目进行综合的统筹规划，建立起所有项目的流程关系图，并以此为依据，在时间、人力和物力资源上协调好所有项目之间的进展情况。

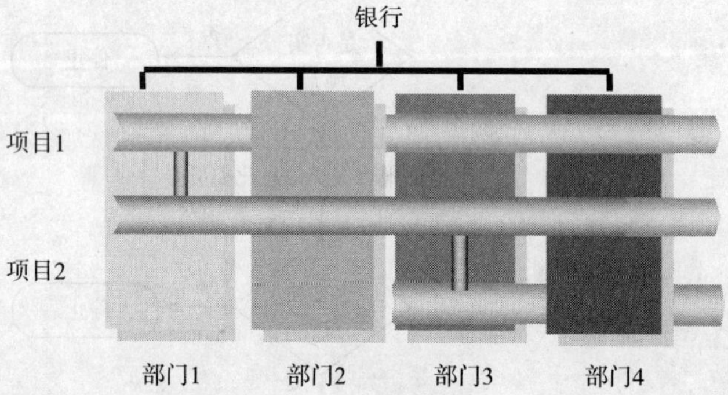

图8－36　多个相互关联的跨职能的项目

第三，处理好多个部门在项目中间的衔接关系。在信息化项目进展过程中，经常出现部门之间“脱节”的现象，主要表现为技术部门和业务部门的脱节。在今后的信息项目中，银行必须克服这种现象，充分发挥出矩阵式项目组织结构的优势，衔接好各个部门之间的协作关系，真正做到客户驱动和业务驱动。只有处理好了上述三个关系，才能在整个银行内形成业务流、管理流和项目流的“三流合一”，使得三个流程都能够高效地运转。同时，银行必须建立起一套完善的立项决策体系，银行应当高度重视实施后的IT评价，建立一套完善的评价体系。

1. 对信息项目的前期立项和项目规划工作充分把关。信息项目立项是项目正式实施以前至关重要、必不可少的一个环节。正如在前面的现状中分析过的，我国银行在新产品、新系统的开发立项中没有做到很好把关，直接导致后续的开发工作没能高效、逐步有序地进行。有些项目正是因为没有经过严格的可行性、投入产出论证就盲目地开展，导致后来得不偿失。我国银行信息项目立项中存在的问题主要体现在：

（1）没有一套合理的奖励、惩罚机制，使得业务部门盲目地提出大量的信息化需求（这些需求的好坏、是否可行等无责任可言），这无疑会导致后续信息化开发工作陷入混乱的局面。

（2）缺少一个专门的部门来进行需求的整合。因为信息化需求来自银行的各个部门，如果没有对各个部门的需求进行整合而草率开发，则会直接导致大量信息孤岛的存在，导致出现大量的冗余数据和系统，对银行的管理带来很大负担。

（3）信息项目的立项的审批机制不完善。信息项目应当根据不同等级的需要由不同层次的机构和领导来进行审批，这样才能使得信息项目的立项决策能够在一定的高度进行。

针对这三个问题，我们认为我国银行应当加强对信息化需求的管理，重视需求的全面分析和整合环节，并建立一套完善的信息项目立项审批体系。

第一，加强对信息化需求的管理。银行信息化的需求来自于运作、管理和决策三个层面。运作层需求来源于银行的业务部门，是信息项目需求的主要来源，因为业务部门最接近最终用户，它们对市场更为了解，因此能够提出切合实际的需求。银行管理部门提出的信息化需求则主要面向银行的管理功能，比如会计核算系统、成本管理系统、管理信息系统、人事管理系统等。随着信息技术的应用从操作层进入管理层，管理部门的信息化需求所占比重将会越来越大。此外，银行决策层还可以从战略角度对银行信息化建设提供指导性的建议，制定重大项目需求。总的来说，银行的信息化需求来源比较分散，类型五花八门，因此应当对这些需求进行统一的管理。需求管理的主要工作由产品部来完成。首先，应当建立起一套完善的需求申报、反馈体系。也就是要做好产品部门和业务部门之间的信息沟通，使得业务部门的需求信息能够通过适当的途径顺利地提交到产品部门，同时产品部门给出的任何反馈信息也需要能够实时、顺畅地传递给业务部门。双向的沟通是不断明确、完善需求的有效方法。其次，应当建立一套需求评估、奖励系统。银行应当鼓励业务部门多提出一些有益于银行长远发展的信息化需求。事实上，一方面要对那些提出了好的需求的部门和个人给予合理的奖励，从而鼓励员工的创新热情，另一方面要对于业务部门提出的不合理需求给予教育和指导，从而防止业务部门盲目地提出过多不切实际的需求。这就要求银行建立起一套完善的需求评价和奖励系统。最后，应当做好需求的整合、统筹工作。一般来说，业务部门提出的信息化项目需求并不十分精确。在许多情况下，需求最初的提出只有一些初步的功能要求，给不出明确的想法，提不出确切的要求。这就要求产品部门能够在明确地描述业务部门需求的同时，还要对大量的需求进行整合，扩展补充一些新的需求，在此基础上才能形成规范的新产品、新系统需求方案。

第二，做好产品和系统的概念设计工作。形成新产品的创意、提出新产品的需求方案以后，产品部门还必须进行严格的论证，从市场、经济等方面加以严格的论证。这是确定是否进行产品立项的一个主要依据。一方面，设计出的新产品和新系统的概念方案必须是符合市场需求的，特别是应当明确新产品的目标市场；另一方面，新产品和新系统的方案必须是符合银行的信息化战略的，并且必须考虑到与银行其他系统的集成和接口问题，使得设计出的方案是从银行全局发展的角度出发的，同时是有效的。在这个过程中，银行应当形成规范的概念方案论证报告，从各个方面展开分析和论证，只有通过论证被认为是合理的信息化项目，才能提交给信息化决策委员会进行审批。

第三，完善立项申报的决策体系。在立项过程中，各个环节的审批和决策是必不可少的。银行应当理顺立项决策流程，加强这一过程中的文档传递和管理，做到环环把关，才能保证立项的科学性和严谨性。具体来说，一方面产品部门可以否定来自业务部门的不合理或者目前不现实的需求，另一方面由银行高层领导组成的信息化决策委员会也可以否决产品部门提出的新产品设计方案。产品的概念设计方案提交给信息化决策委员会以后，产品部门可能还需要根据银行高层领导的要求进行一定的修改和再设计工作。只有通过信息化决策委员会的审批的产品设计，才能正式立项，才能进行后续的项目经理选拔、项目队伍组建以及系统的开发、实施等工作。

2. 强化信息项目的后续评价系统。信息项目实施后，评价系统在信息项目中的重要性是不言而喻的。然而，这里强调的后续评价系统不仅仅是对信息项目的开发和实施进行的经验教训总结，而是对整个新产品或者新系统开发项目的全过程进行的评价，即从新产品需求方案到信息项目的实施的各个阶段进行的全面评价。评价的目的包括两方面，其一是找出信息项目周期中存在的问题，发掘可改进的地方，为产品部、信息科技部等相关实施单位进一步完善产品和系统的设计、提高开发效率提供指导和依据；其二是为信息项目周期中的各参与部门的绩效评价提供依据，其中包括对需求的提出业务部门、产品部门、项目经理和项目小组等所有参与实体的绩效评价。在银行的信息项目中，一直在强调完善绩效评价系统和激励机制，因为这是信息项目得以高效进行的一个重要保障。

三、我国银行信息项目外包决策和管理

信息项目外包已经是企业信息化进展过程中非常普遍的一种信息技术引进模式。在银行信息项目中是否采用外包、在多大程度上进行外包，是项目经理需要决策的一个重要方面。银行信息项目外包，是指银行将信息系统或信息功能整体或部分地移交给银行外部的服务商来完成。严格意义上的外包，还意味着将银行信息技术部门（包括设备和人员）整体交由外部服务商来管理，直至成为后者的一个部门。其出发点相当简单，即相对于银行内部组织而言，如果外部服务商能以更富有效率和低成本的方式完成某项信息技术任务，则该任务应交由外部服务商来完成，反之，则应保留在银行内部完成。银行可以在信息技术的功能及活动的许多领域内选择利用外包。诸如数据中心的运作、通信、PC机的引进及维护、系统开发等，都可以是外包的内容。

在我国银行推行信息化外包还有很多困难，包括人员体制很难改动、外包的机制和运行环境有待培育、欠缺信息技术应用的深度和广度、用户业务对信息技术的依赖程度有待提高、银行还尚未形成购买服务的成熟观念，等等。诸如此类的多方面的限制，使得现阶段的外包市场主要集中在国内的外资银行以及网络资源业务方面。然而，随着信息技术及产品的加速发展，随着商务解决方案的日趋重要，外包势头将会越来越迅猛。有理由相信，信息化外包在解决信息技术课题、加速银行信息化、打破重复建设的怪圈等方面，对于国内银行而言都将成为最有效的市场化手段。

接下来将对银行信息项目外包进行深入的剖析。首先分析一下信息化项目外包的价值与局限性，接着探讨银行应当如何制定外包决策，然后提出银行在选择外包商时应当考虑的因素，最后阐述如何对外包商进行管理。

1. 银行信息项目外包的价值与局限性。从管理角度分析，银行信息化外包是一种战略性的商业创新方案。对许多银行来讲，技术复杂性的增加、对高可用性系统及分布式系统支持的需求，使得银行越来越难以实现既满足商业目标，又控制信息技术费用的愿望。在这种情况下，资源外包开始发挥其固有的优势。综观银行选择外包策略的内外部推动因素，主要包括以下几方面：

（1）业务方面。外包推动银行注重核心业务，专注于自己的核心竞争力，这是信息化外包的最根本原因。从理论上讲，任何银行中仅做后台支持而不创造营业额的工作都应外包。有一个很典型的例子可以说明这个问题。据调查，美国有68%的信用卡业务都是通过非商业银行机构来实现的，银行的核心竞争力是金融，没有必要雇用大批的网络高手来维护自己的网络，交给网络公司去做会更有利。

（2）财务方面。财务方面的考虑是选择外包的另一个主要原因，外包可以削减开支，控制成本，重构信息系统预算，从而解放一部分资源用于其他目的，避免“IT黑洞”的现象发生。另外，对于那些没有能力投入大量资金、人力从硬件基础开始构建银行信息框架的银行而言，外包正可以弥补银行自身的欠缺。

（3）技术方面。外包能获得高水平的信息技术工作者的技能，改善技术服务，提供接触新技术的机会，使内部信息技术人员能够注重核心技术活动。通过外包，银行可以将价值链中的每个环节都由最适合银行情况的专业公司完成。例如，澳洲的Trust银行在1997年与HP签订了一份期限为5年、金额1 600万美元的外包合同，由HP负责管理维护Trust银行的IT系统，并帮助银行开拓新型业务——网上银行业务、电子银行业务、个人银行业务和商务银行业务等。可以想象，如果没有HP这样的公司介入，单凭银行内部信息部门的力量很难达到这一目的。

(4) 银行战略方面。外包可以提高服务响应速度与效率，来自外包商的专业技术人员可以将银行信息技术部门从日常维护管理这样的负担性职能中解放出来，减少系统维护和管理的风险，同时也增强了该部门的信誉。另外，对于一项新技术的出现，大多数银行由于费用和学习曲线的缘故，很难立即将新技术纳入实际应用。因此，信息化外包的战略性考虑因素之一便是，借助外包商与现有的、未来的技术保持同步的优势，改善技术服务，提供接触新技术的机会，来实现银行以花费更少、历时更短、风险更小的方式推动信息技术在银行发展中的功能。

(5) 人力资源方面。通过外包，银行无需扩大自身人力规模，减少了因人才聘用或流失而花费的精力、成本以及面临的压力，节省了培训方面的开支，并增加了人力资源配置的灵活性。

银行实施信息技术资源外包有多方面意义，包括追求核心竞争优势、保持银行组织弹性、提高市场竞争力、降低风险、改善技术服务、增强成本控制、促进信息技术在银行中的运用及发展等。但是，应当看到银行信息项目外包也存在一定的局限性，这是项目经理在制定决策、进行外包开发管理时应当主要考虑的。银行信息项目外包的局限性主要表现在：

(1) 有些银行信息项目由于自身的特性，必须要有银行内部人员的大力参与。比如一些关键银行业务的信息系统开发项目，只有银行业务人员才能很好地理解自身的需求，纯粹依赖于外包商不可能有效地开展项目。

(2) 信息项目的估价比较困难。随着信息技术的日益成熟和普及，信息技术的获取成本总是在不断地下降。因此，在信息项目的估价上总是存在较大的风险，特别是对那些周期较长的信息项目来说，估价的不准确会直接决定信息项目的外包成本。

(3) 缺乏组织学习和创新的能力。银行总是在实践中学习使用和管理信息技术的，通过学习能发现更好的利用信息技术改进业务管理的机会。从长远来讲，银行希望维护其信息部门力量是因为它希望能够发现更好的利用信息技术的方式和提供新的信息技术的服务。因此，信息项目的外包会损害到这种学习和创新的能力。另一方面，外包商与银行在组织目标上的不同也会限制银行在创新方面的能力，限制熟悉业务和管理的银行部门和熟悉信息技术的外包商之间的接触，从而阻碍新技术和业务管理的结合。

2. 银行信息项目外包决策的制定。根据第三方（信息技术服务提供商）在信息项目中参与的程度，银行在信息项目开发时存在三种策略：银行自行开发、合作开发和外包（如图 8－37 所示）。

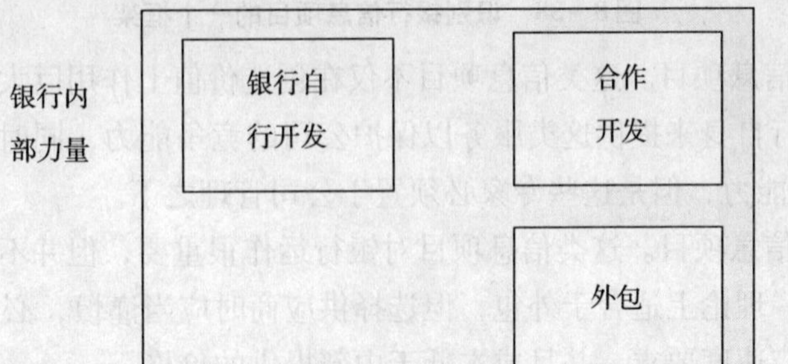

图 8－37　银行信息项目开发三种模式

银行自行开发，即完全由银行内部力量来进行信息项目的开发。虽然在外包模式下，信息项目的开发由第三方提供商来完成，但是银行内部仍然需要成立相应的项目小组，来控制、协调、辅助信息项目的开发过程。银行自行开发与外包的比较如表 8－3 所示。合作开发是银行内部力量和第三方提供商共同开发的一种模式。在银行内部力量不足、但是不能完全外包的情况下，银行可以考虑引进外部的力量来协同开发。合作开发的好处主要表现在：第一，能够加快项目的进展速度，特别是在银行科技队伍不足的情况下，选择合作开发，是必然的，也是必要的。第二，能够降低综合成本，包括人员成本、时间成本、机会成本以及资金投入成本。第三，有助于银行培养队伍。与 IT 企业合作，有利于银行吸取 IT 企业的长处。

表 8－3　自行开发与外包的对比

开发方式 / 项目	自行开发	外包
人员来源	银行内部	银行外部
保密性问题	保密性高	存在泄密的风险
项目中的协调	相对容易	相对复杂
项目中的管理	相对复杂	相对容易
成本	相对高	相对低

项目经理在制定决策时，选择怎样的开发模式取决于项目的实际情况。可以把信息项目按照对银行的贡献大小和战略影响加以区分。从战略影响看，一些信息项目的实施能够使得银行不同于竞争对手，称之为“差异型”信息项目，一些信息项目的实施只是提供一些必要的功能，称之为“商品型”信息项目。从对银行贡献大小看，一些信息项目的实施对银行运作是关键的（比如网络平台建设项目），而另外一些只是有益的，但并不是必不可少的（比如银行的人力资源管理系统项目）。

这两个维度构成了识别银行信息项目的一个框架，如图 8－38 所示。

	商品	差异
关键	关键— 商品型	关键 — 差异型
有用	有用— 商品型	有用— 差异型

图 8－38　识别银行信息项目的一个框架

（1）关键—差异型信息项目。这类信息项目不仅在创造价值上作用巨大，并且属于银行核心竞争力。因此应该考虑由银行自身来提供这类服务以保护公司的竞争能力，同时可以利用供应商提供的专家来增强自己 IT 活动的能力，但是这些专家必须置于公司管理之下。

（2）关键—商品型信息项目。这类信息项目对银行运作很重要，但并不是区分银行和竞争者的特征。对这种类型的活动，理论上适合于外包，但选择供应商时应当谨慎，必须确保外部供应商有能力满足服务质量要求和响应速度要求，并且成本低于内部提供的价格。

（3）有用—商品型信息项目。这类信息项目能给银行运作带来收益，但也不会形成区分银行与竞争者的特征。这是外包的最佳候选对象。外部供应商可以通过标准化而降低成本，提高服务质量，银行能够通过外包把注意力转移到其他更关键的核心活动上，获得额外收获。不过外包同时必须考虑供应商的水平和经济效益。

（4）有用—差异型信息项目。这类信息项目是银行与竞争者的不同点，但对银行运作并不是关键的。由于这种差异很可能对银行并没有显著的效用，所以银行应当采用一定的标准化措施来消除这种差异以降低成本，通过外包来把注意力转移到其他更关键的核心活动上。

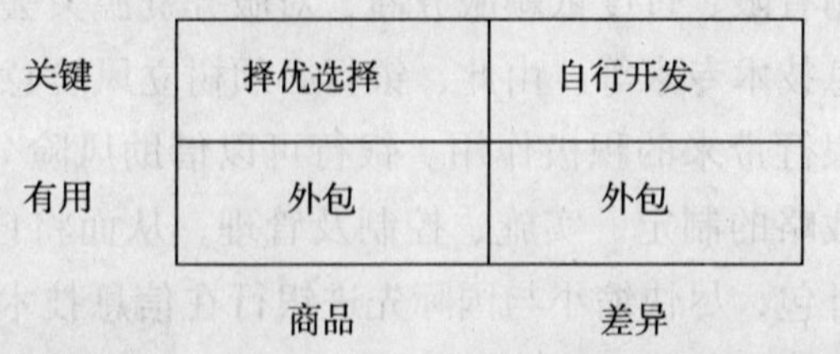

图8－39　各种类型信息项目适合的开发模式

对上述各种类型的信息项目适合的开发模式的总结如图8－39所示。可以看出，对于“有用”的信息项目，银行最好采用外包的方式，这样银行可以关注于自己的核心竞争力，自行去开发关键的、差异型项目。在某些信息项目中，如果认为完全外包风险过大，或者自行开发力量不足，可以根据需要采用合作开发的模式。在合作开发模式中，银行自身的力量和第三方提供商的力量的相对比重也应当依据项目的实际背景有所调整。

3. 银行信息项目外包供应商的选择。信息项目外包供应商的选择的重要性是不言而喻的。信息项目外包供应商绝不仅仅是开发一套信息系统，它还要能给银行带来新的管理理念和业务发展模式。在选择外包供应商时应该重点考虑如下因素：

（1）信息项目外包过程就是将银行运作的重要部分控制权移交的过程，所以供应商服务质量、稳定性和业绩都是需要着重考虑的问题；

（2）由于信息项目外包过程使得银行与供应商之间的关系不仅局限在技术层面，更会在管理层面、运作层面交互融合，因此保证信息项目外包供应商与银行内部的兼容性也十分重要的；

（3）信息项目外包时应该注意考虑该策略对银行内部IT人员构成的威胁，所以应该注意解决这一部分人员的配置问题，保证外包顺利进行；

（4）信息项目外包商应当对银行之外的政策和法规有相当的了解。

4. 银行信息项目外包的管理。信息项目开发中，银行与外包商之间是“委托－代理”的关系，两者通过合同和服务协议来规定双方的权利和义务，并且银行需要提供给外包商一份详细的项目说明书。项目的进展过程离不开双方的协调与交互，银行必须为外包商提供各种便利条件，积极配合，同时实施项目监管与控制的职能，以确保项目能够按照计划、按部就班地顺利开展。从双方之间的实物传递来看，外包就是一种服务、系统和资源的采购过程，参见图8－40。

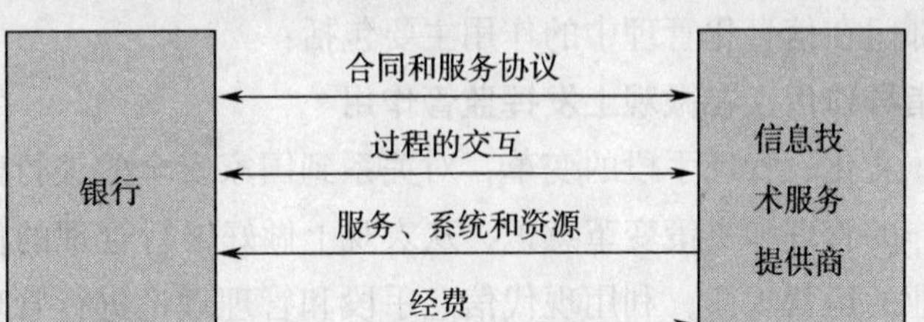

图8－40　基于合同的银行－外包商关系

信息项目外包是帮助银行将注意力更多地投入到商业管理而非信息技术管理、投入到追求核心竞争力的一条途径。银行在实施信息项目外包过程中通常面临着很多不确定性，始终处于风险环境之中，因此，银行对风险的把握，直接决定着信息项目外包的成功与否。缺乏风险意识及防范措施——

单纯地赶时髦，不从银行的实际情况出发开展信息项目外包，将会导致截然相反的恶果。比如，受制于服务商、对外包的内容控制有限、过度依赖服务商、对服务资源失去控制、失去信息技术应用方面的能力、丧失组织内部的信息技术专家等。由此，银行必须树立风险意识并加强风险管理，从而最大限度地发挥信息项目外包给银行带来的积极作用。银行可以借助风险分析，强化管理层的风险意识，正确指导银行信息项目外包战略的制定、实施、控制及管理，从而将该战略的积极作用发挥到极致。从大的方面看，还可以通过外包，尽快缩小与国际先进银行在信息技术应用及管理方面的差距，推动信息技术在银行中的发展，加快银行信息化建设的步伐。银行在进行信息项目外包管理中，至少有如下四个方面应当引起项目经理的足够注意：

（1）合同管理。外包合同在执行过程中应该注意对过程进行实时监督与管理，包括对履行情况的评审、修改、终止等。项目管理必须保持警惕，保证组织能够不断适应变化。

（2）追踪新信息技术。信息技术对于银行来说是一个关键的成功要素，因此信息部门主管和信息项目经理都必须不断跟踪新兴技术并了解其可能应用。外包提供商可能会愿意在原来服务的基础上附加建设性建议，但是不能抓住战略性的机遇和重大的转变，这些风险只能由银行信息部门主管和信息项目经理来承担。

（3）不断地组织学习。银行应该建立起良好的学习机制，来弥补对信息项目外包的不了解，通过学习，减少对供应商的依赖性，加强把握 IT 机遇的能力。

（4）发现问题及时反馈。在外包项目进展过程中，如果发现任何问题，应当及时反馈给外包商，以推动供应商改善服务，这有利于正确处理用户与供应商之间的关系，保证合作顺利进行。

8.5 现阶段银行信息化管理的重要工作

正如前面分析时遵循的框架，银行信息化管理涉及信息化环境的管理和商业银行自身内部的信息化管理。因此，下面最后强调一下在现阶段，我国银行宏观政策制定和监管部门以及商业银行需要开展或者解决的重点信息化工作。

8.5.1 银行宏观政策制定和监管部门的工作

信息化的管理工作涉及金融政策的制定以及相关机构的监管等。因此，中央银行和银监会在银行管理信息化的过程中不应该单单是指导和监管部门，而应该担负起更为重要的任务。总结起来，本书强调的现阶段银行监管部门在信息化管理中的作用主要包括：

一、在宏观上发挥指导作用，在微观上发挥监管作用

信息化是一场思想、文化、管理手段的变革，对关系到国家安全的银行监管部门，必须要加强主体意识，加强信息化工作的管理和决策变革意识，从宏观上做好银行管理的信息化工作。也就是，监管部门要充分考虑银行业的运营规律，利用现代信息手段和管理理论进行管理创新和变革，在国家宏观的银行管理中发挥指导作用。对各政策性银行、商业银行等的管理信息化，监管部门发挥的是监管、协调的作用，其目的是为了更好地提高我国银行业的竞争力和抗风险能力。

二、通过标准统一、信息互联，实现“放与管”的有机结合

各银行在信息化进程中具有很高的积极性，在管理信息化的过程中既要保护它们的积极性，发挥它们的自主性，同时也要加强管理，在网络平台、信息交换、业务沟通等方面制定统一的标准，实现信息互联，从而保证监管部门能够随时、准确地获取需要的信息。现在我国各银行，尤其是商业银行正在完成数据集中，下一步的工作都会涉及管理的变革。监管部门应该首先制定“我国基于现代信息技术的银行监管体系”的标准和法规，明确新的管理体系的流程和信息需求，从而确定各银行对什么层次上的信息具有自主权、什么信息必须要公开给监管部门。这样，既可以减少对商业银行运营的干预，又能够通过信息自动、统一的收集来强化监管的力度，减少人为因素的影响。

三、着手建立“国家金融风险防范信息支持体系”

银行的管理信息化一方面是管理效率的提高，但更为重要的还是管理手段的改变。我国银行的信息化基础设施建设已经初具规模，管理信息化的工作迫在眉睫，作为监管部门，建立“国家金融风险防范信息支持体系”是做好管理信息化的重要内容之一。“国家金融风险防范信息支持体系”是改变传统的金融决策方法的重要手段，内容包括建立相应的数据采集体系，建立金融风险识别、分析的模型系统，建立迅捷的信息反馈体系等。目前我国金融业的基础设施平台已经初具雏形，下一步应该尽快着手进行“金融监管系统”的研究和建立工作，同时进行“我国金融风险识别、分析的模型”的研究工作。

四、鼓励银行非核心业务的专业化经营，扶植我国专业化的银行服务运营商

如前所述，一些标准化的非核心业务外包，有益于各银行塑造自身的核心价值链。我国各银行在信息化进程中也可以采用类似的模式，建立服务于银行业的专业化的配套服务行业，比如建立实体化的独立数据备份公司等。实施专业化经营的好处主要是降低银行运营成本、发展核心竞争力，同时也有利于监管。

8.5.2 商业银行信息化管理的重要工作

对于商业银行来说，当前的信息化管理工作重点包括：

第一，将信息化改造与商业银行改革同步推进，IT治理与公司治理密切结合，充分利用先进的信息技术，推动商业银行业务创新和流程再造，将科技优势转化为实际的核心竞争力，实现商业银行持续健康的发展。

第二，积极推进数据集中和应用整合，强化运行安全管理。按照银行业信息化发展“十五”计划的要求，当前银行信息化建设的重点是积极稳妥地推进数据集中和应用整合。加强安全管理和运行管理，确保银行信息系统平稳运行，充分利用先进的信息技术，实现在数据集中基础上的深层次的数据应用。加快综合业务系统与信贷管理系统、财务管理系统、客户关系管理系统等管理信息系统的集成，加大技术体系调整、业务流程整合和组织结构调整的力度，把数据集中带来的技术优势，尽快转化成企业的竞争优势。

第三，完善金融信息化服务体系。不断推进银行信息化深入发展，积极稳妥地发展网上银行、手机银行、移动支付等新型金融支付服务，加大金融创新能力，提高新产品自主开发能力，进一步完善金融信息化服务体系，加快银行管理与决策信息化、知识化，和以客户为中心的业务创新，大力推进风险管理系统的研究和开发，不断提高银行管理水平。

第四，加强银行信息安全管理。按照中国人民银行关于加强银行计算机安全，防范金融计算机犯罪的要求，进一步加强银行信息安全工作，加强银行信息安全组织管理体系建设和管理技术队伍建设，落实安全责任，加强信息安全保障体系建设，完善应急反应体系，加快建立三个备份体系，加强安全管理制度建设，认真落实各项管理制度，做好计算机安全检查工作。

第五，充分深度开发利用信息资源。从观念上进行创新，真正认识到信息资源的战略作用，在全行树立起信息资源管理的意识。充分利用数据仓库、数据挖掘、联机数据分析等先进工具，在对信息资源进行集中管理的基础上进行深加工，从而辅助银行高层决策的制定。

总之，为了面对中国加入世贸组织后所面临的外资银行的竞争，我国商业银行以信息化为手段增强自身的核心竞争能力是一个必然的选择。在这个过程中，一方面我国宏观政策制定部门和监管部门需要给银行信息化建设营造一个完善、健全的环境，另一方面，商业银行也需要以信息化为契机进行管理体制的变革，健全信息化运行机制，不断进行金融创新，以促进和提升银行的竞争优势。我国银行信息化建设仍然任重而道远。

参考文献

［1］ B. Adrian, "*Financial Services 2006: Delivery of Banking and Finance*", Gartner Research, 26 (October), 2001.

［2］ C. Da Rold, T. Berg, "*Sourcing Strategies: Relationship Models and Case Studies*", Gartner Research, 7 (February), 2003.

［3］ D. Tunick Morello, C. Claps, "*Building A Compelling Place to Work: New Heights in IT Human Resources Management*", Strategic Analysis Report, Vol. 5, 2000.

［4］ Daniel Stang, Gerald Arcuri, "*Human Resource (HR) Application*", Technology Overview, Vol. 6, 2003.

［5］ Daniel Stang, Gerald Arcuri, "*Lawson Software Human Resource (HR) Application*", Product Report, Vol. 5, 2002.

［6］ 《EDS 获美洲银行 45 亿美元外包订单 时限 10 年》，http://cio.enet.com.cn/article/20021214/20021214226892_1.xml。

［7］ "*Financial Services Sector in Asia/Pacific*", Gartner Dataquest, 6 (March), 2002.

［8］ Nedda Gabriela Olazabal, "*Banking: the IT paradox*", The McKinsey Quarterly, No. 1, 2002.

［9］ Westchester, "*Five E – Business Strategies You Can Take to the Bank*", Healthcare Financial Management, Vol. 9, 2001.

［10］ 曹蔚然、张莉：《外包战略，银行获得竞争优势的新途径》，载《新金融》，2002（2）。

［11］ 陈宾：《用友与商业银行全面合作 开创银行业新模式》，http://www.chinabyte.com/20030107/1647338.shtml。

［12］ 陈道斌（编译）：《美国银行业 2002 年信息技术投资分析》，载《杭州金融研修学院学报》，2002（2）。

［13］ 陈静：《论银行信息化建设中应处理好的几个关系》，载《中国金融电脑》，2002（2）。

［14］ 陈学军：《构筑金融信息化建设中的培训框架》，金时网，http://www.financialnews.com.cn/kj/200211210130.htm。

［15］ 陈子季：《金融创新的运行机制分析》，载《经济科学》，2000（4）。

［16］ 《成立银监会有利有弊》，www.phoenixtv.com/home/finance/fortune/200301/23/25603.html。

［17］ 丛高、李敏强、寇纪淞：《信息技术与组织变革，理论、模型及其在银行的应用研究》，载《系统工程理论与实践》，1999（9）。

［18］ 党跃武：《现代信息机构管理》，四川大学出版社，2000。

［19］ 《德意志银行与 IBM 签署 25 亿欧元的 10 年巨额合同》，http://www.chinabyte.com/20021223/1645390.shtml。

［20］ 韩冰：《国外银行员工培训工作借鉴与启示》，载《中国金融》，1998（5）。

[21] 胡蕾：《3 亿元深发展外包灾难备份服务》，http：//www. e－works. net. cn/ewknews/category6/news4531. htm。

[22] 凯西·施瓦尔贝（美）：《IT 项目管理》，机械工业出版社，2002。

[23] 赖文国：《商业银行绩效评估与激励机制浅谈》，载《福建金融》，2001（10）。

[24] 李广：《银行卡迎来业务外包时代》，http：//www. financialnews. com. cn/kj/200302130199. htm。

[25] 李明顺：《金融信息化面对三大困难》，http：//www. zdnet. com. cn/news/commentary/story/0，2000079395，39030705，00. htm。

[26] 李小卯、李敏强、寇纪淞：《关于信息技术外包资源管理模式的研究》，载《系统工程理论与实践》，1999（9）。

[27] 《联想签下上海浦发银行核心应用开发大单》，http：//www. pconline. com. cn/yp/qdsc/10209/89660. html。

[28] 林欣欣：《浅谈股份制商业银行人力资源管理与创新》，载《福建金融》，2001（11）。

[29] 刘世平：《银行管理信息化的五大要点》，载《中国计算机报》，2002－9－16。

[30] 陆德：《新经济与首席信息官（CIO）和信息管理战略》，中国水利水电出版社，2002。

[31] 马桂英：《浅议金融人才的培养》，载《黑龙江金融》，2000（4）。

[32] 马有信：《面向“入世”的金融人才对策》，载《社会科学论坛》，2000（12）。

[33] 《美花旗集团与四大金融科技公司联网合作》，http：//www6. 163. com/economy/item/0，2315，20966，00. html。

[34] 企业文化网：《花旗银行企业文化对中国金融业的启示》，http：//www. 7158. com. cn/qywh135. htm。

[35] 邱志刚：《银行信息化和银行管理之间的若干关系探讨》，载《金融论坛》，2001（6）。

[36] 赛迪顾问：《2002 年上半年银行信息化市场回顾》，http：//industry. ccidnet. . com/pub/disp/Article？columnID＝10&articleID＝25289&pageNO＝1。

[37] 沈鸿：《外资银行对中资银行人力资源管理的挑战》，载《农村金融研究》，2001（11）。

[38] 苏文力、陈道斌：《商业银行信息技术服务外包策略》，载《中国金融电脑》，2002（7）。

[39] 陶茹丽：《中外资银行人力资源管理的国际比较与借鉴》，载《浙江金融》，2000（7）。

[40] 《外资信用卡伺机入境　信用卡争夺战事渐酣》，http：//www. people. com. cn/GB/jinji/34/165/20020325/694172. html。

[41] 王凤彬、沈维涛：《企业信息技术管理组织模式及其历史演进》，载《南开管理评论》，2001（4）。

[42] 王广宇：《基于决策支持的银行数据挖掘应用》，http：//211. 154. 46. 40/articles/2003/1/13/17093. htm。

[43] 王广宇：《科技创新　银行再造之途——迎接中国银行信息化攻关时代到来》，http：//www. eweekchina. com/eweek/news/story/0，3800005538，39053648，00. htm。

[44] 王军：《加入 WTO 后我国商业银行人力资源管理对策研究》，载《经济师》，2001（4）。

[45] 王利华：《论我国国有商业银行的激励机制改革》，载《经济师》，2001（1）。

[46] 王明华、刘海虹：《国有商业银行人力资源管理的现状与再造》，载《经济学家》，2001（2）。

[47] 王先玉、黄深厚：《现代商业银行组织管理与人才管理》，中国金融出版社，2001。

[48] 夏济宏：《新时期工商银行人力资源管理及激励机制变革》，载《金融论坛》，2001（2）。

［49］　《新加坡发展银行与 IBM 签订 IT 服务外包协议》，http：//cio. enet. com. cn/article/20021125/20021125224042_ 1. xml。

［50］　新浪网：《第三届中国金融信息化发展论坛实录》，http：//finance. sina. com. . cn/nz/jrxx/index. shtml。

［51］　杨文荟：《今天，你的 IT 外包了吗》，http：//shanghai. ccw. com. cn/hot/200209/0923_ 01. asp。

［52］　杨有振、侯西鸿：《金融信息化的战略思考》，http：//www. e－works. net. cn/ewkArticles/Category15/Article8965. htm。

［53］　《银行 IT 外包服务利弊引发“争鸣”》，http：//www. ctiforum. com/news/2002news/07/news0738. htm。

［54］　尹骞翮：《交叉关连考核法与激励机制改革》，载《经营管理》，2001（2）。

［55］　于波：《外包——我国商业银行信息系统开发的新模式》，载《中国金融电脑》，2000（4）。

［56］　于波：《在我国银行实施外包的探讨》，http：//www. cnw. com. cn/cnw/2000/07/0717. asp。

［57］　《灾备，IT 外包的起点与终点?》，http：//www. ciweekly. com/article/20021118/20021118223154_1. xml。

［58］　张亦春、蒋峰：《加入 WTO，对我国金融人才的挑战》，载《江西财经大学学报》，2001（4）。

［59］　《中国计算机用户》特别报道组：《谁在驱动银行信息化?》，http：//industry. ccidnet. com/pub/disp/Article? columnID＝10&articleID＝25166&pageNO＝1。

［60］　中国人才热线网，http：//www. cjol. com/。

［61］　中企人力资源网，http：//www. chnhrm. com. cn/。

［62］　朱纯福：《当代中国银行体制改革思想》，人民出版社，2001。

［63］　专家访谈：《为何单独设立银监会》，http：//www. people. com. cn/GB/shizheng/252/10307/10317/20030307/938248. html。

［64］　庄乾志：《借鉴国际经验　构建长期激励机制》，载《财经问题研究》，2001（4）。

［65］　高复先：《信息资源规划信息化建设基础工程》，北京，清华大学出版社，2002。

［66］　薛华成：《信息资源管理》，北京，高等教育出版社，2002。

［67］　甘仞初：《信息资源的组织与管理》，北京，机械工业出版社，2003。

［68］　马庆国：《信息化建设，难点、误区与对策》，北京，中国社会科学出版社，2002。

［69］　陈钢、吴焕明：《人力资源管理方法》，广州，广东经济出版社，2003。

［70］　张国初：《人力资源管理定量测度和评价》，北京，社会科学文献出版社，2000。

［71］　赵曙明、冯芷艳、刘洪：《人力资源管理研究新进展》，南京，南京大学出版社，2002。

［72］　王璞：《人力资源管理咨询实务》，北京，机械工业出版社，2003。

［73］　邵秉仁：《创建国有资产管理新体制》，北京，中国财政经济出版社，2003。

［74］　田晓军：《银行再造》，上海，上海财经大学出版社，2002。

［75］　安德鲁·盛编、袁纯清、高材林、马韫译：《银行业重组，从 20 世纪 80 年代银行危机中得到的经验教训》，北京，中国金融出版社，2001。

［76］　迟为国：《中国商业银行体制构造研究》，北京，中国金融出版社，2000。

［77］　吴波尔、叶丹、穆恭谦：《解放第一生产力，中国科技体制改革》，桂林，广西师范大学出版社，1999。

［78］　黄铁军：《中国国有商业银行运行机制研究》，北京，中国金融出版社，1999。

［79］ 中国人民银行研究局：《中国现代中央银行体制，中国人民银行管理体制的重大改革》，北京，中国金融出版社，1999。

［80］ 郑晓东、张志和、许文建：《21世纪，国有商业银行创新与发展》，北京，社会科学文献出版社，1998。

［81］ 中国保险监督管理委员会上海办公室：《网络经济条件下的保险信息化》，北京，中国金融出版社，2002。

［82］ 宋玲：《信息化水平测度的理论与方法》，北京，经济科学出版社，2001。

［83］ 胡启立：《中国信息化探索与实践》，北京，电子工业出版社，2001。

［84］ 俞天一：《中国金融运行机制转换研究》，北京，中国金融出版社，1999。

［85］ 上海市信息化办公室：《CIO教程》，上海，上海科学技术出版社，2003。

［86］ 尹龙：《网络金融理论初探，网络银行与电子货币的发展及其影响》，成都，西南财经大学出版社，2003。

［87］ 杜迪克，E. M. 著，王德忠译：《战略创新，形成创造性成功战略的革新思想和工具》，北京，机械工业出版社，2003。

［88］ 曾康霖：《商业银行经营管理研究》，成都，西南财经大学出版社，2000。

［89］ 鲍静海、尹成远：《商业银行经营与管理》，北京，人民邮电出版社，2003。

［90］ 汪澄清：《金融创新论》，北京，经济科学出版社，2003。

［91］ 马克·卡灵顿等著，何瑛等译：《银行革命，这究竟是信息技术伸出了支援之手，还是复仇之前的平静?》，北京，经济管理出版社，2003。

［92］ 吕耀明：《商业银行创新与发展》，北京，人民出版社，2003。

［93］ 李洁：《银行制度创新与全能银行发展》，北京，中国人民大学出版社，2003。

［94］ 赵瑞安：《西方银行管理理念，近30年西方银行管理经验和管理原则的总结》，北京，企业管理出版社，2003。

［95］ 焦瑾璞：《中国银行业国际竞争力研究》，北京，中国时代经济出版社，2002。

［96］ 徐滇庆：《金融改革路在何方，民营银行200问》，北京，北京大学出版社，2002。

［97］ 安东尼·桑德斯著，李秉祥译：《现代金融机构管理》，大连，东北财经大学出版社，麦格劳—希尔教育出版集团，2002。

［98］ 周路：《谁将出局，来自银行业的思考》，上海，文汇出版社，2002。

［99］ 乌家培：《信息社会与网络经济》，长春，长春出版社，2002。

［100］ 刘桂平：《中国商业银行再造》，北京，中国金融出版社，2002。

［101］ 朱毅峰、王加春：《机遇与挑战，探究中国金融业之发展》，北京，经济科学出版社，2002。

［102］ 叶望春：《中小银行的市场定位战略》，北京，经济管理出版社，2002。

［103］ 谢平、焦瑾璞：《中国商业银行改革》，北京，经济科学出版社，2002。

［104］ 丁秋林、黄传奇、吴笑凡：《现代企业信息化重构》，北京，机械工业出版社，2003。

［105］ 张志国：《信息战略，争夺21世纪制高点》，北京，军事科学出版社，2003。

［106］ 吕新奎：《中国信息化》，北京，电子工业出版社，2002。

［107］ 王众托：《企业信息化与管理变革》，中国人民大学出版社，2001。

（本章执笔人：陈剑、刘志刚、仲安妮、朱岩、肖勇波、谢明、蔡长明、田雨村）

第9章
银行信息化环境与政策

9.1 配套产业政策分析

9.1.1 配套产业政策问题

一、我国银行信息化产业配套政策环境现状

银行信息化，也就是利用先进的信息技术对我国的传统银行业进行改造和升级，以期提升我国银行业的创新能力、竞争实力，优化内部的管理体制、经营体制以及用人体制，完善信息传递渠道和手段。因此，优化我国银行的内部机制，以及如何实现信息技术和银行业的最佳结合，成为解决银行信息化问题的重点之一。此外，我国尚处于工业化进程之中，信息化发展程度则更低，因此，银行要实现跨越式发展，信息化基础薄弱是一个制约因素，高科技产业尤其是信息产业以及信息服务业的发展不够，就不能为银行业信息化提供强大的高科技产品装备和实力雄厚的科研力量支持。与此同时，政府的金融产业政策及行业管理体制，也是决定银行信息化成功与否的重要因素。

1. 信息产业、通讯电信业现状。信息产业是指现代信息设备的生产、制造以及利用这些设备进行信息采集、存储、处理与服务的部门总和。我国信息产业目前的发展状况与发达国家存在巨大的差距。产业规模太小，研发能力和信息技术研究成果市场化率都很低，产品缺乏核心竞争力，电话以及电脑的普及率远不及西方，许多国有银行信息化建设质量不高，互相封锁，无法实现银行业整体竞争实力的提升，以信息产业为主导的高新技术支柱产业发展速度较快，但因自身实力有限，难以获得大型国有银行信息化业务，从而成长乏力。

2. 人力资本不足以支持银行信息化。我国教育发展不均衡，而且没有体现市场化导向的资源配置，银行急需的金融人才、信息技术人才、具有敏锐的市场洞察力和卓越的管理才能的领导者都比较缺乏，同时，人才的流动性不足，人才的培养和激励机制有待健全，银行从业人员素质有待提高。

3. 研发投入不足，影响银行信息化的创新步伐。无论是从绝对额还是从占 GDP 的比重来看，研发支出都不能让人满意，原因固然在于我国信息产业规模太小、资本不足，同时也是信息业和银行间缺乏沟通及合作、各银行条块分割、重复投资、科研成果不能共享所致。

4. 银行信息化基础设施建设的产业及贸易政策现状。网络基础设施是银行信息化的物质基础，综合业务系统和管理信息系统建设是银行信息化的基本前提。近年来，我国在信息基础设施建设方面取得了飞速发展，各商业银行已初步完成了数据集中，正在加快综合业务系统和管理信息系统建设。

我国关于银行网络基础设施建设的产业政策，主要由国务院有关部委制定的行政规章和规范性文件组成，体现了我国对信息设备和技术引进、开发的管理模式，包括国务院制定的《计算机软件保护条例》，信息产业部制定的《计算机信息系统集成资质管理办法》、《软件产品管理办法》，商务部（原外经贸部）制定的《技术引进和设备进口贸易工作管理办法》等。我国关于银行信息化基础设施建设的产业及贸易政策不能保持政策的一致性、针对性和实效性，不能起到保证银行信息化健康发展的目的。

二、当前产业政策存在问题分析

1. 信息化相关产业发展不足。我国信息产业目前的发展状况，与发达国家存在巨大的差距。首先，我国信息产业规模不容乐观。我国电子信息产品在国际市场占有份额、国产集成电路占国内市场份额、产品销售额的绝对值以及销售收入占国民生产总值的比例都远远低于西方。其次，规模和资本的狭小制约了信息产业的研发能力，导致研究与开发费用占销售额的比例以及电子信息技术研究成果市场化率都很低，带来的直接后果就是我国信息产品技术含量低，产品附加值小，缺乏核心竞争力；我国通讯电信业虽然绝对数量庞大，但是相对于庞大的人口来说，微不足道，电话以及电脑的普及率远不及西方；我国政府垄断国民经济信息，社会无法分享和利用；许多国有银行信息化建设质量不高，表面上看建立了互联网，但达到标准的不多，多缺乏防火墙设备、安全审计系统、入侵监测系统以及网站自动恢复系统，并且各银行出于同业竞争的压力考虑，条块分割、互相封锁、导致分散投资、重复建设，无法实现资源的最优配置和信息共享，也就无法实现银行业整体竞争实力的提升，结果“兄弟阋于墙，不御外侮”；我国与信息相关的IT产业、高新技术产业发展速度较快，但仍不足以形成全面带动经济发展和结构升级的主导力量，产业规模过小和缺乏核心技术的支持，难以获得大型国有银行的信任，结果大笔买单交给了国外的巨头，既造成国有高技术产业成长缺乏市场这个天然母乳的喂养，从而陷入永远长不大的恶性循环中，同时也将我国的金融命脉和核心信息完全交在了国际垄断巨头的手中。目前，我国在主机、系统、网络和数据库等方面技术水平的落后导致银行主要信息系统都以国外厂家的产品为主构建，这不仅给银行信息化发展增加了资金成本，还形成了很大的风险隐患。

2. 国家财税政策对银行业信息化发展的影响。税收政策本应为我国的银行业信息化起到推动和促进的作用。但我国现行税制还存在着束缚内资银行竞争力的一些规定。具体表现为：

（1）内外不是同等待遇。我国对中资银行与外资银行分别实行了两套税制。所得税方面的差异表现为：

①税率不同。我国税法规定，凡在经济特区和国务院批准的其他地区设立的外资银行或外资银行分行，外国投资者投入资本或分行由总行拨入营运资金超过1 000万美元，经营期在10年以上的，经申请，税务机关批准，从开始获利年度起，第一年免征，第二年和第三年减半征收企业所得税。而中资金融机构一律适用33%的企业所得税。

②应税所得口径不同。中资银行与外资银行在计税工资、职工福利费、捐赠支出、业务招待费、利息支出、坏账准备、固定资产折旧等准予列支的项目上列支标准不同，外资银行的税前扣除比中资银行宽松，从而造成两者应税所得的差异。

③优惠政策不同。外资银行可享受再投资退税。外资银行将本企业取得的利润直接再投资于该企业，增加注册资本，或者作为资本投资开办其他外商投资企业，经营期不少于5年的，可退还其投资部分已缴纳所得税的40%税款。

④在一些小税种方面，税负也不相同。如中资银行要缴纳城市维护建设税、教育费附加；而外资银行则免征城市维护建设税、教育费附加等。

在两套税制下，中资银行与外资银行的税负悬殊很大，承担高税负的中资银行难以与实力雄厚的外资银行进行公平竞争。

（2）银行业税负重。目前我国银行业的流转税税负过重，具体表现在对营业税的征收上，银行业担负的营业税削弱了银行企业的竞争力。课征营业税的不良结果在于重复征税，使银行业的税负高于实行增值税的工商企业，同时银行业承担的营业税税负也高于同类的服务业，在银行业不良资产比重已经过大，银行自身资本金积累不足的情况下，更加重了银行的风险。

（3）现行的金融税制设计简单粗糙，政策导向性偏弱，征管制度不健全。

①政策导向不明显。现行金融税制没有对新兴的金融业务加以扶持和优待，体现不出税收政策的导向性和调控经济的作用。例如，离岸金融业务是外向型经济为主的国家和地区拓展国际贸易、抢占国际市场的制高点，其特点是“两头在外”，从境外吸收存款，向境外贷款。由于该业务风险大、前景好，各国在税收政策上一般都予以扶植。但是，我国对这一新型金融业务几乎没有税收优惠的规定，这将不利于离岸金融业务的发展。

②税收征管制度不健全。现行的金融税制存在征管漏洞。例如对金融机构往来收入不征收营业税，造成国家税收流失。另一方面，随着网上金融交易迅猛发展，将网络交易纳入征管范围，在理论以及实务上都还有待建设和发展。

三、人力资源现状以及研发投入不足对我国银行信息化的阻碍

银行业属于资本和知识密集型企业，对从业人员的专业水准、分析力、理解力、创新能力和接受新鲜事物以及信息收集能力、迅捷的判断能力都有很高的要求，高素质的工作人员意味着高效率和强大的团体竞争力，直接关系到银行的生存、发展以及在本行业的竞争力。尤其银行信息化，对于银行的技术水平提出了更高的要求。研究和开发投入如果不能保证的话，那么银行的产品创新、商业方法专利的发掘、设备的更新都会受到严重的阻碍，而创新是企业的灵魂，在激烈的竞争中，一个在产品创新中失利的银行，将会很快落败。

四、信息化基础设施建设的产业及贸易政策存在问题

我国信息产业的发展现状决定了我国网络基础设施建设和银行综合业务系统、管理信息系统建设在设备和技术上主要依靠进口，因此有关银行网络基础设施建设和综合业务系统、管理信息系统建设的法律问题主要涉及信息技术和设备的引进、开发，包括：

（1）国家对信息技术和设备引进、开发的管理制度。目前我国对信息技术和设备的引进、开发实行较为严格的审批许可制度。一个项目从立项伊始就需要花费大量精力用于项目的申报和审批，需要与中国人民银行、商务部（原外经贸部）、海关和税务等多个国家机关进行沟通。有关法律规范多是以国务院部门规章形式颁布，而且颁布时间多在20世纪90年代，随着我国加入世贸组织和商业银行经营管理体制改革的深入，原有法律规范和管理模式已经远远不能满足银行信息化发展的需要，因此银行信息化迫切需要国家尽快立法，简化规范信息技术和设备引进、开发的审批程序，促进银行信息化的发展。

（2）信息化相关技术标准的规范化法律制定不足。随着商业银行竞争的加剧，各商业银行为了加强和保持自己在市场中的地位，往往对自己的信息技术和信息系统进行严格的保密，导致彼此间的技术标准互不兼容，加大了交易成本和监管难度。

（3）电信市场尚未完全开放。银行信息化是建立在完善的电讯基础设施基础上的，由于我国电讯产业的多元化发展，彼此之间的竞争给本来无国界的虚拟世界筑了一个人为的“篱笆”，阻碍了银行信息化的发展。因此，应当通过立法强化国内电讯市场的开放，使之在有序竞争的轨道上健康发展。

9.1.2 配套产业政策国际经验借鉴

制定配套政策，应保持政策法律效力的严肃性和统一性，要把政策纳入立法程序，以保持产业发展的稳定性、持续性；应制发展计划和纲要，并成立专门的小组来贯彻实施；应该利用财政转移支付和税收导向政策来体现政府的意图等。在这方面，国外有许多值得我们借鉴的经验。

一、美国信息化配套产业政策

自20世纪90年代以来，信息化在美国迅猛发展，信息产业已成为美国主要产业之一。为此，美国高科技产业的配套政策。主要措施如下：

1. 颁布实施了一系列具有战略指导意义的政策和计划。1993年2月，美国总统克林顿与副总统戈尔发表了《促进美国经济增长的技术——增强经济实力的新方向》的总统报告，提出了新一任政府技术战略和产业政策的总纲领。1993年11月又在《促进经济增长的技术》总统报告中对技术，尤其是信息技术发展提出了系统的政策建议。同年，《国家信息基础设施（NII）行动计划》正式颁布，标志着“信息高速公路”建设正式启动，即建立一流的数字化大容量光纤通信网络，把企业、大学、研究机构和政府部门计算机网络化。《国家信息基础设施行动计划》的颁布与实施表明，美国政府决心以政府为主导，加强产学研协作，加速以信息化为先导的科技开发创新和科研成果商品化。

2. 加大财力投入和支持，并以此广泛动员民间财力。①近年来美国政府用于研究开发的投入稳中有增，在财政支出中的比重上升。尤其是在财政预算中列专款用于信息高速公路建设，1999年其数额为8.5亿美元。在2000年财政预算提案中，克林顿总统建议将信息技术研究投入增加3.66亿美元，比1999年度13.4亿美元的实际总支出增长了28%。

②政府还通过建立在财政支持下稳定增长（年增长率8%）的科研基金予以财力支持，其中NIST基金则主要服务于信息产业的开发研制。

③美国政府还用税收政策给技术投资以财力支持，主要有延长《科研抵税法》实施年限、对小企业技术投资减半征税、采用有利技术更新的加速折旧法等措施来减少企业应缴税收。据统计，仅《科研抵税法》一项一年就相当于政府对技术研究投入增加24亿美元。

④美国政府还通过提供政府服务，如向私营企业开放政府实验室、提供技术力量搞“联合开发”、设立制造技术推广中心等措施，广泛动员全社会资金和技术力量。总体上看，尽管政府在信息产业开发上投入并不大，但由于使用得当，加上良好的技术支持和政府服务，广泛动员了社会技术和财力，起到了“四两拨千斤”的效果。联邦政府在近五六年间以约60亿美元的投入启动并支持了这项耗资约4 000亿美元的庞大社会系统工程。

3. 成立相应政府机构，加快科技成果产业化进程。1993年，美国成立了国家科技委员会和半导体技术委员会，克林顿亲任两个委员会主任，推动科技成果产业化。1994年在“信息高速公路”建设中专门成立特别小组，以政府力量保证信息基础设施成果的广泛使用。此外，专设的国防技术转化委员会也为民用信息技术发展和普及运用起了重大推动作用。

4. 加强知识产权的法律保护，并通过适时调整其他相关法规，促进信息技术开发和运用。美国政府十分重视知识产权保护，在《专利法》、《商标法》、《知识产权法》等法律基础上出台了《技术转移法》、《联邦技术转让条例》等法规，并在对外经贸中强化知识产权保护和制裁，以此来保护国内高技术企业利益和国际竞争力。此外，克林顿政府还适时放松了《反托拉斯法》的限制，允许各公司合作开发新技术。在此推动下，国际商用机器公司和苹果计算机公司打破了独家开发体制，促进了信息技术开发。1996 年美国又颁布了《新电信法》，放松对通讯业竞争限制，推动了通讯企业兼并，1997 年世界电信公司以 370 亿美元兼并了微波通讯公司，大大促进了“信息高速公路”建设。

5. 扶持信息技术中小企业发展，鼓励其技术开发。信息高技术具有产品周期短、高成长的特点，这决定了中小企业技术开发是其产业发展和技术创新的源泉所在。美国政府积极鼓励和扶持中小企业的技术创新，如对小企业先进技术长期投资收益按 50% 税率减半征税、通过创办“技术孵化器”为中小企业提供研究实验场所和办公场所等予以扶植，提高了开发成功率。

6. 重视教育，加大人力资源开发投资。信息化发展对劳动力素质提出了更高的要求。美国政府近年来加大了教育改革和教育投入。随着克林顿政府“2000 年目标计划”、“国民服务计划”、“贷款改革计划”、“终身学习计划”、“再培训计划”等多层次教改政策的出台和实施，美国从学前教育、中小学基础教育、高等教育到在职职工培训等各层次教育都面貌一新。同时政府的教育投入资金空前增长，据统计，仅联邦政府 1999 财政年度预算支出中用于教育投入的就达到 479 亿美元（含税收支出），比 1993 年实际支出增长 81%，同时助学贷款达 400 亿美元，比 1993 年增长 124%。近几年来，美国政府通过减税、增贷、以工助学、新的奖学金计划等方式已造福于 500 万美国家庭。以信息化为主导的高科技产业的发展使建立在高度市场化基础上的美国经济进入了以知识经济为核心的“新经济”阶段。

二、韩国政府的高科技配套产业政策

强有力的政府及其统筹协调，使韩国成功地在较短的时间内完成了由模仿到创新的工业化历程。技术进步和投入驱动是韩国工业化与经济腾飞的关键。韩国政府在韩国的技术进步中发挥着非常特殊的作用，它善于以建设性的危机激发企业的技术进步需求，并在恰当的时候，为企业提供必要的技术源泉，同时有效地促进技术传播。

1. 韩国政府从 1998 年起加大了促进产业结构调整力度，制订了“面向 21 世纪的产业政策方向及知识基盘新产业发展方案”，明确提出集中发展计算机、半导体、新材料等 28 个“知识基盘”产业，使以知识为基础的产业年均增长率达到 8.7%，掀起了企业新一轮的技术进步高潮，推动了韩国经济的快速恢复。

2. 严格技术标准，强迫企业技术进步。政府通过制定严格的技术标准，强迫企业在短时期内提高技术能力。政府采购也与严格的产业标准相结合，敦促企业达到技术标准。政府先确定了本地计算机的技术规范和标准以及本地化程度，然后以订单作为给达标企业的奖励。在产业标准的约束和活跃的市场需求的吸引下，三星、LG 等企业急剧地扩大研究与开发（R&D）资金投入。

3. 促进产、学、研合作，协调、资助研究与开发。为了弥补企业和大学院校技术研究的不足，政府组织研究部门参与大量的研究与开发活动，在诸多尖端科技领域进行开拓，为企业培养有经验的研究员，带动技术进步。政府还以优惠贷款、政府津贴和税收减免等方式，鼓励和资助企业的研究与开发（R&D）活动和产、学、研合作，使韩国在半导体产业中成了领先者。税收上的优惠主要包括降低与研究与开发相关的设备和必需品进口关税，豁免与研究与开发相关的固定资产税，减免企业所得税，一般企业可按营业收入的 3%（技术密集型企业按 4%）在税前提取“高新技术开发基金”用于企业技术开发；设立技术开发基金的企业还允许其技术开发支出的 5%（中小企业为 15%）直接从税额中抵扣；试验专用设施可以按设施成本的5%抵免税额，或者按设施成本的50%提取特别折旧费。

4. 促进技术传播。韩国政府在促进技术在全国企业间传播方面起了重要作用。韩国主要的技术传播工具是国有企业，国有企业培养了一大批具有现代化生产经验的工程技术人员，这些人力资源流入私营企业并传播技术；通过设立专门技术传播机构，如咨询工程公司、公共研究所和科学技术信息中心等，在传播技术中发挥重要作用；引入了一整套科学技术信息传播系统，建立产业发展管理局，协调对大、中企业发挥作用的各种技术支持机构，将全国产业技术研究所、11家地区性产业技术研究所，及中小型产业发展组织组成全国性技术扩展服务网络，并以韩国产业技术学院和其他政府研究与开发研究所组成技术传播的核心。近年来，韩国政府特别重视加速国家信息通信网的建设。1999年初，将政府资助的韩国研究开发信息中心（KORDIC）划归国务总理室统一管理，该中心的经费基本来自国家财政预算，但是其主要职能却是建立科技信息的流通服务和综合管理系统，即对科技信息进行收集分析、流通服务技术的研究开发、对各领域专业信息中心的综合调整和技术支援以及国内外科技信息的综合服务等。政府的积极努力，促使各种国外引进的、分解得到的以及自行开发出来的技术在全国范围内快速扩散，大大加快了韩国的技术进步。

三、经合组织成员国对金融保险业的税收政策

发达国家依据金融保险业的不同性质实行不同的增值税政策：

1. 核心金融业及保险业免征增值税。核心金融业是指包括从事货币、股票、债券和其他证券业务，发放贷款和其他信用及存款储蓄业务的金融机构。经合组织成员国几乎都对核心金融业实行免征增值税的政策。其原因在于：第一，对金融业征收增值税必然会影响私人部门筹资的成本，对经济发展不利；第二，对金融业征收增值税必然对金融业开征较重的增值税，从而引起金融机构将自己的经营业务移往海外低税国家和地区。

2. 对附属金融业按标准税率征收增值税。附属金融业是指金融理财咨询、银行保管箱业务、债务催收以及金融保安等机构和服务。经合组织成员国对附属金融业一般按标准税率征收增值税。

3. 对出口型金融业实行零税率。出口型金融业主要是指向欧盟以外的国家提供金融服务的金融机构。经合组织成员国以及新加坡、韩国等对向境外提供金融服务的金融机构实行零税率，以提高本国金融保险业的国际竞争力。从国际的角度来考察，只有少数国家对金融业课征营业税，而我国正是其中之一。课征营业税的不良结果在于：第一，产生重复征税，使金融行业的税负高于实行增值税的工商企业，难以达到公平竞争；第二，无法对出口型金融企业实行零税率，削弱了我国金融业的国际竞争力，有碍于金融国际化的推进。

9.2 银行信用环境分析

9.2.1 银行信用环境现状及问题

信用是两个经济主体或多个经济主体之间，为了某种交易和经济生活的需要，建立在诚信基础上的履约能力。市场经济的基本特征是信用经济，信用是市场经济活动的基本“游戏规则”。健全和完善的信用制度对扩大投资和消费，减少流通费用、提高交易效率和增强企业竞争能力等方面有着广泛而积极的意义。对于现代金融来说，信用更是核心的内容，无论是银行的存贷、股票债券、金融票据的买卖，还是保险、期货、股权的买卖，市场的销售都是资金、权益等信用的交换。没有一个完善的信用体系，就不可能建立完善的金融链条和金融市场。

一、我国银行信用体系建设概述

我国社会信用问题第一次提出是在20世纪90年代初期。当时，国务院下发了《关于在全国范围内开展清理"三角债"工作的通知》，在中国第一次以国务院文件方式提出了社会信用问题。我国信用体系的建设经历了三个阶段：

第一个阶段（20世纪90年代初期），其主要特征是以信用评价为代表的信用中介机构的出现和发展。当时为适应企业发债和资本市场发展的需要设立了一批信用评估机构如中国诚信、大公、远东等；与此同时，专业担保、信用调查、讨债追债等信用中介机构也开始出现，如华夏信用管理公司、中国经济技术投资担保公司、新华信公司、华安公司等。另外，政府部门也针对国家重点大型企业、中小企业等不同对象进行了企业信用和业绩评价活动，商业银行为控制企业贷款风险，引入贷款证管理模式，积极开展了贷款企业的信用等级评定工作。

第二个阶段（20世纪90年代末期），其主要特征是以信用担保为代表的信用中介机构快速发展。为支持中小企业的发展，在国家经贸委、财政部和中国人民银行等部门的大力推动下，济南、镇江、铜陵、深圳、重庆、山西、河南等地出现了一大批为中小企业服务的信用担保机构。1994年以来还陆续成立了一批专业担保公司如中投保、深科投等。民间资本也开始涉足信用担保行业，如深圳的中科智担保公司、甘肃的银泰担保公司、山西的阳泉个私担保公司等。截至2001年底，全国已有各类信用担保机构约360家，覆盖了全国近30个省（市、自治区）的300个城市，拥有的担保资金已达100亿元，其中50%为民间投资，担保公司中注册资本超过10亿元的已有3家。

第三个阶段（21世纪初期），其主要特征是以政府部门为主体的信用信息披露系统和以社会中介为主体的信用联合征集体系的全面推进。社会各界对市场经济必须是信用经济的认识达到高度统一，地区社会信用体系、政府信用披露系统、社会信用中介机构、行业协会信用体系正在同时起步并协调发展。在地方，上海、北京、甘肃、浙江、广东、湖北等省市已率先启动区域社会信用体系建设试点。在中央，2001年4月，十部委联合下发信用管理指导意见，2002年3月，国务院开始启动企业和个人征信立法与实施方案起草工作，2002年4月，财政部、国家经贸委和中国人民银行联手进行全国信用担保机构全面调查，2002年6月，中国人民银行企业信贷登记咨询系统实现全国跨省市联网。在民间，上海资信公司、北京红盾315公司、中国诚信、华安、华夏、大公、远东、联合、新华信以及中国联合信用网、中国企业信用网、中国信用信息网等社会信用中介机构也积极开拓业务领域，邓白氏、惠誉、科法斯等国外信用机构也积极发展中国市场。

二、近年银行信用体系建设的主要内容

1. 企业信贷登记系统。中国人民银行组织建设的企业信贷登记系统是以贷款卡为媒介，以城市为单位，使用现代化通信和计算机网络技术，为金融机构提供借款人基本信息、信贷业务（包括贷款、银行承兑汇票、信用证、保函、担保、授信等）信息和信贷资产质量以及借款人重大事件（包括欠息、逃废债、经济纠纷和直接融资）等信用咨询服务。目前，这套系统已在全国300个城市建立起来，已有中国建设银行、中国农业银行等银行陆续将自身系统与登记系统接口，即将实现全国联网。另外，由于登记系统的信息来源是各家商业银行，而享用信息的却将包括各级人民银行、中外商业银行、农村信用联社、财务公司、信托公司、资产管理公司等在内的所有金融机构，这就要求处理好信息来源的全面性和信息享用的有偿性的问题。

2. 个人信用体系。个人信用制度是市场经济发展到一定程度的产物，也是市场经济走向成熟的必然要求。当前，社会对完善全面的个人信用制度的要求随着经济的进一步发展越来越迫切。在我国个人信用制度建立与完善的实践过程中，中国建设银行与上海资信公司都做出了极大贡献。

1999年下半年，中国建设银行济南市分行出台《个人信用等级评定办法》，是我国首部借款人个人信用等级评定方法，对促进我国个人信用制度的发展起到了先导作用。中国建设银行总行于1999年11月正式实施龙卡个人信用等级评定办法。这是全国范围内的第一部个人信用评估办法。虽然建设银行为实施这些措施基本建立了银行内部的个人信用评定中心，但是由于与其他银行未联网，因此业务初期偏重于建设银行的优质客户。

1995年开始，上海已成为个人消费者贷款发展最快的城市。1999年5月，经中国人民银行批准，上海资信公司成立。上海地区15家商业银行共同牵手，由中国人民银行与上海市政府信息办公室主持，进行个人消费信用制度试点，探索业务办法、法律制度和市场规则。2000年6月28日，上海资信公司举行正式的揭牌仪式，意味着过去分散在各商业银行和社会有关方面的个人信用被汇集在一起，经过加工存储，提供给金融机构，可以全面客观地反映个人的真实信用状况，对于促进信用消费和防范金融风险非常重要。

2000年7月1日，上海率先开始个人信用联合征信试点工作，一千多万市民成为首批拥有个人信用记录的中国人。进行这项工作的上海资信公司成为新中国历史上第一家专门开展个人信用联合征信的机构，为中国银行界无个人信用记录的历史画上了句号。上海资信公司通过与全市多家商业银行、三百多家支行营业部的网络联通，已经建立了上海个人信用档案数据中心。上海的个人信用体系可提供个人银行和商业信息、社会和职业信誉等四大类咨询服务。个人信用制度建立后，目前只可由银行查询，未来将向市民开放，市民可以付费查询自己的信用以便自我监督与调整。公司对个人信用档案实行动态管理，并将跟随人的一生，其中负面性记录将保持多年，超过期限的被及时删除和销毁，考虑到2000年4月已经开始实行个人储蓄实名制，上海个人消费信用联合征信的试点意义非同寻常。

继2000年7月中国人民银行批准上海进行“个人信用联合征信”试点后，广州和大连两市于2000年10月也获准在本市建立个人信用制度。同时，中国人民银行也在积极筹建全国的个人信用征信系统。

3. 信用评估体系的发展。信用评级又称资信评级或信誉评级，依据评级对象，可分为主权评级、法人评级、各种金融工具的评级。其中，法人评级又分为工商企业信用评级和金融企业信用评级，前者是对其资产状况、负债偿还能力、发展前景、信用状况等进行评价；后者主要分析金融机构的资金来源和运用情况、债务负担、呆账及贷款损失情况、财务盈亏状况等。目前，我国评级市场上存在着中资评级机构如中诚信和外资评级机构如标准普尔、穆迪，最近商业银行和中国人民银行为加强金融监管建立了评级标准。

（1）各商业银行的内部信用评级。目前各商业银行按照《巴塞尔协议》的要求建立起内部信用评级制度，这是银行对企业进行信用管理的重要部分，各中介信用评级机构对企业的信用评估报告只作为商业银行自己评级报告的参考，中国人民银行也不对各个商业银行的信用评级标准进行统一。

（2）中国人民银行对四大商业银行的信用评估方案。目前中国人民银行正试图通过建立对商业银行特别是四大国有商业银行的业绩评价体系，准确地判断银行经营状况、积极地指导和监督商业银行的经营方向、正确地考核其业绩、形成公平的评价标准、创造合理的竞争环境。

三、未来我国银行信用体系发展前景

与西方发达的市场经济国家相比，我国的信用体系建设才刚刚起步，还有很长的路要走。在美国，大到逃税、逃废银行债务，小到酒后驾车、个人之间的借贷，都有信用档案，全部上网，银行一查便知，美国的信用管理行业已有一百六十多年的历史。德国、法国、意大利等国也都在20世纪30~40年代建起信用制度雏形，这些国家目前已经具备了完善的信用体系、健全的法律制度、灵活的

运作机制和多样的管理模式。据报道，目前，发达国家的信用结算可达90%左右，而我国的现金支付则高达80%；在美国，信贷消费要占国内生产总值的55%，而在中国，城市居民中只有5%向银行借过钱，信贷消费只占国家信贷总额的1%。但落后并不意味着我们要“从零做起”。因为，一是中国本土社会信用中介机构已有十年融入市场经济的发展史，培育了一支兼具国内外从业经验的信用职业队伍，继续提升能力并参与市场公平竞争已成大局；二是加入世贸组织后，国外信用中介机构进入中国市场已成定局，我们可以更好地吸收国外信用体系建设的经验和教训；三是我国市场经济体制逐步深入，市场需求和政府推动的双重作用将加快信用体系的建成。

9.2.2 信用环境建设国际比较

世界各国信用体系模式各不相同，主要有三种。一是美国模式，即“政府搭台，企业唱戏”的模式。以商业征信公司为主体形成的社会信用管理模式在美国较普遍，如遍布美国全国的个人征信公司、追账公司等，这些公司都是从营利目的出发，向社会提供有偿服务，包括资信调查、资信评级、资信咨询、商账追收等，完全实行市场化运作。二是欧洲模式，即中央银行主导和政府运作的模式。它是以中央银行建立的消费信贷登记系统为主体的社会信用管理模式，由中央银行建立中央信贷登记系统，主要由政府出资，建立全国数据库，并组成全国性的调查网络，征信信息主要供银行内部使用，服务于商业银行防范贷款风险和中央银行金融监管与货币政策决策；管理机构是非营利性的，直接隶属于中央银行。这种模式在德国、法国广泛使用。欧洲模式与美国模式的比较见表9-1。三是日本模式，即由银行协会建立的会员制征信机构与商业性征信机构共同组成的社会信用管理模式。银行协会建立非营利的银行会员制机构即日本个人信用信息中心，负责消费者个人征信和企业征信，会员银行共享信息。该中心在收集信息时要付费，在提供信息服务时也要收费，但这种收费不以营利为目的，而以维持中心的发展为目的。与之并存的还有一些商业征信公司，作为有益的补充，如帝国数据银行。

表9-1 欧洲模式与美国模式比较

项目＼模式	欧洲模式	美国模式
侧重点	公共信用登记系统	民营信用调查机构
设立主体	由金融监管机构设立，更多地体现了监管者的意志和需要	由私人和法人组成，采取商业化、市场化的运作方式
服务对象	为金融监管部门的信用监管服务，不考虑社会的商业化信用信息需求	为社会更广泛的信用需求服务，服务范围更宽、更广、更全面
信息来源	数据来自于银行等金融机构，具有强制性	数据除来自于银行等金融机构外，还包括商业、贸易等方面数据，信息更全面
运作方式	数据使用更多的是金融机构内部为防范风险的信息互通	信用报告是商品，强调为需求者提供商业化、个性化服务

下面以美国模式中的个人信用体系为例具体说明发达国家信用体系的构建。

美国既是市场经济最完善的国家，也是信用体系最发达的国家。其在信用立法、中介机构建立、数据收集方面都积累了丰富的经验。对美国信用体系的发展进行分析，将给我国信用体系的建立提供有益的经验借鉴。

一、美国个人征信体系发展状况

1860 年在美国纽约布鲁克林成立了第一家信用局，标志着美国个人信用市场的萌芽。经过一百多年的发展，美国已形成了以信用局为核心的完善的个人信用体系。美国个人信用体系的基本架构包括三部分：信用服务中介机构、信用立法体系和相应的信用执法机构。

1. 美国的个人信用服务中介机构。美国的个人信用服务中介机构即信用局，是美国个人信用市场征信产品的主要供应者，专门从事个人信用资料的收集、加工整理、量化分析、制作和售后服务，形成了个人信用产品的一条龙服务。由于美国的个人信用服务机构实行的是自由的市场运作模式，这些机构都是由私人部门设立的。整个美国有一千多家当地或地区的信用局为消费者服务。但这些信用局中的绝大多数或者附属于 Eauifax、Experian 和 Trans Union 三家最为主要的征信局，或者与这三家公司保持业务上的联系。而这三家征信局都建有覆盖全美国的数据库，包含超过 1.7 亿消费者的信用记录，从而在事实上形成了三家征信局——Eauifax、Experian 和 Trans Union 三足鼎立的局面。这也构成了美国信用局制度的核心。美国的信用局制度就个人信用信息的收集、个人信用产品的开发和管理形成了一套科学的体系，其运作主要包括三个环节：第一，个人信用资料的收集和登记。个人信用数据是形成征信产品的前提。美国征信局征集的个人信用信息包括三个方面的内容：消费者身份信息、信贷信息和公开信息。美国在进行消费者个人信用调查时一般将上述信息指标分为两大类，即广度指标和深度指标。广度指标为个人信用分析提供了一般性构架和准则，一般包括品德、能力、资本、条件、担保品五个方面，又称为 5C 准则。深度指标则是对 5C 准则的深化，具体包括：工龄、信用卡、债务收入比例、银行开户情况、信用档案年限、毁誉记录、职务、住房、现行地址、居住时间、个人收入、公用事业记录等指标。第二，个人信用数据的加工处理和信用评估。个人信用数据必须经过分类、比较、计算、分析、评估等一系列加工处理，才能最终形成征信产品。个人信用评估有两种方法：主观评级法和客观经济计量模型量化法，美国采用第二种方法，其中以 FICO 信用分最为有名。该模型利用高达 100 万的大样本数据首先将消费者的 5C 指标进行具体刻化，再将深度指标分档计分，加权得出最终总分，打分范围为 325 ~ 900 分。然后进行分段定级，不同的机构有不同的分段定级标准。信用打分模型使个人信用可进行精确的度量和区分。第三，个人信用产品的销售使用。个人信用产品的主要需求包括消费信贷的授信方、商业银行、保险公司、雇主、司法部门及消费者个人。美国的三大信用局和一千多家地方信用局收集了 1.6 亿成年人的信用资料，每年出售 6 亿多份消费者个人信用报告，收入超过 100 亿美元。在美国，对个人信用产品的销售使用有明确的法律规定，根据有关规律，到信用局调用其他人的个人信用资料需要得到被调用人的同意或者是司法部门的授权，从而可以防止个人信用资料被滥用。

2. 美国的信用法律体系。法律环境是制约个人信用制度建设的关键因素。美国信用管理的相关法律框架是以《公平信用报告法》（FCRA）为核心的 17 项法律，其中《信用控制法》在 20 世纪 80 年代被终止使用。与信用行业比较密切的法律包括：《平等信用机会法》、《公平债务催收作业法》、《公平信用结账法》、《诚实租借法》、《信用卡发行法》、《公平信用和贷记卡公开法》、《电子资金转账法》、《储蓄机构解除管制和货币控制法》、《甘恩—圣哲曼储蓄机构法》、《银行平等竞争法》、《房屋抵押公开法》、《房屋贷款人保护法》、《金融机构改革—恢复—执行法》、《社区再投资法》、《信用修复机构法》、《格雷姆—里奇—比利雷法》。在上述 16 项法律法规中，有两项法律尤为重要，即《公平信用报告法》和《格雷姆—里奇—比利雷法》。因为这两项法律对个人信用信息的采集和共享，特别是对有关消费者个人信息的使用作出了明确规定。这两项法律尤其值得我们学习借鉴。

3. 美国的信用执法机构。为规范和管理信用行业发展，并制定相应的法律法规，需要设立信用执法机构。在美国，信用管理功能是随着市场发展和有关法律的建立而指派或自然分配给各有关部门的。根据美国制定信用管理相关法律的目的，其立法基本可分为银行相关的和非银行相关的两类。银行相关的法律主要在于规范商业银行的信贷业务，而非银行相关的信用法律主要在于规范信用管理行业。因此，美国的主要执法机构也分两类：银行系统的执法机构和非银行系统的执法机构，银行系统的执法机构包括财政部货币监理局、联邦储备系统和联邦储蓄保险公司；非银行系统的执法机构包括联邦贸易委员会、司法部、国家信用联盟管理办公室、储蓄监督办公室等。银行系统执法机构的主要任务在于商业银行的信贷业务，非银行系统执法机构的功能则主要体现在对征信和追账业的规范上。美国信用管理的主要执法部门是联邦贸易委员会（FTC），它是几个主要信用管理有关法案的提案单位和法律指定的执法机构，它管辖的范围包括全国的零售企业、提供消费信贷的金融机构、不动产经纪商、汽车经销商、信用卡发行公司等。而规范商业银行信用管理相关法律的执法机构是联邦储备委员会。

经过一百多年的不断发展，美国已形成一个以三大信用局为核心，由信用中介机构体系、信用立法体系和信用执法机构组成的发达的个人信用体系。在此推动下，美国的信用交易和信贷消费获得了快速发展，其交易总额每月在 2 000 亿美元以上。在整个银行业的贷款中，个人贷款的比例超过企业，占贷款总规模的百分之六七十，从而刺激了消费，推动了经济的快速发展。

二、发达国家信用体系建设对我们的启示

一个完整的信用体系应是一个以完善的信用管理法律制度为基础、以统一的社会信用评估体系和开放的信用信息网络为核心、以有力的监督制裁手段为保障的有机统一体。其主要内容包括以下几方面：

1. 完善的信用管理法律制度。如果说信用体系是一幢大厦，那么这幢大厦的基石就是与信用管理相关的法律制度。一套完善的信用管理法律制度，可以使信用主体预见到自己行为可能导致的后果，并据此趋利避害，按照规则行事。信用立法工作是一个长期过程。因此我国必须及早进行相应的立法准备，加强相关领域的研究，并充分借鉴发达国家在信用管理方面的法律法规，尽早出台与信用行业直接相关的基本法，为信用体系建设打好坚实的制度基础。

2. 统一公正的信用评估体系。在市场经济条件下，为了增强交易信心，减小交易成本，市场主体必须能够随时了解交易对方的信用保证（资产、负债状况）和信用记录。这就势必要求建立一个公正的信用评估体系，对市场交易各方的信用状况进行客观及时的评定。该评估体系应由以下两个部分组成：

第一，统一的信用评估标准。没有统一的信用评估标准，意味着根据不同标准所评定的结果缺乏可比性，进而使得市场主体无法明确知晓交易对方的信用状况。第二，独立的信用信息服务机构。在信用体系中，征信、信用评级、商账追收、信用管理等业务都需要由信用中介服务机构来开展。

3. 统一的信用信息网络。信用信息网络主要由完备的信用信息数据库和快捷的信息交换网络组成。就前者而言，由于征信数据的采集和使用必然涉及对个人隐私权的保护问题，根据一些国家的经验，对信用信息数据库的建立和管理应采取相对审慎的原则。另一方面，又要合理使用这些个人信息来进行信用评估。至于快捷的社会信用信息网络，则便于交易各方迅速获取相对人的信用信息，减少交易风险。

4. 有力的监督机制。没有一套强有力的监督机制做保障，前面所述的一切都只能是纸上谈兵。政府作为市场监管主体，应行使广泛的监督职权，通过支持引导守信行为，及时惩戒失信行为，回应市场主体对政府寄托的信赖，保障基础信用的健康发展，进而促进整个社会信用的建立。

9.3 法律环境问题与分析

9.3.1 法律环境现状及问题

一、银行信息化法律环境概述

1. 法律与银行信息化。信息技术不仅对个人交往、商业运作、政府对公民提供服务的方式产生巨大的影响。迅速发展的银行信息化同样还对传统法律提出了挑战，在很多方面使传统法律陷入尴尬境地，由此导致了相当多的法律冲突。传统型银行业相关法律法规，基本上是基于手工操作环境而制定的。然而，在实现银行信息化的情况下，手工对各类相关凭证进行操作的情况大为减少，网络中的数据传输直接反映着资金的转移。由于信息化，银行的职能大大扩大了，电子银行系统中的数据库，存放着所有客户的敏感经济信息和商业秘密；此外，银行系统的数据存取伴随着资金的转移，这就使电子银行系统成为犯罪分子重要的攻击目标。而所有的电子银行系统又都是十分庞大复杂的开放性系统，存在着各种安全脆弱性。出现的所有这些情况都迫切需要制定有关电子商务的法律和法规，例如要从法律上确认电子签名的合法性和客户电子资料的隐私性，以保护电子银行系统本身，保护银行及系统中所有客户的合法权益。

银行信息化也带来了新的监管问题。银行信息化以技术为核心，对监管机构的技术水平和设备提出了较高的要求。日新月异的信息技术不断改变着银行的经营方式和内容，监管机构必须不断更新其技术和知识，才能跟上这些变化；此外，由于网络技术的发展，“银行”或“银行服务”的定义越来越模糊，非银行金融机构很容易未经监管机构的许可或监管就在网上提供类似银行的服务，而这也加大了监管的难度。

除了上述问题外，实现银行信息化还会面临一系列其他问题，如全球化问题、合同与金融问题、知识产权问题、个人隐私问题等。上述各种问题都必须有相应的法律做保障，才能建立银行信息化的良好运营和管理环境。

2. 银行信息化法律环境框架。银行信息化法律环境是一个内涵十分丰富的范畴，不仅包括刚才所提到的狭义环境，即与银行业务信息化相配套的法律，还应包括更广泛的与信息化进程相关的其他一系列法律。从广义上看，所有与银行信息化相关的法律均应被纳入银行信息化法律环境之中，包括标准与规范建设方面的法律、银行信用环境相关法律、银行信息化建设产业政策法和贸易政策法等。无论从哪个角度谈银行信息化环境与政策的完善，很大程度上都要取得法律的支持。

二、电子商务与电子银行法立法现状与问题

电子银行属于广义上的电子商务范畴，是银行信息化面向客户的直接体现，也是银行信息化的核心和关键。电子商务与电子银行相关法律对于实现银行信息化稳健发展具有基础性的支持作用。

1. 电子合同问题。电子合同是指以数据电文形式订立的合同。数据电文是指经由电子手段、光学手段或类似手段生成、储存或传递的信息，这些手段包括但不限于电子数据交换（EDI）、电子邮件、电报、电传或传真。与传统合同相比，电子合同具有以下特点：电子合同的当事人通过虚拟网络完成订立合同的全过程；电子合同的生效由数字签名方式取代了传统的签字盖章方式；电子合同以数据电文形式存在，以磁性介质保存，具有易消失性和易改动性。当前，我国《合同法》虽然认可了电子合同的合法性，数据电文形式可以作为合同书面形式的一种。然而，对于电子合同的要约与承诺、成立与生效、法律效力等问题还缺乏明确规定，不利于电子商务及电子银行具体实务的具体操作。

2. 电子证据问题。传统法律领域往往规定书面形式是合同的形式要件。规定书面形式的作用在于：于实体法中决定合同的成立和生效，使合同具有合法性和可强制执行性；在程序法上作为处理合同纠纷的可靠证据。当传统的确定交易各方权利义务的各种书面合同单证被储存于计算机设备中的电子文件所代替后，这些电子文件就成为具有易消失性、易改动性特点的电子证据。电子证据虽然应当是一种介于物证与书证之间的独立证据，但我国《民事诉讼法》没有将其单列出来作为证据的一种。由于电子证据尚未完全取得合法有效的地位，因此对于解决并规范电子商务及电子银行业务上的纠纷是不利的。

3. 电子签名和认证问题。传统法律中，书面合同签名的功能是证实当事人身份、表示当事人同意此合同内容的当前意图、决定合同的成立地点。电子签名是指在数据电文中，以电子形式所含、所附或在逻辑上与数据电文有联系的数据，和与数据电文有关的任何方法。电子签名是电子商务安全的重要保障手段，是公开密钥加密技术的另一类应用。电子签名代表了文件的特征，提供了一个安全的确认发送方身份的办法，能证实信息发送人的身份以及电子文件的可靠性和完整性。

2004 年 8 月 28 日，中华人民共和国第十届全国人民代表大会常务委员会第十一次会议讨论通过了《中华人民共和国电子签名法》，决定自 2005 年 4 月 1 日起施行。《电子签名法》首次赋予电子签名与文本签名同等的法律效力，并明确电子认证服务市场准入制度，保障电子交易安全，这样就从很大程度上扫除了我国电子商务和电子政务发展的法律障碍。电子签名法出台，可以较大程度解决电子商务的“瓶颈”问题，增强网上交易的安全性、有效性。使用电子签名之后，按照目前的技术手段，其加密技术极难破解，无法伪造，因而黑客很难破译，即便黑客知道了你的网上银行账号，也无法从账户里取走一分钱。

4. 电子支付和结算问题。支付和结算是商业银行的核心业务之一，也是电子商务的核心问题。传统的支付结算工具包括现金、票据、卡类支付工具和银行大额电子资金汇划。随着银行信息化的发展，电子支付和结算手段不断创新，电子货币、电子票据等新概念、新工具不断出现，支付和结算方式已出现了根本性的变化。

电子货币是一个比较宽泛的概念，迄今为止还没有一个权威的定义。一般认为，电子货币是以电子方式存储在技术设备中的货币价值，是一种预付价值的无记名支付工具，被广泛用于除电子货币发行人以外的其他人的支付，但在交易中并不一定涉及银行账户。电子货币包括两种形式，智能卡或电子钱包和数字现金。

传统货币通常由国家发行，是国家主权的体现和国家调控国民经济的重要手段。电子货币可以跨国界、脱离银行网络、由非银行金融机构甚至非金融机构发行。如果不对电子货币的发行主体资格进行必要限制，势必会影响中央银行的货币政策和监管职能。

5. 信用问题。信用体系是现代市场经济的基石。电子商务必须关注信用问题，因为电子商务是建立在虚拟网络基础上，交易各方无需见面甚至素不相识即可完成交易行为。

目前我国信用缺失情况十分严重，造成这种情况的主要原因在于：缺乏一个富有效率的社会信用体系；对失信行为惩罚不严；信用中介市场存在严重的供需双重不足；尚未建立与信用管理直接相关的法律。

6. 个人隐私保护问题。在电子商务中，用户通常不得不向经营者提供自己的家庭地址、信用卡号码等个人资料，经营者有义务也有责任保护用户的个人隐私。世界各国高度关注个人隐私的保护，但是如何为个人隐私提供恰当的保护而又不妨碍互联网上的信息交流是各国制定隐私保护政策的重点和难点。

7. 知识产权保护问题。知识产权保护同样是电子商务立法过程中不可忽视的一个问题。

和传统意义上的知识产权保护相比较，银行信息化过程中的知识产权保护有以下特点：信息内容和载体的可分性使知识的专有性不再明显；信息交换的迅速快捷使知识产权的时间性受到挑战；电子信息服务和应用的全球化对知识产权的地域性形成威胁。

8. 税法问题。基于传统交易行为的税法在信息化过程中是否适用于通过互联网进行的交易行为是一个新的命题。由于通过互联网进行的交易行为的无形性、跨地域性等特点，需要解决对通过互联网进行的交易行为如何征税（包括关税和国内税收），如何避免跨国双重征税的问题。

三、银行信息化信息安全法现状与问题

信息安全问题是银行信息化的核心问题，是关系到国家利益的战略性问题。世界各国均高度重视信息安全工作。银行信息化的信息安全包括信息基础设施安全、信息网络安全、信息内容安全、数据安全、公共和国家信息安全等问题。解决信息安全问题是一个社会系统工程，技术因素和法律因素是解决信息安全问题的关键所在。

银行信息化是随着信息技术的发展而发展建立起来的，解决信息安全问题，在信息技术领域，需要建立国家信息安全保障基础设施，包括建立国家信息安全管理中心和密码管理中心、建立国家安全事件应急响应中心、建立国家信息安全认证认可机构等。在信息技术和信息安全之间存在着一个悖论，即人们普遍认为信息技术是解决信息安全问题的唯一方式和根本手段，只有不断发展和完善信息技术才能从根本上解决信息安全问题；而事实上信息技术的发展一方面推动了信息安全问题的解决，另一方面也带来了更多的信息安全问题。因此通过信息技术手段的发展和完善解决信息安全问题并不是无止境和不受限制的，应当给信息技术对于信息安全的责任划定一个合理的界限，从而在信息安全法律责任的划分上有一个明确的界定，这就需要通过信息安全立法来解决。

我国银行信息化信息安全法律框架已具雏形，目前我国有关银行信息化的主要法律、法规和行政规章有：《刑法》（第二百八十五条、第二百八十六条、第二百八十七条）；全国人大常委会颁布的《关于维护互联网安全的决定》；国务院制定的《电信条例》（第五章）、《计算机信息系统安全保护条例》、《计算机信息网络国际联网管理暂行规定》、《互联网信息服务管理办法》、《计算机病毒防治管理办法》、《计算机信息网络国际联网管理暂行规定实施办法》；公安部制定的《计算机信息网络国际联网安全保护管理办法》；公安部、人民银行联合制定的《金融机构计算机信息系统安全保护工作暂行规定》；人民银行制定的《关于加强银行安全防范金融计算机犯罪若干问题的决定》；国家保密局制定的《计算机信息系统保密管理暂行规定》、《计算机信息系统国际联网保密管理规定》。

此外，我国还制定了一些有关信息安全的技术标准。如国家质量技术监督局2000年批准发布了信息安全新标准十余项，公安部发布的《计算机病毒防治产品评级准则》以及人民银行发布的《银行计算机信息系统安全技术规范》等。

但是相比西方发达国家，我国的银行信息化安全法律环境仍然不完善，需继续建设。

四、银行信息化监管法律环境现状

银行实现信息化后，其效率和竞争力可以得到很大提升。但是在银行业利用信息化为社会公众提供便利的同时，网上资金的高流动性、高隐匿性也削弱了金融监管当局获取交易信息的能力，使得金融监管当局在突发性事件面前反应滞后，这对各国与国际组织实施银行信息化的监管提出了新的挑战。

然而，我国当前的银行信息化监管的现状却并不令人乐观。目前对电子银行业务的立法还处在酝酿之中，而现有的法规却不能给电子银行业务提供充分的法律保障。比如，国内除了《安全法》、《保密法》以外，关于网络的法律规范非常有限；电子银行业务的行政管理法规、监管规章也未出台。而目前，国内电子银行基本上是采用类似会员守则这样的协议来约束客户行为的管理办法，出现争端时责任的认定、承担、仲裁结果的执行等复杂的法律关系问题都是在现有的法律框架下难以解决的。如不及时制定相关法规，无疑会妨碍电子银行业务在我国的进一步发展。

9.3.2 法律环境建设国际经验与借鉴

自联合国国际贸易法委员会1996年制定并发布《电子商务示范法》以来，不同世界组织及国家纷纷制定并发布了银行信息化相关法律。迄今为止，西方发达国家已经初步建立起了较为完整的银行信息化法律框架。而我国的银行信息化进程要落后于西方发达国家，相关法律环境的建立与完善并无历史经验可循，因此对国外法律环境建设经验的借鉴就具有十分重要意义。

此处主要讨论电子商务及电子银行立法、信息安全立法及信息化监管方面的借鉴问题。

一、电子商务与电子银行相关立法国际经验及其启示

1. 国际电子商务立法实践。自1996年联合国《电子商务示范法》制定以来，一些国际组织与国家纷纷合作并制定了多种法律规范，其成果主要体现在以下三个方面：

(1) 世贸组织的三大突破性协议。1986年开始的关贸总协定乌拉圭回合谈判最终制定了《服务贸易总协定》。服务贸易总协定的谈判产生了一个“电信业附录”。这一附录的制定开始了全球范围内电信市场的开放。世贸组织建立后，立即开展了有关信息技术的谈判，并先后达成了三大协议，即：

《全球基础电信协议》。该协议于1997年2月15日达成，主要内容是要求各成员方向外国公司开放其电信市场并结束垄断行为。

《信息技术协议（ITA）》。该协议于1997年3月26日达成，协议要求所有参加方自1997年7月1日起至2000年1月1日将主要的信息技术产品的关税降为零。

《开放全球金融服务市场协议》。该协议于1997年12月31日达成，协议要求成员方对外开放银行、保险、证券和金融信息市场。

这三项协议为电子商务和信息技术的稳步有序发展确立了新的法律基础。

(2) 国际商会加快制定电子商务指导性交易规则。随着电子商务的发展，现有的国际商务惯例已远远不能满足商业往来的需要。近年来，国际商会正以大部分精力抓紧制定有关电子商务的交易规则，以促进国际贸易的安全进行。目前，国际商会已经正式制定的有1997年11月6日通过的《国际数字保证商务通则（GUIDEC)》，该通则试图平衡不同法律体系的原则，为电子商务提供指导性政策，并统一有关术语。国际商会目前正在制定的还有《电子贸易和结算规则》等交易规则。

(3) 一些地区性组织和国家积极制定各项电子商务政策。目前已经或正在制定电子商务政策的主要是经济合作与发展组织（OECD)、欧盟和美国等地区性组织和国家。

美国已初步建立了较为完整的信息化法律体系，有关电子商务的基本政策和原则框架已趋向成熟，在某种意义上成为世界各国发展信息化的先导。1997年，美国政府发布了《全球电子商务框架》白皮书，此后通过联邦立法制定了超过20个有关信息化的法律，包括《统一电子交易法》、《数字签名法》、《数字签名与电子认证法》、《电子资金划拨法》、《统一计算机信息交易法》等。1998年美国参众两院还通过了《互联网免税法案》，三年内禁止征收新的互联网访问和服务税。

1998年10月，经济合作与发展组织公布了三个重要文件：《经济合作与发展组织电子商务行动计划》、《有关国际组织和地区组织的报告：电子商务的活动和计划》、《工商界全球商务行动计划》，作为经济合作与发展组织发展电子商务的指导性文件。

欧盟一直致力于建立欧盟信息化法律统一体系。1997年4月，欧盟发布了《欧洲电子商务倡议书》，1998年又发表了《欧盟电子签字法律框架指南》和《欧盟关于处理个人数据及其自由流动中保护个人隐私的指令》（或称《欧盟隐私保护指令》），1999年发布了《数字签名统一规则草案》以及《关于统一市场电子商务的某些法律方面问题的建议》，此后制定了一系列关于电子商务的指令。

新加坡、澳大利亚等国也先后制定了《电子交易法》。

2. 国际电子商务立法主要内容。当前的国际电子商务立法主要涉及以下几方面的内容：

（1）电子商务合同的成立。电子商务方式是由买卖双方通过电子数据传递实现的，其合同的订立与传统商务合同的订立有许多不同之处，因而需要对电子商务合同的成立作出相应的法律调整。联合国贸法会1996年通过的《电子商务示范法》对涉及电子商务合同的成立做了规定。该法承认自动订立的合同中要约和承诺的效力，肯定数据电文的可接受性和证据力，对数据电文的发生和收到的时间及数据电文的收发地点等一系列问题均做了示范规定，为电子商务的正常进行提供了法律依据。国际商会正在制定的《电子贸易和结算规则》则以《电子商务示范法》为基础做了进一步的规定。

（2）安全与保密。在电子数据传输的过程中，安全和保密是电子商务发展的一项基本要求。目前，一些国际组织已先后制定了一些规定，以保障网络传输的安全可靠性。1997年国际商会制定了《电传交换贸易数据统一行为的守则》。联合国贸法会1996年《电子商务示范法》也对电子数据的可靠性、完整性以及电子签名、电子认证等做了规定。经济合作与发展组织、欧盟、美国及其他发达国家都先后制定了网络交易安全与保密方面的规则。

（3）电子支付。利用电子商务进行交易必然会涉及支付。电子支付是目前电子商务发展的一个重点。电子支付的产生使货币由有形流动转变为无形的信用信息在网上流动，因而将对国际商务活动与银行业产生深远的影响。目前的政策法规尚难以满足电子支付的需要。国际商会目前止在制定的《电子贸易和结算规则》对电子支付的安全性、数字签名、加密及数字时间签章做了规定，该规则一旦正式通过，将成为电子商务及电子支付的指导性交易规则。

（4）市场准入。市场准入是电子商务跨国界发展的必要条件。世贸组织通过的有关电信及信息技术的各项协议均贯穿着贸易自由化的要求。例如，《全球基础电信协议》要求成员国开放电信市场，《信息技术协议》要求参加方在2000年以前涉及的绝大部分产品实现贸易自由化。

（5）税收。由于电子商务交易方式的特点，给税收管辖权的确定带来困难，因而引起了改革传统税收法律制度，维护国家财政税收利益的课题。1997年的美国《全球电子商务纲要》主张对网上交易免征一切关税和新税种，即建立一个网上自由贸易区。1998年5月20日，世贸组织第二届部长会议通过的《关于全球电子商务的宣言》，规定至少一年内免征因特网上所有贸易活动关税，并就全球电子商务问题建立一个专门工作组。

（6）知识产权。全球电子商务的迅速普及，使现行知识产权保护制度面临新的更加复杂的挑战，对版权、专利、商标、域名等知识产权的保护成为国际贸易与知识产权法的突出问题。1996年世界知识产权组织（WITO）通过《世界知识产权组织版权条约》（WCT）和《世界知识产权组织表演与录音制品条约》（WPPT），这两项条约被称为“因特网”条约。世界知识产权组织于1998年10月又宣布，将成立专门的指导委员会，加强与各地区成员国的协商，在1999年9月召开全球电子商务的国际会议。联合国贸法会1996年《电子商务示范法》则在“数据电文的归属”一条中对数据电文的所有权做了规定。在新一轮世贸组织谈判中，网络贸易中的知识产权保护也将成为电子商务谈判的一个重要内容，从而构成新的全球电子商务协定的组成部分。

（7）隐私权保护。满足消费者在保护个人资料和隐私方面的愿望是构建全球电子商务框架必须考虑的问题。经济合作与发展组织1990年《保护隐私和跨界个人资料指南》、欧盟1998年10月生效的《欧盟隐私保护指令》对网上贸易涉及的敏感性资料及个人数据给予法律保护，对违规行为追究责任。最近，世界互联网大会通过了保护隐私技术的决议。这些均体现了隐私权保护的法律要求。

3. 国际电子商务立法特点。由于信息技术的发展具有以往科技革命所不具备的特点，因而由信息技术革命所引起的电子商务的国际立法在一定程度上也具有以往的国际经济贸易立法所不具备的特点。国际电子商务立法主要具有以下特点：

（1）电子商务的国际立法先于各国国内法的制定。以往的国际经济贸易立法通常是先由各国制定国内法律，然后由一些国家或国际组织针对各国国内法的差异和冲突进行协调，从而形成统一的国际经贸法律。

20世纪90年代以来，由于信息技术发展的跨跃性和电子商务发展的迅猛性，在短短的几年时间里，就已形成电子商务在全球普及的特点，因而各国未能及时制定系统的电子商务的国内法规。同时，由于电子商务的全球性、无边界的特点，任何国家单独制定的国内法规都难以适用于跨国界的电子交易，因而电子商务的立法一开始便是通过制定国际法规而推广到各国的（如联合国贸法会1996年《电子商务示范法》）。

（2）电子商务国际立法具有边制定边完善的特点。由于电子商务发展迅猛，且目前仍在高速发展过程中，电子商务遇到的法律问题还将在网络交易发展过程中不断出现，因而目前要使国际电子商务法律体系迅速达到完善是不可能的，只能就目前已成熟或已达成共识的法律问题制定相应的法规，并在电子商务发展过程中加以不断完善和修改。典型法规为联合国贸法会《电子商务示范法》，这一法规为开口型法律，第一部分为“电子商务总则”；第二部分为“电子商务的特定领域”，目前只制定了第一章“货物运输”，该部分其余章节则有待内容成熟后再逐章增加。该法于1996年通过后不久，其第一部分内容即于1998年6月由联合国国际贸易法委员会做了补充。联合国《电子商务示范法》的这一特点是以往国际经贸立法中所未见的，但却与国际电子商务发展的特点相适应。

（3）电子商务的贸易自由化程度较高。由于电子商务具有全球性的特点，如限制不当就将阻碍其发展，因而要求电子商务实施高度贸易自由化。1997年7月美国发布的《全球电子商务纲要》要求建立一个可预见的、干预最少的、一致的、简明的电子商务法律环境。1998年5月20日，世贸组织132个成员通过《关于全球电子商务的宣言》，规定至少一年内免征因特网上所有贸易活动的关税，从而形成电子商务“全球自由贸易区”。电子商务贸易自由化程度将高于其他贸易方式。

（4）电子商务国际立法重点在于使过去制定的法律具有适用性。电子商务的发展带来了许多新的法律问题，但电子商务本身并不同过去的交易方式相对立，而是国际经贸往来新的延伸，因此，电子商务国际立法的重点在于对过去制定的国际经贸法规加以补充、修改，使之适用于新的贸易方式。例如，1980年通过的《联合国国际货物销售合同公约》在制定时并未预见到电子商务的发展，因而其合同订立等条款并不完全适用于电子商务合同，联合国贸法会1996年《电子商务示范法》在合同订立方面的规定实质上是对《联合国国际货物销售合同公约》的补充和完善，而并非推倒重来。又如，2000年1月1日生效的国际商会《2000年国际贸易术语解释通则》，在使用电子方式通讯方面，基本延用了1990年修订本的表述方式，而未作推倒重来式的修订。

（5）发达国家在电子商务国际立法中居主导地位。由于发达国家具有资金、人才、技术优势，因而其电子商务程度远远高于发展中国家。发展中国家电子商务尚处于起步阶段甚至尚未开展，因而在电子商务立法方面，发达国家尤其是美国处于主导地位。目前有关电子商务立法的各种构想也大多来自发达国家，主要是美国和欧盟提出的，而发展中国家处于被动地位，即使此种立法对本国不利，也只能被迫接受。

（6）大型企业在电子商务技术标准的制定上起主要作用。由于互联网技术日新月异，政府立法步伐难免滞后于技术进步，可能妨碍技术更新。因此，美国等发达国家政府主张，电子商务涉及的技术标准由市场而不是由政府来制定。由于 IBM、HP 等工商大企业具有资金、技术优势，因而目前电子商务涉及的技术标准实质上是由发达国家大型企业制定的。例如安全电子交易（Secure Electronic Transaction，SET）标准即是由 Visa 和 Master Card 两大集团于 1998 年 2 月 1 日共同制定，并得到 IBM、Microsoft、Netscape、CTE 等公司的支持。

二、信息安全相关立法国际经验

许多发达国家都已针对信息安全制定了专门法律，并且还在继续发展完善之中。

美国作为全球信息化中心，截至目前为止，已经通过了涉及计算机互联网安全的法律性文件超过 400 件。1998 年美国总统克林顿颁布了《保护美国关键基础设施》总统令以及相关的《信息保障技术框架》、《保卫美国的计算机空间——保护信息系统的国家计划》等一系列关于信息基础设施安全的法律性文件。美国还制定了《计算机安全法》、《个人隐私法》、《伪造访问设备和计算机欺骗与滥用法》、《电子通信隐私法》、《国家信息安全法案》、《通信净化法》和《互联网隐私权保护法》等涉及国家安全、知识产权保护、个人隐私保护和电子商务信息安全等方面的法律，形成了较为完善的信息化安全法律体系。

英国、德国、日本和俄罗斯等国也通过积极立法保障本国信息安全。

三、银行信息化监管立法国际经验

目前，许多国家和地区的金融监管当局都针对网上银行业务制定了系统的监管法规。

美国在监管政策、执照申请、消费者保护等方面，基本上是通过补充新的法律、法规，使原有的监管规则适应网络环境进而对网上银行进行监管。美联储于 1997 年 12 月发布了《网络信息安全最佳实务指引》，联邦储蓄保险公司于 1998 年 6 月发布了《联邦储蓄保险公司电子银行安全性与可靠性审查程序》，美国货币监理署于 1998 年 8 月发布了《网上银行业务技术风险管理指引》，1999 年 10 月编制了《网上银行业务检查手册》，美国政府还于 1999 年 7 月颁布了《统一计算机信息交易法》等。负责监管的机构包括美国货币监理署（OCC）、美联储（FRS）、财政部储蓄机构监管局（OTS）、联邦储蓄保险公司（FDIC）、国民信贷联盟协会（NCUA）以及联邦金融机构检查委员会（FFIEC）。其中，美国货币监理署和美联储是主要监管机构，财政部储蓄机构监管局负责对网上公众储蓄进行审核认定，如第一家纯网上银行 SFNB 的营业执照就是由财政部储蓄机构监管局颁发的，它们之间的具体责任划分以联邦监管法案（CFR）第 12 条为根据。

香港金融管理局根据银行条例第 16（10）款，发布了《香港金融管理局对虚拟银行的发照准则》、《网上银行业信息安全管理指引》等专门针对网上银行业务监管的法规和指引等。其中，《香港金融管理局对虚拟银行的发照准则》最为重要，它阐明了香港金融管理局在决定是否给“虚拟银行”（申请在香港开展网上银行业务）发照时需要考虑的基本原则，它包括一般原则、适用于本地注册的虚拟银行的原则、适用于海外注册的虚拟银行的原则；具体又包括如下内容：是否能满足与传统银行相同的审慎性原则、是否具有实际的办公地点、是否具有适当级别的安全性、是否制定了恰当的控制风险的策略、程序和控制措施、是否制定了合适的业务计划、是否能在获取市场份额与获取合理收益的需要之间做出恰当的权衡、是否具有经营状况良好的银行控股、是否达到总资产的限定规模等。

新加坡金融管理局（MAS）于 2000 年 7 月 19 日，发布了有关网上银行的发照、管理和监督办法。新加坡金融管理局宣布，准备向在新加坡注册的银行集团发放新的银行牌照，以建立附属银行来从事新的业务模式（包括纯粹的网上银行）。新加坡金融管理局还认为，网上银行（包括纯粹的网上银行）将与传统的银行在相同的审慎框架中运营等。

9.4 政策完善

9.4.1 完善配套产业政策的政策建议

一、相关高技术产业政策

制定我国相关高技术产业政策，不仅可以指导相关高技术产业健康发展，而且还是银行信息化的物质基础和技术保证。

政府应从下面几个方面出发制定有效的高技术产业组织政策：

1. 形成高技术企业的规模经济。规模经济，可以提升高科技企业自身的经济效益和竞争力，同时，高技术产业自身规模扩大，会产生对相关产业的引致需求，从而带动其他产业的发展，随着相关产业的发展和规模的扩大，形成规模经济并降低这些相关产业为高技术产业提供服务的成本，可以反过来促进高科技企业的进一步发展壮大并促进规模经济不断良性成长。政府为了确保形成最低的规模经济，在审定准入的高技术企业时，应适当考虑企业是否达到一定的规模条件。当设计生产能力的规模达到一定的水平，可允许企业进入高技术产业园区并享受一定的优惠条件。

2. 形成有效的市场结构。应结合我国高技术产业组织的特点、产业自身的垄断程度以及进入壁垒等因素来设计利于高技术产业发展的市场结构安排。产业政策会直接影响到与产业发展相适应的市场结构的安排，一是垄断和进入壁垒森严的市场结构；二是非垄断和进入壁垒障碍较少的市场结构。若从进入壁垒的条件看，高技术产业的壁垒较多，进入有一定的障碍，因为进入高科技产业的企业要具备高技术人才和高技术专利权、专有技术等无形资产，并且产品的技术含量高。在制定高技术产业组织政策时，应以市场为导向，通过不同市场结构的制度安排，促进高技术产业的发展。

3. 积聚人力资源的政策。通过建立竞争和激励机制，大力培养和引进高技术人才。高技术企业是高技术研究开发、生产、销售的主体，在高技术企业发展的战略中，人才是高技术企业实现持续经营的关键。在推动高技术产业发展过程中，政府一项重要的责任就是改善培养、吸引高技术人才的外部环境。高技术人才是指具有高技术创意、高研究开发才能的科技人员和具有高技术素质的员工。

4. 加速科研创新政策。科研机构作为具有研究功能的组织，其市场目标与技术子系统、价值子系统与管理子系统及其外部的环境系统存在密切的联系。政府制定高技术科研机构政策的目的是加强上述联系，克服这一领域的“市场失效”，发挥科研机构“领头羊”的作用。高技术科研机构政策就是要研究高技术企业与科研机构以什么样的所有制模式、人员配置模式和管理模式来进行合作，从而更有利于提高研究机构市场导向的研发能力。高技术科研机构政策还要研究政府如何更好地为各种科研机构提供高技术供求信息、技术信息，尽量避免各种科研机构因缺乏信息沟通而重复劳动造成的资源浪费。对国家重点攻关的高技术课题，政府应协调各研究机构发挥其各自的优势，联合攻关。

5. 科学合理的技术装备政策。高技术企业的技术装备状况一定程度地反映了企业技术水平。一般来说，企业技术装备科技含量越高，也就是生产手段的技术含量越高，那么产品的技术含量也会越高。但随着“知本”概念的兴起，知识资本占总资本的比例会越来越大，以单纯的人均固定资产价值含量难以考核产品的价值含量。因此，应把技术装备程度与产品的知识资本构成结合起来，建立评价企业技术素质的标准。

6. 高技术企业发展的优先和重点政策。在高技术产业内部诸多子产业中，应重点发展高技术主导产业。因为主导产业对经济增长所做的贡献最大，并代表了我国高技术产业自身的平均技术水平，而且重点发展高技术主导产业有利于增强我国产业国际竞争能力并从国际贸易中获取尽可能多的交换利益。同时，应优先发展在高技术产业发展链上处于前导的子产业，这样既能在资源有限的情况下保证生产要素的充足供给，同时也为产业链上位置较后的其他产业发展奠定雄厚的物质基础；再者，还应大力发展具有较高的收入弹性或能与国内人均 GDP 水平相适应的产业，这样，该产业的发展才能有强大的需求动力和市场支持，并最终形成产业发展与居民收入相互推动的可持续良性发展的态势。

二、金融产业政策

从金融业的外部环境来看，政府需要为银行业的发展创造良好的外部条件，如保持经济平稳协调增长，改革财税体制，加快国有企业的改革，加快信用体系的建立等。而银行业自身的对策则需要从宏观层次和微观层次来加以考虑。

1. 宏观对策。政府应按照市场经济原则和国际惯例重构金融组织体系，真正建立起一种既能宏观控制又能微观开放搞活的高效、有序和规范的金融组织体系。

（1）强化中央银行及分行制定和执行货币政策的相对独立性。

（2）推进国有独资商业银行的商业化改革。国有独资商业银行可以适度地收缩战线，集中资源，从而提高边际净收益和增加资本积累，增强自身实力以应对外资银行的竞争，同时股份制商业银行和城市商业银行可以接收前者撤退后留下的资源，可以改进金融服务状况，将政策性业务从国有独资商业银行中彻底分离出来，并积极利用世贸组织的规定对政策性金融业务进行保护。

（3）利用国际金融资源和市场资源。积极稳妥地引进外资金融机构和建立合资金融机构，并向国外发展金融机构，到我国贸易伙伴国或被投资国或地区设立分支机构。

（4）加速金融体制改革。改革现行的信贷资金、利率和外汇管理体制，建立起新的能够适应市场经济原则和世贸组织要求的金融宏观调控机制。信贷资金管理应按照国际通行的资产负债比例管理和风险管理方法进行运作；中央银行的金融宏观调控和货币政策操作应由直接调控方式向间接调控方式转变；外汇管理应在经常项目账户开放的基础上有步骤地实现资本项目的开放。

（5）完善金融市场体系和金融运行机制。进一步发展证券市场、期货市场、票据市场和同业拆借市场，降低市场融资成本和提高市场融资效率；开拓金融期货和黄金等贵金属交易市场，完善金融市场体系。按照国际惯例规范金融市场行为，包括金融市场组织方式、运行方式和交易方式等，革新交易手段，提高金融市场运行效率。

（6）组建金融组织。可以建立金融同业公会和金融信息机构。金融同业公会负责协调各方关系，并对各成员组织进行行为规范、业绩评估和比例调整等。金融信息咨询机构负责收集国内外金融市场信息，以便金融机构对市场变化及时做出反应，增强自身竞争力。

（7）加强对外资银行的监管。严格外资银行的市场准入，对最低注册资本、总行经营状况和引进外资的形式都规定严格的标准。加强对外资金融活动监管的立法准备。我国先后颁布了《中华人民共和国外资金融机构管理条例》、《外国金融机构驻华代表机构管理办法》、《在华外资银行设立分支机构暂行规定》等法规，但是仍然难以满足日益复杂的金融开放形势的需要，因此我国必须加强对外资金融活动的立法工作，通过立法来制定对外开放形势下的金融业运行规则，依法保护我国银行业的发展壮大。

（8）制定有效的风险管理制度体系。对资本充足率、流动性比率和对单一客户的放款最高限额、不同种类金融衍生工具敞口头寸实行最高限额的管理；健全和完善信息公开制度、风险评估制度、内控制度等。

（9）积极灵活地运用世贸组织条款对金融业及金融市场实行有限期、有条件的保护。如“有条件”的最惠国待遇条款和“保障条款”、“例外条款”等，并适时采取必要的保护措施。“在开放中保护，在保护中开放”应该成为我国金融开放的一条基本原则。

2. 微观对策

（1）降低风险。风险包括信用风险以及经营风险。充分把握银行信息化的契机，调整信贷政策，化解不良资产，尽可能地降低信用风险，保证银行经营的安全性，并同时关注流动性和盈利性；通过完善内控制度来化解银行经营风险，如建立健全内控监管的有效预警机制，完善以各职能部门为主体，以各项规章制度为基础的内控自律机制以及建立健全内部控制的有效保障机制。

（2）结构创新。以金融机构结构创新降低经营成本，增强我国金融业的竞争实力。在金融机构的纵向设置上，减少管理层，扩大经营层，实现一级管理、多级经营；同时合理划分职责，总部主要承担管理职责，分支机构主要承担经营职责，以便降低费用，提高效率，形成新的内部运行机制，不断开拓生存发展空间。在横向设置上，则要改变现行的按行政区划设置网点的布局，从求多、分散，向求精、集中转变，从而提高效率。积极开展金融同业之间的收购和兼并，对经营不善的金融机构依据市场原则加以处理，既维持金融业的稳定，同时又保证优胜劣汰，实现资源的优化配置。

（3）业务创新。通过业务创新改善资产质量，提高收益能力。选择高质量的承贷主体，优先支持具有高起点、高附加值、高科技含量、高效益的贷款项目，积极争取优质客户。信贷投放适当集中，以达到规模效应，发展资金的横向融通和联合，发挥金融部门的整体合力，如组织银团贷款等。优化资产组合，改善资产质量，保持贷款性资产、不生息资产、准备资产、投资资产等的合理比例，通过扩展外汇业务、中间业务、表外业务以降低贷款资产的比例，逐步将贷款资产占总资产比降至50%左右。积极实施金融产品创新战略和不断开创新业务，推出新的符合市场需要的优质金融产品，为客户提供优质服务。随着金融全球化，西方商业银行不断在传统业务的基础上积极拓展新的业务领域，极力向能满足人们一切金融服务需求的“大型金融百货公司”目标发展。我国银行业应积极大胆地进行业务创新，提供更为多样化的金融产品服务和加速中间业务的创新，以寻得新的利润增长点，从而加快经营成果的实现和收益的增加。

（4）管理创新。应逐步加强金融体系的管理创新，提高管理水平和经营效率。完善银行企业的公司治理结构，建立符合“产权清晰，权责明确，政企分开，管理科学”要求的现代企业制度；建立严密的内控制度，建立资金计价转让体系、财务体系以及行之有效的稽查体系；加大科技投入，提高运作中的科技含量，使计算机的应用从简单的业务处理向智能型发展，降低经营成本，提高效率，以适应更为激烈的竞争环境的需要；建立一套科学的人事管理制度，努力提高人员素质，让人各尽其才，以事业留住精英。

三、完善财税政策

现行税制的种种弊端制约了民族金融业的成长和金融体制改革的推进。为此，在完善现行税制的过程中，应始终依照公平、效率原则和国际通则，循序渐进地改进银行税制。应改变内外资银行的不平等税收待遇，实现统一的银行业税制，以体现内外平等竞争原则；改变银行业与其他服务业的不平等税收待遇，保持金融业的适度税负，以体现国内产业平等竞争原则；应减轻税收对市场金融价格和纳税人市场决策的扭曲程度，以体现资源配置的效率原则；应实现税制和国际惯例的接轨，以保证税制的规范、有效、简便，从而有利于跨国资本的流动与推进金融国际化的进程。具体可以从统一税制、降低税负、完善税制着手来优化我国的金融税收政策。

1. 统一税制。对中资银行与外资银行实行统一的企业所得税制度。统一所得税税率，逐步取消对外资银行的税收减免；统一税基，对各个扣除项目、资产和财务的处理方法做统一的规定；统一税收优惠政策，不再按中资与外资来划分优惠对象，而是按银行不同的业务来划分优惠对象，借鉴其他国家的经验，对一些新兴业务，如离岸金融业务，实施降低所得税税率的优惠政策，以促进其发展。在小税种方面，取消适用于外资银行的城市房地产税和车船使用牌照税，对中资银行与外资银行征收统一的财产税以及城市维护建设税等税种，以公平中资与外资银行之间的税收负担。

2. 降低税负。应该减征金融企业营业税，还应改进权责发生制的计税方法，可根据贷款类别分别采用不同的计征方法。通过减税与改进计税方法，公平金融业与其他服务业之间的税收负担，增强银行的风险防御力与自我发展的经济能力。从远期来看，随着我国增值税的逐步完善，应将金融业纳入增值税的计征范围，以提高我国金融业的国际竞争力。

3. 完善税制，加强征管。针对现行税制的不健全，一方面，要进一步完善现行税法，明确有关的概念，堵塞征管漏洞；另一方面，我们要加强对金融网络交易征税问题的研究，如银行常设机构的判定，利息来源地的判定，征管依据的确定，探索相应的征管技术与方法，以避免国家金融税收的流失。总之，通过完善金融税制，促进中国金融业的发展。

9.4.2 信用体系建设中政府应起的作用

根据信用体系内容的不同，我们可以相应地把政府在信用体系建设中的作用划分为：政府在信用法律制度建设中发挥的作用、政府在信用评估体系中的作用、政府在信用信息网络中的作用和政府在监督机制中的作用。

一、政府在信用管理法律制度建设中的作用

法律不仅是政府管理经济的基本手段之一，也是信用体系的重要组成部分。目前，我国市场经济法律体系刚刚初具规模，但有关信用管理方面的法律制度则是一片空白。我国加入世贸组织意味着我国市场化程度的进一步提高，而这必然会对信用体系的建设产生更加迫切的需求。因此，我国应从两方面加快信用管理法律制度的建设：

一是，应尽快出台与信用行业直接相关的基本法。立法机关应加紧这方面的工作，对信用行业的管理定下基本的制度框架，以促进信用行业规范健康发展。

二是，政府可以根据实际需要，制定信用管理行政法规。在这方面，深圳等地已经进行了开拓性的实践。2002 年 1 月 1 日，《深圳市个人信用征信及信用评级管理办法》生效，初步建立了该市个人信用档案。在制定信用管理行政法规的过程中，政府应注意以下几点：

第一，在世贸组织规则框架内制定信用管理法规。目前我国已经成为世贸组织成员，根据我国在加入世贸组织时所做的郑重承诺，我国政府的一切行为都应符合世贸组织规则的要求，其中自然包括政府制定行政法规的行为。因此，应在世贸组织规则框架内对相关法规加以制定和颁布。

第二，遵循世贸组织的“透明度原则”，做到决策过程的客观和公正。作为世贸组织基本原则之一的“透明度原则”，也是我国政府在制定信用管理行政法规时，所必须符合的要求之一。在整个制定过程中，政府应多听取各方面的意见，进行科学论证，在制定法规的全过程保持足够的透明度。

第三，注意保护个人隐私权。在征信过程中所取得的资料往往涉及消费者的个人信息，其中有部分可能属于个人隐私。对于这些个人信息，世界各国多通过立法进行严格的保护。在英国 1998 年颁布的《数据保护法》（Data Protection Act 1998）中就严禁为了“直接的市场营销”（direct marketing）目的而使用消费者的个人信息。而在美国，国会也为此专门制定了一部《GLB 法》（The Gramm -

Leach－Bliley Act），要求那些可能获得消费者个人信息的金融机构必须恪守职责，防止这些个人信息落入他人之手。我国政府在制定相关信用管理法律时，也应严格限制对这些个人信息的使用范围，明确使用者应尽的保密义务。

二、政府在信用评估体系建设中的作用

作为整个信用体系的核心，信用评估体系有举足轻重的作用。在建设信用评估体系的过程中，政府主要应在以下几方面发挥作用：

1. 统一信用评估标准。政府应在促进实现信用评估的标准化和公平性等方面发挥积极的引导作用，帮助相关各方制定统一的信用评估标准。

2. 促进信用信息服务机构的建立与规范发展。为方便当事人了解交易相对人的信用状况，增强社会信用力量，需要培育和发展一批具备相应执业能力和职业道德的信用信息服务机构，为社会提供高质量的信用服务。而良好的执业能力和职业道德的形成，一方面依靠行业内部的自律，另一方面要靠政府的推进和管理。

政府管理可以分为两部分：一方面对于企业信用信息征信机构，可以通过竞争的方式，使其业务逐步向有规模、有影响的征信公司集中，在这个过程中，政府更多地应让“市场的力量”说话，保持这些机构的独立性，而不是直接干预企业的经营活动；另一方面对于个人信用信息征信机构和资信评级机构，则应加强监管，并通过制定相应的要求提高进入门槛。这主要是由于企业资信和个人信用往往涉及商业秘密和个人隐私，对这些机构加以严格监管是为了更好地保障市场主体的权利，尽可能地实现信用评估要求和市场主体权利的平衡。

三、政府在信用信息网络中的作用

随着网络技术的发展，政府可以利用相关技术，加快信用信息网络的建设步伐。

1. 建立统一开放的信用数据库。完善的信用数据库是建立信用体系必备的基础设施，加快征信数据的开放与信用数据库的建立。政府一方面要鼓励信用信息服务机构注重自身信用数据库建设，另一方面政府有关部门要建立行业或部门的数据库，待条件成熟时，可将自建数据库中的部分内容提供给信用信息服务机构或与信用信息服务机构共享，为我国信用行业的发展提供支持。

2. 解决信用资料的封锁问题。我国在征信数据的开放与使用等方面尚无明确的法律规定，数据开放程度低，许多信息相对封闭和分散于各个部门和机构中。从上海的联合征信系统试点情况看，目前仅实现了银行、电信、公用事业等少数部门的联合征信，其他部门和机构拥有的相关个人信息还没有对联合征信系统开放。而事实上，根据我国的具体国情，完整的信用资料不仅来自银行，还应该来自公安、街道、单位、税务、工商、证券、保险、医院、公共事业收费单位等部门。因此必须通过对有关部门的协调，解决信用资料的封锁问题。事实上，这也是世贸组织透明度原则所要求达到的结果。

四、政府在监督机制中的作用

惩戒失信行为，是信用体系建设的保障。而政府在监督机制的运作中有着不可替代的作用。从国际经验看，政府对信用体系的监督方式与该国信用管理法律制度的状况密切相关。法律法规越完善，政府的直接监督职能就相对弱化，信用行业的发展也比较规范；法律法规不健全，政府的直接监督职能就更为重要一些，信用行业的发展状况更容易受政府行为的影响。我国信用行业的发展只有十几年的历史，由于相关的法律法规缺乏，因此，在加快立法进程的同时，还需要政府对该行业进行直接的管理和监督。

我国政府在发挥监督职能中应注意以下两方面的内容：

1. 确立该行业的监管主体。长期以来，我国的信用行业处于多头监管与无人监管并存的状况，为了改变这种不利局面，必须确立单一的监管主体。这不仅有利于监管工作的顺利进行，也有助于信用管理法律法规的推出。可以由中国人民银行牵头，联合各相关部委，成立全国信用工作委员会，统一对信用行业进行监督管理。

2. 依法行政。在行使监督职能的过程中，政府必须严格依法行政。这既是我国法律对政府行使其职权时的规定，也是世贸组织规则所提出的要求，只有这样，才能保证市场主体的利益不受公权机关的损害，并建立起真正的市场经济机制。

只有做到以上两点，政府才能真正实现其在监督机制中的作用，为信用体系的建设提供有力保证。

9.4.3 法律环境完善的对策与建议

一、银行信息化立法框架

信息化立法在世界范围内处在研究和探索阶段，联合国国际贸易法委员会（UNCITRAL）、美国、欧盟等国际组织、国家和地区通过积极行动成为全球信息化立法的先导，同时也为我国的信息化立法提供了借鉴和参考。

银行信息化立法的目的是通过构建银行信息化法律框架，统一调整银行信息化发展，促进银行业务拓展，增强银行竞争力。银行信息化立法包括两个层面：一是随着信息化的发展，银行信息化产生的许多新规则与传统法律规范不相符合甚至背道而驰，需要通过立法对现行法律法规进行修改，消除阻碍银行信息化发展的法律障碍；二是信息化发展导致许多法律规范的空白，需要通过立法或对现行法律法规进行补充，消除银行信息化法律适用上的不确定性。

1. 银行信息化立法原则。总体来看，银行信息化立法应当遵循以下原则：

（1）适度前瞻原则。银行信息化涉及网络基础设施建设、电子合同、电子结算、知识产权保护、信息安全等一系列全新的领域，进行银行信息化立法时应当根据银行信息化的发展情况，以鼓励和发展银行信息化为立法前提，对可能出现的新问题、新领域做出前瞻性、概括性的原则规定，以适应信息化技术的发展和银行业务拓展的变化。

（2）灵活性原则。我国法律遵循民法法系的传统，强调成文法的地位和作用。但是银行信息化是一个变化极为迅速的进程，对成文法的过度依赖会造成法律规定相对信息化进程发展的滞后，从而对银行信息化的发展产生一定的束缚作用。因此，对法律原则的适度前瞻原则的强调并不意味着应对银行信息化发展的全部细节都按照前瞻性原则来规范。在银行信息化快速发展时期，诸多细节上的法律问题同样也在急剧变化，尚未发展到足以用稳定的法律条文加以规范的阶段。在现阶段，一方面应强化法律原则的明晰问题，一方面要坚持法律环境的建设灵活性原则。应当在银行信息化发展过程中，根据具体问题出台相应的针对性法律规定，以便实现法律对银行信息化及时有效的规范和支持。

（3）协调性原则。协调性原则包括两个含义：一是新法与旧法的协调。银行信息化立法需要制定一系列新的法律以填补银行信息化带来的法律空白，新法与原有法律之间不可避免会存在一定的冲突，需要在立法时注意加以协调解决。二是国内立法与国际立法的协调。网络超地域和超时空的特性使得银行信息化具有鲜明的开放性和国际性，银行信息化立法要尽可能与国际接轨，兼容国际条约和规范，并着重吸收发达国家银行信息化立法的长处。

（4）技术性原则。银行信息化与信息技术的发展密切相关，银行信息化立法应当考虑与现有的和将来可能出现的技术手段、技术标准相兼容，同时避免将某项技术作为立法的标准和依据，以体现技术的中立性原则。

2. 银行信息化立法内容与立法模式。狭义银行信息化立法框架应当包括以下三个方面的内容：一是关于电子商务和电子银行的法律，二是关于银行信息化信息安全的法律，三是关于银行信息化监管的法律。

目前世界电子商务立法的途径通常有两种：第一，先分别立法，制定单行法规，如电子合同规则、支付规则、提单规则、商务税收征收办法、网络广告规则等，再进行综合立法；第二，先综合立法，出台电子商务基本法，然后对各个具体问题制定单行法规。

后一种立法思路有利于从宏观上把握电子商务这一新事物的发展趋势，有利于统一电子商务活动中对关键问题的看法。基本法制定出来后，可以指导、规范实践活动，并随发展情况而及时进行修正。同时，由于技术问题，关于电子商务的单行法规较其他法律更具变动性，需要经常修改，但因有基本法进行整体指导和规范，可相应减少由此产生的诸多矛盾冲突。这也是国际上普遍采用的方法。由于电子商务是"舶来品"，因此在电子商务立法时适当地进行"法律移植"是不可避免的。应参与、借鉴联合国和美国等国际组织和发达国家在这方面的理论与实践，如联合国《电子商务示范法》和美国的《统一电子计算机信息交易法》等。虽然《电子商务示范法》既不是国际条约，也不是国际惯例，不具有任何的强制性，但是随着国际贸易的发展，《电子商务示范法》有可能逐步演变成为一个具有某种强制力的国际惯例。我国电子商务基本法应借鉴联合国《电子商务示范法》的立法模式，规定立法目的、立法原则、法律适用范围、法律冲突的解决等基本问题，电子商务的其他方面可能要留待今后补充，针对具体问题，逐步制定单行法规。

3. 银行信息化立法主体。根据现行宪法和立法法规定，我国当前实行的是多级立法体制：全国人大及其常委会行使国家立法权；国务院（中央政府）制定行政法规；国务院部委有权制定规章。就银行信息化立法而言，全国人大及其常委会、国务院和国务院相关部委均为合法有效的立法主体。

全国人大及其常委会作为行使国家立法权的专门立法机构应当专注于银行信息化基本法的起草与制定，为银行信息化法律环境建设提供基础性的法律原则支持。

在银行信息化法律环境的建设与完善过程中，中央政府应当以保障、促进银行信息化发展为宗旨，在行政法规制定上充分发挥作用。中央政府应当通过积极的行政法规制定为银行信息化提供一个透明、和谐的法律环境，推动银行信息化的发展；同时，中央政府应当通过加强信息基础设施建设，制定并完善税收、标准等相关政策，促进而不是抑制银行信息化的发展；应当避免对银行信息化作不恰当的限制，应当鼓励商业银行公平竞争，加快银行信息化发展；政府应当加强与国际组织和其他国家的协商，在国际范围内促进银行信息化发展。

二、电子商务与电子银行法律环境完善的对策建议

近年来，我国的信息化立法成效显著，但主要集中在信息网络基础设施建设和信息安全方面，关于电子商务等领域的立法相对滞后，还没有建立成熟、完善、统一的银行信息化法律框架。

关于电子商务立法，我国应尽快制定《电子商务法》，以其作为整个电子商务法律体系的核心，并辅以相关配套单行法律法规，构建电子商务法律体系。

《电子商务法》应涵盖以下内容：立法宗旨、适用范围和基本原则；市场准入制度；电子合同制度；认证机构；网络服务商；安全体系；规范与定义；电子商务形式。相关配套法律包括：电子商务准入规则、电子商务税收征管法、电子商务行为规则、数据电文和单证规则、电子支付规则、安全认证规则、知识产权保护办法、电子商务纠纷处理办法、个人隐私保护条例。具体对策有：

1. 电子合同相关法律的完善。对于电子合同的要约与承诺、成立与生效、法律效力等问题均须做出明确规定。

以数据电文形式发出的要约与承诺在电子合同订立过程中有其特殊性，要约与承诺是否是合同当事人真实意思表示，主体、内容和形式是否合法，是合同成立的基本要素。对于电子合同，要约与承诺的形式是否合法就成为合同是否具有法律效力的关键问题。联合国国际贸易法委员会的《电子商务示范法》采用了“功能等同法”，即电子合同只要满足了书面形式合同的基本要求就应当认为是合法。因此，法律应当认可采用数据电文形式发出的要约和承诺，不得仅仅以使用了数据电文为理由而否定电子合同的有效性。

对于电子合同的当事人即要约与承诺的发送人的确定问题，根据《电子商务示范法》第十三条规定，一项数据电文，如果是由发端人自己发送，或是由有权代表发端人行事的人发送，或是由发端人设计程序或他人代为设计程序的一个自动运作的信息系统发送，视为发端人的数据电文。法律应当把对计算机的运作拥有最后支配权的人确定为其同意了计算机所发出的要约与承诺的人，并对计算机系统所做的一切决定承担责任。传统合同中，要约可以撤回、撤销，承诺也可以撤回。在电子合同中，由于数据电文的即时传送和自动处理的特点，通常情况下要约与承诺一经发出就无法撤回、撤销。

电子合同成立的时间、地点对于电子合同效力、判断合同管辖地、纳税义务地等具有重大意义。对于电子合同，我国《合同法》的规定与《电子商务示范法》的规定一致，即法律应当认定一项数据电文的发出时间以它进入发端人或者代表发端人发送数据电文的人控制范围之外的某一信息系统的时间为准，收到时间以数据电文进入收件人指定信息系统的时间或者如果收件人未指定信息系统则以数据电文进入收件人的任一信息系统的时间为收到时间。电子合同成立的地点具有不确定性，一般说来，数据电文应以发端人主营业地或者对基础交易具有最密切关系的营业地为其发出地点，以收件人主营业地或者对基础交易具有最密切关系的营业地为其收到地点。如果没有营业地，则以其惯常居住地为发出或收到地点。我国《合同法》规定，承诺生效的地点为合同成立的地点，而《电子商务示范法》则对此未作明确规定。确定了合同成立的地点，就可以便捷地确定合同纠纷的管辖权。在法律适用上，首先应当肯定当事人的意思自治，即当事人可以通过协议选择适用的准据法；如果当事人未做选择，可以根据最密切联系原则，即以电子合同的成立地或履行地的法律为准据法。

许多电子合同通过智能化交易系统自动发送、接收和处理交易订单，这种不需要人的审查或操作，能用于独立发出、回应电子记录，以及部分或全部履行合同的计算机程序、电子的或其他自动化手段称为电子代理人（Electronic Agent）。电子代理人可否代表合同当事人订立或履行合同以及由此产生的法律责任如何承担，需要通过立法加以解决。电子代理人不具有法律人格，没有独立缔约能力。但是随着信息化的发展，电子代理人的应用日益广泛。联合国国际贸易法委员会、美国等通过立法对电子代理人在合同订立、履行中的地位进行了专门的规定。电子代理人的程序是由人编制的，遵从当事人预先设定好的程序，自动对信息进行交流和处理，即当事人的真实意思表示，通过事先编制的程序得到全面反映，而且用户在程序运行过程中随时可以介入，因此电子代理人订立的合同，应当是有效成立的。

网上电子交易大量采用电子格式合同，通常情况下，用户只能选择接受或拒绝合同条款，而无法对合同条款提出修改意见。通过立法应当明确格式合同的提供者必须全面披露其交易条款的信息，并给予交易相对人充分审查合同条款的机会，否则该合同条款是无效的或者是可撤销的。同时，为了保护格式合同相对人的利益，法律需要对电子格式合同的约束力做出专门的规定，并且应当规定格式合同相对人不能明示或者默示放弃有关法律确定的权利。

2. 电子证据法律规定的完善。我国合同法则明确规定电子证据属于书面证据。因此，法律应当统一规定，任何方面不得以数据电文形式不是原件为由否定其作为证据的可接受性。

对于书面形式的认定，可以采用功能等同法。只要具有书面形式要求的基本目的和作用，以此作标准，不管采用什么电子技术，一旦达到这个程度，即可等同于书面文件，受到法律的认可。一般认为书面形式的功能是：提供的文件可阅读、提供的文件长时间可保持不变、可复制便于当事人双方掌握的同一数据的副本、可通过签字核证数据、文件是法律和社会公众可接受的形式等。

根据联合国国际贸易法委员会《电子商务示范法》规定，如法律要求信息须采用书面形式，则假若一项数据电文所含信息可以调取以备日后查用，即满足了该项要求。如法律要求信息必须以其原始形式展现或留存，倘若情况如下，则一项数据电文即满足了该项要求：作为一项数据电文或充当其他用途之时起，该信息保持了完整性；如要求信息展现，可将该信息显示给观看信息的人。在任何法律诉讼中，证据规则的适用在任何方面均不得以下述任何理由否定一项数据电文作为证据的可接受性：仅仅以它是一项数据电文为由；或如果它是举证人按合理预期所能得到的最佳证据，以它并不是原样为由。

在认定电子证据效力过程中，应当注意：在实践中双方均予认可的电子证据，其打印件应当作为证据认定。如当事人只提交打印稿，而原件已从电脑中永久删除的，除对方认可，该打印稿不可作为定案根据。对有争议的电子证据，应先核对其电子签名，如相符，应认定系拥有该电子签名的人所收发。由于电子系统的专业技术性太强，对电子证据的取证将十分重要。应当引入专家评定制度，即由专门机构和专家对技术上的问题进行认证鉴定，以保证最大限度的公正合理性。

3. 电子支付和结算。电子货币的安全性和不可重复使用性是电子货币的基本属性。电子货币必须难以伪造或假冒，存储电子货币的设备应确保电子货币不被伪造或篡改，电子货币的接受者必须能够证明所收到的电子货币是真实的，必须采用技术手段确保同一电子货币不被多次使用。

电子货币可能带来更多的金融犯罪，如洗钱、走私、偷逃税款等，这是由电子货币的跨国界、即时传递、难以追踪的特性带来的。为有效防范电子货币带来的金融犯罪，一方面应当尽快立法严格规范管理电子货币的发行、使用和回收，另一方面可以在现行法律基础上通过建立密钥托管制度等手段来解决。

电子票据面临着与我国现行票据法的冲突。我国票据法和相关办法规定，票据出票人制作票据，应当按照法定条件在票据上签章；票据上的签章，为签名、盖章或者签名加盖章。目前我国商业银行广泛使用数码印鉴来确认纸质票据出票人授权指令的有效性，然而我国票据法并不认可数字签名的合法性，这是电子票据所面临的法律空白。

4. 信用问题。应当尽快出台有关法律规定，逐步让信用记录成为个人和企业的“必备档案”，这是在我国建立和完善信用征信体系的基础和前提。个人和企业信用征信体系应当由作为“第三方”的中介机构来做，并形成来自社会的信用监督体系。政府部门应通力合作、大力支持用市场手段建立发达的征信服务业，鼓励中外合资、合作开办信用管理服务机构，用法律和经济手段规范从业行为，在市场竞争中树立公正、中立的形象，避免政府垄断重新出现。政府有关职能部门要对信用管理公司这些中介机构，包括会计师事务所和律师事务所，进行有效管理和监督，以确保其客观、公正、中立，保证信息的真实性和全面性。

5. 知识产权保护。银行信息化知识产权保护包括信息著作权保护、商标权保护、专利权保护和其他知识产权保护。

著作权保护的对象包括对数字信息（文字、图像、声音、图形）、软件（计算机程序）和数据库。

网络中的商标保护是一个新课题。网站和网页商标的授予和保护、域名的注册原则和授予标准是否属于商标的范畴，需要通过立法加以明确。商标权是在国家范围内的权利，在不同国家，不同当事人可能拥有相同或相似的商标，或在不同的国家判定侵权与否的标准各不相同，在一个国家普遍使用的词汇在另一个国家却被当做商标或地理标志而受到限制。因此信息化时代的商标权突破了传统商标的地域性。

随着花旗银行向国家专利局申请19项金融产品“商业方法类”发明专利（部分已获得批准），专利保护成为银行关注的热点。与商标保护一样，专利保护也具有鲜明的地域性。各国对于专利的保护范围各不相同。我国专利保护的客体是发明、外观设计和实用新型，计算机软件、商业方法不是专利保护的范畴。而美国则给予计算机软件和商业方法专利保护。随着全球经济一体化的发展，有必要通过国际立法协调制定专利权保护的国际标准。

6. 税法问题。对通过互联网进行的交易行为征税应遵循下列原则：税务制度不应偏袒或歧视任何一种交易形式，不应成为改变交易性质或交易地点的诱因；税务制度应当简单而透明，简便易行；税务制度应当能够兼容我国和国际通行的税务制度。对于通过互联网进行的交易行为，应当将其纳入我国现行的税收制度中，接受与采用与非电子方式进行交易相同的中立税务处理，应当与国际上已有的早已普遍接受的制度相一致并尽量以简单方式进行管理，不应另行创设针对互联网交易行为的新税种，税收征管机关要将传统的税收征收方式与通过互联网进行交易行为的特性结合起来。

三、信息安全相关法律环境完善的对策建议

尽管我国在银行信息化信息安全立法方面初见成效，但是距离建立完善的信息安全法律体系、有效保障银行信息化信息安全的目标还有很大差距。必须加快银行信息化信息安全立法，建立完善的信息安全法律体系，做到有法可依、有法必依。

1. 要通过立法建立国家信息安全组织管理体系，加强国家信息安全机构及职能，建立高效的、职责分工明确的行政管理和业务组织体系，建立信息安全标准和评估体系。应及时制定《国家信息安全法》，内容应当包括：信息安全管理、信息安全标准、信息服务中的安全问题、电子商务中的信息安全问题、电子政务中的信息安全问题、信息安全与公民隐私权的保护六个方面，全面而系统地保护信息安全。

2. 要加强信息犯罪的界定、裁决和惩罚立法。目前我国有关信息犯罪的立法只见于刑法的几个条款，远远不能满足信息化发展的要求。随着信息技术的发展，信息犯罪趋向于智能化和复杂化，同时电子数据的可复制性和易修改性给信息犯罪的调查取证工作和证据的效力与认定都带来前所未有的挑战。“法无明文不为罪”是法律的一条基本原则，在我国刑法中对此也有明确规定。因此，为有效惩治信息犯罪，保护信息安全，必须尽快完善有关信息犯罪的法律法规。

3. 要进一步加强信息基础设施和通讯安全立法。我国目前有关信息基础设施和通讯安全立法散见于国务院和国务院有关部委的行政法规与规范性文件中，既缺乏权威性，可操作性也差。因此，有必要对信息基础设施和通讯安全进行统一立法，形成包括法律、行政法规、部门规章在内的规范化体系。

4. 要加强国家机密、商业秘密的界定和保护立法。信息化时代信息传送的速度和方式使得信息具有即时性、公开性的特点，但是并不是所有的信息都可以任意对外公开和传输，涉及国家机密和商业秘密的信息就必须予以限定和保护。因此，要通过立法对国家机密和商业秘密进行明确界定，并采取妥当的保护措施。

5. 要加强信息保密与信息加密技术的立法。银行信息化会遇到大量有关个人用户资料的保密和个人隐私权保护的问题。随着信息技术的不断发展，新的信息技术与信息资源的滥用层出不穷，这对个人信息的保护提出了更严格的要求。因此，只有通过立法，对信息保密和信息加密进行规范和要求，才能有效保护用户资料的安全和用户的隐私权。

6. 要尽快出台有关信息安全事故法律责任承担、赔偿适用的法律法规。技术和法律是解决银行信息化信息安全问题的两种武器，但是这两种武器不可能做到完美无缺，如果发生了信息安全事故，如何处理、如何确定法律责任、如何赔偿以及如何适用法律，在我国现行法律体系中几乎是个空白。

四、银行信息化监管相关法律环境完善的对策建议

1. 市场准入规则的完善。网上银行业务准入规则的建立，要体现对交易安全的维护和对公平竞争及提升效率追求的原则。在我国目前的特殊情况下，所有商业银行开办网上银行业务都需要向银行监管机构申请并经核准后方可进行。对于网上银行业务的开展，政府部门需要为必要的准入条件提供一个完善的法律框架，以确保交易安全以及交易的公平性，对于一些特殊的交易（比如可能会涉及洗钱、逃汇、走私、转移国有资产等问题的跨国境业务）还有必要做出特别的要求。对于市场准入制度框架的构建，应包括以下几个方面：

（1）将技术设施条件纳入市场准入条件之中。网上银行业务不仅需要银行有相当规模的网络设备，而且还需要有关确认交易对象的合法性、防止篡改交易信息以及防止信息泄露等方面的关键技术。

（2）制定关于交易操作规程完善性的规定。完善的银行操作规程，一方面有助于提高银行的服务效益，另一方面也有助于降低电子交易的风险。因此，网上银行应对客户申请开立账户、客户授权的声明、一般交易程序的要求等拟定细则。

（3）制定关于内部控制制度的规定。网上银行业务的无纸化特点，使得交易的安全与合法更有赖于银行内部控制机制的健全。许多违法交易及侵害网上银行交易系统的违法犯罪活动，都是通过银行内部管理上的疏忽以及内部工作人员的配合进行的。因此，对网上银行的内控制度提出要求非常必要。

（4）制定区分网络金融服务种类的规定。为保证交易的安全，有必要对服务种类进行区分，并对从事网络业务的金融机构，实行按网络业务能力和银行资信能力进行分级来对各种业务的开展加以限制和许可。

2. 信息披露制度的完善。就银行信息化的监管而言，信息披露更应当成为重中之重。原因在于，网上银行的诸多特性（包括网上银行无纸化操作的特性以及网络交易记录可以不留任何痕迹地加以修改的客观情况等）加大了监管当局对其进行稽核审查的难度，并会导致监管数据不能准确地反映银行的实际经营情况。有效的网络信息市场的信息披露制度能够将各种可能诉诸于法律的事件降到相当低的水平。它便于银行客户与投资者充分地了解银行的运作状况，从而避免他们可能遭受的损失；它能够使监管部门及时发现问题并采取对策，达到未雨绸缪的目的；它还有利于促进银行在现代法人治理结构的规范下进行审慎经营。因此，应当为网上银行制定较之传统银行更为严格的强制性信息披露规则。这主要包括，要求网上银行遵循“公开、公平、公正”的“三公”原则，定期在其网站上向社会公众发布经注册会计师（CPA）审计过的关于其经营活动和财务状况的公允信息。

3. 跨国法律的适用与管辖权问题。银行信息化引致了以网络为基础的网上银行业务及其相关法律问题的国际化。由于各国具体特质的不同（包括历史、文化、法系等），各国法律对银行与客户的权利和义务的规定也存在着差别。又由于一国的司法管辖有其固定的范围，这使得法律的冲突与管辖权的冲突都成为网上银行监管中不可避免的问题。对于解决管辖权冲突规则的构建应坚持以下原则：

（1）肯定当事人对法院（或法律依据）选择的自主权，即当事人可以通过协议选择特定的法律来规范相互之间的责权利关系；

（2）当事人未作选择时，须依据当事人之间的交易特点来决定，并应优先考虑银行所在地法院的管辖权，因为银行在交易中始终处于主导地位，而且银行的所在地相对稳定而易于确定；

（3）为防止国家的重大社会利益不受损害，我国法院在此类情况出现时，也可根据“公共秩序保留”的原则来拒绝当事人自主选择法院。

此外，无论法律适用还是管辖权冲突的解决，仅靠国内立法的机制是不够的，这就要求我国金融监管部门积极地同国际组织［比如巴塞尔银行监管委员会（BCBS）、世界贸易组织（WTO）、欧盟（EEC）等］或有关国家的金融监管当局交流信息与协调监管措施，深入地了解银行信息化的发展状况。因此，我国政府还应积极参与银行信息化监管的国际合作。

第3篇

证券信息化发展战略研究

国家
“十五”科技
攻关成果

第 10 章

证券信息化发展综述

10.1 前言

随着我国社会主义市场经济的不断发展，证券市场在我国经济中的作用正日益增强。中国证券市场通过十多年的发展已经具有相当的规模，成为社会主义市场经济体系的重要组成部分，对筹集资金、优化资源配置、建立现代企业制度、推动市场经济体制的建立和完善起着日益重要的作用。截至2003 年 2 月底，我国证券市场在境内外上市公司总数 1 280 家，筹集资金 8 943 亿元，总市值 42 975 亿元，证券化率（总市值占 GDP 的比重）41.96%；现有证券公司 126 家，资产总额 5 791 亿元，负债总额 4 604 亿元，净资产 1 187 亿元，净资本 679 亿元，总注册资本 1 080 亿元；证券营业部约3 000 家；开户投资者 6 904 万户；基金管理公司 22 家，发行证券投资基金 71 只，基金规模 1 212 亿元。证券市场的法律框架初步建立，形成了以《公司法》、《证券法》、《期货交易管理暂行条例》等为核心，行政法规、部门规章和业务规则相配套的多层次证券期货法规体系，涵盖证券、期货、证券投资基金等方面。上市公司治理结构有所改进，信息披露标准显著提高，市场准入和退出机制不断完善。证券公司等中介机构和自律组织的内部管理得到初步规范，功能和作用逐渐发挥。在中国证券市场发展过程中，我国证券信息化工作也同步实现了跨越式发展，基于网络的无纸化电子交易无疑为整个市场的高速发展奠定了良好的基础。

从纵向看，我国证券市场规模日益扩大，市场功能和作用逐步显现，在国民经济中发挥着越来越重要的作用。但从横向比较，我国证券市场是一个新兴市场，存在着许多问题，面临着众多挑战。首先，从市场规模来看，与国际其他证券市场相比，我国国民经济的证券化率还远远低于发达国家和一些发展中国家。如果剔除不流通的国有股、法人股，我国证券化率只有15%左右，与世界平均67%的水平相比，还很低，可见发展我国证券市场的规模仍然是一项长期的工作。第二，从市场结构和品种来看，在畅通货币市场与资本市场的对接渠道、完善证券市场的层次结构和品种结构、实现金融产品的创新、适应市场参与者的不同需求、增强证券市场的资源配置能力等方面还有很多工作要做。第三，从市场的国际化发展趋势来看，机构投资者的快速发展、投资全球化的持续推进、市场管制的不断放宽、金融服务业的结构与整合，使证券市场的本质有了结构性的变化。根据《服务贸易总协定》，我国将逐步开放证券市场，一些国外证券公司进入我国市场后，将会利用其在体制、机制、管理、技术、产品和服务等多方面的优势，参与国内竞争，无疑将向国内证券机构提出严峻的挑战。第四，从市场的安全运行来看，证券市场的安全一方面是建立在证券市场的品种结构和市场规模上，另一方面需要一个高效率的能够与国际监管体系接轨的监管体系的有效支撑。

对今后我国证券市场的发展，党的十六大提出要推进资本市场改革开放和稳定发展。当前，我国证券市场的发展面临良好的机遇和条件：第一，全面建设小康社会需要资金投入，居民储蓄的大幅增长以及社会保障体系的建立和完善必然伴生投资需求，这两方面的需求为我国资本市场提供了巨大的发展空间；第二，我国是正处于经济转轨阶段的发展中国家，优化结构和提高效益是我国经济发展的重要内容，集中统一的证券市场对于打破要素市场分割，实现资源的跨行业、跨地区、跨产业优化配置具有特殊作用；第三，我国的投融资体制目前仍以间接融资为主导，金融体系中直接融资比例的增加，有利于优化金融资源配置，分散金融体系的风险，提高金融体系对国民经济的服务效率；第四，国有企业改革继续深化，需要证券市场进一步发挥培育和规范上市公司等市场主体的功能，并对国有企业改革发挥示范和带动作用；第五，积极的财政政策要带动民间投资，稳健的货币政策需要关注证券资产价格和证券市场的流动性需求，证券市场对宏观政策的作用机制和效果具有重要的影响。

要解决我国证券期货市场面临的问题，除了健全法规、完善市场结构、加强监管等措施外，实现证券信息化也将是重要手段。因为证券信息化是市场运转的基础，是规范市场的手段之一，是增强服务和降低成本的途径，也是市场发展和金融创新的驱动力。所以，本篇我们将着重研究我国证券市场的国际化发展进程中，在市场交易、登记结算、证券公司业务、信息披露、市场监管、技术标准、信息安全等方面所亟待解决的信息技术问题，建立起一个既适应国际证券市场发展趋势，同时又与信息技术发展趋势相结合的证券信息化发展框架，通过信息化发展战略的实施，提高整个行业的信息技术应用水平，为证券市场的健康发展创造良好的技术环境。

10.2 国际证券业信息化概述

自20世纪90年代后期开始，国际证券行业与高新技术的跨世纪“联姻”，不仅使证券行业成为集计算机技术、通讯技术、信息产业与金融服务于一体的高技术产业，而且还使这一传统领域发生了一系列意想不到的变革。在这场变革中，新金融服务工具和交易手段的创新是获取竞争优势的最有效方式之一。金融市场最重要的创新在于金融工具的使用与发明，它是金融服务变革的一个关键因素。

美联储主席格林斯潘在1999年5月份的芝加哥银行结构与竞争讨论会上表示：“今天，金融服务市场已高度竞争化、创新化和全球化。银行和非银行、国内和国外，以及反映在资产负债表的表内和表外的金融活动在广阔领域中激烈竞争。值得注意的是，这场变革的极大部分并非是由发动法制改革来推进的。更多的是以计算机技术、电子通信和理论金融学的进展为其首要推动力；它们的联合作用事实上削弱了经济障碍和监管障碍。技术从根本上重新形成金融产品的创新过程以及这些产品的推广和被最终用户的接受、使用过程。”这充分反映了信息技术在国际证券行业近年来的变革过程中的重要作用。

10.2.1 金融创新刺激国际证券行业对信息技术的投入不断增长

虽然1952年马科维茨就提出证券组合选择理论，1973年布莱克－肖尔斯提出期权定价理论，但由于无法计算，只能成为理论公式。到20世纪80年代后期，计算机处理性能的大幅提高，使得这些理论应用于现实成为可能，从洛斯·阿拉莫斯（Los Alamos）国家试验室出来的几位物理学家投身到华尔街后，一批物理学家、数学家、计算机科学家先后涌入华尔街，形成了华尔街的明星群体——火箭科学家（Rocket Scientist），他们把一种崭新的理念注入到金融市场，完善和发展了上述理论，推动了金融衍生产品的繁荣，信息技术也摆脱了由1987年崩盘罪魁祸首之一的“程序交易系统”所造成的阴影，重新唤起了国际证券行业对信息技术的热情，也由此促进了金融工程这一新兴学科的高速发展，造就了国际证券行业的金融创新高潮，两个理论也因此分别获得1990年和1997年诺贝尔经济学奖。在这个创新过程中，堪称典范的就是使得对冲基金（Hedge Fund，也称避险基金）进入繁荣阶段——金融工程理论运用复杂的数学模型和高速计算机，协助对冲基金进行投资决策的制定，由此引发的各种现代信息处理技术，如数据挖掘、神经网络、混沌理论、小波理论、遗传算法等渗透到金融工程理论中。今天，金融工程已成为国际证券行业发展过程中的经典理论，已成为金融产品创新的重要理论基础，许多金融商品也因此应运而生，各种投资及避险管道效率越来越高，期货、期权等衍生金融商品与指数商品，如交易型开放式指数基金（ETF），相继出现于市场，以满足投资者的投资需求。

在1994~1997年之间，美国金融业对信息技术的投资每年增长21%，到1997年，美国在金融信息方面的支出已达76亿美元，占全美信息技术总投资的16%。虽然近几年投资速度有所放缓，但依然保持在高投入状态。美国证券行业IT投资统计见图10-1（引自 http://www.celent.com）。

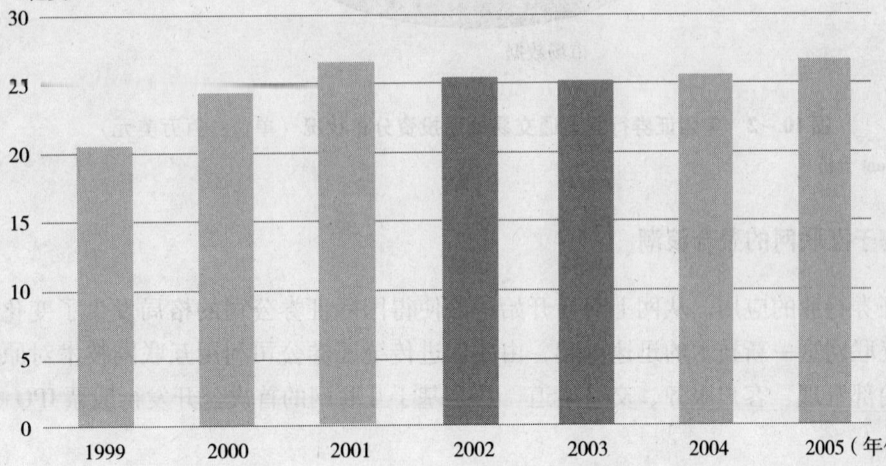

图10-1　美国证券行业IT投资统计

10.2.2　资本市场的全球化进程对国际证券信息化提出的挑战

人们将全球化的精髓概括为“FIT”，即Finance金融全球化、Information信息全球化、Technology科技全球化。这三大特征中突出了借助于信息技术的金融全球化的重要性，国际上大量金融机构的合并、金融控股集团的出现，无不是全球化发展下的产物。就国际市场而言，证券市场的整合与战略联盟，能够充分发挥其跨国资源的共享机制及交易平台的连接功能，在增强资金的流动性的同时，达到提高国家竞争力的目标。

自21世纪初开始，直通交易处理（STP）成为国际证券行业中最为关注的问题。直通交易处理的初始动机源于国际资本市场对资本的流动性所提出的更高要求，要求资本能够以最快的速度在国际不同的市场进行投资，这样使得国际众多证券交易所开始考虑采纳T+1方式交易，随着人们对直接交易处理思考的深入，以全球直通交易处理（GSTP）为核心的证券行业信息技术整体整合框架成为这次变革的宗旨，而不再仅仅是单纯的一个市场的T+1问题了，它已经关系到在资本市场全球化的背景下，一个国家在国际证券市场的市场地位问题。

美国证券业协会为此专门成立了直通交易处理指导委员会，其宗旨是协调、监督并推动整个行业的直通交易处理进程。美国证券行业直通交易处理投资分布状况见图10－2。

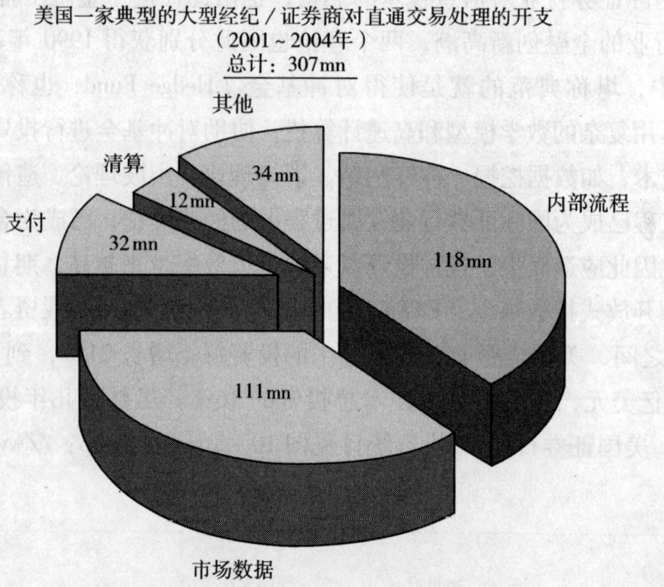

图10－2　美国证券行业直通交易处理投资分布状况（单位：百万美元）

资料来源：Celent分析。

10.2.3　基于互联网的整合浪潮

互联网在证券行业的应用，从网上交易开始，已使得国际证券公司的格局发生了变化，一些新生证券公司借助互联网这一新技术的迅速崛起，由此促进传统证券公司利用互联网技术对原有业务进行全面整合，从内部管理、客户服务、交易渠道，乃至基于互联网的首次公开发行股票IPO（Initial Public Offering）等。

10.2.4　国际证券市场反洗钱对信息技术的影响

近年来，国际各种犯罪分子利用资本市场进行洗钱越来越猖獗，为防止各种形式的犯罪分子利用证券市场进行洗钱活动，在全球范围内的反洗钱活动开始普遍展开。“9·11”事件中，基地组织利用证券市场洗钱的典型案例，使得美国于2001年10月通过《PATRIOT法》，证券行业也同时意识到证券市场在反洗钱运动中的重要作用，对用于反洗钱软件系统的投资进行了超乎常规的扩大，美国金融业反洗钱投资统计见图10－3。

而世界证券交易联合会亦成立了金融行动组，负责起草与洗钱和无名证券相关的处理准则。

10.2.5　业务持续运行保障与灾难恢复

自“9·11”事件后，国际证券行业对业务持续运行保障和灾难恢复给予了前所未有的关注。无论是各个交易所还是证券公司都重新审视和完善各自的应急计划，美国证券业协会（SIA）于2001年

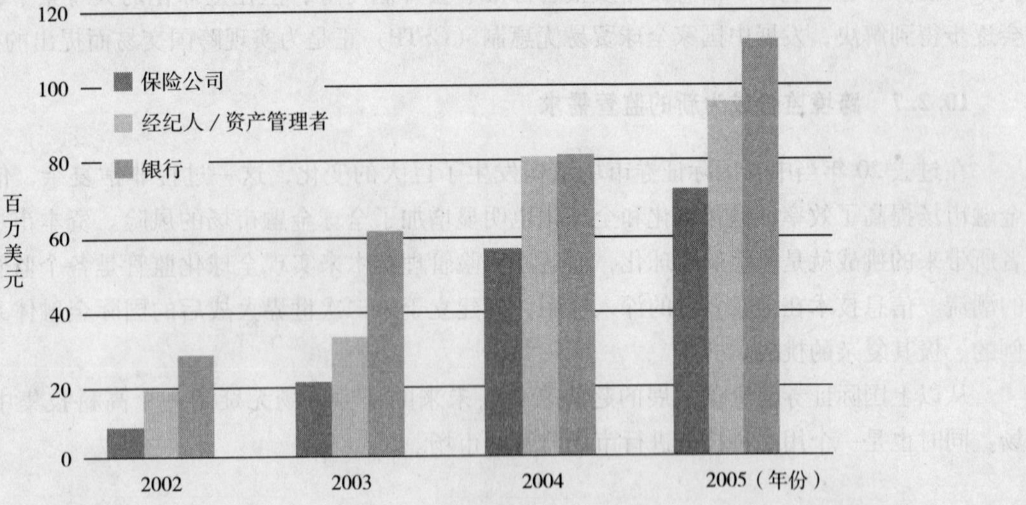

图 10－3　美国金融业反洗钱投资示意图

10 月成了业务连续性计划（BCP）委员会，致力于推动制定行业的业务持续运行的工业标准。2003 年 4 月 8 日，美国联邦储备委员会、财政部、证券交易委员会三方联合发布了一份“有关增强美国金融体系恢复力的合理实践”白皮书（White Paper on Sound Practices to Strengthen the Resilience of the U. S. Financial System），来指导金融公司实施业务应急计划。在 2002 年度世界证券交易所联合会（WFE）中，对交易所应急计划也同样作为重点议题之一加以讨论。

10.2.6　提升跨国交易能力成为各国证券市场的发展方向

为加强自身在国际证券市场的竞争力，拓展证券市场的融资范围，提升本国的跨国交易能力已成为各国证券市场发展的一个重要目标，近十多年来，国际证券市场环境发生了巨大变化，不仅是金融资产跨国交易蓬勃发展，各国公司也转向国际证券市场募集资金。

在我国，无论是 B 股市场，还是近期推出的 QFII，都是我国迈向国际证券市场的一个重要步骤。

目前，欧、美及亚太地区各主要证券交易所纷纷采取调整本身的组织架构与跨国合作等各种竞争策略，提升本身的国际竞争力。首先在欧洲方面，巴黎、阿姆斯特丹、布鲁塞尔三家证券交易所于 2000 年 10 月合组 Euronext 交易所，并于 2001 年 12 月并购葡萄牙里斯本交易所，随后又与美国证券交易所交叉上市交易 ETFs 指数股票基金，于 2002 年 2 月又与华沙交易所签署合作协定，允许 Euronext 交易所的交易商和华沙证交所的经纪商在对方的交易所下单；法兰克福证券交易所与维也纳证券交易所合组 NEWEX 交易所；哥本哈根、赫尔辛基、斯德哥尔摩联合营运北欧 NOREX；德国与瑞士证券交易所合资成立 Eurex；伦敦与德国证券交易所宣布合并成国际交易所。在美洲方面，由纽约交易所联盟十家证券交易所，筹组全球 24 小时股票交易市场 GEN；纳斯达克（Nasdaq）在日本成立日本纳斯达克，并购比利时纳斯达克，计划连接纳斯达克（Nasdaq）在美洲、欧洲及亚洲各据点，共享单一交易平台。而在亚洲方面，新加坡交易所与澳洲证券交易所已于 2001 年 12 月 20 日起进行跨国连线交易，且新加坡交易所又于 2001 年 10 月进一步与东京证券交易所洽商，东京证券交易所计划扩大与上海等亚洲十家证交所的合作，希望建立一个足以和纽约及欧洲抗衡的市场。由此可见，国际上各个证券交易所间的跨国结盟、相互上市、合组交易所、合并、跨国连线交易等合作已成为一种无法阻挡的趋势。

虽然跨国交易途径在全球、区域及个别国家的范畴上尚存在一些障碍，如：金融市场管制、结算交割及证券保管、上市、信息披露及报告标准、会计制度等，但在全球化的大背景下，这些问题无疑会逐步得到解决，发展中国家全球贸易优惠制（GSTP）正是为实现跨国交易而提出的技术解决方案。

10.2.7 跨境监管成为新的监管需求

在过去20年当中，国际证券市场结构发生了巨大的变化，这一过程非常复杂，信息技术虽然使金融市场提高了效率，但技术化和全球化也明显增加了全球金融市场的风险。资本市场全球化为监管者所带来的挑战就是风险的全球化，而运用风险管理技术来实现全球化监管是各个监管机构普遍追赶的潮流。信息技术在金融领域的深入应用，向建立于第二次世界大战后的国际金融体系提出了史无前例的、极其复杂的挑战。

从以上国际证券信息化发展的趋势来看，未来的证券市场无疑是一个高科技集中应用的证券市场，同时也是一个用高科技来进行市场监管的市场。

10.3 中国证券信息化发展回顾

10.3.1 起步

中国证券信息化历程始于上海、深圳证券交易所的电脑自动撮合竞价系统的建设。上海证券交易所1990年5月开始筹建，成立之初采用了当时已经成熟、在未来可以进行服务器叠加的内部局域网技术。这个体系最重要的是将业务规则固定在其中，为规范市场提供了重要保障。同时，这套系统可以自动撮合交易。1990年12月19日，上海证券交易所开业的第一笔交易就是通过计算机自动撮合完成的。1992年2月28日，深圳证券交易所电脑自动撮合竞价系统正式启用，实现了由手工竞价向电脑自动撮合运作的过渡。

与此同时，为了提高证券买卖报单、交易的效率，各证券营业部纷纷建设以局域网为基础的柜台交易系统。1991年11月，柜台交易系统正式投入运行，经过改进，基本上能够替代营业部的全部手工操作。

10.3.2 无纸化

随着信息技术的运用，1991年4月，取代实物股票的电子化的股票账户在上海证券交易所诞生，1991年底，深圳证券交易所也完成了股票无纸化改革。股票无纸化交易促进了股票发行方式的变革，股票发行由原来的印刷纸质的票据变成了电子化的票据。股票交易和股票发行无纸化是中国证券信息化发展的重要里程碑，它极大地推动了证券市场的发展。

10.3.3 创立无形席位

1992年后，随着两个证券交易所和证券营业部信息化应用水平的不断提高，各证券营业部开始与交易所的计算机系统联网。联网后解决了交易所面临的打印大量票据、交割单的压力，此项工作由各证券营业部分别完成，从而大幅度提高了工作效率。同时，交易所与证券营业部的联网也为取消有形席位奠定了基础。通过建立网（交易所的计算机网络）到网（证券营业部的内部网络）的连接，交易所能够提供更加安全快捷的交易通道和及时公开的信息服务；证券营业部能够开发出功能复杂的柜台系统，并为客户提供更多类型的服务。

1992 年 5 月，深圳证券交易所的自动撮合系统、自动报盘系统上线，投资者的委托通过营业部的报盘系统，可以瞬间进入交易所的撮合系统。从此无形席位宣告诞生。1993 年 4 月，上海证券交易所首先尝试采用卫星数字广播方式传送交易所行情，并获得成功。几乎在同时，1993 年 3 月，深圳证券交易所即决定成立专门的卫星通信公司，4 月份，筹备阶段的卫星公司解决了深圳证券市场向全国发布行情的问题。此后，深圳交易所把工作重点放在发展无形席位上。

在经历 1996 年交易高峰的考验后，上海证券交易所认识到深圳证券交易所无形席位的优越性，于是下决心发展自己的无形席位，并成立了上海证券通信公司，构建自己的双向卫星网。

10.3.4 扩容

快速发展的中国证券市场为中国证券信息化提出了迫切的需求。中国证券信息化的发展历程充分体现了业务对技术的巨大推动作用。从中国证券信息化起步开始，证券业服务信息系统一直存在“需求大于供给”的问题。

为了解决迅速增长的股票交易量给系统带来的压力，上海证券交易所于 1993 年 12 月 24 日启用新系统。新系统上线后，交易畅通无阻。席位从 200 多个增加至 2 000 多个，在瞬时情况下，每秒钟能完成 3 000 笔交易。1996 年 12 月，上海证券交易所的交易系统通过了每天 360 万笔交易的峰值考验。2003 年，系统容量达到日委托 4 000 万笔，成交 6 000 万笔；系统处理速度 6 000 笔/秒，峰值处理能力达到 8 000 多笔。

与此同时，深圳证券交易所着手进行交易系统升级工作。1993 年 7 月 28 日，深圳证券交易所的新系统上线，当天深圳证券交易所成交 91 790 笔交易，创开市以来的最高纪录。2003 年，深圳证券交易所系统的日处理能力为 1 000 万笔。

同期，证券公司柜台交易系统也面临升级改造的迫切需要。从 1995 年底开始，大部分券商的柜台交易系统纷纷采用 NT 平台上的 SQL 服务器。

中国证券信息化的发展历程，实际上是一个不断创新的过程。不断创新使年轻的中国证券行业充满旺盛的生命力。证券信息化推动了我国证券业的高速发展，并形成有中国特色的证券市场。

10.3.5 现状

通过十多年的不懈努力，中国证券市场交易技术手段已处于世界先进水平。

上海、深圳证券交易所的交易和结算网络覆盖了全国各地；证券交易所的交易席位由计算机系统中的席位代码取代了人工座席的有形席位；交易撮合、价格的产生和发布完全自动化和集中化，所有证券交易成交过程都是在两交易所的核心交易撮合系统中完成的，并且已经完全实现自动化，深圳证券交易所已经撤掉了人工交易大厅；具有高效、可靠的交易通信网络，基本实现了卫星网和地面网的互备；具有实时的成交回报；能够提供及时准确的行情等信息发布。

与交易所同步发展，各证券公司也建立了比较完善的信息系统。大部分证券公司以证券公司总部和证券营业部原有的局域网系统为基础，利用先进的广域网技术实现全公司计算机网络的互联。并以此为基础，建立了证券公司信息管理应用系统，包括证券交易中央监管、实时监控、法人集中清算、财务核算分析、人事管理、资讯信息服务、电子邮件服务、数据中心、基于总部模式的 Internet 网上交易、WWW 资讯信息服务等应用系统。在证券交易方面，大部分公司仍采用营业部模式。随着证券市场的发展，为了进一步降低经营成本、加强管理、有效控制风险，一些单位正在尝试建立统一的、集约化的集中交易系统。随着因特网的发展，大部分证券公司已开通网上交易手段。

证券营业部信息系统也不断发展完善，许多证券营业部可以提供A股、B股、基金、代办股份等多种证券品种的交易，可以提供现场自助、小键盘、电话委托、可视电话、网上交易、手机、掌上电脑等多种委托手段的交易服务方式。

我国证券市场能够在短时间内高速发展，一个重要因素是信息技术在证券行业的应用。我国证券市场无论在最初的发展时期，还是在具备一定规模的今天，都得益于信息技术的应用。中国证券信息化伴随着我国国民经济的高速发展，在未来我国证券市场的发展中必将发挥更大的作用。

10.3.6 不足

证券信息化过程中存在的主要不足是：行业缺乏统一规划和总体技术设计，软硬件资源共享程度低；技术规范和管理规范建设不够全面，标准执行还不普遍；网络的可靠性和数据的安全性较低；监管信息资源不够丰富，数据的完整性和正确性得不到保证；信息技术和管理队伍的综合素质不高，并且存在不稳定因素。

10.4 证券信息化面临的挑战

随着国际金融市场竞争的加剧和我国资本市场发展步伐的加快，中国证券期货行业呈现市场层次多元化、产品创新多样化、监管现代化的发展趋势。面对我国证券期货市场的发展趋势，证券信息化工作必须应对来自市场各方的挑战。

10.4.1 交易所对信息化提出的挑战

建立多层次资本市场体系，丰富交易产品，寻求国际发展并抢占全球资本市场份额的扩张性战略已成为证券交易所发展的一种趋势，证券交易所信息系统的完善和相互之间的互联性是实现这一发展目标的重要前提。

10.4.2 证券公司对信息化提出的挑战

我们面临的严峻问题是，如何与强大的外国同行竞争，并且，信息技术将使竞争白热化，它既可以帮助外国同行进入中国市场，迅速扩张，也可以使中国的小证券公司迅速变大，实现以小博大，这里的关键是为投资者提供良好的服务和产品，投资者在要求提供便捷的个性化金融服务的同时，会对投资环境、投资方向、投资品种提出更高的需求。

10.4.3 上市公司对信息化提出的挑战

监管体系的完善，要求上市公司以更加迅速便捷的途径完成信息披露，增强上市公司的透明度，提高上市公司对市场的应变能力，强化上市公司法人治理结构的规范运作；同时，市场监管者也要不断加强对上市公司信息披露的强制性监管能力、对信息误导与欺诈行为的跟踪能力，以及对价格操纵和市场操纵的调查处理能力。

10.4.4 投资者对信息化提出的挑战

在为投资者提供服务的证券公司如何增加对投资者的个性化服务手段、降低交易成本、切实保护投资者利益、增强投资者的信心等方面也对信息化提出了新的挑战。

10.4.5 市场监管面临的挑战

“公开、公平、公正”是我国证券市场发展的基本原则，保护投资者利益，特别是证券市场中的弱势群体——中小投资者的利益是监管者面临的重要问题。一方面要规范上市公司的信息披露行为和证券公司的服务行为，细化相关法规，通过总体规划的制定和组织实施，完善信息行业信息基础设施建设，实现环境保障；另一方面，利用信息技术，提高自身透明度，强化对市场和信息的跟踪和监控能力，不断创新监管方式，通过一系列有应变能力的可操作规则，依靠政府监管和行业自律，把事前、事中和事后监管结合起来，提高监管工作的力度和效率。

10.4.6 信息技术环境变化提出的挑战

信息技术的快速发展、国家对信息化法律法规的进一步完善、网络和信息安全的严峻形势给证券信息化带来新的挑战。

10.5 证券信息化发展总体目标与任务

证券信息化发展总体目标是：坚持“统筹规划、规范发展，适应市场、面向应用，统一标准、互联互通，注重效率、保证安全”的建设原则，以提高安全水平、服务质量、监管效率、社会和经济效益为目的，协调规划证监会、交易所、自律组织、证券期货经营机构等方面的信息化建设，避免不必要的重复和浪费，降低建设和管理成本，依靠技术创新和体制创新，优化业务流程，促进信息共享，加强信息安全和标准化工作，到2010年建立起满足证券期货市场以及市场监管需要的、具有相当规模的证券期货信息化体系。

为实现证券信息化战略目标，需要完成以下主要任务。

10.5.1 提高中国证券市场在国际证券市场的竞争力

证券期货交易所和登记结算公司在证券期货市场中扮演着极其重要的角色，它们不仅直接影响到整个市场的运行效率，也影响到整个市场的直接融资效率及其在国际市场上的竞争力，同时在市场活动监管中也起着非常关键的作用。

证券期货交易所和登记结算公司对这一问题都已有充分认识，并开始着手新一代的交易系统和新一代的登记结算系统的开发，以适应未来市场结构和环境的条件。

一、建立新一代交易系统

作为交易所的运营核心部分，即交易系统所提供的交易能力直接影响到交易所的市场竞争力。虽然我国交易所的交易系统多年来一直在封闭环境下运行，从内部看来相当合逻辑，但是，一旦面临外来的挑战时，这些系统就有可能显得十分脆弱。

资本市场与技术市场的全球化趋势无疑会摧毁这些独特的地方性结构，并且带来同质性较高的交易系统。现在几乎所有的交易系统都建立在电子化委托的基础上，更容易建立，而且能够有较高的透明度。但是即使如此，不同系统之间，如信息透明度和大额交易等仍然存在着重大差异。这些改变为证券交易所的交易业务带来了竞争，包括传统的交易所争取跨国委托业务及新竞争者加入而带来的竞争。而互联网的高速发展，已经为全球各个交易所实现连接提供了最基本前提。

从发展历史来看，我国证券市场所取得的跨越式发展与沪、深证券交易所能大胆采用电子化委托方式设计系统有着密切的关系。而今后证券市场能否再次经历跨越式发展，也直接与交易所的系统有着密切的联系。21 世纪的全球化特征，对我国证券市场是机会，也是威胁，如不能掌握环境变化的趋势，我国证券市场信息技术的优势将面临丧失的危险。

我国证券交易所虽然较早采用了电子化交易手段，但交易品种只有股票、基金、债券三种，与国际主要证券交易所相比差距甚大。因此，上海证券交易所已于 2000 年开始酝酿建立新一代的交易系统，并在 2004 年完成项目的第一阶段功能并投入使用。该交易系统支持多渠道交易（经纪商系统、场内交易、网上交易、交易联网交易、双边挂牌交易等）；多产品交易（股票和债券产品、权证、共同基金、交易型开放式指数基金、指数产品、期货、期权等）；多机制交易（做市商、集合竞价、连续竞价、大宗交易等）；多订单交易（限价订单、市价订单、止损订单、各种时间和数量条件订单等）；多货币交易；灵活的交易时间（如延长交易时间、盘后报盘和交易等）。

交易所的信息化工作，还要重点研究以下课题：

（1）如何提高交易系统的价值发现能力；

（2）如何制定并实现国际化策略；

（3）如何降低交易成本；

（4）如何使交易市场为证券公司提供更高竞争力的价值与服务；

（5）如何充分利用信息技术实现有效的市场监管；

（6）如何加强交易所之间的合作并提高交易所的整体竞争力。

二、建设集中统一的、支持多币种、多品种、多市场的登记结算系统

中国登记结算技术系统起点较高，也实现了跨越式发展。然而，由于在设计时市场的不确定性以及设计的局限性，导致软件方面存在许多不足：系统的模块化和扩展性差，支持的业务单一，特别是登记结算体制在抗风险能力以及结算效率及新产品的开拓能力等方面，仍亟待提高；数据接口缺乏标准化。

低效率是现行证券交易登记结算系统存在的主要问题，清算主体的多元化又是低效率的主要成因。目前，上海证券登记结算公司、深圳证券结算公司都在参与证券的登记清算，加大了证券交易清算的成本，降低了清算效率，增大了清算风险，增加了监管难度。

没有完善的代交收制度，没有实现钱券两清（DVP），是现行结算系统中存在的另一类风险。由于证券资金结算是证券过户在先，资金交收在后，没有实现钱券两清，登记结算公司作为市场所有交易的交收对手，集中了所有的交收风险。

滞后的登记结算体系已经制约了我国证券市场的发展。中国证券登记结算公司应逐渐统一协调我国证券市场交易的“后台”工作，包括沪、深两市的运作方式、业务规则等；逐步承担起整个市场交易的登记、托管、清算、结算工作；统一的新的证券登记结算系统还将在防范风险、市场监控等方面发挥重要作用。新的结算信息体系还应成为市场监控的载体，反映每日各证券账户的交易情况、市场的资金总量和个人资金、法人资金、券商资金的流动情况等。

10.5.2 积极引导证券公司业务和管理信息化

通过市场的力量和必要的政策引导，使证券公司（包括基金管理公司和期货经纪公司等）在利用信息技术为投资者提供个性化服务的同时，证券公司要“练好内功”，证券公司的各个业务领域要普遍采用现代信息技术，充分、有效地开发和利用各种信息资源，提高业务处理能力和工作效率，加强内部风险监控能力，促进公司的健康发展。

一、继续推动网上证券交易业务的发展

我国网上证券交易在不到五年的时间内取得了长足的发展。网上证券交易的出现和发展，为投资者获取资讯信息、降低交易成本等创造了良好的条件，不仅更好地保障了投资者的权益，同时还引发了我国证券行业服务创新热潮，有力地推动了证券市场的发展。特别是在2003年抗击“非典”期间，以网上交易为代表的各种非现场交易方式充分发挥了积极的作用，切实维护了广大投资者的根本利益，充分体现了网上交易和创新服务所带来的良好社会效益和经济效益。

1. 网上交易带动的服务创新热潮。在我国，网上证券交易已不仅仅是一种单纯的交易和服务渠道的拓展，而是成为学习国外同行业先进服务理念、营销方法的切入点和导火索，它引发了我国证券行业的一系列服务创新活动。继续大力推动网上证券交易的发展，可将服务创新工作进一步引向最大化。

自我国网上证券交易开展以来，一系列的基于互联网的服务创新顺势而生，如：个性化理财服务、实时在线专家咨询服务、理财顾问服务、移动证券服务、银证通服务、基于互联网的信息披露服务等。

这些创新服务已使证券行业树立起了“以客户为中心”的服务理念，不仅促使证券经营机构调整了内部组织结构，以提高对客户的服务能力，同时带动了营销方法的科学化。

由此可见，我国网上证券交易的作用已远远超越了它在国外证券行业中的作用，它诱发了证券经营机构在日趋激烈的竞争环境下思变的内在动力，开始由“坐商”向“行商”转变，整个行业在以良好的势态进行变革。

2. 网上证券交易发展中需要重点解决的问题。中国证监会积极推动证券公司开展网上证券交易业务，使证券公司和投资者得到了很大的利益和实惠。虽然网上证券交易近年来取得了迅速发展，但与国外先进国家相比，发展的规模和影响力还不尽如人意。从目前情况分析，主要存在着来自投资者、行业内部和外部环境三个方面的障碍。

从投资者方面来看，不少投资者总认为计算机高深莫测、操作复杂，网上交易的成本要大于电话委托交易的成本，对网上证券交易的安全性和稳定性存在担忧等因素在相当程度上制约了广大投资者积极参与网上证券活动。

从外部环境来看，还存在着如因特网服务提供商服务质量不高、互联网建设还未完善、上网费用仍然偏高、线路费用高等一系列问题。

从证券行业内部来看，主要的制约因素包括：技术体系不够完善、运营成本与收益不对称性以及网上证券营销力度不足、营销地域范围受到制约等问题。

要突破网上交易发展的“瓶颈”，可以通过进一步调动证券公司自身发展网上交易的积极性以及如何给投资者提供更加简易的操作方式等途径来解决。

3. 加强监管，保证网上交易健康发展。在我国积极推进网上证券业务，比国际证券市场的网上交易具有更丰富的含义，不仅有利于提高市场的透明度，满足投资者多种形式的需求，同时，可以以此作为突破点，促进证券公司的服务创新意识、提高市场营销能力，对过去多年不变的经营方法进行变革。

但我们也看到，互联网技术和网上证券业务在全球范围内都远未臻于成熟。高效率、低成本、全球化是互联网的特点，但法制不健全、缺乏有效的监管又使网上交易隐含着较大风险。因而，建立完善的网上证券监管体系是网上交易发展过程中的一项重大课题。

网上证券的发展带来的监管问题包括三个主要方面：一是互联网自身特点（包括低成本及开放

性、分散性、匿名性和网站后台的易控性）所带来的监管问题；二是网上证券的风险带来的监管问题，包括信用风险、安全风险和发布虚假信息误导消费者的风险；三是交易所、会员、上市公司等带来的监管问题，交易所关于网上证券业务的规则不细、会员自身风险控制不力、上市公司的运作不规范等都会给网上证券业务带来风险。

从2000年起，中国证监会相继发布了《网上证券委托业务暂行管理办法》和《证券公司网上证券委托业务核准程序》等一系列管理办法，不仅使券商开展网上证券交易业务有了较明确的指南，而且从技术标准和管理规范两方面提出了措施。但是，网上证券的出现部分地改变着证券监管的范围和手段，原有的监管体制是建立在实质监管、实体监管和有形监管基础上的，而网上证券大多都超越了原有法规的监管范围。现行监管法规只能提供监管原则，缺乏可操作的监管规则，尤其是一些业务创新难以界定清楚，从而给监管工作带来了极大的难度。

因此，为完善政策、加强监管、规范网上证券的发展，应建立一支强有力的监管队伍，明确分工，加强持续监管；应加快网上证券交易监管的持续立法工作，与其他相关政府部门紧密合作，共同打击网上证券交易违法活动；应关注和分析跨国交易行为，及时制定相关的监管法规。

二、稳步促进集中交易

由于历史原因，长期以来我国证券行业经营的机制都是以不具备法人资格的营业部为独立核算单位来进行的，而交易所对市场的监管也是以营业部为单位来进行的。但是随着证券市场规模化的发展，集中资源优势、降低运营成本与风险、提高管理效率、提高服务水平等将成为证券公司的发展方向；从市场监管上，也开始向具备法人资格的证券公司为重点的方向进行调整。

因此，集中化将成为证券市场发展的趋势之一。集中化的趋势主要表现在两个方面：一方面，随着市场竞争的加剧，规模小、管理不到位的证券公司将被市场淘汰；实力雄厚的证券公司的市场份额将逐步提高，证券行业集中度将不断提高。另一方面，业务的集中和管理的集中是今后几年我国证券公司发展的必然趋势。

业务和管理的集中有利于证券公司降低经营成本，实现规模扩张；有利于证券公司的业务创新；有利于证券公司内部资源共享；有利于证券公司提高管理效率；有利于证券公司风险防范以及风险监控；有利于客户服务质量的提升；有利于证券公司品牌形象的提升。

证券公司的发展趋势对证券公司交易系统提出了全新的要求。现有的以营业部为中心的交易系统显然不能满足证券公司发展的需要。

1. 实施集中交易的优势。证券集中交易模式是中国证券经纪业务发展的必然趋势，集中的优势可通过管理、业务、技术三个主要层面上表现出来：

（1）从管理层面分析。集中交易系统有利于证券公司实现业务和管理的集中，实现真正的法人治理。在目前的以营业部为单位的分散经营模式下，证券公司总部对营业部的管理、约束和监控能力都相当薄弱，营业部实际上是各自为政，证券公司总部很难实现真正意义上的法人治理。集中交易系统可以为证券公司总部实现业务的集中和管理的集中提供技术平台和实时数据信息，集中交易系统能够帮助证券公司实现真正的法人治理。

集中交易系统有利于优化证券公司营业部的组织结构，转变业务职能。证券集中交易淡化了营业部的交易中介职能，因此可对营业部的组织结构进行优化，其业务职能从以代理交易的通道为主转变为以核心客户的专业服务和公司各项业务的市场营销为主。

集中交易系统有利于证券公司向规模化方向发展。进行证券集中交易，证券公司可以低成本地扩建营业部，并且营业部的固定成本和运营维护成本低，有利于证券公司的大规模扩张，实现规模化发展。

集中交易系统有利于证券公司总部加强业务监管，防范经营风险。如果采用集中交易系统，交易集中了，数据也集中了，证券公司可以很容易实时监控各种交易情况，防范可能出现的经营风险。

（2）从业务发展层面分析。集中交易系统有利于新的服务产品的推出。资本市场的发展创新层出不穷，证券公司不断推出新的服务产品是自身持续经营发展的需要。依托具有良好扩展性的证券集中交易平台，证券公司可以制定公司级的营销和服务战略，更快速地推出符合客户需求及市场特点的服务产品。

集中交易系统实现了数据资源的共享，有利于证券公司服务和管理水平的提高。证券公司集中证券交易系统为客户服务系统、客户关系管理系统、商业智能、决策支持系统等其他应用系统提供数据基础，为证券公司管理层总揽全局、科学决策提供可靠的分析依据，增强证券公司的核心竞争力。

集中交易系统为今后证券市场的结构调整、监管思路的调整提供了良好的环境。我国证券市场正处于不断完善和发展阶段，完善市场结构是其主要任务之一，建立集中式的交易系统可以确保在最快的时间内，向投资者提供相应的服务；而在监管方面，对如何保证投资者的保证金不被非法占用，是目前监管层的一项突出任务，集中交易系统可以迅速地提高投资者保证金的安全度；此外，集中交易系统可以加强对利用证券市场进行洗钱活动的监控和打击。

（3）从技术层面分析。提高技术系统的运行与维护效率。建立证券集中交易系统之后，大量的运行和维护工作都集中在交易中心进行，在交易中心做一次系统升级和技术改造即可，不用像现在要在每个营业部进行，系统运行和维护效率可得到较大提高，大大降低了运行和维护成本。

以实施集中交易为突破口，完成对证券公司的 IT 结构的整合。由于历史原因，目前证券公司不同技术发展时期的 IT 技术并存，这样不仅存在技术结构参差不齐、复杂性高等状况，同时也导致整个 IT 系统的运营成本不合理，以集中交易系统为突破口，发挥技术创新精神，利用现代主流技术对 IT 结构进行全面整合，为今后的业务发展奠定基础。

2. 加快解决集中交易过程中的相关问题。从上面的分析来看，在我国实施集中交易系统，已不是以往单纯的交易系统升级换代的概念，而实际上具有类似于目前国际证券行业的发展中国家全球贸易优惠制浪潮同样的行业发展战略意义，如果不从整个行业发展的高度来推进集中交易系统，那么势必在目前整个国际化的 GSTP 进程中，要滞后一个阶段，甚至有可能影响我国证券市场在国际市场中的竞争力。

从近两年集中交易的实施过程中来看，集中交易系统软件本身的核心技术问题基本已经解决，不是构成影响集中交易的主要问题。但是许多相关问题却一直未得到充分解决，已经影响了集中交易系统的推进，甚至为今后的发展留下隐患。主要问题表现在以下方面：

（1）网络基础环境结构不合理、成本高、服务质量差；

（2）缺乏相关数据标准；

（3）软件体系结构仍然脱胎于传统交易软件结构和目前的证券市场结构与品种，对市场环境变化趋势的可能性分析不足，如客户保证金的管理机制、市场结构、品种、交易规则等问题；

（4）缺乏对交易系统软件销售评审，系统的安全性、稳定性以及对投资者利益的保护机制、反洗钱机制难以得到充分保障；

（5）尽快提高配套服务，降低实施集中交易的成本，促进证券公司的积极性。如：建立行业统一网络和公共灾备中心、调整证券交易所的席位管理办法和证券通信公司的收费标准等；加强行政监督，规范和引导集中交易系统的实施。

3. 以集中交易系统为基础，加强证券公司的风险防范能力。集中交易系统可以较好地提高证券公司的经纪业务的风险防范能力，而作为证券公司的其他主营业务，如：资产管理、自营等，仍然占有极大的比例。尤其是目前正在逐步开展的集合理财业务，被许多证券公司列为今后重点发展的主要业务。

鉴于前几年很多证券公司在理财业务与自营业务中暴露的问题，必须要提升证券公司的整体风险防范能力，将粗放式的风险管理方法，转变为定量的科学风险管理，同时也有利于将其纳入整体监管体系中，提高事先监管能力。避免由于个别证券公司经营不善，导致整个市场的多米诺骨牌效应，达到降低市场的系统风险，保护投资者利益的目的。

三、建立健全集中式财务管理系统

实施集中式财务管理系统，加强对资金管理和控制力度是证券公司控制财务风险的重要手段。虽然已经有不少证券公司也已采用集中式财务管理系统，但仍然有相当一部分证券公司未实施集中式财务管理系统。在已实施集中式财务管理系统的公司中，又存在相当一部分公司的集中式财务管理系统是独立运行的，没有与业务充分结合起来，使得财务系统和集中交易系统中的内在钩稽关系不健全，影响了其整体风险控制能力。

财务核算过于分散化无法满足集中管理的需求。而集中式财务管理系统、集中交易系统、在险价值（VaR）风险控制系统如果相对分散独立、整合性差，势必不能有效地对证券公司各项业务进行全面的监管和控制，降低了其整体风险控制能力。

此外，还应着重研究集中式财务管理系统、集中式交易系统、登记公司以及与银行之间的资金流转形态变化，以加强反洗钱能力。

四、建立基于在险价值（VaR，Value at Rrsk）的风险管理

建立基于在险价值（VaR）的风险管理，可提高对自营投资、理财业务的风险控制能力，是今后发展我国集合理财业务的一种重要监管手段。

基于在险价值（VaR）的资本充足率风险管理，主要反映和揭示市场风险的大小。从历史经验看，在将来相当长的一段时间里，市场风险仍然是国内证券公司所面临的最大的风险，也就是证券公司自营投资和理财等业务领域所产生的风险，尤其是综合类、大型券商。因此，证券公司在自营投资和代客理财等方面的风险波动可以直接和快速地影响证券公司的资本，触发生存危机。

五、推动证券公司风险管理系统的建设

风险管理系统，是运用信息技术来解决传统的风险管理问题，从而提高风险管理的工作效率和准确性。风险管理系统是为支持各级风险管理决策提供精确、可靠、及时信息的应用系统。目前，国内许多证券公司建立的针对经纪业务的实时监控系统可以说是风险管理系统的一个子集，属于经纪业务运营风险管理系统的范畴。

全面实施风险管理，就必须在各个层次上定义现有的和将来可能发生的风险管理需求。并按照其风险程度进行排序，明确而详细地阐述每一风险管理系统中必不可缺少的功能，这些需求可能跨越风险管理功能的多种形式范围，如：市场和信用风险管理、运营风险管理、资本分配管理、资产和负债管理、业绩评价管理、监管报告管理等。

建立证券公司风险管理系统，在提高证券公司经营能力、保持市场稳定、保护投资者利益方面具有重要的意义。

10.5.3 丰富监管手段，提高监管效率

随着我国金融改革的深入扩展，我国金融机构一方面要考虑能与国际市场接轨，同时还要面对加入世贸组织后面临的国际化与放松管制所带来的冲击，国内金融机构必须要正视新《巴塞尔协议》实

施的影响，如本国金融机构面临外资金融机构的挑战、金融市场波动加剧、金融经营风险提高，再加上传统环境改变所承受的转换风险。因此，金融机构应深入掌握自身的风险部位，建立良好的管理制度，以符合机构安全与稳健经营的准则。在日益复杂的金融环境下，监管机构也必须面对全球化的挑战，去尝试各种改革措施，强化本国与国外整合性监管。目前许多国家正在进行有关全球资本流动与全球资本市场运作的信息合作，国际货币基金组织也在考虑修正其“特殊数据传输标准”（Special Data Dissemination Standards），纳入更多有关外汇存底的信息。此外，30人集团、证券委员会国际组织IOSCO、国际会计标准委员会等国际性组织也就如何实施对国际资本的共同监管提出了相应的建议。在这样的背景下，各国对证券市场的安全运营的监管策略都开始由以规则为基础的监管（Rule - Based Supervision）转型为以风险为基础的监管（Risk - Based Supervision）。以风险为基础的监管，需要庞大的基础数据库，以及提高风险管理技术，如：模拟信用风险、市场风险、流动性风险的结果及评估其在不同种类的区间的共变数（Covariance），近年来建立市场风险模型的技术已日趋成熟，将这些技术运用于信用风险、流动风险及运营风险等的监管上亦有了很大的进展。

十多年来，中国证券市场快速发展，各类从业机构超常规发展，因此利用现代信息技术手段，加强监管工作，提高监管工作的质量和效率已成为必然。为此，证监会在信息化建设方面投入了大量的人力物力，建成了证监会机关连接36个派出机构和5个证券期货交易所的专用广域网络，建立了办公自动化系统、电子邮件系统、视频会议系统、资讯系统等公共电子应用系统，同时在监管业务信息电子化建设方面也开展了大量工作，根据各业务监管部门的业务需要进行了专业监管应用系统建设，以辅助监管人员对被监管对象的资格审核、日常监管、风险预警、稽查办案等工作。

虽然，证监会信息化建设有了一定的基础，但还落后于发达国家和地区，与证券期货监管的总体要求也存在一些差距。需要加大监管信息系统的建设和应用力度，进一步提高信息共享水平，努力优化业务流程，满足新形势下监管工作的需要。应建立以证监会机关为中央数据中心、36个派出机构为区域数据中心、以自律组织的数据和从被监管对象采集的数据为基础、以相关政府部门（人民银行、银监会、保监会、公安、工商、税务、海关等）共享数据为补充、以现代信息技术为手段的快速便捷、科学完整的监管信息采集、传输、处理和发布系统，从市场准入与退出、日常监管、风险评测到监管报告的生成和信息披露、监管档案的管理等大多数环节和内容都有集成化的计算机信息系统进行辅助，并采用人工智能技术、金融工程技术和各种数学模型与统计方法对监管数据进行科学的分析和评价，促进监管资源的共享，全面提高证券期货市场监管效率，增强市场的透明度，有效防范证券期货市场风险。

10.5.4 推动行业信息标准化建设

从宏观的角度讲，标准化是推动技术进步、产业升级、提高产品质量、促进经济结构战略性调整、加速中国产业化发展、推动中国完成工业化建设，从而向信息化社会迈进的重要基础。

中国证券市场近几年来的超常规发展，使标准化成为行业的当务之急。全球资本市场一体化趋势，使中国的资本市场处于一个历史的转折点。无论是国家的大环境还是证券行业的小环境，都需要我们修订现行的标准并提高标准的水平，大力采用行业标准、国家标准和国际标准。只有推进和实现标准化，才能增强中国金融产品的国际竞争力，从而从容应对经济全球化挑战。

目前我国证券行业的标准化工作处于起步阶段。两家证券交易所、三家期货交易所、登记结算公司的数据交换格式、编码方式、接口、重要数据过程流程不统一；各个交易所之间没有统一交换数据的机制，给统一清算和结算造成了很大的障碍；各家交易系统软件商封闭独立，从系统开发到数据接口和通信接口，各产品互不兼容，严重阻碍了新技术的推广，也成为证券市场信息化向纵深发展的障碍。

行业非标准化的现状使许多应用业务上的简单升级变得相当繁复，许多新应用往往要通过加载应用系统补丁程序或以牺牲系统的应用性能为代价来实现，每遇到新增业务，往往牵一发而动全身。这种现象造成了交易系统的适应性差，效率低下，交易成本上升，交易风险增加。

许多证券业务的创新从业务调整和改造的角度看难度并不大，可是要用 IT 技术来实现却非常困难。我们甚至可以这么说，证券信息标准化的问题不解决，一些创新业务的实现就会变得极其困难。

近年来，无论是证券公司、交易所和登记结算公司，还是软件开发厂商，均已逐步认识到行业标准化的意义。在中国证监会的积极推动下，一些公司开始形成局域性的联盟，如在银证转账上，几家公司共同遵循某一个由商务活动推动而形成的标准，也有公司对一些国际标准如金融信息交换（FIX）进行了深入研究，并推向了实际应用。

然而力度明显不够。有几个现实问题我们不能回避：第一，我们的市场机制尚不成熟，完全的商业化标准制定与推广机制不健全，环境尚需培养；第二，机会只光顾有准备的人，技术专利与产权在开放的市场等于控制权和利益，我们不能完全等待，要有自成体系的东西；第三，一些标准必须是强制性标准，不允许有选择的余地，这样才能达到标准化的目的。

证券市场信息系统是一个庞大复杂的有机体，交易所、清算公司、结算公司、证券公司、证券营业部，无论哪方出了问题，都会影响整个系统。要让这个系统高效地运转，需要从技术和管理上把各个环节有机地联系协调起来，其方法便是通过制定和贯彻执行各类技术标准和管理标准，使之形成一个统一的系统，只有这样才能保证其高效地有条不紊地运作。今后应着手制定证券交易所业务数据交换协议、期货交易所业务数据交换协议、证券登记结算业务数据交换协议、证券公司信息技术管理规范、上市公司行业分类与代码、上市公司信息披露电子化规范、开放式基金业务数据交换协议以及系统安全、灾难恢复、数据编码、时钟校准等一系列技术标准，同时积极采取措施抓好标准的落实工作。

10.5.5 完善网络和信息安全体系

2003 年 3 月 31 日，中国证监会副主席屠光绍同志在中国证券业协会信息技术委员会第一次会议中指出，中国证监会高度重视行业信息系统的安全和发展，因为它是证券市场的重要基础，它的稳定性、可靠性和实时性对实现公开、公平、公正原则至关重要。

信息技术在证券业的迅速应用、发展对证券市场的迅速发展、成长起到了重要的作用。但是，IT 业的发展也存在技术、管理问题。突出表现为安全体系初步建立，但还很不完善。

随着证券业务的创新，新技术也将得到广泛应用。特别是开放式信息系统的出现，在实现投资者随时、随处、通过各种方式获取信息的要求的同时，对信息传递的保障性、业务信息的可审查性、抗抵赖性等也提出了更高的要求。

混业经营，一种前端（对客户而言，各种交易、金融业务通过同一个交易界面进行）多种后台（通过内部网络建设实现各项业务）的出现对会员业务的灵活、多样提出了更高的要求，也对信息传递的保障性、业务信息的可审查性、抗抵赖性提出了更高的要求。因此，应采取建立安全体系等切实有效的措施保障网络与信息安全。

10.5.6 进一步完善信息披露机制

一、建立证券信息电子化披露系统的必要性

建立证券信息电子化披露系统，将对我国证券市场的建设和发展产生多方面积极深远的影响。证

券信息电子化披露系统要求上市公司履行特定的操作程序，对披露内容和形式也将做出严格的规定，因此将极大地提高上市公司信息披露的水平，间接地强化其公司治理结构；实行电子化信息披露，将使我国证券市场多了一条公开信息的披露渠道，使得信息披露更加及时、快速，使投资者能及时检索系统中完整的、格式化的数据，通过对这些数据及有关信息的分析决定投资策略。其结果必将是大大促进公开信息的高效充分运用，提高证券市场信息的透明度、公开与公平性，促进证券市场“三公”原则的实现。

二、我国建立证券信息电子化披露系统的可行性

从实际来看，综合各方面的情况，我们认为，目前在我国建立证券信息电子化披露系统是可行的。

一是从技术上看，信息技术的发展为我国证券信息电子化披露系统的建设和实施提供了充分支持。综观海外相关系统的建设情况，其运用的主要技术是互联网技术，目前我国完全有能力自行设计和开发该系统。

二是从管理上看，中国证监会和沪、深证券交易所都有开发和管理大型数据库系统的成功实践，相信通过科学规划和合理设计，我们有能力管理好这样一个系统。

三是从法律上看，虽然我国证券法中并未规定信息披露义务人以电子化方式披露信息的义务，但在信息化技术已取得广泛应用的新环境下，证监会可以采取发布条例的办法制定相应的规范，因此将不存在法律障碍。

四是海外已有先例可循，他国在系统建设和管理中的经验可资我们参考和借鉴。

10.5.7 其他信息化任务

一、建设证券市场信用体系

发展社会主义市场经济，信用制度的重建和全社会信用意识的提高已是当务之急。近年来，我国市场经济得到了高速发展，经济总量迅速增长。按照国际测算标准，人均 GDP 达到 2 000 美元后，国家将进入信用经济时代。西方观察家分析，考虑到中国的经济发展速度和地区经济差异等因素，中国将很快全面进入信用经济时代。

完善的证券市场信用体系，可以客观地反映上市公司、证券公司等机构及其高管人员等的诚信状况，为市场准入、日常监管、稽查办案等监管工作提供全面、准确的依据，从而提高行业参与者的自律水平，促进证券期货市场的规范发展。

完善的信用体系，可以丰富证券市场的产品、交易方式和交易手段。目前，国际上比较成熟的证券市场都允许股票信用交易，如美国、日本、韩国、西欧等国的证券交易法律都有信用交易的规定，严格规定诸如融资融券的对象、期限、额度、保证金比率、利率水平、结算制度、处罚等措施予以控制。从发展的眼光看，当市场发展到一定规模，法律制度趋于完善，信用交易制度被法律承认是一种国际市场发展趋势。国际化是大势所趋，遵循国际惯例丰富信用产品是我们的必然选择。我们应根据上市公司、证券公司等机构及其高管人员对法律、法规的遵守状况、获取收益的能力、资产状况、在经济活动中的履约状况等信用资料，并利用信息技术等手段建立证券市场信用体系，一方面是规范市场参与者的行为，另一方面是为股票信用交易作技术准备。

二、修改和完善现行会员管理办法、席位管理办法

在证券信息化工作的早期阶段，其信息化的体系结构是针对当时信息技术的发展状况和对证券经营机构管理模式而设计的。例如在技术方面，关系数据库尚未普及、局域网以 Novell 为市场主流、广域网成本高昂，而在经营机构管理方面，尚未执行银、证分业管理，两个交易所也是直接以证券营业部为单位来进行管理，因此，证券行业的信息系统是直接面向交易所而建立，交易所的信息系统结构也是按照直接面向营业部的模式建立。

目前，证券交易新的技术环境、管理环境、业务环境与十年前相比发生了巨大的变化，但是很多问题却没有得到相应的解决，如两个证券交易所的会员管理办法、席位管理办法等，这些问题已成为证券公司集中交易系统建设过程中的制约因素。

三、修改证券通信公司的通信收费办法

我国证券市场的成交量自从1997年以来呈现逐年下滑的趋势。已经由1997年的季度平均98%换手率下降到2002年底的13.3%。2003年上半年市场的宏观经济环境因素和市场的内在因素开始好转，证券市场持续了两年的低迷状况也有所改变，但是市场交投依然不够活跃，券商主营业务收入大幅下降。

券商为降低经营成本，提高风险控制和创新能力，大力推进集中交易系统的建设。但按照现有证券通讯公司通讯收费办法，集中交易后闲置的席位和通讯卫星不能撤销，营业网点根本不用的IP地址被要求每年缴纳维护费用。集中交易降低运营成本的好处不能得到有效发挥，影响了券商建设集中交易系统的积极性。

随着卫星通讯技术的发展，卫星通讯设备成本和运行成本已大幅下降，已成为性价比很高的通讯解决方案。而随着我国信息化进程的加快，“八五”和“九五”时期，国家对信息技术基础设施的大力投入，我国数字通讯的用户和服务在近年取得了长足发展，地面数字链路的租用成本也有大幅下降。与此形成强烈反差的是，证券通讯公司收取的服务费用标准一直维持在初建时期的水平，因此存在着收费过高的问题。

四、建立IT产品准入评审制度

建立和实施IT服务供应商的证券市场准入制度，可以通过对IT服务供应商的规模、信誉、经营业绩、专业技术人力资源和项目管理水平的限制，提高IT服务供应商进入证券市场的门槛，一定程度上提高行业信息系统建设的成功率，同时有助于避免进入证券期货市场的IT服务商之间的恶性竞争，稳定IT服务商队伍。

建立和实施重要IT产品的评审制度的目的是为相应的信息化标准提供一个认证的机制，保证标准的实施和推广，从而达到提高行业信息系统安全、可靠、稳定的目的。

10.5.8 证券信息化发展的实施策略

为了顺利实现证券期货业信息化发展的总体战略目标，在总结十多年来行业信息化建设的经验、教训的基础上，我们提出证券期货业信息化建设的实施策略：

（1）坚持统一规划、统一领导策略

通过统一规划、统一领导，对行业信息化进行合理布局，减少资源浪费。整合行业信息资源，提高信息与知识的使用效率，减少信息孤岛。在行业信息技术主管部门的统一领导下，最大限度地调动整个行业的力量，有效推动标准化建设、安全体系建设及公共服务平台建设等对全局有影响的工作。

（2）分步实施策略

在统一规划的前提条件下，采用分步实施的办法是对过去信息化建设经验教训的总结，是稳步推进行业信息化的重要策略。信息化建设不能一蹴而就，它是一项艰巨而复杂的系统工程。要做好信息化组织工作，依据信息化总体战略目标和阶段目标，制定中国证券期货行业信息化三年及五年规划实施方案。在方案中明确行业信息化的组织结构、人力资源分配、资金预算、总体技术方案以及时间进度等；确定方案实施过程中的里程碑或检验关键点，以做好阶段成果的检验、评估工作；制定各种风险事故的应急计划。同时要制定规划方案及具体实施计划的更新机制。

（3）注重队伍建设策略

培养人才队伍，全面提高信息技术人员的综合素质。制定信息化的人才战略，有计划、有组织地培养行业内直接参与信息化建设的专业技术队伍。同时制定并实施信息技术知识的宣传普及和信息系统使用培训计划，全面提升行业从业人员及广大客户（投资者）的信息技术素质。

（4）专家策略

证券信息化的专业技术性很强，可以参照国外有关经验，引入IT咨询机制或吸纳其他行业的相关技术专家参与证券信息化的持续研发、规划更新等工作。

（5）加大信息技术投入

在国家加快信息化建设的宏观形势带动下，各市场参与主体要充分认识到行业信息化的必要性和迫切性。加大信息技术的投入，提高信息技术应用的广度和深度。

（6）建立行业IT专业服务体系

社会的进步、信息时代的到来，使社会分工越来越细。应推行IT专业服务理念，建立行业IT专业服务体系。通过建立健全相应的政策、法规来规范、约束IT专业服务的行为。在确保安全的情况下，尽量发挥专业人员的作用，提高信息化建设的水平和效率。

（7）建立信息化建设的风险控制体系

从风险管理的角度来看，信息化建设的成败取决于信息化过程中对各种风险的控制能力。要充分研究、分析信息化过程中组织管理、理念提升、宏观规划、项目运作、技术更新、需求变化、外部环境等各方面的风险因素，确定风险源，制定控制风险的具体措施，形成比较完整的行业信息化风险控制体系。

（8）建立行业信息化评估体系

对于信息化建设的评估是正确认识信息化建设的意义、规范有序推进信息化进程的基本前提。要建立行业信息化评估的标准体系，能够从宏观到微观对行业信息化水平进行评估，能够对信息化工程的质量进行客观评定，能够对信息技术的投资效益进行科学评估。

中国证券信息化经过十多年的特色发展之路，培育了较为发达的证券信息化市场组织体系。从证券市场的参与各方看，证监会、交易所、登记公司、证券期货公司都建立了自己的信息技术部门，IT人员近一万人，担负着整个证券市场的信息化规划、清算登记、交易撮合、通讯运行、委托代理、技术服务等工作；从衍生的证券技术市场看，涌现了恒生、金证等一批本土化的专业证券技术服务商队伍，为证券技术的创新和服务做出了贡献；从证券信息化的应用来看，行业信息化得到了通讯行业的大力支持，证券市场租用了大量的电信、移动、卫星通讯线路，既促进了本行业的信息化，也促进了通讯行业的发展。但市场的发展需要引导和推动，自发的市场不但因为盲目和重复建设形成浪费，而且会影响行业的发展从而不能实现集约化、规模化和大跨度的质的提升。所以，我们只有建立起更加有效的市场发展组织推动体系，正确规范与引导中国证券信息化的发展运行轨迹，才能避免重复建设的浪费和发展不均衡造成的失误，才能推动证券信息化发展的各项战略目标顺利实现。

10.6 结论

中国证券信息化发展战略是国家信息化发展战略的一个重要部分，它的实施对促进中国证券市场发展，推动整个国民经济的发展都具有重要意义。我们应该以邓小平理论和“三个代表”的思想为指导，认真落实党的十六大精神，本着对国家和行业负责的态度，与时俱进，积极创新，全面推进中国证券信息化发展战略。

实施信息化发展战略，应围绕促进市场发展，规范市场行为，保护投资者利益，增加证券市场吸引力而展开。所以，我们应把重点放在以下方面：

（1）加强技术创新和管理创新，改进传统交易模式和丰富投资者的交易手段，千方百计提高信息系统的可靠性和降低投资者的交易成本。

（2）在市场监管、风险防范和公司治理中充分发挥信息技术的作用，努力提高市场监管效率和风险防范能力，切实保护投资者利益。

（3）积极推进适合我国金融环境的金融创新和多层次市场的建设，并做好相关信息技术的准备工作，为增加证券市场的吸引力发挥作用。

只要证券期货行业的各级信息化领导组织积极推动，经过相关人员的共同努力，行业信息化必将呈现一派生机，发展战略的目标也一定能实现。

中国证券信息化发展的课题是一个庞大的系统工程，它涉及国际国内市场的发展，涉及业务与技术的交错互动，涉及多层次市场各方的利益牵制，涉及行业之间的相互影响。本章限于篇幅，只能从宏观的角度分析证券期货市场存在的问题和面临的挑战，提出发展的目标，明确实施的任务和完成任务的关键，证券行业主要领域的信息化发展战略将在本篇其他章作具体研究。

第11章
上海证券交易所信息化发展战略

上海证券交易所把建设世界一流交易所作为战略目标，在这一目标激励下，以业务定位、技术突破的方式，确立了交易所信息化发展的中期战略，即通过技术的整合运用来推进业务创新和组织建设，努力提高交易所的核心竞争力，力争在最短的时间内跻身于全球主要证券交易所之列。

11.1 上海证券交易所信息化的优势和面临的挑战

11.1.1 上海证券交易所拥有业界领先的技术系统

上海证券交易所技术系统由交易、通信、信息、监控四大系统组成，具有较强的技术优势。

第一，上海证券交易所开业伊始，就设计了具有直通式交易和T+1交收特征的交易交收系统。交易撮合系统容量达到日委托4 000万笔，成交6 000万笔。系统处理速度每秒6 000笔，峰值处理能力达到每秒8 000多笔，居国际证券市场领先水平。

第二，通讯系统拥有超过3 100家用户的单向卫星数据广播系统以及连接全国各主要城市的33条双向卫星（SCPC）系统透明干线通道和近1 800家用户的双向VSAT卫星网。

第三，信息集成系统建立了指数调整、报表统计、会员公司、上市公司、投资基金、登记结算、债券、资产管理等业务信息管理与分析系统，逐步成为各部门业务工作的重要支撑。内部网经过数次改进也已成为全所员工日常办公的好助手。

第四，新一代实时监控系统已运行数年，在加强一线监管方面发挥了重要作用。

11.1.2 网络信息时代给交易所带来严峻挑战

一、传统证券交易所的垄断地位被打破

在全球经济一体化、科技进步和金融深化的基础上，部分掌握资金和客户的大机构可以通过新型交易平台，直接进入原由交易所垄断的证券交易市场。在过去的20年中，国际上出现了许多新型交易系统，以及专用交易网络（如路透的Instinet系统），大型中介机构的内部对盘网络，甚至网上交易所等。例如，1999年7月，全球最大的19家投资公司宣布建立“交叉网络”，投资者不需要通过交易所的经纪人，直接通过该网络就可买卖英国股票，据称以此可节约80%的交易成本。在亚洲，数家新加坡证券行也于2002年起向该国金融管理局展开游说，希望设立股票交易电子设施，这种电子通讯网络（ECN）可迅速配对订单，成为传统证券交易所的竞争对手。

这些新的交易手段和设施的涌现预示着传统交易所垄断市场的好时光已经一去不返。为应对来自新型交易系统的挑战，世界一些主要的交易所纷纷采取措施，如采用多种交易机制、延长交易时间、推出盘后交易系统等，以满足投资者的不同投资需求，增加市场吸引力。以日本东京证券交易所为例，为满足机构投资者对大宗交易及“一揽子”交易的需求，东交所推出了 ToSTNeT－1 交易系统。同时，还推出了另一个专为以收盘价成交的买卖盘设计的 ToSTNeT－2 系统。

目前沪、深证券交易所由于国内市场的封闭性和法规限制而暂时免受冲击，而全球很多交易所正通过合作、联盟、联网、并购等方式进行日益深入的格局调整，区域性和跨国界的地区交易所联盟的大格局已经浮现。我国交易所如何应对这种变化，直接决定了21世纪我国证券市场在国际证券市场中的份额和地位。

二、交易所面临技术进步的巨大压力

互联网技术的应用带来了证券交易方式的革命，面对信息技术的飞速发展和来自新型交易系统的竞争，传统的证券交易所不得不在技术手段和技术设备上加大投入，以保持自己的竞争地位。系统购置维护和技术更新的费用日渐成为各交易所最重要的成本支出。数据显示，电脑系统购置和维护费用已经成为各国证券交易所的第二大成本支出。1997 年，北美地区交易所共投入了3. 18 亿美元来购买电脑硬件和软件，欧洲地区交易所花费了2. 18 亿美元进行系统发展，占成本支出的比例为21. 7%，较1996 年上升4 个百分点，而亚太和南美地区交易所的系统发展费用也分别达到1. 29 亿美元和0. 23亿美元。

三、交易所之间的竞争越来越激烈，形式也日趋多样化

第一，从技术上看，广泛采用“远程接入”系统、电子交易平台和其他交易系统，而各种低成本交易系统的不断开发也加速了全球范围内交易所的竞争。

第二，证券交易参与者的技能在提高。随着管理资产的增加，原交易中介的操作力度向投资者转移，交易的前、后台作业集中化，这要求交易所改变自身提供的服务。

第三，新兴业者的介入也加剧了交易所间的竞争。新兴业者主要有两类：一是封闭、独有的交易系统（如 Instinet 等）；二是非传统的介入者（如 IBM 等）。

第四，相对于传统的经纪人——证券商，电子通信网络（ECNs）提供了具有成本优势的市场交易模式。而法规的放松将使电子通信网络可以同传统、占统治地位的交易所直接竞争。

第五，许多国家国内的证券交易所已经或计划合并，时区内及时区间的股票交易所正逐步结成联盟，美国、欧洲及亚洲的衍生工具交易所间也建立了大量的交易链接，这些无疑都扩大了交易的范围，加剧了各国交易所间的竞争。

第六，投资者和中介的各种利益取向推动着行业的重组。如，机构投资者进行直接交易的需求促成了 Instinet 的产生；散户对更低成交价和更多研究信息的需求则推动了网上“折扣”经纪商的持续增长。

11. 2　以因特网战略为突破口，确立建设世界一流交易所的战略目标

面对新经济、新技术时代的严峻挑战，上海证券交易所审时度势，决定首先改进交易所的基础设

施，建立自己的技术优势。为此，上海证券交易所于2000年在国内证券行业率先引进“外脑”，通过比较筛选，最终确定由国际一流的专业咨询机构波士顿咨询公司（BCG）为上海证券交易所制定因特网战略，以此为突破口，多角度地推进交易所的信息化建设。

“上海证券交易所因特网战略”是根据中国证券市场即将发生的重大变化，从交易所整体发展的战略高度出发，结合资本市场、证券交易、电子商务的发展趋势，制定出一个以网站建设为起点的切合实际、兼顾长远的交易所互联网发展规划，以达到提高上海证券交易所竞争力和创造价值增值的目的。这一项目历时11个月，取得了内容丰富、可操作性强的成果，具体包括对上海证券交易所网站现状的评估、远景规划书（1~3年）、具体实施计划书（包括实施进度、网站建设招标书、寻找合作伙伴、资源规划等）、配合实施策略（包括项目管理、对本所项目人员的培训等）。

11.2.1 从战略高度思考问题，把握不确定中的价值所在

一、通过访谈广泛摸底，切实做到以市场为导向

通过广泛访谈和深入调研了解市场的真正需求，找出我们与国际水平的差距所在，充分了解了交易所内部对因特网战略的需求。确定了能为主要的市场参与者服务、并且符合交易所未来发展的19个概念，从中根据本所现有资源及概念内在的联系确定了9个优先实施的项目，涉及了因特网交易、信息经营、门户网站、信息披露、内部支持等多个方面。

二、将长期规划与短期计划相结合，使战略规划落到实处

项目成果可以归纳为1个远景蓝图、9个实施规划、1份网站招标书、1个IT基础平台、1套组织架构，这样既有业务和技术，又有组织和管理；既有3~5年的远景规划，又有逐月、逐周的具体进度计划；既有规划，又有具体招标文件；既有分散的9项业务，又有统一的基础平台，做到长短结合、虚实结合，既有前瞻性，又具可操作性。

三、将技术与业务有机整合，优化交易所现有资源

项目组分析了交易所面临的组织结构上的四大挑战（品牌和声誉、决策和执行速度、人力资源管理、晋升和报酬制度），设计了涉及五个关键领域（组织结构、管理、流程、人员、领导层）的因特网战略实施整体结构，包括业务开发委员会、业务开发主管、业务部门/营业中心、信息与因特网能力中心等部分，做到分清业务责任、遵循因特网管理的一般原则，同时又充分利用和优化现有资源。

11.2.2 坚持规划的针对性和可操作性，实现社会效益与经济效益的统一

第一，确定了把上交所建成“国际一流的网上投资信息服务商”的总体目标，“国际一流”是指上交所要应对的是国内和国外两方面的竞争；“网上”是指充分利用信息技术的潜力，不但包括因特网，还包括虚拟私人网络（VPN）等多种技术，从而增强并发挥现有资产的竞争优势；“投资信息服务商”指不仅局限于上市、撮合和市场监管方面的服务，更要为所有市场参与者提供服务，包括上市公司、中介机构、投资者和市场管理者。

第二，制定了九个优先业务（电子投资渠道、数据仓库、上市公司平台、第三方数据分销、大宗交易、内部网、因特网推广、市场洞察服务、安全文件递交网络）的具体实施规划，每个规划都包括十个方面的内容（项目描述、业务原理、关键成功因素、人员设置、主要技术障碍、投资和成本与营业收入、时间进度、关键路径、项目结构、合作伙伴等），同时根据项目的不同特点分别有所侧重。

第三，明确了因特网项目的实施要素、所需资源、实施进度、下一步计划。其中规划的重点是分阶段实施、实施前应执行设计阶段、积极管理不同项目的交叉重叠部分、培养强有力的项目经理。组

织的重点是任命全职投入的业务开发总监、建立适合的管理结构、业务开发责任与技术服务相分离、给合适的人选授权、同战略合伙人建立有效的合作关系。在实施进度上将首先从上海证券交易所网站开始，从一个因特网项目起步，以增加成功的机会，通过早期项目获得经验、建立组织结构并聘用优秀人才，减少可能的失误。

11.3 启动三大技术项目，全面推进上海证券交易所信息化建设

在因特网战略所确定的交易所网络应用规划的基础上，上海证券交易所根据实际情况，抽调业务骨干并进一步招聘人员组建成立了上海证券交易所信息公司，具体负责新网站项目的落实和实施。同时，2001 年以来，还先后开始实施新一代交易系统建设项目、新一代信息系统建设项目，这三个重头项目使上海证券交易所的信息化发展步上了一条不断夯实基础的道路。

11.3.1 上海证券交易所新网站的建设及其特点

早在 1995 年，上海证券交易所就建立了专门的网站：http：//www. sse. com. cn。近年来，上海证券交易所一直致力于将此网站建设成为上海证券交易所“形象宣传的窗口、市场信息服务的枢纽、未来交易所的业务平台”。在因特网战略项目的成果基础上，新网站于 2001 年 10 月开始整体规划，2002 年 5 月开始首期建设，8 月进入上线调试阶段，同年 11 月即以崭新的面貌呈现在使用者面前。

新网站项目的建设采取滚动开发、阶段推进的策略。首期着重于提升和巩固上交所品牌，体现对市场的服务理念，提高信息披露效率和市场透明度，以及推进因特网技术在业务方面的应用。新网站不仅为市场的主要参与者（投资者、上市公司、证券公司等）提供丰富权威的信息，还将具体业务搬到网上办理以提高交易所的工作效率，同时通过建立安全的网上信息交换机制，提高证券市场的效率和公正性。新网站具有如下特点：

（1）以用户为导向

作为一个官方网站，上海证券交易所新网站在信息披露和内容展示上具有权威性和独特的市场地位。为了在网上更合理地展现有关数据和信息，让浏览者获得更好的访问体验，新网站在设计方面以用户导向为原则，即针对不同的用户设计不同的信息通道、提供不同的应用功能。新网站将访问用户分为公众、上市公司特定用户、证券公司特定用户和上证所内部用户几类，不同用户可以快捷地通过特定导航通道进入各自专区。新网站将首页默认为公众的进入界面，一级栏目按照访客关心程度进行排列。上市公司和证券公司可以从首页快速进入各自专区进行网上业务办理。

（2）以业务流程为基础

新网站的一个重要理念是以因特网技术推动业务应用，从而服务于上市公司和会员公司。为此，新网站将功能和应用的设计建立在对业务流程的支持基础上。既为市场参与者提供信息，也支持证券业务的网上直通处理。

在上市公司专区，新网站提供了上市公司公告发布平台，以网络为信息通道，整合交易所上市公司管理的业务流程，为上市公司提供网上公告的发布机制。同时，上市公司专区还提供了面向监管的上市公司自主在线信息维护平台以及面向服务的上市公司交流平台。在会员公司专区，会员公司可以在网上办理向交易所申办会籍业务，填报基本信息，发送报表和报告，查询会员统计信息和席位信息，就席位信息、业务办理等关心的问题进行交流，发表意见和建议。两个专区均与后台的业务处理系统相连接，为网上业务办理提供入口和平台。

(3) 以信息安全为特征

目前交易所内部主要业务部门已具有一定水平的业务电子化处理能力，在信息电子化流转、处理过程中需要进一步建立安全机制，以便保障信息处理和传递的“不可抵赖性”。为此，新网站将建设目标定为建成一个以信息安全为主要特色的因特网基础平台。该平台将有利于交易所完成与上市公司、证券公司和相关机构的安全信息交换，促进证券市场信息的权威发布以及提高透明度，完善投资者保护和提高市场效率。

在建立新网站信息安全机制时，从国家对信息安全的宏观控制要求考虑，他们采用了具有我国自主知识产权的相关先进技术和产品，在新网站上构建一个信息安全服务平台，提供基于公钥基础设施（PKI）数字证书认证机制的网上身份鉴别服务，以便能在整个上交所新网站系统范围内唯一地确定实体的真实身份，建立起全系统范围内一致的信任基准，有效解决信息安全传递所需的技术条件。在后续各期的建设中，新网站将把安全高效的信息服务概念通过网上业务应用进一步推广，以取得良好的社会效应。

11.3.2 上海证券交易所新一代交易系统的建设及其对未来市场的影响

一、新一代交易系统建设的背景

1. 保持竞争优势的需要。上海证券市场是亚太地区最早推行电脑自动撮合交易的市场之一。上交所交易系统的发展，大致可分为四个阶段：第一阶段，交易系统由网络文件服务器和无盘工作站构成，系统速度为每秒撮合3笔。第二阶段，引入小型机硬件平台，采用开放式的UNIX操作系统和客户服务器结构，系统速度达到每秒撮合300多笔。第三阶段，引入并行处理机制，优化核心算法及数据结构；同时把原来冷备份方式主备机切换改造为热备份方式切换时间，系统峰值能力达每秒撮合3 000多笔。第四阶段，将第三阶段在32位平台上的软件移植到64位平台上，系统峰值处理能力达到每秒撮合8 000多笔，并为进一步大幅度提高交易系统的容量及性能预留了系统资源。

上海证券交易所的交易系统具有一定的技术优势，在十余年的运行实践中，也积累了丰富的经验。但是，在网络通信技术、电子技术飞速发展的今天，证券交易所之间已将竞争的重点和核心转向了交易系统。交易系统不仅直接影响交易的成本和效率，也影响到市场的流动性、稳定性和市场公平。因此，拥有一个世界一流的交易系统，是使我国交易所在强手如林的国际同行中立于不败之地的重要基础。而且，交易所有义务走在证券业的最前沿，充当证券业技术进步的“领头羊”。

2. 市场发展和技术进步的需要。第一，资本市场的规模不断扩大。根据沪、深证券交易所的相关统计，截至2002年年底，两市上市公司数量达到1 224家，上市股票数达到1 310只，发行股数5 462.99亿股，流通股数1 679.94亿股。证券公司126家，总资产5 700亿元，基金管理公司21家，证券投资基金71只，基金规模1 319亿元。随着市场规模的逐步扩大和交易品种的日益丰富，将会有越来越多的投资者加入到证券市场中来，包括机构投资者和个人投资者。由此，对交易系统的压力将数十、上百倍地增加。

第二，证券信息技术飞速发展。信息技术成为推动资本市场全球化和金融创新的重要工具，也为市场参与者控制风险、共享资源和提高竞争力提供了方便。因此需要提高系统性能，以满足不断增长的投资人数；为投资者提供多种交易途径，满足多样化的投资需求和风险偏好；同时缩短应用开发的周期，以满足更快推出产品的需要。另外系统需要具有更高的可用性，以支持24小时的全天候交易；需要更安全的应用、网络和通信系统，以维护市场的稳定运行；需要具备与国外交易所相连接的能力；需要制定行业标准，以减少成本和提高交易的效率。

第三，加入世贸组织和资本市场对外开放。随着中外合资的基金管理公司、中外合资证券公司相继挂牌和《合格境外机构投资者境内证券投资管理暂行办法》出台，国际金融资本进入我国的频率加快、总量加大，客观上要求我国的证券交易所完善资本市场运行体系和运作方式，逐步与国际市场接轨。在时机成熟时，我国交易所的交易系统将和境外交易所、境外券商之间实现对接。因此必须提前做好技术准备，采用通用的国际性行业标准，提供规范接口，使国外投资者能够方便地对中国进行投资，同时也使得中国的投资者有机会参与国外证券市场的投资。

二、新一代交易系统的建设的目标

开发新一代交易系统，是上海证券交易所加强市场基础设施建设、推动市场健康深入发展的一项重要举措，也是上交所适应时代要求、逐步对外开放、参与国际竞争的战略性选择。新一代交易系统建设的总体目标是：

（1）建设世界一流的交易平台；

（2）满足市场日益增长的多样化需求；

（3）为证券市场与国际接轨提供支撑和保障；

（4）为会员提供更优质的服务。

根据上交所的规划，新一代交易系统将是一个高效、灵活、安全、可靠、高性能和可拓展的通用交易技术平台。系统将支持：

（1）多渠道交易：经纪商系统、场内交易、网上交易、交易所联网交易、双边挂牌交易等；

（2）多产品交易：股票和债券产品、权证、共同基金、交易型开放式指数基金、指数产品、期货、期权等；

（3）多机制交易：做市商、集合竞价、连续竞价、大宗交易等；

（4）多订单交易：限价订单、市价订单、止损定单、各种时间和数量条件订单等；

（5）多币种交易；

（6）灵活的交易时间：如延长交易时间、盘后交易等。

从技术目标看，新系统将是一个高效率、高可靠性、高安全性、高模块化、高伸缩性、高可维护性的技术系统。

三、新一代交易系统的推出对未来市场的影响

上海证券交易所在新一代交易系统项目建设中，引入了先进管理模式，将整个项目的进行分为项目定义与项目实施两个阶段，并建立了完善的文档制度，以提高沟通效率。新一代交易系统的项目定义已于2002年9月完成，上海证券交易所新一代交易系统的建设成功必将对未来证券市场的发展产生积极、深远的影响。主要体现在以下几个方面：

1. 先进的技术系统为市场创新提供了更大的便利。新一代交易系统努力吸取全球交易所的系统特长，是一个全新设计的拥有很大灵活性和扩展性的强健系统。它将提供更大的市场容量和更卓越的技术性能；支持未来更丰富的交易品种和更灵活的交易手段；有利于投资者结构的调整，促进投资理念的优化；新一代交易系统也为券商的金融创新提供了更方便的实现手段和更公平、安全、稳定的交易环境。

2. 提高行业技术水平，促进行业技术标准的建立。在新一代交易系统的项目建设上，上交所从海外聘请了曾经参与全球多个交易所交易系统设计的专家与独立顾问；通过详细评估，从国际IT业界挑选并组织了具有丰富交易系统设计经验的项目定义咨询顾问团队；同时抽调交易所内资深人员和引进海内外高级人才进行培训和实践，组成了一个强有力的技术队伍。这个具有国际大型交易系统开发实施经历的队伍在项目实施中，可以把大型 IT 项目管理方面的方法和手段、判断技术发展趋势的能力、理解业界关键业务问题的能力，向国内证券 IT 业界推广，为业界的电子商务建设提供一个实践参考。

3. 交易所的交易系统将与国际接轨，提升竞争力。上海证券交易所新一代交易系统的建设从设计到开发，都考虑到国内证券业的长远发展和其发展战略方向的需要，引进海内外优秀人才资源，考虑与国内外交易所的接入等。交易所交易系统的功能提升将推动证券机构改进技术平台，为投资者提供更个性化、更全面的服务，提高参与国际市场竞争的能力。

11.3.3 以数据仓库项目为起点，构建交易所新一代信息系统

在证券行业的竞争中，IT 的应用不仅是提高效率和降低成本的手段，而且日益发展成为行业生存发展必不可少的“武器”。上海证券交易所要实现建立国际一流交易所的战略目标，就必须首先建立一个使上海证券交易所能够提供全方位的产品和服务，代表国际领先水平的技术基础设施体系。为此，早在 2000 年，上海证券交易所就开始酝酿建设新一代信息系统。

在对上海证券交易所的信息资源状况进行调查并对现有的业务流程全面梳理的基础上，通过竞争招标选定国际知名咨询设计公司完成对上海证券交易所信息化的战略咨询。经过前期的充分准备，2002 年 5 月，决定先期启动数据仓库建设项目。

全球市场发展的经验证明，核心基础构架要以直通处理（STP）技术为基础。直通处理架构使交易所的信息处理更为有效，在优化人力资源配置的同时也降低了操作风险，此外，直通处理能加强部门之间的信息共享并支持综合的互联网策略，改善交易所对外服务的质量，从而使交易所能够更快地适应国内和国际市场、监管环境以及业务需求的变化。直通处理体系发挥效用需要有一个健全的数据管理体系作支撑。数据管理体系解决信息的储存和分析，再通过直通处理体系实现信息的流动。

因此，数据仓库项目是上海证券交易所新一代信息系统建设的首要环节。这个项目的主要任务是构建数据仓库和数据总线，在对现有业务、跨部门业务和战略需求前景进行调研的基础上，完成技术逻辑架构，实现流程再造和结构优化，同时提供分析决策支持和数据挖掘应用的功能。

数据存储一般通过企业级的数据仓库来实现。数据仓库提供一种面向主题的完整的数据集合，既为管理决策过程提供信息支持，又是企业信息资产的中心存储所在。通过集中存储来自各种相关信息源系统的详细数据，数据仓库可以支持各种用户群的临时信息搜索和深入的数据挖掘。通过信息的集中，管理人员可以得到关于整个企业运行状况的全面信息，而不必去各个部门的系统查看不完整的片段信息。在应用上，数据仓库可以帮助实现对业务趋势的经常性分析，以便及时发现潜在问题，并主动采取防御措施；数据仓库也可以用来提供新的服务。交易所目前拥有的大量信息资源分散在各处，不能方便地提供给使用者。数据仓库解决了集中存储问题，并且利用通讯中间件来方便信息的取用，进而可以将这些信息通过各种渠道发布给使用者，从而为交易所开辟新的收入渠道。

具体地看，数据仓库项目将提供以下两个层次的功能：第一，实现信息的有效存储，方便访问和分析，满足交易所各部门正常工作运行的需要，保证信息在交易所内部能得到充分的利用。数据仓库系统还要便于和其他系统通讯交换信息，并且建立日常的维护和动态更新机制。第二，数据仓库是信息产品的加工厂，还要进一步发挥对提高全所数据管理和决策水平的支持能力。同时，数据仓库作为新一代信息系统的重要组成部分，必须能够支撑新一代交易系统，其设计应做到灵活和开放，为满足交易所长远发展的战略目标作准备。

目前，数据仓库项目的战略调研和方案设计已经完成，在外部专家的帮助下已经确立了上海证券交易所企业级数据仓库的架构，明确了数据仓库实施蓝图，并完成了招标书的主体内容。此外，十年

交易历史数据的清洗工作已经展开，方案设计完成后，将进行滚动实施。

总之，数据仓库项目的实现将为交易所的工作流程再造提供一个基础架构，并推动交易所内部结构的调整，实现运作效率的提高和改善。

网络信息时代，对于证券交易所来说，既带来了严峻的挑战，也蕴藏着巨大的发展机遇。通过与国际一流咨询公司的合作，通过因特网战略的制定与实施，上海证券交易所的信息化建设已经有了一个良好的开端。我们相信，随着新网站的开发建设、新一代交易系统的建设和新一代信息系统建设的不断推进，定能使上海证券交易所的信息化建设踏上一个更高的台阶。上海证券交易所的战略行动符合国际证券市场的发展潮流。只要坚持正确的改革方向，上下一心，统一观念，形成合力，加快步伐，坚定不移地实施和深化这些战略规划，坚持技术创新、服务创新、产品创新和人才创新的发展方向，上海证券交易所必将构筑起核心竞争力，成为亚洲一流乃至世界一流的证券交易所，为我国国民经济的发展做出更积极的贡献。

第12章
深圳证券交易所信息化发展战略纲要

深圳证券交易所作为中国证券市场一个重要的组成部分，被赋予了建设中小企业板、探索我国多层次资本市场建设的历史使命，因而确立了“建设和发展中小企业板市场，为中国资本市场总体发展和国民经济服务”的战略目标。在这一目标激励下，深圳证券交易所结合信息化需求和实际情况，借鉴国际证券市场经验和信息化发展趋势，确立了交易所信息化发展的中期战略，通过技术整合和技术创新，来推进业务创新和组织建设，不断提高深圳证券交易所的核心竞争力。

12.1 深圳证券交易所业务发展方向和信息化战略总体目标

未来几年，深圳证券交易所主要的业务发展方向将包括以下几个方面内容：

(1) 以支持国民经济发展尤其是支持我国中小企业发展为己任，以“监管、创新、培育、服务”为理念，大力发展中小企业板市场；

(2) 加强以信息披露监管为主线的上市公司监管，提高上市公司透明度，给投资者真实的上市公司；

(3) 加大制度创新和产品创新力度，着力改变交易机制单一和产品单一的局面；

(4) 加强投资者信息服务，扩展交易信息的深度和广度，进一步提高市场透明度，尤其注重保护投资者合法权益；

(5) 在现有主板、中小企业板、代办转让市场成功运营的基础上探索构建适合我国国情的多层次资本市场体系；

(6) 加快提高深圳证券交易所核心竞争力，应对业务挑战和国内外竞争。

深圳证券交易所将强力支持信息化战略的总体目标：以“科学、安全、实用、高效”为指导原则，不断致力于提升信息系统功能和适应业务发展需求，满足交易运营、发行上市、信息服务、上市公司监管、市场监管、会员监管、内部管理等需求以及同监管者紧密合作的需求，满足市场对系统可用性、功能完整性、性能、容量、可扩展能力和成本效益的需求。

12.2 深圳证券交易所信息化 SWOT 分析

为适应中国证券市场的快速发展，深圳证券交易所长期以来一直致力于推进信息化工作，以支持各项业务安全高效运行。经过十四年多的建设，深圳证券交易所信息技术系统已经发展成为以交易系统为核心、以通信网络为纽带、以监察系统和中心数据库系统以及业务管理系统为主要业务支撑、以行政支持系统为内部管理支撑的庞大系统。

下面将基于核心交易系统，对深圳证券交易所信息化的优势、弱势、机会和面临的挑战进行分析。以便在认清优势和不足的基础上，采取措施，进一步发挥优势、改进不足、抓住机遇、应对挑战。

12.2.1 深圳证券交易所交易系统优势分析

一、系统特点

1. 系统具有高可用性和较强的安全运行能力。中央交易系统采用 Nonstop 平台，应用软件采用故障隔离和断点恢复设计技术；通信系统支持主备通道自动切换，并建有通信灾备中心，因此系统具有高可用性，历年的运行经验证明，深圳证券交易所交易系统安全运行能力较强。

2. 系统具有较强的可扩展性、灵活性和适应性。因中央交易系统采用 MMP 结构的主机，且每只证券具有独立的订单簿和撮合进程，具有较强的可扩展性。深圳证券交易所现有第四代交易系统已基本基于规则和参数驱动；在券商通信接口上，通过业务类别来扩展新业务，并发布证券信息，接口定义相对科学、规范，具有较强的灵活性。对应用系统完全掌握，在新业务的响应时间上具有较强的适用性。

3. 系统具有较完备的业务功能。系统基本支持参数驱动的市场控制功能；具有席位级股份卖空监控功能；中小企业板特有的开放式开盘集合竞价、收盘集合竞价功能；支持转托管、公司新股/债券的发行、上市公司行为（配股、可转债转股、可转债回售）选择指令、质押、流通股份要约收购等非交易业务的申报业务；已预留市场断路器、按比例设置有效竞价范围等功能。

4. 具有较强的自身维护能力和技术实施能力。一直坚持自主设计与开发交易系统，对系统完全控制，自身具有很强的维护能力，且经过四次大的系统升级改造，为交易系统开发维护积累了丰富的经验，已培养了一支经验较丰富、技术能力强的技术队伍，不少技术人员已经具有十年以上的专业工作经验。

5. 已基本构建多层次、多品种、跨市场的交易系统雏形。目前交易系统已支持主板、中小企业板、股份转让系统（简称“三板”）的市场运作，允许各市场具有不同的交易制度安排和交易方法，有自身特殊的业务功能。通过市值配售新股交易业务，已建立与上交所的基本连接。

在未来两年内，深圳证券交易所将维持上述优势。

二、与海外主要证券市场的交易系统相比

与海外主要证券市场相比，深圳证券交易所交易系统具有以下优势：

（1）功能方面，主要体现为具有复杂的前端风险控制功能，具有高效率的证券发行功能。前端风险控制功能是中国市场的特色，也是新业务需求技术实现的重要因素。

（2）在交易处理效率方面已达到世界领先水平。

（3）系统具有大的容量和较好的技术扩展性；每只证券的交易相对独立，证券交易多线程并行。

（4）在市场网络架构方面，多层次的网络架构以及地面通讯和卫星通讯互为使用的容错性网络设计达到先进水平。

（5）在交易系统高可用性方面，在2005年实时灾备上线后将达到国际同行业先进水平。

12.2.2 深交所交易系统弱势分析

一、现有交易系统存在的问题

深圳证券交易所第四代交易系统上线运行以来，较好地适应了交易制度创新、产品创新、运行管理功能完善等需求，并在满足新业务需求的过程中不断完善系统，在运行过程中不断查找问题，于2003年上半年专门进行了总结，发现现有交易系统存在以下方面的问题，需要进一步优化或重新设计：

第一，由于中央交易系统采用MMP结构的主机，应用架构上具有前端风险控制和基于内存设计等特点，现有架构对存在关联关系的交易品种或业务功能的支持较复杂，如已支持的封闭式债券回购、未来的ETF。深交所需在应用架构上进行调整，探寻处理互相关联交易品种交易业务的技术手段，如采用内存和数据库相结合的应用架构，或允许一个撮合进程同时负责多个关联证券的竞价撮合处理的应用架构，等等。

第二，第四代交易系统基本基于灵活配置的参数驱动，并预留了一定的发展空间，但随着新业务功能的不断加入，部分参数需整理并重新设计。例如，现有系统在席位权限上，定义了其交易品种的交易权限，但在业务权限（集中交易、大宗交易、发行及其他业务）上未统一设置，需在席位业务权限上重新设计，从产品类型、订单类型（业务类型）、买卖方向等属性考虑来设置。

第三，基于效率的考虑，给通信系统分配了业务相关的基本合法性检查和部分前端风险控制功能，但这样使通信系统与业务相关，降低了通信系统的透明性和稳定性。需要重新评估分布在通信系统的业务功能，或调整架构，利用规则参数驱动的方法，增强通信系统对新业务的适应性及其系统稳定性。另外，在中央交易系统和通信系统的接口上，可进一步优化，使其更加简明、科学。

第四，通信系统方面，面临更换硬件平台和操作系统的选择，在应用系统架构上需进一步优化，以进一步提高效率和容错能力，提高与中央交易系统处理能力的匹配性，适应交易所流量计费、节流等需求和券商集中交易、灾备需求。

第五，大堂交易系统，于第三代交易系统中开发，运行于落后的OS操作系统平台，可维护性较差，但目前只支持近十个境外特别会员出市代表的交易，在新业务推出时要投入人力改造，面临选择。

二、与海外主要证券市场相比的弱势

与海外主要证券市场相比，深圳证券交易所现有交易系统的弱势主要体现在与交易制度和规则相关的业务功能方面：

（1）产品品种较单一；

（2）委托类型较单一；

（3）交易机制单一；

（4）交易信息不够丰富；

（5）接入接口单一，除了开放式应用网关之外，未提供多种接入方式，如远程工作站（Off－floor Trading Workstation）。

12.2.3 深交所交易系统的发展机会

第一，深圳证券交易所正面临建设中小企业板、探索我国多层次资本市场建设这一重要历史使命和历史机遇。故在政策上先行对深圳证券交易所交易系统提出新业务需求，例如已在中小企业板先行的开放式集合竞价、收盘集合竞价，以及拟将先行的“市价转限价申报”和“最优价格申报”，为交易系统的不断发展提供市场需求这一直接动力，并有利于促进深圳证券交易所发展新的交易系统。

第二，正在使用的第四代交易系统，基于较科学、实用、高效的设计，很好地满足了过去几年安全运行的需求，尤其是近两年新业务较多但进展很顺利，这是因为有一个很好的基础，在未来2~3年内深交所还将受益，为规划开发下一版新系统留够了时间和空间，踏好了节奏。

第三，电子化交易方式是目前全球证券市场发展的主流，它凭借其诸多优点已被许多交易所接受，并且正成为交易所的核心竞争力。深圳证券交易所十分重视技术这一核心竞争力的培养，重视交易系统的建设与发展，这为交易系统的发展提供了一个良好的发展环境。

第四，内部开发力量的保证。交易系统的核心软件系统全部采用内部自主开发和维护的方式，并且经过四次大的系统升级改造，为交易系统开发维护积累了丰富的经验。此外，跟踪学习海外主要交易市场交易系统和上交所新一代交易系统，研究交易系统发展趋势，并与澳大利亚交易所、新加坡交易所、中国香港交易所等进行直接的交流，与交易系统提供者OM公司、系统平台供应厂商（如HP公司）进行合作交流。这些为深圳证券交易所交易系统的发展提供了良好的技术人力保证。

第五，交易系统的开发条件已经大大改善。交易系统经过二十多年的发展，市场积累了经验，建立了一些系统开发标准，而且出现了专门从事交易系统开发的厂商，此外，一些信息技术供应商如IBM、HP等也成立了金融证券业务部门。深圳证券交易所可在新系统的规划和建设过程中借助外力（如顾问服务）来打造高质量的、符合国际发展趋势的交易系统。

12.2.4 深交所交易系统面临的挑战

一、交易系统将面临建立多层次市场体系的挑战

建设中小企业板、探索我国多层次资本市场建设这一历史使命，要求深圳证券交易所交易系统支持多层次市场的运作，要能满足不同层次市场可能的不同交易制度、不同交易方法和特殊需求。面临建设多个交易系统还是一个集成统一的交易系统平台的抉择。

二、交易制度和业务深层次创新的挑战

近两年来，创新成了中国证券市场的主旋律，并且还将持续，要求交易系统不断满足交易制度和业务创新的需求。在证券市场间竞争日趋激烈的环境下，要求缩短应用开发的周期，以满足更快推出产品或业务的需要。

三、我国资本市场对外开放的挑战

我国资本市场对外开放，要求交易系统具有与境外交易所相连接的能力，提供境外券商低成本接入的渠道，以扩大市场参与者群体和提高在国际上的竞争力。

四、增强集中运行管理能力、进一步提高安全运行能力的需求

随着业务的发展，交易系统越来越复杂和庞大，要求系统具有更强的集中运行管理能力，具有更高的系统可用性，以支持更长时间的交易，具有更安全的应用、网络和通信系统，以维护市场的稳定性。

五、国内外证券交易所推出新交易系统带来的挑战

综观近年来国际证券市场信息化的发展态势，技术整合（Integration）和技术创新（Innovation）

是世界证券市场信息化的主旋律。对内需要进行现货、衍生品等不同市场的交易系统的水平整合，或整个技术架构的整合，或与结算的纵向整合，建立直通式处理（STP）架构；对外需要进行与其他交易所不同层次、不同模式的互联或集成统一到相同的技术平台上。通过整合和技术创新，提高信息化服务的效率和可靠性，适应新的业务需求，创造新的业务模式，从而推动证券市场的发展，同时力求控制信息化成本，试图在成本和效益间找到合理的平衡点。

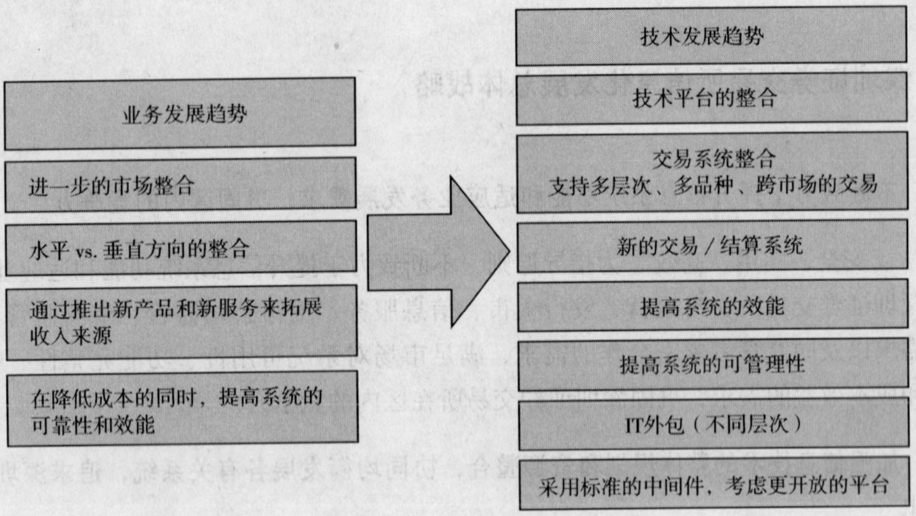

图 12－1　证券行业业务和信息技术发展趋势图

国内外证券交易所推出新交易系统，会较大地提高其核心竞争力，对其未来发展产生积极影响，同时给深圳证券交易所带来竞争压力，比如对业务创新的响应速度加快等，在技术层面上要求深圳证券交易所采取措施来消除差距。

图 12－1 为证券行业业务和信息技术发展趋势。

12.2.5　其他应用系统

除了核心的交易系统，深圳证券交易所还配套建设了市场监察系统、中心数据库、网站、业务管理系统、办公自动化系统和财务管理系统等应用系统。

一、监察系统

于 2001 年 11 月与新版交易系统同时上线运行的新版监察系统，是根据市场监察等业务需求开发的一套具有专家系统特点的信息系统。该系统可实时及事后获取证券交易、结算、存管系统的数据，能对证券市场交易的各个层次进行不同角度的监察，帮助监察分析人员及时发现证券市场异常情况、掌握交易动态、分析市场运行状况、发现及制止违规行为、防范市场风险。

二、中心数据库

2003 年 6 月，深圳证券交易所中心数据库系统正式上线运行。该系统是以数据仓库为基础的信息系统平台，它建立了企业级数据集中存储体系，实现了从全所各个系统有效采集数据的机制，统一存储、管理各类历史数据，为业务人员提供分析和展示的工具，满足日常的查询、统计以及决策分析的需求。

三、业务管理系统

主要包括公司管理部业务系统、发审监管部业务系统、会员管理部业务系统、基金债券部业务系统，用于支持这些主要业务部门的业务处理。

总之，经过多年建设，目前深圳证券交易所的各类应用系统已经比较齐全，能够适应目前各类业务的需要。由于核心应用系统基本采用内部自主开发和自行运维的方式，经过十余年的信息化工作，在研发和运维两方面均积累了比较丰富的经验。但是，深圳证券交易所还需要在系统整合、架构优化、质量控制、项目管理、运维管理、标准化等方面下工夫，从而提升技术系统整体的效益和适应性。

12.3 深圳证券交易所信息化发展总体战略

12.3.1 不断致力于提升信息系统功能和适应业务发展需求，巩固区内的竞争力

以“科学、安全、实用、高效”为指导原则，不断致力于提升信息系统功能和适应业务发展创新需求，满足深圳证券交易所交易运营、发行上市、信息服务、上市公司监管、市场监管、会员监管、内部管理等需求以及同监管者紧密合作的需求，满足市场对系统可用性、功能完整性、性能、容量、可扩展能力和成本效益的需求，巩固深圳证券交易所在区内的竞争力。

12.3.2 加强信息技术的整体规划和资源整合，协同均衡发展各有关系统，追求深圳证券市场整体效益最大化

成立技术发展战略规划小组，加强信息技术的整体规划，坚持完善每年协同中国结算公司深圳分公司制定技术工程项目规划纲要，坚持完善逐年修订技术白皮书，对两年内的主要信息技术工程项目进行规划，并总结上期规划纲要的实施情况。以该规划纲要作为深圳证券交易所每年信息化工作的主线，促进交易、结算统一规划，分工合作，协调同步发展。

加强内部信息技术整体规划和资源整合，协调通信系统和增值信息服务系统的同步发展。

加强与会员公司的技术交流与合作，支持和促进会员公司信息化的同步发展。

12.3.3 进一步提高研发能力，完善项目管理体系、质量控制体系、系统架构和标准化体系，加强技术团队专业化建设

坚持掌握核心技术。开发模式上以“核心生产系统以自主开发为主，外包开发为辅；非核心生产系统以外包开发为主，自主开发为辅”为原则，进一步提高规划、开发的技术能力，完善内部组织架构，加强项目管理、质量控制、系统架构和标准化工作，使之与信息化发展需要相匹配。

为保障信息化项目按时高质量实施，制定《深圳证券交易所技术工程管理办法》和配套的细则等管理规范，以及重大项目定期专题报告、需求沟通会、设计报告审核等相关制度。每个信息化项目，成立由业务需求部门、工程部门、运行部门、使用部门组成的跨部门/跨单位的项目小组，设立有专门的质量控制小组，组织严格的用户验收。目前，深圳证券交易所已建立起比较严格和实用的软件项目管理和质量控制体系，今后将参照 CMM 等国际标准，在实践中不断完善。

加强员工在技术、业务、技术管理等多方面的综合素质培训，加强技术团队专业化建设，推动完善专业职务序列制度，通过与境外交易所交流合作，借鉴国际交易所经验，培养自身技术人才，形成完整的人才梯队；合理利用外力，在需要的领域聘请资深专家和顾问，有选择有控制地进行外包，加强与主要 IT 厂商的交流合作，从而有效利用外部资源，进一步提升研发能力。

12.3.4 保持系统安全运行记录，进一步提高运行维护能力，推进技术系统集中运行管理体系建设

以安全运行为第一要务，全所配合，全力保持良好的系统安全运行记录。加强员工运维培训，加强内部管理，提高服务等级，提高整体运行维护能力。以业务管理系统和行政支持系统的实施为契机，大力推进技术系统集中运行管理，合理划分业务和技术部门的接口。在现有《运行管理办法》等运行管理制度基础上，参照 ITIL、BS7799 和 ISO9000 等国际标准，在实践中不断总结完善，并配备以相应的技术支持手段，最终形成完备实用的运行管理体系。

12.3.5 提高信息技术适应能力，迅速满足当前及未来业务创新的需要

当前及未来一段时期内业务频繁创新的需要，是新兴加转轨阶段的特征之一，应当本着需求驱动和业务导向的原则，在充分论证的基础上给出合理的技术解决方案，予以迅速满足。这要求我们在提高研发和运维能力的基础上，在保障安全运行的前提下，提高技术架构和解决方案的灵活性和适应性。

12.3.6 提高国际化程度，支持国际通行标准，适应 QFII 业务及监管需求，以及可能出现的跨交易市场的联结

积极研究掌握、主动支持国际证券行业通行标准，如 FIX、SWIFT 和 XBRL 等，在条件成熟的时候实施和推出。积极研究并适应 QFII 业务需求及监管需求，积极研究可能出现的跨交易市场的联结需求。

12.4 深圳证券交易所应用平台发展战略

根据深圳证券交易所信息化发展总体战略，分析建立了深圳证券交易所应用平台发展战略模型，其中包括一个核心、四个主要支撑、二个关键通信和与六类主要的市场参与者的联系。具体地说就是以交易结算平台为核心，以监管平台、信息平台、业务管理平台、行政支持平台为主要业务支撑，以专用通信平台和互联网平台为关键通信纽带，建立与上市公司等发行人、证券公司等中介机构、投资者、以基金公司和 QFII 为代表的机构投资者、媒体和信息服务商以及其他交易市场直接联系的一体化业务系统。如图 12－2 所示。

以下分别针对各个平台，提出具体的发展思路。

12.4.1 交易结算平台（Trading, Clearing and Settlement Platform）

在现有交易系统的良好基础上，通过完善功能，适应各类业务创新需求，并着手研究规划第五代交易系统。

在现有系统的基础上，规划建立一个具有更多的功能、更高的效率、更大的容量、更高的安全性、更强的可扩展性、更好的业务适应性的，能够支持多层次、多品种、跨市场的、满足 5～10 年市场需求的交易系统。

同时，在建设新交易系统的过程中，完善和优化现有交易系统，适应制度创新、产品创新的新需求；扩展独立交易测试系统功能，使其成为深圳证券交易所对业务创新过程的试验平台，培训及展示对外服务的模拟交易平台。

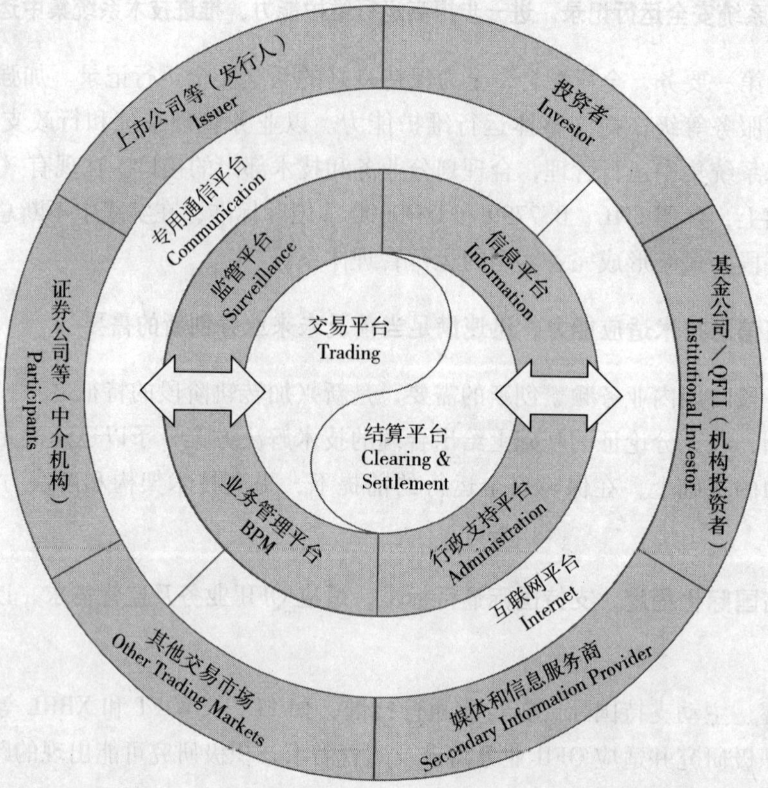

图12－2　深圳证券交易所应用平台发展战略模型

加强与中国结算公司深圳分公司的配合，协同结算系统进行相应的配套。

12.4.2　监管平台（Surveillance Platform）

在现有市场监察系统的基础上，通过完善功能，优化系统架构，重点发展联合监管和风险监控功能，形成内部统一的监管平台。

优化监察系统，通过将数据来源整合到中心数据库，完善监察指标体系，推广应用报警驱动模式，加强调查分析功能，完善监察指标研究检测平台，实现用户自定义监察指标，以适应产品和制度创新以及监察模式和手段创新的需求，应对复杂的监管需求。高度关注并积极研究联合监管需求，在此基础上发展联合监管和风险监控功能，与业务管理平台整合，形成市场监察、公司监管和会员监管协同统一的监管平台。

12.4.3　信息平台（Information Platform）

在现有中心数据库系统、信息发布系统的良好基础上，通过完善功能，优化系统架构，重点发展对外信息服务功能，形成强大的信息加工和发布平台。

充分利用现有系统的完整历史数据和强大计算能力，扩充功能，大力发展对外信息服务，包括对提高市场透明度有益的公开交易信息服务、对监管机构提供的监管信息服务、对外有偿增值信息服务，同时完善已有的对内信息服务，包括市场统计、风险分析及其他分析型应用，并与业务管理平台、互联网平台高度集成，提供更方便的信息展示和获取手段，为深圳证券交易所各项业务提供更好的信息支持，满足营运、信息服务、业务创新和管理等各方面的需求。

12.4.4 业务管理平台（Business Process Management）

建立集中统一的业务管理平台，作为对现有分散在各部门的业务管理系统的整合和升级，全面满足公司管理、会员管理、基金债券、发审监管、上市推广、信息统计等业务部门的业务处理功能需求，并能灵活地适应业务需求的变化，统一全所各系统之间的数据交换，使数据交换标准化、可靠、提高效率、减少复杂程度、便于管理，在信息披露数据交换方面逐步推广基于 XBRL 的上市公司信息披露电子化标准。结合网上业务的广泛开展和新平台的实施，推进业务流程再造（Business Process Reengineering）和优化，使业务能够方便地跨部门协同操作。提供关键时点业务提醒机制，提供核心业务复核和风险控制机制。

12.4.5 行政支持平台（Administration Platform）

建立集中统一的行政支持平台，作为对现有分散的各行政管理系统的整合和升级。

通过引入成熟的 ERP 系统，建立集中统一的行政支持系统平台，作为对现有分散在各管理部门的行政管理系统的整合和升级，全面满足人力资源、财务、资产管理和稽审的功能需求，支持人力资源改革、财务改革、行政改革对行政支持系统的需求，实现公文流转电子化和业务档案电子化。

通过建立一个面向全体员工的企业信息门户（Enterprise Information Portal，EIP），为员工提供全面的、一站式的服务，服务内容包括但不限于办理行政事务、查询分析和处理业务，满足部门和员工的个性化需求。实现企业信息门户（EIP）作为单一入口与业务管理平台、行政管理平台和信息平台的对接。实现单点登录，统一身份认证，并满足员工移动办公需求。

12.4.6 专用通信平台（Communication Platform）

在现有通信系统的良好基础上，通过完善功能，优化系统架构，形成强大的综合通信服务平台，与交易平台和结算平台高效无缝整合。

12.4.7 互联网平台（Internet Platform）

在现有官方网站、巨潮网的良好基础上，通过重新定位，合理分工，完善功能，优化系统架构，重点加强对外信息服务，形成统一的信息服务平台。

建立强大的面向深圳证券市场所有参与者的深圳证券交易所网站，作为对外统一的互联网业务平台。官方网站负责提供免费信息服务，满足市场法规要求及大众普遍需求；巨潮网负责为参与者提供增值、有偿信息服务。两者在市场定位、栏目内容分工和技术平台方面统一进行规划整合，为市场参与者提供全面的、一站式的服务，服务内容包括但不限于信息发布、业务办理等，可满足不同类型参与主体的个性化需求。通过配套的数字证书服务及其他安全手段，提高系统的安全性和可靠性，实现大部分对外手工操作业务的网络化，实现网上业务办理与业务管理平台的无缝整合。

12.5 结语

长期以来，深圳证券交易所高度重视信息技术这一核心竞争力的培养，深圳证券交易所各业务部门都非常重视信息技术的应用，在深圳证券交易所内部已经形成了业务与技术良性互动、协同发展的良好局面，为深圳证券交易所信息化建设奠定了坚实的基础，提供了良好的发展环境。

第13章 中国证券登记结算系统信息化发展整体研究

13.1 系统的服务对象和主要功能

登记结算技术系统为市场参与者和管理层提供安全高效的证券登记存管服务、证券和资金结算服务、数据和信息服务以及风险控制服务。

13.2 存在的问题和面临的挑战

中国证券登记结算技术系统起点较高，仅用几年时间就走过了西方发达国家上百年所走过的路程。然而，设计时市场的不确定性以及设计的局限性，导致软件方面存在着许多不足：系统的模块化和可扩展性差，支持的业务单一，特别是登记结算体制在抗风险能力、结算效率及新产品的开拓等方面，仍亟待提高；数据接口缺乏标准化。

低效率是现行证券交易登记结算系统存在的主要问题，清算主体的多元化又是低效率的主要成因。目前，上海证券登记结算公司、深圳证券结算公司都在参与证券的登记清算。加大了证券交易清算的成本，降低了清算效率，增大了清算风险，增加了监管难度。

没有完善的待交收制度，没有实现钱券两清（DVP），是现行结算系统中存在的另一类风险。由于证券资金结算是证券过户在先，资金交收在后，没有实现钱券两清，登记结算公司作为市场所有交易的交收对手，集中了所有的交收风险。

滞后的登记结算体系已经制约了我国证券市场的发展。中国证券登记结算公司应逐渐统一协调我国证券市场交易的“后台”工作，包括深沪两市的运作方式、业务规则等；逐步承担起整个市场交易的登记、托管、清算、结算工作；统一的新的证券登记结算系统还将在防范风险、市场监控等方面发挥重要作用。新的结算信息体系还应成为市场监控的载体，反映每日各证券账户的交易情况、市场的资金总量和个人资金、法人资金、券商资金的流动情况。

13.3 中国证券登记结算系统信息化发展的指导思想

中国证券登记结算系统信息化发展的指导思想是将中国证券登记结算公司建成世界一流的登记结算机构，提高其核心竞争力；提高中国证券登记结算公司的业务处理能力；提高证券结算系统安全性、高效性和前瞻性；适应市场各方参与人包括结算会员、结算银行、上市公司、投资者和监管机构的需要。此外，为适应证券投资全球化迅速发展和金融衍生品市场急剧扩张的趋势，还必须充分考虑证券结算系统的兼容能力，支持实施跨国结算和衍生品结算。

13.4 中国证券登记结算系统信息化发展的目标

中国登记结算系统信息化发展的总体目标是创造一个有效率的资本市场，并且促进资本市场的发展。

证券结算机构涉及的职能一般包括托管、清算和结算三大部分。不同国家的托管结算系统和清算系统具有不同的存在形式，在美国、法国和日本等国的证券市场中，清算系统和托管结算系统分别以独立机构的形式存在，而在其余大部分证券市场，清算系统和托管系统是合二为一的，即中央证券存管机构（CSD）同时提供托管、清算和结算服务。

根据国际证券界对证券市场规范的结算系统评价标准：一个组织有序的中央证券存管机构，管理着一个安全高效的中央结算系统，这个结算系统既负责证券存管，也负责组织证券与资金按钱券两清原则交收。借鉴国际结算界对最佳模式的衡量指标原则：证券存管采取中央证券存管机构模式，数据交换采用直通交易处理模式，银货对付的交付方式（DVP），容错、容灾的备份系统。为了跟上业务变化的步伐，中国证券登记结算系统信息化发展的目标是：建立信息技术基础设施，采用国际最佳业务规范；改善通讯渠道；增加信息服务内容；建设一个可以支持多币种、多品种、多市场的登记结算信息处理平台。

集中统一的中国登记结算系统应提高结算效率，解决目前证券商保证金重置等问题，方便投资者入市，降低开户的成本，从根本上改变现行分散登记结算体制存在的市场分割状态，消除投资者与证券商重复开户、付出双倍开户费等问题。投资者只须开立一个账户、存一笔保证金，就可以在任何一个合法设立的证券交易所进行证券交易，同时，在任何一个交易场所做的交易，都可以在统一的登记结算系统内进行清算交收。统一的登记结算系统可提高风险控制的能力，集中统一的中国证券登记结算系统应根据不同风险设计出相应的防范和控制措施，从体制上保证各种风险防范和控制制度的设立和实施。集中统一的中国证券登记结算系统具有拓展性和前瞻性，为市场的进一步发展提供了空间，支持了市场的不断创新发展，适应国际化的需要。

集中统一的中国证券登记结算系统应实现以下目标：

13.4.1 面向客户的账户管理

集中统一的中国证券登记结算系统对目前市场的投资者资料、结算参与人资料（券商、基金）、结算银行资料、上市公司资料提供相应的客户化服务。对现有的账户资料进行统一管理，编制统一的客户代码，并通过通讯平台由系统参与人进行核对并对证件号相同账户资料进行加工处理，为账户实名制打下基础，最终达到一个账户可参与全国的市场和国际市场进行证券交易。

13.4.2 多种交收方式

为确保交收完成，集中统一的中国证券登记结算系统应提供多种方式的交收：净额交收、逐笔交收、买方净额交收、卖方净额交收。

13.4.3 多市场、多场次、多币种、多时点、多品种

集中统一的中国证券登记结算系统应满足不同市场的结算及交收要求，每个市场拥有自身的处理特性、不同的场次、不同的币种和不同的传输结构。

13.4.4 灵活的交收期

集中统一的中国证券登记结算系统应满足不同市场、品种以不同的交收周期（T+1、T+2…T+N）的交收，针对不同的市场可设置不同的交易、交收日历表处理（交易交收日、交易非交收日和非交易交收日等），可使不同市场的不同产品纳入中央结算体系。

13.4.5 风险管理

集中统一的中国证券登记结算系统应设立风险管理机制。可对市场实行跨市场的监察，设立适用于个别市场和个别品种的自动风险分析方法，同时可实时监察证券和资金的变化情况。反映每日各证券账户的交易情况、市场的资金总量和个人资金、法人资金、券商资金的流动情况；设立对市场参与人的信用评估机制，为不同的参与人设置不同的信用级别，并对其资产负债进行跟踪监察。

13.4.6 完善待交收系统

集中统一的中国证券登记结算系统应完善现有的待交收体制，设立切实可行的资金待交收和证券待交收模型。切实做到一旦交收资金不足可扣押证券、证券不足可扣押资金，以降低交收风险。

13.4.7 建立证券借贷平台

集中统一的中国证券登记结算系统应利用现有的通讯平台，向市场参与者提供证券及资金信息，建立一套评估、计算、平仓及管理抵押品的科学模型。

13.4.8 银货对付模式

通过在国家支付系统的大额实时转账子系统中增加实时直接借记功能，使证券交割和资金支付以净额方式进行，在处理周期最后阶段同时作最终交收，从而实现银货对付模式，但前提条件是货币市场和证券借贷市场能保持较高的流动性，同时证券公司能较容易地在货币市场（或商业银行和中央银行）得到融资，在证券借贷市场上进行融券。

13.4.9 数据交换模式：直通交易处理模式

中国证券市场从一开始就采用计算机处理从投资人委托申报、交易系统主机撮合到成交回报全过程，在直通式交易方面，中国证券结算具有起点高、发展快的特点，集中统一的中国证券登记结算系统应实现从投资人交易委托申报到证券与资金交付交收全过程的直通交易处理。

13.4.10 备份系统：容错、容灾后备

集中统一的中国证券登记结算系统计算机主机的双机热备份、容错功能、数据的实时备份、通信方式及供电系统的备份以及系统中心的异地备份都是必不可少的应对措施，对参与者与结算系统中心交换数据信息的方式也必须预先安排好应急手段，备份系统是集中统一的中国证券登记结算系统中不可或缺而且十分重要的一个环节。

为达到以上目标，中国证券登记结算的新一代IT基础设施建设原则应确保业务发展不受信息技术设施约束，在满足业务发展的前提下，力求未来开发成本最小化。具有前瞻性、可扩展性、高可靠性；采用专用连接接口（数据标准、信息格式、连通协议、专用网络）或自定义标准等，确保不造成“瓶颈”；接受和采用业内认同的通讯标准；提供多种访问渠道；采用扩容性强的技术；降低对流量峰值的敏感性；支持多种交易品种、货币和产品；能与市场各方参与人连通，创建直通环境。采用安全技术框架PKI技术框架确保信息系统的安全。

13.5 中国证券登记结算系统信息化发展的策略与步骤

中国登记结算系统信息化发展应当包括技术系统、业务规则及组织结构各方面。借鉴国际的先进业务惯例，中国登记结算公司应对其业务服务模式进行评估研究，以进一步提高中国资本市场的效率，并成为一个服务导向的组织。同时它还需要协调其所有的业务部门成为一个有效率的以客户为中心的组织，为结算会员和市场投资者提供更有效率的服务，为中国资本市场提供更有效的服务。

为实现建立一个使中国证券登记结算能够提供全方位的产品和服务，成为国际领先的登记结算机构的技术基础设施体系的远景目标，中国证券登记结算公司需要在业务、技术和组织结构上实施一系列的行动方案。

在业务制度建设方面，沪、深分公司经十多年的相对独立运作，都开发了与两个交易所现行交易模式相匹配的登记结算业务模式，要根据国际结算界的最佳模式——证券存管采取中央证券存管机构模式，数据交换采用直通交易处理模式，银货对付的交付方式（DVP），容错、容灾的备份系统的衡量指标原则——将其融合成一个整体，需要逐步整合。

首先要形成以证券账户管理、登记、托管及结算四大规则为核心，包括业务规则、业务流程和具体操作手册三个层次的、有机衔接的完整的制度体系；其次在业务整合方面，建立以参与人为中心的全面业务服务模式，实现沪、深分公司按照统一、完善的业务标准独立运作技术合作系统，相互连通，形成统一业务平台。

在基础技术建设方面，在确保业务发展不受信息技术设施约束的前提下，具有前瞻性、可扩展性、高可靠性，力求未来开发成本最小化。

（1）建立一个采用专用连接接口（数据标准、信息格式、连通协议、专用网络）或接受和采用业内认同的、具备安全技术框架的通讯标准，创建与市场各方参与人的直通环境。

（2）建立公司内部广域网系统，实现京、沪、深三地网络互联，实现内部工作流自动化、信息共享。

（3）利用先进的数据仓库技术，建立统一的数据统计中心及分析和展示平台，为整个市场的业务统计、数据报送、监管决策提供支持。

（4）建设新的集中统一的中央登记结算技术系统。提供统一业务处理平台，为市场投资者、结算

参与人、上市公司提供优质的客户服务；提供多种方式的交收，满足不同市场的业务要求，把不同市场的不同产品纳入中央结算体系；完善现有的待交收体制，设立切实可行的资金待交收和证券待交收模型。切实做到一旦交收资金不足可扣押证券、证券不足可扣押资金，以降低交收风险；利用现有的通讯平台，向市场参与者提供证券及资金信息，建立一套评估、计算、平仓及管理抵押品的科学模型；实现从投资人交易委托申报到证券与资金交付交收全过程直通交易处理。

在风险控制方面，要建立一套完善的风险控制体系，对风险实行事前防范、事中监控及事后化解，确保登记结算系统稳定运行；在新系统建设方面，要建立一个开放的，能为不同证券及衍生品种和不同交易系统服务的，符合规范化、国际化要求的，集中统一的中央证券登记结算系统，以适应证券市场未来发展需要。

按照中国登记结算系统信息化发展的要求，每一个系统建设项目都必须依据业务需求、技术依赖性以及资源和资金情况综合考虑优先次序，并根据优先次序来制定实施每个建设项目的时间表。有些建设项目可以同步进行，而有些建设项目则须依次进行，逐步建成统一的中国证券登记结算信息系统。

第14章
中国期货市场信息化发展战略研究

信息化对处于发展初期阶段的中国期货市场具有非常重要的意义和作用。本章通过分析发达国家期货市场信息化发展经验，结合我国期货市场信息化发展中的经验教训，研究未来几年期货市场信息化发展趋势、信息化关键技术和信息化管理与机制等重大问题，探索我国期货市场信息化的发展道路。

14.1 期货市场信息化发展现状及与国际水平比较

14.1.1 期货市场现状

一、市场结构

期货市场的结构可以分为四个层次，即监管层、行业协会、市场组织者、交易中介（经纪公司等）和投资者。

监督管理机构：中国期货市场的监督管理机构是中国证券监督管理委员会，期货监管部是中国证监会对期货市场进行监督管理的职能部门。

期货交易所：经过两次治理整顿，中国的期货市场只保留了目前的上海、大连、郑州3家交易所。

期货中介机构：2000年度期货经纪公司注册资本金总额55亿元，平均每家3 104万元，是国内证券公司的二十分之一。其中超过3 000万元的有23家，占总数的12%；达到5 000万元的只有6家，分别为中期公司、中粮期货公司、北京首创期货公司、上海良茂期货公司、广东华南期货公司、海南中亚期货公司和海南光大期货公司；超过1亿元的只有中期公司1家，为3.018亿元。

期货交易者：2002年中国期货市场首度出现了机构战略投资者。目前，我国在大豆和铜的品种上已出现了较成熟的战略投资者。国内大豆和铜期货价格走出低谷，在时间上领先国际市场，说明中国期市的战略投资者，不仅对中国市场了如指掌，而且对国际市场也有清晰的认识。2002年中国期货市场运行的质和量都迈上了新台阶，期货经纪公司的开户数不断增加。

二、交易品种

品种太少、结构单一是制约中国期货交易所快速发展的“瓶颈”之一。目前我国期货交易所上市品种的现状：一是上市品种体系不完善。国内期货交易所获准上市的品种只有农产品和金属产品，缺乏能源期货品种和金融期货品种。二是现有上市商品少，活跃品种更少。我国经政府批准允许上市的品种12个，而实际上市的只有7个。上市合约中，相对活跃的只有大豆、铜和天然橡胶3个品种。可见我国期货交易所的上市品种无论从结构还是数量上都无法与发达国家相抗衡。

三、市场交易状况

中国期货市场已经走过了十余年不同寻常的历程。创立于20世纪90年代初期的中国期货市场，由于认识上的不足及法律法规的滞后，曾出现盲目超常发展。经过连续六年的清理整顿，期货市场的发展取得了长足的进步，市场形势好转，进入了新一轮规范发展阶段。2001年，中国期货市场出现了恢复性增长，成交金额达30 144.98亿元，成交量为12 046.35万手，分别比上年增长87%和120%；2002年，全国期货市场总成交金额达到39 490.28亿元人民币，成交量为13 943.37万张，分别较去年同期增长31%和15.75%。与2001年不同的是，这种增长表现为多个品种全面的增长：铝的交易金额比2001年增长了60%，铜增长了41.1%，天然橡胶增长了70余倍，小麦增长了22.7%，大豆也略有增长。同时，市场运行平稳，尤其是大豆5月合约巨额交割经受了市场考验。保证金（截至2002年11月底保证金余额近70亿元）、从业人员（近7 000人）也都有相应增长。

14.1.2 中国期货市场信息化现状

一、期货电子化交易回顾

回顾中国期货行业电子化交易的历史发展，可以追溯到1993年，上海金属交易所最先推出卫星行情显示系统，以此为契机，大多数期货公司引进了先进的技术手段，用卫星接收行情，电脑显示行情。电话从行情报价中解放出来，仅仅作为指令入场的工具，大大提高了期货交易的效率。行情显示电脑化之后，各期货公司又着手后台工作的电脑化，用期货管理软件代替原来的手工做账方式。随着期货业的进一步发展，期货成交量又上了一个台阶，电话报单方式的缺陷也暴露了出来。突出的表现是，在行情火爆、成交量急剧放大的关键时刻，客户的指令往往不能在第一时间下达到场内，同时工作人员出错的可能性也相应增加。增加席位、培训工作人员这些手段都不能从根本上解决这个问题。部分期货公司开始考虑用电脑技术模拟人工的报单流程，而交易所远程交易终端的推出，使这种电脑模拟下单方式成为可能。目前，中国期货市场正从利用技术手段去模拟期货经纪业务流程向一个技术平台上集成所有的期货经纪业务功能方向发展。

二、远程交易

根据中国证监会的部署，经过三家交易所的积极配合和协调，2001年5月8日，三家期货交易所通信联网系统正式开通，大量会员通过交易所的联网通信系统进行远程交易，节省了交易成本，这标志着传统交易模式向着新的交易模式的逐步转变。

三家期货交易所联网系统从2001年5月1日开通运行，由于三家联网系统采用天（卫星）、地（DDN）两条线路互为备份，运行较稳定，绝大多数会员都采用三家联网系统进行三家交易所的远程交易，节省了运营成本。三家期货交易所联网系统的组织调度工作由中国证监会统一组织实施。

期货经纪公司及其营业部正利用现代通讯和计算机网络技术开展期货经纪业务及其相关服务，包括提供计算机自助委托交易、网上自助委托交易和语音电话自助委托交易。新发布的《期货经纪公司电子化交易指引》，要求期货经纪公司本着安全性、实用性和可操作性的原则开展电子化交易，并做出相应的内部管理和技术方面的调整。期货经纪公司与投资者签署期货电子化交易协议或经修改的合同后，才能为投资者提供电子化交易服务。

三、网上交易

我国期货网上交易最早产生于1996年，当时的期货交易成交量处于巅峰状态，交易所为解决因场地不足而造成的发展限制推出了异地同步交易系统，收到了良好的效果，同时改善了异地交易只能通过电话下单的局面。但由于当时开设异地同步交易审批手续繁琐，加上通讯、网络技术、交易费用等因素限制了网上交易的发展。近年来互联网技术迅速发展，通讯手段也得到了很大改善，上网费用大幅下降，期货经纪公司从宣传的角度出发制作自己的网站，同时开始进行网上交易，使得我国的网上期货交易得到迅速发展。

四、信息发布

为使期货市场成为有吸引力的市场并赢得信赖，进一步推进信息公开显得尤为重要。期货市场信息发布的状况正伴随着技术创新的步伐逐渐改善。市场信息发布渠道包括：交易所会员服务系统、因特网、信息转发商、交易所行情系统、公共媒体、电话语音报价。IT领域信息技术发展迅猛，期货交易所和期货经纪公司应积极利用新的信息技术，进一步充实所提供信息的内容，提高便利性和迅速性。

14.1.3 期货市场信息化发展中存在的问题

一、无统一规划

首先是战略上无统一规划。主要表现在期货行业系统缺乏标准问题，例如期货交易所与期货经纪公司、经纪公司之间数据交换缺乏统一标准。此外期货业与相关行业之间也存在标准化问题，虽然目前国内期货经纪公司基本开通网站和网上交易，但目前期货交易却存在短期内难以改变的局限：交易所、经纪公司以及银行之间有关交易、结算等方面的硬件和软件都没有完善，网上交易仅仅停留在自助下单的最初级阶段。

其次是相关法律法规不健全。由于信息技术及其应用的发展非常快，与信息化有关的法律和法规不健全已成为制约期货市场信息化发展的因素之一。为了促进期货市场信息化建设，在电子身份认证、数字签名、认证授权管理、网络管理、系统安全性等方面，健全有关法律法规的进程有必要适当加快。

二、应用水平落后

新的信息技术要求应用者具备新的技能。由于国内三家期货交易所联网时间不长，许多会员的技术人员不熟悉网络，应用水平有限。对应用者进行培训，提高应用层的能力与素质对期货市场的信息化发展是非常重要的。

三、资金投入不足

据统计，目前我国期货经纪公司大约180家，经过长期的整顿和交易品种的减少，交易量逐年下降，资金和人才大量流失，经纪公司出现大面积亏损。

四、人才严重匮乏

期货业信息化发展战略中，人才匮乏将是“瓶颈”。由于前几年期货市场的清理整顿和市场规模的不断萎缩，期货行业的从业人员大量流失，不少优秀人才改行。

14.1.4 我国期货市场信息化状况与国际水平比较

一、信息技术上的差距

我国的电子信息技术与市场经济发达国家相比还较为落后。因而对比期货市场信息化发展的国际水平，我国的技术基础和关键技术还很薄弱。

在发达市场经济国家，新技术大量应用于期货市场，大幅度降低了交易成本，提高了交易效率，引发了期货交易方式的变革，迅速改变着期货交易的实现方式。国外期货市场电子交易系统的发展日趋成熟，其中发展速度最快的地区主要集中在欧洲，从20世纪90年代开始，主要形成了以四大系统为主，其他一些小系统为辅的局面。四大系统分别是：

（1）欧洲期货交易所EUREX的EUREX系统；

（2）法国、荷兰、比利时合并而成的Euronext交易所的NSC平台：包括NSC股票交易系统、NSC期货交易系统NSC VF和NSC期权交易系统NSC VO，1997年2月CME用Clearing 21结算系统与Euronext中的MATIF交换NSC交易系统，在NSC的基础上开发的GLOBEX II交易系统；

（3）瑞典OM技术公司的交易平台：包括专用于期货/期权的CLICK和CLICK XT平台和从股票交易系统发展而来的SAXESS平台；

（4）英国LIFFE的LIFFE Connect交易系统：LIFFE已经被Euronext交易所收购，Euronext交易所完成从NSC平台转向LIFFE Connect平台的交易系统迁移，并且寻求出售NSC交易平台的可能性。

对比国外期货电子交易系统，我国的期货交易系统的可靠性、安全性、灵活性、稳定性等各方面还存在较大差距，在开放的市场环境下，建设符合国际标准的期货市场信息系统是迫切的任务。

二、管理方面

发达期货市场在信息化管理方面有着丰富的经验，如CBOT的交易系统有交易所统一制定的技术标准，甚至大多数会员的交易系统都在交易所的监控下。相对而言，我国期货市场缺乏信息化管理经验，缺乏标准化就是表现之一。我国的期货电子交易是交易所和会员公司共同开发和维护的，这点和美国的情况类似。但从我国目前的情况看，期货经纪公司采用的都是各自的交易平台，内部交易网络系统由独立的软件提供商开发，这不仅造成重复开发、资源浪费，而且其技术标准和交易所系统的同步和兼容性无法保证，因而交易系统的安全性和可靠性存在问题。因此，只有通过行业协会和交易所共同制定统一的电子交易技术规范，才能降低技术风险，提高效率。

三、后发优势

我国的期货市场起步较晚，但从新兴期货市场的发展状况来看，起步较晚的期货市场信息化发展具有后发优势。历史最悠久的芝加哥期货交易所1999年和2000年成交相继出现下滑，原因之一就是新的电子交易平台迟迟没有推出。我国期货市场从建立之初就开展了电子化交易，在这方面具有较好的基础。近几年国内各期货交易所远程异地交易不断扩大，但新技术的发展日新月异，期货交易所、期货经纪公司对技术的投入仍比较有限，国内期货市场的技术水平与发达国家仍有较大差距。因此，现阶段应加大在技术方面的资金投入，大力发展远程交易、网上交易，探索与国外交易所联网交易，与国际接轨，不断降低交易成本，为投资者提供更加高效的服务。

14.2 期货市场信息化发展总体思路

14.2.1 期货市场信息化发展的指导思想

一、信息化发展战略为期货市场的整体发展战略服务

中国期货市场经历了十年的试点，迎来了蓬勃发展的新局面，市场发展的环境大有改观，期货市场的宏观政策环境、法律环境、市场的规范化程度都有很大改善和提高，期货交易正在酝酿从单一化的商品期货交易向包括金融衍生品在内的综合性、多元化交易的变革，期货市场的整体发展战略将随着市场环境的不断完善而逐步明朗，期货市场的信息化发展战略应该为期货市场的整体发展战略服务，适应期货市场每个发展阶段对信息技术及其服务的要求，满足期货市场发展的需要，确立期货市场信息化发展为期货市场发展和运作服务的指导思想，并在现阶段形成支撑期货市场从单一化的商品期货交易向包括金融衍生品的综合性、多元化期货交易演变的信息化技术和服务平台。

二、信息化发展战略为推动期货市场现代化建设服务，建立人才高地

期货市场的信息化发展应以推动期货市场现代化为己任，通过期货市场的信息化建设，推动期货市场在应用技术、管理水平、市场运作效率等全面的现代化建设，使我国期货市场能在短期内赶上世界先进水平，培养一批具有国际竞争力的技术人才和管理人才，建立期货市场的技术服务队伍，形成期货市场的人才高地。

三、信息化发展战略为提高期货市场运行效率和管理有效性服务

期货市场的信息化发展应本着提高期货市场运行效率和管理有效性的指导思想，通过期货市场信息的有效管理和应用，通过现代电子信息技术的合理应用，提高期货市场的运行效率。

四、勇于创新，积极探索，走出一条具有中国特色的信息化发展道路

学习国内外以及行业内外的先进经验，吸收和引进适合国情的可用技术和手段，勇于创新，积极探索，走出一条具有中国特色的信息化发展道路。

14.2.2 期货市场信息化发展的总体原则

一、信息化为期货市场发展服务的原则

坚持信息化为期货市场发展服务是期货市场信息化发展的主要原则，期货市场的信息化包括对期货市场主营业务信息化和业务支持工作信息化等诸方面，信息化包括工作流程的信息化和工作内容的信息化，信息化工作应在期货市场发展的每一个阶段满足市场主体对各项工作的基本需求，提供增值服务，保证期货市场安全、稳定、可靠、高效地运作，是信息化发展的基本原则。

二、创新与技术引进相结合的原则

期货行业信息化发展的生命力在于不断地创新，坚持制度创新、技术创新、产品创新和管理创新，参考并利用国际先进技术和经验，在保证期货市场可独立运作的前提下引进并吸收部分适合国情的国外技术和管理经验，为期货市场提供一批具有自主知识产权的品牌产品，坚持走自主创新与引进吸收相结合的信息化发展道路。

三、积极培育期货市场信息化人才队伍的原则

人才是期货市场信息化发展的基础，积极培育期货市场信息化人才队伍是期货市场信息化发展的基本原则之一。强化在职员工的信息技能的培训，合理调整信息化组织构架，引进人才，合理配置技术和技术管理人力资源，形成具有国际竞争能力的期货市场信息化人才队伍。

四、增强期货市场信息系统可用性原则

期货市场信息化发展，应该遵循信息系统、信息产品的高可用性原则，创新或引进新产品、新技术、新的管理模式都应以增强信息系统的稳定、可靠、可用性作为基本要求，保持高可用性是进一步探讨其他技术特性、管理特性的前提条件。

五、信息化标准逐步向国际市场融合、开放的原则

期货市场要具有国际竞争能力，坚持市场技术和信息的标准化、坚持信息化标准向国际市场的融合和开放是必然的趋势。强化期货市场信息化标准的统一制定和管理，强化信息化标准的国际兼容性，并根据国情在期货市场信息化发展过程中逐步实现。

14.2.3 期货市场信息化发展的中长期目标

期货市场信息化发展的中长期目标是根据国内期货市场及信息化发展现状，并在对期货市场发展战略的预期基础上制定的，将在期货市场发展战略逐步明朗基础上，根据期货市场发展总体战略调整期货市场信息化的发展目标。

一、三年内业务流程信息化

业务流程信息化是指对期货市场主营业务流程的信息化，包括期货交易、结算、交割业务流程的信息化及其相关数据服务业务、市场服务业务、监管业务等业务流程的信息化；业务流程信息化是指将某项业务或多项业务流程在仔细研究基础上，进行综合分类，并形成有序结构，运用信息技术、计算机技术对业务流程所涉及的数据、业务处理事件及其流程实现电子化、计算机化、网络化。

三年内业务流程信息化工作将以期货交易所为主要实施主体，通过期货交易所业务流程信息化推动整个行业的业务流程信息化进程。

期货交易业务流程的信息化要求：实现全国范围内的电子交易网络覆盖，实现包括互联网在内的多形式、多途径的通信联网，保证交易业务实时、便捷、安全、可靠地完成；提供取消交易大厅交易模式的技术和服务保证，提供市场端到端的信息化服务，实现全面电子化网络交易；提供期货市场的多元化交易支持平台，实现商品期货、金融衍生品并行交易；制定期货市场相应的交易技术规范，实现交易所与交易会员、交易会员或经纪公司与交易者之间的各技术层面的标准化技术规范；强化期货市场信息化系统的可用性，提高系统的安全性、稳定性、可靠性。

期货结算业务流程的信息化要求：参考、研究或引进国际先进的结算风险评估技术和产品，建立并完善期货市场实时结算风险预警系统，提高结算风险的预警能力；建立支持多种形式结算模式并存的结算系统，提供为商品期货、金融衍生品多种形式的交易品种清算的能力；实现与结算银行电子联网，提供实时资金划拨平台，提高期货市场运行效率；提高实时结算的能力，提高结算会员获取结算信息的速度；制定期货市场相应的结算技术规范，确定交易所与结算银行之间的标准化技术规范。

期货交割业务流程的信息化要求：实现实物仓库的电子化、网络化管理，建立仓库与相关机构（包括期货交易所）的通信联网，提高仓库管理效率和信息的时效性；建立电子仓单管理系统，提供取消纸质仓单的技术支持。

期货市场信息服务业务流程的信息化要求：建立以期货业务为主体的、包括相关信息的数据中心，以支持期货市场业务运作和研究之用；利用市场机制，深入开发期货市场信息资源，形成规范、繁荣的期货信息市场；提高信息市场的运转效率，利用、开发各种通信技术、应用技术，为投资者提供安全、快捷、便利的信息获取工具；制定期货市场的信息应用和技术规范，提高期货市场的信息标准化、规范化；强化市场信息安全制度和信息市场的行为规范。

期货市场监管业务流程的信息化要求：适应期货市场发展需要，研究国际先进的监管模式和技术，参考或引进国际先进的风险预警模型和产品，为商品期货、金融衍生品期货的运作，建立并完善交易所一线实时风险监管系统；初步形成证监会、交易所和经纪公司三层结构的监管信息系统，保证市场基本信息快速到达各主要监管部门。

期货市场服务业务流程的信息化要求：建立并完善会员服务信息系统，为市场提供安全、可靠、稳定的信息服务；建立市场推广、市场咨询服务信息系统；建立期货市场多形式、多途径的电子化培训平台。

二、五年或八年达到行业管理过程信息化

行业管理信息化是指对期货市场主体——包括期货交易所、各类会员（包括经纪公司）——的内部业务管理流程、主体间往来业务流程和监管部门监管流程的信息化，其中包括申报、批复、各主体的内部管理等。

五年或八年达到行业管理过程信息化要求：以多途径、多形式建立期货市场行业管理网络，实现期货市场主体与监管部门、主体与主体间的通信联网，提供行业管理信息通信平台；各市场主体单位同中国证监会及其外派机构的公文往来、申请、批复、公告、报表等业务流程实现电子化管理，并通过行业管理信息通信平台传输；制定行业管理信息应用和技术规范。

三、建立统一的达到国际水平的中国期货交易网

为达到最高程度的网络资源共享、应用技术共享、创新研究共享、技术支持服务共享、接入点资源共享等资源共享目的，建立统一的中国期货交易网是期货业的理想。中国期货交易网以期货交易所为核心，提供具有国际水平的标准化的交易网络，可以为所有期货业务参与者例如银行、证券公司、期货公司、基金管理公司、投资者、交割仓库等提供期货、期权等相关业务，网络正常投入使用能够支持 2 000 万网络用户参与交易，并且能够随着期货市场业务发展的需要进行扩容。

中国期货交易网的要求：网络接入方式灵活，接入途径多样化；应用接口开放，能支持第三方开发商应用开发；符合行业、国家、国际的技术标准；提供各类通用的接口协议，与国际市场具有相融性；提供安全、可靠、稳定且具有灵活性的系统平台；具备完善的组织机制和运作机构保障，运用市场机制保持机构的活力、创新能力，保持良性的营运状况。

14.2.4 期货市场信息化发展的策略与步骤

一、策略

1. 统一规划，制定行业标准。期货市场信息技术的发展经历了十多年的尝试，随着期货市场本身的不断完善而趋于成熟，以期货交易所为主导力量、期货经纪公司为基础的期货 IT 行业，从以场内交易厅为主的交易模式，逐步走向远程交易与场内交易厅相结合的交易模式，信息技术特别是网络应用技术扮演了越来越重要的角色，IT 技术产品的市场化促进了期货市场信息化的进化过程，与此相关联的期货信息技术市场的兼容性、标准化的矛盾也逐渐显现出来。统一规划，制定行业标准成为期货市场信息化发展的当务之急，是首先需要解决的问题。

应由期货交易所、主要的期货经纪公司，联合相关业务行业（证券业、基金、银行）形成行业标准化组织，率先从组织上保证标准化制定工作的进行，并随期货行业的发展，逐步形成统一规划的行业标准。

目前迫切需要做的标准化工作是应用技术标准化（包括交易、结算、仓库管理、信息发布等方面业务的应用接口标准化）以及业务模式、部分业务操作规程的标准化。

2. 提高应用水平。提高期货市场信息化应用水平，应从以下几方面着手：

（1）仔细研究国际主要交易市场信息技术应用现状，分析信息在国际期货市场的成功经验，参考国际期货市场的应用模式，有选择地引进并吸收国际成熟技术和产品，构建期货市场的应用体系；

（2）强化业务模式的标准化，提高信息化系统的稳定性；

（3）培育期货市场自己的信息技术人才队伍，通过吸收、引进、培训技术队伍，加强在信息技术研究、开发、服务等方面的能力；

（4）运用市场机制，提高信息化产品的竞争力；

（5）加强信息化技术队伍的管理，提高市场服务意识和水平。

3. 建立信息管理体系，加强信息发布的时效性、公平性。完善期货市场信息管理体系，加强信息发布的时效性和公平性需要在以下方面努力：

（1）建立由期货交易所、市场参与者和监管部门各方面形成的信息市场架构，明确各主体对信息产生至运用各阶段的责任和权利，形成完善的信息管理体系；

（2）制定信息采集、信息处理、信息发布标准和应用规范；

（3）运用市场运作机制，建立由期货交易所和信息运营商为主的高效信息发布系统，为经纪公司、其他市场参与者和监管部门提供稳定、可靠的信息产品；

（4）保证信息的安全性、真实性和私密性。

4. 建立期货经纪公司的公用平台。期货经纪公司的公用平台是指由期货市场的运行主体之一期货交易所或第三方运行商提供整个期货市场的所有经纪公司进行期货业务服务的信息化网络平台，其业务范围包括交易业务、结算信息传输、信息发布及相关管理信息的处理。

期货经纪公司公用平台应符合以下要求：

（1）保证平台运行管理机构的公正性，建立市场对平台运行管理机构的监督机制；

（2）形成公用平台业务规则、运行规则；

（3）保证公用平台在遵循规则的前提下平等对待不同期货交易所、不同交易品种、不同地域的市场参与者；

（4）吸收国际先进技术和管理经验，提供安全、可靠、稳定、高效的技术平台和服务；

（5）提供与国际接轨的技术保证。

5. 实施人才战略。人才战略是实现期货市场信息化战略的重要保证，实施人才战略要重视以下方面：

（1）建立合理的信息技术管理人员、专业人员的招聘、培训、培养、发展、使用制度，要能招得到人、用得好人、留得住人；

（2）建立合理有效的信息技术人员绩效管理制度，对不同性质的岗位可以采用相应的考核方法，以提高信息化系统的整体运作管理水平；

（3）市场整体绩效政策可以向信息化技术倾斜；

（4）吸引国外具有行业经验的人才加盟，并为他们创造优异条件；

（5）保持研究人员、开发人员、技术支持人员、管理人员的合理配置；

（6）借用“外脑”，与国内外机构、学校、研究单位合作进行项目研究和开发，聘用专业人士任顾问。

6. 保证资金投入不低于市场总收入的15%。信息化项目需要大量资金的投入，这已在国内外期货市场的发展过程中被反复论证过，要使信息化进程得到不断推进，市场资金的投入是其基本保证，考虑中国期货发展的现实状况，期货市场信息化工作的资金保证应不低于市场总收入的15%。

二、步骤

期货市场信息化发展应是一个有序的发展过程，在实现战略目标的过程中应首先完成以下工作：

1. 数据交换标准化。数据交换标准是指期货市场业务平台中，各主要业务主体——期货交易所、经纪公司、投资者——的应用系统之间的数据交换标准，标准应包含数据规范、应用规范等。

数据交换标准化工作应由行业统筹安排，在监管部门的督促下、期货交易所的参与下进行。

2. 交易所应用层联网。交易所应用层联网是指国内所有期货交易所，在交易所通信网络互联的基础上，将交易所主要业务运行平台互联，实现交易所间交易等各项主要业务互相接入、转发、互为备份的功能，提高期货市场运行效率，减少运行成本，强化市场的安全性和稳定性。

3. 建立期货市场参与者交易共用平台。在完成市场核心交易所应用层联网后，在外围建立接入期货经纪公司和市场参与者的交易共用平台，完成业务的整体电子化进程。

4. 建设统一的中国期货交易网（www. cf. net）。完善从市场参与者到期货交易所的整体运行系统，实现中国期货市场的统一平台即中国期货交易网（www. cf. net）建设，中国期货交易网的完善不仅是为了完成信息技术和工程建设，关注运行的管理，保持管理机构的公平性、融入国际环境、应对竞争也同样重要。

14.3 期货市场业务模式和信息化体系架构

14.3.1 中国期货交易网总体架构

中国期货交易网由期货行业各相关主体的局域网及市场参与者信息系统互联而成，在网中能完成期货交易业务所需的全部通信要求，为市场参与各方提供灵活、方便、安全的现代化业务处理手段和工具。

一、目的和使用者

中国期货交易网就是与期货相关业务的总线结构，其建设的主要出发点是构建一个期货市场的公共信息平台，期货市场的参与者以及相关机构使用这一公共平台进行信息通讯和交换。这个平台主要包括以下使用者：

（1）交易所。在此平台上，交易所可以建设自己的交易、结算、交割、风险监控和信息发布业务系统；交易所和交易所之间也可以使用该平台交换数据，为整个期货市场提供增值服务。

（2）监管机构。使用该平台接收交易所上报的与交易监管相关资料，提高市场的监管效率。

（3）经纪公司。使用该平台接入交易所完成交易、结算、交割、接收市场信息（包括行情）等功能。

（4）仓库。交割仓库通过该平台实现日常的出入库登记和标准仓单注册管理等工作。

（5）银行。期货交易的结算信息可以通过该平台完成流转，实现交易所、经纪公司和结算银行之间的资金划转，加快资金调拨速度，提高资金利用率。

（6）信息商。使用期货交易网安全、可靠地接收交易所发布的市场信息。

中国期货交易网作为公共信息平台，市场参与各方均将其作为对外的统一信息接口，市场参与者、监管机构、其他机构、交易所使用标准的信息接口进行业务数据交流并为市场提供各自个性化的信息服务。中国期货交易网应使各市场参与主体仅需关注与自己应用领域相关的业务问题，系统之间的互联、保证效率和可靠性由期货交易网来集中考虑和解决。通过建立这样一个灵活的可扩展的整合平台，可以根据新业务的需要随时加入新设计的业务模块，提高新业务的推出效率，但是，改变传统独立分割开发系统的方法有可能出现拖业务后腿的局面。应在技术上保障期货市场的可持续性发展。

二、标准化的公共信息平台

中国期货交易网的标准化主要体现在以下几个方面：

第一，使用行业标准的信息交换格式和通讯协议。网中各个子系统相对独立，通过各种灵活的方式交换信息从而实现整个系统的通讯和协同工作。通过主管机关牵头，相关期货交易所可以作为该网的建设和运行维护的主体，制定《通用交易协议》(Universal Trade Protocol)，从而定义出与期货交易相关业务的通讯格式标准。

第二，使用统一的接口。在《通用交易协议》的基础上，编写统一的程序调用接口(Application Program Interface，API)提供给参与者使用。

第三，定期修订并发布《通用交易协议》以及与其配套的程序调用接口。

第四，考虑到交易所和市场参与者之间信息系统的复杂性和异构性，建议使用扩展标记语言(Extension Markup Language，XML)来封装通讯协议。

三、中国期货交易网的系统要求

从网络的接入角度看，期货交易网是以期货交易所为主体的中心结构，图14－1中的大云团就是整个网络的核心。

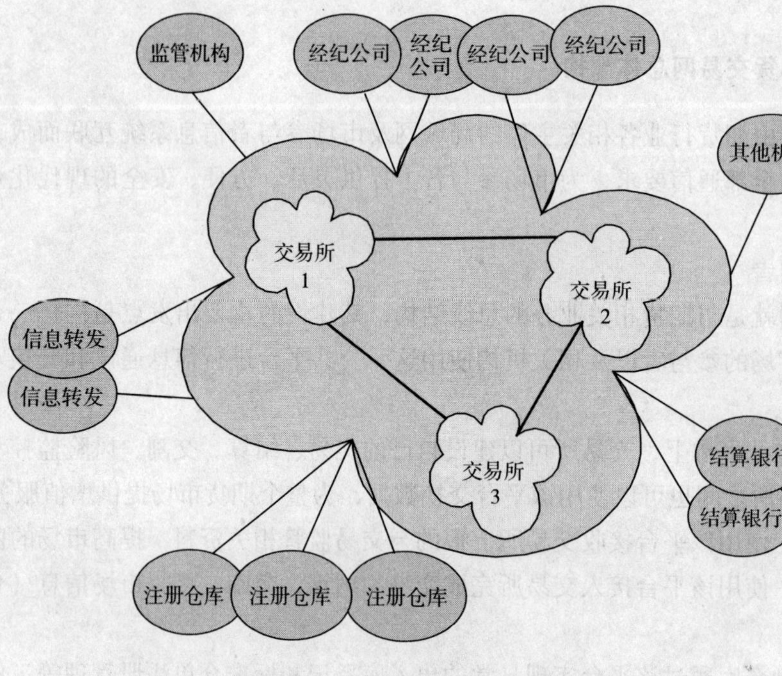

图14－1 期货交易网示意图

(1) 连通性。使用统一的程序接口实现各种异构系统的通讯互联。

(2) 可靠性。只要信息发送到了交易网中，网络必须保证信息可靠地到达目的地。

(3) 安全性。只允许被授权的使用者通过交易网进行通讯，其可到达的目的地和接收信息的种类也能够管理和控制。另外，对于一些安全性要求较高的应用提供身份鉴别和加密传输功能，确保业务数据的一致性和私密性。

(4) 可扩展性。通过业务划片分割和增加相应的硬件、软件、通讯线路及带宽和路由设备，实现无限的通讯能力。

(5) 可监控性。期货交易网对整个系统中的关键资源进行实时监控，包括通讯链路的状态和通讯带宽、业务系统的关键监控点和突发事件等。

14.3.2 期货交易业务模型

为实现信息化推进期货业务现代化的目的，建立先进的业务模型是信息化建设进程中的关键。我们有必要通过广泛的学习、研究，引入国外的先进理念和方法，建立具有中国特色又符合国际惯例的业务模型，应对加入世贸组织后的挑战，努力争取在世界期货业里占有一席之地。

建立交易业务模型的指导思想是最大限度地为投资者提供方便、灵活的交易手段。包括三方面的内容，即交易业务模型、撮合和信息发布及交易信息系统模型。期货交易业务模型如图 14－2 所示。

会员接入到期货交易网后就能够参加网络中任何一个期货交易所的交易，由期货交易网负责将会员的交易请求可靠、安全地传达目的地主机。会员接入交易网后也可以即时接收到各交易所发布的交易行情和其他市场信息。

工作在交易网之上的是交易所发布的程序接口，各个应用系统在此基础上构建自己独立的程序调用接口（API）和业务逻辑。

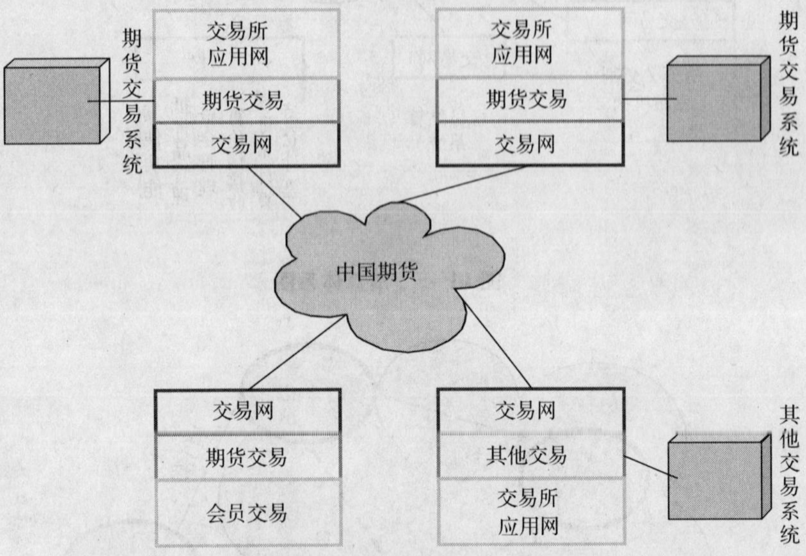

图 14－2　期货交易业务模型示意图

14.3.3　清算体系

交易所的结算系统需要和会员、结算银行、注册仓库、托管行、结算或交割价格提供商进行数据交换，结算系统还必须从交易系统获取交易数据和相关品种的结算价。因此，期货交易清算体系主要由两大模块组成：结算系统和对外信息通讯接口。期货清算体系如图 14－3 所示。

一、结算系统

结算系统的数据全部通过期货交易网获得，包括交易系统的交易数据和相关品种的结算价。结算系统根据逐日盯市的原则调整会员和客户的持仓数据，按照业务规则采用不同的风险模型计算出持仓部位履约需要的保证金数量和盈亏情况，必要时生成交割记录，最后将结算后的持仓部位和资金信息发送给会员，资金划拨情况必须提供给银行。为了实时控制交易的风险，结算系统与交易系统留有即时的保证金交换接口，方便会员出入资金。结算和资金数据的安全和可靠传输完全由交易网负责。

二、银期合作

交易所、会员与结算银行之间联网，实现资金即时划拨，可以减少风险、加快流转速度、提高资金的使用率。图 14－4 中，交易所、结算银行和会员通过期货交易网安全可靠地传输资金数据，客户则通过网上银行、网上交易等方式与会员、结算银行之间动态划转交易用资金。交易所、银行与会员公司之间的资金数据可以使用国际标准协议 SWIFT（ISO 15022）或《通用交易协议》；即使使用 SWIFT 也可以使用通用交易协议的隧道功能进行简单封装以保证系统接口的简单一致。

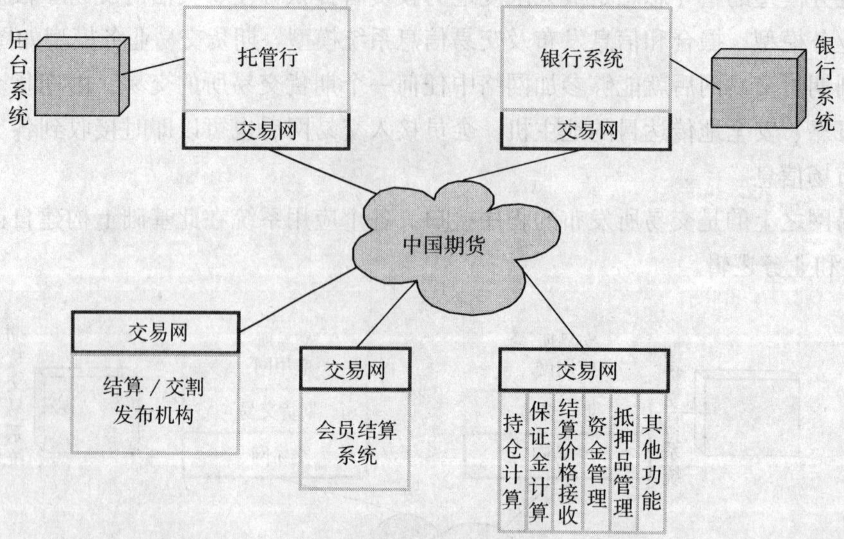

图 14 - 3　清算体系图

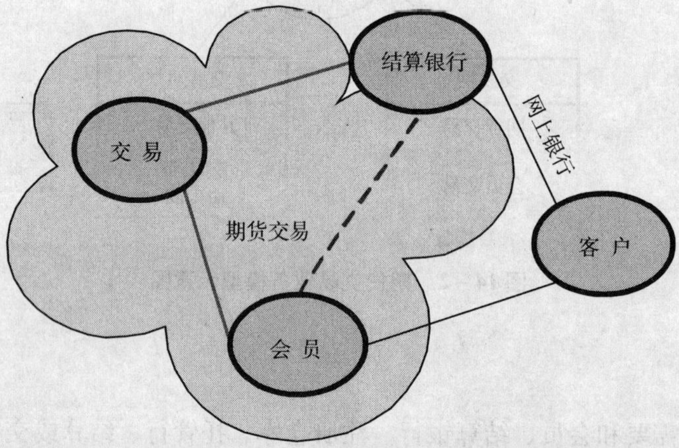

图 14 - 4　银期合作示意图

14. 3. 4　交割体系

实物交割是商品期货业务流程中一个重要的组成部分，实践证明，交割模式和体系的选择对期货市场资源的合理配置起着至关重要的作用。交割体系的参与方主要包括：交易所、会员和仓库。交割体系信息化的实现通过仓库电子化和仓单电子化、交割网上委托和建立网上仓单交易平台实现。

14. 3. 5　监管体系

监管体系对信息交换和共享提出了更高要求，系统必须高效、快速、安全和可靠地发送和获取与交易监管相关的信息。

一、证监会监管

接入到期货交易网之后，证监会可以非常方便地使用该平台接收交易所上报的与交易监管相关的资料，提高市场的监管效率和力度。

二、交易所实时风险控制

交易所实时风险控制包括几个层面的管理措施：

（1）交易系统通过在报单处理和撮合时引入部分风险控制措施，争取在交易源头上控制部分市场风险，包括交易资金管理、一户一码、持仓量限制和强行平仓等办法。

（2）结算系统保证成交的标准合约得以履行。在市场价格发生剧烈波动时，结算系统能够在当天的交易日内多次结算，及时发现履约风险并采取适当措施。结算系统还允许对会员资金作压力测试，判断其对价格风险有多大的承受程度。

（3）实时风险控制系统通过从交易系统获取报单、成交和价格信息，从结算系统接收资金和持仓情况，根据自定义的风险参数和模型计算市场和会员的风险指标来控制风险。

三、机构风险控制

经纪公司作为监管体系中直接面对投资者的一环起着非常重要的风险预防和处理、信息传递以及缓冲作用。随着异地交易的不断发展，机构对风险控制的即时要求也越来越高。即时风险防范主要依赖于风险模型的确立，而风险模型总和资金、持仓、市场价格和价格变化趋势以及交易情况联系在一起，因此，必须通过一个公共的信息总线连接交易所、经纪公司之间的计算机系统以实现信息共享和发布。

第 15 章
证券公司信息化发展战略研究

证券公司信息化发展研究应涵盖证券公司业务和管理的各个方面。其内容涉及基础平台建设（如证券公司的网络通信平台构建、数据中心机房建设等）、证券业务系统建设、管理及办公系统建设、数据仓库及其应用系统建设、灾难备份系统建设、安全体系建设、标准化建设等。

在上述信息化项目中，最为重要的是证券公司核心业务系统即证券公司交易系统建设，其次是证券公司管理信息化的建设，而网上交易作为一种全新的业务模式，近年来发展迅猛，值得深入探讨。因此，本章重点研究近年来对证券公司发展至关重要的三个方面的课题，即证券公司交易系统的发展与创新、证券公司管理信息化的发展、网上证券交易发展与创新。

15.1 证券公司交易系统的发展与创新

证券交易涉及投资者、证券公司、登记结算公司、交易所、商业银行、监管部门等。由于证券交易方式的特殊性、交易规则的严密性和操作程序的复杂性，投资者只能通过证券公司进入交易所进行交易。所以，证券公司交易系统在证券交易的过程中起着非常重要的作用。

证券公司交易系统具有提供交易通道（实现开户、登记存管、委托代理等业务）、完成清算交割（实现证券与资金清算、交割等业务）、信息资讯服务（实现行情显示、信息资讯等业务）等主要功能。

证券公司交易系统主要与交易所、登记结算公司、商业银行、监管部门等相关单位发生业务关系。证券公司交易系统与交易所的主要关系有：委托代理、行情发布、资讯信息发布、清算数据传输等；与登记结算公司的主要关系有：登记存管、分红派息、法人结算等；与银行的主要关系有：资金流转、银证转账、银证通等；与监管部门的主要关系有上报监管机构要求的统计数据等。证券公司交易系统与相关单位系统关系见图 15－1。

15.1.1 证券公司交易系统发展创新的必要性

一、我国证券公司交易系统简介

我国证券公司目前基本上是以营业部为单位分散经营的，交易系统是以营业部为单位建立起来

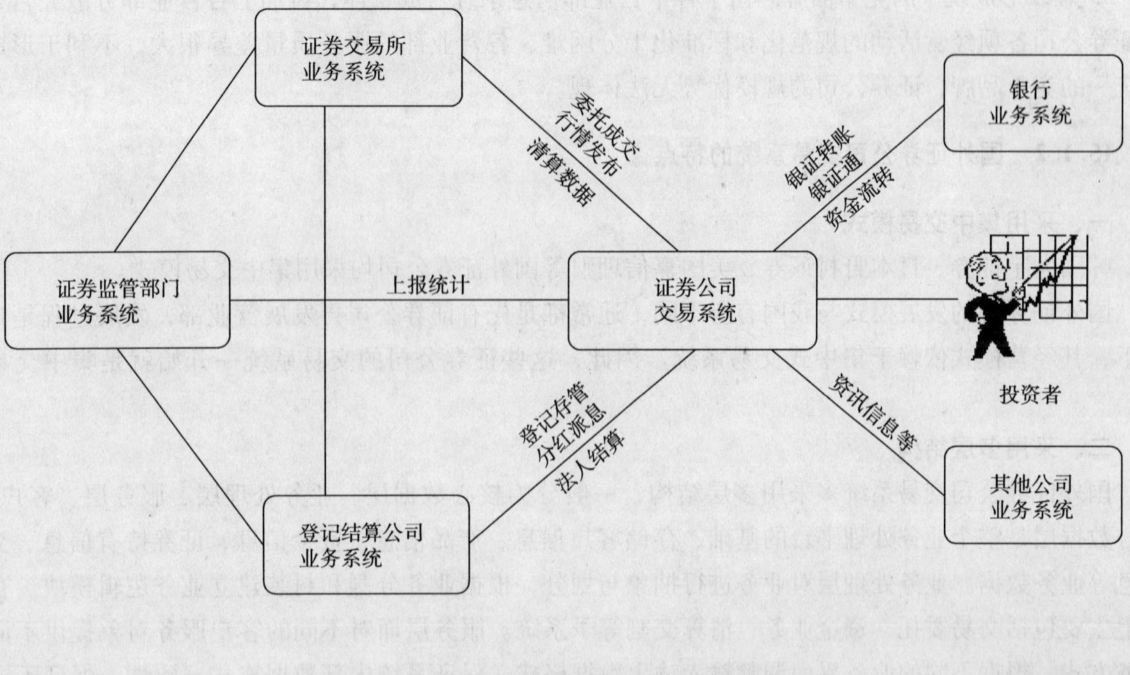

图 15－1　证券公司交易系统与相关单位系统关系图

的。证券营业部通过卫星系统及数据专线与交易所进行通信，接收行情、发送交易委托数据并接收成交回报和清算数据，营业部与银行连接为客户提供银证转账等业务服务，客户可以通过营业部热自助系统、电话委托系统、网上交易系统等进行交易委托。客户信息、所有交易历史数据都存放在营业部，交易系统服务器一般采用 Windows NT/SQL 运行环境，采用 Client/MiddleWare/Server 结构；行情系统服务器一般采用 Novell NetWare 4. 11 运行环境。营业部客户端一般采用运行 DOS 操作系统的无盘工作站。每个营业部都能独立地完成从接收客户指令、受理业务，到处理业务的全过程。

二、我国证券公司传统营业部交易系统问题分析

1. 低水平重复投资。各营业网点都拥有独立而完整的信息系统，如果上一个新的业务项目，从硬件到软件及其他相关投资，每个营业部都需要“拷贝”一套系统，下属营业部越多的证券公司，这种重复投资的负担越重，系统运维队伍也越庞大，大大削弱了证券公司的竞争力。

2. 缺乏有效的风险控制手段。受制于各营业部相互独立的交易模式，没有实施总部监控的证券公司总部对营业部的财务数据、交易数据、客户资料数据无法及时统计分析，管理层难以准确了解营业部日常的实际经营情况，严重影响了管理层对事情的判断和决策，缺乏对业务风险的有效控制。虽然有些证券公司实施了总部监控系统，采用数据采集、汇总、事后分析等技术手段，达到了一部分监控目标，但是都属于事后监督性质，达不到风险防范的目的，无法适应瞬息万变的市场环境。特别是营业部多的证券公司，网点多的优势反而变成了风险大的劣势，致使公司在市场竞争中处于不利的境地。

3. 安全漏洞和系统风险大。由于各营业网点都拥有独立完整的信息系统，核心数据全部分散在各地，对系统的安全性提出了较高的要求。各网点参差不齐的技术和管理水平，造成了各网点信息系统的安全漏洞较多、系统风险较大。

4. 业务创新能力差。随着市场不断发展，行业内业务创新、技术创新的需求日益增加、频率日益加快，对各券商提出了快速响应的要求。但是，这种分散的处理模式，增加新业务品种难度大，致使证券公司创新能力差、响应时效性下降。

5. 难以形成统一的竞争品牌。由于各个营业部信息系统自成一体，再加上各营业部分散经营，整个证券公司各项经营活动的规范化和标准化十分困难，各营业部的服务质量差异很大，不利于形成公司统一的竞争品牌，证券公司的规模优势无法体现。

15.1.2 国外证券公司交易系统的特点

一、采用集中交易模式

韩国大宇证券、日本野村证券、美国嘉信理财等国外证券公司均采用集中交易模式。

国外证券业的发展模式与我国有所不同，通常都是先有证券公司再发展营业部，发展过程是自上而下，其经营模式依赖于集中式交易系统。因此，这些证券公司的交易系统一开始就是集中交易模式。

二、采用多层结构

国外证券公司交易系统多采用多层结构，一般分为核心数据层、业务处理层、服务层、客户层。核心数据层是整个业务处理平台的基础，存储客户信息、产品信息、资金信息、证券持有信息、交易信息等业务数据。业务处理层对业务进行抽象与划分，根据业务分割和封装建立业务逻辑模块。在业务上主要包括交易委托、资金业务、清算交割等子系统。服务层面对不同的客户服务对象提供不同的服务方式，根据不同的业务界面调整输入输出数据格式，保证系统内部数据格式一致性，保证不同外部系统及设备的接入。如提供柜台处理、电话服务、网上交易、交易所和银行的数据接口。客户层为客户提供服务手段，为不同性质的客户提供不同的交易方式及一定程度的客户管理。

采用多层结构的系统具有良好的可扩展性。采用多层结构，首先便于新业务的开展、新的交易品种的增加；其次便于增加新的营业网点和增加新的交易渠道；再次具有良好的对外接口，可以支持国际通用的金融接口标准，便于系统间的互联。

三、重视备份系统与灾难恢复系统的建设

由于交易系统是集中模式，系统数据风险也就集中在数据中心，因此国外证券公司对交易系统的备份系统与灾难恢复系统的建设都非常重视。比如韩国大信证券建有较完善的灾难恢复系统（Business Recovery System，BRS）和无障碍系统（Parallel Sysplex System）。其灾难恢复系统距本部的IT系统大约20公里，灾难恢复的时间为30~90分钟。其灾备中心主要实时备份客户资金、交易等全部的数据库信息。发生灾难时，工作人员根据事前制定的恢复计划能迅速地进行系统恢复。无障碍系统即是指本地的实时热备份系统，所有的系统均采用并行方式来处理，达到负载均衡及实时备份的目的。

15.1.3 证券公司的发展对交易系统提出了新的要求

我国证券市场自建立以来，发展迅速。除了市场规模的扩大外，我国证券市场的结构将进一步优化，上市公司治理结构将进一步完善，投资品种将进一步丰富，直接融资的比例将进一步提高，对外开放也将进一步发展，这些都为证券公司的发展带来了机遇。

随着证券市场的发展，我国证券公司的发展将呈现规模化、集中化、规范化、国际化趋势。为了适应这种趋势，我国证券公司应完成四个转变：业务方式由以营业部为营运中心的分散化经营向以总部为营运中心的集约化、规模化经营转变；管理方式由对营业部的粗放式管理向集中规范化管理转变；服务方式由以交易为中心的“坐商”（被动服务）向以客户为中心、以市场为导向的“行商”（主动服务）转变；服务内容从单一经营股票为主逐步转变为提供股票、基金、债券、期货、期权、外汇、保险等多种金融产品的综合性金融服务。现有的以营业部为中心的交易系统显然不能支持证券公司在业务、管理、服务等方面的转变。

15.1.4 证券公司集中交易系统的提出

在分析了我国证券公司信息系统现状，研究了欧、美、日、韩等国著名证券公司管理、业务、信息系统成功模式的基础上，结合我国证券市场的发展趋势和技术状况，我们认为建立“大集中”信息系统是证券公司信息系统发展的大趋势。

早在 1997 年，我国证券行业内就有人提出了“大集中”的概念。“大集中”概念提出后在业内即成为研究的热点，并有证券公司进行了试点工作。

“大集中”实际上包括两个方面的含义，即交易集中和管理集中。交易集中是指证券公司的交易中心从目前的营业部转向交易中心，所有的交易活动的核心都在交易中心完成，营业部只是作为交易服务的前端和窗口。集中交易系统是交易集中的技术手段。管理集中是通过建立公司级的管理体系，各级管理人员对公司的业务运行进行监控、分析、稽核和控制，其中业务包括经纪、投资银行、资产管理、自营、清算、财务、人力资源等。数据中心是集中管理的信息源。

近几年来，证券公司如何实施“大集中”，技术如何支持证券公司集中经营这个问题已经逐渐清晰起来。总的来说，现有的观点可以分成两大类，一类是交易集中为先，即先实现交易集中，在此基础上再实现管理集中；另一类则是管理集中为先，即先实现管理集中，通过管理集中带动交易集中。两大类的最终目标都是实现完全的集中经营模式。经营规模不大、营业部数量较少的券商热衷于交易集中，其原因也在于规模相对较小，建立集中交易系统的风险和投资都大幅度降低，从而可以迅速整合资源、提高核心竞争力。经营规模大、营业部数量多的券商则通过建设数据中心系统，走管理集中为先的道路。

15.1.5 证券公司集中交易系统

一、证券公司集中交易系统的定义

证券公司集中交易系统是指将分散在营业部柜台系统的客户资料、交易数据、清算数据等数据进行集中，实现集中交易处理、集中报盘、集中清算等功能，统一银证接入平台，统一外围接入平台的系统。

二、证券公司集中交易系统的优势

证券集中交易模式是中国证券经纪业务发展的必然趋势，集中交易的优势可通过以下几个方面表现出来：

1. 集中交易系统有利于证券公司实现业务和管理的集中，实现真正的“法人”治理。在目前的以营业部为单位的分散经营模式下，证券公司总部对营业部的管理、约束和监控能力都相当薄弱，营业部实际上是各自为政，证券公司总部很难实现真正意义上的“法人”治理。集中交易系统可以为证券公司总部实现业务的集中和管理的集中提供技术平台和实时数据信息，集中交易系统能够帮助证券公司实现真正的“法人”治理。

2. 有利于优化证券公司营业部的组织结构，转变业务职能。证券集中交易淡化了营业部的通道职能，因此可对营业部的组织结构进行优化，其业务职能从以代理交易的通道为主转变为以核心客户的专业服务和公司各项业务的市场营销为主。

3. 集中交易系统有利于证券公司向规模化方向发展。进行证券集中交易，证券公司可以低成本地扩建营业部，并且营业部的固定成本和运营维护成本低，有利于证券公司的大规模扩张，实现规模化

发展。

4. 集中交易系统有利于新的服务产品的推出。资本市场的发展创新层出不穷，证券公司不断推出新的服务产品是自身持续经营发展的需要。依托具有良好扩展性的证券集中交易平台，证券公司可以制定公司级的营销和服务战略，更快速地推出符合客户需求及市场特点的服务产品。

5. 集中交易系统实现了数据资源的共享，有利于证券公司服务和管理水平的提高。证券公司集中交易系统为客户服务系统、客户关系管理系统、商业智能、决策支持系统等其他应用系统提供数据基础，为证券公司管理层总揽全局、科学决策提供可靠的分析依据，增强证券公司的核心竞争力。

6. 集中交易系统有利于证券公司总部加强业务监管，防范经营风险。交易集中了，数据也集中了，证券公司可以很容易地实时监控各种交易情况，防范可能出现的经营风险。

7. 提高技术系统的运行与维护效率。建立证券集中交易系统之后，大量的运行和维护工作都集中在交易中心进行，在交易中心作一次系统升级和技术改造即可，不用像现在要在每个营业部进行，系统运行和维护效率可得到较大提高，大大降低运行和维护成本。

三、证券公司交易系统集中模式分析

证券公司集中交易系统模式有以下几种：二层模式、三层模式、混合模式及多中心模式等。

1. 二层模式。结构如图 15－2 所示。

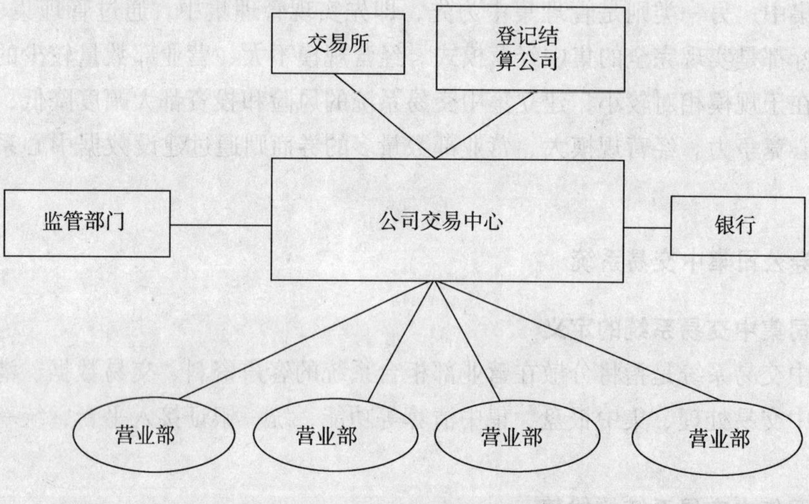

图 15－2　二层模式示意图

公司总部交易中心与交易所、登记结算公司、银行、监管部门连接。公司总部交易中心下挂公司所有营业部。

行情资讯资料、客户资料、交易资料、清算资料等数据集中在公司交易中心。交易处理、报盘处理、清算处理等业务全部在公司总部交易中心完成。并且公司总部交易中心与交易所、登记结算公司、银行、监管部门等单位的系统直接连接。网上交易、客户服务中心、中央监控系统等集中在总部。如果银行没有实施集中，证券公司与银行各地分行的连接也在证券公司总部进行。

行情资讯、客户交易历史资料集中在营业部。其主要职能转变为客户开发和客户服务。

二层结构模式结构简单，层次少，适用于营业部数量少、营业部地域分布比较集中的证券公司。

2. 三层模式。三层模式的结构如图 15－3 所示。

公司交易中心与交易所、登记结算公司、银行、监管部门连接。公司交易中心下挂公司区域中心，区域中心下挂营业部。

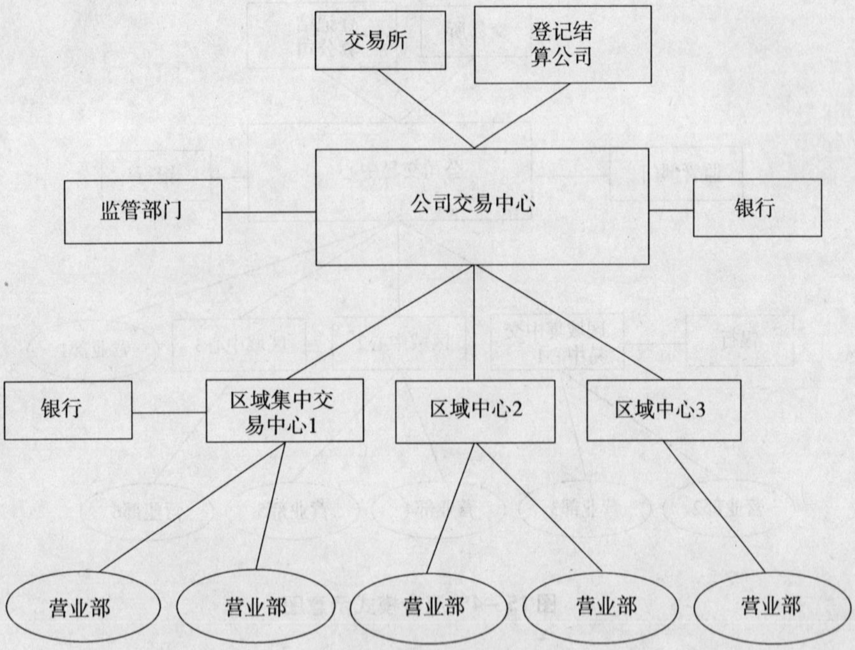

图 15－3　三层模式示意图

行情资讯资料、客户资料、交易资料、清算资料等数据集中在公司交易中心。交易处理、报盘处理、清算处理等全部在总部完成。并且总部与交易所、登记结算公司、银行、监管部门等单位的系统直接连接。网上交易、客户服务中心、中央监控系统等集中在总部。如果银行没有实施集中，证券公司与银行各地分行的连接也在证券公司总部进行。

区域中心是区域通信节点，有客户资料和交易历史数据。区域中心可以有两种方式：其一，如果发生业务联系的银行没有实施集中，区域中心具有本地银行的接入功能。区域中心还可以具有本地客户服务中心接入等功能。其二，该区域中心有客户资料、行情资讯等全部数据，具有交易处理、报盘的功能。如图 15－3 中“区域集中交易中心 1”。区域集中交易中心的交易、客户资料实时转发公司交易中心。清算仍然通过公司交易中心完成。

营业部的主要职能转变为客户开发和客户服务。所有客户交易经区域中心转发公司交易中心。

三层模式基本上与现在的大中型证券公司的组织管理模式相匹配。而且区域中心作为通信节点，有利于降低成本；区域中心有历史数据，有利于降低客户查询等操作对交易中心造成的压力；区域中心连接本地银行业务和本地客户服务中心，有利于增加本地业务的灵活度。三层模式比较适用于中型或大型证券公司的集中交易系统架构。

3. 混合模式。混合模式的结构如图 15－4 所示。

公司交易中心与交易所、登记结算公司、银行、监管部门连接。公司交易中心下挂区域中心和个别营业部，区域中心下挂营业部。

行情资讯资料、客户资料、交易资料、清算资料等数据集中在公司交易中心。交易处理、报盘处理、清算处理等全部在总部完成。并且总部与交易所、登记结算公司、银行、监管部门等单位系统直接连接。网上交易、客户服务中心、中央监控系统等集中在总部。如果银行没有实施集中，证券公司与银行各地分行的连接也在证券公司总部进行。

区域中心是区域通信节点，有客户资料和交易历史数据。区域中心也可以有两种方式，其内容与

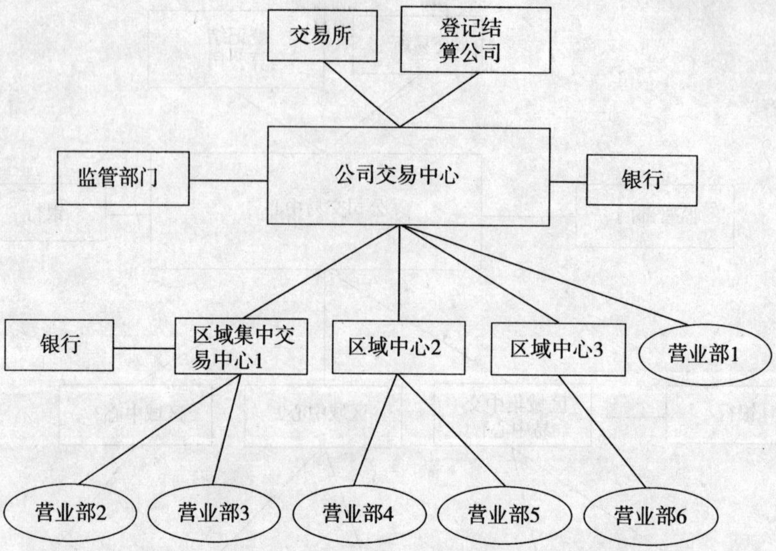

图 15-4 混合模式示意图

三层模式相同。

营业部的主要职能转变为客户开发和客户服务。所有客户交易经区域中心转发公司交易中心。偏远地区，或客户量、交易量大的营业部可以直接上挂公司交易中心，如图 15-4 中的“营业部 1”。

混合模式基本上与现在的大中型证券公司的组织管理模式相匹配。而且区域中心作为通信节点，有利于降低成本；区域中心有历史数据，有利于降低客户查询等操作对交易中心造成的压力；区域中心连接本地银行业务和本地客户服务中心，有利于增加本地业务的灵活度。混合模式比较适用于大型证券公司的集中交易系统架构。

4. 多中心模式。多中心混合模式的结构如图 15-5 所示。

证券公司具有多个交易中心。公司总部为总部数据中心，非交易中心，与监管部门和登记结算公司连接。交易中心和交易所连接，交易中心下挂营业部和区域中心，区域中心下挂营业部。当然，交易中心也可以位于证券公司总部。

行情资讯资料、客户资料、交易资料、清算资料等数据集中在交易中心。交易处理、报盘处理、清算处理等全部在交易中心完成。交易中心与交易所、银行、监管部门等单位系统直接连接。如果银行没有实施集中，证券公司与银行各地分行的连接也在证券公司总部进行。

区域中心是区域通信节点，有客户资料和交易历史数据。区域中心也可以有两种方式，其内容与三层模式相同。

营业部的主要职能转变为客户开发和客户服务。所有客户交易经区域中心转发公司交易中心。偏远地区，或客户量、交易量大的营业部可以直接上挂公司交易中心。

此外，也可以实现多中心二层结构模式。

多中心混合结构模式比较适用于大型证券公司的集中交易系统。此外，此种模式具有多个交易中心，能够较好地降低技术风险。同时，多中心意味着投资的增加。

集中交易系统应当采用交易中心集中报盘。集中报盘有利于证券公司对交易进行监督并进行实时控制，集中后可节省每个营业部的席位费用和与交易所的通信费用。不过，考虑到目前情况下交易所的通信状况，区域集中交易中心、一些偏远地区或交易量比较大的营业部可以单独进行报盘，以提高

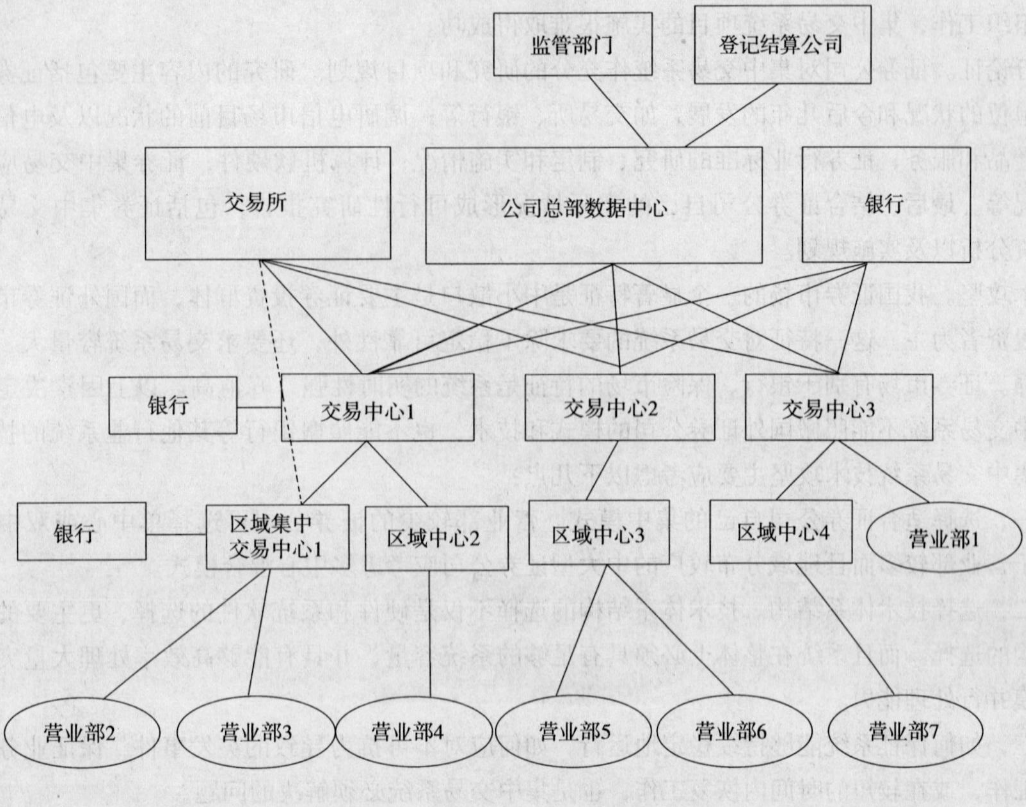

图 15－5　多中心混合模式示意图

效率，降低公司交易中心的负荷。

系统集中以后，灵活性差了，提供差异化产品的能力削弱了，但市场竞争的需求又很迫切，这之间可能存在着矛盾，这个矛盾只能依靠有效的体制设置和系统结构的灵活性、可扩充性来解决。这对集中交易的证券公司是一个挑战，尤其对规模大、地域分布广的证券公司来讲更是如此。区域集中交易中心、多中心模式可以部分地解决业务差异化的问题。

建立集中交易系统是证券公司交易系统的理想目标。证券公司集中交易系统的建设，可能出现两条路，第一条路是从一开始就建立集中交易系统，然后分步实施，逐步将各个营业部纳入系统。第二条路是首先进行区域的集中，再建立大集中交易的系统。集中也有一个中心、双中心、多中心等多种模式。所有这些，证券公司都应根据自身的规模、业务特点和发展方向进行规划建设。中小型的证券公司可以走第一条路，采用一个或双中心的模式。对于大型证券公司来讲，一般走第二条路，采用双中心或多中心的模式。

15.1.6　建设集中交易系统的几个关键问题

一、集中交易系统建设应考虑的要素

建设集中交易系统是一个复杂的系统工程。集中交易系统的实施将引起证券公司组织管理结构、业务管理模式的变化，引起营业部职能的转变。集中交易系统规模大、涉及面广，成功的案例还不多，集中交易系统的技术实现也显得风险较高。因此，证券公司集中交易系统的组织实施必须在以下几个方面进行充分的准备：项目组织结构、系统规划、技术方案论证、实施部署等。

组织保障。项目组要由公司主要领导亲自挂帅，组织经纪业务部、清算中心、信息技术部门等相

关部门一把手和业务骨干组成项目小组，来推动和组织项目的实施。没有领导层的参与和推动、业务部门的组织工作，集中交易系统项目的实施很难取得成功。

充分论证。证券公司对集中交易系统作充分的研究和项目规划。研究的内容主要包括证券交易相关业务单位的状况和今后几年的发展，如交易所、银行等；调研电信市场目前的状况以及电信部门可提供的产品和服务；证券行业标准的研究、制定和实施情况；计算机软硬件；证券集中交易应用系统开发状况等。最后，结合证券公司自己的实际情况形成可行性研究报告，包括证券集中交易系统规划、投资分析以及实施规划。

技术攻坚。我国证券市场的一个显著特征是中小散户是主要证券投资群体，而国外证券市场主要以机构投资者为主。这一特征对交易系统的要求除了稳定可靠性外，还要求交易系统容量大、并发处理能力强。证券市场有别于银行、保险市场的特征是系统的实时性强，峰值高。以上因素决定了证券公司集中交易系统不能照搬国外证券公司的模式和技术，也不能照搬银行等其他行业系统的技术。证券公司集中交易系统技术攻坚主要应考虑以下几点：

第一，选择适合证券公司自己的集中模式。营业部较少的证券公司可选择单中心或双中心的模式，对于营业部较多而且地域分布较广的中大型证券公司应考虑多中心混合模式。

第二，选择技术体系结构。技术体系结构的选择不仅是硬件和系统软件的选择，更主要的是应用体系结构的选择。而且系统在整体上必须具有足够的系统容量，并具有能够高效率处理大量突发业务的大规模并行处理能力。

第三，如何保证系统能够持续稳定地运行，如何应对不可抗力导致的突发事件，保证业务系统的不间断工作，或在较短的时间内恢复工作，也是集中交易系统必须解决的问题。

平稳移植。在保证现有业务正常开展的同时，逐步切换到新的系统，实现平滑过渡，是集中交易系统实施过程中的非常重要的问题。

二、关键技术问题

1. 集中交易系统结构。集中交易系统应满足稳定、可靠、高效率、容量大、并发处理能力强等系统要求，考虑到证券行业业务特点，系统的设计要做到业务流程分拆、数据分布、前后台分离。

为此，比较合理的系统结构可以描述为：多层结构 + 模块组合，即把一个复杂而庞大的系统合理地分解成分工明确的多层次结构和松散耦合的模块组合体系，同时要建立一个大多数子系统都适用的统一的基础技术平台，以支持不同的业务模块。

（1）多层结构。采用多层结构的系统具有良好的可扩展性。采用多层结构，便于新业务的开展、新的交易品种的增加；便于增加新的营业网点和增加新的交易渠道；采用多层结构的系统具有良好的对外接口，可以支持国际通用的金融接口标准，便于系统间的互联；并且同一层次的机器、应用之间可以均衡负载，便于大规模系统的实施。

系统的多层结构一般分成核心数据层、业务处理层、服务层、客户层。

核心数据层是整个业务处理平台的基础，存储客户信息、产品信息、资金信息、证券持有信息、交易信息等业务数据。

业务处理层对业务进行抽象与划分，根据业务分割和封装建立业务逻辑模块。在业务上主要包括交易委托、资金业务、清算交割等子系统。

服务层直接面对不同的客户服务对象或提供不同的服务方式，根据不同的业务调整输入输出数据格式，保证系统内部数据格式一致性，保证不同外部系统及设备的接入。如提供柜台处理、电话服务、网上交易、交易所和银行的数据接口。

客户层为客户提供服务手段，为不同性质的客户提供不同的交易方式及一定程度的客户管理。

(2) 统一平台。在建设集中交易系统时，应考虑建立平台化的系统结构，所有的业务都运行在统一的平台上。统一平台主要有统一的数据平台和统一的客户服务平台。

统一的数据平台位于核心数据层，统一数据能够避免不同业务间数据结构不一致的现象，解决不同业务间数据共享问题。

统一的客户服务平台位于客户层，为不同接入方式的客户提供统一的客户界面和客户管理方式。方便客户使用，统一公司形象。

2. 灾难备份。

(1) 灾难备份系统的重要性。证券公司实施集中交易系统后，整个公司的客户资料、交易数据、清算数据等都集中到了公司交易中心。一旦公司交易中心发生灾难性事故，则整个证券公司将毁于一旦。如果不考虑异地灾难备份系统的建设，将给公司的经营带来不可估量的风险。因此，集中交易系统的建设必须考虑灾难备份系统的建设。

(2) 灾难备份系统的建设目标。保证业务的持续性。一旦某个中心出现灾难事故，另一个中心可以实时接管事故中心的关键业务。

(3) 灾难备份系统的模式。一般来说，建立灾难备份系统，有非实时和实时两种模式。

非实时模式，就是每天从灾难恢复中心定时备份生产中心数据，尽量保证灾难恢复中心拥有生产中心的最新数据。一旦灾难发生，灾难恢复中心可将业务在较短的时间内恢复运作。这种模式虽然投资成本低，实现简单，但不能保证生产中心与备份中心数据的实时性，不适于证券集中交易系统。

实时模式，就是在生产中心和灾难恢复中心之间通过高速的通信线路，将生产中心的数据实时送往灾难恢复中心，保证生产中心与备份中心间的数据一致。当灾难发生时，灾难恢复中心在最短的时间内，接管所有的或部分关键的业务，恢复系统正常运作。这种模式投资成本高，实现复杂，但能保证生产中心与备份中心数据的实时性，适合于证券集中交易系统。

灾难备份中心的建设如果仅仅只是完成生产中心的备份，是不经济的。证券公司实施集中交易模式，应当选择中心互备的模式，均衡负载。

从上面的分析可以看出，证券公司的集中交易系统对灾难备份系统的建设只有满足生产中心及灾备中心互相实时备份的要求，才能保证业务的持续性。证券集中交易系统灾难备份系统的建设投资大、技术复杂，一定要充分论证。灾难备份系统的建设一定要选择专业性的公司来规划和实施。

3. 高可靠性广域网。

(1) 高可靠性的广域网对证券集中交易系统的重要性。证券公司集中交易系统实施后，营业部和区域中心的交易委托等功能都通过交易中心完成，一旦营业部、区域中心与交易中心连接的广域网出故障，则营业部现场客户的交易只能中止，用户必须采用电话委托等非现场手段进行交易。因此，建设一个高可靠性的广域网对证券集中交易系统非常重要。

(2) 高可靠性广域网的建设目标。高可靠性的广域网应当保证广域网从中心、区域，一直到营业部采用双路由器进行设备备份，另外广域网线路应当采用双运营商线路进行备份，即通常说的“双机双网”。

设备和线路的备份都很容易实现。有一点需要注意的是，证券公司应当要求两个运营商的线路从不同的路径进入营业部，保证最后一公里没有单点故障。

(3) 高可靠性广域网的建设要点。合理选择广域网线路带宽。广域网的带宽越高，费用越高。因此建设集中交易系统时一定要科学地测算广域网的带宽到底要多少才能保证所有业务的正常进行，以免申请过高的带宽给公司的运维造成不必要的浪费。

广域网线路上如何制定路由策略和 QoS 策略。申请广域网双线路后，应制定主线路和备份线路上各种业务的 QoS 策略，确定哪些业务在主线路上运行，哪些业务在备份线路上运行。

高可靠性广域网实施的原则是有效地保证集中交易业务在广域网上的可靠、安全、高效的传输。

三、集中交易系统的外部环境

集中交易系统的实施，除了受到证券公司内部的一些因素制约以外，还受到外部环境的一些影响。例如：市场监管方式、交易所会员席位管理、交易通道等。

1. 市场监管方式。目前，中国证券监管方式是通过证券交易所对证券营业部实行一线监管，主要对会员单位营业部席位实行监督、管理。这种方式的最大特点是能有效地监管到每一个市场经营单位。近年来，随着技术的进步和证券公司经营方式逐步转向以证券公司（总部）法人为核心的方式，证券公司向集约化经营模式的转变，必然对市场监管方式提出新的要求，要求监管方式适应市场的变化，由原来以单个营业部为对象的监管方式转为以证券公司为对象的监管方式。

2. 交易所会员席位管理。交易所会员席位，是由过去传统手工大堂交易方式沿袭下来的，会员的交易席位主要为会员单位在大堂进行交易的座席。随着网络技术和电子化交易的发展，市场无形化、电子化已取代了传统的手工方式。目前的会员席位仅作为一个证券交易机构的标志。证券公司进行集中交易，必然要求其交易席位仅集中到有限的几个席位上，而不是一个营业部对应一至两个席位。这样既可以提高公司的管理控制能力，提高工作效率，降低市场风险，又能有效节省成本。

3. 交易通道。交易通道是证券公司进行交易不可缺少的部分。目前，证券公司大部分已经建造了以本公司为中心，覆盖全部分支机构的高速广域网。这为证券公司进行集中交易奠定了技术基础。目前，证券营业部大多数的交易通道是以沪、深交易所提供的卫星通信为主，地面的通信作为辅助。交易的通信网络分别有深、沪交易所的卫星通信网、地面网、各个证券公司自己建立的企业内部网络。网络资源不能共享。另外，卫星通信的带宽仅为 64Kbps，能够传输的委托单一般在每秒 5 ~ 8 笔，目前交易所地面备份的带宽也仅为 64Kbps。带宽也限制了集中交易系统集中报盘的实施。

15.1.7　集中交易的风险与防范

集中交易的真正动力并非单纯来自技术意愿，它的深层驱动力是管理体制的变革。集中交易对于证券公司来讲，不仅仅是一次技术层面的创新，从本质上讲更应该是对公司经营与管理模式的变革。变革要由管理层自上而下推动。集中交易在证券行业大规模推广，至少有三个前提：一是政策的支持；二是各证券公司经营管理层的推动；三是以业务部门为主导进行系统建设。

因此，在实施集中交易项目的过程中存在着各方面的问题与风险。如果不能很好地分析和防范这些风险，可能会导致证券集中交易项目实施的波折，甚至半途而废。不仅造成巨大的资金浪费，而且对证券公司的发展可能产生深远的不良影响。因此，有必要对证券集中交易的风险进行认真研究，找出风险源，并结合证券公司的实际情况提出防范和规避风险的措施。

实施集中交易系统的风险很多，归纳起来主要体现在以下几方面：技术风险、业务管理的风险、公司组织架构变化的风险、项目实施的风险和外部环境的风险。

上述风险中的任何一项处理不好，都可能导致证券集中交易的失败。下面对上述各种风险进行简要分析，并提出风险防范的参考意见和建议。

一、技术风险与防范

证券公司证券集中交易的技术风险是指支持证券集中交易的信息技术系统存在的技术风险。无论是证券集中交易，还是以证券营业部为中心的分散交易，技术风险都是客观存在的，只是风险的程度不同而已。因此技术风险并不是证券集中交易带来的，也不是证券集中交易所独有的。但是，证券集中交易的技术风险和目前证券营业部交易的技术风险将有很大不同，其风险的侧重点发生了转移。

与传统的证券交易相比，证券集中交易在一定程度上也将技术风险进行了集中。风险集中后，由风险所带来的影响和损失将显著增大。所以，只有对证券集中交易的风险进行充分评估，并做出预先的防范，才能确保证券集中交易的顺利实施。

一般来说，技术风险是随着技术不断成熟和应用水平不断提高而不断减小的。随着时间的推移，技术风险的风险源和影响程度可能会发生变化。目前，证券集中交易的技术风险主要体现在广域网络通信平台、集中交易应用系统和数据安全三个方面。

1. 广域网络通信平台的技术风险和防范。证券集中交易不是营业网点的集中，而是将证券营业网点的数据和业务处理进行集中，因此需要广域网络通信平台的支持。广域网络通信平台存在的技术风险主要有：网络物理链路通信中断、广域网络通信带宽限制、与交易所的报盘通信瓶颈等风险。

防范电信线路通信中断的风险，一方面要求电信运营商提高通信线路的稳定性；另一方面券商自身必须考虑内部企业网物理线路的备份。根据经验，一般要选用两家以上电信运营商的线路互为备份，以确保广域网络连接的安全可靠。

防范广域网络通信带宽限制的风险可以从两方面入手，一是认真分析业务数据流量，为突发数据流量留有足够的带宽冗余；二是利用网络技术手段，将网络通道划分为交易数据通道和其他业务系统数据通道，并确保交易数据通道占用充足的带宽。

防范与交易所的报盘通信瓶颈的风险，要求证券交易所和证券通信公司必须采取相应的措施，制定集中报盘的相应标准，扩大报盘通信的带宽，为证券集中交易提供有力的支持。

2. 集中交易应用系统的技术风险和防范。集中交易应用系统必须具有高处理能力、高效率和高可用性。要达到这样的目标需要从硬件平台和软件系统两方面考虑。在以往集中交易系统的实践中，有些不成功的案例之所以没有很好地实施，其中一个重要原因是集中系统的方案设计不够完善，主要体现在系统硬件平台的选型和软件开发等方面存在问题。另外，系统运行过程中还存在着灾难损失的风险。

硬件平台选型和软件开发需要考虑很多因素，如系统结构、系统容量、系统效率、业务逻辑、系统开放性、安全性等。而进行集中交易整体设计的重点和难点在于业务处理能力和效率的预测。由于信息技术发展和证券市场变化非常迅速，而实施集中交易系统需要较长时间，当集中过程进行到一定阶段时，技术手段和业务需求可能已发生了很大变化。因此，这种风险很难控制。不同证券公司的做法也不尽相同。其中一种解决方法是请有丰富经验的专业证券 IT 咨询公司进行方案设计，然后请各方面专家进行充分论证，以尽可能地降低风险。

实施证券集中交易的同时必须建设灾难备份中心，至少要在异地建立两个集中交易中心，两个中心之间可以进行集中交易的负载均衡和交易系统的互备。

3. 数据安全的风险和防范。在集中交易系统基础设施建设、网络通信、数据传输、硬件选型、软件开发、系统使用、系统运行维护与管理等方面都存在一定的数据安全风险。化解和防范数据安全风险的技术方案比较多。在进行集中交易系统方案设计时，需要将灾难备份中心建设、广域网络通信平台建设、应用系统开发等进行综合考虑，统一进行安全防范设计。同时，要通过推行全面技术管理的理念，加强计算机信息系统的优化建设和安全管理，加强计算机信息技术人员的管理，防止数据的遗失、损坏、篡改和泄露，提高系统运行的安全性、可靠性与稳定性，推动证券集中交易信息系统建设与技术管理水平的协调发展，从而达到确保数据安全的目标。

二、业务管理风险与防范

实行证券集中交易，将使证券交易的业务模式和证券公司的管理模式发生深刻的变革。证券集中交易不单是技术的集中，还是业务管理和业务处理的集中。因此也会将原来只停留在证券营业部层面上的业务管理问题和业务处理问题集中起来。如果仍沿用集中前的管理模式，显然不能解决被集中起来的业务问题。因此需要对整个业务模式和流程进行重组和再造。其中涉及总部交易中心和分支机构（如区域总部、营业部等）的业务处理权限和业务管理权限等问题。

1. 再造业务管理模式的风险。业务管理模式的再造，是交易集中的要求，但归根结底是市场的要求。集中本身不是目的。业务管理模式的改变必须以更好地服务客户为前提，不能因为实行集中交易而造成客户的流失，更不能以丢掉优质客户为代价来实现集中。因此，在实现证券集中交易时，要在充分考虑客户原有的操作习惯的基础上，通过建立统一的技术支持平台、规范的业务管理流程以及个性化、人性化的客户服务体系，发挥证券集中交易的优势，提高客户的满意度。从而规避由于业务模式改变带来的风险。

2. 关键业务管理和业务处理流程的风险。制定证券集中交易业务管理和业务处理流程是一项重要工作。证券公司的分支营业部一般都分布在全国各地。如果业务流程不明确，操作指引不清晰，可能会造成业务理解的偏差，导致各营业部步调不统一。同时，受地理位置和通讯手段等限制，对于出现的问题如不能及时沟通，可能导致一些关键业务无法处理，造成业务管理的混乱，导致风险。例如：当重要岗位操作人员（如资金柜员）的密码忘记或不可用时，如果不知道如何求助，那后果可想而知。因此，要防范这方面的风险，必须制定合理的业务管理和业务处理流程，并应尽可能详细、具体。同时，针对各种可能的意外事件要制定相应的应急计划，规定具体的操作流程。

3. 分支证券营业部管理权限分配的风险。在证券交易中心给分支证券营业部赋予业务管理和业务处理权限时，可能会遇到一些棘手问题。分支证券营业部处于券商营销业务的最前线，直接面对客户。如果其权限太小，可能影响服务客户的水平；如果事事向中心请示，难以保证工作效率。相反，如果给分支证券营业部赋予很大的权限，也可能会产生其他问题。例如，可能由于分支营业部的一点差错，给交易中心带来巨大的工作量，甚至造成重大损失等。因此，在实际进行集中交易时，需要在反复研究、充分讨论与实践的基础上制定合理的权限分配策略，并严格按照规范的流程进行操作，以降低权限分配的风险。

三、公司组织架构变化的风险与防范

业务管理模式的转变、业务流程的重组与再造，必然要求公司组织管理架构进行相应的调整，进行机构改革。在机构改革过程中，每个人的责、权、利都可能发生变化。这种变化不但对员工的思想观念产生较大冲击，也直接影响到每个人的切身利益。并可能因此而产生不稳定因素，对公司的稳定运营和发展产生消极影响。

正确对待个人的责权利问题主要是思想认识问题。集中交易的一个重要目标是提高客户服务水平，增强公司的核心竞争力。而让每一位员工在思想上接受新的管理理念需要一个过程，因此，管理观念的保守可能是证券集中交易推行的最大阻力。

我国证券市场最初是以证券营业部为核心发展起来的。证券营业部虽然不具备法人资格，但管理证券业务的权力很大。实行证券集中交易后，营业部的主要任务是开发客户、服务客户，其原有的管理权力将受到很大削弱。这种权力的重新分配可能会使一些管理者难以接受。反对者可能会利用证券集中交易可能存在的风险对证券集中交易进行阻挠，以保护自己的既得利益。

然而，市场是无情的，落后的管理观念必然会被市场所淘汰。作为证券公司，必须面对市场，以市场作先导，通过各种方式引导员工改变观念，积极应对变化，逐步适应不断变化的市场环境。在实施集中交易过程中，要统一思想、统一认识，把组织架构变化所导致的风险降至最低。

四、项目实施的风险和防范

影响证券集中交易项目实施的风险很多，这里主要从实施方案设计和项目实施角度探讨一下风险问题。好的技术方案、好的管理模式、好的服务手段等需要有一套严密、完整、科学的实施方案才能最终取得好的成效。

集中交易系统的实施首先要求建立严密的组织管理体系。对于这样一个浩大工程，必须由证券公司主要负责人亲自抓。要充分调动公司所有管理人员、业务人员及技术人员的积极性。充分利用员工的专业特长和智慧，发挥团队作战的整体优势。

其次是统一思想，达成共识。管理观念的转变是证券集中交易系统实施的前提。

最后是要制定详细的项目实施方案。在进行项目实施方案的设计时应充分考虑各种可能的风险。

15.2 证券公司管理信息化发展战略研究

15.2.1 证券公司管理信息化的现状

在中国证券业发展的内在要求和现代信息技术的强力推动下，中国证券业的信息化进程取得了一系列重大突破。自动撮合系统和交易平台的建立，无纸证券的托管和无形电子委托的成功，网上交易的飞跃和大集中交易的启动，都把中国证券期货市场的业务信息化进程推到了国际领先水平，促进了中国证券业的发展。但在业务信息化飞速发展的同时，证券公司的管理信息化工作却得不到足够的重视，一直处于相对滞后状态，“前台有余无集中，后台不足无支持”的现象已经成为制约证券公司信息化进一步发展的瓶颈，证券业的信息化发展正处于变革求新的历史关头。

从一般意义上讲，信息化过程分为三个发展阶段：电子化、信息化和知识化。电子化是指告别手工处理时代的电子处理过程，信息化是指利用数据仓库和管理系统把数据转化为有用的信息以支持管理和决策，而知识化是指利用数据挖掘和管理学及金融学模型从信息中发现具有普遍意义的知识以优化管理和决策。中国证券业在业务处理方面早已经完成了电子化过程，而管理方面许多业务还处于手工操作时代，还需要完成电子化处理，但对大多数券商来说，目前主要任务是完成信息化的全面发展，并最终实现知识化。

证券公司的管理信息化，已不局限于传统意义上的管理信息系统和企业资源计划，它是新互联网时代的“协同”商务信息化管理体系，它统一数据标准，净化交换数据，消灭因部门信息分割而形成的“信息孤岛”，将全公司各业务系统统一成彼此“协同”的完整信息化体系。它的视野更广阔，它的网络面向广域网和互联网而不再局限于同构的内部网，它的业务支持可以面向全球的分支机构。它通过集中管理实现统一业务监管、统一业务结算、统一客户资产存管和统一资金划付，提高经营风险控制能力和防范能力，提高防范以洗钱等为代表的金融犯罪能力；通过客户关系管理体系（CRM）提供一站式服务，降低落地服务技术成本；通过再造流程而降低“内耗”；通过自动管理为实现精细化管理和扁平化管理提供可能；通过集中数据为知识挖掘、知识创新、优化管理决策水平提供可能。它既属于 IT 治理公司的范畴，也属于技术管理创新的范畴，它是证券公司发展的驱动力之一。

国外证券公司在实现资本全球化的同时，非常借重先进信息技术的支持来实现金融创新、资源整合和管理集中，以达到进一步提高跨国经营能力和核心竞争力的目的。如美林证券、德意志银行、爱得华—琼斯、野村证券、里昂证券、韩国大宇等都对信息技术进行了大量的投入，建立了自己协调的管理信息化体系，实施全球业务的集中管理，如财务集中、人力资源集中等。它们注重风险指标控制和绩效自动考核，注重后台支持，在信息化建设和知识化管理方面走在了前面。如德意志银行，在全球拥有1 500多个分支机构，有93 000多名员工，分布在60多个国家，在管理信息化方面采用SAP软件，用全球性解决方案实现全球账务、财务、人事等的一致性管理。

15.2.2　证券公司实施管理信息化的现实意义

一、证券公司实施统一的企业管理信息化将避免业务部门各自为政、各为“信息孤岛”的现象，产生整体效益

每一个证券公司都有多个业务管理部门，在证券公司实施信息化的初期，通常的做法是公司的信息中心分别给每一块业务管理建立一个信息系统。当公司的信息化实施进一步深入时，结果发现，如果这么多部门的信息不整合起来，就难以有效地完成全公司的信息化。各部门的子系统也许提高了部门内某些工作的效率，但部门之间无法进行信息交流，各个部门将成为“信息孤岛”，公司的信息资源不能得到有效利用，信息系统也不能充分发挥效益，造成公司的业务停滞不前，公司决策层也很难得到公司全局状况信息，难以迅速、准确地做出决策。

二、证券公司实施总体信息化规划将促进各信息子系统的协调运转，提高企业整体运转效率

实施总体信息化规划会将管理信息化和业务信息化综合起来考虑，采用统一的数据标准和接口标准，采用统一的流程设计，将会促进各信息子系统的协调运转，实现协同商务目标，各子系统运转将更加高效，提高企业整体运转效率。

如果在实施管理信息化时与公司外相关单位（如监管部门、交易所、政府部门、社保工商税务部门、银行电信等）的信息系统对接，将更进一步提高企业运转效率。公司各分支机构与这些部门之间的信息联系将会保持统一畅通，大大提高沟通效率。

三、证券公司实施管理信息化将梳理业务管理流程、消除管理弊端，培养一批对业务流程和管理流程都非常熟悉的专业管理人才

证券公司在实施管理信息化过程中首先要把券商现有的业务流程整理出来，描述清楚；然后提出自己的业务管理目标，提出将使用的管理软件的期望特点，再在管理咨询公司的帮助下设计出新的管理业务流程。这一阶段券商自身的管理理念和信息管理系统理念全面碰撞，公司管理人员将会经历从开始不停地和实施顾问争吵，认为只有自己的要求才是合理的阶段，到后来通过学习、沟通，系统地掌握了管理信息化的理念和方法，最终和顾问一起解决问题，提出新的管理流程的过程。正是通过痛苦的碰撞和洗礼，管理流程理清了，问题解决了，人员素质得到了提高，而不合理的管理流程和多余无用的人员也将随着新系统的建立而被淘汰，向管理要效益的口号再也不是空话。

四、证券公司实施管理信息化将细化管理“颗粒度”，为实施精细化管理提供可能，增强对业务处理的支持能力和监控能力，协助提升客户服务水平，提高市场竞争能力，为企业效益的大幅提高起到良好的促进作用

随着管理信息化的逐步实施和管理信息化平台的运行正常并且进入单轨运行，管理信息系统的效果将不断地显现出来：管理细化了，整个公司的业务流程通过数量和价值两种形态被完整及时地反映在系统中，工作流程被规范和统一起来，系统中的数据也不断地丰富起来，信息在系统中随着业务流程的进行在不同部门之间不断地被采集、传递、汇总、对比、反馈。过去我们的管理在时间上可能细到月，但通过管理信息系统我们的管理可以细化到天、细化到小时。过去我们的管理可以到部门，现在可以到业务流程的每一个环节。我们的每一项工作、每一笔业务都被有效及时地反映在管理信息系统中，在系统中被规范和被控制。精细化管理将不再是一个口号，而是公司的一个现实。

信息管理平台将与业务处理平台有机地对接起来，可以实时记录和监控到业务处理系统每一笔业务的处理细节，可以自动提交业务系统需要上报管理部门的业务数据（如财务数据、客户数据等），可以主动向管理软件申请指令，从而管理信息化平台将实现与业务信息化平台的统一，实现对业务处理系统的监控和支持，实现整体企业效益。

五、证券公司实施企业信息化将降低企业人力资源成本、办公成本、企业运转成本、客户服务成本、业务创新成本、监控管理成本、决策分析成本

由于管理信息系统作为管理者的有效工具，大大提高了管理者和管理部门的管理能力、办公效率和精细化程度，因此公司管理层次可以减少，使扁平化成为可能，节约人力物力，减少中间耦合环节，提高数据处理效率和业务处理效率，从而降低各种成本。

六、证券公司实施管理信息化能促使证券业务规范发展，提高证券公司风险控制能力和业务监管水平，提高反洗钱能力和反对各种金融犯罪能力

由于管理信息化能促使证券公司业务规范化、流程化和自动化，并使证券业务、资产实现自动监管和集中控制，所以在采用各种风险控制指标预警的情况下能大大提高证券公司的监管能力和风险可控制能力，提高反洗钱能力及提高防范各种金融犯罪能力。

当有233年历史的巴林银行因疏于风险管理于1995年轰然倒闭时，当有着8万多员工的美国第二大电信巨头世通公司于2002年因38亿美元财务造假丑闻最后不得不申请破产时，当2004年中航油（新加坡）因购买石油衍生品造成风险失控最后巨亏5.5亿美元时，人们可能会认为提高风险控制能力，加大信息化投入是有意义的。

七、证券公司信息化实施总体规划将防止出现可能的投资失误、重复投资和系统运转失误

在证券公司管理信息化的实施过程中，证券公司的信息系统建设很少能够“一步到位”，一般都需要分期分步地实施。许多公司可能先上经纪业务系统，然后再上财务系统、资产管理系统、人力资源管理系统等其他系统，或者各部门想上什么系统就上什么系统，或者干脆各上各的系统，这也许是一个合理的战略。但是分隔的、零散的系统投资不但难以取得整体效益，而且有可能造成系统不衔接、重复投资、投资失误。只有实施总体信息化规划才可能杜绝这种现象。

15.2.3 实现证券公司管理信息化的主要措施

为了提高企业核心竞争力，迎接来自国外券商和混业经营带来的竞争，证券公司在发展业务信息化的同时应把发展证券公司管理信息化作为公司发展的一个重点来抓。实现证券公司管理信息化的主要措施是：第一，统一数据交换标准和集中业务数据是实现管理信息化的首要任务；第二，实现客户资产集中存管、实现业务体系网上集中监控、建立风险控制指标是证券公司防范风险的关键措施；第三，实现财务集中管理可以理顺整个公司的价值资金链，控制企业的经济命脉；第四，建立绩效考核体系可以充分调动人员积极性，提高公司运转效率；第五，建立统一客户关系管理体系可以降低企业服务成本，提高企业品牌竞争力；第六，建立客户经理支持管理平台，建立项目跟踪流程，提高对前台经理的支持力度和市场竞争力；第七，优化管理流程，建立网上办公和移动办公机制以提高企业管理效率；第八，挖掘数据资源，加快知识创新步伐，实现知识化管理和决策是增强企业核心竞争力的关键，是企业信息化的长久追求目标。

15.2.4 证券公司管理信息化体系结构要求

证券公司的管理信息化体系是一项非常复杂的系统工程，它涉及各个层面的业务系统，涉及各种独立运作的管理系统，涉及各式各样的技术平台。如何规划管理信息系统，才能保证系统的完整性、实用性、协同性和可持续发展性？

（1）建立统一的硬件通讯平台、统一的系统管理平台、统一的安全监控平台和统一的自动办公服务平台；

（2）信息系统的体系架构必须清楚简洁、层次分明；

（3）进行统一的信息化规划，离开统一的业务流程、标准化模块和统一的数据接口，信息系统的集成化和一体化就无从谈起；

（4）不管后台业务系统和管理系统有多复杂，种类有多少，应提供尽量简化统一的客户端服务界面；

（5）建立数据中心，集中所有共享的数据资源，便于集中管理、集中备份、集中挖掘和集中分析使用；

（6）减少子系统之间不必要的耦合，开发能配合的、可关联的、可发展的以及能协同工作的各种功能后台业务系统。

15.2.5 证券公司管理信息化体系结构模块功能分析

针对证券公司的业务发展和资源体系，可以建立不同的信息系统业务框架，图 15－6 是一个供参考的信息系统功能框架图。

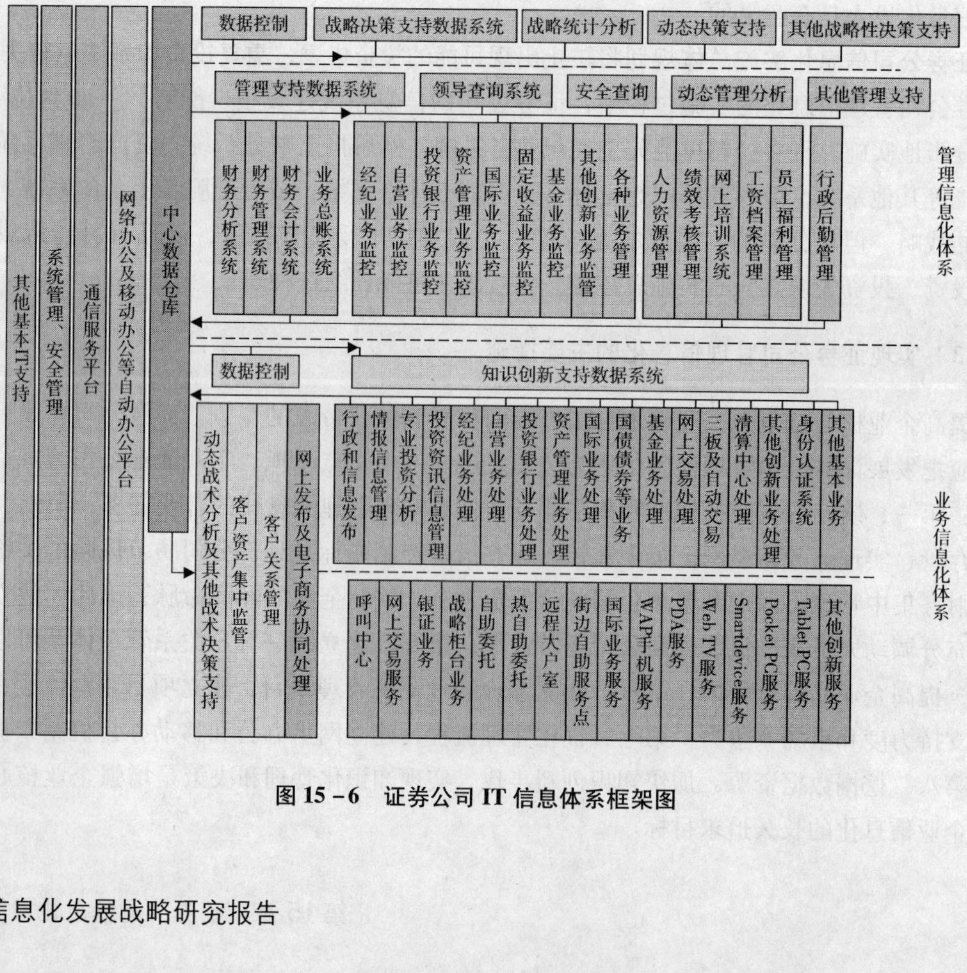

图 15－6 证券公司 IT 信息体系框架图

以上信息体系框架包括管理信息化体系和业务信息化体系两部分，这两部分又可以按业务功能分为四个层面：前端服务层、业务处理层、管理监控层和决策支持层。这四个层面都可以建立各种功能软件系统，从而构成证券公司完整的信息化运行体系。而通信服务、安全管理、系统管理、IT支持属于系统部分，是每个层面软件系统的运行基础，在设计时应兼顾各种操作系统下软件的衔接、通信协议的统一、安全网关的设置等。

办公自动软件在这里主要是指公文流转、电子会议、邮件服务、电子公告、资源预定等每个层面员工都需要的常用办公功能软件，大多是基于流程的处理软件，在设计时要考虑到跨平台、跨操作系统的网上运行问题，要考虑到移动办公问题。虽然客户端可以采用浏览器形式统一用户端服务界面，但后端服务要集成Web服务、WAP服务及电子办公、公文流转、电子会议、邮件服务等应用功能。

前端服务软件层是直接面向客户的软件，是后台业务处理系统向客户提供的服务界面，它的服务形式多种多样。框架图上列举了目前几种常用的服务软件，主要对应行情、交易、资讯和办公等。

后台业务处理层软件是证券公司办理业务的核心体系。对应证券公司每项业务的开展，可以在各自适应的系统基础平台上，建立相关的业务处理软件，支持各自独立的软件前端和后端。但在设计各系统时应兼顾到本系统软件的数据格式问题、数据采集并集中的问题，应考虑到本系统与其他系统并行运行的问题，以及本系统为解决安全因素保持相对独立的问题。

在业务信息化层面，可以建立业务层面的数据仓库，进而建立客户关系管理系统，动态技术分析和战术决策支持系统，并经过数据挖掘，形成各种业务领域的知识创新支持系统。

客户资产集中监管目前主要指客户保证金的存管，存管的模式现分为由券商集中保证金存管的独立存管模式和委托第三方监管的存管模式。存管系统应该给监管部门和客户开放相应接口，保证客户资金在封闭运行、集中管理和独立监控的基础上达到安全、透明、完整、可控和可查的状态，这是保证客户资产安全的重要手段。

由于动态技术分析和战术决策支持系统、客户关系管理系统、知识创新支持系统都是以中心数据仓库的中间数据为基础，经过对业务的整合和创新形成新的业务或对旧业务的支持，所以也可以将上述几个系统归类到管理信息化软件体系中去，在实行管理信息化战略规划和数据仓库规划时应考虑到这些软件系统。

管理层面的软件主要包括业务监控管理软件、财务软件、人力资源软件、行政管理软件、综合查询软件及动态管理软件等。监控管理软件需要实时采集各种业务处理数据，进行集中监控，让管理层面的领导能实时监控到有效控制风险的关键业务数据，并可以根据风险控制指标体系建立风险预警控制系统。

由于财务软件管理着公司的资金和资产、成本收益等，直接关系到企业的正常运转和企业成本控制情况及效益计算等，牵涉到每个部门的业务，所以它属于企业正常运转的核心管理体系。公司管理信息化工作可以把财务信息化作为突破口，从开发强大的财务软件开始，让每个部门都参与到财务信息化工作中来，让公司所有运作环节和财务紧密联系，每一笔交易都能实时反馈到财务，让所有运作流程都能对公司财务公开、透明，并且对照行业最佳实践进行调整。目前许多证券公司“财务系统”仅仅停留在记账电子化上，相对其他行业来说，既没有全面的计划预算体系，成本管理也是粗放式管理，没有科学的成本控制系统和会计核算系统。随着证券行业薄利时代的到来，加强公司集中财务管理也是证券公司内在控制的要求，证券公司应借实施管理信息化的契机，开发强大的集中财务核算软件（或单列出全面成本管理软件）、全面计划预算软件、集中资金管理软件和全面财务分析软件等实用性强的软件，以全面提升公司管理能力和风险控制能力。

人力资源软件是证券公司管理人、选拔人、考核人、培训人和激励人的信息化管理软件。在以人为本的证券行业，有一套高效管理人员的体制和信息化系统，有一个丰富的人才数据库，将是证券公司实现管理信息化的重要一环。从功能上它一般分为人力资源管理模块、绩效考核管理模块、网上培训模块、工资档案模块、员工福利管理模块等。

行政管理软件将统一实现各种行政管理、车辆管理和后勤管理等功能。

在开发各种资源管理类软件时，必须先确立证券公司的战略管理目标，再根据实现管理目标的要求设计管理业务流程，然后再开发实现管理业务流程的各种管理信息软件。各证券公司的经营方式不一样，管理目标也不一样，故设计的管理流程和开发出来的管理软件也不一样。用千篇一律的管理软件来同化所有证券公司的管理是不合理的。

动态管理分析软件可以用于分析管理是否达到了管理目标。

决策支持层软件需要综合业务数据和管理数据，进行战略统计和战略分析，进而形成对领导决策的数据支持。故在决策层面应建立起高效可用的数据仓库，并进行有效的数据挖掘。

管理信息化除了规划好内部管理信息系统外，还应考虑与外部联结的信息化接口。如与政府部门和监管部门的电子政务系统的联结，与行业信用体系的联结，与交易所、银行电信、工商、税务、社保等有关单位的联结。在一开始规划各个管理信息化系统时就应注意接口数据的标准化转换和自动报送接收，否则将会为业务部门的信息化后的工作带来麻烦和不便。

15.2.6 证券公司管理信息化实施步骤及保证体系

由于信息技术更新较快，证券公司业务变化大，管理思路也在发生变化，所以经常会出现系统建设失败、造成很大浪费的现象。为了防止系统建设失败，防止出现不必要的投资失误，我们应该研究管理信息化的实施步骤及其保证体系。

一、实施管理信息化的步骤

1. 制定管理信息系统整体战略规划，规划出每个可能出现的业务系统的信息框架，制定数据接口标准和安全标准，制定实施策略和步骤。

2. 业务部门应分析公司所有相关业务资源，并提出业务战略管理目标，提出业务系统要求，或请咨询顾问公司一起对业务流程进行初步设计。

管理软件成功的关键并不仅仅在于技术的先进性，更在于业务的流程设计是否合理，是否包含了所有的业务工序和细节，是否消除了弊端而保持管理通畅，是否能完成管理目标；在于管理软件是否满足需要，并且在功能、流程、速度、稳定性上的表现是否比其他同类管理软件强。所以管理信息化软件在启动以前，应由业务部门首先进行业务调查和总结，进行业务规划和设计，决定产品的规模和功能，决定产品的发展方向，这是项目成败的关键。

3. 由信息技术部门分析项目实施的技术是否成熟，是否与信息系统总体规划有相抵触之处，应如何解决问题，信息技术部门应提出可行性技术方案。

管理软件由业务部门提出以后，技术部门应结合总体信息规划进行项目考察，确认系统的可建设性、与其他系统的关联性、数据的标准接口、系统建设的安全方案、技术的成熟性、项目实施方案和投资预算，然后再提出可行性技术方案。

4. 经过领导批准后，提出保障措施并实施。

信息系统建设方案经过业务部门和技术部门联合提出后，经领导批准，再按正常的建设流程招标建设实施。

二、保障证券公司管理信息系统成功的重要措施

1. 统一规划，分步实施。管理信息化软件必须统一规划，分步实施。如果没有统一规划，将来接口标准不统一，业务流程也不衔接，各个业务部门的软件都只能对本业务实施信息化，相对于全公司而言，整体管理信息平台就会失败。

2. 领导的指挥和参与。实施证券公司的管理信息化，没有领导的参与是不可思议的。只有领导坐镇进行统一指挥，各个业务部门才会积极参与；才能整理出统一的业务流程，才能集体攻关，保证整体业务一次上线；才有雄厚的财力支持；才能让领导也能适应和熟悉新的管理流程和管理信息化平台。

3. 业务部门的参与。没有业务部门的参与，只靠信息技术部门的运作不行，只有业务部门提出业务实现目标，定出业务需求，设计业务流程，信息技术部门才能完成。

实现管理信息化的主要问题还不光在于技术，而在于业务流程的设计和业务功能的统一实现。如果在实施管理信息化工作时没有业务部门的积极参与和配合，管理信息化只是一句空话，是不可能取得成功的。

4. 有信息系统建设流程和建设机制。要使管理信息化工作顺利进行，证券公司信息技术部门必须有一套完整的信息系统建设流程和建设机制来作保证，否则，信息系统建设必将出现纰漏，造成不必要的遗漏和损失。如 X 证券公司的管理软件的开发必须经过六道“工序”，即产品规划阶段、需求形成阶段、设计阶段、实现阶段、测试阶段和技术支持阶段。

5. 有独立的信息系统建设评审审核机制，提倡信息系统建设质量认证。如果有独立的信息系统建设评审机构，有独立的系统建设审核部门和系统质量认证机构来审核，将会进一步减少建设单位因为各种原因带来的失误，起到一定的制约作用。

6. 请工程监理单位参与项目的建设。为了确保管理信息化规划的顺利实施和信息系统建设的顺利进行，证券公司可以邀请第三方作为工程监理单位参与信息系统的建设。但信息系统建设工程监理在制度方面与一般的工程建设监理还是有一定区别的。因为信息化系统工程项目的运作实施过程与一般建设工程相比有不一样的地方：一方面，信息系统是一个连续的整体，所有的运作过程都是连贯的，而且在实施过程中不容易划分设计阶段和实施阶段，对系统质量检测的手段要求智能化程度较高，方法更加科学；另一方面，由于信息技术发展太快，目前国家颁布的有关信息化系统工程的标准、规范较少，跟不上信息技术发展的步伐，在信息化系统工程实施过程中可以参考的检测标准和依据较少，凭经验进行项目管理的成分更多。而建筑工程的技术标准、管理规范已经相当完备，依据性文件较多。所以，在信息化系统工程监理实施过程中，需要聘请更加专业、更有经验的监理单位全过程、全方位、多目标地参与项目建设。即在信息化系统工程项目的投资决策、设计、施工、验收、维修等整个过程中，对项目的投资、工期、质量等多目标，在事先、事中、事后进行严格控制。

7. 进行业务系统前景分析，确认项目实施时机是否成熟。证券公司在实施项目时，即使业务实施方案和技术实施方案都很成熟，都经过了多方面的论证，但对业务系统的成本效益分析、项目实施前景和项目实施时机是否成熟也必须经过反复论证，否则项目投产之后不能产生预期的效益，或项目达不到预期的效果，而造成上千万的设备闲置或资源浪费，损失将是惨重的。所以在信息系统项目，特别是大的项目实施前，一定要经过仔细论证和反复斟酌，慎重投资。

15.3 网上证券交易的发展与创新

随着证券市场和信息技术的发展，网上证券交易在中国取得了迅速的发展。网上证券交易的出现和发展，为投资者获取资讯信息、降低交易成本等创造了良好的条件，更好地保障了投资者的权益，有力地推动了证券市场的发展。中国证监会积极倡导证券公司开展网上证券交易业务，使证券公司和投资者得到了很大的利益和实惠。为了进一步推动以网上证券交易为代表的证券电子商务在中国的发展，加强对网上证券交易的研究和分析就显得十分必要。

本节对网上证券交易在海外及我国的发展情况做了简要的回顾和展望，分析了在网上证券交易发展方面存在的障碍，探讨了网上证券交易的运行模式，最后对网上证券交易的相关政策与监管做了分析。

15.3.1 海外网上证券的发展

随着互联网络和证券市场的发展，网上证券交易在全球范围内迅速发展起来。作为一种全新的交易方式，网上证券交易业务发展的时间并不长，从全球来看，大概是从20世纪90年代中期起步的。目前不少国家在这一新的领域都进行了一些尝试和探索，也根据各自的国情制定了相关的监管规则。目前，美国和韩国是网上证券经纪业最为发达的国家，英国、法国、瑞典等欧洲国家以及日本、中国香港、中国台湾等亚太国家和地区的网上证券交易这几年发展也相当迅猛。

一、美国

美国是最早开展网上证券交易的国家，同时也是目前网上证券经纪业最为发达的国家。这里我们就对美国网上证券交易的发展现状作一个简要的介绍，同时对其未来发展趋势作一些预测和展望。

1. 美国网上证券交易的发展。美国网上证券交易的出现和发展是与互联网络以及证券市场的发展紧密相连的。随着互联网络的普及和信息时代的到来，在线经纪业和网上证券交易迅速崛起。自从1995年以 Discover Brokerage Direc 公司为首的数家证券经纪商率先推出网上证券交易以来，美国网上证券交易的账户数和网上证券交易量呈显著性增长态势。

美国网上证券交易经历了三个发展阶段。自1995年网上证券交易出现以来，美国网上证券经纪业大致经历了起步（1995～1997年）、大发展（1998～2000年）、调整（2001～2002年）三个阶段。起步阶段：美国网上证券交易的起步主要是由 E－Trade 等纯粹的网上证券经纪商推动的，同时折扣经纪商——嘉信理财等迅速跟进，在这一阶段，投资者对网上证券交易的认识实现了从不了解甚至怀疑到认同和接受的转变；大发展阶段：1999年初，美林证券宣布开始为投资者提供网上交易服务，标志着美国传统证券经纪商对网上交易的看法发生了根本性的转变，美国网上证券交易在这一时期取得了大发展；调整时期：随着新经济、网络热的消退，美国证券市场步入全面调整时期，市场交易额大幅度减少，网上证券经纪商的新客户数目急剧减少，同时交易额在逐步下降，美国的网上证券交易步入调整时期。

2. 美国网上证券经纪公司的监管。在美国，尽管计算机和互联网络的发展给证券市场带来了一些变化，但美国证券交易委员会（SEC）认为，这基本上还是传统证券交易方式在新信息交流下的延伸和发展，现在还不需要颁布一个专门为在线投资制定的全新的、根本的监管法规，重要的是要坚持现有监管体系的根本原则。长期以来建立的法律原则，如最佳成交、适当性和监督等惯例同样适用于新的在线环境。当然美国证券交易委员会同时认识到，如果在基于纸质媒体制定的法律中找不到类似的规定，就必须为如何适用法律提供创新性的指导意见。在技术急剧变迁的情况下，这种指导意见还只能是临时性的，等到监管经验积累到一定程度时，才有必要制定一个新的法律。

在美国证券交易委员会发布的建议文件——《股票在线经纪：迅速开拓网络空间》（*On - line Brokerage：Keeping Apace of Cyberspace*）中，对适当性、最佳行为准则、市场数据、系统容量、投资者教育、在线论坛、隐私权、门户网站等问题提出了意见和建议。这些意见和建议比较集中地体现了美国证券交易委员会对互联网时代证券经纪业务、信息披露、投资者利益保护等方面的监管态度和立场。

针对网上证券经纪商，美国证券交易委员会特别提出了四点要求：一是在快速增长中保证服务质量；二是要按最有利于客户的方式执行他们的交易指令；三是向客户提供内容充分而平实易懂的资讯信息；四是网上广告性宣传不要使投资者产生不现实的收益预期。全美证券商协会（NASD）的规则，特别是第2210条，是监管证券经纪公司广告的基本依据。美国证券交易委员会还与证券业自律组织合作，规范网上证券投资的广告活动。另外，针对网上欺诈活动，美国证券交易委员会于1998年建立了一支由125名经过专门培训的律师、会计师和分析师组成的网上执法队，专门搜寻网上的证券欺诈活动。

对于个人投资者，美国证券交易委员会提醒他们对网上投资的特点和风险要有充分的认识，并在美国证券交易委员会的网站上为他们提供相关的信息服务，投资者参与网上投资活动可通过美国证券交易委员会网站查询该项投资活动的发起人和经纪人是否有业务许可证，是否受到行政处分而不得营业，该项投资是否经过合法登记等。

二、欧洲

2001年6月，国际证券委员会组织（IOSCO）公布了一份《网上证券活动Ⅱ》（*Report on Securities Activity on the Internet*Ⅱ）的研究分析报告，这是其在1998年9月公布的《网上证券活动Ⅰ》（*Report on Securities Activity on the Internet*Ⅰ）基础上的第二份关于网上证券交易活动的研究分析报告。这份报告的附录中对包括英国、法国、德国、意大利、瑞典等多个欧洲国家在内的全球网上证券交易的发展状况做了一些介绍。

从国际证券委员会组织公布的这份报告中，我们可以了解到网上证券交易在欧洲地区的发展情况以及所呈现出来的一些新特点：

1. 发展速度非常快。自从网上证券交易出现以来，欧洲地区网上证券交易的账户数和所占比例不断上升。从各个国家的具体情况看，法国新开的网上证券账户数在1999～2000年期间增长得非常快。在意大利，尽管尚未有官方的统计数据，但据估计，意大利证券交易所每日总交易量的10%～13%来自于网上交易。据专业部门估计，2000年底意大利网上证券交易者大约有25万。

2. 一些纯粹的网上金融服务机构开始出现。在德国，除了已有的一些证券经纪商提供互联网服务的范围和力度在不断加大以外，近几年还出现了专门的网上银行，专门在互联网上进行运作，设有分支机构和呼叫中心。在英国，有超过30家证券公司允许它们的顾客仅通过互联网来执行买卖股份的指令，一些大的银行以及传统的证券经纪商已经全面介入互联网业务，同时也有不少仅通过互联网来提供服务的经纪商。

3. 积极开拓移动电子商务这一潜在市场。在英国，证券公司正在寻求一些不同的传送渠道向顾客提供财经服务，这不仅包括通过个人电脑上网，同时还包括移动电话和互动数字电视等，尽管这些渠道尚处于发展的初期。在德国，证券行业正在对一些新技术的运用，尤其是“WAP broking”等作广泛的宣传。在意大利，移动电话的不断普及促使证券经纪商纷纷和电信公司建立战略联盟，共同开发包括无线应用协议（WAP）等在内的新的指令传送技术系统。

欧洲地区的网上证券交易能够在短时间内取得长足的发展，与证券监管机构的支持、监督、管理和引导，以及行业自律组织的参与是分不开的。

证券监管机构十分注重动态监督和管理。在法国，法国证券交易所运作委员会（COB）建立了互联网监察部（Internet Surveillance Unit），该部门共由 15 名监察员组成，主要是追踪网上证券欺诈以及在财经论坛上的虚假信息传播，以维护投资者的利益。

证券监管机构所设网站的投资者教育和投资者权益保护活动等方面的内容丰富多彩、详尽细致。英国的证券监管机构——金融服务权威机构（FSA）的网站上有一个专门的“消费者帮助（Consumer Help）”栏目，它的目的主要是从消费者的角度出发，为他们提供各种不同金融产品和金融服务方面的帮助和介绍金融服务权威机构（FSA）的信息来源以及遇到困难时应该怎么做等。它的主要内容包括金融产品、金融计划、消费者的权利、学校和学院等，非常丰富，同时又比较详细和实用。

关注研究和总结。英国证券监管机构正在对由电子商务所带来的风险与机遇进行回顾和研究，其主要目的是按重要程度对“电子商务带来冲击基础之上的相关风险”、“可能出现的风险”以及“风险产生的可能性大小”等三者排序，这样它就能够知晓这些风险已经被正确认知的程度，以及如果没有被正确认知，应该采取哪些进一步的措施。

建立专门的组织共同推动当地网上证券经纪业务的发展。在法国，一些网上经纪商于2000 年1 月建立了一个“网上经纪商”（Brokers on line）的专业组织。到 2001 年 2 月，这一专业组织已经拥有 21 名成员。该组织有四个主要的目标：一是致力于推动网上证券经纪业务的发展；二是作为行业的代表协调与各方面的关系；三是在成员之间互通相关信息；四是探索和确定相关的信息技术等方面的基准或标准。

从欧洲地区网上证券交易的发展情况可以看出，这几年来网上证券交易业务在欧洲的发展速度是非常快的，网上证券交易的账户数和所占比例不断上升，纯粹的网上金融服务机构开始出现，新的交易手段不断涌现。与此同时，针对网上信息传播和网上证券交易行为的监管不断加强，相关的法律和法规正在趋于完善。当然，与经济社会和证券市场的发展水平相比较，欧洲地区网上证券交易的发展空间还很大。

三、韩国

谈到网上证券交易，我们就不能不提及韩国。可以毫不夸张地说，韩国是全球网上证券交易发展最快的一个国家。2001 年9 月，韩国网上交易账户数占总账户数的比例为52.9%，网上交易额占总交易额的比例达到了 66.6%。

韩国网上证券交易的发展始于 1997 年，其之所以能够在很短的时间内取得如此长足的发展，原因归纳起来主要有：拥有良好的基础设施条件；得到了投资者的支持；证券业界踊跃参与；证券监管机构的积极支持。

在韩国网上证券交易的发展中，传统证券公司基本上占据着主导性的地位，同时这些传统证券公司主要依托有形营业网点来拓展网上证券交易。另外，韩国投资者开始越来越多地选择移动电话等新的网上证券交易方式。

1. 传统证券公司扮演主要角色。自从网上证券交易在韩国出现以来，三星等传统证券公司一直引领着这一发展潮流。1998 年，三星、现代、Daishin、大宇、LG Investment 等前五家传统证券公司当时占有了全国网上证券交易总量的70%以上，目前前五家传统证券公司仍占据着一半左右的市场份额，成为韩国网上证券交易发展的主导力量。

2. 有形营业网点有增无减。伴随着网上证券交易的发展，韩国证券公司设立的有形营业网点非但没有减少，总体上反而有所增加。这固然与韩国证券市场的发展有一定关系，但同时又说明网上证券交易的发展并不会完全取代有形营业网点。恰恰相反，传统证券公司正是依托这些有形营业网点来拓展网上证券交易的。

3. 交易方式趋于多元化。从网上证券交易的方式看，除了普通的因特网方式，还有无线终端机、普通电话、移动电话等交易方式，这些新的交易方式发展很快。

四、其他亚洲国家和地区

1997 年、1998 年期间，网上证券交易方式出现在亚太地区并迅速发展起来。概括起来看，亚太地区网上证券交易的发展主要呈现出以下几个方面的特点：

（1）传统证券公司在网上证券交易方面占据着主要的市场份额；

（2）网上证券经纪公司发展迅速，起到了“催化剂”的作用；

（3）商业银行进入网上证券交易领域；

（4）区域外网上证券经纪公司进入亚太地区市场。

亚太地区网上证券交易和网上证券经纪公司取得长足发展，主要得益于互联网技术的发展、证券交易固定佣金制度的改革、证券监管机构的支持、网上证券经纪公司的示范和投资者观念的转变等。我们预计，网上证券经纪公司在亚太地区有着广阔的发展空间，前景十分看好。

15.3.2 我国网上证券交易发展回顾

1997 年 3 月，中国华融信托投资公司率先推出了“视聆通”多媒体公众信息网上交易系统，标志着中国证券网上交易的开始，随后我国大陆的少数证券公司开始涉足网上证券交易，取得了一定的进展。

2000 年 4 月，中国证监会制定并颁布了《网上证券委托暂行管理办法》，从政策上推动和规范了网上证券交易的发展，从此网上证券交易在我国证券界、投资者以及 IT 业等受到广泛关注。在竞争和挑战面前、在投资者的需求和管理层的推动下，国内多数证券公司纷纷开展网上证券交易业务。

2001 年和 2002 年是我国网上证券交易取得大发展的两年。根据中国证监会的统计，2001 年网上证券交易累计成交金额为 3 578 亿元，占沪、深证券交易所 2001 年股票（A、B 股）、基金总交易量 81 715亿元（双边计算）的 4.38%，网上委托的客户开户数达到 332 万户，占沪、深交易所开户总数（3 325 万户）的 9.98%。2002 年 4 月，中国证监会联合国家计委和国家税务总局制定并颁布了《关于调整证券交易佣金收取标准的通知》，进一步促进了包括网上证券交易在内的各种非现场证券交易的发展。根据中国证监会的统计，2002 年网上证券交易累计成交金额为 5 230 亿元，占沪、深证券交易所 2002 年股票（A、B 股）、基金总交易量 58 191 亿元（双边计算）的 8.99%，比 2001 年增长了一倍。

虽然 2002 年我国网上证券交易的开户数和交易额较 2001 年有了较大的增长，但相对我国证券市场总开户数和总交易量来说，我国券商的网上交易还处于发展初期，尚未进入快速成长阶段。

15.3.3 发展网上证券交易的不利因素分析

虽然越来越多的股民通过互联网进行证券交易，但网上交易的发展并没有像原来预期的那样持续迅速发展，这与投资者对这一新的交易手段的态度、券商的经营理念以及整个市场环境都有密切的关系。

一、从投资者的角度分析

投资者中老人的比例较高，他们对计算机使用方面的知识十分缺乏，往往习惯于选择现场交易；有些投资者难以接受因选择网上交易而增加的硬件设备投入和系统的日常使用费；网上交易佣金与传统的交易方式佣金差别不大，对投资者的吸引力不够；投资者对网上交易的安全性、保密程度等存在疑虑；投资者对网上交易的速度和稳定性不是十分满意。这些都降低了投资者参与网上交易的热情。

二、从券商的角度分析

首先，投资者对这种方式需求不足，难以形成规模经济，券商涉足这一领域的回报微薄；其次，开展网上证券交易业务的券商前期一次性投入较大，形成大量沉淀成本，系统的运营成本居高不下；最后，券商对网上交易的市场营销能力不足。这些在一定程度上影响了网上证券交易业务的发展。

三、从市场环境的角度分析

虽然网上交易是证券交易中的一种新方式，但与传统交易方式一样，它也只是证券交易的一种方式而已，并不改变证券交易作为一种金融投资活动的性质和作用。网上证券交易的发展与证券市场的发展密切相关，要进一步促进网上交易的发展，首先应该做好证券市场的发展工作。

15.3.4 网上证券交易发展模式探讨

现有网上证券交易的模式主要依托于传统的经纪业务，这在网上交易刚推出时，成效显著，但随着网上证券交易的不断发展，这种模式由于其固有的局限性，已经很难取得突破。因此，探索和建立一套适应网上证券交易发展要求的新模式，已成为网上证券交易发展的关键。

一、设立网上证券经纪公司

随着市场环境的变化和竞争的加剧，设立网上证券经纪公司被提上议事日程。2002 年出台的《证券公司管理办法》明确提出，证券公司可以设立网上证券经纪子公司。

二、设立技术服务站模式

管理层应允许券商根据自身实力和市场的需要设立“技术服务站”，相对于传统营业部居高不下的建设费用和日常开支而言，“技术服务站”凭借独有的低成本优势能迅速迎合市场，券商迅速扩大网上证券业务也就有了依托。

三、内部组织机构调整，设立专门的网上证券部门

目前，大多数证券公司网上证券部门的主要职能还是为营业部开展网上证券交易提供保障和服务，协调在开展网上证券业务过程中与银行、中国证监会派出机构之间的关系。随着网上证券经纪公司和技术服务站的设立和出现，网上证券部门的职能需要根据公司经纪业务发展规划和网上证券交易拓展策略的变化做出相应的调整。

从前面列举的三种方式看，第一种方式的力度最小，调整的难度相对较小；第二种方式其次，力度和难度居中；第三种方式的力度最大，调整最彻底，难度当然也是最大的。券商网上证券相关组织机构究竟如何调整，这需要结合券商的发展战略来确定。不过有一点可以肯定，让网上证券部门探索市场化的发展模式是十分必要的，符合证券业发展的趋势。

15.3.5 网上证券交易的持续监管

开展网上证券交易业务，符合国际证券市场的发展趋势，有利于提高市场的透明度，满足投资者多种形式的需求。但从目前来看，互联网技术和网上证券业务在全球范围内都远未臻于成熟。高效率、低成本、全球化是互联网的特点，但法制不健全、缺乏有效的监管又使网上证券交易孕育着较大

的风险。因而，分析监管面临的问题，建立完善的网上证券交易监管体系，是网上证券交易发展过程中的一项重大课题。

一、我国网上证券交易的政策与监管现状

中国证监会对网上证券交易负有推动发展和加强监管的双重责任。2000 年，中国证监会相继发布了《网上证券委托暂行管理办法》（以下简称《办法》）和《证券公司网上委托业务核准程序》。《办法》不仅使券商开展网上证券业务有了较明确的法律依据，而且在技术和管理等方面也加以了规范。目前，多数证券公司根据《办法》要求，向中国证监会申报了网上证券委托业务资格，并通过了中国证监会的核准。

但是，互联网作为一种新兴媒体与其他媒体相比，具有开放性、分散性、匿名性、网站后台易控性等特点，这些特点给监管层带来了新的挑战。同时，网上证券交易的模式部分地改变着证券监管的范围和手段，原有的监管体制是建立在实质监管、实体监管和有形监管基础上的，而网上证券交易大多都超越了原有法规的监管范围。现行监管法规只能对网上交易提供监管原则，缺乏可操作性的监管规则。国际上，各国的监管机构都尚未有足够的手段对网上证券交易这一新的交易方式和交易制度进行有效监管，行业自律在其中起到了重要作用，而行业自律在我国作用还很有限，难以满足网上证券交易快速发展的需要。因此，监管层更应该采取多种方式对网上证券交易实行有效监管，保护投资者利益。可以说，网上证券交易的监管任重而道远。

二、建立一支强有力的网上监管队伍

证券监管机构自身应进一步加强人力资源建设，进一步提高证券监管机构执法水准。建立一支精通网上证券业务的专业人员队伍相当重要。可考虑吸纳一批网络技术人员、会计师、律师和懂得证券知识的人才，充实到监管队伍当中，尤其是充实到地方性的监管机构当中。

三、建立一个分工明确的监管体系

目前，我国已经形成了由中国证券监督管理委员会和其派出机构组成的集中统一的、高效的证券市场监管体系，今后可充分发挥这一体系的优势，对网上证券活动进行监管。

四、加快网上证券监管的立法工作

伴随着网上证券业务的迅猛发展，尽快建立网上交易的法律法规，依法保护券商、投资者的利益，使其健康、规范、有序地发展，越来越成为一个摆在我们面前的严峻而紧迫的课题。

五、和其他部门合作，共同打击网上违法活动

由于网上证券业务在实际的发展与监管过程中，涉及的问题不仅仅是证券业自身所能解决的，因而证券业的领导机构有必要加强与有关部门的合作，扫除影响网上证券业务发展过程中的障碍，加强对网上证券业务的监管。

六、对跨国交易行为的监管

互联网上的信息流是不受国境限制的，如果我国的证券市场对外开放，允许境外投资者投资于我国证券市场，则将存在跨国交易行为，监管层有必要未雨绸缪，及早制定监管办法。此外，监管机构有必要制定条文，明确在任何情况下监管部门都将对互联网上的跨国界证券发行活动实施管辖权。

总之，我国证券市场只有十几年的历史，而网上证券业务也刚起步，证券监管部门对网上证券业务既要鼓励发展又要加强监管，既不能急于求成，也不能停滞不前，而必须在创新中不断完善，否则，将来国内券商在经纪业务上毫无国际竞争力可言。对于网上证券业务发展中存在的问题，也必须未雨绸缪，及时发现，及时解决，保证其健康、正常、有序地发展。

第16章
证券信息化标准体系研究

16.1 概述

本章从我国证券行业信息化标准体系的内涵和范畴出发，结合国内外证券信息化标准发展的现状和趋势，深入分析在加入世贸组织后，建立、健全证券信息化标准体系的意义和策略，在研究ISO等国际相关标准的基础上，提出我国证券行业的信息化标准体系架构，并阐述建立、健全证券信息化标准体系的步骤、阶段以及信息系统保证、组织保证和法律法规保证。

16.2 研究的背景和必要性

16.2.1 标准化、标准的定义

根据《中华人民共和国标准化法条文解释》，标准化和标准是指：

标准化（standardization）：在经济、技术、科学及管理等社会实践中，对重复性事物和概念通过制定、发布和实施标准达到统一，以获最佳秩序和社会效益。

标准（standard）：对重复性事物和概念所作的统一规定。它以科学、技术和实践经验的综合成果为基础，经有关方面协商一致，由主管机构批准，以特定形式发布，作为共同遵守的准则和依据。“规范”（specification）、“规程”（code）也是标准的一种形式。

前面标准化对象中，对技术性的事物制定的标准就是我们通常所说的技术标准，对管理性事物所制定的标准就是通常所说的管理标准。不管是技术标准还是管理标准，作为标准，最本质的是进行统一。没有统一，就没有所谓标准。“统一”的基本含义包括以下几个方面：

（1）任何标准，都是在一定条件下的“统一规定”。不统一，就产生不了标准。标准是生产、使用、科研、管理等有关方面的意见达成一致，共同认可的产物，经过批准实施。这样的标准才具有科学性、民主性和权威性。

（2）同一功能的同一对象在同一范围、同一标准化级别上只能有一个统一的标准，编一个标准

号，而不能制定出相互重复的两个或多个标准。

(3) 同一标准中统一规定的内容，可根据需要是一种或多种，如产品的分等分级、产品的参数系列，等等。这就是标准化的统一，标准化的统一并不排斥多样性，并不限制花色品种的发展和技术的进步。相反，标准化正好以促进技术发展和花色品种的丰富多彩为其主要目的。因为制定标准时遵循了一系列原则，如最大自由度原则，即技术参数的选择要为技术发展留有最大自由度。

(4) 标准化的统一是相对的。标准的水平、质量指标和各项内容的确定，一般是反映一定时期的水平。它随着生产技术水平的提高而每隔一段时间就要进行修订，以保持标准的先进性和合理性。标准不能长时间不变，长时间不变就会落后于技术的发展。但也不能朝令夕改，标准朝令夕改，就等于没有标准。

(5) 统一的内容和基础是“科学、技术和实践经验的综合成果”。标准是科学、技术和实践经验的结晶。制定标准时，要总结多年积累的经验并使之科学化、条理化；要进行科学试验或验证，使标准建立在科学的数据基础上；要总结、分析并综合国内外有关科学、技术和实践经验的成果，经过择优选出最佳解决方案，并制定为标准。起草标准时要特别注意吸收新的科研成果、新的技术成就和新的实践经验，以便通过标准的形式去推广新成果、新成就和新经验。通过标准可以把部分人的熟练技术和先进经验，用文字记载下来，纳入标准推广到全企业，变为整个企业的经验，使企业有关人员都能掌握，从而变为企业的财富。

标准化的目的是“获得最佳秩序和社会效益”。最佳秩序是指一定环境一定条件的最合理秩序。最佳秩序是企业进行高效率生产和管理的前提条件。标准化的目的之一，就是在企业建立起最佳的生产秩序、技术秩序、安全秩序、管理秩序。企业每个方面、每个环节都建立起互相适应的配套的标准体系，就使每个企业生产活动和经营管理活动井然有序，避免混乱，克服混乱。“秩序”同“高效率”一样，也是标准化的机能。标准化的另一目的，就是获得最佳社会效益。一定范围的标准，是按一定范围内的技术效益和经济效果的目标制定出来的。因为制定标准时，不仅要考虑标准在技术上的先进性，还要考虑经济上的合理性。也就是企业标准定在什么水平，要综合考虑企业的最佳经济效益。因此，认真执行标准，就能达到预期的目的。一些工业发达国家把标准化作为企业经营管理，获取利润，进行竞争的“法宝”和“秘密武器”。特别是一些著名公司，往往都建立企业标准化体系，以保证它的利润和竞争目标的实现。

16.2.2 证券信息化及其标准体系的定义

证券信息化是由具有统一技术标准、能以不同速率传送数据、语音、图像和视频的信息网络，将具备智能交换和增值服务功能的多种计算机互联在一起，采用分布处理和友好的人—机接口，提供数字化的证券信息、证券经营管理和证券服务，使包括证券市场中的监管机构、中介机构、投资者、证券信息服务机构等在内的所有证券市场参与者组织在网络环境之下，充分共享证券信息资源，共同创造证券经营、管理和服务的一个可持续发展的过程。证券信息化体系由六个要素组成，即证券信息资源、证券信息网络、证券信息技术应用、证券信息技术和产业、证券信息化人才队伍、证券信息化政策法规和证券信息化标准规范。

为在证券信息化过程中获得最佳秩序，经协商一致制定并经一个公认机构的批准，对活动或其结果规定共同的和重复使用的规则、导则或特性的文件，称为证券信息化标准，该类标准按其内在联系形成的科学的有机整体称为证券信息化标准体系。证券信息化标准应遵守统一原则、简化原则、协调原则和最优化原则等标准化的基本原则，证券信息化标准体系是证券信息化体系的重要组成部分。

《中华人民共和国标准化条文解释》中指出标准化的范围和对象是“在经济、技术、科学及管理等社会实践中”的“重复性事物和概念”。证券行业作为金融服务行业，其各条价值链都是通过对金融信息的处理来实现的。我国证券行业更是在极短时间内实现了证券无纸化进程和自动撮合系统。对证券行业来说，证券信息化过程中的证券服务、监管、信息系统建设等活动中具有“重复性”的过程和要素都可作为证券信息化标准化的领域和对象。就其包含的专业领域可划分为证券信息技术标准化和证券信息服务标准化，就其包含的应用领域可划分为证券电子商务标准化和证券电子政务标准化。

证券信息技术标准化包括硬件标准化和软件标准化，硬件标准化是指信息采集、加工、存储、输出与传递全过程所需硬件设备的标准化，软件标准化是指支持信息采集、加工、存储、检索、分析与结果输出、传递的处理程序的标准化。在国际、国内标准化组织机构和各国信息部门以及国内外知名IT厂商的共同努力下，信息技术的软硬件标准化工作取得了很大进展，已经形成了一整套相对完整的信息化指标体系，对证券行业的信息化工作起到了很好的促进与推动作用。

16.2.3 发达国家证券信息化标准体系的发展

国际标准是在国家或地区采用的协商一致性文件。国际标准化组织（ISO）、国际电工委员会（IEC）和国际电信联盟（ITU）这三大国际组织的工作领域相互补充，共同组成一个提供自愿采用的国际技术协议的完整体系。这些被作为国际标准或建议出版的技术协议有助于实现世界范围内的技术兼容。

国际标准化组织（International Organization for Standardization，简称ISO），正式成立于1947年。它的会址设在瑞士日内瓦，是联合国的甲级咨询组织，并和一百多个国家标准组织及国际组织就标准化问题进行合作，它是国际电工委员会（IEC）的姐妹组织，其标准化工作包括了除电气和电子工程以外的所有领域。ISO的宗旨是“促进国际间的相互合作和工业标准的统一”，其目的是为了有利于国际间的商品交换和公共事业，有利于在知识、科学、技术和经济活动中发展国际间的相互合作，促进世界范围内的标准化及有关活动的发展。

与证券相关的ISO专业标准化技术委员会是ISO/TC68，组建于1948年，负责银行、证券及其他金融服务领域的标准化工作。ISO/TC68下设SC2、SC4、SC6等三个分技术委员会。SC2负责安全管理和一般银行操作的标准化制定工作，SC4负责证券和相关金融业务的标准化制定工作，SC6负责零售金融服务领域的标准化制定工作。与证券业关系最为紧密的SC4分技术委员会下设WG6、WG8、WG9、WG10等工作组。ISO/TC68专业标准化技术委员会自成立以来共制定和出版发行了73项ISO标准。

在韩国，通过采用国际标准取得行业领先地位已成为金融服务行业的共识，一些企业已经启动了对国际标准的研究工作。韩国政府也通过韩国技术标准院（ATS，旨在提高工业技术和产品质量的官方组织，代表韩国参与ISO的工作）、韩国金融通讯和清算协会（韩国TC68专业技术委员会秘书处）的工作致力于推进标准化的金融服务。为提升国际竞争力，2000年6月30日，韩国技术标准院接受韩国证券托管公司（KSD）参与韩国TC68/SC4的工作，韩国证券托管公司为此组织了由16名行业专家和学者组成的委员会，该委员会主要关注于TC68/SC4领域的以下工作：

（1）采用已正式发布的国际标准，审阅发展中的国际标准的可行性，如ISO 15022、ISO 10962、ISO 17237和ISO 6166等；

（2）采用与T+1有关的国际标准；

（3）组织进行消息、金融指令码分类和市场标识代码等研究的工作组。

16.2.4 我国证券信息化标准体系研究现状

国家标准化管理委员会作为我国标准化工作的主管部门，致力于推进我国标准化工作。目前，我国已承担了国际标准化组织的1个专业标准化技术委员会秘书处和5个分技术委员会秘书处工作，并承担了20多项国际标准起草任务。对应ISO/IEC，已建立了200多个全国专业标准化技术委员会。我国已批准发布国家标准17 000多个，其中强制性标准有1 900多个，采用国际标准和国外先进标准约占38%。我国的强制性国家标准就是TBT协定中所指的技术法规，它在作用、性质、内涵和定义上与TBT协定中的技术法规是一致的。

我国以观察员身份参加TC68的工作，并于1991年成立了全国金融标准化技术委员会，简称金标委。金标委是经国家标准化管理委员会授权，在金融领域内从事全国性标准化工作的技术组织，负责金融系统标准化技术归口工作和国际标准化组织中银行与相关金融业务标准化技术委员会（ISO/TC68）的归口工作。国家标准化管理委员会委托中国人民银行对金融标准化技术委员会进行领导与管理。第一届全国金融标准化技术委员会由来自中国人民银行、中国工商银行、中国农业银行、中国银行、中国建设银行、交通银行等银行及保险业的代表组成。成立十多年来共制定了国家标准10项、行业标准20项，为我国金融系统标准的制定与完善奠定了基础，取得了显著的社会效益和经济效益。第二届委员会在上届的基础上进行了扩充，共有来自银行、证券、保险行业，以及大专院校、标准化研究机构的委员50多名，具有更广泛的代表性。

金标委的工作任务是：

（1）遵循国家有关方针政策，向国家技术监督局和中国人民银行提出符合金融行业标准化工作的方针、政策和技术措施的建议；

（2）负责组织制定金融行业标准体系表，提出制定、修订金融行业国家标准和行业标准的规划和年度计划的建议；

（3）负责组织金融行业国家标准和行业标准的制定、修订和复审工作；

（4）负责组织金融行业国家标准和行业标准的宣讲解释工作；

（5）承担ISO TC68的国内外对口技术工作。

除了国家标准化主管部门的推动外，我国证券行业及其主管部门也积极参与和探讨证券信息化标准问题。

2000年11月27日，上海证券交易所举办了“证券业信息标准研讨会”，此次研讨会是庆祝上海证交所成立10周年系列活动的一项重要内容，与会专家就如何把国际证券业信息标准引入中国，提高中国证券业在国际资本市场上的认知度，为未来证券业国际竞争做好准备进行了研讨。

近年来，随着信息和通讯技术的快速发展，证券业正经历前所未有的变革，国际间的竞争更加激烈，国际合作也日益频繁。伴随着市场的国际化，在不同的市场、不同的时区、不同的参与人、不同环节寻找共同的“标准”，以求实现全方位的信息直通处理，已成为全球证券业共同努力的目标。上海证交所在发展过程中一直致力于证券信息的标准化工作，在技术、管理等各方面保持与国内外同行交流，不断探索适合我国证券市场的证券信息化标准。

2002年4月18日，中国证监会信息中心与中国人民银行科技司在京签订“证券信息化标准体系研究”课题承担合同书，两单位还同时与深圳证券通信有限公司、青海证券、深圳金证科技股份有限公司签订了“网络证券应用示范系统”课题攻关合同书。

2002年6月28日，在深圳召开了“2002年证券信息服务标准化发展国际年会”。此次年会由中国证券业协会、中国电子商务协会、深圳证券交易所、证券时报社联合主办，国家信息产业部信息化推进司支持举办，深圳证券信息公司等承办。来自国家有关部委、高校、券商、上市公司、基金管理公司以及证券信息专业研究机构等70余家单位的近200名代表，参加了本次年会。国内外一批知名学者、专家在本次年会上做了专题演讲，并展示了一批有应用价值的研究成果。内容涵盖证券信息技术的标准化、证券信息服务的标准化，以及推进证券行业信息化标准体系的构建等领域。与会代表们提出，证券信息服务标准化工作，应当在金融证券监管部门和信息化标准机构的支持和指导下，由证券信息服务机构作为任务的承担者，应鼓励国内证券行业的各层次机构积极参与，以共同促进我国证券信息服务标准化工作早日完成。

虽然各级主管部门和证券行业正积极推进证券信息标准化工作，并取得了一定的成绩，但应该看到，目前我国证券行业的标准化工作尚处于探讨阶段，才刚刚起步。缺乏标准指导的十多年证券信息系统建设和证券信息服务造成以下弊端：

第一，不同交易所的数据交换模式不统一，接口不统一。

第二，不同交易所的编码方式不统一。

第三，不同交易所的重要数据过程流程不统一。

第四，证券交易系统软件各不兼容。

第五，证券信息产品内容不完备。

第六，无法评价不同证券信息服务的资信水平。

第七，缺乏标准指导带来的不必要的系统改建，造成了大量投资浪费，最近两年仅因深、沪两地区交易所在数据通信协议上的不统一，就造成约6 000万元人民币的投资浪费。银行和证券在清算和资金转账上的经济损失更是高达上亿元人民币。

第八，随着世界资本市场一体化，无法利用自主知识产权的标准作为有效的技术壁垒。

16.2.5 研究的必要性

证券信息服务标准化，重点在于证券信息建设与证券信息提供的标准化，更多注重的是行为标准。信息资源建设与信息提供都是人的行为，随意性比较大，而证券信息又是事关投资者投资决策和支持国民经济稳步发展的基本要素，对其准确性、时效性要求都很高，要保证或达到证券信息的准确性、完整性和时效性的要求，就必须要有一套规范的行为准则作保障。否则，就会出现证券信息资源建设或信息服务领域的“信息割据”局面。

一、标准化的基础意义

《中华人民共和国标准化法实施条例》第三章第十一条规定：对于互换配合、通用技术语言要求，对于保障人体健康和人身财产安全的技术要求，对于基本原料、燃料、材料的技术要求，对于通用基础的技术要求，对于通用的试验检验方法，对于通用的管理技术的要求，对于工程建设的重要技术要求，对于国家需要控制的其他重要产品的技术要求等应当制定国家标准（含标准样品的制定）。对没有国家标准而又需要在全国某个行业范围内统一的技术要求，可以制定行业标准（含标准样品的制作）。

在证券行业内部推进标准化工作，其重要性是不言而喻的。标准化可以使复杂的过程简单化、清晰化、产业化，从而使我们的工作具有更强的可操作性；标准化可以避免行业内大规模的重复建设引发的风险，实现技术与管理的跨越式发展，从而让我们以大大低于其他市场的交易成本和集约式规模经济参与国际竞争；标准化也将推动证券业以信息化改造为核心的技术创新，充分发挥我们的后发优势，实现行业的可持续发展。

实现标准化是一个相当长的过程。在标准化进程中，标准与效率成本之间存在着辩证的动态关系。从局部利益与短期效率看，制定与实施标准必然导致成本的提高和工作繁琐度增加，但从全局利益和长远的工作看，其效率必然大大地提高，成本必然显著地下降。

二、标准化工作在证券业的应用与需求

我国证券业在技术、管理、业务和安全等若干方面都迫切地需要标准化。证券业务发展与科学技术进步之间存在着必然的、动态的、辩证的互动关系。业务发展引发技术创新与进步，技术进步实现和促进业务发展，并引发新一轮的业务需求和发展趋势。技术是基础，纵观中国证券业的发展历史，几乎每一次市场风波都会跟进一场技术改造，每一轮新的系统升级都预示着一场新的市场突破。如今在证券期货业，“IT”的意义正趋近于“命脉”。甚至可以这样说，没有计算机通信技术，就没有中国证券业。但我们知道，我们现行的信息系统是从几台自攒的386PC服务器起家，逐步摸索发展起来的，尽管最近两年进行了大规模技术结构调整和规范化建设，但从整体上看，系统的整合与改造刚刚开始，证券市场技术架构仍缺乏整体规划，其系统结构、数据标准、交易平台和通信接口都在继续沿用交易所成立之初的标准结构，与加入世贸组织后与国际化接轨的要求还相差甚远。

1. 管理是关键。标准化管理是一种有效的科学管理方法，这已经被实践所证明。无论对于交易所、登记结算公司、证券公司、基金公司、期货公司等公司个体而言，还是对于整个证券市场而言，管理的标准化势在必行。标准化的管理，其最大的优势就是把复杂的过程分解，使其简单化、量化、具有可操作性。例如麦当劳，成熟的标准化使地球上每一个普通的高中生经过短期的训练，就可以制作出全球统一口味的麦当劳汉堡。标准化管理的第二个重大优势是减弱个人人为因素的影响，形成团队与制约有机体。

证券市场信息系统是一个庞大复杂的有机体，交易所、清算公司、结算公司、证券公司、证券营业部，无论哪方出了问题，都会影响整个系统。要让这个系统高效地运转，需要从技术和管理上把各个环节有机地联系协调起来，其方法便是通过制定和贯彻执行各类技术标准和管理标准，形成一个统一的系统，只有这样才能保证其高效地、有条不紊地运作。安全要从技术上抓，但更要从制度上抓。证监会1999年发布的《证券经营机构营业部信息系统管理规范（试行）》，规范了券商的组织结构，改变了其技术管理的模式，从而对控制证券公司营业部的技术风险起了重要的作用。

2. 业务是根本。业务方面包括行业分类、统计指标、数据分类等体系。我们只有建立了科学化、标准化、国际化的分类体系，增加信息披露的透明度和科学性，让公信回到市场，才能最大限度地保证投资者的利益。这方面我们已经迈出了一大步，2001年4月3日公布的《上市公司行业分类指引》，对上市公司行业进行了重新整合分类。该指引的发布对于规范和提高上市公司信息披露质量、市场参与者对公司股票进行定价、投资者进行投资决策都有着重大的影响。

3. 安全是保证。防范技术事故、化解技术风险是行业技术监管的最直接的目标。我国证券市场创建十几年来，由于市场各界对于系统的安全体系架构缺乏较为系统的研究，大小事故不断，随着计算机、网络技术的发展，技术隐患增加，黑客的攻击趋向职业化，加强系统安全研究，加大技术风险防范力度势在必行。依据中国证监会2001年证券信息系统安全检查总结，行业信息系统安全状况有明显改进，但发展不平衡，认识和投入均有差距。安全问题涉及投资者根本利益，安全要求是强制要求。采用标准化的手段，以量化的具有较强可操作性的安全标准进行设计、建设、衡量和评估，从而强化安全意识，加强系统安全性，应当说，不失为一个积极、有效、易行的方法。中国证券业协会信息技术委员会将依据国际信息安全通用准则（CC）、国际标准化委员会安全技术标准ISO17799、国家标准《信息安全等级划分准则》等国际国内标准，研究制定出适合证券业应用的《证券业信息系统安全指标体系》、《证券信息系统安全建设指南》；在安全策略方面，我们也急需一套切实可行的《证券业信息安全管理条例》。

16.3 证券信息化标准体系发展的重点和趋势

16.3.1 证券信息化标准体系结构

目前证券信息化标准体系结构尚处于探讨阶段，就证券信息化的范畴和标准化体系结构的要求来看，证券信息化标准体系主要应包括五大部分：通用基础标准、网络基础设施标准、信息安全标准、商务政务运作标准、管理评价标准。

一、通用基础标准

在构建证券信息化标准体系时，必然涉及一些不是专属于证券信息化领域的标准，如数据元、信息分类编码、中文信息处理方式、多媒体、硬件设备、存储等多方面的标准。它们主要属于信息技术的范畴，并不仅为证券信息化服务，因此我们只将与证券信息化密切相关的数据元、信息分类编码、中文信息处理方式等标准作为通用基础标准纳于证券标准化体系架构内。

二、网络基础设施标准

证券信息化的主要内容是证券电子商务和证券电子政务，而金融同业网、内部企业网、证券交易网、证券电子政务网是其电子信息交互的基础支持平台。网络标准包括网络平台的标准、传输标准和接入标准三类。从与证券信息化相关的网络对网络平台的要求来看，EDI 网络平台具有一整套成熟的基于 X. 400 和 X. 500 系列协议的安全技术体系，能够很有效地防止信息的丢失、泄密、篡改、假冒、接收的抵赖拒绝服务等，进行电子支付具有很大的优越性，所以适用于组建金融同业网。而基于 TCP/IP 的 DDN 广域网、卫星网因其成熟的应用适合内部企业网、证券交易网。国际互联网以其广泛的应用适合证券电子政务网和网上交易；传输标准应用最广的是 ISO 提出的七层开放互联模型和 TCP/IP；接入标准分为有线和无线两大类，其中主流的有线接入标准包括 X. 25、xDSL、Cable Modem 以及以太网技术等，无线接入包括 802. 11 家族谱、蓝牙（IEEE 802. 15）、家庭网络的 HomeRF 等。

三、信息安全标准

伴随着国际互联网的发展，对网络恶意攻击的黑客和病毒传播活动日益猖獗，甚至发展成有组织的犯罪行为，在世界范围内造成了巨大的经济损失。因此，以电子商务和电子政务为主要内容的证券信息化必须将安全放在首要位置。提高信息安全一方面要依靠信息技术的发展，如加密和认证，防病毒和黑客技术等。加密技术可以保证信息的真实性、完整性和不可抵赖性，常用的加密技术和标准有 DES、RSA、SHA 等；认证则是保证网上双方真实身份的基础，包括数字签名、数字证书、认证中心等方面的内容。提高信息安全的另一方面是要依靠对信息系统的管理，包括安全制度的建设、信息安全评估、信息安全管理和业务永续管理等，目前影响最广的信息安全管理标准是 ISO 17799。

四、商务政务运作标准

证券行业作为金融服务行业，其商务、政务行为主要由信息流和资金流构成，所以证券信息化运作标准主要由信息流标准和资金流标准构成。信息流标准用于规范证券行业内部及证券行业与其他金融机构信息交换的流程和接口；资金流标准用于规范证券行业内部及证券行业与其他金融机构资金往来的流程和接口。目前国际上应用最广的电子商务协议标准有 EDI、XML（ISO 15022）、STEP 等。就我国证券行业的现状，运作标准具体应包括：证券文件与单证格式标准、银证业务数据交换标准、保证业务数据交换标准、证券交易所业务数据交换标准、期货交易所业务数据交换标准、证券登记结算业务数据交换标准、开放式基金业务数据接口标准、上市公司信息披露的技术标准等。

五、管理评价标准

随着“以客户为中心”的管理理念的深入人心和基于国际互联网的证券电子商务、政务的蓬勃发展，证券金融服务呈现出网络化、个性化和社会化的特征。因此必须有相应的管理评价标准保障和推进证券金融服务水平和经营机构资信水平的提高。建立管理评价标准同时也是建立科学的标准体系的自身要求。证券信息化标准体系的管理评价标准主要包括：信息系统软件工程管理标准、信息资源评价标准、信息化评价标准等。

16.3.2 指令、代码标准体系

在开发支持证券信息化的各类信息系统以前，必须先定义将采用的相关数据格式及代码标准，如参与者鉴别代码（账号、操作口令等）、交易和结算指令数据格式、证券的代码、行业分类编码和证券专用术语标准等。由于我国证券市场起步之时，资本市场并未对外开放，各证券交易所分别制定了自己的证券代码和交易结算指令数据格式，没有申请成为国家标准或行业标准和遵循国际标准。在中国加入世贸组织以后，随着资本市场开放的进程，采用国际标准，与国际接轨已成必然趋势。

一、金融指令和证券代码标准

G30 建议各国在开发结算系统时，对交易结算信息传输格式应采用 ISO7775，对证券的编码应采用 ISO6166 两项国际标准。特别是又称为 ISIN（International Securities Identify Number）的 ISO6166，其对国家、发行人、证券类型、货币种类、流通期限和利率及信誉等级等每一债务工具的特征均有明确的标识说明，是跨境交易（Cross Border）债券所必需的统一代码标志。

二、行业分类标准与代码

行业分类标准与代码对证券研究具有规范和推动作用，例如在编制成分股指数时，为实现其可投资性功能和表征股票市场总体的结构，必须进行行业分类，挑选具有行业代表性的样本股。我国公布了《国民经济行业分类》国家标准，世界上对证券投资行业影响较大的行业分类标准是摩根斯坦利公司和标准普尔公司联合发布的全球行业分类标准（GICS）。实际制定我国上市公司行业分类标准时应按照我国证券市场实际情况，在国际、国内先进标准的基础上修订完成。

三、证券专用术语体系

专用术语是在特定专业领域，对客观事物进行描述和定义的集合。它能够使这一领域的参与者使用同一种语言沟通和交流，避免歧义和混淆。目前我国尚缺乏证券领域的术语标准。

16.3.3 信息交换标准（ISO15022 XML）

信息交换标准是证券信息化标准体系中商务政务运作标准的主要组成部分。证券电子商务的主要内容证券交易由“交易前”、“交易中”和“交易后”三个过程构成。“交易前”主要指交易信息的获取，买卖成交的意向，涉及证券经营机构和投资者之间的信息交互；“交易中”则是投资者下单委托、竞价撮合的过程，涉及投资者、证券经营机构和交易所之间的信息交互；“交易后”是指证券交易的清算、结算过程，涉及经营机构与交易所、银行和结算机构之间的信息交互。证券电子政务的主要内容是保障证券市场正常、健康发展的行政报文类信息的交互过程，涉及证券监管机构、交易所与证券经营机构、服务机构之间的信息交互。由于我国证券市场发展的历程较短，虽然制定了一些信息交换

的规则、规程，但都未以国家或行业信息交换标准的形式确定下来。

国际上应用最广的金融证券信息交互标准是 FIX 协议和 SWIFT 协议。在证券交易的三个过程中，FIX 协议在规范“交易前”与“交易中”这两个过程中的信息交互中占有主导的地位，而“交易后”过程因主要涉及与银行有关的清算、结算过程，因此传统上主要使用 SWIFT 协议。这是因为在 FIX 协议以前，SWIFT 协议已在 192 个国家、7 000 家金融机构得到了广泛应用。

近年来，随着信息技术的高速发展，网上交易的挑战，加之交易量的迅速增加，特别是金融市场期望缩短交易日和结算日时间间隔的要求，以及抑制金融风险的需要，金融行业认识到提高内部和外部的信息流动性以获得“直通交易处理”（Straight Through Processing，STP）的需要，证券业的直通交易处理是指订单形成被提交后，通过不同的业务处理系统交互作业，执行交易请求，并实现交易过户和资金划转。如果在证券业实现了直通交易处理，那么在整个证券交易过程中实现“T+0”的交易处理将变得非常容易，这已经成为全球证券业的发展方向。要实现证券行业的直通交易处理，关键是在“交易中”与“交易后”之间找到一剂粘合剂，让 FIX 的协议与 SWIFT 协议互通、互补与同步。

ISO 组织的第十工作组（Working Group 10，WG10）做的就是为 FIX 协议和 SWIFT 协议牵线搭桥的工作，而这两大协议的粘合剂就是 ISO15022XML。ISO15022 是数据标准化的一个标准，它主要定义信息中每个字段的意义，每条信息、每条交易里应该包括哪些内容。

XML 的全称为可扩展标记语言（Extensible Markup Language），它的规范由 W3C 协会在 1998 年发布。这些规范就像字母表中的字母，各种不同的机构使用这些字母创造单词。可扩展标记语言的目标是建立一个统一的全球电子商务标准与市场，使全球的任何企业都可通过交换可扩展标记语言文档进行商业活动，如同电脑行业的世界语，它通过自动处理许多繁琐的重复性工作，使人们可以把精力集中在真正有意义的事情上，微软 .Net 战略的基础也正是可扩展标记语言。

可扩展标记语言具有很大的灵活性，可让使用者共同享有信息，也可根据他们商务应用程序的特定参数来采纳信息。此外，它还具有相当好的扩展性，这种特性对于机构之间的精确信息交换和跨公司的功能性业务来说都是一种较理想的机制。可扩展标记语言的以上特点决定了它应是 FIX 和 SWIFT 之间的一剂良好的粘合剂。

可扩展标记语言是跨平台的标记语言，可以通过接入网络的计算机、电视或是移动电话等终端设备，在不同的应用系统之间，通过网络传输人们可以进行股票买卖、银证转账和资金互转等理财活动的信息。因此可扩展标记语言标准的推出，被认为是 IT 业界的一场革命，获得了 IT 界和金融业的一致推崇和支持。2001 年 7 月 5 日，FIX 组织与 SWIFT 组织发表声明，两方准备共同向着 ISO15022XML 标准靠拢。世界各大证券市场所在国的标准化组织也纷纷成立专门的专家组，研究 ISO15022XML 标准在本国的适用性。

我国证券市场相对于欧洲、美国、日本、香港等成熟证券市场，属于新兴的证券市场，业务种类较为单纯。证券市场建立之初即采用了无纸化的证券发行方式和清算、交割方式，且不允许透支交易，因此无需像一般证券市场需要考虑分配、确认等方面复杂的业务流程；且由于证券交易系统开发的时间较晚，采用的技术较为先进，所以我国证券市场内部运作效率和自动化程度较高，A 股市场能以 T+1 周期完成清算交割。但由于 B 股交易目前仍以 T+3 为交割周期，且目前系统和信息规范未遵循国际标准，所以我国证券市场只部分或一定程度上实现了直通交易处理。随着我国加入世贸组织，资本市场将逐步开放，A、B 股市场可能合并，证券交易品种将日渐丰富，交易流程将更为复杂。我国证券市场对外开放，与世界证券市场接轨是证券市场长远发展的需要，要求我们在国际标准的指导下，制定我国证券信息交换的标准，提高我国证券市场的直通交易处理水平。

16.3.4　信息安全标准（ISO/IEC 17799［BS 7799］）

网络是证券信息化的基本运作支持平台，基于网络的信息交互是证券信息化的主要内容。危及证券信息化网络和信息交互安全的主要因素包括：病毒、恶意黑客攻击、信息泄露和信息系统故障等。近年来，病毒和黑客行为已从早期的个人即兴之作，发展成频繁的、公开的、跨国组织的、危害程度极高的犯罪行为。仅2002年9月爆发的尼姆达病毒，在半小时之内就在全球各地侵袭了830万部电脑，总共造成将近10亿美元的经济损失。在我国证券行业也发生了非法入侵证券经营机构网络系统，冒用他人资金账户，造成巨大经济损失的黑客事件。信息安全已成为世界各国关注的重点问题。我国由于信息基础设施主要依赖进口，全社会的信息安全意识不高，关于网络犯罪的法律还不健全等原因，信息安全的问题尤为突出。

目前通行的与网络和信息安全有关的标准包括信息安全基础标准（包括信息安全体系结构、信息安全框架、信息安全模型等标准）、加密与认证标准、信息安全产品、系统与网络标准、物理环境和安全保障、应用与工程标准、信息安全管理标准等。已发布的著名国内外信息安全的标准有：ISO 17799 信息安全管理体系标准、ISO 15408 / GB/T 18336－2001 安全等级划分标准、ISO 13335 信息安全管理指南等。绝大部分的网络和信息安全标准属于信息技术标准的范畴。证券信息化的信息安全标准主要应根据中国证券市场的实际情况，在相关国际、国家信息安全标准的指导下，建立我国证券行业的信息安全管理和认证标准。

2000年国际标准化组织ISO发布了《信息安全管理操作规则》，标准号ISO/IEC17799。ISO/IEC17799的前身是由英国标准协会（BSI）制定并于1999年修订的《信息安全管理标准》（BS7799）的第一部分。根据官方的报告，ISO/IEC17799的目的是“为信息安全管理提供建议，供那些在其机构中负有安全责任的人使用。它旨在为一个机构提供用来制定安全标准、实施有效的安全管理时的通用要素，并得以使跨机构的交易得到互信”。作为一个通用的信息安全管理指南，ISO/IEC17799的目的并不是告诉你有关“怎么做”的细节，它所阐述的主题是安全策略和优秀的、具有普遍意义的安全操作。该标准特别声明，它是“制定一个机构自己的标准时的出发点”。BS7799共分为两部分：第一部分是《信息安全管理操作规则》，主要是给负责开发的人员作为参考文档使用，从而在他们的机构内部实施和维护信息安全；第二部分是《信息安全管理系统规范》（ISMS），详细说明了建立、实施和维护信息安全管理系统的要求，指出实施组织须遵循某一风险评估来鉴定最适宜的控制对象，并对自己的需求采取适当的控制。BS7799由三个主段落组成，即总则、系统要求和控制，可分为强制性过程和选择性控制。其中32个目标和109项控制，公司可根据自己的实际需要进行选用。BS7799包括安全内容的所有准则，由十个独立的部分组成，含有如下内容：

（1）安全政策。目标在于提供管理的方向来保障信息安全。

（2）安全组织。目标包括企业内信息安全的管理、维持处理组织安全的相关设施与信息资产由一个可靠的第三单位所控管、维持当信息处理程序外包给其他组织时的安全。

（3）资产分类与控制。是为了维持对企业资产适当的保护及确保信息资产可得到一个相当程度的保障。

（4）人员安全。为了降低人为错误、窃取、欺骗及滥用相关设施的风险，来确保使用者意识到信息安全的威胁；为了确保在正常工作程序中信息的安全与降低安全意外事件的损害并从其中学得相关经验。

（5）物理与环境安全。主要是为了避免未授权之存取，破坏与影响企业的建筑或信息；避免对信息及其处理设施的破坏或窃取。

（6）计算机与网络管理。确保安全信息处理设备之正确运作；把系统的失误降到最低；保护软件和信息的真实性；维持信息处理与通信的正确性与可用性；确保信息在网络上的保全与保护支持的基础建设；避免对资产的损害与中断企业活动；避免信息在组织间传递时的中断、篡改与误用。

（7）系统存取控制。包括信息存取控制、避免信息系统未授权之存取、网络服务的保护；避免计算机未授权之存取、侦测未授权之活动、确保电信网络设施的安全。

（8）系统开发与维护。避免使用者资料在应用系统中被中断、篡改与误用；保护信息的授权、机密性与真确性；确保所有的 IT 项目与相关支持活动都在安全的考量下进行；维护应用系统软件与资料的安全。

（9）企业持续运作规划。要降低对企业活动的阻碍与防止关键企业活动受到严重故障或灾害的影响。

（10）合规性。避免违反民、刑事法律、规范或任何安全要求契约上的义务；确保系统运作遵循组织的安全政策与标准；让系统稽核过程的效能极大化、影响最小化。

从 ISO/IEC17799 的主要内容，我们可以看出该标准内容非常详细，涉及信息安全领域的方方面面，对世界各国制定自己的信息安全标准具有普遍的指导意义。因此在制定我国证券信息化网络与信息安全标准时，可以 ISO/IEC17799 标准为指导，有助于我们理解每一类信息安全主题的基础性问题，保证标准的全面性。同时，由于信息安全是一个难以量化的，涉及信息技术和管理多个方面的复杂领域，ISO/IEC17799 标准作为新兴的安全标准必然存在一些不足之处，在应用时，应注意取舍。

ISO/IEC17799 的主要不足是：

（1）虽然涉及的范围很广，但依然遗漏了一些可能涉及信息安全的问题；

（2）对所涉及的问题没有进行深入的讨论；

（3）提出的信息安全的控制措施可能与各国法律有冲突，尤其是在保护隐私等方面；

（4）只是 BS7799 的第一部分，不包括安全等级的划分标准和信息安全管理的认证指标。

因此，在借鉴和应用 ISO/IEC17799 时，还应参照我国关于信息安全的国家标准和 ISO/IEC13335《IT 安全管理方针》作为补充和修正。同时应将 BS7799 PART2 纳入考虑范围，制定我国证券信息化信息安全的认证标准。BS7799 PART2 是一个规范，使用该规范对组织的信息安全管理体系进行审核与认证。通过使用该规范能建立组织的信息安全管理体系，包括以下三个步骤：

（1）建立信息管理框架。设立方向、信息安全目标，定义信息安全方针，同时管理层应承诺该方针。

（2）评审组织的信息安全风险。投资控制措施需要在信息的价值、所面临的风险和这些风险对组织运营的影响间保持一个平衡。

（3）选择和实施控制措施，使确定的安全风险减少到可接受的程度。不同的组织将选择不同的控制措施。

16.4 发展的政策和环境

16.4.1 建立、健全证券信息化标准体系的策略

一、当前是启动证券信息化标准体系建设的最好时机

2001 年 10 月 11 日，作为国务院授权履行行政管理职能、统一管理全国标准化工作的主管机构，

中国国家标准化管理委员会宣告成立。这标志着我国的标准化工作进入了一个新的发展阶段，同时，证券业经过了多年的磨合，对标准化工作也有了相当的认识和需求。

随着上海交易所新一代系统、深圳交易所二期工程的建设，以及中国登记结算公司正在紧锣密鼓地推进结算制度的改革，三大代码急需统一标准；同时，一方面配合着从以营业部为主体的分散经营模式逐步转变为以公司总部为核心的集权化管理模式的转变，另一方面随着证券行业对信息技术规划重要性认识的日渐提高，各家证券公司也纷纷开始做系统平台的大规模整合，开发客户关系管理系统和新一代的集中交易系统，并积极拓展网上交易等非现场交易方式，以应对新的市场竞争形势。尽快推出证券信息化的标准体系有助于降低证券经营机构和证券 IT 厂商证券信息系统建设的总体成本。

再者，证券行业已结束了高利润时代。证券经营机构纷纷开拓非通道业务，通过与银行、保险业合作的方式开发新金融服务产品，寻求新的利润增长点。“银证”、“保证”合作涉及大量金融信息的交互，应尽快建立相关信息交换的标准以保证这些业务安全、高效地开展。

随着我国加入世贸组织，资本市场将逐步开放，我国证券经营机构将面临国际金融机构的强大竞争压力。这一方面要求我国证券经营、监管机构采用国际标准与国际接轨，另一方面应积极寻求贸易保护手段，保护在资金、规模、管理、人才等各方面全部落后的中国证券业。在世贸组织框架内，关税壁垒已丧失了作为贸易壁垒的作用，因此技术壁垒成为各国竞相使用的手段。我国证券行业也应充分利用有限的保护期限，制定自有知识产权的证券信息化标准，提高国际金融机构进入的技术门槛和成本。

二、行业标准化工作原则

1. 遵循国际化的原则。加大采用国际标准和国外先进标准工作的力度，分析研究国际标准和国外的先进标准，同时扩大国际标准化交流，对于那些适合我国国情的国际标准，要坚决地采用。同时，制定标准时在内容、覆盖范围和审定程序等方面也要符合国际通行做法。

WTO/TBT 协定规定了各成员国和公司标准化组织必须遵循的原则和义务。强调各国制定技术法规和标准时，应以国际标准为基础。

2. 遵循市场化的原则。建立面向市场、反应快速的运行机制；形成以交易所、证券期货公司、基金公司等证券市场参与者以及技术厂商、信息厂商、技术服务厂商为主、社会广泛参与、公开透明的开放式工作模式。任何团体与个人都可以提出和建议起草标准。标准是动态的，它应该随着应用环境的变化不断发展。标准制定的周期不能太长，修订要及时，要满足产品更新和升级的需要。

3. 遵循依法自律与监管的原则。依法监管和依法自律是行业技术监管的基本原则，也是行业标准化应当遵循的重要原则。应该在国际标准化组织、国家标准化管理委员会的统一做法和业务指导下完成行业标准化工作。应当制定“证券行业标准化工作管理暂行办法”引导行业有序完成标准的制定、审核、推行、实施工作。

三、行业标准化建议工作框架

1. 证券标准化机制与环境建设。《中华人民共和国标准化法》第三章第十四条规定，行业标准由国务院有关行政主管部门编制计划、组织草拟，统一审批、编号、发布，并报国务院标准化行政主管部门备案。行业标准在相应的国家标准实施后，自行废止。第十七条规定，企业生产的产品没有国家标准、行业标准、地方标准的，应当制定相应的企业标准，作为组织生产的依据。对已有国家标准、行业标准或者地方标准的，鼓励企业制定严于国家标准、行业标准或地方标准要求的企业标准，在企业内部适用。第十九条规定，制定标准应当发挥行业协会、科学技术研究机构和学术团体的作用。制定国家标准、行业标准和地方标准的部门应当组织由用户、生产单位、行业协会、科学技术研究机构、学术团体及有关部门的专家组成的标准化技术委员会，负责标准的草拟和参加标准草案的技术审查工作。未组成标准化技术委员会的，可以由标准化技术归口单位负责标准草拟和参加标准草案的技术审查工作。制定企业标准应当充分听取使用单位、科学技术研究机构的意见。依据以上法律规定，“证券业标准化委员会”（证标委）应当尽快成立，从而承担起组织协调、起草、修订行业技术标准，以及参与审批行业标准草案的职能，推动行业标准化进程。中国证券业协会信息技术委员会应当加大其现有职能，充分发挥行业自律组织的作用，研究行业标准化的整体结构与发展规划，组织具体技术标准的草拟工作、报批工作、推广监督工作及技术标准的日常维护与修订工作。建立行业标准化的机制与环境，既可解决归口颁布、协调、管理等“通道”问题，又可避免行政指令干预市场行为的出现，是以市场化原则发展与推动证券标准化工作的基础。

2. 行业标准的起草、制定、推广、实施程序。行业标准的起草发起应有两种不同的方式：其一，由下至上，鼓励和引导计算机厂商、信息提供厂商、证券期货公司、基金公司、交易所、登记结算公司等根据市场化的要求，形成标准的雏形，提交标准化委员会审批；其二，由上至下，由行业自律组织、行业标准化委员会依据行业整体需求，组织力量，成立相应的标准起草工作小组，根据市场的要求提出和起草具体技术标准。

行业标准草案提出后，由证标委或标准化技术归口单位负责组织对所提出的标准草案进行讨论、征求意见、修改、审批并向国家标准化委员会报审、备案、授予编号，以及批准后的推广、实施、监督、管理等工作。证券行业标准化过程是一个漫长的过程。尽管目前一些具体的技术标准由于市场的需求和业务的逼迫已市场化地完成雏形，或可能在短期内就完成其起草过程进入报审阶段，尽管已经有许多专家深入到标准化的深层开始具体问题的研究，但从整体看，我们的行业标准化进程还仅仅是开始，还需要进一步提高整个行业对标准化的认识，还需要从机制与环境的建设起步，扎扎实实，一步一个脚印，做好自己的事，走好自己的路。

16.4.2　推行证券信息化标准体系的保障体系

一、加快金融同业网的建设

相对于银行业来说，证券行业是我国资本市场上的新生事物。从控制风险、保护投资者利益的角度考虑，我国证券行业采用指定交易方式，不允许信用交易和做市商制度，而且目前尚未完全开放资本市场，证券产品较为单一，没有做空机制和证券期货期权产品，证券行业的业务流程也较为简单。因此投资者对证券、资金在国内不同证券经营机构、国内证券经营机构与其他金融机构、国内外证券市场的流动需求要求不是很高。

但随着我国加入世贸组织，证券行业将在 3 ~5 年内逐步向外资开放，证券市场的限制将逐步减少，证券金融产品将日渐丰富，不同金融机构间的信息交互量将大幅上升。如果不加快金融同业网的建设，必然导致各金融机构各自独立建立网络连接和信息交换的业务接口，这将不利于行业的标准化工作，带来巨大的社会资源的浪费、管理的混乱和风险。

比如我国证券行业在和银行业联手推出银证转账业务和存折炒股业务时，由于银行业和证券业尚未实现集中交易和全国联网，只能在各地分支机构间建立本地联接和定义接口规范，使本来十分简单的业务变成了一项巨大的工程。

目前我国金融行业已充分认识到了集中交易和直通交易给管理、风险控制和新业务推广等方面带来的好处，正积极探索和尝试集中式的管理经营模式，因此及时推出由网络平台标准和信息交换标准组成的金融同业网，对我国金融行业信息系统建设具有极大的指导意义。

除了网络基础平台外，金融同业网主要由网络平台标准和信息交换标准等证券信息化标准组成。证券信息化标准和金融同业网是相互依赖、互为保障和共同发展的。科学、合理的标准为金融同业网提供了社会公信力，保证了金融同业网的有效运行，而金融同业网为标准的实施提供了现实的基础，有力促进了证券信息化标准的实施和发展。

二、成立证券标准技术委员会

标准化是一项投入巨大的工作，比如日本为制定本国标准化发展战略，投入了 50 亿日元专项资金，从 1999 年 6 月至 2001 年 9 月，历时 2 年零 3 个月才完成。同时标准有着固有的生命周期，即必须跟随技术的发展不断修正，在信息技术等发展较快的领域，标准落后与技术的问题更为严重。比如即使在标准化大国——美国，也存在着信息安全的标准落后于技术发展的问题。因此世界各国在制定自己的标准化发展战略时，均提出政府主持，以市场为主导，以企业为主体的战略思想，由政府支持和授权，由相关领域的核心企业或组织归口负责，成立各领域的标准化专业委员会，持续地推进相关领域的标准化工作。

我国金融标准化领域的归口管理委员会是金融标准化委员会，负责金融系统标准化技术归口工作和国际标准化组织中银行与相关金融业务标准化技术委员会（ISO/TC68）的归口工作。而 ISO/TC68 负责证券和相关金融业务的标准化制定工作的分技术委员会 SC4 的归口工作由中央债券登记公司（原中国证券交易技术有限公司）承担。但随着我国证券市场向规范化发展，2001 年 3 月 30 日，中国证券登记结算公司正式成立，我国建成了全国集中统一的证券登记结算体系。证券的登记与结算是证券市场的核心环节，因此应顺应中国证券市场的发展，改由中国证券登记结算公司负责 SC4 的归口工作。

中国证券登记结算公司负责 SC4 的归口工作，能充分发挥其在证券市场中的核心地位，协调和组织证券经营机构、交易所和证券 IT 厂商，成立各领域技术委员会，参与证券标准化工作，更有利于推进我国证券标准化工作。

三、加大参与国际标准化活动的力度

证券行业标准化是我国标准化工作的新兴领域，目前尚处于研究探索阶段。为在较短时间内缩短与国际标准化大国之间的差距，一方面要立足于我国证券市场的自身特点，发展自主知识产权的标准，另一方面应积极参与国际标准化活动。参与国际标准化活动有助于提高我国在国际标准化领域的影响和地位；有助于了解国际标准化发展的最新趋势；有助于为我国标准化工作者的科研和培养提供良好的学术交流环境；有助于在国际标准的制定过程中，施加对我国证券行业有利的影响。

四、制定证券行业标准工作的管理办法

证券行业标准化工作管理办法是证券信息化标准工作的制度保证。用于明确和规范证券标准领域各有关组织的职责、权利和义务；在遵循国家标准法的基础上，明确证券标准的采标、提出草案、提请表决和发布标准的流程规则；明确证券标准应遵循的基本原则和评估、修订证券标准的程序和原则；明确证券标准科研项目管理方法、科研成果认定制度和对参与标准化项目的研究人员的奖励制度。

证券行业标准化工作管理办法有助于协调金融监管部门、信息部门和标准化部门之间工作，吸引证券经营机构和证券 IT 厂商共同参与证券信息化工作。

附　录

证券信息电子化披露系统研究

1　证券信息电子化披露系统概述

1.1　证券信息电子化披露系统的概念、构成及其运行过程

1.1.1　证券信息电子化披露系统的概念

证券信息电子化披露系统不是学术用语，而是一个实际工程的代称，因此只是一个宽泛的概念，并没有严格的定义。在美国称之为电子化数据收集、分析及检索系统（Electronic Data Gathering，Analysis，and Retrieval System，EDGARS），在加拿大称之为电子化文件分析及检索系统（System for electronic Document Analysis and Retrieval，SEDAR），而中国台湾以“电子申报系统”为其命名。虽然各国或地区对该系统的称谓不一，但其基本功能大致相同，都是以电子化方式提交、传递、接收、审核、接纳、存储和分发信息。本报告将具有上述功能的证券行业的计算机系统，统称为证券信息电子化披露系统。

1.1.2　证券信息电子化披露系统的构成

证券信息电子化披露系统与一般的管理信息系统或计算机业务处理系统在构成上并没有多大的差别，也是主要由输入端口、处理系统及输出端口三部分构成，如附录图1所示。

（1）输入端口，即系统的入档人。入档人主要分为两种类型，一种称为报告义务入档人，是指按有关法律法规规定须披露公开信息的公司及个人；另一种是入档代理人，美国和加拿大的证券信息电子化披露系统为报告义务入档人（即上述公司或个人）提供了一个可以委托他人代理其进行档案提交工作的便利，此时的受托人即为入档代理人，报告义务入档人委托代理人须支付代理费。在委托代理人的情况下，报告义务入档人的档案主要通过代理人提交，但若其认为自行提交会更有效率也可自行提交。

（2）处理系统。是证券信息电子化披露系统的核心部分，其主要功能是进行电子档案的接收、审核、接纳、存储、加工和分发工作。图1中将处理系统分成接收子系统、审核子系统、接纳子系统、存储子系统、加工子系统和分发子系统，实际上各子系统是相互融合的。如电子化数据收集、分析及

检索系统分为三个部分，即接收接纳系统、分析审核系统和信息分发系统。处理系统的一般运行过程参见下文。

(3) 输出端口，即系统的信息用户。按信息的使用是否采取有偿形式，可将系统的信息用户分为两大类：一类是免费用户，这是信息用户的主体，多为一般投资者；另一类是付费用户，占信息用户的较小比例，多为信息发布商或销售商。免费用户通常是通过访问网站获得未经加工的信息，而付费用户获得的信息多通过一定的传输协议以批量方式进行。

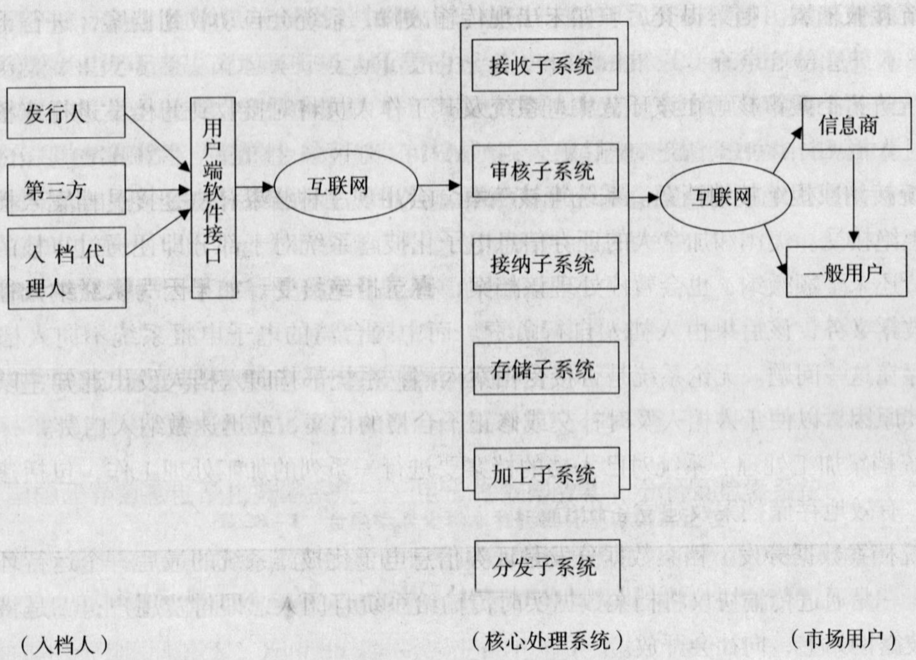

图1 证券信息电子化披露系统构成示意图

1.1.3 证券信息电子化披露系统的运行

证券信息电子化披露系统的一般工作流程如图2所示，主要包括入档人登录、入档人准备档案、入档人提交档案、系统接收档案、系统审核档案、系统接纳或拒绝接纳档案、系统加工处理档案和系统档案数据分发八个环节。

图2 证券信息电子化披露系统的一般工作流程

(1) 入档人登录。入档人可采用电话拨号或直接接入国际互联网的方式与证券信息电子化披露系统的服务器相连接，输入用户名称或用户代码以及口令并经系统审核通过后，即完成登录工作。有的时候，入档人还须通过安全认证后才能登录系统。

（2）入档人准备入档档案。通常入档人使用系统提供的统一的用户端软件准备入档档案，美国和加拿大的证券信息电子化披露系统都是如此。台湾的电子申报系统未向入档人提供统一的用户端软件，由入档人自行选择商业软件准备档案。

（3）入档人提交档案。入档人准备好入档档案后，可通过指定入档网站向系统提交。电子化数据收集、分析及检索系统允许入档人不通过指定入档网站以磁带作为载体提交档案，但要按规定的条件和程序进行。

（4）系统接收档案。档案提交后，如未出现传输故障，系统会自动收到档案，进行下一步的审核和处理工作。

（5）系统进行档案审核。在该环节中，系统及其工作人员将对接收到的档案进行审核，以决定是否将档案及时入档。

（6）系统接纳或拒绝接纳档案。系统审核档案，会出现三种结果：一是接受档案入档；二是暂停处理；三是拒绝接受。美国和加拿大的证券信息电子化披露系统对于部分即便通过审核的档案，如其应付的入档费还未全额缴纳，也会暂停处理该档案，直至拒绝接受。如果因为未缴纳入档费而使入档人违反信息披露义务，该后果由入档人自行负责。而中国台湾的电子申报系统不向入档人收取入档费，因此不存在这一问题。无论系统是否接受档案入档，系统都将向入档人发出通知，以告知档案所处的情形及其原因，以便于入档人及时补交或修正不合格的档案，或迅速缴纳入档费。

（7）系统档案加工处理。系统对已入档的档案要进行一系列的加工处理工作，包括建立数据资料的查询索引、有效地存储档案及建立备份等。

（8）系统档案数据分发。档案数据分发是证券信息电子化披露系统的最后一个运行环节。主要采取两种方式：一是通过传输协议将档案数据实时传输给系统订阅人，即付费用户；二是将档案数据放在指定信息披露网站上，向社会开放。

1.2 应用证券信息电子化披露系统对证券市场的影响

建立实施证券信息电子化披露系统，对证券市场的影响和作用是多方面的，总的来说可概括为两条，一是降低成本；二是提高效率。以下分别从四个方面作进一步具体阐述。

1.2.1 对上市公司的影响

对上市公司而言，实行电子化信息披露以后，从短期来看，由于其要购置必要的硬件设备和软件，同时还要支付入档费用和（或）入档代理费（委托了入档代理人），及进行相关人员培训等，因而会增加一定的费用支出。但从长期来看，其成本是降低的。一是实行电子化信息披露以后，由于股东或潜在投资人能够更方便地获得信息，因此将大量减少索取纸质文件的数量，上市公司的纸质文件制作及管理费用降低；二是在有关公开信息得到充分披露和传播后，上市公司的筹资成本自然会大大降低；三是以电子化方式提交档案，提高了上市公司信息披露的能力和水平，其相应的工作效率会显著提高。

1.2.2 对投资者的影响

对投资者来说，实行电子化信息披露为其增加了一条获得证券市场信息的渠道，而且这一渠道比传统渠道在许多方面效果更佳：一方面投资者获取信息更为及时，另一方面对信息的查询检索也更为快速便捷，特别是对于证券历史信息。

1.2.3 对监管机构的影响

实行电子化信息披露对监管机构的作用是显而易见的。就美国证券交易委员会实施的全球第一个证券信息电子化披露系统——电子化数据收集、分析及检索系统而言，其初衷并非为公众获取信息提供便利，而是以提供信息申报的便利性为宗旨。当证券交易委员会接受公开发行公司的申报材料后，可以将电子文档传至对其负责的内部或外部的审查人员，并可将资料传送至交易所、全国证券协会，及经由北美证券管理者公会传至各州证券主管机构。考虑到美国地域之广与资本市场之大，从申报工作量与时效来看，电子化数据收集、分析及检索系统大大减少了证券监管机构的成本。

1.2.4 对证券信息服务产业发展的影响

证券市场是一个信息化市场，市场信息的搜集、加工、整理、分析、使用对于证券市场运作、市场发展、市场监管和投资者决策均具有极为重要的意义。正因如此，以证券市场信息为开发目标的证券信息服务业也不断发展起来。但作为这样一个产业，其健康发展至少须具备两个条件：一是必须保证其所提供的信息的准确性、完整性、及时性和权威性；二是能够形成合理的市场分工，使资源得到有效配置。证券信息电子化披露系统的建立和实施恰好满足了证券信息服务业发展的两个需要。以严格立法强制实行的电子化入档，一方面保证了信息的准确性、完整性、及时性和权威性，另一方面又形成了一个基础性的数据平台，有利于该产业资源的优化配置。

2 世界主要市场证券信息电子化披露系统研究

2.1 美国的证券信息电子化披露系统——电子化数据收集、分析及检索系统

美国是世界上最早建立并实施证券信息电子化披露系统的国家。早在 1983 年美国证券交易委员会即着手证券信息电子化披露系统的研究和开发工作。1993 年初，证券交易委员会开始要求信息披露义务人志愿通过电子化信息收集、分析和检索系统进行电子化入档。1996 年美国证券交易委员会规定信息披露义务人必须进行电子化入档。证券交易委员会官方网站对电子化数据收集、分析及检索系统的介绍中明确提出，建立此系统的目的是为电子化入档人提供便利，提高美国证券交易委员会信息处理的速度和效率，使投资者、金融机构和其他人士能够及时获得市场信息，并且指出，信息传播的电子化，促进了投资者的更广泛参与，也推动了证券市场的进一步发展。

2.1.1 电子化数据收集、分析及检索系统的发展沿革

1. 1984～1993 年：志愿期。美国证券交易委员会开发证券信息电子化披露系统的工作始于 1984 年。当年秋季，第一代试行系统对那些须向证券交易委员会公司财务部和投资管理部提交档案的志愿者开放。1992 年 7 月 15 日，可实际操作的新系统开发出来，供上述用户使用，但仍然是基于自愿的基础。1993 年 2 月 23 日，证券交易委员会发布四个暂行条例，要求信息披露义务人以电子化方式通过直接传输、磁盘或磁带，提交绝大部分须向公司财务部和投资管理部披露的档案。暂行条例中还包括一个过渡时间表，让信息披露义务人逐渐转向使用电子化数据收集、分析及检索系统，这一过程从 1993 年 4 月 26 日开始，直至 1996 年 5 月 6 日结束。①

2. 1993～1996 年：过渡期。1993 年 12 月，参与过渡期计划的入档人已超过了法定必需的测试人数，美国证券交易委员会决定从 1994 年 1 月 1 日至 6 月 30 日对电子化数据收集、分析及检索系统进行六个月的评估，在此期间不再接受新入档人的过渡期使用申请。由于来自各方面包括证券交易委员会内部、入档人和公众代表的信息表明电子化数据收集、分析及检索系统运行良好，工作人员建议证

① 详见美国证券交易委员会公告："Edgar Phace - in Complete on May 6，1996"，www. sec. ogv/info/edgar/ednews. 34 - 36997. htm。

券交易委员会全面推进电子化入档工作。证券交易委员会于1994年12月19日发布证券交易法第7122号执行公告，使暂行条例成为正式条例，并规定其适用于所有国内注册人及与之相关的第三方入档人。

3. 1996年~目前：正式强制实行期。

第一阶段，1996年—1998年7月1日。1998年6月30日，美国证券交易委员会与TRW公司签订为期三年的升级合约，决定进行电子化数据收集、分析及检索系统升级，合约从1998年7月1日起生效。以此为标志，电子化数据收集、分析及检索系统进入了一个新的发展阶段。按照美国证券交易委员会官方文件①的说法，电子化数据收集、分析及检索系统升级具有如下好处：一是使该系统所接纳和分发的入档档案具有与印刷文件同样的可视形式；二是更有力地支持商业产品开发以降低系统维护费用；三是降低信息用户的订阅费用；四是增强证券交易委员会对入档档案的自动审查功能；五是使得该系统能够并入证券交易委员会的信息系统体系之中，成为其中一个组成部分。

第二阶段，1998年7月1日—目前。这一阶段以电子化数据收集、分析及检索系统的升级为主要内容。以下列出的是该系统升级过程中的一些重大事件。

1998年12月，电子化数据收集、分析及检索系统更换信息分发业务的合约人。在此之前，信息分发业务由CompuServe公共数据网络公司负责，从1998年12月起，改由TRW/UUNET公司负责。

从1999年5月底开始，超文本链接标示语言（HTML）文件可以进入电子化数据收集、分析及检索系统。该系统完成部分升级功能支持超文本链接标示语言文件的接纳与确认。

1999年8月，电子化数据收集、分析及检索系统通过2000年问题测试。在1999年夏季，证券交易委员会设置了两个周末让入档人进行各自的2000年问题测试。

从2000年3月30日起，电子化数据收集、分析及检索系统开始出现以下新特征：可以在超文本链接标示语言文件中包括图片和图像；可以在超文本链接标示语言文件中使用超级链接，包括在同一个电子提交案的文件之间相互提供，也可以链接美国证券交易委员会网站（www. sec. gov）上已有的文件；使用互联网作为向电子化数据收集、分析及检索系统提交文件的新手段。同年4月24日证券交易委员会发布第S. 33-7855、34-42712、35-27172、39-2384、IC-24400号公告，对现行的与下阶段电子化数据收集、分析及检索系统升级有关的规则和表格进行修订。同时要求入档人对应于2001年1月1日后提交的文件，无须再提交财务数据时间表作为附件，此外还规定截至2000年7月10日，证券交易委员会不再接受入档人以磁盘方式向电子化数据收集、分析及检索系统提交的入档文件。

2.1.2 规范电子化数据收集、分析及检索系统的主要立法

电子化数据收集、分析及检索系统是美国证券交易委员会在严格立法的基础上建立的证券信息电子化披露系统，严格立法是该系统得以建立并成功实施的一个重要保障。对电子化数据收集、分析及检索系统的立法主要包括三个部分：条例S-T、证券交易委员会发布的有关公告、电子化数据收集、分析及检索系统入档人手册。

1. 条例S-T。这是美国证券信息电子化披露系统建立实施的基石。该条例规定入档人要以电子化方式提交文件，并对其工作过程做了具体规定，取代了一些在证券交易委员会规则和格式规定中的具体要求，如对纸张尺寸大小和副本数量的规定。同时该条例还对有关规章和格式规则做了必要的修订，以便为入档人遵守电子化入档特别规定提供参考依据。但并不是所有的个人或公司都须通过电子化数据收集、分析及检索系统提交档案，即便是必须以电子化方式提交档案的入档人，在某些情况下

① 参见 http：//www. sec. gov/info/edgar/ednews/modernize. htm。

也可申请豁免提交纸质文件；对于某些文件，入档人则必须以纸质方式提交。整个条例分总则、电子化入档要求、困难豁免、电子化提交档案的准备、电子化数据收集、分析及检索系统功能及外国私人发行人和外国政府六个部分。“总则”部分规定了该条例的适用范围、有关术语的定义、美国证券交易委员会办公时间、文件入档日期的确定及其调整办法、入档费用的缴纳方式等内容；“电子入档要求”部分主要内容包括：必须以电子化方式入档的个人与单位、必须以电子化方式提交的档案类型及其例外、对文件附件入档的要求、通过电子化数据收集、分析及检索系统入档文件中出现的传输错误及省略责任，包括在电子档案中的非正式 PDF 副本、超文本链接标示语言文件及超文本链接的使用限制等；“困难豁免”部分规定了入档人申请临时困难豁免和持续困难豁免的条件、方式、程序及其他相关内容；“电子入档文件的准备”部分内容包括：电子化数据收集、分析及检索系统入档人手册，电子化文件及有关纸质文件的签名，作为参考而并入的文件、图片、图像、音响及音像资料的处理办法，文件的排版要求，入档文件的修改办法，有关纸质文件应适用的表格封面要求，外语文件的处理办法等；“电子化数据收集、分析及检索系统功能”部分规定了入档人采用档案模块或文件片断方式组装并提交档案的方式和要求；“外国私人证券发行及外国政府”部分，对外国私人证券发行人及外国政府如何适用该条例做了规定。①

2. 有关公告。以下是美国证券交易委员会有关公告的发布时间及内容概要。

（1）1993 年 2 月 23 日，发布第 33－6977 号执行公告。该公告概括介绍电子化数据收集、分析及检索系统，规定了适用于须向公司财务部（有时为投资管理部）提交的档案的电子化入档规则和工作程序。

（2）1993 年 2 月 23 日，发布第 IC－19284 号执行公告。该公告对依 1940 年《投资公司法》设立的投资公司及受证券交易法第 13 章（f）款约束的机构投资经理，实行电子化入档做了特别规定。

（3）1993 年 2 月 23 日，发布第 35－25746 号执行公告。该公告对依 1935 年公共事业控股公司法设立的公共事业控股公司及其分支机构，实行电子化入档做了特别规定。

（4）1993 年 2 月 23 日，发布第 33－6980 号执行公告。该公告根据美国证券交易委员会《非正式程序及其他》中 3a 规则的规定，要求纸质文件入档人和电子化入档人，均须将入档费付至证券交易委员会在 Mellon 银行开设的保管箱账户。

（5）1994 年 11 月 19 日，发布第 33－7122 号公告。该公告使电子化数据收集、分析及检索系统暂行规则成为正式规则，规定其适用于所有国内注册人及其第三方，同时规定过渡期重新从 1995 年 1 月 30 日算起并按修订后的过渡时间表进行，此外还根据证券交易委员会工作人员自 1993 年实行电子化入档工作以来的有关工作经验，对电子化入档规则做了一些细小的修正。

（6）1997 年 7 月 1 日，发布第 33－7427 号公告。该公告对有关电子化入档的规则做了一个细小的技术方面的修正，包括取消适用于过渡期的一些有关规则。

（7）1997 年 10 月 24 日，发布第 33－7472 号公告。通过了条例 S－T 的第 14 款，规定在入档人未获得困难豁免的情况下，证券交易委员会不再接受其纸质文件入档。

（8）1999 年 1 月 12 日，发布第 34－40934 号公告。该公告要求入档人以电子化方式提交 13F 表格，除非获得困难豁免。

（9）1999 年 4 月 15 日，发布第 IC－23786 号公告。该公告要求入档人以电子化方式提交依投资银行法规定的 N－8F 表格和撤回注册的申请书。

---

① 规定的具体内容请参见附录一：美国证券交易委员会条例 S－T。

（10）1999 年 5 月 17 日，发布第 33 - 7684 号公告。该公告通过了一系列与电子化数据收集、分析及检索系统第一阶段升级有关的新规则和对现行规则的若干修正案，根据该公告，自 1999 年 6 月 28 日起，美国证券交易委员会开始实时接受超文本链接标示语言文件，入档人可选择提交非正式的 PDF 文件作为附件。

（11）2000 年 4 月 23 日，发布第 33 - 7855 号公告。该公告通过了一系列与电子化数据收集、分析及检索系统下一阶段升级有关的新规则和对现行规则的若干修正案。根据该公告，美国证券交易委员会于 2000 年 5 月 30 日起接受含有图片和图像以及超文本链接标示语言文件，选择使用此种格式的入档人可在提交的档案中提供超级链接，链接的对象可以是同一档案内的其他文件，也可以是美国证券交易委员会网站（www. sec. gov）内已存储的正式档案。同时自该日起，电子化数据收集、分析及检索系统开始通过互联网接受入档档案。该公告还规定自 2001 年 1 月 1 日起，入档人无须再以电子化方式提交财务数据时间表文件。此外，规定自 2000 年 7 月 10 起，电子化数据收集、分析及检索系统不再接受磁盘文件入档。

（12）2001 年 4 月 20 日，决定自该日起停止使用 Legacy EDGAR 系统，入档人提交档案改为全部使用电子化数据收集、分析及检索系统的升级系统（Modernized EDGAR）。

3. 电子化数据收集、分析及检索系统入档人手册。

入档人必须按照证券交易委员会发布的电子化数据收集、分析及检索系统入档人手册中规定的有关电子入档技术要求准备电子化档案。自 1997 年以来，电子化数据收集、分析及检索系统入档人手册已改版 8 次，① 每一次改版都为该系统增加了新功能，或者是为了便利入档人，或者是为了便利信息使用者，目前为 7. 50 版。电子化数据收集、分析及检索系统入档人手册 7. 5 版分为三个部分：第一部分讨论的是遗留电子化数据收集、分析及检索系统，目前入档人已不能通过遗留电子化数据收集、分析及检索系统提交文件；第二部分为 N - SAR 应用，适用于应向美国证券交易委员会投资管理部提交文件的部分投资管理公司；第三部分为电子化数据收集、分析及检索系统入档人手册的主体，即升级 EDGARLink（Modernized EDGARLink），共分九章，还包括九个附录，是规范入档人使用电子化数据收集、分析及检索系统进行电子化入档的基本标准、程序和指南。

第一章为“入档人手册及电子化数据收集、分析及检索系统简介”，概述了电子化数据收集、分析及检索系统手册的组成，并对该手册的基本内容及常见问题做了简要介绍；第二章为“证书”，规定了互联网数字安全证书的申请、批准、安装及使用方法；第三章为“使用升级 EDGARLink 启动”，主要规定了入档人如何进入电子化数据收集、分析及检索系统，包括登录、下载安装用户端软件、系统的主要功能等；第四章为“电子化数据收集、分析及检索系统入档文件的准备”，共包括四个部分，分别介绍了文件的生成办法、文件内标识的使用、对某些文件的特别处理方法及电子化文件的签名；第五章为“电子化数据收集、分析及检索系统入档档案的准备及提交”，规定了如何使用 EDGARLink 升级软件准备入档档案并通过指定入档网站提交档案的具体方法和程序；第六部分为“EDGARLink 升级软件的其他特征”，介绍了入档人如何通过指定网站获得档案及公司信息、进行有关档案情况的查询、检索模块段落信息及接收系统返回文件等；第七部分为“不用 EDGARLink 升级软件准备档案”，介绍了在入档人不使用 EDGARLink 升级软件情况下，制作档案的方法；第八部分为“磁带库档案提交”，规定了以磁带作为档案传输载体而制作和提交档案的方法；第九部分为“在电子化档案中附入

---

① 1997 年 3 月 10 日，电子化数据收集、分析及检索系统推出 5. 20 版；同年 8 月 25 日，推出 5. 30 版；1998 年 1 月 24 日，推出 5. 40 版；同年 6 月 23 日，推出 5. 50 版；1999 年 1 月 1 日，推出 6. 1 版；2000 年 1 月 24 日，推出 6. 75 版；同年 5 月 30 日，推出 7. 0 版；2001 年 2 月，推出 7. 5 版。

超文本链接标示语言文件的指令"，规定了入档人以超文本链接标示语言格式准备电子化数据收集、分析及检索系统所能接受的档案的具体方法和程序。

手册附录A为"电子化入档中所接受的档案类型"，规定了各项证券交易委员会规则或表格要求提交的文件所适用的电子化数据收集、分析及检索系统档案类型；附录B为"电子化数据收集、分析及检索系统档案模板"，包含了档案模板的列表及适用于各个模板的档案类型；附录C为"部分电子化数据收集、分析及检索系统数据项的可按受表现值"，电子化数据收集、分析及检索系统对某些数据项规定了特别的表现值，该附录列示了对于某些特定的表格数据所必须的表现值；附录D为"电子化数据收集、分析及检索系统报告的信息"，该附录列示了入档人能够从电子化数据收集、分析及检索系统获得的档案接受、暂停处理、电子化数据收集、分析及检索系统出错信息；附录E为"电子化费用支付办法"，规定了入档人如何使用FEDWIRE支付费用；附录F为"电子化入档所需的纸质表格"，具体规定了四种表格，即表格ID、SE、ET和TH的使用方法；附录G为"常用术语、缩写和简写的词汇表"；附录H为"对于表格13F电子化入档的特别规定"；附录I为"在电子化档案中附入非正式的PDF文件的指令"，规定了入档人制作和向入档档案附入PDF文件的具体方法和程序；附录J为"制作财务数据计划表（FDS）附件的指令"，主要规定了如何利用EDGARLink升级软件中的制作财务计划表模板制作财务数据计划表，同时还介绍了美国证券交易委员会公司财务部和投资管理部对入档人通过电子化数据收集、分析及检索系统提交财务数据计划表的要求。

除上述所提到的条例、公告及电子化数据收集、分析及检索系统入档人手册外，美国证券交易法对电子化数据收集、分析及检索系统的建立及管理也做出了一些明确规定，如该系统的最早法源依据便是1934年《证券交易法》第三十五条（b），该项现已删除，另现存的第三十五条（a）对电子化数据收集、分析及检索系统的各项建制要求做了若干规定，如预算分配和国会监督等。美国1996年的《全国证券市场促进法》在其107款中，对该系统的私营化问题做了明确规定。

2.1.3 电子化数据收集、分析及检索系统的主要功能

概括起来，可将电子化数据收集、分析及检索系统的主要功能分为三个方面：该系统指定入档网站的功能、软件的功能和数据的分发功能。

1. 电子化数据收集、分析及检索系统指定入档网站的主要功能

自2000年4月起，美国证券交易委员会开始通过互联网接受档案入档。证券交易委员会指定的入档网站为www. edgarfiling. sec. gov。该网站为入档人提交档案及进行有关入档工作的管理提供了极大便利，具体表现在以下几个方面：

（1）入档人登录。入档人在进入指定网站进行有关操作前，必须以纸质形式向证券交易委员会提交表格ID申请使用代码，包括CIK、CCC、PW、PMAC和安全证书申请号。CIK（Central Index Key）用于识别提交档案的入档人，每个入档人只有一个CIK，且不能更改。CCC（CIK Confirmation Code）与CIK同时使用，用于确认所提交档案的归属人。由于电子化数据收集、分析及检索系统有多种入档人，可能是注册人、非注册人或入档代理人，提交档案的入档人并不一定为注册人，因此必须输入CCC代码用于识别档案的归属人。PW（Password）为口令，要求与CIK同时输入，以确保系统接受正确的入档人。PMAC（Password Modification Authorization Code）为口令修改授权号，用于入档人修改口令。安全证书申请号是证券交易委员会提供给入档人的，允许其向Verisign公司申请网络安全证书的代码。[①] 在获得上述代码后，入档人可通过直接接入互联网或通过电话拨号的方式连接到指定网站上，

① 证券交易委员会并不强制要求入档人使用网络安全证书，但一旦入档人使用该证书后，就必须持续使用。

之后便可在登录页面上输入 CIK 和口令进入系统。

（2）下载用户软件。入档人在成功登录网站后，可以从网站中下载 EDGARLink 升级软件和有关档案所适用的模板，用以做入档文件和档案的编辑准备工作。

（3）提交档案。电子化数据收集、分析及检索系统为入档人提供两种档案提交方式：一种是通过互联网络直接提交，这是最主要的方式；另一种是以磁带库文件形式提交。① 入档人在准备好入档档案后，可登录指定网站，利用网站提供的档案提交功能，通过互联网直接提交档案。

（4）进行在线查询。包括档案查询、模块段落查询、公司查询、返回文件查询。通过档案查询，入档人可以了解所提交档案目前所处的状况，是已收到还是未收到、是被接受还是被暂停处理；通过模块段落查询，入档人可以了解到其所提交的模块或段落的信息，还可以删除某一模块；通过公司查询，入档人可以了解公司的有关信息；通过返回文件查询，入档人可以了解由电子化数据收集、分析及检索系统返回给予入档人的档案信息，以便作后续处理。

（5）更新公司信息。入档人在登录网站后，可以对公司的有关信息进行修改。

（6）更改 CCC 或口令。入档人在登录指定网站后，可直接修改 CCC 和口令，但修改口令必须使用口令修改授权号。

（7）提供证券交易委员会规则链接。电子化数据收集、分析及检索系统指定入档网站中提供了对证券交易委员会规则的链接，双击该栏目，可直接进入证券交易委员会网站中有关证券交易委员会规则的网页。

（8）费用管理。电子化数据收集、分析及检索系统指定入档网站中提供了一个费用管理栏目，入档人可通过它了解入档费用的种类、数量、有关费用表和费率。

（9）查找公司信息。电子化数据收集、分析及检索系统为入档人网站提供了一个与网站 www. trw - edgar. com 的链接，通过该网站可以检索到入档人公司的信息。

2. 电子化数据收集、分析及检索系统软件的主要功能

电子化数据收集、分析及检索系统软件主要是指供入档人进行档案编辑准备工作的 EDGARLink 升级软件。该软件的主要功能包括五个方面：一是准备入档档案；二是使用 XFDL 语言对入档档案信息进行格式化；三是检查入档档案及入档文件中的格式错误；四是对入档人修改入档档案中的错误提供技术支持；五是自动对入档档案进行压缩处理，以节约档案存储空间和传输时间。

入档人可通过如下步骤准备入档档案：②

（1）准备入档文件。③ 在入档人准备入档文件之前，必须在电子化数据收集、分析及检索系统指定入档网站中下载 EDGARLink 升级软件和有关的模板，④ 通过其进行编辑准备工作，如前文所述。⑤ 电子化数据收集、分析及检索系统入档人手册第五章专门规定了入档文件的准备方法和程序，包括文件标题信息、标识符、标识符表现值、数据项及其表现值、文件内表格的处理、数字签名、超文本链

---

① 电子化数据收集、分析及检索系统入档人手册中规定，入档人可提交磁带文件，磁带的规格为 4mm 20 - 40GB、8mm 7 - 14BG 或 3480、3490 或 3490E Cartridges，可接受的格式为 IBM 格式、UNLX TAR 或其他规定的格式，另外，证券交易委员会不接受 9 磁道磁带。

② 在入档人提交档案之前的所有档案准备工作，都可以在线下进行，EDGARLink 升级软件提供了该项功能。

③ 目前，EDGARLink 升级软件尚不支持应由部分投资管理公司提交的 N - SAR 文件的准备工作，入档人仍需使用 N - SAR DOS 版本来生成 N - SAR 文件。

④ 电子化数据收集、分析及检索系统入档人手册中对安装和使用 EDGARLink 升级软件规定了具体的硬件和软件配置标准。

⑤ 电子化数据收集、分析及检索系统还向入档人提供了另一种无须使用 EDGARLink 升级软件制作文件的方法，详见电子化数据收集、分析及检索系统入档人手册第七章“不用 EDGARLink 升级软件准备档案”。

接标示语言文件和非正式的 PDF 文件的制作方法等。值得提出的是，电子化数据收集、分析及检索系统为入档人准备和提交档案提供了两种便利方法，即档案模块提交和段落提交，入档人可通过这两种方式节约档案准备工作时间，提高效率。[①]

（2）存储入档文件。入档文件准备好之后，入档人要以合适的文件名将之存储起来。电子化数据收集、分析及检索系统入档人手册中规定了入档文件的命名规则，即入档文件要根据其格式以下列字符作为扩展名，包括 htm、txt、pdf、fil、jpg、gif、frm、xtd。如以 txt 作扩展名表示该文件以 ASCII 格式存储，以 htm 和 pdf 作扩展名，分别表示文件为超文本链接标示语言文件和非正式的 PDF 副本文件。

（3）生成入档档案。入档文件存储后，入档人可利用 EDGARLink 升级软件中的模板功能，自动生成有关档案信息。

（4）复核入档文件。档案信息生成后，入档人可选择 EDGARLink 升级软件中模板功能的文件附入功能，将入档文件附入入档档案中，并进行复核。

（5）检查档案错误。EDGARLink 升级软件提供校验功能，可以对档案进行错误检查。

（6）修正档案错误。经错误检查后，EDGARLink 升级软件会将档案中出现的错误一一列示出来供入档人改正。

3. 电子化数据收集、分析及检索系统的数据分发功能

电子化数据收集、分析及检索系统对外提供多种数据分发及检索方式。一是由电子化数据收集、分析及检索系统数据分发系统采取有偿收费方式对外出售数据。根据电子化数据收集、分析及检索系统 2000 年 12 月 13 日发布的新闻[②]，目前该数据分发系统共有 12 个用户，每个用户的月费为 6 640.5 美元。TRW 公司提供一次全额支付、按月付费和按季付费三种付费方式供用户选择使用，用户须与 TRW 公司签订协议，在此基础上，系统向用户实时传输电子化数据收集、分析及检索系统所接收的全部公开档案。二是由投资者或其他人士直接访问美国证券交易委员会的官方网站 www. sec. gov，其中设立了一个 Filings and Forms 栏目，用户可从中获取公开档案，但该网站上的公开档案在档案入档日期后的 24 小时后才能被浏览检索。三是投资者或其他人士访问电子化数据收集、分析及检索系统分发系统用户的网站，如 www. edgar - online. com，来获取公开档案信息，也可向其以付费方式定制信息。

2.1.4 电子化数据收集、分析及检索系统的管理模式

概括来说，可用下列表达式来表示电子化数据收集、分析及检索系统的管理模式：即“证券交易委员会主管 + 外包工程 + 私有化”。所谓证券交易委员会主管是指电子化数据收集、分析及检索系统由美国证券交易委员会建立并负责管理，具体表现在该系统的主要立法规范均由证券交易委员会做出并监管执行，系统的规划设计由其进行，建设的主要费用由其承担，通过系统入档的档案由其审核，对入档人的日常管理也由其负责；所谓外包工程是指电子化数据收集、分析及检索系统的具体开发和日常维护工作由证券交易委员会对外招标专业公司进行，在系统的开发过程中，其仅负责规划和设计工作；所谓私有化是指电子化数据收集、分析及检索系统的一部分由外部公司进行开发、维护，开发、维护费用由外部公司承担，外部公司通过出售系统数据弥补其投资和日常运营[③]。电子化数据收

① 详见电子化数据收集、分析及检索系统入档人手册第五章“准备 EDGAR 文件”，1.14 ~ 1.15。

② 详见电子化数据收集、分析及检索系统 News：New EDGAR Dissemination System：Contact Information Update，December 2000，www. ssec. gov/info/edgar/ednews/dissemin. htm。

③ 《美国证券交易法》第 35 章之一“对 EDGAR 系统的要求”（d）规定，证监会的规则或规章应规定承包商要求传播的电子化数据收集、分析及检索系统中的任何信息，只能依据证监会规定的统一收费表，以由承包商出售或传播；购买者可直接与电子化数据收集、分析及检索系统联系而获得；应根据相同的条件平等地为所有的个人得到；及可以由合法地得到上述信息的个人、不受限制和不支付另外费用或使用费的任何个人使用、转售或再传播。

集、分析及检索系统共分三部分，分别是数据收集系统、数据分析审核系统和数据分发系统。前两部分的建设资金都来自政府拨款，私有化部分指的是电子化数据收集、分析及检索系统的第三部分，即数据分发系统，该系统的开发维护资金由系统的合约人提供。美国证券交易委员会1997年9月向美国国会提交的一份报告中指出，早在电子化数据收集、分析及检索系统的设计和开发之初，便已开始了有关将该系统部分或全部私有化的讨论，但由于美国1934年《证券交易法》第35章A节对建设该系统的私有资金做了限制性规定，因而只有数据分发系统实现了私有化。1995年中期，由于证券交易委员会计划提高新的电子化数据收集、分析及检索系统开发合约的竞争价值，国会表示可以增加该系统私有化的比例，美国1996年《全国证券市场促进私有化》第107款对该问题做了下面的规定：

第一，审查。证监会应审查将电子化数据收集、分析及检索系统私有化的提议。审查应有利于促进公开信息自动、快速收集和分发工作的竞争。审查应包括维持社会公众自由使用电子化数据收集、分析及检索系统数据档案的提议。

第二，报告。在本条款生效后的不超过180天内，证券交易委员会应向国会提交一份依（a）款规定而进行的审查情况的报告。报告应包括证券交易委员会对其执行提议而提出必要的立法建议，这里的提议是指证券交易委员会为最有效地实现（a）款中所提目标而决定采纳的提议。①

2.1.5 电子化数据收集、分析及检索系统所取得的主要成就

毋庸置疑，电子化数据收集、分析及检索系统自建立实施以来取得了较大的成功，② 已为其他一些国家和地区所争先效仿。其成就主要表现在以下几个方面：

1. 电子化数据收集、分析及检索系统已在很大程度上代替了传统的公开信息书面工作，成为美国证券交易委员会日常工作的重要组成部分，特别是已成为证券交易委员会公司财务部和投资管理部工作的核心，极大地减少了其工作人员的工作量，提高了工作效率。据统计，仅自1993年4月到1997年9月，电子化数据收集、分析及检索系统已成功接收和接纳了130万个文件、49万个档案，入档人超过2.8万，如果加上测试档案，那么入档文件数将达230万之多。证券交易委员会工作人员通过电子化数据收集、分析及检索系统能得到的数据达530亿字节。

2. 电子化数据收集、分析及检索系统设计合理，运转良好，超出了开发合约要求。到1997年2月，能够进行电子化入档的入档人比例已达99.9%。此外，该系统使用方便，据统计，入档人首次通过电子化数据收集、分析及检索系统入档后持续使用该系统的比例超过95%。1997年3月21日，该系统新建了备份中心，增强了系统防范意外事件的能力。

3. 电子化数据收集、分析及检索系统数据资料库已成为美国最主要的、最权威的证券数据库。典型的如电子化数据收集、分析及检索系统数据检索的官方网站 www. sec. gov 自1995年建立以来，访问量持续增加，曾有过单日资料下载量达170亿字节的记录（1997年3月）。其数据分发系统的用户也通过各种方式加工处理电子化数据收集、分析及检索系统数据资料供社会各界广泛使用。正因如此，美国证券交易委员会公共事务部主任海尼在接受有关人士访问时说，“电子化数据收集、分析及检索系统已经成为美国证券市场信息披露的一个有效渠道，它丰富了信息披露手段，并使它变得更立体化了。”③

---

① 受资料限制，有关电子化数据收集、分析及检索系统私有化的最近情况目前尚不甚清楚。

② 美国证券交易委员会在1997年提交给美国国会的一份报告中说，“电子化数据收集、分析及检索系统被一致认为是美国政府承担建设的最成功的技术创新工程”，具体参见“Privatizaton of EDGAR - Report to the Congress on Section 017 if the National Securities Markets Improvement Act of 1996 ”，www. sec. gov. /news/studies/edgpriv. htm 第5~6页。

③ 参见施光耀：《EDGAR网站——访美见闻之二》，载《中国证券报》，2001-6-28。

2.1.6 电子化数据收集、分析及检索系统实施的主要经验

总结电子化数据收集、分析及检索系统的建立和实施经验，我们认为主要有以下几个方面：

1. 以严格立法提供保障。如前文所述，对电子化数据收集、分析及检索系统，美国证券交易委员会制定了一系列条例、公告、规章、手册等规范，同时美国的部分法律中也对该系统的有关管理做了立法规定。严格的立法使得该系统的建立和实施有了充分的法律依据，也使其公开数据资料库的及时性、数据的准确性、完整性和权威性得到了保证。①

2. 灵活管理。电子化数据收集、分析及检索系统得以成功实施，是与美国证券交易委员会对它的灵活管理分不开的。主要体现在以下几个方面：一是提供过渡期。该系统最早是提供给入档人志愿使用的，之后，证券交易委员会在强制所有入档人以电子化入档时为其提供了过渡时间表，保证了电子化入档工作的顺利进行，此外提供过渡期这一理念还体现在电子化数据收集、分析及检索系统软件版本的更新过程中。通常其在更新软件版本时都会给入档人一段时间适应调整，这对入档人顺利进行入档是十分有利的。二是电子化方式与纸质形式相结合。美国证券交易委员会在强制实行电子化入档中，并没有完全取代纸质文件提交方式，其原因之一是考虑部分机密文件的安全需要，另一方面也是考虑到上网并未为所有社会公众所习惯，同时上网并非所有投资者都能办到。三是随环境的变化不断修订规则。自电子化数据收集、分析及检索系统建立以来，其规则已做了多次修订，这些修订或者是为了适应入档人的需求，或者是为提高系统效率、降低入档人成本，或者为方便公众使用，或者为充分运用新技术。最突出的一次就是2000年4月24日美国证券交易委员会发布有关公告，使得互联网成为入档人提交档案的新手段。四是充分利用社会资源。证券交易委员会建立实施电子化数据收集、分析及检索系统的所有工作并不是由其自身独自承担的，而是广泛借助了社会资源，甚至将系统的一部分进行私有化。五是注重为入档人和投资者服务。美国证券交易委员会及其电子化数据收集、分析及检索系统建设合约人在为入档人和投资者服务方面做了许多细微的工作，包括开设热线电话、建立网上帮助和常见问题回答栏目等，尤为引人注意的是，证券交易委员会在制定或修订有关规则时，十分重视入档人和有关方面代表的意见，同时进行成本费用分析，较好地体现了其为入档人和投资者服务的理念。

3. 政府支持。美国政府对电子化数据收集、分析及检索系统的建设是十分支持的，主要表现为两点：一是立法支持；二是资金支持。从前者来看，对于一个计算机业务处理系统，美国有两部证券业的基本法律对其有关管理进行立法规定，不能说对其不重视，而是相当重视；从后者来看，1998年6月30日，美国证券交易委员会与TRW公司签订了为期三年的电子化数据收集、分析及检索系统升级合约，估计系统升级的三年总费用约为2 240万美元，到2001年6月估计包括系统升级以及日常维护费用总开支将达4 900万美元。此外，在三年合约期满以后，证券交易委员会计划与TRW公司再续签新的合约，合约期可能为五年，在五年期满以后，八年的总费用将达1亿美元。如此大额建设资金都是由政府拨款，说明了美国政府对电子化数据收集、分析及检索系统的重视程度。

4. 以充足的人力资源作后盾。美国证券交易委员会为了电子化数据收集、分析及检索系统的建立和实施，在社会上广招人才，向其输送了大量计算机技术人员、财务会计和信息编辑等各类专业人士。目前，在电子化数据收集、分析及检索系统专门提供技术支持的就有40～50位工程技术人员，专门从事上市公司信息接收、分类、审查、分析、存档入库和上网分发的达300多人。这也是成功的

---

① 美国证券交易委员会对入档人需提交的各种类型的信息披露材料均规定了标准化的报表格式，这对于规范入档人信息披露材料的形式和内容，方便电子化数据收集、分析及检索系统加工处理档案及其档案数据库的标准化都发挥了重要作用。

一个重要原因。[①]

5. 技术进步。应该指出的是，技术进步特别是互联网技术的迅速发展和广泛使用，为电子化数据收集、分析及检索系统的升级和完善提供了重要的技术基础及有利的社会环境。这是其成功的一个重要外部因素。

2.2 加拿大的证券信息电子化披露系统——电子化文件分析及检索系统

加拿大各省的证券主管机构借鉴美国的做法，联合建立了一个类似电子化数据收集、分析及检索系统的证券信息电子化披露系统，即电子化文件分析及检索系统。该系统自1997年1月1日开始启动，加拿大联邦政府为此颁布了一个全国性文件（National Instrument）第13-101号，规定了电子化信息披露的要件与程序，要求各省的证券管理部门执行。关于该系统建立的初衷，其网站上的有关文件做了说明和解释，即电子化文件分析及检索系统为证券市场提供一个创造性的连接方式，实现以电子化方式提交档案和缴纳入档费，节约时间和金钱，系统也为信息使用者提供及时、高效获得信息的途径，同时在发行人、入档人和证券监管机构之间搭建一个重要的联系信道。

2.2.1 规范电子化文件分析及检索系统的立法依据

规范电子化文件分析及检索系统实施的法律规章主要有两项：一是前面提及的电子化文件分析及检索系统全国文件，二是电子化文件分析及检索系统入档手册。

1. 全国文件。电子化文件分析及检索系统全国文件第13-101号是经加拿大证券监管局通过的规范电子化入档工作的一般规定，适用于加拿大所有司法地区。[②] 自1999年9月7日电子化文件分析及检索系统6.0版出来后，该全国文件已做了一定的修订，目前共包括七个部分和一个附录。第一部分为“定义及释义”，主要是对文件中所涉及的术语及有关内容进行定义和解释；第二部分为“电子化入档要求”，其规定的主要内容包括：以电子化方式入档的入档人范围、以电子化方式入档的文件类型、必须以纸质形式提交的文件、进行电子化入档的方式、入档业务用户、电子化传输时间、入档日期及入档费支付办法；第三部分为“电子化入档豁免”，主要是对入档人申请临时困难豁免和持续困难豁免的条件、方式和审批程序进行规定，同时规定对于在1997年1月1日前准备、发行、出版或分发的有关文件应以纸质形式提交；第四部分为“电子化文件的准备与传输”，该部分确定电子化文件分析及检索系统入档人手册是入档人向加拿大证券监管当局进行电子入档的标准、程序和指南，同时对文件的封面信息、文件的签名办法、文件并入作为参考的条件与方式、入档文件中图片与照片的处理办法、电子档案的正式副本、证券监管当局对电子档案的处理办法及入档文件的有关排版要求等做了规定；第五部分为“入档人概况”，主要对入档人概况信息的入档办法及入档人概况信息的法律责任做了规定；第六部分为“共同入档”，规定对于应由电子化入档人和非电子化入档人共同提交的档案，电子化入档人应以电子化方式提交；第七部分为“豁免”，规定加拿大监管机构或证券监管当局可以在入档人符合有关豁免条件的情形下，批准入档人的豁免要求；该文件的附录具体列示了必须以电子化方式提交的档案的类型及其所适用的司法地区。

2. 电子化文件分析及检索系统入档人手册[③]。该手册由加拿大证券监管局制定，是入档人准备及提交电子化档案的具体标准、程序和指引，已作为参考并入电子化文件分析及检索系统全国文件中，

---

① 参见施光耀：《EDGAR网站——访美见闻之二》，载《中国证券报》，2001年6月28日。

② 存在的例外是，加拿大某些司法地区对该文件做了部分修订，处于该司法地区的入档人及与该司法地区有关的电子化入档工作须遵循适用于该司法地区的已做修订的全国文件。

③ 该手册可从www.sedar.com网站上下载，其目录见本报告附录三。

对所有电子化入档人具有法定约束力。该手册于 1996 年 12 月 1 日推出第 1 版即 2.0 版（Version 2.0），目前适用的为第二版即 6.0 版（Version 6.0）版。入档人手册第二版除前言外共分十一部分，包括：手册概述、电子化入档系统概况、入档人、入档服务用户、入档费及电子化文件分析及检索系统入档服务收费、电子入档文件的准备、电子档案的组装及传输、对某些电子档案的特别要求、档案传输后的管理及应用电子化文件分析及检索系统传送函件，以及附录[①]。其中：前言部分介绍了建立电子化文件分析及检索系统的宗旨及其适用对象，提出入档人在参考该手册时同时要结合电子化文件分析及检索系统全国文件、地区执行文件、各个地区的证券法律和证券规章、市场中心入档要求、电子化文件分析及检索系统安装指南、电子化文件分析及检索系统入档用户软件说明书、加拿大证券交易所的入档要求以及证券监管局发布的公告等；“概述”部分介绍了该手册的组成、获得手册副本的方法、手册的更新方式及电子化文件分析及检索系统全国文件；“电子化入档系统概况”部分主要规定了入档业务合约人的职责和作用、电子化文件分析及检索系统的结构及运行过程、公众如何获得电子档案和入档人概况信息以及电子化文件分析及检索系统入档人软件模块和显示界面的使用方法；“电子化入档人”部分主要涉及的内容包括：必须以电子化方式提交的档案范围、允许以电子化方式提交的档案范围、必须以纸质形式提交的文件范围、外国发行人选择成为电子化入档人的方式以及有关困难豁免的规定；“入档业务用户”部分主要涉及的内容包括：电子化文件分析及检索系统入档业务用户费及入档服务费、如何成为入档业务用户、业务用户硬件和软件要求、入档业务用户申请及协议、系统使用代码、系统软件的安装、连接系统服务器的方式、系统的防病毒特征等；“入档费及入档业务收费的电子化支付”部分主要规定了电子数据交换银行协议的内容及电子化支付的工作流程；“入档人概况”部分主要规定了入档人概况信息文件的制作、修订、检索及复制方法；“电子化档案的准备”部分主要规定了电子化档案的格式要求以及如何将某一文件转换成可接受的电子化格式；“电子化档案的组装及传输”部分主要涉及的内容包括：电子化文件分析及检索系统的工作时间、档案的组装方法、入档费用支付、档案的提交、测试档案及公开档案查找等；“部分电子化档案的特殊要求”部分主要涉及的内容包括：电子化档案中错误的修正、文件作为参考并入、一般文件和当地文件、具有民事责任的文件——确认证书、交叉参考表、豁免请求、石油天然气或矿业公司技术报告、若干公开信息档案的具体披露方法以及第三方入档档案等；“电子化档案传输后的管理及通过电子化文件分析及检索系统发函”部分规定了正式函件和非正式函件的使用方法、文件情况的追踪办法、入档业务用户之间的沟通方式等。电子化文件分析及检索系统手册共有 18 个附录，是对手册各部分内容的具体补充说明。[②]

2.2.2 电子化文件分析及检索系统的管理模式

电子化文件分析及检索系统的建设和管理，是由加拿大证券保管公司的子公司 CDS 公司承担的。加拿大证券监管局指定 CDS 公司作为电子化文件分析及检索系统的入档业务合约人，CDS 公司管理和运行该系统，为入档人提供支持，同时与监管机构和入档人一道规划系统的未来发展。总的来说，电子化文件分析及检索系统的功能与电子数据收集、分析及检索系统大体一样。目前的阶段是除豁免的申报发行人外，全部的发行人都要经电子化文件分析及检索系统披露公开信息。根据电子化文件分析及检索系统的开发规划，在最后阶段所有的豁免发行（包括外国发行人）与注册申请、第三方入档（如公司内部人的持股情况申报）都要经过该系统进行。

① 对电子化文件分析及检索系统入档人手册的修订将出现在加拿大证券监管局各组成成员所发布的月度或季度公告栏中，也会出现在 www.sedar.com 网站或由加拿大证券监管局各组成成员建立或代表其建立的网站页面上。

② 详细内容参见本报告附录三：电子化文件分析及检索系统入档人手册（6.0 版）目录。

根据电子化文件分析及检索系统全国文件和入档人手册，所有的入档人都必须申请成为系统的入档业务用户，也可以同时委托一个或多个入档代理代表其进行电子化入档业务。入档代理人可以是法律事务公司、财务印刷商、作为档案传输代理的信托公司、新闻公告分发商和其他的服务机构。入档人需向证券监管局、市场中心缴纳入档费，还要向入档业务合约人（目前为 CDS 公司）缴纳电子化文件分析及检索系统入档费，如其委托代理还要支付代理费。入档人向证券监管局、市场中心和入档业务合约人缴费可通过电子化文件分析及检索系统进行。在以下两种情形下，该系统档案库的电子化格式文件向公众开放：一是文件已提交并为某一接收机构所接纳；二是文件为持续披露类型档案，而非属“其他档案类型”。电子化文件分析及检索系统档案库文件以下述三种方式提供给社会使用：一是在该系统的网站上通过选择“新档案”和“查找数据库”栏目来检索文件，该服务是免费的；二是通过入档人软件来检索文件，使用该项服务入档人要向入档人业务合约人付费，入档人附录 E 中具体规定了该项检索服务的收费标准；三是向该系统数据销售商购买，当然该项服务是需要付费的。CDS 公司成功开发了一个新系统，即加拿大电子化实时信息发布系统（System for Canadian Real - time Information Broadcast Electronically，SCRIBE）。该系统允许信息商从电子化文件分析及检索系统中接收入档文件和有关的公司信息，并以文本格式和 PDF 格式提供所有的电子化文件分析及检索系统入档文件。任何申请获准的信息商都能实时地以机器能够阅读的格式从该系统中获得文件，经加工处理后再对外销售。

目前，电子化文件分析及检索系统仅接受 PDF 文件。其原因是对该种格式文件，网络使用者不需要其他应用软件便能直接阅读，方便快捷。

2.3 中国台湾的证券信息电子化披露系统

中国台湾于 1998 年开始实施公开信息电子档案网络申报系统（以下简称电子申报系统）。系统建立的目的在其电子申报作业说明书中给予了明确阐明，即“‘财政部’证券暨期货管理委员会（以下简称证期会）为配合实施电子化政府的政策及贯彻信息充分揭露原则，积极推动‘公开信息电子档案网络申报’，期望证券市场各项公开信息得以完整、快速地透过互联网络提供给投资人，以建立一个信息透明与公平的证券市场。”

2.3.1 中国台湾电子申报系统的法律依据

1. 中国台湾“财政部”证券暨期货管理委员会于 1998 年（87）台财证（一）第 99411 - 1 号函中规定，各公开发行公司、证券商（含外国证券商在台分支机构）、期货商、证券投资信托事业（含其所经营的基金）、证券投资顾问事业及证券金融事业，自 1998 年 1 月 1 日起，公司除将书面资料抄送证券基金会外，另应将与书面公开信息（含财务报告书、财务预测、股东大会年报、公开说明书）内容一致的电子档案上传至网址 http：//efile. sfi. org. tw。

2. 公司募集发行有价证券公开说明书应行记载事项准则。中国台湾“财政部”证券暨期货管理委员会于 1999 年 12 月 29 日（89）台财证（一）第 05497 号函公告修正《公司募集发行有价证券公开说明书应行记载事项准则》，规定自 2000 年 1 月 1 日起，上市（柜）公司募集发行有价证券案件，需检附公开说明书资料时，要按下列程序进行：

第一，由发行人于正式送件前先上传完整版的公开说明书（草稿本）电子档案至电子申报网站，经证期会先行核查档案内容的完整性及格式是否符合“档案单一化”要求，将“核可通知单”以 e - mail 方式送至公司、证基会，副本送至证期会与证券相关单位；发行公司于收到档案完成上传通知后，将单据附于申请档案中再送至证期会。

第二，档案经申报生效或申请核准后，发行公司应于收到证期会申报生效或申请核准通知后30日内再上传完整版的公开说明书电子档案至申报网站。

3. 电子申报作业说明书。电子申报作业说明书是指导申报人通过网络申报资料的手册，主要内容包括：对申报人、申报资料及申报时点的规定；对资料申报方式的规定；对申报资料档案格式的规定；以及实行电子档案单一化的规定。具体如下：

第一，对各类申报人、申报资料与申报时点的规定，如附录表1所示。

表1 中国台湾电子申报系统申报人、申报资料与申报时点

上传资料种类 上传公司	财务报告书①	股东大会年报	公开说明书②	财务预测③
上市（柜）公司	4月30日、8月31日、10月31日前须上传全年度、第一季、半年及第三季财务报告书	股东大会后15日内上传	1. 电子档案草稿本须先上传，收到“核可通知单”后，附于申请档案中再送件至证期会 2. 生效本于生效后30日内上传	送主管机关当日上传
公开发行未上市（柜）公司	4月30日前上传全年度财务报告书	股东大会后15日内上传	1. 补交用于公开发行的公开说明书电子档案稿本须先上传，收到“核可通知单”后，附于申请案件中再送件至证期会 2. 生效本于生效后30日内上传 3. 对外募集发行公开说明书的制作方法同上市（柜）公司	送主管机关当日上传
证券商	4月30日前上传全年度财务报告书 8月31日前上传半年度财务报告书	④	X	X
期货商	4月30日前上传全年度财务报告书 8月31日前上传半年度财务报告书	X	X	X
证券投信事业	4月30日前上传全年度财务报告书 2月底前上传旗下基金年报	④	旗下发行基金的公开说明书于证期会核准后，印制书完成时将电了档案上传	X
证券金融事业	4月30日前上传全年度财务报告书 8月31日前上传半年度财务报告书	④	X	X
证券投顾事业	4月30日前上传全年度财务报告书	X	X	X

①财务报告书包含：母公司财务报告书、母子公司合并报表、关联企业合并报表、信托资金、旗下基金、依主管机关函规定应重编的报告。

②公开说明书包含有下列情况之草稿与生效本：增资发行、各类对外募集公司债、补办公开发行、初次申请上市（柜）用、初次上市（柜）用、公开招募、认购权证、存托凭证、投信发行基金及其他依证交法第30条制作的公开说明书。

③财务预测包含：原件和之后的各次财务预测变更。

④证券商、证券投信事业、证券金融事业等若属公开发行公司或上市（柜）公司，则适用公开发行未上市（柜）公司或上市（柜）公司项目申报。

第二，对资料申报方式的规定。中国台湾电子申报系统要求公司申报的各项资料一律通过互联网络上传至 http：//efile. sfi. org. tw，系统概不接受以 E - mail（电子邮件）或邮寄磁盘的方式所提交的文件。

第三，对资料申报的档案格式规定。中国台湾电子申报系统规定，申报人的所有资料必须以下列档案格式，择一上传，包括：MS - WORD 格式的 DOC 文件；MS - EXCEL 格式的 XLS 文件；Adobe Acrobat 格式的 PDF 文件；华印科技 DynaDoc 格式的 WDL 文件；一般纯文本（TXT）文件。

第四，以单一档案上传的规定。中国台湾自 1998 年开始实施“公开信息电子档案网络申报”以来，各开发行公司已将各项公开信息电子档案上传至电子申报网站。然而在档案格式方面，由于各公司的计算机系统、编制作业流程各有不同，以至于公司上传的档案格式相当不一致，有的为单一 word 文档，有的为多个 word 夹杂多个 excel 文档，有的则是文字文件，经常给投资人造成使用上的不便，因此 1999 年开始，中国台湾开始推行财务报告书、年度报告和公开说明书的“电子档案单一化”，使各项公开信息的运用更为方便。所谓“电子档案单一化”即指公司上传各类型公开信息电子档案时，须将资料内容完整地从头到尾存放于同一个档案中，同一数据类型（即财务报告书、年度报告、公开说明书和财务预测）不可分开上传或在 zip 文档中夹杂不同档案格式。电子档案单一化的优点是方便阅读和下载使用，显然单一档案在使用时，只要打开档案即可一次完成浏览，不必像多文件档案，须利用多种软件才能完整阅读一份资料。对于如何制作单一化电子档案，作业说明书中建议申报人除了利用 OFFICE 软件的复制（Copy）和粘贴（Paste）功能将多个档案合并成为单一档案外，还建议申报人使用 Adobe Acrobat 或 DynaDoc 软件制作适于网络传输的单一档案。

2.3.2 中国台湾电子申报系统的一般工作流程

中国台湾的电子申报系统在操作上较为简单，大体上可分为六个环节，具体工作流程如附录图 3 所示。

1. 登录网站。各申报人在接入 http：//efile. sfi. org. tw 后，系统展现登入画面，申报人输入自己的账号和密码后进入系统。进入系统后，第一个画面即是公司基本资料，按“确定”键后，若基本资料包括业务承办人姓名、分机及电子邮件信箱等有变动，可进行修正。修正后再按下方之“修改”键，下次登入时，基本资料即会更新。若修改公司密码，则要在密码栏前后二栏键入要更改的密码，再按“修改”键，完成密码修改工作，下次登入时，就需要用新密码进入系统。对于尚未申请账号的公司，可在 http：//efile. sfi. org. tw 网页中点选后可填写账号申请表。在原则上，一家公司仅能拥有一个主账号，但若公司须由不同部门上传提交档案，入档网站提供“子账号”功能，一个主账号可以有五个不同的子账号，但名称不能与主账号或其他公司账号相同。子账号之账号及密码均由主账号来设定，由主账号告知其账号及密码。子账号的建立及删除无须告知证基会。

2. 提交电子档案。入档人完成系统登录后，可点选网页左边的“上传电子文件”按钮，出现四项上传的数据类型，分别为“上传财务报告书”、“上传公开说明书”、“上传股东大会年报”、“上传财务预测”。入档人选定欲提交的资料后，按界面下方的“上传”键，画面将出现一对话窗口，让公司再一次确定所欲传送资料的选项是否正确，若正确无误则按“确定”键，否则公司应重新点选正确的选项，重新进行电子档案的提交。档案提交成功后，网面后显示出相应的指示画面，但此时并不代表档案已经入档。

3. 删除电子档案。若提交的某份档案存在错误，入档人可立即按下左边的“已上传待核可之记录”，并点选该笔刚提交的记录。按下“删除”键及“确定删除此待审记录”按钮后，画面会出现有关删除信息提示，表明档案删除完成。

4. 查核电子档案。公司提交电子档案后，若在画面上没有出现收件序号，可点选左边的“已上传待核可之记录”按钮，来确定档案是否提交成功，画面若出现该档案记录，表示档案已提交成功，若无则须重新提交。

5. 问题档案通知。公司提交档案后会收到提交完成的收件序号，但此时尚须由证基会工作台工作人员进行审核，对于有问题的档案，审核人员会拒绝其入档，同时以发送 e - mail 及在入档网站的“证基会通知”栏目中公告两种方式通知公司。入档人可查看电子邮件信箱是否有收到证基会发出的审核结果信件，或者从网站中查询该信息。

6. 注销系统。中国台湾电子申报系统建议，入档人在完成提交电子档案后，应点选“注销系统”功能按钮，否则下一次登入系统时，系统会自动锁上 IP，20 分钟后，才能进入系统。

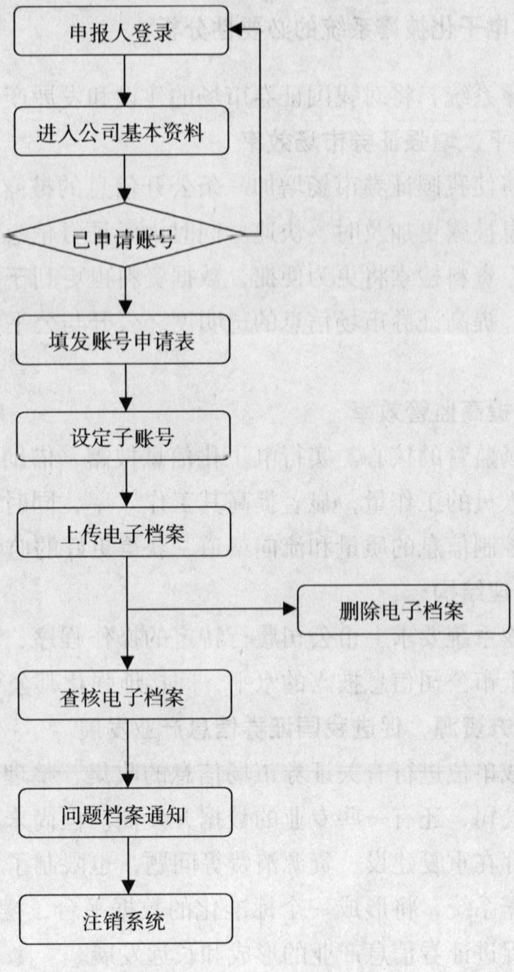

图 3　中国台湾电子申报系统工作流程图

2.3.3　中国台湾电子申报系统的管理模式

台湾电子申报系统由台湾证券期货管理委员会主管，委托财团法人证基会负责建设及日常运营，证基会委托台湾安际网络公司进行系统的具体开发工作。依台湾“财政部”证期会台证（一）第 01949 号函规定，对申报人不收取入档费用。系统信息通过“真像王”数据资料系统对外开放，供投资者免费查询。系统也对外界用户提供有偿服务。据了解，绝大多数的台湾投资机构都是该系统的付费用户，也有一部分付费用户是一般的投资人，系统对这两种用户采取不同的收费标准。此外，系统对申报人提供一定的信息使用优惠权，即台湾证基会于每年年初向所有申报人核发可免费使用“真像王”数据资料系统的点数，在该点数范围内，申报人可以免费查询同业或其他公司的信息资料。台湾开发电子化申报系统仅用了三个多月的时间，建设资金仅1 000万台币。就其数据库而言，目前只能起到一个电子化资料室的作用，还很不完善。该系统的改进升级工作正在讨论中。据负责该项工作的人员介绍，其最终目标是建立一个台湾的电子化数据收集、分析及检索系统（EDGAR）。

3　对我国建立证券信息电子化披露系统的思考

借鉴国际上证券信息电子化披露系统的建立实施经验，我们认为我国有必要建设该类系统，更好地为证券市场的进一步发展壮大服务。

3.1　我国建立证券信息电子化披露系统的必要性分析

建立证券信息电子化披露系统，将对我国证券市场的建设和发展产生多方面积极深远的影响。

3.1.1　提高信息披露水平，增强证券市场效率

实行电子化信息披露，将使我国证券市场增加一条公开信息的披露渠道，而且由于电子化信息披露主要通过互联网进行，信息披露更加及时、快速。同时由于证券信息电子化披露系统能够提供完整的、格式化的资料和数据库，资料检索将更为便捷，数据资料也更利于投资者分析使用。必将大大促进公开信息的高效充分运用，提高证券市场信息的透明度、公开与公平性，促进证券市场“三公”原则的实现。

3.1.2　降低监管成本，提高监管效率

信息披露监管是证券市场监管的核心。实行电子化信息披露，借助于先进的信息技术手段，能有效地减少信息披露监管工作人员的工作量，显著提高其工作效率，同时监管机构能通过对信息披露内容的标准化和规范化管理，控制信息的质量和流向渠道，获得更好的监管效果。

3.1.3　强化上市公司治理结构

由于证券信息电子化披露系统要求上市公司履行特定的操作程序，对披露内容和形式也将做出严格的规定，因此将大大提高上市公司信息披露的水平，间接地强化其公司治理结构。

3.1.4　有效整合市场各方资源，促进我国证券信息产业发展

目前，我国有多个部门或单位进行有关证券市场信息的收集、整理、分析和分发工作，包括证监会、沪深交易所、部分证券公司，还有一些专业的数据开发商。但尚未有一个权威、统一、完整的数据资料库。因而不可避免地存在重复建设、资源浪费等问题，也限制了证券信息开发使用的深度和广度。建立证券信息电子化披露系统，将形成一个标准化的数据平台，摆脱目前“各自为政”的局面，从而有效地整合各方资源，促进证券信息产业的形成和长远发展。

3.1.5　适应我国证券市场走向国际化与国际证券市场接轨的需要

我国证券市场信息系统建设与国外有较大差距，数据基础建设薄弱是主要问题之一，而数据基础建设是衡量信息系统发展水平的一个重要标志。建立电子化信息系统将能有效解决这一问题，同时，随着我国证券市场不断走向国际化，基于证券信息电子化披露系统的统一数据库将成为吸引海外投资者的不可或缺的重要手段之一。

此外，互联网技术的发展和广泛应用，不仅为信息披露的电子化提供了技术条件，同时也要求证券信息披露从传统方式逐渐转向电子化方式。因此，建立证券信息电子化披露系统也是我国证券市场适应网络环境新形势的一个客观需要。

3.2 我国建立证券信息电子化披露系统的可行性分析

从实际来看，综合各方面的实际情况，我们认为，目前在我国建立证券信息电子化披露系统是可行的。一是从技术上看，信息技术的发展为我国证券信息电子化披露系统的建设和实施提供了充分支持。综观海外相关系统的建设情况，其运用的主要技术是互联网技术，目前我国完全有能力自行设计和开发该系统（注：中国台湾开发电子申报系统仅用了三个月的时间）；二是从管理上看，我国证监会和沪深交易所都有开发和管理大型数据库系统的成功实践，相信通过科学规划和合理设计，我们有能力管理好这样一个系统；三是从法律上看，虽然我国证券法中并未规定信息披露义务人以电子化方式披露信息的义务，但在信息化技术已取得广泛应用的新环境下，证监会可以采取发布条例的办法制定相应的规范，因此将不存在法律障碍；四是海外已有先例可循，它们在系统建设和管理中的经验可资我们参考和借鉴。

3.3 我国建立证券信息电子化披露系统的方案设计

3.3.1 系统建设管理模式

考虑到证监会在信息披露监管中的核心地位及其有效履行监管职责的需要，同时借鉴海外经验，我们认为中国证监会应在证券信息电子化披露系统建设工作中居于主导地位。在这一前提下，有以下几种建设管理模式可供选择：一是由证监会自行组织会内有关部门进行开发建设；二是由证监会有关部门负责总体规划，外包（招标）公司运营；三是借助证券交易所的力量，由两家交易所联合组建信息公司或其中一家单独成立信息公司，证监会授权其运营。三种模式各有利弊，比较起来，第一种模式的主要好处是中间管理环节少，可节约项目投资，但可能人力资源得不到保证，且直接运营该系统可能会分散证监会的精力，此外作为监管机构，不适于进行系统的商业化经营；第二种模式和第三种模式都可以避免第一种模式的弊端。采用第三种模式，其优点是系统建设资金可考虑由交易所提供，同时交易所在管理证券系统、经营开发证券信息方面具有较好的基础，又易于同证监会沟通合作，能充分利用交易所的现有资源。但由于交易所信息公司最终还是需要对外招标，与专业计算机公司合作，因而总体建设成本可能比第二种模式大。综合考虑，我们认为采取第三种模式有利于系统的建设和未来发展。在这种模式下，证监会的主要职责是制定有关监管条例，提出系统需求，其拥有系统的所有权和管理权。交易所信息公司的职责是按证监会的要求建设并运营该系统，系统的建设及日常维护资金由交易所信息公司提供，系统的商业营运收入归联合公司所有。当然，出资方式也可采取如下办法或其变通方式，即按一定比例在两家交易所的证券交易费中划出一部分作为专项基金，用于系统建设，其日常资金支出由交易所信息公司以商业化运营收入弥补。

3.3.2 系统开发规划

作为我国证券市场建设的一项基础工程，证券信息电子化披露系统的开发要遵循“统一规划、分步实施”的原则。“统一规划”是指由证监会通过制定条例、发布公告或入档人手册等形式统一档案格式及内容要求，统一技术平台，包括硬件配置及软件接口；“分步实施”是指在系统建设中将远期目标和近期目标相结合，分阶段开发。系统建设的远期目标是实现以互联网为主要传输媒介，进行所有信息披露义务人包括上市公司及第三方公开信息的电子化提交、传输、接纳、审核、存储、分发及开发利用，形成一个统一、完整、权威的证券数据资料库，供不同层次的市场信息需求者使用，并最终与证监会的其他业务系统相连接。系统的近期目标可分为三个阶段：第一阶段实现部分文件的电子化入档，传输媒介可采取磁盘文件、磁带文件等多种方式，并为入档人提供过渡期，志愿使用该系统；第二阶段是传输媒介全部采用互联网，强制性要求所有信息披露义务人均须通过该系统进行所有公开信息的披露；第三阶段是补充自证券市场建设以来的历史档案资料，形成完整的数据资料库，并将该系统与证监会其他业务系统相连接。当然，在系统设计及建设中，要根据实际情况对上述总体规划进行合理调整。

3.3.3 当前的主要工作安排

如果确定要建立我国的证券信息电子化披露系统，且以上分析成立，就应集中精力做好以下几个方面工作：一是组织有关人员对海外同类项目进行认真研究和考察，在吸取借鉴经验的基础上，结合国内的实际情况进行具体的规划设计工作；二是进行必要的立法工作，建立电子化信息披露监管的法律框架，该项工作应由证监会会同有关部门负责进行；三是迅速成立进行系统规划和开发的机构或公司，该机构或公司成立后，证监会尽早进行委托授权工作，使有关人员尽快到位开展工作。

参考文献

[1] Karen Eby，"Cross Border Cyberspce：Canada Implments Electronic Securities Filing"，Wallstreetlawyer. com：securities in the Electronic Age ，May 1998.

[2] Regulation S－T，www. sec. gov.

[3] EDGAR Filer Manual，www. sec. gov.

[4] "Privatizaton of EDGAR：Report to the Congress on Section 107 of the National Securities Markets Improvement Act of 1996 "，www. sec. gov. /news/studies/edgpriv. htm.

[5] "EDGAR News：New EDGAR Dissemination System：Contract Information Update，December 2000"，www. sec. gov/info/edgar/ednews/disssemin. htm.

[6] "Important Information About EDGAR"，www. sec. gov/edgar/aboutedgar. htm.

[7] "Edgar Phace － in Complete on May 6，1996"，www. sec. ogv/info/edgar/ednews. 34 －36997. htm.

[8] "EDAGR Modernization"，www. sec. gov/info/edgar/ednews/modernize. htm.

[9] "Description of SEC Forms"，www. sec. gov/info/edgar/forms. htm.

[10] "National Instrument 13 － 101：System for Electronic Document Analysis and Retrival"，www. sedar. com.

[11] SEDAR filer Manual，www. sedar. com.

[12] Ruth Armfield Sanders，Shaswat K. Das，"EDGAR Filer Information：Electronic Filing and the EDGAR System：A Regulatory Overview"，www. sec. gov/info/edgar/ednews/edreg2ka. htm.

[13] "SEDAR Rules and Forms"，www. sedar. com/sedar/sedar_ rules_ forms_ en. htm.

[14] "Becoming a Filing Service Subcriber"，www. sedar. com/sedar/becoming_ a subscriber_ en. htm.

[15] "SEDAR Data Resellers"，www. sedar. com/sedar/sedar_ data_ resellers_ en. htm.

[16] 卞耀武主编：《美国证券交易法律》，法律出版社，1996－6，第1版。

[17] 高如星、王敏祥：《美国证券法》，法律出版社，2000－1，第1版。

[18] 傅红雪：《美国联邦政府对股票市场的监督与管理》，西南财经大学出版社，1997－12，第1版。

[19] 吕富强：《信息披露的法律透视》，人民出版社，2000－4，第1版。

[20]　马忠智主编:《美国证券市场筹资必读》，中国经济出版社，1995 -4，第1版。

[21]　詹姆斯·B. 阿克波尔:《如何在美国上市》，中国财政经济出版社 1998 -12，第1版。

[22]　施光耀:《EDGAR 网站——访美见闻之二》，载《中国证券报》，2001 -6 -28。

[23]　胡继之、张瑞彬:《海外创业板市场信息披露制度比较研究》，深圳证券交易所综合研究所研究报告，深证综研字第 0031 号，2001 -2。

[24]　台湾电子申报作业书，www. efile. org. tw/admin/index. htm.

[25]　易朝秋、张素文等:《上市上柜公司资讯透明化与投资人保护》，www. sfi. org. tw/newsfi/publish/publish - a. sps。

（本篇执笔人：徐雅萍、张野、杨淑琴、戴文华、白硕、葛一苗、皮六一、吴卓、邹胜、喻华丽、朱江鸿、姚前、汤佩源、涂健、王恒、廖亚滨、左峰、伏劲松、马光悌、汪瑾、许佑悟、刘宝田、毕志刚、张瑞彬、邓力启、雷兵、俞峰、陈光厚、马昭明）

第4篇

保险信息化发展战略研究

国家
“十五”科技
攻关成果

第 17 章

保险信息化的发展历程及趋势

保险信息化是信息技术在保险领域中广泛应用而引起的一场保险业革命。它是一个宽泛的概念，是对企业的集成化、系统化、规范化以及创新性的管理与运作思想的体现。它的广泛运用将促使保险机构更加贴近市场和客户，提供更为个性化、差异化的服务，从而提升企业的核心竞争力，促进保险业的长远发展。保险信息化不仅将给保险机构带来经济效益，还将带来保险就业市场的变化，从而有利于推动社会进步，创造出更大的社会效益。

17.1　保险信息化概述

保险信息化，是指以计算机、输入输出设备、数码、图形图像和视频影像等硬件为载体，采取统一的技术标准，通过各种系统软件的应用，采用集中式的数据管理、分布式数据处理和用户友好的人机接口，提供数字化的保险信息、保险经营管理和保险服务的长期的系统工程。它以各种保险专用信息化手段的应用为主要特征，是各种保险计算机硬件系统和应用软件系统的总称。保险信息化的最终目标是建立集保险业务处理、保险信息管理和保险决策于一体的保险信息系统。在保险机构中，凡是为了提高工作效率，围绕保险业务及保险企业经营管理现代化进程所采用的先进电子信息设备，以及相应开发的信息系统，都属于保险信息化的范畴。

保险信息化将对保险企业、保险行业乃至整个社会产生巨大的影响。从整个社会来看，保险信息化与国民经济、社会运行等各个方面的信息化相互促进。保险信息化能促使社会深入开发、广泛利用信息资源，从而进一步提高生产力，促进经济发展，推动社会进步，加速整个社会的现代化进程。同时，发展保险信息化，需要大量的硬件设备和软件系统，这将有利于带动我国与信息技术相关产业的发展。因而，保险信息化的社会效益也十分明显。

从整个行业来看，保险信息化首先可以提高整体管理水平。首先，信息化的发展使保险企业之间的资源共享成为可能。大量信息的汇集和共享可以降低整个保险行业的成本，为保险公司的风险评估提供准确的数据资料，使各保险公司能有效地控制风险，提高业务处理效率。其次，信息化可以提高保险行业的监管效率，增加信息的透明度。保险信息化加快了保险行业内信息的传递速度，有利于监管部门及时发现问题并客观处理问题，降低监管成本，提高监管效率，防范经营风险，规范保险市场秩序。

从保险企业来看，信息化对保险企业的影响是多层面的：

（1）促使保险机构经营虚拟化，有利于保险公司降低成本。信息技术的应用，尤其是电子商务的迅速发展，推动了保险机构形态的虚拟化，大大降低了保险的交易成本。保险公司通过网络在线开展业务，使得客户在办公室、家里甚至旅行途中都能直接获得各类保险服务。因此可以节省建设有形营业场所的大额投资，扩大竞争范围。

（2）加快保险产品研发和技术创新，有利于保险公司形成差异化服务。电子商务在保险经营中的广泛应用，缩短了保险与消费者的距离，使保险公司与客户建立起快速、高效的联系。通过信息化，一方面提高了保险公司把握市场的能力，加快了新产品反馈意见的回收，极大地缩短了新产品的研发周期；同时还能迅速、及时地将消费者的需求变化反映到决策层，促进保险公司针对消费者需求进行研究与开发，不断向市场提供差异化的产品和服务，进而及时调整经营战略，形成不易为竞争对手模仿的独特竞争优势。另一方面，信息化能帮助消费者了解市场的新动态，分析不同险种的异同和保险公司经营特点，客观选择保险公司和险种。

（3）改善保险企业内部管理和组织机构设置。由于缺乏信息技术的强大支持，传统保险业的组织结构无论是分支机构的设置还是各级公司内部职能部门设置，均属于典型的金字塔结构。它的主要缺陷在于：多层次的结构不能快速而有效地处理信息，庞大的等级阶层使处于顶端的决策者往往只能根据过时的信息进行决策，而决策指令又会由于多层次传递发生扭曲和失真。因此，金字塔结构越来越难以适应瞬息万变的市场环境。保险信息化的发展使保险企业调整其组织结构成为可能。

（4）提高保险企业人力资源的竞争力。在保险业发达的国家中，保险公司是高度自动化的企业，信息系统将人们从繁杂的日常事务中解脱出来，将更多的精力投入到信息分析、市场研究和产品开发等工作上来。这些工作性质和任务的改变，要求系统操作人员和系统运用人员具备全新的理念、熟练的计算机应用技能、较高的业务和管理水平。此外，保险公司在信息化之后，在人力资源开发、人才培养和淘汰制度方面的建设都发生了较大变化。

（5）增强保险公司对经济环境的认知能力。在网络经济时代，信息已经成为继资本、劳动力、土地和自然资源之后又一重要的资源。无所不在的计算机网络使与经营相关的一切活动都加快了节奏，保险公司的反应速度将成为竞争中制胜的决定因素。对保险公司来说，必须随时掌握市场环境因素的变化，比如宏观发展态势、市场份额的变化、绩效的来源和竞争对手的技术状况、营销手段转换以及产品创新等，并提前做好参与竞争的心理准备和组织上的准备。要做到这一点，只有建立一个具备先进信息技术装备的情报监视系统，才能有效处理信息的采集、筛选、分析和存储，为公司决策提供适时的依据。总之，保险公司的信息化程度高低决定着未来市场资源的分配和市场竞争的主动权。

17.2 保险信息化的发展历程

17.2.1 国际保险信息化的发展历程

纵观保险信息化的发展，信息化历程不仅是技术上不断改进、完善的过程，也是信息化理念不断深化的过程。从全球范围来讲，全球保险信息化发展经历了从重视硬件到专注管理系统的转变，这一过程大致可分为以下三个阶段：

一、无纸化办公与单机处理阶段

保险信息化是伴随着办公自动系统的出现而开始的。20 世纪 60 年代，美国一家寿险公司对公司的业务处理流程进行了一次调查，调查结果使该公司下决心开发了一套新的工作平台，以计算机处理代替传统的纸张处理。随后西方主要国家掀起了办公无纸化与系统整合的浪潮。但是在信息化建设早期，信息化主要体现为PC等硬件设施的配备，系统基本上是非标准化的主机系统，且系统间不能互联。因此保险公司在业务处理过程中还需要大量采用手工处理，保单等资料的查询、保管不仅耗费时间、成本太高，而且各个分支机构之间的系统互不相通，无法实行信息共享。

二、联机处理阶段

在系统整合的基础上，各家保险公司逐步建立起本系统的联机网络。通常是在总公司设置主机，各分支机构系统通过通信线路连成局部或远程网络与主机实现实时对话。总分机构之间业务联系、信息传递的效率得到了极大提高。

三、跨国公司的全球网络系统建立阶段

随着全球经济一体化，出现了跨国的保险公司，这使得建立全球网络系统成为一种必然。而随着互联网技术的普及，利用互联网开展业务和进行公司管理成为保险业新的发展亮点。世界各大保险公司都已采取行动设立了自己的网站，与保险业务直接相关的保险中介网站也纷纷成立。美国由于其在网络技术方面的领先地位，以及良好的综合市场环境，成为保险信息化发展较早的国家，并且发展迅猛。

美国是网络保险发展的先驱。美国国民第一证券银行首创通过互联网销售保险单；安泰、友邦等国际保险网站建设得颇具规模；美国的Ecoverage公司，据称所有业务活动均通过互联网进行；美国加利福尼亚州最大的一家网络保险服务公司INSWEB目前提供28家保险商的费率咨询，1997年用户数为60余万，1998年即增加到800余万。据调查，在美国50%的网络用户通过互联网查询机动车辆保险费率，30%以上的用户愿意在网上购买保单。截至2000年，美国通过网络保险获得的保险费达11亿美元。另外据Cyber Dialogue的一项调查表明，2001年美国约有670万消费者通过国际互联网选购保险产品，其中有20%通过在线保险市场的保险公司设立的网站进行，近80%在非保险公司网站进行。

欧洲网络保险的发展势头也相当可观。全球最大保险集团之一的法国安盛，1996年开始网上直销，目前其8%的新业务是通过互联网来完成的。世界第二大再保险公司——瑞士再保险公司则宣布，电子商务帮助该公司平均每年节省7.5亿瑞士法郎开支。1997年，意大利RAS保险公司用微软技术建立一套造价为110万美元的网络保险服务系统，在网上提供最新报价。该公司月售保单从当初的170套上升到了1999年初的1 700套。1999年，英国建立"屏幕交易"网站，提供7家本国保险商的汽车保险和旅游保险产品，用户数量每月以70%的速度递增。

1999年7月，日本出现首家完全通过互联网推销保险业务的保险公司。这家保险公司由总部设在美国的AFLAC公司和日本电信共同投资设立和管理。这家名为aflacdirect.com的网络保险公司利用AFLAC和日本电信的资源开设了一个服务对象定位于40岁以下客户的网站。在网站开通以后，网民可以直接通过互联网投保或获取保险信息，并且可以利用在线计算器计算保险金。

17.2.2 我国保险信息化发展历程

保险信息化是发展的、动态的、不断深化的，经历了从早期的注重硬件配备到现在的注重系统应用的发展过程。

我国保险信息化的发展历程，从办公系统电子化开始，经历了最早的PC机系统、微机网络系统，然后再到服务器上运行的发展过程；从购买硬件设备、注重软件系统的应用到重视软硬件结合，在不断的发展中逐渐进步。

一、起步阶段——办公系统电子化和单机处理

20世纪80年代，中国人民保险公司下属一些分公司开始将处理复杂的长期险业务输入到电脑中，这种情况在90年代得到迅速发展，这一阶段可以看做是我国保险信息化的起步阶段。这一阶段有两个特点，硬件设施的完善和业务的单机处理。在硬件方面，大部分保险企业一般均配置了比较先进的小型机、交换机、服务器、路由器、便携机、磁带库、微机、专线调制器、终端、集线器和打印机等各种硬件设备。在系统软件方面，我国已研发出大型全面的保险应用软件——保险业务综合管理信息系统，覆盖了人寿、财产、再保险等国内保险公司的近三百个险种，中国人民保险公司（PICC）、中国人寿保险公司等公司先后采用。

二、过渡阶段——软件升级换代和数据集中处理

从20世纪90年代中期开始，各保险公司采取主机中的单控制卡管理存储、处理数据，其后各保险公司加快了软件升级换代的步伐。如平安保险公司就采用HPXP512来做数据存储、处理和加工。

三、迅速发展阶段——互联网普及

20世纪90年代，我国已开始出现保险网站，为包括保险公司在内的相关主体提供服务，并为保险公司促成了国内最早的网上保险单。

2000年，国内推出了电子商务保险网站，实现了“网上投保”。为了解决网上支付问题，电子商务保险网站与国内外数家银行建立了广泛的业务联系，顾客可以使用中国银行长城信用卡、工商银行牡丹信用卡、建行龙卡以及VISA、Mastercard、AE等信用卡在网上实现支付。网站推出了包括网上个人保险和网上企业（团体）保险等多类险种。网上个人保险包括机动车辆保险、家庭财产保险、房屋保险、出国人员人身意外伤害保险、家庭人身意外伤害保险、学有所成两全保险；网上企业（团体）保险包括财产险、电脑保险、公众责任险、雇主责任险、产品责任险、展览会责任保险等。2000年6月，中国太平洋保险公司开通了太保公司继北京、海南之后的又一个网上保险服务窗口。8月，国内集证券、保险、银行及个人理财于一体的个人综合理财服务网站——平安公司的PA18在京正式向外界亮相。PA18从开始创立即定位为“网上综合理财服务平台”，保险是PA18下设的一个理财频道。其理财服务不仅限于保险，范围涉及了金融业的很多领域：人身保险、财产保险、证券投资、信托业务，甚至可以通过PA18办理商业银行提供的银行业务，其强有力的个性化功能提供了全方位的保险金融服务。9月，泰康人寿保险股份有限公司投资建设的大型保险电子商务网站——“泰康在线”（www. taikang. com）全面开通，这不仅是国内由寿险公司投资建设的、真正实现在线投保的网站，也是国内较早通过保险类CA认证的网站。外资保险公司登陆内地后也纷纷创办自己的保险网站。2000年9月，友邦保险上海分公司网站（www. aia. com. cn）开通，利用互联网为客户提供保险的售前咨询和相关的售后服务。

与此同时，由非保险公司（主要是网络公司）搭起的保险网站不断涌现，目前较有影响的是一家由中国人寿、平安、太平洋、友邦等十几家保险公司协助建立的易保网（www. ebao. com）。它以中立的网上保险商城为定位，打出了“网上保险广场”的旗号，保险公司、保险中介、保险相关机构都可以在这个平台上设立个性化的专卖区，客户只需进入一个网站就可以完成对十几家国内大型保险公司的保险咨询，特别是其推出的保险需求评估工具，如同在线计算器，客户只要在网页上输入个人需求，服务器就能自动列出各家保险公司的相关险种和费率，客户决定购买后可以通过信用卡完成保费支付。

17.3 我国保险信息化存在的问题及发展趋势

17.3.1 我国保险信息化过程中存在的问题

我国保险业信息化建设在短时间内取得了令人瞩目的成就，但是在信息时代，与国外发达国家的保险业信息化水平相比，中国保险公司在硬件设备、系统集成和应用程序开发等方面还存在差距，信息技术在经营管理中的应用程度还不高，中国保险公司在业务流程自动化体系、客户关系管理系统、服务网站建设、信息化监管等方面存在巨大的改进空间。另外，我国对从整个行业全局出发的保险信息化统筹发展战略规划考虑不多，各保险公司尚处于不能信息共享的信息化阶段。虽然比较充分地调动了各保险机构与信息技术行业的积极性，达到实现创新动力最大化的目的，但是由于各公司在各自信息化进程中所处的角度不同，尤其是对未来市场的发展变化趋势考虑不充分，因此其所关注的重点亦有着较大的差异。具体地说，我国保险信息化工作面临的主要问题包括：

一、统筹规划不到位，部分资源浪费

由于国家整体环境还处于转型时期，市场化程度尚不均衡，保险信息化的发展缺乏统一、全局的IT战略规划。由于没有统筹规划，目标不明确，标准不统一，一些环节处在较为混乱的状态，形成了一些在权力保护下的“信息孤岛”。由于缺乏共享的、网络化的信息资源，重复投资、资源浪费现象比较严重，这已成为制约我国保险市场发展的一个重要因素。

二、信息技术标准不统一，不能有效实现信息共享

由于保险业信息标准化工作相对滞后，信息化建设中缺乏统一的信息规范与标准，存在各自为政现象，导致不同信息系统（包括不同公司开发的同类型信息系统）之间难以进行信息交流和实现信息共享，产生了数据和信息重复采集和输入的现象。这不但增加了额外的数据和信息登录工作量，而且容易产生数据不一致，制约了信息资源的有效利用，阻碍了信息共享的实现。所以，要想充分实现保险的信息共享，就必须遵循国际信息标准，并以其为基础制定国内的保险业信息标准，实现信息资源开发和利用的标准化。

三、信息系统的运行风险较大，信息安全问题有待治理

信息化建设不仅需要建立起科学的IT结构，同时要建立起保障系统安全、高效运行的组织结构体系，以保障所建立的信息系统能够真正体现其价值。而在目前的IT发展过程中，信息化结构体系中制衡机制不健全，这无疑使得整个信息化过程在较高风险状态下进行，而信息系统的运行也同样是处于一种较高风险状态之下，这为整个行业的信息化发展留下了隐患。保险信息系统的安全、高效运行，一直是保险信息化的重点。但由于部分人员对安全重视程度不够，以及我国在信息安全方面的人才整体较为匮乏，因此，我国保险信息系统的安全问题较为突出。

四、对自身开发能力重视不够，对外依赖性增强

在保险业信息化过程中，通过直接采购和外包的形式来进行信息系统建设的保险公司越来越多。技术外包是社会分工的必然结果，在一定程度上降低了保险信息化的成本，提高了保险企业的运营效率。但是如果保险企业忽视自身的开发能力，对外依赖性过强，往往不能与专业技术服务商很好地协作与配合，反倒在一定程度上抵消了外包带来的成本优势。

五、保险监管的信息化水平有待提高

我国目前已经实行了一套早期预警系统指标，其中可以看到保险监管信息系统的影子。但由于监管数据的主要来源是保险公司呈交的数据和报表，而中国会计准则体系尚在构建中，加之目前实施的保险公司财务和会计制度与国际惯例还有一定差距，将会导致信息的非标准化，无疑增加了保险监管信息化建设的难度。因此，有必要借鉴国外非现场保险监管信息系统的经验，进一步完善我国的非现场保险监管信息系统。

六、客户服务信息化水平有待提高

目前，我国大多数的保险公司虽然在IT的建设上已经具有了一定规模，但在客户服务方面很多还处于人工或半人工处理阶段。全面的客户服务信息化建设，其前提是以数据集中为基础的综合应用技术体系和集约化的经营管理体制。

七、信息化人才短缺

首先，信息化技术人才短缺，关键技术的基础研究工作没有全面开展。信息技术人员非常重要，但我国现阶段存在着较为严重的信息人才短缺问题，而且这种供需矛盾日益突出，由此导致关键技术的基础研究工作还处于发展阶段，阻碍了我国保险信息产业的发展。其次，高级管理信息人才短缺，信息化管理水平不高。决定未来保险业命运的除了技术和资金外，更重要的是信息和管理，而高技术信息人才是信息和管理的核心。从事保险信息管理工作，不仅需要掌握金融保险领域内的相关知识，而且还应当熟悉高新技术。而高级管理信息人才的短缺，同样制约着保险信息化的发展。因此，就要求管理信息人员能够运用现代管理思想把信息技术与企业的营运组织有机地整合起来，并对保险业务系统和管理系统进行应用协调，对企业价值链进行全面优化，从而提高企业的总体管理水平、营运效益和服务质量。加大这方面的人才培养已成为发展保险信息化的先决条件。只有真正解决了人才制约的先决条件，信息技术才可能真正实现与传统产业的融合与升级。

17.3.2 保险信息化的发展趋势

信息时代，信息流动的速度已达到了前人所不能想象的地步，同时知识的创新又使信息的源泉不断扩大。对保险企业而言，紧跟信息技术发展的步伐，掌握信息技术未来的发展趋势，至关重要。展望未来，保险信息化呈现出以下四个方面的趋势：

一、后台数据的高度集中与共享

信息技术的发展使得数据可以低成本进行集中，在全国甚至全球范围内建立集中管理的数据库或设置服务器，分支机构就能通过网络直接在中央服务器上进行业务操作。各保险公司集中了大量的数据信息，通过协议共享有价值的公共数据，可以及时、准确、多角度地进行数据挖掘，进而获得深层次、高价值的信息。比如通过分析不同客户群的购买行为与特征，寻找交叉销售、重复销售的潜力，发现具有类似特征的新客户，以进行主动销售。

二、以网络化为契机，管理、技术、服务不断创新

网络信息技术的发展对保险公司的贡献，一方面表现在内部管理上。可以利用电子邮件、电话电视会议以及其他网络交流形式协调、控制、管理各分支机构，提高工作效率，节省管理费用。而更重要的变化体现在保险公司业务管理网络化方面，网络信息技术使保险公司得以改进自己的业务流程，提高自动化程度，降低成本，增加效率。另一方面表现在驱动产品创新方面。互联网及卫星定位技术的普及使得保险公司有能力更好地控制风险，推出基于信息技术的新型保险产品。比如保险公司在客户的汽车上安装卫星定位装置，利用卫星定位系统（GPS）跟踪掌握客户的实际驾驶速度、次数、时间、里程、驾驶习惯、行驶路线等信息，根据客户的实际驾驶情况，推出按季度计算保费的新型车险产品。

此外，互联网的出现也使客户服务无人化成为可能。目前，发达国家保险公司以及我国某些保险公司的大中城市分公司已开始在网上提供简单的公司产品信息查询、询价、需求分析、财务规划、寻找业务员等售前咨询服务和保单信息查询、简单保全等售后服务。有些处于领先水平的保险公司还通过在线聊天及网页推动等技术提供网上实时服务，或为客户提供实时网上咨询、导航，或支持代理人在线销售等服务。

三、标准化条件下的整合

整合是保险信息化发展的又一个显著趋势。保险信息化的整合包括：数据整合、应用整合、界面整合、业务整合。当然，以上整合实现的条件是标准化的实施与完善。由于保险公司硬件设备和软件系统投入的时间、地域不同而存在较大差异，数据、界面和协议也各不相同，非标准化现象严重，导致系统间无法实现互通。这给保险公司的信息资源整合带来较大的困难，阻碍了网上应用程序开发的顺利进行。因此保险公司在今后的发展过程中必将进行应用系统的整合和重构。在标准化的基础上利用互联网来连接分支机构或各公司间的操作系统，获得保险业统一的数据。

很多保险公司原有的技术系统由于参数固定，不能自动适应公司的快速发展，在推出新产品时，往往需要复杂的技术调整。随着信息技术的不断完善和发展，保险公司开发新的应用程序时，将引入高度参数化的设计，使系统可以根据公司业务的发展灵活定义新的参数。

四、信息化的“外包”与信息人才的专业化

技术的外包是指企业自身只配备少量的技术人员，负责系统及设备的日常维护，而将软件技术的研发、升级交由专门的IT公司负责。从当前保险信息化的发展趋势来看，技术的外包已为大多数保险企业所接受，大多数保险企业比较喜欢应用定制的软件包。科学的技术管理对信息化发展至关重要，目前业界对于外包和自行开发孰优孰劣的讨论还没有结果。因此，不同发展阶段的保险公司应根据自身情况进行选择。在未来，保险企业信息化将采用“IT外包”的方式，这与信息人才的专业化趋势密不可分。技术复杂程度的加深，对专业人才的要求越来越高，技术“外包”正顺应了这一发展潮流。保险信息化“外包”不仅降低了保险公司的成本，也使保险公司随时能得到专业化人才的优质服务。

综合看来，在未来十年，保险信息化的发展将呈现整合化、智能化、专业化趋势。保险信息化依赖于各保险机构之间信息的共享、标准的制定与实施、监管技术的完善，同时这些条件反过来也促进和引导着保险信息化的发展趋势。另外，国内外保险信息化的差距将促使国内保险信息化不断发展，吸取国外保险信息化的先进技术、管理经验也将成为一定时期内中国保险信息化的发展趋势。事实上，保险信息化的发展将跟随着金融信息化乃至整个国家的信息化进程。

第18章
保险信息化的战略规划

信息经济和知识经济的时代，市场竞争的内容已经由质量的竞争转向了速度的竞争、信息的竞争和知识的竞争，市场竞争的范围也由地区扩展到全球。面对知识经济大潮的冲击，保险企业如果不能及时调整自身发展战略，抢占信息化的制高点，将失去在新的局面下持续发展的动力。可以说，保险企业信息化是新世纪企业求得生存、发展的根本。选择信息时代的信息化，还是选择工业时代的信息化，这是保险企业不能回避的一个问题。

信息时代的保险企业信息化，其特征是：客户主导，快速反应，持续完善。而工业时代的信息化特征则是：产品主导，单向调整，阶段升级。信息时代的商业模式，在企业之间表现为“竞合”多于“竞争”。企业加强与客户的联系，以个性服务的口号颠覆工业时代“标准化生产”的价值观。标准化生产在信息时代，将更深地埋于后端，为前端千变万化的客户服务做平台。企业进行工业时代的信息化，主要反映于生产流程和财务管理；而信息时代的信息化，要求实现IT智能管理，不但控制企业生产，更多地要科学地指导企业生产。

18.1 制定保险信息化总体战略的原则

中国保险企业信息化总体战略的原则应该是“协调发展、分步实施、业务为本、效益为先”。这一原则同样可以作为保险企业信息化策略的制定原则。

18.1.1 协调发展

面对信息时代的信息化，保险企业不能超越生产力发展阶段，放弃或放松还没有完成的工业化建设任务。首先，要求信息化和工业化相促并进，信息化以工业化为基础，工业化以信息化为动力，从而实现跨越式前进。全球信息技术的发展正在进入一个成熟期。通信技术、计算机技术、网络技术、集成电路技术、多媒体技术等技术群交互发展，信息技术为经济增长和社会发展带来了新的增长点和增长方式。这使得我们发展中国家没有必要从头做起，而完全可以直接引进先进的信息技术，大规模地从事推广和应用，以加速我国保险企业的改造、重构进程，促进我国保险企业完成工业化建设中未完成的任务，更好地解决保险企业在新的形势下遇到的仅以工业化手段无法解决的生存和发展问题。

其次，实现保险企业内在需求和现状的协调发展。保险企业信息化的首要条件是保险企业具有信息化的需求欲望，而不能是赶潮流、赶时髦。保险企业信息化是一个投资巨大、技术高新、利益复杂、难度很大、耗时耗力的系统工程，只有出于当前工作和未来战略性发展的迫切需要，企业才能克服一切困难实现和利用保险企业信息化系统。例如：要提供高质量的服务、保险企业各部门数据要共享、对市场的需求要迅速作出响应等，有了这些要求，保险企业实施信息化建设就有了内在动力。否则很难达到预期效果，甚至可能会失败。

18.1.2 分步实施

信息化是一个动态发展的过程，随着经济的不断发展和新的信息技术的不断涌现，信息化的内容与理论也会得到不断的充实和更新。具体到一个保险企业的信息化建设，也存在一个逐步发展和完善的过程。许多保险企业由于自身现代化基础、规模、资金等条件的限制，往往采取分步骤、分阶段、分主次的实施方案。认识到这一特征，有利于在保险企业信息化建设中增强自觉性，减少盲目性，从而不畏难、不急躁、不停顿地实现各个阶段性目标和总体目标。由于中国保险企业信息化建设发展不平衡，我们不能照搬目前西方信息化的模型。为此，我们必须从保险企业基础 E 化（即业务流程信息化）和进程 E 化（即电子商务）两大基点出发，从信息化存在、互动、交易、变革四个阶段，分别进行考量和测度。只有这样，才能切实制定符合我国企业自身实际的信息化方案。

18.1.3 业务为本

这是保险企业信息化成功的基础。首先，保险企业信息化应以企业管理的规范与优化为基石。保险企业信息化是三分技术、七分管理，不能单纯依靠技术人员，必须有全体管理人员特别是高层管理者的积极参与或领导。信息化的目的是为了改进管理，提高管理效率，而在管理制度不健全、管理机构不稳定，一句话，在管理还不规范，甚至趋向劣化的情况下，追求信息化必败无疑。只有在整顿和加强管理的基础上推进信息化，用信息化促使企业管理的重组和革新，才会走向成功之路。在保险企业里设置企业信息主管或者首席信息官，应是现代企业发展的方向。更重要的是，保险企业信息化应围绕保险企业的产出来进行。保险企业的产出表现为保险产品或服务。保险企业搞信息化要紧紧围绕着产出，使得产品更加适合市场的需要，持续创新、缩小开发周期；使得服务更加多样和完整，并且让用户随时随地都可以方便、快捷的享有，增进客户对服务消费的满意度。实现这样的目标，就要以市场为导向，以客户体验为中心，充分利用信息化的沟通手段并且深入分析各方的数据。

18.1.4 效益为先

这是保险企业信息化成功的保证。保险企业信息化应以提高企业的效益和竞争力为目标。效益包括经济效益和社会效益，竞争力包括在国内市场和国际市场赢得或保持竞争优势的能力。保险企业搞信息化，要注重效益，有利于增强竞争力。保险企业信息化的目的务必明确，并需把它用来作为衡量企业信息化成败的标准。由于信息系统的效益很难从整个企业经营活动中分离出来，又缺乏一种成熟的评估审计方法，所以信息化效能往往不能直接反映在每个项目上。因此，有必要进行项目的后评估和审计程序，作为验收竣工的依据。同时应该经常性地调查保险企业内、外用户对信息资源的利用情况以及效果，积累信息系统高质量数据存储、数据模型、标准、业务流程规则等无形资产，使信息系统增值。

时刻跟踪技术的进步是有效的、高水准的保险企业信息化的重要条件。前面提到了业务对于信息化的指引作用，但是如果不时刻关注快速发展的信息技术，也无法很好地了解哪些业务是可以从信息化里面获得好处的。信息技术的快速发展是保险企业信息化的外部环境，不了解这个环境，无法制定出符合需要的信息化整体策略。总之，业务是信息化的指引者，是信息化的服务对象；而技术则为新业务的开展和现有业务的质量提升提供了可能。两者是互相依存、协同发展的关系。

18.2 保险企业信息化的发展战略

保险信息化的战略目标要以实现保险企业、保险行业、国家监管部门以及保险、金融、经济、消费者的全面协调发展为目标，建成一个基于先进信息网络、能够满足全社会多元化、多层次保险需求的、人民群众广泛受益的、稳定、高效、安全、可信并可持续发展的现代保险服务体系，为实现中国保险的一体化提供保障。对于保险公司来说，信息化的总体目标是提高企业的盈利能力。具体来讲，就是在未来十年内，完善与保险信息化相关的外部环境，在保险企业内部形成成熟、高效的信息化管理体制与运行机制，并不断地营造更好的内外环境，以适应保险业务不断发展的要求，使信息技术与保险企业的经营管理相协调，使保险企业具备以信息技术为依托，大力发展保险服务与保险创新的能力。

信息化总体战略不是抽象的，而是要符合具体的企业、行业的需要。保险业对未来竞争优势的取得将集中在产品质量、推出速度、服务成本、服务质量、响应方式等一个或几个方面，而影响这些方面的内部因素又相当多。为了制定正确的业务目标和业务战略，必须抓住关键的因素。从业务的角度来讲，就是要抓住关键的业务流程。信息战略目标的确定应立足于企业未来的竞争要素和影响这些要素的关键业务流程，同时，还应考虑信息技术支持这些要素和流程的可能性。以下是保险企业信息战略目标的导出过程。

保险企业信息化是一项长期的工作，其目标要着眼于提高企业的能力，尤其是关键竞争能力这一层面。同时，面对现状，保险企业应从实用出发，从提高企业运作效率出发，逐步去实施企业的信息战略。一般而言，保险企业的信息化过程可以分为四个阶段：局部开发阶段、系统集成阶段、流程重组阶段和外部集成阶段，如图 18－1 所示。

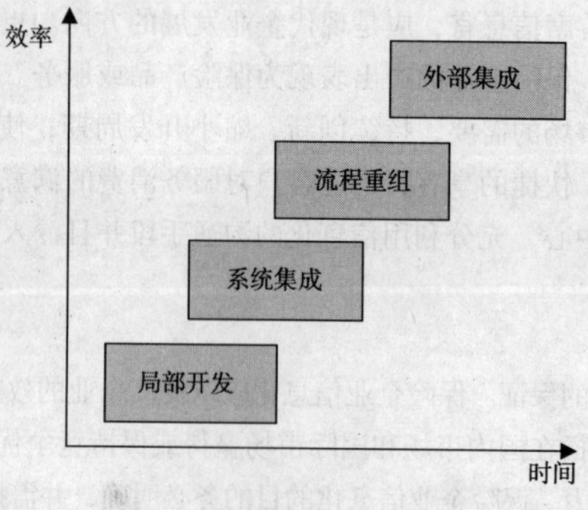

图 18－1 保险企业信息化等级

1. 局部开发阶段。这是保险企业信息化的初级阶段，应该说目前我国绝大多数保险企业处于这一阶段。值得一提的是，很多保险企业还停留在分散开发局部的事务处理系统等，甚至还处于单机应用的水平，这种情况可以算是局部开发的原始阶段。局部开发的特征是保险企业已经建立了一些比较完整的基于网络的业务应用系统，如一些保险企业已经有人事工资系统、销售支持系统等，但各系统与系统之间相互独立，依靠人工接口，只实现局部的信息集成，信息共享性较差，信息余度大。

2. 系统集成阶段。顾名思义，就是将原有的应用系统集成起来。系统集成并不是局部系统的简单叠加或建立接口，而往往要引入新的系统，实现原有系统之间的集成，或者引入的系统在原来的基础上扩展应用（如引入 Intranet 系统扩展信息查询、对外发布等方面的应用），所以系统集成就是要建立一个框架，将已有的或将准备建立的应用系统都考虑进去，并有机集成，实现信息的集成和共享，提高保险企业整体的运作效率。

3. 流程重组阶段。如果说系统集成阶段以前主要考虑保险企业运作效率的提高，那么流程重组阶段将关注保险企业能力的提升。这是业务流程和信息系统相互优化组合、调整、改造的阶段，是管理与技术有机集成，最大限度发挥信息技术的作用的阶段。通过流程重组，使得企业面貌发生根本性的改变。

4. 外部集成阶段。将使保险企业的信息系统扩展到顾客、供应商、合作伙伴等企业面对的基本外部环境，实现保险企业内部信息与外部信息的集成与共享。在信息系统外部集成的情况下，保险企业可以随着获取顾客需求、竞争态势、供应行情等信息的变化，并据此及时调整企业的策略，使企业在瞬息万变的市场竞争环境中立于不败之地。信息系统外部集成也使企业实现敏捷制造、电子商务、供应链等成为可能。此时的企业运营已经和整个电子化、信息化的社会紧密地结合，并且适应这种新的环境。

18.3 保险信息化战略规划步骤与过程模型

18.3.1 保险信息化规划步骤

保险信息化的战略规划可以划分为如卜五个步骤进行：

一、进行形势分析，这是规划的依据

首先要明确保险企业的发展目标、发展战略和发展需求。明确为了实现企业发展的总目标，保险企业各个关键部门要做何种工作。其次要研究整个行业的发展趋势和信息技术产品的发展趋势。不仅分析行业的发展现状、发展特点、发展动力、发展方向，以及信息技术在行业发展中起的作用，还要掌握信息技术本身的发展现状、发展特点和发展方向。要了解竞争对手对信息技术的应用情况。包括具体技术、实现功能、应用范围、实施手段以及成果和教训等。最后要认识保险企业目前的信息化程度和信息资源。信息化程度分析包括现有技术水平、功用、价值、组织、结构、需求、不足和风险等。信息资源分析的内容包括基础设施如网络系统、存储系统和作业处理系统；包括信息技术架构如数据架构、通信架构、运算架构；包括应用系统如各种应用程序；包括操作管理如方法、开发、实施、管理；还包括企业员工如技能、经验、知识和创新。

二、制定和调整战略

它根据第一部分形势分析的结果，来制定和调整企业信息化的指导纲领，争取企业以最适合的规模，最适合的成本，去做最适合的信息化工作。首先是根据本企业的战略需求，明确企业信息化的远景和使命，定义企业信息化的发展方向和企业信息化在实现企业战略过程中应起的作用。其次是起草企业信息化指导纲领。它代表着信息技术部门在管理和实施工作中要遵循的企业条例，是有效完成信息化使命的保证。然后是制定信息化目标。它是企业在未来几年为了实现远景和使命而要完成的各项任务。

三、设计信息化总体架构

它是基于前两个步骤而设计的信息化的工作结构和模块。它以层次化的结构涉及企业信息化的各个领域，每一层次由许多的功能模块组成，每一功能模块又可分为更细的层次。

四、拟定信息技术标准

它涉及对具体技术产品、技术方法和技术流程的采用。它是对信息化总体架构的技术支持。通过选择具有工业标准，应用最为广泛，发展最有前景的信息技术作为标准，可以使保险企业信息化具有良好的可靠性、兼容性、扩展性、灵活性、协调性和一致性。从而提供安全、先进、有竞争力的服务，并且降低开发成本和时间。

五、进行项目分派和管理

它根据前述各步骤，首先对每一层次上的各个功能模块以及相应的各项企业信息化任务进行优先级评定、统筹计划、项目提炼，明确每一项目的责任、要求、原则、标准、预算、范围、程度、时间以及协调和配合，然后选择每一项目的实施部门或小组。最后，确定对每一项目进行监控与管理的原则、过程和手段。

上述各点既是保险企业信息化战略的一个高度概括，又是一个工作框架。保险企业可根据自己的实际情况去丰富每一部分的内容，深入每一部分的工作，制定具体的保险系统的企业信息化战略规划，从而切实保证信息化对企业发展的贡献。

信息规划建立了一个企业内部信息化的总体蓝图，接下去就需要把信息规划按照一定的步骤加以执行。

18.3.2 保险企业信息化的过程模型

保险企业信息化其实和一般的企业信息化的过程类似，都是从提高企业的工作效率开始入手。保险企业信息化的过程可以如图 18-2 所示。

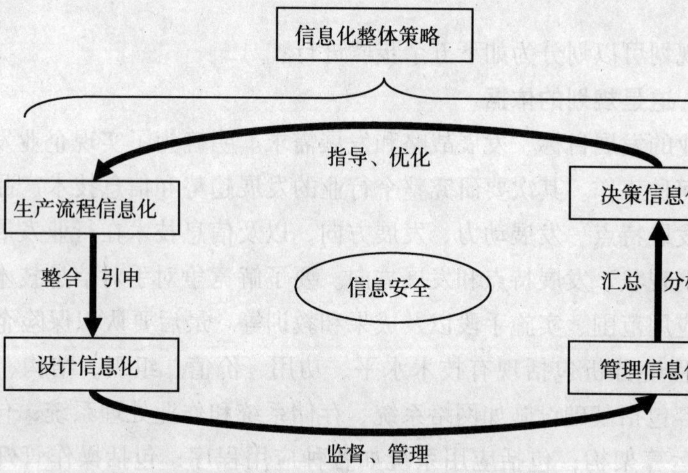

图 18-2 保险企业信息化的过程模型

具体地说，保险企业信息化应经历以下发展过程：

第一，实现业务流程的信息化。核心目标是提高保险企业业务流程的效率和规范的程度。

第二，实现产品和服务的信息化，也就是精算的信息化和客户服务信息化。对于保险企业，它的产品就是经过精算以后确定的保险产品，每一个这样的产品包含的实际上是一种服务。因此这部分内容相当于制造企业的产品设计的信息化。

第三，实现管理的信息化。主要是提供数据仓库、统计分析系统之类的应用。

第四，实现决策支持信息化，这方面主要是利用决策系统。

在上述信息系统建立的基础之上，公司就会综合考虑信息安全的问题。这一点实际也是信息化策略的一部分。

在下文当中，我们就按这个发展过程的顺序对保险信息化进行分析。

18.4 保险企业在规划和实施信息化战略时应注意的问题

H. 西蒙（H. Simon）曾经指出：“美国大公司中建立的第一代管理信息系统证明基本上是失败的，原因就在于这些系统的设计者们不是以保证管理者的注意力不被分散到无关紧要的方面为目标，而是以提供更多的信息为出发点。”因此，我国保险企业在作信息化规划和制定实施策略时，要全面考虑，注意如下一些问题：

18.4.1 高度重视信息化策略规划与实施

保险企业领导和总体战略制定者最好能够同时参与信息化策略的制定过程。这样可以保证信息化战略与实施策略的一致性，企业信息化才有可能更富成效。

18.4.2 认真分析企业信息资源开发和信息化程度，确定信息化总体需求

信息技术的不断发展，衍生出日益繁杂的信息管理工具，保险企业在实施信息化策略过程中，不应“跟风”，而应实事求是地分析企业信息资源开发和使用现状以及信息化程度，进而确定信息化总体需求，并将这一过程渗透到基层中去。只有全体员工都意识到管理信息化、交易电子化、信息网络化的重要意义，信息化策略的实施才有可能比较顺利且卓有成效。同时，也要进一步确定各部门、各战略业务单位（SBU）的信息化需求，实现全员参与各类信息系统的规划、实施与控制。

18.4.3 充分利用中介机构，并寻求资源外包服务

虽然 Intel 董事长格鲁夫曾经指出，未来将没有互联网企业，因为所有的企业都已成为互联网企业了。但目前就我国国情和企业的自身情况来看，条件远未具备。因此，保险企业在实施信息化策略过程中，应充分利用中介机构如咨询公司等。同时，互联网电子商务时代更注重专业化基础上的整合，所以，应寻求合适的资源外包服务，以便企业更专注于企业自身的业务。

18.4.4 建立健全信息化规划、实施、控制体系，在组织制度上予以保障

保险企业应建立以首席信息官为首的信息化策略规划、实施、审核与控制体系，从制度上、人事组织上予以保障。建立健全信息开发管理及运作部门或中心，同时在各个部门内设立信息管理专员或信息副经理。建立信息扩散、传播和使用研究中心（院），强化管理人员的信息化意识。建立完善信息化教育培训制度，一方面借助信息技术开展 7×24 小时的教育网络，另一方面，强化全体员工的 IT 应用能力和信息化意识。

18.4.5 谨慎评价 IT 应用和信息系统实施效果

对实施信息系统进行评价并不容易，国内外曾经做过一些这方面的工作，但并不理想。对 IT 应用和信息化策略实施的评价直接关系到企业在该领域中的价值取向和行为动机。究其原因，不外乎信息作为一种战略资源，其所带来的效益具有长期性，很难在短期内获得明显效益。但基本判断为，只要比以往效率有较大提升，就应积极评价 IT 应用和信息化策略的实施。

第 19 章
保险企业业务流程信息化战略

业务流程信息化是一切信息化工作的基础。保险业务流程信息化可以分为四个阶段，业务流程规范化（业务流程定义）、业务流程信息化、业务流程优化和重建。基于保险行业的特点，其业务流程在进行信息化的时候，会有一些特殊的考虑。

对于保险公司的业务流程信息化，主要体现在各个保险公司的核心业务系统的信息化建设中。通过对核心业务系统的信息建设过程，将保险业务流程提炼和加工，并赋予信息化的形式。在保险公司的业务经营和管理中，业务流程信息化具有明显的作用，主要体现在以下几个方面：

（1）提高业务效率；

（2）强化管理，确定岗位的职责并追究责任；

（3）为流程改进提供依据；

（4）提升企业的效益。

19.1 保险业务流程的定义与构成

19.1.1 保险业务流程的构成

我国目前保险业务可以分为三种业务形式：以经营财产保险产品为主业的财产保险业务；以经营人身保险产品为主业的人寿保险业务；以对产、寿险业务作共保或分保业务的再保险业务。无论财产保险还是人寿保险，从其业务构成角度来讲，有着许多相似之处，其不同点主要在于产品性质不同，因此在业务处理过程中具体的业务处理细节也存在较大的差异。

一、生产系统的流程

生产型业务也就是日常的承保、保全及理赔业务，因此对应生产型业务的系统就是业务处理系统。生产型业务的特点是面向过程控制及管理，或者说是基于工作流的生产线管理，从大的方面看，生产系统可以设计成承保生产线、保全生产线和理赔生产线三个业务生产线。生产线上流转的操作任务都是对应某个保险产品（险种）的操作单位，因此可以想象生产线与生产线上的操作完全可以分离，即将所有的保险产品通过一个统一的产品管理系统进行管理。参见图 19－1。

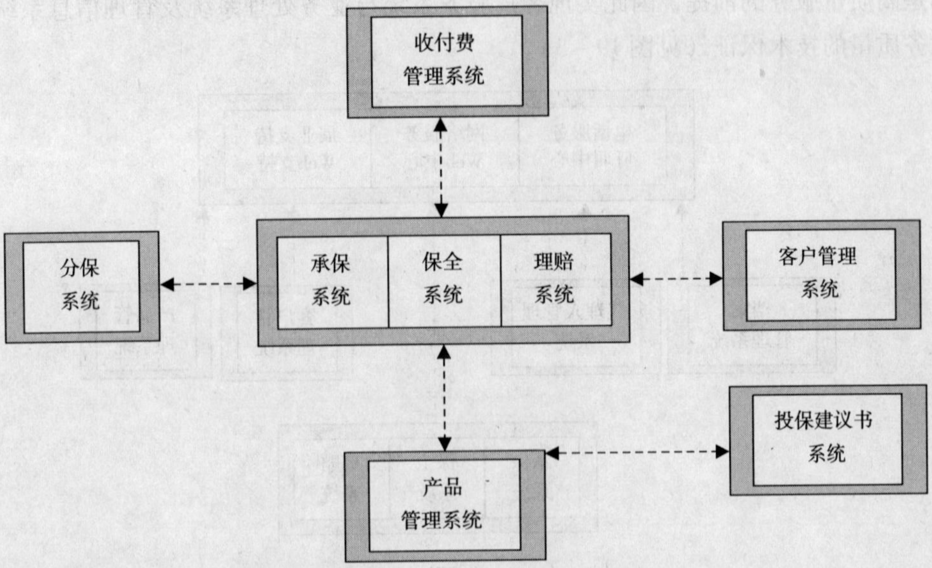

图 19－1　生产系统的构成及关系

二、企业管理系统构成

管理型业务的目标就是有效保障业务生产的稳定和高质、高效运行，主要涉及人力资源管理、代理人管理、档案管理、办公管理、财务管理等。所有这些管理的有效执行都离不开生产系统的支持，因此实现这些系统与生产系统之间的一体化集成是进行电子化的体系结构设计时必须考虑的。这些系统与生产系统之间的关系如图 19－2 所示。

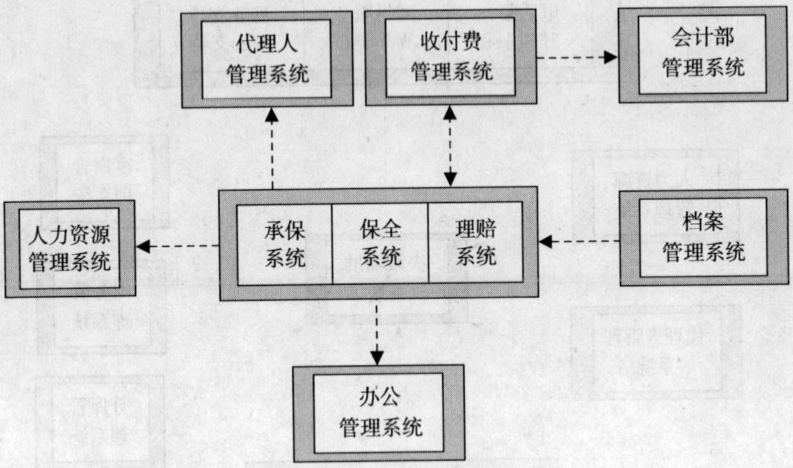

图 19－2　生产系统与管理系统的关系

三、客户服务系统流程

保险行业本身就是一个客户服务密集型的行业，因此客户服务的质量直接关系到保险公司的市场竞争力，因此提升客户服务质量是保险公司的一大业务核心。从服务对象来看，保险公司的客户有两类：一类是投保人，另一类是代理人。代理人又分为机构代理人与个人代理人两种；从服务渠道来看，可以分为三种：第一种是见面服务；第二种是通过呼叫中心（Call Center）进行的电话服务；第三种是通过网络进行的客户自助服务。从服务内容来看，不管通过哪种渠道进行服务，信息的时效性与准确性都是高质量服务的前提，因此实现客户服务系统与业务处理系统及管理信息系统的一体化集成是提高服务质量的技术保证（见图 19－3）。

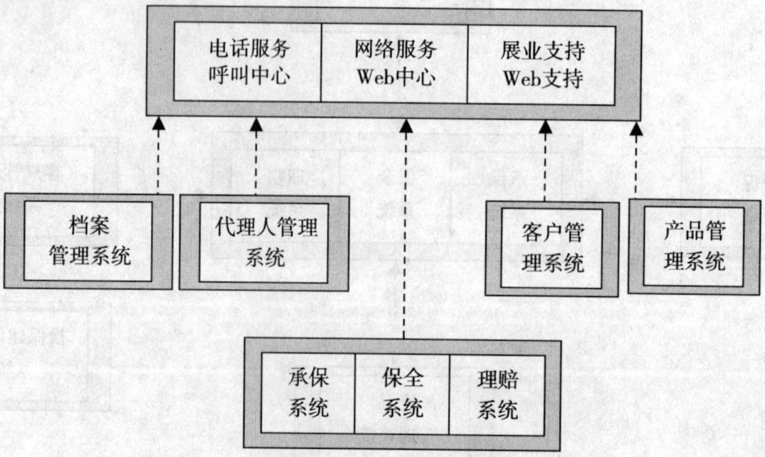

图 19－3　客户服务系统与其他系统的关系

四、决策系统流程

决策型业务的目标就是能够做出正确的产品开发、市场推广、投资理财及人力开发等方面的正确决策，但要做出正确的决策就离不开全面、及时、准确的信息支持。决策本身就是对信息的综合利用、消化、推理并升值的过程。因此建立一个能够容纳各种各样信息的保险信息数据库是进行正确决策的前提（见图 19－4）。

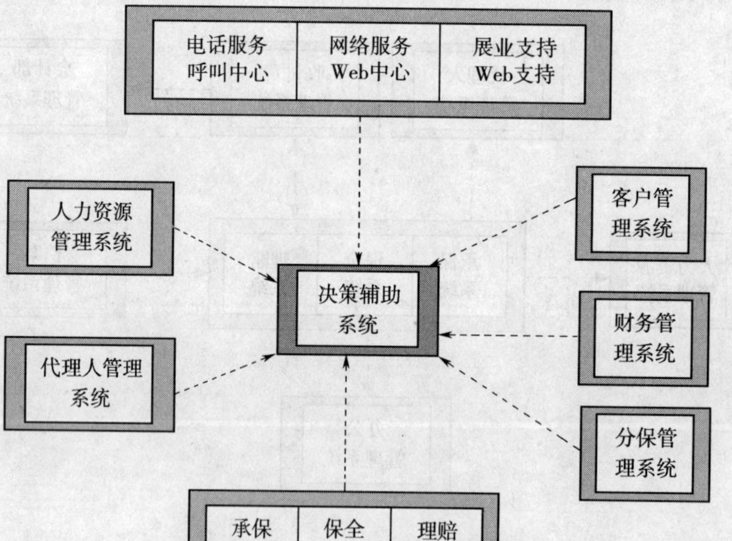

图 19－4　决策辅助系统与其他系统的关系

19. 1. 2　保险业务流程分析

一、财产保险业务流程分析

财产保险业务流程中主要包括承保、保全（批改）、理赔、收付费等业务处理部分。下面依据其重要的业务处理点——承保、保全（批改）、理赔三个部分分别说明。

1. 承保业务流程（见图19－5）。

投保方提出投保要求，填写投保单，经与保险方商定交付保险费办法，并经保险方签章承保后，保险合同即告成立，保险方根据保险合同及时向投保方出具保险单或保险凭证。

2. 保全业务流程（见图19－6）。

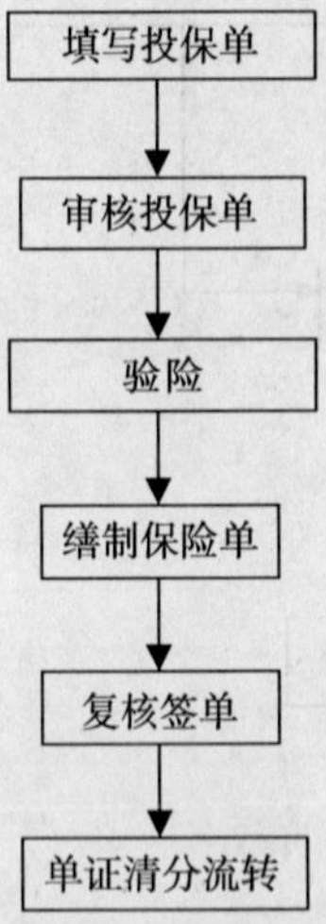

图19－5　财产保险承保流程图

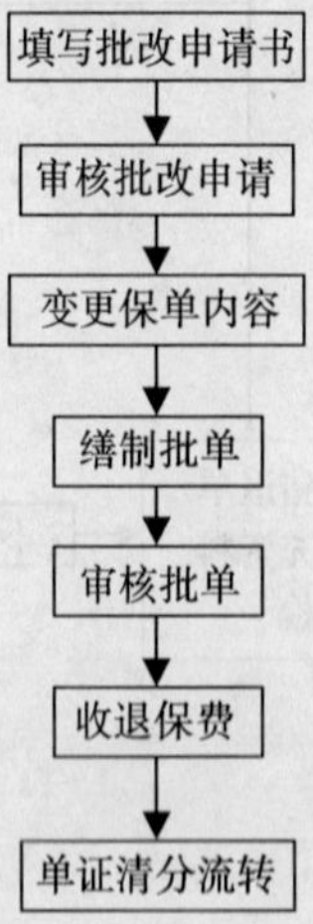

图19－6　财产保险保全业务流程图

保险单签发后，保险事项（如被保险人名称、保险财产所在地址等）若变动，被保险人应及时提出书面申请办理批改手续，经审核同意并签章后，再连同保险单一并文保险人，凭此签发批单，附贴在保险单上。无论何种情况均以后加的批单条文为准。

3. 理赔业务流程（见图19－7）。

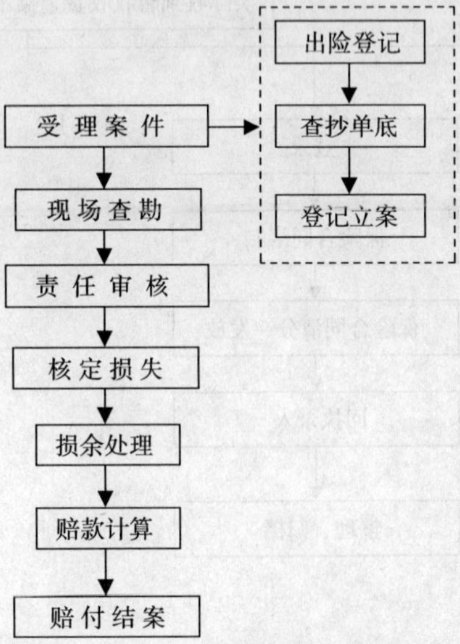

图19－7　财产保险理赔业务流程图

理赔是当保险财产在遭受保险责任范围内的灾害事故发生损失时，保险人根据保险合同的规定，对被保险人履行经济补偿义务的具体工作。

二、人寿保险业务流程

一般人寿保险核心业务处理如图 19－8 所示。当然，因为各家公司业务组织形式不同，有可能各家之间有一些差异，但总体而言，不会有太大、太多的区别。图 19－8 在一定意义上可以代表人寿保险业务新单处理的一般形式。

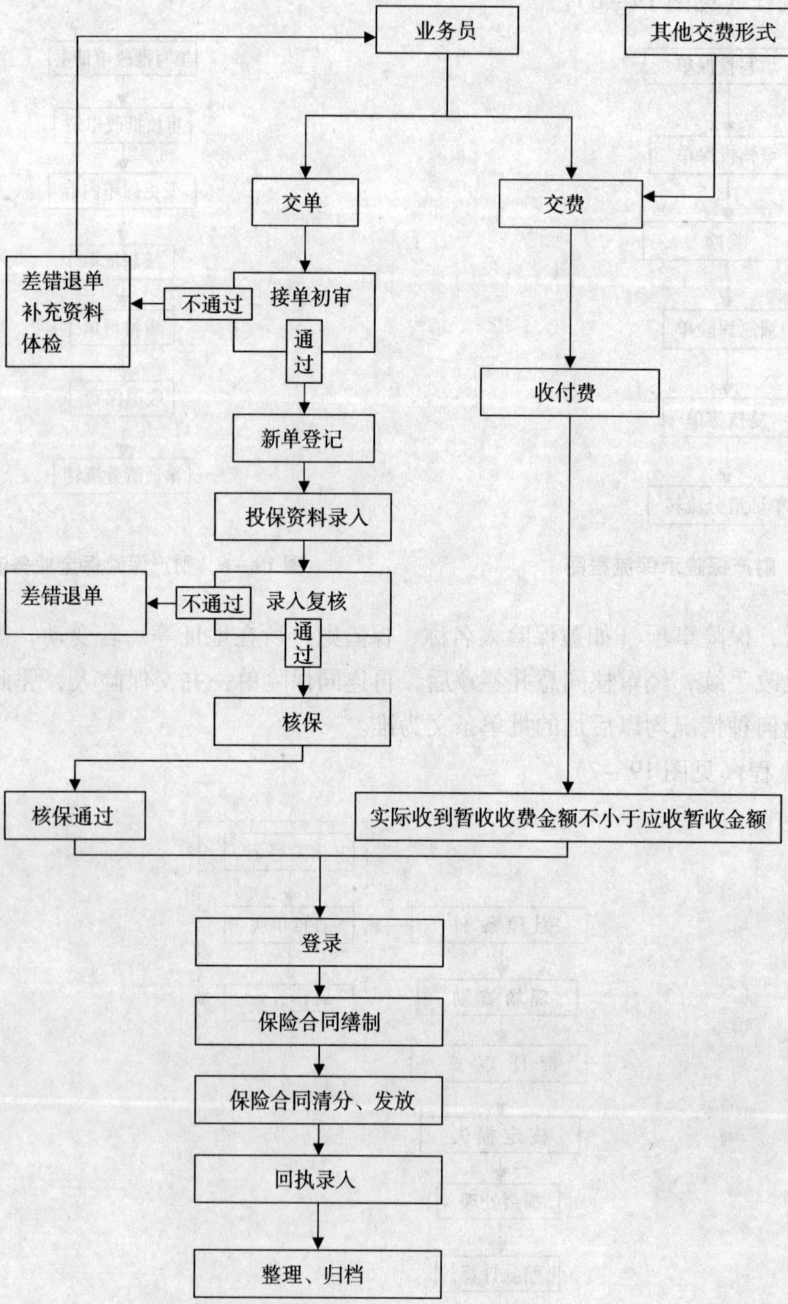

图 19－8　人寿保险业务流程图

从图 19－8 中我们可以看出，人寿保险核心业务流程中投保与核保的业务过程，加上续保、理赔等环节，就形成了完整的核心业务处理过程。

三、再保险业务流程分析

一般情况下，再保险业务依据业务对象不同分为财险业务和寿险业务两部分。根据再保险的定义，无论财险还是寿险，其再保险的业务处理模式并没有实质性的不同。因此，这里以寿险业务的再保险处理流程为例作分析。

寿险再保险业务包括法定分保、合同分保和临时分保，此外还有分出转分业务。分保方式主要以比例分保为主，包括成数分保、溢额分保和混合分保。

下面以临时分保业务的处理流程为例说明再保险的业务处理流程。

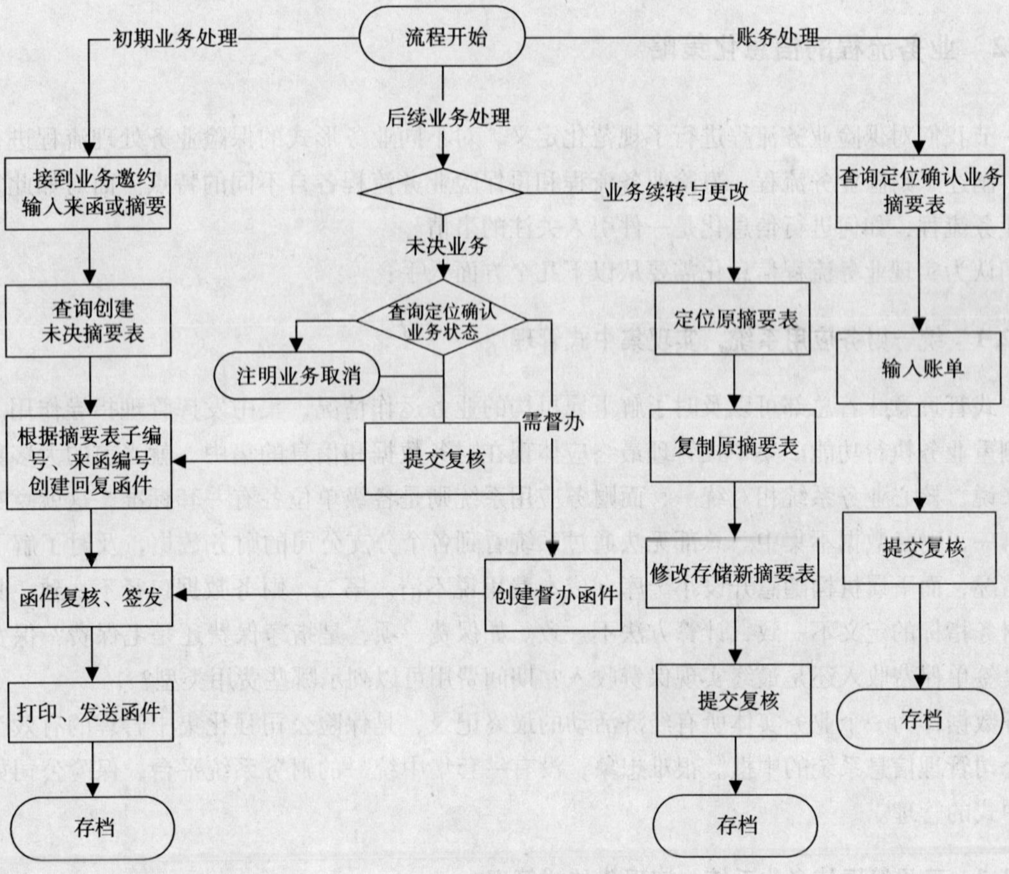

图 19－9　再保险业务流程图

图 19－9 是临时分保业务处理流程的示意图，分为三部分：初期业务处理、后续业务处理和账务处理。

非标准件或高额件首先作为新单进入初期业务处理流程，符合要求的自动创建同意回复函件、复核、发送，初期业务处理流程就结束了；不符合条件的进入后续业务处理流程，由业务人员查询确认业务状态。

后续业务处理分为两种情况：初期业务处理产生的未决业务和续转更改业务。未决业务根据查询结果，再保险公司分别出具业务取消、同意分保、有条件分保（督办函件）三种意见的函件。其中督办函件不能自动创建。对于续转更改业务，再保险公司不能做出取消或附加条件的决定，只能根据分出公司提供的信息，对摘要表进行修改。

前两个流程是再保险公司对分保业务进行认可，账务处理则是分出公司和再保险公司之间进行结算处理，主要是检查分出公司提供的账单的正确性。

合同分保的流程与临时分保的流程大致相同，也存在这三个流程。区别在于处理临时分保时是一单一单进行的，处理合同分保时，前两个流程是成批处理的。合同分保时，函件无须产生，不能取消，不能附加条件，只是达到把摘要数据进入系统的目的。

法定分保的流程很简单，只需要第三部分——账务处理，无须检查摘要表。

转分的业务处理建立在客户管理的基础上，一个客户的风险保额达到某一额度时，才需要进行转分处理。做过转分处理的保单则要作上相应标志，发生理赔摊回时，向分入公司按比例摊回。

19.2　业务流程的信息化策略

上一节我们对保险业务流程进行了规范化定义，对不同业务形式的保险业务处理流程进行了详细的分析，阐述了财险业务流程、寿险业务流程和再保险业务流程各自不同的特点。面对如此复杂多样的保险业务流程，如何进行信息化是一件引人关注的事情。

我们认为实现业务流程信息化需要从以下几个方面入手：

19.2.1　统一财务应用系统，实现集中式管理

集中式管理意味着总部可以及时了解下属机构的业务运作情况，集中发挥管理指导作用。下属机构则更侧重业务执行功能。集中式管理最终应体现在财务数据和信息的集中，就当前的大多数国内保险公司来说，核心业务系统相对统一，而财务应用系统则是各级单位各有一套标准，这就意味着两种结果：第一，财务数据不集中。总部无法通过系统看到各个分支公司的财务数据，及时了解下属单位的业务情况，而下属机构随意开设小金库，成本费用说不清。第二，财务数据口径不一致。具体表现在关键财务指标的定义不一致，计算方法不一致。如保费一项，是指净保费还是毛保费？保费收入的定义，是签单保费收入还是最终实现保费收入？期间费用可以列示哪些费用类型？

财务数据作为一个业务实体所有经济活动的最终记录，是保险公司强化集中管理的有效工具，也是保险公司管理信息系统的中枢。很难想象，没有一套集中统一的财务系统平台，保险公司如何能够实现集中式的管理。

19.2.2　建设管理信息化系统，实现集约式管理

集约式管理意味着管理的细化，它不仅仅反映业务规则和服务流程的明细，更重要的是做到经营管控的细化。对于目前国内大多数保险公司来说，还保留有计划经济时期的粗放式管理模式，而且随着业务的快速发展和市场竞争的加剧，很多保险公司一味地追求业务量的增长，而忽略获利分析。这将直接导致公司决策及管理层根本不清楚公司是否在盈利、盈利点在哪里、带来盈利的重点客户又是哪些。

在这里，管理的细化具体包括成本管理和获利分析。通过管理信息化系统的建设，保险公司可以引入先进和有效的成本管理方法。如建立各级单位的成本中心对成本要素进行成本管理；通过利润中心来加强各分支机构和业务类型的责任和绩效监控；通过获利分析的方法和工具来实现进一步的综合获利分析。通过成本管控和收入分类，可以实现最终的获利分析，从而使保险公司可以按照业务类型、部门机构、产品类别、客户组来更加明确地管理收益和成本，监控获利情况，及时调整业务发展，真正做到管理的细化，保证公司健康快速地发展。

19.2.3 加强业务核心系统和业务支持系统建设，提高业务效率

借助信息化的手段，同样可以真正提高业务效率。表现在：(1) 对内，可通过集成的财务管理系统和人力资源系统，大大减少重复的手工劳动，避免人为因素造成的数据差错，提高各业务部门和上下级单位之间信息交流的速度，改进业务分析，加强自动监管。国内保险公司普遍存在一个误区，总认为应先着手业务核心系统的建设，从而很快地改变整个保险公司的服务水平和效率，他们往往忽视了业务支持系统即财务管理系统和人力资源系统的建设。其实，如果离开了这些后台业务的支持和管理系统的快速处理和调配，客户服务的满意度和效率永远无法达到卓越的程度。(2) 对外，通过客户管理信息系统和业务核心系统平台的建设，使业务伙伴（包括客户、代理人、经纪人、医疗机构和事故鉴定机构等）快捷地获取信息，进行业务操作，提高业务效率，从而增加业务机会，扩大收入。

当前国内的多数保险公司在信息化建设上存在依赖内部自主开发、技术和业务脱节、功能开发应用滞后、内部用户满意率较低等弊病。这与我国的保险公司管理信息化建设起步较晚、人才和经验较少有必然的联系。相信国外保险业领先的管理信息化建设的经验，会对我们从事保险信息化的工作人员有一定的参考和借鉴价值。

19.3 保险业务流程优化

保险企业信息化建设是以信息技术应用为基础的管理改造过程。业务流程优化过程不是单纯的管理技术问题，必须考虑现有和未来的信息技术应用，即应利用信息技术的手段固化管理体系，并提高信息交互的速度和质量。

19.3.1 优化业务流程的思路

业务流程优化过程实质上是管理再造或优化的实施过程。企业战略定位的变化和战略思路的改进，最终都在业务流程中体现，反过来说，可以利用流程优化的手段来规范和提升管理体系。

基于以上思想，首先要对当前保险公司的管理体系进行规范和提升。其核心思想是，学习国内外先进经验，对目前保险企业的经营和管理模式的定位进行研究，找出其存在的问题和差距，结合保险企业的业务特点和公司战略，对保险企业经营和管理模式进行重新定位，其核心是形成新的管理理念。

所谓新的管理理念是指适应于保险企业的、独特性的、经其他保险企业检验证明是成功的理念，其内容极为丰富，不拘一格。目前，信息化建设过程中常见的新管理理念是，实现从传统的事后管理（静态管理）向实时管理（动态管理）转变、部门管理（职能管理）向岗位管理（流程管理）转变、定性管理（主观管理）向定量管理（客观管理）转变、分散管理向集中管理转变等。

以职能管理向流程管理转变为例来说明。传统的企业管理是职能管理，也就是说每一项工作只指定了由哪个部门来负责，具体工作由该部门的领导来分配。而信息化工程要求管理模式由这些传统的职能管理向“流程管理”改进，其目的是缩短信息交互时间，提高客户反应速度。

19.3.2 优化业务流程的参考方法

目前，业务流程优化有两种参考方法，即系统化改造法和全新设计法。

其中，系统化改造法以现有流程为基础，通过对现有流程的消除浪费、简化、整合以及自动化等

活动来完成重新设计的工作。全新设计法是从流程所要取得的结果出发，从零开始设计新流程。这两种流程优化方式的选择取决于保险公司的具体情况和外部环境。一般来说，外部经营环境相对稳定时，保险企业趋向于采取系统化改造法，以短期改进为主；而在外部经营环境处于剧烈波动状况时，保险企业趋向于采取全新设计法，着眼于长远发展而进行比较大幅度的改进工作。从多数企业的具体情况来说，比较适宜的方式是采取系统化改造法，而且最好用流程图形式表现出来。

在保险客户服务流程中，多数问题出在客户的诉求需要经过多个环节才能得到响应。然而对于网络化的企业来说，其管理理念之一是对客户需求的“快速响应”，这种多环节的运作模式显然不适应这种理念的需求。

客户信息进入新系统后，其诉求立刻在保险诊断系统中得到响应，诊断系统直接向各相关部门发出指令，指挥相关部门解决客户的具体要求。同时，整个服务过程进入知识库，供故障研究与分类部门进行深入分析和总结。这样，一个自动化的“快速响应”系统就形成了。

19.3.3 优化业务流程的步骤

常见的业务流程优化的工作首先是进行组织建设，组织建设是业务流程优化的前提。流程优化的具体步骤包括：

首先是现状调研。业务流程优化小组的主要工作，是深入了解保险公司的盈利模式和管理体系、战略目标、国内外先进保险公司的成功经验、现存问题以及信息技术应用现状。两者间的差距就是业务流程优化的对象，这也就是保险公司现实的管理再造需求。以上内容形成调研报告。

其次是管理诊断。业务流程优化小组与保险公司各级员工对调研报告内容进行协商并修正，针对管理再造需求深入分析和研究，并提出对各问题的解决方案。以上内容形成诊断报告。

最后是业务流程优化。业务流程优化小组与保险公司对诊断报告内容进行协商并修正，并将各解决方案细化。具体的业务流程优化的思路是：总结保险公司的功能体系；对每个功能进行描述，即形成业务流程现状图；指出各业务流程现状中存在的问题或结合信息技术应用可以改变的内容；结合各个问题的解决方案即信息技术应用，提出业务流程优化思路；将业务流程优化思路具体化，形成优化后的业务流程图。

在优化业务流程的过程中应注意以下问题：

1. 组织结构以产出为中心，而不是以任务为中心。该原则是说组织在完成业务流程的所有步骤时，应该围绕目标或产出而不是单个任务来设计人员的工作。

2. 借助信息系统。某些在精密分工下由几个人或几个部门完成的流程，可以改为由一个人或一个部门来完成以消除人与人之间或工作组之间的摩擦，从而减少管理费用。当然，具体如何调整要具体情况具体分析，原则是以全局最优为标准。

3. 将保险企业分散的资源集中起来视为一体。集权和分权的矛盾是长期困扰企业的问题。集权的优势在于规模效益，缺乏灵活性。分权，即将人、设备、资金等资源分散开来，能够满足更大范围的服务，但却带来冗余、官僚主义和丧失规模效益的后果。

4. 让并行的工作互相联系起来。所谓并行工作，就是各部门从事不同的工作，而这些工作最终必须组合到一起。新产品的开发就属于这一情况。并行的好处在于将研究开发工作分割成一个个任务同时进行，可以缩短开发周期。但传统的并行工作缺乏各部门间的交流协作，因此，在组装和测试阶段会暴露出各种问题，从而返回前一阶段重做，延误了新产品上市。现在采用信息技术，利用网络、数据库、远程会议，企业可以协调并行的各个部门的活动，实现人与人之间、部门之间的交流与协调，从而缩短周期，减少不必要的浪费。

5. 缩短信息途径。在企业没有实现信息化前，员工往往会重复采集信息，层层处理。且由于不同人、不同部门和组织对于信息有各自的要求和格式，不可避免地造成企业业务延迟，输入错误和额外费用。如果企业实现了信息化，在信息源采到信息之后，即可将其存储于在线数据库中，与企业全部员工共享。所以，信息流程要缩短，信息流动要加快。

19.4 业务流程信息化发展趋势

业务流程信息化是企业信息化的基础，同时，信息化的业务流程系统本身也在不断地发生变化。随着企业信息化水平的提高，以及市场竞争的加剧，对于业务系统提出了更高的要求。未来的业务流程信息系统会具备很多新的特性，比如更加友善的交互界面，更多的联络方式等。

19.4.1 业务流程处理的自动化

正如我们前面所说，保险公司的业务流程信息化包括流程引擎和角色能力扩展工具两个部分。为了获得更高的工作效率，业务流程处理会往自动化的方向发展。也就是说，更多的处理步骤由信息系统自动完成，从而简化整个业务流程。这样做，一方面提高了效率；另一方面，也提高了业务处理的一致性，充分利用了信息系统的能力。

提高系统的流程自动化能力包括两个意思：一个是流程信息系统可以不断提高流程自动化的能力；另一个是切实提高流程信息系统的自动化能力。

对于前者，实际上是要求系统拥有很好的流程重构能力，信息系统的每一个模块都有很强的独立性可以单独进行优化和升级。而在各个模块之间则可以支持即插即用的协作。这些特性和措施保证了信息系统可以不断地改进，从而提高流程的自动化程度。除此之外，整个流程要有很强的可管理性，并且便于对流程的效果进行评估。对于后者，则是可以根据对流程评估的数据，制作出新的模块，用新的、自动化程度更高的模块代替旧的模块，或者直接插入处理流程。此外，通过舍弃一些旧的处理节点也可以有效提高整个流程的效率。

19.4.2 基于 Web 服务的企业间流程协作

现在，很多商机存在于高效企业之间的协作中。业务流程等业务层面的协作已经突破了企业的界限，使得所有企业成为一个整体。更进一步，随着企业分工专业化的发展，企业之间的协作日益频繁，企业的业务流程经常需要延伸到企业的外部领域。面对企业之间的交易，流程的连接就需要考虑信息传递的安全性、信息传递的透明性、调用接口的一致性等。Web 服务技术的提出，为这一切提供了有利条件。

第 20 章
保险产品和服务的信息化战略

实现产品和服务的信息化，也就是实现保险产品设计的信息化和客户服务信息化。对于保险企业，它的产品就是经过精算以后确定的保险产品，每一个这样的产品包含的实际是一种服务。因此这部分内容相当于制造企业产品设计的信息化。随着竞争机制的不断引入，中国保险市场各保险公司的产品差异性已经越来越小。在此情况下，客户服务的重要性也越来越多地体现出来。在这里，我们重点分析保险服务也就是客户服务——客户关系管理（CRM）的信息化。

20.1 客户关系管理对保险企业的意义

价格和服务意识的提高以及市场竞争的加剧是当前保险行业的主要特点。任何一家保险公司想在激烈的竞争中取得成功，都必须找到一种全新的方法，更有效地以客户为本的方式来运营。为了提高竞争力，保险公司面临着实现业务拓展、销售和服务全面实现质与量双突破的严峻挑战，迫切需要一种 IT 解决方案来系统化地进行客户管理、优化保险公司各服务部门与客户之间的业务流程。随着客户与保险公司之间关系的发展，他们的需求也会不断变化提高。今天，在竞争激烈的全球市场中，片面追求提供最佳产品已不足以保持领先地位。现在，投保客户消息灵通，成本意识增强，更愿意接受新技术和新的产品、服务。因此，保险公司需要通过数据挖掘来进一步获得深层次的更有价值的信息。

出现在 20 世纪 90 年代的客户关系管理（CRM）理念，为保险公司带来了新的机会与发展空间。客户关系管理的目标见图 20 - 1。具体来说，客户关系管理对保险公司的价值体现在如下方面：

20.1.1 拓展服务与销售

除满足销售和服务流程系统要求之外，保险业务客户关系管理解决方案还能提供一种全面继承的业务拓展组件。利用这一工具，可以开展传统大规模市场活动和一对一市场活动。

支持销售或业务拓展活动的各个环节包括：

（1）计划市场推广活动（预算、任务规划、渠道等）；

（2）选择目标群体并定义特征；

（3）业务拓展活动（电话、信函、互联网……）；

(4) 监控（及时控制影响活动成功的关键因素）；
(5) 起草报告、分析市场活动。

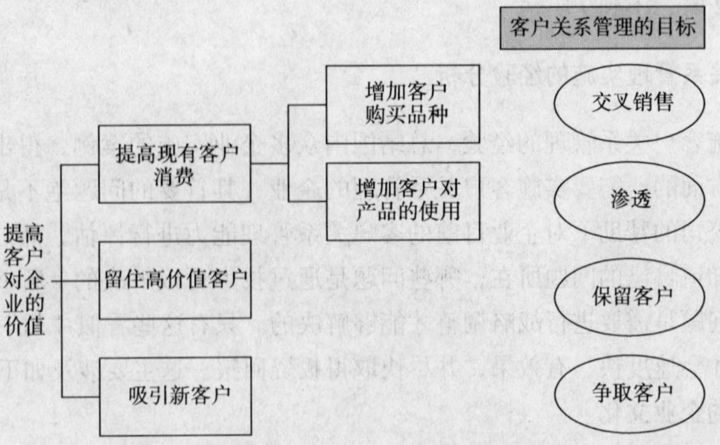

图 20-1 客户关系管理目标图

20.1.2 增加与客户沟通的渠道

呼叫中心和互联网的使用，丰富了保险公司传统（如外勤人员、经纪人、多方代理等）的联系方法。此外，客户关系管理表现出了多渠道沟通能力，例如，客户通过互联网提交的手续可以由呼叫中心和互联网来处理，然后布置给外勤人员来完成。

20.1.3 提高理赔服务效率

对于服务工作来说，最佳的客户关系管理解决方案，可以使保险公司在与对手的竞争中保持领先地位。服务的理赔处理包括所有相关索赔数据的现场记录，尤其是参与前期索赔过程的相关部门、损失评估单位、修理厂、汽车租赁商及其他服务提供商等，都会通过传真、电子邮件或网络等各种通信渠道，参与索赔的初期工作，以此形成 B-B 流程的集成网络。

20.1.4 进行客户数据分析

保险公司要想提高经济效益，管理人员要深入了解商务内涵、客户购买趋向、产品销售情况等信息，就要进行大量的数据挖掘和分析。利用数据挖掘和多维分析技术进行客户分析，可以帮助保险公司进一步了解企业客户的发展，确定企业最有价值的客户，这些客户群各有什么样的需求，通过什么样的营销方法可以获取、保持这些客户，等等。

客户数据的管理不仅可以集中和分析与客户多维性接触的数据，例如，通过会员卡、电话、邮件和电子邮件推销等途径获得的客户数据，还可以把优惠和产品销售信息通过电子邮件、手机短信、个人数字助理（PDA）、传真等方式给重点客户传出。这样，企业和客户就建立了一种长期的可信任的互相交流的关系，这是当今的保险公司成功吸引和抓住客户的最大秘密。

20.2 我国保险企业的客户关系管理战略

目前，我国大多数的保险公司虽然在 IT 的建设上已经具有了一定的规模，但在客户服务方面却基本还处于人工或半人工处理阶段。据最近对31家保险公司的问卷调查显示，有20%左右的公司在电子商务上做过尝试，建有呼叫中心（Call Center）系统的公司则占30%左右，而在客户关系管理建设上初具规模的仅有2家，不到7%。

20.2.1 客户关系管理实施的经验分析

综合在全球实施客户关系管理的经验，总结国内众多企业实施的案例，得出企业实施客户关系管理成败的原因是多方面的。需要实施客户关系管理的企业，其首要的问题绝不是去购买软件，而是在有丰富经验的咨询公司的帮助下对企业目前的客户关系管理能力进行评估，然后进行相应的转化和变革，让企业清楚地知道自己的问题所在，哪些问题是通过技术可以解决的、哪些问题是需要转换观念才能解决的、哪些问题是需要进行战略调整才能够解决的。只有这些看似“软”的问题解决了，实施客户关系管理系统才会速度快、有效果，并尽快取得投资回报。这主要涉及如下几个方面的因素：

一、完善新型的企业文化

企业文化是影响企业能否有效地与客户建立良好关系的关键，是客户关系管理能否发挥效能的前提条件。企业的文化改造应该从客户利益出发来定义企业经营理念，建立以客户为导向的经营组织，对员工加强培训，这些都能为顺利地推进客户关系管理项目扫清许多障碍。客户关系管理作为支持新型企业文化的有力工具，为企业文化带来了新的变革。企业由单单重视企业内部资源的利用，变革为重视企业内部和外部资源的综合利用，是客户关系管理给企业文化所带来的最重大的、最显著的变革。只有贯彻客户关系管理理论，使企业在新的经济环境下获得文化意识形态的全面提升，才能适应新的经济环境，获得更强的竞争力。

二、更新管理理念和管理制度

中国用户和国外用户在管理上有着很大差异，国外企业的管理制度很严格，员工遵守规则的意识很强，使得管理较简单，中国企业在这方面有一定的差距。不少国内企业的主管常常面临这样的困惑：“我们花了不少钱在客户关系管理的软件上，但业务员却不愿意输入资料，搞得这套系统无用武之地，我们该怎么办?”遇到这种情况得讲究策略并需要一定的行政手段。首先，要清楚地告诉员工这套新系统将会给他带来什么，要让他看到管理方面确实比原来明确多了，且销售总结、销售趋势预测能自动给出，使企业和他的工作效率同时获得了极大提高。同时，对总裁来说，必须采取“胡萝卜加大棒”的奖惩政策，只接受通过客户关系管理工具做出的信息报告，迫使销售人员和经理们在销售周期内开始采用新软件作为引领销售策略和预测销售前景的首要手段。总之，企业领导必须有相当的决心和实施力度来做好这个工作，面向客户变革的信念不能妥协，有决心改革阻碍实施客户关系管理的管理因素甚至弊端。当然，企业员工素质、素养和职业精神的改善既是成功实施客户关系管理管理项目的一个必备条件，也是项目成功实施的必然结果。

三、重新设计面向客户的工作流程

新的工作流程必须使客户处在我们的商业周期中心，需要从零开始重新“创造”流程。这是一个综合的工作指导图，确保公司里每一个人能从客户角度理解流程，并要向当前的客户询问他们真正的需要和期望，不要只是因为公司传统的与客户交互的方式在过去有效就固守它。Grape City是1999年实施客户关系管理的一位用户，在咨询顾问的指导下对相关的部门、人员和流程进行重新整合，结果销售线索跟踪率提高了10%～15%，相当于公司增加了上百万元的新业务。

四、实施以客户为中心的商业策略

有一个问题要特别引起重视。那就是企业不要纯粹从内部来考虑问题，虽然企业内部问题的解决，可能会带来立竿见影的短期成效，但这却非客户关系管理系统部署的宗旨所在。而要围绕客户出发作改变，要深入研究自己的客户群，根据客户的希望并结合企业的战略规划去确定客户关系管理实施的目标。必须牢记并提醒所有人，企业的最终目标是为公司的“衣食父母”提供更好的服务。“客户关系”的设计相当简单：站在客户角度进行观察，从而发现他们想要获得什么，甚至是预测他们现在不想获得、但是将来却想要获得什么。如果确实已经那样做了，就可以为客户和企业识别最好的共有机会，然后可以为那些机会区分优先次序，选择最合适的来进行。

五、建立评估标准

在项目规划阶段，首先要定义客户关系管理的成功标准。这就像个人的职业生涯的目标，有了成功的标准，才会有努力的方向。在每一个客户关系管理项目中，顾问会努力帮助客户避免陷入一个误区：没有明确定义期望的结果。顾问们会问客户，你最终希望看到的结果是什么？你需要整理你的目标并将其写下来，并在项目结束后进行考核。

20.2.2 客户关系管理的技术手段和解决方案

一、实现客户关系管理信息化的新型技术手段

1. 呼叫中心。呼叫中心是一组座席或公司的业务代表集中进行来话处理和发出呼叫与用户联系的一个专门的系统。从网络通信方式和硬件平台搭建结构来看，客户服务中心系统大致可分为两类：第一类是基于传统的电话网络（PSTN）的客户服务中心，第二类是时下流行的基于 Web 技术的因特网客户服务中心。因特网和通信方式的革命更使呼叫中心不仅能处理电话，还能处理传真、电子函件、Web 访问，甚至是基于因特网的电话和视频会议。因此，现在的呼叫中心已远远超出了过去定义的范围，成为以信息技术为核心，通过多种现代通信手段为客户提供交互式服务的服务系统。

2. 电子商务门户网站。

20 世纪 90 年代初，互联网商业化和社会化的发展，从根本上改变了传统的产业结构和市场的运作方式，基于互联网客户自助式服务的设施，为客户和潜在客户访问信息和投保提供了直接渠道。建立电子商务门户网站，能满足当今的需求。通过特征机制，可以定制客户访问互联网联系渠道的个性化方式，从而优化销售服务渠道，提高竞争力。

3. 数据仓库和数据挖掘。

数据仓库不是为了存储数据，而是为决策支持更好地组织企业内的所有可能收集到的数据。建立数据仓库不是目的，以客户为中心的数据仓库是根据客户管理的需求，对企业所有可能和客户相关的数据进行重组，使得企业对自己的客户具有统一的认识。

数据挖掘是按照企业既定的业务目标，对大量的企业数据进行探索，揭示隐藏其中的规律性并进一步将之模型化的先进、有效的方法。现在，数据挖掘技术被很好地用于为预测客户行为进行建模，可以对客户进行分类，同时对客户的行为进行打分，这些信息可以被整合到数据仓库和其他市场营销应用中去。

联机分析处理（OLAP）以多维数据分析著称，多角度、多方位地考察客户的信息，如按产品维度、地理维度、时间维度等。同时也是展现数据挖掘信息的很好工具。

二、实现客户关系管理信息化的技术实现方案

在保险公司目前的系统环境下，大而全的部署方法是不太可行的。对于保险公司来说，必须将最大程度降低系统风险放在优先位置，针对具体的业务目标逐步实现系统功能。因此建议保险公司将系统功能划分成不同的模块，各模块可独立实现和运行（见图 20－2）。

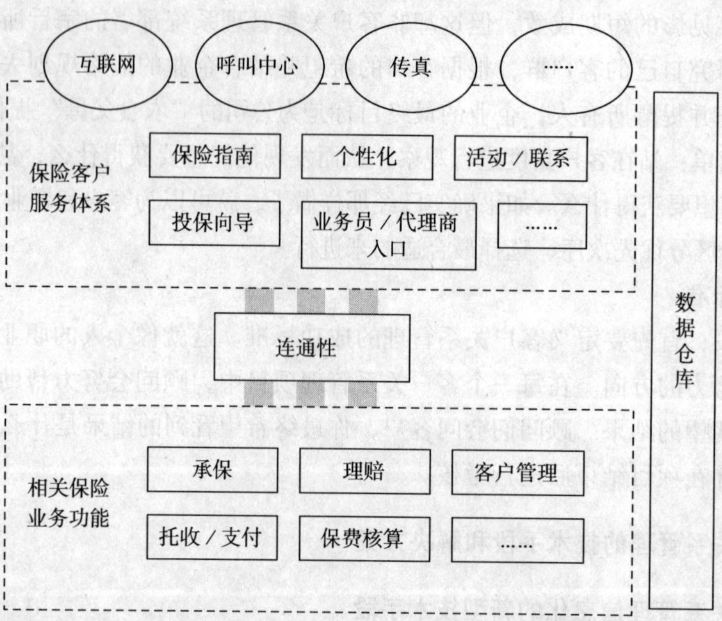

图 20-2　客户关系管理解决方案图

图 20-2 显示对外服务体系与内部业务系统要有充分的连通性。对外服务体系是保险业界逐渐发展的领域，包括保险指南、个性化服务、活动/联系、投保向导、业务员/代理商入口等内容。内部业务系统是支撑企业基本运作的业务流程，包括承保、理赔、客户管理、托收/支付、保费核算等内容。

服务体系建设从传统的呼叫中心向 Customer Care Center 发展，引发出了通过互联网、传真等方式进行客户交互。同时，须借助数据仓库技术将客户关系管理从操作型向分析型过渡。

最终要达到的目的是：集中全系统客户业务数据，与业务部门紧密结合，设计高效客户管理和服务流程；全国统一建立电子商务门户网站和呼叫中心，在业务拓展、销售和服务活动中更加接近客户；在电子商务平台上形成若干个虚拟保险社区，确保公司拥有一批忠诚的客户；实现前台与后台功能的无缝集成；建立基于完整客户信息仓库的分析系统。

要达到以上目标，具体则要求完成以下工作：

第一，客户、产品与渠道，建立明确分开的数据模型。新模型须配合长远发展，一经定义不能经常修改；

第二，整合核心业务系统，前台界面与后台系统应该有明确界限，同时集中存放客户数据；

第三，整合应用界面，应该能配合新的数据模型展现系统功能。最好所有应用系统使用以公开标准为基础的中间件建立总线，使信息能畅顺流通，更为将来组件再用打下基础；

第四，以客户为中心调整业务流程，以保证客户资料的完整和正确；

第五，初期客户关系管理功能，以门户网站、呼叫中心的方式建立新的销售渠道和客户沟通渠道，要求能支持综合开拓及共享客户群和后台运作资源；

第六，数据仓库与联机分析处理，强化对市场及客户的分析能力，通过深入了解客户，设计更合适的产品；

第七，建立主题 BBS 或主题聊天室，给客户一个相互交流的空间，使顾客的信息更加充分，而保险公司能根据实时跟踪顾客需求的变化，不断推出新的险种、新的服务以满足顾客潜在的需求。

20.3 客户关系管理的战略实施步骤与注意事项

20.3.1 战略选择与战略实施

全面的客户服务信息化建设，其前提是以数据集中为基础的综合应用技术体系和集约化的经营管理体制。在相对规模、复杂程度都小于 ERP 系统的客户关系管理系统来说，采取革命性的实施策略效果较好，在一个组织或经营单位内同时实施整个系统的多个模块，充分利用新系统的内在集成性的优势。我们可以采用滚动实施的战略，在集团公司的某个部分或单元实施部分模块，然后利用拷贝等技术推广到其他部门、地区或子公司。

在实施战略中还有一个重要的方面，就是软件厂商或服务商与客户的实施关系，即推与拉战略。拉战略意味着公司在必要的专家支持下自己实施系统，推战略意味着外部的咨询顾问以最高管理层的名义实施系统，并在项目结束时向最终用户解释。我们提倡拉战略，因为咨询顾问对公司以及公司对系统的了解同样都不深。客户没有购买项目成功的责任。这样压力小，投资少，由客户每天控制项目，咨询顾问从公司内部推动项目，对其特定的知识负责。系统项目是为最终用户服务的，IT 部门是实施的最佳途径。

项目实施是一个公司活跃的基础，在运行的客户关系管理系统上获得结果越快、内容越多，项目成员、用户和管理层就会越高兴、越有动力。问题主要不在于成本和资源。有效学习是通过正运行的系统上的不断尝试、纠正错误完成的，而不是在课程和测试环境中完成的。

当然，战略的关键成功因素是：启动项目和关键时刻有最高管理层的支持，第一个项目的概念要清晰；要谨记循序渐进，重要的东西不可能一下子实现；客户可以自己管理此项目（在外部专家的支持下）；一个熟悉系统的合作商，愿意分享知识、进行知识传递。

对一个企业来说，客户关系管理项目的成功与否可以由三个实施结果衡量：销售收入是否增长、销售利润是否增长、客户满意度是否提升。为了实现这些目标，应采用分阶段的项目实施步骤。整个实施过程可以分成六个阶段，即战略规划阶段、分步实施策略制定阶段、实施需求定义阶段、系统建设阶段、试运行阶段以及正式上线阶段。如图 20 -3 所示。

整个体系建设必须以全面深入的战略规划为开端，采取目标细分原则，分步达成目标，形成迭代发展、螺旋上升的趋势。各目标达成情况，尤其是实施效果与效益必须经过审慎评估，形成对下一阶段建设目标乃至整个战略方向调整的参考依据。

20.3.2 战略实施过程中应注意的问题

运用客户关系管理，并不只是单纯地汇总市场信息，更重要的是要为企业建立起针对市场情况变化的自我调节机制。在建立企业的客户关系管理时，以下几点是应当注意的：（见图 20 -4）

第一，客户与企业之间的信息传递通道，并不一定只限于电话或传真，其他如 Internet、E-mail 等方式均可根据企业自身的产品特性善加利用。

第二，客户关系管理以企业自身的需求为出发点，以企业的需求分析、业务流程为导向和内在驱动因素，并不是以技术为驱动力。

第三，客户关系管理系统在进行技术设计时，应充分考虑到座席代表的实际操作，要让座席以非常便利的方式运用系统，能够实现既定的业务处理流程。

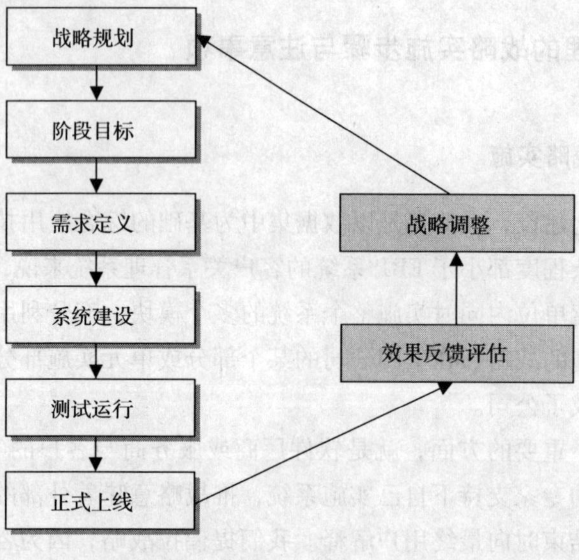

图 20-3 客户关系管理建设规划图

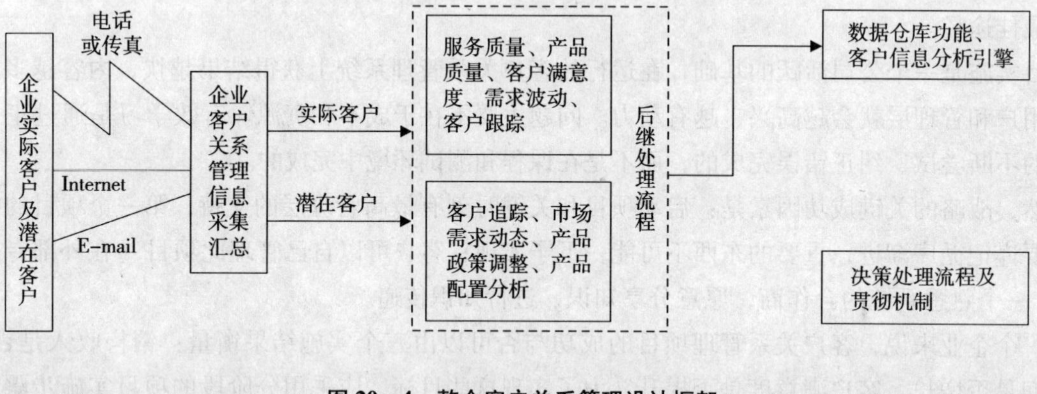

图 20-4 整个客户关系管理设计框架

第四，业务处理流程设计中，客户信息的后继处理流程和相应的决策贯彻机制是不可缺少的，这是决定客户关系管理是否能够成功实施的关键因素。

20.4 客户关系管理的发展趋势

未来中国市场上的客户关系管理产品，将会体现决策支持和商务智能的需求意向，并更为充分地体现因特网和电子商务对客户关系管理的根本要求。这也是 CRCC 在《2003 中国客户关系管理产业年度研究报告》中，对未来一段时期内客户关系管理技术、产品发展趋势的整体判断和科学预测。

CRCC 的研究表明，先进的客户关系管理应用系统必须借助因特网平台，实现与各种客户关系、渠道关系的发生同步化、精确化，符合并支持决策和发展需要，最终成为电子商务实现的基本推动力量。未来中国客户关系管理技术和产品的发展趋势，体现出以下五个方面的关键要求：

20.4.1 实施数据挖掘和管理，实现客户信息同步化

为使面向客户的部门能与系统同步化运转、融合，实现连贯的、掌握客户关系全程的客户关系管理应用，企业在客户关系管理产品设计和实施中，实现对客户完整实时的交互和信息的同步传递至为

关键。客户关系管理系统的有效性建立在数据可靠性的基础上，数据的真实性直接影响到该系统的分析结果。所以对客户关系管理系统数据应该进行多方面持续监控，加强数据的管理和挖掘。否则，如果以传统的观点或思路来应对，将限制客户与企业的互动。成功的客户关系管理系统必须注重使客户信息与数据同步化，并以基于网络的技术应用来保障每一次与客户的互动都能从对客户的全面了解开始。而当企业经营转向电子商务或客户转向网上渠道时，客户关系管理不会因为出现信息缺陷而导致其再次落伍。因而需要强化数据挖掘和管理，并要求客户关系管理应用系统在支持传统的客户沟通渠道或支持基于网络的客户应用方面，既有所侧重，又相互兼容，以达到客户信息的最终同步化。

20.4.2 决策支持需求驱动，分析型产品将大行其道

一个企业实施客户关系管理系统时，在管理信息系统（MIS）基本建设完成的基础上，企业将产生大量的对决策支持的需要。决策支持系统（Decision Support System，DSS），指以企业日常业务处理的各类数据为基础，利用数据库技术或商务智能系统，对业务数据进行综合分析或预测，在业务发展、企业市场经营战略等问题上为领导者提供决策帮助的计算机系统，它将在今后成为客户关系管理产品发展的一个方向。

除此之外，企业对决策支持系统的“智能化”要求也会越来越高，即要求客户关系管理实现商务智能。商务智能（Business Intelligent，BI）是对商业信息的收集、管理和分析过程，目的是使企业的各级决策者获得知识或洞察力，促使他们做出对企业更为有利的决策。

在完整的客户关系管理系统中，商务智能的前提是企业对各功能组织要有基础的信息采集、共享和绩效考核。商务智能的目的是收集、管理和分析数据，然后将这些数据转化为有用的信息分发到企业各处用于改善业务决策。其核心技术是逐渐成熟的数据仓库和挖掘技术，以及各种数据分析与查询工具和应用多维度分析（Multidimensional Analysis）、假设性问题分析（What - if Analysis）等各种先进技术。

受决策支持需求驱动，2003 年客户关系管理产品和技术研发中对分析型产品的重视达到空前的程度。根据美国 Palo Alto 集团的测算，2002 年全球商务智能市场已达到 700 亿美元。而 IDC 的调查结果也表明，企业用于商务智能的投资回报率平均 2 ~ 3 年就可达到 400%。这也预示着未来分析型客户关系管理将在中国市场上大行其道。

20.4.3 以 Web 应用为核心，支持企业开展电子商务

从更广的意义上来讲，客户关系管理只是通过明确的规则和优化的工作流程帮助公司控制与客户的互动。但因特网将交流与达成交易的权力更多地移向客户一端，企业将不得不给予客户对于双方关系的更多控制权。例如以客户需要的服务类型、客户需要的信息等来架构商业交互的方式。只有真正基于因特网平台的客户关系管理产品，才能够支持未来企业全面电子化运营的需要。

客户关系管理应用系统要全面支持和开发电子商务，要能够支持电子商务的销售方式如 B—B 以及 B—C 交易，要可以满足企业开展个性化一对一营销及电子店面创建的需求；在支付方面，要支持并提高因特网和客户机/服务器应用的能力；在客户服务方面，客户关系管理的自助式客户支持应用软件可使客户在线提交服务请求，并与交流中心链接，营造一种闭环客户支持环境，等等；越来越多的组件要建立在 Web 浏览器上，以适应快速发展的电子商务对数据不断进行实时访问的要求。总之，通用模块完善、支持灵活组配、基于 Web 应用、支持和开发电子商务的客户关系管理，将会是客户关系管理市场所需要的产品和技术的发展方向。

20.4.4 结合知识管理，建立知识型客户关系管理

知识管理是通过使与客户互动过程中所获知识的创造、交流和应用价值最大化，实现创造公司价值、维持竞争优势的过程。企业的客户关系管理与知识管理存在大量交叉的部分，因为由客户关系管理系统收集的数据也是公司“知识”的一部分；而知识管理强调“知识”的整合、交流和应用，它有利于创造客户价值。因此把客户关系管理和知识管理结合起来，企业将能更有效地分析、共享及运用客户关系管理系统数据，满足客户需求，保持其忠诚度。这种结合，不是在原有客户关系管理系统上添加一个或几个模块，而是要将知识管理的思想和流程融合到客户关系管理系统中。因此，建立知识型客户关系管理，会在未来客户关系管理技术与产品发展趋势中得到体现。

20.4.5 eCRM 强化实时响应与一对一能力

部分客户关系管理厂商创造了“eCRM”的概念，即重点突出客户关系管理的电子化和自动化特征。但在未来一段时间内，eCRM 将会以新的面孔出现在市场上。这不仅意味着能够由内到外为企业提供自助服务的系统，可以自动地处理客户的服务要求，实现“任务替代”；同时也意味着由外到内带来低成本优势，通过客户自助服务提高响应速度和服务的有效性，从而会增进客户的满意程度，帮助企业提高获利能力。

eCRM 应当格外重视实时响应的能力。因为一方面客户对于企业从产品信息推广、实物提供到服务回应的要求都希望最快实现；另一方面客户通过因特网极为快速地接受着大量的信息，其偏好和需求都在不断地改变。企业必须以每一个客户作为一个有区别的单元，不断地观察其消费行为、需求的变化，迅速调整策略、实时产生应对的措施，才能掌握先机赢得客户。基于网络的自助服务，将成为企业向用户提供服务的重要方式，逐渐实现真正的“一对一”。eCRM 只有通过实质集成才能提高企业统一、可靠和及时的客户回应能力。

第21章
保险信息化的管理与决策

21.1 保险信息化管理的特点与意义

保险信息化管理具有如下特点：

(1) 信息化管理是知识密集、技术密集、资金密集的管理工程。

(2) 信息化管理建立在战略规划的基础上，与管理变革紧密结合。

(3) 信息化管理注重长远效益，注重智力资本的持续投入。

(4) 信息化管理中人的创造力是关键因素，管理过程需不断创新。

(5) 信息化管理强调技术与管理相结合，强调遵循客观科学规律，强调管理过程标准化。

(6) 信息化管理过程也是风险识别、风险评估、风险控制的风险管理过程。新技术的应用本身就有风险，必须运用风险管理的思想和工具判断可能存在的各种风险，并采取有效措施防范风险，确保管理目标的实现。

(7) 信息化管理是全员参与的系统工程。动员全体员工参与，决策者亲自指挥协调，合理调配公司资源，才能保证信息化管理为公司创造最大效益。

保险公司的经营与管理分为战略层、业务管理层和操作层三个层次。信息化管理与这三个层次相对应，服务于这三个层次。信息化与管理需求的高度结合，是对经营理念和管理本身的变革。

信息化管理服务于保险公司的经营管理，关键是加强公司的核心竞争力。其作用主要体现在以下几点：

(1) 提高业务处理效率。保险公司的业务处理因信息系统的支持而使核保、缴费、出单、保全、理赔给付等环节的处理效率得到了较大的提高。

(2) 提高了管理水平和管理效率。保险信息系统的应用使公司的经营管理摆脱了以往手工管理低效无序的落后局面，业务管理有了质的飞跃，为业务发展提供了强有力的保障，加强了保险信息系统建设和信息化管理，不断推动着保险公司管理信息化的基础管理规范化的进程。

(3) 提高客户服务水平，树立公司信誉。保险公司的客户服务水平很大程度上也依赖于信息化的应用水平。查询系统、呼叫中心、网站的应用，使客户在得到方便快捷服务的同时，能借助各种信息渠道更好地了解保险公司。保险公司也可借此宣传公司的企业文化、产品、服务，提升自己的形象和信誉，提高客户的忠诚度并吸引更多的准客户，从而带来业务的增长。

（4）促进组织创新和管理变革。信息化优化了内部管理系统，促进了组织创新。信息化迫使企业重组有机的系统化管理体系，使原有组织结构和管理方式适应信息化要求。

（5）提高人员素质。信息化管理的一项重要任务就是通过信息系统的应用促使员工强化学习、提高技能，适应信息管理的要求。

（6）优化经营管理决策。数据仓库技术、（客户）关系技术、数据挖掘技术使经营管理的决策有了强大的数据支持。信息化的应用及管理为决策优化奠定了基础。

（7）控制成本和风险。信息化管理的目的就是要通过运用技术管理手段，降低成本，控制风险，提高质量，实现公司利润的提升。实践证明，技术管理的作用是有效的。

保险公司要达到信息化目标，必须首先在公司设置专职信息化部门，负责信息化管理。其主要职能是负责公司信息化建设的总体规划、实施和管理，为公司的经营管理提供各项技术支持和服务。

信息化部门是一个集管理和技术于一体的部门，它不仅仅要完成信息系统本身的开发、维护和管理，为公司提供技术支持服务，而且直接或间接地参与保险的经营管理和公司决策，成为体现公司"核心竞争力"的关键部门。因此，信息化部门必须拥有一定的、必要的管理权限，来管理和协调公司的信息资源。即要面向市场，紧密围绕公司整体发展战略和经营管理需要，从全局角度合理配置各种信息化资源，统筹规划、实施和管理公司的信息系统建设，提供有充分竞争力的信息化平台，为公司开拓市场、优化整合流程和管理决策提供有力支持。

21.2 保险信息化管理的主要内容

保险信息化管理包括宏观层面的整个保险行业信息化管理和微观层面的保险公司对信息化的管理。

21.2.1 保险行业的信息化管理

从行业角度（或宏观视角）看，保险信息化管理主要是为了保证保险信息能够得到合理、有序的采集、处理、利用、传输等所采取的方式与手段，主要有以下两方面：

1. 保险信息标准化。保险信息标准化包括保险信息标准的制定、保险数据信息的传输，以及信息标准实施的整个过程。保险信息的标准化对于保险信息的全行业共享十分重要。只有保险信息的数据形式和数据的传输方式在全保险行业范围内得到规范、统一，才能实现信息资源共享，防止和杜绝投保人的逆选择和保险欺诈行为，同时进行风险信息的汇总分析，以修正保险费率，制定分保策略。

2. 保险信息化进程中的法制建设。随着保险信息化和保险信息系统网络的发展，特别是随着保险电子商务的拓展，保护保险信息安全、网络安全和电子保险合同问题已经成为保证保险信息化健康发展的重要问题。

信息、网络安全问题主要涉及以下几个方面：一是保险信息的安全问题。如果在保险信息传输过程中，信息被非法截取，将侵犯保险客户的个人隐私权，并泄露保险公司的商业机密，对保险公司的业务经营和诚信形象带来负面影响。二是网络安全问题。如果有人侵入保险信息系统，恶意修改数据或传播病毒，使保险信息系统瘫痪，会对保险经营造成重大影响。因此，确保保险信息和网络安全是保险经营的重要一环。

电子保险合同相关法律问题的规范是促进保险电子商务发展的必要条件。电子保险合同的法律问题包括：电子保险合同的成立问题、电子保险合同的书面形式问题、电子文件作为诉讼证据的法律问题、电子保险合同的电子签名问题等。这些问题的解决对保险电子商务的开展具有重大影响。

21.2.2 保险公司的信息化管理

保险公司信息化管理的主要内容包括：

一、系统规划管理

保险公司的信息系统是一个复杂的人机系统，其开发与应用是一个涉及巨大人力、物力、财力和时间的庞大系统工程，因此必须以正确的信息系统规划为指导。而信息系统规划则应是组织实施信息系统建设的指导性纲领，是提高信息系统效益、明确各部门、各阶段的任务，减少盲目性和重复性，保证有限的资金在最短的时间内发挥最大效益的重要措施。

在制定保险公司的信息系统规划时，应立足于公司现状，以公司的业务发展为导向，以促进公司的业务发展、提高管理水平为目标，与公司的业务发展规划相吻合，并且应具有一定的前瞻性，尽可能涵盖保险公司各部门或者是各个层面的发展要求。只有在全局思想的指导下规划信息系统，才能高瞻远瞩、胸有成竹。

首先，应详细了解和研究公司的战略目标、方针策略、关键举措等，据此制定出信息系统的战略目标、关键因素、关键决策、约束条件等，以便确定信息系统在不同时期的开发策略与重点，再在此基础上确定长期、中期、近期目标，以及制定年度计划。

其次，在充分进行信息化需求分析的基础上，确定信息系统的体系结构，划分主要子系统，规定其功能和范围，使系统发展有具体的范围规定，保证应用系统之间的关联性和整体性。对信息系统应用项目，要从技术、经济、管理、安全、保密、人员等各方面分析其开发的可行性，应用项目的规模要恰当。

再次，在规划信息系统时，要进行成本效益分析。企业的决策者应综合评估各种成本，并预测分析未来的管理效益，充分避免信息系统建设中的盲目性。

再有，在进行信息系统规划时，还需要分析保险公司的内外环境。只有在公司内部资源情况明确的前提下，信息系统的规划才能做到有针对性，并充分满足公司发展的要求。此外，还需要分析公司所处的市场环境、客户的需求、竞争对手的状况等，借鉴别人在信息系统建设中的经验和教训，尤其是借鉴国外比较成熟的管理模式和信息系统应用模型，以便少走弯路，后来者居上。

最后，在进行信息系统规划时，还要很好地规划系统开发模式。应该充分分析公司内部的信息化力量。如果需要部分任务外包时，要认真分解任务，以判断哪个子任务能够外包，并且在外包开发商的选择上一定要慎重。

二、系统项目管理

所谓项目管理是指在项目活动中运用专门的知识、技能、工具和方法，合理地组织协调项目开发过程中的人员、费用、资源、计划等方面的工作，经济有效地完成预定的工作项目。简言之，项目管理就是明确项目要求、计划项目工作、确保项目实施成功的过程。

项目管理涵盖了许多方面的内容，这里将着重介绍项目整体管理、项目范围管理、项目时间管理、项目成本管理、项目质量管理、项目人力资源管理、项目风险管理、项目沟通管理、项目商务管理九个部分。

1. 项目整体管理。项目整体管理是指协调、管理项目生命周期中所涉及的各个过程，确保项目所有的要素在合适的时间里，以正确的方式结合在一起，保证项目的成功完成。

2. 项目范围管理。项目范围管理是用来明确项目的目的和范围，确保项目组成员对项目定义、项目目标及产品、项目的过程控制等有一个共同的理解。

3. 项目时间管理。项目时间管理是对项目实施过程时间的管理和控制，以确保项目准时完成。通常项目时间管理都使用一些基本的项目管理工具和技术，例如甘特图、网络图和关键路径分析等。而且项目经理必须动员所有相关人员参与进度计划制定过程。

4. 项目成本管理。项目成本管理主要是确保项目具有恰当的定义、精确的时间和切合实际的预算，努力减少和控制成本，并在项目预算内成功完成项目。

5. 项目质量管理。项目质量管理的主要目的是确保项目能满足或超越用户的需求和期望。目前IT项目质量的平均水平不高，可提升的空间非常大。因此，为提高项目的质量和项目成功率，必须加强管理者质量意识的形成，加强对质量成本的理解以帮助质量的改进，创造良好的工作环境以提高质量和生产率。

6. 项目人力资源管理。项目人力资源管理就是有效发挥每个参与项目人员（资助者、客户、项目组成员、支持人员、项目的供应商等）的作用。优秀的项目经理所具备的最重要的技巧之一就是团队开发与建设，因为团队建设的好坏将直接影响工作的效率和目标的实现。为此，项目经理可以采取员工培训、组织各种活动、建立奖励和认可制度来加强团队的协作能力。

7. 项目风险管理。项目风险管理的目标是最大程度地减少项目潜在的各种风险，确保项目的成功以及使项目的投入回报最大化。

8. 项目沟通管理。项目沟通管理的目标是及时创建、收集、发送、储存和处理项目的信息，取得项目参与人员的相互理解，并有助于做出正确的行动决定。为改善项目的沟通，项目经理应具有良好的冲突管理技能和其他沟通技能。主要包括：如何面对冲突、如何召开更加富有成效的会议、使用项目沟通报告模型、建立沟通基础结构等。

9. 项目商务管理。许多利用外界资源的成功项目，常常归功于卓有成效的项目商务管理。项目商务管理是指从外界购买该项目所需产品和服务的全过程。

三、系统开发和维护管理

信息系统开发和维护管理是信息化管理最基本的工作，主要包括系统规划、系统分析、系统设计、系统实施、系统运行维护和评价等内容。

信息系统开发模式主要有：自主开发、外包开发和合作开发。

保险公司的系统开发可以遵循如下原则选择相应的开发模式：对那些已经商品化、标准化的成熟产品和技术，可以通过购买或外包开发的方式获得；对非核心系统可以采用合作开发的方式。信息化部门的工作重点应放在需求调研和方案论证上，充分发挥自己熟悉保险业务的专长，从事内部管理应用和一些高附加值的工作。例如，保险公司的信息化部门进行项目的可行性研究、项目计划制定、需求分析及系统概要设计，合作开发商在这些阶段以顾问形式存在；而项目的详细设计、编程、维护等工作则由合作开发商完成。对关键的、战略性的核心应用部分则尽可能自行开发，以免受制于人。为减少系统维护人员的成本，有些信息系统庞大的保险公司也将系统的运作维护工作外包给专业的技术公司。

四、系统运行管理

运行管理可理解为信息系统在计算机及相关电子设备上的正常运转，也可理解成信息系统和相关规章制度的日常运作。要做好信息系统的运行管理，必须在思想上予以高度重视，健全、完善相应的规章制度，确保信息系统运行的稳定、顺畅和可靠。

1. 系统运行评价指标

（1）业务系统。运行评价指标主要包括业务系统运行的稳定性，科学管理要求的满足程度，系统内部各种资源的利用情况，系统的可维护性、可扩展性和可移植性等。

（2）主机系统。运行评价指标主要包括系统运行的可靠性、系统的安全保密性、故障可恢复性、系统运行结果的科学性和实用性等。

（3）设备。运行评价指标主要包括设备的运行效率、数据传送与其加工处理的速度是否匹配、设备资源的负荷是否平衡、设备资源的利用率等。

（4）网络。运行评价指标主要包括网络拓扑结构、网络安全、网络流量、对各类多媒体信息的支持等。

2. 系统运行管理保障措施

（1）建立完善的运行管理制度，明确职责和权限，严格执行操作规程和各项规章制度；

（2）运用先进管理手段，建立防错、纠错机制；

（3）加大系统管理人员的培训力度，提高其技术素质和维护水平；

（4）利用专业计算机公司雄厚的技术力量建立系统运行管理的外围技术保障支持体系，以确保系统运行的稳定和故障的迅速解决。

五、系统安全管理

信息系统安全是指计算机信息系统硬件和信息资源不受自然或人为因素的威胁和危害。信息系统安全管理则是指在某一个系统内，根据该系统的工作性质，遵照国家有关法律，以行政制度和技术工具为手段，由相关人员实施的保证信息系统安全的活动。信息系统安全管理的基本要素是人员、组织与制度，目标则是保护信息的安全和系统的安全。管理的范畴主要包括主机系统的安全、网络的安全、硬件设备的安全、软件的安全、数据的安全、人员风险防范管理、计算机病毒防范管理等。

六、保险公司信息标准化管理

标准化是组织现代化生产和工程建设的重要手段，又是科学管理的重要部分，也是信息化的前提条件。为保证保险信息系统与其他系统以及系统与系统之间的信息交换，必须以执行各种规范化标准为基础进行保险信息系统的建设。

第一，保险信息系统从根本上说由基础设施和业务应用两大部分组成。所谓基础设施是指保证保险信息进行加工、处理、交换和传输得以正确、快速完成的手段；所谓业务应用则是指完成各种保险业务处理、分析、管理的应用软件系统，两者共同组成一个复杂的计算机网络系统。显然，为了保证这一庞大系统能够协调地运行，前提条件就是所有系统必须有统一的规定，即必须要有一套公认的标准和规范。

第二，标准化使技术人员的工作有据可依、有章可循，同时也使人与人的沟通和交流更容易理解，更容易达成共识，从而加速系统开发和维护的进度。

第三，保险信息系统与所有复杂系统一样，必须分层次、分阶段逐步实施和完善。因此应采用标准化的方法进行规划、分析、设计、实施和维护，以保证整个系统的统一性、规范性。

第四，计算机网络的规划和设计，必须按业界统一的标准网络协议和通信规程进行，才能确保网络的实用性和开放性。

第五，保险信息系统必须高度安全可靠，并具有相应的保密性。安全、可靠和保密性的实现，体现在从数据采集、存储、处理到信息交换传输等各个环节，必须有相应的标准以及安全保密规章制度作保证。

第六，在保险业务处理过程中，各种经营决策信息都在计算机系统内处理、存储、变换和传送，这些电子数据必须按统一编码才能被识别、共享、输入和输出。

总而言之，保险信息化标准对于信息化建设具有极其重要的意义。

七、信息化人力资源管理

目前国内保险人员构成中，计算机人员所占比例较低，与保险信息化建设的需要相比差距较大。为了加速信息化建设的进程，缩小与国外保险公司的差距，国内保险公司必须从战略的高度上认识人才的作用。

对保险公司人力资源的管理，一是要重视对人才的引进。应从实际需要出发，建立梯级人才层次，重点引进中高级人才。而且要注意品德、素质的考察，引进那些德才兼备的人才。二是要重视人才的培养使用。逐渐培养一支既懂信息技术、又懂业务管理的科技人员队伍，这是信息系统建设的组织保证。为了公司的长远发展，还要注重培养一批能快速吸收和掌握新知识、新观念和新方法，懂得利用信息去进行管理策划和运作的IT高级管理人才。三是要重视人才的管理和激励。四是注意运用行为科学原理，激发人的主动性、积极性，以期获得工作的高效率、高质量。

21.3 保险决策的信息化战略

通过图21－1，我们了解到保险行业决策信息化是通过对集中业务系统生产数据后的数据建模、分析和计算等信息化手段进行的。保险行业决策可分为个人级决策、部门级决策、公司级决策、集团级决策等。

保险行业决策信息化是指科学地决策，它替换了以前的经验决策，主要包括三个层面：决策信息化的战略分析、战略选择和战略实施。

21.3.1 保险决策信息化概述

在当今国内保险市场中，行业竞争日趋激烈，竞争的加剧，随时考验着保险公司业务经营的灵活性。这意味着决策层必须灵活、快速地对不断变化的客户需求做出响应，同时还要监视竞争对手的战术和战略。因此，把以前保险行业较多使用的经验决策转化为科学决策势在必行。保险行业经营管理的科学决策，离不开信息化。保险决策信息化的战略分析对形成科学决策具有非常重要的意义。如何决策，决策的依据是什么，是否能够达到预期的目标，要通过对战略分析层面进行逐步分析得出最终的结论。

一、国内外保险决策信息化的现状与问题分析

1. 国外保险行业决策信息化分析。国外保险公司不仅拥有雄厚的资金实力、先进的管理理念，还拥有很高的信息化水平，这就为它们的业务发展和决策提供了强大的支持。

在现代信息技术方面，国外保险企业使用的是计算机通信技术、应用系统软件开发、信息系统数据采集和处理等，这些比国内的保险企业更先进；在为客户提供方便的金融服务和现代化支付结算工具等方面，比我们更有优势；在加强保险行业监管、防范风险等方面，比我们更有经验。一般来说，国外保险企业使用的现代化工具更多、更全面、更成熟，包括在风险评估与管理中采用先进的数学模型、辅助金融管理的计算机应用等，都比我们的先进、成熟、规范。

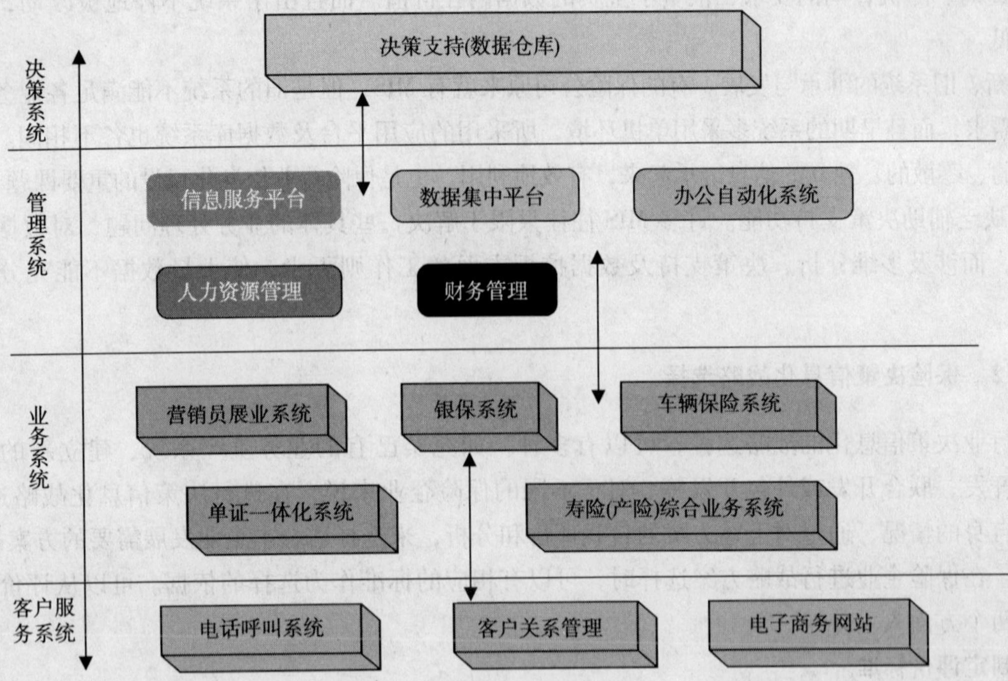

图 21－1　保险行业决策信息化拓扑结构图

2. 国内保险行业决策信息化分析。大多数国内保险公司并不缺少数据，而是受阻于过量的冗余数据和数据不一致，而且它们变得越来越难以访问、管理和用于决策支持，其数据量正以成倍的速度增长。信息中心面临着不断增长的决策支持信息化的需求。

二、保险行业决策信息化需考虑的问题

在国内保险企业实施决策信息化，通常会考虑下面五个问题：

（1）如何规范、整合、集中和控制保险企业的资源？

（2）如何评估、计算、防范和化解市场风险和信贷风险？

（3）如何开发、保留和利用保险客户关系及提供个性化的服务？

（4）如何与国际保险规范接轨，并开展跨国保险业务？

（5）如何构建保险信息系统和知识管理平台，支持面向未来的混业、跨国和多渠道的经营模式？

概括来讲，这五个方面就是"管理集中、风险防范、客户至上、接轨国际和面向未来"，其中管理集中和风险防范是最根本的两个方面。

除了上面五个需要考虑的问题外，还需要克服下列因素造成的困难：

（1）涉及的数据种类多（如承保、保全和理赔等）、数据量大，而且数据往往分散在各业务部门，每个业务部门对信息的收集方式、分析方法、统计口径、报表输出形式等都有各自独特的处理要求。

（2）具有明显的时变性。保险实务管理制度的不断改革和险种条款的不断变化，引起信息处理方法频繁变更。各业务口采集的数据，及其对基础数据的分析统计方法、报表输出格式都会随着形势的发展而有新的变化和侧重。这些修改必须由专业程序员利用较长时间才能完成，远远无法满足对系统数据灵活查询、随机查询的要求，浪费了宝贵的数据内在价值。而且由于系统不停地被改动，稳定性也大大降低。

（3）新、旧系统的继承与发展。有的保险公司原来就有 MIS，但是旧的系统不能满足各业务部门自身的业务需求，而且早期的系统多采用单机环境，所采用的应用平台及数据库系统也各不相同。怎样将这些现有的、零散的、独立的信息继承起来，有效地利用，也是保险行业信息化建设的重要课题。

（4）缺乏辅助决策支持功能。许多 MIS 往往只限于解决一些具体的业务处理问题，对数据的统计分析较少，而涉及多维分析、决策支持及数据挖掘方面的工作则更少，使大量数据不能充分发挥效益。

21.3.2 保险决策信息化战略选择

保险行业决策信息化的战略选择，可以有多种。如充实已有的业务生产系统、建立新的生产系统，内部开发、联合开发或外包开发等。对于不同的保险企业来说，在进行决策信息化战略选择时，可以根据自身的情况，通过对上述方案的自我评价和分析，来选择适合本企业发展需要的方案。

当然，在保险企业进行战略方案选择时，可以有相应的标准作为选择的依据。可以从评价标准和评价框架两个方面入手。

一、制定评价标准

作为评价一个方案是否可行的准则，评价标准非常重要。主要包括下列特性：

1. 适用性。应考虑：

（1）是否完全利用了组织的优势或环境提供的机会；

（2）该方案能将战略分析中发现的问题（资源劣势和环境威胁）解决到什么程度；

（3）它与组织目标是否一致。

2. 可行性。应考虑：

（1）是否有资金支持；

（2）组织是否有能力达到要求的经营水平；

（3）是否能处理竞争性活动；

（4）如何保证所要求的管理能力和经营能力都是可得的；

（5）是否具有有效的竞争技术；

（6）能否获得必需的数据和服务。

3. 可接受性。应考虑：

（1）从利润率的角度看组织的财务状况将会怎样；

（2）财务风险将会怎样变化；

（3）是否符合组织内的期望；

（4）各部门、团体、个人的职能变化是否大；

（5）组织与外部利益相关者的关系是否需要改变；

（6）组织的环境是否接受。

二、设置评价框架

对一个具体方案进行评价，仅有评价标准是不够的，还要有评价体系，即评价框架。评价标准要在评价框架范围内发挥作用。

对于评价框架，可以从下列几个方面逐步了解：

表 21 - 1　评价框架表

评价框架		
战略逻辑	公司认可的程度	研究证据
组合分析	初级阶段	投资收益
生命周期分析	增长阶段	依赖程度（重要程度）
价值链分析	成熟阶段	相关的发展
	下降阶段	

此外，在进行决策信息化战略选择时，还要考虑投资收益和存在的风险。如果实施风险过大，或者投资收益不明显，就要考虑是否有选择的必要。

21.3.3　保险决策信息化战略的实施

一、做好战略实施前的预备工作

保险行业决策信息化的战略实施，是整个决策信息化战略研究的最重要环节，所有的研究成果和内容将在这个阶段得到验证，确认是否符合实际，是否能给保险公司带来决策上的收益，提升管理水平。在战略实施时，首先要遵循保险行业决策信息化的发展原则。对于发展原则，有下列几个要点：

第一，集成分析性商务智能功能，而且企业需要的是360°的智能而不是局部信息；

第二，利用数据仓库技术进行决策信息化；

第三，通过个性化展现智能，直接满足每一位管理者的信息需求。

实施针对经营目标的决策信息化管理，要进行组织变革和流程优化，即管理由以业务为中心改为以客户为中心的业务转型。这需要把保险公司关注的重心从内部的需求转移到外部客户的需求上，这一转变势必要求对公司传统运作模式进行变革，包括对组织结构的重组和业务流程的优化；调整目前带有计划经济色彩的组织结构，实行扁平化的管理，推行“一站式”的服务；重新设计业务流程，重新确定一些重要岗位的工作描述和工作分析；尤其是对面向客户、与客户产生直接接触的业务领域，如展业、承保、查勘、理赔等，必须从客户关系的角度进行流程设计和工作关系的重新布局，强化对客户有价值的、特别是与客户满意度有关的业务流程，剔除或弱化对客户无价值的流程。通过组织结构调整和业务流程优化，为建立更符合客户需求的运行管理模式提供组织保障。

此外，在战略实施时要考虑细致的资源规划和有效率的资源配置，提前做好财务计划与预算，制定准确、详实的人力资源计划，在战略实施中还要引入各种方法，如工作流程网络分析等。

二、搭建决策支持系统构架

数据仓库技术（DW）、联机分析处理技术（OLAP）和数据挖掘（DM）是作为三种独立的信息处理技术出现的。数据仓库技术用于数据的存储和组织；联机分析处理技术集中于数据的分析；数据挖掘则致力于知识的自动发现。由于这三种技术具有内在的联系性和互补性，为了充分发挥它们各自的特长，可以将它们结合起来，设计出一种新的DSS构架，即以数据仓库为基础、以联机分析处理和数据挖掘工具为手段（DW + OLAP + DM = DSS）的一整套可操作、可实施的解决方案。其结构如图21 - 2所示。

这种构架的主要特点：

第一，数据仓库对底层数据库中的事务级数据进行集成、转换和综合，重新组织成面向全局的数据视图，为DSS提供数据存储和组织的基础。

第二，联机分析处理从数据仓库中的集成数据出发，构建面向分析的多维数据模型，再使用多维

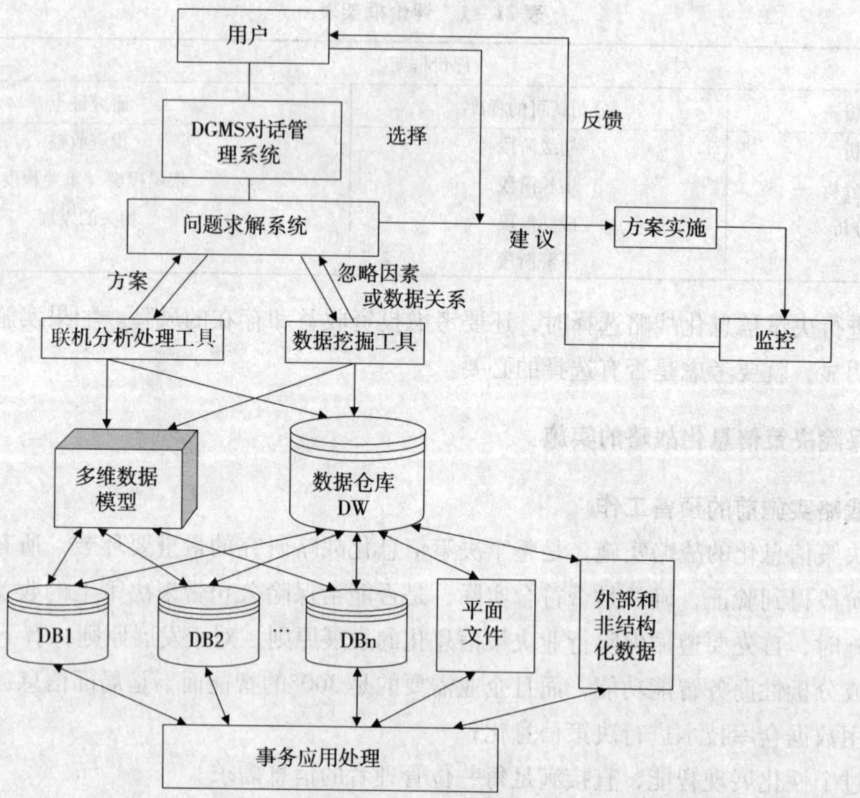

图21－2　DSS构架图

分析方法从多个不同的视角对多维数据进行分析、比较。

第三，数据挖掘以数据仓库和多维数据库中的大量数据为基础，自动地发现数据中的潜在模式，并以这些模式为基础自动做出预测。数据挖掘表明，知识就隐藏在日常积累下来的大量数据之中，仅靠复杂的算法和推理并不能发现知识，数据才是知识的真正源泉。

第四，在传统的DSS中，数据库、模型库和知识库往往被独立地设计和实现，因而缺乏内在的统一性。而数据仓库、联机分析处理和数据挖掘组成的新的DSS构架解决了DSS数据库内数据不一致的问题。

第五，由于内在的统一性，这种新结构很好地解决了相互间的衔接问题。数据仓库为联机分析处理提供了充分可靠的数据基础，数据挖掘可以从数据仓库和多维数据库中找到所需的数据，数据挖掘中发现的知识可以直接用于指导联机分析处理，而联机分析处理分析得出的新知识也可以立即补充到系统的知识库中。

这种新的DSS构架真正重新展示了信息的本质，表明了信息系统的设计观念从处理驱动到数据驱动的转变。从而使信息的重点逐步从支持面向操作层的联机分析处理、中间管理控制层的管理信息系统提高到数据模式分析、高层的决策支持和分析预测上来。决策支持系统的系统框架如图21－1所示。

三、建立决策支持系统的步骤

保险业在我国经过多年的持续发展，随着市场经济的高速发展、改革开放政策的日益加深，以及受我国加入世贸组织的影响，目前保险业面临如下问题：公众保险意识增强，对服务水平的要求不断提高；国内外新的竞争者不断涌现，行业间竞争日益激烈；成本提高和利润率降低；企业组织机构在业务发展过程中不断重组；现有决策信息来源匮乏和低效，等等。在保险行业，不断革新已成为保险企业保持活力和发展的标志。

企业信息的充分利用是保险企业革新和发展最急需解决的关键问题之一。利用信息技术来处理日益增多的业务是企业运作的基本保障。目前在各家保险公司，绝大多数已经实现了保险业务的电子化，建立了各种业务系统，并且积累了多年的保险历史数据。为了充分利用信息技术为企业服务，包括从历史数据中发现市场规律、预测保险业务未来发展趋势、预测和监控风险、辅助决策者发现新的利润增长点、优化企业资源、帮助企业更加稳健地实现企业的经营目标等，建立保险决策支持系统势在必行。这是面对保险企业的一个严峻而又具有挑战性的课题。

建立保险决策支持系统的步骤：

第一，开发保险决策支持系统是一项艰巨的工程，必须分期实现，先建立对企业影响最大的、最迫切的系统功能，先易再难，如先实现联机分析处理的功能，再实现数据挖掘的功能。所以，首先应该制定开发保险决策支持系统的理想目标，然后拟定分阶段实施的任务和计划。

第二，基于企业现有的基础应用系统，包括财险业务系统或寿险业务系统、财务系统、再保系统等，建立保险行业的整体决策信息框架，在此基础之上，构建保险数据仓库。

第三，在企业电脑部和第三方的数据仓库和决策支持系统方案提供商的共同努力下，从企业决策层充分挖掘需求，同时可以参照国外同行的成功案例。在此基础之上，构造面向各种主题的数据模型。

第四，开发决策支持系统的前端数据展示应用。

第五，评估系统的质量和功能是否达到第一步所拟定的阶段目标，总结经验、得失，然后再进行下一阶段开发，逐步完成整个系统，达到理想的目标。

第 22 章 保险信息化管理的关键问题分析

22.1 信息化的投资模式

根据保险公司信息化模式形成的网络外部性原理和我国保险公司信息化实践，我们将中国保险公司的信息化投资管理模式归纳为以下四种：

22.1.1 保险公司—行业互动模式

保险公司信息化与整个保险行业的信息化之间普遍存在着相互促进和约束的互动关系。我们将这种关系概括为保险公司信息化与行业信息化的相互关联律，将保险公司信息化与行业信息化之间相互影响而出现的保险公司信息化模式称为保险公司—行业互动模式。

由于行业内保险公司信息化带来示范效应，同行业内两个或多个竞争性保险公司之间更容易受到保险公司信息化网络外部性的影响。一旦竞争对手实施信息化而形成技术、广告效应和销售心理上的优势，另外一家保险公司或多家保险公司的反应就是也投资相应工程甚至更为先进的信息化工程。这种状况可以用对策论中著名的“囚徒困境”来解释。假设 A、B 为两家相互竞争的保险公司，双方都面临是否投资计算机集成制造系统工程的选择，假设双方都不投资，市场机会成本均为 1，双方都投资使保险公司成本都扩大为 3，但是，如果一方投资另一方不投资，投资方由于市场营销等缘故使市场机会成本下降 0.5，而不投资方则因为广告劣势和消费者信心等因素而损失 5（图 22－1）。在这种局势下，对策的结果是双方都选择投资信息化，即均衡点将落在图 22－1 的左上角（－3，－3）处。

		A公司	
		信息化	非信息化
B公司	信息化	－3，－3	－0.5，－5
	非信息化	－5，－0.5	－1，－1

图 22－1　保险公司信息化的“囚徒困境”

22.1.2 挑战—反应模式

这种保险公司信息化模式又称为竞争反应模式。挑战—反应模式是指由于外部因素对保险公司发展构成制约或约束作用，保险公司为了打破这种制约或约束局限而采取积极的对应措施，在保险公司选择各种对策措施中，信息化成为首选方案或重点工程而出现的保险公司信息化模式。

与保险公司—行业模式相同，挑战—反应模式也是较为普遍的保险公司信息化战略的动因模式。但它与保险公司—行业模式不同的地方表现在：挑战—反应模式的动因来自保险公司内在感受到的市场竞争压力，以及信息技术在保险公司中的扩散和渗透形成的外在推动力，保险公司—行业模式的动因既来自保险公司外部环境的影响或压力，也来自行业内保险公司间的相互模仿和学习。有时，两者之间难以做出严格区分。某个保险公司投资信息化可能起因于挑战—反应模式，形成于保险公司—行业模式或其他模式。

22.1.3 雁行模式

保险公司信息化导致信息化保险公司在行业内的技术或管理有领先优势，使其成为行业内其他保险公司发展信息化的模范，从而带动其他保险公司的信息化。由于保险公司实施信息化的时间不同或起点不同，行业内不同保险公司之间形成了技术和管理水平上的差距系列，犹如大雁飞行状发展。我们将这种保险公司信息化模式称为雁行模式（见图22－2）。这是保险公司间或保险公司内部为寻求最小成本、最大竞争优势而推行的保险公司信息化模式。

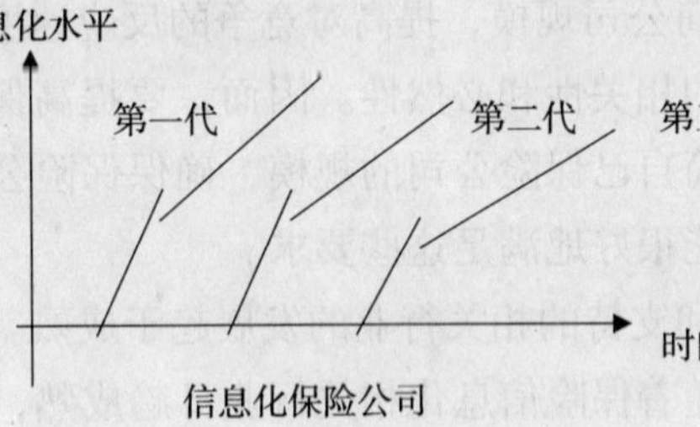

图22－2 保险信息化雁行模式

雁行模式可以分为保险公司间雁行模式、保险公司内雁行模式、行业间雁行模式和地区内雁行模式四种，最后一种雁行模式将放在地区顺应模式中讨论。在保险公司间雁行模式中，领先保险公司构成后进保险公司模仿和学习的基础。与保险公司间这种保险公司外部雁行模式不同的是，保险公司内雁行模式主要形成在集团化保险公司内部不同主要分支机构或部门之间。此外，不同行业之间（如银行、证券业）某个行业率先应用信息管理技术而实现行业内企业信息化，从而带动其他行业（如保险业）的企业投资信息化，也会形成保险公司信息化的行业间雁行模式。

22.1.4 地域互动模式

由于保险公司所在区位或区域政府推动，主动提供保险公司信息化的各种有利的环境条件，或者由于保险公司所在某个自然形成的经济区域内保险公司之间相互影响的结果，或老区域内信息传播成本低廉而促进了保险公司间信息相互交流和影响，保险公司主动投资或接受环境影响“被动地”投资信息化而形成的保险公司信息化模式，称为地域互动模式，或区位优势模式。

总之，保险公司信息需求是构筑保险公司信息化动力的主要桥梁，市场竞争形成保险公司竞争要素，保险公司竞争要素影响保险公司信息需求的强度和变化结构。一旦保险公司信息需求强度达到需要改变保险公司经营管理模式的地步时，保险公司就产生了投资信息化的强大动力。

保险公司明确自身的信息需求和信息化投资动机，是保证保险公司信息化成功的重要一环。保险公司只有清醒地知道保险公司需要什么信息和投资信息化是为了什么，才能够牢固地把握住投资时机、投资领域和投资方向的最佳配置结构，不至于随着潮流走或受到各种因素干扰而丧失最佳进入时机。

22.2 保险信息化的外包管理

22.2.1 外包管理的原因分析

“外包”（Outsourcing），英文一词的直译是“外部寻源”。保险信息化外包指保险公司整合利用其外部最优秀的专业化资源，由内部开发信息系统转变为从外部供应商处购买，从而达到降低成本、提高效率、充分发挥自身核心竞争力和增强保险公司对环境的迅速应变能力的一种管理模式。外包战略的实质是保险公司重新确定公司定位，截取保险公司价值链中比较窄的部分，缩小经营范围，重新配置保险公司的各种资源，将资源集中于最能反映保险公司相对优势的领域，构筑自己的竞争优势，获得使保险公司持续发展的能力。

保险信息化外包的兴起有其深刻的社会经济原因：

（1）保险信息化外包可以精简公司规模，提高对竞争的反应速度。研究表明，保险公司规模与保险公司组织的官僚性之间有很大的相关性和必然性。因而，要提高保险公司的反应速度，在时间上赢得竞争优势，就必须尽可能地精简自己保险公司的规模，确保保险公司的业务顺利开展，提升保险公司的竞争能力。而外包战略正好能很好地满足这些要求。

（2）为保险信息化提供服务和支持的相关行业的发展趋于成熟。相关行业主要是指各种信息系统开发商或供应商所组成的行业。随着保险信息化相关行业日趋成熟，保险信息化外包的市场交易成本大大降低，外包的规模会越来越大。

（3）竞争日益国际化的发展，使市场范围大规模地扩大，这将促使专业化进一步发展。社会专业化发展的过程必定伴随大量的企业调整（主要是缩小）其经营范围，以便更好地利用社会分工所带来的好处。从保险公司战略角度考虑，将信息化系统外包正是适应专业化发展的趋势。

（4）市场成熟和体制健全也降低了保险公司与信息系统专业开发商之间交易的不确定性，提高了保险公司信息化外包的效率，使外包战略的运营成本大大降低。

22.2.2 保险信息化外包的经济分析

一、保险信息化外包的竞争优势

首先，通过将信息系统的开发外包给开发商，保险公司可以集中有限的资源，建立自己的核心能力。“外包”其实是工业经济时代已经形成的社会分工与协作组织在当今知识经济条件下的发展与演化。我国保险公司在信息化建设过程中应借鉴和使用这种新的模式。

其次，通过将信息系统的开发外包给开发商，保险公司可以减小公司的规模，精简公司的组织，从而减轻由于规模膨胀而造成的组织反应迟钝、缺乏创新精神的问题，使组织更加灵活地进行竞争。

最后，保险信息化外包能降低信息系统自主开发的风险和与合作伙伴分担的风险。在迅速变化的市场和技术环境下，通过外包，公司可以与相关信息系统开发商建立起战略联盟，利用其战略伙伴们的优势资源，缩短信息系统从开发、设计、安装到使用的时间。此外，由于战略联盟的各方都利用了各自的优势资源，将有利于提高信息系统的开发质量，提高信息系统开发的成功率。而且，采用信息化外包战略的保险公司还可以与其战略伙伴共同开发信息系统，实现共担风险的目的，从而降低信息系统开发失败给保险公司造成巨大损失的可能性。

信息化外包战略将是我国保险公司在信息化建设方面获得竞争优势的一个重要途径，保险公司信息化建设的外包将成为我国保险公司再造的重要方向。

二、保险信息化外包带来的风险分析

首先，保险信息化外包使保险公司自己的信息技术人员没有介入系统的开发过程，因此可能会造成后期系统维护、尤其是功能更新的困难，容易导致保险公司对信息系统开发商的依赖。

其次，保险信息化外包所产生的收益分配的不确定性，会使保险公司承担很大的盈利风险。

再次，保险信息化外包有可能对保险公司自己的信息技术人员产生负面效应。由于担心失业，公司的外包行为会使那些没有被解雇的信息技术人员士气低落，降低他们的职业道德标准。他们有可能逐步丧失对公司的归属感和责任感，失去了做好工作的内在动力，导致整个公司生产效率降低。

另外，保险信息化外包战略可能使保险公司面临丧失有关公司学习机会和核心能力培养机会的潜在风险。因此，许多在信息化建设方面采取外包战略的公司还保留一定的开发能力，并使公司的系统开发与外包开发商保持紧密的联系，以便保护和发展这种深层次的跨职能的整合竞争能力，而这些能力是他们取得未来成功的关键。

最后，外包商自身的不足也可能给保险信息化外包带来风险。他们所提供的服务尚未经过精雕细琢和详细策划，无法满足客户的需要。另外，大多数新兴的应用服务供应商（ASP）所使用的商业模型过于粗糙，外包的服务质量缺乏保障。

当然，从外包业务失败的具体案例来看，外包所存在的问题并非全是外包商的责任，那些在慌乱之中寻求外包的公司管理者们更负有不可推卸的责任。有些保险公司信息部门的管理者在保险公司陷入重重危机时就想到将难题甩给外包商去解决，可以说是“濒临失败的首席信息官们的最后一搏”，但事实上保险公司信息化建设本身问题重重，决不是简单外包就能解决的。

三、保险信息化外包产生的隐性成本分析

除了支付合同上的费用外，保险信息化外包还存在诸多隐性成本。首先，寻找目标、签订合同成本。其次，移交成本。保险公司自己的信息技术人员花时间帮助外包商的过程造成了移交成本。成本来自在行使合同的最初阶段，外包商无法快速掌握保险公司的业务。因此，业务越复杂、越特殊的保险公司所花的移交费用就越高。有时移交过程还需要保险公司将部分信息技术人员派驻到外包商那里。再次，管理成本。管理成本包括三方面：监控信息化外包商完成合同规定的义务情况，与外包商讨价还价，以及就合同需要变更的内容进行谈判。最后，更换外包商的成本。此种隐性成本来自更换外包商或重新在保险公司内部进行信息化建设。

22.2.3 保险信息化外包的运作方式

保险信息化外包的运作方式主要包括“外包什么”和“怎么外包”这两个问题。根据上述对通过外包获得的竞争优势和外包引起的风险的分析，我们认为，保险信息化战略制定者首先应针对每一个可能外包出去的环节和相应的外包方式（主要指外包合同所规定的双方的权利和义务），从三个方面对其进行评估：

第一，在考虑了交易成本的前提下，针对某个环节，外包战略可能给公司带来的竞争优势是什么？

第二，该项活动被外包出去后，由于市场失灵和合同的不完备对公司造成的可能伤害有多大？对这两个问题，我们采用矩阵进行分析（见图22－3）。

第三，通过合同条款的设计，使公司对外包活动有较好的控制，并有一定的灵活性，以适应最终市场的需求变化。

外包产生的收益 大	战略上较高程度的控制	一般程度的控制	较低程度控制或在市场上自由购买
	内部开发或战略上较高程度的控制	一般程度的控制	较低程度控制或在市场上自由购买
小	内部开发	一般程度的控制	较低程度控制或在市场上自由购买
外包所产生的风险	高		低

图22－3　保险信息化外包的收益—风险矩阵图

通过外包能给保险公司的信息化建设带来很大的竞争优势，同时，公司也由此承担了不同程度的风险，因此公司应对信息化外包实施相应程度的控制。如果不能确保保险公司对外包的控制能力，公司可以采用内部信息技术人员自主开发系统的方式（如图22－3的左上方格所示）来化解外包风险。

当某项系统开发对保险公司构建信息化方面持续竞争优势的作用不大，同时外包战略使公司承担的风险较小时（如图22－3的右下方格所示），公司可采取较低程度控制的外包方式，或者采取比较彻底的外包方式，签订简单的合同即可。

对于处在对控制有极端要求的两极（或两种极端情况）之间的连续中间状态，保险公司一般应采取适度控制的外包战略（如图22－3的中间方格所示），从而使公司具有一定的控制力和灵活性。

从本质上讲，任何保险信息化外包的决策都不是在利用外包还是自己独立开发之间进行选择，而是在开发商的独立程度与发包者的控制力之间建立有利于双方的平衡，即在激励开发商与确保发包者的安全之间建立有利于双方的平衡。如果双方在设计外包的治理机制时，过多地强调开发商的独立性，将使开发商有更大的行动空间，有更多的精力去对生产或开发活动进行管理；但是这却会伤害发包者的控制力，从而提高发包者的风险，降低发包方通过外包所获得的收益，最终将影响到发包者的积极性。当发包者和供应商之间的关系处理得不太合理时，必然会破坏两者的平衡，造成一方收益的增加和另一方收益的减少，并且一方获得收益的增加量小于另一方收益的减少量，没有实现资源的最优配置。因此需要适当调整治理机制，以增加双方的收益，并降低外包的风险，一般主要集中进行以下两个方面的选择：

一、外包内容的选择

接下来的问题就是要讨论保险公司应外包什么。"外包什么"与"不能外包什么"是同一问题的两个方面。根据我们上面对外包内容和相应的外包方式进行收益、成本和风险分析的结论，根据对外包理论的分析和国内外外包实践的发展，我们初步总结出四条关于不可外包的原则：

（1）公司不应外包那些利用了自己核心能力的业务。

（2）公司不能把那些对整个业务的顺利开展具有决定性影响的业务外包出去。

（3）公司战略的决策者不应把那些有可能使公司形成新的竞争能力和竞争优势的学习机会的业务

外包出去。

（4）把价值链的某环节外包出去，并不意味着彻底放弃。另外，有时为了能与承包商配合默契，也应在自己外包的环节上有所保留。

二、承包商的选择

保险公司在确定外包的内容后，接下来就要考虑如何选择承包商。首先，选择比较时不能仅以价格作为唯一的标准，因为报价仅仅是外包成本的一部分。除此之外，承包商的信誉、质量等会极大地影响到后续的成本及整个项目的发展。保险公司还需根据市场的竞争程度以及自身的状况，考虑所选承包商的强弱。太强有力的承包商可能会反过来控制保险公司，最终可能会使保险公司遭受巨大的损失；承包商过于弱小，又无法提供良好的产品或服务。

其次，保险公司就要选择外包的方式。在选择外包方式时，保险公司要考虑的因素有外包内容的战略地位、外包资源的专用性程度、交易频率、承包商市场的成熟度、保险公司自身实力及其他一些不确定性等。保险公司应该据此选择适合的外包方式，在承包商的独立程度与保险公司控制力之间建立有利于双方的制衡，使风险和收益得到理想的平衡。

最后，保险公司必须认识到，外包战略并不是孤立的，它的有效实施还需要保险公司的内部管理与之配套；外包战略也不是静态的，需要保险公司动态地去控制、考评和不断修正。

22.3 保险信息化管理中的人才战略

22.3.1 人力资源是保险信息化竞争优势的源泉

人力资源是保险公司提高信息化竞争优势的核心资源之一，因而也可以从其价值性、稀缺性以及难以模仿等特性来分析其在获取保险公司信息化竞争优势过程中的作用（见表22－1）。

表22－1 人力资源特性与保险公司竞争态势的关系

人力资源特性			保险公司所处的竞争态势	保险公司效益
价值性	稀缺性	难以模仿性		
否	—	—	竞争劣势	低于正常值
是	否	—	竞争均势	正常值
是	是	否	短期竞争优势	暂时高于正常值
是	是	是	持久竞争优势	长期高于正常值

从表22－1可得出分析：

第一，如果保险公司人力资源不能为保险公司提供价值，将导致保险公司处于竞争劣势，因而必须将其从保险公司人力资源体系中剔除；

第二，能够提供价值但不具有稀缺性的人力资源，是维持竞争均势的必需的资源，但由于同样可以被其他保险公司占有，因而保险公司不能在激烈的竞争中赢得优势；

第三，具有有效价值、而且稀缺的、却易被模仿的人力资源特性，是保险公司短期竞争优势的来源，当被其他保险公司模仿复制后，本保险公司又回到竞争均势；

第四，只有那些有价值的、稀缺的、同时又难以被模仿的人力资源特性，才可能是构成保险公司持久竞争优势的源泉。

22.3.2 保险信息化人力资源管理战略

以上辨析了保险公司在信息化建设方面获取竞争优势过程中不同人力资源要素特性的贡献程度，可以看出，要使人力资源成为保险公司保持信息化持久竞争优势的源泉，关键是要开发和培养具有价值性、稀缺性、同时又难以模仿的人力资源。

一、重视开发公司人力资源的特殊技能

保险公司员工的特殊技能是指只对某个保险公司具有价值，而对其他竞争对手没有价值的个人技能。例如，员工具有本保险公司某种专门技术使用方法的知识，或具有对本保险公司适用而对他人不适用的有关保险公司各项政策和流程的知识等。保险公司要获得持久的竞争优势，就必须重视开发员工的特殊技能。因为特殊技能既能为保险公司提供价值，又不容易被竞争对手模仿，而且也不容易被掌握这类技能的员工转化为市场行为。为此，保险公司需要加大投资，不断培养和开发员工以完成其对保险公司特殊的工作过程和流程的掌握。事实上，“组织学习”（Organizational Learning）就是一种保险公司创造、传播和应用特殊技能和知识的过程。通过组织学习，使员工掌握这些特殊技能不仅强化了保险公司的竞争能力，而且对员工的成长和发展起到了积极作用。

二、有效实施人力资源系统管理

保险公司要获取持久的竞争优势，就必须有效实施人力资源系统化管理。即在实际工作中，把各种人力资源管理政策或实践综合成一个有机的整体，并且和保险公司其他方面的运行机制相一致，以创造一种协同效果。例如，保险公司想要通过增加员工的责任和他们在工作决策中的参与程度来提高员工对保险公司目标的投入，就需要在人员流动政策上提供一些工作安全保障，在奖励政策上，鼓励员工获得技能，并提供某种与员工共同承担降低成本、共享利润增加的机会来支持。只有这样，员工才能得到明确的信号：什么是被期望的行为，什么行为会被奖励，从而增强员工对保险公司的投入。实行系统的人力资源管理，由于系统各组成部分的相互联系性和复杂性，竞争对手难以识别和复制。即使竞争对手要去模仿，也需花费相当长的时间和相当多的精力去开发这种系统和结构，这样就使该保险公司能够保持一个相对较长时期的竞争优势。

三、加强培育团队导向的保险公司文化氛围

从组织个体寻求保险公司持久的竞争优势是无效的，保险公司要获得持久的竞争优势，就必须培育团队导向的保险公司文化氛围。团队工作既是一种状态或结果，更是一种过程。它是保险公司文化的升华，它使竞争对手难以辨识保险公司竞争优势的具体来源，使员工被联系在保险公司工作的特殊关系上，成为保险公司一种特殊的人力资本。正是由于团队工作的这种因果含糊性和社会复杂性，决定了团队工作不可移植或模仿的性质。培育团队导向的保险公司文化氛围为保险公司获取持久的竞争优势提供了潜力。

22.3.3 内培和外聘保险信息化管理人才

在保险公司的信息化管理中，对知识工人特别是高级知识工作者的渴求，往往引发保险公司与保险公司之间，以至于国与国之间的人才争夺战，争夺的结果要么两败俱伤，要么得不偿失，如其愿者毕竟是少数。因此，保险公司在信息化管理人才的管理上应该坚持自培与外聘相结合，不偏不倚。

第一，立足保险公司自身人才的发掘和培养。每一个保险公司都要有一群熟悉本保险公司业务经营和管理等各方面情况的员工。他们对自己业务的熟悉是他们积极参与保险公司信息化管理的优势所在，但是他们缺乏新的理论和知识，对保险公司信息化管理的要求不甚明了，因此，对他们加强培训，特别是进行创新意识的培训，使新的信息理论知识、创新思维与他们已有的对自身业务的熟悉相结合，对整个公司的业务、经营和管理的流程进行创新、优化，必将收到事半功倍的效果。

第二，提高一步，领先一步，招纳和延聘业内更高层次的人才，对保险公司的信息化发展必不可少。高层次的、各方面的专家在自己钻研的某一方面的知识和技能毕竟不是保险公司自身所能培训出来的。因此，适时地聘请他们为保险公司信息化管理进行目标导航、出谋划策、技术指导、培训员工将是保险公司不断自我提高的又一重要手段，将聘请专家与加强培训相结合，将是保险公司不断走向成功的重要法宝。

培养高素质的科技人才，迎接“国内竞争国际化的”的挑战。加入世贸组织后，资本雄厚、待遇优厚的外资保险公司大批进入，科技人才的频繁流动是必然的。从现在开始，就应该进一步重视人才尤其是年轻人才的培养和使用。

保险监管部门如果没有一支高素质、高水平的科技队伍，在监管信息化水平日渐提高的保险公司时，就会出现困难。因此，培养更多科技人才、更多了解信息化的保险监管人才也是一项紧迫的任务。

22.3.4　建立保险信息化的人才激励机制

技术创新对推动保险公司信息化发展起着十分重要的作用。就我国保险公司目前的状况看，信息化技术创新水平并不高。造成这种状况的一个重要原因就是缺乏有效的技术创新激励机制。建立一个适应市场经济体制的保险公司技术创新激励机制来提升保险公司信息化竞争力就显得十分重要。

一、基于研发人员技术创新评价的激励模式

对保险公司技术创新进行激励，重点要做好对研发人员的激励，使之产生实现保险公司目标的特定行为。保险公司研发人员在目标定位、价值系统、需求结构和行为模式方面与保险公司其他员工有很大不同，因此对研发人员的激励要有的放矢。保险公司管理者运用某种激励模式进行管理时，如不符合研发人员的自身需求，就无法取得预期的激励效果。

1. 研发人员的绩效评价。保险公司管理者对研发人员进行激励，主要根据是研发人员的工作考评。评价内容主要是技术创新项目计划完成进度、项目完成质量、出勤率和团队协作精神等几个方面。

保险公司可根据自身实际状况决定好、中、差分值，调整评价指标，确定各指标的权重，计算总绩效，再根据总绩效对研发人员进行奖励。

2. 研发人员的激励措施选择。

（1）物质激励。在物质激励过程中，应把思维创新和有实效的行为作为重要奖励因素，以调动研发人员的创新意识，鼓励研发人员的创新行为。研发人员的工作相关性较大，技术创新过程又不便于监督，为防止技术创新中的欺诈行为，保险公司管理则要打破预算平衡以激励研发人员。保险公司通过物质奖励调动研发人员工作积极性时，就不能把奖金与工薪放在一起。工薪由保险公司统一发放以维持生计，奖金由管理者对研发人员进行绩效评价后，以技术创新进展情况和个人的贡献率分配，以此加强物质激励的公平性。

在实施物质激励时，应注意以下几方面：首先，物质激励应与相应的制度结合起来。保险公司应通过建立一套制度，创造一种氛围来实现物质奖励，以减少不必要的内耗，使研发人员能以最佳的效率为实现保险公司目标多作贡献。其次，物质激励必须公平，但不搞“平均主义”。研发人员对他们所得报酬是否满意不是只看其绝对值，而且要进行社会纵向或横向比较，判断自己是否得到了公平对待，以免影响自己的情绪和工作态度。

（2）精神奖励。精神激励在较高层次上调动研发人员的工作积极性，其激励深度大，维持时间也较长。精神激励的方法有许多，这里论述以下四种：一是目标激励。保险公司目标是保险公司凝集力的核心，它能够在理性和信念的层次上激励研发人员。二是工作激励。研发人员进行技术创新的动机之一就是力求最大限度地将自己的潜能发挥出来，达到最大的自我实现感。三是参与激励。现代人力资源管理的实践经验和研究表明，研发人员大都有参与管理的要求和愿望，创造和提供一切机会让研发人员参与管理是调动他们积极性的有效方法。四是荣誉激励。荣誉激励成本低，但效果很好。

（3）情感激励。情感激励就是加强保险公司管理者与研发人员的感情沟通，尊重研发人员，使之始终保持良好的情绪和高昂的工作热情。因此，加强保险公司管理者和研发人员之间的沟通与协调，是情感激励的有效方式。

除了直接的激励因素外，影响激励效果的还有许多间接因素：如激励的及时性、公平性、持续性；保险公司战略目标、技术战略目标与技术人员个体目标的一致性，技术人员对保险公司目标的认同；技术人员的个体特征，比如对激励的反应强度；违反规范行为的事前预防和事后处理等。

二、采取多样化的激励措施

对研发人员进行激励要求公平性和程序的透明性，是指将保险公司技术创新激励作为保险公司的一种有形或无形的制度，在同一技术创新项目中，对每个研发人员应一视同仁提供平等的机会。对管理者而言，其决策权、控制权的权限范围、绩效考核标准、奖惩标准应遵循合理、公正的原则。公平不等于平均，按劳分配和按贡献分配才是真正的公平。管理者在考虑激励公平的同时，也要根据研发人员个人需求的不同，采取多样化的激励措施，更好地满足研发人员的个人发展取向。鼓励研发人员为保险公司的技术创新目标努力工作，多作贡献。多样化激励措施可通过图 22－4 根据具体情况来选择。

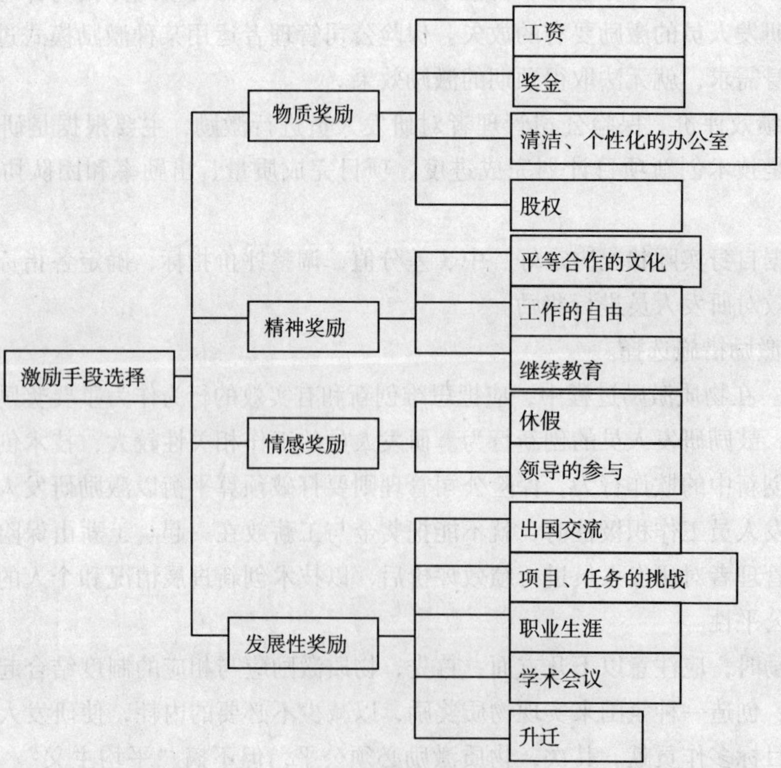

图 22－4　研发人员的激励体系

第 23 章
保险监管信息化

23.1 保险监管信息化的概念和作用

保险监管信息化是指保险监管部门以科学的保险监管理论和实践为指导，利用现代信息技术，对保险监管对象的相关信息进行采集、加工、储存、传输、分析和评价，从而得到有效、及时和科学的保险监管数据和监管分析数据的过程。

近年来，我国保险业的发展较快，随着国民经济的持续发展和进入世贸组织后的对外开放，保险业还会更加蓬勃地发展。但是这种发展需求加上市场放开带来的发展趋势，导致我国保险公司和从业人员增加，市场规模日趋庞大、保险产品日益繁多和复杂，由此产生了地理范围和时间跨度两个维度的巨大风险积聚。为维护保险市场的秩序，使保险业更健康地发展，采用信息化手段对保险业进行监管就显得极为重要。

充分利用现代化信息技术手段，实现以计算机和网络技术为基础的保险监管信息化，对于提高保险监管的效率、降低保险监管的成本、扩大保险监管的范围、提高保险监管的质量，以及更进一步实现保险监管的规范化、系统化和科学化具有重要而深远的意义。

23.1.1 监管信息化有利于规范保险业的发展

采用信息化手段有利于规范保险业的整体发展，尤其是有利于规范保险公司的经营行为。监管机构通过严密的信息化监管工具，及时发现经营企业的不当乃至违法的经营行为，予以纠正以至处罚，可以切实保障保险市场的快速、稳定和健康发展。

信息化的先进手段能够及时收集有关的信息资料，审查各保险公司拟订的产品的保险条款和保险费率，使投保人避免订立不公平的保险合同，保障被保险人利益；有效地对在册机构进行管理和监督，同时能够及时发现和处理非法保险机构或中介，充分保障各合法保险机构利益；加强对保险公司一把手管理责任的监管；建立精算模型，保持对保险公司偿付能力进行有效监督，使保险公司保持充足的偿付能力，从而切实保护被保险人的利益。

23.1.2 实现保险监管数据共享及增加透明度

由于我国保险业的IT建设还处于发展阶段，各保险从业机构的业务数据标准正逐步统一，给保险监管机构的监管人员利用信息化手段进行现场检查、非现场检查、业务分析及实现监管数据共享等，带来一定难度，从而一定程度上影响了保险监管的效率。因此，如果实施保险监管信息系统将各从业机构数据进行实时抽样采集、事后集中汇总，可以快速地实现保险监管信息共享、责任风险分析和风险控制，同时支持中国保险业建立逐步完善的信息披露制度，增加保险业透明度。

23.1.3 提高对保险风险的预警

保险监管信息化，可以充分利用基于复杂数学方法的监管评价模型和各种分析软件，对各种监管指标进行有效的预测，为及时防范和化解保险风险提供科学的依据。

保险行业从事的是风险业务的经营，涉及的不同行业有其各自独特的业务特点和统计规律，因此保险业务极其复杂和多变。保险的监管如何跟上保险市场的迅速变化，就是一个非常复杂的难题。由于保险监管涉及的指标众多，内容复杂，同时监管机关又受到人力、物力、时间等因素制约，非信息化的监管方式无法对保险业务的各项经营指标进行更全面深入的分析，不能全面提高保险风险预警能力。

利用信息技术自动、快速、高效、准确的优势进行监管，可以极大地改变这种局面，提高保险监管的效率和及时性。利用信息化手段，可以及时、快速和准确地输出全部或任何一项保险监管指标的分析结果。成功的保险监管系统能快速、持续、全面、系统、有效地帮助保险监管部门实现保险监管的目标。

23.1.4 提高保险监管效率

随着目前保险机构数量的不断增多，保险业务种类和保险业务范围不断扩大，保险业务更加复杂多样，对保险监管数据的采集、加工和分析，不仅需要投入大量的人力物力，而且效率不高，容易产生保险监管时滞。利用保险监管信息系统和网络通讯等先进的数据传输手段，可以使保险监管过程中的大部分简单、重复的工作实现自动化，从而可以减少人力、物力的投入，降低保险监管成本，提高保险监管效率和效益。

23.2 国外保险监管信息化的经验

目前，国际保险监管的总体发展趋势是，保险产品监管减弱，偿付能力监管加强，通过信息化进行非现场监管。国外较为通行的偿付能力监管手段着重于早期预警系统的建立，以美国的做法最为典型，如保险监管信息系统（IRIS）、财务分析和监督跟踪系统（Financial Analysis and Surveillance Tracking System，FAST）以及现金流测试（Cash Flow Testing）等。以下分别介绍这些保险信息化系统的监管手段。

23.2.1 保险监管信息系统（IRIS）

美国保险监督官协会保险监管信息系统（Insurance Regulatory Information System，IRIS）是监管者实行偿付能力监管的工具之一。保险监管信息系统协助监管者确认在州保险局监管中保险公司的评级，以实现有效的监管。保险监管信息系统分为统计子系统和分析子系统。

一、保险监管信息系统统计子系统

保险监管信息系统的统计子系统阶段对从年度报表中获取的主要财务资料进行分析，计算出若干个比率。其中针对人寿保险公司的保险监管信息系统的比率共有12个。通过与同期相比等分析方式，衡量保险公司财务状况、盈利能力、经营情况、产品情况等。美国保险监督官协会根据对破产或经历过财务困难的保险公司的保险监管信息系统比率的研究，就每个比率规定了一个正常区间。统计系统对保险公司的比率和正常区间进行比较。

保险监管信息系统统计子系统是建立在早期预警系统基础上的。早期预警系统最初是由美国保险监督官协会在20世纪70年代前期发展起来的。在早期预警系统和最初的保险监管信息系统下，每个保险监管信息系统比率的正常区间是不公开的，并且仅供州保险局使用。从1990年开始，保险公司和公众也可以获取每个保险监管信息系统比率的“正常区间”。

二、保险监管信息系统分析子系统

在保险监管信息系统的分析阶段，来自几个州保险局有经验的财务检查人员和财务分析专家对符合一定标准的保险公司（4个或更多的比率落在全国保险监督官协会规定的正常区间以外的）的年度报表和保险监管信息系统比率进行检查。检查小组针对每一个被检查的保险公司做出检查报告，供州保险局使用。

多年研究表明，保险监管信息系统是确认问题保险公司的行之有效的工具。然而该系统依赖于保险公司上报的年度报表的准确性。它不能辨别保险公司对财务状况的不实陈述或对不正确的会计实践和会计过程的使用。事实上，全国保险监督官协会警告：州保险局不要把保险监管信息系统作为对保险公司实行财务监管的唯一形式。

因此，保证保险信息的真实可靠，是实现保险监管信息化准确可靠的一个重要保证。

23.2.2　财务分析和偿付能力跟踪系统

尽管研究表明，保险监管信息系统是确认问题保险公司的行之有效的工具，美国的保险监管者多年来一直在寻求一个更好、更及时的预警系统。及时发现保险公司偿付能力的不良发展趋势，就可以采取纠偏措施防止保险公司破产。在这方面，全国保险监督官协会在20世纪90年代前期发展了财务分析偿付能力跟踪系统（Financial Analysis Solvency Tracking，FAST）。

财务分析和偿付能力跟踪系统由一套自动分析工具组成。这套自动分析工具向保险监管者提供审核和分析保险公司财务状况的一整套方法。像保险监管信息系统一样，财务分析偿付能力跟踪系统协助保险监管者确认最需要监管的保险公司。此外，财务分析偿付能力跟踪系统协助保险监管者确认使保险公司面临未来破产风险的财务问题。

财务分析和偿付能力跟踪系统由两个组成部分，即审核部分和分析部分。

一、审核部分

财务分析偿付能力跟踪系统的审核部分由若干个比率组成，根据为每个比率设定的参数来为保险公司打分。参数根据保险公司的财务分析偿付能力跟踪系统比率的结果区间确定。分数越高，表明保险公司的财务分析偿付能力跟踪系统比率偏离全国保险监督官协会规定的可接受的财务分析偿付能力跟踪系统比率的程度越大。

财务分析偿付能力跟踪系统比率通常关注保险公司的杠杆状况、经营状况、盈利能力、流动性和资产质量。根据年度报表提供的财务信息计算出来的财务分析偿付能力跟踪系统比率中，针对人寿保险公司的共有17个，针对健康保险的共有16个。对既经营人寿保险又经营健康保险的保险公司来说，则既要计算人寿保险财务分析偿付能力跟踪系统比率，又要计算健康保险财务分析偿付能力跟踪系统比率。

财务分析偿付能力跟踪系统比率得分较高的保险公司通常被认为具有较高的未来破产风险。每年全国保险监督官协会都要根据实际情况和偿付能力监管的需要对财务分析偿付能力跟踪系统比率和评分参数进行修正。

保险监管信息系统比率是根据年度报表提供的信息计算出来的。与此不同的是，财务分析偿付能力跟踪系统比率是根据年度报表和季度报表提供的信息计算出来的。

二、分析部分

财务分析偿付能力跟踪系统的分析部分由保险公司的“综述报告”组成。“综述报告”是根据年度报表和季度报表提供的资料做出的。该报告提供关于保险公司财务状况的季度总结或长期总结，或对保险公司长期经营过程中的所有方面进行深入的分析。

23.2.3 现金流量测试系统

20世纪80年代人寿保险业发生了巨大的变化。80年代前期，许多人寿保险公司对利率过高和利率波动做出反应，推出了包括万能人寿保险在内的利率感应型保险产品。接着在80年代后期，人寿保险公司在信用市场上的投资遇到了很大麻烦，最初是在高收益的债券市场随后是在商业贷款市场。很多人寿保险公司把投资集中在这两种资产上。由于利率波动和由利率波动引起的利率感应型保单的失效、新型利率感应型保单的推出和人寿保险公司在信用市场上的投资遇到麻烦，保险监管者认识到，在衡量保险公司准备金的充足性时，以保守的死亡率假定和利率假定为基础的传统的法定准备金公式可能不是一个好的衡量标准。

一、资产充足性分析

为了解决这些问题，精算专家和保险监管者一起提出了资产充足性分析的概念。资产充足性分析的核心是：指定的精算师不能简单地声称人寿保险公司的账面准备金满足法定准备金的要求。相反地，指定的精算师要在考虑支持资产的基础上，判断账面准备金是否足够应付人寿保险公司的未到期义务。尽管进行资产充足性分析时可以采用几种不同的方法，现金流量测试仍是分析人寿保险公司账面准备金充足性的最常用的方法。

二、现金流量测试

现金流量测试是一种资产充足性分析方法。现金流量测试在考虑支持资产和预期保费收入的基础上，判断人寿保险公司的账面准备金和其他相关的精算科目是否足够应付由履行合同义务和支付有关费用带来的对现金流量的需要。换句话说，现金流量测试就是比较预期现金流入量和预期现金流出量。预期现金流入是指资产到期和出售资产的收入、投资收入、保费收入和年金储蓄。预期现金流出是指保单给付、年金给付、退保和各种费用。现金流量测试不仅要考察准备金在绝对量上的充足性，还要考察保险公司为履行到期义务而在资产到期日之前出售资产的可能性。

因为现金流量测试关注保险公司账面准备金的充足性，所以它只考虑支持账面准备金的资产。保险公司的盈余资产是超过这些准备金资产的资产。换句话说，现金流量测试衡量准备金是否足够应付保险公司对保单持有人的义务，而不考虑保险公司是否有盈余或盈余的多少。

如果账面准备金不足，保险公司就要设立一个附加的负债科目。其名称是附加精算准备金（Additional Actuarial Reserve，AAR）。附加精算准备金的设立意味着保险公司盈余的相应减少。

三、现金流量测试的假定

现金流量测试就是在不同利率假定下，对未来资产现金流量和未来负债现金流量的发生时间和数额进行估计和比较，这些利率假定包括：

（1）利率不变（利率水平保持不变）；

（2）利率上升（前10年利率每年上升0.5%，此后利率水平保持不变）；

（3）利率上升/利率下降（第一个5年利率每年上升1%，第二个5年利率每年下降1%，此后利率水平保持不变）；

（4）利率突然上升（利率立即上升3%，此后利率水平保持不变）；

（5）利率下降（前10年利率每年下降0.5%，此后利率水平保持不变）；

（6）利率下降/利率上升（第一个5年利率每年下降1%，第二个5年利率每年上升1%，此后利率水平保持不变）；

（7）利率突然下降（利率立即下降3%，此后利率水平保持不变）。

现金流量测试在每一利率假定下，对保险公司的资产组合和它的保单持有人负债进行估计，并在每个利率假定下判断保险公司的账面准备金是否充分。

使用现金流量测试进行资产充足性分析时，除了利率假定外，还要做出其他假定。这些假定包括：

（1）不同利率水平下资产的现金流量；

（2）资产的购买策略和销售策略；

（3）不同利率水平下保单的现金流量（包括退保返还金、死亡给付、年金给付和展期合同到期等）；

（4）续保保费；

（5）保单红利设计和/或保单贷款利率设计；

（6）再保险的使用；

（7）营业费用；

（8）税收。

四、现金流量测试结论

尽管现金流量测试对账面准备金的充足性没有做出明确判断，如果账面准备金满足以下两个条件，则账面准备金通常被认为是充足的：（1）在估计期间结束时，支持资产的市场价值大于账面法定准备金；（2）法定盈余在任选区间为正。如果在任何一个任选区间，条件（2）没有得到满足，就要进一步分析，以判断负盈余的规模是否会危及保险公司的偿付能力。如果分析表明负盈余是不重要的或不会危及保险公司的偿付能力，则仍然可以认为条件（2）得到了满足。

23.3 我国保险监管信息化战略

保险监管信息系统主要是指应用于非现场监管领域的信息系统。我国目前已经实行了一套早期预警系统指标。由于监管数据的主要来源是保险公司呈交的数据和报表，而中国会计准则体系尚在构建中，加之目前实施的保险公司财务和会计制度与国际惯例还有一定差距，以及保险信息的非标准化，无疑增加了保险监管信息化建设的难度。因此，有必要借鉴国外非现场保险监管信息系统的经验，进一步完善我国的非现场保险监管信息系统。

23.3.1 非现场保险监管信息系统的优势

非现场保险监管信息系统的主要优势是：

第一，最大限度地科学管理信息资源，以先进的数据库管理系统为基础，完成数据采集、加工、存储、利用，提高信息资源的管理水平。

第二，充分发挥信息的价值，借助先进的计算机及网络通信技术，通过自动生成各类保险监管报表和提供强大的查询系统，辅助保险监管部门动态监管各保险公司的业务状况、财务状况。

第三，简化管理流程，帮助监管部门摆脱繁琐的数据输入工作，由计算机系统负责采集保险公司的相关数据，使监管部门完成从事务型到思维决策型的重大转变，实现管理水平的腾飞。

第四，实现对保险公司的动态监管，系统自动监控各保险公司的各类财务指标和业务指标，发现异常可迅速报警。同时可进行事前分析和预测，变被动管理为主动管理，最终达到监督管理效果的最优化。

第五，提高工作效率。利用计算机快速、高效和存储容量大的特点，进行信息的及时采集、有效存储、高速加工处理和传输，提高各类报表的生成速度，减少有关人员的业务量。

第六，减少工作误差。系统提供各类校验功能，根据会计财务原理自动验证用户数据输入是否正确，保证输入数据的正确性、完整性。

第七，系统基本数据按照财政部的相关会计通则和中国保监会的要求，以科目化的形式存储各项会计科目和业务科目数据，为系统与各保险公司财务系统和业务系统互联打下基础。

23.3.2 我国非现场保险监管信息系统的设计目标

中国保监会和各地保监局需要及时了解各保险公司当地业务发展状况、财务状况和资金运用状况，监督保险公司的偿付能力、资产负债配置、资产的保值增值等情况。因此，我国非现场保险监管信息系统应满足保监会和各地保监局的监管要求，其设计目标应定位于：以业务数据和财务数据为中心，以动态监管保险公司的财务指标和业务指标为主线，建立包含数据采集、数据校验、报表自动生成、动态查询、动态预警等功能的综合立体化信息管理系统，以便进一步提高保险的监管水平和能力，提高监管效率。

非现场保险监管信息系统的设计需要适用于中国保险监督委员会、各地保监局、各保险公司、各保险分公司以及具有独立财务核算权的保险支公司。

23.3.3 建立我国非现场保险监管信息系统

根据保险监管部门的监管要求，我国非现场保险监管信息系统应由两大部分组成：保险监管部门的监管分析系统和数据采集系统。

一、监管分析系统

监管分析系统为该系统的核心，主要完成以下功能：

1. 数据优化存储。监管分析系统主要对保险公司的各项财务指标和业务指标作动态监控，其基础是保险公司的财务数据和业务数据，系统将以科目化的形式存储各项财务数据和业务数据。数据存储科目化后，系统的各种报表都可以在其基础上根据一定的财务逻辑生成，将系统的数据冗余度降至最低。并且，当要求新报表时，只需要从基本科目数据中提取相关科目，参照一定算法，就可以得到新的报表。系统的灵活性和增值开发能力大大提高。

2. 数据多维查询。系统查询能力的高低直接体现了系统的监管能力。强大的查询统计功能可以将保险监管人员从事务型的数据统计工作中解放出来，将工作重心转移到数据分析上，提高保险监管部门的监管能力。该系统将提供强大的查询系统，可以基于多个条件进行多维查询，提高保险监管人员查找所需数据的速度。同时提供多种统计功能，将一些常用数据统计逻辑内置在系统中，进一步帮助保险监管部门的人员分析数据。

3. 标准报表自动生成。为更好地监管保险公司的运营状态，中国保监会颁布了36种标准报表。该系统能自动在科目化的基础数据中提取相关信息，动态形成各类报表，并提供打印功能。

4. 各类监管指标动态生成和预警系统。该系统能根据监管要求，动态计算各种监管指标。系统将存储各种监管指标的计算逻辑和相关的报警逻辑，定期检查各保险公司的所有监管指标，发现超过报警阈值的指标时，能迅速报警，通知监管部门相关管理人员，以便及时采取应变措施。

5. 市场分析报表（图形）的自动生成。除了具有生成标准报表的能力外，系统还能生成各种监管部门要求的其他统计报表，包括一些图形化的分析报表。为监管部门分析市场、采取各种调控手段提供基础数据支持。

6. 系统管理。实现数据字典的维护，包括会计科目和业务科目的维护、用户及访问权限的维护等。

二、数据采集系统

数据采集是系统的基础，没有正确、优化的数据采集程序，监管系统的其他功能都毫无意义。采集系统必须完成以下功能：

1. 数据优化存储。该系统将以科目化的形式存储保险公司的各项会计科目和业务科目数据。

2. 数据录入。数据录入系统开始可以采用手工录入的方式，将来可以与保险公司的财务系统和业务系统集成，减轻保险公司的工作量，同时降低数据输入出错的概率。

23.4 改善我国保险市场的信息披露

我国保险市场信息披露存在的主要问题是信息不对称。对保险市场的影响可以从中国保监会与保险公司之间的信息不对称以及保险公司与投保人之间的信息不对称两个方面进行分析。

由于中国保监会掌握各家保险公司资产质量的真实情况和偿付能力状况需要花较大的精力，才能发现各保险公司的经营风险和非经营风险，因此，信息的不对称，增加中国保监会对保险公司的偿付能力、资产负债质量、分保安排等的监管难度。

保险公司的资产状况、偿付能力和经营状况对投保人有直接影响。保险经营风险的特殊性和专业性，使得保险合同十分复杂。普通保险消费者对于保险产品知之甚少，处于信息劣势。同时，保险合同是保险公司对投保人未来发生保险事故进行赔偿、给付的承诺，保险公司的信用十分重要。而这些专业信息往往为保险公司所掌握，投保人很难知晓。当前保险市场上非传统的分红型、投资联结型、万能型保险产品都与资本市场密切相关，投保人获得收益的多少，取决于保险公司的经营能力和投资能力等具体信息，这直接关系到投保人的切身利益。因此必须加强信息披露，以保障投保人的利益。

投保人能够充分了解保险标的的风险状况，这是投保人和保险公司之间在签订保险合同之前存在的不可忽视的信息差别，由此产生的逆向选择问题在保险市场十分普遍。由于保险产品是根据社会平均的损失率或死亡率制定的，高风险的个人购买更多的保险，而低风险的个人购买更少的保险，形成类似“劣币驱逐良币”现象。结果，保险统计预期与所有参加保险者同等参与的结果相比，或者与不同风险水平支付不同保险费用这一理想模式的结果相比，保险公司所处的选择境况更加不利。保险市场逆向选择问题抑制了保险需求，导致了保险质量的下降和市场的低效率。

信息在市场参与者之间的分布是不对称的、不完全的。我们不可能彻底消除信息不对称对保险市场的影响，但可以采取信息披露的措施来尽量抑制和减轻信息不对称对保险市场的束缚，使我国保险市场能够持续、快速、健康发展。信息系统将在这个领域发挥很好的作用。

23.4.1 建立中国统一的保险财务报告制度、法定会计原则及保险经营评价、预警、监控系统，引进保险中介咨询机构

利用先进的IT技术，建立和完善保险公司的信息披露制度，以减轻中国保监会和保险公司之间的信息不对称状况，为实施偿付能力和资产负债比例财务监管奠定基础；加强会计、审计、资信评估等保险中介机构的建设和发展，以准确、及时、全面地获取和处理各种保险信息；建立保险信息披露制度，形成对保险公司经营的强大的外部监督，提高保险监管的效率。

23.4.2 实现保险行业信息共享，减少逆向选择和道德风险，减轻保险公司和投保人之间的信息不对称

通过建立保险全行业共享的人身风险、医疗风险数据库和车险经营数据库，建立拒保、拒赔及重大赔案黑名单库，方便保险公司在核保、核赔时及时查询，减少投保人的逆向选择和道德风险，降低保险公司的经营风险。

第24章
保险信息化发展的环境与政策

24.1 保险信息化发展的政策环境

保险信息化的成长不仅取决于计算机和网络技术的发展和成熟，而且很大程度上取决于政府能否营造有利于保险信息化发展的适宜环境。目前国内保险信息化成长所处的环境是，信息化政策法规不健全、保险企业网络意识较为薄弱、缺少统一的信息技术标准、信用制度不健全、相关专业人才匮乏。在这种情况下，要创造出有利于我国保险信息化发展的适宜环境，就必须构建相关法律制度框架。

24.1.1 现行法律政策环境分析

一、国际法律政策环境分析

在全球化的环境下，信息化必然要在一个无国界的全球IT环境中运作，尽快在全球范围内营造良好的信息化法律环境已成为国际社会的共识。因此，我国保险信息化建设无论是信息技术还是政策立法都要考虑国际环境因素。

信息化的国际立法是随着信息技术的发展而开展的。20世纪80年代初，由于计算机数据的“无纸化”特点与商业文件“纸面”要求的冲突，联合国国际贸易法委员会（UNCITRAL）于1984年向联合国秘书长提交了名为《自动数据处理的法律问题》的报告，提出了有关计算机记录系统的法律要求，从而揭开了信息化国际立法的序幕。

早期的国际信息化立法主要是围绕电子数据交换（EDI）规则的制定而展开的。1979年，美国标准化委员会制定了ANSI/ASC/X.12标准，X.12的推出促进了北美大陆电子数据交换进程。1981年欧洲国家推出第一套网络贸易数据标准，即《贸易数据交换指导原则》（GTDI）。该指导原则和X.12推进了欧共体和北美内部电子数据交换的发展，但由于实施的标准不同，在两大集团之间进行数据交换遇到了较大的麻烦。为此，1990年3月，联合国正式推出了UN/EDIFACT标准，并被国际标准化组织正式接受为国际标准ISO9735。此后，联合国又先后颁布了《联合国行政商业运输电子数据交换规则》、《电子数据交换处理统一规则》（UNCID）等文件。1993年10月，联合国国际贸易法委员会电子交换工作组26届会议全面审议了《电子数据交换及贸易数据通讯有关手段法律方面的统一规则草案》，形成了国际电子数据交换法律基础。

20世纪90年代初，以互联网为基础的电子商务出现了前所未有的发展速度。联合国贸法会遂在电子数据交换规则研究与发展的基础上，于1996年6月通过了《联合国国际贸易法委员会电子商务示范法》。该示范法的颁布为逐步解决电子商务的法律问题奠定了基础，并为各国制定本国电子商务法规提供了框架和示范文本。

世贸组织建立后，先后达成了三大协议，即：（1）《全球基础电信协议》。该协议于1997年2月15日达成，主要内容是要求各成员国向外国公司开放其电信市场并结束垄断行为。（2）《信息技术协议》（ITA）。该协议于1997年3月26日达成，协议要求所有参加方自1997年7月1日起至2000年1月1日将主要的信息技术产品的关税降为零。（3）《开放全球金融服务市场协议》。该协议于1997年12月31日达成，协议要求成员方对外开放银行、保险、证券和金融信息市场。这三项协议为信息技术稳步有序地发展确立了新的法律基础。

1997年11月6日，国际商会正式制定并通过了《国际数字保证商务通则》（GUIDEC）。该通则试图平衡不同法律体系的原则，为电子商务提供指导性政策，并统一有关术语。国际商会目前正在制定的还有《电子贸易和结算规则》等交易规则。

二、国内法律政策环境分析

在国内，信息化的发展已成为社会经济发展新的增长点，促进了经济的发展。但是我国在信息化法制建设方面还很欠缺，也很不规范，与快速发展的信息化建设不协调，具体表现在：

首先，关于信息化的立法需求在我国反应非常强烈，但迄今为止我国还没有制定出适应信息化发展的专门立法。在《保险法》的基础上，中国保险监督管理委员会经过几年的努力，共出台了二百多个保险管理规章，保险法律法规体系已基本形成。但是，保险企业信息系统和数据库安全、网络信息安全、电子保单效力、网上知识产权的保护、对网络保险欺诈行为的禁止和惩处等问题都很难找到相应的法律依据。

其次，我国目前虽出台了一些涉及网络安全和互联网方面的法规，但信息化建设还缺少统一的指导框架。一些行政部门在没有法律依据的情况下，任意扩大管理权限，导致政出多门或相互推诿的混乱管制局面，成为制约我国信息化健康发展的"瓶颈"。

再次，在现有条件下，调整电子商务领域安全问题只能依据相关法规的部分条文及一些部门规章来执行。其中主要包括：1999年10月1日起施行的《中华人民共和国合同法》，其关于数据电文可作为合同书面形式之一的规定，从合同法律体系方面确认了电子邮件和电子数据交换是合同书面形式的一种；《中华人民共和国刑法》第285条非法侵入计算机信息系统罪、第286条破坏计算机信息系统罪以及第287条的规定专门针对计算机（网络）信息系统进行刑法保护；1999年海关总署发布的《中华人民共和国海关舱单电子数据传输管理办法》；1999年国务院发布的《商用密码管理条例》；2000年中国证监会发布的《网上证券委托暂行管理办法》；2001年7月9日中国人民银行发布的《网上银行业务管理暂行办法》以及一系列针对信息化某一领域的行政法规、部门规章。保险信息化过程中引发的法律问题，现行《保险法》不能解决的，只能参照上述政策法规作为法律依据。

最后，当前的电子商务经营活动还很不规范，电子商务中的合法利益得不到有效保护。由于电子信息的输入需要简单化、标准化，通过网络签署的电子保单不可能像传统的书面合同那样条款齐备、措辞严密。电子保单成立的时间和地点以及要约的撤销和撤回等也不能以传统书面保单订立的规则进行确定。此外保险公司还可能面临到利用网络进行保险欺诈的风险。

24.1.2 建立完善的信息化法制体系

综上所述，为了保障信息化建设的快速健康发展，建立一个完善的信息化法制体系是十分重要的。我们应该：

(1) 加快法规建设。根据我国信息行业发展和基础设施建设的实际情况，尽快制定和修正信息基础设施建设管理的相关法律法规，制定有关信息市场交易、信息咨询、中介服务、资源管理及使用等的管理办法和规定，依法保护公开、公平竞争，维护公众利益。

(2) 加强宣传引导。对国家和省市已设立的涉及信息行业规范化和标准化的管理法规、办法、实施细则等，采取多种形式和各种媒体宣传、指导，形成信息发展的法制环境。

信息化是一个全球范围内运作的极其复杂的国际社会系统工程，其法制体系的涉及面十分广泛，内容也十分繁杂，既涉及国内法，又涉及国际法；既涉及民法，又涉及刑法。从法律关系的客体看，主要包括以下几个方面：

一、完善关于信息获取及知识产权保护的法律

网络在带给人们信息存储和高效率传输的同时，数据也极易被篡改、增删、破坏或窃用，这是计算机信息系统不可克服的脆弱性。保险公司的内部信息数据库既涉及保户的个人隐私，又涉及公司的商业情报。但是，网络的开放性会给实现信息化的保险公司带来安全隐患，特别是某些咨询机构和情报机构基于竞争的需要，进行有目的的情报搜索，更是对保险公司知识产权和保户隐私权造成巨大威胁。

有关信息获取及知识产权保护的法律规范主要涉及版权、著作权、域名、数据库、专利权、商标和商业秘密等。我们应该参照信息获取及知识产权保护的国际公约：

第一，世界知识产权组织在 1996 年 12 月讨论形成了《世界知识产权组织版权保护条约》，对网络环境下的软件、数据库著作权保护和信息数字化、网络传输、技术措施、版权信息等问题进行了系统的解释，但对由信息网络引发的知识产权问题尚未做出全面、明确的解释。同时，由于发达国家和发展中国家各自的利益不同，《世界知识产权组织版权保护条约》没有被足够多的国家认可，未能得到正式通过。

第二，我国现行《著作权法》对与网络有关的著作权问题未予规定。在司法实践中，法官通常依据法律原则和司法解释来处理案件。对此最高人民法院已于 2000 年 11 月 22 日出台了《关于审理涉及计算机网络著作权纠纷案如何适用法律的意见》及说明。

第三，欧盟颁布的《数据库法律保护指令》是在数据库保护领域取得的最有意义的进展，该指令颁布于 1996 年 3 月 11 日。我国著作权立法中没有关于数据库保护的明确规定，在司法实践中，法院通常援引《著作权法》、《反不正当竞争法》、《合同法》来保护数据库。

第四，在各国政府和法律界的大力推动下，2000 年 6 月 1 日，《专利法条约》（PLT）获得了通过，它将在总干事收到十份批准书或加入书后三个月生效。截至 2002 年 12 月 31 日，《专利法条约》（PLT）缔约国的总数是五个，目前还未生效。对于在网络上申请专利的问题我国目前尚无立法规定。

第五，我国目前对于域名管理的主要规定是《中国互联网络域名注册暂行管理办法》和《中国互联网络域名注册实施细则》，对于域名的注册、管理、撤销等方面的事务有约束力。但这并不是正式意义上的立法，其法律效力值得商榷。为了适应域名案件审判的实际需要，北京市高级人民法院于 2000 年 8 月出台了《关于审理因域名注册、使用而引起的知识民事纠纷案件的若干指导意见》这是我国关于抢注域名官司审理的第一个法院操作规范。

二、完善关于信息网络和信息安全的法律

1. 我国涉及计算机信息安全的若干法律法规。1991 年 5 月 24 日，国务院第八十三次常委会议通过了第一个有关计算机的法律——《计算机软件保护条例》。这一条例是依照《中华人民共和国著作权法》的规定而制定的。它的目的是保护计算机软件设计人的权益，调整计算机软件在开发、传播和使用中发生的利益关系，鼓励计算机软件的开发与流通，促进计算机应用事业的发展。1992 年 4 月 6 日，机械电子工业部发布了《计算机软件著作权登记办法》，规定了计算机软件著作权管理的细则。

1991 年 12 月 23 日，国防科学技术工业委员会发布了《军队通用计算机系统使用安全要求》，对保障计算机实体（场地、设备、人身、媒体）的安全、预防病毒入侵以及防止信息泄露提出了具体措施。

1994 年 2 月 18 日，国务院令第 147 号发布了《中华人民共和国计算机信息系统安全保护条例》，为保护计算机信息系统的安全，促进计算机的应用和发展，提供了法律保障。这一条例于 1988 年 4 月着手起草，1988 年 8 月完成条例草案，经过近四年的试运行后方才出台。这个条例的最大特点是既有安全管理，又有安全监察，以管理与监察相结合的办法保护计算机资产。

我国 1997 年 10 月 1 日起实行的新《刑法》，第一次增加了计算机犯罪的罪名，包括非法侵入计算机系统罪、破坏计算机系统功能罪、破坏计算机系统数据程序罪、制作和传播计算机破坏程序罪等。这表明我国计算机法制管理已步入一个新阶段，并开始和世界接轨，计算机法的时代已经到来。

2. 我国涉及网络安全的行政法规。针对国际互联网的迅速普及，为保障国际计算机信息交流的健康发展，1996 年 2 月 1 日国务院令第 195 号发布了《中华人民共和国计算机信息网络国际联网管理暂行规定》，提出了对国际联网实行统筹规划、统一标准、分级管理、促进发展的基本原则。1997 年 5 月 20 日，国务院对这一规定进行了修改，设立了国际联网的主管部门，增加了经营许可证制度。1997 年 6 月 3 日，国务院信息化工作领导小组在北京主持召开了“中国互联网络信息中心（CNNIC）成立暨《中国互联网络域名注册暂行管理办法》发布大会”，并发布了《中国互联网络域名注册暂行管理办法》和《中国互联网络域名注册实施细则》，详见中国互联网络信息中心的网站（www. cnnic. org. cn）。中国互联网络信息中心将负责我国境内的互联网络域名注册、IP 地址分配、自治系统号分配、反向域名登记等注册服务；协助国务院信息化工作领导小组制定我国互联网络的发展方针、政策，实施对中国互联网络的管理。1997 年 12 月 8 日，国务院信息化工作领导小组根据《中华人民共和国计算机信息网络国际联网管理暂行规定》，制定了《中华人民共和国计算机信息网络国际联网管理暂行规定实施办法》，详细规定了国际互联网管理的具体办法。与此同时，公安部颁布了《计算机信息网络国际互联网安全保护管理办法》。原邮电部也出台了《国际互联网出入信道管理办法》，旨在通过明确安全责任、严把信息出入关口、设立监测点等方式，加强对国际互联网络使用的监督和管理。这些都是对电子商务具有重大影响的重要行政法规。

三、完善关于信息服务的法律

根据《中华人民共和国计算机信息网络国际联网管理暂行规定》第九条的规定，从事网络服务业必须具备以下四个条件：

（1）是依法设立的企业法人或者事业法人；

（2）具有相应的计算机信息网络、装备以及相应的技术人员和管理人员；

（3）具有健全的安全保密管理制度和技术保护措施；

（4）符合法律和国务院规定的其他条件。

《中华人民共和国计算机信息网络国际联网管理暂行规定实施办法》第十条、第十一条进一步要求，接入单位除必须具备上述四个条件外，还应向互联单位主管部门或主管单位提交接入单位申请书和接入网络可行性报告。接入网络可行性报告的主要内容包括：网络服务性质和范围、网络技术方案、经济分析、管理制度和安全措施等。

对从事国际联网经营活动的接入单位，根据《中华人民共和国计算机信息网络国际联网管理暂行规定实施办法》第十一条的规定，实行国际联网经营许可证制度。跨省、市经营的接入单位应当向经营性互联单位主管部门申请领取国际联网经营许可证。在本省（区）、市内经营的接入单位应当向经营性互联单位主管管理机关办理登记注册手续，向提供电信服务的企业办理所需通信线路手续。进行国际联网的专业计算机信息网络不得经营互联网业务。企业计算机信息网络和其他通过专线进行国际联网的计算机信息网络，只限于内部使用。未领取国际联网经营许可证从事国际联网经营活动的，根据《中华人民共和国计算机信息网络国际联网管理暂行规定实施办法》第二十二条的规定，由公安机关责令停止联网，可以并处15 000元以下的罚款；有违法所得的，没收违法所得。

四、完善关于信息犯罪的法律

1997年10月1日实行的新《刑法》增加了有关信息犯罪的内容，将信息犯罪分为两大类，共五个类型。一类是直接以计算机信息系统为犯罪对象的犯罪，包括非法侵入计算机信息系统罪，破坏计算机信息系统功能罪，破坏计算机信息系统数据、应用程序罪，制作、传播计算机破坏程序罪。另一类是以计算机为犯罪工具实施其他犯罪，如利用计算机实施金融诈骗、盗窃、贪污、挪用公款、窃取国家机密、经济情报或商业秘密等。在我国有关计算机法律、法规尚不完善的情况下，把信息犯罪列入《刑法》无疑是我国立法观念上的历史性突破。这对我国信息化大规模的推广应用，对保护计算机生产者和使用者的合法权益，对计算机系统和计算机网络的安全运作都具有极为重要的作用。这些规定对于网络犯罪同样适用。随着各个单位和部门对网络依赖程度的增加，网络犯罪也急剧增加，成为刑事犯罪的一种新趋势。必须提高网络警察的技术素质和装备水平，加速网络犯罪的侦破，依法从快从重打击网络犯罪，从而在网络这一虚拟社会中营造一个稳定、安全的环境，保护我国社会稳定、经济持续发展。

24.2 保险信息化标准与信息共享机制

在加入世贸组织的新形势下，中国保险行业要经受住市场竞争的考验，必然要走市场化、规范化、职业化、国际化道路。决定保险行业可持续发展的因素不仅包括保险业内部的可持续发展能力，也包括外部发展能力的制约和影响。如何使这些决定保险行业可持续发展的因素在我们的现代进程中发挥作用，信息技术无疑起到至关重要的作用。作为一个资金密集型、数据和信息密集型的行业，保险公司的信息化建设直接关系到公司未来的发展。为了充分利用各个保险公司存在的数据，为保险公司构筑良好的外部发展环境，保险行业需要加快保险信息系统建设，实现保险信息的充分共享。

24.2.1 保险信息的标准化

信息技术的发展为信息资源的开发利用开辟了广阔的前景，但由于保险业信息标准化工作相对滞后，信息化建设中缺乏统一的信息规范与标准，存在各自为政的现象，不同信息系统（包括不同公司开发的同类型信息系统）之间难以进行信息交流和实现信息共享，产生了数据和信息重复采集和输入的现象。这不但增加了额外的数据和信息录入工作量，而且容易产生数据不一致性，严重地制约了信息资源的有效利用，阻碍了信息共享的实现。所以，要想充分实现保险的信息共享，就必须遵循国际信息标准，并以其为基础制定国内的保险业信息标准，实现信息资源开发和利用的标准化。

一、完成信息标准化的基础工作

保险业的信息标准化工作是一项具有知识密集、资料密集、工作量大等特点的基础性系统工程，主要进行以下几方面的标准化工作：

1. 保险信息指标体系标准化。保险信息指标体系是指一定范围内所有信息的标准，按其内在联系所组成的、科学的有机整体，是保险监督管理委员会对整个保险业的发展进行宏观调控和各个保险行业从业机构进行经营管理的基础。它应具有目标性、集合性、可分解性、相关性、适应性和整体性等特征。在监管机关、保险公司、保险中介公司和广大从业人员形成的保险体系中，只有统一和规范指标体系，才能使各管理单位和各经营主体开发和实施的信息系统能够实现数据和信息的兼容与共享。因此，建立科学的、实用的、完善的信息指标体系结构是信息标准化工作的首要任务。

2. 保险信息分类编码标准化。保险信息分类编码是对一些常用的、重要的数据元素进行分类和代码化，信息的分类与取值是否科学和合理直接关系到信息处理、检索和传输的自动化水平与效率，信息代码是否规范和标准影响和决定了信息的交流与共享等性能。因此，信息分类必须遵循科学性、系统性、可扩展性、兼容性和综合性等基本原则，从系统工程的角度出发，把局部问题放在系统整体中考虑，达到全局优化效果。遵循国际标准—国家标准—行业标准—机构标准的原则，建立适合和满足本单位管理需要的信息编码体系和标准。

3. 保险信息系统开发标准化。保险信息系统开发标准化主要指在系统开发中遵守统一的系统设计规范、程序开发规范和项目管理规范。系统设计规范规定字段、数据库、程序和文档的命名规则和编制方法，应用程序界面的标准和风格等。在信息系统开发过程中，必须遵守软件工程的设计规范，实现信息系统开发标准化。

4. 保险信息交换接口标准化。保险信息交换接口标准化对信息系统内部和信息系统之间各种软件和硬件的接口与联系方式以及信息系统输入和输出的格式包括网络的互联标准和通信协议、异种数据库的数据交换格式、不同信息系统之间数据的转换方式等制定规范和标准。信息系统的质量与接口的标准化密切相关，接口标准化是信息标准化的重要一环。

二、实现信息标准化的途径

保险业的信息标准化工作不是一个单纯的技术性问题，而是一项涉及整个保险业的系统工程，要取得成功，必须得到各方面的重视和支持。

1. 监管部门要加强对信息标准化工作的统一领导，与专业机构相互协调。保险业信息标准化建设与社会因素紧密相连，监管机关信息标准化工作的滞后，将给整个保险业信息标准化工作带来较大困难。因此，保险监督管理委员会要加强对信息化建设和信息标准化工作的统一领导和管理，制定整个保险业信息标准化建设的发展战略、总体规划、实施方案和法律制度，并对各系统和各地区的信息标准化工作进行协调和控制。各系统和各地区必须加强合作，避免和改变各部门、各系统、各地区以及管理层在信息标准化建设中分割开来、各自为政的现象。

除了保险行业的内部之外，专业的信息技术机构在信息共享体系建设的过程里面也会起到重要的作用。能够从多个角度对信息标准化的方式、规则提出参考意见，协助监管机关进行保险业的通用信息指标体系标准和信息分类编码标准的制定工作。专业的信息技术机构指相关领域的标准制定者、实施者等。保险业指定的标准应该与其他行业的标准相互兼容，互相衔接。

长期以来，保险业缺乏统一的信息体系标准和信息编码标准，为了实现监管机关与保险公司、保险中介机构之间的数据共享，制定《保险机构代码编码规则》、《保险产品代码编码规则》、《保险监管机构代码编码规则》等大量的信息编码标准，就显得格外重要。在制定保险业通用的信息标准的过程中，要保持编码的科学性、规范性、标准性、延续性，避免信息标准发生重大变化造成社会资源的重大浪费。

目前，制定保险业信息标准的时机已成熟，保险监管机构应着手组织相关的机构、部门、人员及其他社会资源就此专题进行可行性论证，尽快拟定、制定标准的工作大纲。

2. 行业内部进行协调。保险信息标准化的贯彻实施需要各个保险公司相互进行协调。保险规范的贯彻不是局限在某一个保险企业内部的事情，而是对整个行业都有益处。因此，保险行业协会应该督促和协助各个保险企业，使它们的信息系统符合信息化标准。保险行业协会协助各个保险公司修改它们的系统，并且制定行业信息标准化的时间表。必要的时候，也可以反映保险企业共同的观点，影响信息化标准的制定，使标准更易于贯彻。

3. 保险机构在信息化建设中必须贯穿标准化。保险机构要提高认识，统一思想，明确标准化工作在信息化建设中的重要地位。一要排除因信息标准化工作存在工作量大、耗时费力以及不能立即收效等情况而产生的畏难情绪。二要克服由于某些单位在内部信息系统开发时没有进行信息标准化工作，也建成投入应用并取得了成效，因而存在轻视标准化工作的倾向。整个保险行业体系的信息化建设必须在标准化工作原则指导下进行，首先直接引用和参照已颁布的国际标准、国家标准或行业标准，然后根据本单位的具体情况和实际需求，建立科学、实用、完善的信息化标准体系。

24.2.2 保险信息共享机制

通过信息共享，保险企业内部可以更加有效地利用信息资源，改善现有的服务，同时还能够提供新的服务。通过共享企业内部的信息，企业的部门可以获得高效的交流，对于问题能够快速发现，及时反馈。可以说，通过信息共享，保险公司的现有服务能够更加有效和高质量。此外，通过信息共享，使得整个企业的行为更加协调一致，从而也会相应改善企业的管理，全面提升保险企业的竞争力。

信息共享除了上述积极的方面，还有制约消极因素的方面。通过信息共享能够及时、有效地发现有违规业务的保险机构和人员，维护社会稳定。具体地说，实现保险信息共享具有如下好处：

一、全面提升保险公司的经营管理水平

当前保险业发展中一个很重要的问题，就是有些营销员在销售寿险产品时，对产品性质、产品特征、产品要求介绍不够全面，甚至误导客户。保险业要稳健发展，就必须加强行业自律和社会监督，逐步建立企业内控、行业自律、政府监管和社会监督“四位一体”的保险监督体系，进一步发挥行业自律和社会监督作用。金融体系的安全与稳定不仅关系到一个国家的经济稳定，而且关系到一个国家的政治稳定。金融体系稳定，才能很好地保护投保人的利益。

为了实现上述目标，就必须实现保险信息的充分共享。通过建立有效的信息沟通渠道，让社会公众及时了解到保险机构和从业人员的基本信息，如名称、机构代码、业务范围、代理险种、展业证书号、违规记录、是否被列入黑名单等，辨别真伪，杜绝不必要的损失，保护其合法权益，维护社会的稳定和保险业形象及其商业信誉。并可以向社会提供一个举报平台，使我国的保险市场逐步形成以保险监督管理委员会为中心、社会各界参与监督的管理氛围。

二、是建立保险行业的信用体系的必要前提

在全国政协第九届五次会议上，民进中央、民建中央、全国工商联、农工党中央的四十几位委员提出了近二十件有关“建立个人和企业社会信用体系”问题的提案。现代经济的实质是信用经济，信用是市场经济的重要基础。我国正处于向市场经济转轨过程中，信用体系尚未建立，信用制度和信用管理远远落后于市场经济的要求。面对我国市场信用严重缺失的状况，特别是加入世贸组织以后，要与国际市场接轨，就必须建立和健全符合市场经济体制要求的社会信用制度和管理体系。

信用是市场经济一个最基本的要求，没有信用就谈不上经营活动，也谈不上市场经济。保险本身就是一种信用，如果保险公司不讲信用，没有完整的信用体系，保险业就是自绝后路，就没有出路，就不可能发展。

我国建立信用体系的重点之一就是："国家要成立专门的机构，充分利用先进的科学技术手段，在统一的规则下建立共享的信息资源检索平台，逐步将区域性、行业性的征信系统全国化、网络化。"

三、能进一步加快保险机构市场化、规范化、职业化和国际化进程

我国保险市场的主体框架已经形成，经营规则和监管规章体系也基本建立，但还要继续朝着市场化、规范化、职业化和国际化的方向发展。在实现保险信息共享的过程中，很重要的一点就是进行保险机构内部的信息化建设。保险公司通过网络化、电子化的管理，形成有效的内控机制。与国际保险机构进行信息交流，学习国外先进的经营规则、理念和方式，提高本身的管理水平，降低运营成本，提高市场竞争力。同时通过信息的共享，提升保险公司、保险从业人员的公众形象，赢得社会各界的广泛认知和认可。

四、有助于进一步提高监管水平

建立保险的信息共享机制，一方面，有利于加大监管部门对问题处理的及时性，增加保险信息的透明度，降低监管成本，提高监管效率；另一方面，有利于实现对保险机构和从业人员的非现场监管和科学监督，进一步防范经营风险，规范保险市场秩序，从而使我国的保险市场在一个安全可靠的环境中运行，提高老百姓对民族保险业和保监会的信心，以减少加入世贸组织后所带来的冲击，提升保监会的公众形象，增强我国民族保险业的竞争力。

同时，加强保险行业体系的信息化建设，构建一个以保监会为中心，社会各界参与的，以互联网为信息沟通渠道的保险行业信息共享体系也是"政府上网"工程的一个重要体现。

24.2.3 信息共享的 IT 实现

中国保险行业的信息共享体系，应该是一个以保监会为中心，汇集国家各级监管部门、保险公司、保险中介和从业人员等综合体，实现在保护商业秘密基础上的资源共享的系统（见图24－1）。该系统内容涉及保险机构的经营、行业内的自律、国家行业监管的实施等诸方面，形成统一的数据接口和相应的灵活模块，并由众多子系统连接成大系统，构成一个纵横交错、覆盖全国的信息网络。这一信息网络利用数据库分级分类统计整理技术，以不同视角的、有兼容性的工作平台，实现保险监管的自动化、网络化，为全国保险市场提供全方位信息咨询服务和决策支援。

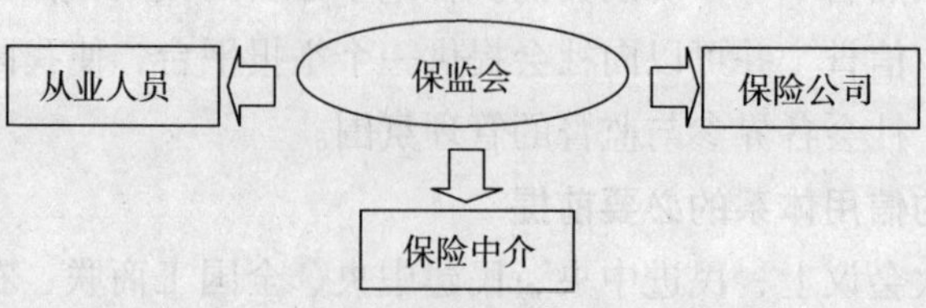

图 24－1　保险监管的自动化、网络化

考虑到保险业核心数据的安全问题，信息共享应该以保险监管机关专用网络为基础，建立整个保险业的核心数据中心和综合查询的平台，并建立专门的信息平台面向社会公众。

保险监管机关、保险公司、保险中介机构和从业人员以及社会公众（包括相关行业和机构、投保人和其他公众）是信息共享的主体（见图 24－2）。

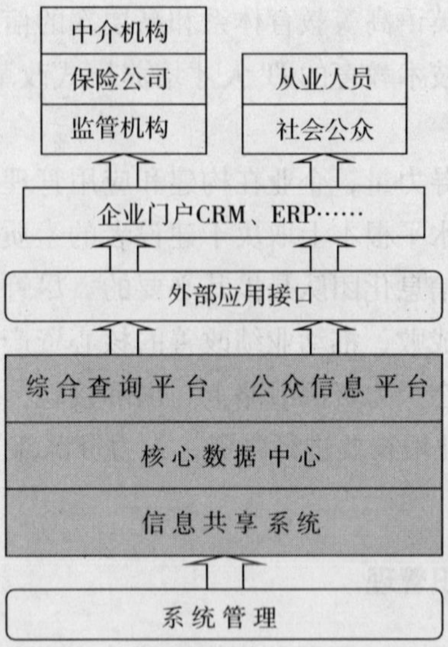

图 24－2　基于信息共享的信息系统架构

这个体系主要信息共享模式为保险公司和中介机构向监管机构上报保险业相关数据。监管机构进行数据处理后，一方面反馈给保险公司和中介机构，一方面将数据上报到保监会。在保监会进行数据集中，建立全行业统一的数据库，供查询、统计和分析。

24.3　保险信息化的人文环境建设

24.3.1　树立正确的保险信息化观念

21 世纪将是信息产业高速发展和日臻成熟的时代，以高效、便捷、全面、准确而著称的“信息化管理”将逐步取代传统的管理模式，成为各种管理机构的新载体，对保险业来说也是如此。

在国外，特别是西方发达国家，保险行业经过几十年甚至上百年的发展历史，已经建立起了一整套完整的运作机制和经营管理体制，在整个社会中发挥着举足轻重的作用。信息化管理已经渗透到与行业相关的各个领域，成为最有效的管理手段。在我国，尽管近年来保险业发展迅猛，但与发达国家相比还存在不小的差距，其中突出表现为管理手段落后，信息化程度偏低，区域发展不平衡。

我国是一个拥有 13 亿人口的大国，保险市场蕴藏着巨大的发展潜力。国外保险公司纷纷看好这一点，正在千方百计地“抢滩”我国保险市场。随着中国加入世贸组织，我国的保险业也将逐步扩大对外开放，中国“年轻”的保险业将迎来一场史无前例的“战争”。我国的保险业要想在未来竞争中立于不败之地，当务之急就是要充分运用信息技术，强化行业的管理机制，在较短时间内将整个行业的监管、运营、客户服务等环节提升到国际同行业先进的管理水平。在这方面，不少保险公司已经做了大胆尝试，并取得了明显的成效。

目前，全球信息产业发展都受到人才短缺的困扰，我国保险业也不例外。人才“瓶颈”主要有两方面：一是缺乏具备项目管理能力的高级管理人才，二是缺乏基础的产业蓝领工人。与此相反，自20世纪80年代中期至今，以软件出口为代表的印度信息技术业异军突起，取得了举世瞩目的成就，其软件业产值在近十年中增长了三十多倍。印度信息技术产业的可持续发展势头强劲，其中一个重要原因就是有相当厚实的、源源不断的信息技术人才资源。这除了与印度重视信息技术教育、重视管理人才教育有密切关系外，健全完善的英语高等教育体系和高层次的信息技术教育理念则是其发展的关键支撑因素。因此对我国来说，职业技术教育的IT人才培养模式改革可作为解决IT人才规模和结构缺陷的根本途径。

企业是信息化建设和运行的主导力量，企业在构建和应用管理信息系统的过程中需要拥有自己的管理和操作人员。而信息化建设的水平根本上取决于建设者的素质，所以企业人才培养必须先行，培养、储备企业自己的稳定性较强的信息化团队是极其必要的。尽管人力资本没有在企业资产负债表中明确列示，然而它的确是决定企业成败、推动业绩改善的核心资产之一。为了更好地利用中国不断增长的人力资本，中国企业只有尽快在人力资源战略上与国际接轨，才能借助中国庞大的人力资源确立战略优势。正如财务人员为支持企业增长要进行融资，人力资源部门也应吸引、培养并留住管理人才，来支持企业的战略规划。

24.3.2 强化保险信息化的知识管理

21世纪国际金融业发展的趋势之一，就是知识资本成为金融业发展的灵魂。金融业的知识含量愈来愈高，加强知识管理势在必行。知识管理既是对保险公司拥有的“知识资源”进行有效管理的活动，也是对保险公司管理过程的知识化变革与创新。知识管理的目标之一，是为保险业实现显性保险知识与隐性保险知识的经济价值提供可能的途径。而在信息技术普及应用的今天，知识管理若不借助技术平台的协助，将无法完全发挥知识的力量。如今，数据技术（包括数据库、数据仓库和数据挖掘）提供了信息储存和知识发现的工具；网络技术（包括互联网、移动网和万维网）提供了在全球范围内实时自由交换信息的巨大平台；运用知识发现技术和金融学及管理学模型，可以提供金融保险商务智能和支持一对一的客户关系管理，极大地推动知识管理的应用。这些知识管理的内容可以统一反映在由信息系统支持的知识化管理平台上。

知识管理是在应用操作的基础上发展起来的。它经历了数据收集、信息挖掘和知识发现三个历程。知识不仅仅是被动地收集数据，或者将信息按某种既定的方式排列以便于搜索，而是包含了在实践中总结出来的行之有效的工作方法和步骤。通常情况下，这些知识往往存在于雇员的头脑中，不一定转化成为文件或数据。比如，有经验的保险营销员通过几个关键问题，就可以判断出投保人的信誉。这一经验就是知识的具体表现。能否让这种积累更快、更有效，同时也更容易在公司的内部保留呢？通过全公司在同一个信息平台上共享的手段，可以有效地达到员工之间的经验分享和自我学习，这样也不会随着人员的变动而发生知识的流失。对于一个保险公司来说，内部知识网的建设将比互联网更加有序和有效。因为保险企业可以利用管理规范防止垃圾信息的输入；可以界定范围，保证信息的专业性；可以设定商业规则将保险业务规范和保险知识融为一体。

第5篇

金融信息安全战略研究

国家
“十五”科技
攻关成果

第 25 章
金融信息安全概述

信息化是 21 世纪国家现代化的基本标志，也是一个国家综合国力的集中体现。党的十六大明确提出，信息化是我国加快实现工业化和现代化的必然选择，坚持以信息化带动工业化，以工业化促进信息化，是实现社会生产力跨越式发展的重要途径。

信息化给人类社会发展注入活力的同时也带来了一系列新的问题，国民经济和社会对信息、信息系统的依赖性越强，由此产生的信息安全问题对国家安全的影响也越大。2003 年 9 月发布的《国家信息化领导小组关于加强信息安全保障工作的意见》中明确指出："信息安全已经成为国家安全的重要组成部分。"这是党和国家根据以信息技术为代表的世界科学技术迅猛发展、我国国民经济和社会信息化进程全面加快的新形势而作出的科学论断。

银行信息化是国民经济信息化的重要组成部分，是实现国家现代化的必由之路。作为国家经济的重要组成部分，银行业务发展越来越依赖信息技术，银行信息安全也必将成为国家信息安全的重要组成部分，研究银行信息系统安全战略将为银行制定信息化发展战略提供决策依据，同时为制定国家级信息安全战略提供一定的参考。

本章着重阐述银行信息安全战略研究的意义、目标、内容和方法。

25.1 信息安全是国家安全的重要组成部分

当今世界局势正在发生深刻变化，和平与发展成为时代主题，国家安全的内涵和外延发生了很大变化，除了国家主权、领土完整等传统安全外，信息技术风险、大规模疾病流行、环境恶化、能源危机、跨国犯罪、毒品走私、恐怖主义、分裂主义等非传统安全问题凸显出来。

信息化是当今高科技发展的新潮流，给人类社会发展注入了新的活力，同时也带来了一系列负面问题。信息化的推进，国民经济和社会对信息、信息系统的依赖性越强，由此产生的信息安全问题对国家安全的影响也越大。国家安全面临着各种新的信息技术挑战。

经济上，对信息与信息系统的依赖性使国家经济发展面临新的风险，信息安全问题直接影响着关系国计民生的电力、民航、铁路、金融、税务、海关等重要信息系统的安全运转。例如：深圳证券交易所曾发生因租用的卫星通讯系统受到不明信号干扰而被迫停市；首都机场因旅客离港计算机系统出现技术故障而致使大批旅客滞留等。这些事件再一次说明了国家重要基础设施和信息系统一旦出现问题，影响面会很大，甚至会给经济和社会带来灾难性后果。

政治上，网络环境下各种敌对势力的活动更加猖獗，其手段呈高技术化、网络化，破坏方式更加隐蔽，国家的政治安定面临严峻挑战。境内外敌对组织利用网络技术进行非法组党结社联络，进行反动宣传、渗透和攻击。网络违法犯罪活动仍很突出，利用网络进行盗窃、诈骗、敲诈勒索、窃密等案件逐年上升。

文化上，西方文化在网络上的广泛传播对中国传统文化产生巨大压力。西方文化、价值观念、生活方式、思维模式等正在以前所未有的范围和深度影响着我们，对这种影响不可忽视，不能掉以轻心，必须保持高度的警觉。

综上所述，信息安全已经成为事关国家经济安全、政治安全、文化安全的头等大事，成为国家安全的重要组成部分。信息安全战略是国家安全战略的重要组成部分，是国家信息化和信息安全保障的基本纲领，是党和国家高层决策的基本依据。

25.2 信息安全是国家金融安全的重要组成部分

银行业在市场导向经济体系中担负着一定的资源配置任务，是整个国家经济体系中的命脉部门，防范银行风险和保持金融稳定是贯彻执行国家宏观调控政策的必要条件，是维护国家经济安全的重要保证。银行的许多业务系统关系到整个国民经济的正常运转，例如：银行数据集中和应用整合在给银行带来竞争优势的同时，也扩大了银行信息技术风险影响的范围和广度；网上银行、手机银行、移动支付等新型金融支付服务以及银行卡联网通用工作，使银行与其他国家经济部门的联系更加密切；建立一个以现代化支付系统为中心，商业银行内部汇兑系统为基础的中国现代化支付清算体系，以支持金融市场的各种金融的结算；进一步完善信贷登记系统，尽快建成账户管理系统、大额资金交易报告制度，促进全社会反洗钱和征信工作的开展。

随着我国正式加入世界贸易组织，遵从该组织游戏规则、运用争端解决机制、享受成员国间平等互惠条件等一系列变化必将剧烈地推动我国各行业的改革开放，特别是在本身改革明显落后于总体经济改革步伐的银行业更是如此。中国在 2001 年加入世界贸易组织之时已经作出承诺，有步骤地向外资金融机构全面开放外汇业务，取消地域和服务对象限制，在四年内分五批开放 20 个城市，五年后取消所有地域限制，2006 年 12 月对进入中国的外资银行和中资银行一样实行国民待遇。银行业对外开放，在给我国银行发展带来好处的同时，还会致使国内银行受到国外银行的冲击甚至产生金融危机。我国的金融业一直是改革的薄弱环节，主要表现在：第一，尚未建立现代化公司治理结构的国有商业银行在服务质量、工作效率、经营能力、技术条件等方面都无法与发达国家实力雄厚的大银行相竞争；第二，需要按市场经济规律培育中国的资本市场；第三，需要加快利率市场化步伐；第四，需要进一步增加银行透明度和自由化等。

然而，银行开放与安全两者是相辅相成的：一方面，没有银行开放，就不可能实现真正的银行安全，闭关锁国只能累积和隐藏银行风险；另一方面，没有安全保障的银行开放就缺乏发展的基础，银行开放的成果最终会化为乌有。随着我国银行业的对外开放，不仅需要业务观念与国际接轨，还需要真实网络连接与银行业务的对外开放，由此将产生银行信息技术风险。

综上所述，银行信息安全是国家经济安全的重要内容，必须将银行信息安全的建设作为国家金融风险防范的重要组成部分。银行业信息系统必须作为国家安全战略中重要的保护内容，必须要充分考虑信息战威胁下的银行业生存问题，必须建立包括银行信息安全保障及国家威慑力量在内的多重防护体系，以国防建设的高度来进行银行信息安全的建设。

25.3 信息安全是金融业务创新的保障

信息是知识经济时代最重要的要素。银行由于其行业特殊性，是一个以信息为宝贵无形资产的部门。强化银行对经济金融资源的整合能力，将信息管理好、运用好、经营好，是银行增强核心竞争力的关键举措之一。

中国银行业信息技术应用已经经历了两个阶段：首先是交易自动实现阶段。20 世纪 80 年代中期开始，中国银行业开始普遍采用计算机技术以实现交易的自动化，提高业务处理的质量和工作效率。其次是整合沟通阶段。从 20 世纪 90 年代开始，信息技术在银行业得到广泛的应用，各项业务系统出现新的整合沟通要求，信息技术与银行业务融合为高度依赖、相互渗透的整体，新技术的迅速发展和运用导致商业银行的业务不断创新和突破，新业务发展反过来促进了新技术的不断完善。

进入 21 世纪，银行信息化进入"管理决策信息化"阶段，其特征主要表现为：其一，银行信息技术从操作层面进入管理层面，成为管理决策的工具和竞争的关键因素；其二，银行的信息技术应用从一个提高内部运作效率解决前后台业务处理的问题，转向面对外部市场竞争，解决增值需要的金融服务体系；其三，银行信息技术应用从满足账务处理核算要求转向致力于信息处理；其四，将客户中心的服务理念扩展到对客户需求的全面支持，增加了客户的自我服务功能，支持银行与客户、客户与客户之间的相互交流；其五，银行信息技术平台获得几乎没有限制的延伸，第三方、第四方金融及非金融企业纷纷成为该平台的信息使用者和提供者。

现在信息技术对银行由最初的外来工具演变成最主要的职能部门，成为银行发展的主要生产因素，决定着未来银行业的发展。信息技术是提升银行核心竞争力的关键因素。理性地对待市场、理性地对待同业、理性地对待自己是现代银行业面临的三大挑战，而这三个理性认识的实现必须建立在对市场、同业、自身信息（知识）的全面掌握和科学分析的基础上。这种通过整合各种信息资源，了解客户、竞争对手和市场，并将信息转换成知识（被称为商务智能，BI）的方式，将最终决定现代金融企业的核心竞争力。

一个银行无论规模大小，无论资金多么雄厚，如果忽视银行信息化建设，都有可能在未来的数字经济时代受到惩罚，失去应有的客户群。例如，为了强化银行服务手段，增强行业竞争能力，尽管目前的互联网技术不是很安全，各家商业银行仍不遗余力地推出诸如网上银行、电子货币等创新业务品种。随着网上银行、电子货币等创新业务品种的推出，利用信息技术进行盗窃、诈骗等新的金融犯罪形式也随之出现。从 1986 年开始，银行业每年出现的计算机和网络犯罪的案件正在以每年 18% 左右的速度递增。银行信息安全问题正成为个人、企业、政府乃至国家关注的中心话题，中央银行的服务职能由此也被赋予了一项新的使命，那就是："采取有力措施，关注、督促商业银行保障银行信息系统安全。"

银行过去手工操作时代的主要风险是工作环境风险、人员风险、利率风险，工作环境风险可以通过"三铁一器"来保证。然而，随着银行电子化建设的快速发展，银行的操作风险（其中包括信息技术风险）渐渐成为银行风险的主要组成部分。面对自然灾害、恶劣的环境、软硬件设备故障等的威胁，面对银行员工的误操作，面对开发中留下的后门，面对许多恶意攻击行为，以及部分银行人员信息安全意识淡薄、国内银行使用的关键信息技术和信息产品大多是没有自主知识产权的外国产品、我国信息安全技术应用水平较低等，银行信息技术风险的存在是必然的。

即将实施的《巴塞尔新资本协议》强调了操作风险的管理。对银行业而言，《巴塞尔新资本协议》（2003年5月公布第三次征求意见稿）既满足监管部门监管目标，又涵括银行自身经营目标和约束机制。最低资本要求、监管部门的监督检查和市场纪律，是新协议规定的三大支柱，“三大支柱”将银行风险分为信用风险、市场风险、操作风险，其中操作风险包括信息技术风险。

综上所述，信息技术是提升银行核心竞争力的关键因素，但却由此带来了一定的信息技术风险，迫切需要加强银行信息安全工作，切实保障银行信息系统的正常运转。在这个意义上说，银行信息安全是银行业务创新的保障力量。随着银行业务对信息技术依赖程度的增强，信息安全在银行业的重要性将进一步得到提高。因此，把银行信息安全战略作为“十五”科技攻关计划项目来研究是十分重要的。

第 26 章
银行信息安全管理战略

26.1 我国银行业信息安全现状与分析

我国银行信息化已经取得显著成果，商业银行的综合业务处理、资金汇兑、银行卡服务等基本实现了计算机联网处理，自助银行、网上银行、电子商务、网上支付结算等新型金融服务迅速发展，电子化营业网点已占网点总数的95%以上。中央银行的货币政策、金融监管、支付清算、业务处理和办公政务已基本实现了信息化。2003 年初，中国银行业已拥有大型计算机系统 300 台套，中型计算机系统1 500多台套，小型机近2 200多台套，各类服务器约 14 万台，PC 机约 50 万台，银行终端约 40 万台，自动柜员机约 5 万台，销售点终端约 30 万台，自助银行近2 000家。

与此同时，随着银行对计算机信息系统的高度依赖，计算机信息系统的安全问题也日益突出，由计算机信息系统安全问题引发的风险，已成为影响国家金融安全的重要因素。

26.1.1 我国银行业信息安全建设成就

我国银行业对信息安全工作给予了高度的重视，多年来在银行信息化建设方面做了大量细致的、卓有成效的工作，一直贯彻从组织体系、制度体系和技术体系三个方面入手，逐步建立银行信息安全保障体系的方针。银行业信息安全建设具有以下特点：

一、坚持“一手抓信息化，一手抓信息安全”

“九五”末期，随着银行计算机网络和信息技术的普遍应用和广泛推广，金融计算机犯罪呈现高增长势态，仅 1997 年、1998 年两年，国有商业银行就发生计算机犯罪案件上百起，涉案金额上亿元，银行计算机安全已直接威胁银行信誉和金融改革，引起了社会各界和银行业的密切关注，也引起了党中央、国务院的高度重视。2000 年，为落实党中央、国务院指示，人民银行组织召开了第一次全国银行计算机安全工作会议，下发了《关于加强银行计算机安全防范金融计算机犯罪若干问题的决定》，就加强银行计算机安全工作的一系列重大问题作出重大决定，把加强银行计算机网络与信息安全、保障银行信息系统正常运行作为一项重要的日常工作来抓，切实落实“一把手”负责制，从安全管理、制度防范、技术防范三个方面逐步建立起银行信息安全防护体系。

二、落实责任、制定有关规章制度

金融电子化、信息化多年建设以来，银行系统没有出现重大的计算机安全事故，主要得益于银行系统各单位领导重视，责任明确，切实采取了有效措施。人民银行主要负责同志多次就作好银行信息安全工作做出指示，提出明确要求。到目前为止，人民银行和绝大多数商业银行都设立了计算机安全专职管理部门，落实了专职人员，制定了较为完善的安全管理制度，加大了资金投入，建成并投产使用了一批高性能的安全技术防护系统，有力地保障了银行信息安全。由人民银行牵头，在认真听取各商业银行和有关机构意见的基础上，颁布实施了《金融机构计算机信息系统安全保护暂行规定》、《银行计算机信息系统安全技术规范》、《银行卡联网通用安全技术规范》、《中国人民银行计算机安全管理暂行规定》、《中国人民银行计算机安全“十五”规划纲要》、《关于加强银行数据集中安全工作的指导意见》等一系列规章制度，还起草了《银行计算机安全检查管理办法》、《银行信息安全管理规范》、《银行数据处理中心灾难备份安全管理规范》和《银行计算机网络与信息系统应急安全预案框架》。这些制度和规范对于规范和督促银行系统的信息安全建设与管理工作起到了积极作用。

三、适应新情况，落实新措施

近几年来，我国银行业信息化出现了新的发展趋势：一是银行数据由以前的分散处理向集中处理转变，确保数据大集中后银行信息安全已经成为当前银行信息安全工作的重中之重；二是随着互联网的普及应用，网上业务发展迅猛，网上支付与网上银行系统的安全成为新的热点；三是银行间互联带来新的信息安全问题；四是银行信息化和信息安全的分工细化引发了社会第三方服务安全等问题。为此，人民银行组织力量对这些问题进行了深入认真的调研，向国务院提交了《关于我国银行计算机信息系统安全若干问题的汇报》专题报告；下发了《关于加强银行数据集中安全工作的指导意见》，明确要求实施数据集中的银行必须采取一系列的安全保护措施。在2002年党的“十六大”和2003年全国人大、政协“两会”期间，银行系统严格贯彻落实国务院要求，迅速建立了银行计算机网络与信息安全应急联系机制，明确责任，部署安全检查，充实、完善应急处置预案，保障了银行计算机信息系统的稳定运行，受到国家信息化领导办公室网络与信息安全协调领导小组的表彰。

四、抓住主要矛盾，推动全面工作

信息安全是一项复杂的系统工程，涉及面很宽，必须抓住重点。人民银行和各商业银行都首先加强了重要信息系统、重要防护部位的安全防护工作。人民银行和部分商业银行建立了网络防病毒系统、防火墙系统和内联网非法外联监控系统，2003年，人民银行又抓紧建设了内联网入侵检测系统和漏洞扫描系统，切实从技术手段上加强了对重要系统和重要网络的安全监控，进一步提高了全系统的安全防护和反应能力。

五、确保资金投入，加快人才培养

银行系统按照《中国人民银行关于加强计算机安全，防范金融计算机犯罪若干问题的决定》要求，将不低于信息化建设总投资15%的资金用于信息安全建设，同时加快银行信息安全人才培养，初步培养出了一支懂得信息安全技术和计算机安全管理的专业队伍，如人民银行已经有50人通过国家信息安全测评中心“注册信息安全专门人才”（CISO）认可。

从总体、宏观的角度看，我国银行计算机网络与信息系统基本上是安全的，在现有条件下基本能够满足支撑银行业务职能、保持平稳运行的要求。

26.1.2 银行信息安全面临的新形势

随着我国加入世贸组织，银行业对外开放势在必行。外资银行进入中国后，与国内银行相比，在国际结算、服务水平、营销及管理经验方面具有较明显的优势。经过几十年的发展，外国银行形成了先进的、比较人性化的服务理念和企业文化；外资银行有完整的服务体系和营销体系，其市场分析、客户分析要比中资银行更为科学、准确，市场响应更为迅速；拥有一套比较完整、丰富的金融服务产品系列，将对中国银行业产生较大的冲击。加上外资银行计算机通信技术、应用系统、数据采集和处理等应用比国内银行更先进、更有经验，以此为支撑的外资银行可以充分发挥其竞争优势。与外资银行相比，国有独资银行在经营观念、信息技术应用水平、资本金实力等方面还存在一些差距。

面对着新的形势和任务，进一步做好信息安全工作将是我国银行业的重要任务。最近几年，我国银行信息安全工作的新趋势是：

（1）银行信息安全工作的重心由打击金融计算机犯罪这一中心转变为保障银行信息安全与打击金融计算机犯罪并举；

（2）银行计算机安全工作的重点从解决网络系统单点故障、采取单项防护措施向银行网络与信息安全整体保障和总体规划转变；

（3）随着银行经营理念创新与业务整合进展，银行数据处理由以前的分散处理向集中处理转变，大集中后产生的技术管理与风险管理备受重视；

（4）网上业务发展迅速，网上支付安全与网上银行系统安全成为社会各界关注的焦点；

（5）应急处置、灾难备份、风险评估及社会服务等将成为银行信息安全管理新的重要课题；

（6）我国加入世贸组织后银行业加快对外开放步伐，需要银行在提高自身信息系统安全性的基础上不断进行业务创新，增加业务互联互通性。

进一步分析银行信息安全的变化趋势，可以从信息技术威胁的变化、信息技术风险的变化着手。

一、银行信息安全威胁的变化趋势

从近年来银行信息系统遭受攻击的事件来看，入侵所采用的技术难度正逐步增加，入侵行为向组织化、规模化和协同化发展。

信息系统的攻击威胁多种多样，新的方法层出不穷。从近期的几次局部战争可以看出，军事打击已从过去的单纯打击军事目标向打击高价值民用目标的方向转移。可以预计，在国际互联网络上进行一场大规模的信息战是完全可能和现实的。我国银行信息安全建设不仅要考虑到一般非组织的信息犯罪的威胁，还要考虑有组织的信息犯罪、恐怖组织犯罪，甚至还要考虑到信息战的威胁，因此要建立我国强大的信息威慑力量。

步入21世纪，金融和电子犯罪案件日益增多，作案人发展成有组织的犯罪团伙，其中许多还是跨国的团伙。由于低投入高利润的诱惑，更多的职业犯罪团伙加入到信息犯罪中来。这些年信息犯罪的程度不断升级。

由于信息技术的发展和普遍应用，银行业务和管理越来越多地依赖于信息系统，同时其受攻击的可能性也大大增加。银行部门所受的威胁一般来自犯罪事件和恶意事件，这些袭击事件可能是个人行为，也可能是犯罪集团有组织、有预谋的袭击。多数威胁制造者的目的只是偷窃，另外一些威胁制造者的主要目的却是对设备进行破坏或使机构所提供的服务功能瘫痪。这类威胁也包括偶然行为在内，这种由部门内部或外部引起的威胁将造成经济损失并带来商业风险。来自网络空间的威胁和脆弱性是银行部门面临的最大挑战。无论威胁制造者的动机和所采取的形式是什么，其结果都会对银行运行造成威胁。

目前银行信息技术威胁可以分为如下几类：

1. 人为的失误。计算机技术人员及业务人员在信息系统的设计、开发、安装、使用过程中，都有可能产生人为的错误或失误。

2. 欺诈行为。来自于银行内部员工或银行外部人员，修改信息系统数据，盗窃银行资金，进行金融犯罪。

3. 内部人员破坏行为。即由于对工作不满或其他原因，有意在程序中设置“后门”或程序炸弹，并对设备、数据、系统进行故意破坏的行为。

4. 物理资源服务丧失。设备故障或物理环境发生意外灾难（电源断电、通讯中断、水灾、火灾、地震等）而产生系统宕机事件。

5. 黑客攻击。黑客通过非法手段访问或破坏银行信息系统。

6. 商业信息泄密。员工利用权限之便外泄信息系统数据。

7. 病毒（恶意程序）侵袭。指编制或者在计算机程序中插入破坏计算机功能或者毁坏系统数据的计算机指令或者程序代码。

8. 程序系统自身的缺陷。程序设计开发时，对系统的安全性考虑不足，留下安全隐患，这是一种来自系统自身的威胁。

二、银行信息技术风险及其变化趋势

风险是威胁发起的，威胁越大风险越大；威胁都要利用脆弱性，脆弱性越大风险越大；脆弱性是资产的暴露；资产都有价值，价值越大风险越大；我们对风险的意识，会引出防护需求；防护需求被防护措施所满足；防护措施抗击威胁，降低风险（见图 26－1）。

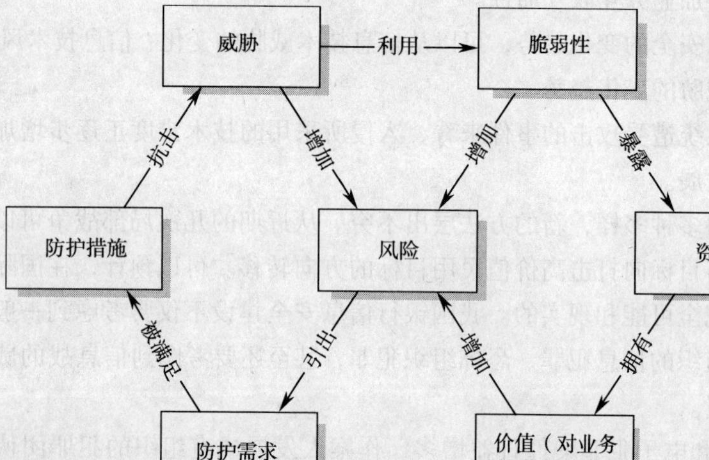

图 26－1　风险管理中的关系

资料来源：ISO13335—1：条文 10

面临上述威胁，加上银行信息化发展与配套安全技术之间的不协调，技术风险已成为一种新型银行风险，它是现代银行控制、防范和化解的主要风险之一，必须从战略上给予高度重视和积极防范。银行可能面临的技术风险类型有：

（1）入侵风险。非法登录、更改、破坏系统资料。

（2）数据风险。泄露、丢失、变化、失效。

（3）管理风险。人员管理、客户管理、运行管理。

（4）灾害风险。外部、内部。

（5）系统风险。安全运行风险、失误风险。

银行信息技术风险具有如下特点：（1）技术风险具有普遍性，从大型的数据处理中心到个人电脑，从局域网到互联网，从网点交易到虚拟银行，技术风险普遍存在于银行的各种产品和服务中，普遍存在于银行的各个交易环节、运行环节和管理环节中；（2）技术风险具有动态的特点，技术风险被发现并被利用；（3）技术风险具有隐蔽性强的特点；（4）技术风险表现形式多样；（5）技术风险来源复杂；（6）技术风险对银行具有危害大的特点；（7）技术风险具有管理难度大的特点。

必须指出，银行技术风险与银行计算机安全问题是同一个问题的两个不同侧面：技术风险是计算机安全问题在银行经营管理层面上的表现形式；计算机安全问题是银行技术风险在技术层面的表现形式，是技术风险管理的着力点。银行计算机安全管理的中心工作就是通过建立完善的组织管理体系、制度保障体系和技术防范体系，对银行信息及其基础设施实施保护，从而达到控制、防范和化解银行技术风险的目的。

26.1.3 银行信息安全建设存在的主要问题

我国银行业信息系统还存在一些安全漏洞和隐患，安全防护能力不足，应急和信息对抗能力则更差，因此削弱了对抗敌对势力恶意攻击的能力，难以防范内部人员作案和抵抗严重自然灾害的破坏。近年来，银行因计算机犯罪而遭受的损失也很巨大。从1986年以来，我国出现的计算机和网络犯罪的案件以每年30%的速度递增，其中金融案件占61%，经济损失达数百亿元以上。

银行信息安全的薄弱环节包括：

（1）部分单位对银行信息安全的重要性、紧迫性认识还不到位，存在麻痹和侥幸心理；

（2）许多重要信息系统还没有建立基本的防护系统，安全技术保障不成体系，应急反应体系没有经常化、制度化、业务连续性计划不完善；

（3）高素质的信息安全管理人员严重不足；

（4）银行信息安全管理与技术的标准规范还需要加快制定与完善；

（5）相当一部分重要信息系统的核心技术还掌握在外国人手中，自主知识产权的能力不足。

另外，在银行信息安全标准的制定、相关法规制度的建设等方面显得滞后，为此，我国银行信息安全建设的重点任务是：

（1）提高安全意识。信息安全问题已经成为银行业务创新、提高市场竞争力、适应世界经济发展的基本要求。

（2）加强组织建设。完善信息安全管理机构、明确主管领导、部门领导及专职人员，建立银行业网络与信息安全管理体制。

（3）建立通报制度。抓紧建设银行网络与信息安全通报机制。

（4）突出防护重点。确定重要信息系统、加强重要岗位人员管理、完善应急处置预案、逐步建设灾难备份系统。

（5）加大检查力度。定期开展安全检查（包括自查、互查、重点抽查、普查等多种形式）。

（6）加强灾难备份与应急响应能力的建设。特别是数据集中银行的应急响应问题和灾难恢复能力问题。

（7）加大基础性工作力度。科学规划信息安全保护工作，实施标准化战略，从应急处置、等级保护、风险评估、密码应用、网间互联安全、人才培训等方面提升银行业整体安全防护能力与水平。

（8）加快银行安全人才培养。造就一批懂技术、会管理、熟悉业务的专门人才。

26.1.4 各国信息安全战略的发展趋势

由于现代社会中信息安全有其独特的重要战略地位，各国政府都将信息安全作为头等大事进行研究，提出了自己的信息安全战略，并在实施中不断改进完善。

美国：1998 年 5 月，美国政府颁发了《保护美国关键基础设施》总统令，同时围绕信息保障成立了多个组织，其中包括全国信息保障委员会、全国信息保障同盟、关键基础设施保障办公室、首席信息官委员会、联邦计算机事件响应能动组等十多个全国性机构。同年，美国国家安全局（NSA）制定了《信息保障技术框架》，提出了“深度防御策略”，确定了包括网络与基础设施防御、区域边界防御、计算环境防御和支撑性基础设施的深度防御目标。针对未来的信息安全问题，美国于 2002 年 9 月 18 日和 20 日先后发布了《保护网络空间的国家战略》（草案）和《美国国家安全战略》。在新的国家安全战略中，明确将信息安全与国土安全作为国家安全有机结合的组成部分，明确把银行与金融部门列为国家关键基础设施组成部分，并制定了一整套安全措施，强调各部门合作、产品认证、成立金融信息共享与分析中心，形成了“准备与防范”、“检测与响应”、“重建与恢复”的安全保护战略框架。

俄罗斯：俄罗斯于 1995 年颁布了《联邦信息、信息化和信息保护法》，为提供高效益、高质量的信息保障创造条件，明确界定了信息资源开放和保密的范畴，提出了保护信息的法律责任。2000 年 9 月发布了《俄罗斯联邦信息安全学说》，明确了联邦信息安全建设的目的、任务、原则和主要内容，第一次明确指出了俄罗斯在信息领域的利益是什么、受到的威胁是什么以及为确保信息安全首先要采取的措施等。它指出国家安全依赖于信息安全的保障，保障信息安全必须从法律、技术组织及经济等方面采取措施。

欧盟：欧盟委员会 2001 年提交了《网络与信息安全——欧洲政策措施建议》，指出网络与信息安全应该保障所提供服务的可用性、真实性、完整性、不可否认性和保密性，必须抵御外来事件和恶意破坏。

日本：已经制定了国家信息通信技术发展战略，强调信息安全保障是日本综合安全保障体系的核心，出台了《21 世纪信息通信构想》和《信息通信产业技术战略》。

中国：我国于 2003 年 9 月发布了《国家信息化领导小组关于加强信息安全保障工作的意见》，成为我国今后信息安全工作的指导性文件。现阶段我国信息安全保障的指导思想是：坚持积极防御、综合防范的方针，全面提高信息安全防护能力，重点保障基础信息网络和重要信息系统安全，创建安全健康的网络环境，保障和促进信息化发展，保护公众利益，维护国家安全。

我国信息安全发展战略强调，信息安全保障的核心是深层防御战略，即采用多层次、多样化性的安全措施来保障用户信息及信息系统的安全，积极发展技术与管理手段，积极防御的安全保障框架。银行作为现代经济的核心，信息安全战略必须配合国家安全要求，形成主动防御的信息安全保障体系。

26.2 我国银行信息安全战略目标及指导思想

26.2.1 制定银行信息安全战略的方针、原则

从银行信息化建设和信息安全工作的实际出发，借鉴信息化发达国家的经验，我们在制定银行信息安全战略时应坚持“积极防御、综合防范”的战略方针，并要依从以下六个原则：

第一，关于安全与发展的关系。信息安全是信息化推进中出现的新问题，只能在发展的过程中加以解决。要坚持保障和促进信息化发展这一根本原则，以安全保发展，在发展中求安全。在信息化规划和建设中，同步考虑信息安全问题，始终坚持一手抓信息化发展，一手抓信息安全保障工作。如果信息安全问题解决不好，有价值的信息不能上网，可以利用网络处理的业务也不能用网络来处理，会严重影响和制约信息化的发展。在组织实施信息化建设中，既不能忽视信息安全威胁，也不能简单片面地夸大信息安全问题。必须综合平衡安全建设成本与安全风险，从实际安全需求出发进行安全建设和管理。

第二，关于信息安全技术与管理的关系。信息安全保障工作包括技术与管理两个方面，两个方面都很重要。但从目前我国实际发生的安全事件看，更为薄弱的是信息安全管理，有很多信息安全事件都是由于思想麻痹、管理不到位、责任不落实造成的。加强信息安全管理已成当务之急。要建立和完善信息安全管理责任制，加强管理，落实责任，对部门、个人都应有明确的要求。要坚持管理与技术并重，积极发展和采用先进技术来解决信息安全问题，同时也要注重通过加强管理来弥补技术上的不足。要科学分析信息安全风险和威胁，采取多种技术和管理措施，着力提高网上发现、控制、防范、管理、处置、威慑等能力。要从安全保护、检测发现、应急处置、打击犯罪等各个环节，从法律、管理、技术、人才、意识等各个方面采取综合的管理和技术措施，提高信息安全保障水平。

第三，关于重点防范与全面防护的关系。信息安全保障工作涉及信息化建设的各个环节，包括法律、管理、技术、人才、意识等各个方面，是一个复杂的系统工程。网络中一个环节、一个局部、一台计算机出问题，都有可能迅速地扩展到整个系统和网络，影响全局。这要求我们必须注重统筹规划、全面防护，从各个层面、各个环节上加强综合性的信息安全保障工作。与此同时，还要突出重点，有所为有所不为，将有限的资源用于基础部分、关键地方、要害部位。重点保障那些关系到银行生存发展的重要基础设施和信息系统的安全。

第四，关于以我为主与引进吸收国外先进技术设备的关系。加强信息安全必须坚持立足现状，以我为主。目前我国银行业所用的信息关键技术及相关产品在很大程度上是外国产品，国内没有同类产品或质量不过关，尚做不到自主可控。如果这种局面长期得不到扭转，我们的信息安全保障水平就很难得到实质性的提高。但是也要处理好自主研发与引进国外先进技术和产品的关系，不能简单地认为只有自己的技术才是安全的，排斥国外先进技术和产品。

第五，关于政府与银行、个人的责任和义务等关系。银行信息安全事关国家安全，中央银行要着重从政策引导、监督管理、人才培养、增强意识、基础技术研究开发等方面加强信息安全保障工作，同时也要做好人民银行自身的信息系统安全建设和管理工作。各银行信息安全基础设施的运行和主管单位要以保障信息网络与基础设施安全为己任，不仅要从一个银行运行的角度，而且要从维护社会正常运转的高度来履行信息安全责任和义务。

第六，关于信息安全保障的基础工作与战略研究的关系。未来几年里，银行信息安全保障工作的主要任务包括：加强信息安全法制建设和标准化工作，实行信息安全等级保护，开展信息安全风险评估，建立完善密码基础设施和网络信任体系，重视信息安全应急处理，加强信息安全技术研究开发，推进信息安全产业发展，加快信息安全专业人才培养，增强全民信息安全意识等。

26.2.2 银行信息安全战略总体目标

制定银行信息安全战略必须依据国家关于信息安全的总体规划，立足银行业信息安全的现状，充分考虑未来信息安全发展的大趋势，并遵循前述六个基本原则。

银行信息安全战略目标还必须能够支持在平时和战时的可用性、保证数据的安全性、保持业务的连续性。在平时的功能是抵抗错误、故障、自然灾难、个体犯罪、有组织犯罪等，在战时则是对付战争灾难。

确立银行信息系统是国家重要信息基础设施的观念，以从国防的高度来保证银行信息安全为制定银行信息安全战略目标的出发点，以保守国家金融信息秘密、保护银行资产、提供银行完整服务、维护客户利益和隐私、打击金融信息犯罪等为战术目标进行安全建设。

既要考虑局部安全，又要考虑全局环境的安全保障。对银行信息系统实施综合规划，对银行信息系统的物理安全、技术安全、人员安全和运行安全进行规范化要求，提高银行信息安全的威慑、防护、检测和响应能力，使银行信息系统能够抵御各种威胁，服务于国家和社会发展。

为此，我们提出银行信息安全的战略目标是：维护银行信息基础设施及有关信息系统的安全、防范和化解银行信息化所带来的风险、抵御有关机构和人员的信息技术威胁，从国家安全、社会稳定、经济发展和银行生存、金融稳定的高度出发，保障银行信息系统安全。

这一银行信息安全战略目标可以通过设置阶段性目标来逐步实现。

短期目标：在未来的3~5年内，健全银行信息安全管理机制、初步建立我国银行信息安全技术保障体系、形成全民重视银行信息安全的共识。

中长期目标：在未来的5~10年内，建成银行信息安全立体防护保障体系，形成包括安全管理、技术防范、知识产权及应急灾难处理的主动性深度防御体系，保证我国银行信息安全。

因此，未来10年中，银行信息安全的工作重点是：提高从业人员的信息安全意识和信息安全管理水平；对已建银行信息系统安全加固提出技术要求；对新建银行信息系统安全建设提供标准和指南；建设安全的跨行和跨地区的银行信息系统交换平台；建设银行信息系统网络安全监控中心和监控报警网络系统；加强应急处理能力。

我国银行业信息安全的战略目标的实现需要依托国家信息安全战略和国家法规的支撑；需要立足国情、以我为主、坚持管理与技术并重；需要正确处理信息安全与发展的关系，以安全保发展，在发展中求安全；需要统筹规划、重点突出、强化基础性工作；需要明确责任，发挥各方面的积极性；需要从社会环境、组织管理和技术措施等方面出发，建设具有国家法制威慑、技术防护、主动检测和积极反应组成的银行信息安全保障体系。

可以根据银行信息系统的重要程度，进行分等级管理，以便有效利用资金。核心系统（例如主机系统、数据库系统）应该采取最严格的安全措施，进行最高级别的安全管理；重要系统应该采取比较严格的安全措施，进行高级别的安全管理；一般系统可以适当采取一些安全措施，进行普通的安全管理。

26.3 银行信息安全保障体系

26.3.1 银行信息安全保障的概念

信息安全保障是确保信息和信息系统的保密性、完整性、可用性、真实性、不可否认性、可追究性和可控性的保护和对意外事件或恶意行为的防范活动。它要求运用技术、管理和人员形成的能力，在信息和信息系统的生命周期（产生、存储、处理、传输、消亡）的全过程中，在信息内容、应用服务、局域计算环境、边界和外部连接、网络基础设施的多个层面上，动态地实施保障信息资产安全的预警、保护、检测、反应、恢复和打击犯罪。

按照前述银行信息安全战略目标，银行信息安全保障的主要内容是：重大业务应用系统的连续可用性；业务工作责任的不可否认性；业务数据和信息的真实性、完整性；涉及国家秘密和行业敏感信息的保密性；什么人、可以访问什么资源、有什么权限，以及授权范围内的信息流向及行为方式等的可控性。

银行信息安全保障的工作范围包括：跟踪银行与信息技术发展趋势，遵循国际和国内信息安全管理标准，完善信息安全保障法律法规，制定和实施有效的培训与教育规划，投入相应的人力、物力和财力，健全和完善信息安全组织管理、法律法规和技术保障体系。

信息安全保障总体目标是：适应银行信息化发展的安全要求，提高银行整体信息安全保障能力，最终形成银行信息安全预警体系和应急响应体系，全面防范和化解银行技术风险，保证银行信息系统和关键基础设施的正常运行。

26.3.2 银行信息安全保障体系构成

银行信息安全保障体系建设工作涉及信息化建设的各个环节，包括法律、管理、技术、人才、意识等各个方面，与各部门、各地方都密切相关，是一个复杂的系统工程。网络中的一个局部、一台计算机出问题，都有可能迅速地扩展到整个系统和网络而影响全局。应该科学地分析信息安全风险和威胁，采取多种技术和管理措施，加强预警和应急处置；要从安全保护、检测发现、应急处置、打击犯罪等各个环节，从法律、管理、技术、人才、意识等各个方面，从国家、企业、个人各个层面，采取综合的管理和技术措施，提高信息安全保障水平。银行信息安全保障体系建设只有国家、社会合作努力，才能创造出良好的银行安全环境。

银行信息安全保障体系建设的主要工作包括：

第一，加强银行计算机信息系统安全工作的领导，完善组织管理体系；

第二，加强计算机信息系统安全教育和法制教育，提高安全管理水平和事件处理能力；

第三，加速计算机信息系统技术风险防范体系的建设，研究制定银行安全技术标准和规范，逐步建立银行信息系统安全应用平台；

第四，实现对系统资源、网络资源、设备性能、作业控制、故障对策和安全策略的自动化管理，增强银行计算机系统的稳定性，实现银行业务连续性管理；

第五，完善内控管理机制，确保业务数据和客户信息的安全；

第六，开展银行信息安全的基础性研究，制定计算机系统安全风险评估与分析方法，加强计算机稽核系统的建设；

第七，建立银行信息安全保障基础设施，如安全管理中心、密码管理中心、安全事件应急响应中心、数据备份中心等。

银行信息安全保障体系的建设最终要形成如下六大体系：

(1) 安全法规体系。包括法律、法规、条例及社会道德等，是规范银行生产、个人组织行为的基础，是有效对付犯罪的武器。

(2) 标准规范体系。是信息安全建设的根本依据，也是安全建设过程控制的准则，包括技术标准、建设规范、检测评估标准、知识产权保护及质量评估等内容。

(3) 安全组织体系。主要涉及银行信息系统安全的组织结构，是银行信息系统安全的组织保证。包括领导体系、组织管理队伍、人员管理制度等内容。

（4）安全管理体系。是银行信息系统安全管理工作的基础，包括操作规程、分级控制、质量控制、安全监控等。

（5）技术支持体系。是指充分运用高新技术，采用安全技术防范措施和技术安全机制建立的现代化技术防范体系，主要包括网络控制、内部控制、加密控制、网络保障、设备维护及软件支持等。

（6）应急服务体系。是银行系统应对特殊事件的基础设施，包括特殊事件处理、快速恢复体系及灾难恢复体系。

下面重点分析银行信息安全保障机制，并着重从技术策略、管理策略、应急策略等方面对银行信息安全保障体系进行阐述。

26.4 银行信息安全保障机制

为保证银行信息安全战略目标的实现，我国银行业只有建立信息安全的责任机制、预防机制、信任机制、通报机制、应急机制、恢复机制、培训机制，并使所有机制协调一致，才能真正完全发挥银行信息安全保障体系的效能。

26.4.1 银行信息安全的责任机制

在银行信息安全建设工作中，银行各级领导要认真贯彻“预防为主，安全第一，依法办事，综合治理”的指导方针，将信息安全工作列入重要议事日程，实行信息安全工作“一把手”负责制，层层落实分工，落实责任，避免产生“重应用，轻安全”的经营思想，将对信息安全工作的认识提高到关乎国家稳定、经济建设健康发展的高度。同时，要使各级领导班子充分认识到加强信息安全建设、防范金融风险是一项紧迫、艰巨、复杂和长期的任务，需要坚持不懈地努力。

26.4.2 银行信息安全的预防机制

建立有效的信息安全预防机制，真正做到预防为主、防患于未然。实现预防机制的重要措施是：要求对银行关键网络和信息系统进行严格检查和评估。评估可以是机构内的自评估，或外部第三方的评估和审计服务以及跨部门的相互评估。在安全评估、检查、审计工作中，要注重实际效果，切莫流于形式、存有侥幸心理，要做到“安全工作一票否决制”。评估中使用的方法必须保证有一定的目的性，能为制定长期综合评估过程及时提供信息。

26.4.3 银行信息安全的信任机制

银行关键服务机制的破坏将威胁到客户对银行的信心，为了保证客户信息的保密性、完整性和可用性，银行必须采用有效的管理方法保证客户的利益。

银行信息安全的另一个重要问题是要培养和保护人们对银行信息安全的信心，否则也可能带来严重的损失，例如产生挤兑、暴力、损坏设备等现象。信息安全需要建立信心保障机制，其主要内容是通过法律保证银行的安全运行，以备用资金作为后盾，从而形成支撑；同时开展安全教育和服务沟通加强理解；信心的保障最终体现在银行业务的安全运行。

26.4.4 银行信息安全的通报机制

银行信息安全存在连锁效应，通报机制有助于银行及时了解问题、及时采取措施，减少损失。通过信息的通报，使各个机构和单位能够学习经验、防范安全问题的出现。银行信息安全通报需要从如下几个方面建设：银行与国家管理部门的通报制度、银行间信息通报制度、银行内部信息通报制度、银行系统信息安全事件的数据上报及数据库管理制度等。

26.4.5 银行信息安全的应急机制

重建工作是银行恢复业务和处理风险的能力。银行部门应该制定恢复和复原工作的详细工作计划。我国银行业的信息化建设已经从单机、单点阶段借助网络技术飞速发展的有力支持，进入到数据集中、网络支撑、分布应用的时代。但是，根据信息安全的理论，银行业务数据集中的规模越大，潜在技术风险的危害性也越大。所以，针对不同的应用系统及不同的突发事件，组织研究、制定具有可操作性的应急方案（包括工程技术应急方案和业务持续应急方案）的工作势在必行。银行业在这方面要做大量的工作，在尽可能短的时间内建立起应急反应体系，保障银行信息系统的持续运行，有效化解可能产生的金融风险。

26.4.6 银行信息安全的技术基础工作

在有效的应急机制的基础上，如何在短时间内恢复银行信息系统的运行成为保证业务系统持续运行的重要任务。银行信息系统的运行维护工作的规范管理已成为重要的技术基础性工作。

根据软件工程的要求，银行业要依据不同业务系统建立、健全业务应用系统版本管理办法，以便在应用系统升级、修改的过程中有章可循；同时，为保证其效果要采取一定的技术手段，对业务应用系统的版本进行管理、监控。

要建立科学技术档案库，做到技术资料的专人管理、集中管理、分密级管理。还应制定相应的管理制度，对技术资料的保存、更新、借阅、销毁等进行制度约束。

在日常的工作中应有目的地进行技术积累和储备，对信息系统在营运过程中出现的问题进行科学、细致的分析，总结经验，作为以后出现问题、产生风险时快速解决问题、化解风险的依据。

26.4.7 银行信息安全的培训机制

建立一支高素质的、稳定的信息安全技术队伍已成为银行业保障信息安全的当务之急。对于人员的培养不是一朝一夕的事情，要有意识地将安全人员的培养和银行信息系统的建设有机地结合起来，广泛借助政府、专业机构、专家学者的力量，培养出懂技术、懂管理、懂业务的复合型人才，充实到信息安全工作中来，才能不偏颇、有效地做好信息安全工作。另外，在银行业进行广泛的信息安全意识教育也是非常重要的。

依据以上信息安全保障机制分析，我们还必须就银行信息安全保障体系建设中的几个薄弱环节重点提出实施策略建议，如：技术策略、管理策略、应急策略等。

26.5 银行信息安全技术策略

26.5.1 银行信息安全的技术应用策略

银行信息安全技术策略是对银行运用高新技术，采用安全技术防范措施和机制建立现代化银行技术防范体系时的指导思想。

根据我国国家信息安全战略要求“信息安全技术应该采取以自主开发、动态发展为主，引进消化、加工使用结合的方针”，我国银行信息安全的技术策略应该是：优先采用有自主知识产权的软硬件产品，选用可以自主控制和改造的外国产品，同时大力培养自己的信息安全管理与技术人才，根据银行自身的特点发展我国银行信息安全技术保障体系。

银行信息安全策略对安全技术的具体要求包括：

（1）技术管理和组织。建立安全管理组织、确定组织职能、明确岗位职责、安全人员资质审查、安全人员培训考核、安全人员离岗管理等。

（2）环境安全。包括网络设备环境安全、通讯设备与线路环境安全、机房环境安全、软件开发环境安全、软件测试与稽核环境安全、软件使用与维护环境安全、生产运行环境安全、存储环境安全、环境保障与管理、环境灾害防护、环境防护设施等。

（3）网络安全。包括网络通讯协议安全、网络管理平台安全、网络传输信道安全、网络运行安全监督、网络路由控制安全、网络隔离安全、节点合法性等。

（4）软件运行安全。其中包括软件平台选型与购置审查、安全检测与验收、安全跟踪与报告、版本管理安全、使用与维护安全、安全稽核；应用软件启用安全、安全审计、版本管理安全、备份安全、维护安全等。

（5）应用开发安全。主要是开发平台安全、开发环境安全、开发人员安全、应用软件测试与评估安全、应用软件审计安全等。

（6）操作安全。主要是操作权限安全、规范管理安全、岗位责任安全、操作监督安全、操作恢复安全等。

（7）数据安全。包括数据载体安全、数据密级安全、数据存储时限安全、数据备份安全（数据存储的有效性和完整性等）。

（8）密码与密钥安全。包括加密算法强度及业务分类管理安全、加密算法选用权限安全、密码算法启用和退役管理安全、密钥管理原则制定、密钥生成与管理安全、密钥保存及备份安全、密钥传送与分配安全、密钥更新管理安全、密钥的注销管理安全、密钥使用及注入管理安全等。

（9）应急响应安全。包括应急管理原则、应急计划制定、应急计划实施、应急备用管理、应急恢复管理、应急后果评估等。

信息安全技术是具有对抗性的敏感技术，具有技术含量高、更新速度快、开发投入高、替换难度大的特点，对于专用的核心技术和装备，应组织专家集中力量联合攻关，尽快提升银行信息安全防护能力。

26.5.2 银行信息安全技术的未来需求展望

我国在信息安全技术方面的重点发展方向是：关键性技术（如密码技术、鉴别技术、病毒防御技术、入侵检测技术等）、管理性技术（如网络侦查技术、信息监测技术、风险管理技术、测试评估技术等）和战略性技术（如操作系统、密码专用芯片和安全处理器等）。

从技术发展上，可以将信息安全技术分为如下的层次：

（1）通信安全技术（防火墙技术、网络控制技术、通信协议）；

（2）信息安全技术（信息加密技术、加密桥技术、密码控制技术）；

（3）运行安全技术（审计检查技术、主动防护技术）；

（4）认证管理技术（数字证书和证书机构、接入控制、生物识别技术）；

（5）安全评测技术（安全评测标准、安全评测设备及方法）。

确定未来的银行信息安全技术发展方向，首先必须参照国家信息安全技术的发展方向；其次应该解决银行目前面临的重大问题，如：数据集中后的信息安全、网络互联互通后的信息安全、银行开放式服务（电子商务、国际互联网）的信息安全、银行业务持续稳定运行的信息安全、银行核心系统的信息安全、灾难破坏威胁下的信息安全等；最后，应该能够支持银行业管理信息化发展中期战略目标，支持未来银行监管系统、网上银行、银行清算系统、信用信息系统、金融风险管理系统和反洗钱监控系统的建设。

因此，未来银行信息安全技术的基本要求是：在保障银行正常业务运行和新业务开发的基础上，建立可靠的身份认证与授权管理系统；健全信息安全评估技术；支持银行业大规模数据灾难备份系统建设。

未来几年，我国银行业在安全技术方面要做的工作是：

（1）加强安全技术的研究开发。银行信息安全技术可以引进和学习借鉴国外的东西，但还要具备有自己特色的安全技术体系和研发力量，这符合我国银行信息化发展的长远的根本利益。安全技术研发可以以加密、数字签名、访问控制、数据完整性保护、鉴别交换、业务流量填充、路由控制、公证机制这样一个分类为框架，大力开发新的安全技术和安全产品。

（2）形成权威、统一、科学的信息安全测评体系。银行应该建立权威、统一、科学的信息安全测评体系，把好安全技术产品的市场准入关，明示银行单位的信息系统安全状况。信息安全测评认证应该以国际公认的信息安全测评认证标准为基础，采用标准和公共的测评认证方法，面向用户的安全需求，测评信息产品、系统和服务是否满足用户提出的安全需求、达到用户的安全目标，安全功能是否属实和真实以及它们的安全强度与级别。

26.6 银行信息安全管理策略

通过信息安全管理过程可以完成信息安全在管理方面的要求，还可以推动信息安全技术的实施。银行信息安全管理策略包括：银行信息安全组织策略、风险管理策略、技术管理策略、法律法规策略、质量管理策略、标准化策略等，是建立现代化银行信息安全管理体系的指导思想。

26.6.1 银行信息安全的组织管理策略

一、信息安全的组织制度策略

从战略的高度需要银行把信息安全工作列入重要议事日程，实行安全工作“一把手”负责制；充分认识到加强计算机安全、防范金融计算机犯罪工作是一项紧迫、艰巨、复杂和长期的任务，有效建设威慑、防护、检测及响应的综合安全体系，保证银行业务、办公自动化及信息系统的正常运行。

随着银行业务的不断拓展和高新技术的不断发展，要及时对银行的规章制度及时进行补充、修改和调整，使规章制度不断适应新环境、新业务、新技术的要求，避免出现在具体工作中某些制度无法执行的情况。同时要将安全管理制度规范化、系列化，保持其完整性。

信息安全管理制度主要包括：人员安全管理、操作安全管理、场地与设施安全管理、设备安全管理、操作系统、数据库安全管理、网络安全管理、信息化项目安全管理、应用系统安全管理、技术文档安全管理、数据安全管理、密码与密钥安全管理、认证管理、应急管理和审计管理等。

二、信息安全的运行管理策略

银行系统运行与生产是安全保障的重点，应该通过加强管理、建立技术支持制度、明确责任制度等措施保证银行生产的安全。

通过建立安全生产规范标准，对涉及计算机系统安全生产的各主要环节和主要方面进行规范性的说明，以便科技和计算机系统的设计、安装、运行部门以此为依据，结合当地的实际情况，制定具体的实施细则。各银行要采取严格措施，认真做好银行重点系统的安全管理工作：严格按照岗位制约原则进行岗位设置；在机房关键位置要安装监控设备，各种记录登记要完整；系统和数据变更都有严格审批程序；数据备份都能做到异地存放；记录种类完整、记载详细等。

同时，需要在总结多年来计算机机房建设经验的基础上，制定银行计算机设施安全建设标准，保证计算机系统稳定可靠运行，保障工作人员有符合健康要求的工作环境，同时为监管部门提供监督检查的依据。

26.6.2 银行信息安全的技术管理策略

技术安全是银行信息安全保障的基础性工作，通过技术方法可以预防占绝大多数的一般性攻击、发挥重要的作用。技术安全工作包括准备与防御、检测与响应等方面。

准备与防御：银行需要采取防范措施以解决传统的内部或外部诈骗、服务瘫痪和丧失运行能力等问题。从维护国家安全角度看，需要部门预防和抵抗诸如系统攻击能力的加强，保证和提高信息共享力度、安全保障、合理的措施以及脆弱性评估等。此外金融服务领域从事信息安全工作的机构应该联合起来，共享威胁信息，及时出台合理的措施，并对行业动向协调响应。

对国家关键基础设施的保护包括对攻击的预先防御措施和遭受攻击后重建关键基础设施的能力。这两方面都需要确定核心基础设施的关键功能和服务内容。而且，基础设施的关键组件必须能够经常接受严格检验，并对它们的状态和实践措施进行评估。虽然评估是某些方面及时的统计反映，但是新型的脆弱性、威胁、风险和对策还将不断涌现和进化。出于行之有效的目的，脆弱性、风险及其他评估方法必须根据需要及时迅速地升级。迅速地反馈评估结果具有很重要的意义。

检测与响应：银行部门正通过不同的防护机制来减少遭受攻击的可能性，逐步地缓解风险，如脆弱性评估工作、周边安全防火墙和入侵检测系统的使用。内部防护机制还有访问控制系统和制定安全标准及合理的保护措施。然而，由于面临威胁的多样性和不可预知性，它不可能保证能防御所有的攻击。同样，无论是个人还是团体，对有预谋的对立活动的防护也不可能永远都取得成效。我们必须作最坏的打算，必须清楚地认识到主要任务是探测和响应银行信息基础设施面临的威胁。

理想的检测和响应计划的目标是自动地识别出攻击行为，并自动进行响应。虽然国际上金融服务机构所应用的入侵检测系统在不断更新改进，但是仍处于初期阶段，仍不能提供一个完全自动化的响应功能。另外，不是所有的设施都能受到入侵检测系统的保护。事件发生的原因多种多样，可能是蓄意的，也可能是无意的；范围可能集中也可能很分散；攻击可能是直接的，也可能是间接的；可以是网络空间内的，也可以是现实世界中的。无论采用何种机制，也无论事件发生的动机是什么，对关键基础设施的保护必须能解决银行服务的恢复问题。

26.6.3 银行信息安全的质量管理策略

银行信息安全贯彻在整个运行过程的各个方面，为了有效防范安全风险，必须建立一套长期的质量评测体系，及时发现安全隐患，将重大的信息安全问题消灭在事件的初期，尽可能减少银行的损失。主要方法是建设安全分析、评估、测试，检查控制、反应机制及响应模式的体系；制定相关政策和管理条例，定期进行信息安全的评测，动态管理，有效控制。

26.6.4 银行信息安全的法律法规策略

信息技术的发展一方面推动了信息安全问题的解决，同时也带来了更多的信息安全问题，因此通过信息技术手段的发展和完善，解决信息安全问题并不是无止境和不受限制的，应当给信息技术对于信息安全的责任划定一个合理的界限，从而在信息安全法律责任的划分上有一个明确的界定，这就需要通过信息安全立法来解决。

我国银行信息安全法律框架已具雏形，目前我国有关银行信息化的主要法律、法规和行政规章有:《刑法》(第 285 条、第 286 条、第 287 条)；全国人大常委会颁布的《关于维护互联网安全的决定》；国务院制定的《电信条例》(第五章)、《计算机信息系统安全保护条例》、《计算机信息网络国际联网管理暂行规定》、《互联网信息服务管理办法》、《计算机病毒防治管理办法》、《计算机信息网络国际联网管理暂行规定实施办法》；公安部制定的《计算机信息网络国际联网安全保护管理办法》；公安部、人民银行联合制定的《金融机构计算机信息系统安全保护工作暂行规定》；人民银行制定的《关于加强银行安全防范金融计算机犯罪若干问题的决定》；国家保密局制定的《计算机信息系统保密管理暂行规定》、《计算机信息系统国际联网保密管理规定》。此外，我国还制定了一些有关信息安全的技术标准。如国家质量技术监督局 2000 年批准发布了信息安全新标准十余项，公安部发布的《计算机病毒防治产品评级准则》以及人民银行发布的《银行计算机信息系统安全技术规范》等。但是相比西方发达国家，我国的银行信息化安全法律环境仍然不完善，需继续建设。

26.6.5 银行信息安全的标准化策略

提高银行信息安全防护能力需要在规划、建设、运行和管理中实行标准化处理。首先，需要建立金融信息化标准体系，建设金融信息化发展所必需的标准化基础环境，研究制定金融信息化发展所急需的基础性的业务规范、技术标准，为金融行业实现互联互通奠定技术基础，并提供统一的行业技术标准。其次，要在金融信息化标准体系的基础上，借鉴和吸收国际标准，进一步完善银行信息安全标准化体系。这里的两个主要的银行信息安全标准化发展方向是评测标准化和管理标准化。

评测标准化：银行业信息系统是复杂大型的系统，需要进行不断的测试和调控。目前对这些系统的评测缺乏权威性、专业性，使很多系统建设不能达到良好的应用效果。我国银行信息化建设过程中引进了大量的国外设备、系统，而对这些系统的评测也存在安全隐患。通过评测制度的建立，可以提高银行信息系统的可用性，降低运行过程中的隐患，从根本上保障银行信息安全。

在信息安全评估方面，我国用了较长时间跟踪研究美国可信计算机系统评价准则，并颁布了我国信息系统安全的若干规定。例如，1994 年国务院颁布的《中华人民共和国计算机信息系统安全保护条例》、1999 年国家质量技术监督局批准发布的《计算机信息系统安全保护等级划分准则》，1997 年公安部发布的《计算机信息网络国际联网安全保护管理办法》，1998 年公安部、中国人民银行发布的《金融机构计算机信息系统安全保护工作暂行规定》和 2001 年中国人民银行发布的《银行计算机信息系统安全技术规范》等。

目前，国际上关于信息系统安全评测标准主要有：美国可信计算机系统评估准则（TCSEC，1985 年）、欧洲信息技术安全性评估准则（ITSEC，1990 年），加拿大可信计算机产品评估准则（CTCPEC，1990 年）、美国联邦准则（FC，1991 年）、国际通用准则（CC，1996 年）、国际标准（ISO 15408，1999 年）等。

管理标准化：这也是银行信息安全的规范化内容，需要严格安全标准化来管理信息安全问题，并深入到组织、技术及管理的各个方面。银行信息安全标准化的目标是：最终形成包括银行信息安全管理规范、银行信息系统安全评测规范、银行信息系统加密技术规范、银行计算机安全检查规定、银行从业人员信息安全手册等在内的银行信息安全标准规范体系。

国际上流行的信息安全管理规范主要有：《信息技术——信息技术安全管理指导方针》（ISO/IEC 13335）、《银行业务和相关金融服务——银行业务信息安全指南》（ISO 13569）、《信息安全管理的实施编码》（ISO 14980）、《信息安全管理实践准则》（ISO/IEC 17799－1）、《金融业的安全服务管理》（ANSI X9.41）。

26.6.6 银行信息安全的风险管理策略

风险管理是银行基本管理过程之一，也是银行核心业务内容的一部分。信息安全风险管理是银行整体风险管理的一个有机组成部分，是风险管理在银行信息化领域的具体体现。银行需要建立自己的风险管理机制和规范，并制定具体的操作办法，将风险控制有效落实到银行生产、管理的各个环节和各个部门。一般风险管理过程包括：

（1）建立环境。即建立在风险管理过程中将运用的策略、组织和风险管理的背景。应建立对风险进行评价的准则，并规定分析的结构。

（2）鉴别风险。鉴别出会出现什么事，为什么会出现和如何出现，作为进一步分析的基础。

（3）分析风险。确定现有的控制，并根据在这些控制的环境中的潜在后果和可能性对风险进行分析。这种分析应考虑到潜在后果的范围和这些后果发生的可能性有多大。可将后果和可能性结合起来得到一个估计的风险程度。

（4）评价风险。将估计的风险程度与预先建立的水准进行比较。这样可将风险按等级排列，以便鉴别管理的有限顺序。如果建立的风险程度很低，此时的风险可以列入可接受的范畴，不作处理。

（5）处理风险。接受并监控低优先级的风险。对于其他风险，则建立并实施一个特定的管理计划，其中包括考虑资金的提供。

（6）监控和审查。对于风险管理系统的运作情形以及可能影响其运作的那些变化进行监控和审查。

（7）信息交流和咨询。在风险管理过程的每个阶段以及整个过程中，适时与内部和外部的风险承担者（stakeholder）进行信息交流和咨询。

一般的风险管理过程如图 26－2 所示：

信息安全风险管理过程与一般风险管理过程是一致的，只在鉴别风险、分析风险、评价风险、处理风险四个过程中表现出了信息技术的特点。在信息安全风险管理过程中，这几个过程主要通过下面一些过程实现（见图 26－3）：

（1）资产鉴别、分类和评价。

（2）威胁鉴别和评价。

（3）定义保障级别。根据资产和威胁的评估和评价，综合形成对机构信息安全风险管理的保障级别要求。

（4）脆弱性评估。评估防护措施的效力和存在的脆弱性。

（5）安全风险评估和评级。综合资产、威胁、脆弱性的评估和评价，形成最终的风险评估和评级。

（6）决策和实施风险处理措施。根据风险评估的结果，做出风险处理和控制的相关决策，并投入实施。

（7）建立信息保障。

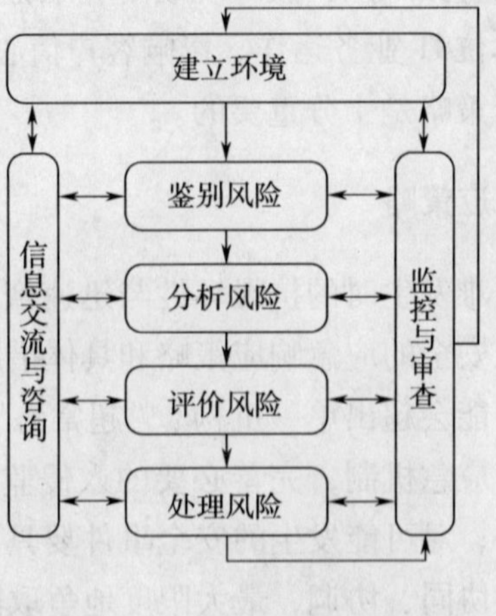

图 26-2 一般风险管理过程

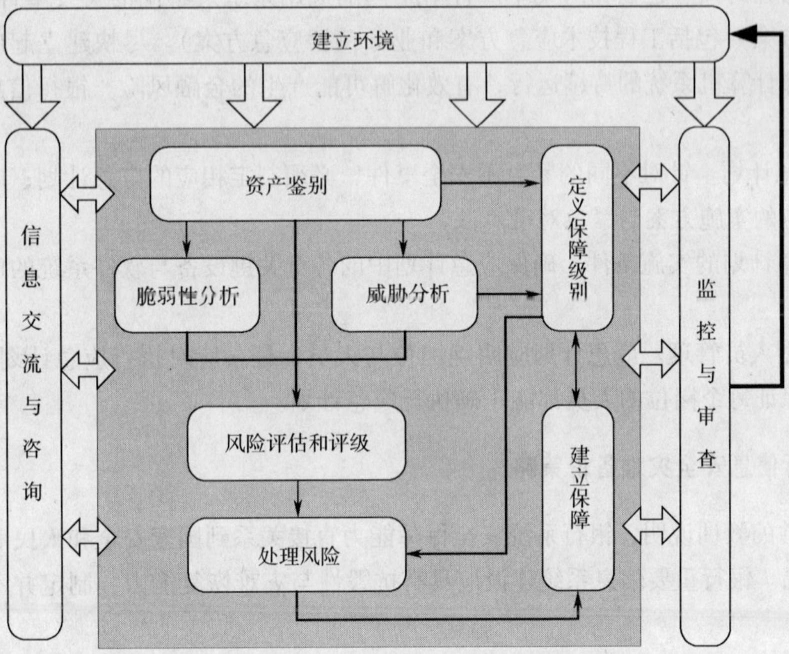

图 26-3 信息安全风险管理过程

信息安全的风险存在于整个过程中，需要进行产品选择、信息检测、风险评估、系统评测、安全检查等多方面的配合工作。主要有：参照相关法律法规、金融行业相关规定、国内外信息安全标准等，为用户建立一套信息安全管理系统和业务持续性策略；根据业务系统的需要，进行安全技术层面的实施，其中包括对银行现有设备和系统的加固、自有安全产品配置和实施、第三方安全产品配置和实施以及根据实际需求进行的专有安全系统开发和实施等。提供需求分析、风险评估、安全审计、紧急响应等覆盖全系统生命周期的安全服务。

26.7 银行信息安全应急响应与灾难备份策略

现实环境中安全事件绝不是有序发生的，安全事件及其并发性比其他任何事件更不规则，没有技术和组织准备的应急响应会带来的直接风险：破坏现场不利取证、造成无法挽回的数据丢失、扩大系统损害、负面的媒体曝光、影响单位IT业务运作、影响客户信心甚至影响合作伙伴。因此，在银行业建立信息安全应急响应与灾难备份策略是十分重要的。

26.7.1 银行信息安全应急响应策略

银行信息系统建设必须考虑灾难发生时的抗毁坏性与迅速恢复能力，制定并不断完善信息安全应急处置预案。有必要制定银行信息安全的应急响应策略和具体措施。

银行面临的威胁带来的影响可能会超出单一机构、“超常态”威胁不可能由日常动作解决。银行信息安全的重要内容是形成预警、应急机制，完善必要的入侵监测技术手段，防护、跟踪、分析入侵行为，配合相关机构处置入侵事件；对可能发生的安全事件要具备迅速反应能力，与国家相关机构建立预警和应急处置沟通渠道，相互协同、协调，最大限度地争取国家主管部门的支持。

随着银行数据中心规模越来越大，生产主机系统不断扩大，业务系统覆盖面越来越广，业务数据大量集中，银行潜在的风险也在相对集中。针对不同的应用系统及不同的突发事件，需要组织研究、制定完善的应急方案（包括工程技术应急方案和业务持续应急方案）。尽快建立起应急反应体系，以防患于未然，保障计算机系统的持续运行，有效化解可能产生的金融风险。银行信息安全应急管理应该做到：

（1）制定应急计划。针对不同的紧急不安全事件，必须制定相应的应急计划；应急计划应具有可操作性，并有相应的实施方案与紧急对策。

（2）保证应急计划的实施条件。确保应急计划中的各个关键设备与软件系统的可恢复性与可运行性。

（3）应急计划人员管理。应急计划应明确岗位与人员责任，应对执行应急计划的人员进行培训，定期实施演习，保证每个岗位的人员都能正确执行应急计划。

26.7.2 银行信息安全灾难备份策略

“9·11”事件的教训说明，银行系统安全保障能力直接关系到国家安全和人民利益，关系到社会稳定和信息化全局。银行重要信息系统建设应具有抗毁性与灾难恢复能力，制定并不断完善信息安全应急处置预案。

当前我国有很多银行已经开始着手建设数据中心，并且还有很多地区性银行正在进行数据大集中。在这些信息系统建设的过程中，灾难备份中心的建立是一个迫切需要解决的问题。任何一家银行独自建立灾备份中心都会在技术、财力和效益等方面有诸多的局限性。数据备份中心的建设，投入非常巨大，一般都在亿元以上。可以考虑各行自建灾难备份中心，或由中小银行联合共建，或由社会第三方提供灾难备份服务等，最大限度地共享资源和降低投入。

26.7.3 银行信息安全监控与预警策略

安全监控与漏洞扫描是一种主动保护自己免受攻击的网络安全技术。大多数银行已相继应用了防火墙和防病毒等安全保护措施，但缺少主动防御能力。实时监控与漏洞扫描作为防火墙的合理补充，能够从网络安全立体纵深、多层次防御的角度出发，对防范网络恶意攻击及误操作提供主动的实时保护，可在网络系统受到危害之前拦截和响应入侵；另外，实时监控与漏洞扫描系统扩展了系统管理员的安全管理能力（包括安全审计、监视、攻击识别和响应能力），提高了信息安全基础结构的完整性，增强了银行安全防护能力，也是形成银行信息安全预警体系的基础设施。

设置安全监控和预警的目的是：(1) 通过扫描操作系统、防火墙以及路由器，及时发现存在的漏洞；(2) 针对系统扫描以及实时监测发现的系统漏洞，及时采取措施；(3) 坚持贯彻规范的防范措施，采用全方位的测试手段，包括发现可疑用户、进行跟踪并采取果断措施。

26.7.4 银行信息安全业务连续性策略

保证银行业务连续是国家经济建设的重要目的。银行业务连续性管理（Business Continuity Management，BCM）不仅仅是灾难恢复、危机管理、风险管理控制或者技术恢复，更是一个业务驱动和高层驱动的管理问题。业务连续性管理是一个全盘的管理过程。业务连续性管理识别威胁组织的潜在的影响，提供一个框架来建立整体的恢复能力，以保护机构的声誉、品牌、关键关系人的利益，以及任何创造价值的活动（见图 26-4）。

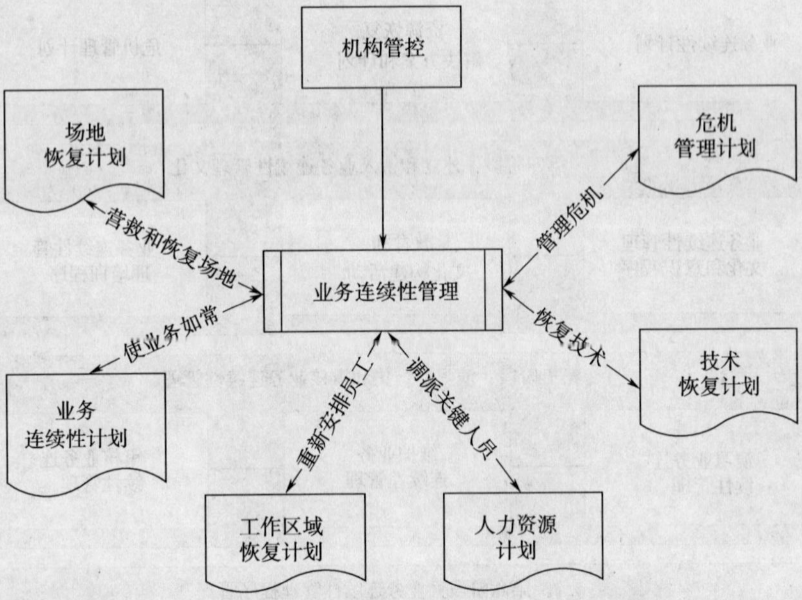

图 26-4 业务连续性管理要素

一般情况下，银行业务连续性管理的周期包括六个阶段（见图 26-5）。

26.8 实施银行信息安全战略的基本要求及相关建议

26.8.1 实施银行信息安全战略的基本要求

2000 年以来，针对金融计算机犯罪上升较快的状况，根据党中央、国务院要求，我国银行业已经采取了紧急措施，对可能发生问题的重点领域和薄弱环节进行了全面的安全检查和改进，建立健全了安全管理组织机构，从安全管理、制度防范、技术防范三个方面逐步建立了银行计算机安全体系，取得了明显效果，但同时也出现了新情况、新问题，需要认真研究解决：

(1) 银行业务数据集中的趋势。在广域网环境下的数据集中是银行信息化的发展趋势，但对信息

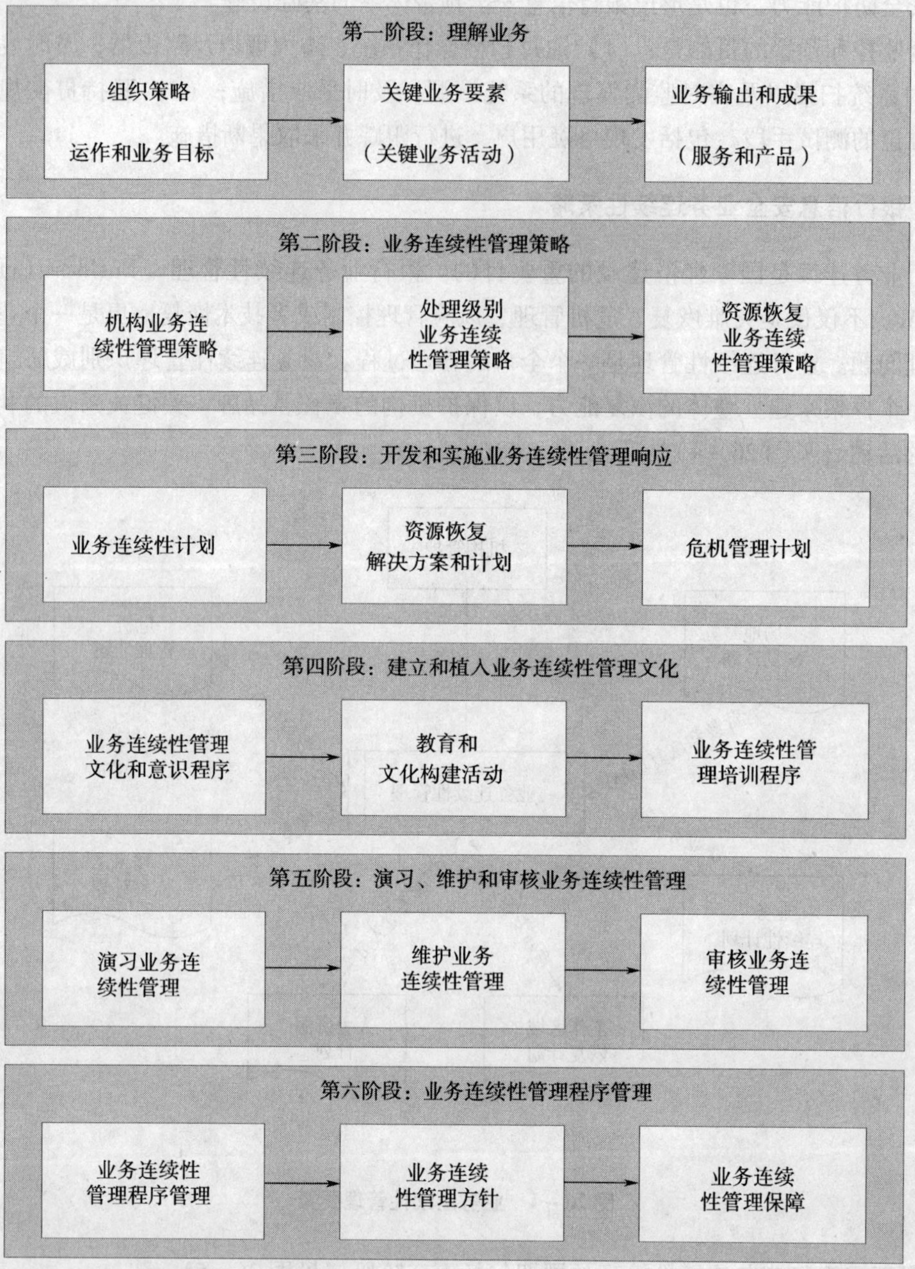

图 26－5　业务连续性管理生命周期的六个阶段

系统的可靠性和安全性也提出了更高的要求，特别是通信网络、主机、数据存储和灾难备份等成为影响全局的关键因素，这些方面一旦发生问题、很可能影响一家银行乃至整个银行业，严重的可导致国家安全危机。这就不仅需要银行业有健全的安全管理体系，最大限度地降低运行风险，还需要电力通信部门等的大力支持，还需要众多的社会化服务力量等。

（2）网上银行等新型业务迅速发展的趋势。网上银行等新业务的迅速发展，拓展了银行服务的外延和范围，许多银行纷纷把自己的业务处理网与因特网相连，同时对网上银行的安全性要求提高了。如何保证网上银行业务的安全，这给国家、银行业、IT 产业提出了现实的问题（例如网上银行安全评估机构问题）。

（3）银行网络的互联互通问题。银行网络互联互通是当今银行业务发展的必然趋势，也是银行获得增值服务的基础。这种高度关联的网络结构本身就带来了很多风险。

（4）未来的数字支付手段。电子货币的数字化是未来货币的发展趋势，其安全问题十分重要。在加密技术、管理模式及用户识别等方面需要整体的安全方案，必须确保数字货币及其系统的安全性。

（5）业务外包的风险。需要规范的制度和严格的控制程序来保证银行信息不被泄露，系统不被控制，安全的管理权利掌握在银行方面。

银行业务的新发展给银行网络与信息系统安全提出了新的要求，银行业必须建立强有力的银行信息安全管理体系、相关政策法规和标准体系、银行信息安全技术保障体系。以技术保障为例，银行需要逐步建设如下配套控制机构：

（1）网络监管中心。对网络异常行为进行实时监测，对网络攻击行为做出预警和主动响应，定期进行网络漏洞扫描与安全评估，逐步形成内联网安全预警与响应体系，做到安全状况心中有数，重大事件应对有方。

（2）信息安全测评认证中心。制定具有银行业务特色的信息安全评测标准/规范，加快计算机网络信息系统安全检测的基础设施和手段建设，提高信息安全技术和产品的检测评估能力。

（3）应急响应中心。建立和完善相对独立的应急处置机制，发展专业化保障力量，以有效防范和及时解决各类信息安全特别是网络安全问题，增强信息系统的灾难恢复能力和信息安全防御能力，提升信息安全保障水平。

（4）信息安全研究中心。跟踪前沿动态，提高研究起点，拓宽研究思路，把信息安全理论研究与网络防御演练结合起来，把现实性的对策研究与前瞻性的战略研讨结合起来，增强研究的超前性、实用性和综合性。另外，要建设高素质信息安全人才队伍，高素质的人才队伍是信息安全保障体系的智力支撑。应该采取一切措施，努力建设一支专业精深、善于创新的高素质信息安全人才队伍。

26.8.2 实施银行信息安全战略的外部环境支撑要求

实施银行信息安全战略不仅要依靠银行自身的力量，还需要国家信息安全主管部门的指导和政策支持、各相关服务支撑部门的技术支持等，因此实施银行信息安全战略还需要有坚强的外部环境支撑，如：国家基础设施支撑、法制环境支撑、人才教育支撑、信息安全产业支撑等。

一、国家基础设施支撑

随着银行业务数据大集中，数据处理中心和前置处理系统的通信保障与电力保障问题十分突出，如果出现通信线路故障或者电力故障，可能造成一个省、几个省乃至全国范围的业务中断事件，后果将十分严重。因此需要提高电信、电力部门对银行各大数据中心和重点业务系统的保障等级，将各银行的数据中心作为国家重点单位加以保护。

二、法制环境支撑

要实现银行信息安全战略目标，急需建立良好的法律法规支撑环境，包括国家立法和银行业规定、技术标准、产品认证、人员考核等规定。目前我国在信息安全立法方面还存在着一些问题：

1. 尚无对电子商务、电子交易及数字签名的立法。这种情况下，中央银行对网上银行业务进行监管、商业银行开展网上银行业务均存在着一定的法律障碍。

2. 银行计算机信息系统安全依赖于法律的保障。国家法律制度应加强对银行信息基础设施的保护，同时要严厉打击危害银行计算机信息系统安全的犯罪行为。建议对《刑法》中有关计算机犯罪的条款进行修改，加大对入侵或破坏银行计算机信息系统犯罪行为的打击力度；建立银行计算机安全产品、关键设备和重要应用系统的强制测评认证的法律制度；建立银行强制休业制度，为银行计算机信息系统停机维护提供必要的时间，保障银行计算机信息系统的运行安全。

三、人才教育支撑

银行信息安全工作需要一支高素质的技术管理队伍，人才是信息安全的关键因素。一方面，近年来中央银行、政策性银行和国有商业银行人才流失问题日益突出，特别是科技人才大量流失，严重影响了银行科技队伍的稳定；另一方面，银行急需的高级信息安全管理人才不能及时引进。因此需要依托国家人才教育机制的完善来解决。

信息安全管理和技术研究人才是保证银行信息安全具有连续性和先进性的基础条件，必须制定相应的人才培养机制，使我国银行信息安全技术开发工作持续深入进行，产生一系列高新成果并应用到银行，同时也需要培养大量的安全管理人才，保证银行信息安全战略的成功实现。

四、规范与标准化支撑

银行信息安全保障体系建设必须按照相应的规范和标准进行。安全技术标准在银行信息安全战略中将发挥重要的作用，特别要跟踪研究国际标准并推广使用。银行业应该积极开展国际交流，克服技术壁垒，提高系统效率，降低成本。国际标准化组织制定的信息安全管理、金融安全框架以及银行业务安全等国际标准为我国银行信息安全建设提供了参考依据。

五、信息安全产业支撑

银行是国家重要信息基础设施，需要采用成熟先进、自主产权的技术防护手段，需要素质高的信息安全合作厂商。银行信息安全战略的实施需要依托信息安全产业的健康发展，需要不断推出有自主知识产权的信息安全技术，需要可信的第三方信息安全厂商提供社会化服务。

因此需要国家加大对高技术含量的信息安全产业的资金投入，加大对高技术含量的信息安全产业的政策支持，加强对信息安全产品、从业人员、服务厂商资质等的评测认证工作。

26.9 相关建议

综上分析，实施银行信息安全战略需要银行业自身信息安全组织管理水平、技术防护水平的提高，还要依托国家与信息安全相关的法律威慑体系、信息安全建设投入、信息安全教育支撑、信息安全产业支撑等外部因素，才能形成积极的、动态的信息安全保障体系。因此，我们将建议分为两部分：对各银行的建议和对国家信息安全相关部门的建议。

26.9.1 对各银行的建议

第一，切实加强领导，明确领导责任。进一步落实信息安全工作“一把手负责制”和“谁主管，谁负责”的基本原则。各银行要进一步完善信息安全管理机构，明确主管行领导、网络与信息安全管理部门领导与安全管理机构人员，建立健全网络与信息安全管理体制。各银行要切实把保障网络与信息安全工作作为本单位日常工作的一项重要内容，列入工作计划，认真研究与检查，常抓不懈。要定期就本单位网络与信息系统运行与管理中出现的一些重大问题进行专题研究。对于出现重大安全事故、造成严重影响的，要追究主要领导的责任。

第二，确保安全保障工作的资金投入。严格执行《关于加强银行计算机安全防范金融计算机犯罪若干问题的决定》（银发［2000］12 号）文件“信息安全保障建设资金原则上不低于信息化建设总投资的15%”的要求，切实保证银行信息安全保障基础设施的建设、运行和维护费用。

第三，加快银行业安全人才的培养。采取积极措施，加强银行信息安全人才培养，建设和造就一支稳定的懂技术、懂管理、懂业务的专门队伍。

第四，建立信息安全情况通报制度。总结银行业网络与信息安全保障与应急工作的经验，参照国家网络与信息安全通报机制，在实施《银行计算机安全事件上报制度》（银发［2002］280 号）的基础上，进一步抓紧制定《银行网络与信息安全通报管理办法》，建立银行网络与信息安全通报机制。

第五，突出重点，确定重点防护系统和重点防护部位。突出重点，确定重要信息系统，确定重点防护部位，加强重要岗位人员管理，完善应急处置预案。

第六，加大安全检查力度。加大银行计算机安全检查力度，制定《银行计算机安全检查办法》，按照此办法定期组织银行计算机安全检查，及时解决工作中存在的问题。

第七，加强灾难备份与应急响应能力的建设。根据《关于加强银行数据集中安全工作的指导意见》（银发［2002］260 号）的要求，努力提高应急响应能力，尽快建立和完善数据强制备份制度，抓紧建设灾难备份系统。

第八，加大基础性工作力度。加快银行信息安全战略研究工作，科学规划银行信息安全保护工作，实施标准化战略，从应急处置、等级保护、风险评估、密码应用、网间互联安全、人才培训等方面提升银行业整体安全防护能力与水平，保障我国金融业稳定运行。

26.9.2 对国家相关部门的建议

第一，加快建立适合我国国情的信息安全管理体制。为解决目前我国信息安全存在多头管理、责权不清的问题，建议由国务院信息化领导小组牵头，归口管理全国的信息安全工作，进一步加强信息安全工作的领导。同时，借鉴国际经验，完善现有的商用密码管理机制，进一步区分国家秘密与商用秘密，明确商用秘密的定位和性质，采取更加有效和灵活的管理办法，以适应市场经济、网络经济的蓬勃发展。

第二，健全计算机信息系统安全的法律保障。银行计算机信息系统安全依赖于国家法律的保障。国家法律制度应加强对银行信息基础设施的保护，同时要严厉打击危害银行计算机信息系统安全的犯罪行为。建议对《刑法》中有关计算机犯罪的条款进行修改，加大对入侵或破坏银行计算机信息系统犯罪行为的打击力度；建立银行计算机安全产品、关键设备和重要应用系统的强制测评认证的法律制度；建立银行强制休业制度，为银行计算机信息系统停机维护提供必要的时间，保障银行计算机信息系统的运行安全。

第三，加大银行计算机信息系统安全建设的投资力度，理顺国有商业银行的投资渠道。当前用于银行计算机信息系统安全的投资不足，普遍存在应用投资挤占安全投资的情况。另外，国有商业银行的固定资产投资不得超过自有资本 30% 的管理规定，也限制了各银行对计算机信息系统安全建设投入的积极性。因此，建议国家适当地加大对中央银行计算机信息系统安全建设的专项投入，同时调整国有商业银行固定资产投资比例管理的政策。在经国家有关部门批准的情况下，用于银行计算机信息系统安全建设的投资应不受固定资产投资比例的限制。

第四，提高电信、电力、公安等部门对银行“重点应用系统”的保障等级，确保银行信息系统的正常运行。银行信息系统是国家的重要信息基础设施，特别是在业务数据集中后，数据中心（含灾难备份中心）的通信、电力保障是银行计算机信息系统安全的基础。建议电信、电力等部门对银行信息系统提供高等级的服务保障。武警、公安、消防等部门应将各银行的大型数据中心作为国家重点单位予以保护。

第五，深化银行科技部门管理体制改革，完善与市场经济相适应的人才激励机制，稳定银行科技队伍。近年来各银行科技人才因收入待遇低而流失问题日益突出，科技队伍年龄和知识结构趋于老化，急需的高级技术管理人才不能引进。解决银行科技人才问题需要深化银行科技部门的管理体制改革，完善激励机制，提高科技人员的待遇。为此建议：允许国有商业银行的信息科技部门，能够参照其他企业科技部门的管理模式，进行市场化运作。在中央银行和政策性银行科技部门中建立与现有行政职级分配系列相平行的技术职级分配系列。在涉及计算机信息系统安全的网络管理员、系统管理员和安全管理员等核心重要岗位上建立特殊津贴制度。

第 27 章 证券业信息系统安全体系研究

27.1 证券信息安全理念

安全不仅仅是防止黑客入侵，也不仅仅是防火墙、防病毒、漏洞扫描、入侵检测等纯粹的技术问题，而是一项复杂的系统工程，这就是信息安全工程论所说的安全是策略、技术与管理的综合。

27.1.1 信息安全“三元论”

信息安全理念突出地表现为信息安全的“三元论”，即信息安全有三个要素：安全策略、安全技术和安全管理（见图 27－1）。

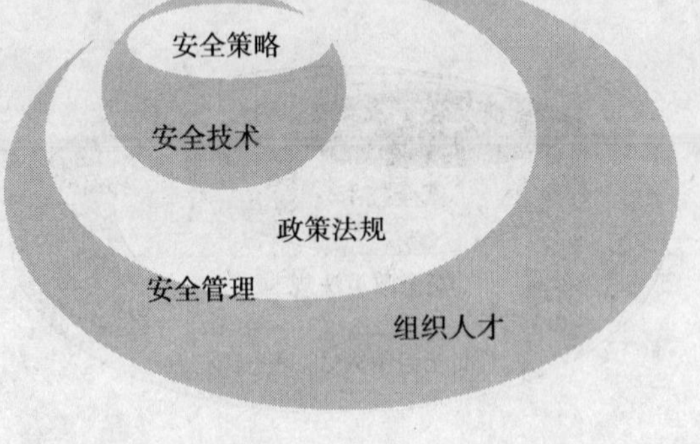

图 27－1 信息安全“三元论”

一、安全策略

安全策略是信息与网络系统安全的灵魂与核心。是企业为发布、管理和保护敏感的信息资源而制定的一组规章、制度和措施的总和。安全策略的主要目的是提供信息安全的管理方向和对信息安全进行支持。

任何机构都应该通过在整个机构发布、维护一个信息安全策略来设定一个清晰的策略方向和对信息安全表示大力的支持和承诺。安全策略必须明确要保护什么，确定保护的内容；明确如何去保护，确定保护的方法与技术手段；明确由谁去实施，承担什么责任，确定责任与分工；同时，要明确处理后如何应对，确定后果处理方法等，这些就是安全策略中每一项策略的具体内容。

确定开发安全策略，必须考虑制定安全策略的优先次序、企业内部因素对安全策略的影响，不要指望能够制定一个绝对正确和详细的策略，因为我们没有能力提前预知问题的所有情况和细节。但要充分意识到今天的好的能够实施的策略要比明天的伟大策略要好，同时要考虑实现安全策略可能的投资。安全策略力求简洁、可实施、具有可操作性。一个十分完美的而不可操作的安全策略是没有任何用处的。换句话说，制定一个不能够实施的安全策略等于没有安全策略。

此外，机构还需具备策略复审及评估程序，该复审程序应确保在影响原来的风险评估基础的任何改动发生后会马上进行复审，例如发生重要的安全事件、出现新漏洞、机构或技术架构的改变等，以确保安全策略适用于机构的信息安全现状。

二、安全管理

安全管理主要是人员、组织和流程的管理，是实现信息安全的落实手段。

在信息安全业界有一个普遍的共识：安全在于技术，安全更在于管理。的确，先进的安全技术是信息系统安全的根本保证。但是，任何一种技术手段必须要和完善的管理制度相结合才能发挥最佳效能。所以，在选用先进的技术手段构建安全防御体系的同时，要依据具体情况和对安全管理的具体要求，规划出相应的信息安全管理的规章制度，如组织机构制度、人员管理制度、场地与设施管理制度、安全系统管理制度和安全事故管理制度等，以消除非技术因素造成的安全漏洞，使整个安全防御体系更加严密和完善。

三、安全技术

安全技术包含工具、产品和服务等，是实现信息安全的有力保证。

一般来讲，信息系统的安全技术手段主要包含防火墙技术、身份认证技术、信息加密技术、数字签名和认证技术、入侵检测和漏洞扫描技术、虚拟专用网（VPN）技术、访问控制技术、安全审计技术和病毒防治技术等。

三元论将信息安全工作中的“管理中心”特性突出地描述出来，完全抛弃了传统的以技术为中心的一元论观点（见图 27－2）。

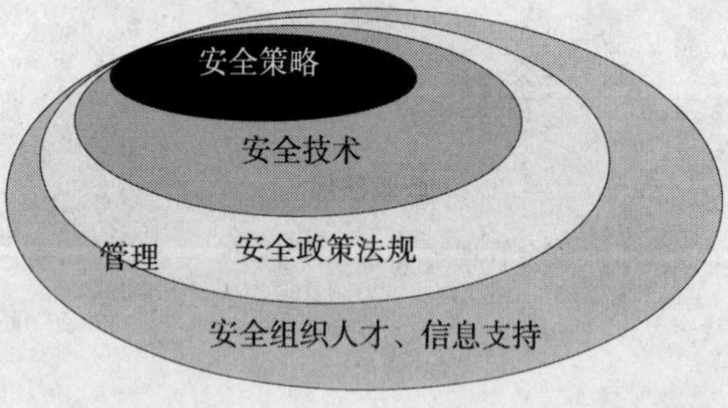

图 27－2　以管理为中心的信息安全工作

27.1.2　信息安全的具体内容

信息安全问题绝不是一个简单的技术问题，而是一个复杂的系统工程。信息安全具有层次性、动态性、过程性与生命周期性。图 27－3 说明了信息安全所包含的内容和特性。

一、风险分析与评估

风险分析与评估指对信息和信息处理设施所面临的威胁及其影响以及信息系统脆弱性及其发生的

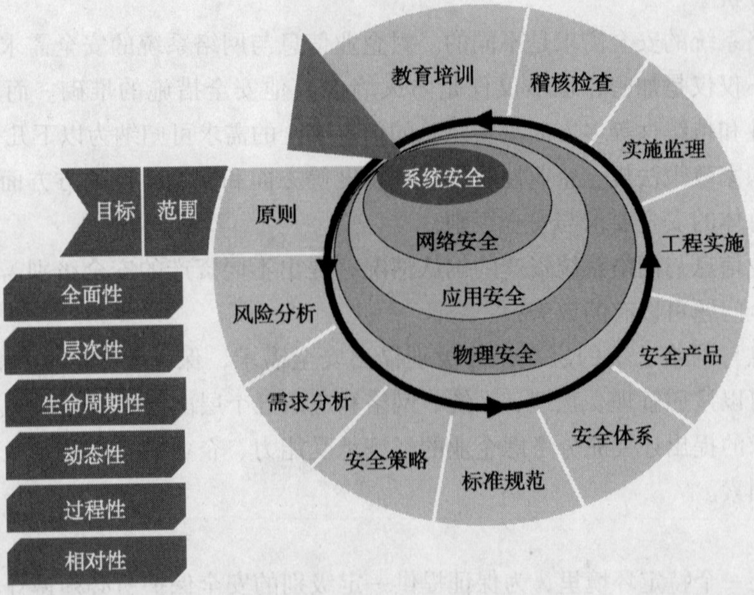

图 27－3　信息安全的内容

可能性的分析与评估。

对企业来说，解决信息安全的首要问题就是要对企业自身信息与网络系统的风险有最充分的分析与评估，包括这些风险可能带来的安全威胁与影响的程度。主要应考虑以下几个方面：

1. 基于机构/部门之间信息安全和日常工作与应用的区别，确认最关键的资产。如果不知道要保护什么内容，或者不知道要保护内容的情况，那就谈不上什么安全了。明确保护的资产，资产的位置以及资产的重要性是安全风险分析的关键。譬如：这些资产可能是数据资源、计算资源也可能是通信资源；可能是绝密级文件，也可能是总裁的一份人事任命意见稿；可能是企业的一台对外提供实时业务的服务器，也可能是一个典型的应用程序；还可能是租用电信部门的一条通信线路；等等。总之，只要它们是信息与网络系统的一部分，一旦面临威胁就可能带来一定的损失或影响，就要全部进行考虑。这项工作可能比较烦琐，但无论如何繁杂，都必须认真进行分析与汇总。

2. 分析企业内部或者企业和企业之间的共享互操作性，同时进行信息资产之间的相互依赖性的分析。详细分析上述资产之间的各种联系，包括物理的与逻辑的关系以及它们之间的交互性。制定并实施一致的风险管理框架；确定风险和不确定性来源；确定因果关系；认识可能性和结果的影响范围；评估极端事件；考虑极端事件带来的风险；确定和分析各个可能的选项。

3. 基于对关键资产的确认和共享互操作性的分析，系统管理员、操作者、安全专家对网络脆弱性进行评估，进行风险的识别。采取合适的方法手段对信息资产的风险进行识别。这些方法手段包括调查研究、理论分析、会议座谈、工具分析、历史情况的分析、雇请工程师进行模拟渗透式攻击等方法，尽可能暴露信息与网络系统的风险点。

4. 风险的度量。明确存在哪些弱点、漏洞及这些弱点漏洞的风险级别，分析资产所面临的威胁及其发生的可能性，以及一旦出现安全问题可能造成什么样的影响等。对于能够量化的就尽可能地量化，对于不能量化的进行形式化分析。

此外，在风险分析过程中，人是最为关键的因素。需要详细考察不同类型的人，他们对信息与网络系统的安全有着极其重要的影响。

二、安全需求分析

企业信息与网络系统的安全需求是不同的。对企业信息与网络系统的安全需求的理解可以从多侧面、多角度入手。不仅仅是加密，也不仅仅是防火墙或其他安全措施的堆砌。而应从安全性、可靠性、高效性、可控性和持续性等多方面落实。总的信息安全的需求可归纳为以下几个方面：

第一，要考虑国家政策法规、企业性质和规章制度等方面和安全生产的方方面面的要求，提出企业信息与网络系统总体的安全要求与安全级别；

第二，根据企业信息与网络系统资产的确认情况，提出不同资产的安全级别需求，这样，企业信息与网络系统的安全问题可以有的放矢；

第三，根据信息与网络系统的层次，分级别提出安全需求，保证安全的实施层次化、风险层次化。一般情况下，可以按照管理、物理、系统、网络和应用五个层次提出安全需求。

此外，安全需求的提出还要充分考虑企业的经济承受能力、企业的发展及企业网络系统未来可能出现的需求问题等因素。

三、安全策略

安全策略是指在一个特定环境里，为保证提供一定级别的安全保护所必须遵守的规则。安全策略模型由法律、管理和技术三个层面组成。

1. 法律层面。安全的基石是相关法律、法规、政策和管理办法。一方面它们为安全管理提供了法律依据，为安全管理提供了可操作的标准；另一方面使非法分子慑于法律的威严而不敢轻举妄动。

2. 管理层面。机构、企业和单位应建立完整的信息安全管理办法，加强内部管理，建立审计和跟踪体系，及时检查系统的安全性能；同时注意跟踪安全技术报告，及时堵住信息安全漏洞，对信息系统进行合适的部署、配置和管理，提高整体信息安全意识。

3. 技术层面。安全技术不是单一的一二种技术，而是一个完整的技术体系。它是由包括防火墙技术、入侵检测技术、加密和认证技术、访问控制技术、反病毒技术、负载均衡技术、审计监测技术等多种技术组成的完整的体系结构。

四、技术标准与规范

在制定安全策略的同时，要制定相关的信息与网络安全的技术标准与规范。这些标准与规范是保证所制定的安全策略顺利实施的技术保障与管理基础。

技术标准着重从技术方面规定与规范实现安全策略的技术、机制与安全产品的功能指标要求，技术标准不应该明确到使用什么产品，只要从功能、技术标准上做明确的规范，选择产品的事情是次要的（如确实需要限制产品或技术的选择范围，可制定相应的技术指南文档）。管理规范是从政策、组织、人力与流程方面对安全策略的实施进行规划。没有一定政策法规的保障，安全策略将如同一堆废纸。

安全策略具有较强的生命周期性，因此，要注意定期根据相关因素的变化，进行安全策略的修改，保证安全策略的可用性。不能实施的安全策略是没有用的，有了安全策略不去实施也是无济于事的。我们要做到“有法可依”，更应该做到“有法必依”。

五、安全体系的设计

一个信息与网络系统的安全体系框架，包括安全指导性文档、安全基础设施建设和检查与稽核三个方面，总体上应具有高安全性、高可靠性、高可用性、可操作性、可扩展性与经济实用性特点。

1. 安全指导性文档。是前面所述的内容的具体化描述，主要由企业信息与网络安全的总体目标与原则，企业信息与网络系统的风险分析与需求分析，企业信息与网络系统的安全策略、技术标准与管理规范，企业信息与网络系统的安全技术与产品的功能规范等关键文档组成，是企业信息与网络系统安全的理论支撑与核心。

2. 安全基础设施建设。规划设计一个全新的信息与网络系统时，可以从管理级安全、物理级安全、系统级安全、网络级安全和应用级安全五个层面来规划设计。这五个层面的实施构成全面的安全解决方案，是比较彻底的。但这样的企业是少数，应该根据企业目前信息与网络系统的具体情况明确安全实施领域，制定安全解决方案。安全问题会随着信息技术的发展而不断出现。很多企业在当初建立信息与网络系统时，由于多方面的原因没有充分考虑安全问题，但是现在要彻底改变安全现状，不可能一步到位，从应用与现实的情况来讲都不能一步到位，要考虑投资规模，也要考虑安全实施对正常业务的影响等因素。安全实施领域的关键在于实施企业信息网络安全风险的层次管理，实施领域、实施方法手段的层次化，最大限度的风险管理的层次化，确保信息网络系统的安全。

对于一个信息与网络系统已经建成了一定规模，运行了相当年月，具有很多成熟应用的企业来说，也许不能完全从上述五个方面进行实施，但可以在标准和规范的指导下，依据整体安全策略并采用先进适用的综合技术手段来建立一个统一的网络安全防护体系。

3. 安全稽核与检查制度。是安全整体框架的一部分，要明确安全检查的对象，检查的方法、手段与工具，数据的收集、整理与分析，同时要明确检查的标准与规范。

六、安全产品的测试选型

安全产品的测试选型工作应严格按照企业信息与网络系统安全产品的功能规范要求，利用综合的技术手段，对参测产品进行功能、性能、安全性与可用性等方面的测试，为企业测试出符合功能规范的安全产品。

测试工作原则上应该由中立组织进行；测试方法必须科学、准确、公正，必须有一定的技术手段；测试标准应该是国际标准、国家标准、行业标准与企业信息与网络系统安全产品功能规范的综合；测试范围是产品的功能、性能与可用性。

七、工程实施与监理

信息安全工程的实施应该遵从经济、高效与公开、公正、公平的原则。实施方案的选取要严格按照企业统一的安全策略进行审定，建议采用招标投标的方式进行。信息安全工程中，所用到的技术与产品必须经过严格的测试选型，符合企业信息与网络系统安全技术产品的功能规范的要求，符合国家对信息安全方面的法律与规定的要求。

信息安全工程的实施就像建筑工程的实施一样，质量问题是关键。控制工程的实施质量是保障信息安全的重要环节。一套完善的方案与一系列好的产品，如果没有按照规范进行实施，也不能最大限度地确保信息与网络系统的安全。

工程的实施要执行工程监理制度。安全工程监理主要从工程的规范、流程、进度等方面进行监督与检查。安全监理单位或个人必须是第三方中立机构或个人，这样才能保证项目真正按照合理流程与技术标准进行，才能保证工程的招投标过程、项目的实施的公正与科学性。

八、安全教育与技术培训

企业的信息与网络系统的安全问题的关键在于人的因素。因此，对整个企业的全体人员乃至全民的普及性安全意识教育与针对技术人员的安全技术培训是至关重要的。不同的企业可以根据具体情况建立不同规模的教育培训体系，设置不同的培训课程，制定不同层次的考核方法与标准。定期组织各种形式的宣传活动。培训与教育工作要制度化与经常化，不宜走过场。

九、安全稽核与检查

企业信息与网络系统安全稽核与检查工作是监督企业安全工作落实情况，保证企业统一安全策略得到贯彻实施的有效方法与手段。我们经过大量的调查发现，绝大多数企业没有安全稽核与检查制度，即使有也是流于形式的检查，而缺乏有效的技术方法来进行检查，对检查的结果数据没有统一的标准进行衡量与评估。

从安全策略上看，稽核与检查工作和安全基础设施建设工作，在组织、人员、技术、设备、系统等方面应该是分开、相互制约的。只有这样企业信息与网络系统的安全才能得到保障。

稽核与检查工作包括调查研究、座谈会、微服私访、工具与方法测试、日志审计、渗透式测试等多种方法，对安全政策、组织、人员、技术措施、安全意识等方面进行全面的检查，形成综合的稽核报告，最大限度地监督安全基础设施的建设与落实，保证企业信息与网络系统的安全，保证企业日常工作与安全生产。

综上所述，企业无论大小，信息与网络系统的安全问题都同等重要。安全问题不是单纯的技术问题，安全是策略、技术与管理的综合过程，是一项系统工程。因此，建立企业信息与网络系统的安全体系，实施企业信息与网络系统安全工程不能单纯从安全技术与产品出发，需要综合考虑风险分析、需求分析、安全策略、技术标准、管理规范、体系架构、工程监理、意识教育与技术培训等问题，在范围与目标、标准与规范、体系与架构、技术与管理等方面进行深入细致的研究与综合分析，只有这样，才能建立一个积极的、高效的、性能价格比最佳的安全防护体系。

27.1.3 研究证券业信息系统安全的意义

2003年3月31日，中国证券业协会信息技术委员会第一次会议在上海召开。中国证监会副主席屠光绍同志在致词中指出，中国证监会高度重视行业信息系统的安全和发展，因为它是证券市场的重要基础，它的稳定性、可靠性和实时性对实现公开、公平、公正原则至关重要。在全体会员、交易所、协会、政府监管者的高度重视和共同努力下，我国证券信息系统与网络的安全和管理水平有了很大提高，积累了适合行业发展的管理经验和运作方式，为证券市场的稳定发展和改革开放提供了良好的保障。目前，信息技术飞速发展，证券市场业务创新对信息系统不断提出新的更高的需求，证券业协会信息技术委员会应当发挥专业化优势，为信息技术适应这种客观形势积极开展工作。他希望信息技术委员会在三个方面充分发挥作用，一是加强对行业规划的研究，把握行业创新发展的趋势，提高信息系统的可拓展性，以及行业技术资源的可利用性；二是研究起草行业公共技术标准，统一数据交换和接口语言，降低系统开发与运行成本；三是研究安全保障标准，包括技术管理规范、系统安全等级分类与定义等。

中国证券业协会信息技术委员会的成立以及屠光绍同志在会议上的讲话都表明了研究信息安全在证券行业发展中具有不可忽略的重要作用，而“研究起草行业公共技术标准，统一数据交换和接口语言，降低系统开发与运行成本”，应作为研究工作的重点。

一、中国证券业信息系统安全现状

信息技术在证券业的迅速应用、发展对证券市场的迅速发展、成长起到了重要的作用。但是，IT业的发展也存在技术、管理问题。突出表现为安全体系不完善，存在各种薄弱环节，不仅引起技术问题，也对证券市场正常运行形成了障碍。可以从以下七个方面进行分析：

1. 网络：指会员公司直接面向客户的营业部内部局域网、会员公司内部广域网。会员公司内部网络疏于网络系统的管理和监控，对交易安全直接形成威胁。

2. 互联：指会员公司网络和外部的连接，包括与证券交易所、银行、合作伙伴（如手机炒股等)。对外联网络缺乏有效的管理和监控；没有对合作方进行互联线路控制；没有必要的防火墙安全策略、访问控制。“建工事件”的发生，即属于犯罪分子利用证券公司营业部网络漏洞，绕过柜台系统的审查，对交易所接口库进行非法的操作，造成了对证券市场影响巨大的事件。

3. 交易安全：指系统对客户交易安全方面的技术保障手段。包括系统是否规定用户管理策略、是否制定登录地址限制等。

4. 密码：指系统的密码策略。密码策略包括对股民使用的交易密码、提款密码；柜台系统管理员密码；操作系统密码，如NOVELL、NT、SQL等缺乏明确的策略。著名的“银广夏”案件牵连众多股民，操作手法类似，都是通过客户密码进入系统进行盗买盗卖，凸显了密码管理的问题。

5. 病毒：指系统对病毒防范方面的空缺。用户经常认为买了防病毒软件就可以万事大吉了，“花钱就安全”。对用户缺乏培训，以致用户常常将防病毒软件停掉，导致系统被病毒感染。这方面显现出管理制度建设和用户培训的重要性。

6. 从业人员与股民的安全意识：指证券从业人员、证券投资者缺乏计算机知识，导致从业人员、股民对在信息环境下的自我保护意识匮乏。对电脑系统不了解，导致客户经常使用过于简单的密码或出现将交易密码轻易告诉他人的情况。

7. 管理：指安全管理制度不完善。没有相应的规则或没有相应的核查规则机制是导致安全问题的重要原因之一。

二、证券业发展面临的信息安全挑战

随着新的业务模式、新的网络模式以及新技术的应用，证券业务发展面临新的要求——开放式信息系统。尤其是因特网作为主要沟通渠道的出现，要求信息随时、随处、通过各种方式（Anytime、Anywhere、Anyway）可以获取，对证券业信息系统的安全提出了更高的要求。

混业经营，一种前端（对客户而言，各种交易、金融业务通过同一个交易界面进行），多种后台（通过内部网络建设实现各项业务）的出现对会员业务的灵活、多样提出了更高的要求，也对信息传递的保障性、业务信息的可审查性、抗抵赖性提出了更高的要求。

展望未来，集中交易模式的发展，信息系统安全必将更加重要。交易集中，风险也集中，对业务系统的稳定运行提出更高的要求。

三、建立证券业信息安全标准的意义

1. 信息系统的安全标准是安全管理的准绳。在信息安全三元论中，安全管理是关键，安全技术是为安全管理服务的；而只有有了安全标准，安全管理才有了准绳，也就是有法可依。

2. 信息系统的安全标准是安全质量的保证。只有有了一套切实可行的安全技术标准，着重从安全技术方面规定与规范实现安全的技术、机制以及安全产品的功能指标等要求，那么所实现的安全才是一个有保障的安全。按照安全标准实施的安全工程，才是有质量保证的工程。对于信息安全软、硬件设施，如果没有合理的部署、正确的使用、适宜的安全策略设置，那么将毫无作用，因此我们必须要有一套行之有效的规范标准来对各项信息安全设施进行各方面的规范，同时对信息安全的保障工作起到指导作用。

3. 信息系统安全标准是安全审核的尺度。信息系统的安全性很难进行量化的评估，也就不能进行安全审核，有了安全标准，划分出了安全级别，有了审核的尺度，可以根据这个尺度进行安全审核。一方面组织知道自己对信息安全的保障达到了何种程度；另一方面，监管部门可以依靠这一尺度来确定被监管单位的信息系统是否已达到了所要求的安全水平。

4. 信息系统的安全标准可以作为安全投资的向导。在没有标准的时候经常是简单地购买一些安全产品并加以安装，以为这样就解决了信息的安全问题，等于是花钱买安全。出了信息安全事故，也不知道如何进行分析和追溯，找不到问题的症结所在，再花一笔钱来解决问题。安全投资没有一个可以借鉴的方案。

5. 信息系统安全标准是企业制定安全策略和建立行业体系结构的基础，要制定相关的信息系统安全的技术与管理标准，这些标准是保证所制定的安全策略顺利实施的技术保障与管理基础。

6. 信息系统安全标准可以对市场起到指导和规范的作用。就像国家对安全产品所作的规范一样，证券行业的安全标准一样会对证券业安全市场起到一定的指导和规范的作用，避免厂商各行其道，蒙蔽消费者。

27.2 证券业信息系统环境特点分析

27.2.1 证券市场主体分析

证券市场的主体包括监管者、交易所、银行、基金公司、登记结算、会员公司、投资者等。

一、证券业角色关系（见图 27－4）

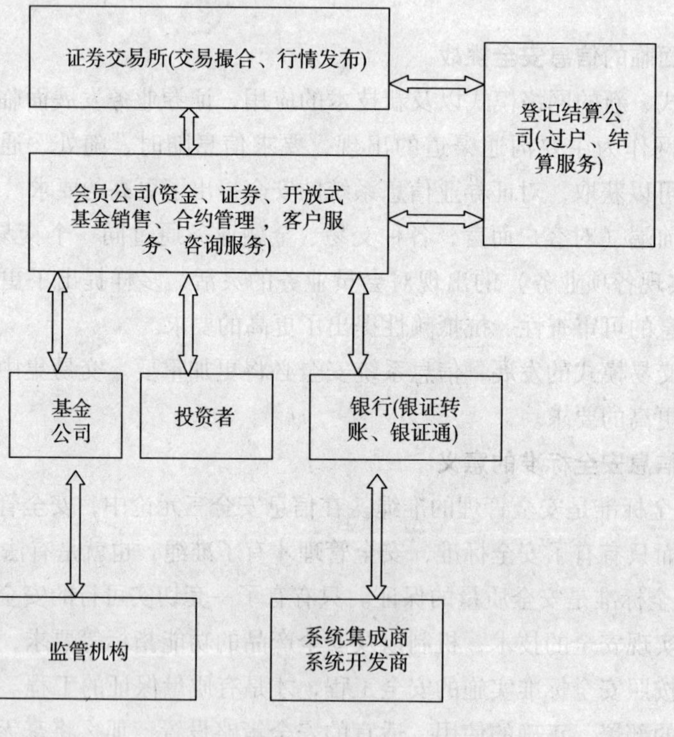

图 27－4　证券业角色关系图

二、证券市场主体间的相互作用

作为证券市场的管理者，证监会、证券业协会对证券市场的监督、管理是全面的。证监会、证券业协会可以在规范制定、市场准入等方面对证券业信息系统建设起领导作用，包括规定交易所、登记公司、会员公司的公司建制中的技术管理体系，技术建设标准，从而对证券市场安全建设起到推动作用。

交易所是市场交易的枢纽，交易所运行安全质量的高低决定着整个市场运行安全质量的高低。2002 年 7 月 5 日深圳证券通信公司租用的卫星转发器受到不明信号干扰，通信系统无法正常工作，

917家证券营业部通信中断，导致紧急停市，这显示出交易所在安全建设中的核心作用。交易所、登记公司通过对会员公司接口标准的制定、对通信系统的要求以及对会员公司信息系统建设的要求，领导市场信息系统建设的趋势，并发挥证券市场的“事实标准建设者”的作用。交易所、登记公司还可以通过建设对投资者的直接服务体系促进会员公司在客户服务技术系统方面的建设。

会员公司，是连接交易所、登记公司、上市公司与投资者的媒介和渠道。会员公司的系统建设、人员管理、制度建设的好坏都直接影响着证券市场是否正常运行。“3·27”国债风波仅是一家公司的交易操作导致的，但是带来的是整个国债期货市场的关闭。会员公司的IT系统因为其广泛性、复杂性也一直是证券市场IT安全环节中最重要的一节，同时也是最薄弱的一节。因此，会员公司IT系统安全建设是整个系统安全建设的“牛鼻子”。

投资者是证券市场的根本活跃力量，确保投资者利益是证券业信息系统安全建设的目的。“公开、公平、公正”三公原则是证券市场的根本原则，如果没有一个安全、有效的信息系统平台，证券市场三公原则就无法体现。投资者维护其正当的权利的要求对信息系统建设起到正面的推动作用。

27.2.2 证券公司信息系统安全分析

一、证券公司信息系统组成

经过十数年的系统建设，会员公司信息技术基本摆脱了手工操作的作业阶段，逐步建立了电子化运行体系。其一是会员公司电子化系统，包括内部人员使用的办公自动化系统、财务系统等；其二是会员公司面向投资者的系统，包括客户交易、交易结算、银证系统、咨询（行情分析）系统；其三是基础系统，包括通信系统、网络系统、数据库管理系统等。

会员公司直接面向投资者的营业部均有自己的局域网。网络环境大都是文件服务器+前端无盘站客户系统，网络操作系统多采用NOVELL公司的NetWare产品，客户端仍是DOS系统。随着近年来网络技术的飞速发展，证券公司所被入侵的机会越来越多，对证券网络的正常运行和日常维护提出了严峻的挑战，对信息系统的安全性、可靠性的要求越来越高，目前三层客户机/服务器结构的证券网络是证券营业部的标准结构。这种结构也符合中国证监会关于证券经营机构信息系统管理的“三分离”原则，即数据与网络分离、技术与业务分离、前台与后台分离。

证券交易/行情业务数据以文字为主，仅带有少量图形信息，但数据量大，更新频繁，由于证券网中的钱龙、宏汇等行情揭示系统往往采用广播方式传送行情分析数据，容易形成广播、多目广播风暴，这就要求网络具有很高的可靠性、数据传输率和安全性。

会员公司通信系统指与交易所连接的线路。方式是基于专用网模式，即建立封闭的、独享的通讯线路。包括租用电信DDN线路、卫星线路实现天地互备模式的通信系统建设。

会员公司数据库结算系统通过交易所的结算数据、银行数据进行交易结算。业务数据包括客户资料、交易、资金数据，与交易所接口的清算交割数据，与银行的客户转账数据。

会员公司客户交易、客户管理包括柜台系统、自助系统。自助系统包括现场的专用小键盘、刷卡委托系统，内嵌在行情分析系统中的热键委托系统，客户非现场交易的主力军——电话委托，以及近年来逐渐流行的网上交易系统。

会员公司银证系统通过与银行联网进行资金划转，不涉及证券买卖。“银证通”是按照“银行管资金，会员公司管证券”的特点发展的业务模式，客户可以从银行、券商发起交易。

二、证券公司信息系统安全分析

由于历史的原因，证券公司现行信息系统基本是在摸索中逐步发展起来的，是典型的“摸着石头过河”，缺乏整体规划，无论是系统结构、数据标准、交易平台、通信接口等都是沿用交易所成立初期的标准和方式，是通过不断“补丁打补丁”发展到现在的。随着市场的发展，新业务、新规则陆续推出，市场规模、环境、参与者均发生了巨大变化，现有系统存在的技术问题逐渐显现出来。

三、内网与外网隔离

为便于公司管理，积极拓展基于互联网的证券业务，部分证券公司建立了公司内部广域网络，并建立了远程大户室、网上委托等系统。但在部分公司的广域网系统中，公司总部和营业部之间的广域传输链路上的数据传输采用明文，内网和外网之间也未加访问控制。网络拓扑结构设计不合理，系统配置不当，缺乏必要的安全认证机构，授权、系统操作权限、口令、人员流动等方面的管理问题，造成公司各级管理人员、远程大户室、网上委托系统等与核心数据库之间存在物理连接，内部交易、管理网络与外部网络未实现安全隔离。

为保障证券公司及其营业部系统、数据安全，应制定《网上证券业务系统安全技术规范》，加强加密机、防火墙、加密算法等安全产品的研究和应用，建立完善的网络安全管理制度，建立中国证券业网上证券安全认证中心。

四、交易网间隔离

目前，业内各单位的系统都各自采取了一些安全隔离防范措施，但由于缺乏对行业安全体系的整体规划和设计，交易所和证券公司间缺乏有机的配合，一个环节的系统错误、黑客攻击等往往造成全行业性的风险。例如，黑客突破证券营业部系统一道防线后，就可以长驱直入，将巨额非法委托送往交易所主机撮合，存在极大风险。

为此，要加强行业安全体系的规划和设计，使交易所、证券公司、营业部系统间和各单位内部技术措施、管理措施间相互配合、相互补充、相互加强，形成整个行业立体的、多层次的安全防护网络，将各个环节可能发生的技术风险控制在有限的范围内。

五、外围系统

1. 银证转账中存在经营机构与多个银行接口不统一、协调困难的情况。实际上，导致绍兴信托证券营业部的第二次巨额资金事件的原因，除了软件的功能缺陷外，证券营业部与银行接口的不统一也是一个重要原因。这种不统一增加了软件编制和维护的难度，也就增加了这方面的风险。

2. 电话委托、转账中的风险。投资者在进行电话委托或转账时，只需输入账号和简单的口令就可进行交易，这种方式的安全漏洞在于：

第一，账号与口令一成不变，被窃取的可能性增加；

第二，电话线很容易被搭线窃听造成投资者信息泄密，这些信息被恶意利用后，即可能给投资者或营业部造成非常大的损失；

第三，数据在传输过程中没经过必要的加密，容易被篡改；

第四，缺乏必要的数据校验，易产生差错，且不宜弥补；

第五，没有防抵赖措施。

这些存在的问题均会置投资者或证券公司、营业部于巨大的技术风险和经济纠纷之中。仅从技术的角度说，电话委托、转账的风险甚至远远大于网上证券委托。

六、数据传输的技术风险

目前，交易所与营业部之间的通信基于卫星或 DDN 传送，虽然已经不是明码，但容易被解密。作为交易所与证券公司重要接口的委托、成交回报库主要存放在 Novell 行情服务器的 dbf 文件中，不作任何加密措施；dbf 库与前台隔离困难，使各交易席位上成交数据在卫星传输过程中易被截获、分析，绕过交易系统监控可直接非法修改作为与交易所接口的委托、成交库，而且证券公司可以抵赖所发的数据；证券营业部内部数据（尤其是口令等关键数据）传输未加密，存在极大的安全隐患。

因此应逐步改变现行的明码传送方式，采用加密传送，交易所只向证券公司或准入的开发商提供授权使用的解密工具，严格控制解密工具的发放、注销和更换，提供卫星通信处理机访问 SQL 数据库接口程序，便于证券营业部建立高效、安全的交易系统，消除目前证券营业部广泛存在的安全漏洞。

七、数据交换格式不统一

交易所、证券公司现有交易系统的结构缺乏开放性和可扩展性，系统数据交换接口缺乏标准化、规范化，没有统一的交易平台，每增加一项新功能都会触一发而动全身。同时，由于营业部交易系统与周边银证转账、电话委托、网上委托系统等缺乏统一的接口标准与规范，各种系统间接口千差万别，进行各种操作时的处理流程也不尽相同，造成证券公司系统物理连接过多，在通信线路、设备和接口软件编制上投入大，管理困难；不同接口下，业务技术处理方式不同，对一些关键点检查不一致，对数据的加解密及校验方法也各式各样，部分加解密处理和安全措施形同虚设；某些接口对通信的同步状态、交易的处理进度没有描述，对交易失败的数据描述不统一，差错定位困难，导致差错出现时互相推诿，延误处理时间。

造成这种现象有以下三个方面的原因：第一，股票、股东、席位等核心基础数据不统一，缺乏统一规划和前瞻性；第二，交易所、证券公司柜台系统、外围系统间接口不统一；第三，重要数据处理流程不统一。

八、应用软件的开发与维护

由于竞争激烈，各个应用系统软件的开发商开发时间紧迫，对产品的测试又不严格，将有缺陷的产品投放市场，给使用这些软件系统的证券公司和营业部造成了很大的风险。这种风险可以大到上亿元资金的程度。同时也存在软件开发商为客户提供非法功能的现象。其结果是纵容了行业的不规范行为，增加了管理的难度。如：为提高一级市场申购的中签率，将多个证券账户的头寸集中在一个资金账户下，形成一个资金账户对应多个证券账户的现象。为营业部和证券公司提供服务的供应商、软件开发商、系统集成商的售后维护潦草，不能真正、及时地解决问题。一旦出现自已不能解决的技术故障，所能提供的技术帮助是非常有限的，而此时证券公司和营业部所面临的选择只能是停顿下来，慢慢解决。如果技术故障发生在交易时间内，发生在主要设备上，则只能暂停交易，由此造成的损失不可估量。

九、密码系统安全分析

从行业角度看，密码可以分为两类：一类是柜台系统包括操作系统、数据库管理系统、从业人员使用的客户管理、结算系统，这类系统的特点是由专业人士和经过严格培训的从业人员使用，这类密码可以严格按照密码管理的规则实现，基本不存在技术上的缺陷，应用先进的密码技术并加强制度管理可以基本杜绝由于密码引起的安全隐患。另一类是直接面向客户的，由大量的、无法进行严格培训的客户使用的交易密码和资金密码。对行业而言，这类密码的系统设计和保护是行业信息系统安全的重点和难点。证券业投资者的交易手段包括通过键盘、电话等硬件，尤其是电话，由于无法直接输入字母，因此客户密码往往都是由数字组成的。从实践经验看，由于投资者缺乏计算机知识，经常将密码设置为简单的数字组合，如“111111”、“888888”等。这类密码是证券市场整体安全性降低的一个重要原因。

27.3 建立证券行业安全规范

27.3.1 国内外现有安全标准综述

一、国内外标准组织简介

（1）国外。国际标准化组织（ISO）、国际电工委员会（IEC）、英国标准协会（BSI）等。

（2）国内。全国信息安全标准化技术委员会（TC260）以及下属的信息安全管理工作组（WG7）负责对信息安全的行政、技术、人员等管理提出规范要求及指导指南，它包括信息安全管理指南、信息安全管理实施规范、人员培训教育及录用要求、信息安全社会化服务管理规范、信息安全保险业务规范框架和安全策略要求与指南。信息安全管理工作组（WG7）的《信息技术、信息安全管理实用规则》与ISO/IEC17799标准相对应。

二、与网络和信息安全有关标准的分类

1. 互操作标准。如对称加密标准DES、3DES、IDEA，以及被普遍看好的AES；非对称加密标准RSA；VPN标准IPSec；传输层加密标准SSL；安全电子邮件标准S－MIME；安全电子交易标准SET；通用脆弱性描述标准CVE。这些都是经过一个自发的选择过程后被普遍采用的算法和协议，是所谓的"事实标准"。

2. 技术与工程标准。

（1）信息产品通用测评准则（ISO 15408）。ISO/IEC15408旨在支持产品（最终是指已经在系统中安装了的产品）中信息系统安全特征的技术性评估。它还有一个重要作用，即可以用于描述用户对安全性的技术需求。

（2）安全系统工程能力成熟度模型（SSE－CMM）。该模型定义了一个安全工程过程应有的特征，这些特征是完善的安全工程的根本保证。

（3）信息系统软件过程评估（ISO/IEC 15504）。它提供了一个软件过程评估的框架，可以被任何组织用于软件的设计、管理、监督、控制以及提高获得、供应、开发、操作、升级和支持的能力。

（4）信息和相关技术控制目标（COBIT）。是安全与信息技术管理和控管的标准。它归纳了世界上18项相关的来源，形成了一套专供企业经营者、使用者、IT专家、MIS稽核员和安控业者来强化和评估IT管理和控制之规范。

（5）系统与软件整合层次（ISO 15026）。

（6）美国TCSEC（橘皮书）。该标准为计算机安全产品的评测提供了测试内容和方法，指导信息安全产品的制造和应用。它将安全分为四个方面（安全政策、可说明性、安全保障和文档）和七个安全级别（从低到高依次为D、C1、C2、B1、B2、B3和A级）。

3. 网络与信息安全管理标准。

（1）信息安全管理体系标准（BS 7799，其中第一部分成为ISO/IEC 17799）。

（2）信息安全管理标准（ISO 13335）。《IT安全管理方针》系列（第一至第五部分），已经在国际社会中开发了很多年。五个部分组成分别如下：ISO/IEC13335－1：1996《IT安全的概念与模型》、ISO/IEC13335－2：1997《IT安全管理和计划制定》、ISO/IEC13335－3：1998《IT安全管理技术》、ISO/IEC13335－4：2000《安全措施的选择》、ISO/IEC13335－5《网络安全管理方针》。

4. 我国采用的标准。我国采用的信息安全标准以及中国证券业的已有的安全标准：

(1) 中华人民共和国国家标准 GB 17859 - 1999；

(2)《计算机信息系统安全保护等级划分准则》编制说明；

(3) 中华人民共和国《商用密码条例》；

(4) 中国证监会《网上证券委托暂行管理办法》；

(5) 中国证监会《中国证券经营机构营业部信息系统技术管理规范》；

(6) 中国证监会《〈证券经营机构营业部信息系统技术管理规范〉技术指引》。

27.3.2 ISO/IEC17799 简介

信息安全管理实用规则 ISO/IEC17799 的前身为英国的 BS7799 标准，BS7799 由英国标准协会于 1995 年 2 月提出，1999 年 5 月修订，它广泛地涵盖了所有的安全议题，是一个非常详尽甚至有些复杂的信息安全标准。

ISO/IEC17799 提供了一个开发组织安全标准、实施有效安全管理的公共基础，还提供了组织间交易的可信度。它主要是告诉管理者一些安全管理的注意事项和安全制度，例如，磁盘文件交换和处理的安全规定、设备的安全配置管理、工作区进出的控制等一些很容易理解的问题。这恰巧符合信息安全的“七分管理，三分技术”的原则。这些管理规定一般的单位都可以制定，但要想达到 ISO/IEC17799 的全面性则需要一番努力。

ISO/IEC17799 是一套相当复杂的信息安全应用与评估的标准，但不外乎是出于所谓“控制”的观念。“控制”的定义是：一套完整的政策、程序、实施与组织化的架构，用来提供合理的保障，使企业目标得以达成，并避免、侦测或修正无法预期事件所造成的后果。而信息系统控制所要达成的目标是借由应用在某特定信息系统活动中的控制程序，来达成可预期的结果或目的。

27.3.3 证券业安全规划与策略

通常的安全过程——安全生命周期是指：评估—计划—实施—检测。安全规划是企业从事信息安全工程的纲要：安全策略、管理规范。安全策略是企业信息安全实务的核心目标范围原则：组织人员流程、技术工程管理。企业启动信息安全工程必须考虑安全规划、安全策略：制定安全规划、开发安全策略（见图 27 - 5）。

一、安全规划

信息安全，规划先行。规划的对象包括：安全策略、安全体系、管理规范。规划的依据为证券业信息系统的安全需求分析。规划的范围包括：机房、综合布线、网络（广域网、局域网、因特网出口)、系统（服务器/数据库服务器)、应用系统（B/S、C/S、Workflow 等)、桌面系统/信息点(源)、安全系统、网络管理/安全管理等。

二、安全策略

1. 安全策略——信息安全的核心。安全策略是企业建立信息系统安全的指导原则。如何建立企业安全的信息系统，保护什么资源，得到什么样的保护。安全策略是企业控制信息系统安全的安全规则。即根据安全需求、安全威胁来源和企业组织机构状况，定义安全对象、安全状态及应对方法。安全策略是企业检查信息系统安全的唯一依据。企业信息系统是否安全，安全状况如何，如何检查、修正，唯一的依据就是安全策略。

安全策略的形态：安全策略目前主要作为规定、指南，通过文件方式在企业范围内发布。

安全策略的生命周期性：安全策略有自己的生命周期，需要不断地调整。

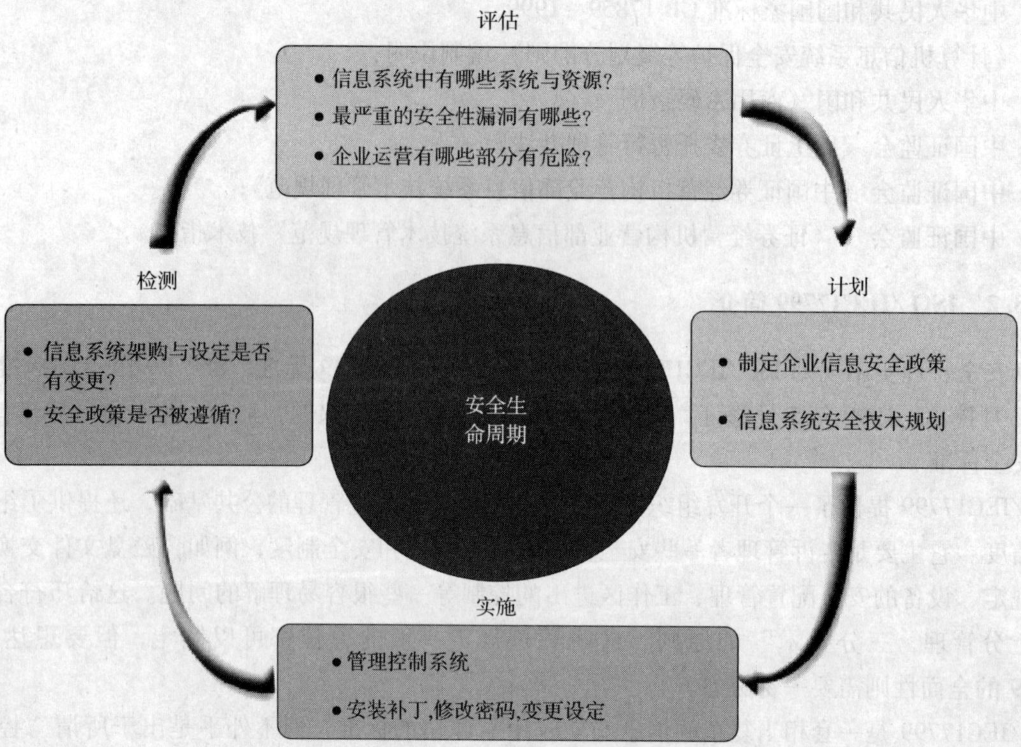

图 27－5　信息安全规划步骤

安全策略在网络安全领域中使用频率很高、但是没有明确的定义，不同文献对安全策略的定义和理解大不相同。

2. 安全策略目标。

（1）最大限度地保护企业信息的保密性、完整性和有效性；

（2）确定企业信息资产/资源的密级和相应的保护要求；

（3）确定信息安全机构的设置、责任、流程；

（4）确定保护区域、层面、安全点；

（5）确定安全措施的宏观和微观的技术规范与标准；

（6）增强管理层和员工的安全意识、相关知识和技能，以降低在安全事故发生时的损失；

（7）确保企业在遇到严重安全事故时，能够使用应急计划继续业务活动。

3. 安全策略的分类。安全策略通常分为三种类型：总体策略、专项策略、系统策略。

（1）总体安全策略。

概念：总体安全策略为企业的安全确定总体目标或方向，并为其实现分配资源（人、财、物等）。

制定：此策略通常由企业的高级管理人员（如 CIO）制定，或者由专业的安全公司的咨询专家制定。

作用和范围：用来规定企业的安全流程和管理执行机构。确定安全流程、涉及的范围和部门。将安全职责分配到对应的执行部门（如网络安全/管理部门），及规定与其他相关部门的关系。规范/管理企业范围内安全策略的一致性。作用范围为全公司的 IT 或非 IT 机构。

（2）专项安全策略。

概念：针对一项业务（服务）制定，它规定当前信息安全特定方面的目标、适用条件、角色、负责人以及策略的一致性要求。

制定：通常由企业的网络或安全管理小组制定，或由专业的安全公司的咨询专家制定。

作用与范围：针对具体的应用或服务。如针对 E-mail 系统、因特网浏览器等制定的安全策略。作用范围为某一特定的系统。

(3) 系统安全策略。

概念：针对某个具体的系统（包含涉及的硬件、软件、人员等）制定的安全策略。

制定：通常由企业的网络或安全管理小组制定，或由专业的安全公司的咨询专家制定。

作用与范围：安全对象。不同安全对象的安全规则、实现的技术手段、响应方式。

(4) 安全策略范围。包括企业总体安全策略（总则）；病毒防、杀、控安全策略（病毒管理）；防火墙安全策略（边界、核心网络管理）；身份认证安全策略（身份管理）；资源授权安全策略（资源管理）；入侵检测安全策略（行为管理）；风险控制策略（风险管理）；因特网服务安全策略（网络出口管理）；外联网络和服务安全策略（网络外联管理）；关键服务安全策略（关键应用管理）；系统安全策略（系统安全管理）；内部审计安全策略（内部安全管理）；个人用户安全策略（桌面管理）；数据备份和恢复安全策略（恢复与备份管理）；数据加密安全策略（通信安全管理）；企业安全培训策略（安全意识与技术管理）；应急响应策略（应急响应）。

(5) 安全策略内容。每个安全策略由如下内容构成：

策略名称：该策略的名称。以简短的描述说明策略目的和防范的内容。

策略编号：按照策略组织方式的内部编号。安全策略的编号方法如下：P－MM－SS－NNN. VV，MM：2 位数字表示特定的策略模块、SS：2 位数字表示特定的策略子模块、NNN：3 位数字表示特定的策略、VV：2 位数字表示策略版本。

策略描述：说明策略内容。包含在何种环境下，应该做什么，不应该做什么。策略描述应对用户可理解。

策略范围：本策略的适用范围。

策略解释：有关本策略的解释，制定本策略的理由。策略更进一步解释的联系方式；

策略版本：本策略的版本。

(6) 安全策略管理。安全策略只有通过完善的管理，才能真正在企业范围内发挥作用。

安全策略草本：根据新的安全需要，由管理层或 IT 部门提出新的安全策略；

草本修订：在企业内征求草本意见，并进行修订；

发布策略正本：在企业范围内发布安全策略；

安全策略培训：对发布的安全策略进行培训；

安全策略执行：在企业范围内执行安全策略；

安全策略审计：对安全策略的执行进行审计，以确保策略被正确地执行；

修订完善：根据新的需要，修订安全策略。

27.3.4 证券业安全管理

面对网络安全的脆弱性，除了运用先进的网络安全技术外，完善的网络安全管理将是信息系统建设的重要组成部分，许多不安全的因素恰恰反映在组织资源管理上，安全管理应该贯穿安全的各个层次。

管理安全对以上各个层次的安全性提供管理机制，以信息系统的特点、实际条件和管理要求为依据，利用各种安全管理机制，为用户综合控制风险、降低损失和消耗，促进安全生产效益。为管理安全设置的机制包括：人员管理、培训管理、应用系统管理、软件管理、设备管理、文档管理、数据管理、操作管理、运行管理、机房管理。

安全管理三原则：多人负责原则、任期有限原则、职责分离原则。

信息系统安全管理的实现：安全制度管理、安全目标管理。

一、管理流程

1. 建立组织体系。建立信息安全管理的三级组织体系，由信息中心、二级单位信息中心和三级单位应用人员构成。信息中心履行网络信息安全管理职能，设立信息安全管理员；在二级单位信息中心或信息站设网络信息安全管理员；在有安全必要的三级单位设信息安全员。

2. 建立制度体系。建立由国家法律法规、安全管理制度、信息系统安全运行和保护制度组成的三级制度体系，并严格执行，以此来规范和约束信息系统用户的行为。可按以下方式进行：

（1）完善信息安全管理方面的规章制度，编写信息安全奖惩制度、教育和培训制度、信息系统入网审查制度、信息管理人员持证上岗制度等；

（2）分类制定具体信息系统安全管理制度的编写原则、要求和范本，并组织推广实施。制度包括设施管理、设备管理、系统管理、应用操作规程、人员管理等；

（3）整理国家关于信息安全的法律法规、制度和信息系统安全管理制度，并刊订成册，作为信息管理和应用人员的行为指导。

3. 建立教育体系。建立针对信息主管、安全管理人员和信息应用人员的三级教育体系，全面提高企业整体的信息安全意识。可采取以下方式进行：

（1）为企业信息主管人员举办安全讲座，提高安全认识和管理能力；

（2）对信息安全管理人员进行定期培训和考核，提高其技术水平和业务能力；

（3）建设安全教育网站，对广大信息系统使用人员进行信息安全普及教育，全面提高信息安全素质。

二、安全信息发布

安全信息发布的主要目的是提供一个了解安全领域的最新发展、学习与安全相关技术知识的平台。目前安全信息发布的内容主要包括：安全信息邮件列表、安全技术讨论组和安全信息检索。

1. 安全信息邮件列表。通过订阅安全信息邮件列表可以了解目前国际和国内安全领域的最新动态，最新的安全漏洞信息，以及如何确认系统是否存在该漏洞并加以解决。要有以下几个显著的特性：

（1）特定性。这些漏洞信息是经过安全专家筛选，并针对实际情况加以定制的，因此具有很强的针对性。

（2）实用性。与安全漏洞相对应的漏洞验证方式和解决措施要具有很强的可操作性，因为这些方式或措施都要求通过严格的测试验证，并确认是切实可行的。

（3）可度量。要针对不同的安全漏洞，根据其对安全的影响程度，设定不同警告级别、相应的漏洞验证和解决措施，也要有根据其影响正常应用程度设定的不同级别。

2. 安全技术讨论组。安全技术讨论组提供进一步了解安全技术知识的途径。技术人员可以在讨论组里寻求安全技术的咨询和解答，共同探讨安全领域的新技术和最新发展。此外，安全技术讨论组还应不定期地举行由安全专家主持的针对特定专题的技术论坛。

3. 安全信息检索。安全信息检索要包含一个针对各种操作系统和应用的分门别类的安全信息知识库。用户通常会接触很多种应用系统，当初次接触某种系统或应用时，就可以通过安全信息的检索，了解特定的系统和应用程序的安全状况、已有的安全漏洞、漏洞验证方式以及相对应的补救措施。

三、紧急安全响应

1. 故障情况通知及确定。对紧急安全事件提供安全响应热线电话和客户专用的 E-mail 联系方式。在接到紧急安全响应请求后短时间内，通过电话、专用 E-mail 或远程监测等多种方式，确定故障类型，定义故障等级。

2. 安全故障解决。安全故障解决遵循以下流程：

（1）故障诊断。对故障情况作诊断、记录、分析。

（2）故障修复。尽可能减少安全故障造成的损失，并修复系统。

（3）系统清理。对发生安全故障的系统作系统完整性审计，系统安全检查、清理。

（4）系统防护。对发生过安全故障的系统增加、加强安全保护措施。

（5）证据收集。对安全故障造成的入侵记录、破坏情况、直接损失情况收集证据。

3. 紧急响应结果报告。将在紧急安全响应中所遇到的安全问题，安全事故处理过程、处理结果，汇总形成紧急响应结果报告，提交给上级管理部门。

四、日常安全审计

1. 日常安全审计制度。从管理层次出发，制定切实可行的日常安全审计制度，其中包括：建立日常安全审计的例行制度；明确定义日常安全审计实施的日程安排与计划；明确定义日常安全审计中涉及到的报告的形式及内容；明确定义日常安全审计所要达到的目标。

2. 安全审计流程。从技术层次出发，建立标准的安全审计流程，明确定义安全审计所涉及的过程及技术要求，其中包括：建立详细完备的确认制度和签字验收制度；明确定义安全审计中扫描工具选择的原则；明确定义安全审计中制定扫描方案的原则；明确定义安全审计中安全扫描的实施原则；明确定义安全审计中实际扫描的实施技术要求；明确定义安全审计中制定安全增强建议方案的原则；明确定义安全审计中安全修补方案制定的原则；明确定义安全审计中涉及的安全修补的实施原则；明确定义安全审计中涉及到的安全修补的实施技术要求。

3. 安全审计范围。从用户需求、网络现状及以往的安全审计结果出发，确定安全审计范围，其中包括：

（1）确定需要进行审计的网段并对该网段系统运行情况进行分析，得出审计准备概要报告；

（2）在需要审计的网段内，确定需要进行安全审计的网络设备，并列出其中需要审计的网络设备的清单；

（3）对确定需要审计的网络设备进行扫描风险评估；

（4）在需要审计的网段内，确定需要进行安全审计的主机系统，并列出其中需要审计主机系统的清单；

（5）对确定需要审计的主机系统进行扫描风险评估；

（6）在需要审计的网段内，确定需要进行安全审计的应用系统，并列出其中需要审计的应用系统的清单；

（7）对确定需要审计的应用系统进行扫描风险评估；

（8）确定最终的安全扫描方案，包括需要检查的项目、扫描的时间安排、从整体上进行的扫描风险评估及风险对策，向上级提交扫描方案，按照安全审计制度获得上级主管部门确认。

4. 选用安全扫描工具。根据扫描风险评估报告，选用安全扫描工具进行实际扫描。

分析比较各种安全扫描工具，得到各种安全扫描产品的优缺点比较表；根据最终的安全扫描方案，以及扫描风险评估，选定一个或多个合适的扫描工具；根据扫描方案中的检查项目，利用选定的扫描工具，按照扫描的具体时间安排，进行实际扫描工作；对于实际扫描过程中出现的突发事件，采用扫描方案中的风险对策或临时制定的解决措施，及时、正确地给予解决，尽量确保不影响整个系统正常的运营维护；根据扫描工具得出的扫描结果，从网络系统、主机系统、应用系统以及数据系统得出综合的扫描结果报告。

5. 得出系统安全的建议方案。根据扫描结果报告得出系统安全的建议方案并设计安全解决方案。

根据综合的扫描结果报告，总结近期发生的安全事件，从管理层次角度上制定报告；根据综合的扫描结果报告，结合被审计系统的日志及其他信息，从技术层次上得出全网安全水平综合报告（包括安全管理上的优点/缺点、各系统对攻击情况的防护能力、系统中存在的安全漏洞及其安全隐患以及安全事件列表等）；根据全网安全水平综合报告，在客户配合之下，对系统中存在的问题提出安全建议报告，并制定相应的动态安全解决方案；提交安全事件报告、安全水平综合报告、安全建议报告及安全解决方案，并确认。

6. 安全修补。根据安全扫描报告、增强系统安全的建议方案和上述制定的安全解决方案，对系统进行安全修补，其中包括：

（1）安装系统补丁；

（2）停止不需要的服务；

（3）替换有问题的软件为同样功能、但更安全的软件；

（4）修改有安全问题的软件配置；

（5）修补结束，得出安全修补实施报告，提交给用户并确认。

7. 定期安全审计。依照日常安全审计制度，定期地对系统进行上述安全审计。

27.3.5 证券业信息安全防护体系

根据标准化组织制定的信息安全规范（ISO/IEC 17799 等），结合证券业的特点，建立证券业信息安全防护体系，从而为下一步建立证券行业的信息系统安全标准制定框架，为制定行业安全级别和审定标准提供参考。从信息安全防护体系来讲，需要做到以下几个层面的安全：物理安全、平台安全、通信安全、数据安全、应用安全、运行安全、管理安全。

一、物理安全

物理安全是信息系统安全的基础。在证券信息系统中包括以下项目：机房安全、场地安全（机房环境/温度/湿度/电磁/噪声/防尘/静电/振动、建筑/防火/防雷/围墙/门禁）、设施安全、设备可靠性、通信线路安全性、辐射控制与防泄露、动力、电源/空调、灾难预防与恢复等，具体标准依照国家和公安部及证券行业的相关安全标准规范。

二、平台安全

平台安全泛指操作系统、系统服务和网络基础的安全，主要包括可用性、可靠性和安全性等方面，为证券行业的应用提供安全、可靠的系统承载平台。

1. 可用性和可靠性。可用性和可靠性受到内部和外部的多种因素的约束和限制：预算的限制、部件的失灵、不正确的配置、人的失误、自然灾害以及不可预见的变化，都是无法实现证券信息系统高可用性和可靠性障碍因素中的一部分。

因此规划和部署证券应用的承载平台必须考虑到以下因素：

（1）尽可能地减少单点故障造成服务中断的可能性；

（2）在证券服务器、磁盘存储系统、数据库管理系统和网络硬件以及软件领域中，供应商的名声是获得高可用性和可靠性的重要因素；

（3）软件或者硬件的可靠性可以通过客户参考和行业分析家来证实，除了这些，应该同时考虑采用经验性部件可靠性分析的方法；

（4）技术服务人员能够解决或者替换有问题部件的能力；

（5）克服证券业瞬间失败的能力，使最终用户端的可用性完全不受这类事件的影响；

（6）紧急情况下，所有相关人员解决问题、排除故障的能力，系统的健壮性、可靠性问题。

2. 安全性。包括以下主要内容：操作系统漏洞的检测与修复；网络协议、网络基础设施漏洞的检测与修复；路由器、交换机、防火墙漏洞的检测与修复；数据库、Web/Ftp/Mail/DNS 等其他各种系统服务和守护进程漏洞的检测与修复以及相关网络安全产品的部署。网络安全产品的部署主要包括防火墙、入侵检测、脆弱性扫描、防病毒产品以及整体网络系统平台安全综合测试/渗透测试等。

平台安全的目的是为证券的应用提供持续的、可靠的、安全的承载平台。安全的动态特性要求证券企业必须有一整套完善的管理规范来提供保证。

三、通信安全

证券交易信息系统通信网络由卫星数据通信网和地面数据通信网组成。

证券公司与沪、深两市证券交易所之间，建立双向卫星数据通信网，完成如下数据信息的实时传输：沪、深两市证券交易所的行情信息实时传递到证券公司；证券公司的委托交易数据实时传递到沪、深两市证券交易所；沪、深两市证券交易所的成交汇报信息实时传递到有关证券公司；实时传递股民查询信息。

证券公司与沪、深两市证券交易所之间，建立由 DDN/FR/PSTN 组成的地面数据通信网，与卫星数据通信网构成备份网络，当卫星数据通信网中断时，传递由卫星数据通信网传递的信息，传递证券公司对各营业部的监管信息，以及各营业部与证券公司的资金转账信息。

为防范系统之间通信的安全脆弱性威胁，以网络通信面临的实际威胁为依据，保障系统之间通信安全采取的措施有：通信线路和网络基础设施安全性测试与优化、安装网络加密设施、部署通信加密软件、设置身份鉴别机制、设置并测试安全通道、测试各项网络协议的运行漏洞。例如：证券公司与各营业部之间的信息传输加密；证券公司与银行之间的资金转账信息的传输加密；若证券网上交易信息系统的 Web 服务器放置在电信机房（托管方式），则营业部交易系统与 Web 服务器之间的信息传输加密。

四、数据安全

对于证券行业来说，数据是公司至关重要的资产之一。进行数据的备份与集中管理，更加安全合理地保护各种数据，已成为证券行业信息管理的当务之急。目前证券行业中以省为级别进行业务和数据集中，交易所与营业部保留关键业务数据。随着对服务质量要求的不断提高，要求核心业务系统必须具有高可用性，具备完备可靠的数据/系统备份措施等功能。另外，对分布式系统，特别是基于 PC 服务器的系统中 I/O 性能的优化，以及对系统进行一定程度的整合，进一步减轻管理人员的工作强度和降低管理成本。所有这些已经或将要出现的需求迫切要求证券业信息系统部门拿出多层次的解决方案。

为防止数据丢失、崩溃和被非法访问，要以数据安全实际威胁为依据，采取保障数据安全措施，包括介质与载体安全保护、数据访问控制、系统数据访问控制检查、标识与鉴别、数据完整性、数据可用性、数据监控和审计、数据存储与备份安全。

数据安全牵涉到数据库的安全和数据本身安全，针对两者应有相应的安全措施。

数据库安全：证券公司的数据库一般采用具有一定安全级别的大型分布式数据库，鉴于数据库的重要性，还应在此基础上开发一些安全措施，增加相应控件，对数据库分级管理并提供可靠的故障恢复机制，实现数据库的访问、存取、加密控制。具体实现方法有安全数据库系统、数据库保密系统、数据库扫描系统等。

数据本身安全：指存储在数据库里的数据本身的安全，相应的保护措施有安装防病毒软件、建立可靠的数据备份与恢复系统，如行情备份系统，对股民的个人资料和交易数据按安全等级划分存储，某些重要数据甚至可以采取加密保护。

五、应用安全

应用安全可保障证券相关业务在承载系统平台上安全运行。它的脆弱性可能给信息系统带来致命威胁。以业务运行实际面临的威胁为依据，保障应用安全提供的措施有：业务软件的程序安全性测试（Bug 分析）、业务交往的防抵赖测试、业务资源的访问控制验证测试、业务实体的身份鉴别检测、业务现场的备份与恢复机制检查、业务数据的唯一性/一致性/防冲突检测、业务数据的保密性测试、业务系统的可靠性测试、业务系统的可用性测试。根据测试结果，可以有针对性地为业务系统提供安全建议、修复方法、安全策略和安全管理规范。

比如目前证券交易方式主要分为营业部柜台交易、电话交易、网上交易，前两种交易方式安全系数较高，而网上交易主要通过公网完成交易的全过程，由于公网的开放性和复杂性，使网上交易风险大大高于前者。几乎所有参加网上证券交易的证券公司采用的都是 TCP/IP 标准协议，应用系统都是基于客户机/服务器或浏览器/服务器（B/S）结构，由于交易发生在两地，双方缺乏可靠的安全机制保证各自的利益。针对网上证券交易的风险和特点，保障交易安全通常采用授权、身份鉴别、信息加密、完整性校验、信息审计、防重发、防抵赖等安全机制，具体实现主要依靠基于公开密钥密码设施（PKI）体系、现代密码技术及在此基础上开发、应用的电子商务认证加密系统（CA）。

1. 交易安全标准。目前在电子商务中主要的安全标准有两种：应用层的安全电子交易（SET）和会话层安全套层（SSL）协议。前者由信用卡机构 VISA 及 MasterCard 提出的针对电子钱包/商场/认证中心的安全标准，主要用于银行等金融机构；后者由 NETSCAPE 公司提出的针对数据的机密性/完整性/身份确认/开放性的安全协议，事实上已成为 WWW 应用安全标准，也是证券网上交易的标准安全协议。

2. 交易安全基础体系。交易安全基础在于现代密码技术，依赖于加密方法和强度。加密分为单密钥的对称加密体系和双密钥的非对称加密体系。两者各有所长，对称密钥具有加密效率高、但分发困难、管理不便的弱点；非对称密钥加密速度慢，但便于密钥分发管理。在证券交易中通常把两者结合使用，达到高效安全的目的。

3. 交易安全的实现。完成证券交易需解决的安全问题主要有交易双方身份确认、交易指令及数据加密传输、数据的完整性、防止双方对交易结果的抵赖。具体途径为建立自己的 CA 认证中心或采用权威的 CA 中心，通过颁发相应的数字证书给予交易各方相关身份证明，同时在安全套层（SSL）协议体系下完成交易过程中电子证书验证、数字签名、指令数据的加密传输、交易结果确认审计等。

六、运行安全

运行安全可以有效地保障系统的稳定性，在较长时期内将证券信息系统的安全控制在一定范围之内。保证运行安全的措施有：证券业应急处置机制和配套响应与服务、网络系统安全性监测、网络安全产品运行监测、定期检查和评估、提供系统升级和补丁、跟踪最新安全漏洞、灾难恢复机制与预防、系统改造管理、引入网络安全新技术。证券信息系统运行安全是一项长期性的工作。

27.4 证券业安全布控

27.4.1 物理安全

保证计算机信息系统各种设备的物理安全是保证整个计算机信息系统安全的前提，物理安全是保护计算机网络设备、设施以及其他媒体免遭地震、水灾、火灾等环境事故以及人为操作失误或错误及各种计算机犯罪行为导致的破坏过程。它主要包括三个方面：

（1）环境安全。对系统所在环境的安全保护，如区域保护和灾难保护（参见国家标准 GB50173—93《电子计算机机房设计规范》、国标 GB2887—89《计算站场地技术条件》、GB9361—88《计算站场地安全要求》。

（2）设备安全。主要包括设备的防盗、防毁、防电磁信息辐射泄漏、防止线路截获、抗电磁干扰及电源保护等。

（3）媒体安全。包括媒体数据的安全及媒体本身的安全。

（4）机房环境和场地安全方面达到标准。

27.4.2 通讯安全

一、卫星通信网

上海和深圳证券交易所根据不同时期各自的市场、技术力量、经济实力以及中国电信的总体技术水平而逐步建设了两个独立卫星通信网，证券营业部都要安装相应的四个卫星小站与两交易所进行数据通信。

卫星通信系统无法克服“日凌”的影响。每年春分和秋分，“日凌”干扰使主站中断时间累计一个多小时，小站中断时间累计约三小时。南方地区的卫星小站遭受雷击频繁。所有这些，严重影响了交易的正常进行。

空间传输数据的加密措施过于简单，疏于用户密码的安全管理，全部交易数据经单点（卫星）转发，交易数据容易被不法分子从空中截取，破译后公布于众，致使投资者心理恐慌，产生对交易系统的不信任感。针对以上问题，要做到以下几点：

第一，增加卫星通信空间传输数据的加密强度，用户密码要严格管理。

第二，建立有效、实用的备份线路，包括天—天备份，天—地备份两方面。天—天备份是指加强两个交易所卫星通信互联，做到互为备份，以减少过度集中于单颗卫星的风险。为了达到有效控制通信风险的目的，还需要建立天—地互为备份的通信系统，建立一个有效的、覆盖全国的地面通信网作为对卫星通信的必要补充。有了这样一个立体备份系统，才能将通信系统的风险控制在最小限度。

第三，加强使用单位的卫星通信设备的备品备件管理，改变两个通信公司垄断设备维护的不利局面，使卫星小站在出现设备故障时，能够得到及时、有效的处理。

二、地面通信网

证券公司各营业部与沪、深两市证券交易所之间，建立由 DDN/FR/PSTN 组成的地面数据通信网，完成如下数据传输：

第一，与卫星数据通信网构成备份网络，当卫星数据通信网中断时，传递由卫星数据通信网传递的信息；

第二，证券公司对各营业部的监管信息；

第三，各营业部与银行的资金转账信息；

第四，证券公司与各营业部之间的监管信息。

专线传输虽然比较安全，但是考虑到内部安全和窃听等攻击，对传输数据应该经过一定程度上的加密。

由于因特网的固有特性，在因特网上直接传输股民信息、行情信息的，传输过程中存在不完整、非实时的可能性，也存在被人篡改的可能性，而建立基于因特网的虚拟专用网（VPN）是证券网上交易信息系统的可选方案。

27.4.3 边界安全

一、访问控制与安全边界

根据内部网络的安全域结构，需要在不同安全域间设置边界访问控制。网络边界访问控制的设计包括网络隔离方案、边界防火墙配置方案、局域网虚拟子网间的访问控制、远程访问控制。

（1）网络隔离。根据国家安全主管部门有关规定，党政涉密网要求与因特网物理断开。对于各单位的涉密应用，如涉密办公应用，应单独建立相应的网络。

（2）边界防火墙。防火墙是网络安全最基本的安全措施，目的是在内部、外部两个网络之间建立一个安全隔离带，通过允许、拒绝或重新定向经过防火墙的数据流，实现对进、出内部网络的服务和访问的审计和控制。

（3）虚拟子网。局域网的多个业务系统，即办公应用系统，应用系统，数据中心，可通过有效的虚拟子网（VLAN）划分来对无关用户组间实施安全隔离，提供子网间的访问控制。

（4）远程访问控制。通过在与广域网连接的出入口配置防火墙，使远程用户对内部网服务器的访问受到控制，远程内部网用户可按权限访问指定的内部网服务器。另外，通过设置一台安全认证服务器，可进行拨号用户身份、远程拨号路由器身份的认证，从而限制非法单机和局域网用户对内部网的访问。认证服务器可设在防火墙内，连接到内部网的交换机上。

二、路由器安全

从全网角度考虑，在保证全网路由畅通的基础之上，通过安全配置路由器改进整个网络的安全性。在进行路由器安全配置中，结合全网路由情况及其安全问题，制定安全的路由器配置。

第一，根据制定好的基本配置方案对路由器进行配置检查，结合实际需求，打开某些必要的服务或是关闭一些不必要的服务；启用路由器上的安全功能以防止常见的攻击。

第二，隐藏路由器系统真实信息；确保管理员口令的安全，配置 TACACS、RADIUS 用户验证方式以增强系统访问的安全性；配置管理访问的超时控制来增加系统访问安全性；配置管理界面的访问方式，如 SSH、HTTPS 来增加系统访问的安全性。

第三，通过访问清单来增加系统访问的安全性。同时还要考虑过滤规则和性能之间的平衡问题。

第四，若采用动态路由协议，应配置路由器间验证功能，以确保可靠路由信息的交换，可以配置明文验证或采用 MD5 验证、加密。

三、基于访问控制技术的防火墙系统

防火墙是设置在被保护网络和外部网络之间的一道屏障，以防止发生不可预测的、潜在破坏性的侵入，是设置在不同网络或网络信任域与非信任域之间的一系列功能部件的组合。通过制定安全策略，它可通过监测、限制、更改跨越防火墙的数据流，尽可能地对外部屏蔽网络内部的信息、结构和运行状况，以此来实现网络的安全保护。防火墙是一个分离器、一个限制器、一个分析器，有效地监控内部网和因特网之间的任何活动，保证内部网络的安全。

防火墙可以有多种表现形式，有软件形态的，有硬件形态的；有功能单一的，也有整合了多种安全技术的，如整合了 VPN、杀毒、简单 IDS 等功能的防火墙。

结合全网实际情况，应制定切实可行、安全高效的防火墙安全配置。

第一，根据制定的防火墙基本配置方案，配置防火墙安全的工作模式，分别考虑在采用 NAT 方式、PAT 方式或透明方式下的情况；

第二，采用安全的系统管理方式（SSH、HTTPS 等）对防火墙进行管理，及时对防火墙软件进行升级；

第三，选择防火墙支持的安全的用户认证方式对用户进行管理；

第四，了解防火墙全状态检测功能以及 URL 过滤功能，并根据防火墙基本配置方案进行访问控制配置，在效率和安全之间做出优选；

第五，启用防火墙支持的入侵检测功能，配置相应的实时报警方式及日志分析功能；

第六，采用防火墙热备方式或通过七层交换设备实现防火墙间的负载平衡来保证关键业务通信链路上防火墙的高可靠性。

27.4.4 操作系统安全

一、Novell 安全配置

目的：通过 Novell 系统安全配置，提高主机系统的安全。在进行 Novell 安全配置中，结合全网实际情况，制定切实可行、安全高效的 Novell 安全配置。

1. 入网保密。用户必须按用户名进行登录注册，使用网络信息资源的用户必须有自己的用户名，否则将被网络拒绝。

2. 设置目录和文件访问权限。访问权限是对用户访问目录和文件的合法范围的规定，以控制用户只能操作什么样的目录和文件。可通过准确地划分网络信息的涉密等级、范围和涉密人员，控制用户的目录、文件权限。

3. 文件和目录的属性保密。属性直接控制对文件或目录的访问特性。属性的访问控制高于文件、目录的有效访问权限，可以禁止有效访问权限所允许的操作。NetWare 提供的主要属性控制有：防止对目录和文件的删除；不允许查看目录和文件；禁止对文件进行拷贝；禁止对文件的写操作；控制对文件是否共享；防止文件修改时被破坏；标记被修改过的文件等。

4. 文件服务器的安全保密。控制台键盘可以加口令封锁，防止非法闯入者以超级用户身份浏览网络信息。Novell 还提供审计功能，提高系统安全性。审计功能是指对用户是否成功登录、对文件是否访问、修改进行记录备查。但采用审计功能对系统性能有较大的影响，这也说明了安全的代价和相对性。

二、Windows 安全配置

目的：通过系统安全配置，提高主机系统的安全。在进行 Windows 安全配置中，结合全网实际情况，制定切实可行、安全高效的 NT/2000 安全配置。

1. 活动目录安全。活动目录存储了域安全政策的信息，比如域口令的限制政策、系统访问权限等，实施了基于对象的安全模型和访问控制机制，应合理配置。在活动目录中的每个对象都有一个独有的安全性描述，定义了浏览或更新对象属性所需要的访问权限，要对其中的权限有明确划分。

2. Service Pack 和 Hot - fixes。更新最新的 Service Pack 以及检查目前微软站点的 hot - fixes 公告栏（考虑到证券业的业务关键性，在升级和补丁前必须进行完全测试以确认不会对业务应用造成影响）。

3. 基本配置管理。对 Windows 中那些易造成安全隐患的缺省常用配置重新配置，结合服务器的承载业务配置相应的系统服务。

4. 文件系统配置。对涉及到文件系统的安全漏洞进行修补或是修改配置，诸如：采用 NTFS、文件名禁止 8.3 文件名格式等。

5. 账号管理配置。对涉及用户账号的安全隐患进行配置、修补或消除，诸如：设置口令长度，检查用户账号、组成员关系和特权等。

6. 网络管理配置。对易造成安全隐患的系统网络配置进行安全基本配置，诸如：锁定管理员的网络连接，检查网络共享情况或去除 TCP/IP 中的 NetBIOS 绑定等。

7. 系统日志配置。配置相应的系统日志，检查相应的安全事件，诸如：审核成功/失败的登录/注销等。

8. 安全工具配置。利用某些安全工具增强系统安全性，诸如：运行 SYSKEY 工具为 SAM 数据库提供其他额外的安全措施等。

9. 病毒和木马保护。利用查杀毒软件清除主机系统病毒，同时利用各种手段发现并清除系统中的木马程序。

10. IIS 系统安全配置。通过对 Windows 系统提供的 IIS 服务进行安全配置，提高整个主机系统的安全性，诸如：设置恰当的授权方式，禁用或删除不需要的 COM 组件。安装 Microsoft Lockdown IIS 安全优化软件等。

11. 其他服务安全配置。针对系统需要提供的其他服务，进行安全配置，诸如 DNS、Mail 等。

三、UNIX 安全配置

目的：通过系统安全配置，提高主机系统的安全。在进行 UNIX 安全配置中，结合全网实际情况，制定切实可行、安全高效的 UNIX 安全配置。

1. 系统访问管理。配置安全的系统访问方式，制定安全的系统访问策略，确保对系统的访问都是通过安全加密的方式进行。

2. 服务访问管理。根据制定的方案和系统功能，对主机提供的服务设置访问控制，以消除未授权的服务访问所带来的安全隐患。

3. 系统漏洞修补。对权威机构或是操作系统生产厂商已公布的安全漏洞通过打补丁或是升级操作系统版本的方式进行修补。

4. 服务漏洞修补。对系统提供的常用服务，诸如 DNS 服务、FTP 服务、邮件服务、WWW 服务、telnet、SSH 服务等，检查软件本身的安全漏洞，通过打补丁或是更换服务软件的方式修补，并对不合理的配置进行修改。

5. 系统日志配置。配置相应的系统日志，检查相应的安全事件，诸如：审核成功/失败的登录/注销等。

6. 访问控制系统。从应用层次配置访问控制系统，提供更高层次的用户访问控制。

27.4.5 完整性检查

系统完整性：内核程序的完整性（.dll、.lib、.so、.exe 等）；

系统配置的完整性：配置文件（注册表、.ini、.conf 等）；

硬件系统完整性：设备（增加/减少）、设备配置（配置参数）；

文件完整性：文件属性（ACL、类型、创建时间、所有者）、文件内容（是否改动了任何一个字节）。

完整性检查系统在信息系统安全中的作用：

第一，通过完整性检查系统保证企业内所有系统文件的完整性和一致性，给管理员和操作员提供详细的文件完整性和一致性报告，并设置企业内的系统完整性策略。同时，可以将完整性的结果报告给安全运行中心或网络运行中心。

第二，定期给出企业内关键文件的变化情况，包括账号属性、权限属性、目标、文件、Windows 注册库等，集中对这些变化进行审计管理。

第三，当安全事件发生后，可以根据完整性检查系统的报告，精确指出企业内哪些机器的哪些文件被改变，是属性改变、权限改变还是大小改变等。

第四，当安全事件发生后，完整性检查系统给出受影响的文件和系统，恢复时可以根据变化来恢复，降低宕机时间。

第五，当安全事件发生后，完整性检查系统的报告给出受影响的文件和系统，从而可以评估系统的损坏程度，提供精确的恢复内容，缩短诊断和恢复时间。

第六，通过完整性检查系统的系统变化报告，管理模式可以由被动管理变为主动管理，及时发现企业系统变化，及早响应和处理。利用这种方式，可以在病毒、木马等没有大规模发作之前检测出来，避免安全事件发生以后的被动响应。

第七，完整性检查系统检测的是系统的变化，而这种变化不管来自企业内部还是外部，做到没有遗漏。

第八，完整性检查系统可以检测各种误操作导致的系统变化。

第九，完整性检查系统可以对企业内所有系统变化进行审计，判断系统变化的合法性和有效性，便于和运行管理流程相结合。

第十，完整性检查系统可以精确给出安全事件导致了哪些文件的变化，可以作为法律证据。

第十一，管理员借助完整性检查系统可以快速知道各种系统中的变化，进一步判断变化的合法性。

27.4.6 入侵检测

功能和特征：实时网络入侵监测、实时入侵记录及回放、实时切断入侵连接、用户可设置入侵特征、事件相关分析、过滤无用告警、自动升级。需部署因特网入口配置入侵检测探头、关键的业务网段配置入侵检测模块、服务器安装主机入侵检测。

通过入侵检测系统增强网络安全性。结合全网实际情况，制定切实可行、安全高效的入侵检测系统安全配置。

（1）入侵检测系统安装审计。对需要安装入侵检测系统的主机进行服务审计，避免入侵检测系统的安装对服务产生影响。

（2）入侵检测系统安装配置。安装入侵检测系统，利用入侵检测系统各种管理配置方式对入侵检测系统进行管理，以满足配置方案要求。

（3）入侵检测系统策略设定。设定满足入侵检测系统工作要求的安全策略，使其能够监测恶意攻击。

（4）入侵检测系统自身安全性。通过对安装入侵检测系统的主机进行模拟测试，查看入侵检测系统的安装点是否具备一定的防攻击能力或采用了隐秘模式。

（5）入侵检测系统管理配置。检查入侵检测系统组件间通讯协议的安全性，并通过相应的系统管理界面，根据制定的入侵检测系统配置方案对入侵检测系统进行管理。

（6）入侵检测系统模式库升级配置。检查入侵检测系统模式库升级方式及其可靠性，利用相应升级方式对入侵检测系统进行模式库升级。

（7）入侵检测系统效率配置。检查入侵检测系统的网络引擎在不同规则集、不同服务流量下对网络引擎检测效率的影响，并根据制定好的增强配置方案，调整入侵检测系统配置，以提高入侵检测系统的效率。

（8）入侵检测系统实时报警配置。根据入侵检测系统增强配置方案以及对不同级别的入侵需要产生的报警方式，配置入侵检测系统。

（9）入侵检测系统日志分析配置。检查入侵检测系统支持的日志功能，根据入侵检测系统增强配置方案配置日志功能，配置日志服务器并对入侵检测系统的日志情况进行相应的分析，得出日志分析报告。

（10）入侵检测系统高级策略配置。针对不同入侵检测系统的特性以及客户具体的业务需要，产生一些自定义模式的策略，以满足非大众的特殊的客户需求。

27.4.7　漏洞扫描

漏洞扫描系统是一种自动检测远程或本地主机安全性弱点的程序。通过使用漏洞扫描器，系统管理员能够发现所维护的信息系统中的安全漏洞。从而在计算机网络系统安全保卫战中做到“有的放矢”，及时修补漏洞。产品有无线局域网的安全审计工具、因特网扫描器、系统扫描器、数据库扫描器等。

无线局域网的安全审计工具，可以自动地检测和分析符合 IEEE 802.11a/b/g 标准的无线局域网的接入点和客户端的安全问题。它可以方便地安装在一台移动设备上，在内部网络范围内移动，以不引人注目的方式识别未授权的和配置不当的设备。

通过因特网扫描器对网络安全弱点进行全面和自主的检测与分析，可以迅速找到并修复安全漏洞。因特网扫描器可以对所有附属在网络中的设备进行扫描，检查它们的弱点和漏洞，并将风险分为高、中、低三个等级，生成有价值的报表。报表中包括消除风险和漏洞的详尽的逐步指导方案。

系统扫描器是基于主机的一种领先的安全评估系统。系统扫描器通过对内部网络安全弱点的全面分析，协助企业进行安全风险管理。区别于静态的安全策略，系统扫描工具对主机进行预防潜在安全风险的评估。其中包括弱口令、不恰当的用户权限、文件系统访问权限、服务器设置以及其他含有攻击隐患的可疑点。

通过数据库扫描器评估在数据库应用中的安全漏洞来评价业务风险。数据库扫描器针对漏洞提出分析与对策，并提供汇报功能，它即时衡量政策遵循并自动运行来保护关键的业务数据。数据库扫描器可以独立地在数据库上运行，并快速生成包含进行正确配置和保护数据库所需要的一切信息的详尽汇报。

27.4.8　病毒的防杀控

计算机病毒具有灾难性的破坏能力，许多计算机病毒都具有特定的功能。病毒发展的新趋势是与黑客攻击手段结合在一起，许多新的病毒携带了远程控制软件和数据收集软件，因此，一旦系统被病毒入侵，该系统的数据有可能通过 E-mail 或 web 方式被发送出去，或者被黑客实施远程控制。

应根据证券业信息系统的实际情况，建立三层的网络防病毒体系：

(1) 第一层中央控管层。在证券公司信息中心设立一台（或多台）防病毒中心服务器，与互联网连接，负责监控部署在企业网内的所有防毒产品，制定统一防毒策略，提供统一而且自动的防病毒软件更新，集中对防毒软件进行扫描引擎、病毒码及软件本身的自动更新，且对第二层服务器进行防毒策略、扫描引擎、病毒码及软件的更新和分发。

(2) 第二层二级服务器层。将企业内计算机划分为若干个区域，在每个区域内设立一台服务器作为二级防病毒服务器，负责监控该区域内客户端的病毒发生和清除情况，对客户端进行防毒策略、扫描引擎、病毒码及软件的更新、分发和管理。

(3) 第三层客户端。安装在每个客户机上，由各个二级防病毒服务器统一配置监控。其主要功能有：实时病毒扫描和清除、定时和按命令进行扫描和清除、压缩文件支持、启发式扫描、管理、事件查看、配置帮助、报警和报告、性能优化、自动更新、自动升级。

另外，需针对当前病毒主要通过电子邮件传播的现状，在内部邮件服务器前安装邮件防病毒网关，防止病毒利用电子邮件传播。

证券公司信息中心负责防病毒工作的总体管理，负责防病毒策略的制定，负责对中心防病毒服务器的维护及用户防病毒软件的安装。由各区域内管理员负责该区域内防病毒服务器的维护和该区域内所管辖的二级单位防病毒软件的下发和管理工作，由各二级单位信息主管部门专人负责本单位内部杀毒软件的安装及相应配置。

为更好地实现病毒的防杀控，在证券公司信息中心主页上建立“病毒防治中心”专栏，专栏内容包括：病毒知识、病毒动态、热点病毒专题、操作系统及应用软件补丁下载、病毒特征库下载、由信息中心负责该专栏的建立，由专人负责该专栏的全部内容及更新。

27.4.9 存储与备份

目前，证券的信息化对业务的影响越来越大，与网络和计算机相关的新业务品种不断推出，计算机应用越来越广泛，业务对计算机和网络的依赖也越来越强。面临证券业大集中的发展趋势，有效的集中存储与备份策略具有了日益重要的地位。

考虑到证券业的行业发展，对于数据安全需要考虑以下几个需求：应用系统要求数据备份、异构体系结构（NT，Netware，UNIX）、集中管理备份策略、审计备份日志、自动备份、高速备份和恢复、可视化管理和分权管理。

证券发展的大集中趋势，将要求以光纤交换机为核心存储局域网（Storage Area Networking，SAN）的数据存储备份。存储局域网——21 世纪全新的理念下的电子信息架构，是以数据、信息、内容为核心的存储模式。

存储局域网是在传统网络结构上建立以数据存储管理为核心的四层信息架构，从而彻底改变数据流和系统管理的重点。存储局域网加入了最新的技术和管理方式，能够发挥整个系统的所有资源的价值，为应用者提供最需要的“内容”。

27.4.10 高可用性

高可用性意味着最大化的系统运行时间，也就是最小化的系统计划外的停止运行时间，从而可以很好地保护关键性数据、提高生产效率。99%的高可用性意味着每年计划外的停机时间是5 000分钟，而99.99%意味着50分钟。

高性能服务器集群系统是一个true cluster系统，当一台节点机出现故障时，其他节点机仍旧可以正常工作，客户机的访问不会中断。高性能服务器集群系统中大量采用冗余设备，如多台服务器、多台UPS、多台交换机、磁盘冗余（RAID），在存储设备中采用独立的多套CPU/内存子系统，甚至配置了多套为磁盘柜内存缓冲供电的电源系统，有效地屏蔽单点失效的危险性，使整个系统的可靠性达到99.99%以上。

针对无法容忍停机的证券业务特点，应在证券业中采用高性能服务器集群系统。正常工作状态下，多台服务器并行处理任务，没有资源闲置，且大大提高系统总体处理能力；而当有一台或几台出现故障时，其他的服务器除执行自己的任务外，还接管其他节点的工作，尽管负载加大，但整个集群系统仍在正常工作，客户机的访问不会中断，从根本上消除了停机因素。出现故障的服务器只是简单地将其从阵列中移去，当这台服务器修理好后，无需人工干预即可重新加入到服务器阵列。这就是所谓的并行处理、永不停顿的含义。

网络的高可用是服务器高可用的基础，证券业信息系统通常要考虑网络的高可用性，做到链路和设备的冗余和备份。

27.4.11 身份认证

随着网络应用的普及，股票电话委托、在线交易、网上炒股等远程交易系统已经被越来越多地推广和应用，交易（割）方式也从传统证券交易转向远程交易。因此，作为远程交易系统的第一道防线，登录用户的身份鉴别是至关重要的。它不仅涉及到用户信息、特别是账户、资金等重要信息的安全，更直接影响到会员公司的信誉。

身份认证技术是指能够对信息收发方进行真实身份鉴别的技术，主要用于阻止非授权用户对系统的入侵。证券业务很多都涉及资金的流转，所以是黑客攻击的重点，同时也容易出现抵赖交易事实发生的问题，譬如网上证券委托中的安全性，投资者通过浏览器访问证券公司的网站，查看股票信息后，决定进行委托交易。在整个过程中存在如下风险：

（1）投资者的交易信息或股东机密信息在网络上传输时被窃取。如果这些信息被恶意处理，如高价买进或低价卖出，就可能会给投资者带来经济损失。

（2）投资者的交易信息或股东机密信息在网络上传输时被篡改。如恶意插入或删除某些关键的内容，同样会给投资者带来巨大的损失。

（3）网页信息的失效。网上投资者很多都通过网页获得信息，证券商必须保证网页的内容是完整的并且是正确的。否则投资者看了被人篡改的网页，会导致投资失败，并因此引发纠纷。

（4）证券公司无法确认某些投资者的身份是否真实，因为可能会出现伪造信息或假冒身份的情况。单纯地采用静态密码保护股东账号的方法是一种非常弱的保护方法，并且由于因特网的开放性，任何黑客都可以编写一段程序来猜测密码。如果不采用技术手段防止无穷猜测，密码将很容易被破解。

（5）投资者无法确认证券公司的身份。如果有假冒的网站出现，由于投资者不能甄别，而将所有的交易信息和股东信息全部提交给假网站，造成损失的可能性是非常大的。

（6）网上证券委托的参与者（投资者、证券公司）抵赖自己所做过的网上委托或其他处理操作，给对方造成损失。

（7）交割是否成功的回复信函可能被伪造。在用户提交委托单后，一般等待 E-mail 确认。E-mail 确认交割成功，说明交易成功，投资者可以放心了。但如果用户收到一个黑客送达的 E-mail 告诉他交易成功了，事实上没有成功，会导致投资者错失良机。

上述问题不是单靠证券公司和投资者就能解决的。要想有效解决这些问题必须引入具备权威性和公正性的第三方。

身份认证方式有很多种，结合技术原理与安全实施经验，CA 认证和动态口令认证更适合于证券业的业务需求。

一、CA 认证

认证中心是一个具有权威性和公正性的第三方的认证服务机构，它通过承担电子商务中的数字证书签发、身份审核、证书管理（公布、废除）等服务，保障在因特网上开展电子商务活动的有效、安全。

数字证书主要包含以下基本信息：证书实体的信息，如个人的姓名、身份证号、E-mail 等；证书实体对应的公钥；CA 机构对所有信息的签名。

数字证书主要实现公钥和身份的绑定，用于证明网上电子交易实体的身份。数字证书和私钥一一对应。私钥只有用户知道并且永远不在网络上传送，充分保证私钥的安全性。

数字证书可以保障以下几个方面的信息安全：

（1）信息的保密性。信息发送和接收在安全的通道进行，保证通信双方的信息保密。信息交互的参与方在信息交换过程中没有被窃听的危险。非参与方不能获取交易的信息。

（2）身份的真实性。信息交互的双方的身份不能被假冒或伪装，可以有效鉴别确定交易方的身份。

（3）信息的完整性。信息接收方可以验证收到的信息是否完整一致，是否被人篡改。

（4）不可抵赖性。信息的发送方不能抵赖曾经发送的信息，不能否认自己的行为。

（5）授权合法性。安全管理人员能够控制用户的权限，分配或终止用户的访问、操作、接入等权利，被授权用户的访问不能被拒绝。

上述保障功能主要是采用 PKI 体系中的数字信封和数字签名的技术来实现的。

数字信封实际上是一种结合对称加密和非对称加密的加密技术。它的主要作用是将信息进行加密，同时把加密密码传送给对方。好比现实生活中的信件，封口后，其他人就不能知道信中的内容了。

数字信封技术保证三个方面的安全：

（1）接收方的身份认证。由于发送的信息是用接收方公钥来加密，而公钥对应的私钥只有接收方持有，没有私钥就解不开信息，如果能够解开信息就可以确认接收方的身份。

（2）信息的加密性。因为信息是在加密后进行传送的，在整个传输过程中都是加密信息，黑客不能直接获得明文。

（3）资源的可控性。一个数字信封可以由多个部分组成，比方说，在网上购物时，客户需要提交支付信息和定单信息。两个信息用两个不同实体的公钥来加密。任何接收方就只能解开他自己应该看到的东西，而他不应该看到的信息，是无法解开的。

数字签名主要采用的技术是摘要技术，摘要是根据明文，采用特定的算法（MD5、SHA1）算出的信息特征值，特征值与明文唯一对应。只要明文中改变任何一个字节，甚至是某一个位，就会改变整个摘要出来的信息特征值。因此只要同时获得特征值和信息，就可以确定信息是否被更改。数字签名就是把明文用摘要函数算出特征值，再用自己的私钥来对特征值进行加密，加密之后的特征值信息与明文信息放在一起，才是一个完整的数字签名。

接收方收到数字签名包，可以用相反的方法验证数字签名。数字签名包包含两部分——明文和签名信息。明文可以直接获得，由于在发送数字签名的时候，签名算法是共同约定的，接收方也可以用同样的摘要函数算出明文的信息特征值，同时接收方可以用发送方的公钥来解密加密特征值。因为加密特征值信息是用发送方的私钥来加密，所以可以用发送方公钥来解密，得到原来的信息特征值。接收方可以比较这两个特征值是否一致，如特征值一致，说明信息在传送过程中没有被篡改，如不一致，说明信息被更改过。

数字签名技术可以保证以下的信息安全：

（1）发送方的身份认证。发送方用自己的私钥加密信息特征值。接收方收到信息之后，用发送方公钥来解密，如果发送方能解开加密特征值，说明肯定是发送方密钥加密的。因为发送方私钥只有发送方一人拥有，所以可以认定是发送方发送的信息。

（2）保证数据的完整性。明文被篡改之后，特征值就会产生变化，如果特征值没变化，说明原文没有变化即信息是完整的。

（3）信息的不可抵赖性。数字签名只有发送方本人才能做出来，其他任何人都不拥有发送方的私钥，只要数字签名有效，就说明肯定是发送方本人发送的信息。

综上所述，结合数字信封和数字签名技术的CA认证是一种有效防范网上电子交易风险的途径。

二、建立证券行业CA认证中心

CA认证作为网络上身份认证的保障，已成为网络安全的不可缺少的一部分。目前已经建成的专网、互联网、企业网，缺乏集中的CA认证中心，身份认证、抗抵赖性和数据的完整性无法确保，并做法混乱、亟待解决。

现在已经建成的CA中心有：

（1）中国电信的认证中心（CTCA）。获得国家认证，但在最终用户一级收费较高，设备较复杂。

（2）中国人民银行的认证中心（CFCA）。目前尚在建设中，该认证中心与证券行业靠近，有业务往来，但建设周期太长，进度过慢，预计最终建设完成尚需一年时间。

（3）上海市的认证中心（SHECA）。目前已正常运行，不少证券机构已选用该认证中心，但其地方性较强，全国分布的二级网络不够大。

建议建立集中式的证券认证中心，可以依托现在已经运行的中国电信的认证中心（CTCA），利用其强大的网点，先行开始认证中心的建设和发证工作，并逐步形成完整意义上的CA中心。

建立集中式证券认证中心可以确保数据的独立性和完整性，从而确保数据的安全性；可以有效提高运行的自主性和安全性，避免因利害冲突，造成系统支持不利；可以面向未来，为证券系统发展留有足够的空间。

三、动态口令认证

现有的网络系统身份认证方式大多基于静态口令，它不可避免地存在以下缺陷：

第一，为了便于记忆，用户多选择常用词作密码，因此很容易被猜测和破解；

第二，企业员工流动性增大，内部授权密码可能被带出公司并可能被恶意使用；

第三，一个密码多次使用，容易造成无意泄露；

第四，黑客可以从网上或电话线上截获密码，轻易获得用户的关键信息；

第五，网管或内部其他人员可通过合法授权取得用户密码而非法使用；

第六，密码自动破译工具使破解密码的时间大大缩短，甚至克服了密码加密的问题。

由以上问题造成的安全事故时有发生，并呈现不断增加的趋势。采用动态口令系统可有效解决静态口令系统的缺陷。

1. 系统组成。由认证服务器、认证服务备份服务器、管理工作站和客户端的动态密码器组成。

认证服务器是系统的核心部分，与业务系统服务器通过局域网相连接，控制所有上网用户对网络的访问，提供严格的身份认证，根据业务系统的授权，访问系统资源。认证服务器具有自身数据安全保护功能，所有用户数据经加密后存储在数据库中，认证服务器与管理工作站的数据交换，也是变换后以加密的方式在网上传输。认证服务器由五个功能模块组成：实时运算、认证管理、数据库、发卡器和经国密办审查通过的加密算法软件。

备份服务器是对认证服务器的完全备份，它能够在认证服务器发生故障或检修时及时接管认证工作。

管理工作站提供认证服务器的管理界面，它在网络管理员与认证服务器之间提供一个友好的操作界面，便于网络管理员实现系统维护和用户管理。通过管理工作站，网络管理员可以进行网络配置、动态密码器分发、删除、用户信息修改、用户口令修改、服务统计和用户查询等操作。为完成上述功能，管理工作站配备有写入器，后者通过串口连接到工作站，用于实现对动态密码器的初始化，包括写入用户密钥和动态密码器本身的时间参数。

2. 动态口令认证系统特点。

（1）以变取胜。动态密码依据安全算法程序每分钟变化一次，且任何人都无法预知，保证一次一密。不断变化着的密码即使被泄露和截获也无法使用，所以可以完全公开，用户再也不用遮遮掩掩地当众输入密码了，彻底解除了密码失窃的顾虑。

（2）化繁为简。密码遗忘是令许多人头疼的问题。随着网络应用的普及，需要人们记忆的密码越来越多。动态密码器使用户无需记忆多个密码，只要记住一个密码器的开机 PIN 码即可，把人从密码的包围中解放出来，把繁杂的事情变得简单。

（3）双重保险。动态密码认证系统采用双因素认证机制。用户登录时，除开机 PIN 码外，还需输入密码器产生的动态密码才能登录系统。开机 PIN 码只保存在密码器专用芯片和认证服务器中，不上信道，避免了中途密码泄露。用户即使将密码器、账户、身份证同时丢失，也不会造成损失。

（4）迅速知情。在传统的认证机制下，用户密码往往是在不知情时丢失、被盗，危害发生后才有所察觉，只能亡羊补牢。密码实物化后，密码器一旦丢失会马上被用户发现并及时挂失，防患于未然。

（5）内外兼“固”。在信息系统的入侵者中，内部入侵者占 70% 以上。就证券行业而论，信息安全最薄弱环节是对内防范，网管人员能通过正常授权获得用户保密资料，对用户信息安全无疑是一种威胁。而动态密码认证系统把密钥生成和管理完全交给系统自动完成，最大限度地减少了人为因素，有效地防止了内部人员作案，使系统安全防范对内对外同样坚固。

（6）简单易行。IC 卡认证、CA 认证、指纹认证都需要专用终端认证设备的配合，应用范围受到很大限制，譬如在目前拥有大量使用者的电话股票交易系统、电话委托系统中就无法使用。而基于动态密码的动态认证凡是在可以输入十进制数码的设备上都可以实现，简单易行。

（7）无缝兼容。该系统相对独立，接口简单，易与现有的应用系统连接，对正在运行的应用系统仅需作极小改动。采用专用认证服务器进行认证，可以保障现有应用系统的完整性，保护系统资源。

27.5 证券行业信息安全解决方案

27.5.1 网络安全需求

对于证券行业来说，因特网技术的介入可以说是一个分水岭。在因特网技术进入证券行业之前，证券网络多采用 Netware 搭建局域网，业务发生在网络内部，安全侧重于内部控制，采用的安全手段较少，如物理安全、用户和文件的权限管理。因特网技术的进入，使证券业务发生了革命性变化，突破了地域和时间限制。但是，在获得广阔发展空间的同时，证券网络也由封闭系统变为暴露在漫无边际的危险空间中的被攻击目标，来自外部的安全问题日益显著。

在网络化高度发展的今天，利用网络平台开展业务，已经成为证券公司竞争、发展的重要保证。而由于证券网络上流动的巨大财富足以吸引无数冒险者铤而走险，所以信息安全问题也就成了证券行业的关键性问题，保护信息安全，就是保证客户资金安全，保护公司的生存。

通过对证券业信息安全风险的分析，我们提出应在整体安全策略的指导下，采用适当的技术手段和管理制度，实现安全的系统、安全的网络、安全的通信，并引进专业的第三方安全咨询服务，协作保证证券网络安全。

27.5.2 证券业安全现状

证券行业的信息安全存在漏洞的状况是众所周知的，多位信息安全领域的专家也对证券行业信息的安全问题提出了尖锐的批评，证券行业的信息安全现状已不能适应证券业迅速发展的状况。

目前，一般的证券公司在全国各地都拥有多家证券营业部，交易方式包括柜台交易、自助委托、电话委托、网上委托等多种方式。各证券营业部和证券总部通过计算机与网络技术将交易所、证券公司与交易者等相关实体连接在一起，完成证券交易，实现了从行情、交易、结算、办公等各个环节的自动化。随着信息系统日益庞大和复杂化，信息安全是券商急需解决的问题之一。近几年，不断有证券行业信息系统遭到黑客入侵，造成重大经济损失和恶劣的影响。证券行业的信息安全已经成为所有证券机构和人员都要考虑的事情之一。中国证监会根据证券业的信息安全现状和证券业务的安全要求，相继出台了《证券经营机构营业部信息系统管理规范》、《网上证券委托暂行管理办法》等有关法规，并多次对整个证券行业的信息安全状况进行自查和抽查，目的是建立起本行业的管理制度和相应的网络安全技术保障体系，最大限度地满足客户的需要和保证证券行业健康、稳定地发展。

信息安全问题本身十分复杂，用来确保安全和防范风险的层面也十分广泛。它涉及安全策略的制定、安全风险评估、安全漏洞检测和修补、网络和系统的加固和优化、入侵检测与紧急响应、防火墙的配置和管理、病毒的综合防治等。而及时、快速地发现和解决安全问题，也可有效地避免或减少经济损失。

27.5.3 典型证券企业信息系统安全分析

如图 27－6 所示，典型的证券行业信息系统一般由四个部分组成：总部、营业部、证券公司与银行通信、网上业务。对以上四个部分的相同的安全实体加以整合，我们认为证券信息系统是由五个主要安全实体构成的统一整体，这五个安全实体是：重点主机、网络通路、数据通信、交易客户（包括柜台交易客户和网上交易客户）以及办公网络。

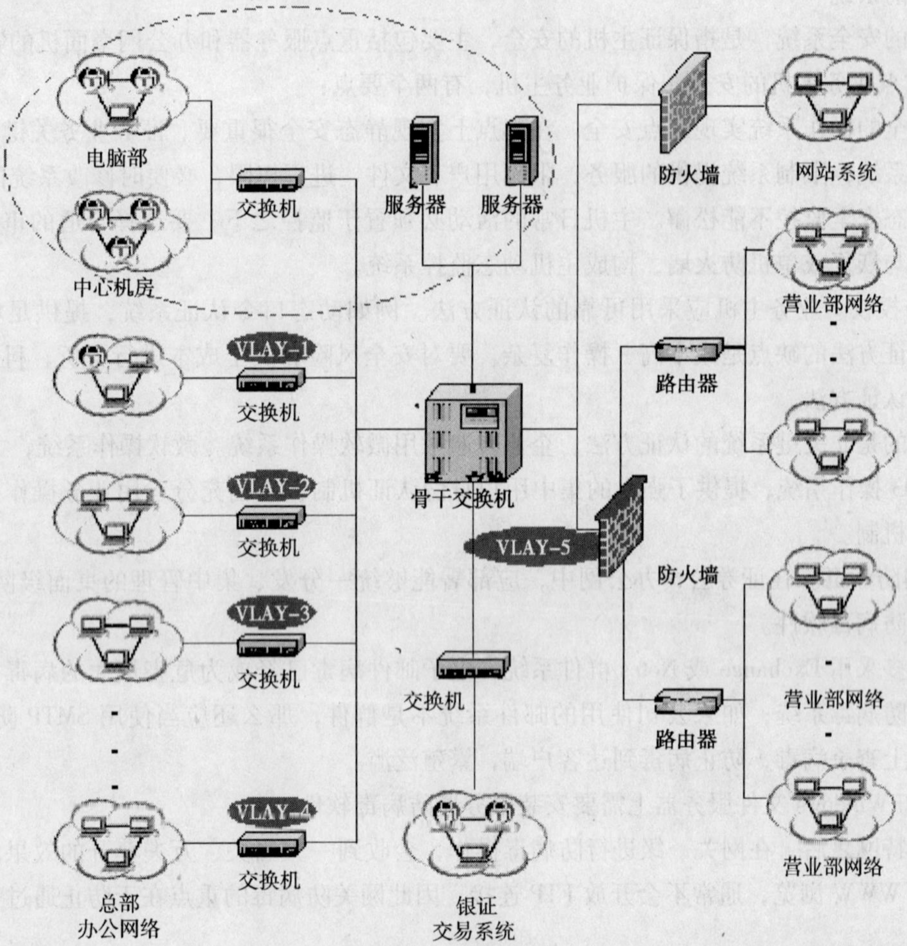

图 27－6　典型证券信息系统

1. 重点主机。关键业务服务器、网站服务器，都属于重点主机。由于操作系统漏洞和证券业务应用漏洞，是黑客攻击的重点。

2. 网络通路。网络通路是黑客入侵经过的途径。建立一条安全有序的数据通路，能够事半功倍地保护证券信息系统。

3. 数据通信。数据在网络中通过，会被偷窥、篡改、伪造，危害数据的完整和安全。

4. 交易客户。通过互联网或柜台系统进行交易，在一定程度上讲，客户的安全处在企业所能设置的安全屏障之外。

5. 办公网络。来自内部的攻击是重要的安全隐患；病毒泛滥，不仅危害数据安全，还会泄露重要信息。

27.5.4　整体安全规划

要达到安全的目标，必须树立正确的安全观点：绝对安全是不可能达到的目标；问题是客观存在的，逃避责任、掩盖问题，只会造成更严重的后果。

基于系统的复杂性，必须建立整体安全规划以统领全局。而且，还必须在可以容忍的风险级别和可以接受的成本之间，取得恰当的平衡，在多种多样的安全产品和安全技术间做出选择。

一、安全的系统

我们所指的安全系统，是指保证主机的安全，主要包括重点服务器和办公网桌面机的安全。

1. 保护重点业务主机的安全。保护业务主机，有两个要点：

第一，安全的操作系统实现起点安全。在起点上实现静态安全很重要。证券业务关键主机，应采用安全的操作系统，限制系统提供的服务，限制用户、文件、进程权限，必要时修改系统内核。

第二，动态安全监控不能松懈。主机日常的活动必须置于监控之下，要选择合适的审计、主机入侵检测、报警与恢复或单机防火墙，构成主机动态监控系统。

2. 认证与授权。业务主机应采用可靠的认证方法。例如动态口令认证系统，提供足够的认证强度。高强度认证方法的缺点是成本高、操作复杂。要对安全风险和安全成本进行分析，科学、合理地确定应采取的认证方法。

易被忽视的是非关键系统的认证方法。企业普遍采用微软操作系统。微软操作系统，尤其是 Windows 2000/2003 操作系统，提供了强大的集中用户身份认证机制，应当充分运用业务操作系统平台提供的认证安全机制。

3. 办公网防病毒。在证券公司办公网中，应部署能够统一分发、集中管理的桌面级防病毒软件，停止采用单机防病毒软件。

证券公司多采用 Exchange 或 Notes 群件系统，电子邮件病毒已经成为危害最大的病毒类型，因此必须安装群件防病毒系统；如果公司使用的邮件系统不是群件，那么还应当使用 SMTP 防病毒软件，在邮件服务器上查杀病毒，防止病毒到达客户端，繁殖泛滥。

Netware 和 Windows 文件服务器上需要安装服务器防病毒软件。

在联入因特网之后，在网关一级进行防病毒操作，会收到一夫当关、万夫莫开的效果。证券公司办公网会开放 WWW 浏览，通常不会开放 FTP 连接，因此网关防病毒的重点在于防止通过 WWW 浏览传播的病毒。

对于公司员工使用的非公司邮箱，从严格安全策略的角度，应当在防火墙上限制 POP3 流量的出入。

二、安全的网络

安全的网络首先应该有严格的网络访问限制。许多公司都在因特网的入口处布署了防火墙，有效阻挡了来自外部的攻击，对于公司内部的访问控制，则仍显不足，针对这个问题，可采取两项措施，一是在公司内部关键部门，也加装防火墙，通过基于统一的安全策略的分布式防火墙体系，更严格地实现不同等级的访问控制；二是实施 MAC 地址与 IP 地址绑定，可以在交换机上实施，也可在防火墙或路由器上实施，防止即插即用的网络访问。

另外，同主机安全一样，网络安全也需要动态的监测。而且要在网络性能和安全性之间进行必要的折中，在关键网段上部署入侵检测产品，可能的话，建立独立的监控网段，以隐蔽方式进行监控，同时结合完整性检查工具实现完整的监测和审核。

三、安全的通信

数据通信和存储过程，要采用多种措施保证数据安全。内外部都存在着偷窥、篡改、假冒数据的风险。因此，内外部的网络通信都要采取适当的数据加密措施。

通信安全的重点是网上交易的通信。网上交易通过公网进行，采用标准的 TCP/IP 协议，客户处在证券公司的安全保护之外，中间经过许多中继。目前普遍采用证书认证、SSL 通信加密等技术来保护数据通信安全。对于和交易所或银行的通信链路则由双方协商加密方式，多采用加密机的方式。

四、专业安全服务

证券公司网络安全建设的全过程，都需要有专业的咨询服务机构提供服务。专业的咨询服务机构针对证券行业提供全方面安全服务，包括网络安全咨询、安全需求分析、安全风险评估、整体安全策略制定等安全顾问服务、安全外包服务、安全集成服务、安全培训服务、紧急事件响应服务等。

27.5.5 集中安全管理

随着企业对信息安全的重视程度不断提高，防病毒、防火墙、防入侵等一系列安全产品在不断进驻企业。由此带来的是，企业的安全管理体制也变得非常复杂，证券会员公司信息系统中包含来自不同生产商的安全产品，种类繁多，与此同时，在证券环境系统也可能存在不同地理位置的远程用户拨号（VPN）进入到办公系统。基于此，企业内负责信息安全的管理人员不仅要能够管理本企业目前分别独立运行的各种安全工具，如防火墙、入侵检测、防病毒软件等，而且要对证券行业的安全体系和本企业的安全架构有一个整体认识，能够科学设计企业的信息安全系统，使各种安全工具在统一的安全系统中有效地发挥作用，安全管理人员随时可以监控它们的性能和运行状况。这些问题是那些已经配备了安全产品或正在实施安全产品的会员公司所面临的困难。而且在安全产品的具体应用中，企业还面临着以下挑战：

一、实施统一的安全策略

企业需要制定安全策略、标准和程序，从而以整体架构的方式加强信息安全。进行一次风险评估将有助于安全管理员确定并管理企业网络环境中的薄弱环节，以此为契机，企业将能够制定一个适当的安全策略框架和标准。

除了企业内部策略需要实施外，许多外在策略也是有必要加强的。然而制定一套安全策略是一回事，有效地管理并实施它们却是另外一回事。对企业网络的各个级别加强访问控制、身份鉴定、以及身份鉴定措施的更新对于确保安全策略的有效性是非常关键的。因为这些信息出现任何缺口都可能增加遭受威胁的机会。许多会员公司可能会在适当的环节制定信息安全策略以确保关键资产与数据的安全，但是，它们很少采取与这些策略相对应的措施以确保这些策略得以有效地实施。这些工作需要交给安全管理平台完成。

二、实时了解企业的安全状况

如果会员公司想要实时了解自己网络的安全受到的威胁，并得到这方面的实时信息，需要安装安全管理工具，为企业安全管理员提供全面的管理安全事件和日志，并根据安全产品提交的分析报告、日志等做出响应。

为了达到对企业网络安全状况了如指掌，可以通过在企业的网络上安装各种安全装置以对数以百万计事件的数据分类、找到最重要的问题，并及时采取措施。同时会员公司还必须培养合格的、对数据具有专业理解水平的管理人员，对安全工具进行操作并能够对复杂的数据和重要事件及非重要事件进行分析。否则，即使企业分别安装了每一个独立的安全防护组件，而且每一个安全装置又配备了自己的管理控制台，但由于缺乏对网络安全状况的全面了解，仍然会发生各种安全事故。

三、有效控制混合威胁

自 2001 年以来，出现了许多包括“红色代码”和“尼姆达”在内的混合威胁。这些复杂的混合威胁与其他的计算机网络“蠕虫”之间的区别就在于它们采用多种方法攻击计算机网络，或者进行自我复制。混合威胁的出现说明“一种威胁，一种解除方法”的思维模式已经过时。为了使企业的网络免受混合威胁的攻击，就需要对网络的各个方面加以保护，并使其具有对网关、服务器、客户端的响应能力。一般来说，混合威胁往往攻击那些已知的薄弱环节诸如缓冲区溢出、已知的默认密码等。不过，在这些薄弱环节上出现的问题都是可以通过采用现有的操作系统、安全工具来打补丁解决的。而既然如此，企业目前最需要的就是能够有一个可以倚重的管理工具，以便在混合威胁到来之前帮助用户利用最新的安全补丁确保企业系统的安全。

四、发挥管理人员的功效

管理企业安全是一个艰难的过程，这需要将缺乏集成和互操作性的不同厂商的不同产品进行综合。其结果是复杂性加剧和运营成本增加，而且在做出重大安全决策时不得不依赖孤立的安全数据。这都给企业安全管理人员有效开展工作增加了难度，他们要在数以百万的事件中及时发现事故并采取行动，需要花费许多时间去做管理网络当中复杂的安全基础设施工作。在这种状况下，需要配备一个能够自动分析安全警报的安全管理工具，帮助企业安全管理人员完成这项工作，使企业实现主动的安全保护。

综上所述，企业为了确保网络安全，除了需要部署全方位的安全产品外，对这些安全产品的管理也同样重要。尤其对于实时响应能力与积极防御能力要求很高的安全产品而言，良好的管理就显得更为重要。

第6篇

金融标准化发展战略研究

国家
“十五”科技
攻关成果

第 28 章
国内外金融标准化现状分析

28.1 国外金融标准化现状分析

加入世界贸易组织之后，受经济全球化和金融服务一体化的影响，金融标准化工作与国际接轨步伐逐步加快。借鉴吸收国外金融标准化的先进成果，建立和完善我国的金融标准体系，优化我国的金融标准化管理体制和运行机制是缩小与国际先进金融标准的必然举措。目前，国外金融标准化对我国金融标准化的影响逐步加大，归纳起来可以分为三个层次：国际金融标准化、国际区域性金融标准化以及国际行业金融标准化。

28.1.1 国际标准化组织（ISO）及其金融标准化现状分析

一、国际标准化组织的基本情况

世界上约有近 300 个国际和区域性组织制定标准或技术规则。其中最大的是国际标准化组织（ISO）、国际电工委员会（IEC）、国际电信联盟（ITU）。ISO、IEC、ITU 标准为国际标准。此外，被国际标准化组织认可，收入 KWIC 索引中的其他 25 个国际组织制定的标准，也被视为国际标准。

国际标准化组织负责除电工技术外的所有部分的标准化，是目前世界上最大、最权威性的国际标准化部门。国际电工委员会负责电工技术的标准化，国际电信联盟负责电信技术主要部分的标准化。这三大组织的共同目标是帮助实现真正意义的全球贸易。

国际标准化组织的组织机构包括全体大会、理事会和各（分）技术委员会等。国际标准化组织全体大会是最高权力机关，由各成员团体指定的代表组成，每三年至少召开一次大会。国际标准化组织中央秘书处是理事会、理事会的各委员会及其附属部门的办事机构。理事会下设九个工作委员会：执行委员会、合格评定委员会、消费者政策委员会、发展委员会、情报委员会、情报网、参考物质委员会、标准化原理委员会、国际标准化组织/国际电工委员会联合委员会。国际标准化组织的技术组织包括各技术委员会（TC）、分技术委员会（STC）和工作组（WG）。技术委员会的设立由理事会决定，其工作范围由技术委员会代表理事会批准。目前，国际标准化组织与金融相关的理事会常设委员会有一个：金融委员会；与金融相关的技术委员会有两个：金融服务标准化技术委员会（TC68）和个人理财标准化技术委员会（TC222）。国际标准化组织的结构如图 28－1 所示。

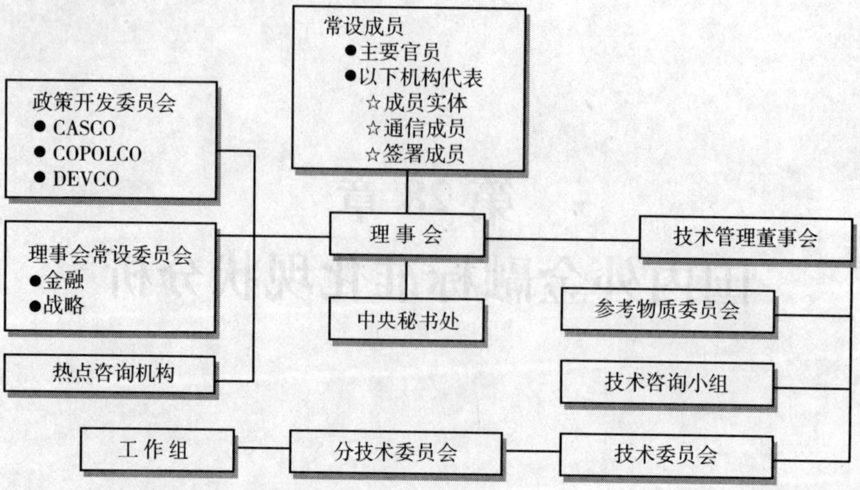

图 28－1　国际标准化组织的结构图

二、金融服务标准化技术委员会（ISO/TC68）的现状分析

金融服务标准化技术委员会是从事银行、证券及相关金融业务标准化的技术委员会，由国际标准化组织委员会指定来开展国际金融技术标准，主要负责银行和相关金融业务的标准化工作，包括编码、银行业务流程及安全等。

组织结构方面，目前，金融服务标准化技术委员会下设一个主席顾问组（CAG）和三个分技术委员会，秘书处设在美国。主席顾问组成员由金融服务标准化技术委员会主席和秘书长、分技术委员会的委员和秘书长组成。三个分技术委员会分别是金融服务——安全和操作分技术委员会（SC2）、证券及相关金融工具分技术委员会（SC4）、零售金融服务分技术委员会（SC6）。三个分技术委员会下设若干工作组做具体标准化工作。金融服务标准化技术委员会的具体结构如图 28－2 所示。

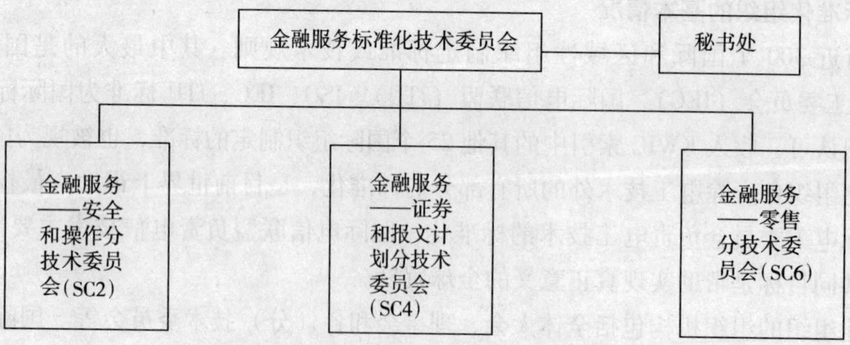

图 28－2　金融服务标准化技术委员会的结构图

截至 2003 年 9 月，金融服务标准化技术委员会一共形成并发布了 75 个标准（见本篇附录），这些标准服务各种金融业务，包括：银行业务（零售与批发）、金融证券、代理业务、保险业务和托管业务，其中主要应用于银行业务的标准有 47 项，证券业务的标准有 7 项。

金融服务标准化技术委员会的发展目标有：提供金融服务业内部的和谐一致；降低信息系统中共性部分的成本；共用情况下提供效率更高的新系统和工作程序；考虑或实施互用性时，提供成本效率更高的新系统和流程开发；确保金融标准定位于既适应传统交易的发展又适应新兴交易；保持所有金融行业标准发展成果的技术联接。

金融服务标准化技术委员会的发展策略是：充分利用其实力和专业技术，驱使新技术发展融入正在开发的标准之中，这些标准由所有分技术委员会遵循统一方式开发；为所有新工作项目提供独立工作组的核心实力，作为应对复杂技术需求的专业技术资源；收集各国技术资源，为寻找通用或公用解决方案提供咨询指导；继续保持主席顾问组（CGA）的存在，目的在于进行跨行业市场分析、优先需求估计以及交换公共技术革新信息；精确评估市场需求和被提议的新工作条款的业务利益。

我国在金融服务标准化技术委员会中的地位可以从参与 TC68 标准制定和 TC68 采标两个方面体现：首先，参与 TC68 标准制定方面，金融服务标准化技术委员会有 20 个成员国和 33 个观察员成员，我国是观察员成员，目前不能以正式成员的身份参与 TC68 标准的制定，只能参加相关标准的审查工作，这与我国的经济地位极不相称。其次，TC68 采标方面，截至 2004 年 1 月，现有的 TC68 标准中已经在国家标准化管理委员会（简称国标委，下同）通过采标立项的有 41 项，正在采标过程中。其中已经有 10 余个标准完成了标准的翻译及征求意见，待报国标委审批后即可作为国家标准发布。

三、个人理财标准化技术委员会（ISO/TC222）的现状分析

个人理财标准化技术委员会主要负责个人理财领域的标准化工作。

组织机构方面，个人理财标准化技术委员会设有主席和秘书处，目前还没有专门的分技术委员会，但已经发展了 4 个工作组，它们将致力于研讨个人理财领域内第一批国际标准规范。个人理财标准化技术委员会结构如图 28－3 所示。

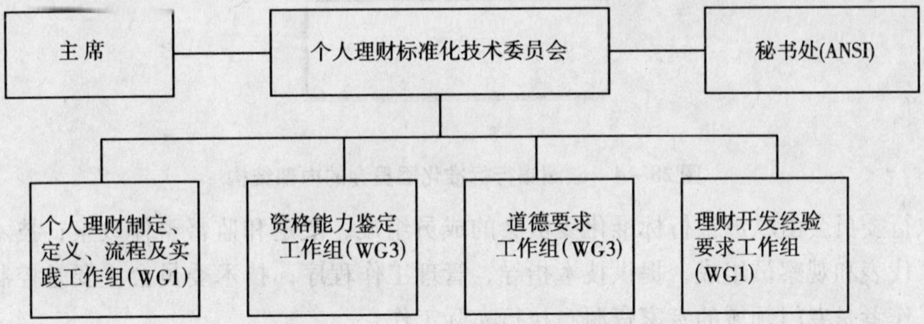

图 28－3　个人理财标准化技术委员会结构图

截至目前，个人理财标准化技术委员会正在研究、制定国际标准，但还没有形成国际标准文件。

个人理财标准化技术委员会的任务包括对从业者的教育、考核、经验和道德行为认证的标准化，以及个人理财流程的标准化。个人理财通常包括下列要素：建立并确定客户/规划者的关系、收集包括目标在内的客户数据、分析评估客户财务状况、制定理财计划建议及备选方案、实施这些建议并监督执行。

目前，个人理财标准化技术委员会有 18 个成员国和 20 个观察员国成员，我国以观察员身份参加该组织工作。其 18 个成员国主要是美国、英国、澳大利亚、加拿大、法国、德国、日本、韩国、新西兰、新加坡、南非和瑞典等发达国家。随着个人理财受到更多消费者的欢迎，多人口国家将有可能成为主力，中国、印度和巴西将成为新兴经济和成熟消费者的潜在大市场。这为我国参与个人理财标准化技术委员会的工作奠定了坚实的基础。

28.1.2 国际区域性金融标准化现状分析

区域标准化是指世界某一地理区域内有关国家、团体共同参与开展的标准化活动。随着世界区域经济体的形成，区域标准化日趋发展。目前，有些区域已成立标准化组织，如欧洲标准化委员会（CEN）、欧洲电工标准化委员会（CENELEC）、欧洲电信标准学会（ETSI）、欧洲银行标准委员会（ECBS）、太平洋地区标准大会（PASC）、泛美技术标准委员会（COPANT）、非洲地区标准化组织（ARSO）等。在这些区域标准化组织中，欧洲银行标准化委员会（ECBS）在金融标准化领域最具有代表性。

欧洲银行标准化委员会在1992年12月由欧共体银行联盟、欧洲合作银行协会和欧洲储蓄银行集团联合组成。波兰和匈牙利拥有观察员身份，其他观察员国家成员包括欧洲中央银行、主要国际性支付组织（万事达欧洲和VISA国际卡）、全球银行间金融通信协会（SWIFT）及欧洲银行协会（EBA）。

欧洲银行标准化委员会内部有四层结构，如图28-4所示：

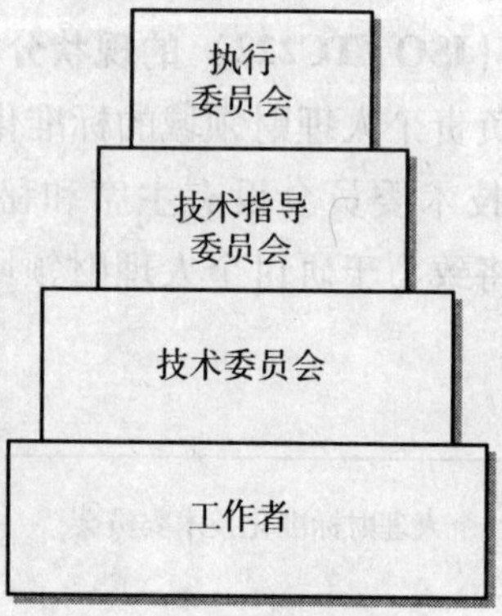

图28-4 欧洲银行标准化委员会的内部结构

其中，执行委员会由欧洲银行标准化委员会的成员组成，决定和监督整体政策；技术指导委员会由银行业国家代表和观察员组成，提供技术指导，管理工作程序；技术委员会主要是控制在不同领域开展工作；工作者是专门领域的专家资源，执行实际工作。

此外，中央秘书处负责欧洲银行标准化委员会的日常管理，以下四个技术委员会（TC）向技术指导委员会（TSC）报告工作：支付卡及相关设备技术委员会（TC1）；自动化跨国支付技术委员会（TC2）；安全技术委员会（TC4）；电子化服务技术委员会（TC6）。欧洲银行标准化委员会制定了一批区域性的金融标准，促进了欧洲金融标准化工作。

欧洲银行标准化委员会的主要目标是在商业利益确定后，通过制定标准来改进欧洲银行技术基础设施。这个具体目标体现在四个技术委员会的工作性质中，下面是四个技术委员会各自的工作性质：

支付卡及相关设备技术委员会（TC1）代表了欧洲银行业在支付卡领域的利益，它同主要支付卡组织一起密切工作，避免重复努力，并指导参与相关国际标准化组织和欧洲标准化委员会工作组及其他标准开发实体的工作。该技术委员会主席和秘书的所在国为英国。

自动化跨国支付技术委员会（TC2）负责推动跨国和基于卡的支付自动化，提高银行在统一市场和欧洲货币联盟共同影响下面对的商业机会。它的首要目标是推动无须手工干预的直通处理（STP）交易。该技术委员会主席和秘书的所在国为法国。

技术委员会（TC4）的主要领域是信息安全，针对银行业提供安全问题的指导，并为其他技术委员会担当顾问咨询。安全技术委员会参与公共领域标准化实体的工作或提供意见书，以监督指导其核准工作项目的发展。该技术委员会主席和秘书的所在国为奥地利。

电子化服务技术委员会（TC6）代表欧洲银行在电子化服务领域的利益，并同相关集团和国家银行等组织建立工作联系。该技术委员会主席和秘书的所在国为德国。

欧洲银行标准化委员会的成果是技术报告和标准实施指导方针等文件，这些文件涉及银行卡、跨国自动转账、安全、电子化服务等领域。

28.1.3 全球银行间金融通信协会（SWIFT）及其金融标准化现状分析

国际金融行业组织，例如全球银行间金融通信协会（SWIFT）、金融服务技术协会（FSTC）等，开展了应用性技术标准的研究开发工作，制定了许多企业或行业标准，为金融业的发展作出了巨大贡献。所开发的应用标准具有及时、应用性强的特点，往往会发展为今后的国际标准。

全球银行间金融通信协会是企业形式的合作制商业体，SWIFT 标准是由国际标准化组织认可的一个主要标准体系。它向 199 个国家的7 500多所机构提供安全、标准的报文服务及接口软件。全球银行间金融通信协会社区包括银行、经纪人/经销商、投资经理以及相应的支付、有价证券、债券和贸易等方面的市场基础设施。在过去的十年中，全球银行间金融通信协会的报文服务费用下降了 70% 多，系统可靠性达到“5 ×9”，并且开发了新型的全球银行间金融通信协会 IP 报文平台和网络，全球银行间金融通信协会的目标是使其通信系统成为低风险和高可靠性的全球金融机构中最主要的报文基础设施；通过成员间通力合作以提供高安全性和可靠性、低成本、有竞争力的财务处理和通信服务；通过它所具有的整套报文标准，保证系统的安全性、可靠性和报文平台“5 ×9”标准的有效性，为其成员服务。

一、SWIFT 标准的发展历程

1973 年，来自 15 个国家的 139 个银行成立了世界银行间金融通信的社区，即全球银行间金融通信协会，以实现电报的自动化。

全球银行间金融通信协会当时的方式是利用新兴的计算机技术，安全、可靠地传送财经报文，目标就是保证报文能到达目的地。它采用通用的标准化方法，在不同的标准组织所规定的标准之间求得互用性和一致性。

全球银行间金融通信协会的战略优势是在定义、升级和使用方面支持国际标准组织，主要原因是其采用了一种通用的标准化方法、通用的开发过程和一个通用的金融报文的标准库。

2003 年 4 月，电子商务标准的谅解协议（Memorandum of Understanding，MOU）承认了全球银行间金融通信协会属于国际性用户集团中的一员。

二、SWIFT 标准的商业应用领域

全球银行间金融通信协会的主要业务包括支付、证券、贸易及债券等方面的金融服务：

1. 支付。金融业核心市场的标准随着不断变化的需求和新技术的发展而演化。20 世纪 70 年代建立的全球银行间金融通信协会满足了银行横向支付和结算的数量增长而产生的需求。经过 30 年的发展，商业领域中每天的报文传送量达到了七百万份。今天，它的业务仍在银行间支付部分，目前这一部分包括与证券交易相关的结算和金融交易价值链中的其他业务处理。

2. 证券。全球银行间金融通信协会提供了在 FIN 和 XML 中的一系列的证券行业标准，促进了证券机构前台和后台办公操作的连接，提高了整个证券交易链的协同性和较高的直接处理水平。为了获取证券业的通用行业标准，全球银行间金融通信协会与其他国际标准机构和诸如证券市场操作营运团、FIX 协议有限公司等金融公司展开了紧密的合作。

3. 贸易。全球银行间金融通信协会提供一系列的托收和信用及其实施的贸易金融标准（FIN 第 4 和第 7 类），并着手开发新的 XML 贸易金融标准以改进整个贸易交易链的协同性。许多银行的业务领域都力求于直接处理（STP），贸易领域也不例外，但是目前仍有大量贸易通信通过纸张或不安全的、非结构化的如电报或传真等电子媒介传输。全球银行间金融通信协会的产品和服务提供了自动化服务和银行应用直接处理的可能。现有的贸易金融报文（第 4 类——托收和现金运送单和第 7 类——信用单和担保）满足客户的业务需求和国际组织发布的规则。

4. 债券。全球银行间金融通信协会提供一系列覆盖不同市场分区的 FIN 标准，包括外汇兑换、货币市场、FX 期权和利率衍生交易标准。这些标准允许金融机构以匹配的和内部统一的通用格式交换确认报文。全球银行间金融通信协会确认报文可以满足各种平台的要求。一系列的债券标准主要针对基金经理，方便其向经纪人确认外汇兑换和固定的贷款/存款。给银行的贸易结算指令可以用 FIN 标准格式发送（MT 304、MT 307、MT 308 和 MT 321），同时还提供了 FX 指令格式（MT 380、MT 381）。

三、SWIFT 标准制定情况分析

自从全球银行间金融通信协会建立以来，它已在不同地区的金融业发展或协助发展了三百多个标准化的报文，这些报文在其基础和前端用户中得到了重用。它承担并完成了国际标准化组织、UN/CEFACT 和 OASIS 等国际标准化组织的许多国际标准。

自从 1999 年互联网出现后，IP 和 XML 引起了国际性团体对电子商务的极大兴趣，也增加了对普通通信标准的需求。由于大部分的电子商务主体包含了金融部分，在金融业自身内外的动力驱使下，金融信息流的标准化处理成为急需解决的问题。全球银行间金融通信协会的电子商务标准化的战略性目标是发展一种普遍的标准化方法，同时保护由不同标准体发展而来的通信标准之间的相互协调性和一致性。全球银行间金融通信协会正在开发新一代的商务标准 XML，以期进一步发展报文解决方案。新一代的 SWIFT 标准扩充现有的金融应用报文，无论通过现有的 X. 25 网络或全球银行间金融通信协会网络获得金融应用服务，现有的金融报文将继续使用并保持不变。新一代商务标准是在全球银行间金融通信协会长期发展金融应用报文经验的基础上建立的，新报文传输解决方案的发展基于商务建模方法，该方法始于对相关商务过程的描述，然后着重研究通信需求的定义，最后明确所需报文。该方法将统一建模语言（UML）用作句法独立的表达式，以便于区分商务标准和其现实中的表达。它增强了不同句法标准之间的互用性，比如 FIN 和统一建模语言（UML）之间的互用性。

四、我国参与 SWIFT 标准分析

我国是全球银行间金融通信协会会员国。中国银行作为我国的外汇外贸专业银行于 1983 年 2 月加入全球银行间金融通信协会，成为我国第一家会员银行，1985 年 5 月 13 日，中国银行正式开通 SWIFT。我国金融体制改革后，中国工商银行、中国农业银行、中国建设银行、交通银行也可以开展外汇外贸业务，这几个专业银行也加入了全球银行间金融通信协会，开通 SWIFT。这个时期是我国 SWIFT 发展的初级阶段，各行采用 ST200 单机、单点形式与 SWIFT 联接，只限在各专业银行总行使用，收发的 SWIFT 报文需手工处理，SWIFT 收发报量少，缺少应用接口，手工处理多，使用业务范围小。

20 世纪 90 年代开始，我国所有可以办理国际金融业务的政策性银行、国有商业银行、外资和侨资银行以及地方银行纷纷加入全球银行间金融通信协会，SWIFT 发报量增长很快，传统的以电传方式收发电报的数量正在逐年下降。很多银行建立了全球银行间金融通信协会网络，使其分行也可以使用 SWIFT，同时各应用系统与 SWIFT 有应用接口。全球银行间金融通信协会网络是国际结算、收付清算、外汇资金买卖、国际汇兑等各种业务系统的通讯主渠道，部分业务实现了自动化处理。

28.2 中国金融标准化现状分析

28.2.1 中国金融标准化发展历史及现状分析

我国金融业的标准化工作起步较晚，很长一段时间里，我国金融行业没有标准化工作人员，没有标准化管理机构，许多应以标准形式颁布实施的业务规范都是通过一些规章、制度等行政手段实现的。

1991 年，经国家技术监督局批准，第一届全国金融标准化技术委员会（以下简称金标委）成立，这标志着我国金融标准化步入了正轨，金融行业有了标准化组织机构。

金标委负责金融系统标准化技术归口工作及金融服务标准化技术委员会对口技术工作，有计划地组织金融行业国家标准和行业标准的制定、修订和复审工作；提出强制性标准和推荐性标准的建议；组织贯彻并调查分析本行业已颁布标准的实施情况等。在第一届金标委成立期间，共制定了国家标准 10 项，行业标准 20 项，包括国内外很有影响的《中国金融集成电路（IC）卡规范》。

2002 年 10 月，为了适应我国加入世界贸易组织后新形势的需要，经国标委批准，第二届金标委成立，此届金标委是在金融领域内从事全国性标准化工作的技术组织，负责金融系统标准化技术归口工作；负责国际标准化组织下设的金融服务标准化技术委员会（ISO/TC68）和个人理财标准化技术委员会（ISO/TC222）的归口工作。在第二届金标委的领导下，我国金融标准化事业有了长足的进步，主要表现在：

（1）初步完成了金标委的组织机构建设，并完善了金标委相关的管理制度。成立了印制标准化分技术委员会和证券标准化分技术委员会，分管印制和证券两个领域的标准化工作，制定并实施了金标委章程、金标委秘书处工作细则、金融国家标准管理办法以及金融行业标准管理办法等相关管理规定。

（2）加强了国际采标的进程。目前，在金融服务标准化技术委员会发布的 75 个标准当中，在国标委通过采标立项的有 41 项，其中已经有 10 余个标准完成了标准的翻译及征求意见过程，待报国标委审批后即可作为国家标准发布。

（3）承担了国家金融科技“十五”攻关项目。国家科技部紧紧围绕“人才、专利和技术标准”的目标制定了“十五”期间科技工作三大发展战略，在批准实施的金融科技“十五”攻关项目中，把金融标准化列为重大科技课题进行研究，其中涉及银行、证券、保险、外汇管理四个专题近 30 个标准。目前该攻关项目所有标准审定工作已经完成，并直接转入“十五”攻关的示范工程或现行的示范工程中，规范指导工程建设。

通过对金融标准化国内外发展历史及现状的分析，可以发现我国金融标准化发展有如下特点：

（1）金融标准化工作起步晚。1991 年我国才开始系统地进行金融标准化方面的工作，虽然有十几年的发展历史，但相对国外金融标准化工作来说，起步较晚。

（2）金融标准化体制建设还存在不足。国际金融标准化组织机构完善，内部分工明确，机制健全。而我国标准化工作无论在组织机构，还是标准化工作流程等方面存在的问题都还很多。

（3）金融国际标准以采标为主。我国目前很少参与金融国际标准制定，主要与国际接轨的方式就是采用国际标准，并转化成相应的金融国家标准或者金融行业标准。

28.2.2 中国金融标准化对中国经济的作用

金融业是我国市场经济的核心组成部分，金融系统的稳定和健康运行能够促进国民经济的发展。技术标准是我国国民经济和社会发展的重要基础。金融标准化是我国国家标准化工作的重要组成部分，金融标准化是保证和提高金融服务质量的一项重要措施，对我国经济也起到直接的推动作用。所以搞好金融标准化可以提高金融机构管理水平，加速金融信息化的进程，促进我国市场经济的发展，从而提高社会经济效益。其重要作用主要表现为：第一，金融标准化为金融机构的管理和业务发展提供了明确的目标和依据；第二，通过金融标准的制定使金融机构的业务活动过程有序化、统一化，协调各子系统以保证金融机构整个管理系统功能的发挥；第三，金融标准化使金融机构管理系统和外部环境条件相协调，可以使金融机构具有适应市场的应变能力，创造横向协作的环境，从而推动整个社会经济的发展。

从金融国际标准、金融国家标准、金融行业标准三个层次来分析，金融标准对我国经济的作用性质是一样的，但作用过程略有不同。

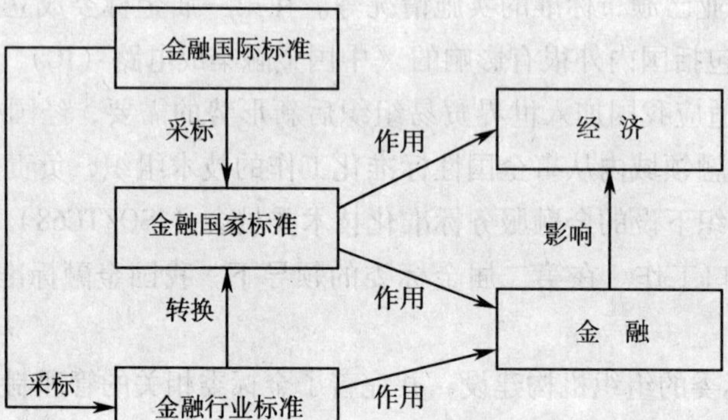

图 28－5

从图 28－5 中可以看出，通过采标，金融国际标准可以转化为金融国家标准和金融行业标准；金融国家标准可以直接作用于金融领域和国民经济；金融行业标准直接作用于金融领域，或者通过转化为金融国家标准作用于国民经济和金融领域。

金融标准和经济之间是一个互补，并且螺旋式向上发展的过程。一方面，金融标准作用于金融领域，能够规范金融市场，保证其健康有序地发展。而金融作为现代经济的核心领域，其发展为经济发展提供了支持和保障。金融标准直接作用于经济领域，能够促进经济各相关领域（如金融、邮政、税务等）协同发展，保障经济安全有效地运行。另一方面，经济的发展带动了金融领域的繁荣，但要保证金融领域的安全和有序，必须使金融领域走向规范化，这种直接的需求促进了金融标准化工作的发展。而且，经济的发展能够为金融标准化工作提供资金支持，使我国金融标准化工作有能力从国际、国内两个层次同时开展，促进金融标准化工作迅速发展。

28.2.3 中国金融标准化的运行机制

一、金融标准化的组织管理

我国标准化工作是在国标委的管理和授权下进行的，金融标准化工作也不例外。金标委是负责金融标准化工作的技术组织。国标委委托中国人民银行对金标委进行领导和管理。具体组织结构如图

28－6所示。

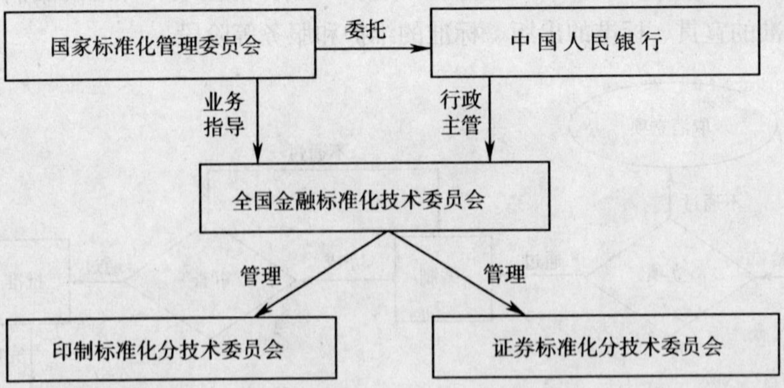

图28－6　金融标准化组织管理图

金标委下设两个分技术委员会：印制标准化分技术委员会和证券分技术委员会。在整个金融标准化组织管理结构中，金标委是处于中心位置，也是我国金融标准化工作的具体承担组织。

金标委设委员若干人，其中主任委员1人，副主任委员4人，主任委员和第一副主任委员由金标委行政主管单位推荐；秘书长1人，需要时可设副秘书长1～3人。可聘请有关专家、学者担任金标委的顾问。金标委每届任期五年，并可连聘连任。目前金标委委员由来自中国人民银行、中国证券监督管理委员会、中国保险监督管理委员会的代表、相关金融机构的代表、有关科研机构、院校、学术团体、行业自律组织和其他标准化技术委员会的代表组成。金标委的组织机构如图28－7所示。

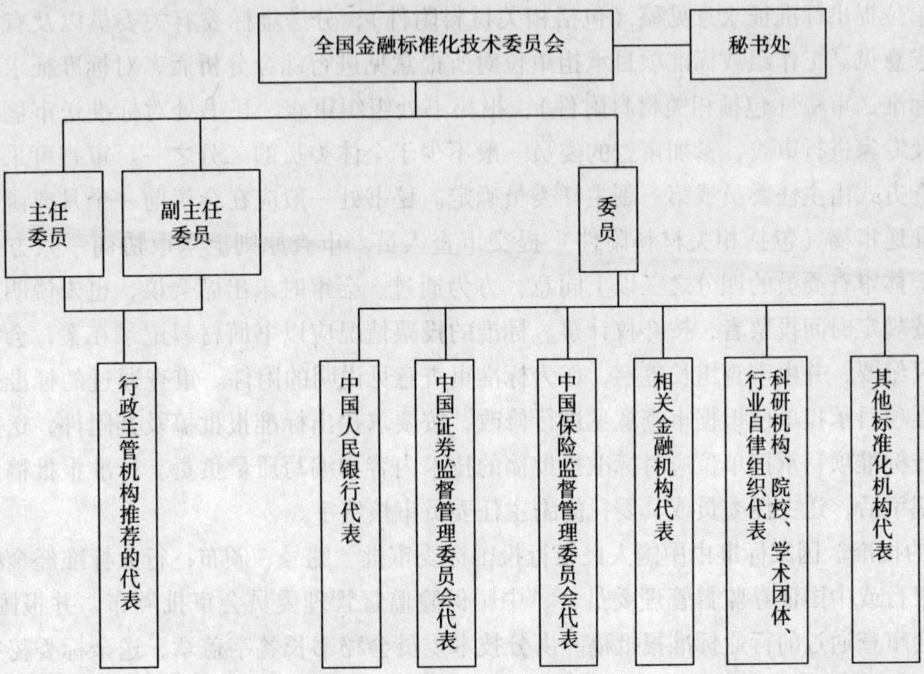

图28－7　金标委组织机构图

二、金融标准化的运作过程

目前，从我国金融标准产生和发展的全过程来看，一般分为立项、标准的编制、标准的审查、标准的批准发布、标准的宣贯、标准的出版、标准的维护和服务等阶段。

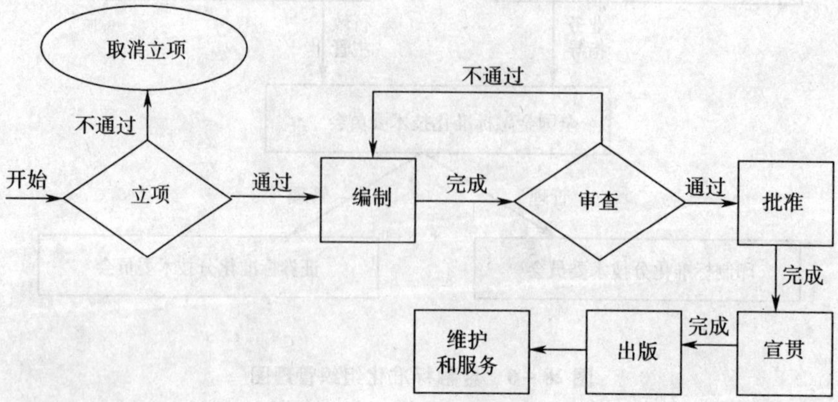

图 28－8　金融标准化运作过程图

图 28－8 是金融标准化的运作过程图。各阶段的工作内容和程序分别为：

1. 标准的立项和编制。金标委根据国标委编制国家标准计划项目的原则、要求，提出金融业国家标准计划项目的建议，由中国人民银行批准后报国标委；金融行业标准由中国人民银行制定金融行业标准计划，向金标委下达标准任务。金标委根据国标委、相关行政管理部门下达的标准制定、修订计划制定自己的工作计划，并协助、指导和督促工作组或标准项目承担单位组织实施。

2. 标准的制定与审查。我国金融国家标准的审查由全国金融标准化委员会负责执行。工作组或标准项目承担单位提出标准征求意见稿（包括相关材料附件），分送金标委有关委员以及有代表性的单位或专家征求意见。工作组或标准项目承担单位对所提意见进行综合分析后，对标准征求意见稿进行修改，提出标准送审稿（包括相关材料附件），报秘书处组织审查。秘书处对标准送审稿初审后，组织有关委员及专家进行审查，参加审查的委员一般不少于全体委员的二分之一。审查可采用会审或函审方式。审查方式由主任委员或第一副主任委员确定。秘书处一般应在会议前一个月或函审投票前二个月，将标准送审稿（包括相关材料附件）提交审查人员。审查原则上采取协商一致方式。如需表决，必须有全体审查委员的四分之三以上同意，方为通过。会审时未出席会议，也未说明意见者，以及函审时未按规定时间投票者，按弃权计票。标准的投票情况应以书面材料记录在案，会审情况需有标准审查会议纪要，并由审查组长签字，作为标准审查意见说明的附件。审查通过的标准送审稿，由工作组或标准项目承担单位根据审查意见进行修改，按要求提出标准报批稿及其附件，送金标委秘书处。工作组或标准项目承担单位应对标准报批稿的技术内容和编写质量负责。标准报批稿经秘书处复核，秘书长签字后，送主任委员或其委托的副主任委员审核签字。

3. 标准的批准。国家标准由中国人民银行报国标委审批、编号、颁布；行业标准经金标委编号后报中国人民银行或中国证券监督管理委员会、中国保险监督管理委员会审批颁布，并报国标委备案。分技术委员会审查通过的行业标准报批稿，由分技术委员会秘书长签字盖章，送金标委秘书处按本条规定的程序办理。分技术委员会审查通过的国家标准送经金标委同意盖章后，由其行政主管部门报国标委审批、编号、发布。金标委对分技术委员会审查通过的标准报批稿，有权提出复议和修改意见。

4. 标准的宣贯。标准的宣贯是标准生命链中重要的环节，金标委是标准的宣贯和推进工作的主要执行机构。标准的宣贯工作包括：组织重大标准的宣传交流、培训，组织热点专题技术研讨会等，推动金融技术的发展及通信标准的实施；积极跟踪了解金融政策、技术及市场的发展动向及热点，跟踪国际金融领域标准化组织发展动态，以支撑标准研究活动；做好金标委的宣传工作，扩大金标委在国内外的影响。

5. 标准的出版。我国金融标准的版权不属于标准的编制者和管理者，而属于相应的政府行政主管部门。金融国家标准由中国标准出版社出版；金融行业标准由中国人民银行根据出版管理的有关规定确定相关的出版单位出版。

6. 标准的服务。目前，我国已经组建了金融标准化研究服务中心，其主要工作是参与金融标准的编制、审查和复审，并由中国人民银行、国标委等相关单位授权对金融标准进行宣传贯彻、培训等，而标准的批准发布、出版发行以及标准实施和对标准实施进行监督工作等由相关政府部门具体负责。

28.2.4 中国金融标准化的发展特征

我国金融标准化有如下发展特征：

一、金融标准化进程“由缓到急”

在1991年之前，我国的金融标准化工作几乎没有展开，金标委成立之后，这种状况有所好转。在第一届金标委成立期间，共制定了国家标准10项，行业标准20项，这些标准在金融领域里起到了积极的作用。而今，随着我国加入世界贸易组织，金融行业即将全面对外开放，我国金融标准化进程大大加快，在批准实施的金融科技“十五”攻关项目中，已经形成了25项行业标准和研究报告，其中有17项形成行业标准报批稿。

二、标准制定“先急后缓”

在我国金融标准制定中，一般采用“先急后缓”的原则。即优先制定急需的标准，不急需的标准暂缓制定。从金标委成立的时候开始，我国标准制定工作虽然没有形成完善的标准体系，但根据国民经济的需要和金融发展的需要，我国制定了很多急需的标准，比如《中国金融集成电路卡规范》、《全国清算中心代码》等标准规范。这些规范对促进国民经济和金融行业的发展起到了积极的作用。

三、政府主导，市场化运作经验不足

第一届金标委成立时，我国处于经济转型时期，即由计划经济转向市场经济，金融标准化工作主要由政府主导，各种市场机制不完善，各金融机构参与标准制定的积极性不高。

四、法律规章制度制定工作逐步完善

在1988年全国人大常委会第五次会议上，讨论并通过了《中华人民共和国标准化法》，1990年国务院颁布了《标准化法实施细则》，这些法律法规为金融标准化工作奠定了法律基础。自从金标委成立之后，金融标准化工作得到了系统的管理，在金标委的组织下，讨论并通过了《金融国家标准管理办法》、《金融行业标准管理办法》、《全国金融标准化技术委员会章程》和《全国金融标准化技术委员会国际标准化技术归口工作管理办法（试行）》。从总体上来看，我国金融标准化法律规章制度制定工作正在逐步完善。

28.2.5 中国金融标准化的发展趋势

虽然我国金融标准化工作起步较晚，但制定了多项标准，这些标准对国民经济的发展起到了很大的作用。随着加入世界贸易组织，我国政府越来越注重标准化工作的开展，金融标准化也因此获得了前所未有的发展契机。展望未来，我国金融标准化发展有如下几个趋势：

一、政府引导，市场运作为主导

从国内来看，金融标准化工作是一个具体的工作，需要从实际中积累很多经验，这要求金融机构不只是被动地参与金融标准的制定过程，更需要它们从实际需要出发提出制定金融标准的构想。从国际上来看，当今国际标准的制定大部分由一些非政府的组织来承担，而政府只是相应地对标准的制定、实施提供政策支持。我国金融标准化工作以市场运作为主导是国际化大势所趋，但目前在我国，政府的政策支持也是不可缺少的。

二、金融标准体系逐步完善

所谓金融标准体系，就是根据金融标准的特点和要求，按照它们的性质功能、内在联系进行分级、分类，将金融行业内所有标准组成一个有机联系的整体。体系内的各种标准互相联系、互相依存、互相补充，具有良好的配套性和协调性。金融标准体系的建立，将为我国金融标准化的进一步发展奠定基础。目前，国内金融标准化组织已经意识到金融标准体系构建的重要性，这部分工作正在积极地展开。

三、走向国际化

2006 年，我国金融业将向国外金融机构全面开放，这是我国加入世界贸易组织的承诺。在可以预见的二三年之内，我国的金融机构必须与国际接轨，以应对来自国际的竞争。这就要求我国金融标准化工作必须服从这个大局，走向国际化。在这个过程中，我们需要分两步走，第一步，将现行适合我国国情的金融国际标准转化为国内标准，即采标；第二步，在第一步的基础上，参加相应的国际金融标准化组织，并参与标准的制定过程，在合适的时候，力争能够主导部分国际标准的制定工作。

28.3 制定中国金融标准化发展战略的可行性

28.3.1 中国金融标准化面临的机遇

一、中国金融业的快速发展

改革开放二十多年来，我国经济飞速发展，国民生产总值平均年增长率超过了 8%。金融行业也取得了很大的进展，以 2002 年为例：货币供应量增长加快，年末广义货币供应量（M_2）余额为 185 007亿元，狭义货币供应量（M_1）余额为70 882亿元，流通中现金（M_0）余额为17 278亿元；金融机构存贷款增加较多，全部金融机构本外币各项存款余额183 388亿元，全部金融机构本外币各项贷款余额139 803亿元；贷款结构继续改善，全国农村信用社贷款余额13 940亿元，消费贷款余额10 669亿元；全年在上海、深圳证券交易所通过发行、配售股票共筹集资金 962 亿元，市价总值38 329亿元。

金融业的迅速发展带来了我国金融业信息化的跨越式发展，我国金融信息化建设已经超越了以单机和分散联网为特征的第一阶段和以数据大集中为突出特征的第二阶段的目标，目前整个行业正在向以“管理信息化”为标志的第三阶段迈进。

我国金融业的快速良性发展和金融信息化跨越式发展为我国金融标准化工作指出了前进的方向，为我国金融标准化工作打下了良好的基础。

二、国家政策支持

金融行业是国民经济的核心，金融标准化工作得到了国家政策的大力支持。《国民经济和社会发展第十个五年计划纲要》中指出“实施一批信息化重大工程，推进政务、金融、外贸、广播电视、教育、科技、医疗卫生、社会保障和公用事业等领域的信息化进程。制定国家信息系统标准，加强信息化法制建设，改革管理体制，创造有利于信息化的制度条件”，“积极参与国际经济、贸易、金融等方面的规则制定，维护我国作为发展中国家的正当权益”。第一段话从技术的角度解读了发展金融标准的必要性，第二段话从参与国际竞争的方面强调了制定金融标准的必要性。《国民经济和社会发展第十个五年计划纲要》是我国金融标准化工作开展的指导方针。

同时，科技部紧紧围绕"人才、专利和技术标准"的目标制定了"十五"期间科技工作三大发展战略，在批准实施的金融科技"十五"攻关项目中，把金融标准化列为重大课题进行研究，其中涉及银行、证券、保险、外汇管理四个专题近三十个标准。这是国家和金融系统重视标准化工作的具体体现，也是深入开展金融标准化工作的良好机遇。

三、金融业对标准化的需求潜力大

从国际现状来看，我国加入世界贸易组织，国外金融机构将纷纷进入我国开展业务，我国的金融机构也将跨出国门走向世界，国际间金融业务往来越来越多，金融电子数据交换越来越频繁。采用国际标准是开展国际金融往来业务的前提，积极研究国际标准和国外先进标准水平，是金融系统提高竞争水平的必然要求。

从国内现状来看，我国金融机构提高金融产品的标准化水平也是提高金融产品质量、保证互通互联互操作、增强国内金融机构整体市场竞争力的有效手段之一。

四、加入世界贸易组织给金融标准化工作带来了机遇

第一，加入世界贸易组织给金融标准化工作走向国际提供了便利，我国在进行加入世界贸易组织谈判的时候，就在国际规则研究方面做了大量的工作，特别是标准化方面。加入世界贸易组织之后，国际社会为了促使我国更快地开放金融市场，在金融标准化工作方面对我国给予了充分的重视，为我国金融标准化工作走向国际提供了便利；

第二，加入世界贸易组织之后，我国政府从战略的高度出发，指出标准化工作对今后参与国际竞争的重要性，并结合我国金融实际，对金融标准化工作给予了重视；

第三，加入世界贸易组织之后，我国的金融标准化工作与国际交流越来越多，在这个过程中将逐渐培养出一批国际性的金融标准化人才。

28.3.2 中国金融标准化的优势

一、金标委的多年工作经验积累

金标委自从1991年成立以来，金融标准化工作逐渐走向正规。十多年来，金标委共制定发布了国家标准10项、行业标准20项，已经制定完成并准备发布的行业标准有20多项，正在进行采标的国际标准有41项。在这些标准制定的过程中，金标委参与了标准的申请立项、制定、审查、修订、发布、出版、发行、复审以及标准的管理和宣传培训工作，积累了丰富的经验。

二、金融国际标准采标工作加快

据20世纪90年代中期的统计，当时我国在金融行业制定的36项标准中，仅有8项等同或等效采用了国际标准。相对于金融服务标准化技术委员会当时公布的73项国际标准，国内金融业标准对国际标准的等同和修改转化率仅为10.9%，远远落后于国际的平均采标率34.4%。

随着金融向国际开放的步伐加快，金融国际标准采标工作得到了加强。目前，金融服务标准化技术委员会累计公布标准75项，我国得到国标委立项批准而正在采标的标准41项，如果这些标准采标完成，采标率将达到54.7%，高于目前的国际平均采标率。

三、基本完成"十五"攻关重点标准制定

截至2004年2月20日，银行信息化标准体系研究、保险信息化标准体系研究、证券信息化标准体系研究、外汇收支交易编码标准及国际收支申报业务相关标准研究等"十五"金融科技攻关标准相关部分已经基本完成，共形成了26项行业标准和研究报告，其中有17项形成行业标准报批稿，4项形成行业标准送审稿，4项形成研究报告，1项形成行业标准管理办法，并以金标委标准审查会的形式通过了标准审查或子专题验收，部分成果已在业务系统或示范工程中得到应用。

四、成立了金融标准化研究服务中心

根据中国人民银行行领导批示精神，2003年8月，中国金融电子化公司成立了金融标准化研究服务中心，以系统地进行金融标准的研究工作。该中心是负责银行、证券、保险、印钞造币等金融业务标准化研究服务工作的技术组织，部分员工同时也是金标委秘书处的秘书。中心现在是国际标准化组织（ISO）金融服务标准化技术委员会（TC68/SC2）和零售金融服务分技术委员会（TC68/SC6）的归口承担单位，负责跟踪研究SWIFT标准，自成立以来已经承担了部分重要标准制定的项目，并承担了金融业和中国人民银行的一些课题研究工作，如国家征信行业相关标准、国家“十五”科技攻关金融网间互联标准、人民银行信息系统总体技术框架标准等。

金融标准化研究服务中心的建立为我国金融标准化工作走向系统化、市场化提供了契机，并为我国金融标准化工作培养了人才。

五、金标委网站的开通强化了对金融标准化的宣传

2003年12月18日，经过多方努力，金标委网站正式开通。金标委网站是加强金融标准化工作，努力提高我国金融服务水平的一个重要措施。它可以加强金融标准化工作的协调，定期对标准制定、执行情况进行通报；可以提高标准化意识，增强标准化工作的主动性，加大对标准化工作的支持力度和管理力度；可以明确标准化项目的任务目标，保证标准化项目计划的顺利完成，维护标准计划的严肃性；还可以加大标准化工作宣传力度，加强标准化人才的培养和国际交流，加强与国际标准化组织以及其他国家金融标准化机构的交流与合作。

28.4 制定中国金融标准化发展战略面临的挑战

28.4.1 中国金融标准化面临的困难

一、我国金融标准化水平不适应经济全球化的发展

我国加入世界贸易组织之后，经济全球化进程加快与国内金融标准化水平相对落后之间的矛盾日趋显现。经济全球化使产品的生产和交换超越国界，在世界范围内进行分工协作，国家、地区之间在资源、产品生产、技术、市场和服务等领域相互联系、相互依存的程度不断提高。经济全球化内在要求各国政府和企业都必须遵循统一的技术经济运行规则，金融标准化就是这些规则的一个重要组成部分。

我国金融标准化工作起步较晚，国内还没有形成完善的标准体系，并且缺少进行国际标准化工作的经验。在现行的国际经济秩序条件下，包括金融标准在内的技术标准事实上操纵在少数经济发达国家手中，甚至通过技术标准壁垒，变相地搞保护主义，这无形中削弱了我国产品的整体国际竞争能力。要想不受制于人，首先要在标准化方面，尤其是在金融标准化方面与国际接轨。

二、金融体制改革带来的挑战

近年来，我国的金融体制进行了空前的改革。具体体现在：证监会、保监会、银监会相继成立；国有四大商业银行开始进行股份制改造；国家对中小金融机构特别是农村信用社加大政策扶持力度。

金融体制改革带来了各金融部门职能的较大调整，机构撤并、人员精简，很多行业部门没有专门管理标准的机构和专职标准化人员。标准化工作是一个协调性很强的工作，金融体制改革引起的各部门的职责不是很稳定的现象对金融标准化工作提出了新的挑战。

三、金融标准化滞后于金融市场的发展

金融市场是指反映货币资金供求关系及其买卖交易活动与场所的总称，它既包括直接融资，也包括间接融资；既包括有形市场，也包括无形市场。无形金融市场是以现代通信网络为基础构成的各经济主体进行资金融通、自由交易的金融市场。

目前我国金融市场上货币供应量增长加快、金融机构存贷款增加较多，国家外汇储备也稳步增长。金融市场发展趋势良好，相应地，金融信息化工作也得到了加强，在很多信息技术具体应用领域已经得到突破性的发展，比如金融业网间互联、金融数据大集中，但相应的金融标准化工作显得不足以支持其发展。虽然在批准实施的金融科技“十五”攻关项目中，把金融标准化列为重大科技课题进行研究。但现实情况则是金融标准化滞后于我国金融市场的发展，金融标准化跟不上金融衍生工具的发展。

四、金融标准化滞后于其他行业标准化发展

金融标准化不仅落后于国际金融标准化发展，而且相对国内的一些其他行业标准化工作也滞后很多。

以水利标准化为例，它的标准化工作就取得了很大成绩，表 28－1 将金融标准化和水利标准化做了一下比较。

表 28－1　金融标准化和水利标准化基本情况比较

项目 / 类别	标准体系建设情况	标准制定情况	参加国际标准化活动情况
金融标准化	标准体系正在酝酿之中，但目前还没有形成完善的金融标准体系	到目前为止，制定国家标准 10 项，行业标准 20 项	是金融服务标准化技术委员会的观察员成员，没有参与国际标准的制定
水利标准化	制定了《水利技术标准体系表》，一共列入水利技术标准 615 项。体系表是编制制定、修订水利技术标准中长期规划和年度计划的主要依据，也是监督检查标准制定、修订工作进展情况的重要依据	现行有效水利技术标准共 412 项，其中国家标准 58 项，水利行业标准 278 项，水利部与其他部委联合发布的其他行业标准 9 项，原水利水电技术标准 67 项	积极派员参加水利（ISO/TC 113）、土木学（TC182）、拖拉机和农林机械设备/灌排设备和系统（TC23/SC18）和水轮机（IEC/TC4）等国际标准化组织的活动，并承担了《悬移质泥沙测验方法》（ISO 4363）和《水文测验船上定位装置》（ISO 6420）等 4 项国际标准的制定、修订工作

28.4.2　中国金融标准化亟待解决的问题

一、管理体制落后

综览国外标准化现状，随着世界贸易组织各成员国的科技水平和标准化事业的发展，标准化管理体制均经历了由政府主导型向学术团体主导型过渡的过程。其标准化管理体制表现出一个共同的特点：国家委托标准化协会或者学会统一规划和协调全国性标准化事务，政府对标准化机构实行监督、管理和支持。标准化协会或学会在标准的制定、发布、出版发行以及实施管理方面具有充分的自主权，并形成了效率较高的工作程序和管理模式。

我国金融标准化的管理体制是政府主导型。政府承担了标准化法律、法规、政策的制定和实施，标准制定、修订，计划、规划以及标准化工作年度计划和长远发展规划的制定和实施。虽然成立了金标委，但性质、人员组成以及所具备的职能等方面都不能和国外同类机构相比。为了适应国际标准化发展的需要，我国金融标准化管理体制急需变革。

二、金融标准化人才短缺

金融标准化工作需要四种层次的人才：金融标准化专家、金融标准化研究人员、金融标准化管理人员、金融标准化工作人员。

其中，金融标准化专家至少需要具备四种能力：有前瞻性的战略眼光、深厚的金融专业知识、广泛的标准化知识、较好的外语能力；金融标准化研究人员至少需要具备三种能力：深厚的金融专业知识、广泛的标准化知识、较好的外语能力；金融标准化管理人员至少需要具备两种能力：深厚的金融专业知识、广泛的标准化知识；金融标准化工作人员至少需要具备两种能力：深厚的金融专业知识、较好的外语能力。

我国目前金融标准化人才现状十分令人担忧，大部分标准化人才都是从实践摸索中锻炼出来的，他们的年龄结构都偏大，中青年人才缺乏；各种层次的人才都严重不足，特别是金融标准化专家极其短缺。

三、资金支持力度不够

多年来，金融标准的制定修订经费主要来源于政府财政拨款，一直靠补助经费维持工作，靠行政命令即指令性计划，经费不足部分由项目承担单位自行解决。很多标准的制定因为没有足够的经费而受到影响。对于大量应该修订的标准无力进行正常的修订，参与国际标准化活动和采用国际标准和国外先进标准工作，由于经费不足也受到较大的影响。

四、标准化工作开展不够

我国金融标准化自身工作开展也有很多不足，具体表现在：

1. 不能直接参与金融国际标准的制定。目前，我国以观察员的身份参与金融服务标准化技术委员会、个人理财标准化技术委员会工作，不能直接参与金融国际标准的制定，而仅能提出参考意见。

2. 没有完善的金融标准体系。我国金融信息化建设中的业务规范和技术标准未能形成体系，尚不完善，特别是ISO/TC68等金融业务标准，消化、引进、实施不利，影响我国金融业参与国际竞争。当前亟须制定一系列金融业务发展和与国际接轨的业务规范和技术标准，以保证金融信息化建设和金融业务规范化发展的需要。

3. 金融机构参与较少，标准化意识淡薄。在金融标准化决策、金融标准制定建议、重要金融标准立项评定以及金融机构参与标准化活动方面，不能充分体现金融机构的权益。金融机构不是金融标准化主体，并且大部分金融机构标准化意识较差。

4. 金融标准宣贯机制不完善。目前，政府部门主要通过行政手段向金融机构提供标准方面的信息，这种方式不仅浪费政府人力资源，而且效率也不高。金融标准宣贯机制有待于进一步完善。

第 29 章
中国金融标准化发展战略选择分析

随着全球经济一体化的迅速发展和我国加入世界贸易组织后金融市场的逐渐开放，金融业将面临严峻的国际竞争的挑战，金融标准是行业的关键基础条件和重要竞争手段，大力加强和完善金融标准化工作是至关重要的；而对金融标准化工作的业务、产品及服务等进行深入的分析，制定我国的金融标准化发展战略，对于更好地开展金融标准化工作是很有帮助的。在本章中，主要对金融标准化工作的整体内容即金融标准的制定过程、金融标准体系和金融标准化工作的服务过程等进行了分析，并通过对金融标准化工作的分析，列举了金融标准化管理体制中存在问题和改进思路。

29.1 中国金融标准制定的过程分析

对于金融标准或标准体系来说，市场适应性是一个非常重要的方面，也是制定金融标准的重要目标，所以在对金融标准制定过程进行分析之前，有必要深入理解金融标准的市场适应性的含义。

金融标准的市场适应性包括国内市场适应性和国际市场适应性两个方面。

国内市场适应性主要是指制定出来的金融标准是基于我国国情和金融行业的现状，能够很好地为我国国内的金融机构提供指导和努力的方向，并且为其他行业机构提供标准的接口。目前我国金融业常见的情况是各金融机构各自开发系统，当需要通用或共享的时候再制定标准，这就不可避免地会在协调上存在很大的困难和阻力。当然这种情况下带来的金融系统调整和修改等问题，无疑也会给金融标准的执行带来一定阻力，所以金融标准的国内市场适应性应成为金融标准化工作的重点。

国际市场适应性主要是为了提高我国金融机构在国际金融市场中的地位和竞争能力，通过借鉴发达国家的先进金融标准，并对国际金融标准的发展趋势进行预测，使制定出的金融标准具有前瞻性和先进性。随着我国加入世界贸易组织和金融市场的逐渐开放，国际金融业务的不断增加，国际市场适应性是制定金融标准的一个重要方面；同时随着金融信息技术的快速发展，金融服务和产品的数量越来越多，开发的周期越来越短，国际市场适应性也要求提高金融标准制定的速度，并保持金融标准制定的透明度和公开化。

为了更好地保持标准的市场适应性，在标准的制定过程、标准的宣贯推广过程都要遵循一定的原则，要提高标准制定时的效率和透明度，要提高公众对标准重要性的认识程度，并鼓励更多的既有利益相关者参与标准化活动；同时从标准的内容上讲，标准的制定要较少损害既有的金融竞争格局，否则就很难在国内推广开来，另外内容也要容易被世界各国所接受，才可能会具有国际市场适应性。基于以上的要求，我国金融标准在制定过程中应遵守以下几个原则：

（1）金融标准制定过程标准化原则。为了保证金融标准的质量和及时性，标准制定过程需要遵循一定的规范，要实现制定过程的标准化，从金融标准的需求开始一直到标准的审定合格为止，每个阶段都要有明确的要求和责任，并在后勤上给予足够的保障。

（2）金融标准制定的市场化原则。该原则要求金融标准的制定要从市场需要出发，行业协会（学会）、金融机构和个人都可以提出市场需要的标准草案，通过规定的审查程序而成为正式标准；另外，标准的制定过程需要保证相关方面的广泛参与、协商一致、透明度高，保证审查程序的严格性和标准制定的公正性。同时要形成政府监管、授权机构负责、专业机构起草、全社会征求意见的标准化工作运行机制，这种运行机制能够使金融标准最大限度地满足政府、金融机构和用户等有关各方的利益和要求，可以提高标准制定的效率和标准的市场适应性。

（3）政府与民间相结合的原则。金融标准的制定是一个耗时耗力的工作，而且我国金融机构在内部业务和操作方式上都是自成体系、互不统一的，所以金融标准的制定工作只能由政府主导来推动和组织，但为了保证标准的市场适应性，政府应该给予一个开放的平台，鼓励并倡导各金融机构参与标准的制定，尽可能地减少工作过程中协调的阻力，并为标准的实施打下良好的基础。

（4）自制标准和国际采标相结合的原则。金融标准要符合我国国情，符合金融业的发展状况和对金融标准的需求，从而要求我国的金融标准要坚持自制，这样才能保证金融标准能够具有国内的市场适应性；同时，局限于我国金融标准的发展现状，标准的制定既要考虑与ISO、IEC标准的整合性，对ISO、IEC标准加以研究，重点考虑与国际接轨问题，又要瞄准全球标准化发展的新动态，努力缩短与发达国家的差距，因此加强国际采标也是我国金融标准制定中不可缺少的环节。

为确保我国金融标准的市场适应性，应明确标准制定的过程，对过程的每个阶段进行详细分析，找出影响标准市场适应性的因素，从而确保每个阶段都能够按照市场适应性的要求运作，并且用一定的方式将其规定下来，形成固定的标准制定程序，达到标准制定过程的标准化。

目前我国金融标准的制定程序如下：提出金融标准需求，制定标准制定或修订计划，组织人员到位，编写并提交标准征求意见稿，意见征集（向相关单位或专家），提交标准送审稿，秘书处初审，委员和专家审查（投票表决），根据审查意见进行修改定报批稿，秘书处复核，主任委员签字，最后由相关单位审批编号并颁布。这一程序规定的还非常粗糙，存在许多无法确定或不能把握的地方，例如对编写标准征求意见稿就没有再作进一步的规定。而遵循全面质量管理的观念，质量是制造出来的，而不是检验出来的，所以标准征求意见稿的编制过程是最重要的，也是耗时耗物最多的阶段，而且标准编写的方法、过程等都在很大的程度上决定了标准的质量，所以忽视了对这个阶段进行规定将对标准的质量造成很大的影响。

针对我国目前金融标准在制定过程中存在的主要问题，重新审视金融标准的制定程序，可以明确金融标准市场适应性的主要影响因素，主要包括：标准的需求提出程序、政府的协调调度和监管角色、标准编制参与人员组成、标准编制时的调研与采标力度、标准的审查、合格评定及颁布程序等，下面就对各个影响因素分别作分析。

29.1.1 需求提出程序

我国金融标准的立项和编制是金标委或下设各分技术委员会根据金融业务标准需求，组织提出标准制定、修订计划项目的建议，行业标准计划报中国人民银行、中国证券监督管理委员会、中国保险监督管理委员会批准，国家标准计划由中国人民银行报国标委。金标委和分技术委员会根据本专业标准需求，提出本专业标准制定、修订计划项目建议，行业标准计划报其行政主管部门，并经金标委审查后列入金融行业标准计划；国家标准计划经金标委审查同意盖章后由其行政主管部门报国标委。由此可以看出，我国还没有专门的金融行业协会，金融标准需求和计划的提出与立项都主要由政府部门来进行，各金融实体机构一般很少提出标准编制项目，因此，金融标准需求提出的局限性决定了我国的金融机构对金融标准的编制积极性不高，从而制定出来的金融标准的市场适应性和各金融机构贯彻金融标准的力度都非常有限。

实际上，任何一个标准的制定都是一种建立在市场经济基础上，围绕市场需求或企业发展需要而开展的自愿行为，而且是所有的利益相关者都应参与的一项活动，因此各金融机构以及其他利益相关者参与金融标准的制定也是非常必要的，当然对标准需求的提出也不例外。任何标准都应来自实践，应来自金融业务在实际操作中的各种经验，所以任何一个组织包括专业委员会、行业协会和各相关金融机构等，都可以立项投资，提出并编制适应市场需求的标准。当然任何一项标准，只有在通过金标委、分技术委员会或其他权威性机构的一定的程序认可以后，才可能作为正式行业标准或国家标准颁布和实行。

突破原有的体制和程序，建立一种新型的符合经济发展要求的体制和程序是很有必要的。因为在原有的程序下，对于标准需求的提出都会或多或少存在滞后的现象，或者说某种标准的需求一定要等到这种标准的缺乏导致较大程度的损失时才会提出，并且也很难提出一些具有前瞻性和先进性的标准。另外，如果让有条件的金融机构提出标准的需求，并且让其承担标准的编制工作，对于它们来说，所获得的好处并不是直接的经济获利，而是在特定行业或领域中可以突出自己的地位，同时也履行了推动金融业发展的义务；并且由于市场经济体制的无形动力，金融实体机构在承担了标准编写后，会尽快地缩短标准制定的周期，发达国家的经验是标准的编制周期一般为1~2年。标准编制周期的缩短能够带来的经济效益和社会效益都是相当可观的。另外，我国财政在金融标准化工作中的投入并不多，所以也可以让金融实体机构在编写标准的同时能够承担一部分标准制定费用，从而缓解一部分财政的压力。同时，提出标准需求和编制标准工作由广泛的社会力量来进行，可以在很大程度上提高和保持各受益相关方的参与度，在出现不一致时能够进行充分的协商，从而在根本上保证了标准在制定后的市场适应性。

29.1.2 政府协调调度与监管

标准的制定要通过广泛的社会力量来进行，并不是说不需要政府部门的干预，恰恰相反，政府部门的参与和监管是必不可少的。我国在金融标准的制定和执行过程中，金标委是金融行业的政府主管部门，发挥着标准的立项、组织制定、协调调度、监管、推广实施等功能。

首先政府主管部门要制定出金融标准化的发展战略，进行金融标准化工作的全面规划，要对整个金融标准体系框架有一个全盘的把握，并在制定过程中根据紧迫性原则明确标准制定的先后顺序和时间要求。另外政府部门要根据标准的特点和行业的状况制定出标准制定的详细程序和协调机制，要做到标准制定工作的标准化，只有这样，政府在实行协调和监管时才会更方便并更具效率，同时这也是加快我国金融标准化进程和提高我国金融标准的国际地位的重要步骤。

目前我国的金融标准都很分散，而且各金融机构各自开发标准，从各金融机构来看，在业务和操作方法上都有章可循，但从整个行业来看，就是一盘散沙，同一个业务在不同金融机构也会存在不同的标准，这对于金融标准的统一是一个很大的挑战，对于任意一个金融实体单位，其自身的地位决定了它们都无法很好地完成这个任务，只能由政府主管部门出面进行协调调度。

另外金融标准主管部门要积极发挥政府的监管作用，要重视标准化工作，并确保标准计划的严肃性和标准的质量；金融标准的制定管理要严格按照管理程序，认真论证需求、明确任务目标、制定科学合理的工作计划、落实项目人员和经费，在必要的时候要通过行政命令进行调度，以保证标准化项目计划的顺利完成，维护标准计划的严肃性。金融标准的制定也要在政府的作用下，从计划阶段就保持其公开性，以保证能够有尽可能多的利益相关者参与，从而在标准的制定程序上把握其市场适应性。在整个标准化过程中，难免会出现很多相关研究机构对某一特定金融标准进行多头研究开发的现象，势必造成资源的浪费，因此金融标准化主管部门要及时了解金融标准编制单位的工作和进展情况，掌握金融标准化的发展动态，对标准的制定明确分工，统一步调，合理调整资源配置，保证标准制定过程的协调。

29.1.3 参与人员的组成

金融标准的制定需要对相关专业知识和相关经验进行汇集整理，是一项智力高度密集的综合性的活动，因此在标准编制过程中汇集各方的专家参与是很有必要的，同时标准编制参与人员的组成也直接影响到标准的质量和市场适应性。

在我国的金融标准管理办法和编制程序中都没有涉及到标准的编制参与人员组成的规定，更没有各类人员在标准编制过程应发挥的职能职责的规定，在我国金融标准刚刚起步、标准化工作经验不够和国际地位还不强的情况下，这种规定是必需的。

对于某个特定金融标准的编制来说，一个由具有不同知识结构的人员组成的团队是很重要的；在这个团队中，需要具有金融业相关业务经验相当丰富的人员，他们掌握国内外该类业务的现状和发展趋势，并在制定标准的具体细节中给予指导；需要具有标准知识和标准制定经验的人员，他们把握标准的行文结构、专业语言描述、逻辑结构等方面；如果要采标，还需要具有深厚的外语功底的人员，要对国际标准和先进标准进行翻译整合。对于每个参与到标准编制团队的人都要进行测试和评价，要能够形成知识和素质互补，达到较高的工作效率，确保标准的质量。

作为标准编制工作团队，成员不仅要具有不同的知识结构，而且在角色上也要搭配得当。一般来说，团队需要有一个领导者，对整个团队的工作进行分配、协调和控制，他担负工作计划的制定、人员的安排、标准初稿的审批等责任；需要有专家式人物，主要是进行工作指导，并在头脑风暴中扮演主要角色，这些专家可以是相关领域的负责人、研究机构的专家和研发人员等外围支持者；需要有标准编写人员，根据标准的要求和专家的意见形成正式的标准语言；要有记录员和资料收集员，他们的工作主要是收集国内外的最新资料和在工作过程中所需要的其他资料。

在标准编制过程中，要广泛征求意见，充分发挥利益相关者的作用，确保标准化战略的有效和实施，所以在标准制定过程中，充分利用网络、报刊、杂志广泛听取各方面的意见，组织各个行业的专家和代表多次举行研讨会和论证会是一个很不错的选择，必要时还应邀请国外的相关领域的专家来给予指导；同时也要鼓励和吸收金融机构和用户参与金融标准化工作。另外我国正在不断完善市场经济体制，市场经济是法制经济，需要以法律形式有效地贯彻公平竞争的规则和秩序，标准只有依据有关法律、法规来制定，才能保证标准的市场适应性，因此有关法规的政府监管部门也是标准编制过程中不可或缺的重要参与者。

29.1.4 调研与采标力度

金融标准要保持其市场适应性，必须在编制之前进行充分的调研，包括走访各个利益相关方，并深入了解相关业务和技术，有时还需要组织专门的研究人员对现有业务进行改进研究，加强相关机构的有效合作；为了保证标准的国际市场适应性，应派出专门调查小组到世界各主要国家进行调查研究，寻找该业务在国际上的发展趋势，使制定出来的标准尽量保持与国际接轨，提高标准的国际地位。

采用国际标准是世贸组织对其成员国的普遍要求，全面分析和研究国际标准，尽快采用适合我国国情的国际标准和国外先进标准，不仅有利于提高我国的金融业务水平，而且有利于增加我国金融标准的普遍适应性。

随着我国加入世贸组织，国外金融机构正逐步地进入我国，我国金融机构也将跨出国门走向世界，金融国际业务越来越多，国际间电子数据交换越来越频繁。采用国际标准是开展国际金融往来业务的前提，积极研究国际标准和国外先进标准的发展动态，跟踪、赶超国际标准和国外先进标准，是金融系统提高竞争水平的必然要求。在我国金融机构面对国际金融市场挑战的今天，提高金融产品标准化水平也是提高金融产品质量、保证互通互联互操作、增强国内金融机构整体市场竞争力的有效手段之一。因此，金融标准化工作之一是按照采用国际标准工作“十五”计划要求，提高金融国际标准采标率，同时拓展服务标准化领域，建立与国际标准化组织个人理财标准化技术委员会（ISO/TC222）的工作联系，跟踪研究该委员会工作动态，瞄准国际金融服务水平，跟踪研究相关的国际金融服务标准，促进我国金融服务水平的提高。

我国已经将采用国际标准和国外先进标准作为一项重点的技术经济政策，在金融领域，要进一步提高对采用国际金融标准和国外先进金融标准工作重要性和紧迫性的认识，切实贯彻“政府推动、市场引导、企业为主、分类指导、国际接轨”的20字方针，大力推进采用金融国际标准和国外先进标准工作。金融标准主管部门要尽快组织力量对现行的金融国际标准进行分析研究、翻译、汇编，并根据分析的结果，视国内情况，逐步将其转化为国家或行业标准，或参照其制定国家或行业标准，及时为金融系统提供有关国际标准信息和国际标准动态，促进国内金融机构的标准化工作与国际接轨。另外要加强国际标准和国外先进标准的信息咨询、服务体系建设，保证渠道畅通，为广大企业和社会各界提供及时、准确、实用的标准信息，同时提高我国金融标准的质量。

29.1.5 审查与颁布程序

我国金融标准的审查、批准和发布均由金融标准化行政主管部门或全国标准化主管部门负责。主要做法是，标准化行政主管部门组织有关专家对标准进行审查，主编单位根据标准审查意见，对标准进行修改，最后由标准化行政主管部门批准、编号、发布。但是这种程序长期以来受计划经济体制的影响，标准的编制和出版均十分缓慢，不少标准编制周期很长，而且标准的复审周期也较长，严重影响了社会经济的发展和金融业务水平的提高。

因为标准的审查对于标准质量来说也是很重要的步骤，金融标准的审查需要由有一定资质的专业评审机构经过严格的程序来进行。标准编制周期一般包括标准的编制周期和审查周期，要缩短标准的编制周期，就有必要提高标准审查的效率，因此要建立一套合理的和科学的审查机制，对审查的参与人员和程序进行详细的规定，从而提高审查的质量和效率，加快审查的速度。

对金融标准进行审查时，如果制定的标准暂时还不符合正式标准的要求，要及时要求标准编制单位对标准进行修改，但若由于条件所限，无法再进一步提高标准的质量时，还可以采取一些补救措施，即对一些不十分成熟的标准先试点，并采取另类编号的形式，让使用者清楚所用标准为试行标准，促使正式标准出台的速度加快，从而可以提高标准审查的效率，加快我国金融标准体系的完善进程。

29.2 中国金融标准化的产品分析

为了制定我国金融标准化发展战略，有必要对金融标准化的产品进行全面的分析，了解我国金融标准体系的现状和国外一些完善的金融标准体系的现状，进行差距分析，从而发现我国在完善金融标准体系框架时存在的问题，并结合我国金融行业发展的现状，确定我国金融标准化发展战略应选择的重点领域和重点课题。

我国金融标准化的产品在某种意义上说就是金融标准，即在金融领域内获得最佳的业务（或管理）程序，对金融的活动所作的共同和重复使用的规定、指南或特性的文件，该文件须经协商一致制定并经一个国际、国家或金融行业的公认机构（或金融机构的特定部门）的批准。

从金融标准化的产品定义的范畴看，金融标准可包括金融国际标准、金融国家标准、金融行业标准和金融企业标准。国际标准主要是在进行国际经济业务时所应遵循的国际金融准则和标准；国家标准和行业标准是经过我国金融标准专门机构认可的金融业的准则和标准；企业标准是指有实力的金融机构自行编制的标准，其适用范围也仅限于该金融机构内部。企业标准应该属于金融标准化的产品，主要是因为在完善我国金融标准体系的过程中，企业标准是一个很重要的阶段，它极大地促进了金融业务的发展，在内容上能很好地弥补国家标准和行业标准的不足。

从金融标准的内容上看，包括我国通过以法律法规形式规定下来的强制性要求，金融的业务和操作方式方面的规范，有关金融机构在管理体制、运行机制和实施监督方面的规范，以及与银行、保险、证券和外汇等一致性接口的规定等。金融标准主要是为实现业务、技术上的通用、统一、规范而制定的，以方便业务、管理和技术共享为目的，应属于推荐性标准；也就是说，金融标准本身并不具有强制性，除非被法律、法规所引用；所以在理论上讲，金融标准使用者并不受标准具体内容的限制，对标准的选择完全出于自愿，但在实践中，许多金融机构为了自身的持续性发展和竞争力提高，都会主动去适应金融标准的要求，并为金融标准的实施履行自己的义务。

29.2.1 中国金融标准化产品分析

我国在金融标准体系建设方面的步伐与一些发达国家相比，总体上是滞后的，金标委的成立，标志着我国金融标准化工作步入了正轨，同时也加快了金融标准化的进程；其后又分别成立了印制标准化分技术委员会和证券标准化分技术委员会，并有计划地制定出了一系列的金融行业标准和金融国家标准。金融行业标准和金融国家标准目录详见本篇附录。

此外，在2001年底开始了金融信息化标准体系的研究，目前已取得了初步的成果。金融信息化标准体系主要解决“信息孤岛”问题，为标准不一的计算机应用系统、应用平台建立可以沟通的“共同语言”，以实现金融信息的交换和共享。标准体系的研究课题涉及银行、证券、保险信息化标准体系研究以及外汇收支交易编码标准及国际收支申报业务相关标准研究等4个专题，20多项子专题。课题研究成果涵盖：银行业信息化标准体系研究，包括银行信息化标准体系框架、关键技术标准及范本，集中式数据中心体系规范，银行卡联网联合安全规范，银行机构代码标准，金融业网间互联技术标准，金融业网间互联安全技术规范研究等；证券业信息化标准体系研究，包括证券经营机构信息技术管理规范、证券登记结算业务数据交换协议、银证业务数据交换协议、期货交易所业务数据交换协议、上市公司行业分类标准、开放式基金业务数据接口规范、上市公司信息披露电子化标准、证券交易所业务数据交换协议等8项标准和规范；保险业信息化标准体系研究，包括中国保险行业标准化管理规范、中国保险行业标准动态维护管理规范、保险术语、保险数据元目录、基础代码集、保险通用单证编制规则；外汇收支交易编码标准及国际收支申报业务标准研究，包括涉外收支交易分类及代码标准、国际收支申报业务标准等。

经过该课题的研究，初步建立了金融信息化标准体系，建设了金融信息化发展所必需的标准化基础环境，并研究制定了金融信息化领域所急需的基础性的业务规范和技术标准，为金融行业实现互联互通奠定了技术基础，同时为金融信息化产品的生产企业提供了统一的行业技术标准。

经过十多年的努力，我国在金融标准化的产品成果方面取得了很多成绩，同时也积累了不少的宝贵经验，但为了面对来自国际化的金融行业竞争，要加快我国金融标准化的工作，尽早完善我国金融标准体系，为金融业迎接更大的挑战奠定坚实的基础。

29.2.2 国际金融标准化产品分析

国际标准组织（ISO）是目前世界上最大、最具权威性的国际标准化专门机构，其下属的ISO/TC68主要负责金融标准化工作，也是世界上编制金融标准最多的组织。这里主要介绍ISO/TC68标准的情况。到目前为止，现行的ISO/TC68标准一共有75个，不仅包括基础的分类编码标准，还涉及专业的技术标准。ISO/TC68标准目录详见本篇附录。

ISO/TC68标准几乎涵盖了金融市场领域内各种各样的金融服务产品，总体来说，这些金融服务产品可分为以下五类：银行业（零售与批发）、金融证券、代理业务、保险业务、托管业务等。

金融服务标准化技术委员会在金融领域内的工作主要面向企业与企业之间、客户与企业之间以及客户与银行之间的业务。现在标准化工作尽管重点仍然放在传统交易业务上，但随着新的金融产品、新技术的出现，大大改变了顾客（消费者和企业）处理金融事务的方式，标准化工作也逐渐向这方面的业务转移。现在面临的主要挑战是开发出与处理交易和服务的最新技术相吻合的标准。在这样的一个背景下，金融服务标准化技术委员会也提出了新的目标和策略，主要是为了及时反映市场需求，尽量减少国际金融事物活动中的技术障碍。

与金融服务标准化技术委员会的金融标准体系相对比，我国的金融标准体系还存在着以下一些问题：（1）金融标准体系框架不完善。在金标委下只成立了印制和证券两个标准化分技术委员会，其标准化工作开展还可以，但没有成立分技术委员会的领域，标准制定的情况就很不乐观，甚至还存在空白的领域，最典型的就是证券业务和外汇业务，保险业务的标准也很不完整。（2）金融标准的市场适应性不强。金融服务标准化技术委员会制定金融标准的目标是及时反映市场需求，从而决定了它制定出的标准的市场适应性较强；而我国由于金融标准化体制的局限，制定出的金融标准对市场需求反映的及时性要差一些，从而金融标准的市场适应性不够强。

我国的金融标准化情况与国际上相比还存在较大的差距，这除了与我国长期以来实行计划经济体制有关外，还与我国开展金融标准化工作的时间较短等都有关系。

29.3 中国金融标准化服务分析

当金融标准制定出来后，应用和实施就成了金融标准化工作的一项重要内容。而实际上，标准的应用和实施就是以提高相关者的标准意识为契机，以提高金融机构的竞争力和持续发展能力为出发点，以实施标准咨询和认证为重点，以标准的普遍应用为目的所进行的一切活动。详细分析金融标准化工作的应用和实施的过程，对于拟定其发展战略和具体目标都具有积极的意义。

金融标准化服务主要是在标准或标准体系制定以后，为保证标准的应用和实施所做的一切后续的工作，包括的内容主要有金融标准的出版和发行、金融标准的宣传和推广、金融标准化工作的咨询和认证等。金融标准化的主要服务对象是使用金融标准的单位，包括金融行业内的所有机构单位和与金融业务有关的使用金融标准的其他行业单位等，它们在使用金融标准后能够提高其自身的管理水平和现有或未来的经济效益。

金融标准化服务的主要目的是协助金融机构贯彻实施金融标准，提高其管理水平和竞争能力；积极维持金融机构的业务运作和管理机制上的秩序和规范，提高各机构之间的信息沟通效率并有效地降低相互协作的成本；借助标准的指引可以帮助金融机构积极地运作标准业务、开拓新的领域，从而实现机构的产品多元化发展；国内的金融机构通过应用和实施标准，可以有效地提高自身的竞争能力并降低来自国外金融业的威胁；增强国内金融机构的国际竞争能力，可以为进军国际市场打下坚实的基础。

目前我国金融标准的服务内容和体系都很不完善，主要表现在有关部门的标准化意识不强，标准咨询服务机构建立较少，标准的使用单位缺乏参与标准化活动的积极性，没有建立相应的行业机构或者其职能没有得到充分发挥等。我国金融标准化行政主管部门要加强金融标准化服务工作的引导，坚持以政府引导和市场运作相结合的原则，加强金融标准化服务体系的建设，有效地促进我国金融标准化工作的进程。

29.3.1 宣传与推广

我国金融行业的标准化工作起步比较晚，不少人对金融标准化的认识比较肤浅，对于如何开展金融行业的标准化工作、怎样在工作实践中发挥已颁布的各种标准的作用，还感到很生疏，这就要求在做好上述各项工作的同时，积极宣传贯彻金融标准，并举办各种培训班大力普及金融标准化知识，为实施金融标准创造必要的条件。

我国的金融标准化工作较其他行业标准化工作相对薄弱，面对新形势，各方要转变观念，提高认识，形成“讲标准、用标准、定标准”的良好风气，提高各单位采用金融国际标准和国外先进标准的主动性和自觉性。我国金融标准的宣传也要以增强我国金融业的竞争力和持续发展能力为出发点，主要目的在于普遍增强相关者的标准意识，增强其对标准化工作的主动性，加大对标准化工作的支持力度和管理力度，这是开创标准化工作新局面、创造良好标准化工作环境的重要保证。

金标委要积极进行金融标准的宣传，组织开展标准化工作评比活动，交流先进经验；来自金融机构的金标委委员不仅是标准化专家，也是本单位标准化工作的代表，金标委委员们要认真履行职责，在标准化工作中发挥积极作用，协调推进各金融机构标准化工作的开展和标准的贯彻实施；各金融机构在激烈的市场竞争中，既是金融标准化工作的主体也是标准化工作的受益者，因此，金融机构更要积极配合做好标准的宣传工作，各单位应设专门的标准化职能岗位和人员来支持标准化工作的开展。

加大金融标准化工作的宣传力度，也要加强金融标准化人才的培养和国际交流，让我国的金融标准走向世界，为进军国际标准打下良好的基础；同时也要加强与国际标准化组织以及其他国家金融标准化机构的交流与合作，积极参加国际会议及国际交流活动，开拓金融标准化工作的思路，跟踪最新发展，使金融标准化工作在促进我国金融与国际接轨方面发挥更大的作用。

为了提高标准和标准化工作宣传的力度，更好地促进我国金融标准的推广，要有效地利用各种手段广泛进行标准宣传活动，其中信息技术和电子媒体是一个不可缺少并且效果最佳的宣传手段。应通过电子媒体，特别是互联网加大对金融标准的宣传；应有一定的手段让金融标准的使用者很方便快捷地检索和查询到相关的金融标准信息，甚至得到标准立项和制定过程的信息，使标准更好地服务于金融业的发展。所以尽快建设一个标准内容全面、分类科学合理、手段先进的金融标准信息网站，同时建立起一套完善的适合市场需要的标准发行体系，对于我国金融标准化工作的开展乃至整个金融业的发展都具有十分重要的现实意义。

29.3.2 出版和发行

当金融标准颁布以后，标准的出版是一个重要的环节，能够直接影响标准宣传和标准化工作的效果。我国目前的标准发布方式对金融标准的推广应用很不利，主要是标准出版发行的垄断，导致发行渠道过窄，标准信息不畅，使很多使用者无法获知金融标准的内容和获取金融标准的渠道，这种局面已经影响到了标准的应用和实施，应该尽快得到改善。建议通过政府的努力，适当打破标准出版的垄断局面，定点选择几家有实力的出版发行机构出版发行标准。同时可以让出版发行部门从出版发行标准的收益中拿出一定的比例来弥补标准化费用的不足，并鼓励标准制定者积极宣传标准，形成标准的制定、出版、推广和应用的良性循环机制。

29.3.3 咨询与认证

为了更好地促进金融标准的实施，加快金融标准的实施步伐，建立金融标准化的咨询服务机构是一个很好的选择。金融标准化咨询服务机构是一个由拥有丰富实践经验和金融标准专业知识的专家组成的专门咨询机构，它非常熟悉金融标准的制定背景、含义和实施步骤及技巧等，能够在金融标准使用者贯彻标准的过程中提供专业的咨询意见和指导。咨询服务机构的主要职能有：向金融标准使用者解释标准的结构和内在含义；协助和指导使用者建立起金融标准化体系和机制；解答使用者在实施标准体系的过程中出现的疑难；培训金融机构的标准实施人员；另外它还承担向专门机构提供金融标准的建设性的修改意见的责任。因此，金融标准化咨询服务机构在金融标准化行业中是一个不可缺少的组成部分，是市场经济发展的必然选择。

当金融标准化工作进展过程中，应在合适的时候成立金融标准专业资质认证认可单位；在金融机构进行标准化工作过程中，可以通过认证单位对其标准化过程状况进行合格评定，根据评定结果给予相应的证书，这是对金融机构贯彻标准能力的一个认可，同时也是给予了广大公众一个标准可信任的标志。并且，认证单位可以将证书分成不同的级别，根据金融机构在贯彻标准过程中的实际情况，给予不同级别的证书，这也可以给金融机构一个在贯彻金融标准过程中不断努力的原动力，同时也方便有关行政单位对金融机构在贯彻金融标准过程中进行有效的监管，加快金融标准推广的速度。同时，对金融机构的贯彻金融标准进行认证，也是尽早与 WTO/TBT 规则接轨，取得国际金融服务市场通行证的有效手段。

对金融机构进行贯彻金融标准的合格评定的内容主要包括质量体系认证、产品和服务认证、管理体制认证等方面。为此，需要建立和完善金融标准合格评定的程序，具体可采取如下措施：第一，制定我国金融标准认证规则及相应的政策措施；第二，加快建设我国金融标准认证咨询服务体系，培养高素质、高水平的注册审核员队伍；第三，大力普及金融标准认证的基础知识，使所有金融机构及其领导都了解适用的认证制度、认证程序、认证内容、认证机构和认证前的准备工作等。

通过建立金融标准化的咨询服务和认证机构，能够在市场化的原则下获得一定的咨询和认证收益，从而可以缓解政府投资金融标准化工作的资金压力，并可以形成以市场为导向的标准化经费来源的良性循环，从而可以不断改进和完善我国的金融标准化工作。

29.4 中国金融标准化监管体制分析

从上面的分析中可以看出，我国金融标准的制定程序和金融标准化工作体制都是基于计划型经济体制建立的，有许多方面已经不能够适应我国经济发展和金融机制改革的需要了。金融标准化工作长期滞后，金融标准体系不完善，主要体现在以下几个方面：

第一，金融机构都各自开发金融业务，编制金融业务和操作标准，在整个金融行业内没有统一的金融标准体系，金融标准“孤岛”的现象普遍存在；

第二，金融标准的需求提出和编制都以政府为主导进行，不可避免地导致了金融标准的需求滞后，并且金融标准的前瞻性和先进性都不够；

第三，金融标准制定周期太长，标准的质量和水平都偏低，市场适应性不够，跟不上市场和金融业发展的变化；

第四，我国的金融创新与金融标准的研究不同步，金融标准化研究工作很薄弱，在过去的金融标准制定过程中，对国际标准和先进国家的金融标准采用很少，与发达国家形成了明显的差距；

第五，金融标准化工作的经费渠道单一，仅靠国家投资进行标准化工作，没有形成以市场为导向的良性的经费来源。

第六，我国政府对技术法规建设和合格评定程序的建立缺乏宏观规划，各行各业的技术研究机构和检验检测机构发展很不均衡，市场意识薄弱，缺乏有力的监督管理手段。

第七，我国的标准化服务体系很不完善，主要在于全国各行业标准化意识不够，标准化咨询服务机构较少，参与标准化活动的人员较少，标准的使用单位缺乏参与标准化活动的积极性，标准化协会或学会的社会功能没有得到充分发挥。

受以上因素的制约，我国的金融标准总体上还处于落后的水平，阻碍了我国金融行业的发展；并且在与国际金融业务接触时，由于金融标准的国际市场适应性不够，我国往往只能被动地执行国外或国际的标准，处处受制于人，严重影响了我国金融服务水平的提高和阻碍了金融国际化的进程。

29.4.1 法律法规分析

我国的法律法规和标准的关联性、配套性和协调性都较差。在一个金融标准化体系完善的国家，金融标准和金融的法律法规都要互相配套、互相补充，这也是世界贸易组织规则对其成员国的要求。在一个实行法制的市场经济环境下，法律、法规是社会经济赖以稳定和发展的基本构架，是支撑经济活动舞台的支柱。一切社会经济活动，都应该在不损害法律、法规的前提下进行。在世界贸易组织的环境下，各国有权在一种公平、公正和公开的框架中从事正常交往活动，这也对我国现行的金融标准化工作体制提出了新的要求和挑战。为适应国际金融服务大市场，金融标准化工作体制改革的最终做法就是按国际惯例办事。否则，我国的金融业在面对开放、自由、竞争的国内外金融市场时可能会感到无所适从。

金融标准化管理体制改革的关键是逐步建立符合国际惯例的技术法规和标准体系，由于市场经济必须建立在公开、公平、公正的基础上，需要完善的法律、法规来规范各种行为，技术法规、标准成为商品和服务进入国际市场的准入依据，法规和标准的水平，直接决定了其在国际金融市场中的地位。同时，完善的金融法规和标准体系是连接国际经济合作的桥梁，也是保证国际金融市场公平竞争、维护国际金融市场正常秩序的基本要求和准则。面对加入世界贸易组织后的新形势，加强金融法律法规和标准体系的建设，应该根据 WTO/TBT 协议和国际通行法则确定的技术法规和标准体系的总体原则，积极采用国际标准，尽量与国际标准保持一致。在我国技术法规和标准体系的改革、调整中，要对技术法规、标准在内容和形式上严格区别，同时又相互配套，以利于行政执法和综合管理。对于地方法规和标准来说，一定要限定和缩小范围，依法办事、按照国际惯例办事，要遵循国民待遇的原则，保证做到内外一致。

在我国金融标准化的法律法规方面还存在的一个问题，我国标准的版权不属于标准的编制者和管理者，而属于政府标准化行政主管部门，同时标准的出版发行和销售均由政府部门隶属的出版社公开发行，其收入不属于标准的编制者和管理者，这种规定实际上阻碍了我国金融标准的制定和推广。世界贸易组织有关成员国通行的做法是标准的编制和管理者拥有标准的版权，同时也拥有完全的标准审查和批准、出版发行和销售的权力。这种做法能够保证标准的制定者或参与者能够具有足够的积极性，并且在进行标准的发行和推广方面也会不遗余力。通过两种体制的对比，建议我国有关部门能够将这种法规做出调整，为建立金融标准化的市场导向机制打下基础。

29.4.2 组织机构分析

我国金融标准化管理体制是在传统的计划经济体制下发展起来的，从金融标准化工作的现有组织机构可以看出，管理体制的特点为政府主导型，具有计划经济的色彩。政府主导型在标准化发展初期和开拓标准化服务领域发挥了重要的作用，但随着金融体制的改革、金融模式的转变以及政府职能的转变，金融标准化作为一项技术性很强的活动，现有的组织设置和管理模式受到自身的局限，标准化工作应有的功能和效率难以得到充分发挥。

为适应市场经济的发展和金融系统分业经营模式的形成，理顺金融标准化工作各方关系，配合国家标准委整顿全国专业标准化技术委员会的工作，金标委要尽快协调印钞造币总公司、证监会、保监会及有关单位，调整和成立专业技术委员会，完善管理体制，明确各方职责，在金标委统一管理下，有效地开展金融标准化工作。

同时，综观国际标准化组织和国外发达国家标准化现状，随着世界贸易组织各成员国的科技水平和标准化事业的发展，我国的金融标准化管理体制也需经历由政府主导型向学术团体主导型过渡的历程。其标准化管理体制表现出一个共同特点：国家委托金融标准化协会或学会统一规划和协调全国性标准化事务，政府对标准化机构实行监督、管理和支持；标准化协会或学会在标准的制定、发布、出版发行以及实施管理方面具有充分的自主权、并形成效率较高的工作程序和管理模式。

大力吸收和借鉴世界贸易组织各成员方在标准化管理体制方面的成功经验，大力培育和扶持标准化学术团体，加强政府与学术团体的合作，充分发挥技术专家的作用，对于改革我国金融标准化管理体制也是重要的步骤。另外，政府要通过政策手段加强引导，扶持一些金融标准化专门的咨询服务机构和金融标准化的专门认证机构，为整个金融标准化工作的发展做出贡献。

第30章

中国金融标准化发展战略选择

第28章对我国金融标准化所面临的内外部环境作了充分的分析，明确了我国实施金融标准化的必要性和目前迫切的需求；第29章又对标准化工作产品、服务以及金融标准化的监管体制等方面展开了详细的分析；本章将结合前两章的分析结论，给出我国金融标准化的战略目标和功能战略，并根据我国国情和金融业发展现状，明确我国金融标准化工作的战略重点。

30.1 中国金融标准化发展战略选择原则

中国金融标准化发展战略是指在国家标准化战略的总体规划指导下，在金融业发展状况的背景下，针对中国金融的标准体系、标准管理体制和运行机制等方面做出的长远性的规划与谋略。

金融标准化发展战略的选择对于金融标准体系的建立、金融标准化工作的完成、整个金融行业的发展乃至整个国民经济的发展都具有重要的意义，因此对中国金融标准化发展战略的选择要建立在精心分析和缜密思考的基础之上，同时应遵循以下几项重要原则。

30.1.1 服从全局、协调一致

该原则要求金融标准化发展战略要遵循国家的发展目标和规划重点，同时要符合国家标准化战略的总体规划框架。

紧紧围绕“人才、专利和技术标准”的目标，科技部制定了“十五”期间科技工作三大发展战略，在批准实施的金融科技“十五”攻关项目中，把金融标准化列为重大科技课题进行研究，这是国家和金融系统重视标准化工作的具体体现，也是深入开展金融标准化工作的良好机遇，同时要求在金融标准化的战略选择时要服从国家在金融业的发展要求。

金融标准化发展战略作为一个行业标准化发展战略，必须与国家标准化发展战略保持协调一致，制定的金融标准体系要与国家标准体系相衔接，金融标准化工作也要在国家标准化战略的总体规划和指导下进行。

30.1.2 统一规划、分步推进

该原则的含义主要是找劣势和弱点、抓重点和关键，有计划、有措施，以点带面，逐步推进；在完善金融标准体系目录的基础上，要合理分配精力，突出重点领域和重点课题，大力研发和完善一些重要和关键的标准或标准体系，又要调动一切可以利用的力量，充分利用现有的资源，加强我国金融标准体系的建设和完善我国标准化的工作机制，有计划地解决制约我国金融标准化工作的瓶颈问题，逐渐完善我国的金融标准化体系，提高金融标准化工作的整体水平；同时要将目光放远到国际标准，有计划地积极参加国际金融标准的活动，寻找机会参与国际金融标准的制定，逐渐改变我国金融标准化在国际上的地位，争取在国际金融标准舞台上占有一席之地。

30.1.3 自主创新、积极借鉴

金融标准化发展战略的制定，既要符合国情，根据我国国民经济发展对金融标准化工作的需求，推进我国金融标准化工作，又要瞄准全球标准化发展的新动态，努力缩短与发达国家的差距。我国现有的金融体系是在计划经济体制的基础发展起来的，存在很多具有中国特色的内容，因此我国的金融标准化工作需要在此基础上自主创新，创建一套具有中国特色的金融标准化体系。西方发达国家金融标准化工作与我国有明显不同，这些国家往往已建立起完善的金融标准体系，其金融标准化的核心内容是如何提高现有金融标准化体系的运行效率，而我国面临的任务则更加艰巨，不但要考虑如何建立一个运行有效的金融标准体系，同时还要考虑如何处理我国金融标准化工作中的现有问题。因此，在借鉴国外先进经验和做法的基础上，必须要针对我国标准化工作特点改革创新。

30.1.4 立足国情、适度超前

我国的金融标准化工作跟国际标准化工作相比存在很大的差距，许多基础工作并不到位，而且许多金融机构都各自为政，独立开发金融标准，从而增加了我国的金融标准化工作开展的难度，所以在选择金融标准化发展战略时，要立足解决我国当前标准化工作中存在的问题，建立适合我国国情的金融标准体系和有效的运行机制；但随着我国加入世界贸易组织和金融业与国际的接触越来越多，仅立足当前制定标准体系和进行标准化工作是远远不够的，也要跟踪发达国家的金融标准化的发展状况，并要预见到国际金融标准化的发展趋势，确保制定的金融标准化发展战略的科学性、先进性和预见性。

30.2 中国金融标准化发展总体战略

30.2.1 指导思想

中国金融标准化发展战略的指导思想是：以提高金融业务质量、增强金融产品的市场竞争力为中心，以政府为引导、以国际化为目标，建立适合我国国情的、与金融现代化发展相适应并与国际接轨的金融标准化体系，完善我国金融标准化工作，增强我国金融业的国际竞争力。

30.2.2 总体战略

中国金融标准化的总体战略是：建立以金融标准体系为基础，推广、实施和认证服务体系为延

伸，金融标准化人才和金融信息技术为保障，管理体制、法律法规和监督体系为保证，运作市场化、管理规范化、贯彻标准统一化，最终实现我国金融标准化工作的国际化。

从总体战略的要求可以看出，人才是战略实施的根本保障，体制转变是战略实施的原动力，金融标准的质量是战略实施的生命线，政府引导下的市场化运作是战略实施持续性发展的基础，实现国际化是我国金融标准化工作的最终目的；总体来说，我国的金融标准化发展战略目标可以概括为“四化”，即体系化、人才化、制度化和国际化。它们之间的关系如图 30－1 所示。

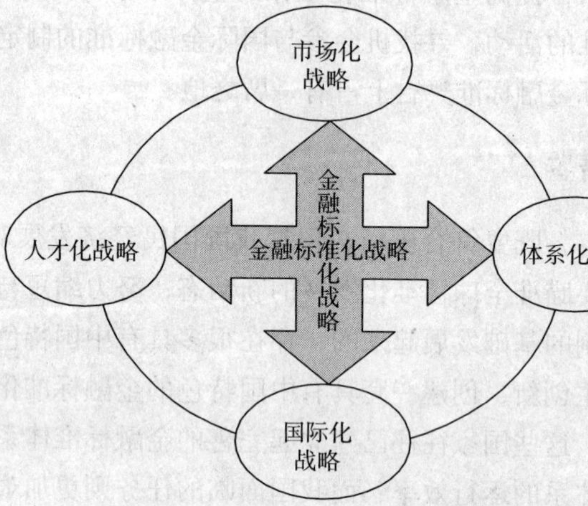

图 30－1　金融标准化发展战略关系图

一、体系化战略

体系化战略就是保证建立与完善金融标准化体系，包括标准产生过程中涉及的标准化法律法规、管理运行、服务、保障和监督等的体系；建立完善的适应国内外市场需要的金融标准化体系框架和基础性标准，完成配套机构建设，形成逐步完善的管理体制和运行机制，建立以自愿性标准为核心，与金融法规相配套，以实施监督为保障，社会广泛参与的金融标准化体系。

体系化的道路是金融标准化工作的必经之途，我国要在充分了解现有金融业对标准需求和对国情要求的基础上，设计出具有中国特色的金融标准化体系。该体系除了要具有国际竞争力以外，还要能顺应各种变化，具有市场适应能力，形成一个高效的学习型的金融标准化体系。

二、人才化战略

人才化战略就是加强金融标准化人才的开发与培养。要贯彻国家人才战略的指导方针，以我国金融标准化的长远发展为出发点，把人才化战略作为重点战略实施，不断深化人事制度改革，加大金融标准化人才的开发力度，建立健全金融标准化人才的培养、开发、吸引、使用、激励、流动的科学机制；通过人才战略的全面实施，建设一支知识结构合理的高素质金融标准化人才队伍，为我国金融标准化的创新发展提供坚实的基础，为我国金融标准化发展战略的实施提供人力支持。

目前，金融标准化人才匮乏也是我国金融标准化工作水平低下的重要因素，所以我国的金融标准化工作要向国际化方向发展，加强人才的培养是必不可少的。为了更好地促进我国金融标准化工作的开展和迎接国际金融业务的挑战，提高我国在国际金融标准中的地位，培养一批金融标准化人才是重要保障。金融标准化人才应该具备以下一些素质：既具有丰富的金融标准编制，修订的实践经验，又具有深厚的金融和标准专业的理论功底；既熟悉 ISO/IEC 标准审查规则，外语又好；能够掌握国际金融标准发展动态，特别是国外有关国家和地区的相关金融产品和服务的标准、技术法规及合格评定的发展动态；既熟悉中国国情又懂得金融行业的发展战略和有关国家政府的政策策略等。

由此看来，金融标准化对人才的要求很高，所以要制定出人才培养的战略和计划，采取有效的手段不断提高金融标准化人员的理论实践水平。首先要加大对人才培养的投入，对从事标准研究的人员进行研究，更新知识结构，使其在理论上再上一个台阶；另外要开辟研究领域，使参与人员在实践中得到足够的锻炼；为了能够掌握整个金融国际标准的动向，要组织人员出国考察和培训，加强与国际标准化组织以及其他国家金融标准化机构的交流与合作，积极参加国际会议及国际交流活动，开拓标准化工作的思路，跟踪最新发展；在一些有条件的机构设置金融标准专业，有计划地培养出高素质人才。

通过稳健的人才发展战略，吸引一流的金融标准专业人才加盟，特别是加强对高学历的博士生、硕士生（具有较强的管理学、金融学、法学、外语等教育背景，同时又对标准有浓厚兴趣）的引进；对高层次复合型人才——能将多种学科知识及技能融合贯通的人才（双学士、双硕士、双博士）的引进；对具有金融标准丰富经验的国外人员和留学人员的引进。

市场的竞争最终都要归根于人才的竞争，在实施人才化战略时要通过各种手段达到金融标准化的工作人员的结构合理化，形成人才梯队，通过完善管理手段及运作机制，使人才在工作过程中实现其人生价值。同时要建立起一套完整有效的激励约束机制，从而能够合理地开发配置人力资源，发挥人才的最大潜能，进而更好地培养人才、吸引人才。

三、制度化战略

制度化战略就是要充分发挥金融标准化工作在国民经济和社会发展中的有效性，贴近市场，快速反映市场需求；通过制度化战略的实施，转变计划经济长期形成的对金融标准化工作的管理观念，改革和创新我国金融标准化的管理体制、运行体制，为我国金融标准化的快速有序发展提供运行环境和保障，为我国金融标准化国际化发展战略的顺利实施提供环境保障和支持平台。

制度化是指社会控制和运行机制的模式化、程序化和规范化，以制度化方式设置和运行的社会结构就是制度化结构；制度化的过程也是一个利益结构与改革方式的选择过程；制度化结构与社会成员的利益有着十分紧密的关系。它以一整套原则、规范和机构限定了人们的利益状况和空间，并保护其在结构关系中的实现。所有的制度改革和政府变迁都要以市场运作为动力，通过一系列规则和惯例发生作用，在一个改革的环境中，这套规则和惯例不仅需要设计，而且需要发育和生成。

培育较为完善的金融标准化工作的制度环境不仅仅取决于自身运行的方式与特点，还取决于所处环境中的其他各种法律法规和经济制度的安排：首先，深化产权制度的改革，进一步规范资本市场，建立完善的法律体系；其次，将政府参与金融标准化工作的意志逐步制度化。政府参与意志的制度化是为了进一步搞好我国的金融标准化工作，要明确部门和岗位的责权利制度，建立考核奖惩、评估及培训与使用相结合的制度，以确保金融标准化工作的有序开展。

今后我国在金融标准化工作的制度化方面，要以政府的规范、引导和监管为努力方向，立足于加强国内金融标准有关法规的健全和各种组织的职责明确。制度化是一个非常重要的概念，在我国普遍受到重视，原因不仅在于它能形成高效率的社会运行机制，而且还在于制度化结构的刚性、程序性和可操作性使其运行结果具有一致性、确定性和公正性。

四、国际化战略

国际化战略就是为了满足我国加入世界贸易组织时承诺的2006年全面放开国内金融市场的迫切需要，以及国内金融企业参与国际金融市场的长远需求，我国金融标准化工作必须要和国际接轨，通过制定和实施国际化战略，使我国有能力参与国际金融标准的制定，加大我国在金融国际标准制定过程中的影响力，同时建立一支适应国际金融标准化工作需要的人才队伍。

我国金融标准化工作的国际化战略实际上是为了确立我国的金融标准在全球范围内的地位，尽可能多将我国的国家标准转化为国际标准，让我国成为“卖规则”的国家，从而可以获得较高的经济回报。从全球范围来看，金融标准化的国际化既是世界经济一体化发展的必然结果，又是垄断资本通过全球范围的资本自由流动、自由竞争，在世界各地追求超额利润，重新瓜分和占有各国市场并获取利益的要求，并且金融竞争的特点就是大鱼吃小鱼，即实力强的垄断资本集团吞并实力弱小的资本，发达国家总是通过种种办法迫使发展中国家开放金融市场的用意也正在于此。金融标准化作为一个很好的增强金融实力的竞争手段同样要实行国际化战略。我国目前金融业的实力并不强大，金融标准化工作起步很晚，但我们不能仅仅局限于国内的金融标准化体系的发展，不能过于封闭，要站在全球竞争的角度，防御发达国家的战略进攻，逐步增强我国的金融实力，加快金融标准化工作的步伐。

实施金融标准化的国际化战略，将有利于建立一套机制以创造更加宽松的金融竞争环境，引进更多的外资金融机构和金融创新工具，改进金融管理的手段，并提高金融服务的质量，从而促进我国金融市场更加健全和完善。

国际化需要以金融标准化工作的规范化和市场化为前提条件。同时国内金融业不可避免地要参与国际竞争，与国际市场接轨，从金融服务的操作方式到金融机构的总体架构上都必须与国际接轨，所以我国政府应将眼光放得长远一点，不能只盯着国内市场，还应该争取早日将我国的金融标准打入国际市场。

我国金融标准化的国际化既是一项跨世纪的伟大的系统工程，又是一场十分艰巨的长期的攻坚战。我国应该认真研究和吸取各国金融标准化工作的经验和教训，积极创造条件，有计划、分步骤地向前推进金融标准化工作的国际化。

30.2.3　功能战略

为实现我国金融标准化的国际化战略的目标，保证我国参与国际金融标准制定的需要，从金融标准化工作的全过程进行突破，需要通过实施金融标准化工作的统一化、规范化、市场化和信息化四个功能战略来保证，即通过标准制定、出版发行、宣传推广、咨询和认证的市场化，金融标准层次以及金融机构贯彻金融标准的统一化，金融标准化的管理过程和手段的规范化和金融标准化全过程的信息化，来共同推动金融标准化的国际化战略，如图 30－2 所示。

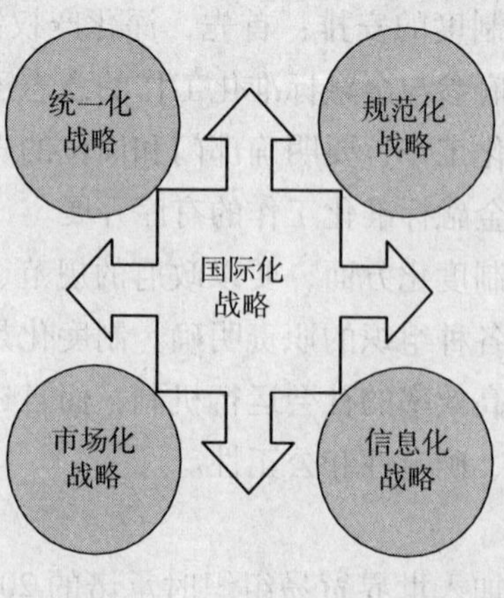

图 30－2　各功能战略和国际化战略的关系

一、市场化战略

市场化战略就是在金融标准的制定时要符合社会经济发展的需要，符合金融市场的需求和金融机构的需要，要保证有足够多的金融标准化相关者参与，保证标准的制定过程公开公正；另外要建立起金融标准化工作过程回报机制，为缓解金融标准制定经费的财政投入，尽可能地利用各种渠道，在金融标准制定、标准的出版和发行、标准的宣传和推广、金融标准化咨询和认证等方面通过市场化的运作机制来保证“谁受益、谁投资、谁获利”。

当金融业的市场化进程不断取得进展时，金融标准化工作的市场化问题就显得尤其迫切。为适应加入世界贸易组织后的变化，政府职能必须转变，管理的方式、方法也必须适应社会主义市场经济的需要，必须保证金融标准化工作的市场运作的需要，同时对一些不适应世界贸易组织要求的法律、法规必须进行清理。

市场经济体制是一种以市场调节作为主要手段的经济，市场调节则是以市场的供需量调节社会资源配置的主要方式。任何一个经济体制的基本任务就是对个人行为形成一个激励集，由此鼓励创新和勤奋以及对别人的信赖并与别人进行合作；通过这些激励，每个人都将受到鼓舞而去从事那些对他们有益处的经济活动，但更重要的是，这些活动对整个社会有益，个人只不过是社会的一部分。从市场运作的动力机制上看，在改革中市场经济的核心问题是利益关系的市场化，追求局部利益是人们经济活动的基本动力，局部利益的获得是通过市场交易满足的，并且这些交易都是自愿的。在金融标准化工作中，要保持工作的顺利进行和快速发展，必须要建立一种市场运作机制，调动一切可以调动的机构和人，投身到金融标准化事业中去，也只有这样，才可能创造一种可持续发展的动力，保证金融标准化工作能够朝着更加健康的方向前进，为促进金融标准化的国际化打下良好的基础。

二、统一化战略

统一化战略的内容包括四个层次，即我国金融标准与国际金融标准、国外先进标准的统一化，金融标准与其他行业标准的统一化，不同金融标准之间的统一化，同一类金融标准在不同层次上的统一化。通过实现这四个层次上的统一，可以加快我国的金融标准化工作的进程。

我国标准化管理委员会对每个行业都有一个与全国标准化发展战略相一致的政策和态度，金融标准化是国家发展的重点之一，同时有相应的政策来支持，所以金融标准化主管部门要借此机会，与国家的有关政策保持统一，大力推进行业标准化工作的开展；另外在制定金融标准体系时，首先要制定一个标准的标准化管理体系，保证每个标准在连接接口、语言描述、编号格式等方面协调一致、保持统一。

国际化发展战略要求我国的金融标准能够适应国际市场的需要，同时与国际上与金融有关的惯例和标准保持统一，这样才有可能更快地将我国的金融标准渗透进国际市场，加快我国金融标准化工作国际化的进程。

在金融标准体系完善的过程中，政府部门要加强引导和监督金融机构对金融标准的贯彻，执行我国有关的国家标准化工作的方针政策，在存在国际标准和国家标准的前提下，提倡金融机构使用国际标准和国家标准，以保持金融机构的标准贯彻的统一性；另外，也要加强对金融标准的宣传、推广和辅助实施，为我国金融标准统一贯彻奠定基础。

三、规范化战略

规范化战略就是为规范我国的金融标准化工作而采取的一系列措施和政策，其主要内容包括金融标准化组织的条理化、标准化的管理制度化和标准化的过程程序化。

金融标准化工作是一个很复杂的系统过程，要达到系统运作的规范目标，就必须进行合理的操作，而复杂的规范将会使操作过程变得更难以获得充分的确定性。解决这个问题最重要的条件就是规范系统运作机制的制度化，制度化可以使规范系统的目标更容易、更公正地实现。制度化既限制了规范系统运作过程中因人而异的随意性，也在一定程度上限制了由于系统之间不同规范的复杂交错而造成的运行效果上的“混沌效应”。通过制度来保证金融标准化运作过程的确定性具有其自身的优越性，可以使各项活动都具有相对的确定性，从而降低社会生活中的行为选择出现困境时的决策消耗。

用来规范的制度体系是一个相对稳态结构，而它所要规范的对象却处于永恒的运作变化之中。所以任何一种制度体系的规范对象，就规范方式的有限性而言，实际上具有无穷的多样性，绝无可能分别按各个特例逐一设置特定规则。所以为了获得更好的规范效果，必须对制度体系的缺陷进行修正或补偿。实际上这种修正和补偿工作一直都在进行着，只是在这一过程中还有许多重要问题需要解决，特别是指导思想和方式方法方面的问题。

规章制度是一个很好的选择，它不仅可以使金融标准化的各项工作得以规范化、制度化，而且也可以对开展各项工作起到很好的激励和约束作用。

四、信息化战略

信息化战略就是为了提高金融标准化工作的效率，必须要借助信息技术手段，保证标准管理的信息化，实现信息资源的共享；也要促进标准服务的信息化，采取信息技术，保证标准化服务工作的公开透明，提高工作效率。

现代社会是一个信息化的社会，国民经济的运行已经离不开信息化的应用，信息化建设水平的高低越来越成为在竞争中是否能保持优势的重要保证，对于金融标准化工作来说也不例外，在总体规划上加强金融标准化的信息化建设工作，是加快金融标准化工作进程的重要方面。

金融标准化的信息化是指借助现代信息技术（包括计算机技术、通信技术等）获取、储存、处理和利用内外部各种与金融标准化有关的信息，来优化人力资源、物质资源和财力资源的配置，使得在业务流程、管理效率、决策水平和经济效益等方面能够提高金融标准化工作的竞争力的过程。信息化不是一个静态的概念，它是金融标准化工作信息系统投入、运行、应用和改进的动态过程，它是一个系统工程，需要政府各个部门和有关单位协调运作，信息化取得的效益取决于信息系统在各个部门或单位应用的综合效果。

信息化是当今世界经济和社会发展的大趋势，“十五”期间大力推进国民经济社会信息化，实现社会生产力的跨越式发展，是中华民族百年不遇的历史性机遇，是追赶发达国家现代化快速发展步伐的重要手段，是一个覆盖我国现代化全局的战略举措。所以在进行金融标准化工作过程中，要加强信息技术的应用，从金融标准的制定过程的透明度和公众的参与性，金融标准的查询服务体系，到金融服务体系的方便性和政府监管的便利性，只有通过信息技术，才能保证良好的运作效果。

30.2.4 战略重点

综观金融标准化过程中所需要进行的活动，结合我国金融标准化的现状，我们列举出了我国金融标准化发展过程中的战略重点。

一、金融标准化管理体制转型

该战略目标是实现我国金融标准化管理体制由计划型向市场型的根本转变，它是提高金融标准市场适应性的首要战略，该战略目标的实施将形成一套适合我国金融标准化协调有序发展的管理机制，形成近期和远期金融标准化工作发展规划，为制定出适应于市场的金融标准和建立金融标准化工作的市场导向机制营造良好的外部环境，彻底改变目前这种现遇问题现解决，造成标准不配套、不协调的金融标准化的被动局面。

二、完善金融标准体系

我国的金融标准从体系框架到质量都很不完善，通过实施完善金融标准体系的战略目标，要建立起一套完整的金融标准体系框架，并在框架的整体规划下，提高我国金融标准的质量水平和市场适应性程度；并且要不断加强金融服务的创新和产品的开发，进而加强金融标准的研究，提高我国金融标准的前瞻性和先进性。

三、建立金融标准化服务体系

我国的金融标准化工作起步时间不长，金融标准化的服务体系基本还处于空白状态。通过该战略目标的实施，要普遍提高金融标准化的意识，特别是提高一些有影响力人员的认识水平，培养一批高素质的金融标准化人才，另外还要成立专门的金融标准化咨询服务和认证机构，加强金融标准的实施和监管的力度。

四、金融标准化工作的国际突破

在加入世界贸易组织之后，我国同其他成员国的接触日益频繁，我国的金融标准化工作国际化是大势所趋。目前我国金融标准在国际标准化领域缺乏应有的地位，所以必须要通过几年、甚至十几年的努力实现我国采用国际金融标准工作以及参与国际金融标准化工作的根本转移。该战略目标的实施将为我国金融标准适应国际市场找到突破口，实现我国在金融标准化领域中由不参与到一般参与，再到实质性参与制定国际标准，力争在尽可能短的时间内成为国际金融标准化的一支生力军。

30.3 中国金融标准化发展战略部署

根据上文制定出的我国金融标准化发展战略目标和工作重点，结合我国金融标准化的现状，来对我国金融标准化详细地进行战略部署。金融标准化进行战略部署分为三个阶段，即2004～2006年，金融标准化工作全面启动阶段；2007～2008年，金融标准化工作整体提升阶段；2009～2010年，金融标准化工作不断完善，基本达到国际先进水平阶段。

30.3.1 第一阶段战略部署

2004～2006年，是金融标准化工作全面启动阶段。该阶段主要开展下列各项工作：

（1）加强我国现有金融标准化组织机构的改革，完善其职能和内部的各项管理制度，并根据标准化工作的需要，研究和成立新的标准化组织，包括进一步成立专门的金融标准化研究和服务机构。

（2）进行金融标准化体系的框架和内容的研究工作，并初步建立金融标准化体系框架。

（3）修改和制定与我国金融标准化有关的金融法律法规，为金融标准化工作的市场化运作创造条件。

（4）结合我国的金融业现状和国内外金融标准化的情况，进行有关的金融标准制定的体制改革，改进和完善金融标准制定的工作流程；建立金融标准体系框架，并建立金融标准库；然后编制出标准制定规划，制定出标准化工作的重点课题与重点领域。

（5）加强国际采标工作的力度，系统开展国际标准和国外先进标准的翻译工作，加强国外金融标准化的跟踪研究工作，加强与国外标准化组织的合作与交流。

（6）加大金融国际标准和国外先进标准的跟踪研究的力度。

（7）研究和制定金融标准化人才开发和培养的体制和机制。

（8）不断加强金融标准化的宣传和普及力度，提高整个金融行业的标准化意识。

（9）进行金融标准化信息化建设，创建全面的金融标准化信息系统。

30.3.2 第二阶段战略部署

2007～2008年，是金融标准化工作整体提升阶段。该阶段我国金融标准化各项工作要实现一个突破。该阶段需要完成下列工作：

（1）进一步完善金融标准化的组织工作，政府引导成立专门的民间金融标准化协会或学会，创建金融标准制定的新模式；

（2）根据第一阶段制定的金融标准体系框架，结合金融市场的变化情况，全面制定我国的金融标准，建立基本完善的金融标准体系；

（3）不断完善金融标准化信息系统，以此为平台，进行标准化工作的宣传、信息发布和知识交流；

（4）全面启动标准化人才开发和培养机制，充分发挥金融标准化管理机构、金融标准化研究机构、高等院校和金融机构在标准化人才培养中的积极作用，建立金融标准化人才库；

（5）积极参与金融国际标准制定及研究活动，与国际金融标准化组织建立伙伴和战略联盟关系，不断提高我国金融标准化工作在国际市场中的竞争地位；

（6）建立金融标准化咨询服务及认证机构，并在政府的规范和引导下进行工作。

30.3.3 第三阶段战略部署

2009～2010年，是金融标准化工作不断完善并基本达到国际先进水平阶段。该阶段需要完成下列工作：

（1）建立基本完善的金融标准化体系，即建立完善的适应国内外市场需要的金融标准化体系框架，完成配套机构建设，形成相对完善的管理体制和运行机制，建立以推荐性标准为核心，与技术法规相配套，以政府实施监督为保障，社会广泛参与的金融标准化体系；

（2）实现金融标准化工作的市场化运作机制；

（3）建成一支满足国际金融标准化活动的、知识层次和知识结构合理的标准化人才队伍；

（4）我国金融标准化工作达到国际先进水平，争取在金融国际标准制定中拥有一席之地，参与或承担制定金融国际标准。

30.4 中国金融标准化发展战略的分任务目标及实施步骤

30.4.1 建立与完善金融标准化体系的目标及实施步骤

金融标准化体系由基本体系和推行体系组成，其基本框架结构如图30－3所示。

一、实施策略

建立完善的金融标准化体系需要相当长的时间，它包括建设金融标准化基本体系和金融标准化推行体系两个方面的内容。必须按照我国市场经济发展的需要，根据WTO/TBT协议，广泛吸收和借鉴国内外金融标准化管理的经验。建设金融标准化推行体系，就要广泛进行金融标准化的舆论宣传，进行金融标准化法律法规、管理体系、运行机制、实施体系、保障体系和服务体系的建设，并不断完

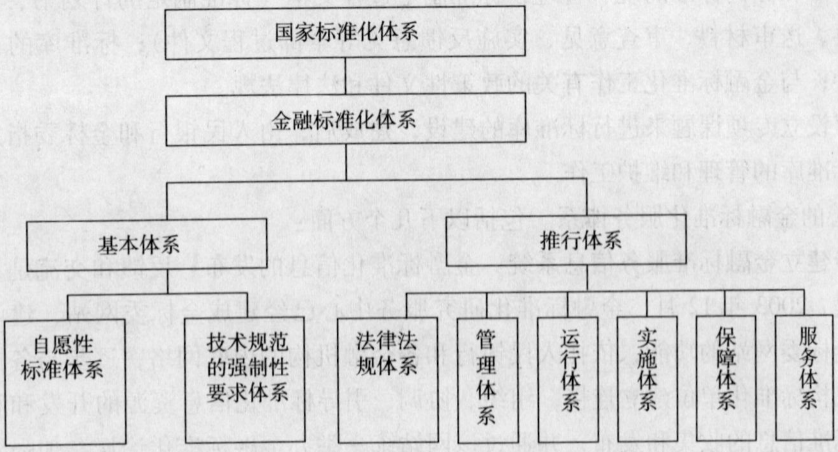

图 30－3

善。只有这样，才能建设科学合理的由推荐性标准、技术法规体系组成的金融标准基本体系，保证我国金融标准的市场适应性，充分发挥金融标准化对我国金融行业，乃至我国社会主义市场经济快速发展的推动作用。

具体来讲，可以通过以下策略的实施来达到建立完善的金融标准化体系这一战略目标：

1. 金融标准化法律法规体系的建设。以往我国的金融标准化工作主要是服从于国家标准化的有关法律法规，金融标准化方面仅有一些政策性文件，标准化工作应在法制的轨道上进行，通过法律法规体系的建设，转变政府单纯以行政手段管理金融标准化的传统模式，为我国金融标准化工作的有序发展提供保证。

2. 系统地对金融标准化体系框架和内容进行研究。目前我国金融标准化体系还没有形成一个在业内达成共识的框架，本章开始提出的金融标准化体系框架有四层结构，第四层各个分体系的框架有待进一步研究，在完成框架结构的基础上，研究各层次应包含的内容，为金融标准化体系的建设提供技术支持，才会更加明确下一步标准化工作的重点领域或重点课题。建议将其作为重点课题进行研究。

3. 建立完善的金融标准体系。建立一套完善的金融标准体系，是建立我国金融标准化体系的首要工作，也是我国金融标准化工作的基础。第一，必须在借鉴国际金融标准体系和国内其他行业标准体系建设经验的基础上，结合我国金融业的发展现状，研究各金融标准之间的相互关系，确定金融标准体系框架。第二，应当加强国际采标的工作，采用国际标准和发达国家先进金融标准对于我国完善金融标准体系来说是非常必要的，主要目的是提高我国金融标准的先进性和国际市场适应性；同时，要加强预测国际金融标准体系发展的趋势，在现有国际标准的基础上开发更先进的标准，为我国金融标准进入国际市场打下坚实的基础。第三，关于金融企业标准的管理。目前我国金融企业标准，没有一个专门的管理办法，也没有进行系统地统计和整理，处于比较分散的局面，企业进行的标准化管理工作也不正规。在当前金融行业市场机制尚不完善的情况下，应加强企业标准的备案管理工作。随着我国市场体制的建立，市场竞争机制的形成，当企业能真正认识到金融标准的重要性，并把标准作为参与市场竞争的手段时，政府可以从程序备案到逐步取消企业标准的备案管理。

4. 金融标准知识库的建设。自金标委成立至今，我国金融标准化工作逐渐走向正轨，金融标准库的建设势在必行，要对标准化历史文件统一管理，为标准化服务工作提供支持。金融标准知识库应包括：基础标准库，即金融国内标准、金融国际标准、金融国外先进标准三部分内容，实现对国际标准、国外先进标准和国内标准的统一管理；标准制定过程文本（标准制定的计划书、立项材料、过程文本、会议纪要、送审材料、审查意见、实施反馈意见等全部过程文件）；标准库的文本格式，包括电子和文档两种；与金融标准化工作有关的政策性文件和法律法规。

另外，建议设立专项课题来进行标准库的建设，建成后，由人民银行和金标委指定专门组织、并安排专人负责标准库的管理和维护工作。

5. 建立完善的金融标准化服务体系。包括以下几个方面：

第一，逐步建立金融标准服务信息系统。金融标准化信息的发布、反馈和交流是金融标准推广和实施的重要前提，2003 年 12 月，金融标准化研究服务中心已经建成金标委网站，建议以金标委网站为中心，完善金标委网站的功能，依托人民银行和各金融机构的内联网络，逐步与各标准化分技术委员会和各金融机构标准化单位建立连接，组织、协调、引导标准化信息资源的开发和利用，以此为平台，统一进行标准信息的收集和发布，并通过该网站统一举办金融标准化论坛，加强对金融标准的宣传，面向全国用户提供金融标准化的信息发布、咨询、查询、调查等服务，引导我国金融标准化的发展。

第二，建立金融标准化的咨询及认证机构。咨询和认证是金融标准化中不可缺少的一部分，但在我国还是一个空白，政府要加强引导，逐步建立健全金融标准的咨询机构和标准认证机构，加强和完善机构的职能职责，更好地发挥金融标准化促进金融业发展的作用。

开展金融标准化的认证工作首先要研究制定规范的合格评定程序和先进的检验检测手段，按照 WTO/TBT 协议，合格评定程序是指直接或间接用来确定是否达到技术规范或标准的相应要求的程序，其中包括取样、测试和检验程序，评估、验证和合格保证程序，注册、认可标准以及它们的综合程序。对某些金融产品只能通过合格的评定程序才能获准进入市场。检验检测是衡量技术法规和标准是否有效实施的重要手段，也是保障合格评定程序执行的有效支撑。美国、德国和日本等发达国家政府部门十分重视检验检测机构、实验室的建立，权威机构可以得到政府的授权。我国金融行业目前已经有设立金融认证中心的成功经验，要适应 2006 年后向世界全面放开我国金融市场的承诺，开展标准化认证的工作是及时和必要的。

6. 加强我国现有金融标准化组织机构的改革。主要包括：

第一，进行现有金融标准化组织机构的改革，完善职能和内部的各项管理制度。目前，金标委是一个相对比较松散的组织，每年召开一次年会，实际由金标委秘书处来处理金标委的日常工作，而秘书处的成员同时在各金融单位中也有另外的工作，基本是兼职，工作强度非常大。同样，在各金融机关和企业的标准化管理和工作岗位设立上也同样有兼职的情况。因此有必要在各级标准化负责单位设定专门岗位和职能，指定专门人员来进行标准化的管理工作。另外，根据标准化工作的需要，在金标委下面研究和成立新的标准化组织，如保险、金融监管等金融标准化分技术委员会。

第二，在政府引导下，由人民银行、证监会、保监会、银监会和国家外汇管理局、国家政策性银行及一些与金融标准化有关的其他机关和其他企事业单位联合，组织成立金融行业标准化协会等民间标准化组织，给国内广大企事业单位或个人和国外金融单位或个人提供一个参与标准化工作的舞台。

第三，进一步成立专门的金融标准化研究和服务机构。目前仅仅成立了一家专业金融标准化研究服务机构，即人民银行组织成立的金融标准化研究服务中心，建议有实力的其他金融管理机构和企事业单位组织成立专门的金融标准化研究和服务机构。

7. 进行有关的金融标准制定的体制改革。改进和完善金融标准制定的工作流程，以逐步发挥民间金融标准化组织、金融企业在标准化制定中的主体作用；鼓励和吸收企业界和用户参与标准化工作。

国家和行业标准的贯彻实施，大部分是通过企业来实现的。因此，企业不仅是标准化工作的参与者，还应该成为标准化工作的主体，企业对标准化工作的参与程度和主体作用发挥程度是我国社会主义市场经济体制建立和成熟度的具体体现。政府要创造条件和采取有效的措施鼓励和吸纳企业积极参与标准化活动，有以下几种方式：在金标委中增加企业的成员；有条件并有积极性的企业可承担国家标准的起草工作，目前在“十五”攻关课题中已经有效地开展，如中国工商银行承担了《银行集中式数据中心体系规范》和《银行卡联网联合安全规范》两个标准的组织编写工作；技术力量比较强且在行业内有一定影响的企业，可以承担金融标准化分技术委员会秘书处的工作；为更多的企业提供参加国际标准化活动的机会，包括参加国际标准化技术性会议（TC/SC）和参加国际标准制定工作，参加国外标准化考察等；对企业承担起草的有影响的重要国家标准，标准草案要广泛征求有关企业的意见；国家制定与企业有关的标准化工作方针政策时，采取不同形式广泛征求企业意见；成立高层次的标准化管理组织时，吸收有代表性的大型企业集团参加等。

二、实施步骤

根据上文所论述的我国金融标准化发展战略的总体部署，建立和完善我国的金融标准化体系应分三步走，即初步建立金融标准化体系框架阶段、逐步建立金融标准化体系阶段、建立基本完善的符合国际性标准化工作需要的金融标准化体系阶段三个阶段。具体如下：

第一阶段，2004 ~ 2006 年。研究金融标准化体系的框架和内容，初步建立金融标准化体系框架。该阶段主要开展下列各项工作，以初步建立金融标准化体系框架。

（1）修改或制定与我国金融标准化有关的金融法律法规，为金融标准化工作的市场化运作创造条件；

（2）加强我国现有金融标准化组织机构的改革，完善其职能和内部的各项管理制度，并根据标准化工作的需要，研究成立新的标准化组织；

（3）进行有关的金融标准制定的体制改革，改进和完善金融标准制定的工作流程；

（4）基本建立金融标准体系的框架，并建立金融标准数据库，结合我国的金融业现状和国内外金融标准化的情况，制定出标准化工作的重点课题与重点领域；

（5）完善金融标准化信息化建设，创建全面的金融标准化信息系统，以此为平台，提供面向全国的金融标准化咨询、查询、调查等服务；

（6）进一步成立专门的金融标准化研究和服务机构，加强金融标准化的研究、服务工作。

第二阶段，2007 ~ 2008 年。逐步建立金融标准化体系阶段。该阶段需要完成下列工作：

（1）进一步完善与标准化有关的法律法规，为标准化工作的市场化运作，企事业单位和个人广泛参与提供保障；

（2）进一步完善金融标准化的组织工作，政府引导成立专门的民间金融标准化协会（学会），创建金融标准制定市场化运作的新模式；

（3）根据第一阶段制定的金融标准体系框架，结合金融市场的变化情况，全面制定我国的金融标准，建立基本完善的金融标准体系；

（4）建立金融标准化咨询服务及认证机构，并在政府的规范和引导下进行工作。

第三阶段，2009 ~ 2010 年。建立基本完善的符合国际性标准化工作需要的金融标准化体系阶段。在该阶段，完善适应国内外市场需要的金融标准化体系的建设。

30.4.2 开发、培养、培训标准化人才的目标及实施步骤

为了应对加入世界贸易组织后的挑战，科技部提出实施“人才、专利、技术标准”三大战略，

"人才是科技进步和社会发展最重要的资源"。大力开发和优化配置人才资源，建立一支高素质的标准化人才队伍，为实现中国金融标准化发展战略服务，是政府和各金融标准化部门十分重要和紧迫的战略任务。人才是制胜之本，对于构筑我国金融标准化在国际上的核心竞争力，是最关键的要素之一。

标准化工作的特点要求标准化人才政策性强，知识面宽，组织管理能力强。从标准化工作的需要来看，金融标准化需要四个层次的人才，即金融标准化专家、金融标准化研究人员、金融标准化管理人员、金融标准化工作人员。一个金融标准化人才应该具有掌握全面系统的标准化知识和工作方法，熟悉金融行业的技术和业务，具有良好的英语水平，良好的交际和沟通能力。因此，金融标准化人才的知识结构需要有四个层次、不同门类的知识，一是要有大学文化水平或以上的最基本的文化知识；二是要具有能够从事一般科技工作的科学基础知识；三是要有能够从事金融专业技术工作的专业知识；四是要经过标准化方面的专门培训和实践并能够从事标准化技术业务。其中最主要的是要熟悉金融业务和技术工作，并经过标准化方面的专门培训和实践。

一、实施策略

目前，金融标准化人才结构性短缺是我国金融标准化工作不能迅速开展的瓶颈，因此，结合我国目前不断深化的人事制度改革，加大标准化方面的人力资源开发力度，建立健全标准化人才的培养、开发、吸引、流动、使用、激励的科学机制，通过实施人才开发和培养战略，在我国建立一支知识层次和知识结构合理的、胜任国际金融标准化活动的金融标准化人才队伍，是当前亟待解决而又必须长期坚持不懈的艰巨任务。实施人才化战略可以采用以下策略：

1. 制定标准化人才培养长期规划。由金标委或人民银行组织，全面制定各金融机构和社会各界广泛参与的标准化人才的开发与培养规划，其中尤其应注意标准化人才的合理搭配，即标准化研究、管理和工作人员的比例合适，部门之间人才的流动要适当，并在不同的阶段有所侧重，以全面解决我国金融标准化人才结构性短缺的问题。

2. 建立人才开发和培养机制。金融标准化人才培养的主体有各金融机构、人民银行、证监会、保监会、银监会等金融业管理部门、国家和其他行业标准化机构、高等院校和科研院所等标准化研究机构，目前金融标准化人才开发和培养主要集中在金融企业和金融行业管理部门，建立金融标准化协会或学会后，将会开拓标准化人才的新的开发与管理方式。

3. 建立快速的人才开发、培养模式。改革人事制度和人才引进流动机制，从金融行业内部或其他行业快速获得急需的标准化人才，也可以通过社会招聘的方式，面向国内外进行。对于高水平人才，应该实施特别的激励手段，只有在有效的考核指标下不拘一格地用人才，标准化的工作才会快速开展，人才培养需要增加金融标准化论坛、专题报告等信息交流渠道，对标准化研究成果进行奖励和推广。

4. 建立标准化现职人员、后备人才的培训基地。可以采用如下方式：金融管理机构、金融企业、金融标准化研究服务机构和在我国高校开设标准化课程或设立技术管理（MOT）专业，选拔金融和标准化方面的专家任教，入学资格可以按标准化人才的要求确定，前提应该有金融标准化方面的工作经验；与其他标准化机构（如中国标准化研究院等）、高等院校、大型金融企业合作培养；有计划性地对现职标准化人员进行培训。

5. 定向着重培养金融标准化国际型人才。我国金融标准化工作起步晚，总体来说，标准化人才较少且结构性短缺。其中，金融标准化国际型人才的培养是人才开发培养的重点，也是我国2006年将全面开放金融市场的迫切需要，必须有效推进国际标准化活动，着重培养熟悉ISO/IEC标准审议规则并具有金融专业知识的人才。对国际型标准化人才的素质要求很高：英语水平高，有渊博的知识，是

金融领域的技术或标准化的专家；掌握整个国际金融业的动向；知道我国金融企业在世界上的竞争能力与位置，以及与金融业务和技术有关的国外企业和行业的动向；懂得金融企业和产业的发展战略和其他国家政府的政策策略等；有很好的语言表达能力，能充分向有关各国和各金融行业的专家说明采用本国标准提案将会给世界带来的好处等等。

标准化国际型人才应该以培养为主，引进为辅，目前我国金融标准化国际型专家还没有，可以考虑从国外直接引进或者通过人才交流的方式引进；国际型的标准化管理和工作人员可以从其他行业或部门直接引进，培养方式可以通过和国内外标准化组织合作培养，如与国标委、其他标准化研究机构、高等院校、国际标准化组织合作培养；国际型标准化人才的培训需要制定一个总体培养计划和年度培养计划，选拔业内优秀人才有计划、有步骤地进行，加强国际标准化的合作和交流。

6. 建设虚拟金融标准化专家库。通过各种渠道，由金标委组织，由专门机构负责管理信息，集合各金融单位现有的金融业务和技术专家、国内现有的不限于金融行业的标准化方面专家、金融标准化方面的专家，包括国内外金融标准化专家的个人有关信息、工作经历、特长、科研成果、联系方式等，以便于进行标准化的交流和合作。

二、实施步骤

第一阶段，2004～2006 年。初步完成金融标准化人才库的建设，建立人才开发和培养机制。

第二阶段，2007～2008 年。全面启动人才开发和培养机制，在金融部门培养之外，建立标准化协会或学会的培养方式，在高校和标准化研究机构设立标准化课程或专业，标准化的人才开发、培养、培训走向正规，有标准化人才的梯队建设。

第三阶段，2009～2010 年。建成一支知识层次和知识结构合理，适应国际标准化工作需要的金融标准化人才队伍，在标准化工作中达到标准化人才的产学研相结合的良性循环。

30.4.3 积极推进金融标准化制度创新的目标及实施步骤

通过舆论和新闻媒介加大标准化工作的宣传力度，改变以往计划经济模式管理金融标准化工作形成的观念，形成为符合市场经济需要而管理的新观念。通过管理体制创新，转变政府管理标准化职能，使政府逐渐从标准化事务性工作中脱离出来，向统一部署、舆论引导和规范监督标准化工作的职能转变，革新标准制订组织形式，强化金融机构参与标准化工作的主体地位和作用。

一、实施策略

适应我国加入世界贸易组织的新形势要求，充分借鉴国内外金融标准化管理体制的先进经验，建立适应我国市场经济发展和金融市场需要的管理体制和运行机制，以保证我国金融标准化工作的快速开展，具体通过以下策略的实施达到制度创新的目的：

1. 金融标准化管理体制转型。

第一，逐步转变政府管理职能、完善管理体制。在目前金融标准化工作还没有成熟的情况下，政府应加强对标准化工作的统一管理，标准化工作应在“统一归口、统一管理、统一报批”的原则指导下进行，定期对标准制定、执行情况检查并通报，加强企业标准的备案工作，实行由人民银行作为标准化行政主管部门，金标委、标准化分技术委员会、各金融机构、主编单位构成的金融标准化管理体制。

在金融标准化工作相对成熟时，按国务院提出的要切实实行“三个转变”，即转变职能、转变工作方式、转变工作作风的要求，政府应该管好如下主要工作：标准化法律、法规和规章制度的研究和制定；标准化工作的方针政策研究和制定；标准制定和修订计划、规划以及标准化工作的年度计划和长远发展规划的制定和提出；国家和行业标准的制定和修订工作，重点抓好安全、卫生、环保等行业以及金融行业所急需的重要标准；强制性标准（技术法规）和重要国家标准的实施及实施监督；形成由国标委作为国家标准化主管部门，人民银行作为行业行政主管部门，协会（联合会）、标准化研究机构、金标委和各标准化分技术委员会和企业组成的六个层面的管理体制。

第二，进行组织机构的改革。更加明确金标委等有关部门的角色和职责，明确管理范围，减少金标委委员中行政人员的比例，增加用户、企业技术人员的比例。要重点加强引导建设一批金融标准的学术研究团体，集合一批高层次专家，参与金融标准化的工作，政府引导成立社会各界参与的标准化分技术委员会和金融标准化协会或学会。

2. 创建新型的标准化市场运作机制。

第一，政府要采取各种不同的方式，对金融的标准化工作给予必要的政策倾斜，要加大金融标准化工作启动资金的投入；加强宣传，提高各部门和金融机构的标准化意识，积极利用社会机构的自愿投资，进行金融标准的制定和标准化的服务工作。

第二，改善金融标准制定的工作流程，建立金融标准制定新模式。以政府推动为引导，以市场化运作为动力，联合金融机构、高等院校及专门研究机构等共同进行金融标准研究，联合攻关，政府组织协调实施。

拓宽制定标准计划来源渠道，社会中介组织、企业和个人都可以提出计划项目建议，计划实行动态管理，对于符合立项条件又能自行筹集到经费的项目，可优先列入计划，对技术正在发展过程中而急需的，应列入标准预研项目或列入指导性技术文件。

尽可能地接近金融标准的市场需求，积极引导最广泛的标准利益相关者参与标准的制定工作，对标准编制时的流程和参与人员进行详细规定，加快标准的审议流程，提高标准颁布的效率；并且让改进后的流程以制度的形式固定下来，让金融标准的制定工作也达到标准化，同时改变金融标准的版权归属等，提高标准制定单位的积极性。

提高标准的时效性，坚持完善标准复审、修订制度，缩短标准制定和修订周期，对标准项目实行按阶段划分管理，实施国际通行的标准制定和修订快速程序法，简化标准的报批程序。提高标准技术审查、批准发布和出版发行的速度。积极推进电子传输手段，逐步建立和试点标准从计划开始，到标准草案的讨论、征求意见、技术审查、批准发布和出版发行都通过网络进行的方式。

第三，加强标准制定和修订工作的透明度。包括：向社会公布国家标准制定和修订年度计划；标准草案向社会扩大征求意见的范围；对于强制性国家标准，一些主要的条款，利用网站、报刊杂志或者以通报的形式广泛征求社会各界的意见；及时向国际标准化组织和世贸组织及国内通报国家标准制定和修订的情况。

二、实施步骤

金融标准化管理体制和运行机制创新是金融标准化工作的运行平台和保障，金融标准化体制创新应当走在标准化总体战略部署的前面，金融标准化体制创新的实施步骤如下：

第一阶段，2004～2006 年。建立以政府和金融标准化管理机构宏观调控为主，以金标委为技术归口和中介，研究和试验金融标准化市场化运作为辅的管理体制和运行机制。该阶段主要工作如下：

（1）政府加强宣传，提高各金融管理部门和金融企业的标准化意识。

（2）改革金融标准化管理体制，政府加强对标准化工作的支持力度，进行金融标准化组织机构的改革，成立金融标准化分技术委员会。

（3）改善金融标准制定的工作流程，尽可能地接近金融标准的市场需求，加强标准制定和修订工作的透明度，让金融标准的制定工作也达到标准化，并研究金融标准制定的新模式。

第二阶段，2007～2008 年。建立以政府引导、监督和资金支持为主，广泛实施标准化工作的市场化运作的管理体制。该阶段主要完成下列工作：

（1）重点加强引导建设一批金融标准的学术研究团体，建设金融标准化协会，参与金融标准化的工作。

（2）政府采取各种不同的方式，对金融的标准化工作给予必要的政策倾斜，创建新型的标准化市场运作机制，改变金融标准的版权归属等，积极利用社会机构的自愿投资，进行金融标准的编制。

（3）实施国际通行的标准制定和修订快速程序法，简化标准的报批程序。提高标准技术审查、批准发布和出版发行的速度。

第三阶段，2009～2010 年。建立政府仅实施监督和资金支持的，以金标委、金融标准化协会和金融企业为主，比较灵活的市场化运作的金融标准化管理体制和运行机制。

（1）金融标准化管理体制转型，形成由国标委作为国家标准化主管部门，人民银行作为行业行政主管部门，协会（联合会）、标准化研究机构、金标委和各标准化分技术委员会和企业组成的六个层面的管理体制。

（2）建立新型的标准化运作模式，如积极推进电子传输手段，标准从计划开始，到标准草案的讨论、征求意见、技术审查、批准发布、出版发行和信息反馈都通过网络进行。

30.4.4 积极参与国际竞争与合作的目标及实施步骤

国际标准多数是在欧美经济发达国家的标准的基础上协调产生的，基本上代表了当今世界现代化工业技术水平，在经济全球化的进程不断加快的今天，国际标准的地位和作用越来越重要，欧盟、美国和日本等发达国家和组织都把标准化战略的重点确定为国际标准化战略，强调在国际标准化组织中进行标准化提案，强调在国际标准化中形成自己的地位。在我国加入世界贸易组织的今天，政府和金融行业不能只是被动地应对国际金融企业进入中国金融市场的挑战，而更应当看到我国金融企业进军国外更广阔的金融市场带来的机遇。标准化是金融业的基础支持，因此，实现金融标准化工作的国际突破，是我国金融标准化发展战略的重中之重，也是制定我国金融标准化发展战略的出发点和立足点。

、实施策略

我国金融标准化工作必须要和国际接轨，使我国有能力参与国际金融标准的制定，加大我国在金融国际标准制定过程中的影响力，逐步使我国的标准化工作与国际标准化工作的计划、速度以及试验验证工作接轨。参与国际竞争与合作，可以采用以下策略来实施：

1. 跟踪国际标准。跟踪金融国际标准和欧盟、美国、日本等国外金融先进标准的制定过程，跟踪金融国际标准和国外先进标准的发展动向，并学习国外金融标准化的先进经验。

2. 参与国际金融标准化的合作与交流。参加国际金融标准化组织的论坛和学术活动，及时了解国际金融标准化动向，并与国际金融标准化组织和专家建立良好的合作关系，提高我国在国际标准化组织中的国际地位。

3. 制定符合国际化的金融标准化体系。在跟踪研究国际标准和国外先进标准的基础上，进一步加强对国外金融标准的调研工作，结合我国金融市场的实际情况，在科学、合理、合法的前提下，建立和完善我国的金融标准体系。

4. 加强国际采标工作的力度。在深入对国际标准和国外先进标准进行研究的基础上，推进采用国际标准和国外先进标准的速度，系统开展金融国际标准和国外先进标准的翻译工作，尽快把国际标准转化为我国国家标准，使我们国家的金融标准化建设在国际标准水平的基础上运行，为实现我国金融标准与国际接轨服务。

5. 加强我国金融标准的国际渗透。我们不仅要主动地采用国际标准，还应有计划、有重点地参与国际标准的起草和主动承担国际标准的起草工作，参加标准起草小组（WG）的工作，包括标准试验验证和讨论的全过程，争取在金融国际标准制定中拥有一席之地。

6. 与国际标准化组织建立伙伴和战略联盟关系。加强国际上金融标准的经验交流与合作，互惠互利，建立良好的关系，从而为我国更大程度地进入国际金融标准市场作铺垫。

7. 进行国际金融标准化人才培养。有针对性地对标准化人员进行外语、标准化和金融专业知识的教育培训，建成一支满足国际金融标准化活动需要的标准化人才队伍。

二、实施步骤

第一阶段，2004 ~ 2006 年，国际标准化启动阶段。该阶段主要开展下列各项工作：

（1）加强国际采标工作的力度，系统开展国际标准和国外先进标准的翻译工作，尽快把国际标准转化为我国国家标准，为实现我国金融标准和国际接轨服务；

（2）加强与国外标准化组织的合作与交流，参与国际金融标准化的论坛和学术交流；

（3）加大金融国际标准和国外先进标准的跟踪研究的力度；

（4）研究和制定金融标准化国际人才开发和培养的体制和机制；

（5）提高金融标准化委员会在 ISO/TC 中的地位，由“O”成员转变为“P”成员。

第二阶段，2007 ~ 2008 年，国际标准化参与阶段。该阶段需要完成下列工作：

（1）建立国际标准化专家库；

（2）积极参与金融国际标准制定及研究活动；

（3）与国际金融标准组织建立伙伴和战略联盟关系，不断提高我国金融标准化工作在国际市场中的竞争地位。

第三阶段，2009 ~ 2010 年，我国金融标准达到国际先进水平。

（1）建成一支满足国际金融标准化活动的、知识层次和知识结构合理的标准化人才队伍；

（2）加强我国金融标准的国际渗透，争取在金融国际标准制定中拥有一席之地，参与或以我国为主制定金融国际标准。

第31章
中国金融标准化发展战略的支撑环境

31.1 政策与法律法规

政策和法律法规是推动和保证标准化顺利进行的重要武器。在推进金融标准化的过程中，有关部门要不断研究环境的变化、国际标准化形式的变化，提出制定金融标准化发展和推进金融标准化发展政策的建议。政策的目的是要明确政府鼓励什么，支持什么和限制什么，从而建立一个有利于金融标准化推进的环境。同时，金融标准化的发展也需要政策的指引，需要组织专业人员进行研究，根据统一规划、分步实施的原则有步骤地推进我国金融标准化工作。

金融标准化在很多情况下会涉及我国金融机构与国外金融机构之间、国内各金融机构之间、金融机构与政府或其他部门之间的利益冲突，需要通过法律和法规来强制性地予以规范。金融标准化法律法规体系如图 31－1 所示。

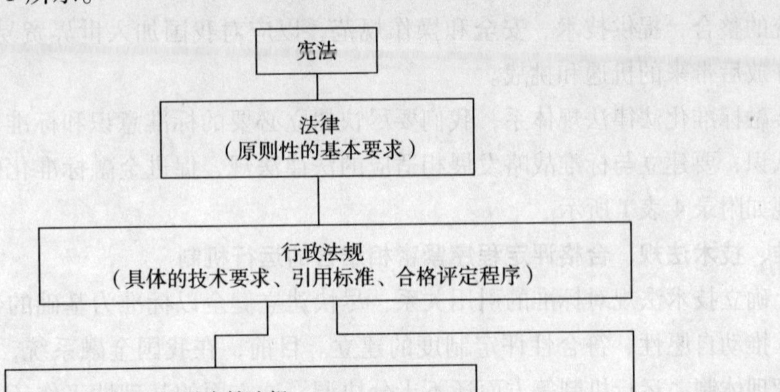

图 31－1 金融标准化法律法规体系

31.1.1　建立金融标准化的良好外部环境

一、建立坚实的政策与法律法规支撑体系

金融标准化工作需要政策与法律法规的保证和组织管理的完备，以满足实际金融标准的需求。在欧洲，为了建立和完善欧洲统一大市场，20 世纪 80 年代，欧共体就技术立法和标准化出台了一系列政策，其中影响最大的是 1985 年颁布实施的《技术协调与标准化新方法》。在欧共体技术立法文件中，只规定产品投放市场应达到的基本要求，满足这些基本要求的技术标准则委托欧洲标准化机构以“协调标准”形式制定，从而使欧洲标准成为支持技术立法、消除贸易技术壁垒的重要工具。目前统一大市场运行所需的 282 项法律均已完成，其中绝大多数已转化为各成员国的法律而付诸实施；与这些法律相配套的欧洲协调标准大部分已制定完成。其他国家如俄罗斯、日本、美国也出台了一系列的政策与法律法规支持技术标准和科技研发的协调发展。

我国的标准化法律制度建立于 20 世纪 80 年代，1988 年七届全国人大常委会第五次会议讨论通过了《中华人民共和国标准化法》，1990 年国务院颁布了《标准化实施细则》，确定由国家计量局负责全国的标准化工作，以及《中华人民共和国科学技术进步法》、《中华人民共和国促进科技成果转化法》、《国家科学技术奖励条例》等法律和法规，特别是科技部最近出台的一系列关于科技计划、科技成果管理计划改革以及关于科技评价方法改革的新政策，明确体现了科技研发与技术标准协调发展的重点，强调了技术标准在科技研发、科技成果管理以及科技评价中的作用，这使得我国科技研发与技术标准的协调发展有了政策和法律法规的支撑。但是，我国目前在标准化法律方面还存在许多的不足，同国际的情况相比，我国标准化法律水平还有很大的差距，主要表现在：在立法定位上，我国的标准化法主要集中在质量方面；对标准作用的认识不足；在标准化的具体措施方面不具体；缺少标准的制定、宣贯、实施及修订的规范；目前我国标准化法律没有形成一个体系。

因此，我国要借鉴国外的经验，为金融标准化的发展建立坚实政策和法律法规支撑体系，切实加强金融标准化工作、提高国内金融行业的整体竞争力，建立我国金融系统体制、管理、技术、服务等各方面的标准体系，规范我国的金融市场秩序，推动我国金融行业技术进步，提高金融行业服务和管理水平，促进与国际金融服务的接轨，以加速我国金融业的全面发展，并进一步为我国各金融系统信息平台、业务系统的整合，提供技术、安全和操作规范，以应对我国加入世界贸易组织和 2006 年我国金融市场全面开放后带来的机遇和挑战。

总之，对于金融标准化法律法规体系，我们要尽快树立必要的标准意识和标准竞争观念，改变目前对金融标准的认识，要建立与标准战略发展相适应的法律法规，促进金融标准化的进一步发展。我国标准化法律法规如附录 4 表 1 所示。

二、建立标准、技术法规、合格评定程序紧密相结合的运行机制

首先从法律上确立技术法规对标准的引用关系；尽快建立健全以标准为基础的金融产品市场准入机制及认证制度；推动自愿性、符合性评定制度的建立。目前，在我国金融系统，标准、技术法规、合格评定程序在管理体制、运行机制等方面还不十分协调。这方面的基础性工作还是标准工作，要以标准为基础推动认证、合格评定程序工作的深入开展。

其次是建立和确定必要的标准认定机构，几乎所有的标准都是通过竞争后由权威机构予以确定的。没有标准的权威认证机构，将使标准的竞争无序且无限制地进行，这会导致社会资源的浪费，并使标准难以实施。在标准法律法规中明确标准的确立条件和确立程序，确定有关标准的争议处理程序。

31.1.2 规范和完善金融标准化的内在需求

一、金融标准化的规范发展

我国金融标准化的发展经历了从无到有，从不重视到非常重视的过程。在金标委成立以前，我国的金融标准化完全是一种计划经济下的模式，这时的金融标准完全在政府主导下制定，没有反映我国金融行业的市场需求。在1991年以后到2002年第二届金标委成立以前，我国金融标准化工作受到了很大的重视，在这一阶段，本着“突出重点课题和突出重点领域”的原则，制定了一些金融国家标准和金融行业标准，奠定了我国金融标准化的基础，为我国金融业的发展起到了巨大的推动和规范作用。但是，这阶段的金融标准还不能与我国的社会主义市场经济相适应，也有很大一部分金融标准的产生不是来源于金融市场的需求，标准对国内外的市场适应性不强，不能完全满足我国金融业发展对标准提出的迫切需要。在2002年，为了进一步适应国内外的标准化的发展，第二届金标委成立，根据国家对标准化工作的指导思想，我国金融标准化进入高速发展时期，金融标准的制定和采标进程都进一步加快。在这一阶段，由于我国正处于建设市场经济体制的过程中，社会的约束和法律环境还很不完善，为保证制定的金融标准的权威性和公正性，使其能够适应国际、国内金融市场的发展，对标准的制定和发布，国家、金融机构主管部门要尽快制定相应的法律和法规，进一步完善我国金融标准化的法律法规体系，规范我国金融标准化的发展。我国现有的金融标准化相关政策性文件见附录4表2。

二、完善金融标准研发系统

在金融系统，已经普遍认识到金融标准化工作的重要性，有关金融行业的政府主管部门、金融企业、金融研究机构等单位已深刻认识到该问题的重要性，并且不断地探索、研究和实践我国金融标准化的发展方向、体制、运行机制等问题。政府及金融机构主管部门要在政策和法律法规层面为金融标准研发系统的完善提供保证，确保金融标准化的基础研究顺利进行。在第二届金标委成立以后，又先后成立了印制标准化分技术委员会和证券标准化分技术委员会以及标准化研究服务中心，初步形成了我国金融标准化的基础研究体系，为标准化工作的顺利进行提供了一定保障。目前我国金融标准化研发系统如图31－2所示。

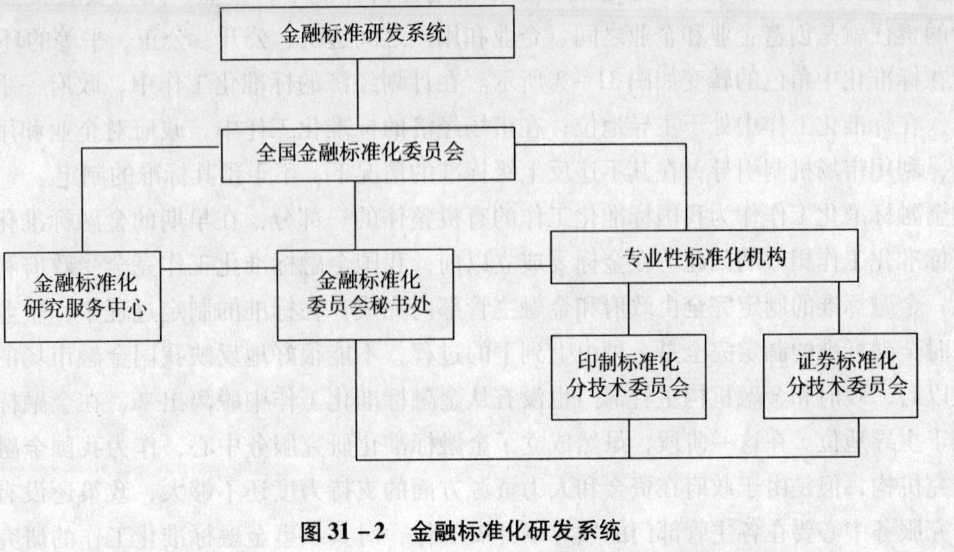

图31－2 金融标准化研发系统

在目前初步形成的金融标准化研发系统中，从事专业性标准化研究的机构较少，标准化的服务机构也较少，金融机构不能够很好地参与金融标准化的基础研究，这种局面不能满足我国金融标准化进一步发展的需要。因此要根据国际与国内的相关政策与法律法规，制定一系列金融标准化方面的政策性文件和法律法规，为金融标准化民间研究机构、协会等组织的成立提供空间和条件，并鼓励各金融机构进行金融标准的研究，逐步形成一种“以市场为主导、以企业为主体、政府宏观管理、社会广泛参与”的金融标准化局面。

31.2 政府协调

31.2.1 宏观调控

一、转变政府职能

从标准化的总体情况看，我国实行在政府统一领导下，由政府、协会、标准化研究机构、标准化委员会和企业五个层面构成的标准运行机制。在政府层面来看，国家质检总局下的国标委是我国的标准主管部门，行使统一管理全国标准化工作，制定国家标准的职能。国务院各行业主管部门，分工管理本部门、本行业标准化工作，负责本部门行业国家标准化方针政策的贯彻实施，并制定本行业的行业标准。省、自治区、直辖市标准化主管部门和有关行政管理部门负责本行政区域、行业的标准化工作，制定地方标准。国家标准、行业标准和地方标准是政府发布的标准，行业标准服从于国家标准，形成了由国务院主管部门发布的国家标准；由国务院各行业主管部门和地方标准化主管部门发布的部门级和地方级的行业标准、地方标准，呈现二级政府行为的标准。在这种体制下，政府机构在我国标准化工作中占有绝对主导的地位。为进一步提高我国标准的市场适应性，标准化工作对政府职能的转变提出了要求，政府要弱化标准化的职能，政府职能的转变使政府直接管理的工作范围限定在应承担的更有效的范围内，原来由政府管理的一部分职能调整为由其他机构管理，一部分由政府具体管理的职能调整为宏观调控管理，为提高我国技术标准的市场适应性创造良好的外部条件。

在市场经济体制中，企业是市场的主体，始终位于市场的最前沿。所以只有充分发挥企业的作用，才能彻底地提高技术标准的市场适应性。在市场经济体制下，企业、用户要直接参与标准化活动，政府的责任就是创造企业和企业之间、企业和用户之间透明、公开、公正、平等的环境。

政府在标准化中角色的转变如图 31－3 所示。在计划经济的标准化工作中，政府一手托企业，一手托用户，在标准化工作中处于主导地位；在市场经济的标准化工作中，政府对企业和用户则只进行宏观监督，利用市场机制引导，在其不违反上级标准的情况下，不干预其标准的制定。

我国金融标准化工作作为我国标准化工作的有机整体的一部分，在早期的金融标准化工作中，存在与国家标准化工作相似的问题。在金标委成立以前，我国金融标准化工作完全受政府和金融主管部门的领导，金融标准的制定完全由政府和金融主管部门完成，在标准的制定过程中，企业和用户参与很少，这时金融标准的制定完全是一种由上到下的过程，不能很好地反映我国金融市场的需要。在金标委成立以后，政府和金融机构主管部门也没有从金融标准化工作中脱离出来，在金融标准的制定过程始终处于主导地位。在这一阶段，虽然成立了金融标准化研究服务中心，作为我国金融标准化工作的专业研究机构，但是由于政府在资金和人力资源方面的支持力度还不够大，政策还没有放开，金融标准化研究服务中心要在各主管部门的领导下开展工作，对其从事金融标准化工作的研究、国际标准和国外先进标准的跟踪以及与国外金融标准化组织的交流有很大的影响。另外，在我国金融标准化工

图 31－3　政府在标准化中角色改变

作的研究机构中，没有民间组织和协会，阻碍了企业和消费者参与金融标准化工作，在这种情况下，企业不能发挥参与金融标准化的积极性，阻碍了我国金融标准化的进一步发展。

因此在以后的金融标准化工作中，政府和金融机构主管部门要将主要职能逐步转变到宏观管理方面上来，依托金标委和金融标准化研究机构，引导规范成立金融标准化民间组织，并在政策、人才、资金等方面给予大力支持，充分发挥其协调的功能，为金融标准化的发展提供良好的发展环境；金融机构主管部门也要协调各金融标准化机构，充分发挥各机构的人才优势，使它们积极地参与到金融标准的研究、采制、宣贯等方面来。

二、建立政府引导、市场运作的新机制

我国金融标准化工作是一个系统的工程，内容包括银行标准化、证券标准化、保险标准化和外汇标准化四大部分；金融标准的内容主要包括以下四个方面：金融服务与金融创新、金融信息技术、金融管理机制与运行体制、金融运行环境与政策。各级政府和金融机构主管部门要对金融标准化发展给予高度重视，将金融标准化工作作为促进我国金融行业与国际接轨，提高我国金融服务水平，增强竞争力的一项重要措施，要列入政府和金融主管部门的工作目标，层层落实。各级政府和金融机构主管部门要对金融标准化的实施提供人力资源、资金、基础设施等方面的支持。

在我国金融标准化工作中，政府要充分发挥宏观调控职能，发挥政府引导的作用，确保金融标准化各项工作任务的顺利进行。需要政府宏观协调完成的我国金融标准化主要工作包括：

（1）金标委组织机构建设和各项管理制度完善；

（2）各级金融标准化管理部门规划制定、责任落实；

（3）对国际和国外先进标准的研究和向国家标准的转化；

（4）重点金融标准的制定；

（5）政府、金融主管部门和各金融机构标准化意识的提高；

（6）标准化信息体系建设，标准制定修订和标准信息服务网络化的推动；

（7）金融标准化机构建设；

（8）金融标准化的职业道德建设，各专业技术委员会的整顿。

形成具有如下特征的金融标准化管理机制：

（1）对金融标准的需求来源于市场；

（2）通过金融标准作用于市场；

（3）政府通过政策、法令来鼓励制定修订或引用金融标准；通过授权并委托非政府机构来统一管理、规划和协调标准化事务，政府仅负责监管和财政支持；

（4）民间标准化协会成为金融标准协调和管理的主体，发挥承上启下的作用；协会标准成为规范金融市场的核心力量；

（5）金融标准研制主体来源于企业、用户、消费者等多种主体，并非仅仅是科研院所。

最后，在我国金融标准化工作中形成具有如下特点的适应我国社会主义市场经济发展的新局面：

（1）政府授权并委托金融标准化协（学）会统一管理、规划和协调金融标准化事务，政府只负责监管和财政支持；

（2）金融标准化协（学）会在金融标准制定、审查、批准、发布、出版和发行以及信息服务等方面具有充分的自主权；

（3）政府部署金融国家标准的研制工作，制定工作由金融标准化协（学）会等民间组织和机构负责。

31.2.2 舆论宣传

一、加强金融标准化的干部培训，实现标准化知识的普及

金融标准化是一个既需要金融专业知识又需要标准化专业知识的技术领域。近几年来，政府和金融机构主管部门对加强金融标准化工作给予了很高的重视，许多金融系统干部，特别是领导干部，虽然认识到了金融标准化的重要意义及其在我国现代化进程中所扮演的角色，但对于应该如何进一步推进和加强金融标准化工作、如何通过金融标准化带动金融业的发展等重要问题并不是十分清楚，或者不完全清楚。因此，抓紧开展金融标准化的干部培训，特别是对各级领导干部的培训，是确保我国金融标准化顺利进行并取得成功的重要工作之一。对于不同级别和不同岗位的领导干部，应该根据不同的培训目标设计不同的金融标准化培训课程，以帮助他们正确地领导金融标准化工作。

培训主要有两种形式：一是内部培训。这种方式是在金融标准化组织内部统一组织金融标准化工作人员进行金融标准化知识培训。二是外部培训。这种方式首先是鼓励标准化员工自发接受社会的金融标准化教育，通过成人教育、高等自学教育、电视大学教育等形式，为他们创造更多的培训机会，提高自身的金融标准化知识。其次是选派人员参加社会举办的专业培训、行业协会专题报告会和学术活动等，更为广泛地、多渠道地获取金融标准化信息。培训的具体措施包括：

（1）建立金融标准化现职人员、后备人才培训基地；

（2）推进领导干部的金融标准化培训工作；

（3）着力培养金融标准化学术带头人和骨干力量；

（4）定向培养金融标准的国际型人才。

通过这些措施在我国金融系统建立一支稳定的标准化队伍，不断提高金融标准化人员的理论实践水平。同时为了有效推进国际标准化活动，还要注重培养既熟悉 ISO/IEC 标准审议规则又具有专业知识、外语好的高素质人才。为了掌握整个国际金融标准的动向，要加强与国际标准化组织以及其他国家金融标准化机构的交流与合作，选派人员参加国际会议及国际交流活动，开拓标准化工作的思路，跟踪最新发展，使金融标准化工作在促进我国金融与国际接轨方面发挥更大的作用。

二、加大标准化工作的宣传力度，提高标准化意识

我国金融行业的标准化工作起步比较晚，不少人对金融标准化的认识比较肤浅，对于如何开展金融行业的标准化工作，怎样在工作实践中发挥已颁布的标准的作用，还感到很生疏，这就要求在做好我国金融标准化工作的同时，通过多种渠道积极宣传金融标准化知识和金融标准，为实施金融标准创造必要的条件。

同时，要做好金融标准化工作，还必须普遍增强金融标准化意识，尤其是增强各级领导干部的金融标准化意识，这是开创金融标准化工作新局面、创造良好金融标准化工作环境的重要保证。各金融机构是金融标准化工作的主体，也是金融标准化工作的受益者，面对激烈的市场竞争，各金融机构应设专门的标准化职能岗位和人员来积极支持金融标准化工作的开展。

金融标准化工作较其他行业标准化工作相对薄弱，面对新形势，各方要转变观念，提高认识，在我国各金融机构形成“讲标准、用标准、定标准”的良好风气。金标委要积极组织开展标准化工作评比活动，交流先进经验。来自金融机构的金标委委员不仅是标准化专家，也是本单位标准化工作的代表，金标委委员们要认真履行职责，在标准化工作中发挥积极作用，协调推进本单位标准化工作的开展和标准的贯彻实施。

三、充分发挥金融标准化研究服务中心的作用

标准化研究服务中心主要工作是系统地进行金融标准的研究和管理，是负责银行、证券、保险、印钞造币等金融业务标准化研究服务工作的技术组织，部分员工同时也是金标委秘书处的秘书。标准化研究服务中心自成立以来在我国金融标准化工作中发挥了巨大的作用，但是，作为目前国内金融系统唯一的一家专门从事金融标准化研究的机构，政府及金融机构主管部门应进一步发挥其在金融标准化研究及服务工作中的作用，使其为我国金融标准化工作做出更大的贡献。具体措施包括：

（1）保证标准化研究服务中心在人力、资金、基础设施等方面的需求；

（2）在标准化研究服务中心设立专业的金融标准化咨询岗位，发挥其服务功能；

（3）协调标准化研究服务中心与国外标准化组织、标准化研究机构建立长久的关系，使其能够方便地和这些机构进行交流，以及对国外有关标准进行跟踪；

（4）加强对标准化研究服务中心员工的标准化知识、外语的培训，培养复合型的金融标准化人才。

31.3 资金保障

31.3.1 确保政府资金投入

我国标准化资金的主要来源是国家质量技术监督局和行业主管部门拨给的国标或行标制定费；承担标准制定任务的单位以及使用标准的单位的自筹经费；各标委会委员单位的会费；有关单位提供的赞助经费等。其中大部分费用来自于国家标准化管理部门和行业主管部门拨给的国标或行标的制定项目补助费。

目前我国标准化科研的资金严重不足，主要表现在：

第一，国家为国家标准制定所下拨的“标准补助费”一直偏低，每年只有2 000万元，近几年提高到每年6 000万元。但随着物价上涨和我国加入世界贸易组织，为适应国内外市场导致的项目需求的急剧增多，目前的标准补助费用远远无法满足和维持标准的制定工作的实际需要。不少行业正在想方设法吸引更多的企业参与标准的制定或选择热门领域吸引企业支持标准化工作。过去各部委常利用科技三项费补助标准化工作，这笔费用也是全国各专业标准化研究机构的经费来源之一。随着机构改革、科研体制改革，标准化经费原有的渠道和管理正在调整，特别是行业标准化工作的经费尚未落到实处，造成一些专业的标准化所的工作遭遇非常大的困难，甚至出现危机。

第二，目前执行的标准项目经费仍然是计划经济的老标准。过去做标准项目时经费不足单位可以给予补助，但现在实行项目核算，活动费用大大增加，每项标准的制定费用仅有万元左右，严重影响了标准化工作的正常进行。在这种情况下，制定修订标准往往被简化为“查资料—拟初稿—函审—送批”的单纯文字工作。其结果必然造成制定的标准脱离实际，不能被市场和企业接受和应用。因此，国家财政资金应加大对标准化工作的支持力度，一方面加大对标准制定修订单个课题的经费额度，使标准制定工作与经费成比例或缩小与国际的差距；另一方面保证标准化研究人员的正常工作任务与收入，使我国标准化工作人员的队伍由稳定到不断壮大。

资金是保证金融标准化工作顺利进行的又一项重要因素。金融标准化工作是一项长期、持续的工作，对于我国金融标准的制定、国际金融标准的采用和国外先进标准的引进，各级政府和金融系统主管部门要给予充足的资金支持，以保证这项工作的持续开展。自第一届金标委以来，我国已经完成制定了多项金融标准，对我国金融业的规范发展发挥了极其重要的作用。但是，我国的金融标准相对于国际金融标准在数量、涉及的领域以及内容方面还存在很大的差距，我国金融标准化工作还有很大的发展空间，因此，政府和金融机构的主管部门，要进一步提高对金融标准工作重要性和紧迫性的认识，切实贯彻“政府推动、市场引导、企业为主、分类指导、国际接轨”的20字方针，在资金方面给予充足的支持，大力推进金融标准的“产、学、研”工作。

31.3.2 建设多元融资机制

资金是标准化基础研究、标准制定修订、宣贯、实施等标准化工作顺利开展的基础，我国金融标准化的发展要在确保政府相关单位的投资的基础上，建立多元的融资体系，增强金融标准化机构自身的造血功能，从而彻底改变我国金融标准化工作资金投入量较少、来源单一的局面，从根本上解决我国金融标准化的资金问题。

第一，建立标准制定、发行、合格评定资金共享机制。建立标准发行的新机制，如电子发行、定制发行，以便压缩发行成本；标准定价实行成本核算，用标准发行收益支持标准化工作。合格评定收益中要有一定的比例反馈给标准制定机构。因此，应建立标准出版、合格评定收益反馈制度，使这部分经费成为除国家公共财政之外标准经费的主要来源之一。

第二，向市场筹措资金。利用市场机制筹措资金作为国家标准化资金源的补充，建立谁受益、谁出资的资金筹措原则。在相关的金融标准化实施法规中，明确规定相应的条款，确立谁受益、谁出资的义务；实行除重要标准由国家组织制定以外，一般标准的制定由相关单位出资的办法；大力吸引社会资本投向标准研发项目，如制定相关的税收鼓励政策，引导民营资本投向标准化产业；建立标准信息发布制度，定期向社会公布有关的标准化信息，以重大项目的实施为纽带，通过向全社会公开招标，吸引社会投资。

第三，积极争取企业的支持和参与，将企业标准化成本纳入企业的成本。出台促进企业向标准化投资的政策措施；将企业标准化的投资纳入企业的生产成本；建立企业将科研成果上升为国际标准的机制，鼓励企业向标准化基金捐款，企业捐款可以抵税。

第四，广开渠道，创新机制，建立标准化发展基金。建立标准化发展基金是解决标准化资金不足，筹措资金的国际上流行的办法之一，因此，为解决我国金融标准化资金不足问题，也可以成立“标准化基金”，并设立专门的基金管理办公室，负责该基金的各项具体问题。标准化基金可以通过收取会员制会费的办法，即选择一些与金融标准化有关的企业作为会员制单位，由会员制单位缴纳一定金额的入会费或年度会员费，以该部分资金作为标准化基金；也可以通过收取赞助费的办法，一方面，在进行金融标准化有关课题研究时，特别是一些短期内没有资金回报，或本来就是一些公益性质的课题研究时，可以考虑由相关的受益方提供课题研究的赞助费；另一方面，在组织一些金融标准化方面的学术会议等活动时，可以要求参加单位缴纳一定金额的赞助费以保证这些活动的开展。

31.4 信息技术支撑

31.4.1 拓展金融标准化的技术服务体系

当今世界正在由工业经济向知识经济过渡，金融业作为知识密集型产业，在国民经济中的地位日趋重要。金融科技是金融服务业的支撑基础，对金融服务业的发展起着至关重要的作用。金融服务业是对信息技术依赖最大的产业，现代金融服务业的正常运行离不开信息技术的支持。金融服务业是信息技术应用最密集的产业，自20世纪60年代以来，据统计，95%以上的金融创新都来自信息技术的发展。在激烈的竞争压力下，金融市场日趋成为高科技的角斗场所，高科技技术的应用促进了不断加快的金融创新，并且发达的信息技术可使金融系统向顾客提供更多更新的服务，因此信息技术已经成为我国金融业发展以及金融标准化发展的力量源泉。

金融业是现代经济的核心，其信息技术水平已经成为国民经济信息技术水平的重要标志。随着金融体制改革的深化，新技术的不断涌现，金融产品的不断创新，尤其是加入世贸组织后，2006年将全面开放金融市场，我国金融行业将融入国际金融市场竞争的大环境，这也对我国金融标准化的发展提出了更高的要求。因此，我们必须采取有效的措施，全面提高金融信息技术水平，实现金融信息技术的跨越式发展，并以此为基础进一步促进我国金融标准化水平的提高，以应对加入世贸组织后国际竞争的挑战。

信息技术、金融标准化和金融业务的关系如图31－4所示。金融标准化对金融业务和金融信息技术的发展起到规范和引导的作用；金融信息技术为金融标准化的发展提供强有力的支撑，并进一步促进金融业务的快速发展；金融业务的发展为金融标准化的发展提供资源和需求。

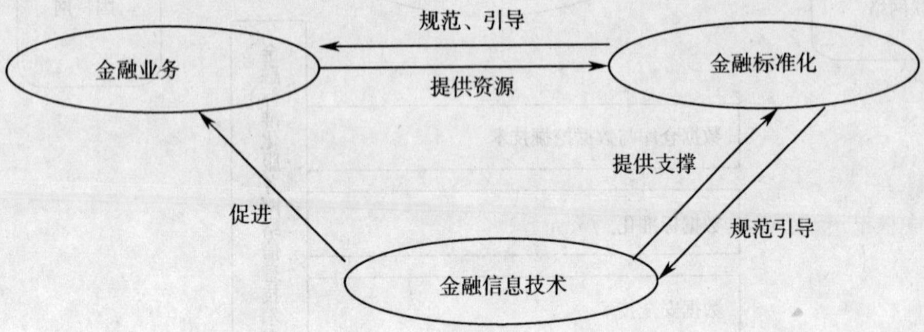

图31－4 信息技术、金融标准化、金融业务关系图

31.4.2 建立完善的金融标准化信息平台

第一，以金融标准化研究服务中心为中心，依托各金融机构和人民银行的内联网络，通过补充、完善，建设我国金融标准信息中心和标准信息传输系统，并逐步建立金融标准服务信息系统，组织、协调、引导标准信息资源的开发和利用；建立和完善金融系统标准基本数据库，为各标准化组织、金融机构、消费者等查询国内外金融标准提供支持；建立和完善金融系统金融标准化人才数据库，存储国际、国内金融标准化专家的有关信息；在这些基础工程完成以后，以此为平台，面向全国各金融机构提供金融标准化咨询、查询、调查等服务；并随着服务业务的发展和需要，逐步在金融标准化研究服务中心建立专业的金融标准化服务团队，专门进行有关的金融标准化咨询等服务工作。

第二，进一步完善金标委的网站功能，统一进行标准信息的收集和发布，并通过该网站统一举办金融标准化论坛，加强对金融标准的宣传，引导我国金融标准化的发展。通过网站逐步与各金融分技术委员会建立连接，将网站办成一个金融标准化组织的办公平台，加速组织内部的信息交流和信息发布。并逐步和其他标准化组织建立连接，充分发挥网站对金融标准化工作的宣传。

第三，建立与国际标准化组织（ISO）等国际标准化组织的因特网连接，加强与国际标准化组织的交流以及对国际标准和国外先进标准的跟踪。

金融标准化信息平台如图 31－5 所示。平台的核心是金融标准化信息中心，其中包括金融系统标准基本数据库、金融系统金融标准化人才数据库和金融标准化基本信息数据库。信息中心通过人民银行内联网络与各金融机构建立连接，通过因特网与金融标准化信息其他用户、国内外标准化组织建立连接，信息中心服务器通过内部局域网与金标委网站连接，为网站的信息发布提供信息数据。信息平台的基础支撑体系为目前流行的信息技术，其中包括数据仓库与数据挖掘技术、数据标准化、数据安全技术、数学模型。

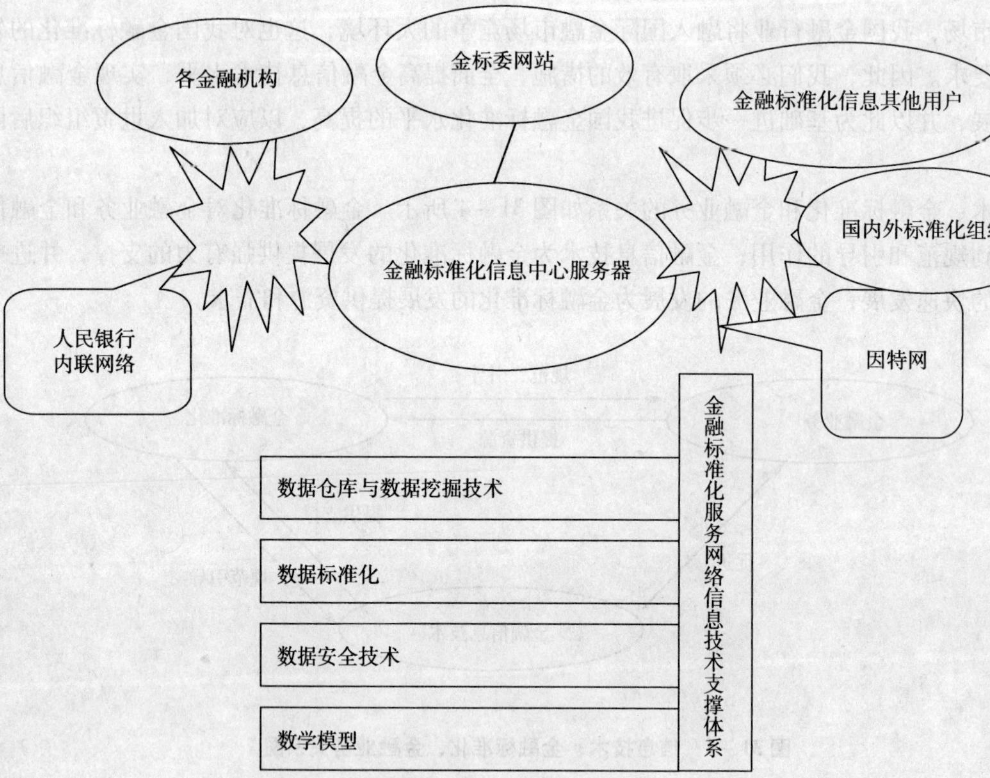

图 31－5　金融标准化信息平台

31.5　中国金融标准化发展战略的政策建议

31.5.1　实现金融标准化的市场化运作

实现我国金融标准化的市场化运作分为两个方面：

一是实现标准化工作的市场化。主要包括实现金融标准的制定、印刷发行和服务的市场化。

我国金融标准化工作市场运行机制的形成，首先是政府和金融主管部门的职能转变，由原来的政府主导转变到政府指导和引导，由原来的主管转变到协调和宏观管理上来；其次是充分培养和发挥金融标准化研究机构、企业、消费者参与金融标准化工作的积极性，使他们参与到金融标准化工作中来，从而进一步增强我国金融标准化工作的市场适应性，形成一种“以市场为主导、以企业为主体、政府宏观管理、社会广泛参与”的良性局面。

二是建立我国金融标准化的多元融资体制，减少我国金融标准化工作对国家财政资金的依赖性。多元融资体制的建立要以其市场运行机制的形成为基础，在金融标准的制定、发行、合格评定中，根据“谁受益，谁出资”的原则，充分培养和发挥企业参与金融标准的制定工作的积极性，使它们的参与成为我国金融标准化工作的一个不可分割的部分。最终通过金融标准化的多元融资体制的建立，为标准化工作提供良好的资金保障。

31.5.2　引导金融标准化的多功能服务

以信息技术为支撑，通过金融标准化标准基础数据库、金融标准化人才数据库和金融标准化信息数据库的建设，以金融标准化研究服务中心为中心，依托人民银行内联网络和因特网，建立我国金融标准化的多功能的服务体系，实现与国内各金融机构、各标准化组织、国际各标准化组织的联网，开展金融标准的咨询、查询、信息收集、发布等多功能的服务，并进一步建立我国金融标准化的综合信息平台。

31.5.3　建立完善的金融标准化体系

金融标准化体系包括两个部分：金融标准化基本体系和金融标准化推行体系。

标准、标准化法律、法规和技术法规体系组成金融标准化基本体系。在我国金标委成立以前，我国的金融标准化工作主要是服从于国家有关标准化的法律法规，金融标准化方面仅有一些政策性文件。在我国金标委成立以后，也相继制定了一些有关金融标准化的管理条例和文件，并进一步加强了我国金融标准化的立法工作，但是在目前还没有关于金融标准化的法律出台，在今后的金融标准化工作中应进一步加强金融标准化的立法工作，完善金融标准化的法律法规体系，使金融标准化在法制的轨道上进行。另外要在借鉴国际上完善的金融标准体系的基础上，结合我国金融业的发展现状，通过加强国际采标工作、加强国际金融标准体系发展的趋势研究和我国金融标准的制定，建立一套完善的金融标准体系。

建设金融标准化推行体系，就要进行金融标准化的舆论宣传，以及法律法规、管理体系、运行机制、实施体系、保障体系和服务体系的建设，使我国金融标准在制定、宣贯、实施、修订和废止各阶段工作的开展得到有效的保障。

31.5.4　积极推进金融标准化工作的国际化

国际化战略，即我国金融标准化工作国际突破战略，是我国金融标准化发展战略的重中之重，我国金融标准化工作必须要和国际接轨，使我国有能力参与国际金融标准的制定，加大我国在金融国际标准制定过程中的影响力，逐步使我国的标准化工作与国际标准化工作的计划、速度以及试验验证工作接轨。

推进我国金融标准化工作的国际化，首先要进一步加强和参与国际金融标准化的合作和交流，尽快实现我国参与国际金融标准化的身份的转变，从而提高我国参与国际金融标准化的程度，使我国不仅能够主动地采用国际标准，而且有计划、有重点地参与国际标准的起草和主动承担国际标准的起草工作，参加标准起草小组（WG）的工作，争取在金融国际标准制定中拥有一席之地；其次，还要进一步加强国际采标和国际标准的跟踪工作和国际金融标准化人才的培养。

31.5.5 健全人才的开发和管理机制

人才是我国金融标准化工作的基础，因此要通过实施人才开发和培养战略，在我国建立一支知识层次和知识结构合理的，胜任国际、国内金融标准化活动的金融标准化人才队伍。

由于我国金融标准化工作起步较晚，专业性金融标准化研究机构刚刚设立，企业也较少参与金融标准化工作，没有形成一个良好的金融标准化人才的培养机制，因此在目前，我国金融标准化人才比较缺乏。为满足2006年全面开放金融市场对国际标准化人才的迫切需要，我国要进一步加快金融标准化人才的培养速度，加大金融标准化人才的培养力度，通过建立金融标准化人才的开发和培养机制，建立快速金融标准化人才的开发模式，中国人民银行、证监会、保监会、银监会等金融业管理部门、各金融企业要进一步密切与国家和其他行业标准化机构、高等院校和科研院所等标准化研究机构的关系，通过联合培养等措施，培养既具有金融专业知识又具有标准化专业知识、英语水平高、知识渊博的金融标准化人才。并通过人才引进等措施，从国际、国内标准化组织和国内各金融机构快速获得急需的金融标准化人才。

最后，对于金融标准化人才的培养，还要将眼光放的更远一些，建立金融标准化现职人员、后备人才的培训基地。通过借助国内各高校、标准研究机构和金融标准化研究服务中心的力量，大量培养和储备金融标准化的后备人才。

（执笔人：李曙光、贯树辉）

附　录

附录1　金融行业标准表

行业标准编号	标准名称	备　注
JR/T0002－94	点钞机	
JR/T0001－93	钞票纸	
JR/T0005－97	壹元流通币	
JR/T0006－97	壹角流通币	
JR/T0007－97	伍角流通币	
银发［1998］24号	中国金融集成电路卡规范	
银发［1998］479号	中国金融集成电路卡规范——终端规范	
JR/T0001－2000	金库门	
JR/T0002－2000	组合锁	
JR/T0003－2000	银行金库	
JR/T0004－2000	金币	
JR/T0005－2000	银币	
JR/T0006－2000	印制专用号码机	
JR/T0007－2000	印制企业事故管理	
JR/T0008－2000	银行卡发卡行标识代码及卡号	
JR/T0009－2000	银行卡磁条信息格式和使用规范	
JR/T0001－2001	银行磁条卡销售点终端规范	
JR/T0002－2001	ATM规范	
JR/T0003－2001	银行卡安全规范	
JR/T0003－2002	银行卡网上支付交易的规范研究	正在制定
JR/T0001－2002	第五套人民币 流通纸币 贰拾圆券	已形成报批稿，即将发布
JR/T0002－2002	凹印机印刷规线	已形成报批稿，即将发布

资料来源：金融标准化研究服务中心。

附录2 国家金融标准一览表

国家标准编号	标准名称
GB/T13496 - 92	银行行别和保险公司标识代码
GB/T13497 - 92	全国清算中心代码
GB/T15249. 1 - 5 - 94	合质金化学分析方法
GB/T15150 - 94（ISO8583 - 97）	产生报文 银行卡 交换报文规范 金融交易内容
GB/T14504 - 93	银行卡
GB/T15733 - 1995	金融电子化术语
GB/T15948 - 1995（ISO 7982）	银行电信 资金转账报文 第一部分：词汇和数据元
GB/T12406 - 1996（修订 GB/T12406 - 90）	表示货币和资金的代码
GB/T16711 - 1996	银行业 银行电信报文 银行标识代码
GB/T16791. 1 - 1997	金融交易卡 集成电路卡与卡接受设备间的报文 第一部分：概念与结构
GB/T10307 - 2001	粗银化学分析方法
GB/T 8930 - 2001	合质金锭

资料来源：金融标准化研究服务中心。

附录3 国际标准化组织（ISO）的金融标准列表

ISO 标准编号	标准名称
ISO 4217：2001	表示货币与资金的代码
ISO 6234：1981	银行业务　认可印鉴册及其微缩胶片的显示
ISO 6260：1984	邮汇付款单
ISO 7341：2000	银行业务　银行往来账户对账表
ISO 7746：1998	银行业务　银行之间电文的电传格式
ISO 7982 - 1：1998	银行电信　资金转账电文　第一部分：用于电子资金转账电文的词汇和数据及数据元全集
ISO 9362：1994	银行业务　银行业务通讯全文　银行标识码
ISO 9778：1994	银行业务　信贷合同确认格式
ISO 10043：1994	银行业务和相关金融服务　信息交换　托收委托书格式
ISO 10044：1995	银行业务和相关金融服务　信息交换　跟单信用证格式
ISO 13616：1997	银行业务和相关金融服务　国际银行账号
ISO 1004：1995	信息处理　磁性墨水特性识别　打印规范
ISO 8730：1990	银行业务　对电文识别（整批）的要求
ISO 8731 - 1：1987	银行业务　信息鉴定的审批算法　第一部分：数据交换协议
ISO 8731 - 2：1992	银行业务　信息鉴定的审批算法　第二部分：信息鉴定算法
ISO 8732：1998	银行业务　关键管理（整批）
ISO 10126 - 1：1991	银行业务　信息编码程序（整批）　第一部分：通用规则
ISO 10126 - 2：1991	银行业务　信息编码程序（整批）　第二部分：数据交换协议算法
ISO 11131：1992	银行业务和相关金融服务　签字认定
ISO/ TR 13569：1997	银行业务和相关金融服务　信息安全指南
ISO 15782 - 2：2001	银行业务　认证管理　第二部分：认证延期

续表

ISO 标准编号	标准名称
ISO 17944：2002	银行业务　安全及其相关金融服务——金融系统的安全框架
ISO 6166：2001	证券　国际证券识别编号体系
ISO 6536：1981	银行业务　绘制表格的标准格式
ISO 8109：1990	银行业务和相关金融服务　证券　欧洲债券格式
ISO 8532：1995	证券　证券号码传输格式
ISO 9019：1995	证券　证书编号
ISO 9144：1991	证券　光学特性识别线路——位置与结构
ISO 10383：2003	证券及相关金融票据——汇兑和市场的标识代码（MIC）
ISO 10962：2001	证券　金融票据的分类（CFI 代码）
ISO 15022－1：1999	证券　电文图解（数据域字典）　第一部分：数据域和电文设计规则和指南
ISO 15022－2：1999	证券　电文图解（数据域字典）　第二部分：数据域字典和电文目录的维护
ISO 4909：2000	银行卡　磁道 3 的磁道数据量
ISO 8583：1993	金融交易卡初始化信息　信息交换规范
ISO 8583－2：1998	金融交易卡初始化信息　信息交换规范　第二部分：机构标识码（IIC）的应用及注册规程
ISO 8583－3：2003	金融交易卡初始化信息　信息交换规范　第三部分：信息、数据元、代码维护规程
ISO 9564－1：2002	银行业务　个人身份证号管理与安全　第一部分：ATM 和 POS 系统中 PIN 在线处理的基本规则和要求
ISO 9564－2：1991	银行业务　个人身份证号管理与安全　第二部分：PIN 密码的审批算法
ISO 9807：1991	银行业务和相关金融服务　信息鉴定需求规则（零售）
ISO 9992－1：1990	金融交易卡　集成电路卡及其接收装置间的文电　第一部分：概念和结构
ISO 9992－2：1998	金融交易卡　集成电路卡及其接收装置间的文电　第二部分：功能、电文（指令和响应）、数据元和结构
ISO 10202－1：1991	金融交易卡　使用集成电路卡的金融交易系统的结构　第一部分：卡片寿命周期
ISO 10202－2：1996	金融交易卡　使用集成电路卡的金融交易系统的结构　第二部分：交易程序
ISO 10202－3：1998	金融交易卡　使用集成电路卡的金融交易系统的结构　第三部分：密钥关系
ISO 10202－4：1996	金融交易卡　使用集成电路卡的金融交易系统的结构　第四部分：安全应用模块
ISO 10202－5：1998	金融交易卡　使用集成电路卡的金融交易系统的结构　第五部分：算法应用
ISO 10202－6：1994	金融交易卡　使用集成电路卡的金融交易系统的结构　第六部分：持卡人确认
ISO 10202－7：1998	金融交易卡　使用集成电路卡的金融交易系统的结构　第七部分：密钥管理
ISO 10202－8：1998	金融交易卡　使用集成电路卡的金融交易系统的结构　第八部分：通用原理及概要
ISO 11568－1：1994	银行业务　关键管理（零售）　第一部分：关键管理介绍
ISO 11568－2：1994	银行业务　关键管理（零售）　第二部分：对称密码的关键管理技术
ISO 11568－3：1994	银行业务　关键管理（零售）　第三部分：对称密钥的生命周期
ISO 11568－4：1998	银行业务　关键管理（零售）　第四部分：使用公开密钥的关键管理技术
ISO 11568－5：1998	银行业务　关键管理（零售）　第五部分：公开密钥的生命周期
ISO 11568－6：1998	银行业务　关键管理（零售）　第六部分：关键管理图解
ISO 13491－1：1998	银行业务　安全加密设备（零售）　第一部分：概念、需求及评估方法
ISO 13491－2：2000	银行业务　安全加密设备（零售）　第二部分：磁卡系统设备中安全检测清单
ISO 13492：1998	银行业务　关键管理的相关数据元（零售）
ISO 15668：1999	银行业务　安全文档传输（零售）
ISO 18245：2003	零售金融业务——商户分类代码

资料来源：金融标准化研究服务中心。

附录4　法规目录

附录4－1　我国标准化法律法规一览表

序号	名　称	颁布机构	实施日期
1	《中华人民共和国标准化法》	全国人民代表大会	1989. 4. 1
2	《中华人民共和国标准化实施条例》	国务院	1990. 4. 6
3	《国家标准管理办法》	国家技术监督局	1990. 8. 24
4	《行业标准管理办法》	国家技术监督局	1990. 8. 24
5	《企业标准管理办法》	国家技术监督局	1990. 8. 24
6	《全国专业标准化技术委员会章程》	国家技术监督局	1990. 8. 24
7	《地方标准管理办法》	国家技术监督局	1990. 9. 6
8	《标准档案管理办法》	国家技术监督局	1991. 10. 28
9	《标准出版发行管理办法》	国家技术监督局	1991. 11. 07
10	《工程建设国家标准管理办法》	建设部	1992. 12. 30
11	《工程建设行业标准管理办法》	建设部	1992. 12. 30
12	《标准出版管理办法》	国家技术监督局	1997. 8. 8
13	《进口机电产品标准化管理办法》	国家技术监督局	1998. 3. 10
14	《国家标准化指导性技术文件管理规定》	国家技术监督局	1998. 12. 24
15	《采用快速程序制定国家标准的管理规定》	国家技术监督局	1999. 1. 8
16	《环境标准管理办法》	国家环保总局	1999. 4. 1
17	《实施工程建设强制性标准管理规定》	建设部	2000. 8. 25
18	《采用国际标准管理办法》	国家质检总局	2001. 11. 21
19	《国家职业卫生标准管理办法》	卫生部	2002. 5. 1
20	《关于加强强制性标准管理的若干规定》	国家质检总局	2002. 3. 24

附录4－2　中国金融标准化相关政策性文件一览表

编号	文件名称	发布单位	发布时间
1	《金融国家标准管理办法》	全国金融标准化技术委员会	2002年7月24日
2	《金融行业标准管理办法》	全国金融标准化技术委员会	2002年7月24日
3	《全国金标委章程》	全国金融标准化技术委员会	
4	《全国金标委秘书处工作细则》	全国金融标准化技术委员会	
5	《全国金标委国际标准化技术归口工作管理办法(试行)》	全国金融标准化技术委员会	

资料来源：金标委网站（http：//www. cfstc. org）。

后 记

《中国金融信息化发展战略研究报告》是国家“十五”科技攻关的重大关键技术攻关与产业化示范科技专项成果之一。该项科研成果是由以中国人民银行、中国银行业监督管理委员会、中国证券监督管理委员会和中国保险监督管理委员会为牵头部门组成的中国金融信息化发展战略研究课题组组织研究完成的；参加单位有20多个，参加人员有170多人。参加课题总体组以及各篇章的主要研究人员如下：

一、课题总体组成员

陈静、陈天晴、于玫、葛一苗、陈剑、怀进鹏、朱岩、卢小冰、杨竑、仲安妮、唐世渭、谭荣华、陈逢吉、陈进、肖勇波、李春亮、冯建勋、姚晖

二、第一篇主要研究人员

陈静、张启洲、陈剑、谭荣华、佟建民、张野、于玫、卢小冰、葛一苗、李春亮、朱岩、肖勇波、唐世渭、王宇、陈进、张成虎、杨竑、石一飞、周虹、王保江、于波、冯建勋、王毅、王燕、张宏、章星、李建云、龙琪

三、第二篇主要研究人员

1. 金融信息化发展历程与趋势

谭荣华、王华庆、李伏安、张海、徐立军、周虹、任雪松、谢波峰、左志刚、刘志刚、王敏

2. 金融服务与创新关键技术

陈皓、怀进鹏、刘述忠、徐枞巍、王保江、王志毅、王锟、龙翔、刘旭东、吕良双、杨超峰、席晓峰、王勇、康晓明、李沁

3. 管理与决策技术专题组

陈皓、唐世渭、刘述忠、王志毅、于波、谢昆青、童云海、王宏鼎、马秀莉、方幼林、张卫华、刘健、郭宇红

4. 管理与体制

刘志刚、仲安妮、陈剑、朱岩、肖勇波、谢明

5. 环境与政策专题组

李骁、蔡浩仪、庚力、汪小亚、陈志忠、孟庆波、刘斌、卜永祥、刘勇、陈铭新、李晓墩、郑成满

四、第三篇主要研究人员

徐雅萍、张野、杨淑琴、戴文华、白硕、葛一苗、皮六一、喻华丽、朱江鸿、姚前、吴卓、邹胜、汤佩源、涂键、王恒、刘宝田、马光悌、左峰、毕志刚、廖亚滨、汪瑾、许佑悟、伏劲松、张瑞彬、邓力启、雷兵、俞峰、陈光厚、马昭明

五、第四篇主要研究人员

吴晓军、孙善维、裴光、于玫、姚鸿、张伟强、李春亮、石一飞、李伟华、唐慧蓉、李晓林、黄

虹、蔡茂林、舒维群、赵平、杨星、庹国柱、朱俊生、王国军、段家喜、李文中、石安臣、林中强、王军、景笑、秦勇、彭国俊、马玉海、史小六、杨立军、王晓君、刘寅虓、张凌

六、第五篇主要研究人员

姜云兵、袁慧萍、陈进、程晓阳、李健、尚蕾、李东风、张明德

七、第六篇主要研究人员

谭国安、杨竑、李曙光、张文松、贾树辉、张艳、张海辉、景芸、李建云、张德栋、蔡卫民、贾立杰

八、其他参与人员

张凡、周明强、于洪玉、高聚辉、康少康、高志强、王少群、马陶陶、赵娟萍

本课题结题时间为2004年3月，因此，报告中的数据及资料引用时间均截至2004年。

中国金融信息化发展战略研究课题组

2006年5月